정보공개법

Freedom of Information Act

안상운 지음

Freedom of
Information
Act

대한민국 국민이라면 꼭 알아야 할

정보
공개법

|주|자음과모음

추 천 사

20세기는 비록 소극적인 권리라 하더라도 표현의 자유를 확립하기 위해 우리가 끊임없이 노력해 왔다는 점에서 인류 역사상 주목할 만한 시기였습니다. 한편, 21세기는 정보의 자유가 가장 적극적인 권리가 되는 시대가 될 것입니다.

현재 세계 100여 개국에서 정보의 자유를 헌법상으로 혹은 법령에 근거하여, 또는 그둘 모두에 근거하여 인정하고 있습니다. 또한 정보의 자유는 국제법상 인권으로 받아들여지고 있습니다. 이는 세계인권선언(Universal Declaration of Human Rights)과 시민적 및 정치적 권리에 관한 국제규약(International Covenant on Civil and Political Rights)에도 이미 명백히 언급되어 있습니다. 영향력 있는 지역 인권재판소인 유럽인권재판소(European Court of Human Rights)와 미주인권재판소(Inter-American Court of Human Rights)는 정보의 자유를 인권으로 지지해 왔습니다.

정보공개법 국가로서 한국의 업적은 한국인에게 깊은 긍지를 심어주고 있습니다. 세계에서 21번째, 아시아에서는 최초로 정보공개법을 제정한 한국은 정보공개법을 입법화한 초기 국가 중 하나입니다. 보다 중요한 것은, 한국의 탁월한 정보공개법의 경험이 세계적으로 영향을 주어 왔다는 점입니다. 예를 들어, 2001~2002년에 멕시코 정부가 정보공개법을 제정할 때 한국을 본보기로 삼았습니다(멕시코의 'Federal Law of Transparency and Access to Public Government Information'은 세계에서 가장 뛰어난 정보공개법 중 하나로 평가받고 있습니다).

1989년 한국의 헌법재판소가 정보의 권리를 한국 헌법에서 해석했을 때부터 저는 한국의 정보의 자유에 대해 지속적인 관심을 가져왔습니다. 그래서 저는 한국의 정보공개법에 관한 포괄적인 지침서를 간절히 기다려 왔습니다. 그리고 드디어 제 기다림의 게임은 끝이 났습니다!

한국의 최고 정보공개법 전문가인 안상운 변호사는 한국 정보공개법에 관한 훌륭한 책을 집필하는 아주 대단한 일을 해냈습니다. 그의 저서인 『정보공개법(*Freedom of Information Act*)』은 한국의 정보공개법에 대한 포괄적인 처방을 제시한다는 점에서 한국의 정보공개법을 다룬 지침서가 될 것입니다. 안 변호사가 현장에서 직접 정보공개법을 접한 경험들은 그로 하여금 한국의 정보공개법을 행정실무에 적용하는 데 있어 분석적인 이해를 가능하게 해주고 있습니다.

1990년대 중반부터 안 변호사를 알고 지낸 것은 제게 소중한 기회였습니다. 그는 제게 여러모로 많은 감명을 주었습니다. 특히 한국의 표현의 자유와 정보의 자유를 옹호하는 명석한 변호사로서 그가 보여준 열정과 헌신은 제게 깊은 인상을 남겼습니다. 저는 당연히 그를 한국의 플로이드 애브람스(Floyd Abrams)라고 부르고 싶습니다. 플로이드 애브람스는 탁월한 언론법(미국 수정헌법 제1조) 전문 변호사(First Amendment Attorney)로서 원칙에 입각한 노련한 그의 변호는 미국의 자유언론을 지난 50년 동안 지속적인 가치로 자리매김해 왔습니다.

『정보공개법』은 현존하는, 그리고 논의할 만한 한국의 정보공개법 주제들을 모두 다루고 있습니다. 이 책을 읽는 독자들은 굳이 다른 정보공개법 책을 보지 않아도 될 것입니다. 이 책은 결코 몇몇 한국의 정보공개법 사례들과 법령들을 복사해서 짜깁기한 책이 아닙니다.

오히려 이 책은 매우 포괄적이며 이론적이고 역사적입니다. 이 책은 헌법과 법률 등 실체법과 행정법 등 절차법을 포함하고 있으며 수많은 판례와 행정심판례를 분석, 해설하고 있습니다. 또한 상세한 자료 출처를 제시하고 있습니다.

안 변호사의 정보공개법에 대한 비교법적인, 그리고 국제법적인 접근은 이 책에 상당한 가치를 더해주고 있습니다. 외국법에 대한 그의 이해는 빈틈이 없습니다. 그는 미국, 캐나다, 일본, 스웨덴 등 주요 국가들의 정보공개법에 대해 간결하게 설명하고 있습니다. 21세기의 세계는 더욱더 국제적으로 상호 연결되어 있습니다. 그리고 그 어떤 나라도 다른 나라들이 무엇을 하고 있는지 모른 채 자신이 하고 있는 일을 향상시킬 수 있으리라고 기대하지 않습니다. 이 책에서 안 변호사는 미국의 미디어법 변호사인 리처드

윈필드(Richard Winfield)의 '역 관점(reverse perspective)'을 통해 외국의 정보공개법을 한국의 정보공개법에 관한 분석에 적용했습니다.

이 책『정보공개법』은 단지 정보공개법의 현재를 서술하고 있는 것만은 아닙니다. 도리어 이 책은 규범적이기도 합니다. 이 책은 한국의 입법자들이 정부를 보다 투명하게 만들기 위해 고려해야 하는 정보공개제도의 개선을 위해 여러 가지 입법적인 보완 또는 개정을 제안하고 있습니다. 안 변호사가 제안하는 개선점들은 한국 국민들의 알권리가 더욱더 확대되어야 한다고 진지하게 생각하는 사람들로부터 많은 관심을 받을 가치가 충분합니다.

『정보공개법』은 실질적인 민주사회의 요체로서 한국의 정보공개법을 보다 잘 이해하고 싶은 사람들에게 필독서가 될 것입니다. 미국의 언론법 학자로서 저는 항상 제가 가르치고 연구하는 것에 대해 더 많이 배우고 싶어서 외국법을 공부합니다.『정보공개법』은 제게 왜 미국의 정보자유법(FOIA)이 개정되어야 하는지를 알 수 있게 해주는 즐거운 기회를 주었습니다.

『정보공개법』 출간에 대해 안상운 변호사에게 마음으로부터 우러나오는 축하의 말을 전합니다. 저를 포함해 다른 많은 사람들에게 표현의 자유가 결코 공짜로 얻어지지 않는다는 믿음을 고무시켜 준 데 있어 그에게 큰 감사의 말을 전하고 싶습니다. 그가 우리들로 하여금 무엇이 자유롭고 열린 사회를 만드는지에 관해 다시 생각해 볼 계기를 만들어준 것에 대해서도 또한 감사를 표하고 싶습니다.

2015년 1월

염규호(Kyu Ho Youm)

미국 오리건 대학교 저널리즘 대학원
조나선 수정헌법 제1조 석좌교수,
AEJMC 회장(2012~2013)

머 리 말

"당신이 정말로 읽고 싶은 책이 아직 써지지 않았다면, 그것을 써야 할 사람은 당신
이다(If there is a book you want to read, but it hasn't been written yet, then you must write it)."

1993년 노벨문학상을 수상한 아프리카계 미국의 여성 작가인 토니 모리슨(Tony Mor-
rison)이 한 말입니다.

민주공화국이라는 국체(國體)가 무색하게도 해방 이후 남북분단이라는 특수상황과
관존민비적인 사고가 맞물려서 과도한 비밀보호법제와 행정우위의 관행이 지배해 온
한국이 1996년 아시아 국가로는 최초로 「공공기관의 정보공개에 관한 법률('정보공개
법')」을 제정한 지도 벌써 20년을 앞두고 있습니다. 그 사이에 정보공개법에 관해 나름
대로 많은 연구가 이루어졌고 법원 판례도 적지 않게 쌓여가지만 본격적인 연구서적은
많지 않은 상황입니다.

정보공개법이 시행되기 이전부터 시민단체(NGO) 활동을 하면서 대통령의 부패 정
치인 및 언론사주 등에 대한 사면 실시에 관한 정보공개 청구, 우리 현대사의 비극인
12·12 및 5·18 수사기록과 이 사건 때 미국 국무부·국방부와 주한 미국대사관 사이에
주고받은 외교문서 등에 대한 정보공개 청구, 국가정보원의 민간인 불법사찰에 대한 정
보공개 청구 등 대통령, 국가정보원장, 외무부 장관, 법무부 장관, 검찰총장, 국세청장
등을 상대로 다양한 정보공개소송을 수행해 온 저자는 그럴 때마다 우리나라 정보공개
법에 관한 연구서의 중요성을 실감해 왔습니다.

우리보다 오랜 역사를 자랑하고 있는 미국은 물론이거니와 우리보다 3년 늦은
1999년에야 정보공개법을 제정한 일본에서도 수많은 정보공개법 저서들이 앞다퉈 출
간되어 정보공개제도에 대한 이해와 인식을 높여주고 있는 점이 부럽기도 했습니다.

보다 실효성 있는 정보공개법 개정을 촉구하는 입법청원도 해보고, 2004년 전면 개

정된 정보공개법에 의하여 신설된 대통령 소속 정보공개위원회에 시민단체의 추천을 받아 초대 위원으로 위촉되어 정보공개에 관한 정책 수립과 제도 개선 등에 미력이나마 참여하기도 하면서 이제는 저자와 같은 아둔한 사람이라도 물꼬를 틀 필요가 있다고 생각하여 감히 이 책을 쓸 용기를 갖게 되었습니다.

이 책은 크게 7장으로 구성되어 있습니다.

〈제1장 정보공개법의 기초이론〉에서는 정보공개법의 개념과 스웨덴 등 유럽 국가, 미국, 캐나다, 일본·중국 등 아시아 국가, 그 외 국가들의 정보공개법을 일별한 다음 우리나라 정보공개법의 역사를 살펴봤습니다. 또한 헌법상 알권리와 법적 성격을 설명한 다음 정보공개법과 행정절차 관련 법률인 정보공개법과 행정절차법, 민원사무 처리에 관한 법률 및 전자정부법과의 관계를 고찰하고, 정보공개와 공무원의 비밀엄수의무와의 관계를 검토했습니다.

〈제2장 정보의 공개 청구 및 공개 절차〉에서는 국가기관 등 공공기관이 보유·관리하는 정보는 국민의 알권리 보장 등을 위하여 적극적으로 공개해야 한다는 정보공개법의 대원칙에 따라 누가, 어느 기관에 대하여, 무엇을, 어떤 방법으로 공개를 청구하고 공개 결정된 정보를 수령하는지, 또한 부분 공개를 하는 경우와 정보공개 실시 비용 문제, 공개 결정된 정보를 어떻게 받아 활용하는지 등 부수적인 문제들을 정보공개법과 교육관련기관의 정보공개에 관한 특례법 및 방송법에 따라 설명했습니다.

〈제3장 정보의 비공개 사유〉에는 공공기관이 공개 청구된 정보를 비공개할 수 있는 사유와 대상, 즉 정보공개법 제9조 제1항에 열거된 8가지의 비공개 사유인 법령비 정보(1호), 국가안전보장 등 국익 관련 정보(2호), 국민의 생명보호 등 공익 관련 정보(3호), 재판·범죄수사 등에 관한 정보(4호), 일반행정업무 수행정보(5호), 개인정보(6호), 법인의 경영상·영업상비밀 관련 정보(7호), 특정인의 이익·불이익 관련 정보(8호) 등과 함께 정보가 부존재하는 경우의 비공개 여부와 공공기관이 공개 청구된 정보의 존재 자체를 응답거부할 수 있는지에 관한 존부응답거부 문제 및 청구인의 정보공개 청구가 권리남용에 해당한다는 이유로 공개를 거부할 수 있는지 여부, 그리고 정보를 공개할 경우에 저작권자의 권리를 침해한다는 이유로 공개를 거부할 수 있는지 등의 문제들을 차례로 분석·검토했습니다.

〈제4장 정보공개 거부에 대한 불복 구제 방법 및 절차〉에서는 정보공개 청구가 거부된 경우 그 불복 구제 절차인 이의신청과 행정심판 및 행정소송의 의의와 심리절차, 정보공개소송의 독특한 심리방식인 드노보 심사(De Novo Review), 인 카메라 심리(In Camera Inspection), 본 인덱스(Vaughn Index, 색인)의 제출명령 제도, 그리고 행정심판 재결이나 판결의 효력 등을 차례로 설명하고, 이러한 행정상 구제방법 이외에 위법한 비공개 결정 등에 대해 청구인이 민사상 국가배상 청구 또는 손해배상 청구를 할 수 있는지 여부 및 공개 청구가 적법하다고 하더라도 손실보상을 청구할 수 있는지와 벌칙 문제 등을 검토했습니다.

〈제5장 정보공개제도와 제3자 보호〉에서는 정보의 공개 청구에 대해 주로 개인정보나 법인의 경영상·영업상 비밀정보를 지키고자 하는 제3자의 보호 필요성과 그의 법적 지위, 정보공개 결정에 대한 제3자의 구제제도인 이의신청, 행정심판, 행정소송(역 정보공개소송) 등 행정상 구제방법과 손해배상 청구 및 손실보상 청구 등 민사상 구제방법을 설명했습니다.

〈제6장 정보공개제도의 관련 기관〉에서는 행정부 이외에 국회, 법원, 헌법재판소, 선거관리위원회 등 헌법기관과 정보공개법 주무부처인 행정자치부 장관, 정보공개에 관한 정책 수립 및 제도 개선에 관한 사항 등을 심의·조정하는 정보공개위원회, 그리고 지방자치단체의 권한과 책무 등 정보공개제도를 설명했습니다.

마지막 〈제7장 열린 정부의 구현을 위하여 : 정보공개제도 개선 방향〉에서는 현행 정보공개법의 문제점과 개정 방향을 지적·제시하고, 보다 개선된 제도 운영을 위하여 정보공개법에 새로 신설할 내용 등을 제안했습니다.

그리고 후속 연구의 편의를 위해 참고문헌과 참고 사이트, 색인(조문·판례·사항) 등을 실었고, 부록에는 우리나라 정보공개법령과 미국, 일본, 중국의 정보공개법 원문과 번역문을 함께 실었습니다. 또한 정보공개와 관련하여 공간된 판례는 물론이거니와 공간되지 않은 판결을 포함한 거의 대부분의 대법원 판례 등과 헌법재판소 결정, 행정심판 재결, 법제처의 유권해석, 그리고 미국과 일본의 주요 판결을 반영했습니다.

미국의 소비자운동가이자 인권변호사인 랠프 네이더(Ralph Nader)는 정보는 민주주의의 통화(通貨) 또는 현금(Information is the currency of democracy)이라고 말했습니다. 정보공개는 민주주의의 산소라고도 합니다(Freedom of information is the oxygen of democracy).

이미 세계 100여 개국에서 정보공개법을 시행하고 있고 더 많은 나라에서 이를 추진하고 있습니다. 이제 정보공개법은 한 나라의 민주주의의 법적 인프라이자 질적 지표라는 의미를 가지게 되었습니다. 정보공개법을 시행하고 있는지, 더 나아가 정보공개법을 얼마나 효율적으로 시행하고 있는가에 따라 그 나라의 민주주의의 수준을 평가하기에 이르게 된 것입니다.

이렇듯 정보공개제도는 단순히 정보의 공개를 청구하고 공개를 받는 국민의 알권리(Right to know)를 넘어 정보권(Right to Information; RTI), 정부 투명성(Government Transparency), 열린 정부 파트너십(Open Government Partnership; OGP) 등으로 진화하고 있습니다.

이 책을 발간하면서 감사의 말씀을 드려야 할 분들이 많습니다.

먼저 게으른 탓에 주로 휴일에야 이 책에 매달리게 되어 잘 모시지 못한 부모님과 불편함을 잘 이해해준 아내와 가족들에게 이 책을 바치고 싶습니다.

또한 저자에게 학부 시절부터 표현의 자유 등 헌법적 가치를 가르쳐주신 은사 허영 경희대 석좌교수님(전 헌법재판연구원장)과 과분한 추천사를 흔쾌히 써주신 염규호 미국 오리건 대학교 교수님께 감사드립니다. 특히 염 교수님은 Jonathan Marshall First Amendment Chair Professor로서 100년 전통을 자랑하는 저널리즘과 매스컴 교육 분야의 미국 최대 학회인 AEJMC(Association for Education in Journalism and Mass Communication) 회장을 맡아 왕성한 활동을 하는 중에도 이 책의 내용에 대해 많은 조언과 지도를 아끼지 않았습니다.

정보공개법 전문가로서 (사)언론인권센터에서 정보공개 시민운동에도 헌신하신 고(故) 엄기열 대구대학교 교수님과 고 김진희 행정학 박사를 비롯한 (사)언론인권센터 사람들, 민주사회를 위한 변호사 모임(민변)과 특히 언론위원회 동지 변호사들께도 감사드립니다. 이분들과 오랫동안 함께한 소중한 경험들이 이 책의 밑바탕이 되었습니다.

어려운 출판 환경에서도 이 책을 기꺼이 출간해 주신 강병철 사장님과 기획·편집·교정에 많이 애써 준 정은영 주간과 출판사 여러 분들께도 감사드립니다.

그리고 지난 22년간 저자의 비서로서 이 책의 자료 수집과 재판 업무를 도와준 제일합동법률사무소 윤선미 씨와 사무실 가족들에게도 감사의 뜻을 전합니다.

끝으로 보면 볼수록 부족하고 미흡한 이 책을 출간하면서 두려움이 크지만 국민의 청구에 의한 소극적이고 수동적인 현재의 정보공개제도가 선제적이고 능동적인 고품격

정보공개제도로 더욱 발전하여 국민의 알권리가 충족되고 국정의 투명성이 제고되어 우리나라의 민주주의와 법치주의가 한층 발전해 나가는 데 이 책이 조금이나마 거름이 되기를 감히 기대해 보면서 독자 여러분의 기탄없는 비판과 충고를 바라 마지않습니다.

2015년 1월
서울 서초동 법률사무소에서
안상운 씀

차례

제1장 정보공개법의 기초이론

참고문헌

정보공개(FOI) 참고 사이트

색인

부록

주요 법령 자료

외국의 정보공개법

정보공개 관련 서식

일러두기

- 이 책에서 '공공기관의 정보공개에 관한 법률'(법률 제12844호, 2014. 11. 19. 일부개정·시행)은 '정보공개법' 혹은 '법'으로, '공공기관의 정보공개에 관한 법률 시행령'(대통령령 제25751호, 2014. 11. 19., 일부개정·시행)은 '정보공개법 시행령' 혹은 '시행령'으로, '공공기관의 정보공개에 관한 법률 시행규칙'(행정자치부령 제8호, 2014. 12. 10., 일부개정·시행)은 '정보공개법 시행규칙' 혹은 '시행규칙'이라고 각각 약칭하며, 법령의 명칭이 생략된 채 그 조항만이 기재된 경우에는 특별한 사정이 없으면 정보공개법령의 해당 조항을 가리킨다.

> 법(혹은 무표시) ⋯ 공공기관의 정보공개에 관한 법률(약칭: 정보공개법)
> 시행령 ⋯ 공공기관의 정보공개에 관한 법률 시행령
> 시행규칙 ⋯ 공공기관의 정보공개에 관한 법률 시행규칙
> 교육관련기관의 정보공개에 관한 특례법(약칭: 교육기관정보공개법)

- 이 책에서 법규의 표시는 ' '로, 논문은 「 」로, 단행본은 『 』으로 표기했다.

- 이 책에서 인용하고 있는 법령은 원칙적으로 2015년 1월 1일 현재 시행 중인 법령을 기준으로 하며, 판례는 2014년 12월 31일까지 선고된 판결과 행정심판 재결 및 유권해석례 등을 대상으로 했으며, 다만 대법원 판결 취지와 중복 또는 배치되거나 판례로서의 의미가 크지 않은 하급심 판결은 생략했다.

- 판례 기재방법은 한국의 경우 헌법재판소·대법원·하급심 선고일 순으로 하고, 미국의 경우는 ABC 순으로, 일본의 경우는 최고재판소와 하급심을 구분하여 선고일 순으로 했다.

- 법원 및 헌법재판소 사건 부호

법원 사건 부호 (발췌)		헌법재판소 사건 부호	
행정1심사건	구합	위헌법률심판사건	헌가
행정1심재정단독사건	구단	탄핵심판사건	헌나
행정항소사건	누	정해당산심판사건	헌다
행정상고사건	두	권한쟁의심판사건	헌라
행정신청사건	아	헌법재판소법 제68조 제1항에 의한 헌법소원심판사건	헌마
민사1심합의사건	가합	헌법재판소법 제68조 제2항에 의한 헌법소원심판사건	헌바
민사1심단독사건	가단	각종 신청사건(국선대리인선임신청, 가처분신청 등)	헌사
민사소액사건	가소	각종 특별사건(재심 등)	헌아
민사항소사건	나		
민사상고사건	다		
형사1심합의사건	고합		
형사1심단독사건	고단		
형사항소사건	노		
형사상고사건	도		

제1장
정보공개법의 기초이론

제1절 정보공개제도 개요

I. 정보공개법의 개념

정보공개법이란 정보공개제도를 정하고 있는 법을 말한다. 형식적인 의미로는 '공공기관의 정보공개에 관한 법률'을 말하나 실질적인 의미로는 국가나 지방자치단체 등의 공공기관이 국민의 청구에 의하여 보유하고 있는 정보를 공개하는 제도를 정보공개제도라고 하므로 이러한 정보의 청구 및 공개 절차 등에 관한 내용을 담고 있는 법률, 시행령 및 시행규칙과 지방자치단체의 조례 및 규칙, 그리고 공공기관의 관련 행정규칙이나 사규 또는 내규 등을 포함한다.[1]

II. 정보공개제도의 의의 및 범위

1. 정보공개제도의 의의

정보공개 및 정보공개제도의 의미는 매우 다양하게 사용되고 있다.

(1) 일반적으로 정보공개란 국가나 지방자치단체 등의 공공기관이 관리하고 있는

---

[1] '교육관련기관의 정보공개에 관한 특례법' 및 같은 법 시행령, 국회 정보공개규칙, 법원 정보공개규칙, 헌법재판소 정보공개규칙, 선거관리위원회 정보공개규칙 등을 말한다.

정보나 공공기관의 정책결정 과정을 국민이나 주민의 청구에 의하여 공개하는 것을 말한다.[2]

넓은 의미의 정보공개제도에는, 첫째, 정보를 공개할 것인가의 여부가 공공기관의 재량에 맡겨져 있는 경우(정보제공제도)와 둘째, 국민의 공개 청구권을 전제로 하지 않고 법령에서 공공기관으로 하여금 일정한 정보의 공개를 의무로 하고 있는 경우(정보공표 제도), 셋째, 국민에게 정보의 공개를 청구할 수 있는 권리를 부여하여 국민으로부터 정보공개를 청구 받은 공공기관은 원칙적으로 해당 정보를 공개할 의무가 있도록 하는 경우(정보공개제도)를 포괄한다.

반면 좁은 의미의 정보공개제도는 국민의 공개 청구권의 행사에 따라 행해지는 정보공개 청구제도, 즉 앞서 본 세 번째 의미의 정보공개제도를 말한다. 다시 말해 정보공개법에 있어서 정보공개라는 개념은 주권자인 국민의 알권리를 충족하기 위하여 정부나 지방자치단체 등 공공기관이 주권자에 대해 설명책무(accountability)의 관점에서 정부정보를 공개하는 것을 의미하므로 공개될 경우 공공기관에 불이익한 정보라고 하더라도 그것이 비공개 대상 정보에 해당되지 아니하는 한 이를 은폐하거나 비공개하는 것은 허용되지 않는다는 점이 특징이다.[3] 다만 알권리는 국민의 입장에서 본 것인 반면 설명책무는 공공기관의 입장에서 본 것이다.

(2) 정보공개제도는 공개를 구하는 정보에 대해 특별히 이해관계를 갖는 자에게만 공개 청구권을 부여하는 주관적 정보공개 청구제도와 청구인의 개인적 이해관계와 관계없이 국민 일반에게 공개 청구권을 부여하는 객관적 정보공개 청구제도로 구분할 수 있다.

주관적 정보공개 청구제도는 주로 개인정보나 국민의 권리의무관계를 증명하는 정보를 대상으로 한다. 예컨대 국민의 재산관계나 신분관계 등을 공적으로 증명해주는 공적 증명서류 가령 주민등록표와 가족관계등록부, 자동차등록원부 등을 열람하거나 그 등본 또는 초본의 교부를 받으려는 자는 원칙적으로 본인이나 세대원으로 한정되고 그

---

2) 김중양, 『정보공개법』, 법문사, 2000, 23쪽; 이구현, 『미디어와 정보공개법』, 한국언론재단, 2004, 50쪽 이하; 홍정선, 『행정법원론(상)』(21판), 박영사, 2013, 594쪽; 경건, 「정보공개 청구제도에 관한 연구 : 일반 행정법 이론체계와의 관련에서」, 서울대학교, 1998; 권형준, 「정보공개제도에 관한 고찰」, 『현대 헌법학의 이론적 전개와 조망』, 금석 권형준 교수 정년기념논문집, 2013, 296~322쪽; 松井茂記, 『情報公開法』, 有斐閣, 2001, 1쪽.
3) 宇賀克也, 『新.情報公開法の逐條解說』(5판), 有斐閣, 2010, 1~2쪽(이 책의 번역서로는 서정범 역, 『新정보공개법의 축조해설』, 세창출판사, 2010이 있다).

외의 자는 본인이나 세대원의 위임이 있거나 채권·채무관계 등 정당한 이해관계가 있는 자가 신청하는 경우, 그 밖에 공익상 필요한 경우에 한하여 허용되고 있다.

반면 정보공개법에서 말하는 정보공개제도란 국가나 지방자치단체 등이 보유하는 정보를 그 공개를 청구하는 누구에게나 공개하는 제도, 즉 객관적 정보공개제도를 말한다.

부동산등기부와 상업등기부, 지적공부, 건축물대장은 수수료만 내면 열람하거나 증명서의 발급을 청구할 수 있다(부동산등기법 제19조, 상업등기부 제10조, 측량·수로조사 및 지적에 관한 법률 제75조, 건축법 제38조와 이에 따른 건축물대장의 기재 및 관리 등에 관한 규칙 제11조 제1항). 이러한 등기부나 지적공부는 단순히 국가사무의 편의만을 위하여 작성·비치하는 것이 아니며 일반 국민에게 공개하여 정당하게 이용할 수 있게 하는 것이 원칙이고, 그래서 관련 법률에서 일반 국민에게 지적공부의 열람과 등본의 교부신청을 할 수 있음을 규정하고 있다. 이 신청을 거부하는 행위는 그 거부행위가 정당한 것인지 여부는 별론으로 하고, 항고소송의 대상이 되는 행정처분에 해당한다.[4]

이처럼 개별 법률 중에는 정보의 공표나 공개, 열람 등의 정보공개의무제도, 누구에게라도 열람이나 등본·사본의 교부를 인정하는 객관적 정보공개 청구제도, 이해관계인에게 열람이나 등본·사본 교부를 인정하는 주관적 정보공개 청구제도를 정하고 있거나, 반대로 정보를 공개하는 것을 금지하는 제도를 규정하고 있는 예도 적지 않게 존재한다. 정보공개법과 이들 법률 규정과는 그 취지, 목적, 절차 등은 다르지만 상호 배타적인 것은 아니므로 기본적으로 양자가 병행하여 적용된다. 다만 개별 법률에 의해 정보에 대한 접근이 정보공개법과 동일한 조건으로 이루어지는 것이거나 누구에게라도 예외 없이 열람이나 복사 등 공개할 수 있는 경우라면 굳이 정보공개법을 적용할 필요는 없을 것이다.

2. 정보제공제도

(1) 공공기관이 국민의 공개 청구에 의해서가 아니라 그 재량에 의해 정보를 공개하는 정보제공제도는 공공기관에서 일정한 정보를 국민의 편의를 위하여 제공하는 것이다. 이것은 어디까지나 일정한 행정목적을 위하여 공공기관의 입장에서 정보를 선택하

---

4) 대법원 1992. 5. 26. 선고 91누5952 판결.

고 재량적으로 제공하는 것이므로 공공기관이 일정한 정보를 공개하지 아니하더라도 그 자체를 위법이라고 할 수는 없다.

종종 정부가 정보를 공표한다든가 공개하는 때에 널리 정보공개라고 하는 용어를 사용하는 경우도 있으나(독점규제 및 공정거래에 관한 법률 제14조의5에 따른 상호출자제한기업집단에 관한 정보공개 등) 정보공개법에서의 정보공개란 국민에게 정보공개 청구권이 제도적으로 보장되어 있고 이에 대응하는 공공기관의 정보공개 의무가 당연히 전제되어 있는 경우를 말한다. 따라서 그것은 정보의 공개 청구에 대해 이를 거부당한 경우에 실효적인 구제방법이 보장되어야 한다. 그렇지 아니하고 정보의 공개를 공공기관의 재량에 맡겨진 것뿐인 제도, 즉 정보제공제도는 정보공개법에서 말하는 정보공개제도라고 하지 않는다.

그러나 이러한 정보에 대해서도 국민의 알권리는 보장되어야 하므로 국민은 이에 대해서 공개를 청구할 수 있고 공공기관이 이를 거부할 때에는 불복 절차를 취할 수 있다.

(2) 정보공개법에서는 정보제공제도에 관하여는 특별히 규정하지 않고 있지만 개별 법령에서는 정보제공제도를 두고 있다.

가령 공정거래위원회는 전자상거래 및 통신판매의 공정거래질서 확립과 소비자 피해 예방을 위하여 공정거래위원회가 전자적인 방법 등을 이용하여 사업자나 전자상거래 또는 통신판매에서의 소비자보호 관련 단체가 정보통신망에 공개한 공개정보를 검색한 정보 중 사업자의 위반행위 그 밖에 소비자 피해 예방을 위하여 필요한 관련 정보를 공개할 수 있다(전자상거래 등에서의 소비자보호에 관한 법률 제28조). 또한 공정거래위원회는 특수판매의 공정거래질서 확립과 소비자 피해 예방을 위하여 필요한 경우에는 대통령령으로 정하는 바에 따라 특수판매업자의 법 위반행위에 대한 조사 결과 등 부당행위에 대한 정보를(방문판매 등에 관한 법률 제45조), 선불식 할부거래에서의 공정거래질서 확립과 소비자 피해 예방을 위하여 필요한 경우에는 선불식 할부거래업자의 이 법 위반행위에 대한 조사 결과 등 부당행위에 대한 정보를 공개할 수 있다(할부거래에 관한 법률 제36조).

이외에도 공정거래위원회는 과도한 경제력 집중을 방지하고 기업집단의 투명성 등을 제고하기 위하여 상호출자제한기업집단에 속하는 회사에 대한 상호출자제한기업집단에 속하는 회사의 일반 현황, 지배구조 현황 등에 관한 정보로서 대통령령으로 정하는 정보,[5] 상호출자제한기업집단에 속하는 회사 간 또는 상호출자제한기업집단에 속하는 회사와 그 특수관계인 간의 출자, 채무보증, 거래관계 등에 관한 정보로서 대통령령으로 정하는 정보[6]를 공개할 수 있다(독점규제 및 공정거래에 관한 법률 제14조의5 제1항). 이러한 정보의 효율적 처리 및 공개를 위하여 공정거래위원회는 정보시스템을 구축·운영할 수 있고(독점규제 및 공정거래에 관한 법률 제14조의5 제2항), 그 외의 정보공개에 관해서는 '공공기관의 정보공개에 관한 법률'이 정하는 바에 따라 공개한다(같은 법 제14조의5 제3항).

전자정부법 제9조의2는 행정자치부 장관은 민원인에게 중앙행정기관과 그 소속기관, 지방자치단체 및 공공기관이 보유한 본인의 건강검진일, 예방접종일, 운전면허갱신일 등 생활정보를 열람할 수 있는 서비스를 제공할 수 있고, 생활정보 열람서비스의 종류는 행정자치부 장관이 관계 중앙행정기관 등의 장과 협의를 거쳐 결정·고시한다고 규정하고 있다(같은 조 제1항·제2항). 특별자치시장, 특별자치도지사, 시장, 군수 및 자치구의 구청장 등 지방자치단체의 장은 민원인이 공공서비스 목록의 열람을 신청하면 등록시스템을 통하여 민원인에게 필요한 공공서비스 목록을 제공할 수 있다(같은 법 제12조의4 제1항).

건강보험공단은 일정 액수 이상의 건강보험료 등을 체납한 사람에 대한 인적사항 및 체납액 등을 공개할 수 있다(고용보험 및 산업재해보상보험의 보험료 징수 등에 관한 법률 제28조의6 제1항).

---

5) 독점규제 및 공정거래에 관한 법률 시행령 제21조의3(상호출자제한기업집단의 현황 등에 관한 공개정보의 범위) ① 법 제14조의5(상호출자제한기업집단의 현황 등에 관한 정보공개) 제1항 제1호에서 '대통령령으로 정하는 정보'란 다음 각 호의 어느 하나에 해당하는 정보를 말한다.
  1. 상호출자제한기업집단에 속하는 회사의 명칭, 사업 내용, 주요 주주, 임원, 재무 상황, 그 밖의 일반 현황
  2. 상호출자제한기업집단에 속하는 회사의 이사회 및 '상법' 제393조의2(이사회 내 위원회)에 따라 이사회에 설치된 위원회의 구성·운영, 주주총회에서의 의결권 행사 방법, 그 밖의 지배구조 현황
6) 독점규제 및 공정거래에 관한 법률 시행령 제21조의3(상호출자제한기업집단의 현황 등에 관한 공개정보의 범위) ① (생략)
  ② 법 제14조의5(상호출자제한기업집단의 현황 등에 관한 정보공개) 제1항 제2호에서 '대통령령으로 정하는 정보'란 다음 각 호의 어느 하나에 해당하는 정보를 말한다. 〈개정 2009. 5. 13.〉
  1. 상호출자제한기업집단에 속하는 회사 간 또는 상호출자제한기업집단에 속하는 회사와 그 특수관계인 간의 주식소유 현황 등 출자와 관련된 현황
  2. 상호출자제한기업집단에 속하는 회사 간의 법 제10조의2(계열회사에 대한 채무보증의 금지) 제2항에 따른 채무보증 현황
  3. 상호출자제한기업집단에 속하는 회사 간 또는 상호출자제한기업집단에 속하는 회사와 그 특수관계인 간의 자금, 유가증권, 자산, 상품, 용역, 그 밖의 거래와 관련된 현황

민주화운동관련자명예회복및보상심의위원회는 신청인 또는 신청인으로부터 위임을 받은 자의 심사와 관련된 자료의 공개 요구가 있을 경우 '공공기관의 정보공개에 관한 법률' 및 '개인정보 보호법'에 의하여 관련 자료를 공개할 수 있다(민주화운동 관련자 명예회복 및 보상 등에 관한 법률 시행령 제19조의2).

국가는 범죄피해자가 요청하면 가해자에 대한 수사 결과, 공판기일, 재판 결과, 형 집행 및 보호관찰 집행 상황 등 형사절차 관련 정보를 대통령령으로 정하는 바에 따라[7] 제공할 수 있다(범죄피해자 보호법 제8조 제2항).[8]

국토교통부 장관은 다음 해의 공간정보산업 관련 공공수요를 조사하여 공개할 수 있고 국내외 공간정보산업의 기술 및 시장동향 등 공간정보산업 전반에 관한 정보를 종합적으로 조사하여 공개할 수 있다(공간정보산업 진흥법 제5조 제1항·제3항).

3. 정보공표제도

(1) 정보공개법은 국민의 공개 청구권을 전제로 하지 않고 법령에 의하여 공공기관으로 하여금 일정한 정보를 공개할 의무를 부과하고 있는 정보공표제도를 명시하고 있다(주민등록법 제29조, '가족관계의 등록 등에 관한 법률' 제14조, 자동차관리법 제7조 제4항).[9] 즉, 국가나 지방자치단체 등 공공기관은 ① 국민생활에 매우 큰 영향을 미치는 정책에 관한 정보 ② 국가의 시책으로 시행하는 공사 등 대규모의 예산이 투입되는 사

---

7) 범죄피해자 보호법 시행령 제10조(범죄피해자에 대한 형사절차 관련 정보의 제공) ① 법 제8조에 따라 범죄피해자에게 제공할 수 있는 형사절차 관련 정보(이하 '형사절차 관련 정보'라 한다)의 세부사항은 다음 각 호와 같다.
1. 수사 관련 사항: 수사기관의 공소 제기, 불기소, 기소중지, 참고인 중지, 이송 등 처분 결과
2. 공판 진행 사항: 공판기일, 공소 제기된 법원, 판결 주문(主文), 선고일, 재판의 확정 및 상소 여부 등
3. 형 집행 상황: 가석방, 석방, 이송, 사망 및 도주 등
4. 보호관찰 집행 상황: 관할 보호관찰소, 보호관찰·사회봉사·수강명령의 개시일 및 종료일, 보호관찰의 정지일 및 정지 해제일 등
② 형사절차 관련 정보는 범죄피해자에게 제공하는 것을 원칙으로 한다. 다만, 범죄피해자의 명시적인 동의가 있는 경우에는 범죄피해자 지원법인에도 해당 정보를 제공할 수 있다.
③ 범죄피해자가 형사절차 관련 정보를 요청한 경우 해당 국가기관은 이를 제공해야 한다. 다만, 형사절차 관련 정보의 제공으로 사건 관계인의 명예나 사생활의 비밀 또는 생명·신체의 안전이나 생활의 평온을 해칠 우려가 있는 경우에는 형사절차 관련 정보를 제공하지 아니할 수 있다.
④ 형사절차 관련 정보의 제공은 서면, 구두, 모사전송, 그 밖에 이에 준하는 방법으로 해야 한다.
8) 이에 따라 '범죄피해자 보호 및 지원에 관한 지침'(대검찰청 예규 제740호, 2014. 12. 11., 일부개정)이 시행되고 있다.
9) 행정처분 당사자 등이 공공기관에 대해 자신과 관련된 문서열람청구권을 규정하고 있는 행정절차법 제37조와 양자가 된 사람이 중앙입양원 또는 입양기관에 대하여 자신과 관련된 입양정보의 공개를 청구할 수 있다고 규정하고 있는 입양특례법 제36조도 주관적 정보공개청구제도라고 볼 수 있다.

업에 관한 정보 ③ 예산집행의 내용과 사업평가 결과 등 행정감시를 위하여 필요한 정보 ④ 그 밖에 공공기관의 장이 정하는 정보에 대해서는 그것이 정보공개법 제9조 제1항 각 호에 규정된 8가지의 비공개 대상 정보가 아닌 한 공개의 구체적 범위, 공개의 주기·시기 및 방법 등을 미리 정하여 공표하고, 이에 따라 정기적으로 공개해야 한다 (제7조 제1항).

정보공개법 시행령은 이를 좀 더 구체화하여 ① 식품·위생, 환경, 복지, 개발사업 등 국민의 생명·신체 및 재산 보호와 관련된 정보 ② 교육·의료·교통·조세·건축·상하수도·전기·통신 등 국민의 일상생활과 관련된 정보 ③ '국가를 당사자로 하는 계약에 관한 법률 시행령' 제92조의2[10]에 따른 계약 관련 정보 ④ '지방자치단체를 당사자로 하는 계약에 관한 법률 시행령' 제31조[11]에 따른 수의계약 내역 정보 ⑤ 국가재정법 제9조[12]에 따른 재정정보 ⑥ 지방재정법 제60조[13]에 따른 재정운용상황에 관한 정보 ⑦ 그 밖

---

10) 국가를 당사자로 하는 계약에 관한 법률 시행령
제92조의2(계약관련 정보의 공개) ① 각 중앙관서의 장 또는 계약담당공무원은 분기별 발주계획, 계약체결 및 계약변경에 관하여 기획재정부령이 정하는 사항을 지정정보처리장치 또는 제39조 제1항 단서에 따라 각 중앙관서의 장이 지정·고시한 정보처리장치에 공개해야 한다. 다만, 제26조 제1항 제1호 가목 중 작전상의 병력 이동에 따른 사유와 제26조 제1항 제1호 나목 및 같은 항 제5호 라목에 따른 사유로 인하여 체결하는 수의계약의 경우에는 그러하지 아니하다.
② 각 중앙관서의 장 또는 계약담당공무원은 제1항 본문의 규정에 의한 공개내용에 변경이 있는 경우에는 변경된 사실을 지체 없이 공개해야 한다.
11) 지방자치단체를 당사자로 하는 계약에 관한 법률 시행령
제31조(수의계약 내역의 공개) 지방자치단체의 장 및 계약담당자는 수의계약을 체결한 경우 계약 내용을 공개하여야 한다. 이 경우 공개 사항 및 기간 등에 관하여는 제124조를 준용한다.
제124조(계약정보의 공개) ① 지방자치단체의 장 또는 계약담당자는 법 제43조에 따라 다음 각 호의 사항을 해당 지방자치단체의 인터넷 홈페이지에 공개하여야 한다.
1. 발주계획(사업명, 발주물량 또는 그 규모, 예산액을 포함한다)
2. 입찰공고(제30조 제2항에 따라 2인 이상으로부터 견적서를 제출받은 수의계약의 공고를 포함한다)의 내용
3. 개찰의 결과
4. 계약체결의 현황(하도급 현황을 포함한다)
5. 계약내용의 변경에 관한 사항
6. 감리·감독·검사의 현황
7. 대가의 지급 현황
② 지방자치단체의 장 또는 계약담당자는 제1항 각 호의 사항을 지정정보처리장치 또는 '지방재정법' 제96조의2 제1항에 따른 정보시스템에 지체 없이 입력하여야 한다. 〈개정 2014. 11. 28〉
③ 지정정보처리장치의 관리자는 지방자치단체가 '지방재정법' 제96조의2 제1항에 따른 정보시스템과의 연계를 요청하는 경우에는 상호 연계가 가능하도록 적극 협조하여야 한다. 〈개정 2014. 11. 28〉
④ 제1항에 따른 계약정보의 공개는 계약이행 완료일부터 5년 이상 하여야 한다.
⑤ 제1항에도 불구하고 '초·중등교육법' 제2조에 따른 학교(국립 및 사립학교는 제외한다)가 체결하는 계약의 공개 사항에 대해서는 교육부 장관이 따로 정할 수 있다.
[전문개정 2014. 2. 5.]

에 법령에서 공개, 공표 또는 공시하도록 정한 정보 ⑧ 국회 및 지방의회의 질의 및 그에 대한 답변과 국정감사 및 행정사무 감사 결과에 관한 정보[14] ⑨ 기관장의 업무추진비에 관한 정보 ⑩ 그 밖에 공공기관의 사무와 관련된 ①~⑨에 준하는 정보를 포함하여 국민에게 알려야 할 필요가 있는 정보를 공개하도록 하고 있다(시행령 제4조 제1항).

그 외에도 공공기관은 국민이 알아야 할 필요가 있는 정보를 국민에게 공개하도

---

12) 국가재정법 제9조(재정정보의 공표) ① 정부는 예산, 기금, 결산, 국채, 차입금, 국유재산의 현재액 및 통합재정수지 그 밖에 대통령령이 정하는 국가와 지방자치단체의 재정에 관한 중요한 사항을 매년 1회 이상 정보통신매체·인쇄물 등 적당한 방법으로 알기 쉽고 투명하게 공표해야 한다.
② 기획재정부장관은 각 중앙관서의 장에게 제1항의 규정에 따른 재정정보의 공표를 위하여 필요한 자료의 제출을 요구할 수 있다.
13) 지방재정법 제60조(지방재정 운용상황의 공시) ① 지방자치단체의 장은 예산 또는 결산의 확정 또는 승인 후 2개월 이내에 예산서와 결산서를 기준으로 다음 각 호의 사항을 주민에게 공시하여야 한다.
  1. 세입·세출예산의 운용 상황(성과계획서와 성과보고서를 포함한다)
  2. 재무제표
  3. 채권관리 현황
  4. 기금운용 현황
  5. 공유재산의 증감 및 현재액
  6. 지역통합재정통계
  7. 지방공기업 및 지방자치단체 출자·출연기관의 경영정보
  8. 중기지방재정계획
  9. 제36조의2 및 제53조의2에 따른 성인지 예산서 및 성인지 결산서
  10. 제38조에 따른 예산편성기준별 운영 상황
  11. 제44조의2 제1항 제1호에 따른 재정운용상황 개요서
  12. 제55조 제3항에 따른 재정건전화계획 및 그 이행 현황
  13. 제87조의3에 따른 재정건전성관리계획 및 이행 현황
  14. 투자심사사업, 지방채 발행사업, 민간자본 유치사업, 보증채무사업의 현황
  15. 지방보조금 관련 다음 각 목의 현황
    가. 교부 현황
    나. 성과평가 결과
    다. 지방보조금으로 취득한 중요재산의 변동사항
    라. 교부결정의 취소 등 중요 처분내용
  16. 그 밖에 대통령령으로 정하는 재정 운용에 관한 중요 사항
② 제1항 각 호의 사항은 주민이 이해하기 쉽도록 행정자치부 장관이 정하는 바에 따라 작성하여야 하며, 불가피한 사유가 있는 경우를 제외하고는 항상 보거나 자료를 내려 받을 수 있도록 인터넷 홈페이지 등을 통하여 공시하여야 한다. 〈개정 2014. 11. 19.〉
③ 제1항에 따른 공시 내용의 적정성 등을 심의하기 위하여 지방자치단체의 장 소속으로 지방재정공시심의위원회를 두되, 그 구성 등에 관하여는 제32조의3 제2항부터 제5항까지를 준용한다. 이 경우 '지방보조금심의위원회'는 '지방재정공시심의위원회'로 본다.
④ 지방자치단체의 장은 제1항에 따라 공시한 내용을 공시한 날부터 5일 이내에 지방의회와 시·군·자치구의 경우는 시·도지사에게, 시·도는 행정자치부장관에게 보고하여야 한다. 이 경우 시·도지사는 관할 시·군·자치구의 내용을 포함하여 보고하여야 한다. 〈개정 2014. 11. 19.〉
⑤ 제1항부터 제4항까지에서 규정한 사항 외에 공시에 필요한 사항은 대통령령으로 정한다.
14) [법제처 12-0203, 2012. 4. 27, 행정안전부] 국회법 제128조를 근거로 국회 상임위원회나 국회의원이 정부 부처에 하는 서류제출 요구와 그에 따른 정부 부처의 서류제출은 '공공기관의 정보공개에 관한 법률 시행령' 제4조 제1항 제4호의 '국회의 질의 및 그에 대한 답변'에 해당한다고 볼 수 없다.

록 적극적으로 노력해야 할 의무가 있다(제7조 제2항). 따라서 공공기관은 위의 정보를 정보통신망을 이용하거나, 정부간행물의 발간·판매 등 다양한 방법으로 국민에게 공개해야 하고(시행령 제4조 제2항), 행정자치부 장관은 공공기관이 공표한 정보의 이용편의를 위하여 종합목록을 발간하거나 그 밖에 필요한 조치를 할 수 있다(시행령 제4조 제3항).

더 나아가 공공기관 중 중앙행정기관과 중앙행정기관의 소속 기관, '행정기관 소속 위원회의 설치·운영에 관한 법률'에 따른 위원회, 지방자치단체, 초·중등교육법 제2조에 따른 각급 학교, '공공기관의 운영에 관한 법률' 제5조에 따른 공기업 및 준정부기관은 전자적 형태로 보유·관리하는 정보 중 공개 대상으로 분류된 정보를 국민의 정보공개 청구가 없더라도 정보통신망을 활용한 정보공개시스템 등을 통하여 공개해야 한다(제8조의2, 시행령 제5조의2).

이러한 공공기관의 의무는 넓은 의미의 정보공개제도인 정보공표제도를 말한다. 그런데 반복·계속하여 공개 청구되는 정보로서 공개 대상인 정보에 대해서는 이를 정보공표 의무가 있는 정보(제7조 제1항) 또는 즉시 처리가 가능한 정보(제16조)로 규정할 필요가 있다. 미국 법무부의 정보공개(FOIA) 가이드라인에서는 3회 반복하여 공개 청구를 받아 공개한 기록은 정보제공 대상으로 삼고 있다.[15]

(2) 정보공개법령이 아닌 개별 법령에서 공공기관으로 하여금 일정한 정보의 공개 또는 공표를 하도록 하거나 국민의 열람 또는 복사를 허용하는 경우가 있다.

행정청이 국민생활에 매우 큰 영향을 주는 사항, 많은 국민의 이해가 상충되는 사항, 많은 국민에게 불편이나 부담을 주는 사항, 그 밖에 널리 국민의 의견을 수렴할 필요가 있는 사항에 대한 정책이나 제도 및 계획을 수립·시행하거나 변경하려는 경우에는 이를 예고하도록 하고 있는 행정절차법 제46조, 국민생활과 관련된 행정정보의 전자적 제공 의무를 규정하고 있는 전자정부법 제12조, 공공기관으로 하여금 국가안보상 필요한 경우가 아니면 경영목표와 예산 및 운영계획, 결산서, 이사회 회의록, 그 밖에 공공기관의 경영에 관한 중요한 사항을 인터넷 홈페이지를 통하여 공시하고, 사무소에 필요한 서류를 비치하도록 하며 이를 열람하게 하거나 그 사본이나 복제물을 내주어야 한다는

---

15) 宇賀克也, 『情報公開·個人情報保護—最新重要裁判例·審査會答申の紹介と分析』, 有斐閣, 2013, 23~24쪽 참조.

'공공기관의 운영에 관한 법률' 제11조, 공직후보자에 대한 재산·병역·납세·전과·학력 정보 등을 일정기간 공개하여야 한다는 공직선거법 제49조,[16] 정치자금에 관한 회계보고서 등을 공고일로부터 3개월간은 누구든지 볼 수 있으며, 회계보고서, 정치자금의 수입·지출내역 등에 대한 사본교부를 관할 선거관리위원회에 신청할 수 있다는 정치자금법 제42조, 통계작성기관이 통계를 작성한 때에는 그 결과를 지체 없이 공표하여야 한다는 통계법 제27조, 국가와 지방자치단체는 사회보장제도에 관하여 국민이 필요한 정보를 관계 법령에서 정하는 바에 따라 공개하고, 홍보하여야 하고, 사회보장 관계 법령에서 정하는 바에 따라 사회보장에 관한 사항을 해당 국민에게 알려야 한다는 사회보장기본법 제33조, 국가 및 지방자치단체는 가족구성원에게 건강한 가정생활을 영위하는 데 도움이 되는 정보를 최대한 제공하고 가정생활에 관한 정보관리체계를 확립하여야 한다는 건강가정기본법 제11조, 국무총리·중앙행정기관의 장·지방자치단체의 장 및 공공기관평가를 실시하는 기관의 장은 평가결과를 전자통합평가체계 및 인터넷 홈페이지 등을 통하여 공개하도록 하고 있는 정부업무평가기본법 제26조, 규제개혁위원회는 중앙행정기관별 규제정비 계획을 종합하여 정부의 규제정비 종합계획을 수립하고, 국무회의의 심의를 거쳐 대통령에게 보고한 후 그 내용을 관보에 게재하거나 인터넷 홈페이지 등을 이용하여 국민에게 알려야 한다는 행정규제기본법 제20조, 국방부 장관 및 방위사업청장은 방위사업을 추진함에 있어서 의사결정 과정 및 내용에 관한 정보를 정보공개법이 정하는 바에 따라 공개하여야 하고, 총사업비 5천억 원(연구개발의 경우 500억 원) 이상의 방위력개선사업에 대한 분석·평가 결과 및 정책반영 결과를 지체 없이 국회 소관 상임위원회에 제출하여야 한다는 방위사업법 제5조, 국유재산을 관리하는 총괄청은 국유재산의 효율적인 관리와 처분을 위하여 보유·관리하고 있는 정보(국유재산의 취득, 처분 및 보유 규모와 사용허가, 대부 및 매각이 가능한 국유재산 현황 그 밖에 국유재산의 중요 정책 등에 관한 현황)를 정보통신망을 활용한 정보공개시스템을 통하여 공표하여야 한다는 국유재산법 제76조, 기획재정부 장관으로부터 국가재정법에 따른 예비

---

16) 대법원 2005. 6. 9. 선고 2004수54 판결, 국회의원선거에 있어서 후보자 정보공개자료에서 당선인의 세금체납사실이 누락되었으나, 당선인의 체납사실이 중앙선거관리위원회의 정치포털사이트의 게재와 언론보도 및 후보자 정보공개자료 공고 등을 통하여 선거인들에게 널리 알려졌고 위 누락으로 후보자정보에 대한 선거인들의 알권리와 투표권 행사에 특별한 지장이 초래되었다고 보이지 않고, 당선인과의 부재자투표에서 득표수의 표 차이와 전체 투표에서 득표수의 차이를 감안하여 본다면 후보자 정보공개자료에서 당선인의 체납사실의 누락으로 인하여 선거 결과에 영향을 미쳤다고 할 수 없다고 한 사례.

타당성 조사 및 타당성 재조사를 의뢰 받은 전문기관의 장은 수요예측자료 등 예비타당성 조사결과에 관한 자료를 정보공개법 제7조에 따라 공개하여야 한다는 국가재정법 제38조의2, 한국투자공사는 공사경영 및 투자정책과 관련된 재무제표 및 회계기준, 회계감사보고서, 운영위원회가 의결한 중장기 투자정책 등 자료, 회계연도마다 위탁받은 자산에 대한 공사의 자산운용실적 등과 관련한 총 자산운용규모, 총자산에 대한 운용수익률, 대통령령이 정하는 자산군별 구성비 및 수익률, 운용전문인력의 변경 등의 자료를 공고하고 인터넷에 게시하여야 한다는 한국투자공사법 제36조, 환경영향평가법에 따라 개발기본계획을 수립하려는 행정기관의 장은 주민 등의 의견 수렴 결과와 반영 여부를 공개하여야 하고, 환경부 장관은 정보지원시스템 등을 이용하여 환경영향평가서 등을 정보공개법에서 정하는 바에 따라 공개할 수 있다는 환경영향평가법 제13조 및 제66조, 일정한 기준량 이상의 온실가스 배출업체 및 에너지 소비업체(관리업체)는 온실가스 감축 목표, 에너지 절약 목표 및 에너지 이용효율 목표에 관한 정부의 개선명령에 따른 이행결과를 측정·보고·검증이 가능한 방식으로 작성하여 공신력 있는 외부 전문기관의 검증을 받아 정부에 보고하고 공개하여야 하고, 부문별 관장기관은 명세서에 포함된 주요 정보를 관리업체별로 부문별 관장기관의 홈페이지 등을 통하여 전자적 방식으로 공개할 수 있다는 저탄소 녹색성장 기본법 제44조, 녹색기업과 공공기관 및 환경영향이 큰 기업 등은 환경보호, 자원절약, 환경오염물질 배출 저감 등의 관리를 위한 목표 및 주요활동 계획과 환경관리를 위한 제품 및 서비스의 개발·활용에 관한 사항과 환경관리 성과에 관한 사항 및 녹색경영에 관한 사항에 해당하는 환경정보가 부정경쟁방지 및 영업비밀보호에 관한 법률에 따른 영업비밀에 해당하지 아니하면 이를 작성·공개하여야 한다는 환경기술 및 환경산업 지원법 제16조의8, 방사성폐기물 관리사업자는 방사성폐기물 관리시설에의 방사성폐기물 반입 현황 및 전망과 그 관리에 관한 정보를 국민에게 알려야 한다는 방사성폐기물 관리법 제12조, 세무공무원은 납세자가 납세자의 권리 행사에 필요한 정보를 요구하면 신속하게 정보를 제공하여야 하고 또한 일정 액수 이상의 국세, 지방세, 관세를 체납하거나 포탈한 자의 인적사항 및 체납액 등을 공개할 수 있다는 국세기본법 제81조의14 및 제85조의5(지방세기본법 제140조 및 관세법 제116조의2도 같은 취지이다), 일정 금액 이상의 기부금품을 모집하려는 자로부터 모집·사용계획서를 등록받은 등록청(행정자치부 장관 또는 특별시장·광역시장·도지사·특별자치도지사)은 정보공개법에 따라 기부금품의 모집과 사용에 관한 정보를 공개하여야 하며 모집자가 기부금품의 모집을 중단하거나 끝낸 때 또는 모집된 기부금품을 사용하거나 다른 목적에 사용한 때에는 그 결과를 공개하여야 한다는 기부금품의 모집 및 사용에 관한 법률 제4조, 제8조 및 제14조 제2항, 국민안전처 장관은 정보공개법 제7조에 따라 의연금품의 모집과 사용에 관한 정보를 공개하여야 한다는 재해구호법 제21조, 국가, 지방자치단체, 공공기관의 장은 공공정보의 이용을 활성화하기 위하여 보유·관리하는 공공정보에 대한 이용 조건·방법 등을 공개하여야 한다는 콘텐츠산업 진흥법 제11조, 정부는 공공정보의 디지털화를 촉진하여 이러닝콘텐츠의 개발이 활성화될 수 있도록 이러닝사업자가 공공정보를 이러닝콘텐츠로 제작·이용하려 할 때에는 해당 기관이 보유·관리하는 정보 중 정보공개법 제9조에 따른 비공개 대상 정보를 제외한 정보를 공개하여야 한다는 이러닝(전자학습)산업 발전 및 이러닝 활용 촉진에 관한 법률 제22조, 법원은 아동·청소년대상 성폭력범죄를 저지른 자 등이 아동·청소년이 아니면 판결로 성명, 나이, 주소 등 신상정보를 일정한 등록기간 동안 정보통신망을 이용하여 공개하도록 하는 명령을 등록대상 사건의 판결과 동시에 선고하여야 하고 여성가족부 장관은 정보통신망을 이용하여 공개명령을 집행한다는 아동·청소년의 성보호에 관한 법률 제49조 및 제52조,[17)18)] 교육감은 학교폭력의 실태를 파악하고 학교폭력에 대한 효율적인 예방대책을 수립하기 위해 학교폭력 실태조사를 연 2회 이상 실시하고 그 내용을 학교폭력대책위원회와 학교폭력대책지역위원회에 보고하고 공표해야 한다는 학교폭력예방 및 대책에 관한 법률 제11조,[19)] 또한 교육감은 국민의 알권리를 보장하고 학원과 교습소 운영의 투명성을 높이기 위하여 교육감에게 등록 또는 신고한 교습비 등을 학원 종류별, 교습과정별, 지역교육청별 또는 시·군·구별로 분류하여 시·도교육청 홈페이지 등에 공개하여야 한다는 학원의 설립·운영 및 과외교습에 관한 법률 제15조의2, 국가 및 지방자치단체는 소비자의 권익과 관련된 주요시책 및 주요결정사항을 소비자에게 알려야 하고, 소비자가 물품 또는 용역을 합리적으로 선택할 수 있도록 하기 위하여 물품 또는

---

17) 헌법재판소 2003. 6. 26. 선고 2002헌가14 결정은 "청소년의 성보호에 관한 법률(2000. 2. 3. 법률 제6261호로 제정된 것) 제20조 제2항 제1호, 제5항은 헌법에 위반되지 아니한다"고 판시했다. 이 결정에 대한 평석으로는 정연주, 「신상공개제도와 세부 정보공개제도(안)에 대한 헌법적 검토─헌재결 2003. 6. 26. 2002헌가14 중심으로」, 『헌법판례연구』 제7권, 박영사, 2005, 82~110쪽, 참조.

18) 박원경, 「신상정보공개의 본질과 소급적용의 한계」, 『판례연구』 제26집 2호, 서울지방변호사회, 2012, 161~181쪽; 박찬걸, 「특정 성범죄자의 신상정보 활용제도의 문제점과 개선방안: 성범죄자 등록·고지·공개제도를 중심으로」, 『법학논총』 제27권 제4호(2010. 12), 한양대학교, 99~120쪽 참조.

19) 2013년부터 각 학교별 일진 상태 등이 학교정보공시사이트(www.schoolinfo.go.kr)를 통해 공개되고 있다.

용역의 거래조건·거래방법·품질·안전성 및 환경성 등에 관련되는 사업자의 정보가 소비자에게 제공될 수 있도록 필요한 시책을 강구하여야 한다는 소비자기본법 제13조, 주택건설사업 또는 대지조성사업을 시행하는 사업주체는 일반인에게 공급하는 주택의 분양가격을 구성하는 항목 중 주요 내용을 공시하여야 한다는 주택법 제38조의2,[20] 농림수산식품부 장관은 농수산물의 안전성조사 등 농수산물의 안전과 품질에 관련된 정보 중 국민이 알아야 할 필요가 있다고 인정되는 정보를 정보공개법에서 허용하는 범위에서 국민에게 제공하여야 하고 농수산물의 안전과 품질에 관련된 정보의 수집 및 관리를 위한 정보시스템(농수산물안전정보시스템)을 구축·운영하여야 한다는 농수산물 품질관리법 제103조, 식품의약품안전청장은 보유·관리하고 있는 식품 등의 안전에 관한 정보 중 국민이 알아야 할 필요가 있다고 인정하는 정보에 대해서는 정보공개법에서 허용하는 범위에서 이를 국민에게 제공하도록 노력하여야 한다는 식품위생법 제90조의2, 정부는 식품 등의 안전정보의 관리와 공개를 위하여 종합적인 식품 등의 안전정보관리체계를 구축·운영하여야 하고 관계중앙행정기관의 장은 식품안전정책을 수립하는 경우 사업자, 소비자 등 이해당사자에게 해당 정책에 관한 정보를 제공하여야 하며, 사업자가 식품안전법령 등을 위반한 것으로 판명된 경우에는 해당 식품 등 및 사업자에 대한 정보를 정보공개법 제9조 제1항 제6호에도 불구하고 공개할 수 있고 또한 관계행정기관의 장은 일정 수 이상의 소비자가 정보공개 요청사유, 정보공개 범위 및 소비자의 신분을 확인할 수 있는 증명서 구비 등의 일정한 요건을 갖추어 해당 관계행정기관이 보유·관리하는 식품 등의 안전에 관한 정보를 공개할 것을 요청하는 경우로서 해당 식품 등의 안전에 관한 정보가 국민 불특정 다수의 건강과 관련된 정보인 경우 정보공개법 제9조 제1항 제5호에도 불구하고 공개하여야 한다는 식품안전기본법 제24조, 일반수도사업자는 수돗물이 수도법에 따른 수질기준에 위반된 경우 등에는 그 위반내용 등을 관할 구역의 주민에게 알리고 수질개선을 위하여 필요한 조치를 하여야 하며 매년 1회 이상 수돗물품질보고서를 발간하여 관할 급수구역에서 수돗물을 공급받는 자에게 제공하여야 한다는 수도법 제31조, 한국전력거래소는 전력거래량, 전력거래가격 및 전

---

20) 대법원 2011. 7. 28. 선고 2011두4602 판결, 주택법에서 분양가 상한제나 분양가 공시제도를 두었다고 하여 그것이 주택의 분양가격을 구성하는 항목 중 공시대상에 포함되지 아니한 나머지 항목에 관한 정보를 정보공개법의 적용대상에서 제외한 취지라거나 또는 위와 같은 정보를 정보공개법에 의하여 공개할 경우에 분양가 상한제나 분양가 공시제도의 입법 취지가 완전히 몰각되므로 정보공개법에 정한 공개 대상 정보에서 제외되어야 한다고 볼 수 없다고 한 사례.

력수요 전망 등 전력시장에 관한 정보를 공개하여야 하고 이를 공개하지 아니한 자는 1년 이하의 징역 또는 500만 원 이하의 벌금에 처한다는 전기사업법 제41조 및 제103조 제3호, 문화재청장은 매장문화재 유존지역의 위치에 관한 정보를 문화재청의 인터넷 홈페이지 등에 공개하여야 한다는 매장문화재 보호 및 조사에 관한 법률 시행령 제3조, 국토교통부장관은 국민의 항공기 이용 안전을 도모하기 위하여 항공사고에 관한 정보, 항공운송사업자가 속한 국가에 대한 국제민간항공기구의 안전평가결과 그 밖에 항공 운송사업자의 안전과 관련하여 항공운송사업자에 관한 안전도 정보를 공개하여야 한 다는 항공법 제112조의2 등은 개별 법령에서 정보공표제도를 규정하고 있는 사례라 할 것이다.

　(3) 그런데 공공기관이 아닌 일반기업의 영업정보나 재무정보의 공개도 정보공개 또 는 정보공표라고 말하기도 한다.[21]

　가령 투자자 또는 수익자는 투자신탁이나 투자익명조합의 집합투자업자 또는 신 탁업자에게 그 투자자나 수익자에 관련된 투자재산에 관한 장부·서류의 열람이나 등 본 또는 초본의 교부를 청구할 수 있고 그 집합투자업자 또는 신탁업자는 정당한 사유 가 없는 한 이를 거절할 수 없다는 자본시장과 금융투자업에 관한 법률 제91조 및 제 113조, 또한 주권상장법인, 그 밖에 '주식회사의 외부감사에 관한 법률'에 따른 외부감 사대상 법인 등 대통령령으로 정하는 법인은 각 사업연도 경과 후 90일 이내에 금융위 원회와 한국거래소에 사업보고서를 제출하여야 하고, 금융위원회와 한국거래소는 사 업보고서, 분기보고서와 반기보고서, 주요사항보고서 등을 3년간 일정한 장소에 비치 하고, 인터넷 홈페이지 등을 이용하여 공시하도록 하고 있는 같은 법 제159조 내지 제 163조, 방문판매자, 다단계판매자, 계속거래업자 또는 사업권유거래업자 등으로 하여 금 재화 등의 판매나 거래 등에 관한 계약을 체결하기 전에 소비자가 계약의 내용을 이 해할 수 있도록 재화 등의 가격과 그 지급의 방법 및 시기 등의 사항을 설명하여야 하고 재화 등의 거래기록 등을 언제든지 소비자가 열람할 수 있게 하도록 하고 있는 방문판 매 등에 관한 법률 제7조, 제16조, 제30조 및 제33조, 가맹사업과 관련하여 가맹점운영

---

[21] 남아프리카 공화국 정보공개법은 사적 기관을(제50조), 불가리아 정보공개법(제3조 제3항, 제19조 제1항)은 언론 기관을 정보공개 대상기관에 포함시키고 있다. 宇賀克也, 『情報公開の理論と実務』, 有斐閣, 2005, 240~241쪽 및 268쪽.

권을 부여하는 사업자인 가맹본부는 가맹희망자에게 제공할 정보공개서[22]를 공정거래위원회에 등록하여야 하고 공정거래위원회는 등록되거나 신고된 정보공개서를 공개할수 있다는 가맹사업거래의 공정화에 관한 법률 제6조의2,[23] 도시재개발사업 추진위원회위원장 또는 사업시행자는 정비사업의 시행에 관한 서류 및 관련 자료가 작성되거나변경된 후 15일 이내에 이를 조합원, 토지등소유자 또는 세입자가 알 수 있도록 인터넷과 그 밖의 방법을 병행하여 공개하도록 하고 있는 도시 및 주거환경정비법 제81조[24] 등을 들 수 있다.

그런데 정보공개제도란 국민의 알권리에 기초한 것이기 때문에 '공공기관'에 대해일정한 정보의 공개를 청구하는 것을 말하므로 일반적으로 공공기관이 아닌 민간기업이나 민간단체 등에 정보공개를 청구하거나 민간기업 등에 의한 정보의 공개 등은 여기서 제외된다.

이처럼 기업과 소비자는 사적인 관계여서 국민과 국가 등 공공기관 간의 관계와는다르다.[25] 물론 공공기관이 보유·관리하고 있는 기업에 관한 정보도 정보공개법에 따른 정보공개 청구의 대상이 된다. 이런 경우에는 당연히 정보공개제도의 구조 안에서기업의 영업상의 정보나 그 비밀을 공개해야 하는지의 여부를 검토·결정하지 않으면안 된다. 하지만 국민은 기업에 대해서 직접 영업상의 정보나 영업비밀의 공개를 구하는 권리를 가지고 있는 것은 아니다.[26]

한편 사기업이 비록 정보공개법의 적용대상기관인 공공기관에는 포함되지 않는다

---

22) '정보공개서'란 가맹본부의 사업현황, 임원의 경력, 가맹점사업자의 부담, 영업활동의 조건, 가맹점사업자에 대한 교육·훈련, 가맹계약의 해제·해지 및 갱신 등과 같은 가맹사업에 관한 사항을 수록한 문서를 말한다(가맹사업거래의 공정화에 관한 법률 제2조 제10호).

23) 가맹본부는 가맹희망자에게 정보를 제공함에 있어서 허위 또는 과장된 정보를 제공하거나 중요사항을 누락하여서는 안 되며 이를 위반한 때에는 5년 이하의 징역 또는 1억 5천만 원 이하의 벌금에 처하고 있다(가맹사업거래의 공정화에 관한 법률 제9조, 제41조).

24) 대법원 2012. 2. 23. 선고 2010도8981 판결은 "도시정비법 제81조 제1항 및 제86조 제6호의 입법 취지 및 관련 법조항 전체를 유기적·체계적으로 종합하면 열람·등사의 적용범위가 구체화될 수 있으며, 조합원의 열람·등사 요청을 받은 추진위원회 위원장은 그 요청에 응할 수 없는 특별한 사유가 없는 한, 현장에서 곧바로 조합원이 요청한 서류 및 관련 자료를 열람하게 하거나 등사하여 주어야 한다는 것임을 충분히 알 수 있다(헌법재판소 2011. 4. 28. 선고 2009헌바90 전원 재판부 결정 참조)"고 판시하고 있다.

25) 松井茂記, 앞의 책, 2쪽.

26) 서울중앙지법 2010. 5. 13. 선고 2009가합91458 판결(확정), 국내 토익시험을 주관하는 회사의 일반시험관리규정 중 토익시험 문제, 정답표 등에 대한 비공개 규정은 합리적 이유가 있는 조항으로 고객에게 부당하게 불리한 조항 내지 계약의 목적을 달성할 수 없을 정도로 계약에 따르는 본질적 권리를 제한하는 조항에 해당한다고 보기 어렵고, 달리 위 규정이 신의성실의 원칙을 위반하여 공정성을 잃은 조항이라고 볼 수도 없다고 한 사례.

하더라도 국민의 생명과 신체, 재산에 밀접한 사업활동을 하는 법인이나 단체(가령 원자력 사업을 독점하고 있는 한국수력원자력주식회사 등), 국가기간산업 등 국민경제상 중요한 산업을 영위하는 상장법인인 공공적 법인(자본시장과 금융투자업에 관한 법률 제152조 제3항)[27] 또는 공공기관의 운영 등에 관한 법률에서 정하고 있는 공공기관에 준하는 사기업에 대해서는 소비자의 권익보호 등을 위해서라도 가급적 정보공개를 허용하는 것이 바람직할 것이다. 물론 영업상의 비밀 등에 관하여는 현행 정보공개법 제9조 제1항 제7호 등의 규정에 의해 비공개 대상 정보에 해당될 경우가 많을 것이므로 부당하게 기업의 이익이 침해된다거나 기업의 활동이 위축되지는 않을 것이다. 오히려 기업의 활동을 공개함으로써 소비자의 신뢰를 더 얻을 수도 있을 것이다.

그렇다면 정보공개위원회 또는 관할 중앙행정기관의 장으로 하여금 위와 같은 사기업에 대하여 정보공개제도를 설치·운영할 것을 권고할 수 있도록 하는 근거조항을 마련할 필요가 있다.

III. 관보의 발행·배포

관보(官報, official gazette)란 정부가 국민들에게 널리 알릴 사항을 편찬하여 간행하는 국가의 공고 기관지를 말한다.

헌법개정·법률·조약·대통령령·총리령 및 부령의 공포와 헌법개정안·예산 및 예산외·국고부담계약의 공고는 관보에 게재함으로써 한다(법령 등 공포에 관한 법률 제11조 제1항). 관보는 종이로 발행되는 관보(종이관보)를 기본으로 하며, 이를 전자적 형태로 전환하여 제공되는 관보(전자관보)를 보완적으로 운영하고 있다. 관보의 내용 해석 및 적용 시기 등은 종이관보를 우선으로 하며, 전자관보는 부차적인 효력을 가진다(같은 법 제11조 제4항). 국회의장의 법률 공포는 서울특별시에서 발행되는 둘 이상의 일간신문에 게재함으로써 한다(같은 법 제11조 제2항).

---

27) 자본시장과 금융투자업에 관한 법률 시행령 제162조(공공적 법인의 범위)
　　법 제152조 제3항에 따른 공공적 법인은 다음 각 호의 요건을 모두 충족하는 법인 중에서 금융위원회가 관계 부처 장관과의 협의와 국무회의에의 보고를 거쳐 지정하는 법인으로 한다.
　1. 경영기반이 정착되고 계속적인 발전 가능성이 있는 법인일 것
　2. 재무구조가 건실하고 높은 수익이 예상되는 법인일 것
　3. 해당 법인의 주식을 국민이 광범위하게 분산 보유할 수 있을 정도로 자본금 규모가 큰 법인일 것.

정부가 발행하는 관보에는 헌법, 법률, 조약, 대통령령, 총리령, 부령, 훈령, 고시, 공고, 국회, 법원, 헌법재판소, 선거관리위원회, 감사원, 지방자치단체, 인사 및 기타란 등 주요 국가정책이나 법령, 인사 등에 관한 사항을 담고 있다(관보규정 제3조).[28]

또한 관보는 전자적 형태로 전환하여 제공하는 시스템, 즉 전자관보시스템으로 구축·운영되고 있는데(같은 규정 제14조의2) 2000년 9월 30일까지의 관보는 국가기록원 사이트(www.archives.go.kr)에서 열람이 가능하고, 그 이후의 관보는 전자관보 사이트(gwanbo.go.kr)에서 열람할 수 있다.

IV. 공공정보의 판매 및 이용

1. 공공정보의 판매와 정보공개

정보공개제도의 주된 목적은 국민의 알권리를 충족시키고 정부 등 공공기관의 책임성을 다하게 하는 것이지만 부수적으로는 공공정보의 유효 활용을 촉진하는 것이라고 할 수 있다. 따라서 지식정보사회에서 공공기관이 업무수행 과정에서 생산하거나 취득한 정보는 다양한 부가가치를 창출하는데 이를 일반 국민들이 유용하게 쓸 수 있도록 제공하는 것은 국가의 의무라고도 할 수 있다.[29]

그런데 공공기관이 보유하는 행정정보를 서적 등의 형태로 유가로 판매하는 경우 이들 서적 등에도 정보공개법이 적용될 수 있을지가 문제된다.

일본 정보공개법('행정기관이 보유하는 정보의 공개에 관한 법률') 제2조 제2항 제1호는 "관보, 백서, 신문, 잡지, 서적 기타 불특정 다수인에게 판매하는 것을 목적으로 하여 발

---

28) 관보의 국회란에는 국회의 규칙과 국회의 운영 등 국회에 관한 중요한 사항을(관보규정 제4조), 법원란에는 대법원의 규칙과 법원의 운영 등 법원에 관한 중요한 사항(제5조), 헌법재판소란에는 헌법재판소의 규칙과 결정, 그 밖에 헌법재판에 관한 중요한 사항을(제6조), 선거관리위원회란에는 중앙선거관리위원회의 규칙과 선거·국민투표관리 및 정당에 관한 중요한 사항을(제7조), 지방자치단체란에는 지방자치단체의 고시·공고사항을(제8조) 각각 게재하며, 인사란에는 국가공무원 중 정무직공무원, 5급 이상 일반직공무원 및 5급 상당 이상 별정직공무원(고위공무원단에 속하는 일반직공무원 및 별정직공무원을 포함한다), 특정직공무원 중 법관, 검사, 5등급 이상 직위 외무공무원, 경정 이상 경찰공무원, 소방령 이상 소방공무원, 조교수·교감·장학관 및 교육연구관 이상 교육공무원에 해당하는 사람의 신규채용, 승진임용, 전직, 정년퇴직, 명예퇴직 등에 관한 사항을 게재하고 있다(제9조).
그 밖에 기타 란에는 ① 대통령 지시사항 ② 국무총리 지시사항 ③ 정부의 행정지침으로서 각 행정기관에 공지시킬 필요가 있다고 인정되는 사항 ④ 기타 행정자치부장관이 관보에 게재할 필요가 있다고 인정하는 사항을 게재하고 있다(제10조).
29) 정보유통정책으로서의 공보에 관해서는 宇賀克也,『情報公開の理論と實務』, 有斐閣, 2005, 306~313쪽 참조.

행된 것"을 공개 청구의 대상이 되는 행정문서에서 제외하고 있다. 그 이유는 이러한 정보는 누구나 쉽게 입수할 수 있고 이에 대해 정보공개법의 적용대상에서 제외하더라도 공공기관의 설명책무는 확보되어 있다는 것이다. 게다가 청구인으로부터 공개 청구를 받아 수동적으로 공개하는 경우보다도 공공기관이 능동적으로 판매하여 행정정보를 적극적으로 유통하는 것이 국민의 알권리 충족에 보다 더 중요하다고 하는 정책적 판단을 기초로 하고 있다. 우리 정보공개법에는 이러한 명문의 규정은 없으나 준용될 수 있을 것이다.

이와 같은 관점에서 공공정보를 판매하는 방법으로 유통하는 경우에는 판매가격이 행정정보에 대한 일반적인 접근권(public access)을 곤란하게 해서는 안 된다. 어떤 정보를 정보공개법에 따라 공개하는 경우의 수수료와 비교하여 서적으로 판매하는 가격이 다소 비싸더라도 통상 서적의 간행과정에 부가가치가 붙는다는 점과 유통비용이 발생한다는 점을 감안하면 그 자체가 불합리하다고 할 수는 없으나 판매한 경우의 정가가 상당히 비싸고, 일반적 접근권이 곤란하게 되는 정도에 달하는 경우에는 공공기관이 능동적인 공개책임을 다하고 있다고 할 수는 없을 것이다.

정보산업의 자유경쟁을 촉진하고 그 결과 소비자의 요구에 적합한 공공정보가 저가에 제공되는 것은 바람직하다. 그러나 민간기업과 달리 이윤을 얻을 필요가 없는 국가가 자기업무상의 필요를 넘어 지나치게 저가로 판매하는 것은 자칫 민간업자를 압박하는 것이 되어 공정경쟁법상의 문제가 제기될 여지가 있다.

한편 시판된 서적에 대한 국민들의 접근권을 쉽게 하기 위해서는 정부간행물 취급점의 증설 등 판매망을 확충하고 적절한 광고활동이 필요하다. 경우에 따라서는 유관단체나 민간 출판사 등 외부단체를 이용하는 방안도 적극적으로 검토해볼 만할 것이다. 다만 출판권 설정과 관련하여 계약과정에 관한 공정성과 투명성이 요청된다. 외부단체를 이용하는 경우 출판시장에서의 정상적이고 합리적인 정가가 설정된다고 할 것이나 독점 혹은 과점 상태 하에서 관리가격이 형성될 우려에도 유의할 필요가 있다. 공공기관에 설치된 도서관이 소장하고 있는 서적 등은 통상은 판매되고 있는 것이기 때문에 원칙적으로 정보공개법의 정보(문서)에 해당하지 않으나, 도서관에 소장되어 있는 도서나 자료 중에서 절판된 서적 등 현재 시장에서 유통되고 있지 않는 경우에는 공개 대상 정보로 해야 한다.

공공기관이 보유하는 행정정보 중에는 그 이용자가 특정의 업계 등에 한정되어 있어

오로지 그들의 상업적 목적에 이용되는 경우도 있을 수 있다.

미국 정보자유법과 같이 청구인과 청구목적에 따라 수수료에 차이를 두고 상업목적의 공개 청구인 경우에는 많은 수수료를 징수할 수 있는 구조와 달리[제552조(a)(4)(A)] 우리나라 정보공개법은 원칙적으로 청구인이나 청구목적을 묻지 않고 수수료를 정하고 있기 때문에 특정인의 상업상의 이익 때문에 공개하는 경우 해당 정보의 상업적 가치가 있음에도 수수료가 현저히 저가로 이용되는 경우가 발생할 수 있다. 이 경우 공적인 부담에 있어서 마치 공공기관이 해당 기업 등에 보조금을 교부하고 있는 것과 같은 경제적 효과를 초래하게 된다.

이것이 바람직한지는 의견이 분분하지만, 수익자부담을 보다 강화하는 것이 바람직하다고 보는 입장에서는 해당 정보를 정보공개법에 의한 공개 청구제도의 적용에서 제외하여 적정한 수익자부담을 반영한 정가를 정하는 방안이나 또는 수수료 산정 기준을 별도로 정하는 방안을 검토해볼 만하다.

2. 정부간행물의 판매 및 제공

미국에서는 공공정보의 유통을 정부에만 의존하는 것은 정보의 유통이 지체되고 불충분하게 된다는 인식이 널리 공유되고 있어 공공정보의 상업적 이용에 호의적이다. 우리나라에서도 공공기관이 보유한 정보를 민간에서 제공하여 다양하게 활용할 수 있는 방안이 보다 활성화되어야 한다.

정부간행물(official publications)은 공공기관이 그 기관의 목적이나 업무수행의 내용을 기관 내부나 일반인에게 전달하기 위해 발간하는 자료로서 정부가 예산을 투입하여 생산·배포하는 공식 자료를 말한다. 정부간행물을 통해 국민은 국정의 현실을 올바르게 파악할 수 있으며, 정부는 정책 수행 과정 및 결과를 공개적으로 국민에게 알릴 수 있다. 또한 각종 통계자료의 경우 조사·연구의 기초자료로 활용되며, 장래 국가정책 입안 및 주요 행정자료로 이용된다. 정부간행물은 학술적·사료적·행정적으로 가치 있는 자료가 많아 체계적으로 수집·정리하여 대국민 열람서비스 체계를 갖출 경우 유용한 활용이 예상된다.

공공기관이 정부간행물을 발간하고자 하는 때에는 소관 영구기록물관리기관으로부터 발간등록번호를 부여받아야 한다(공공기록물 관리에 관한 법률 제22조 제1항). 공공기관은 발간하는 간행물에 발간등록번호를 표기해야 하며, 간행물을 발간한 때에는 지체 없이 해당 간행물 3부를 각각 관할 기록관 또는 특수기록관과 소관 영구기록물관리기관 및 중앙기록물관리기관에 송부하여 보존 활용되도록 해야 한다(같은 법 제22조 제2항).

정부간행물을 전문적으로 유통, 판매하는 조직으로 (주)정부간행물판매센터(www.gpcbooks.co.kr)가 있다.[30]

3. 공공데이터의 제공 및 이용 활성화

공공기관이 보유·관리하는 데이터의 제공 및 그 이용 활성화에 관한 사항은 '공공데이터의 제공 및 이용 활성화에 관한 법률'에서 규정하고 있다.

이에 따라 공공기관은 누구든지 공공데이터를 편리하게 이용할 수 있도록 노력해야 하며, 이용권의 보편적 확대를 위하여 필요한 조치를 취해야 하고, 공공데이터에 관한 국민의 접근과 이용에 있어서 평등의 원칙을 보장해야 하며, 정보통신망을 통하여 일반에 공개된 공공데이터에 관해서는 그 이용이 제3자의 권리를 현저하게 침해하는 경우나 공공데이터를 범죄 등의 불법행위에 악용하는 경우 등이 아닌 한 원칙적으로 이용자의 접근 제한이나 차단 등 이용 저해행위를 해서는 안 될 뿐만 아니라 공공데이터의 영리적 이용인 경우에도 이를 금지 또는 제한해서는 안 된다(공공데이터의 제공 및 이용 활성화에 관한 법률 제3조).

여기서 공공기관이란 국가기관, 지방자치단체 및 국가정보화 기본법 제3조 제10호에 따른 공공기관을 말하고(같은 법 제2조 제1호), 공공데이터란 데이터베이스, 전자화된 파일 등 공공기관이 법령 등에서 정하는 목적을 위하여 생성 또는 취득하여 관리하고 있는 광(光) 또는 전자적 방식으로 처리된 자료 또는 정보를 말한다(같은 법 제2조 제2호).

공공데이터의 제공이란 공공기관이 이용자로 하여금 기계 판독이 가능한 형태의 공공데이터에 접근할 수 있게 하거나 이를 다양한 방식으로 전달하는 것을 말하는데(같은 법 제2조 제4호) '기계 판독이 가능한 형태(machine-readable)'란 소프트웨어로 데이터의 개별내용 또는 내부구조를 확인하거나 수정, 변환, 추출 등 가공할 수 있는 상태를 말한다

---

30) 1976년 설립된 '정부간행물판매센터'는 정부기관, 산하기관, 연구원 등에서 발행하는 간행물 및 기타 단체에서 발간된 주요 연감류 등을 전문적으로 유통, 판매하는 업체이다.

(같은 법 제2조 제3호).

정부는 공공데이터의 제공 및 이용 활성화에 관한 기본계획을 매 3년마다 수립해야 하고 국가와 지방자치단체의 장은 기본계획에 따라 매년 공공데이터의 제공 및 이용 활성화에 관한 시행계획을 수립해야 한다(같은 법 제7조 제2항, 제8조 제1항).

공공데이터에 관한 정부의 주요 정책과 계획을 심의·조정하고 그 추진사항을 점검·평가하기 위하여 국무총리 소속으로 공공데이터전략위원회를 두고 있고(같은 법 제5조 제1항), 공공데이터의 효율적인 제공 및 이용 활성화 지원을 위하여 공공데이터 활용지원센터를 한국정보화진흥원(www.nia.or.kr)에 설치·운영하고 있다(같은 법 제13조 제1항).

공공기관의 장은 해당 공공기관이 보유·관리하는 공공데이터를 국민에게 제공해야 하는데 이를 위해 해당 공공기관의 소관 공공데이터 목록을 행정자치부 장관에게 등록해야 하고, 행정자치부 장관은 등록에 누락이 있는지를 조사하여 누락된 공공데이터 목록의 등록을 요청할 수 있으며, 등록된 공공데이터 목록에 관한 정보를 그 내용별, 형태별, 이용대상별 등 이용에 용이하게 분류하여 관리·제공해야 하고, 공공데이터의 체계적 관리와 제공 및 이용 활성화 정책의 효율적 집행을 위하여 공공데이터 포털(data.go.kr)에 공공데이터목록등록관리시스템을 구축·운영해야 한다(같은 법 제18조). 특히 행정자치부 장관은 공공데이터 제공목록 및 이용요건 등을 종합하여 공표해야 하고, 공공기관의 장은 공표된 소관 제공대상 공공데이터를 이용자가 쉽게 이용할 수 있도록 제공목록 및 이용요건 등을 작성하여 해당 기관의 인터넷 홈페이지를 통하여 공표하고 해당 공공데이터를 공공데이터 포털에 등록해야 한다(같은 법 제19조). 다만, 정보공개법 제9조에 따른 비공개 대상 정보와 저작권법 및 그 밖의 다른 법령에서 보호하고 있는 제3자의 권리가 포함된 것으로 해당 법령에 따른 정당한 이용 허락을 받지 아니한 정보를 포함하고 있는 경우에는 제공하지 않을 수 있다(같은 법 제17조 제1항).

공공데이터를 이용하고자 하는 자는 공표된 제공대상 공공데이터의 경우 소관 공공기관이나 공공데이터 포털 등에서 제공받을 수 있고 공표된 제공대상 공공데이터 목록에 포함되지 아니하는 공공데이터의 경우에는 별도의 제공 신청을 해야 한다(같은 법 제26조 제1항). 제공대상 공공데이터 목록에 포함되지 아니하는 공공데이터를 제공받고자 하는 이용자는 소관 공공기관의 장 또는 활용지원센터에 공공데이터 제공을 신청해야 하고 활용지원센터는 공공데이터 제공 신청이 있는 경우 이를 즉시 소관 공공기관에 이

첨해야 하고 제공 요청을 받은 공공기관의 장은 해당 공공데이터가 같은 법 제17조 제1항 각 호의 정보를 포함하고 있는지를 검토하여 요청을 받은 날부터 10일 이내에 제공 여부를 결정해야 하는데 부득이한 사유로 이 기간 이내에 제공 여부를 결정할 수 없는 때에는 그 기간의 만료일 다음 날부터 기산하여 10일 이내의 범위에서 제공 여부 결정 기간을 연장할 수 있다(같은 법 제27조 제1항~제4항). 이때 공공기관의 장은 연장된 사실과 연장사유를 신청인에게 지체 없이 통보해야 한다.

공공기관의 장은 공공데이터의 제공을 결정한 때에는 지체 없이 제공 방법·절차 등을 신청인에게 통지하고, 공공데이터 목록을 등록해야 하고, 공공데이터의 제공 거부결정을 한 때에는 지체 없이 거부결정의 내용과 사유를 신청인과 행정자치부 장관에게 통보해야 한다(같은 법 제27조 제5항·제6항).

또한 공공기관의 장은 해당 기관이 개발·제공하고 있거나 개발 예정인 서비스에 관련 공공데이터가 포함되어 있다는 사유로 공공데이터의 제공을 거부해서는 안 되나(같은 법 제26조 제2항), 이용자가 공표된 공공데이터의 이용요건을 위반하여 공공기관 본래의 업무수행에 상당한 지장을 초래할 우려가 있는 경우, 공공데이터의 이용이 제3자의 권리를 현저하게 침해하는 경우, 공공데이터를 범죄 등의 불법행위에 악용하는 경우, 그 밖에 공공데이터의 관리 및 이용에 적합하지 아니한 경우로서 공공데이터제공분쟁조정위원회가 정하는 경우에는 공공데이터의 제공을 중단할 수 있다(같은 법 제28조 제1항).

공공기관의 장은 이용자의 요청에 따라 추가적으로 공공데이터를 생성하거나 변형 또는 가공, 요약, 발췌하여 제공할 의무를 지지 아니한다(같은 법 제26조 제3항).

공공기관의 공공데이터 제공 거부 및 제공 중단에 관한 분쟁조정을 하게 하기 위하여 행정자치부 장관 소속으로 공공데이터제공분쟁조정위원회(www.odmc.or.kr)를 두고 있다. 공공데이터의 제공 거부 및 제공 중단을 받은 자는 그 처분이 있은 날부터 60일 이내에 분쟁조정위원회에 분쟁조정을 신청할 수 있고 분쟁조정위원회는 분쟁조정 신청을 받은 날부터 30일 이내에 이를 심사하여 조정안을 작성하여 당사자에게 제공해야한다(같은 법 제29조, 제31조 제3항). 조정안을 제공받은 당사자가 제공받은 날부터 15일 이내에 수락 여부를 알리지 아니하면 조정을 거부한 것으로 보는 반면(같은 법 제31조 제6항) 당사자가 조정안을 수락하면 분쟁조정위원회는 조정서를 작성하고, 분쟁조정위원회의 위원장과 각 당사자가 서명하게 되는데 조정의 내용은 재판상 화해와 동일한 효력을 갖는다(같은 법 제32조 제8항·제9항).

공공기관의 장은 특별한 사유가 없으면 분쟁조정위원회의 조정안을 따라야 하고 이로 인하여 징계처분 또는 불이익한 처분을 받지 아니하며 손해배상의 책임을 지지 아니한다(같은 법 제32조 제7항). 공공데이터의 제공에 관하여 해당 공공기관과 그 소속의 공무원 및 임직원은 공공데이터의 품질(고의 또는 중대한 과실이 있는 경우는 제외한다), 공공데이터 목록의 제외, 공공데이터 제공 중단 및 업무상 사유의 공공데이터 일시적 제공 중단 등으로 인하여 이용자 또는 제3자에게 발생한 손해에 대하여 민사상·형사상의 책임을 지지 아니하며(같은 법 제36조 제1항), 이 법에 따른 절차에 따라 성실히 직무에 임한 경우에는 국가공무원법 및 그 밖의 법령에 따른 불이익처분을 받지 아니한다(같은 법 제36조 제2항).

한편 제3자의 권리가 포함된 공공데이터가 제공된 경우에 이를 사전에 제3자의 권리가 포함된 사실을 인지하고 이용한 자가 아니면 이용자는 진정한 권리자에게 발생한 손해에 대하여 책임을 지지 아니한다(같은 법 제36조 제3항).

4. 기상정보, 지도정보 및 공간정보의 활용

공공정보의 민간 제공과 관련하여 특히 기상정보와 지도정보 및 공간정보의 활용이 중요하다.

(1) 국가는 기상업무에 관한 정보를 안정적으로 제공하는 것이 국민의 생활안정에 필수적인 요소임을 인식하고 기상업무에 관한 적정한 정보의 생산 및 전달체계의 유지에 관한 사항, 최적의 기상관측 환경을 확보하기 위한 국가기관 및 지방자치단체 등과의 협력에 관한 사항, 기상재해를 예방하기 위한 기상조직·인력 및 시설의 확충 등에 관한 사항의 시책을 마련하여 추진해야 할 책무가 있다(기상법 제4조).

이에 따라 기상청장은 기상정보시스템을 구축·운영하여 기상업무에 관한 정보의 보급 및 이용을 촉진시켜야 하고 이를 위해 기상업무에 관한 정보를 생산·관리하는 국가기관, 지방자치단체 및 환경부령으로 정하는 자에 대하여 협력을 요청할 수 있다(같은 법 제12조).

기상청장은 기상관측 결과 및 정보의 신속한 발표가 공공의 안전과 복리 증진을 위하여 필요하다고 인정할 때에는 방송사·신문사·통신사, 그 밖의 보도 관련 기관을 이용하거나 다른 적절한 방법을 통하여 즉시 발표해야 하고(같은 법 제11조), 기상현상에 대하여 일반인이 이용할 수 있도록 필요한 예보 및 특보를 해야 하며, 예보 및 특보를 하는 경우에는 보도기관 또는 이동통신업체를 이용하거나 다른 적절한 방법을 통하여 이를 일반인에게 알려야 한다(같은 법 제13조). 기상현상에 관한 증명 또는 자료제공을 받으려는 자는 환경부령으로 정하는 바에 따라 기상청장에게 신청해야 한다(같은 법 제36조 제1항).

기상산업진흥법에서도 기상청장으로 하여금 기상산업의 진흥과 발전을 위하여 노력해야 하고, 보유하고 있는 기상정보가 각종 산업에 활용될 수 있도록 하는 등 기상정보의 민간 활용을 촉진해야 하며, 기상정보가 수요자에게 정확히 전달될 수 있도록 노력하도록 규정하고 있다(기상산업진흥법 제3조). 여기서 기상산업이란 기상 관련 상품을 제조·공급하거나 용역을 공급하는 산업을 말하고(같은 법 제2조 제1호), 기상예보란 기상현상에 관하여 관측된 결과를 바탕으로 미래의 기상상태를 예상하여 제공하는 것을 말한다(같은 법 제2조 제2호).

기상청장은 기상사업자가 기상정보의 제공을 신청하면 정당한 이유가 없는 한 그 정보를 제공해야 하고 그 기상정보의 제공에 드는 비용을 충당하기 위하여 수수료를 징수할 수 있다(같은 법 제15조). 기상정보를 제공하는 자는 기상정보를 제3자에게 제공하는 경우 그 출처를 밝혀야 하고, 기상정보를 제공하는 자가 출처를 밝히지 아니하는 경우에는 기상청장은 시정을 요구할 수 있다(같은 법 제14조).

(2) 지도정보에 관하여는 측량·수로조사 및 지적에 관한 법률에서 규율하고 있다.

이 법에 의하면 국토교통부 장관은 기본측량성과 및 기본측량기록을 보관하고 일반인이 열람할 수 있도록 해야 하고(측량·수로조사 및 지적에 관한 법률 제14조 제1항) 기본측량성과나 기본측량기록을 복제하거나 그 사본을 발급받으려는 자는 국토교통부 장관에게 그 복제 또는 발급을 신청하면 된다. 그러나 신청 내용이 국가안보나 그 밖에 국가의 중대한 이익을 해칠 우려가 있다고 인정되는 경우, 다른 법령에 따라 비밀로 유지되거나 열람이 제한되는 등 비공개 사항으로 규정된 경우에는 기본측량성과나 기본측량기록을 복제하게 하거나 그 사본을 발급할 수 없다(같은 법 제14조 제2항·제3항).

국토교통부 장관은 국가안보를 해칠 우려가 있는 사항이 아니면 기본측량성과 및 기본측량기록을 사용하여 지도나 그 밖에 필요한 간행물을 간행(정보처리시스템을 통한 전자적 기록 방식에 따른 정보 제공 포함)하여 판매하거나 배포할 수 있다(같은 법 제15조 제 1항). 지도란 측량 결과에 따라 공간상의 위치와 지형 및 지명 등 여러 공간정보를 일정한 축척에 따라 기호나 문자 등으로 표시한 것을 말하며, 정보처리시스템을 이용하여 분석, 편집 및 입력·출력할 수 있도록 제작된 수치지형도[항공기나 인공위성 등을 통하여 얻은 영상정보를 이용하여 제작하는 정사영상지도(正射映像地圖)를 포함한다]와 이를 이용하여 특정한 주제에 관하여 제작된 지하시설물도·토지이용현황도 등 대통령령으로 정하는 수치주제도(數値主題圖)를 포함한다(같은 법 제2조 제10호). 기본측량성과, 기본측량기록 또는 간행한 지도 등을 활용한 지도 등을 간행하여 판매하거나 배포하려는 자(공공측량시행자는 제외)는 그 지도 등에 대하여 국토교통부장관의 심사를 받아야 하고(지도도식규칙 제15조 제3항) 지도 등을 간행하여 판매하거나 배포하는 자는 사용한 기본측량성과 또는 그 측량기록을 지도 등에 명시해야 한다(같은 규칙 제15조 제4항).

지도 등을 판매하거나 배포하려는 자는 '국가를 당사자로 하는 계약에 관한 법률'에 따라 국토지리정보원장과 계약을 체결해야 하고 지도 등의 판매·배포, 그 밖의 세부사항은 국토지리정보원장이 정하여 고시한다(같은 규칙 제14조). 국토지리정보원장은 물가 인상 등을 고려하여 지도 등의 판매가격을 정해야 하는데 수치지도(數値地圖)의 판매가격을 정하려는 경우에는 도엽(圖葉)당 또는 계층구조별로 판매가격을 정할 것, 수치지도의 복사에 필요한 재료비 등 가공비용이 포함되도록 할 것의 기준에 따라야 하고 판매가격을 정했을 때에는 명칭, 축척, 규격, 단위, 판매가격, 그 밖에 필요한 사항을 포함하여 관보에 고시해야 한다(같은 규칙 제16조).

그런데 누구든지 외국 정부와 기본측량성과 또는 공공측량성과를 서로 교환하는 등 대통령령으로 정하는 경우가 아니면 국토교통부 장관의 허가 없이 기본측량성과 및 공공측량성과 중 지도 또는 측량용 사진을 국외로 반출해서는 안 되고(측량·수로조사 및 지적에 관한 법률 제16조 제1항, 제21조 제1항), 국가안보나 그 밖에 국가의 중대한 이익을 해칠 우려가 있다고 인정되는 경우와 다른 법령에 따라 비밀로 유지되거나 열람이 제한되는 등 비공개사항으로 규정된 경우에는 기본측량성과를 국외로 반출해서는 안 된다(같은 법 제16조 제2항, 제21조 제2항).

미국 정보자유법은 지도를 비롯한 유정(油井)에 관한 지질학 및 지구물리적 정보와 데이터(geological and geophysical information and data, including maps, concerning wells)를 비공개 정보로 분류하고 있다[제552조(b)(9)].

(3) 공간정보에 대해서는 국가공간정보에 관한 법률에서 규정하고 있다.

공간정보란 지상·지하·수상·수중 등 공간상에 존재하는 자연적 또는 인공적인 객체에 대한 위치정보 및 이와 관련된 공간적 인지 및 의사결정에 필요한 정보를 말한다(국가공간정보에 관한 법률 제2조 제1호).

국가 및 지방자치단체는 국민이 공간정보에 쉽게 접근하여 활용할 수 있도록 체계적으로 공간정보를 생산 및 관리하고 공개함으로써 국민의 공간정보복지를 증진시킬 수 있도록 노력해야 하고, 국민은 법령에 따라 공개 및 이용이 제한된 경우를 제외하고는 관리기관[31]이 생산한 공간정보를 정당한 절차를 거쳐 활용할 권리를 가진다(같은 법 제3조).

공간정보를 수집·가공하여 정보이용자에게 제공하기 위하여 국토교통부장관 산하에 국가공간정보센터가 운영되고 있다(같은 법 제18조).[32]

관리기관의 장은 해당 기관이 생산하는 공간정보가 정보공개법 제9조에 따른 비공개 대상 정보가 아니면 국민이 이용할 수 있도록 공개목록을 작성하여 공개해야 하고(같은 법 제26조 제1항), 국토교통부 장관은 관리기관의 장과 협의하여 공개목록 중 활용도가 높은 공간정보의 목록을 정하고, 국민이 쉽게 이용할 수 있도록 대통령령으로 정하는 바에 따라 공개해야 한다(같은 법 제26조 제2항).

관리기관의 장은 대통령령으로 정하는 바에 따라 해당 기관이 관리하고 있는 공간정보데이터베이스의 전부 또는 일부를 복제 또는 간행하여 판매 또는 배포하거나 해당 데이터베이스로부터 출력한 자료를 법령과 같은 법 제28조의 보안관리규정에 따라 공개 또는 유출이 금지된 정보가 아니면 사용료 또는 수수료를 받고 정보이용자에게 제공할 수 있다(같은 법 제27조 제1항).

공간정보산업 진흥법도 정부는 국가공간정보센터 또는 민간기관이 아닌·관리기관이 보유하고 있는 공간정보를 공간정보사업자에게 유상 또는 무상으로 제공할 수 있고 공간정보를 제공받고자 하는 공간정보사업자는 등록하도록 하고 있다(공간정보산업 진흥법 제6조 제1항·제2항).

---

31) 관리기관이란 공간정보를 생산하거나 관리하는 중앙행정기관, 지방자치단체, '공공기관의 운영에 관한 법률' 제4조에 따른 공공기관, 그 밖에 대통령령으로 정하는 민간기관을 말한다(국가공간정보에 관한 법률 제2조 제4호).

32) 국토교통부 국가공간정보센터는 2013년 7월 1일부터 국가공간정보유통시스템(https://www.nsic.go.kr)을 통하여 택지정보, 도시계획, 등산로정보, 사업지구정보, 국가 지명, 산업입지, 하천정보, 교통 CCTV, 연안재해 취약성 평가, 소방서 관할구역, 보행우선구역, 농업 기반시설물 환경정보, 해안선정보, 새주소, 국가 교통정보 등 16종을 개방하고 있다.

V. 정보공개제도의 필요성

1. 정보공개제도의 순기능

우리나라는 1948년 정부 수립 이후 오랜 기간 동안 권위주의적 지배체제와 관료적 비밀주의에 따른 비밀행정이 유지되어 국민이 알아야 할 중대 사항이 국가기밀이나 국가안전보장 등을 이유로 공개되지 않은 경우가 많았다. 국민의 세금으로 취득하거나 보유하고 있는 정보를 국민에게 귀속시키기보다는 정권이나 공무원 집단이 독차지했다.[33]

그렇지만 오늘날 우리 사회의 민주주의의 진전과 정보화 사회로의 이행은 정보산업의 발전과 정보의 대중화를 가속화시키고 있으며 이는 정보에 대한 국민의 관심을 제고하고 행정과정에 국민의 참여 욕구를 증대시키고 있다. 국민과 언론이 국정정보와 공공정보에 접근하여 이를 정확히 알아야만 국민은 올바른 여론형성과 선거를 통한 지도자를 선택할 수 있고 국정과 행정에 대한 비판 및 감시를 할 수 있다.

국민의 올바른 정치적 의사형성은 국정에 관한 광범위하면서도 정확한 정보 접근이 보장될 때 가능하므로 정보공개제도는 국민의 정보접근권을 실질적으로 실현하여 국정에 대한 국민의 참여욕구를 충족시키고 정책과정을 투명하게 공개함으로써 국민의 감시와 비판을 제도적으로 보장한다. 공공기관으로서도 이러한 과정을 통해 국민의 신뢰와 적극적인 협조를 이끌어낼 수 있다.

이처럼 정보공개제도는 정부의 비밀주의와 독단주의를 배격하고 국민의 알권리를 구체적으로 실현함으로써 국민주권주의를 실질적으로 보장하는 민주주의의 핵심적인 장치이자 사활문제이다. 또한 국민의 국가에 대한 정보공개 청구권은 우리 헌법상의 기본권으로서 헌법에 의해 보호되는 구체적 청구권이다.[34]

정보공개제도는 첫째, 정보화 사회의 진전에 따른 국민의 알권리를 적극적으로 보장하기 위해 필요하다. 국민의 알권리는 읽을 권리 및 들을 권리와 함께 인간의 인격형성을 위한 전제이며, 개인의 자기실현을 가능케 하는 권리로서 인간의 행복추구권의 중요

---

33) 정보공개제도의 필요성에 관해서는 김석준·강경근·홍준형, 『열린사회 열린정보』, 비봉출판사, 1993, 13쪽 이하 참조.
34) 대법원 1999. 9. 21. 선고 97누5114 판결, 이 판결에 대한 평석으로는 경건, 「정보공개 청구권의 헌법적 근거와 그 제한」, 『행정판례연구』 5집(2000. 10), 한국행정판례연구회, 159~179쪽.

한 내용이다.[35]

둘째, 정보공개제도는 국민의 국정 참여와 국정 운영의 투명성을 보장함으로써 국정에 대한 신뢰를 획득하는 데 필요한 제도이다. 국민은 국정에 관한 광범위한 정보를 가짐으로써 올바른 정치적 의사를 형성하여 선거권을 행사하고 여론형성을 통하여 국정과정에 참여하게 된다. 흔히 지식은 시민들을 돕고, 비밀은 관료들을 돕는다(Knowledge helps citizens, secrecy helps bureaucrats)고 한다. 반면 정보공개에 의하여 개방된 열린 정부의 실현은 국정 운영의 투명성을 확보하여 공정하고 민주적인 국정 운영을 구현하게 되어 국정에 대한 국민의 신뢰성을 확보하게 된다. 국민의 국정 참여를 실질화하기 위해서는 정보에 대한 국민들의 접근권이 충분하게 보장되어야 한다.[36]

셋째, 정보공개제도는 부정부패 및 비리를 방지하는 효과가 있다.

국민이 국정에 관한 정보의 공개를 청구할 권리를 향유하게 되어 공공기관이 하는 일에 대한 정보를 자유로이 얻을 수 있는 경우에는 국민의 국정에 대한 감시와 비판능력을 제고시켜 정부의 독선성과 불공정성을 비판·감시하는 기능을 한다. 이를 통해 권위주의적 행정풍토를 쇄신하고 비밀주의의 폐습을 불식할 수 있다.

넷째, 정보공개제도는 국민의 권리·이익을 보호하고 이를 구제하는 기능을 한다. 국민의 권리나 생명·건강·생활을 보호하기 위해서는 수시로 관련 정보를 공개 또는 제공할 필요가 있으며, 국민이 구체적인 법익을 침해당했을 때에는 이를 구제하는 데 많은 도움을 줄 수 있다.

이런 이유로 정보공개제도는 "민주주의의 통화(通貨) 또는 현금[Information(FOIA) is the currency of democracy]"이라고 한다.[37]

2. 정보공개제도의 역기능

반면 정보공개제도가 지나치게 남용될 경우에는 또 다른 중대한 법익, 즉 국가안전

---

35) 총무처 능률국, 『정보공개법령의 제정과정과 내용』, 1997; 김중양, 앞의 책, 25~39쪽; 이구현, 앞의 책, 54쪽 이하; 설계경, 「행정정보공개제도에 관한 고찰」, 『외법논집』 제19집, 2005, 280~283쪽.
36) 한국과 일본의 시민단체가 한 정보공개운동의 성과에 관해서는 이자성, 「정보공개제도와 정부의 책무성에 관한 한국과 일본 비교 : 시민단체의 예산지출 청구를 중심으로」, 『한국행정학보』 제38권 제5호(2004. 10), 171~195쪽.
37) 이는 미국의 전설적인 소비자운동가인 랠프 네이더가 1986년에 한 말이다(北澤義博·三宅 弘, 『情報公開法解説』 第2版, 三省堂, 2003, 서문에서 인용).

보장을 해하거나 개인정보 및 법인 등의 영업상의 비밀이 유출됨으로써 개인의 사생활이 침해되고 기업의 경쟁상의 지위가 부당하게 훼손될 가능성도 발생할 수 있다.[38]

공개된 정보가 범죄자나 범죄단체에 의하여 악용될 우려도 배제할 수 없다. 따라서 정보공개법은 개인정보의 수집·유출·오용·남용으로부터 사생활의 비밀 등을 보호함으로써 국민의 권리와 이익을 증진하고, 나아가 개인의 존엄과 가치를 구현하기 위하여 개인정보 처리에 관한 사항을 규정하고 있는 개인정보 보호법 등과 합리적이고 조화로운 운용이 필요하다(제9조 제1항 제7호 등).

또한 정보공개제도는 공개 청구된 정보를 확인하고 열람 등의 방법으로 공개하는 데 있어 행정비용이 증가할 가능성이 있으며 정보공개가 의무화될 경우 정보의 생산이나 정보의 제공 또는 수령을 기피하게 되어 공공기관이 행정상의 정보를 수집하는 데 어려움을 초래할 수도 있다.[39]

하지만 정보공개제도의 헌법적 배경과 그 긍정적인 기능을 감안할 때 어느 정도의 역기능 발생은 불가피한 비용으로 간주하고 감수할 필요가 있으며, 정보공개제도에 따른 역기능을 최소화할 수 있도록 끊임없는 제도적 보완이 요구된다.

제2절 주요 국가의 정보공개법 현황

정보공개법은 기본적으로 미국 등 서구 선진국의 법제도로 인식되어왔다.[40]

그러나 1990년대 후반부터 정보공개법을 제정하는 국가가 급속하게 늘어났다. 가장 정보공개법 제정이 지체되고 있던 중동지역에서도 2010년 '아랍의 봄'[41] 이후 정보공개법 제정을 요구하는 움직임이 높아가고 있다. 정확한 통계는 아직 없으나 세계 100여 개

---

38) 홍정선, 앞의 책, 596쪽.
39) 김중양, 앞의 책, 40~44쪽.
40) 외국의 정보공개제도에 관해서는 김중양, 앞의 책, 91~122쪽; 이구현, 앞의 책, 59쪽 이하; 宇賀克也, 『新·情報公開法の逐条解説 — 行政機関情報公開法·独立行政法人等情報公開法』(第5版), 有斐閣, 2010, 3~9쪽; 宇賀克也, 『情報公開の理論と実務』, 有斐閣, 2005, 206~268쪽; 宇賀克也, 『情報公開と公文書管理』, 有斐閣, 2010, 297~313쪽; 石村善治/堀部政男, 『情報法入門』, 法律文化社, 1999; 行政管理研究センター編集, 『情報公開制度改善のポイント—総務省·情報公開法制度運営検討会報告』, ぎょうせい, 2006, 403~497쪽 등과 비영리단체인 'Right2INFO.org'의 인터넷 웹사이트(http://www.right2info.org) 및 'Global Right to Information Rating'의 인터넷 홈페이지(http://www.rti-rating.org).

나라에서 정보공개법을 시행하고 있는 것으로 알려지고 있다.[42] 이제 정보공개법은 민주주의 국가의 표준적인 법적 인프라로서의 지위를 획득하고 있다고 말할 수 있다. 더 나아가 '열린 정부 파트너십(Open Government Partnership; OGP)'의 동향에서 보듯이[43] 정보공개를 둘러싼 국제협력의 움직임도 가속화되고 있다.[44]

I. 스웨덴 등 유럽 국가

객관적 정보공개 청구제도로서의 정보공개제도를 처음 창설한 국가는 스웨덴이다.[45] 1766년 제정된 '출판의 자유에 관한 법률(Freedom of the Press Act)'은 그 명칭에서 나타나는 바와 같이 출판의 자유를 확립하는 것을 목적으로 하고 있는데 그 목적을 위해 사전 검열을 원칙적으로 금지하고 공문서의 인쇄·배포의 자유를 인정하면서 동시에 공문서에의 접근권(access)도 보장하고 있다.

이 법은 출판의 자유의 일환으로서 공문서에의 접근권이 보장되어 있다는 점과 행정기관뿐만 아니라 국회, 교회회의, 재판소, 지방공공단체, 지방의회 등도 대상기관에 포함하고 있는 점, 동물이나 식물의 종(種)의 보호이익을 비공개 대상 정보로 삼고 있는 점 등에 특색이 있다.[46] 이 법은 제정 후 국왕의 권력 강화 등의 결과로 공문서에의 접근권이 삭제되기도 했으나 1809년 구스타프 4세의 실각에 따라 전제정치 시대가 종료되자 다시 부활했다.[47]

---

41) '아랍의 봄'이란 2010년 말 튀니지에서 시작되어 아랍 중동국가 및 북아프리카로 확산된 반(反)정부 시위를 말한다. 중동과 북아프리카에서 촉발된 유례없는 반정부 시위. 중동과 북아프리카의 반정부·민주화 시위는 집권세력의 부패, 빈부 격차, 청년 실업으로 인한 젊은이들의 분노 등이 원인이 됐다. 2010년 말 시작된 튀니지의 반정부 시위는 2011년 1월 재스민혁명으로 번졌고, 이집트는 2월 코사리 혁명으로 각각 정권교체에 성공했고, 리비아에서는 10월 무아마르 카다피(Muammar Gaddafi)가 사망함에 따라 42년간 계속된 독재정치가 막을 내렸다. 또한 알리 압둘라 살레(Ali Abdullah Saleh) 예멘 대통령이 11월 23일 권력이양안에 서명함에 따라 33년간 계속돼온 철권통치가 막을 내렸다(http://terms.naver.com/entry.nhn?docId=973120&cid=502&categoryId=502).

42) 한국언론재단, 『세계의 언론법제 정보공개와 언론』, 2008, 24~27쪽에서는 한국, 스웨덴, 핀란드, 영국, 프랑스, 독일, 미국, 호주, 일본의 정보공개제도를 〈표〉로 정리하고 있으며, 그 외 윤광석, 『정보공개제도의 진단과 개선방안 연구』, 한국행정연구원, 2010 참조.

43) OGP의 의의, 개요, 가입국가, 기구 등에 관해서는 OGP 홈페이지(http://www.opengovpartnership.org) 및 문정욱, 「열린 정부 정책 동향과 시사점 : 영국과 미국의 OGP 전략을 중심으로」, 『방송통신정책』 제25권 17호(통권 562호), 정보통신정책연구원, 57~67쪽 참조.

44) 최근의 각국의 정보공개법 제개정 현황에 대해서는 宇賀克也, 『情報公開·個人情報保護—最新重要裁判例·審査會答申の紹介と分析』, 有斐閣, 2013, 80~95쪽 참조.

45) 宇賀克也, 『情報公開の理論と實務』, 有斐閣, 2005, 206~232쪽 참조.

46) 行政管理研究センター 編集, 앞의 책, 406~407쪽.

스웨덴에 인접한 핀란드는 13세기 이후 오랫동안 스웨덴의 통치하에 있었기 때문에 스웨덴의 1766년 출판의 자유에 관한 법률의 적용을 받았던 역사가 있다. 그 후 핀란드가 러시아 치하의 자치대공국이 된 후에도 스웨덴의 출판의 자유에 관한 법률은 계속 적용되었다. 1918년 러시아 혁명 후 독립을 달성한 핀란드는 1930년대부터 정보공개법을 제정하기 위한 준비 작업을 시작했는데 제2차 세계대전에 의해 중단되었다가 1951년에 '공문서의 공개성에 관한 법률(The Law on the Public Character of Official Document)'을 제정했다. 1999년에는 좀 더 보완된 새 법인 '정부활동의 공개성에 관한 법률(Act on the Openness of Government Activities)'이 시행되었다.

덴마크와 노르웨이도 스웨덴과 핀란드의 영향을 받아 덴마크는 1970년에 '행정문서에의 액세스에 관한 법률(The Danish Access to Public Administration Files Act)'을, 노르웨이도 같은 해에 '행정에 대한 일반적 액세스에 관한 법률(Law on Public Access to Public Administrative Documents)'을 각각 제정하여 1971년부터 시행하고 있다(2006년 개정).

프랑스의 경우 이미 1789년의 인권 및 시민의 권리선언 제15조에서 "사회는 모든 공무원에 대해 그 행정기관에 관하여 보고를 요구할 권리를 갖는다"고 규정했으나, 이에 관한 입법은 1978년에야 '행정문서에의 액세스에 관한 법률(Law on Access to Administrative Document)'이, 1979년에는 이유부기에 관한 법률 및 공문서에 관한 법률 등 3개의 관련 법률이 제정되었다.[48]

1949년 제정된 독일 기본법(헌법)은 "누구든지 말, 글, 그리고 그림으로써 자유로이 의사를 표현하고 전파하며, 일반적으로 접근할 수 있는 정보원으로부터 방해를 받지 않고 정보를 얻을 권리를 가진다"고 규정하여(제5조 제1항) 일찍부터 정보공개 청구권을 국민의 알권리로 인정했는데 정보공개제도를 규정하는 연방 차원의 법률인 독일 연방 정보공개법은 2005년에 제정되어 2006년부터 시행되고 있다.[49]

영국에서는 1985년에 지방자치(정보액서스)법에 의해 지방자치단체에 관한 정보공개제도가 도입되었는데 2000년 전면적인 정보자유법(Freedom of Information Act, FOIA)이 제정되어 시행되고 있다(스코틀랜드는 2002년).[50] 영국은 이 법률 이외에도 데이터보

---

47) 북유럽의 정보공개제도에 관해서는, 심영섭, 「북유럽에서의 정보공개와 언론」, 『세계의 언론법제 정보공개와 언론』, 한국언론재단, 2008, 78~115쪽 참조.
48) 프랑스의 정보공개제도에 관해서는 성낙인, 「알권리와 프랑스 정보공개법」, 『월간고시』 20권 9호(1993. 8), 법지사, 56~66쪽; 박진우, 「프랑스 정보공개제도의 현 단계」, 『세계의 언론법제 정보공개와 언론』, 한국언론재단, 2008, 116~141쪽 참조.

호법(Data Protection Act, 1998)과 환경정보공개법(Environmental Information Act, 1992) 등이 있다.

영국의 정보자유법(FOIA)은 정보공개의 대상 공공기관을 특정 공공기관으로 한정하지 않고 그 범위를 중앙정부뿐만 아니라 지방의 공공기관, 건강·의료관계의 공적기관, 경찰, 학교 및 교육 관련기관, 영국은행(Bank of England) 및 그 밖에 정부가 지정하는 기관 등을 모두 포함하고 있다.[51] 또한 정부가 주주인 국영기업이나 국영기업으로부터 일정의 사무처리를 위탁받은 민간기관도 정보공개 청구의 대상기관으로 하고 있는데 다만 입법부나 사법부는 제외되어 있다. 영국은 2012년 자유옹호법(Protection of Freedom Act)이 시행됨에 따라 정보자유법이 일부 개정되었다.[52]

네덜란드는 1978년(시행은 1980년)에, 그리스는 1986년(1999년 개정)에, 오스트리아는 1987년에, 이탈리아는 1990년(2005년 개정)에, 헝가리와 스페인은 1992년에, 포르투갈은 1993년에, 벨기에는 1994년(1993년 헌법 제32조에서 정보공개 청구권 인정)에, 아이슬란드는 1996년에, 아일랜드는 1997년(시행은 1998년, 2003년 개정)에, 체코는 1999년에, 불가리아[53]와 몰도바 공화국은 2000년에, 루마니아는 2001년에, 폴란드는 2002년에, 터키는 2003년(시행은 2004년)에, 스위스는 2004년에, 몰타는 2012년에 각각 정보공개법을 제정했다.

EU(유럽연합)도 1993년 이사회 문서 및 구주위원회 문서에의 공중 접근권에 관한 행동규범을 제정했고 이에 근거하여 EU 이사회는 같은 해에, 구주위원회는 다음 해에 정보공개에 관한 결의를 하여 EU 시민을 위해 EU 정보의 접근권 제도를 정비했다.

---

49) 독일의 정보공개제도에 관해서는 장영수, 「독일의 정보공개제도」, 『세계의 언론법제 정보공개와 언론』, 한국언론재단, 2008, 178~213쪽; 경건, 「독일 정보공개법제의 개관」, 『행정법연구』 제2호(1998년 상반기) 42~59쪽; 경건, 「독일 환경정보법상의 정보공개 청구제도」, 『판례실무연구』 VII, 비교법실무연구회, 박영사, 2004, 29~63쪽; 이상해, 「행정정보에 대한 접근권―독일과 스위스의 '연방이 보유한 정보에의 접근에 관한 법' 및 '행정의 공개성원칙에 관한 연방법'을 중심으로」, 『공법연구』 제35집 제1호(2006. 10), 한국공법학회, 589~615쪽; 김세라, 「독일의 정보공개제도와 환경정보법」, 『동아법학』 26호(1999. 12), 동아대학교 출판부, 1~26쪽 등 참조.

50) 영국의 정보공개제도에 관해서는 정준희, 「영국의 정보자유법과 언론」, 『세계의 언론법제 정보공개와 언론』, 한국언론재단, 2008, 142~177쪽; 오항녕, 「영국 정보공개제도의 발달과 현황: 미완의 여정」, 『기록보존』 제12호, 111~122쪽 등. 영국의 환경정보공개제도에 관해서는 소병천, 「영국의 환경정보공개에 관한 법제 연구」, 『외법논집』 제35권 제2호(2011. 5), 85~97쪽; 宇賀克也, 『情報公開の理論と實務』, 有斐閣, 2005, 233~239쪽 참조.

51) 영국 정보자유법에 관해서는 브리티시위원회(britishcouncil) 홈페이지(http://www.britishcouncil.org/organisation/how-we-work/freedom-of-information) 참조.

52) 宇賀克也, 『情報公開·個人情報保護―最新重要裁判例·審査會答申の紹介と分析』, 有斐閣, 2013, 86~87쪽 참조.

53) 불가리아 공화국의 정보공개법에 대해서는 宇賀克也, 『情報公開の理論と實務』, 有斐閣, 2005, 240~245쪽 참조.

동서냉전이 종결됨에 따라 탄생한 독립국가인 우크라이나는 1992년(2011년 개정)에, 리투아니아는 1996년에, 세르비아와 라트비아는 1998년에, 아제르바이잔은 1998년 (2005년 개정)에, 체코는 1999년에, 에스토니아와 슬로바키아는 2000년에, 보스니아 헤르체고비나는 2001년(2009년 개정)에, 슬로베니아와 크로아티아는 2003년에, 몬테네그로는 2005년에, 마케도니아는 2006년에, 러시아는 2009년(2011년 개정)에, 코스보는 2010년에, 조지아(Georgia)는 2013년에 각각 정보공개법을 제정했다.

II. 미국

정보공개 청구권이 국민의 기본권으로 인정하게 된 것은 대체로 제2차 세계대전 이후 민주주의 이념의 고취와 실질적 법치주의의 진전에 힘입은 바 크다.

미국 연방정부가 정보자유법을 제정하게 된 배경에는 제2차 대전과 그 이후 계속된 동서냉전의 와중에서 국가안전보장에 관한 정보에 연방정부의 비밀주의가 횡행하자 이에 대해 언론기관이 정부의 정보에 대한 접근권을 강력하게 요구한 데 기인한다.[54]

미국은 1946년 연방행정절차법(Administrative Procedure Act, APA) 중에 정보에 대한 액서스권(access)을 규정했다. 그런데 이 법은 공문서의 공개 청구권자를 '정당하고도 직접적인 관계자 또는 관계인'에 한정하고, 공문서의 공개를 거부할 수 있는 사유를 "공익상 비밀을 요하는 합중국의 모든 기능(any function of the United States requiring secrecy in the public interest)"이라고 규정하는 등 지나치게 모호하고 개괄적으로 규정한 점과 공문서의 공개 청구가 거부된 경우에 사법적 구제수단이 결여된 점 등의 문제점이 노출되었다.

그러자 미국 신문편집인협회는 이 문제를 해럴드 크로스(Harold L. Cross)에게 조사를 위탁하여 그 성과로서 그의 저서인 『국민의 알권리(*The People's Right to Know*)』가 1953년에 간행되었다. 이 저서가 몰고 온 반향은 매우 커서 1955년에는 연방의회도 정보공개법의

---

54) 미국의 정보공개제도에 대해서는 Harry A. Hammit/ Marc Rotenberg/ John A. Verdi/ Mark S. Zaid, Litigation Under the Federal Open Government Laws 2008, Electronic Privacy Information, 2008; Stephen P. Gidiere, The Federal Information Manual: How the Government Collects, Manages, and Discloses Information under FOIA and Other Statutes, ABA, 2006; 宇賀克也, 『情報公開法 アメリカの制度と運用』, 日本評論社, 2004; 宇賀克也, アメリカの情報公開, 良書普及會, 1998; 최창호, 「미국의 정보자유법에 관한 연구」, 『해외연수검사연구논문집』 제19집 제1호(2004), 법무연수원, 223~260쪽; 배병호, 「미국의 정보공개제도와 언론」, 『세계의 언론법제 정보공개와 언론』, 한국언론재단, 2008, 214~254쪽; 이한성, 「미국의 행정정보공개제도」, 『행정법연구』 제2호(1998년 상반기), 17~41쪽; 강경근, 「미국 정보공개법상 법원의 이익형량의 권한」, 『판례실무연구』 VII, 비교법실무연구회, 박영사, 2004, 3~28쪽 등 참조.

문제에 관해 심의를 개시했다. 오랜 세월 심의를 거쳐 1966년에 연방행정절차법이 개정되어 정보자유법(Freedom of Information Act, FOIA)이 성립되었고 1년 뒤인 1967년 7월 5일부터 시행되었다. 이 법률의 정식 명칭은 미합중국법전 제5편 제552조(5 U.S.C. ·552) '정보의 공개: 정부기관의 규칙, 의견, 명령, 기록 및 의사록(Public information: agency rules, opinion, orders, records and proceedings)'이다.

이 법의 특징은 정보의 공개는 예외가 아니라 원칙이고, 누구나(any person) 평등하게 정보공개를 청구할 있으며[(a)(3)(A)], 정보를 비공개하는 경우 이를 정당화하는 책임은 청구인이 아닌 연방정부에 있고, 정보에 대한 액서스를 부당하게 거부당한 사람은 연방법원에 그 구제를 청구할 권리가 있다는 점이다. 이 법은 그 후 세계 각국의 정보공개법의 제정과 그 내용에 큰 영향을 주었다.

미국은 정보공개법 제정에 만족하지 않고 정보의 자유의 이념을 다음 세 가지의 방향으로 더욱 확대, 발전시켰다.

첫째, 국민 각자는 자기에 관하여 정부가 수집한 정보를 알권리가 있으며, 그 개인의 정보를 정부가 함부로 이용할 수 없도록 하는 프라이버시 보호법(Privacy Act, 1974)의 제정.

둘째, 행정부의 문서를 공개할 뿐만 아니라 정책의 결정과정인 모든 회의까지 공개하는 선샤인법, 즉 회의공개법(Government in the Sunshine Act, 1976)의 제정.[55]

셋째, 정책결정의 책임부서에 있는 정치인, 고급공무원, 법관 등의 자산수입을 공개하도록 하여 국민생활에 중대한 영향을 주는 결정과 판단에 사적인 작용을 하지 못하도록 하는 정부윤리법(Ethics in Government Act, 1978)의 시행 등이 그것이다.

이처럼 미국 연방정부의 정보공개정책을 주도해온 법률로는 수정헌법 제1조와 정보자유법(FOIA), 회의공개법(Government in the Sunshine Act; GSA), 사생활보호법(Privacy Act; PA), 연방자문위원회법(Federal Advisory Committee Act; FACA, 1972)[56] 등을 들 수 있다.[57]

---

55) 1976년 미국에서 만든 정보자유법. 정식 명칭은 '햇빛 속의 정부법(Government in the Sunshine Act)'이다. 이는 국민들의 알권리를 위한 정보공개제도의 일환으로서 행정기관의 정책결정과정이나 심의과정을 국민들에게 공개하도록 규정한 법이다. 정부기관의 회의는 이 법에 의한 예외규정이 없는 한 모두 공개하도록 한 법이다. 그러나 이 법은 미국 연방정부기관 중 합의제로 된 약 50개 기관에만 적용되며, 국가안보·외교·행정상 명령으로 비밀로 정해진 사항, 정부기관 내의 인사규칙과 그 실행에 관한 사항, 통상·상업·재정상의 비밀, 만약 공개되면 개인의 사생활이 명백히 침해될 사항 및 사법과 범죄수사에 관한 사항 등은 공개하지 않아도 되도록 예외규정을 두고 있다.
56) 연방자문위원회법(FACA)도 연방의 특별한 임무에 관한 회의내용을 일반인에게 공개할 것을 명령하고 있다.

[표 1-1] 미국 연방정부의 정보공개정책에 관련된 주요 법[58]

주요 법	제정연도	주요 내용
수정헌법 제1조	1791	언론출판의 자유와 정보의 자유로운 흐름 보장
정보자유법(FOIA)	1966	연방정부기관이 보유한 정보에의 접근권을 일반에게 부여
연방자문위원회법 (FACA)	1972	연방자문위원회에 참가할 권리를 일반에게 부여
사생활보호법(PA)	1974	연방정부기관으로부터 개인 사생활 보호의 권리와 자신의 기록에 관한 정보를 열람할 권리 및 부정확한 정부를 수정할 권리를 부여
회의공개법(GSA)	1976	특정 연방정부기관이 개최하는 회의에 참가할 권리와 회의기록을 열람할 권리를 일반에게 부여

미국 정보자유법은 1996년 전자정보자유법(Electronic Freedom of Information Act Amendments, EFOIA)으로 대폭 개정되었고,[59] 9·11 테러 이후인 2002년에는 정보기관권한 강화법(Intelligence Authorization Act, 2003)에 따라, 2007년에는 연방정부의 공개촉진법(Openness Promotes Effectiveness in our National Government Act)에 따라, 2009년에는 국토안보부예산법(the Department of Homeland Security Appropriations Act)의 개정에 따라 공개정보자유법(OPEN FOIA Act)이 각각 개정되었다.[60]

특히 2002년 개정법률에 따라 정보당국[Intelligence Community, 1947년도 국가보안법 제3조 제(a)(4)호(50 U.S.C. 제401(a)(4)]의 일원인 행정기관이나 행정기관의 일부는 주, 영토, 자치주, 미국 지구, 산하 기관을 제외한 정부 단체(any government entity, other than a State, territory, commonwealth, or district of the United States, or any subdivision thereof) 또는 위 정부 단체의 대리인(a representative of a government entity)에 대해서는 기록을 제공해서는 안 된다고 규정하여 이른바 'any person(누구나)' 원칙에 일정한 제한을 두고 있는 점이 특징이

---

57) 프라이버시 보호법(Privacy Act), 선샤인법(Government in the Sunshine Act), 연방자문위원회법(Federal Advisory Committee Act) 및 FOIA에 관한 대통령명령(Executive Order) 제13292호, 같은 제12600호의 전문 및 그 내용에 관해서는 Harry A. Hammit, Marc Rotenberg, John A. Verdi & Mark S. Zaid, 앞의 책, 353~512쪽 참조.

58) 천대윤, 「21세기 정보사회를 위한 한국 정보공개정책의 발전론적 고찰—미국 사례를 중심으로」, 『사회과학』 제37권 제1호(통권 제46호), 1998, 175쪽.

59) 전자정보자유법에 관해서는 성낙인, 「미국의 전자정보자유법(EFOIA)과 운용 현황」, 『미국헌법연구』, 1~33쪽; 명승환, 「전자적인 정보공개 방안에 관한 연구—미국의 전자정보공개법을 중심으로」, 한국행정학회 학술대회 발표논문, 한국행정학회, 1997, 203~216쪽 참조.

60) 미국의 정보자유법에 관한 전반적인 내용은 미국 법무부 정보공개 사이트(http://www.justice.gov/oip) 참조.

다[제552조(a)(3)(E)].[61]

한편 미국 연방대법원도 판례를 통해 정보공개의 대상이 되는 행정기록의 개념을 유형화·구체화했으며, 컴퓨터처리 정보도 공개 대상인 기록에 포함시켜 1996년 전자정보자유법으로 이어지는 계기를 만들었다.

또한 정보공개소송에서 실체적인 증거에 기한 심리가 곤란하다는 한계를 극복하기 위한 수단으로 색인(index)에 의한 심리방식(Vaughn Index)이나, 정보의 공개 결정에 대하여 이해관계가 있는 제3자에 의한 정보공개금지소송(reverse FOIA) 등의 인정도 판례의 산물이라 할 수 있다.

미국 정부는 FOIA 포털(http://www.foia.gov)을 통해 다양한 정보를 제공하고 있다.[62]

III. 캐나다

영국 식민지이던 캐나다는 1867년 연방국가 성립 후에도 영국의 법률이 적용되어왔는데 1911년 제정된 공무비밀보호법도 그중의 하나였다. 그러나 1960년대부터 '열린정부'의 실현을 위한 운동이 활발하게 전개되어 1982년에 정보공개법이 제정(1983년 시행)되었다.[63] 사생활보호법(Privacy Act)도 1983년에 시행되었다.

이 법률의 특징은 정부의 행정정보공개제도가 비교적 상세하게 명문화되어 있다는 점이다. 캐나다에서 정보공개제도는 정부에 의하여 제안되고 완성되었다는 데에 그 의의를 둘 수 있다.

캐나다의 정보공개법은 미국의 정보자유법의 영향을 받으면서도 캐나다의 의원내각제와의 조화를 꾀하고 있다. 미국의 정보자유법이 그 청구인을 자국민으로 한정하지 않고 또 법인도 배제하고 있지 않은 데 비하여 캐나다의 정보공개법은 캐나다 국민 또는 영주권자인 개인에 한정하고 정보공개의 의무를 지는 실시기관도 연방정부기관에 한

---

61) 2001년 9·11 테러 이후부터 2009년 미국 정보자유법의 개정까지의 상황과 구체적인 내용에 대해서는 宇賀克也, 『情報公開と公文書管理』, 有斐閣, 2010, 314~339쪽 참조.

62) 미국 정부가 발표한 2012 회계연도(FY) FOIA 연례보고서에 의하면 정보공개 청구 건수는 2008년 605,491건, 2009년 557,825건, 2010년 597,415건, 2011년 644,165건, 2012년 651,254건이며, 그중 전부 공개는 50.3%, 부분 공개는 43.1%, 전부 비공개는 6.6%라고 밝히고 있다(http://blogs.justice.gov/oip/archives/1161). 미국은 원칙적으로 행정기관(agencies)만을 공개 대상으로 하고 있다.

63) 캐나다의 정보공개제도에 대해서는 宇賀克也, 『情報公開と公文書管理』, 有斐閣, 2010, 340~382쪽; 宇賀克也, 『情報公開の理論と實務』, 有斐閣, 2005, 246~262쪽 참조.

정하고 있다.

한편 정보공개의 예외사유에 대해서는 정보공개법의 적용이 아예 배제되는 적용제외사유(exclusion)와 정보공개법의 대상으로 되는 정보 중 예외적으로 공개 거부가 허용되는 적용면제사유(비공개 대상 정보, exemption)의 두 종류로 대별되며, 적용면제사유는 다시 명령적 적용면제사유(mandatory exemption)와 재량적 적용면제사유(discretionary exemption)로 구분하고 있다.

정보공개 청구가 거부당했을 경우에는 우선 '정보커미셔너(Information Commissioner)'에게 이의신청을 한 후 이에 불복하는 경우 법원에 사법구제 소송을 제기하게 된다. 다만 적용제외(exclusion) 정보에 대해서는 이를 이유로 하는 공개 거부에 대해 정보커미셔너의 조사권도 미치지 않는다.

IV. 일본·중국 등 아시아 국가

아시아에서는 우리나라가 1996년에 최초로 정보공개법을 제정했는데 이어 태국이 1997년에, 이스라엘이 1998년에 각각 정보공개법을 제정했다. 홍콩은 1995년에 법률은 아니지만 '정보공개 요강(Code on Access to Information)'을, 파키스탄은 2002년(2010년 헌법 제19조에서 알권리를 보장하고 있다)에, 대만은 2003년(시행은 2005년)에, 인도는 2005년에,[64] 요르단과 네팔은 2007년에, 인도네시아는 2008년(시행은 2010년)에, 방글라데시는 2008년(시행은 2009년)에, 타지크스탄은 2008년에, 필리핀은 2010년에, 말레이시아의 세랑골(Selangor) 주와 페낭(Penang) 주는 2011년에, 몽골은 2011년에 정보공개법을 제정했다.

예멘은 2012년 중동 아랍국가 중에서 요르단에 이어 두 번째로 정보공개 제정국가가 되었는데 공개 청구에 기한 공개를 방해한 자에게는 6개월 이하의 징역형을, 위법하게 정보를 취득하여 공표한 자에게는 2년 이하의 징역형에 처하는 점이 특이하다.[65]

한편 일본은 1976년 미국 상원 외교위원회에서 미국의 군수업체인 록히드사가 일

---

64) 인도 정보공개법(The Right to Information Act, RTI Act)은 공개 청구에 대해 30일 이내에 공개함을 원칙으로 하되 생명(life)이나 자유(liberty)에 관한 정보의 공개 청구에 대해서는 48시간 이내에 공개 여부를 결정하도록 하고 있다 (http://en.wikipedia.org/wiki/Freedom_of_information).

65) 宇賀克也, 『情報公開·個人情報保護—最新重要裁判例·審査會答申の紹介と分析』, 有斐閣, 2013, 95쪽.

본에서의 항공기 판매 공작자금으로 마루베니 상사를 통하여 일본 정부의 고관들에게 200만 달러의 뇌물을 주었다는 이른바 록히드 사건을 계기로 정보공개 운동이 일어났다. 그러나 중앙정부 차원에서의 정보공개법 제정운동이 막강한 관료조직의 저항에 밀려 지지부진하게 되자 지방자치단체와 지방의회에서 정보공개에 관한 조례를 먼저 제정했다.

일본의 지방자치단체 중 가장 먼저 정보공개조례가 제정된 것은 1982년 3월 야마가타 현에 속한 기초자치단체(山形縣 最上郡 金山町)였는데 같은 해 10월에는 광역자치단체인 가나가와 현(神奈川縣)에서 공문서공개조례가 제정되었다.[66] 현재 도쿄 도와 오사카 부 등의 주요 도도부현(都道府縣)을 포함한 47개 광역자치단체 전부와 대부분의 기초자치단체에서 정보공개조례를 제정하여 시행하고 있는 것으로 보고되고 있다.

중앙정부 차원에서는 1999년 '행정기관이 보유하는 정보의 공개에 관한 법률'(2001년 4월 1일 시행)과 '독립행정법인이 보유하는 정보의 공개에 관한 법률'(2002년 4월 1일 시행)이 제정되었다. 일본 총무성에서는 정보공개법률의 원활한 운용을 위해 전국 각지에 정보공개·개인정보 보호종합안내소를 설치하고 있다.[67] 다만, 이 법률은 원칙적으로 행정부(행정기관)를 대상으로 하고 있어 입법부나 사법부, 그리고 지방자치단체는 제외하고 있다. 일본은 2003년에는 개인정보 보호법(行政機關の保有する個人情報の保護に關する法律)을, 2009년에는 공문서관리법(公文書等の管理に關する法律)을 제정했다.[68]

중국은 2007년 4월 5일 정부정보공개조례(政府信息公開條例, Provisions of the People's Republic of China on the Disclosure of Government Information)[69]를 제정하여 2008년 5월 1일부터 시행하고 있다.[70] 정부정보공개조례는 정부정보공개의 범위와 주체, 방식과 절차, 감독과 보장 등에 대해 구체적으로 규정하고 있다.

주요 내용을 살펴보면 첫째, 국민의 정부정보 취득권리를 규정함으로써 정보공개

---

66) 中出征夫, 『情報公開立法史 - 神奈川縣公文書公開條例の誕生』, 公人社, 2004.

67) 일본의 정보공개제도에 대해서는 일본 총무성의 정보공개 사이트(http://www.soumu.go.jp/main_sosiki/gyoukan/kanri/jyohokokai/index.html), 일본의 법령 검색은 전자정부 종합창구(http://law.e-gov.go.jp/cgi-bin/idxsearch.cgi); 일본의 정보공개판례에 대하여는 宇賀克也, 『ケ・スブック 情報公開法』, 有斐閣, 2002 등 참조.

68) 일본의 공문서관리제도에 관하여는 宇賀克也, 『情報公開と公文書管理』, 有斐閣, 2010, 385쪽 이하; 右崎正博/多賀谷一照, 『情報公開法·個人情報保護法·公文書管理法—情報關連7法』 別冊 法學セミナー, 日本評論社, 2013; 右崎正博/三宅弘 編, 『情報公開を進めるための公文書管理法解說』, 日本評論社, 2011; 高橋滋/齋藤 誠/藤井昭夫 編著, 『條解行政情報關連三法—公文書管理法·行政機關情報公開法·行政機關個人情報』, 弘文堂, 2011 등 참조.

69) 이 법령의 영문 번역문은 http://chinesefoi.org/regulation.aspx 참조.

청구를 인민의 권리로 보장하고 있다. 둘째, 공개의 범위를 확대하여 국가비밀·상업비밀·프라이버시와 기타 법률·법규에서 공개를 제한한 정보 외에는 원칙적으로 정부정보를 모두 공개하도록 하고 있다. 셋째, 국민도 자신의 생산·생활과 과학연구의 수요에 따라 정부기관에 정보공개신청을 할 수 있다. 넷째, 행정심판(行政復議), 행정소송 등 법적 구제제도를 거쳐 권리구제가 가능하도록 하고 있다. 다섯째, 정부기관은 정부 정보목록과 공개업무지침을 작성해야 하고, 전문요원을 배치하여 정보공개 업무를 책임지게 하며, 업무 장소에서 열람조건을 제공해야 하고, 시한 내에 답변해야 하며, 위법책임 추궁제도를 확립하는 등 정부기관에 정보관리제도의 완벽화를 요구하고 있다.

V. 그 외 국가들

구 영연방국가인 오스트레일리아[71]와 뉴질랜드는 캐나다와 마찬가지로 1982년에 각각 정보공개법을 제정했다. 뉴질랜드는 1987년에 지방자치단체에도 정보공개법을 적용하고 있고 쿡제도(Cook Islands)는 뉴질랜드 정보공개법에 기초로 하여 2008년에 정보공개법을 제정했다.

중남미에서는 콜롬비아가 1985년에, 베네수엘라가 1994년에, 벨리즈(Belize)가 1998년(시행은 2000년)에, 아르헨티나의 부에노스아이레스 시는 1998년에, 트리니다드토바고(Trinidad and Tobago)가 1999년에, 멕시코와 자마이카, 페루는 2002년에, 도미니카공화국과 에콰도르는 2004년에, 파라과이는 2005년에, 온두라스는 2006년에, 케이만군도(Cayman Islands)는 2007년(시행은 2009년)에, 과테말라는 2008년에, 우루과이와 칠레는 2009년에, 버뮤다와 아르헨티나, 기니는 2010년에, 엘살바도르는 2011년에, 브라질은 2011년(시행은 2012년)에, 가이아나는 2011년(시행은 2013년)에 정보공개법을 제정했다.

아프리카에서는 남아프리카공화국이 2000년에 정보공개법을 제정하였다.[72] 짐바브

---

70) 중국의 정보공개제도에 관해서는 鄭勝, 「중국 정보법제에 관한 연구—정보공개·비밀보호·개인정보 보호를 중심으로」, 성균관대학교 박사학위청구논문, 2012; 馬光, 「중국의 정부정보 공개제도」, 『법제』 2008년 9월호, 97~108쪽; 早稻田大學 比較法學연구소, 「중국 재판사례 연구 3: 中國における情報公開條例の適用について」, 『비교법학』 44권 2호(통권 제93호, 2010), 중국재판사례연구회, 238~248쪽 등 참조.
71) 호주의 정보공개제도에 관해서는 곽기성, 「호주의 정보공개제도」, 『세계의 언론법제 정보공개와 언론』, 한국언론재단, 2008, 255~283쪽 참조.
72) 남아프리카 공화국의 정보공개법에 대하여는 宇賀克也, 『情報公開の理論と實務』, 有斐閣, 2005, 263~268쪽 참조.

웨와 앙골라가 2002년에, 우간다가 2005년(시행은 2006년)에, 세네갈이 2008년에, 라이베리아가 2010년에, 나이지리아와 튀니지, 니제르는 2011년에, 르완다는 2012년(시행은 2013년)에, 코트디부와르(아이보리코스트)는 2013년에 정보공개법을 제정했다.[73]

제3절 우리나라 정보공개제도의 역사

I. 정보공개조례 및 정보공개법 제정 이전의 상황[74]

1. 언론기본법

우리나라에서도 1980년대부터 학계를 중심으로 정보공개법의 도입 필요성이 꾸준히 제기되어오다가 1990년대 들어서면서 정부 차원에서 본격적인 논의가 시작되었다.

정보의 공개에 관한 일반 법률이 아직 제정되지 못한 상황에서 개별 법률에서 불완전하나마 국민의 정보공개 청구권을 보장한 것은 1980년 국가보위입법회의에서 제정한 언론기본법(법률 제3347호)이었다.

언론기본법 제6조는 "국가 및 지방자치단체와 공공단체는 신문, 통신의 발행인 또는 방송국의 장이나 그 대리인의 청구가 있을 경우에는 공익사항에 대한 정보를 제공해야 한다"고 규정하고 있었다. 하지만 언론기본법은 국가 등에 대한 정보 제공 청구권자를 언론사로 국한했을 뿐 아니라 언론사의 정보 제공 청구가 있더라도 국가 등은 정보의 제공으로 인하여 진행 중인 직무의 합리적 수행이 좌절, 곤란 또는 위태롭게 될 때와 비밀보호에 관한 법령규정에 위배될 때, 더 중한 공익 또는 보호할 사익이 명백히 침해될 때, 청구된 정보의 양과 범위가 과다하여 정상적인 직무수행에 현저한 지장을 줄 때에는 정보 제공을 거부할 수 있다고 규정하여 정보공개에 관한 법률이 아니라 오히려 비밀보호법이었다는 강한 비판을 받았다. 실제로 언론기본법에 따라 국가 등에 정보제공을 청구

---

73) 그 외에도 바베이도스, 보츠와나, 피지, 가나, 요르단, 케냐, 레소토, 모리셔스, 모잠비크, 나우루, 필리핀, 스리랑카, 이집트, 모로코, 보츠와나, 탄자니아 등에서도 정보공개법 제정 작업을 하고 있다고 한다(http://en.wikipedia.org/wiki/Freedom_of_information).

74) 엄기열, 「알권리의 개념적 가능성과 한계 : 알권리에 대한 1989년의 헌법재판소 판결 이전의 학설에 관하여」, 『언론과 법』 2호(2003. 12), 한국언론법학회, 2003, 409~442쪽.

한 사례도 없었고, 국가 등이 언론사에 정보를 제공한 적도 없었다. 쿠데타로 집권한 정권에게 가장 민주적인 법률인 정보공개법을 기대한다는 것 자체가 무리였다. 언론기본법은 결국 1987년 6월 민주화운동 직후인 1987년 11월 28일 폐지되었다(법률 제3977호).

2. 정부공문서규정

그런데 법률이 아닌 대통령령의 형식으로나마 부분적인 정보공개제도가 시행되었다.

즉, 1984년 11월 23일 전부 개정된 정부공문서규정(대통령령 제11547호)은 제36조 제2항에서 "행정기관은 일반인이 해당 행정기관에서 보관 또는 보존하고 있는 문서를 열람 또는 복사하고자 할 때에는 특별한 사유가 없는 한 이를 허가할 수 있다. 다만, 비밀 또는 대외비로 분류된 문서의 경우에는 그러하지 아니하다"고 규정하여 제한적이나마 국민의 문서 열람 및 복사청구를 인정했다. 이 조항은 1991년 10월 1일부터 시행된 사무관리규정(대통령령 제13390호) 제33조 제2항으로 승계되었는데 사무관리규정은 2011년 12월 21일 '행정업무의 효율적 운영에 관한 규정'(대통령령 제23383호)으로 전부 개정되었다.

II. 청주시의 정보공개조례 제정

언론의 자유를 규정하고 있는 우리 헌법 제21조에는 국민의 알권리가 포함되어 있다고 해석되어 왔음에도 불구하고 정보공개에 관한 일반법의 제정은 이루어지지 않았다. 오히려 군사기밀보호법이나 국가보안법, 보안업무규정 등 '비밀보호법'이 위세를 떨쳐 왔다.

그런데 1991년 지방자치제의 일환으로 기초지방자치단체에 지방의회가 구성된 후 사정이 조금씩 달라지기 시작했다.

가장 먼저 청주시의회는 1991년 11월에 '청주시 행정정보공개조례'를 의결했다. 이 조례는 행정정보를 집행기관에서의 직무상 작성 또는 취득한 문서, 그림, 도면, 필름, 녹음테이프, 녹화테이프, 컴퓨터에 입력된 자료 등을 관리, 보유하고 있는 것으로 정의하고(제2조 제1호), 시장 등 집행기관은 적극적으로 공개 대상 정보에 대하여 공개할 의무가 있음을 선언하면서(제3조), 법령상 공개가 금지되었거나, 개인의 사생활을 침해할 우려가 있거나, 행정집행과정에 관련되었거나, 집행기관이 공익 등의 이유로 공개하지 않는 것이 명백하다고 판단되는 등의 정보를 제외한 모든 정보는 특별한 사유가 없는 한 이를 공개해야 한다고 규정했다(제5조). 집행기관의 자문에 응하고 이의신청을 심의의 결하기 위하여 집행기관의 공무원 3인과 시의회의원 3인 및 학계 등 전문성을 가진 3인 등 시장이 위촉한 9인 이내의 위원으로 행정정보공개심의위원회를 두며(제12조 제1항, 제13조 제1항), 청구인은 집행기관으로부터 정보공개 거부결정서를 받았을 때에는 통보를 받은 날부터 30일 이내에 이의신청을 할 수 있고(제11조 제1항) 집행기관은 이의신청을 받은 날로부터 10일 이내에 행정정보공개심의위원회에 회부하고 위원회는 접수일부터 20일 이내에 공개 여부를 결정하여 그 결과를 청구인에게 통보하도록(제11조 제2항) 규정하고 있었다.

그러나 이를 못마땅하게 여긴 청주시장(당시는 정부에 의해 관선 시장이 임명되었다)이 조례 재의결을 요구했으나 1991년 12월 26일 청주시의회가 조례를 원안대로 재의결하자 청주시장은 대법원에 위 조례가 무효라는 소송을 제기했다.

대법원은 1992. 6. 23. 선고 92추17 판결에서, 정보공개사무는 국가 전체에 공통된 이해관계를 가지기 때문에 전국적으로 통일되게 처리할 것이 요구되므로 이에 대해서는 법률에 의하여 체계화된 기준이 마련된 후 그 범위 안에서만 조례 제정이 가능하다 할 것임에도 청주시 행정정보공개조례안은 이러한 법령의 근거 없이 제정된 것이어서 조례의 제정범위를 일탈한 것이라는 청주시장의 주장에 대해, 청주시 정보공개조례안은 행정에 대한 주민의 알권리의 실현을 그 근본내용으로 하면서도 이로 인한 개인의 권익 침해 가능성을 배제하고 있으므로 이를 들어 주민의 권리를 제한하거나 의무를 부과하는 조례라고는 단정할 수 없고 따라서 그 제정에 있어서 반드시 법률의 개별적 위임이 따로 필요한 것은 아니며 나아가 정보공개사무의 처리가 반드시 전국적으로 통일을 요하는 것이라고 보기 어려울 뿐 아니라 전국적으로 통일 체계화된 법적 기준도 굳이 필요하다고 할 수 없다고 일축했다.

오히려 대법원은 행정정보의 공개제도는 이미 오래전부터 세계 각국에서 채택하여 시행되어오고 있는 실정으로서 우리나라의 경우에도 그와 관련된 입법이 바람직한 것은 부인할 수 없으나 정보공개조례안이 국가위임사무가 아닌 자치사무 등에 관한 정보만을 공개 대상으로 하고 있다면[75] 반드시 전국적으로 통일된 기준에 따르게 할 것이 아니라 지방자치단체가 각 지역의 특성을 고려하여 자기 고유사무와 관련된 행정정보의 공개사무에 관하여 독자적으로 규율할 수 있다고 보이므로 구태여 국가의 입법 미비

를 들어 이러한 지방자치단체의 자주적인 조례제정권의 행사를 가로막을 수는 없다고 강조했다.[76)

이로써 우리나라 최초의 정보공개조례가 탄생되었다.

III. 국무총리 훈령 '행정정보공개운영지침'의 시행

정보공개법 제정을 대통령 선거 공약으로 제시하고 당선되어 1993년 취임한 김영삼 대통령은 정보공개법 제정 이전에 행정기관만이라도 우선적으로 정보공개제도를 시행하겠다면서 1994년 3월 2일 국무총리 훈령(제288호)으로 '행정정보공개운영지침'을 시행했다.

이 행정정보공개운영지침은 국민의 '알권리'의 충족과 행정의 신뢰성을 두텁게 하기 위하여 행정기관이 보유, 관리하고 있는 정보를 일반국민에게 공개하고, 행정정보공개법이 제정되기 전까지 제도의 효율적 운영을 위한 내부 기반을 구축하여 시행여건을 사전에 조정하고, 행정정보공개법제도의 운영에 관한 일반적인 기준과 절차를 정립, 운영함으로써 정보공개에 관한 운영경험을 축적하려는 데에 목적을 두고 행정기관이 공무상 작성·취득하여 관리하고 있는 기록물을 일반인에게 열람·복사 등의 형태로 공개하는 제도를 설치했다.

이 지침에서는 정보공개의 형태를 일반인의 신청에 의하여 공개하는 형태의 청구공개와 행정기관이 스스로 정보를 제공하는 형태의 정보 제공으로 나누고, 그 적용범위에 관해서는 개별 법령에서 행정정보공개에 관한 규정을 두고 있는 경우에는 해당 법령의 규정에 따라 정보를 공개하도록 하고, 개별 법령에 구체적인 세부운영사항이 규정되어 있지 않은 경우에는 해당 법령규정에 저촉되지 않는 범위 안에서 이 지침을 운영하며, 개별 법령에 행정정보공개에 관한 규정이 없는 경우 위 지침을 적극 활용하고, 행정정보

---

75) 대법원 1992. 7. 28. 선고 92추31 판결, 지방자치단체가 조례를 제정할 수 있는 사항은 지방자치단체의 고유사무인 자치사무와 개별 법령에 의하여 자치단체에 위임된 이른바 단체위임사무에 한하고, 국가사무로서 지방자치단체의 장에 위임된 이른바 기관위임사무(지방자치법 제93조 참조)에 관한 사항은 조례 제정의 범위 밖이라고 한 사례.

76) 이 판결에 대한 우호적인 평석은 많은 반면 반대의견으로는 류지태, 「정보공개조례안의 위법성」, 『법률신문』 2150호(1992. 8); 「조례의 형식에 의한 이의신청제도─청주시 정보공개조례를 중심으로」, 『고시연구』 1992년 12월호, 66쪽에서 청주시 조례는 법령(지방자치법 제15조, 행정심판법 제43조 제1항)의 범위를 넘는 내용인 이의신청제도를 규정하고 있고, 구체적인 절차에 있어서도 정보공개심의위원회의 성격이나 그 구성에 있어서 지방자치제의 본질에 부합하지 못하는 문제를 포함하고 있어 무효라고 비판하고 있다.

공개 업무처리기준으로 일반인의 행정정보 열람·복사의 신청을 받아 그 해당 정보를 담당하는 부서(처리과)의 장이 공개·비공개 여부를 결정하되 그것이 곤란한 경우에는 해당 기관 내에 행정정보공개심의회의 자문을 거쳐 공개 여부를 결정하도록 규정했다.

또한 이 지침에 따르면 원칙적으로 정보를 공개하되 인격, 신분, 종교, 재산, 경력 등 개인에 관한 사항을 공개할 경우 개인의 사생활을 침해할 우려가 있는 정보, 법인이나 사업자 등의 영업 또는 과학기술이나 금융에 관한 정보로서 공개로 인하여 사업운영상 지장을 초래하는 정보, 비공개를 전제로 제3자로부터 취득한 정보, 기타 공개할 경우 특정인에게 이익·불이익을 주는 정보 또는 행정의 공정 원활한 집행이나 공공의 이익을 현저히 해한다고 판단되는 정보의 경우에는 이를 공개하지 않을 수 있도록 규정하면서 공개 청구를 받은 정보의 내용 중 공개할 수 없는 정보와 공개할 수 있는 정보가 혼합되어 있는 경우에는 공개할 수 있는 부분만을 분리하여 공개할 수 있고, 공개를 청구한 자가 비공개 결정통지를 받은 때 이에 불복할 경우 행정심판을 제기할 수 있도록 했다.

그러나 국민의 자유와 권리는 법률로서만 제한할 수 있는데 행정정보공개운영지침에서 규정하고 있는 공개 대상에서 제외되는 정보는 법률에 의하지 않고 국민의 기본권을 제한한 것이 되어 대외적으로 구속력이 없었다.[77]

IV. '공공기관의 정보공개에 관한 법률'의 제정·시행

1. 정보공개법의 제정·시행

1992년 제14대 대통령 선거를 거치면서 각 당 및 후보들은 경쟁적으로 정보공개법

---

77) 대법원 1999. 9. 21. 선고 97누5114 판결.
　　"원심이, 피고가 1996. 3.경 미국정부로부터 당시 미국 정보공개법에 따라 비밀이 해제된 바 있는 1979년 및 1980년의 우리나라 정치상황과 관련한 미국 정부 보유의 이 사건 문서 사본을 제공받아 보관하고 있는 이상 이는 국민의 알권리에 기한 일반적 정보공개 청구권의 대상이 되고, 행정정보공개운영지침에서 '공개할 경우 외교관계를 해한다고 인정되는 정보', '비공개를 전제로 제3자로부터 취득한 정보' 등을 정보공개 예외사항으로 규정하여 정보공개 청구권의 범위를 제한한 것은 대외적으로 아무런 법적 효력이 없으므로, 행정정보공개운영지침의 위와 같은 규정은 이 사건 문서에 대한 열람·등사를 구하는 원고의 청구를 거부할 정당한 근거가 되지 아니한다고 판단한 것은 모두 옳고, 거기에 정보공개 청구권 행사의 대상이 되는 정보원(情報源)이나 기본권 제한의 근거가 되는 법규에 관한 법리오해 등의 위법이 없다."
　　이 판결에 대한 평석으로는 경건, 「정보공개 청구권의 헌법적 근거와 그 제한」, 『행정판례연구』 5집(2000. 10), 한국행정판례연구회, 159~179쪽 참조.

의 제정을 선거공약으로 제시했다.[78] 이에 따라 1993년 김영삼 대통령의 취임 이후 정부는 정보공개법의 제정을 추진하여 1994년 10월에는 정보공개법 시안을 마련했고, 같은 해 12월 21일 공개토론회를 열었으며 그 뒤 1995년 7월 20일에는 정보공개법안을 성안하여 입법예고까지 했다.[79]

그러나 정보공개법의 제정에 관한 관료조직의 강력한 저항으로 말미암아 차관회의에서 심의가 보류되어 국무회의에 상정조차 되지 못하는 등 우여곡절을 거쳐 1996년 8월 원래의 입법예고안보다도 훨씬 후퇴하는 내용의 '공공기관의 정보공개에 관한 법률'(안)이 국회에 제출되었고 1996년 11월 국회 의결을 거쳐 1996년 12월 31일 공표되어[80] 1998년 1월 1일부터 시행하게 되었다.[81]

■ 정보공개법 제정 과정

• 1992. 3.	한국행정연구원, 행정정보공개제도에 관한 연구 발표—정보공개제도의 도입방향 및 모형 도출
• 1993. 1.	정부공문서 분류체계 정비—종전 부처별 분류방법에서 10진 분류체계로 개편하여 공문서의 분류 및 검색의 합리성을 도모
• 1993.	행정쇄신위원회, 정보공개법 도입 건의
• 1994. 3.	국무총리 훈령 제288호 '행정정보공개운영지침' 제정, 시행
• 1994. 7.	총무처, 정보공개법안심의위원회 구성, 법안 심의
• 1994. 12. 21.	정보공개법안심의위원회 공청회 개최
• 1995. 5.	관계기관 협의

---

78) 한국법제연구원, 『정보공개제도와 정보공개법 제정의 방향』, 1992; 강경근, 「한국 정보공개법 제정경과와 문제점」, 『공법학의 제문제』 현재 김영훈 박사 화갑기념집, 1995, 771~800쪽 참조.

79) 정보공개법의 제정과정에 대해서는 총무처 능률국, 『정보공개법령의 제정과정과 내용』, 1997; 정보공개법 제정의 의의에 관해서는 김배원, 「'공공기관의 정보공개에 관한 법률'의 의의와 과제」, 『고시연구』 24권 3호(276호, 1997. 2), 고시연구사, 90~109쪽; 최송화, 「공공기관의 정보공개에 관한 법률의 특색과 내용」, 『고시계』 42권 2호(480호, 1997. 1), 국가고시학회, 26~39쪽 등 참조.

80) 우리나라는 스웨덴(1766년), 핀란드(1951년), 미국(1966년), 덴마크(1970년), 노르웨이(1970년), 프랑스(1978년), 네덜란드(1978년), 오스트레일리아(1982년), 캐나다(1982년), 뉴질랜드(1982년), 콜롬비아(1985년), 그리스(1986년), 오스트리아(1987년), 이탈리아(1990년), 헝가리(1992년), 우크라이나(1992년), 포르투갈(1993년), 벨기에(1994년), 벨리즈(1994년), 아이슬란드(1996년)에 이어 21번째로, 아시아 국가로는 최초로 정보공개법 제정국이 되었다(http://www.right2info.org/access-to-information-laws#section-00).

81) 우리나라의 정보공개의 전반에 관하여는 행정자치부가 매년 8월 말까지 국회에 보고하는 매년도 정보공개 연차보고서를 참조하기 바란다. 이 연차보고서는 행정자치부 홈페이지(www.mogaha.go.kr) 및 정보공개시스템 홈페이지(www.open.go.kr)에 게시되어 있다.

- 1995. 7. 20–8. 19.   입법예고 및 관계기관 의견조회

- 1995. 10. 26–11. 2.   차관회의 상정, 보류—시기상조 의견

- 1995. 11. 4.   국무총리 행정조정실장 주재로 법안 조정회의 개최

- 1996. 8. 8.   차관회의 의결

- 1996. 8. 13.   국무회의 의결

- 1996. 8. 22.   제181회 정기국회 법률안 제출

- 1996. 11. 30.   국회 본회의 의결

- 1996. 12. 31.   공포

- 1998. 1. 1.   시행

2. 정보공개법의 개정 과정

(1) 정보공개법의 시행 이후 행정환경 변화와 급증하는 국민의 정보공개 요구에 능동적으로 대응하여 국민의 알권리를 신장하고 국정 운영의 투명성을 강화하기 위해 정보공개제도를 개선하고, 그동안 정보공개제도의 운영상 나타난 일부 미비점을 개선·보완하기 위하여 2004년 1월 29일 정보공개법이 전부 개정되었다.[82]

주요 개정 내용을 살펴보면 무엇보다도 사전적·적극적 정보공개와 전자적 정보공개의 제도적 기반을 마련했다는 점을 들 수 있다. 국민생활에 큰 영향을 미치는 정책에 관한 정보, 대규모의 예산이 투입되는 사업에 관한 정보, 행정 감시를 위하여 필요한 정보 등은 사전에 공개하도록 하는 한편, 공공기관이 보유·관리하는 정보에 대하여 국민이 쉽게 알 수 있도록 정보목록을 작성·비치하고, 그 목록을 정보통신망을 활용한 정보공개시스템 등을 통해 공개하도록 했다.

그리고 국민에게 신속하게 정보를 제공하기 위해 정보공개 처리기간을 종전의 15일에서 10일로 단축했는데 이는 세계에서 가장 짧은 기간에 속한다. 참고로 영국은 20일, 일본과 독일은 30일의 처리기간을 두고 있으며, 미국은 1996년 연방정보자유법을 개정하면서 정보공개 처리기간을 근무일 기준 10일에서 근무일 기준 20일로 오히려 연장했다.

---

82) [시행 2004. 7. 30] [법률 제7127호, 2004. 1. 29, 전부개정]

공공기관의 비공개 대상 정보를 축소하고, 비공개 판단재량을 줄이기 위해 '기타 공공의 안전과 이익' 등 비공개의 추상적 요건을 삭제했고, 서면뿐 아니라 구술에 의하여도 정보공개 청구를 할 수 있도록 했다. 정보공개에 관한 정책의 수립 및 제도 개선, 정보공개에 관한 기준 수립, 공공기관의 정보공개 운영실태 평가 등을 담당하기 위하여 대통령 소속하에 정보공개위원회를 설치했다.

(2) 2006년 10월 4일 일부 개정된 법률에서는 공공기관이 정보공개의 범위를 자의적으로 해석하거나 축소하는 사례가 발생되지 않도록 하고, 국민의 정보공개 서비스 수요를 충족시키기 위해 공공기관으로 하여금 비공개 대상 정보의 범위에 관한 세부기준을 수립하고 국민에게 공개하도록 했다(제9조 제3항 신설). 이는 공공기관의 자의적 판단에 따라 중요하고 핵심적인 정보는 비공개하는 관행이 사라지고 있지 않다는 국민의 비판을 수용하여 제도를 개선한 것으로서 외국의 입법례에서는 찾아볼 수 없는 우수한 제도이나 공공기관이 비공개 대상 정보의 범위에 관한 세부기준을 수립할 때 여전히 지나치게 자의적이고 광범위하게 규정하고 있다는 지적을 받고 있다.

2007년 5월에는 교육정보에 관한 국민의 알권리를 보장하고, 학술 및 정책개발연구를 진흥함과 아울러 학교교육에 대한 참여와 교육행정의 효율성 및 투명성을 높이기 위하여 기존의 정보공개법과 별도로 '교육관련기관의 정보공개에 관한 법률'(제8492호)이 제정되어 2008년 5월 26일부터 시행되고 있다.

(3) 한편 참여 정부는 2004년 전자적 정보공개의 근거를 마련하여 국민이 보다 편리하고 신속하게 공공기관의 정보에 접근할 수 있도록 시스템을 개선했는데 2006년 4월에는 통합정보공개시스템인 '열린 정부(www.open.go.kr)'를 개통하여 온라인을 통한 서비스를 본격적으로 제공하기 시작했다.

이 시스템은 현재 중앙행정기관, 지방자치단체, 교육청 등 정보공개 대상기관의 정보목록 검색, 정보공개 청구, 수수료 납부, 공개자료 열람까지 원스톱 서비스를 제공하고 있다. 특히 정보공개시스템을 이용할 수 있는 기관이 2006년에 805개 기관에 불과하던 것이 2012년에는 1만 8,525개 기관으로 확대되면서 대부분의 청구가 온라인으로 가능하게 되었고 이를 통하여 국민들은 집에서도 편리하게 원하는 정보를 원스톱으로 제공받을 수 있게 되어 정보 접근성과 청구의 편의성이 크게 향상되었다. 다만 행정기관

외에 공사·공단 등 공공기관에는 아직 일부만 도입되어 자체 시스템을 통해 서비스하고 있다.

이와 별개로 국민의 청구가 없더라도 사전에 적극적으로 정보를 제공하는 정부 사이트들을 구축했다. 중앙부처에서 수행하는 정책연구용역 과정을 관리하고, 연구용역 결과물과 비용정산내역 등을 국민에게 투명하게 공개하는 시스템인 '프리즘(Policy Research Information Service & Management; PRISM, www.prism.go.kr)', 공공기관의 경영정보를 제공하는 '알리오(www.alio.go.kr)', 지방자치단체의 행정정보를 종합적으로 제공하는 '내고장살림(www.laiis.go.kr)', 지방공기업의 경영정보를 제공하는 '클린아이(www.cleaneye.go.kr)', 교육관련 기관의 정보를 제공하는 '대학알리미(www.academyinfo.go.kr)'와 학교정보 공시사이트 '학교알리미(www.schoolinfo.go.kr)' 등이 바로 그것이다.

[표 1–2] 정보공개 정부 사이트

명칭	프리즘	알리오	내고장살림	클린아이	대학알리미	학교알리미
개통 시기	2006. 1.	2005. 12.	2007. 1.	2007. 12.	2008. 12.	2008. 12.

(4) 2008년 2월 이명박 정부가 출범하면서 기존의 대통령 소속이던 정보공개위원회를 행정안전부 장관 소속기구로 격하하여 민주주의의 실현에 사활적 제도인 정보공개제도가 후퇴한 것이 아니냐는 비판이 제기되었다. 다만 2011년 10월 17일에 사전정보공개 활성화, 정보공개 대상기관 확대, 정보 부존재 처리규정 신설, 정보공개 책임관의 지정 등을 담은 정보공개법 시행령이 개정되었다.

(5) 2013년 2월 박근혜 정부가 출범하면서 행정안전부는 안전행정부로 개편되었는데 같은 해 8월 정보공개법이 일부 개정되어(법률 제11991호) 같은 해 11월 7일부터 시행되고 있다.[83]

---

83) 한편 2014년 4월 16일 300여 명이 희생된 세월호 침몰 사고 이후 정부는 정부조직법을 개정하여(법률 제12844호, 2014. 11. 19. 시행) 국가적 재난관리를 위한 재난안전 총괄부처로서 국무총리 소속으로 '국민안전처'를 신설하고, 해양경찰청과 소방방재청의 업무를 조정·개편하여 국민안전처의 차관급 본부로 설치하며, 안전행정부를 행정자치부로 개편하고, 공직개혁 추진 및 공무원 전문역량 강화를 위하여 공무원 인사 전담조직인 인사혁신처를 국무총리 소속으로 설치하며, 교육·사회·문화 분야 정책결정의 효율성과 책임성을 제고하기 위하여 교육·사회·문화 부총리를 신설했다. 이에 따라 정보공개법의 주무부처도 안전행정부에서 행정자치부로 변경되었다.

개정 법률에서는 정보공개 대상기관인 공공기관의 정의 중 국가기관을 세분화하고, 정보공개 대상 공공기관에 각종 정부위원회와 국가 또는 지방자치단체로부터 연간 5천만 원 이상의 보조금(해당 연도에 보조를 받은 사업에 한함)을 받는 기관·단체를 추가했다. 또한 중앙행정기관 및 대통령령으로 정하는 공공기관은 전자적 형태로 보유·관리하는 정보 중 공개 대상으로 분류된 정보를 국민의 청구가 없더라도 정보공개시스템 등을 통하여 공개하도록 하며, 의사결정 과정 또는 내부검토 과정을 이유로 비공개할 경우 의사결정 과정 및 내부검토 과정이 종료되면 청구인에게 이를 통지하도록 하고, 청구인이 사본 또는 복제물의 제공을 원하는 경우에는 원칙적으로 이를 제공하며, 정보공개심의회 설치 의무기관을 명확히 하면서 국가안보·범죄수사를 담당하는 국가기관의 외부 전문가 위촉비율을 3분의 1 이상으로 하고, 안전행정부 장관으로 하여금 정보공개에 관하여 필요한 경우 공공기관의 장에게 정보공개 처리 실태의 개선을 권고할 수 있도록 하며, 특히 누구든지 정보공개법에 의한 정당한 정보공개를 이유로 신분상의 불이익이나 근무조건상의 차별을 받지 않도록 하여 종전에 비하여 다소 진전된 내용을 담고 있다.

반면 정보공개 대상기관인 공공기관에 헌법기관인 대통령과 국무총리를 제외한 점과 정보공개를 청구한 날부터 20일 이내에 공공기관이 공개 여부를 결정하지 아니한 때는 비공개의 결정이 있는 것으로 보는 규정을 삭제함으로써 청구인의 권리구제의 실효성을 떨어뜨린 점은 바람직하지 못하다 할 것이다.

(6) 정보공개 확대를 위한 역대 정부의 노력에도 불구하고 아직도 정보목록의 미비 혹은 누락, 일부 공공기관의 자의적인 비공개, 정보공개시스템의 운영 미흡 등 해결해야 할 과제가 남아 있다. 이에 따라 정보목록의 빠짐없는 작성 및 공개, 비공개 기준의 구체화, 공정한 정보공개 심의를 위한 정보공개심의회의 활성화, 정보공개 정책을 활성화하기 위한 정보공개위원회의 역할 강화, 사전 공개제도의 활성화, 행정심판 및 행정소송 등 구제제도의 실효성 제고, 정보의 악의적인 비공개나 허위 정보의 공개에 대한 처벌 등의 제도적 보완이 필요하다. (정보공개제도의 문제점과 개선 방향에 대해서는 제7장 열린 정부의 구현을 위하여 참조.)

제4절 헌법상 알권리와 정보공개제도

I. 기본권으로서의 알권리

헌법 제21조는 언론·출판의 자유, 즉 표현의 자유를 규정하고 있다.[84]

언론의 자유는 개인이 언론활동을 통하여 자기의 인격을 형성하는 개인적 가치인 자기실현의 수단임과 동시에 사회구성원으로서의 평등한 배려와 존중을 기본원리로 공생·공존관계를 유지하고 정치적 의사결정에 참여하는 사회적 가치인 자기통치를 실현하는 수단이 되는 핵심적 기본권이다.[85]

이 자유는 전통적으로 사상 또는 의견의 자유로운 표명(발표의 자유)과 그것을 전파할 자유(전달의 자유)를 의미하는 것으로서 사상 또는 의견의 자유로운 표명은 자유로운 의사의 형성을 전제로 한다.

자유로운 의사의 형성은 정보에의 접근이 충분히 보장됨으로써 비로소 가능한 것이며, 그러한 의미에서 정보에의 접근·수집·처리의 자유, 즉 '알권리'는 표현의 자유와 표리일체의 관계에 있으며 자유권적 성질과 청구권적 성질을 공유하는 것으로서[86] 헌법 제21조에 의하여 직접 보장되는 권리이다.[87]

알권리의 자유권적 성질은 일반적으로 정보에 접근하고 수집·처리함에 있어서 국가권력의 방해를 받지 않는다는 것을 말하며, 청구권적 성질은 의사형성이나 여론형성에 필요한 정보를 적극적으로 수집하고 수집을 방해하는 방해제거를 청구할 수 있다는 것을 의미하는데 이는 '정보 수집권' 또는 '정보공개 청구권'으로 나타난다. 나아가 현대사회가 고도의 정보화 사회로 이행해감에 따라 알권리는 생활권적 성질까지도 획득해 나가고 있다.

---

84) 정보공개 청구권 및 개인정보자기결정권 등을 포함한 정보기본권에 관하여는 김배원, 「정보기본권의 독자성과 타당범위에 대한 고찰―헌법 개정과 관련한 체제 구성을 중심으로」, 『헌법학연구』 제12권 4호(2006. 11), 한국헌법학회, 199~228쪽; 성낙인, 「정보보호와 인권」, 서울대학교 『법학』 제45권 제1호, 2004, 101~142쪽 참조.
85) 대법원 2004. 2. 26. 선고 99도5190 판결 등.
86) 헌법재판소 1991. 5. 13. 선고 90헌마133 결정.
87) 대법원 2005. 1. 28. 선고 2002두12854 판결.

II. 우리나라 판례상 정보공개 청구권

우리 헌법은 국민의 알권리 또는 정보공개 청구권에 대해 직접적으로 명시하고 있지는 않으나 언론의 자유에는 국민의 알권리가 당연히 포함되어 있고, 이러한 알권리로서 모든 국민은 국가기관 등에 대하여 정보공개 청구권을 갖고 있다는 데에 대하여 학설과 판례가 일치하고 있다.[88)89]

따라서 헌법에 의하여 직접 보장되는 권리인 국민의 '알권리'를 구체화하는 법률이 제정되어 있지 않다고 하더라도 알권리를 실현하는 것이 불가능한 것은 아니고 헌법 제21조에 의해 직접 보장될 수 있다.

대법원과 헌법재판소도 일찍부터 국민의 알권리를 보장하기 위한 수단으로서 국민의 정보공개 청구권을 인정하는 입장을 취해왔다.

즉, 대법원 1989. 10. 24. 선고 88누9312호 판결은 "일반적으로 국민은 국가기관에 대하여 기밀에 관한 사항 등 특별한 경우 이외에는 보관하고 있는 문서의 열람 및 복사를 청구할 수 있고, (구)정부공문서규정 제36조 제2항의 규정도 행정기관으로 하여금 일반 국민의 문서열람 및 복사신청에 대하여 기밀 등의 특별한 사유가 없는 한 이에 응하도록 하고 있으므로 그 신청을 거부한 것은 위법하다"고 하여 일반국민이 문서열람 및 복사신청권을 법적인 권리로 선언하고 그에 대한 사법적 구제를 인정했다.[90)91]

헌법재판소도 1989. 9. 4. 선고 88헌마22호 결정에서 헌법 제21조에 규정된 표현의 자유와 자유민주주의적 기본질서를 천명하고 있는 헌법 전문, 제1조, 제4조의 해석상

---

88) 헌법재판소 1989. 9. 4. 선고 88헌마22 결정, 대법원 1989. 10. 24. 선고 88누9312 판결, 대법원 1992. 6. 23. 선고 92추17 판결, 대법원 1999. 9. 21. 선고 97누5114 판결 등 참조.

89) 알권리에 관하여는 김배원,『알권리에 관한 연구』, 부산대학교, 1989; 권형준,「알권리」,『법학논총』12집(1995. 10), 한양대학교, 291~309쪽; 한위수,「알권리와 정보공개 청구권」,『재판자료』77집(1997. 6), 법원행정처, 405~479쪽; 성낙인,「알권리」,『헌법논총』제9집(1998), 151~209쪽; 박종보,「공공정보공개제도와 알권리의 헌법적 근거」,『헌법규범과 헌법현실』, 법문사, 2000, 998~1017쪽 등 참조.

90) 대법원 2001. 9. 28. 선고 99두10698 판결, 대법원 1999. 9. 21. 선고 97누5114 판결도 같은 취지이다.

91) 그런데 이에 앞서 일찍이 서울고등법원 1968. 5. 2. 선고 68구85 판결은 형사사건의 기록열람이나 기록등본교부신청에 대한 검사의 불허처분은 형사소송법이나 기타 관계법령에서 그에 대한 구제절차가 마련되어 있지 아니한 이상 행정소송으로써 그 위법 여부를 다툴 수 있다고 하면서도 형사사건의 고소인이나 피해자에게 해당 형사사건의 기록열람권이나 기록등본교부신청권을 부여한 근거를 현행법령상 찾아볼 수 없을 뿐만 아니라 그와 같은 권리가 있는 것이라고 해석되지도 아니하므로 피고(서울지방검찰청 인천지청장)가 형사사건의 고소인 또는 피해자인 지위에서 한 원고의 이사건 기록열람 및 기록등본교부신청을 허용하지 아니한 조치에 아무 위법 없다고 판시한 바 있으나, 대법원 1989. 10. 24. 선고 88누9312 판결 등에 의하여 폐기되었다고 할 것이다.

국민의 정부에 대한 일반적 정보공개를 구할 권리(청구권적 기본권)로서 알권리를 인정하고 정보에의 접근, 수집, 처리의 자유, 즉 '알권리'는 표현의 자유에 당연히 포함되는 것으로 보아야 한다면서 정부가 보유하고 있는 정보에 대하여 정당한 이해관계가 있는 자가 그 공개를 요구할 수 있는 권리를 알권리로 인정하고 이러한 알권리는 표현의 자유에 당연히 포함되는 기본권임을 선언하였다.[92]

또한 헌법재판소 1998. 10. 29. 선고 98헌마4 결정에서는 국민의 알권리는 정보에의 접근·수집·처리의 자유를 뜻하며 그 자유권적 성질의 측면에서는 일반적으로 정보에 접근하고 수집·처리함에 있어서 국가권력의 방해를 받지 아니하므로 일반적으로 접근 가능한 정보원, 특히 신문, 방송 등 매스미디어로부터 방해받음이 없이 알권리를 보장받아야 한다고 했다.[93] 국가가 관리하는 정보 중에서 성질상 일반국민에게 자유로운 접근이 허용되어야 할 정보를 국가가 공개하지 않는 경우에는 국민은 알권리에 터잡아 방해제거를 구하는 뜻으로 그 공개를 청구할 수 있는 것이고 정보의 성질상 국가의 안전보장·질서유지·사생활의 비밀과 자유의 보장 등과 관련된 정보에 대해서는 이를 알아야 할 정당한 이해관계를 가진 자가 적극적으로 그 공개를 청구할 수 있으며, 만약 거부될 경우에는 직접 법원에 제소할 수 있는 권리를 갖는다는 입장을 취하고 있다.[94][95]

그런데 미국이나 일본 등의 국가에서는 국민의 정보공개 청구권을 헌법상의 기본권이 아니라 법률에 기한 권리로서 제소권이 보장되는 구체적인 권리가 아니라 추상적 권

---

92) 이 결정에서 최광률 재판관은 청구인은 정부공문서규정 제36조 제2항에 의하여 임야조사서 및 토지조사부의 열람, 복사 청구권이 있고 이에 대한 행정청의 부작위는 행정쟁송의 대상이 되므로 헌법소원심사 청구의 보충성의 원칙에 대한 예외사유가 될 수 없어 각하해야 한다는 이유로 반대의견을 표명했다.

93) 이런 법리에서 이 결정은 미결수용자에게 자비(自費)로 신문을 구독할 수 있도록 한 것은 일반적으로 접근할 수 있는 정보에 대한 능동적 접근에 관한 개인의 행동으로서 이는 알권리의 행사에 해당한다면서도 "교화상 또는 구금목적에 특히 부적당하다고 인정되는 기사, 조직범죄 등 수용자 관련 범죄기사에 대한 신문기사 삭제행위는 구치소 내 질서유지와 보안을 위한 것으로, 신문기사 중 탈주에 관한 사항이나 집단단식, 선동 등 구치소 내 단체생활의 질서를 교란하는 내용이 미결수용자에게 전달될 때 과거의 예와 같이 동조단식이나 선동 등 수용의 내부질서와 규율을 해하는 상황이 전개될 수 있고, 이는 수용자가 과밀하게 수용되어 있는 현 구치소의 실정과 과소한 교도인력을 볼 때 구치소 내의 질서유지와 보안을 어렵게 할 우려가 있는데 신문기사의 삭제 내용은 그러한 범위 내에 그치고 있을 뿐 신문기사 중 주요기사 대부분이 삭제된 바 없음이 인정되므로 이는 수용질서를 위한 청구인의 알권리에 대한 최소한의 제한이라고 볼 수 있으며, 이로써 침해되는 청구인에 대한 수용질서와 관련되는 위 기사들에 대한 정보획득의 방해와 그러한 기사 삭제를 통해 얻을 수 있는 구치소의 질서유지와 보안에 대한 공익을 비교할 때 청구인의 알권리를 과도하게 침해한 것은 아니다"라고 판시하고 있다.
이 결정에 대한 평석으로는 이승우, 「국민의 알권리에 관한 헌법재판소 결정의 평석」, 『사법행정』 31권 4호(1990. 4), 60~67쪽; 이승우, 「국민의 알권리에 관한 헌법재판소 결정의 평석」, 『헌법재판자료』 4집(1991. 12), 헌법재판소, 314~325쪽.

94) 헌법재판소 1991. 5. 13. 선고 90헌마133 결정.

리로 보고 있다. 따라서 개별 법령이나 지방자치단체가 제정한 조례에서 정보공개 청구권을 인정해야 법적 권리로서의 정보공개 청구권이 발생하며, 청구인이 법령이나 조례에서 알권리의 예외로 규정하고 있는 비공개 사유가 법령이나 조례에 위반된다는 주장을 하는 것은 별론으로 하고, 그것이 헌법상의 언론의 자유를 위반한 것이라고는 다툴수 없다고 한다.[96]

한편 1948년 12월 10일 국제연합(UN) 총회에서 채택된 세계인권선언(Universal Declaration of Human Rights, UDHR)은 제19조에서 "모든 사람은 의견과 표현의 자유에 관한 권리를 가진다. 이 권리는 간섭받지 않고 의견을 가질 자유와 모든 매체를 통하여 국경에 관계없이 정보와 사상을 추구하고, 접수하고, 전달하는 자유를 포함한다"라고 하여 '알권리'를 명시하고 있다.[97]

1966년 12월 19일 국제연합(UN) 총회에서 의결된 '시민적 및 정치적 권리에 관한 국제규약(International Covenant on Civil and Political Rights, B규약)'[98]도 제19조에서 "1. 모든 사람은 간섭받지 아니하고 의견을 가질 권리를 가진다. 2. 모든 사람은 표현의 자유에 대한 권리를 가진다. 이 권리는 구두, 서면 또는 인쇄, 예술의 형태 또는 스스로 선택하는 기타의 방법을 통하여 국경에 관계없이 모든 종류의 정보와 사상을 추구하고 접수하며 전달하는 자유를 포함한다"고 천명하고 있다.[99]

---

95) 헌법재판소 2003. 3. 27. 선고 2000헌마474 결정, 검사가 피의자의 변호인에 대하여 한 고소장 및 피의자 신문조서에 대한 정보 비공개 결정은 변호인의 변호권과 알권리를 침해한 것으로서 위헌임을 확인한다고 한 사례; 이 결정에 대한 평석으로는 신양균, 「수사절차에서 변호인의 기록열람·등사권」, 『법조』 제574호(2004), 법조협회, 161~193쪽; 오기두, 「정보 비공개 결정 위헌 확인—수사기록의 공개와 변호인의 피구속자 조력권 및 알권리」, 『헌법재판소결정해설집』(2004. 11), 헌법재판소, 51~77쪽; 권영법, 「공소제기 전 수사서류의 열람·등사권」, 『법조』 60권 8호(2011. 8), 법조협회, 254~280쪽 등 참조.

96) 일본 최고재판소 1994년(平成 6년) 3월 25일 판결.

97) Article 19. Everyone has the right to freedom of opinion and expression; this right includes freedom to hold opinions without interference and to seek, receive and impart information and ideas through any media and regardless of frontiers.

98) [발효일 1990. 7. 10] [다자조약, 제1007호, 1990. 6. 13]

99) Article 19. 1. Everyone shall have the right to hold opinions without interference.

2. Everyone shall have the right to freedom of expression; this right shall include freedom to seek, receive and impart information and ideas of all kinds, regardless of frontiers, either orally, in writing or in print, in the form of art, or through any other media of his choice.

3. The exercise of the rights provided for in paragraph 2 of this article carries with it special duties and responsibilities. It may therefore be subject to certain restrictions, but these shall only be such as are provided by law and are necessary:

(a) For respect of the rights or reputations of others;

(b) For the protection of national security or of public order (ordre public), or of public health or morals.

III. 알권리의 한계

알권리도 헌법유보(헌법 제21조 제4항)와 일반적 법률유보(헌법 제37조 제2항)에 의하여 제한될 수 있음은 물론이며, 타인의 기본권을 함부로 침해하는 권리를 부여하는 것은 아니다. 그리하여 개별 법률에서 알권리를 제한하는 규정을 두고 있는 경우가 있다. 다만, 그 제한은 본질적 내용을 침해하지 않은 범위 내에서 최소한도에 그쳐야 한다.

아울러 국가안보, 질서유지, 공공복리 등 기본권 제한의 개념을 보다 구체적으로 기준을 정립해야 하며, 제한에서 오는 이익과 알권리의 침해라는 해악을 비교·형량하여 그 제한의 한계를 설정해야 한다. 알권리에 대한 제한의 정도는 청구인에게 이해관계가 있고 공익에 장해가 되지 않는다면 널리 알권리를 인정해야 하며, 적어도 직접의 이해관계가 있는 자에 대해서는 의무적으로 공개해야 한다.

그런데 알권리는 원칙적으로 국가에게 이해관계인의 공개 청구 이전에 적극적으로 정보를 공개할 것을 요구하는 것까지 알권리로 보장되는 것은 아니다. 따라서 일반적으로 국민의 권리의무에 영향을 미치거나 국민의 이해관계와 밀접한 관련이 있는 정책결정 등에 관하여 적극적으로 그 내용을 알 수 있도록 공개할 국가의 의무는 기본권인 알권리에 의해 바로 인정될 수는 없고 이에 대한 구체적인 입법이 있는 경우에야 비로소 가능하다.[100] 알권리에서 파생되는 정부의 공개의무는 특별한 사정이 없는 한 국민의 적극적인 정보수집행위, 특히 특정 정보에 대한 공개 청구가 있는 경우에야 비로소 존재한다.

IV. 정보공개법의 목적 조항

정보공개법은 제1조에서 목적 조항을 두고 "이 법은 공공기관이 보유·관리하는 정보에 대한 국민의 공개 청구 및 공공기관의 공개의무에 관하여 필요한 사항을 정함으로써 국민의 알권리를 보장하고 국정(國政)에 대한 국민의 참여와 국정 운영의 투명성을 확보함을 목적으로 한다"라고 규정하고 있다.

---

100) 헌법재판소 2004. 12. 16. 선고 2002헌마579 결정, 정보공개 청구가 없었던 경우 대한민국과 중화인민공화국이 2000년 7월 31일 체결한 양국 간 마늘교역에 관한 합의서 및 그 부속서 중 "2003년 1월 1일부터 한국의 민간기업이 자유롭게 마늘을 수입할 수 있다"는 부분을 사전에 마늘재배농가들에게 공개할 정부의 의무는 인정되지 아니한다고 한 사례.

통상 법률의 제1조에는 그 법률의 목적이 간결하게 기재되어 있다. 이 목적 규정은 그 법률의 취지를 명확하게 하고 그 개별 규정의 해석에 있어서 목적 규정이 고려되는 것을 의도한 것이다. 정보공개법도 그 예에 따르고 있다.

우리 정보공개법에서 '국민의 알권리 보장'을 목적의 하나로 명시하고 있는 것은 독특한 것이다. 미국이나 일본 등 다른 나라와 달리 유독 우리나라만이 알권리를 목적으로 명시하고 있다는 것이다.[101] 그것은 아마도 우리 헌법재판소와 대법원이 일찍부터 국민의 알권리를 헌법상의 구체적인 권리로 인정한 반면 다른 나라에서는 국가에 대한 정보공개 청구권이 헌법상의 권리라기보다는 개별 법률의 제정으로 인하여 비로소 구체적인 권리로 인정되고 있기 때문일 것이다.

또한 우리 정보공개법은 '국정 운영의 투명성'을 목적으로 삼고 있다. 정부는 그간 열린 정부·투명한 행정구현을 행정개혁의 중요한 과제로 삼고 국민이 정책결정과정에 능동적으로 참여할 수 있는 기회제공을 위하여 1996년 정보공개법과 함께 행정절차법[102]을 제정하여 1998년부터 시행하고 있다.

그런데 행정의 절차에 관한 법률인 행정절차법과 달리 국민의 알권리를 보장함으로써 국민주권의 이념을 실현하고자 하는 정보공개법은 '행정의 투명성' 그 자체가 목적이라기보다는 그것을 통해 '국정의 책임성(accountability)'을 확보하여 국민의 알권리를 보장하고 국정에 대한 국민의 참여를 확대함이 보다 더 궁극적인 목적일 것이다.

반면 정보공개법의 목적이 국민주권의 이념에 따른 것임을 가장 먼저 제시하고 있는 일본의 정보공개법[103]과 달리 우리나라 정보공개법에서는 정보공개제도가 국민주권의 이념에 바탕을 둔 것이라는 점을 명시하고 있지는 않다. 그러나 국민주권주의와 외국인의 기본권 인정 문제는 상호 배타적이 아니라 조화될 수 있는 것이므로 국민주권의 이념을 목적 조항에 명시한다고 하여 외국인에게는 정보공개 청구권이 인정되지 않는다

---

101) 行政管理研究センター 編集, 앞의 책, 28쪽에 의하면 일본 총무성이 정보공개법의 목적 규정에 관해 조사한 30개 국 중에 알권리라는 문언을 사용하고 있는 것은 한국뿐이고, 또 설명책임(accountability)의 문언이 사용되고 있는 것은 뉴질랜드(1982년 제정, 제4조), 멕시코(2002년 제정, 제4조), 남아프리카공화국(2000년 제정, 제9조) 및 보스니아 헤르체코비아(2000년 제정, 제1조) 등 4개국이라고 한다. 宇賀克也, 情報公開と公文書管理, 有斐閣, 2010, 19쪽.
102) [제정 1996. 12. 31. 법률 제5241호]
103) 일본 '행정기관이 보유하는 정보의 공개에 관한 법률' 제1조 "이 법률은 국민주권의 이념에 따라 행정문서의 개시를 청구하는 권리에 대해 정하는 것 등에 의해 행정기관이 보유하는 정보의 공개를 적극적으로 꾀하고, 정부가 행하는 제활동을 국민에게 설명할 책무를 완수하게 함과 동시에, 국민의 적확한 이해와 비판 하에서 공정하고 민주적인 행정 추진에 기여하는 것을 목적으로 한다."

고 볼 수는 없다. 정보공개법 제1조에서 '국민'이라는 표현은 반드시 대한민국 국민만을 의미한다고 볼 수는 없고 외국인도 포함한 개념이며, 여기에는 국내외의 법인도 포함한다. 우리 정보공개법 제1조에도 일본 정보공개법과 같이 정보공개제도가 국민주권의 이념에 바탕을 둔 것이라는 점을 명시해도 좋을 것이다.

제5절 정보공개법과 행정절차 관련 법률의 관계

I. 정보공개법과 행정절차법의 관계

1. 행정절차법 개요

행정절차법은 행정절차에 관한 공통적인 사항을 규정하여 국민의 행정 참여를 도모함으로써 행정의 공정성·투명성 및 신뢰성을 확보하고 국민의 권익을 보호함을 목적으로 하고 있다.[104] 가장 핵심적인 내용은 행정처분의 절차로서 처분의 사전통지, 의견제출, 청문, 공청회, 그리고 처분이유의 제시라 할 수 있다.

행정절차법에 의하면 행정청은 당사자에게 의무를 과하거나 권익을 제한하는 처분을 하는 경우에는 미리 일정사항을 당사자에게 통지하고 당사자 등에게 의견 제출의 기회를 주어야 한다(행정절차법 제22조 제3항). 사전통지를 해야 하는 일정사항에는 처분의 제목, 처분하고자 하는 원인이 되는 사실과 처분의 내용 및 법적 근거, 의견 제출기관의 명칭과 주소, 의견 제출기한 등이 포함된다(같은 법 제21조 제1항). 의견 제출기한은 그 의견 제출을 위하여 필요하다고 인정되는 상당기간을 고려해야 하고 청문을 실시할 경우에는 청문 개시 10일 전까지 당사자 등에게 사전통지를 해야 한다(같은 법 제21조 제2항). 당사자 등은 처분 전에 그 처분의 관할 행정청에 서면이나 말로 또는 정보통신망을 이용하여 증거자료를 첨부하여 의견을 제출할 수 있고(같은 법 제27조) 행정청은 처분을 할 때에 당사자 등이 제출한 의견이 상당한 이유가 있다고 인정하는 경우에는 이를 반영해

---

104) 오준근, 「행정과정에 있어서의 절차적 정의와 인권보호」, 『인권과 정의』 제369호(2007. 5), 대한변호사협회, 67~87쪽 참조.

야 한다(같은 법 제27조의2). 의견 제출은 약식청문에 해당한다.

행정청은 법령 등에서 청문을 실시하도록 규정하고 있는 경우와 행정청이 필요하다고 인정하는 경우와 인·허가 등의 취소, 신분·자격의 박탈, 법인이나 조합 등의 설립 허가의 취소 시 의견 제출기한 내에 당사자 등의 신청이 있는 경우에는 (정식)청문을 실시한다(같은 법 제22조 제1항). 청문은 행정청이 소속직원 또는 대통령령이 정하는 자격을 가진 자 중에서 선정하는 자가 주재하고, 청문주재자는 독립하여 직무를 수행하며 직무수행상의 이유로 본인의 의사에 반하여 신분상 어떠한 불이익도 받지 아니한다(같은 법 제28조 제1항·제3항). 행정청은 청문이 시작되는 날부터 7일 전까지 청문주재자에게 청문과 관련된 필요한 자료를 미리 통지해야 한다(같은 법 제28조 제2항).

청문주재자는 청문조서를 작성한 후 지체 없이 청문조서의 열람·확인의 장소 및 기간을 정하여 당사자 등에게 통지해야 하는데 청문조서에 대한 정정요구는 문서 또는 구술로 할 수 있으며, 구술로 정정요구를 하는 경우 청문주재자는 정정요구의 내용을 기록해야 하고, 청문주재자는 당사자 등이 청문조서의 정정요구를 한 경우 그 사실관계를 확인한 후 청문조서의 내용을 정정해야 한다(같은 법 시행령 제19조). 누구든지 청문을 통하여 알게 된 사생활이나 경영상 또는 거래상의 비밀을 정당한 이유 없이 누설하거나 다른 목적으로 사용해서는 안 된다(같은 법 제37조 제6항).

행정청은 처분을 할 때에 신청내용을 모두 그대로 인정하는 처분을 하는 경우, 단순·반복적인 처분 또는 경미한 처분으로 당사자가 그 이유를 명백히 알 수 있는 경우, 그리고 긴급히 처분을 할 필요가 있는 경우를 제외하고는 당사자에게 그 근거와 이유를 제시해야 한다(같은 법 제23조 제1항).[105]

행정청이 처분을 할 때에는 다른 법령 등에 특별한 규정이 있는 경우를 제외하고는 문서로 해야 하며, 전자문서로 하는 경우에는 당사자 등의 동의가 있어야 한다. 다만 신속히 처리할 필요가 있거나 사안이 경미한 경우에는 말 또는 그 밖의 방법으로 할 수 있

---

105) 대법원 2002. 5. 17. 선고 2000두8912 판결은 "행정절차법 제23조 제1항은 행정청은 처분을 하는 때에는 당사자에게 그 근거와 이유를 제시해야 한다고 규정하고 있는바, 일반적으로 당사자가 근거규정 등을 명시하여 신청하는 인·허가 등을 거부하는 처분을 함에 있어 당사자가 그 근거를 알 수 있을 정도로 상당한 이유를 제시한 경우에는 해당 처분의 근거 및 이유를 구체적 조항 및 내용까지 명시하지 않았더라도 그로 말미암아 그 처분이 위법한 것이 된다고 할 수 없다"면서, 행정청이 토지형질변경허가신청을 불허하는 근거규정으로 '도시계획법 시행령 제20조'를 명시하지 아니하고 '도시계획법'이라고만 기재했으나, 신청인이 자신의 신청이 개발제한구역의 지정목적에 현저히 지장을 초래하는 것이라는 이유로 구 도시계획법 시행령 제20조 제1항 제2호에 따라 불허된 것임을 알 수 있었던 경우, 그 불허처분이 위법하지 아니하다고 판시했다.

으며 당사자가 요청하면 지체 없이 처분에 관한 문서를 주어야 한다(같은 법 제24조 제1항). 처분을 하는 문서에는 그 처분 행정청과 담당자의 소속·성명 및 연락처(전화번호, 팩스번호, 전자우편주소 등을 말한다)를 적어야 한다(같은 법 제24조 제2항).

행정청이 처분을 할 때에는 당사자에게 그 처분에 관하여 행정심판 및 행정소송을 제기할 수 있는지 여부, 기타 불복을 할 수 있는지 여부, 청구절차 및 청구기간 기타 필요한 사항을 알려야 한다(같은 법 제26조).

2. 정보공개제도와 행정절차제도의 관계

(1) 정보공개제도와 행정절차제도는 상호 밀접한 연관성을 갖고 있다.[106]

양 제도는 모두 행정의 투명성을 목적으로 하고 있다는 점에서 공통된다. 즉, 정보공개법은 국민의 알권리를 보장하고 국정에 대한 국민의 참여와 국정 운영의 투명성을 확보함을 목적으로 하고 있고, 행정절차법도 행정의 공정성·투명성 및 신뢰성을 확보하고 국민의 권익을 보호함을 목적으로 하고 있다.

행정절차법은 처분·신고·행정상 입법예고·행정예고 및 행정지도의 절차에 관하여 다른 법률에 특별한 규정이 있는 경우를 제외하고는 행정절차법에서 정하는 바에 따른다고 규정하고 있다(행정절차법 제3조 제1항). 이는 행정절차법이 행정절차에 관한 일반법임을 밝힘과 아울러, 매우 다양한 형식으로 행해지는 행정작용에 대하여 일률적으로 행정절차법을 적용하는 것이 적절하지 아니함을 고려하여 다른 법률이 행정절차에 관한 특별한 규정을 적극적으로 두고 있는 경우이거나 다른 법률이 명시적으로 행정절차법의 규정을 적용하지 아니한다고 소극적으로 규정하고 있는 경우에는 행정절차법의 적용을 배제하고 다른 법률의 규정을 적용한다는 뜻을 밝히고 있는 것이다.[107]

그런데 정보공개법에 의한 정보공개의 청구는 행정절차법상으로는 '처분의 신청'(제17조)에 해당하고, 공공기관이 하는 정보의 공개·부분공개·비공개 결정은 '(행정)처분'에 해당한다.[108]

---

106) 김중양, 앞의 책, 54~66쪽; 채우석, 「행정절차상 정보공개」, 『공법연구』 제30집 제4호, 2002, 393~408쪽 참조.
107) 대법원 2002. 2. 5. 선고 2001두7138 판결.
108) 행정절차법 제2조 제2호는 '처분'이라 함은 행정청이 행하는 구체적 사실에 관한 법집행으로서의 공권력의 행사 또는 그 거부와 기타 이에 준하는 행정작용을 말한다고 정의하고 있다.

따라서 정보공개의 신청과 그에 대한 처분, 이유부기 등에 관하여 정보공개법에서 정하고 있는 사항에 대해서는 그에 따르되 정보공개법에 특별한 규정이 없으면 행정절차법이 적용될 것이다. 다만, 정보공개제도의 특징에 따라 정보공개법에 특별한 규정이 없더라도 행정절차법의 적용이 배제되는 경우도 있을 것이다.

(2) 정보공개제도는 이해관계의 유무와 관계없이 일반의 국민에게 국정정보에 대한 공개 청구권을 인정하는 데 반하여, 행정절차제도는 행정처분의 처분에 대하여 직접 그 상대가 되는 당사자와 행정청이 직권 또는 신청에 의하여 행정절차에 참여하게 한 이해관계인을 대상으로 하고 있을 뿐 아니라 행정처분의 공정성과 민주성을 확보하기 위하여 청문, 공청회, 입법예고 등의 절차에 대하여도 규정하고 있다.

또한 정보공개법의 적용대상 기관은 국가기관과 지방자치단체뿐 아니라 각급 학교, 정부투자기관, 사회복지법인 등 일정한 공·사법인도 포함하는 공공기관인 반면에 행정절차법의 적용대상은 원칙적으로 행정에 관한 의사를 결정하여 표시하는 국가 또는 지방자치단체의 기관을 의미하는 행정청으로서[109] 공법인과 사법인은 제외된다.

(3) 정보공개법과 행정절차법에서는 국민의 알권리를 최대한 충족하기 위하여 일정한 정보에 대해 적극적인 정보 제공 혹은 공표의무를 부과하고 있다.

즉, 정보공개법은 국민생활에 매우 큰 영향을 미치는 정책에 관한 정보, 국가의 시책으로 시행하는 공사 등 대규모의 예산이 투입되는 사업에 관한 정보, 예산집행의 내용과 사업평가 결과 등 행정 감시를 위하여 필요한 정보, 그 밖에 공공기관의 장이 정하는 정보에 해당하는 정보에 대해서는 공개의 구체적 범위, 공개의 주기·시기 및 방법 등을 미리 정하여 공표하고, 이에 따라 정기적으로 공개해야 하며, 이외에도 국민이 알아야 할 필요가 있는 정보를 국민에게 공개하도록 적극적으로 노력해야 한다며 적극적인 정보제공의무를 부과하고 있는데(제7조), 행정절차법에서도 행정청은 국민생활에 매우 큰 영향을 주는 사항, 많은 국민의 이해가 상충되는 사항, 많은 국민에게 불편이나 부담을 주는 사항, 그 밖에 널리 국민의 의견을 수렴할 필요가 있는 사항에 대한 정책, 제도 및

---

109) 여기의 행정청에는 법령 또는 자치법규에 의하여 행정권한을 가지고 있거나 위임 또는 위탁받은 공공단체나 그 기관 또는 사인을 포함한다(행정절차법 제2조 제1호).

계획을 수립·시행하거나 변경하려는 경우에는 특별한 사정이 없는 한 원칙적으로 20일 이상 예고하도록 하고 있다(같은 법 제46조 제1항·제3항).

3. 문서열람 청구권과 정보공개 청구권의 관계

행정절차법 제37조 제1항은 "당사자 등은 청문의 통지가 있는 날부터 청문이 끝날 때까지 행정청에 해당 사안의 조사결과에 관한 문서와 그 밖에 해당 처분과 관련되는 문서의 열람 또는 복사를 요청할 수 있다. 이 경우 행정청은 다른 법령에 따라 공개가 제한되는 경우를 제외하고는 그 요청을 거부할 수 없다"고 규정하여 문서열람 청구권을 보장하고 있으므로 당사자 등은 정보공개법에 따른 정보공개 청구뿐만 아니라 행정절차법에 의하여도 문서의 열람 또는 복사를 요청할 수 있다.

만약 행정청이 열람 또는 복사의 요청을 거부하는 경우에는 그 이유를 소명해야 하는 점이나(같은 법 제37조 제3항), 행정청이 열람 또는 복사의 요청에 응하는 경우 그 일시 및 장소를 지정할 수 있다는 점(같은 법 제37조 제2항) 등도 정보공개법과 유사하다.

하지만 정보공개법에 따른 정보공개 청구제도와 행정절차법에 따른 문서열람권은 여러 가지 점에서 차이가 있다. 행정절차에 있어서의 문서열람권은 구체적인 해당 사안에 대한 정보를 그 관계인에게만 개시하는 것이나(주관적 정보공개 청구제도), 알권리에 따른 정보공개는 구체적인 이해관계를 갖지 않는 일반 공개를 의미한다(객관적 정보공개 청구제도).

또 정보공개법은 누구라도, 그리고 언제라도 국가기관 등 공공기관에 정보의 공개를 청구할 수 있는 반면 행정절차법에 의한 문서의 열람권은 그 대상이 행정처분의 직접 당사자와 이해관계인에 한하고, 그 요청기간도 청문의 통지가 있는 날부터 청문이 끝날 때까지이며, 요청대상도 모든 정보가 아니라 해당 사안의 조사결과에 관한 문서 기타 해당 처분과 관련되는 문서에 한하고, 공개된 정보의 사용에 관하여도 누구든지 청문을 통하여 알게 된 사생활이나 경영상 또는 거래상의 비밀을 정당한 이유 없이 누설하거나 다른 목적으로 사용해서는 안 된다는 제한이 있다(같은 법 제37조 제6항).

다만 '다른 법령에 의하여 공개가 제한되는 경우'에는 행정청은 문서의 열람 또는 복사 요청을 거부할 수 있는데(같은 법 제37조 제1항 후문) 그 '공개가 제한되는 다른 법령'에 정보공개법 제9조 제1항 각 호가 규정하는 비공개 대상 정보들이 해당되는지가 문제되

[표 1-3] 정보공개법, 행정절차법, 개인정보 보호법의 비교

구분	정보공개법	행정절차법	개인정보 보호법
제정·시행	법률 제5242호 (1996. 12. 31.) 1998. 1. 1.부터 시행	법률 제5241호 (1996. 12. 31.) 1998. 1. 1.부터 시행	법률 제4734호 (1994. 1. 7.) 1995. 1. 8.부터 시행
입법 목적	• 국민의 알권리 보장 • 국정 운영의 투명성 　확보	• 국민권익 사전 보장 • 행정 참여 기회 확대	• 사생활 비밀 보호 • 사적권익 침해 방지
청구권자	모든 국민·외국인	당사자, 이해관계인	본인(개인)
공개 대상 정보	공공기관의 모든 정보	권리의무 관련 정보	개인 신상 관련 정보
적용 대상기관	공공기관 (국가, 지방자치단체, 학교, 공기업 등)	행정청 (국가, 지방자치단체, 공공단체 등)	공공기관 (국가, 지방자치단체, 학교, 공기업 등)

* 출처: 행정자치부 자료

는데 비공개 사유에 해당하는 문서에 대해서는 행정절차법상의 문서열람 청구 역시 원칙적으로 공개를 거부할 수 있을 것이다.[110]

또한 당사자 등이 아닌 일반국민이 정보공개법에 의한 정보공개 청구권을 근거로 행정절차법 제37조가 규정하는 문서의 열람·복사 대상인 '해당 사안의 조사결과에 관한 문서 기타 해당 처분과 관련되는 문서'의 공개를 청구할 수 있는지도 문제된다.

이러한 경우에는 행정절차법 제37조는 적용될 여지가 없고, 따라서 당사자 등 이외의 일반국민이 행정절차법이 아니라 정보공개법에 의하여 그러한 문서의 공개를 요구할 수 있느냐 하는 문제는 정보공개법의 해석문제로 귀착되는 반면 행정절차의 당사자 등은 행정절차법 제37조 소정의 요건에 따라 문서열람청구권을 가지는 외에 문서열람 청구권의 경우와 동일한 기간 내에 동일한 대상의 열람 또는 복사를 정보공개법에 의한 정보공개 청구권에 의하여 요구할 수는 없으며, 청문이 통지되기 전에 또는 청문이 종결된 이후에는 정보공개법이 정하는 바에 따라 '해당 사안의 조사결과에 관한 문서 기타 해당 처분과 관련되는 문서'의 공개를 요구할 수 있다고 보아야 한다는 견해가 있다.[111] 그러나 당사자 등 이외의 일반국민은 행정절차법이 아니라 정보공개법에 의하여 그러한 문서의 공개를 청구할 수 있고, 당사자 등은 정보공개법에 따른 정보공

---

110) 홍준형, 「문서열람청구권과 정보공개 청구권」, 『행정법연구』 제2호(1998년 상반기), 한국행정법연구소, 4쪽.
111) 홍준형, 앞의 논문, 16쪽.

개 청구뿐만 아니라 행정절차법에 의하여도 문서의 열람 또는 복사를 요청할 수 있다
할 것이다.

II. 정보공개법과 민원사무처리에 관한 법률의 관계

1. 민원사무처리에 관한 법률 개요

민원사무처리에 관한 기본적인 사항을 규정하여 민원사무의 공정한 처리와 민원행
정제도의 합리적 개선을 도모함으로써 국민의 권익을 보호함을 목적으로 하는 '민원사
무처리에 관한 법률(약칭 '민원사무처리법')'은 민원사무처리의 원칙으로서, 첫째, 행정기
관은 민원사무를 관계법령 등이 정하는 바에 따라 다른 업무에 우선하여 처리해야 하
고, 둘째, 관계법령 등에 정한 처리기간이 남아 있음을 이유로 하거나 그 민원사무와 관
련되지 아니하는 공과금 등의 미납을 이유로 민원사무의 처리를 지연시켜서는 안 되며,
셋째, 법령의 규정 또는 위임이 있는 경우를 제외하고는 민원사무처리의 절차 등을 강
화해서는 안 된다고 규정하고 있다(민원사무처리법 제5조).

민원사항의 신청은 문서나 전자문서로 하되, 구술 또는 전화·전신·팩스 등 정보통신
망으로도 할 수 있다(같은 법 제8조).[112]

행정기관의 장은 민원사항의 신청을 받았을 때에는 다른 법령에 특별한 규정이 있는
경우를 제외하고는 그 접수를 보류하거나 거부할 수 없으며, 접수된 민원서류를 부당하
게 되돌려 보내서는 안 된다(같은 법 제9조 제1항). 이러한 사항은 정보공개 청구의 경우
에도 동일하게 적용될 것이다.

접수한 민원서류에 흠이 있는 경우에는 행정기관의 장은 보완에 필요한 상당한 기간

---

112) 대법원 1991. 10. 11. 선고 90누10353 판결.
"민원사무처리규정 제6조 제1항, 제3항은 민원서류는 민원실에서 접수하되, 민원실이 설치되어 있지 아니한 경우
에는 문서과에서 접수하고, 민원실, 문서과 또는 처리 주무과는 민원서류를 접수한 때에는 민원사무처리부에 기
록해야 한다고 규정하고 있으나 이는 행정기관 내부의 사무처리지침을 정해놓은 데 불과하다고 보아야 할 것이므
로 민원서류가 민원사무처리부에의 등재 여부를 불문하고 민원실 등에 접수된 이상 접수의 효력이 있다고 보아야
할 것이며, 또한 위 규정 제8조 제2항에서 동일 행정기관 내에서 소관이 아닌 민원서류를 접수한 때에는 3근무시
간 내에 민원실 또는 문서과를 거쳐 처리 주무과에 이송해야 한다고 규정하고 있는 취지에 비추어 비록 민원서류
가 민원실이 아닌 처리 주무과에 접수되었다고 하여도 그때 접수의 효력이 발생한다고 보아야 할 것이고, 처리 주
무과에서 다시 민원실로 이송하여 민원실에 접수된 때를 접수의 효력 발생시기로 볼 것은 아니라고 할 것이다"(당
원 1990. 5. 25. 선고 89누5768 판결 참조).

을 정하여 지체 없이 민원인에게 보완을 요구해야 한다(같은 법 제13조 제1항). 보완의 대상이 되는 흠은 보완이 가능한 경우이어야 함은 물론이고, 그 내용 또한 형식적·절차적인 요건이거나, 실질적인 요건에 관한 흠이 있는 경우라도 그것이 민원인의 단순한 착오나 일시적인 사정 등에 기한 경우 등이라야 한다.[113] 신청서의 보완에 소요되는 기간과 보완을 위하여 신청서를 신청인에게 발송한 날 및 보완되어 행정청에 도달한 날은 민원사무의 처리기간에 산입하지 아니한다(같은 법 시행령 제13조, 행정절차법 시행령 제11조).[114][115]

이처럼 행정기관은 민원사항의 신청이 있는 때에는 다른 법령에 특별한 규정이 있는 경우를 제외하고는 그 접수를 보류하거나 거부할 수 없으며, 민원서류에 흠이 있는 경우에는 보완에 필요한 상당한 기간을 정하여 지체 없이 민원인에게 보완을 요구하고 그 기간 내에 민원서류를 보완하지 아니할 때에는 10일의 기간 내에 다시 보완을 요구할 수 있으며, 위 기간 내에 민원서류를 보완하지 아니한 때에 비로소 접수된 민원서류를 되돌려 보낼 수 있다.

행정기관의 장은 민원인이 신청한 민원사항의 처리 결과를 민원인에게 문서나 전자문서로 통지해야 하는데 민원인의 신청을 거부하는 경우에는 거부 이유와 구제절차를 함께 통지해야 한다(민원사무처리법 제15조).

행정기관의 장은 민원사항의 신청에 필요한 사항을 게시(인터넷 등을 통한 게시 포함)하거나 편람을 갖추어 민원인이 볼 수 있게 해야 한다(같은 법 제7조).

2. 정보공개제도와 민원사무처리제도의 관계

정보공개제도와 민원사무처리제도도 상호 밀접한 연관성을 갖고 있다.

---

113) 대법원 2004. 10. 15. 선고 2003두6573 판결은 이러한 전제에서 건축불허가처분을 하면서 그 사유의 하나로 소방시설과 관련된 소방서장의 건축부동의 의견을 들고 있으나 그 보완이 가능한 경우, 보완을 요구하지 아니한 채 곧바로 건축허가신청을 거부한 것은 재량권의 범위를 벗어난 것이라고 판시했다.

114) 대법원 2007. 7. 27. 선고 2005도1722 판결.

115) 이외에도 접수·경유·협의 및 처리하는 기관이 각각 상당히 떨어져 있는 경우 문서의 이송에 소요되는 기간, 대표자를 선정하는 데 소요되는 기간, 해당 처분과 관련하여 의견청취가 실시되는 경우 그에 소요되는 기간, 실험·검사·감정, 전문적인 기술 검토 등 특별한 추가절차를 거치기 위하여 부득이하게 소요되는 기간, 행정자치부령이 정하는 선행사무의 완결을 조건으로 하는 경우 그에 소요되는 기간은 민원사무의 처리기간에 산입하지 아니한다(행정절차법 시행령 제11조 제1항 제2호 내지 제6호).

(1) 첫째, 양 제도는 모두 국민의 권익보호를 주된 목적으로 하고 있다는 점에서 공통된다.

정보공개의 청구는 민원사무처리법상으로는 '민원의 신청'(제8조)에, 정보공개 청구인은 '민원인'[116]에, 공공기관이 하는 정보의 공개·부분 공개·비공개 결정은 '민원사항의 처리'에 각각 해당한다.[117] 즉, 행정기관에 대하여 정보공개를 청구하는 것은 행정기관에 대하여 정보공개라는 '특정한 행위'를 요구하는 것이므로 민원사무처리법 시행령 제2조 제2항 제7호에 따른 '그 밖에 행정기관에 대하여 특정한 행위를 요구하는 사항'에 해당한다. 따라서 정보공개법에 따라 청구인이 행정기관에 정보공개를 청구하는 것은 민원사무처리법에 따른 민원사항에 관한 사무이므로 민원사무처리법도 적용된다고할 것이고, 이는 구체적으로 민원사무처리법에 따른 민원사항을 신청하는 것의 일종이므로 민원사무처리법 제8조에 따라 민원을 신청한 것으로 볼 수 있다.

(2) 둘째, 정보공개법에 따라 청구인이 행정기관에 정보공개를 청구하는 것에 대하여 정보공개법과 민원사무처리법 중 어느 법률이 우선하여 적용되는지에 대해 살펴보면, 민원사무처리법 제3조 제1항은 민원사무에 관하여 다른 법률에 특별한 규정이 있는 경우를 제외하고는 민원사무처리법이 정하는 바에 따르도록 규정하고 있는데, 민원사무 중 행정기관에 정보공개를 청구하는 것에 관하여는 정보공개법에서 별도로 규정하고 있으므로 정보공개법에 따라 청구인이 행정기관에 정보공개를 청구하는 것에 관하여는 정보공개법이 민원사무처리법보다 우선하여 적용된다.

그런데 정보공개법은 공공기관이 보유·관리하는 정보에 대한 국민의 공개 청구 및

---

116) 민원사무처리에 관한 법률 제2조 제1호는 '민원인'이라 함은 행정기관에 대하여 처분 등 특정한 행위를 요구하는 개인·법인 또는 단체를 말한다고 정의하고 있다.

117) 민원사무처리에 관한 법률 제2조 제2호는 '민원사무'라 함은 민원인이 행정기관에 대하여 처분 등 특정한 행위를 요구하는 사항(민원사항)에 관한 사무를 말한다고 정의하고 있는데, 같은 법 시행령 제2조 제2항은 보다 구체적으로 다음과 같이 이를 명시하고 있다.
  1. 허가·인가·특허·면허·승인·지정·인정·추천·시험·검사·검정 등의 신청
  2. 장부·대장 등에의 등록·등재의 신청 또는 신고
  3. 특정한 사실 또는 법률관계에 관한 확인 또는 증명의 신청
  4. 법령·제도·절차 등 행정업무에 관한 질의 또는 상담형식을 통한 설명이나 해석의 요구
  5. 정부시책이나 행정제도 및 운영의 개선에 관한 건의
  6. 행정기관의 위법·부당하거나 소극적인 처분(사실행위 및 부작위를 포함한다) 및 불합리한 행정제도로 인하여 국민의 권리를 침해하거나 국민에게 불편 또는 부담을 주는 사항의 해결 요구('고충민원')
  7. 그 밖에 행정기관에 대하여 특정한 행위를 요구하는 사항

공공기관의 공개 의무에 관하여 필요한 사항을 정하고 있고(정보공개법 제1조), 같은 법 제2조 제1호에서 정의하고 있는 '정보'에 대한 공개 청구 및 공개 의무에 관하여 규율하는 법이므로 공개를 청구한 내용이 정보공개법 제2조 제1호에 따른 정보가 아니라면 정보공개법이 적용될 여지가 없게 된다.

따라서 정보공개법에 따라 행정기관에 정보공개를 청구하는 것에 대해서는 민원사무처리법도 적용되고, 만약 공개를 청구한 내용이 정보공개법 제2조 제1호에 따른 정보에 해당한다면 정보공개법이 민원사무처리법보다 우선하여 적용될 것이지만, 공개를 청구한 내용이 정보공개법 제2조 제1호에 따른 정보에 해당하지 않는다면 정보공개법이 적용될 여지가 없게 되므로 민원사무처리법만 적용된다. 이러한 경우 해당 행정기관은 그 청구를 정보공개법에 따른 정보공개 청구가 아닌 민원사무처리법에 따른 민원의 신청으로 보아 민원사무처리법에 따라 처리할 수 있다.[118]

(3) 셋째, 민원인이 행정기관에 대하여 그 기관이 보유·관리하는 정보 중 인터넷 홈페이지 등에 게시된 정보를 교부의 방법으로 공개할 것을 청구하는 경우에 민원사무처리법에 따른 민원의 신청으로 보아 처리할 수 있는지 아니면 정보공개법에 따라 처리해야 하는지가 문제된다.

민원사무처리법 제2조 제2호에서는 민원사무를 민원인이 행정기관에 대하여 처분 등 특정한 행위를 요구하는 사항에 관한 사무로 정의하고 있고, 같은 법 시행령 제2조 제2항에 따르면 민원사무에 해당하는 사무를 각 호로 나열하고 있으며, 그중 제7호는 "그 밖에 행정기관에 대하여 특정한 행위를 요구하는 사항"이라고 규정하고 있는데, 행정기관에 대하여 정보공개를 청구하는 것은 제1호부터 제6호까지에 규정된 민원사항에 해당하지는 아니하지만 행정기관에 대하여 정보공개라는 '특정한 행위'를 요구하는 것이므로 같은 항 제7호에 해당할 수 있어 민원사무처리법 제8조에 따른 민원의 신청으로 볼 수 있다. 그러나 민원사무처리법 제3조 제1항에 따르면 민원사무에 관하여 다른 법률에 특별한 규정이 있는 경우를 제외하고는 민원사무처리법이 정하는 바에 따르도록 규정하고 있고, 민원사무 중 행정기관에 정보공개를 청구하는 것에 관하여는 정보공개법에서 별도로 규정하고 있으므로, 민원인이 행정기관에 정보공개를 청구하는 것에 관하여

118) [법제처 10-0055, 2010. 4. 9, 행정안전부 지식제도과]

는 정보공개법이 민원사무처리법보다 우선하여 적용된다.[119] 따라서 민원인이 행정기관에 대하여 그 기관이 보유·관리하는 정보 중 인터넷 홈페이지 등에 게시된 정보를 교부의 방법으로 공개할 것을 청구하는 경우에는 정보공개법에 따라 처리해야 한다.[120]

국민이 공공기관을 상대로 정보공개 청구의 형식으로 요구를 하는 모든 사안에 대해 그 청구 형식만을 두고 정보공개법의 규율대상으로 볼 것은 아니고, 정보공개법의 목적, 공공기관에 대해 요구하는 구체적인 내용, 공공기관의 정보공개 현황 등을 고려하여 그 요구사항이 일반국민이 접근할 수 없거나 접근이 용이하지 않은 공공기관 보유·관리 정보에 대한 공개 청구로서 정보공개법의 규율대상인지 아니면 그 공개 청구의 외형에도 불구하고 일반 민원으로 처리해야 할 사항인지 여부를 판단해야 한다. 그에 따라 정보공개법의 규율대상으로 볼 수 없는 사안인 경우에는 비록 그 외형이 정보공개 청구와 유사한 모습을 띠고 있고, 이에 대해 공공기관이 그 요구를 거부하는 결정 및 통지를 했다 하더라도 이를 정보공개법이 규율하는 정보공개 청구 및 그에 대한 거부처분으로 볼 것은 아니며, 그 거부결정의 통지는 단지 민원제기에 대한 회신에 해당하여 국민의 권리의무나 법률관계에 영향을 미치는 행정처분이라고 볼 수는 없다.[121]

(4) 넷째, 정보공개제도의 특징에 따라 정보공개법에 특별한 규정이 없는데도 해석상 민원사무처리법의 적용이 배제되는 경우도 있다.

먼저 공공기관은 정보공개를 청구 받은 날부터 10일 이내에 공개 여부를 결정해야 하고 부득이한 사유가 있을 때에는 10일 이내의 범위에서 공개 여부 결정기간을 연장할 수 있다(정보공개법 제11조 제1항·제2항).

여기서 '10일'의 기간이 근무일(working day)을 의미하는 것인지 아니면 비근무일까지도 포함하는 기간인지에 관하여 정보공개법에는 기간 계산에 관한 특별한 규정을 두고 있지 않다. 그런데 민원사무처리법은 민원사무의 처리기간을 6일 이상으로 정한 경

---

119) [법제처 2010. 4. 9. 회신 10-0055 해석례]

120) [법제처 11-0698, 2011. 12. 29, 민원인]

121) [중앙행정심판위원회 2011-09020, 2011. 8. 23, 각하] 온라인서비스를 통해 일반공중에게 『조선왕조실록』 원문 및 국역문 전체를 전송하고 있어 해당 정보에의 접근 가능성이 충분히 열려 있는 상황에서 단지 보다 편리하게 이용할 수 있도록 기존 자료를 청구인이 요구하는 형태로 편집하여 제공해줄 것을 요구하는 것은 비록 그 외형이 정보공개 청구의 형태를 띠고 있다 하더라도 이는 정보공개법의 규율대상이 되는 정보공개 청구로 볼 수는 없고, 단지 공공기관에게 서비스 이용상의 불편을 이유로 그 개선을 요구하는 취지의 민원을 제기한 것에 불과하다고 한 사례.

우에는 '일(日)' 단위로 계산하고 첫날은 산입하되, 공휴일은 산입하지 아니한다고 규정하고 있어(같은 법 제6조 제2항) 첫날과 토요일은 산입하나 공휴일은 제외하고 있는데, 위 조항은 신속한 정보공개 여부의 결정이라는 정보공개법의 취지를 감안하면 정보공개법에는 그대로 적용되지는 않는다고 봐야 하다.[122]

그렇다면 청구인이 공휴일에 정보공개 청구를 한 경우에는 특별한 사정이 없는 한 아직은 공공기관이 이를 청구 받았다고 할 수는 없고 그 이후 최초 근무일에 정보공개 청구를 받았다고 할 것이며, 공공기관은 그때부터 비근무일을 포함하여 10일 이내에 공개 여부를 결정해야 할 것이나 만약 10일째에 해당하는 날이 토요일 또는 공휴일에 해당하는 때에는 그다음 날로 만료된다고 볼 것이다(민법 제161조 참조).

다음으로 행정기관은 민원사항의 신청이 있는 때에는 다른 법령에 특별한 규정이 있는 경우를 제외하고는 그 접수를 보류하거나 거부할 수 없으며, 민원서류에 흠이 있는 경우에는 보완에 필요한 상당한 기간을 정하여 지체 없이 민원인에게 보완을 요구하고 그 기간 내에 민원서류를 보완하지 아니할 때에는 10일의 기간 내에 다시 보완을 요구할 수 있으며, 위 기간 내에 민원서류를 보완하지 아니한 때에 비로소 접수된 민원서류를 되돌려 보낼 수 있는데(민원사무처리법 제13조, 같은 법 시행령 제14조) 정보공개 청구의 경우에도 공공기관이 청구인에게 정보공개 청구서의 보완을 요구할 수 있을까가 문제된다.

정보의 공개를 청구하는 자는 해당 정보를 보유하거나 관리하고 있는 공공기관에 대하여 청구인의 이름·주민등록번호·주소 및 연락처, 공개를 청구하는 정보의 내용 및 공개 방법을 기재한 정보공개 청구서를 제출하거나 말로써 정보의 공개를 청구해야 하는데 그중 일부를 누락한 경우에 공공기관은 그 보완을 요구할 수 있을 것이나 정보공개 청구인이 공공기관의 보완 요구기간 내에 이를 보완하지 아니할 때에는 접수된 정보공개 청구서를·되돌려 보낼 수는 없고 정보공개법 제11조에 따라 정보의 공개 여부를 결정해야 할 것이다.

법원 정보공개규칙(제6조), 헌법재판소 정보공개규칙(제6조), 선거관리위원회 정보공개규칙(제6조)에서는 공개를 청구하는 정보의 내용이 불명확하여 공개 여부를 결정할 수 없는 경우 담당 공무원은 지체 없이 청구인에게 보완을 요구해야 하고 이때 보완기

---

122) 서울행정법원 2008. 4. 16. 선고 2007구합31478 판결(확정).

간은 정보공개 여부 결정기간에 산입하지 아니한다고 규정하고 있다. 다만, 위 규칙에서는 담당 공무원의 보완요구에 대해 청구인이 응하지 아니한 경우에 관하여는 정하지 않고 있는데 접수된 정보공개 청구서를 되돌려 보낼 수는 없고 정보공개법 제11조에 따라 정보의 공개 여부를 결정해야 할 것이다.

또한 행정기관의 장은 민원인이 신청한 민원사항에 대한 처리결과를 민원인에게 문서나 구술 또는 정보통신망으로 통지할 수 있는데 문서가 아닌 경우 민원인의 요청이 있는 때에는 지체 없이 처리결과에 관한 문서를 교부해야 하고(민원사무처리 법 제15조 제1항) 만약 민원인의 신청을 거부하는 때에는 그 이유와 구제절차를 함께 통지해야 한다(같은 법 제15조 제2항). 그러나 공공기관이 정보의 공개 여부에 관하여 결정을 한 경우에는 문서나 정보통신망으로 통지해야 하며 구술로는 통지할 수 없다.

(5) 다섯째, 민원사항에 대한 행정기관의 장의 거부처분에 불복하는 민원인은 그 거부처분을 받은 날부터 90일 이내에 그 행정기관의 장에게 문서로 이의신청을 할 수 있고, 이의신청을 받은 공공기관은 그날부터 10일 이내에 그 이의신청에 대하여 결정하고 그 결과를 민원인에게 지체 없이 문서로 통지해야 한다(민원사무처리법 제18조). 다만, 부득이한 사유로 정해진 기간 이내에 결정할 수 없는 때에는 그 기간의 만료일 다음 날부터 기산하여 10일 이내의 범위에서 연장할 수 있으며, 연장사유를 민원인에게 통지해야 한다.

그런데 정보의 공개 여부에 관한 공공기관의 결정에 대하여 청구인(정보비공개 결정을 한 경우)이나 제3자(정보공개 결정을 한 경우)가 이의신청을 하는 경우에는 민원사무처리법과 달리 공공기관으로부터 정보공개 여부의 결정통지를 받은 날 또는 비공개 결정이 있는 것으로 보는 날부터 30일 이내에 해당 공공기관에 이의신청을 해야 하고(정보공개법 제18조 제1항), 공공기관은 이의신청을 받은 날부터 7일 이내에 그 이의신청에 대하여 결정하고 그 결과를 청구인에게 지체 없이 문서로 통지해야 하며, 다만 부득이한 사유로 정해진 기간 이내에 결정할 수 없는 때에는 그 기간의 만료일 다음 날부터 기산하여 7일 이내의 범위에서 연장할 수 있다(같은 법 제18조 제2항). 한편 민원인은 이의신청 여부와 관계없이 행정심판 또는 행정소송을 제기할 수 있는데(민원사무처리법 제18조 제1항·제2항·제3항) 이는 정보공개 청구의 경우도 같다.

(6) 여섯째, 정보공개법의 적용대상 기관은 국가기관과 지방자치단체뿐 아니라 각급 학교, 정부투자기관, 사회복지법인 등 일정한 공·사법인도 포함하는 공공기관인 반면에 민원사무처리법의 적용 대상은 행정기관이며[123] 공·사법인은 제외된다.

III. 정보공개법과 전자정부법

1. 정보공개법과 전자정부법의 관계

(1) 전자정부란 정보기술을 활용하여 행정기관 및 공공기관의 업무를 전자화하여 행정기관[124] 및 공공기관[125] 등의 상호 간의 행정업무 및 국민에 대한 행정업무를 효율적으로 수행하는 정부를 말한다(전자정부법 제2조 제1호).

2001년 제정된 전자정부법에 의하면 민원처리의 신청, 구비서류의 확인, 민원처리 결과의 고지 및 통지 등을 전자문서로 할 수 있다.[126] 즉, 행정기관은 해당 기관에서 처리할 민원사항 등에 대하여 관계 법령이나 지방자치단체의 조례 및 규칙에서 문서·서면·서류 등의 종이문서로 신청, 신고 또는 제출 등을 하도록 규정하고 있는 경우에도 전자문서로 신청 등을 하게 할 수 있다(같은 법 제7조 제1항).

행정기관은 민원 관련 법령, 민원사무 관련 편람, 민원사무의 처리기준 등 민원과 관련된 정보와 그 밖에 국민생활과 관련된 행정정보로서 국회규칙, 대법원규칙, 헌법재판소규칙, 중앙선거관리위원회규칙 및 대통령령으로 정하는 행정정보 등을 별도로 인터넷을 통하여 국민에게 제공하여야 하고, 관보·신문·게시판 등에 싣는 사항을 별도로 인터넷을 통하여 국민에게 제공할 수 있다(같은 법 제12조).

이처럼 행정기관 및 공공기관의 장은 전자정부 구현을 촉진하고 국민의 삶의 질을

---

123) 여기의 행정기관에는 법령에 의하여 행정권한을 가지고 있거나 행정권한을 위임 또는 위탁받은 법인·단체 또는 그 기관이나 사인을 포함한다(민원사무처리법 제3조 제2항).
124) 전자정부법에서 행정기관이란 국회·법원·헌법재판소·중앙선거관리위원회의 행정사무를 처리하는 기관, 중앙행정기관(대통령 소속 기관과 국무총리 소속 기관을 포함한다) 및 그 소속 기관, 지방자치단체를 말한다(제2조 제2호).
125) 전자정부법에서 공공기관이란 ① 공공기관의 운영에 관한 법률 제4조에 따른 법인·단체 또는 기관 ② 지방공기업법에 따른 지방공사 및 지방공단 ③ 특별법에 따라 설립된 특수법인 ④ 초·중등교육법, 고등교육법 및 그 밖의 다른 법률에 따라 설치된 각급 학교 ⑤ 그 밖에 대통령령으로 정하는 법인·단체 또는 기관을 말한다(제2조 제3호).
126) 미국 전자정부법과의 비교법적 연구에 관해서는 김형남, 「미국 전자정부법(The E-Government Act)의 비교법적 연구」, 『계약법의 과제와 전망』, 삼지원, 2005, 707~730쪽 참조.

향상시킬 수 있도록 전자정부법을 운영하고 관련 제도를 개선하여야 하며, 정보통신망의 연계 및 행정정보의 공동이용 등에 적극 협력해야 한다(같은 법 제3조 제1항). 공무원 및 공공기관의 소속 직원은 담당업무를 전자적으로 처리할 때 해당 기관의 편익보다 국민의 편익을 우선적으로 고려해야 한다.

이에 따라 행정기관 등은 전자정부의 구현·운영 및 발전을 추진할 때 대민서비스의 전자화 및 국민편익의 증진, 개인정보 및 사생활의 보호, 행정정보의 공개 및 공동이용의 확대 등을 우선적으로 고려하고 이에 필요한 대책을 마련해야 한다(같은 법 제4조 제1항). 또한 상호간에 행정정보의 공동이용을 통하여 전자적으로 확인할 수 있는 사항을 민원인에게 제출하도록 요구하여서는 안 되며 행정기관 등이 보유·관리하는 개인정보를 당사자의 의사에 반하여 사용해서도 안 된다.

한편 행정기관 등의 장은 행정업무 및 민원사무의 전자화, 행정정보의 공동이용 등을 통하여 종이문서의 작성·접수·유통 및 보관을 최소화하고 종이문서를 지속적으로 줄이기 위한 방안을 마련하여야 하고, 문서작성 및 보고과정에서 종이문서의 불필요한 출력을 최소화하도록 일하는 방식 등을 개선하여야 하며, 종이문서를 줄이기 위하여 종이문서로 신청·신고 및 보고·제출 또는 통지·통보하도록 규정하고 있는 법령과 지침 등을 특별한 사유가 없으면 전자적인 방법으로도 할 수 있도록 개정하거나 보완하여야 한다(같은 법 제33조).

(2) 정보공개법은 국민의 알권리를 보장함으로써 국정에 대한 국민의 참여와 국정 운영의 투명성 확보를 목적으로 하고 있다.

그러나 정보공개법만이 국민의 알권리를 보장하고 국정 운영의 투명성을 확보하는 제도는 아니다. 앞서 본 바와 같이 행정절차법이나 민원사무처리법도 제한적이나마 이러한 목적에 기여하고 있다. 전자정부법도 행정의 생산성, 투명성 및 민주성을 높여 국민의 삶의 질을 향상시키는 것을 목적으로 하고 있다(같은 법 제1조).

행정기관 등의 대민서비스 및 행정관리의 전자화, 행정정보의 공동이용 등 전자정부의 구현·운영 및 발전에 관하여 다른 법률에 특별한 규정이 있는 경우를 제외하고는 전자정부법에서 정하는 바에 따른다(같은 법 제6조).

행정기관 및 공공기관은 상호 간에 행정정보의 공동이용을 통하여 전자적으로 확인할 수 있는 사항을 민원인에게 제출하도록 요구해서는 안 되므로(같은 법 제4조 제3항)

전자정부법의 시행에 따라 전자적 정보공개제도가 더욱 활성화될 것이다. 여기서 행정정보란 행정기관 등이 직무상 작성하거나 취득하여 관리하고 있는 자료로서 전자적 방식으로 처리되어 부호, 문자, 음성, 음향, 영상 등으로 표현된 것을 말한다(같은 법 제2조 제6호).

한편 전자정부법은 정보주체의 열람청구권도 보장하고 있다.

즉, 정보주체(처리되는 정보에 의하여 알아볼 수 있는 사람으로서 그 정보의 주체가 되는 사람)는 행정정보의 원활한 공동이용을 위하여 행정자치부 장관 소속으로 설치된 행정정보 공동이용센터를 통하여 공동이용한 행정정보 중 본인에 관한 행정정보에 대하여 이용기관, 공동이용의 목적, 공동이용한 행정정보의 종류, 공동이용한 시기, 해당 행정정보를 공동이용할 수 있는 법적 근거에 대한 열람을 행정자치부 장관 또는 해당 이용기관의 장에게 신청할 수 있고(같은 법 제43조 제1항), 정보주체로부터 이러한 열람신청을 받은 행정자치부 장관 및 이용기관의 장은 정당한 사유가 없으면 신청한 날부터 10일 이내에 그 정보주체에게 통보해야 한다(같은 법 제43조 제2항). 10일 이내에 통보할 수 없는 정당한 사유가 있을 때에는 그 사유가 소멸했을 때에 지체 없이 통보해야 한다.

정보주체는 만약 이용기관이 통보를 하지 아니하면 이용기관이 공동이용한 행정정보 중 본인에 관한 사항에 대한 열람을 행정자치부 장관에게 직접 신청할 수 있다(같은 법 제43조 제4항). 행정자치부 장관은 공동이용센터를 통하여 공동이용한 행정정보의 명칭, 공동이용 횟수 등의 기록을 유지·관리하고 공개해야 한다(같은 법 제43조 제6항).[127]

2. 정보공개제도와 정부업무평가

정부업무평가 기본법에 의하면 중앙행정기관 및 그 소속기관에 대한 통합실시업무 평가사항에는 정보공개법에 따른 정보공개제도의 운영실태에 대한 평가가 포함되어 있다(같은 법 제3조 제2항, 같은 법 시행령 제4조 제5호).

국무총리·중앙행정기관의 장·지방자치단체의 장 및 공공기관의 평가를 실시하는 기관의 장은 평가결과를 전자통합평가체계 및 인터넷 홈페이지 등을 통하여 공개해야 하고(같은 법 제26조) 국무총리는 매년 각종 평가결과보고서를 종합하여 이를 국무회의

---

127) 전광석, 「행정정보 공동이용의 법원칙」, 『헌법판례연구』 제8권, 2006, 박영사, 449~477쪽.

에 보고하거나 평가보고회를 개최하여야 하며, 중앙행정기관의 장은 전년도 정책 등에 대한 자체평가결과를 지체 없이 국회 소관 상임위원회에 보고해야 한다(같은 법 제27조).

또한 중앙행정기관의 장은 평가결과를 조직·예산·인사 및 보수체계에 연계·반영하여야 하고 다음 연도의 예산요구 시 반영하여야 하며 기획재정부 장관은 평가결과를 중앙행정기관의 다음 연도 예산편성 시 반영해야 한다(같은 법 제28조).

이처럼 정보공개제도 운영실태 평가는 정보공개법 제24조 제2항, 정부업무평가기본법 제2조 등에 따라 중앙행정기관과 지방자치단체로 구분하여 실시되고 있으며, 기관별 정보공개제도 운영 전반에 대한 평가 및 피드백을 통해 정보공개처리의 역량 향상을 도모하기 위함이다.[128]

이에 따라 정보공개제도의 운영실적은 행정기관에 대한 통합 업무평가를 통해 해당 행정기관의 예산 등에 직접적인 영향을 미치게 되어 전자적 정보공개제도의 효율성을 제고하여 보다 더 국민편익 중심으로 활성화될 것으로 전망된다.

---

128) 2013년의 경우 중앙행정기관은 정부업무평가 중 '행정관리관리역량'의 한 분야로서 1차는 기관별로 2개의 평가지표에 따라 평가하였고, 2차로 안전행정부(현 행정자치부)에서 중앙행정기관별 '자체평가' 결과를 점검하였다. 지방자치단체에 대하여는 지방자치단체 합동평가 중 '일반행정'의 한 분야로서 244개 지방자치단체를 대상으로 하여, 중앙행정기관 평가와 마찬가지로 외부전문가가 포함된 평가단이 평가했다. 평가 결과 사전정보 공개의 활성화와 관련해서는 정보의 양적인 확대 측면에서 우수한 것으로 평가된 반면, 기관 간의 정보량 편차가 나타나는 문제와 정보공개포털에서의 링크 오류 등이 발생하는 등 일부 미흡한 사례가 지적되었고, 정보공개 처리와 관련해서는 처리기간 준수율은 우수한 것으로 평가된 반면, 정보의 부존재 처리기간을 미준수 사례와 정보공개 기간을 연장함에 있어 청구인에 대한 통지가 미흡한 사례가 종합적으로 지적되었다(안전행정부, 2013년도 정보공개연차보고서, 2014, 35~36쪽).

[중앙행정기관 평가지표 및 측정방법]

평가지표	측정기준
정보공개 처리의 적절성 (4점)	-비공개 결정이 적절하고 구체적인 사유를 기재하였는지 등(2점) -정보 부존재 처리가 적절하고 구체적인 사유를 기재하였는지 등(2점)
사전정보공개 활성화(6점)	-사전정보공개 대상의 적절성(3점) -사전정보공개 대상 정보내용의 충실성(3점)

[지방자치단체 평가지표 및 측정방법]

평가지표	측정기준
정보공개 처리의 적절성 (4점)	-비공개 결정이 적절하고 구체적인 사유를 기재하였는지 등(2점) -정보 부존재 처리가 적절하고 구체적인 사유를 기재하였는지 등(2점)
사전정보공개 활성화(6점)	-사전정보공개 대상의 적절성(2점) -사전정보공개 대상 정보내용의 충실성(2점) -정보공개 모니터단 구성·운영(2점)

제6절 정보공개와 공무원의 비밀엄수의무

I. 공무원의 비밀엄수의무

공무원은 재직 중은 물론 퇴직 후에도 직무상 알게 된 비밀을 엄수해야 할 비밀엄수의 의무를 진다(국가공무원법 제60조). 이 의무는 단지 국가공무원뿐만 아니라 지방공무원(지방공무원법 제52조), 외무공무원(외무공무원법 제19조), 국가정보원직원(국가정보원직원법 제17조) 등도 부담하고 있다.[129]

국가공무원 복무규정 제4조의2는 국가공무원법에 규정된 비밀엄수의무에 대해 보다 구체적으로 정의하여 공무원이거나 공무원이었던 사람은 직무상 알게 된 사항, 즉 ① 법령에 따라 비밀로 지정된 사항 ② 정책 수립이나 사업 집행에 관련된 사항으로서 외부에 공개될 경우 정책 수립이나 사업 집행에 지장을 주거나 특정인에게 부당한 이익을 줄 수 있는 사항 ③ 개인의 신상이나 재산에 관한 사항으로서 외부에 공개될 경우 특정인의 권리나 이익을 침해할 수 있는 사항 ④ 그 밖에 국민의 권익 보호 또는 행정목적 달성을 위하여 비밀로 보호할 필요가 있는 사항을 법령에 따라 공개하는 경우를 제외하고는 타인에게 누설하거나 부당한 목적을 위하여 사용해서는 안 된다고 명시하고 있다.[130]

그런데 공무원법에서 비밀엄수의 의무를 두고 있는 목적은 공무원으로 하여금 국민 전체에 대한 봉사자로서(헌법 제7조) 행정의 민주적이며 능률적인 운영을 도모하기 위하여(국가공무원법 제1조) 복무상의 규율을 정하는 데 있다. 이 의무는 공무원 관계의 질서유지와 복무기강 확립을 위하여 행정 내부의 필요에 따라 설정한 기준이며 대외적으로 행정기관이 보유한 비밀을 보호하기 위함이 아니다.

---

129) 김창조, 「정보공개법상 비공개 사유와 공무원의 비밀엄수의무」, 『공법연구』 제35집 제2호(2006. 12), 한국공법학회, 337~360쪽; 松井茂記, 앞의 책, 45~54쪽 참조.

130) 경찰공무원 복무규정, 소방공무원 복무규정, 지방공무원 복무규정, 재외공무원 복무규정에서는 국가공무원 복무규정을 준용하고 있다.

II. 현행 법률상 공무원의 직무상 비밀

1. 공무원법상 직무상 비밀의 의미

법률상 보호가치 있는 직무상의 비밀이란 무엇인가, 또 무엇을 가지고 그 비밀성을 인정하는가에 관해서는 종래부터 형식비(形式秘)설과 실질비(實質秘)설이 대립된다.[131]

형식비설은 행정기관에서 비밀로 할 필요가 있다고 판단하여 비밀취급의 지정을 한 사항·문서는 전부 직무상의 비밀에 해당한다고 보는 견해이다. 이에 대해 실질비설은 형식비와 같이 행정기관이 단지 형식적으로는 비밀취급의 지정을 한 것만으로는 충분하지 않고 내용을 비닉하는 것이 객관적으로 봐서 비밀로서 보호하는 것에 의해 실질상의 이익이 있다고 인정되어지는 것을 의미한다는 견해이다.

그러나 실질비설을 취하는 경우에도 보호할 비밀을 결정하는 기준, 비밀로 하는 실질적 근거, 비밀지정의 절차, 비밀사항의 종류와 성격, 비밀취급을 필요로 하는 합리적인 사유, 비밀의 심사 및 해제 요건 등이 법령에 의해 명확히 규정되어야 한다.[132] 비밀에 관해서도 법치주의를 관철시킬 필요가 있는 것이다.

비밀엄수의 의무는 행정의 민주적·능률적 운영을 확보하는 데 근본목적이 있다. 따라서 공무원이 지켜야 할 비밀을 정의할 때 우선적으로 고려할 사항은 해당 사실이 일반에 알려질 경우 그러한 목적을 해할 우려가 있는지 여부가 될 것이다. 이렇게 보면 '비밀'이란 사회통념상 일반적으로 알려진 사실인가 아닌가에 따를 것이 아니라 '외부에 알려질 경우 특정의 이익이 침해될 수 있는 정보'라고 말할 수 있다.

다시 말해 행정기관이 비밀이라고 형식적으로 정한 것에 따르지 않고 비밀로서 실질적으로 보호할 가치가 있는지, 즉 그것이 통상의 지식과 경험을 가진 다수인에게 알려지지 않은 비밀성을 가졌는지, 또한 정부나 국민의 이익 또는 행정목적 달성을 위해 비밀로서 보호할 필요성이 있는지 등이 객관적으로 검토되어야 한다.

그렇다면 국가공무원법 등에서 공무원 등에게 부과하고 있는 비밀엄수의무에서의 비밀이란 실질적으로 보호할 가치가 있는 것이어야 하므로 그 비밀이 ① 그 정보가 널

---

131) 김중양, 앞의 책, 76쪽 이하.
132) 헌법재판소 1992. 2. 25. 선고 89헌가 104 결정.

리 알려져 있는 것이 아닌 비공지의 사실이고(非公知性) ② 비밀로서 보호할 필요가 있고(비밀보호의 필요성) ③ 비밀로서 보호하는 것이 상당하다(비밀보호의 상당성)는 세 가지의 요건을 구비해야 한다.[133]

비밀의 내용이 헌법이나 법률에 위반되고 있는 위법인 경우에는 비밀의 보호는 인정되지 않는다. '위법 비밀'을 법에서 보호할 수는 없고 오히려 행정기관이 위법하게 정보를 비닉하고 있는 경우 공무원은 그것을 내부고발해서 공표할 권리가 있다. 이에 대해서 비밀엄수의무를 이유로 형벌을 가하는 것은 허용되지 않는다.[134]

공무원이 법령상의 비밀엄수의무를 위반할 경우에는 징계사유에 해당된다(국가공무원법 제78조, 지방공무원법 제69조, 국가정보원직원법 제24조 등).

2. 형법상 공무상 비밀누설죄의 비밀 개념

공무원이 비밀을 누설할 경우에는 형법상의 공무상 비밀누설죄(제127조)나 외교상 기밀누설죄(제113조) 등 형사처벌의 대상이 될 수도 있다.

형법 제127조는 "공무원 또는 공무원이었던 자가 법령에 의한 직무상 비밀을 누설한 때에는 2년 이하의 징역이나 금고 또는 5년 이하의 자격정지에 처한다"고 공무상 비밀누설죄를 규정하고 있는데 공무상 비밀누설죄는 기밀 그 자체를 보호하는 것이 아니라 공무원의 비밀엄수의무의 침해에 의하여 위험하게 되는 이익, 즉 비밀의 누설에 의하여

---

133) 대법원 1996. 10. 11. 선고 94누7171 판결, 대법원 1996. 5. 10. 선고 95도780 판결.
134) 2012년 12월 제18대 대통령선거 과정에서 발생한 이른바 '국가정보원 댓글 사건'을 계기로 국회는 2014년 1월 1일 공무원의 정치운동의 금지 위반에 대한 처벌 형량을 현행 1년 이하의 징역 또는 500만 원 이하의 벌금에서 3년 이하의 징역과 3년 이하의 자격정지로 강화하고, 그 죄의 공소시효의 기간을 10년으로 하는 내용으로 국가공무원법(법률 제12234호, 2014. 1. 14. 시행, 같은 법 제84조)과 지방공무원법(법률 제12235호, 2014. 1. 14. 시행, 같은 법 제82조)을 개정했고, 군인의 정치 관여에 대한 처벌 요건을 구체화하고 그 형량을 현행 2년 이하의 금고에서 5년 이하의 징역과 5년 이하의 자격정지로 강화하며, 그 죄의 공소시효의 기간을 10년으로 하는 내용으로 군형법을 개정했다(법률 제12232호, 2014. 1. 14. 시행, 같은 법 제94조).
그뿐만 아니라 공익신고자 보호법(법률 제12265호, 2014. 1. 14. 시행)도 제25조의2(정치운동 등 신고의 특례)를 신설하여 국가공무원법 및 지방공무원법에 따른 공무원은 국가공무원법 제65조에 따른 정치운동, 지방공무원법 제57조에 따른 정치운동 및 군형법 제94조 제1항에 따른 정치 관여에 해당하는 행위를 지시 받은 경우 대통령령으로 정하는 절차에 따라 이의를 제기할 수 있고(제1항), 시정되지 않을 경우 그 직무의 집행을 거부할 수 있고, 국가공무원 등이 이러한 이의제기 절차를 거친 후 시정되지 않을 경우, 오로지 공익을 목적으로 정치 관여에 해당하는 행위를 지시 받은 사실을 수사기관에 신고하는 경우에는 형법 제127조(공무상 비밀누설죄) 및 군형법 제80조(군사기밀 누설)를 적용하지 않으며(제2항) 그 신고자에게는 누구든지 그 신고를 이유로 불이익조치를 해서는 안된다(제3항)고 개정했다.

위협받는 국가의 기능을 보호하기 위한 것이다.[135]

여기서 '법령에 의한 직무상 비밀'이란 반드시 법령에 의하여 비밀로 규정되었거나 비밀로 분류 명시된 사항에 한하지 않고 정치, 군사, 외교, 경제, 사회적 필요에 따라 비밀로 된 사항은 물론 정부나 공무소 또는 국민이 객관적, 일반적인 입장에서 외부에 알려지지 않는 것에 상당한 이익이 있는 사항도 포함하는 것이나 실질적으로 그것을 비밀로서 보호할 가치가 있다고 인정할 수 있는 것이어야 한다.[136]

이런 법리에서 대법원 1996. 5. 10. 선고 95도780 판결은 "감사원 감사관이 공개한 기업의 비업무용 부동산 보유실태에 관한 감사원 보고서의 내용 중 은행감독원의 자료는 이미 국회에 제출되어 공개된 것이고, 법령상 개선사항은 추상적 의견에 불과한 것이어서 비밀이라 할 수 없으며, 나머지 개별기업의 비업무용 부동산 보유실태 역시 일반에게 알려지지 않은 비밀이라고 보기 어려울 뿐 아니라 그 당시 부동산투기가 심각한 사회문제로 대두되어 정부에서 토지공개념 도입 등의 대책을 강구하고 있었고, 기업의 비업무용 부동산 보유실태에 관하여 국민의 관심이 집중된 상황 하에서 기업의 비업무용 부동산 보유실태가 공개되는 것이 국민 전체의 이익에 이바지한다 할 수 있을 뿐 그러한 사항이 공개됨으로써 국가의 기능이 위협을 받는다고 할 수도 없으므로 이 사건 보고서의 내용은 공무상 비밀에 해당한다고 할 수 없다"며 피고인에게 무죄를 선고했다.[137]

한편 국가정보원직원법도 제17조 제1항에서 "모든 직원은 재직 중은 물론 퇴직한 후에도 직무상 지득한 비밀을 누설하여서는 안 된다"고 규정하면서 같은 법 제32조에서 이를 위반한 자에 대해서는 10년 이하의 징역 또는 1천만 원 이하의 벌금에 처하고 있다.[138]

---

135) 대법원 2007. 6. 14. 선고 2004도5561 판결.
　　"검찰 등 수사기관이 특정 사건에 대하여 수사를 진행하고 있는 상태에서 수사기관이 현재 어떤 자료를 확보하였고, 해당 사안이나 피의자의 죄책, 신병처리에 대하여 수사책임자가 어떤 의견을 가지고 있는지 등의 정보는 그것이 수사의 대상이 될 가능성이 있는 자 등 수사기관 외부로 누설될 경우 피의자 등이 아직까지 수사기관에서 확보하지 못한 자료를 인멸하거나, 수사기관에서 파악하고 있는 내용에 맞추어 증거를 조작하거나, 허위의 진술을 준비하는 등의 방법으로 수사기관의 범죄수사 기능에 장애를 초래할 위험이 있는 점에 비추어보면, 해당 사건에 대한 종국적인 결정을 하기 전까지는 외부에 누설되어서는 안 될 수사기관 내부의 비밀에 해당한다."
136) 대법원 2012. 3. 15. 선고 2010도14734 판결.

3. 공무원법 및 형법상 비밀의 관계

국가공무원법 제60조의 '직무상 지득한 비밀'과 형법 등의 '직무상 비밀'은 개념상 다소 차이가 있다.

전자는 공무원이 직무를 수행하는 과정에서 직·간접으로 관련되어 알게 된 모든 비밀적인 업무 내용, 즉 행정 내부에서 생산된 것은 물론 행정객체인 개인과 법인의 비밀적인 사항까지를 말하나, 후자는 공무원이 직무상 소관범위에 속하는 비밀사항만을 말한다. 그러므로 전자는 후자보다 그 범위가 더 넓다고 할 수 있다. 공무원의 비밀엄수 의무의 범위를 이처럼 넓게 규정하고 있는 이유는 공무원은 법령 및 직무상의 명령을 준수하여 근무기강을 확립하고 질서를 존중하여야 하므로 자신의 소관 업무내용이 아닌 다른 부서나 타인의 직무범위라도 남에게 들어 알게 된 비밀사항을 외부에 유출하는 것은 국가의 신뢰를 떨어뜨리고 행정의 효율적 수행을 어렵게 할 수 있기 때문에 기준을 보다 강화한 것이라 할 것이다.

---

137) 같은 취지로서 대법원 2003. 12. 26. 선고 2002도7339 판결은 "경찰청 수사국 조사과(일명 '사직동팀')가 이른바 '옷 로비사건'과 관련하여 작성한 내사결과보고서에는 조사과로부터 조사를 받은 참고인들의 진술요지가 간단히 기재되어 있기는 하나 주된 내용은 연00가 이00에게 옷값의 대납을 요구했다는 첩보내용은 사실무근이라는 것에 불과하여 그 내용에 국가안전보장, 질서유지, 공공복리를 침해하는 요소가 있다고 볼 수 없고, 이 사건 내사결과보고서가 피고인(검찰총장)에게 전달된 시점이 이미 최00에 대한 구속이 집행된 이후여서 그 내용이 공개되어도 수사의 보안 또는 기밀을 침해하여 수사의 목적을 방해할 우려가 있거나 이해관계인들의 기본권이 침해될 우려가 있다고도 볼 수 없으므로 이 사건 내사결과보고서의 내용은 비공지의 사실이기는 하나 실질적으로 비밀로서 보호할 가치가 있는 것이라고 인정할 수 없고, 그 내용이 알려진다고 하더라도 국가의 기능을 위협하는 결과를 초래하게 된다고 인정되지도 아니한다"며 무죄를 선고했다.
대법원 2003. 6. 13. 선고 2001도1343 판결도 "피고인 2, 3이 피고인 1에게 열람, 등사하게 한 수사기록의 내용은 모두 피의사실, 피의자 및 피해자의 각 인적사항, 피해자의 상해 정도 또는 피의자의 신병처리 지휘내용 등에 관한 내용에 불과하여, 그 내용이 공개되는 경우 수사의 보안 또는 기밀을 침해하여 수사의 목적을 방해할 우려가 있거나 개인의 사생활 등 이해관계를 침해할 우려가 있는 개인정보를 담고 있는 것으로 보기에는 부족하고, 달리 위 수사서류가 법령에 의한 직무상의 비밀을 내용으로 하는 문서들이라는 점을 인정할 증거가 없다"는 이유로 피고인 2, 3에게 무죄를 선고했다.
138) 대법원 2006. 6. 16. 선고 2006도1368 판결은 국가정보원직원이 도청자료 내용의 수집 경위를 누설한 것은, 국가정보기관의 조직·편제 및 그 활동 내용 등에 관한 것으로 이러한 사실이 누설될 경우 국가정보원의 정상적인 정보수집활동에 지장을 초래함으로써 국가 또는 국가정보원의 기능에 위협을 줄 수 있으므로 비밀로 보호할 가치가 있다고 본 반면 도청자료의 내용 자체는 국외정보 및 국내보안정보에 포함된다고 보기 어렵고, 재벌기업의 고위층 인사 또는 언론사의 최고경영자 사이에 위와 같은 내용의 대화를 나누었다는 사실이 공개되더라도 이로 인하여 국가정보원의 정상적인 정보수집활동 등의 기능에 지장을 초래한다고 볼 수 없어 직무상 지득한 비밀이 되지 않는다고 판단했다.
반면 대법원 2003. 11. 28. 선고 2003도5547 판결은 국가정보원 내부의 감찰과 관련하여 감찰조사 개시시점, 감찰대상자의 소속 및 인적 사항을 일부 누설한 사실만으로 국가정보원의 정상적인 정보수집활동 등의 기능에 지장을 초래할 것도 아니고, 달리 국가 또는 국가정보원의 기능에 위협이 있을 것이라고 볼 수도 없어 위 누설사실들은 비밀로서의 가치가 없다고 판시하고 있다.

4. 공무상 비밀에 관한 공무원의 증인자격

공무상 비밀에 대해서는 형사소송이나 민사소송 절차에서 공무원의 증인자격도 해당 관공서의 동의를 받아야 하는 등 제한된다.

즉, 민사소송법 제306조, 제307조와 형사소송법 제147조에서는 공무원 혹은 공무원이었던 자를 증인으로 하여 직무상 비밀에 관한 사항을 신문할 경우 법원은 그 소속 관청 혹은 감독관청의 동의 내지 승낙을 받아야 하고 소속 관청 등은 국가의 중대한 이익을 해하는 경우를 제외하고는 이를 거부하지 못하도록 하고 있다.

또한 국회에서의 증언·감정 등에 관한 법률도 공무원 혹은 공무원이었던 자의 국회증언에 관해 특별한 규정을 두고 있다. 즉, 국회는 안건심의 또는 국정감사나 국정조사와 관련하여 누구에게라도 보고와 서류 등의 제출을 요구할 수 있고, 증인·참고인으로 출석을 요구할 수 있고 이를 요구받은 자는 이에 응해야 하며(국회에서의 증언·감정 등에 관한 법률 제2조, 제5조), 공무원 또는 공무원이었던 자는 국회의 출석 요구나 서류제출 요구에 대해 그가 증언할 사실이나 제출할 서류의 내용이 직무상 비밀에 속한다는 이유로 증언이나 서류제출을 거부할 수 없다. 다만, 군사·외교·대북관계의 국가기밀에 관한 사항으로서 그 발표로 말미암아 국가안위에 중대한 영향을 미친다는 주무부장관(대통령 및 국무총리의 소속기관에서는 당해 관서의 장)의 소명이 증언 등의 요구를 받은 날로부터 5일 이내에 있는 경우에 한하여 증언이나 서류제출을 거부할 수 있도록 하고 있다(같은 법 제4조 제1항·제2항).

한편 지방자치단체의 조례에서 공무원 또는 공무원이었던 자가 직무상 비밀에 속한다는 이유로 지방의회의 증언 또는 서류제출 요구 등을 거부할 수 없도록 규정할 수 있을지에 관해, 대법원 1995. 6. 30. 선고 93추83호 판결은 국민의 알권리도 헌법 제37조 제2항에 의하여 국가안전보장, 질서유지, 공공복리를 이유로 제한될 수 있다는 점에서 절대적인 권리는 아니므로, 조례안의 규정이 국가기밀을 빙자하여 자료제출, 증언을 거부하려는 것을 막는 데 있다면, 국회에서의 증언·감정 등에 관한 법률과 같이 그것이 공개됨으로써 국가의 안전보장 등에 중대한 위험을 초래할 국가기밀의 경우에는 공개를 거부할 수 있는 예외를 합리적으로 인정함이 없이 그것이 공개됨으로써 국가의 안전보장에 중대한 영향을 미칠 국가기밀의 경우까지도 반드시 공개하도록 하는 것은 공무원의 비밀유지의무를 규정한 국가공무원법, 지방공무원법, 형법 및 지방자치법에 위반되어 무효라고 했다.

III. 정보공개와 공무원 비밀엄수의무의 관계

(1) 민주국가에서는 국민에 대한 공개행정을 기본이념으로 하나 행정목적을 달성하기 위하여 비밀을 엄격히 지켜야 할 경우도 있고 국가공무원법 등에서 비밀엄수의무를 정하고 있다.

정보공개법상의 비공개 대상 정보는 정보의 공개라는 대원칙의 예외로서 비공개를 할 수 있다는 사유를 열거한 것으로서 반드시 그에 해당하는 정보의 공개를 금지하는 것은 아닌 반면에 비밀엄수의무의 적용범위는 공무원의 복무규율로서 정해진 것이어서 양자의 적용범위가 반드시 일치하지는 않는다.

여기서 공무원이 정보공개제도에 따라 정보를 공개한 경우 공무원의 비밀엄수의무에 위반되는가가 문제이다. 가령 정보공개법에 따른 공개 청구에 대해 공공기관이 나름대로의 법적 판단에 따라 비공개 대상 정보에 해당되지 않는다거나 혹은 공익상의 필요에 따라 재량으로 비공개 대상 정보를 공개 결정을 했는데 그것이 소송과정 등을 통해 결과적으로 해당 공개 결정이 위법한 것으로 된 경우에, 해당 공무원은 비공개 대상 정보를 공개한 것이 되어 공무원의 비밀엄수의무를 위반한 것이 될 수 있느냐는 것이다.

오스트레일리아 연방정보공개법 제92조나 뉴질랜드 정보공개법 제48조의 경우처럼 결과적으로 위법한 정보의 공개라고 하더라도 정보공개법에 따라 공개가 인정된다고 믿어서 공개한 자는 소추하지 않는다는 명문의 규정을 두고 있는 입법례도 있다.[139]

국가공무원법 등에 따른 공무원의 비밀엄수의무는 공무원의 복무규율을 확보함을 목적으로 하는 것이다. 다른 한편 모든 공무원은 법령을 준수하며 성실히 직무를 수행하여야 한다는 성실의무가 있다(국가공무원법 제56조). 공무원이 직무를 수행함에 있어서 법률을 따르는 것은 공무원의 중요한 의무의 하나이므로 공무원이 법률의 규정에 따라 정보를 공개한 행위는 복무규율에 반하는 것이 아니다. 따라서 정보공개법에 따라 정보를 공개하는 행위는 비밀엄수의무와 저촉되는 문제는 생기지 않는다 할 것이다.[140]

---

139) 宇賀克也, 『新情報公開法の逐條解説』, 有斐閣, 2010, 49쪽.
140) 總務省行政管理局 編, 『詳解情報公開法』, 国立印刷局, 2001, 39쪽.

(2) 한편 공무원이 지켜야 할 비밀에는 형식비는 물론 실질비까지 모두 포함되므로 정보공개법에 의하여 공개할 수 있는 정보라 하더라도 적법절차에 따라 공개되기 전까지는 일단 비밀로서 보호되어야 한다.[141] 따라서 비공개하기로 결정된 정보나 공개 청구되지는 않았지만 비밀로서 보호할 가치가 있는 정보에 대해서는 당연히 공무원의 비밀엄수의무가 적용된다. 형식비의 지정을 받고 비공개 대상 정보에도 해당하고 실질비에도 해당하는 정보만이 궁극적으로 비밀엄수의무 범위에 들어가는 정보로서 공개 청구에 의해서도 공개되지 않는다.

그러나 어느 정보가 비밀로서 보호할 가치가 있는지 여부에 대해 담당 공무원이 스스로 판단하는 것은 어려울 뿐만 아니라 바람직스럽지도 않으므로, 공무원 관계의 내부 질서유지를 위하여 직무상 감독권과 명령권을 가지는 소속 상관의 허가 등 내부적인 의사결정 과정을 거쳐 판단하는 것이 타당할 것이다.[142]

형식비의 지정을 받지 않고 비공개 정보에 해당하지 않는 정보는 공개 청구를 받으면 공개 대상에 해당된다. 형식비의 지정을 받았지만 비공개 정보에 해당하지 않는 정보는 공개 청구를 받으면 공개 대상에 해당하고 형식비의 지정을 받았고 형식상 비공개 조항에도 해당하지만 실질비라고 할 수 없는 정보는 구체적인 사정을 비교·형량하여 공개하여야 할 경우도 있을 것이다. 공익상 이유에 의한 재량적 공개는 이러한 경우에 적용될 수 있을 것이다.[143]

정보공개법의 절차에 따라 공개하기로 결정되었거나 비밀로서 보호할 가치가 없는 정보에 대해서는 공무원의 비밀엄수의무는 면제될 것이다. 정보공개법상의 비공개 대상 정보는 어디까지나 공개의무를 면제한 것에 불과하고 공개를 금지하는 것은 아니라고 할 것이므로 포괄적인 비밀엄수의무를 인정하는 것은 정보공개 청구권을 보장하는 헌법 제21조에 위반될 수도 있다.

정보공개제도 자체가 국민의 알권리 보장뿐만 아니라 행정의 민주적이며 능률적인 운영을 도모하기 위한 목적에 이바지하는 것이기 때문에, 정보공개 청구가 있을 때에는 공개 청구 대상문서에 포함된 정보가 예외사유에 해당하는가 여부를 판단해서 예외사유에 해당되지 않는다고 결정해서 공개한 경우 가령 그 판단의 위법성·타당성에 문제

---

141) 대법원 1995. 6. 30. 선고 93추83호 판결.
142) 김의환, 「정보공개와 공무원의 비밀엄수의무」, 『행정소송』(II), 한국사법행정학회, 2008, 246~247쪽.
143) 박용상, 「국가기밀법의 체계」, 『사법논집』 제27집, 법원도서관, 1996, 554~555쪽.

가 있다고 하더라도 그것을 '누설'한 것이라고 보는 것도 곤란하다.

따라서 공무원이 공개 대상 정보가 아닌데도 정보공개법에 따라 정보를 공개한 경우에 그것이 합리적인 재량의 범위 내에서 이루어진 것이라고 한다면 공무원의 비밀엄수의무에 위반되지는 않는다고 봐야 한다.

그런 반면 공무원이 처음부터 청구인과 공모해서 정보공개법에 근거한 정보의 공개라는 형식으로 비밀을 공개한 경우나 비공개 대상 정보의 요건과 해석 등에 관하여 중대한 판단 착오가 있는 경우에는 비밀엄수의무를 위반한 것이 될 것이다.

(3) 그런데 2013년 8월 6일 개정된 정보공개법은 제28조에서 "이 법에 따른 정당한 정보공개를 이유로 징계조치 등 어떠한 신분상 불이익이나 근무조건상의 차별을 받지 아니한다"고 규정하여 이 문제를 부분적으로나마 입법적으로 해결했다.

이는 국가공무원 등에 따른 공무원의 비밀엄수의무 등을 면제하는 규정임과 동시에 형사상 위법성 조각사유를 규정한 것이라 할 것이다. 따라서 공무원 등 공공기관의 직원이 정보공개법에 따라 공개 청구된 정보에 대하여 그것이 정보공개법 제9조 제1항 각호 소정의 비공개 사유에 해당하지 않는다는 이유로 이를 공개 결정한 경우에는 설령 그것이 비밀에 속하는 것으로서 비공개 대상 정보에 해당한다고 하더라도, 가령 정보공개에 관하여 이해관계가 있는 제3자가 제기한 정보공개처분취소청구소송이나 관련 행정심판절차 등에서 공개결정이 위법하다는 판결이나 재결이 확정된 경우라 하더라도 해당 직원에게 불이익을 주는 것은 허용되지 않는다.

또한 위 조항에서 '정당한' 정보공개라는 의미를 정보공개의 절차뿐만 아니라 정보공개의 적법성·타당성까지도 정당해야 한다는 것을 요구하는 것이라면 이는 담당 직원에게 법관의 판결에 준하는 엄격한 판단을 요구하는 것이 되어 부당하다 할 것이다.

제2장
정보의 공개 청구 및 공개 절차

[표 2-1] 정보공개업무의 처리 절차도

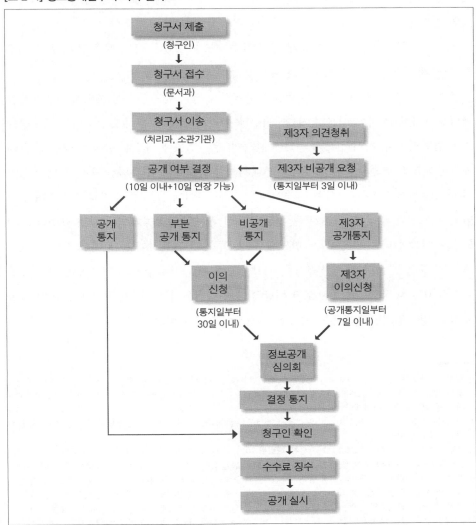

청구서 제출
(청구인)

청구서 접수
(문서과)

청구서 이송
(처리과, 소관기관)

제3자 의견청취

공개 여부 결정
(10일 이내+10일 연장 가능)

제3자 비공개 요청
(통지일부터 3일 이내)

공개
통지

부분
공개 통지

비공개
통지

제3자
공개통지

이의
신청
(통지일부터
30일 이내)

제3자
이의신청
(공개통지일부터
7일 이내)

정보공개
심의회

결정 통지

청구인 확인

수수료 징수

공개 실시

* 공공기관의 결정에 대한 불복절차(행정심판, 행정소송)는 생략.
* 행정안전부(현 행정자치부), 2012년도 정보공개 연차보고서, 9쪽.

제1절 개요

I. 정보의 공개원칙

정보공개법은 제3조에서 "공공기관이 보유·관리하는 정보는 국민의 알권리 보장 등을 위하여 정보공개법이 정하는 바에 따라 적극적으로 공개해야 한다"고, 제9조 제1항에서는 "공공기관이 보유·관리하는 정보는 공개 대상이 된다"고 각각 규정하여 정보공개의 원칙을 선언하고 있다.

정보공개 절차는 보통 정보공개 청구 접수, 제3자가 있을 경우 의견 청취, 공개 여부 결정, 공개 실시 등의 단계로 진행된다.[1]

정보의 공개에 관하여는 다른 법률에 특별한 규정이 있는 경우를 제외하고는 정보공개법에서 정하는 바에 따른다(제4조 제1항).[2] 따라서 정보의 공개에 관하여는 정보공개법이 일반법이다. 여기서 '정보공개에 관하여 다른 법률에 특별한 규정이 있는 경우'에 해당한다고 하여 정보공개법의 적용을 배제하기 위해서는 그 특별한 규정이 '법률'이어야 하고(따라서 명령이나 규칙 등은 해당되지 않는다), 나아가 그 내용이 정보공개의 대상 및 범위, 정보공개의 절차, 비공개 대상 정보 등에 관하여 정보공개법과 달리 규정하고 있는 것이어야 한다.[3][4] 이는 다른 법률에서 정보공개와 관련하여 공개 대상 정보, 정보공개 절차 등을 정하고 있는 경우에는 정보공개에 관한 특별법의 지위를 인정하여 해당 법률의 규정을 적용토록 함으로써 해당 법률의 입법취지를 최대한 존중하고 동일 사항에 대한 정보공개법과의 충돌·모순을 해소하기 위한 것이다.[5]

---

1) 정보공개제도의 활용 등에 관하여는 사단법인 언론인권센터, 『정보공개 청구 매뉴얼』, 2005; 이규연, 『정보공개와 탐사보도』, 한국언론재단, 2007; 하승수·조영삼·성재호·전진한, 『정보사냥』, 환경재단 도요새, 2009; 전진한, 『투명사회 정보도시』, 한울아카데미, 2013 등 참조.

2) 헌법재판소 2013. 9. 26. 선고 2012헌바34 결정, 정보공개법 제4조 제1항은 헌법상의 명확성 원칙에 위배되지 않아 합헌이라고 한 사례.

3) 대법원 2012. 6. 28. 선고 2011두16735 판결, 대법원 2004. 5. 28. 선고 2001두3358 판결, 대법원 2004. 11. 25. 선고 2003두9794 판결, 대법원 2006. 5. 25. 선고 2006두3049 판결 등은 검찰보존사무규칙이 검찰청법 제11조에 기하여 제정된 법무부령이기는 하지만, 그중 불기소사건기록의 열람·등사의 제한을 정하고 있는 위 규칙 제22조는 법률상의 위임근거가 없는 행정기관 내부의 사무처리준칙으로서 행정규칙에 불과하므로, 위 규칙 제22조에 의한 열람·등사의 제한을 공공기관의 정보공개에 관한 법률 제4조 제1항의 '정보의 공개에 관하여 다른 법률에 특별한 규정이 있는 경우' 또는 같은 법 제9조 제1항 제1호의 '다른 법률 또는 법률이 위임한 명령(국회규칙·대법원규칙·헌법재판소규칙·중앙선거관리위원회규칙·대통령령 및 조례에 한한다)에 의하여 비밀 또는 비공개 사항으로 규정된 경우'에 해당한다고 볼 수 없다고 판시하고 있다.

한편 법률의 규정에 의해 열람 등 공개 절차가 이미 규정된 정보라도 해당 법률의 규정에 의해서는 열람 등 공개 목적이 달성되지 않는 경우 가령 다른 법률에서 열람절차에 대해서만 규정되어 있는데 사본 교부를 청구할 때, 다른 법률에서 등본 또는 초본 기타 사본의 교부만이 규정되어 있는데 열람이나 시청을 청구할 때, 다른 법률에서 청구인이 한정되어 있는데 해당 청구인 이외의 자로부터 정보공개 청구가 있는 때, 다른 법률에서 정보공개 청구기간을 규정하고 있는데 해당 기간 외의 정보공개 청구가 있는 때, 다른 법률에서 공개 대상 정보의 범위를 한정하고 있는데 해당 정보 외의 정보에 대한 청구가 있는 때 등의 경우에는 일반법인 정보공개법이 적용된다.[6)7)]

II. 국가안전보장 관련 정보의 적용 제외

그런데 정보공개법은 국가안전보장에 관련되는 정보 및 보안 업무를 관장하는 기관에서 국가안전보장과 관련된 정보의 분석을 목적으로 수집하거나 작성한 정보에 대해서는 정보공개법을 적용하지 않는다(제4조 제3항)고 규정하고 있다.[8)] 다만 이러한 정보에 해당되더라도 정보공개법 제8조 제1항에 따른 정보목록은 작성·비치하고 공개하도

---

4) 대법원 2007. 6. 1. 선고 2007두2555 판결, 임대주택법 시행규칙 제2조의3은 '법률'이 아니고 건설교통부령에 불과할 뿐만 아니라, 그 내용도 공공건설임대주택의 입주자모집공고를 할 때에는 '입주자모집공고 당시의 주택가격, 임대의무기간 및 분양전환시기, 분양전환가격의 산정기준' 등을 포함시키도록 해서 해당 임대주택의 공급을 신청하려는 사람들이 필요한 정보를 손쉽게 얻도록 하려는 것일 뿐, 그 이외의 정보에 대하여는 일반 국민이 정보공개법에 의하여 공개를 청구할 권리마저 제한하려는 취지는 아니어서 '다른 법률에 특별한 규정이 있는 경우'에 해당하지 아니한다고 한 사례.
   반면 [법제처 14-0292, 2014. 6. 30, 안전행정부]는 주택의 임대차에 이해관계가 있는 자의 확정일자 부여일 등에 관한 정보의 제공 요청 등에 관하여 규정하고 있는 주택임대차보호법 제3조의6은 정보공개법 제4조 제1항의 '다른 법률에 특별한 규정이 있는 경우'에 해당한다고 유권해석을 하였다.

5) [법제처 11-0199, 2011. 6. 9, 행정안전부] 형사소송법 제262조의2에서는 재정신청사건의 심리 중에는 관련 서류 및 증거물을 열람 또는 등사할 수 없다고 하면서 다만 법원은 제262조 제2항 후단의 증거조사과정에서 작성된 서류의 전부 또는 일부의 열람 또는 등사를 허가할 수 있다고 규정하고 있는바, 여기서 같은 법 제262조의2에 따른 정보가 정보공개법 제4조 제1항에 따른 '다른 법률에 특별한 규정이 있는 경우'에 해당한다고 보기는 어려우므로 같은 법 제9조제1항제1호의 해당 여부에 따라 공개 또는 비공개를 결정해야 한다고 한 사례.

6) 김중양, 앞의 책, 197쪽.

7) 서울고등법원 1999. 8. 30. 선고 97구13803 판결, 구 공직선거법에서 선거관리위원회에 제출한 선거비용의 수입과 지출보고서 등 열람서류의 대상과 열람권자 및 열람기간을 정하고 있는 것은 해당 선거와 관련된 직접이해관계인들에 대하여 열람청구권을 보장하는 개별적인 규정에 불과하므로 이를 국민의 선거자료에 관한 정보공개 청구권을 배제하는 취지의 규정으로는 볼 수 없다 할 것이고, 원고들의 이 사건 정보공개 청구는 위 법상의 열람청구와는 청구권자, 공개 대상, 청구의 기초 등을 달리하는 것으로서 그 인정 여부는 일반적인 정보공개 청구권의 법리에 따라 이루어져야 한다고 한 사례.

록 하고 있다.[9]

국가안전보장에 관련되는 정보 및 보안 업무를 관장하는 기관은 대표적으로 국외 정보 및 국내 보안정보[대공(對共), 대정부전복(對政府顚覆), 방첩(防諜), 대테러 및 국제범죄조직]의 수집·작성 및 배포 등의 직무를 수행하는 국가정보원을 들 수 있다(국가정보원법 제3조 제1항).[10] 이와 유사한 기능을 수행하는 국군기무사령부도 여기에 해당될 수 있는데 다만 수사를 주로 담당하는 대검찰청이나 경찰청은 여기에 해당되기 어려울 것이다.

이 조항은 당초 1994년 정부의 정보공개법 입법예고안에는 없던 내용인데 최종 정부안에 전격적으로 포함된 것이다.

국가안전보장과 관련된 정보 분석을 목적으로 수집되거나 작성된 정보에 대하여 정보공개법의 적용을 아예 배제하는 이유는 국가정보원이 수집·작성·배포하는 대공 및 대정부 전복 등에 관련된 국내·외 정보, 통신정보 등을 공개할 경우 국가정보원의 조직·소재지 등이 알려지게 되어 국가정보원의 조직·소재지 및 정원은 국가안전보장을 위하여 필요한 경우에는 그 내용을 공개하지 아니할 수 있다는 국가정보원법 제6조의 규정에 배치되어 대부분 비공개될 가능성이 크다는 것이다.[11]

그러나 국가정보원의 조직·소재지 및 정원에 관한 정보를 공개하지 아니할 수 있다는 국가정보원법 제6조는 비공개 대상 정보를 규정하고 있는 정보공개법 제9조 제1항 제1호 소정의 '다른 법률에 의하여 비밀 또는 비공개 사항으로 규정된 정보'에 해당되고, 그 외 국가정보원의 '활동' 등에 관한 정보는 정보공개법 제9조 제1항 제2호 소정의 '국가안전보장·국방·통일·외교관계 등에 관한 사항으로서 공개될 경우' 국가의 중대

---

8) 서울행정법원 2006. 2. 10. 선고 2005구합17430 판결(확정)은 국가정보원법 제3조 제2항, 보안업무규정에 따라 분류되는 급수별 비밀지정 기록물 건수는 단순한 통계수치를 넘어서 국가안전보장에 직·간접적으로 관련된 것으로 볼 수 있으므로 정보공개법 제4조 제3항 소정의 법적용 제외 대상 정보에 해당한다고 한 반면, 서울행정법원 2008. 11. 6. 선고 2008구합26466 판결(확정)은 공개 청구된 제보의 내용은 특정업체의 영업비밀이 경쟁업체에 유출되었다는 정도에 불과하고 달리 공개 청구된 제보가 국가안전보장과 관련된 정보에 해당한다는 점을 인정할 자료도 없으므로, 공개 청구된 정보가 정보공개법 제4조 제3항의 정보에 해당하여 정보공개법의 적용을 받지 않는다고 보기는 어렵다고 한 사례이다.
9) 정보공개법 제4조 제3항, 제9조 제1항 제1호·제2호의 심사기준 등에 관해서는 김성배, 「정보공개제도와 국가비밀 보호의 문제」, 『법학논고』 제34집(2010. 10), 경북대학교 법학연구원, 87~114쪽 참조.
10) 서울고등법원 1997. 11. 20. 선고 97구13797호 판결.
　"국가안전기획부법에 의하면 안전기획부의 예산심의는 국회에서마저도 비공개로 심의할 수 있고 국회정보위원회의 위원은 안전기획부의 예산내역을 공개하거나 누설해서는 안 되므로 변호사단체가 국가안전기획부장을 상대로 비디오테이프 외곽단체인 남북문제연구소가 제작 배포한 '한총련의 실체' 및 슬라이드의 제작 등에 소요된 예산집행에 관한 정보에 대하여 공개를 구하는 것은 국가안전기획부법의 규정 취지에 위배되므로 허용할 수 없다."
11) 김중양, 앞의 책, 198쪽.

한 이익을 현저히 해할 우려가 있다고 인정되는 정보에 해당될 가능성이 많다 할 것인데도 국가안전보장과 관련된 정보 분석을 목적으로 수집되거나 작성된 정보에 대하여 정보공개법의 적용을 아예 배제하는 것은 국가안전보장과 관련된 정보에 대한 국민의 알권리에 대한 본질적인 침해가 아니냐는 우려를 갖게 한다.

'국가안전보장과 관련된 정보 분석을 목적으로 수집되거나 작성된 정보'라는 개념 또한 지나치게 추상적이고 이러한 정보공개의 거부는 자칫 "대통령은 필요하다고 인정할 때에는 외교·국방·통일 기타 국가안위에 관한 중요정책을 국민투표에 붙일 수 있다"는 헌법 제72조를 형해화할 수 있는 위험성도 배제할 수 없다.

게다가 정보공개법 제20조 제2항은 "재판장은 필요하다고 인정되는 때에는 당사자를 참여시키지 아니하고 제출된 공개 청구정보를 비공개로 열람·심사할 수 있다"고 규정하여 미국 판례법상 인정되고 있는 비공개 심리(In Camera Inspection)를 보장하고 있을 뿐만 아니라 더 나아가 제20조 제3항에서는 일정한 경우 이러한 비공개 심리 자체도 배제할 수 있도록 충분히 배려하고 있는 점 등을 감안할 때 국가안전보장과 관련된 정보의 분석을 목적으로 수집하거나 작성한 정보에 대해서 정보공개법의 적용을 일률적으로 제외하는 것은 국민의 알권리 충족이라는 측면에서 바람직하지 않으므로 이 조항은 삭제되어야 한다.[12]

제2절 정보공개 청구권자(청구인)

I. 국민

1. 내국인

정보공개는 모든 국민이 청구할 수 있다(제5조 제1항).[13]

모든 국민이란 성인, 미성년자, 피성년후견인·피한정후견인·피특정후견인 등 민법

---

12) 김영조,「개정 정보공개법의 주요내용과 문제점」,『사회과학연구』, 상명대학교 사회과학연구소, 2004, 18쪽.
13) 강경근,「헌법상 정보공개 청구권의 주체와 대상」,『법학논총』6집(1993. 3), 숭실대학교 법학연구소, 133~176쪽.

상 제한능력자, 재외국민[14], 수용자[15] 등을 포함된다. 공무원도 사인(私人)의 지위에서 공공기관에 대해 정보공개 청구를 할 수 있다. 외국에서도 공개 청구를 할 수 있다.

원래 국민은 자기와 이해관계 있는 사항에 대하여만 법적 권리를 갖는 것이 원칙이다. 이런 이유로 미국에서 정보공개제도를 처음 도입한 1946년의 행정절차법에서는 어떤 사항에 적절하고 직접적으로 이해관계가 있는 사람만이 공개를 요구할 수 있다고 규정했다. 그러나 이해관계자에게만 한정시켜 정보공개 청구권을 인정하는 것은 정보공개의 이념에 맞지 않는다. 미국도 1966년 정보공개법 개정을 통해 누구나(any person) 정보공개의 청구를 할 수 있게 되었다. 이처럼 누구라도 정보를 청구할 수 있도록 하고 있는 것은 정보공개제도를 채택하고 있는 대부분의 국가들의 태도이다. 그것이 정보공개제도의 본래 취지이기 때문이다.

한편 지방자치단체의 고유사무에 대하여 그 지역 주민이 아닌 다른 자치단체의 주민에게도 정보공개 청구권이 인정되느냐의 문제가 있다. 일본의 정보공개법은 원칙적으로 중앙정부에 한하여 적용되고 지방자치단체에는 해당 지방자치단체의 조례에 의하여 정보공개 청구권이 인정되고 있는데 조례에서 자기 지역의 주민에 한해서 정보공개 청구를 인정하고 있는 경우가 많아 생기는 문제이다.[16]

그러나 국가기관뿐만 아니라 지방자치단체에 대해서도 정보공개법이 통일적으로 적용되는 우리나라에서는 지방자치단체의 고유사무에 대해서도 모든 국민에게 제한 없이 정보공개 청구권이 인정된다.[17] 따라서 우리나라의 지방자치단체 조례에서 해당 지역의 주민들에게만 정보공개 청구권을 인정하는 것은 위법이다.

---

14) 외국의 일정한 지역에 계속하여 90일 이상 거주하거나 체류할 의사를 가지고 그 지역에 체류하는 대한민국 국민, 즉 재외국민은 외국의 일정한 지역에 주소나 거소를 정한 날부터 30일 이내에 주소나 거소(居所)를 관할하는 대한민국 대사관·총영사관·영사관·분관(分館) 또는 출장소에 등록해야 한다(재외국민등록법 제3조). 대한민국의 국민으로서 외국의 영주권(永住權)을 취득한 자 또는 영주할 목적으로 외국에 거주하고 있는 자도 재외국민이라 한다(재외동포의 출입국과 법적 지위에 관한 법률 제2조 제1호).

15) 수용자란 수형자·미결수용자·사형확정자, 그 밖에 법률과 적법한 절차에 따라 교도소·구치소 및 그 지소('교정시설')에 수용된 사람을 말한다(형의 집행 및 수용자의 처우에 관한 법률 제2조 제4호).

16) 일본 도쿄고등재판소 2008년(平成 20년) 1월 30일 판결은 도쿄 도의회 의원인 원고가 도쿄 도 산하의 오시마마치[大島町; 도쿄 도심으로부터 남쪽으로 약 120km 떨어진 이즈 제도(伊豆諸島)의 가장 큰 섬을 관할로 하고 있는 기초자치단체]에 대해 정보공개 청구를 한 데 대해, 원고는 도쿄 도정에 관하여 집행기관에 대한 감시의 직책을 수행하기 위하여 필요한 것이라는 추상적인 이해관계를 가지고 있을 뿐이고 오시마마치의 정정(町政)에 관하여 구체적인 이해관계를 가지고 있다고 하는 원고의 주장은 그 입증이 충분하지 않다는 이유로 해당 도쿄 도의회의원의 공개 청구권을 부정했다.

17) 대법원 2003. 11. 28. 선고 2002두8275 판결.

2. 미성년자

민법상 사람은 19세로 성년에 이르게 된다(제4조).[18] 일반적으로 미성년자는 사법상의 무능력자로서(민법 제10조) 단독으로는 완전한 법률행위를 할 수 없다. 미성년자가 법률행위를 함에는 법정대리인의 동의를 얻어야 한다. 이에 위반한 행위는 취소할 수 있다(민법 제5조 제1항·제2항). 다만 권리만을 얻거나 의무만을 면하는 행위는 법정대리인의 동의가 없더라도 유효하게 법률행위를 할 수 있다(민법 제5조 제1항 단서). 피성년후견인, 피한정후견인, 피특정후견인 등 제한능력자의 법률행위도 취소할 수 있다(민법 제10조 제1항, 제13조 제4항).

그런데 민법상 무능력자 제도는 대체로 재산권 보호를 위해 설정된 것이므로 정보공개 청구와 같은 성질의 행정행위에 반드시 그대로 적용할 필요는 없다. 미성년자가 정보공개 청구를 하는 경우 의무를 지는 경우란 정보의 공개 및 우송 등에 소요되는 비용부담이라 할 것인데 이를 부담할 수 있다면 이를 굳이 막을 필요는 없을 것이다. 게다가 공개를 청구하는 정보의 사용목적이 공공복리의 유지·증진을 위하여 필요하다고 인정되는 경우에는 비용을 감면받을 수도 있다(제17조 제1항·제2항).

따라서 정보공개 청구에 따른 비용부담이 면제되거나 소액인 경우에는 미성년자도 단독으로 법률행위를 할 수 있을 것이다.

현재 실무상으로도 고등학생 이상은 정보공개제도의 취지, 내용 등에 대하여 충분히 이해가 가능하고 비용부담능력이 있다고 봐서 단독 청구가 가능한 반면 중학생 이하인 경우에는 비용부담능력이 없기 때문에 단독으로 청구하는 것은 인정하지 않으며 친권자 등 법정대리인이 대리인으로서(또는 직접 자신의 명의로) 청구할 수 있는 것으로 운용되고 있다.

그런데 미성년자의 소송행위능력과 관련하여 민사소송법 제55조는 미성년자는 법정대리인에 의해서만 소송행위를 할 수 있고 다만 미성년자가 독립하여 법률행위를 할 수 있는 경우에는 단독으로 소송행위를 할 수 있다고 규정하고 있다. 이 조항은 행정소송에 관하여도 준용되므로(행정소송법 제8조 제2항) 정보공개 청구에 대한 공공기관의 처분에 관한 이의신청이나 행정심판 또는 행정소송을 제기함에는 원칙적으로 미성년자

---

18) 2013년 7월 1일 개정 민법이 시행됨에 따라 종전 성년의 나이가 만 20세에서 만 19세로 변경되었다.

의 법정대리인이 대리권자로서 해야 한다.[19]

II. 외국인

정보공개법이 국민주권의 이념에 의해 제정된 것이라면 국민에게 공개하면 족하고 그 경우에 주권자로서의 국민은 국적자와 영주권자에 한하므로 외국인에게도 자국민과 똑같은 정도의 정보공개 청구권을 인정할 수 있느냐의 문제가 있다. 이것은 정보 주권이나 정보 민족주의와 관련해서 논란을 불러일으킬 수 있는 민감한 내용으로서 나라마다 실정법과 판례의 입장이 다르다.

미국의 경우 정보자유법에서는 누구나(any person) 정보공개를 청구할 수 있다고 규정하고 있을 뿐[제552조(a)(6)(C)(i)] 외국인에 대한 특별한 규정이 없으나 연방법원은 외국인에 대해서도 자국민과 동등한 권리를 인정하고 있다.

일본의 '행정기관이 보유하는 정보의 공개에 관한 법률'에서도 누구나(何人も) 행정기관에 대하여 행정기관이 보유하는 행정문서의 공개를 청구할 수 있다고 규정하고 있는데(같은 법 제3조) 외국인도 여기에 포함되는 것으로 보고 있다.

반면 우리나라 정보공개법은 우리 헌법에서 외국인은 국제법과 조약이 정하는 바에 의하여 그 법적 지위가 보장되는 점(제6조 제2항)을 감안하여 정보공개 청구를 할 수 있는 외국인을 국내에 일정한 주소를 두고 거주하거나 학술·연구를 위하여 일시적으로 체류하는 사람과 국내에 사무소를 두고 있는 법인 또는 단체로 제한하고 있다(시행령 제3조). 여기서 '국내에 일정한 주소를 두고 거주하는 외국인'이란 국내에 상당한 기간 일정 장소를 중심으로 거주하는 모든 외국인을 말한다.[20]

이러한 입법태도에 대해 외국에 거주하는 외국인도 필요한 경우 우리나라 국민에게 의뢰하는 방식을 통한 정보공개 청구의 방법으로 쉽게 정보공개 청구권자 한정의 취지가 잠탈(潛脫)될 수 있을 것이므로 입법론적으로는 크게 의미가 없는 규정이라고 하는 견해도 있으나[21] 이는 정보공개의 보편성 원칙에 반하며 우리나라 국민에게 정보공개

---

19) 서울고등법원 2006. 1. 12. 선고 2005누17067 판결.
20) 서울중앙지방법원 2014. 10. 23. 선고 2014가단63566 판결(항소), 수용자는 거주 이전의 자유를 박탈당하고 국가권력에 의하여 일정 교정시설에 강제적으로 수용되는 사람이므로 상당 기간 교정시설에 수용되는 외국인 수용자도 정보공개 청구권이 있는 국내에 일정 주소를 두고 거주하는 외국인이라고 한 사례.

청구를 의뢰할 수 있는 외국인 혹은 외국의 법인 또는 단체가 얼마나 있을지는 쉽사리 단정하기 어렵다.

특히 국내에 일정한 주소를 두고 있지 아니하는 외국인 중에는 '재외동포의 출입국과 법적 지위에 관한 법률'에 의한 외국 국적 동포도 포함된다 할 것인데 과거 대한민국의 국민이었던 이들을 외국인으로 분류하여 정보공개 청구권을 제한하는 것은 타당하다고 볼 수 없다. 이 법률은 대한민국의 국적을 보유했던 자(대한민국정부 수립 전에 국외로 이주한 동포를 포함한다) 또는 그 직계비속으로서 외국 국적을 취득한 자 중 대통령령으로 정하는 자를 '외국 국적 동포'로 분류하여(같은 법 제2조 제2호) 정부로 하여금 외국 국적 동포를 비롯한 재외동포가 대한민국 안에서 부당한 규제와 대우를 받지 않도록 필요한 지원을 하도록 하고 있기 때문이다(같은 법 제4조).

그렇다면 외국인에게도 제한 없이 정보공개 청구권을 인정하도록 정보공개법을 개정해야 한다.

그런데 정보의 공개를 청구하는 자는 해당 정보를 보유하거나 관리하고 있는 공공기관에 공개를 청구하는 정보의 내용 및 공개 방법 등을 기재한 정보공개 청구서를 제출하거나 말로써 정보공개를 청구해야 하는데(제10조 제1항) 공공기관에 정보공개를 청구하는 서면은 한글로 기재해야 한다(국어기본법 제14조 제1항). 따라서 외국에 거주하고 있는 (재외)국민이나 일정한 자격을 갖춘 외국인이 한국의 공공기관에 대하여 정보공개를 청구할 경우에는 그 한도에서 제한을 받는다.

이와 관련하여 '재한외국인 처우 기본법'은 대한민국의 국적을 가지지 아니한 자로서 대한민국에 거주할 목적을 가지고 합법적으로 체류하고 있는 자를 재한외국인이라고 규정하면서(같은 법 제2조 제1호), 공공기관의 장은 재한외국인에게 민원처리절차를 안내하는 업무를 전담하는 직원을 지정할 수 있고(같은 법 제20조 제1항), 더 나아가 국가는 전화 또는 전자통신망을 이용하여 재한외국인과 대한민국에 체류하는 외국인에게 외국어로 민원을 안내·상담하기 위하여 외국인종합안내센터를 설치·운영할 수 있도록 하고 있다(같은 법 제20조 제2항, 같은 법 시행령 제16조).

다문화가족지원법도 국가와 지방자치단체는 같은 법 제5조에서 제10조의 지원정책을 추진함에 있어서 결혼이민자 등의 의사소통의 어려움을 해소하고 서비스 접근성을

---

21) 김의환, 「정보공개법 일반론」, 『행정소송』(II), 한국사법행정학회, 2008, 156쪽.

제고하기 위하여 다국어에 의한 서비스 제공이 이루어지도록 노력해야 하고(같은 법 제11조) 다문화가족지원센터를 설치·운영할 수 있도록 하고 있으며(같은 법 제12조), 여성가족부 장관으로 하여금 다국어에 의한 상담·통역 서비스 등을 결혼이민자 등에게 제공하기 위하여 '다문화가족 종합정보 전화센터'를 설치·운영할 수 있도록 하고 있다(같은 법 제11조의2). 따라서 다문화시대를 맞이하여 재한외국인이나 다문화가족의 정보공개 청구 활성화를 위한 보다 세심한 제도적 보완이 필요하다.

외국에 거주하는 외국인이 공개 거부 결정에 불복하여 소송을 제기하는 경우에도 해당 외국인의 국적국 내지 거주지의 법원이 아니라 한국의 관할법원(피고의 소재지를 관할하는 행정법원으로 하되, 중앙행정기관 또는 그 장이 피고인 경우의 관할법원은 대법원 소재지의 행정법원)에 행정소송을 제기해야 한다(행정소송법 제9조 제1항).

III. 법인 및 단체

정보의 공개를 청구할 권리를 가지는 모든 국민에는 자연인은 물론 법인 및 단체도 포함된다. 본래 자연인에게 적용되는 기본권 규정이라도 언론·출판의 자유, 재산권의 보장 등과 같이 성질상 법인이 누릴 수 있는 기본권은 당연히 법인에게도 적용된다. 법인에는 사단법인·재단법인·사회복지법인·공익법인, 각종 협동조합, 공법상의 법인을 포함하며 권리능력 없는 사단·재단(이른바 임의단체)도 그 설립목적을 불문하고 해당된다.[22]

법인의 경우 대개 법원 등기소에 설립등기를 해야 성립하므로 법인등기부 등본에 의하여 그 명칭과 소재지, 대표자, 목적사항 등을 확인할 수 있다.[23]

반면 법인 아닌 사단·재단이라고 하더라도 대표자의 정함이 있고 독립된 사회적 조직체로서 활동하는 때에는 성질상 법인이 누릴 수 있는 기본권을 침해당하게 되면 그의 이름으로 법률행위를 할 수 있다.[24] 즉, 등기를 하지 않은 채 단체로서 활동하고 있는 법인이 아닌 사단이나 재단은 대표자 또는 관리인이 있는 경우에는 그 사단이나 재단의 이름으로 당사자가 될 수 있다(민사소송법 제5조).[25] 민사소송법에서 법인 아닌 사단이나

---

22) 대법원 2003. 12. 12. 선고 2003두8050 판결, 대법원 2004. 10. 28. 선고 2004두8668 판결.
23) 대법원 인터넷등기소 웹사이트(http://www.iros.go.kr)를 이용하면 편리하다.
24) 헌법재판소 1991. 6. 3. 선고 90헌마56 결정.
25) [법제처 14-0242, 2014. 8. 14, 민원인] 법인 또는 단체가 공공기관에 정보공개를 청구할 때 정보공개 청구서에 법인 또는 단체의 대표자나 대리인의 주민등록번호를 기재해야 하는 것은 아니라고 한 사례.

재단의 당사자 능력을 인정하는 것은 법인이 아닌 사단이나 재단이라도 사단 또는 재단으로서의 실체를 갖추고 대표자 또는 관리인을 통하여 사회적 활동이나 거래를 하는 경우에는, 그로 인하여 발생하는 분쟁은 그 단체의 이름으로 당사자가 되어 소송을 통하여 해결하게 하고자 함에 있다 할 것이므로 여기서 말하는 사단이란 일정한 목적을 위하여 조직된 다수인의 결합체로서 대외적으로 사단을 대표할 기관에 관한 정함이 있는 단체를 말한다.[26] 종중 또는 문중과 같이 특별한 조직행위 없이도 자연적으로 성립하는 예외적인 사단이 아닌 한, 법인 아닌 사단이 성립하려면 사단으로서의 실체를 갖추는 조직행위가 있어야 한다.[27]

어떤 단체가 고유의 목적을 가지고 사단적 성격을 가지는 규약을 만들어 이에 근거하여 의사결정기관 및 집행기관인 대표자를 두는 등의 조직을 갖추고 있고, 기관의 의결이나 업무집행 방법이 다수결의 원칙에 의하여 행해지며, 구성원의 가입, 탈퇴 등으로 인한 변경에 관계없이 단체 그 자체가 존속되고, 그 조직에 의하여 대표의 방법, 총회나 이사회 등의 운영, 자본의 구성, 재산의 관리 기타 단체로서의 주요사항이 확정되어 있는 경우에는 법인 아닌 사단으로서의 실체를 가진다.[28] 당사자 능력이 있는지 여부는 사실심의 변론종결일을 기준으로 하여 판단되어야 할 성질의 것이다.[29]

만약 어떤 단체가 외형상 목적, 명칭, 사무소 및 대표자를 정하고 있다고 할지라도 사단의 실체를 인정할 만한 조직, 그 재정적 기초, 총회의 운영, 재산의 관리 기타 단체로서의 활동에 관한 입증이 없는 이상 이를 법인이 아닌 사단으로 볼 수 없는 것이다.[30] 그리고 사단으로서의 실체를 갖추는 조직행위가 사단을 조직하여 그 구성원으로 되는 것을 목적으로 하는 구성원들의 의사의 합치에 기한 것이어야 함은 사단의 특성에 비추어 당연하다.[31]

---

26) 대법원 1991. 11. 26. 선고 91다30675 판결.
27) 대법원은 임의단체인 민주사회를 위한 변호사 모임(대법원 1999. 9. 21. 선고 97누5114 판결), 언론개혁시민연대(대법원 2003. 12. 11. 선고 2003두8395 판결, 대법원 2006. 12. 7. 선고 2004두9180 판결), 충주환경운동연합(대법원 2003. 12. 12. 선고 2003두8050 판결), 참여연대(대법원 2007. 12. 13. 선고 2005두13117 판결), 충북참여자치시민연대(대법원 2004. 8. 20. 선고 2003두8302 판결), 참여자치와 환경보전을 위한 제주범도민회(대법원 2003. 3. 11. 선고 2001두724 판결), 아파트입주자대표회의(대법원 2008. 4. 10. 선고 2008두976 판결) 등의 당사자 능력을 인정했다.
28) 대법원 2008. 5. 29. 선고 2007다63683 판결, 대법원 1999. 4. 23. 선고 99다4504 판결.
29) 대법원 1991. 11. 26. 선고 91다30675 판결.
30) 대법원 1997. 9. 12. 선고 97다20908 판결.
31) 대법원 1999. 4. 23. 선고 99다4504 판결, 부도난 회사의 채권자들이 조직한 채권단(주식회사 하이센코리아의 채권단)이 비법인사단으로서의 실체를 갖추지 못했다는 이유로 그 당사자 능력을 부인한 사례.

법인격 없는 단체가 독립한 단체로 인정되지 못한 경우에는 대표자라고 칭해지는 사람이 개인으로서 공개 청구를 하는 것이면 그 개인의 청구로서 유효할 것이다.

한편 2인 이상이 상호출자하여 공동사업을 경영할 것을 약정하는 계약관계에 의하여 성립하는 조합(민법 제703조)은 사단성이 인정되지 아니하므로 그 자체로는 정보공개 청구를 할 수 있는 단체라고 볼 수 없다.

민법상의 조합과 법인격은 없으나 사단성이 인정되는 법인 아닌 사단을 구별함에 있어서는 일반적으로 그 단체성의 강약을 기준으로 판단한다. 조합은 2인 이상의 계약관계에 의하여 성립하므로 어느 정도 단체성에서 오는 제약을 받게 되는 것이지만 구성원의 개인성이 강하게 드러나는 인적 결합체인 데 비하여 법인 아닌 사단은 구성원의 개인성과는 별개로 권리·의무의 주체가 될 수 있는 독자적 존재로서의 단체적 조직을 가지는 특성이 있다.

IV. 공공기관 및 공기업

1. 국가기관 등 공공기관의 경우

(1) 국가기관이나 지방자치단체 등 공공기관이 다른 국가기관이나 지방자치단체 등 공공기관에 대해 정보공개를 청구할 수 있을까.

헌법 제10조 내지 제39조에서 "모든 국민은…… 권리를 가진다"고 규정하고 있으므로 국민만이 기본권의 주체라 할 것이고 공권력의 행사자인 국가나 국가기관 또는 국가조직의 일부나 공법인이나 그 기관은 기본권의 수범자이지 기본권의 주체가 아니고 오히려 국민의 기본권을 보호 내지 실현해야 할 '책임'과 '의무'를 지니고 있을 뿐이다.

물론 헌법상 보장된 기본권의 주체와 관련하여 '법인'에게도 기본권의 주체성이 인정된다고 할 것이나, 국가기관이나 공법인인 지방자치단체에게도 헌법상 보장된 기본권의 주체성이 인정되는지 여부는 사법인이나 기타 공법인과는 달리 보아야 한다. 왜냐하면 기본권은 원칙적으로 개인 내지 사법인의 권리로서 역사적으로 국가 등 권력기관에 대한 권리인데, 국가기관이나 지방자치단체는 기본적으로 공권력의 주체로서 자치행정의 보장이라는 측면에서 그 헌법상 보장을 받는 것이지 기본권을 보호받는다는 측면에서 그 헌법상 보장을 받는 것은 아니기 때문이다. 그러므로 국가기관 또는

국가조직의 일부나 지방자치단체 등 공법인이나 그 기관은 헌법소원 등 권리행사를 할 수 없다.[32)33)]

그뿐만 아니라 지방자치단체는 헌법이 보장하고 있는 독자성과 행정자치권을 가지면서 오히려 개인이나 사법인의 기본권을 보호할 의무를 지니고 있다고 보아야 하며, 국가 등 다른 공공기관과의 문제는 기본권의 문제가 아니라 권한질서의 문제로 봄이 상당하다. 따라서 설령 지방자치단체에게 기본권이 인정된다고 하더라도 '자연적인 인격'을 전제로 하지 아니하는 모든 기본권이 인정된다고 볼 수는 없으며 지방자치단체의 고유한 자치행정과 관련된 범위 내에서의 기본권만이 인정된다고 보아야 한다.

이처럼 알권리는 기본적으로 정신적 자유 영역인 표현의 자유 내지는 인간의 존엄성, 행복추구권 등에서 도출된 권리인 점, 정보공개 청구제도는 국민이 국가·지방자치단체 등이 보유한 정보에 접근하여 그 정보의 공개를 청구할 수 있는 권리로서 이로 인하여 국정에 대한 국민의 참여를 보장하기 위한 제도인 점, 정보공개법 제6조 제1항에서 "공공기관은 정보의 공개를 청구하는 국민의 권리가 존중될 수 있도록 이 법을 운영하고 소관 관련 법령을 정비하여야 한다"고 규정하여 국민을 정보공개 청구권자로, 지

---

32) 헌법재판소 1994. 12. 29. 선고 93헌마120 결정; 헌법재판소 1995. 2. 23. 선고, 90헌마125 결정, 헌법재판소 1997. 12. 24. 선고 96헌마365 결정 등 참조.
함인선, 「공법인의 기본권 주체성」, 『헌법실무연구』 3권(2002. 12), 헌법실무연구회, 2002, 128~159쪽.

33) 대법원 1998. 5. 8. 선고 97누15432 판결, 그런데 홍정선, 「행정심판의 피청구인으로서 지방자치단체의 원고적격」, 『지방자치법연구』 7권 1호(통권 13호), 법영사, 2007, 3~27쪽에서는 위 대법원 판결은 지방자치단체의 자치사무에 관련하는 한 정당하지 않다고 비판하고 있다.
한편 대법원 2013. 7. 25. 선고 2011두1214 판결은 갑이 국민권익위원회에 부패방지 및 국민권익위원회의 설치와 운영에 관한 법률('국민권익위원회법')에 따른 신고와 신분보장조치를 요구했고, 국민권익위원회가 갑의 소속기관장인 을 시·도선거관리위원회 위원장에게 "갑에 대한 중징계 요구를 취소하고 향후 신고로 인한 신분상 불이익처분 및 근무조건상의 차별을 하지 말 것을 요구"하는 내용의 조치요구를 한 사안에서, 국가기관 일방의 조치요구에 불응한 상대방 국가기관에 국민권익위원회법상의 제재규정과 같은 중대한 불이익을 직접적으로 규정한 다른 법령의 사례를 찾아보기 어려운 점, 그럼에도 을이 국민권익위원회의 조치요구를 다툴 별다른 방법이 없는 점 등에 비추어보면, 처분성이 인정되는 위 조치요구에 불복하고자 하는 을로서는 조치요구의 취소를 구하는 항고소송을 제기하는 것이 유효·적절한 수단이므로 비록 을이 국가기관이더라도 당사자 능력 및 원고적격을 가진다고 보는 것이 타당하고, 을이 위 조치요구 후 갑을 파면했다고 하더라도 조치요구가 곧바로 실효된다고 할 수 없고 을은 여전히 조치요구를 따라야 할 의무를 부담하므로 을에게는 위 조치요구의 취소를 구할 법률상 이익도 있다고 판시하고 있는데, 이 판결은 정당한 사유 없이 국민권익위원회의 조치요구를 이행하지 아니한 자를 1천만 원 이하의 과태료에 처하고(국민권익위원회법 제91조 제1항 제3호), 같은 법 제62조 제1항에 따른 신분상 불이익이나 근무조건상의 차별을 한 자가 국민권익위원회의 조치요구를 이행하지 아니한 때에는 1년 이하의 징역 또는 1천만 원 이하의 벌금에 처하도록(같은 법 제90조) 규정하고 있으므로 그러한 조치요구에 불복하고자 하는 을에게 조치요구를 다툴 수 있는 소송상의 지위를 인정한 것인 반면 이와 달리 국가기관 일방의 정보공개 청구에 대해 거부처분을 한 상대방 국가기관에 정보공개법상 어떠한 제재나 불이익을 규정하고 있지 않다는 점에서 앞서 본 대법원 1998. 5. 8. 선고 97누15432 판결과는 구분된다 할 것이다.

방자치단체를 국민에 대응하는 정보공개의무자로 상정하고 있는 점, 지방자치단체에게 이러한 정보공개 청구권이 인정되지 아니한다고 하더라도 헌법상 보장되는 행정자치권 등이 침해된다고 보기는 어려운 점, 오히려 지방자치단체는 공권력기관으로서 이러한 국민의 알권리를 보호할 위치에 있다고 보아야 하는 점 등에 비추어보면, 지방자치단체에게는 알권리로서의 정보공개 청구권이 인정된다고 보기는 어려우므로 정보공개법이 예정하고 있는 정보공개 청구권자인 국민의 범위에 지방자치단체가 포함된다고 볼 수는 없다.[34]

정보공개 청구권은 일반국민이 공공기관에 공개를 청구할 수 있는 권리를 부여한 것이며, 법령에서 공공기관에게 정보공개 청구권을 인정하는 규정이 있지 않는 한 공공기관 간의 정보공개 청구권 또는 자료요구권 등에는 적용되지 않는다.[35]

다만 '행정업무의 효율적 운영에 관한 규정' 제41조 제1항은 "행정기관이나 행정기관의 보조기관 또는 보좌기관은 기관 간 협업이 필요한 업무, 다른 기관의 행정지원을 필요로 하는 업무, 다른 기관 또는 상급기관의 인가·승인 등을 거쳐야 하는 업무 및 그 밖에 다른 기관의 협의·동의 및 의견조회 등이 필요한 업무를 수행하려면 해당 업무와 관계된 기관의 업무 협조를 받아야 하고 업무 협조를 요청받은 기관은 그 업무가 효율적으로 수행되도록 적극 협조해야 한다"고 규정하여 행정기관 상호 간의 업무 협조를 명시하고 있다. 지방자치단체 간의 협조에 관하여는 지방자치법에 특별규정이 있다(같은 법 제139조).

행정기관 간의 협조문제는 본격적인 지방자치제의 실시로 중앙정부와 지방자치단체의 집권정당의 소속이 상이해지고, 지방자치단체 상호 간의 행정처리가 차별화되는 오늘의 행정환경에서 매우 절실한 문제로 대두되고 있다.

---

34) 서울행정법원 2005. 10. 12. 선고 2005구합10484 판결(확정); 반면 서울행정법원 2001. 11. 27. 선고 2001구12764 판결은 서울특별시 강남구가 제기한 서울특별시장을 상대로 제기한 정보공개 거부처분취소소송에서 지방자치단체도 다른 지방자치단체 기타 공공기관이 보유 관리하는 정보의 공개를 청구할 권리가 있다며 원고 강남구의 당사자적격을 인정했다(다만, 원고가 공개를 구하는 정보를 피고가 보유·관리하고 있지 않다는 이유로 원고의 청구를 기각했다). 이희훈, 「공공기관의 정보공개에 관한 법률 제9조 제1항 제6호에 대한 헌법적 고찰」, 『경기법학논총』 제13호, 2012, 92쪽에서는 지방자치단체의 경우에도 공권력의 행사주체가 아닌 경우에는 직접 정보공개 청구권을 인정하는 것이 바람직하다고 주장하고 있다.

35) 그런데 개별 법령에서 국가기관이 다른 국가기관 등에 대하여 정보공개 요청을 할 수 있다고 한 경우가 있다. 가령 친일반민족행위자 재산의 국가귀속에 관한 특별법 제19조 제2항은 "친일재산에 해당한다고 의심할 만한 재산에 관하여 '공공기관의 정보공개에 관한 법률'에 따른 공개요청이 있는 경우 국가 및 지방자치단체는 위원회에 친일재산 여부에 대한 조사를 의뢰해야 하고 친일반민족행위자재산조사위원회는 조사를 개시하여 친일재산 여부의 결정을 한 후 그 결과를 국가나 지방자치단체에 통지해야 한다"고 규정하고 있다.

(2) 한편 다른 공공기관의 정보공개 결정으로 인하여 해당 공공기관의 고유한 행정상 이익이 침해된 경우에 해당 공공기관이 이해관계 있는 제3자로서 다른 공공기관의 공개 결정에 대해 행정소송을 제기하거나 집행정지를 신청할 수 있을지 또는 다른 공공기관의 정보공개 결정 혹은 비공개 결정으로 인하여 제3자와 사이에 분쟁이 발생하고 해당 공공기관의 고유한 행정상 이익도 침해된 경우에 해당 공공기관은 다른 공공기관이나 제3자를 위하여 보조참가를 할 수 있을지도 문제된다.[36]

국가기관의 장과 지방자치단체장의 당적이 서로 다르다거나 혹은 국가기관과 지방자치단체 간에 이해관계가 상반될 경우에 국민의 정보공개 청구에 대해 국가기관은 비공개를 요청하나 공개 청구를 받은 해당 지방자치단체는 공개 결정을 한다거나 혹은 그 반대의 경우가 발생할 수가 있기 때문이다.

그런데 국가기관이나 지방자치단체가 다른 국가기관이나 지방자치단체의 정보공개 혹은 정보비공개의 결정에 대해 행정소송을 제기하거나 집행정지를 신청하거나 또는 제3자로서 보조참가를 하는 것은 행정소송법 제3조에서 규정하고 있는 쟁송에 해당한다고 보기는 어렵다.

하지만 그것이 국가기관 상호 간, 국가기관과 지방자치단체 간 및 지방자치단체 상호 간의 권한쟁의에 관한 사항인 경우에는 헌법재판소에 권한쟁의심판을 청구할 수 있을 것이다(헌법재판소법 제2조 제4호).

2. 국회의 국정감사 및 국정조사 자료요구권

국회의원도 개인 자격으로 공공기관에 대해 정보공개를 청구할 수 있다.

정보공개법에 의한 정보공개 청구는 아니지만 국가기관인 국회는 다른 국가기관 등에 대해 보고 또는 서류제출을 요구할 수 있고 이러한 요구를 받은 국가기관 등은 정보공개법상의 비공개 대상 정보임을 이유로 보고 또는 서류 등의 제출을 거부할 수 없다.

즉, 국회법에 의하면 국회의 본회의·위원회 또는 소위원회는 그 의결로 안건의 심의 또는 국정감사나 국정조사와 직접 관련된 보고 또는 서류 및 해당 기관이 보유한 사진·영상물의 제출을 정부·행정기관 기타에 대하여 요구할 수 있고(같은 법 제128조 제1항)

---

36) 松井茂記, 앞의 책, 409쪽.

서류제출의 요구를 받은 정부·행정기관 기타는 그 기간을 따로 정하는 경우를 제외하고는 요구를 받은 날부터 10일 이내에 보고 또는 서류 등을 제출해야 하는데 특별한 사유가 있을 때에는 국회의장 또는 위원장에게 그 사유를 보고하고 그 기간을 연장할 수 있다(같은 법 제128조 제5항). 다만 위원회가 청문회, 국정감사 또는 국정조사와 관련된 서류제출요구를 하는 경우에는 그 의결 또는 재적위원 3분의 1 이상의 요구로 할 수 있다.

한편 국정감사 또는 국정조사를 실시하는 국회의 소관 위원회·소위원회 또는 감사반은 감사 또는 조사를 위하여 그 의결로 감사 또는 조사와 관련된 보고 또는 서류 등의 제출을 관계인 또는 기관 기타에 요구하고, 증인·감정인·참고인의 출석을 요구하고 검증을 행할 수 있다(국정감사 및 조사에 관한 법률 제10조 제1항). 위원회가 감사 또는 조사와 관련된 서류제출요구를 하는 경우에는 재적위원 3분의 1 이상의 요구로 할 수 있다. 서류제출요구를 받은 자 또는 기관은 국회에서의 증언·감정 등에 관한 법률에서 특별히 규정한 경우를 제외하고는 누구든지 이에 응해야 하며, 위원회의 검증 기타의 활동에 협조해야 한다(같은 법 제10조 제4항).

또한 국회에서 안건심의 또는 국정감사나 국정조사와 관련하여 보고와 서류 및 해당 기관이 보유한 사진·영상물의 제출 요구를 받거나, 증인·참고인으로서의 출석이나 감정의 요구를 받은 때에는 다른 법률의 규정에 불구하고 누구든지 이에 응해야 한다(국회에서의 증언·감정 등에 관한 법률 제2조). 국회로부터 증언의 요구를 받은 공무원 또는 공무원이었던 자나 서류제출을 요구받은 국가기관은 증언할 사실이나 제출할 서류의 내용이 직무상 비밀에 속한다는 이유로 증언이나 서류제출을 거부할 수 없다(같은 법 제4조 제1항). 다만 군사·외교·대북관계의 국가기밀에 관한 사항으로서 그 발표로 말미암아 국가안위에 중대한 영향을 미친다는 주무부장관(대통령 및 국무총리의 소속기관에서는 해당 관서의 장)의 소명이 증언 등의 요구를 받은 날부터 5일 이내에 있는 때에는 이를 거부할 수 있으나 이 경우에도 국회가 주무부장관의 소명을 수락하지 아니할 경우에는 본회의의 의결로, 폐회 중에는 해당 위원회의 의결로 국회가 요구한 증언 또는 서류 등의 제출이 국가의 중대한 이익을 해친다는 취지의 국무총리의 성명을 요구할 수 있고(같은 법 제4조 제2항), 국무총리는 성명의 요구를 받은 날부터 7일 이내에 그 성명을 발표하지 않으면 증언이나 서류 등의 제출을 거부할 수 없다(같은 법 제4조 제3항).

미국 정보자유법 제552조(d)항은 "이 조는, 이 조에서 명시적으로 규정된 경우를 제외하고는, 국민에게 정보를 공개하지 않을 권한을 부여하거나 기록의 이용 가능성을 제한하지 않는다. 이 조는 연방의회에 대하여 정보를 공개하지 않을 권한을 허용하지 않는다"라고 명시하고 있다.[37]

3. 지방의회의 지방자치단체장에 대한 서류제출요구권

지방의회도 본회의나 위원회의 의결로 안건의 심의와 직접 관련된 서류의 제출을 해당 지방자치단체의 장에게 요구할 수 있고(지방자치법 제40조 제1항) 해당 지방자치단체의 장은 정보공개법상의 비공개 대상 정보를 이유로 서류제출을 거부할 수 없다. 폐회 중에는 지방의원의 서류제출요구에 따라 지방의회 의장이 이를 요구할 수 있다(같은 법 제40조 제3항). 서류제출은 서면, 전자문서 또는 컴퓨터의 자기테이프·자기디스크, 그 밖에 이와 유사한 매체에 기록된 상태나 전산망에 입력된 상태로 제출할 것을 요구할 수 있다(같은 법 제40조 제4항).

또한 지방의회는 매년 1회 그 지방자치단체의 사무에 대하여 감사를 실시하고, 지방자치단체의 사무 중 특정 사안에 관하여 조사할 수 있으며(같은 법 제41조 제1항), 지방자치단체 및 그 장이 위임받아 처리하는 국가사무와 시·도의 사무에 대하여 국회와 시·도의회가 직접 감사하기로 한 사무 외에는 그 감사를 각각 해당 시·도의회와 시·군 및 자치구의회가 할 수 있다(같은 법 제41조 제3항). 이때 지방의회는 감사 또는 조사를 위하여 필요하면 서류제출을 요구할 수 있고 서류제출을 요구받은 자가 정당한 사유 없이 서류를 정해진 기한까지 제출하지 아니한 경우에는 500만 원 이하의 과태료를 부과할 수 있다(같은 법 제41조 제4항·제5항). 서류의 제출을 요구받은 관계인 또는 관계 기관은 법령이나 조례에서 특별히 규정한 경우 외에는 그 요구에 따라야 하며 감사 또는 조사에 협조해야 한다(같은 법 시행령 제43조 제2항).

지방의회의원은 이와 별개로 개인 자격으로 지방자치단체 등에 대해 정보공개를 청구할 수 있다.

---

37) (d) This section does not authorize withholding of information or limit the availability of records to the public, except as specifically stated in this section. This section is not authority to withhold information from Congress.

4. 언론사의 정보공개 청구

우리나라 법령에 의하여 설립된 언론사도 국민에 포함되므로 정보공개법에 따라 공공기관에 대해 정보의 공개를 청구할 수 있다.

그런데 정보공개법에 따른 정보공개 청구를 하는 경우 그 결정 여부까지 최장 20일의 기간이 필요하기 때문에 공공기관에서는 언론보도의 신속성이라는 특성을 감안하여 자체적으로 기자실을 둔다거나 공보관 등을 통하여 해당 공공기관의 정보를 자발적으로 제공하거나 홍보하고 있다.

그런데 신문 및 인터넷신문은 언론자유의 하나로서 정보원에 대하여 자유로이 접근할 권리와 그 취재한 정보를 자유로이 공표할 자유를 갖고 있으며(신문 등의 진흥에 관한 법률 제3조 제2항), 방송은 국민의 알권리와 표현의 자유를 보호·신장할 의무가 있다(방송법 제6조 제4항). 그렇다면 정보공개법에 언론사의 정보공개 청구에 대해서는 공개 결정기간을 대폭 단축한다거나 열람 수수료 등을 필요적으로 감면한다는 등의 입법적 보완이 필요하다.

미국 정보자유법은 언론기관이 정보공개를 청구하는 경우에는 그 비용에 관하여 문서의 검색이나 검토 비용을 제외하고 문서의 복사에 합당한 표준 요금으로 제한하고 있다[제552조(a)(4)(A)].

V. 청구인 지위의 승계 여부

당사자가 사망했을 때의 상속인과 다른 법령 등에 의하여 당사자의 권리 또는 이익을 승계한 자는 당사자의 지위를 승계함이 원칙이다(행정절차법 제10조 제1항).

이는 행정절차가 진행하는 중에 당사자의 지위에 변동이 생긴 경우 그 지위의 승계에 관하여 정한 규정으로 당사자의 지위승계는 실체적 권리의 지위승계가 아닌 행정절차 참여자로서의 지위승계에 관한 규정이다.

그런데 자연인인 정보공개 청구인이 사망한 경우 그의 정보공개 청구권은 인격권에 바탕을 둔 일신전속적인 권리라 할 것이므로 상속인에게 상속되지 아니하고 소멸된다 할 것이다.[38] 따라서 정보공개 청구소송 중에 원고인 청구인이 사망한 경우에는 해당 소송은 당연히 종료되고 참가인인 청구인이 사망한 경우에는 참가신청은 종료된다.

그러나 개인과 달리 당사자인 법인 등이 합병한 때에는 합병 후 존속하는 법인이나 합병 후 새로 설립된 법인 등이 당사자의 지위를 승계한다(같은 법 제10조 제2항). 당사자의 지위를 승계한 자는 행정청에 그 사실을 통지해야 하고 통지가 있을 때까지 사망자 또는 합병 전의 법인 등에 대하여 행정청이 한 통지는 당사자의 지위를 승계한 자에게도 효력이 있다(같은 법 제10조 제3항·제5항). 처분에 관한 권리 또는 이익을 사실상 양수한 자는 행정청의 승인을 얻어 당사자 등의 지위를 승계할 수 있다(같은 법 제10조 제4항).

제3절 정보공개 청구 대상기관(공공기관)

정보공개 청구의 대상기관은 국가기관, 지방자치단체, 공공기관의 운영에 관한 법률 제2조에 따른 공공기관 및 그 밖에 대통령령으로 정하는 기관이다(제2조 3호). 이를 정보공개법상 공공기관이라 한다.

정보공개법 시행령은 제2조에서, 첫째, 유아교육법·'초·중등교육법'·고등교육법에 따른 각급 학교 또는 그 밖의 다른 법률에 따라 설치된 학교, 둘째, 지방공기업법에 따른 지방공사 및 지방공단, 셋째, 지방자치단체의 조례로 정하는 기관, 넷째, 특별법에 따라 설립된 특수법인, 다섯째, 사회복지사업법 제42조 제1항의 규정에 의하여 국가 또는 지방자치단체로부터 보조금을 받는 사회복지법인과 사회복지사업을 하는 비영리법인, 여섯째, 국가 또는 지방자치단체로부터 보조금을 받는 사회복지법인과 사회복지사업을 하는 비영리법인 외에 '보조금 관리에 관한 법률' 제9조 또는 지방재정법 제17조 제1항 각 호 외의 부분 단서에 따라 국가 또는 지방자치단체로부터 연간 5천만 원 이상의 보조금을 받는 기관 또는 단체(다만, 정보공개 대상 정보는 해당 연도에 보조를 받은 사업으로 한정된다)를 공공기관에 포함하고 있다.

이처럼 정보공개법에 따른 공공기관은 국가기관에 한정되는 것이 아니라 지방자치단체, 공공기관, 그 밖에 공동체 전체의 이익에 중요한 역할이나 기능을 수행하는 기관이나 단체를 포함하고 있다. 우리나라의 정보공개 대상기관은 미국(연방정부), 영국(정부, 공공기관), 일본(행정기관, 독립행정법인) 등 보다 더 폭 넓게 입법부와 사법부뿐만 아니라

---

38) 일본 최고재판소 2004년(平成 16년) 2월 24일 선고 平11 行ツ 251호·同 行ヒ 194호 판결.

[표 2-2] 정보공개 대상기관[39]   (2013. 11. 13. 현재)

구분			개정 법률 시행 전	개정 법률 시행 후	확대 기관수	정보공개 시스템 이용기관
총계			30,510	32,260	1,750	18,525
총계 (각급 학교 제외 시)			8,936	10,686		
행정 기관	계		6,759	7,295		6,759
	중앙행정기관	소계	5,658	5,658		5,658
		본부·청	45	45		45
		특별행정기관	5,155	5,155		5,155
		부속기관	458	458		458
		부처별 위원회	-	536	536	
	지방자치단체	소계	907	907		907
		시·도	17	17		17
		시·군·구	227	227		227
		직속기관	663	663		663
	교육청	소계	194	194		194
		시도교육청	17	17		17
		교육지원청	177	177		177
교육기관	계		21,574	21,574		11,405
	대학(대학원 포함)		1,378	1,378		45
	초·중·고교		11,360	11,360		11,360
	기타(유치원, 특수학교, 전문대 등)		8,836	8,836		
공공기관	계		295	295		216
	공기업		30	30		24
	준정부기관		87	87		67
	기타 공공기관		178	178		125
지방공사·공단	계		136	136		125
	지방공사		59	59		51
	지방공단		77	77		74
지방자치단체 출자·출연기관	계		24	496		20
	출자기관		24	43	472	20
	출연기관			453		
중앙·지자체의 보조를 받는 기관			-	742개	742	
사회복지법인			1,718	1,718		
헌법기관			4	4		

지방자치단체와 공공단체 및 일정한 사법인까지도 포함하고 있다는 점에 특징이 있다.

I. 국가기관

1. 중앙행정기관 및 그 소속기관(대통령 및 행정부)

정보공개법 제2조 제3호는 국가기관을 ① 국회, 법원, 헌법재판소, 중앙선거관리위원회 ② 중앙행정기관(대통령 소속기관과 국무총리 소속기관을 포함한다) 및 그 소속기관 ③ '행정기관 소속 위원회의 설치·운영에 관한 법률'에 따른 위원회라고 보다 구체적으로 명시하고 있다.

(1) 첫째, 대통령은 행정부의 수반으로서 법령에 따라 모든 중앙행정기관의 장을 지휘·감독하며 국무총리와 중앙행정기관의 장의 명령이나 처분이 위법 또는 부당하다고 인정하면 이를 중지 또는 취소할 수 있다(정부조직법 제11조).

대통령의 직무를 보좌하기 위하여 대통령비서실(같은 법 제14조)을, 국가안보에 관한 대통령의 직무를 보좌하기 위하여 국가안보실(같은 법 제15조)을, 대통령 등의 경호를 담당하기 위하여 대통령경호실(같은 법 제16조)을, 국가안전보장에 관련되는 정보·보안 및 범죄수사에 관한 사무를 담당하기 위하여 대통령 소속으로 국가정보원(같은 법 제17조)을 각각 두고 있다.

또한 국가의 세입·세출의 결산, 국가 및 법률이 정한 단체의 회계검사와 행정기관 및 공무원의 직무에 관한 감찰을 하기 위하여 대통령 소속으로 감사원이 설치되어 있다(헌법 제97조).

정보공개법 제2조 제3호 가목은 대통령 소속기관과 국무총리 소속기관을 공공기관에 포함하고 있다. 따라서 대통령비서실(장), 국가안보실(장), 대통령경호실(장), 국가정보원(장) 그리고 감사원(장)은 정보공개법상의 공공기관에 해당된다.

---

39) 안전행정부(현 행정자치부)는 개정 정보공개법 시행령 발효일인 2013년 11월 13일, 보도자료를 통해 정보공개 대상 공공기관의 범위가 30,510개에서 2014년부터 각종 정부 위원회와 국가 또는 자치단체로부터 연간 5천만 원 이상의 보조금(해당 연도에 보조를 받은 사업에 한함)을 받는 기관·단체 등 1,750개가 추가되어(위원회 536개, 보조기관 742개, 출자·출연기관 472개) 32,260개로 추정된다고 밝혔다.

그런데 2013년 8월 6일 개정된 정보공개법에 의하면 대통령과 국무총리는 그 자체는 중앙행정기관이 아니므로 공공기관에서 배제되고 단지 대통령 소속기관 및 국무총리 소속기관만이 공공기관에 해당되는 것으로 변경되었다.[40] 개정법에 의하면 대통령을 상대로 정보공개 청구를 할 수 없고, 설령 대통령이 이를 거부하더라도 대통령을 상대로 해서는 행정소송 등 불복 절차를 취할 수 없다는 것이 된다. 그러나 대통령중심제 국가에서 대통령에 대한 정보공개 청구를 배제한다는 것은 국민의 알권리를 보장하고 국정에 대한 국민의 참여와 국정 운영이 투명성을 확보한다는 정보공개법의 목적을 심각하게 저해하는 것이다.

따라서 제2조 제3호 가목의 '국가기관'에는 대통령 및 국무총리를 포함하는 것으로 해석하거나 또는 제2조 제3호 소정의 공공기관은 열거적인 규정이 아니라 예시적인 규정으로 해석해야 한다.[41]

(2) 둘째, 국무총리는 대통령의 명을 받아 각 중앙행정기관의 장을 지휘·감독하며 중앙행정기관의 장의 명령이나 처분이 위법 또는 부당하다고 인정될 경우에는 대통령의 승인을 받아 이를 중지 또는 취소할 수 있다(같은 법 제18조).

국무총리가 특별히 위임하는 사무를 수행하기 위하여 기획재정부 장관과 교육부 장관이 겸임하는 부총리 2명을 두고 있다(같은 법 제19조).

각 중앙행정기관의 행정의 지휘·감독, 정책 조정 및 사회위험·갈등의 관리, 정부업무 평가 및 규제개혁에 관하여 국무총리를 보좌하기 위하여 국무조정실(같은 법 제20조)을, 국무총리의 직무를 보좌하기 위하여 국무총리비서실(같은 법 제21조)을 두고 있다.

국무총리의 소속기관으로는 안전 및 재난에 관한 정책의 수립·운영 및 총괄·조정, 비상대비, 민방위, 방재, 소방, 해양에서의 경비·안전·오염방제 및 해상에서 발생한 사

---

40) 서울행정법원 2001. 5. 23. 선고 2000구40212 판결, 정보공개법에 따라 공공기관인 피고 대통령에 대해 정보의 공개를 청구할 권리를 가지는 원고(언론개혁시민연대)가 위 피고(대통령)에게, 위 피고가 별지 제1목록 기재 정보를 보유하고 있다고 주장하면서 그 공개를 청구한 이상, 위 피고가 스스로 위 정보를 공개하지 않고 대신 다른 공공기관인 피고 방송위원회가 위 정보를 보유하고 있다면서 피고 방송위원회에 이를 이송하여 처리하도록 했다고 원고에게 통지한 행위는, 원고의 위 정보공개 청구를 거부한 것으로서 행정소송의 대상이 되는 거부처분에 해당한다고 한 사례.

41) 서울행정법원 실무연구회 편, 『행정소송의 이론과 실무』(개정판), 사법발전재단, 2014, 790쪽, 주 18)은 국가기관임이 명백한 국가인권위원회가 정보공개법 제2조 제3호 가목 1), 2), 3)의 개념에 포섭되지 아니하는 데서 보듯이 제2조 제3호 가목 이하에서 열거하는 기관들은 예시로 봄이 상당하다고 하고 있다.

건의 수사에 관한 사무를 관장하기 위하여 국민안전처(같은 법 제22조의2)가, 공무원의 인사·윤리·복무 및 연금에 관한 사무를 관장하기 위하여 인사혁신처(같은 법 제22조의3)가, 국무회의에 상정될 법령안·조약안과 총리령안 및 부령안의 심사와 그 밖에 법제에 관한 사무를 전문적으로 관장하기 위하여 법제처(같은 법 제23조)가, 국가유공자 및 그 유족에 대한 보훈, 제대군인의 보상·보호 및 보훈선양에 관한 사무를 관장하기 위하여 국가보훈처(같은 법 제24조)가, 식품 및 의약품의 안전에 관한 사무를 관장하기 위하여 식품의약품안전처(같은 법 제25조)가 각각 설치되어 있다.

(3) 셋째, 정부조직이란 중앙행정기관, 특별지방행정기관, 부속기관, 합의제 행정기관 등을 말한다.

중앙행정기관은 정부조직법에 의해 설치된 부·처·청으로서 국가의 행정사무를 담당하기 위하여 설치된 행정기관으로서 그 관할권의 범위가 전국에 미치는 행정기관을 말한다(행정기관의 조직과 정원에 관한 통칙 제2조 제1호). 다만 그 관할권의 범위가 전국에 미치더라도 다른 행정기관에 부속하여 이를 지원하는 행정기관은 제외된다.

중앙행정기관의 설치와 직무범위는 정부조직법 등 법률에서 정하고 있는데 정부조직법과 다른 법률에 특별한 규정이 있는 경우를 제외하고는 부·처 및 청으로 하고 있다(정부조직법 제2조 제1항·제2항).[42]

중앙행정기관에는 소관사무를 수행하기 위하여 필요한 때에는 특히 법률로 정한 경우를 제외하고는 대통령령으로 정하는 바에 따라 지방행정기관을 둘 수 있다(정부조직법 제3조 제1항). 이를 특별지방행정기관이라고 하는데 특정한 중앙행정기관에 소속되어, 해당 관할구역 내에서 시행되는 소속 중앙행정기관의 권한에 속하는 행정사무를 관장하는 국가의 지방행정기관을 말한다(행정기관의 조직과 정원에 관한 통칙 제2조 제2호).

특별지방행정기관은 업무의 관련성이나 지역적인 특수성에 따라 통합하여 수행함이 효율적이라고 인정되는 경우에는 대통령령으로 정하는 바에 따라 관련되는 다른 중앙행정기관의 소관사무를 통합하여 수행할 수 있다(정부조직법 제3조 제2항). 특별지방행정기관은 국가사무를 해당 지역에서 처리한다는 측면에서 지방자치 사무를 수행하는 지

---

[42] 2014년 11월 19일 현재 대통령의 통할 하에 기획재정부, 교육부, 미래창조과학부, 외교부, 통일부, 법무부, 국방부, 행정자치부, 문화체육관광부, 농림축산식품부, 산업통상자원부, 보건복지부, 환경부, 고용노동부, 여성가족부, 국토교통부, 해양수산부 등 17개 행정각부를 두고 있다(정부조직법 제26조 제1항).

[표 2-3] 정부조직도 [43]   (2014. 11. 19. 현재)

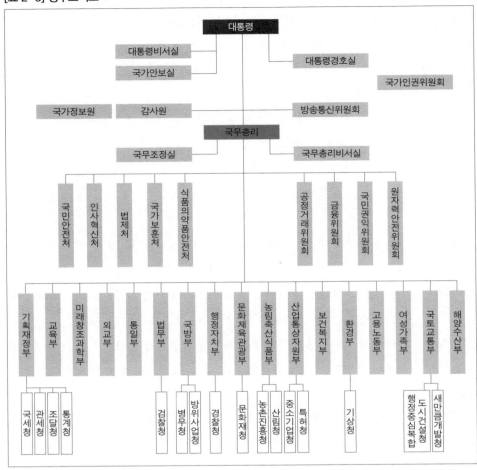

방자치단체와는 구별된다. 지방국세청·지방관세청, 지방경찰청·지방검찰청, 우체국, 출입국관리사무소, 교도소 등을 들 수 있다.

　행정기관에는 그 소관사무의 범위에서 필요한 때에는 대통령령으로 정하는 바에 따라 시험연구기관·교육훈련기관·문화기관·의료기관·제조기관 및 자문기관 등을 둘 수 있다(같은 법 제4조). 이를 부속기관이라고 하는데 행정권의 직접적인 행사를 임무로 하는 기관(중앙행정기관)에 부속하여 그 기관을 지원하는 행정기관을 말한다(행정기관의 조

---

43) 청와대 홈페이지(http://www1.president.go.kr/cheongwadae/organization/government.php)

직과 정원에 관한 통칙 제2조 제3호).

부속기관에는 시험연구기관(국립보건원, 국립과학수사연구원, 국립방재연구소 등), 교육훈련기관(중앙공무원교육원, 연수원, 국립예술종합학교 등), 문화기관(국립중앙극장, 국립현대미술관, 박물관, 유적지관리소 등), 의료기관(경찰병원, 9개 국립병원 등), 제조기관(종전 철도청 산하 공장 등), 자문기관(자문위원회, 심의회 등)[44] 등을 들 수 있다.

또한 행정기관은 그 소관사무의 일부를 독립하여 수행할 필요가 있는 때에는 법률로 정하는 바에 따라 행정위원회 등 합의제 행정기관을 둘 수 있다(정부조직법 제5조).

중앙행정기관은 원칙적으로 정부조직법에 의해 설치된 부·처·청만을 의미하지만, 개별 법률에 의하여 중앙행정기관을 설치할 수도 있다.

합의제 행정기관으로는 국가인권위원회(국가인권위원회법), 방송통신위원회(방송통신위원회의 설치 및 운영에 관한 법률, 대통령 소속), 공정거래위원회(독점규제 및 공정거래에 관한 법률, 국무총리 소속), 금융위원회(금융위원회의 설치 등에 관한 법률, 국무총리 소속) 및 국민권익위원회(부패 방지 및 국민권익위원회의 설치와 운영에 관한 법률, 국무총리 소속)가 있다. 그중 인권의 보호와 향상을 위한 업무를 수행하는 국가인권위원회는 행정기관이기는 하나 그 권한에 속하는 업무를 독립하여 수행하므로 행정부나 입법부, 사법부에 속하지 아니하는 독립행정기관이다(국가인권위원회법 제3조). 개별 법률에 의해 설치한 대통령 소속의 합의제 행정기관(위원회)은 총리령·부령을 발할 수 없고 대통령령으로 발한다. 이러한 합의제 행정기관들도 정보공개법에 의한 공공기관에 해당된다.

(4) 넷째, 중앙행정기관의 소속기관이라 함은 중앙행정기관에 소속된 기관으로서, 앞서 본 특별지방행정기관과 부속기관을 말한다(행정기관의 조직과 정원에 관한 통칙 제2조 제5호).

한편 하부조직이란 행정기관의 보조기관과 보좌기관을 말하는데(같은 통칙 제2조 제8호) 여기서 보조기관이라 함은 행정기관의 의사 또는 판단의 결정이나 표시를 보조함으로써 행정기관의 목적 달성에 공헌하는 기관(가령 차관·국장·과장 등)을 말하고(같은 통칙 제2조 제6호), 보좌기관이란 행정기관이 그 기능을 원활하게 수행할 수 있도록 그 기

---

[44] '자문기관'이라 함은 부속기관 중 행정기관의 자문에 응하여 행정기관에 전문적인 의견을 제공하거나, 자문을 구하는 사항에 관하여 심의·조정·협의하는 등 행정기관의 의사결정에 도움을 주는 행정기관을 말한다(행정기관의 조직과 정원에 관한 통칙 제2조 제4호).

관장이나 보조기관을 보좌함으로써 행정기관의 목적 달성에 공헌하는 기관(차관보, 담당관 등)을 말한다(같은 통칙 제2조 제7호).

행정기관은 법령으로 정하는 바에 따라 그 소관사무의 일부를 보조기관 또는 하급행정기관에 위임하거나 다른 행정기관·지방자치단체 또는 그 기관에 위탁 또는 위임할 수 있고, 위임 또는 위탁을 받은 기관은 특히 필요한 경우에는 법령으로 정하는 바에 따라 위임 또는 위탁을 받은 사무의 일부를 보조기관 또는 하급행정기관에 재위임할 수 있다(정부조직법 제6조 제1항). 또한 행정기관은 법령으로 정하는 바에 따라 그 소관사무 중 조사·검사·검정·관리 업무 등 국민의 권리·의무와 직접 관계되지 아니하는 사무를 지방자치단체가 아닌 법인·단체 또는 그 기관이나 개인에게 위탁할 수 있다(같은 법 제6조 제3항, 지방자치법 제104조 제3항). 이처럼 법률이나 법률에 근거한 행위로 특정한 공적인 임무를 자기의 이름으로 수행하도록 권한이 주어진 사인(자연인 또는 법인)을 공무수탁사인이라고 한다.[45]

행정에 관한 의사를 결정하여 표시하는 국가 또는 지방자치단체의 기관을 '행정청'이라고 하는데 여기에는 법령 또는 자치법규에 따라 행정권한을 가지고 있거나 위임 또는 위탁받은 공공단체 또는 그 기관이나 사인(私人)[46]을 포함한다(행정절차법 제2조 제1호).

따라서 행정에 관한 의사를 결정하여 대외적으로 표시하는 국가(부·처·청 등 중앙행정기관, 그 부속기관, 특별지방행정기관, 합의제 행정기관 등의 장)·지방자치단체(소속기관 및 하부행정기관으로서 시·도교육청 및 하급교육행정기관 포함)는 당연히 행정청의 지위를 가지며 보조기관은 위임받은 사항에 대해서 그 범위에서 행정기관으로서 그 사무를 수행하고(정부조직법 제6조 제2항), 의결기관은 합의제 행정청으로서의 지위가 부여된 경우에 한하여 행정청의 지위를 가질 수 있다. 반면 스스로 의사를 결정·표시할 수 없는 보조기관·보좌기관·의결기관·자문기관·심의기관 등은 행정청의 지위를 가지지 못한다.[47]

정보공개법에 따른 공공기관에는 중앙행정기관은 물론 정부조직법에 따른 중앙행정기관의 부속기관인 각종 시험연구기관, 교육훈련기관, 문화기관, 의료기관, 제조기관 및

---

45) 공무수탁사인으로는 교육부 장관으로부터 교원자격검정과 교원자격증의 수여·재교부 등의 권한을 위탁받은 사립의 대학(교), 전문대학 및 이에 준하는 각종 학교의 장(행정권한의 위임 및 위탁에 관한 규정 제45조 제1항), 경찰권이 부여된 비행기의 기장(항공안전 및 보안에 관한 법률 제22조), 선박의 선장(선원법 제6조), 교정 업무를 수행하는 교정법인 또는 민영교도소 등(민영교도소 등의 설치·운영에 관한 법률 제3조, 제5조)을 들 수 있다.
46) 사인(私人)에는 자연인·법인 및 법인격 없는 단체를 포함하는데 가령 소득세법에 의하여 소득세를 원천징수하는 소득세 원천징수의무자를 들 수 있다.

자문기관, 행정위원회 등의 합의제 행정기관 등도 모두 포함된다.[48] 행정사무가 위임 또는 위탁된 경우에 그 사무에 대한 정보공개 청구는 수임기관 또는 수탁기관에 해야 한다. 정보공개를 청구 받은 기관이 정보공개법상의 공공기관에 해당하면 그 기관이 보유·관리하고 있는 정보는 모두 원칙적으로 공개를 해야 하는 것이며, 해당 기관이 행정기관(행정청)으로부터 위탁받은 업무에 관련된 정보에 국한하여 공개를 해야 하는 것은 아니다.[49]

(5) 공공기관이 정보공개 청구에 관한 처분(공개 결정 혹은 비공개 결정)을 한 뒤에 그 처분에 관계되는 권한이 다른 공공기관에 승계된 때에는 다른 법률에 특별한 규정이 없는 한 이를 승계한 공공기관을 피고로 하고(행정소송법 제13조 제1항), 공공기관이 없게 된 때에는 그 처분에 관한 사무가 귀속되는 국가 또는 공공단체를 피고로 한다(같은 법 제13조 제2항).

2. '행정기관 소속 위원회의 설치·운영에 관한 법률'에 따른 위원회

(1) '행정기관 소속 위원회의 설치·운영에 관한 법률'은 대통령과 그 소속기관, 국무총리와 그 소속기관 및 정부조직법 제2조 제2항에 따른 중앙행정기관과 그 소속기관에 적용된다(같은 법 제3조 제1항).

그러나 헌법에 따라 설치되는 위원회[50] 및 정부조직법 제2조 제2항에 따라 다른 법

---

47) [문화체육관광부 09-19653, 2009. 10. 27, 국립민속박물관, 인용] 공개 청구된 정보의 공개 여부를 결정하는 법적인 의무와 권한을 가진 주체는 해당 정보를 보유하거나 관리하고 있는 공공기관의 장이라 할 것인데, 이 사건 정보는 피청구인의 소속기관인 ○○박물관이 보유·관리하고 있고, 청구인이 ○○박물관에 이 사건 정보공개 청구서를 제출했으며, 피청구인도 ○○박물관 섭외교육과를 정보공개 청구의 처리과로 지정한 사실이 있음에도 피청구인은 청구인의 정보공개 청구에 대해 피청구인의 명의로 이 사건 처분을 했는바, 이러한 권한을 가지지 아니한 피청구인이 이를 행한 것은 권한 없는 자에 의하여 행해진 처분으로서 그 하자가 중대·명백하여 무효인 처분이라고 한 사례.

48) [중앙행정심판위원회 2010-25992, 2011. 6. 28, 각하] 서울여성·학교폭력 피해자 원스톱지원센터는 성폭력방지법 제18조에서 국가와 지방자치단체가 성폭력 피해상담, 치료, 그 밖에 피해구제를 위한 지원업무를 종합적으로 수행하기 위하여 설치·운영할 수 있는 통합지원센터의 일종으로서 법령상 그 구체적인 명칭조차 규정되어 있지 않고, 그 구체적인 설치는 법령에 의한 것이 아니라 위탁기관인 서울특별시와 서울지방경찰청 및 수탁병원인 ○○병원 사이의 협약에 의하여 이루어지며, 한시적인 위탁기간 동안 존속할 뿐 아니라 위탁기간 중이라도 관계법령의 개폐 및 제정으로 인하여 위탁협약의 전부 또는 일부에 대한 조정, 변경, 폐지 등의 사유가 발생한 때에는 관계법령에 따르도록 되어 있어 법령상 그 존속 여부조차 보장되어 있지 않은 기관에 불과하므로 '국가기관'에 해당한다고 보기는 어렵다고 한 사례.

49) [국토해양부 08-11296, 2008. 12. 23, 대한건축사협회]

률에 의하여 중앙행정기관으로 설치되는 위원회(중앙행정기관으로 설치되는 위원회 내에 위원회를 설치·운영하는 경우는 제외)에 대해서는 적용되지 아니한다(같은 법 제3조 제2항).

행정위원회는 독임제 기관에 대응되는 개념으로서 위원회, 심의회, 협의회 등 명칭을 불문하고 행정기관의 소관 사무에 관하여 자문에 응하거나 조정, 협의, 심의 또는 의결 등을 하기 위한 복수의 구성원으로 이루어진 합의제 기관을 말한다. 행정기능 및 행정 수요의 증대에 대응하여 국민을 행정에 참여시킴으로써 전문적 지식의 도입, 공정성 확보, 이해관계의 조정과 각종 행정·정책의 통합·조정 기능을 수행함으로써 행정의 공정성·민주성·투명성을 제고하기 위함이다.[51]

행정위원회는 국가의 의사를 결정하고 대외적으로 이를 표시할 권한이 있는 위원회로, 법률이 정하는 바에 따라 행정 기능과 함께 규칙을 제정할 수 있는 준입법적 기능 및 이의의 결정 등 재결을 행할 수 있는 준사법적 기능을 수행하는 경우도 있다.

(2) 합의제 행정기관(위원회)은 그 소속에 따라 헌법상 설치기관, 대통령·총리 소속 기관, 각 부처 소속기관으로 분류할 수 있다.

행정위원회는 무소속기관(국가인권위원회),[52] 중앙행정기관 성격(방송통신위원회, 공정 거래위원회, 금융위원회, 국민권익위원회, 원자력안전위원회), 중앙행정기관의 소속(소청심사 위원회, 무역위원회, 복권위원회, 전기위원회, 보훈심사위원회 등)으로 구분할 수 있고, 법령에 서 규정된 위원회의 기능과 성격에 따라 위원회의 결정이 행정기관을 법적으로 기속하는 위원회(최저임금위원회, 중앙징계위원회 등), 그 결정이 행정기관을 법적으로 기속하지 않는 위원회(공공기관운영위원회, 책임운영기관운영위원회 등)로 구분할 수도 있다.

합의제 행정기관인 행정위원회와 자문위원회를 통틀어 정부위원회라 한다.

행정위원회(정부조직법 제5조에 따른 합의제 행정기관을 말한다)는 업무의 내용이 전문적

---

50) 국가원로자문회의(헌법 제90조), 국가안전보장회의(헌법 제91조), 민주평화통일자문회의(헌법 제92조), 국민경제 자문회의(헌법 제93조)를 말한다.

51) 김상겸, 「정부자문위원회에 관한 헌법적 연구」, 『헌법학연구』 11권 2호(2005. 6), 한국헌법학회, 277~306쪽 참조.

52) 국가인권위원회는 강학상으로는 행정위원회로 분류될 수 있으나 행정부에 속하지 아니하는 무소속기관이어서 '행 정기관 소속 위원회의 설치·운영에 관한 법률'의 적용을 받지 않으며(같은 법 제3조 참조) 따라서 정보공개법 제 2조 제1호 가목 3) 소정의 '행정기관 소속 위원회의 설치·운영에 관한 법률'에 따른 위원회에도 해당하지 않는다. 결국 국가인권위원회는 현행 정보공개법 제2조 제3호 소정의 공공기관에서 제외되어 있는바, 이는 명백한 입법적 오류로서 정보공개법 제2조 제3호에서 열거하는 기관들은 예시로 봄이 타당하다. 서울행정법원 실무연구회, 앞의 책, 790쪽 주 18) 참조.

인 지식이나 경험이 있는 사람의 의견을 들어 결정할 필요가 있고, 업무의 성질상 특히 신중한 절차를 거쳐 처리할 필요가 있으며, 기존 행정기관의 업무와 중복되지 아니하고 독자성(獨自性)이 있고, 업무가 계속성·상시성(常時性)이 있을 때 설치할 수 있다.

반면 자문위원회는 행정위원회를 제외한 위원회로 행정기관의 자문에 응하여 행정기관에 전문적인 의견을 제공하거나, 자문을 구하는 사항에 관하여 심의·조정·협의하는 등 행정기관의 의사결정에 도움을 주는 위원회로, 그 의사결정은 일반적으로 위원회가 소속된 행정청이 집행한다.

행정위원회는 법률에 근거하여 설치하며 사무국 등 하부조직을 설치할 수 있으나, 자문위원회는 대통령령에 근거하여 설치할 수 있으며, 대부분 비상설 기구로서 원칙적으로 사무기구를 설치하거나 상근(常勤)인 전문위원 등의 직원을 둘 수 없다(같은 법 제10조).

(3) 행정기관의 장은 위원회가 설치된 경우에는 위원회 설치 후 지체 없이 위원회 구성 및 기능, 위원회 회의 개최 등 운영계획, 위원회 운영인력, 예산 현황 등 위원회 현황을, 그 이후에는 매년 소관 위원회의 예산집행 내용, 운영 실적 등의 활동내역서를 행정자치부 장관에게 통보해야 하고, '공공기록물 관리에 관한 법률' 제17조 제2항에서 정한 바에 따라 위원회의 회의록·속기록 또는 녹음기록을 구체적으로 충실히 작성해야 한다(같은 법 제13조). 또한 행정기관의 장은 소관 위원회의 현황과 활동내역서 등을 인터넷 홈페이지 등에 공개하고, 이를 국회 소관 상임위원회에 보고해야 하며, 행정자치부 장관은 위원회 정비계획 및 조치 결과 등을 종합한 위원회 운영 현황에 관한 보고서를 작성하여 매년 정기국회 개회 전까지 국회에 제출해야 한다(같은 법 제15조).

3. 국회

국가기관으로서 입법권을 행사하는 국회도 공공기관에 해당한다.

국회는 국민의 보통·평등·직접·비밀선거에 의하여 선출된 국회의원으로 구성한다(헌법 제41조 제1항).

국회의 조직·의사 등에 관하여는 국회법에서 규율하고 있다.

국회의 기관으로는 의장 1인과 부의장 2인이 있다(헌법 제48조). 이외에도 국회에 국회의 입법·예산결산심사 등의 활동을 지원하고 행정사무를 처리하기 위하여 사무처(국회법 제21조)를, 국회의 도서 및 입법자료에 관한 업무를 처리하기 위하여 국회도서관(같은 법 제22조)을, 국가의 예산결산·기금 및 재정운용과 관련된 사항에 관하여 연구분석·평가하고 의정활동을 지원하기 위하여 국회예산정책처(같은 법 제22조의2)를, 입법 및 정책과 관련된 사항을 조사·연구하고 관련 정보 및 자료를 제공하는 등 입법정보서비스와 관련된 의정활동을 지원하는 국회입법조사처(같은 법 제22조의3)를 각각 두고 있다.

4. 법원

헌법에 의하여 사법권을 행하는 법원은 최고법원인 대법원과 각급 법원으로 조직된다(헌법 제101조 제1항·제2항).

대법원과 각급법원의 조직은 법원조직법에서 정하고 있는데 대법원, 고등법원, 특허법원, 지방법원, 가정법원, 행정법원 등 6종의 법원이 설치되어 있다(법원조직법 제3조 제1항). 지방법원 및 가정법원의 사무의 일부를 처리하게 하기 위하여 그 관할구역 안에 지원과 가정지원, 시법원 또는 군법원 및 등기소를 두고 있다(같은 법 제3조 제2항).

고등법원·특허법원·지방법원·가정법원·행정법원과 지방법원 및 가정법원의 지원, 가정지원, 시·군법원의 설치·폐지 및 관할구역은 따로 법률로 정하고 있고[53] 등기소의 설치·폐지 및 관할구역은 대법원 규칙으로 정하고 있다(같은 법 제3조 제3항).

대법원장은 사법행정사무를 총괄하며, 사법행정사무에 관하여 관계공무원을 지휘·감독한다(같은 법 제9조). 사법행정사무를 관장하기 위하여 대법원에 설치된 법원행정처는 법원의 인사·예산·회계·시설·통계·송무·등기·가족관계등록·공탁·집행관·법무사·법령조사 및 사법제도 연구에 관한 사무를 관장한다(같은 법 제19조).

대법원에 판사의 연수와 사법연수생의 수습에 관한 사무를 관장하기 위하여 사법연수원(같은 법 제20조)을, 사법제도 및 재판제도의 개선에 관한 연구를 하기 위하여 사법정책연구원(제20조의2)을, 법원직원·집행관 등의 연수 및 양성에 관한 사무를 관장하기 위하여 법원공무원교육원(같은 법 제21조)을, 재판사무의 지원 및 법률문화의 창달을 위한 판례·법령·문헌·사료 등 정보를 조사·수집·편찬하고 이를 관리·제공하기 위하여

---

53) 법원조직법 제3조 제3항에 따라 각급 법원의 설치와 관할구역을 정함을 목적으로 하여 '각급 법원의 설치와 관할구역에 관한 법률'이 시행되고 있다.

법원도서관(같은 법 제22조)을, 형을 정함에 있어 국민의 건전한 상식을 반영하고 국민이 신뢰할 수 있는 공정하고 객관적인 양형을 실현하기 위하여 양형위원회(같은 법 제81조의2)를 각각 두고 있다.

5. 헌법재판소

헌법재판소의 조직과 운영 등에 관하여는 헌법재판소법에서 정하고 있다.

헌법재판소는 대통령이 임명하는 법관의 자격을 가진 9인의 재판관으로 구성한다(헌법 제111조 제2항). 헌법재판소에 헌법재판소장을 두며 헌법재판소장은 헌법재판소를 대표하고, 헌법재판소의 사무를 총괄하며, 소속 공무원을 지휘·감독한다(헌법재판소법 제12조). 헌법재판소의 행정사무를 처리하기 위하여 사무처(같은 법 제17조)를, 헌법 및 헌법재판 연구와 헌법연구관, 사무처 공무원 등의 교육을 위하여 헌법재판연구원(같은 법 제19조의4)을 각각 두고 있다.

6. 중앙선거관리위원회

선거와 국민투표의 공정한 관리 및 정당에 관한 사무를 처리하기 위하여 선거관리위원회를 두고 있다(헌법 제114조 제1항). 선거관리위원회의 조직과 직무는 선거관리위원회법에서 규정하고 있다.

선거관리위원회는 중앙선거관리위원회 9인, 특별시·광역시·도선거관리위원회 9인, 구·시·군선거관리위원회 9인, 읍·면·동선거관리위원회 7인으로 구성된다(선거관리위원회법 제2조 제1항). 특별시·광역시·도와 구·시·군 및 읍·면·동에 각각 이에 대응하여 특별시·광역시·도 선거관리위원회와 구·시·군 선거관리위원회 및 읍·면·동 선거관리위원회를 두고 있다(같은 법 제2조 제2항).

중앙선거관리위원회에 사무처(같은 법 제15조)와 선거·정당사무에 관한 공무원의 교육과 선거·정당관계자에 대한 연수를 위하여 선거연수원(같은 법 제15조의2)을 두고 있다.

정보공개법 제2조 제3호 가목 1)은 '중앙선거관리위원회'만을 공공기관으로 규정하고 있으나 그 외에 각급 선거관리위원회도 공공기관에 포함된다 할 것이다.

II. 지방자치단체

지방자치단체는 주민의 복리에 관한 사무를 처리하고 재산을 관리하며, 법령의 범위 안에서 자치에 관한 규정을 제정할 수 있다(헌법 제117조 제1항). 지방자치단체에 의회를 두며(헌법 제118조 제1항), 지방자치단체의 종류와 조직 및 운영 등에 관한 사항은 지방자치법에서 정하고 있다.

지방자치단체는 특별시(서울), 광역시(부산·대구·인천·광주·대전·울산), 특별자치시(세종), 도, 특별자치도(제주) 등 광역자치단체와 시, 군, 구 등 기초자치단체의 두 가지 종류로 구분한다(지방자치법 제2조 제1항). 지방자치단체인 구(자치구)는 특별시와 광역시의 관할 구역 안의 구만을 말하고(같은 법 제2조 제2항) 지방자치단체 외에 특정한 목적을 수행하기 위하여 필요하면 따로 특별지방자치단체를 설치할 수 있다(같은 법 제2조 제3항). 지방자치단체는 그 소관 사무의 일부를 독립하여 수행할 필요가 있을 때 조례로 합의제 행정기관을 설치할 수 있다(같은 법 제116조).

지방자치법은 지방자치단체의 의사를 내부적으로 결정하는 최고의결기관으로 지방의회를, 외부에 대하여 지방자치단체의 대표로서 지방자치단체의 의사를 표명하고 그 사무를 통할하는 집행기관으로 단체장을 독립한 기관으로 두고, 의회와 단체장에게 독자적인 권한을 부여하여 상호 견제와 균형을 이루도록 하고 있다.

한편 지방자치단체의 교육·과학·기술·체육 그 밖의 학예에 관한 사무는 특별시·광역시 및 도의 사무로 하는데(같은 법 제121조, 지방교육자치에 관한 법률 제2조), 사무의 집행기관으로 특별시·광역시 및 도에 교육감을 두고 있다(지방교육자치에 관한 법률 제18조 제1항). 교육감은 교육·학예에 관한 소관 사무로 인한 소송이나 재산의 등기 등에 대하여 해당 특별시·광역시 및 도를 대표한다(같은 법 제18조 제2항).

정보공개법 제2조 제3호에서 말하는 '지방자치단체'에는 헌법 제8장에 나오는 지방의회[54]와 지방자치단체의 장이 포함되고, 지방자치법 제3조 제1항에서 규정한 법인으로서의 지방자치단체에는 특별시, 광역시, 특별자치시, 도, 특별자치도 등 광역자치단체와 시·군·구 등 기초자치단체(같은 법 제2조 제1항 제1호·제2호), 그리고 특별지방자치단

---

54) 대법원 2003. 3. 14. 선고 2002두6439 판결은 안양시의회의장을, 대법원 2003. 5. 30. 선고 2002두10926 판결은 속초시의회의장을 각각 당사자(피고)로 인정하고 있다.

체(같은 법 제2조 제3항·제4항)의 각 기관도 포함된다.

지방자치단체는 그 소관 사무에 관하여 법령의 범위에서 정보공개에 관한 조례를 정할 수 있다(제4조 제2항).

공공기관에 대하여 정보의 공개를 청구했다가 공개 거부처분을 받은 청구인은 해당 지방자치단체의 주민이 아니라고 하더라도 행정소송을 통하여 그 공개 거부처분의 취소를 구할 법률상의 이익이 있다.[55]

III. '공공기관의 운영에 관한 법률' 제2조에 따른 공공기관

공공기관의 운영에 관한 법률 제2조에 따른 공공기관도 정보공개법에 의한 공공기관에 해당한다(제2조 제3호 다목).

행정 관련 법령이 일반적으로 행정기관(행정청)을 대상으로 행정상의 권한이나 의무를 부여하는 것과 달리 정보공개법에서는 행정기관 외에 정부출자기관 등 공기업과 각종 학교(사립학교 포함), 특별법에 의해 설립된 특수법인 등도 공공기관에 포함시켜 정보공개의무를 부여하고 있는 데 특색이 있다.

공공기관의 운영에 관한 법률 제2조는 같은 법 제4조 내지 제6조의 규정에 따라 지정·고시된 공공기관에 대하여 적용한다고 규정하고 있는데, 같은 법 제4조 제1항은 기획재정부 장관은 국가·지방자치단체가 아닌 법인·단체 또는 기관으로서, ① 다른 법률에 따라 직접 설립되고 정부가 출연한 기관 ② 정부지원액(법령에 따라 직접 정부의 업무를 위탁받거나 독점적 사업권을 부여받은 기관의 경우에는 그 위탁업무나 독점적 사업으로 인한 수입액을 포함한다)이 총수입액의 2분의 1을 초과하는 기관 ③ 정부가 100분의 50 이상의 지분을 가지고 있거나 100분의 30 이상의 지분을 가지고 임원 임명권한 행사 등을 통하여 해당 기관의 정책 결정에 사실상 지배력을 확보하고 있는 기관 ④ 정부와 ①∼③의 어느 하나에 해당하는 기관이 합하여 100분의 50 이상의 지분을 가지고 있거나 100분의 30 이상의 지분을 가지고 임원 임명권한 행사 등을 통하여 해당 기관의 정책 결정에 사실상 지배력을 확보하고 있는 기관 ⑤ ①∼④의 어느 하나에 해당하는 기관이 단독으로 또는 두 개 이상의 기관이 합하여 100분의 50 이상의 지분을 가지고 있

---

55) 대법원 2003. 11. 28. 선고 2002두8275 판결.

거나 100분의 30 이상의 지분을 가지고 임원 임명권한 행사 등을 통하여 해당 기관의 정책 결정에 사실상 지배력을 확보하고 있는 기관 ⑥ ①~④의 어느 하나에 해당하는 기관이 설립하고, 정부 또는 설립 기관이 출연한 기관을 공공기관으로 지정할 수 있다고 규정하고 있다.

그러나 구성원 상호 간의 상호부조·복리증진·권익향상 또는 영업질서 유지 등을 목적으로 설립된 기관, 지방자치단체가 설립하고, 그 운영에 관여하는 기관 및 방송법에 따른 한국방송공사(KBS)와 한국교육방송공사법에 따른 한국교육방송공사(EBS)는 공공기관으로 지정할 수 없다(같은 법 제4조 제2항).

기획재정부 장관은 공공기관을 공기업·준정부기관과 기타 공공기관으로 구분하여 지정하되, 공기업과 준정부기관은 직원 정원이 50인 이상으로서 공기업은 자체수입액이 총수입액의 2분의 1 이상인 기관 중에서 지정하고, 준정부기관은 공기업이 아닌 공공기관 중에서 지정한다(같은 법 제5조 제1항·제2항).

공기업은 자산규모가 2조 원 이상이고, 총수입액 중 자체수입액이 대통령령이 정하는 기준 이상인 시장형 공기업과 시장형 공기업이 아닌 준시장형 공기업으로 구분되고, 준정부기관은 국가재정법에 따라 기금을 관리하거나 기금의 관리를 위탁받은 기금관리형 준정부기관과 기금관리형 준정부기관이 아닌 위탁집행형 준정부기관으로 구분된다(같은 법 제5조 제3항·제4항). 공기업과 준정부기관을 제외한 기관은 기타공공기관으로 지정된다(같은 법 제5조 제3항).

기획재정부 장관은 매 회계연도 개시 후 1개월 이내에 공공기관을 새로 지정하거나, 지정을 해제하거나, 구분을 변경하여 지정하며, 회계연도 중이라도 공공기관이 신설된 경우나 공공기관으로 지정된 기관이 민영화, 기관의 통합·폐지·분할 또는 관련 법령의 개정·폐지 등에 따라 이 법의 적용을 받을 필요가 없게 되거나 그 지정을 변경할 필요가 발생한 경우에는 공공기관운영위원회의 심의·의결을 거쳐 공공기관을 새로 지정하거나, 지정을 해제하거나, 구분을 변경하여 지정할 수 있다(같은 법 제6조 제1항). 공기업·준정부기관과 기타 공공기관을 새로 지정하거나 지정해제 또는 변경지정 할 경우 이를 고시해야 한다(같은 법 제6조 제3항).

[표 2-4] 공공기관의 종류

종류	분류	기준
공기업	시장형 공기업	자산규모가 2조 원 이상이고, 총수입액 중 자체수입액이 대통령령이 정하는 기준 이상인 공기업
	준시장형 공기업	시장형 공기업이 아닌 공기업
준정부기관	기금관리형 준정부기관	국가재정법에 따라 기금을 관리하거나 기금의 관리를 위탁받은 준정부기관
	위탁집행형 준정부기관	기금관리형 준정부기관이 아닌 준정부기관
기타 공공기관		공기업과 준정부기관을 제외한 기관

IV. 대통령령으로 정하는 기관

　정보공개제도는 국민의 알권리를 보장하고 국정에 대한 국민의 참여와 국정 운영의 투명성을 확보함을 목적으로 하고 있으므로 국가기관이나 지방자치단체뿐만 아니라 공공적인 성격을 가진 기관으로 그 적용범위를 넓힐 필요가 있다. 특히 정보공개제도와 개인정보 보호제도는 상호 밀접한 관련을 가지고 있으므로 개인정보 보호법과 대상기관의 형평을 유지할 필요가 있다.

　정보공개법은 '대통령령으로 정하는 기관'도 정보공개 대상인 공공기관에 포함하고 있는데(제2조 제3호 라목) 같은 법 시행령 제2조는 ① 유아교육법, 초·중등교육법, 고등교육법에 따른 각급 학교 또는 그 밖의 다른 법률에 따라 설치된 학교 ② 지방공기업법에 따른 지방공사 및 지방공단 ③ 일정한 요건에 해당하는 기관 중 지방자치단체의 조례로 정하는 기관 ④ 특별법에 따라 설립된 특수법인 ⑤ 사회복지사업법 제42조 제1항에 따라 국가나 지방자치단체로부터 보조금을 받는 사회복지법인과 사회복지사업을 하는 비영리법인 ⑥ ⑤ 외에 보조금 관리에 관한 법률 제9조 또는 지방재정법 제17조 제1항 각 호 외의 부분 단서에 따라 국가나 지방자치단체로부터 연간 5천만 원 이상의 보조금을 받는 기관 또는 단체(다만 정보공개 대상 정보는 해당 연도에 보조를 받은 사업으로 한정한다)를 말한다고 규정하고 있다.

1. 각급 학교

(1) 유아교육법, 초·중등교육법, 고등교육법에 따른 각급 학교 또는 그 밖의 다른 법률에 따라 설치된 학교는 정보공개법의 대상에 해당한다.

교육기본법 제9조는 유아교육·초등교육·중등교육 및 고등교육을 하기 위하여 학교를 두며, 학교의 종류와 학교의 설립·경영 등 학교교육에 관한 기본적인 사항은 따로 법률로 정한다고 규정하고 있다.

이에 따라 유아교육법에서는 만 3세부터 초등학교 취학 전까지의 어린이인 유아의 교육을 위하여 설립·운영되는 학교를 유치원이라고 하면서(같은 법 제2조 제1호·제2호) 유치원을 국가가 설립·경영하는 국립유치원, 지방자치단체가 설립·경영하는 공립유치원(설립주체에 따라 시립유치원과 도립유치원으로 구분된다), 법인 또는 사인(私人)이 설립·경영하는 사립유치원으로 구분하고 있다(같은 법 제7조).

초·중등교육법 제2조는 학교의 종류에 관하여 초·중등교육을 실시하기 위하여 초등학교·공민학교, 중학교·고등공민학교, 고등학교·고등기술학교, 특수학교, 각종학교로 구분한다. 여기에는 국가가 설립·경영하는 학교 또는 국립대학법인이 부설하여 경영하는 학교인 국립학교, 지방자치단체가 설립·경영하는 학교인 공립학교, 법인이나 개인이 설립·경영하는 학교인 사립학교를 포함한다(같은 법 제3조).

고등교육법은 고등교육을 실시하기 위한 학교로서 대학, 산업대학, 교육대학, 전문대학, 방송대학·통신대학·방송통신대학 및 사이버대학, 기술대학 및 각종 학교 등 7가지로 구분하고 있다(같은 법 제2조). 이들 학교도 국가가 설립·경영하거나 국가가 국립대학법인으로 설립하는 국립학교, 지방자치단체가 설립·경영하는 공립학교, 학교법인이 설립·경영하는 사립학교로 구분한다(같은 법 제3조).

그런데 국립학교나 공립학교가 아닌 사립학교를 정보공개 대상기관에 포함하는 것이 타당한지에 관해 의문이 제기될 수 있으나 대법원은 정보공개 의무기관을 정하는 것은 입법자의 입법형성권에 속한다면서 정보공개의 목적, 교육의 공공성 및 공·사립학교의 동질성, 사립대학교에 대한 국가의 재정지원 및 보조 등 여러 사정을 고려해보면, 사립대학교에 대한 국비 지원이 한정적·일시적·국부적이라는 점을 고려하더라도 정보공개법 시행령 제2조 제1호가 정보공개의무를 지는 공공기관의 하나로 사립대학교를 들고 있는 것이 모법인 정보공개법의 위임 범위를 벗어났다거나 사립대학교가 국비의

지원을 받는 범위 내에서만 공공기관의 성격을 가진다고 볼 수 없다는 입장이다.[56]

다만, 학교법인은 기본적으로 민법상 재단법인의 성격을 가지고 있으므로 사립학교법이 특별히 규정하고 있지 아니한 사항에 관해서는 민법의 재단법인에 관한 규정이 준용되는 점(사립학교법 제9조, 제13조, 제27조, 제42조)과 정보공개법 시행령은 학교법인이 설치·경영하는 '각급 학교'를 정보공개 대상기관으로 명시적으로 규정하고 있으면서도 '학교법인'에 대하여는 별도로 명시적인 규정을 두지 않고 있는 점 등을 종합하여 보면, 학교법인은 공동체 전체의 이익에 중요한 역할이나 기능을 수행하는 공공기관으로서 정보공개법 시행령 제2조 제4호의 '특별법에 의하여 설립된 특수법인'에 해당한다고 보기 어렵다.[57]

(2) 교육관련기관의 정보공개에 대해서는 정보공개법과 별개로 '교육관련기관의 정보공개에 관한 특례법'이 시행되고 있다.

이 법은 교육관련기관이 보유·관리하는 정보의 공개의무와 공개에 필요한 기본적인 사항을 정하여 국민의 알권리를 보장하고 학술 및 정책연구를 진흥함과 아울러 학교교육에 대한 참여와 교육행정의 효율성 및 투명성을 높이기 위하여 정보공개법에 대한 특례를 규정하고 있다(교육관련기관의 정보공개에 관한 특례법 제1조).

이 법의 적용대상은 학교·교육행정기관 및 교육연구기관 등 교육관련기관이다. 여기서 학교란 유아교육법 제8조에 따라 설립된 유치원 및 초·중등교육법 제4조·고등교육법 제4조에 따라 설립된 각급 학교, 그 밖에 다른 법률에 따라 설치된 각급 학교를, 교육행정기관이란 교육공무원법 제2조 제4항에 따른 기관을, 교육연구기관이란 교육공무원법 제2조 제5항에 따른 기관, 그 밖에 다른 법률에 따라 교육에 관하여 전문적으로 연구·조사를 하기 위하여 설치된 기관을 각각 말한다(같은 법 제2조 제4호~제7호). 학원의 설립·운영 및 과외교습에 관한 법률에 의한 학원은 정보공개 대상기관에 해당되지 않는다.

교육관련기관의 정보의 공개 등에 관하여는 '교육관련기관의 정보공개에 관한 특례

---

56) 대법원 2006. 8. 24. 선고 2004두2783 판결; 이 판결에 대한 해설로는 하명호, 「정보공개의무기관」, 행정판례평선, 박영사, 2011, 381~388쪽; 대법원 2013. 11. 28. 선고 2011두5049 판결도 같은 취지이다.
57) 대법원 2008. 1. 24. 선고 2007두22160호 판결(심리불속행기각), 이 사건의 원심인 대전고등법원 2007. 10. 5. 선고 2007누519 판결은 학교법인이 그 이사회 회의록 사본을 마땅히 보관할 장소가 없어 학교법인이 설립한 △△고등학교 내 행정실에 보관하고 있는 것에 불과하다면 공공기관인 △△고등학교가 이를 직무상 취득하여 관리하고 있다고 볼 수 없다고 판시했다. 대구고등법원 2010. 7. 9. 선고 2009누1977 판결도 같은 취지이다.

법'에 따르고 이 법에서 규정하지 아니한 사항에 대하여는 '공공기관의 정보공개에 관한 법률'이 적용된다(같은 법 제4조). 따라서 초·중등교육법 및 고등교육법 그 밖에 다른 법률에 따라 설치된 각급 학교에 대한 정보공개 청구에 관한 사항은 대부분 '교육관련 기관의 정보공개에 관한 특례법'이 우선 적용될 것이다.

2. 지방공기업법에 따른 지방공사 및 지방공단

지방공기업법에 따른 지방공사는 정보공개법에 의한 공공기관에 해당된다. 지방공사는 지방공기업법 제3장에서 규정하고 있다.

지방자치단체는 마을상수도사업을 제외한 수도사업, 공업용수도사업, 도시철도사업을 포함한 궤도사업, 자동차운송사업, 유료의 지방도로사업, 하수도사업, 주택사업, 토지개발사업 등을 효율적으로 수행하기 위하여 필요한 경우에는 지방공사를 설립할 수 있다(지방공기업법 제2조). 지방자치단체가 공사를 설립하는 경우 주민복리 및 지역경제에 미치는 효과, 사업성 등 지방공기업으로서의 타당성을 미리 검토해야 하고 그 설립, 업무 및 운영에 관한 기본적인 사항을 조례로 정해야 한다(같은 법 제49조 제2항·제3항). 지방공사는 법인으로 한다(같은 법 제51조).

지방공기업법에 따른 지방공단도 정보공개법에 의한 공공기관에 해당된다. 지방자치단체는 앞서 본 사업을 효율적으로 수행하기 위하여 필요한 경우에는 지방공단을 설립할 수 있다(같은 법 제76조 제1항). 지방공단은 지방공기업법 제3장에서 규정하고 있다.

3. 지방자치단체의 조례로 정하는 기관

지방자치단체의 조례로 정하는 기관에는 ① 지방자치단체의 조례에 따라 설립되고 해당 지방자치단체가 출연한 기관 ② 지방자치단체의 지원액(조례 또는 규칙에 따라 직접 지방자치단체의 업무를 위탁받거나 독점적 사업권을 부여받은 기관의 경우에는 그 위탁업무나 독점적 사업으로 인한 수입액을 포함한다)이 총수입액의 2분의 1을 초과하는 기관 ③ 지방자치단체가 100분의 50 이상의 지분을 가지고 있거나 100분의 30 이상의 지분을 가지고 임원 임명권한 행사 등을 통하여 해당 기관의 정책 결정에 사실상 지배력을 확보하고 있는 기관 ④ 지방자치단체와 위 ①~③의 어느 하나에 해당하는 기관을 합하여

100분의 50 이상의 지분을 가지고 있거나 100분의 30 이상의 지분을 가지고 임원 임명 권한 행사 등을 통하여 해당 기관의 정책 결정에 사실상 지배력을 확보하고 있는 기관 ⑤ ①~④의 어느 하나에 해당하는 기관이 단독으로 또는 두 개 이상의 기관을 합하여 100분의 50 이상의 지분을 가지고 있거나 100분의 30 이상의 지분을 가지고 임원 임 명권한 행사 등을 통하여 해당 기관의 정책 결정에 사실상 지배력을 확보하고 있는 기 관 ⑥ ①~④의 어느 하나에 해당하는 기관이 설립하고, 지방자치단체 또는 해당 설립 기관이 출연한 기관을 말한다.

4. 특별법에 따라 설립된 특수법인

특별법에 따라 설립된 특수법인도 정보공개법의 대상기관에 해당된다.

일반적으로 '특별법에 따라 설립된 특수법인'이라 하면 해당 법인의 설립을 위하여 특별히 제정된 개별적인 법률의 규정에 따라 설립된 법인을 말한다. 그 외에도 법인 설립에 관한 일반법이라고 할 수 있는 민법 및 상법에 대한 상대적 의미로서의 특별법에 따라 설립된 법인도 포함될 수 있다고 할 것이나 전부 여기에 해당된다고 말할 수는 없고, 특별법에 따라 설립된 특수법인으로서 국가나 지방자치단체 등으로부터 각종 보조금 등 정부지원액을 받으며, 업무의 일부를 수탁 받아 수행하는 등 그 기능과 역할에 공공성이 강한 특수법인에 한정될 것이다.[58]

그 구체적인 범위는 개별법의 입법 목적 내지 취지에 따라 결정될 것인데 어느 법인이 정보공개법 제2조 제3호, 같은 법 시행령 제2조 제4호에 따라 정보를 공개할 의무가 있는 '특별법에 따라 설립된 특수법인'에 해당하는지 여부는, 국민의 알권리를 보장하고 국정에 대한 국민의 참여와 국정 운영의 투명성을 확보하고자 하는 정보공개법의 입법 목적을 염두에 두고, 해당 법인에게 부여된 업무가 국가행정업무이거나 이에 해당하지 않더라도 그 업무수행으로서 추구하는 이익이 해당 법인 내부의 이익에 그치지 않고 공동체 전체의 이익에 해당하는 공익적 성격을 갖는지 여부를 중심으로 개별적으로 판단하되, 해당 법인의 설립 근거가 되는 법률이 법인의 조직 구성과 활동에 대한 행정적 관리·감독 등에서 민법이나 상법 등에 따라 설립된 일반 법인과 달리 규율한 취지, 국

---

58) 대법원 2010. 4. 29. 선고 2008두5643 판결, 대법원 2006. 8. 24. 선고 2004두2783 판결.

가나 지방자치단체의 해당 법인에 대한 재정적 지원·보조의 유무와 그 정도, 해당 법인의 공공적 업무와 관련하여 국가기관·지방자치단체 등 다른 공공기관에 대한 정보공개 청구와는 별도로 해당 법인에 대하여 직접 정보공개 청구를 구할 필요성이 있는지 여부 등을 종합적으로 고려해야 한다.[59)60)61)]

공공기관이 직무와 관련하여 작성하고 관리하는 정보이면 정보공개법의 적용대상인 정보에 해당하고, 해당 정보가 공공기관이 사경제의 주체라는 지위에서 행한 사업과 관련된 정보라고 하여 정보공개법의 적용을 배제할 수는 없다.[62)]

공공기관의 운영에 관한 법률 제4조 제2항에 의하여 공공기관에서 제외된 한국방송공사(KBS)와 한국교육방송공사(EBS)는 특별법에 따라 설립된 특수법인에 해당되므로 결국 정보공개법의 대상기관에 해당된다.

방송법 제90조 제5항에 따라 시청자가 요구하는 방송사업에 관한 정보를 공개해야 하는 종합편성 또는 보도전문편성을 행하는 방송사업자도 방송의 공적 책임(방송법 제5조)과 방송의 공정성 및 공익성(같은 법 제6조)을 감안할 때 정보공개법에 의한 공공기관에 포함해야 한다.

---

59) 대법원은 방송법에 의하여 설립·운영되는 한국방송공사(KBS)는 특별법에 의하여 설립된 특수법인이라고 한 반면(대법원 2010. 12. 23. 선고 2008두13392 판결, 대법원 2010. 12. 23. 선고 2008두13101 판결), 증권회사 상호 간의 업무질서를 유지하고 유가증권의 공정한 매매거래 및 투자자 보호를 위하여 일정 규모 이상인 증권회사 등으로 구성된 회원조직인 '한국증권업협회'는 '특별법에 의하여 설립된 특수법인'에 해당한다고 보기 어렵다고 한다(대법원 2010. 4. 29. 선고 2008두5643 판결).

60) 법제처는 법무사법에 의하여 설립된 대한법무사협회 및 지방법무사회[법제처 09-0161, 2009. 7. 3, 행정안전부 지식제도과]와 주식회사 케이티(KT)[법제처 08-0442, 2009. 2. 11, 행정안전부 제도총괄과], 2013광주하계유니버시아드대회유치위원회[법제처 08-0204, 2008. 7. 24, 행정안전부 장관], 건설산업기본법에 따라 설립된 건설공제조합[법제처 07-0323, 2007. 11. 9, 행정자치부], 대한주택공사의 자회사인 '주택관리공단(주)'[법제처 07-0319, 2007. 11. 2, 행정자치부], 기술사법에 따라 설립된 대한기술사회[법제처 07-0188, 2007. 10. 1, 행정자치부]는 정보공개법 제2조 제3호 및 같은 법 시행령 제2조 제4호에 따른 '특별법에 의하여 설립된 특수법인'으로서 공공기관에 해당되지 않는다고 한 반면 새마을금고연합회[법제처 09-0046, 2009. 4. 2, 행정안전부 제도총괄과]와 새마을운동중앙본부[법제처 09-0073, 2009. 4. 2, 행정안전부 제도총괄과], '대통령직인수에 관한 법률' 제6조 제1항에 따라 설치된 대통령직인수위원회[법제처 08-0047, 2008. 2. 28, 행정자치부 정부혁신본부 지식행정팀], 지방자치법 제154조의2 제1항의 규정에 의한 '지방자치단체의 장 등의 협의체'[법제처 06-0038, 2006. 3. 22, 행정자치부], '언론중재 및 피해구제 등에 관한 법률'에 의하여 설립된 언론중재위원회[법제처 05-0119, 2006. 1. 18, 행정자치부]는 정보공개법 제2조 제3호 및 같은 법 시행령 제2조 제4호에 따른 '공공기관'에 해당한다고 유권해석했다.

61) [농림부 08-04958, 2008. 5. 27, 농협중앙회] 피청구인인 농업협동조합중앙회는 정보공개법에서 말하는 공공기관으로서의 공공성이나 특수성을 가지는 특수법인에 해당하는 것으로 보아야 한다는 사례.
반면 대구고등법원 2008. 8. 22. 선고 2008누212 판결, 농업협동조합법상 지역조합인 피고(상주축산업협동조합)는 현행 정보공개법의 해석상 '국가기관, 지방자치단체 및 정부투자기관'에 준할 정도의 강한 '공공성'이 있다고 평가되기는 어려우므로 공공기관에 해당하지 않는다고 한 사례.

62) 대법원 2007. 6. 1. 선고 2006두20587 판결.

5. 사회복지법인 등

사회복지사업법 제42조 제1항에 따라 국가나 지방자치단체로부터 보조금을 받는 사회복지법인과 사회복지사업을 하는 비영리법인도 공공기관에 해당된다.

사회복지사업법 제42조 제1항은 "국가나 지방자치단체는 사회복지사업을 하는 자 중 대통령령으로 정하는 자에게 필요한 비용의 전부 또는 일부를 보조할 수 있다"고 규정하고 있고, 같은 법 시행령 제20조는 대통령령으로 정하는 자란 "사회복지법인, 사회복지사업을 수행하는 비영리법인, 사회복지시설 보호대상자를 수용하거나 보육·상담 및 자립지원을 하기 위하여 사회복지시설을 설치·운영하는 개인"이라고 규정하고 있다.

정보공개법 시행령은 그중 사회복지법인과 사회복지사업을 수행하는 비영리법인에 한하여 대상기관에 포함시킨 반면에 사회복지시설 보호대상자를 수용하거나 보육·상담 및 자립지원을 하기 위하여 사회복지시설을 설치·운영하는 개인은 제외하고 있다.

6. 국가 등으로부터 연간 5천만 원 이상의 보조금을 받는 기관·단체

국가 또는 지방자치단체로부터 보조금을 받는 사회복지법인과 사회복지사업을 하는 비영리법인 외에 '보조금 관리에 관한 법률 제9조'[63] 또는 지방재정법 제17조[64] 제1항

---

63) 보조금 관리에 관한 법률 제9조(보조금의 대상 사업 및 기준보조율 등) 보조금이 지급되는 대상 사업, 경비의 종목, 국고 보조율 및 금액은 매년 예산으로 정한다. 다만, 지방자치단체에 대한 보조금의 경우 다음 각 호에 해당하는 사항은 대통령령으로 정한다.
 1. 보조금이 지급되는 대상 사업의 범위
 2. 보조금의 예산 계상 신청 및 예산 편성 시 보조사업별로 적용하는 기준이 되는 국고 보조율(이하 '기준보조율'이라 한다)
64) 지방재정법 제17조(기부 또는 보조의 제한) ① 지방자치단체는 그 소관에 속하는 사무와 관련하여 다음 각 호의 어느 하나에 해당하는 경우와 공공기관에 지출하는 경우에만 개인 또는 법인·단체에 기부·보조, 그 밖의 공금 지출을 할 수 있다. 다만, 제4호에 따른 지출은 해당 사업에의 지출근거가 조례에 직접 규정되어 있는 경우로 한정한다. 〈개정 2014. 5. 28.〉
 1. 법률에 규정이 있는 경우
 2. 국고 보조 재원(財源)에 의한 것으로서 국가가 지정한 경우
 3. 용도가 지정된 기부금의 경우
 4. 보조금을 지출하지 아니하면 사업을 수행할 수 없는 경우로서 지방자치단체가 권장하는 사업을 위하여 필요하다고 인정되는 경우
 ② 제1항 각 호 외의 부분 본문에서 '공공기관'이란 해당 지방자치단체의 소관에 속하는 사무와 관련하여 지방자치단체가 권장하는 사업을 하는 다음 각 호의 어느 하나에 해당하는 기관을 말한다. 〈개정 2014. 5. 28.〉
 1. 그 목적과 설립이 법령 또는 법령의 근거에 따라 그 지방자치단체의 조례에 정해진 기관
 2. 지방자치단체를 회원으로 하는 공익법인

각 호 외의 부분 단서에 따라 국가나 지방자치단체로부터 연간 5천만 원 이상의 보조금을 받는 기관 또는 단체도 공공기관에 포함된다(시행령 제2조 제6호). 다만, 이들 단체의 정보공개 대상 정보는 해당 연도에 보조를 받은 사업으로 한정된다.

보조금 관리에 관한 법률 제9조 및 같은 법 시행령 제4조는 보조금이 지급되는 대상 사업, 경비의 종목, 국고 보조율 및 금액은 매년 예산으로 정한다고 규정하면서도 지방자치단체에 대한 보조금의 경우에는 보조금이 지급되는 대상 사업의 범위와 보조금의 예산 계상 신청 및 예산 편성 시 보조사업별로 적용하는 기준이 되는 국고 보조율에 해당하는 사항을 구체적으로 정하고 있다.

지방재정법 제17조 제1항은 지방자치단체는 그 소관에 속하는 사무와 관련하여 법률에 규정이 있는 경우, 국고 보조 재원에 의한 것으로서 국가가 지정한 경우, 용도가 지정된 기부금의 경우 및 보조금을 지출하지 아니하면 사업을 수행할 수 없는 경우로서 지방자치단체가 권장하는 사업을 위하여 필요하다고 인정되는 경우(해당 사업에의 지출 근거가 조례에 직접 규정되어 있는 경우로 한정한다)의 어느 하나에 해당하는 경우와 공공기관에 지출하는 경우에만 개인 또는 법인·단체에 기부·보조, 그 밖의 공급 지출을 할 수 있다고 규정하고 있다. 여기서 공공기관이란 해당 지방자치단체의 소관에 속하는 사무와 관련하여 지방자치단체가 권장하는 사업을 하는 기관으로서 그 목적과 설립이 법령 또는 법령의 근거에 따라 그 지방자치단체의 조례에 정하여진 기관과 지방자치단체를 회원으로 하는 공익법인에 해당하는 기관을 말한다(같은 법 제17조 제2항).

V. 공공기관의 책무

정보공개법은 공공기관에 대해 많은 책무를 부여하고 있다.

(1) 공공기관은 정보의 공개를 청구하는 국민의 권리가 존중될 수 있도록 정보공개법을 운영하고 소관 관련 법령을 정비해야 한다(제6조 제1항). 이에 따라 국가기관은 자체 훈령이나 예규, 지침 등을 통해 정보공개에 관한 규정이나 정보공개지침, 정보공개 운영규정 등을 두고 있다. 대부분의 지방자치단체도 정보공개에 관한 조례를 시행하고 있다. 그 외 공공기관도 자체적으로 정보공개에 관한 규칙 등을 두고 있다. 그런데 행정청인 공공기관이 자체적으로 만든 정보공개에 관한 실무편람 등은 업무

와 관련된 사무처리에 관한 일반적인 지침을 제시하는 것으로서, 그 법적 성격은 법규명령이 아니라 행정규칙에 해당된다. 행정규칙은 행정조직 내부에서만 효력을 가지는 것이고 대외적인 구속력을 가지는 것은 아니어서 원칙적으로 사법적 심사의 대상이 되지 아니하며, 행정처분이 그에 위반했다고 하여 그러한 사정만으로 곧바로 위법하게 되는 것은 아니다. 다만, 재량권 행사의 준칙인 행정규칙이 그 정한 바에 따라 되풀이 시행되어 행정관행이 이루어지게 되면 평등의 원칙이나 신뢰보호의 원칙에 따라 행정기관은 그 상대방에 대한 관계에서 그 규칙에 따라야 할 자기구속을 받게 되므로, 이러한 경우에는 특별한 사정이 없는 한 그를 위반하는 처분은 평등의 원칙이나 신뢰보호의 원칙에 위배되어 재량권을 일탈·남용한 위법한 처분이 된다.[65]

(2) 공공기관은 정보의 적절한 보존과 신속한 검색이 이루어지도록 정보관리체계를 정비하고, 정보공개 업무를 주관하는 부서 및 담당하는 인력을 적정하게 두어야 하며, 정보통신망을 활용한 정보공개시스템 등을 구축하도록 노력해야 한다(제6조 제2항).

(3) 공공기관은 ① 국민생활에 매우 큰 영향을 미치는 정책에 관한 정보 ② 국가의 시책으로 시행하는 공사 등 대규모의 예산이 투입되는 사업에 관한 정보 ③ 예산집행의 내용과 사업평가 결과 등 행정감시를 위하여 필요한 정보 ④ 그 밖에 공공기관의 장이 정하는 정보에 대해서는 공개의 구체적 범위, 공개의 주기·시기 및 방법 등을 미리 정하여 공표하고, 이에 따라 정기적으로 공개해야 하고(제7조 제1항), 국민이 알아야 할 필요가 있는 정보를 국민에게 공개하도록 적극적으로 노력해야 한다(제7조 제2항). 정보공개법 시행령(제4조 제1항)은 공공기관의 행정정보 공표의무를 더욱 확대하고 있다. (자세한 내용은 제1장 제1절 II. 3. 정보공표제도 참조.)

(4) 공공기관은 해당 기관이 보유·관리하는 정보에 대하여 국민이 쉽게 알 수 있도록 정보목록을 작성하여 갖추어두고, 그 목록을 정보통신망을 활용한 정보공개시스템 등을 통하여 공개해야 한다(제8조 제1항).
정보목록에는 문서제목·생산연도·업무담당자·보존기간 등이 포함되어야 한다(시

---

65) 대법원 2009. 12. 24. 선고 2009두7967 판결.

행령 제5조 제1항). 이 경우 공공기록물 관리에 관한 법률 시행령 제20조[66] 및 제23조[67]에
따른 등록정보를 목록으로 제공하는 경우 이를 목록으로 정보목록에 갈음할 수 있다(시
행령 제5조 제1항).

　다만, 정보목록 중 제9조 제1항에 따라 공개하지 아니할 수 있는 정보가 포함되어 있
는 경우에는 해당 부분을 갖추어두지 아니하거나 공개하지 아니할 수 있다. 정보의 내
용이 비공개 대상이라도 정보목록에는 포함되어야 하며, 문서제목 등 목록 자체가 비공
개 대상일 경우에만 제외한다. 가령 정보의 존재 자체가 비밀사항인 경우, 개인의 사생
활의 비밀 또는 자유를 침해할 우려가 있는 경우, 공정한 업무수행에 현저한 지장을 줄
우려가 있는 경우, 법인의 정당한 이익을 현저히 해할 우려가 있는 경우, 공개 시 특정인
에게 이익 또는 불이익을 줄 우려가 있는 경우 등은 정보목록에서 제외될 정보에 해당
될 수 있다.

　정보목록은 공공기관이 보유·관리하는 정보를 목록으로 만든 것이므로 그 자체로도
중요한 정보이다. 또한 공공기관이 비공개로 분류했더라도 이는 최종결정이 아니며 법
원의 판결 등에 따라 공개 대상으로 결정될 수도 있으므로 공공기관이 당연히 비공개로
전제할 수는 없다. 비밀기록물도 일반 정보와 마찬가지로 목록에 포함하는 것이 원칙이

---

66) 공공기록물 관리에 관한 법률 시행령 제20조(기록물의 등록) ① 공공기관이 기록물을 생산 또는 접수한 때에는 그
　　기관의 전자기록생산시스템으로 생산 또는 접수 등록번호를 부여하고 이를 그 기록물에 표기해야 하며, 중앙기록
　　물관리기관의 장이 정하는 등록정보를 전자적으로 생산·관리해야 한다. 다만, '행정업무의 효율적 운영에 관한 규
　　정' 제3조 제11호 및 제12호에 따른 업무관리시스템 또는 행정정보시스템으로 생산된 행정정보 중 기록물의 특성
　　상 등록번호를 부여할 수 없는 경우에는 전자기록생산시스템으로 해당 기록물의 고유한 식별번호를 부여하여 등록
　　번호로 대체할 수 있다.
② 공공기관은 제1항에 따른 등록정보를 임의로 수정 또는 삭제되지 아니하도록 관리해야 한다.
③ 제1항에 따른 등록번호는 각각 시스템 구분, 처리과 기관코드와 연도별 등록일련번호로 구성한다. 다만, 제3조 각 호
　　의 어느 하나에 해당하는 공공기관이 생산·접수하는 기록물의 등록번호 표기방식과 구성은 그 기관의 장이 정한다.
④ 공공기관은 기록물의 본문과 첨부물의 규격 차이가 심하거나 상호 다른 기록매체로 구성되어 있는 등, 첨부물을 본
　　문과 분리하여 각각 관리할 필요가 있는 경우에는 첨부물을 별도로 등록해야 한다. 이 경우 첨부물의 등록번호는
　　본문의 생산등록번호 또는 접수등록번호에 첨부일련번호를 추가한 번호로 구성한다.
67) 공공기록물 관리에 관한 법률 시행령 제23조(편철 및 관리) ① 법 제18조에 따라 공공기관은 업무수행과정이 반영
　　되도록 단위과제의 범위 안에서 1개 이상의 기록물철을 만들어 해당 기록물을 편철해야 하며, 처리과의 장은 단위
　　과제별 기록물철 작성기준을 정하여 기록물이 체계적으로 편철·관리되게 해야 한다.
② 공공기관이 제1항에 따라 기록물철을 작성한 경우에는 전자기록생산시스템으로 기록물철 분류번호를 부여하고 그
　　기록물철에 이를 표기해야 하며, 중앙기록물관리기관의 장이 정하는 등록정보를 생산·관리해야 한다. 다만, 2권 이
　　상으로 분철된 기록물철은 기록물철의 분류번호 중 기록물철 식별번호 다음에 괄호를 하고 괄호 안에 권 호수를 기
　　입한다.
③ 기록물철의 분류번호는 시스템 구분, 처리과 기관코드, 단위과제 식별번호 및 기록물철 식별번호로 구성한다.
④ 공공기관은 전자적 형태로 생산되지 아니한 기록물을 행정자치부령이 정하는 방식에 따라 기록물 분류기준 및 기
　　록물 종류별 관리에 적합한 보존용 파일 및 용기에 넣어 안전하게 관리해야 한다.

다. 현행 기록물 관리체계상 비밀기록물도 기록물등록대장에 등재하도록 되어 있다.

한편 정보공개 청구가 있을 경우 공공기관은 정보목록에 기재된 공개 구분과 달리 공개 여부를 결정할 수 있을까가 문제된다. 정보목록에 기재된 공개 여부의 구분은 정보 생산 시점에 설정한 것으로 실제 업무 처리 시와 시점상의 차이가 존재하므로 사정의 변경이 있을 수 있다. 정보목록상의 공개 구분은 일반적인 상황에서 보통의 국민들에게 적용될 기준인 반면, 정보공개 청구는 특수한 상황에서 특정한 국민을 대상으로 하는 것이므로 비교형량의 원칙 등이 개입한다. 따라서 일반적인 상황에서는 정보목록상의 공개 구분대로 결정하는 것이 타당하나, 특별한 상황 하에서는 공개 여부를 달리 정하는 것이 청구인에게 유리할 수 있다.

(5) 공공기관은 정보의 공개에 관한 사무를 신속하고 원활하게 수행하기 위하여 정보공개 장소를 확보하고 공개에 필요한 시설을 갖추어야 한다(제8조 제2항). 이를 위해 공공기관은 정보공개 절차를 국민이 쉽게 알 수 있도록 정보공개 청구 및 처리 절차, 정보공개 청구서식, 수수료, 그 밖의 주요 사항이 포함된 정보공개편람을 작성하여 갖추어두고 일반국민이 열람할 수 있도록 제공하여야 하며, 청구인의 편의를 도모하기 위하여 정보공개 청구서식, 컴퓨터단말기 등을 갖추어두어야 한다(시행령 제5조 제2항·제3항). 청구인은 정보의 공개를 구하고자 하는 공공기관에서 발행한 정보공개편람 등을 미리 참고하면 많은 도움을 얻을 수 있다.

(6) 공개 대상 정보의 원문공개의무로서 공공기관 중 중앙행정기관 및 대통령령으로 정하는 기관은 전자적 형태로 보유·관리하는 정보 중 공개 대상으로 분류된 정보를 국민의 정보공개 청구가 없더라도 정보통신망을 활용한 정보공개시스템 등을 통하여 공개해야 한다(제8조의2). 정보공개법 시행령 제5조의2에서는 원문공개 대상기관을, 첫째, 중앙행정기관의 소속기관(제1호), 둘째, '행정기관 소속 위원회의 설치·운영에 관한 법률'에 따른 위원회(제2호), 셋째, 지방자치단체(제3호), 넷째, 초·중등교육법 제2조에 따른 각급 학교(제4호), 다섯째, '공공기관의 운영에 관한 법률' 제5조에 따른 공기업 및 준정부기관(제5호)으로 규정하고 있다.[68]

그동안은 청구인이 신청한 정보에 한해서 내용이 공개되었으나, 2014년 3월 1일부터는 순차적으로 정보공개시스템(www.open.go.kr)을 통하여 누구나 원문(공문서 및 첨부서

류)을 열람할 수 있게 되었다.[69]

(7) 공공기관은 정보공개 청구에 대한 처리상황을 정보공개 처리대장에 기록·유지해야 한다(시행령 제16조).

(8) 공공기관은 제9조 제1항 각 호의 범위 안에서 해당 공공기관의 업무의 성격을 고려하여 비공개 대상 정보의 범위에 관한 세부기준을 수립하고 이를 공개해야 한다(제9조 제3항). 이에 따라 거의 모든 국가기관에서는 자체적으로 정보공개에 관한 예규나 지침, 훈령 등을 통해 비공개 대상 정보의 범위나 행정정보의 공표대상 등을 정하고 있다.[70]

(9) 국가기관, 지방자치단체 및 공공기관의 운영에 관한 법률 제5조에 따른 공기업은 정보공개 여부 등을 심의하기 위하여 정보공개심의회를 설치·운영해야 한다(제12조).

(10) 행정자치부 장관은 정보공개에 관하여 필요할 경우에 공공기관(국회·법원·헌법재판소 및 중앙선거관리위원회는 제외한다)의 장에게 정보공개 처리 실태의 개선을 권고할 수 있는데 이러한 권고를 받은 공공기관은 이를 이행하기 위하여 성실하게 노력해야 하며, 그 조치 결과를 행정자치부 장관에게 알려야 한다(제24조 제4항).

(11) 국회·법원·헌법재판소·중앙선거관리위원회·중앙행정기관 및 지방자치단

---

68) 이 조항의 시행일은 2014년 3월 1일인데 다만 제1호·제2호 및 제3호[특별시·광역시·특별자치시·도·특별자치도에 한정한다(해당 교육행정기관은 제외한다)]는 2014년 3월 1일부터, 제3호(특별시·광역시·특별자치시·도·특별자치도의 교육행정기관과 시·군·자치구에 한정한다) 및 제4호는 2015년 3월 1일부터, 제5호는 2016년 3월 1일부터 각각 시행한다(시행령 부칙 제1조).
69) 안전행정부(현 행정자치부)는 2013년 11월 13일 보도자료를 통해 중앙부처, 시·도 및 공기업 등 18,772개 공공기관은 2016년까지 공개 대상 정보를 국민의 청구가 없더라도 정보공개시스템을 통해 자동적으로 공개하도록 했다고 밝혔다.

[공공기관의 원문 공개 시기]

시행 시기	(14년) 중앙부처, 시도	(15년) 교육청, 시군구, 초중등학교	(16년) 공기업, 준정부기관
기관/원문 공개	6,211개 / 4.9억 건	12,444개 / 6.7억 건	117개 / 7.4억 건

70) 비공개 대상 정보의 범위에 관한 세부기준을 정하고 있는 중앙행정기관의 예규나 지침, 훈령 등은 해당 공공기관의 홈페이지나 법제처 국가법령정보센터(www.law.go.kr)에서 확인할 수 있다.

체는 그 소속기관 및 소관 공공기관에 대하여 정보공개에 관한 의견을 제시하거나 지도·점검을 할 수 있다(제24조 제5항). 소속기관 및 소관 공공기관은 특별한 사정이 없는 한 이에 따라야 한다.

(12) 국회 사무총장·법원행정처장·헌법재판소 사무처장·중앙선거관리위원회 사무총장 및 행정자치부 장관은 필요하다고 인정하면 관계 공공기관에 정보공개에 관한 자료 제출 등의 협조를 요청할 수 있다(제25조). 이러한 협조 요청을 받은 관계 공공기관은 특별한 사정이 없는 한 이에 응해야 할 것이다.

(13) 자료제출의무로서 정보공개법 시행령 제2조 각 호의 공공기관은 전년도의 정보공개 운영실태를 매년 1월 31일까지 관계 중앙행정기관의 장 또는 지방자치단체의 장에게 제출해야 하고, 이를 제출받은 시장·군수 또는 자치구의 구청장은 이를 포함한 전년도의 정보공개 운영실태를 매년 2월 10일까지 관할 특별시장·광역시장 또는 도지사에게 제출해야 하며, 중앙행정기관의 장과 특별시장·광역시장 또는 도지사는 이를 포함한 전년도의 정보공개 운영실태를 매년 2월 말일까지 행정자치부 장관에게 제출해야 하고, 행정자치부 장관은 매년 위와 같이 제출받은 정보공개 운영실태를 종합하여 공표해야 한다(시행령 제28조).[71]

VI. 정보공개 책임관의 지정

공공기관 중 중앙행정기관의 장, 특별시장·광역시장·특별자치시장·도지사·특별자치도지사, 시장·군수·(자치구)구청장 및 특별시·광역시·특별자치시·도·특별자치도의 교육감은 소속 공무원 중에서 정보공개 책임관을 지정할 수 있다(시행령 제11조의2). 정보공개 책임관은 정보공개심의회 운영, 소속 기관에 대한 정보공개 사무의 지도·지원,

---

71) '서울특별시 열린 시정을 위한 행정정보공개 조례' 제4조는 집행기관의 책무로서 "① 집행기관의 장은 공개 대상이 되는 행정정보를 체계적으로 분류·보관하여 행정정보의 공개 청구 등에 신속하게 응할 수 있도록 해야 한다.
② 집행기관의 장은 정보목록을 작성·비치하고 그 목록을 정보통신망을 활용한 정보공개시스템 등에 공개해야 하며, 행정정보공개 접수창구를 시민이 이용하기 편리한 곳에 설치·운영해야 한다.
③ 집행기관의 장은 시민을 대상으로 정보공개의 확대와 소통 증대를 위하여 시민의 의견을 적극 수렴하며, 관련 사업을 추진하는 기관 또는 단체에 행정적·재정적 지원을 할 수 있다"라고 규정하고 있다.

정보공개 담당 공무원의 정보공개 사무처리능력 발전을 위한 교육·훈련 및 정보공개 청구인에 대한 정보공개 청구 지원 등 정보공개에 관한 사무를 수행한다.

정부는 2003년 행정정보의 공개를 촉진하기 위하여 '행정정보공개의 확대를 위한 지침'을 제정하여[72] 중앙행정기관에 정보공개에 관한 업무의 총괄·조정을 담당하는 정보공개 책임관을 지정하고 소속 공무원에 대하여 정보공개 교육을 연1회 이상 실시하도록 했는데 이를 보다 제도화한 것이다.

제4절 정보공개 청구 대상(정보)

I. 정보

1. 정보의 개념

(1) 공개를 청구할 수 있는 대상은 '정보'이다.

정보공개법에서 정보란 공공기관이 직무상 작성 또는 취득하여 관리하고 있는 문서·전자문서·도면·사진·필름·테이프·슬라이드 및 그 밖에 이에 준하는 매체 등에 기록된 사항을 말한다(제2조 제1호).

국가정보화 기본법은 정보란 특정 목적을 위하여 광(光) 또는 전자적 방식으로 처리되어 부호, 문자, 음성, 음향 및 영상 등으로 표현된 모든 종류의 자료 또는 지식을 말한다(제3조 제1호)고 규정하고 있어 정보공개법의 정보의 개념에 비해 더 광범위하게 규정하고 있다.

정보공개법에서 말하는 공개 대상 정보는 원칙적으로 그 공개를 청구하는 자가 정보공개법 제10조 제1항 제2호에 따라 작성한 정보공개 청구서의 기재내용에 의하여 특정된다.[73]

---

72) 이 지침은 2003년 6월 24일 국무총리훈령 제442호로 시행되었다가 2012년 4월 26일 국무총리훈령 제584호로 폐지되었다.
73) 대법원 2013. 1. 24. 선고 2010두18918 판결.

(2) 정보공개제도에 있어서 공개 대상이 되는 것을 '정보' 그것으로 하는 국가와 일정한 매체에 기록되어 있는 정보로 하는 국가가 있다.

전자의 법제에서는 정보와 문서를 구별하고 정보에 대한 접근(access)을 보장하여 정보에까지 접근할 수 있으면 좋고, 또한 문서 자체가 반드시 공개될 필요는 없기 때문에 구두에 의한 정보의 공개 등 유연한 대응을 할 수 있다는 등의 장점이 있다.

이에 대해 후자의 입장을 취하는 법제에서는 공공기관이 보유하는 기록에의 공개 청구권을 보장하는 것이어서 기록 그 자체가 공개되지 않으면 안 된다. 네덜란드와 뉴질랜드의 정보공개법은 전자의 입법주의를, 미국과 일본의 정보공개법은 후자의 입법주의를 각각 취하고 있다.

우리나라 정보공개법에서 말하는 공개 대상 정보는 정보 그 자체가 아닌 정보공개법 제2조 제1호에서 예시하고 있는 매체 등에 기록된 사항을 의미한다.[74]

(3) 그런데 제2조 제1호 소정의 '문서(전자문서)·도면·사진·필름·테이프·슬라이드 및 그 밖에 이에 준하는 매체 등에 기록된 사항'의 해석과 관련하여, 이를 '문서(전자문서)·도면·사진·필름·테이프·슬라이드' 자체와 '그 밖에 이에 준하는 매체 등에 기록된 사항'이 공개의 대상이 되는 정보에 해당하는 것이라는 견해가 있으나,[75] '문서(전자문서)·도면·사진·필름·테이프·슬라이드 및 그 밖에 이에 준하는 매체 등'에 기록된 사항을 정보라고 봐야 할 것이다.[76]

(4) 일본의 정보공개법은 공개 청구의 대상을 행정문서라고 규정하고 있는데, 여기서 행정문서란 행정기관의 직원이 직무상 작성하거나 또는 취득한 문서, 도화 및 전자적 기록으로, 해당 행정기관의 직원이 조직적으로 사용하는 것으로 해당 행정기관이 보유하고 있는 것을 말한다고 규정하고 있다(같은 법 제2조 제2항).

다만 관보, 백서, 신문, 잡지, 서적 기타 불특정다수인에게 판매하는 것을 목적으로 하여 발행된 것과 '공문서 등의 관리에 관한 법률'에서 규정하고 있는 특정역사공문서 등, 그리고 정령(政令)이 정하고 있는 연구소 기타 시설에서 역사적 혹은 문화적인 자료

---

74) 대법원 2013. 1. 24. 선고 2010두18918 판결.
75) 한기택, 「정보공개에 있어서 문서의 특정」, 『행정재판실무편람』(III)-자료집, 서울행정법원, 2003, 556쪽.
76) 변현철, 「정보공개법의 실무적 연구-판례를 중심으로」, 『재판자료』 제89집, 법원도서관, 2000, 610쪽.

또는 학술연구용의 자료로서 특별한 관리가 되고 있는 것은 행정문서에서 제외하고 있다. 관보, 백서, 신문, 잡지, 서적 기타 불특정다수인에게 판매하는 것을 목적으로 하여 발행된 것은 일반적으로 구입이 가능하기 때문에 굳이 공개 청구권을 보장할 필요는 없다는 것이다. 불특정다수인이 구입 가능한 것이라는 입증책임은 행정기관 측에 있다. 또 일단 발행된 문서가 절판된 경우에는 공공의 도서관 등을 찾아다니면 이를 찾을 수 있을지도 모르지만 이를 행정기관이 보유하고 있다면 그 공개를 거부할 수는 없다. 그러나 무상으로 열람에 제공되고 있거나 배포되고 있는 것은 여기의 사유에 해당되지 않고 공개 대상이 되는 행정문서에 포함된다.

공문서관이나 박물관, 미술관 등에 있어서 역사적 문화적 자료 내지 학술연구용 자료로서 특별한 관리의 대상이 되는 자료에 관해서는 일반의 행정정보와는 다른 공개의 원칙이 요구된다.

캐나다 정보공개법 제68조도, 첫째, 출판된 자료 또는 일반적으로 판매되는 자료, 둘째, 공개적인 참고 또는 전람만을 목적으로 보존된 도서관 자료 또는 박물관 자료, 셋째, 정부기관 이외의 자 또는 단체가 캐나다 도서 및 기록물관리청·캐나다 국립미술관·캐나다 문명박물관·캐나다 자연박물관 또는 국립과학기술박물관에 기탁한 자료에 대해서는 적용하지 않는다고 규정하고 있다.

우리나라의 정보공개법에서도 관보, 백서, 신문, 잡지, 일반서적 또는 정부간행물센터 등에서 불특정다수인에게 판매목적으로 발간되는 정보와 공공도서관에서 보유하고 있는 일반서적, 그리고 특별한 관리나 보존이 필요한 정보는 정보공개의 대상 정보에서 제외하든가 또는 정보공개법령과 별개의 공개 절차를 규율할 필요가 있다.

'서울특별시 열린 시정을 위한 행정정보공개조례' 제13조는 법령 또는 조례에 의하여 열람, 공고, 고시, 예고 또는 등본, 초본 그 밖의 사본의 교부대상이 되는 행정정보에 대해서는 정보공개조례를 적용하지 아니하고, 집행기관의 자료실, 도서관 등에서 일반에 열람 또는 대출되는 도서, 간행물 등은 정보공개조례의 적용대상에서 제외한다고 규정하고 있다.

2. 보유·관리하는 정보

공공기관이 보유·관리하는 정보는 공개 대상이 된다(제9조 제1항).

(1) 여기에서 말하는 공공기관이 보유·관리하는 정보란 해당 공공기관이 작성하여 보유·관리하고 있는 정보뿐만 아니라 경위를 불문하고 해당 공공기관이 보유·관리하고 있는 모든 정보를 의미한다.[77] 공공기관이 직접 작성한 것만이 아니라 제3자가 작성했으나 공공기관이 직무상 보유·관리하게 된 정보까지를 포함한다.[78]

공개 청구의 대상이 되는 정보는 공공기관이 직무상 작성 또는 취득하여 현재 보유·관리하고 있는 문서에 한정되는 것이기는 하나,[79] 그 문서가 반드시 원본일 필요는 없고 사본도 포함된다.[80][81] 따라서 청구인이 공개 청구한 문서의 원본이 문서보존기관의 경과 등의 사유로 폐기되어 정보공개 청구 당시에는 원본문서를 보관·관리하고 있지 아니했다고 하더라도 원본의 내용과 동일하다고 추정되는 문서 사본을 공공기관이 관리·보관하고 있다면 사본문서 자체로서 정보공개법상 공개 청구의 대상이 되는 문서로 볼 수 있다.[82]

정보공개법 제2조는 공개의 대상이 되는 정보를 '공공기관이 직무상 작성 또는 취득하여 관리하고 있는 문서 등'에 기록된 사항이라고 규정하고 있을 뿐 그 문서 등의 취득이 소지인에 대하여 법령상 강제되는 제출의무에 기한 것임을 요하지 아니하므로, 그 소지인이 비공개를 전제로 하여 임의로 공공기관에 제출한 문서 등에 기록된 사항이라는 이유로 정보공개법 소정의 정보에 해당하지 않는 것은 아니다.[83] 공개 청구된 정보가 미국 등 외국의 정보공개법의 절차에 따라 구득 가능하다고 하더라도 우리나라 정보공개법에 의한 정보공개 청구권이 제한된다거나 달리 정보를 구득할 방법이 없을 경우에 한하여 보충적으로 인정된다고 볼 수 없다.[84]

---

77) 대법원 2012. 10. 11. 선고 2011두9089 판결.
78) 대구고등법원 2003. 7. 25. 선고 2002누3097 판결, 원고들이 공개를 구하는 관련 자료들이 피고가 작성한 것이 아니라는 사정은 공개를 거부할 사유가 될 수 없다고 한 사례.
79) 대법원 2012. 2. 9. 선고 2010두14268 판결, 갑(청구인)이 자신의 모 을의 장기요양등급판정과 관련된 자료로서 장기요양인정조사표(조사원 수기 작성분) 등에 대한 정보공개를 청구했으나 국민건강보험공단이 전자문서 외에 수기로 작성된 원본이 없다는 등의 이유로 비공개 결정처분을 한 사안에서, 수기 작성 조사표는 국민건강보험공단이 직무와 관련하여 작성하여 관리하고 있는 문서라고 보는 것이 타당하고, 단순히 공개해야 할 필요성이 없다고 하여 비공개 대상 정보가 되는 것이 아니라는 이유로, 이와 달리 본 원심판결에 법리를 오해한 위법이 있다고 한 사례.
80) 대법원 2006. 5. 25. 선고 2006두3049 판결.
81) 대법원 2006. 12. 21. 선고 2006두10436 판결, 고소인 등이 자신이 고소했던 사건의 수사 결과 피고소인이 공소 제기되었다는 통지만 받았을 뿐 공소장의 내용을 통지받지 못했다는 이유로 공소사실의 내용을 알려달라는 청구를 한 경우, 자신이 보유·관리하는 공판카드에 공소장 부본을 편철하여 두고 있는 검사로서는 공소장 원본이 법원에 제출되었다는 이유를 들어 그 문서를 보유·관리하지 않고 있다고 주장할 수는 없다고 한 사례.
82) [건설교통부 04-01974, 2004. 4. 12, 부산광역시도시개발공사]
83) 대법원 2007. 6. 14. 선고 2007두5578 판결.

(2) 정보공개법의 적용대상이 되는 정보는 공공기관이 직무상 작성 또는 취득하여 관리하고 있는 문서 등을 말하므로 정보의 요건으로서 '직무상 작성'이란 직무상 내부검토에 회부된 시점 이후의 것을 의미하며(기안문서의 경우에는 기안자가 기안문서를 심의에 회부한 시점 이후), 정보의 '직무상 취득'은 수령한 시점 이후를 뜻한다. 접수인의 날인 유무를 묻지 않는다.

또한 '관리하고 있다'는 것은 그 작성 또는 취득에 관여한 직원 개인의 단계에 그치는 것이 아니라[85] 조직으로서의 공용(共用)문서의 실질을 갖춘 상태, 즉 해당 공공기관의 조직에 있어서 업무상의 필요성 때문에 이용·보존하고 있는 상태여야 한다.[86][87] 미국 정보자유법에 의해 채용되고 있는 관리(control) 테스트에 실질적으로 대응하는 개념이라 할 수 있다.

따라서 직원의 개인적인 검토단계에 있는 것 가령 직원이 기안을 하고 있는 문서, 결재 전의 문서, 내부회의의 자료로 작성하고 있는 문서 등은 조직공용문서라고 할 수 없으며 조직공용문서라고 해도 직원이 자기의 업무편의를 위해 그 사본을 갖고 있는 경우 해당 사본은 조직공용문서라고 말할 수 없다. 보존기한이 지나 폐기된 문서도 공개 대상에 해당되지는 않으나 단지 보존기한이 지났을 뿐 아직 폐기되지 아니한 문서 등은 공개 대상에 포함된다.[88]

미국 연방대법원은 행정기관의 기록(records)이란 행정기관이 그 문서를 작성(create)

---

84) 서울고등법원 1997. 2. 20. 선고 96구13943 판결.
85) 서울행정법원 2011. 4. 13. 선고 2011구합15138 판결(서울고등법원 2013. 1. 25. 선고 2012누12633 판결로 항소기각, 확정), 한미 FTA 추가 협상에서 전 통상교섭본부장이 미국 측으로부터 받은 전문직 비자 쿼터 관련 서한(개인서한)은 정보공개 대상이 되는 않는다고 한 사례.
반면 대구고등법원 2011. 8. 26. 선고 2011누1079 판결(확정), 군청 농지 관련업무 담당공무원이 토지의 불법성토와 관련하여 제기된 민원처리 경위를 시간 순서에 따라 일지 형식으로 작성한 자료는 공공기관인 고령군이 직무상 작성하여 보유·관리하는 정보에 해당한다고 한 사례.
86) 김의환, 앞의 논문, 162쪽.
87) [국방부 05-11077, 2005. 11. 7, 국군기무사] 충성공제회는 법률에 의한 단체가 아닌 친목모임으로 국군기무사령부 소속 부대원의 복지증진 및 자녀교육 지원, 상호부조 사업 등을 통해 부대원의 사기 및 근무의욕을 고취함으로써 부대 발전에 이바지함을 목적으로 하고 있는 점, 충성공제회의 해산 시 운영위원회 전원의 찬성과 기무사령관의 승인을 받도록 하고 있으나 그 외 충성공제회의 활동은 기무사령관이 구성원으로 포함되어 있지 않은 운영위원회를 중심으로 이루어지고 있으므로 충성공제회는 국군기무사령부의 지휘계통에 따른 공식조직이 아닌 것으로 보이는 점 등을 고려하면 청구인이 공개를 청구한 ① 기무사 충성복지회 심의의결서(2001. 6. 8.~6. 11.) ② 기무사 충성복지금 장부(2001년도, 2002년도) ③ 기무사 충성복지금 지출통장(2001년도)은 청구인이 충성공제회의 협조를 구하여 입수할 수 있음은 별론으로 하고, 공공기관이 '직무상' 작성 또는 취득하여 관리하고 있는 정보에 해당하지 아니함이 분명하다 할 것이므로 피청구인이 위 충성공제회 관련 정보의 공개를 거부한 것이 위법·부당하다고 할 수 없다고 한 사례.
88) 대법원 2004. 12. 9. 선고 2003두12707 판결, 교도소직원회운영지침과 재소자차변물품공급규칙이 폐지되었다 하여 곧바로 교도소장이 그 정보가 담긴 문서들을 보관·관리하지 않고 있다고 단정할 수는 없다고 한 사례.

또는 수령(obtain)한 것으로서[89] 공개 청구 당시 그 직무상의 정당한 권한에 기하여 그 기록을 보유(possession)하고 있는 것이어야 하며, 행정기관은 공개 청구 당시에 해당 문서를 관리(control)하고 있어야 한다는 두 가지 요건이 필요하다고 하고 있다.[90] 이를 '두 갈래 기준(Two-Prong Test: Possession and Control)'이라고 한다. 여기서 행정기관이 그 문서를 작성 또는 수령한 것이라는 의미는 행정기관이 보유하는 문서라 하더라도 직원이 직무상 작성한 것이 아니거나 혹은 직무상 수령한 것이 아닌 문서는 정보공개의 대상이 되지 않는다는 것을 의미한다. 따라서 직원의 책상이나 파일에 포함되어 있는 개인적인 서류 등은 직무상 작성 혹은 수령한 것은 아니기 때문에 정보공개의 대상이 된다고 할 수 없다. 직원은 정규직원뿐 아니라 비상근·파견 직원 등도 포함된다.

행정기관의 직원이 직무상 작성 혹은 수령한 모든 문서라고 하더라도 그것이 모두 정보공개의 대상이 되는 것이 아니지만 반드시 결재 또는 공람 절차 등의 형식적인 요건을 갖춘 문서에 한정되는 것은 아니다.[91]

(3) 정보공개법에 따라 청구인이 행정기관에 정보공개를 청구했으나 공개를 청구한 내용이 정보공개법 제2조 제1호에 따른 정보가 아닌 경우, 해당 행정기관은 그 청구를 정보공개법에 따른 정보공개 청구가 아닌 민원사무처리에 관한 법률에 따른 민원의 신청으로 보아 '민원사무처리에 관한 법률'에 따라 처리할 수 있다.[92]

3. 위법수집 정보의 경우

(1) 공공기관이 '위법하게' 작성 또는 취득한 정보도 공개 대상이 되는 정보에 해당된다. 국민에게는 위법하게 작성 내지 취득된 정보도 알권리가 있기 때문이다. 가령 허위로 출장을 한 것처럼 보고하고 출장비 등을 부당 수령한 경우 등 형법상 허위공문서작성죄에 해당되는 문서 등도 이를 정보가 아니라고 할 수는 없다.

---

89) Kissinger v. Reporters Comm. for Freedom of the Press, 445 U.S. 136, 150 (1980); Forsham v. Harris, 445 U.S. 169 (1980).
90) DOJ v. Tax Analysts, 492 U.S. 136 (1989).
91) [노동부 09-16813, 2010. 2. 2, 대구지방노동청 안동지청장, 인용]
92) [법제처 10-0055, 2010. 4. 9, 행정안전부 지식제도과]

(2) 다만 위법하게 수집하거나 작성 또는 취득한 정보가 비공개 대상 정보에 해당되는지 여부는 별개의 문제이므로 그러한 정보가 비공개 대상 정보에 해당될 경우에는 비공개될 것이다.

가령 통신비밀보호법은 같은 법 및 형사소송법 또는 군사법원법의 규정에 의하지 아니한 우편물의 검열·전기통신의 감청 또는 통신사실확인자료를 제공하거나 공개되지 아니한 타인 간의 대화의 녹음 또는 청취하는 등 통신비밀에 속하는 내용을 수집하는 행위('불법 감청·녹음 등')를 금지하고 이를 위반한 행위를 처벌하는 한편(같은 법 제3조 제1항, 제16조 제1항 제1호), 불법 감청·녹음 등에 의하여 지득한 통신 또는 대화의 내용을 공개하거나 누설하는 행위도 동일한 형으로 처벌하도록 규정하고 있다(같은 법 제16조 제1항 제2호).

통신비밀보호법이 통신비밀의 공개·누설행위를 불법 감청·녹음 등의 행위와 똑같이 처벌 대상으로 하고 법정형도 동일하게 규정하고 있는 것은, 통신비밀의 침해로 수집된 정보의 내용에 관계없이 정보 자체의 사용을 금지함으로써 당초 존재하지 아니했어야 할 불법의 결과를 용인하지 않겠다는 취지이고, 이는 불법의 결과를 이용하여 이익을 얻는 것을 금지함과 아울러 그러한 행위의 유인마저 없애겠다는 정책적 고려에 기인한 것이다.

이처럼 통신설비 등을 이용하여 타인 간의 대화를 도청하거나 도청한 내용을 공개하는 것은 통신의 자유를 보장하고 있는 헌법 제18조에 위반되는 반면 타인 간의 대화를 도청하거나 도청한 내용을 공개한다거나 또는 누설된 도청정보를 다시 누설·공개하는 것은 사생활의 비밀과 자유를 보장하고 있는 헌법 제17조를 침해하는 것이 된다.

(3) 그런데 불법 감청·녹음 등에 관여하지 아니한 언론기관이, 그 통신 또는 대화의 내용이 불법 감청·녹음 등에 의하여 수집된 것이라는 사정을 알면서도 이를 보도하여 공개하는 행위에 관하여 대법원 2011. 3. 17. 선고 2006도8839 전원합의체 판결은 이러한 행위가 형법 제20조의 정당행위로서 위법성이 조각된다고 하기 위해서는, 첫째, 보도의 목적이 불법 감청·녹음 등의 범죄가 저질러졌다는 사실 자체를 고발하기 위한 것으로 그 과정에서 불가피하게 통신 또는 대화의 내용을 공개할 수밖에 없는 경우이거나, 불법 감청·녹음 등에 의하여 수집된 통신 또는 대화의 내용이 이를 공개하지 아니하면 공중의 생명·신체·재산 기타 공익에 대한 중대한 침해가 발생할 가능성이 현

저한 경우 등과 같이 비상한 공적 관심의 대상이 되는 경우에 해해당야 하고, 둘째, 언론기관이 불법 감청·녹음 등의 결과물을 취득할 때 위법한 방법을 사용하거나 적극적·주도적으로 관여해서는 안 되며, 셋째, 보도가 불법 감청·녹음 등의 사실을 고발하거나 비상한 공적 관심사항을 알리기 위한 목적을 달성하는 데 필요한 부분에 한정되는 등 통신비밀의 침해를 최소화하는 방법으로 이루어져야 하고, 넷째, 언론이 그 내용을 보도함으로써 얻어지는 이익 및 가치가 통신비밀의 보호에 의하여 달성되는 이익 및 가치를 초과해야 하고, 여기서 이익의 비교·형량은 불법 감청·녹음된 타인 간의 통신 또는 대화가 이루어진 경위와 목적, 통신 또는 대화의 내용, 통신 또는 대화 당사자의 지위 내지 공적 인물로서의 성격, 불법 감청·녹음 등의 주체와 그러한 행위의 동기 및 경위, 언론기관이 불법 감청·녹음 등의 결과물을 취득하게 된 경위와 보도의 목적, 보도의 내용 및 보도로 인하여 침해되는 이익 등 제반 사정을 종합적으로 고려하여 정해야 한다고 판시했다.[93)][94)]

---

93) 방송사 기자인 피고인이, 구 국가안전기획부 내 정보수집팀이 대기업 고위관계자와 모 중앙일간지 사주 간의 사적 대화를 불법 녹음하여 생성한 녹음테이프와 녹취보고서로서, 1997년 제15대 대통령 선거를 앞두고 위 대기업의 여야 후보 진영에 대한 정치자금 지원 문제 및 정치인과 검찰 고위관계자에 대한 이른바 추석 떡값 지원 문제 등을 논의한 대화가 담겨 있는 도청자료를 입수한 후 그 내용을 자사의 방송프로그램을 통하여 공개한 사안에서, 피고인이 국가기관의 불법 녹음을 고발하기 위하여 불가피하게 위 도청자료에 담겨 있던 대화 내용을 공개했다고 보기 어렵고, 위 대화가 보도 시점으로부터 약 8년 전에 이루어져 그 내용이 보도 당시의 정치질서 전개에 직접적인 영향력을 미친다고 보기 어려운 사정 등을 고려할 때 위 대화 내용이 비상한 공적 관심의 대상이 되는 경우에 해당한다고 보기도 어려우며, 피고인이 위 도청자료의 취득에 적극적·주도적으로 관여했다고 보는 것이 타당하고, 이를 보도하면서 대화 당사자들의 실명과 구체적인 대화 내용을 그대로 공개함으로써 수단이나 방법의 상당성을 결여했으며, 위 보도와 관련된 모든 사정을 종합하여 볼 때 위 보도에 의하여 얻어지는 이익 및 가치가 통신비밀이 유지됨으로써 얻어지는 이익 및 가치보다 우월하다고 볼 수 없다는 이유로, 피고인의 위 공개행위가 형법 제20조의 정당행위에 해당하지 않는다고 본 원심판단을 수긍한 사례;
이 판결에서 박시환, 김지형, 이홍훈, 전수안, 이인복 등 5명의 대법관은 "도청자료에 담겨 있던 대화 내용은 1997년 대통령선거 당시 여야 대통령후보 진영에 대한 대기업의 정치자금 지원 문제와 정치인 및 검찰 고위관계자에 대한 이른바 추석 떡값 등의 지원 문제로서 매우 중대한 공공의 이익과 관련되어 있고, 위 대화가 보도 시점으로부터 약 8년 전에 이루어졌으나 재계와 정치권 등의 유착관계를 근절할 법적·제도적 장치가 확립되었다고 보기 어려운 정치 환경 등을 고려할 때 시의성이 없다고 할 수 없으며, 피고인이 위 도청자료를 취득하는 과정에서 위법한 방법을 사용하지 아니했고, 보도 내용도 중대한 공공의 이익과 직접적으로 관련된 것만을 대상으로 했으며, 보도 과정에서 대화 당사자 등의 실명이 공개되기는 했으나 대화 내용의 중대성이나 대화 당사자 등의 공적 인물로서의 성격상 전체적으로 보도 방법이 상당성을 결여했다고 볼 수 없고, 위 불법 녹음의 주체 및 경위, 피고인이 위 도청자료를 취득하게 된 과정, 보도에 이르게 된 경위와 보도의 목적·방법 등 모든 사정을 종합하여 볼 때 위 보도에 의하여 얻어지는 이익이 통신의 비밀이 유지됨으로써 얻어지는 이익보다 우월하다는 이유로, 피고인의 위 보도행위는 형법 제20조의 사회상규에 위배되지 아니하는 정당행위에 해당하고, 이와 달리 본 원심판단에 정당행위의 의미와 한계에 관한 법리오해의 위법이 있다"며 반대의견을 냈다.

II. 문서

1. 공문서

정보공개 청구의 대상인 정보 중 가장 대표적인 것은 '문서'이다.[95]

행정기관의 행정업무 운영에 관한 사항을 규정하고 있는 '행정업무의 효율적 운영에 관한 규정'은 공문서란 행정기관[96]에서 공무상 작성하거나 시행하는 문서와 도면·사진·디스크·테이프·필름·슬라이드·전자문서 등의 특수매체기록 및 행정기관이 접수한 모든 문서를 말한다고 규정하면서(같은 규정 제3조 제1호) 공문서를 법규문서, 지시문서, 공고문서, 비치문서, 민원문서 및 일반문서 등 여섯 종류로 구분하고 있다.

법규문서란 헌법·법률·대통령령·총리령·부령·조례·규칙 등에 관한 문서를, 지시문서란 훈령·지시·예규·일일명령 등 행정기관이 그 하급기관이나 소속 공무원에 대하여 일정한 사항을 지시하는 문서를, 공고문서란 고시·공고 등 행정기관이 일정한 사항을 일반에게 알리는 문서를, 비치문서란 행정기관이 일정한 사항을 기록하여 행정기관 내부에 비치하면서 업무에 활용하는 대장, 카드 등의 문서를, 민원문서란 민원인이 행정기관에 허가, 인가, 그 밖의 처분 등 특정한 행위를 요구하는 문서와 그에 대한 처리문서를, 일반문서란 위의 문서에 속하지 아니하는 모든 문서를 각각 의미한다(같은 규정 제4조).

공문서는 결재권자가 해당 문서에 서명(전자이미지서명, 전자문자서명 및 행정전자서명을

---

94) 대법원 2011. 5. 13. 선고 2009도14442 판결, 국회의원인 피고인이, 구 국가안전기획부 내 정보수집팀이 대기업 고위관계자와 중앙일간지 사주 간의 사적 대화를 불법 녹음한 자료를 입수한 후 그 대화내용과, 위 대기업으로부터 이른바 떡값 명목의 금품을 수수했다는 검사들의 실명이 게재된 보도자료를 작성하여 자신의 인터넷 홈페이지에 게재했다고 하여 통신비밀보호법 위반으로 기소된 사안에서, 피고인이 국가기관의 불법 녹음 자체를 고발하기 위하여 불가피하게 위 녹음 자료에 담겨 있던 대화 내용을 공개한 것이 아니고, 위 대화가 피고인의 공개행위 시로부터 8년 전에 이루어져 이를 공개하지 아니하면 공익에 대한 중대한 침해가 발생할 가능성이 현저한 경우로서 비상한 공적 관심의 대상이 되는 경우에 해당한다고 보기 어려우며, 전파성이 강한 인터넷 매체를 이용하여 불법 녹음된 대화의 상세한 내용과 관련 당사자의 실명을 그대로 공개하여 방법의 상당성을 결여했고, 위 게재행위와 관련된 사정을 종합하여 볼 때 위 게재에 의하여 얻어지는 이익 및 가치가 통신비밀이 유지됨으로써 얻어지는 이익 및 가치를 초월한다고 볼 수 없으므로, 피고인이 위 녹음 자료를 취득하는 과정에 위법이 없었더라도 위 행위는 형법 제20조의 정당행위에 해당한다고 볼 수 없는데도, 이와 달리 본 원심판단에 법리오해의 위법이 있다고 한 사례.

95) 서울행정법원 2006. 12. 29. 선고 2006구합20716 판결(확정), 한·미 FTA와 관련하여 정보공개를 청구한 사안이 공개거부처분 당시 문서·도면·사진 등의 매체에 기록되어 있지 아니하여 위 사안에 관한 정보는 공공기관이 보유·관리하고 있는 정보에 해당하지 아니하므로 이에 대한 비공개처분은 정당하다고 한 사례.

96) 여기서 행정기관이란 중앙행정기관(대통령 직속기관과 국무총리 직속기관을 포함한다)과 그 소속기관, 지방자치단체의 기관과 군(軍)의 기관을 말한다(행정업무의 효율적 운영에 관한 규정 제2조).

포함한다)의 방식으로 결재함으로써 성립하며, 문서는 수신자에게 도달됨으로써 효력을 발생한다(같은 규정 제6조 제1항·제2항). 공고문서는 그 문서에서 효력 발생 시기를 구체적으로 밝히고 있지 않으면 그 고시 또는 공고 등이 있은 날부터 5일이 경과한 때에 효력이 발생한다. 문서는 해당 행정기관의 장의 결재를 받아야 하고, 보조기관 또는 보좌기관의 명의로 발신하는 문서는 그 보조기관 또는 보좌기관의 결재를 받아야 한다.

정보공개법 제2조 제1호에서 정의하고 있는 '정보' 중 공공기관이 직무상 작성 또는 취득하여 관리하고 있는 문서는 반드시 '행정업무의 효율적 운영에 관한 규정' 제6조 제1항에 따라 "결재권자가 해당 문서에 서명의 방식으로 결재함으로써 성립한 문서"이어야 하는지 여부가 문제될 수 있다.

그런데 '행정업무의 효율적 운영에 관한 규정'은 정보공개법 제4조에서 규정하고 있는 '정보의 공개에 관하여 특별한 규정'에 해당한다고 볼 수는 없다. 정보공개법은 정보의 구체적인 내용을 기준으로 규정하고 있을 뿐, 그 정보를 담고 있는 문서의 형식을 기준으로 규정되어 있지는 아니하므로, 결재권자의 결재 여부와 같은 문서의 형식에 의해서 정보공개 대상 여부가 결정되는 것은 아니다.

따라서 정보공개법 제2조 제1호에서 정의하는 정보 중 공공기관이 직무상 작성 또는 취득하여 관리하고 있는 문서는 반드시 '행정업무의 효율적 운영에 관한 규정' 제6조 제1항에 따라 "결재권자가 해당 문서에 서명의 방식으로 결재함으로써 성립한 문서"이어야 하는 것은 아니다.[97] 다만, 이러한 경우에도 해당 문서가 정보공개법 제2조 제1호에 따른 공공기관이 직무상 '관리'하고 있는 정보에 해당하는지 여부 또는 해당 문서가 정보공개법 제2조 제1호에 따른 '정보'에 해당하는 경우에도 정보공개법 제9조 제1항 단서 및 각 호에 규정하고 있는 비공개 대상 정보에 해당하는지 여부는 구체적·개별적으로 판단해야 한다.[98]

공문서는 국어기본법에 따른 어문규범, 즉 국어심의회의 심의를 거쳐 제정한 한글맞춤법, 표준어 규정, 표준 발음법, 외래어 표기법, 국어의 로마자 표기법 등 국어 사용에 필요한 규범에 맞게 한글로 작성해야 한다(행정업무의 효율적 운영에 관한 규정 제7조 제1항). 뜻을 정확하게 전달하기 위하여 필요한 경우에는 괄호 안에 한자나 그 밖의 외국

---

97) 대구지방법원 2011. 5. 4. 선고 2010구합3833 판결.
98) [법제처 12-0188, 2012. 4. 20, 행정안전부]

어를 함께 적을 수 있으며, 특별한 사유가 없으면 가로로 쓴다.

국어기본법은 국가기관, 지방자치단체 등 공공기관[99]의 공문서는 어문규범에 맞추어 한글로 작성해야 하는데, 다만 뜻을 정확하게 전달하기 위하여 필요한 경우와 어렵거나 낯선 전문어 또는 신조어를 사용하는 경우에는 괄호 안에 한자 또는 다른 외국문자를 쓸 수 있도록 하고 있다(같은 법 제14조 제1항). 국어란 대한민국의 공용어로서 한국어를 말하고, 한글이란 국어를 표기하는 우리의 고유문자를 말한다(같은 법 제3조 제1호·제2호). 국가와 지방자치단체는 변화하는 언어 사용 환경에 능동적으로 대응하고, 국민의 국어능력 향상과 지역어 보전 등 국어의 발전과 보전을 위하여 노력해야 할 의무와 함께 정신상·신체상의 장애로 언어 사용에 어려움을 겪고 있는 국민이 불편 없이 국어를 사용할 수 있도록 필요한 정책을 수립하여 시행해야 할 의무가 있다(같은 법 제4조).

법원조직법도 법정에서는 국어를 사용하도록 하고 다만 소송관계인이 국어에 능통하지 못하는 경우에는 통역에 의하도록 하고 있다(제62조).

미국 정보자유법 제552조(a)(3)(A)도 행정기관은 기록을 합리적으로 기술할 것(reasonably describes such records)을 요구받고 있는데, 여기서 '합리적 기술'이라 함은 해당 행정기관의 전문적 지식을 가진 직원이 불합리한 양의 노력을 하지 않고(불합리할 정도의 노력은 하지 않고) 기록을 탐색할 수 있게 만드는 정도의 기술이 필요하다고 해석하고 있다.

2. '공공기록물 관리에 관한 법률'에 따른 공공기록물의 관리

(1) 애초부터 있어야 할 문서가 없다든지 그 소재가 명확하지 않은 상태에서는 정보공개법은 제대로 기능할 수 없다. 때문에 행정문서의 관리가 적절하게 행해지는 것이 매우 중요하다. 그런 의미에서 정보공개법과 공공기록물 관리에 관한 법률은 차의 두 바퀴라고 말해도 좋을 것이다.

(2) 공공기록물의 관리에 관하여는 '공공기록물 관리에 관한 법률'(약칭 '기록물관리법')에서 규율하고 있다.

---

[99] 국가기관, 지방자치단체, '공공기관의 운영에 관한 법률'에 따른 공공기관, 그 밖의 법률에 따라 설립된 특수법인을 말한다(국어기본법 제7조 제2항).

기록물관리법의 적용대상이 되는 공공기관은 국가기관·지방자치단체 그 밖에 대통령령이 정하는 기관인데(같은 법 제3조 제1호) 기록물관리법 시행령에서는 ① 공공기관의 운영에 관한 법률 제4조에 따른 기관 ② 지방공기업법에 따른 지방공사 및 지방공단 ③ 특별법에 의하여 설립한 법인(다만, 지방문화원진흥법에 의한 문화원 및 특별법에 의하여 설립된 조합·협회 제외) ④ 유아교육법, 초·중등교육법 및 고등교육법, 그 밖에 다른 법률에 따라 설립된 각급 학교를 공공기관에 포함시키고 있다(같은 법 시행령 제3조).

(3) 기록물관리법은 원칙적으로 공공기관이 업무와 관련하여 생산·접수한 기록물을 적용대상으로 삼고 있다.

이 법의 적용대상인 '기록물'이라 함은 공공기관이 업무와 관련하여 생산 또는 접수한 문서·도서·대장·카드·도면·시청각물·전자문서 등 모든 형태의 기록정보 자료와 행정박물을 의미하므로(같은 법 제3조 제2호) 정보공개법의 공개 대상인 '정보'와는 그 범위가 반드시 일치하지는 않는다. 다시 말해 기록물관리법상의 기록물은 기록정보 자료 자체, 즉 유형물을 말하는 반면 정보공개법상의 정보란 단순히 문서 자체만을 의미하는 것이 아니라 공공기관이 직무상 작성 또는 취득하여 관리하고 있는 문서·전자문서·도면·사진·필름·테이프·슬라이드 및 그 밖에 이에 준하는 매체[100] 등에 '기록된 사항', 즉 정보를 가리킨다는 점에서 구별된다(제2조 제1호).

공공기관이 아닌 개인이 생산·취득한 기록정보 자료는 일반적으로 정보공개법의 적용대상이 되지 아니할 것이나 이를 공공기관이 소유·관리하는 기록정보 자료는 정보공개법의 적용 대상이 될 것이다. 기록물관리법도 공공기관이 아닌 개인이 생산·취득한 기록정보 자료 중 국가적으로 보존할 가치가 있다고 인정되는 기록정보 자료 등을 공공기록물로서 분류하여 기록물관리법의 적용 대상으로 삼고 있다(같은 법 제2조).[101]

(4) 기록물관리기관이란 일정한 시설 및 장비와 이를 운영하기 위한 전문인력을 갖추고 기록물관리업무를 수행하는 기관을 말하며, 영구기록물관리기관·기록관 및 특수

---

100) 녹음테이프(오디오자료), 녹화테이프(비디오자료), 영화필름, 마이크로필름 등을 말한다. 정보공개법 시행규칙 [별표]

101) 공공기관이 아닌 자가 생산·취득한 기록정보 자료를 적용대상에 포함시킴에 따라 종전의 '공공기관의 기록물관리에 관한 법률'의 법명을 현재의 '공공기록물 관리에 관한 법률'로 개정한 것이다.

[표 2-5] 국가기록물 관리기관 체계[102]

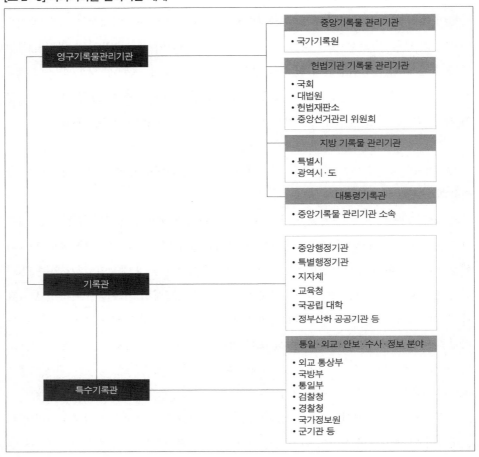

영구기록물관리기관	중앙기록물 관리기관
	• 국가기록원
	헌법기관 기록물 관리기관
	• 국회 • 대법원 • 헌법재판소 • 중앙선거관리 위원회
	지방 기록물 관리기관
	• 특별시 • 광역시 · 도
	대통령기록관
	• 중앙기록물 관리기관 소속
기록관	• 중앙행정기관 • 특별행정기관 • 지자체 • 교육청 • 국공립 대학 • 정부산하 공공기관 등
	통일 · 외교 · 안보 · 수사 · 정보 분야
특수기록관	• 외교 통상부 • 국방부 • 통일부 • 검찰청 • 경찰청 • 국가정보원 • 군기관 등

기록관으로 구분한다(같은 법 제3조 제4호).

　기록물을 영구적으로 관리하는 기관인 영구기록물관리기관은 다시 중앙기록물 관리기관과 헌법기관 기록물 관리기관, 지방 기록물 관리기관 및 대통령기록관으로 구분된다(같은 법 제3조 제5호).

　기록물관리를 총괄·조정하고 기록물의 영구보존 및 관리를 위하여 행정자치부 소속으로 '영구기록물관리기관'(겸 중앙기록물관리기관)로서 국가기록원(www.archives.go.kr)을 설치하여 운영하고 있다(같은 법 제9조 제1항, 같은 법 시행령 제6조).[103] 국회 · 대법원 · 헌법

---

102) 국가기록원 홈페이지 자료(http://www.archives.go.kr).

재판소 및 중앙선거관리위원회 등 헌법기관, 서울특별시장·광역시장·도지사 또는 제주특별자치도지사, 특별시·광역시·도교육감 또는 특별자치도교육감, 시장·군수·자치구의 구청장도 각각 소관 기관의 기록물을 영구보존 및 관리하기 위하여 영구기록물관리기관을 설치·운영하도록 하고 있다(같은 법 제10조, 제11조).

중앙행정기관, 감사원, 국가정보원, 검찰, 경찰 등 공공기관[104]은 '기록관'을 설치·운영해야 하고, 통일·외교·안보·수사·정보 분야의 기록물을 생산하는 공공기관[105]의 장은 소관 기록물을 장기간 관리하고자 하는 경우에는 중앙기록물 관리기관의 장과 협의

---

103) 국가기록원은 기록물관리에 관한 기본정책의 수립 및 제도개선, 공공기록물의 효율적인 수집·보존·평가 및 활용에 관한 사무를 관장하며(행정자치부와 그 소속기관 직제 제22조), 국가기록원장 소속으로 대통령기록물 관리에 관한 사무를 관장하는 대통령기록관과 그 외 나라기록관, 역사기록관 및 서울기록정보센터를 두고 있다.

104) 공공기록물 관리에 관한 법률 시행령 제10조(기록관의 설치) ① 다음 각 호의 어느 하나에 해당하는 공공기관은 법 제13조 제1항에 따라 기록관을 설치·운영하여야 한다. 다만, 제6호에 해당하는 공공기관이 법 제11조 제3항에 따른 지방기록물관리기관(공동 설치한 경우를 제외한다)을 설치·운영하는 경우에는 기록관을 따로 두지 아니하고 그 지방기록물관리기관이 기록관의 업무를 수행한다.
   1. '정부조직법' 제2조에 따른 중앙행정기관
   2. 감사원, 국가인권위원회, 방송통신위원회, 국가정보원, 국무조정실, 국무총리비서실
   3. 국민권익위원회, 공정거래위원회, 금융위원회, 원자력안전위원회
   4. 중앙행정기관의 소속기관 중 지방보훈청, 지방국세청, 서울세관, 인천공항세관, 부산세관, 인천세관, 대구세관, 광주세관, 고등검찰청, 지방검찰청, 지방교정청, 지방병무청, 지방경찰청, 우정사업본부, 지방우정청, 지방식품의약품안전청, 수도권대기환경청, 유역환경청, 지방환경청 및 국립환경과학원, 지방고용노동청, 중앙노동위원회, 지방국토관리청, 중앙토지수용위원회, 지방해양항만청, 지방항공청, 지방해양경비안전본부, 금융정보분석원
   5. 시·도
   6. 시·군·구(지방자치단체인 구를 말한다) 및 '제주특별자치도 설치 및 국제자유도시 조성을 위한 특별법' 제15조제2항에 따라 제주자치도에 두는 행정시
   7. 시·도 교육청 및 '지방교육자치에 관한 법률' 제34조에 따른 교육지원청
   8. 국방부 장관이 중앙기록물관리기관의 장과 협의하여 정하는 직할 군 기관
   9. 육군·해군·공군 참모총장이 중앙기록물관리기관의 장과 협의하여 정하는 군 기관
   10. 관리하여야 하는 기록물의 양이 행정자치부령으로 정하는 기준을 초과하는 다음 각 목의 어느 하나에 해당하는 기관
      가. 제3조제1호부터 제3호까지의 공공기관
      나. '고등교육법' 제2조에 따른 학교 중 사립학교
   11. '고등교육법' 제2조에 따른 학교 중 다음 각 목의 어느 하나에 해당하는 학교
      가. '국립학교 설치령' 제3조 및 [별표 1]에 따른 학교
      나. '한국교원대학교 설치령', '한국방송통신대학교 설치령' 및 '한국예술종합학교설치령'에 따른 학교
      다. 국립대학 법인
      라. 공립대학
   12. 그 밖에 영구기록물관리기관의 장이 기록관 설치가 필요하다고 인정되어 지정한 공공기관
105) 공공기록물 관리에 관한 법률 시행령 제11조(특수기록관의 설치) ① 법 제14조 제1항에 따른 특수기록관은 통일부, 외교부, 국방부 및 국방부 장관이 중앙기록물관리기관의 장과 협의하여 정하는 직할 군 기관, 국민안전처 및 지방해양경비안전본부, 대검찰청·고등검찰청·지방검찰청, 방위사업청, 경찰청 및 지방경찰청, 국가정보원, 육군본부, 해군본부, 공군본부 및 육군·해군·공군 참모총장이 중앙기록물관리기관의 장과 협의하여 정하는 군 기관에 각각 설치할 수 있다. 다만, 그 중앙행정기관에 특수기록관이 설치되지 아니한 경우에는 관할 기관에 특수기록관을 설치할 수 없다.

하여 '특수기록관'을 설치·운영할 수 있다(같은 법 제13조, 제14조).

기록물관리에 관한 기본정책의 수립, 기록물관리 표준의 제정·개정 및 폐지, 대통령 기록물의 관리, 비공개 기록물의 공개 및 이관시기 연장 승인, 국가지정기록물의 지정 및 해제 등을 심의하기 위하여 국무총리 소속으로 국가기록관리위원회를 두고 있다(같은 법 제15조 제1항).

[표 2-6] 기록관리 표준업무 처리도[106]

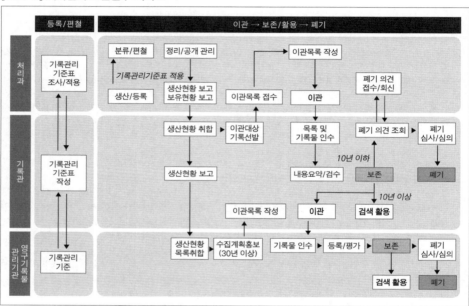

(5) 기록물관리란 기록물의 생산·분류·정리·이관·수집·평가·폐기·보존·공개·활용 및 이에 부수되는 모든 업무를 말한다(기록물관리법 제3조 제3호).

기록물관리의 원칙은 공공기관 및 기록물관리기관의 장은 기록물의 생산부터 활용까지의 모든 과정에 걸쳐 진본성, 무결성, 신뢰성 및 이용 가능성이 보장될 수 있도록 관리하여야 한다는 점이다(같은 법 제5조). 또한 공공기관 및 기록물관리기관의 장은 기록물이 전자적으로 생산·관리되도록 필요한 조치를 마련해야 하며, 전자적 형태로 생산되지 아니한 기록물도 전자적으로 관리되도록 노력해야 한다(같은 법 제6조).

---

106) 국가기록원 홈페이지 자료(http://www.archives.go.kr).

(6) 공공기관은 효율적이고 책임 있는 업무수행을 위하여 업무의 입안단계부터 종결단계까지 업무수행의 모든 과정 및 결과가 기록물로 생산·관리될 수 있도록 업무과정에 기반한 기록물관리를 위하여 필요한 조치를 마련해야 한다(같은 법 제16조).

특히 공공기관은 주요 정책 또는 사업 등을 추진하려면 미리 그 조사·연구서 또는 검토서 등을 생산해야 한다(같은 법 제17조 제1항).

즉, 공공기관이 ① 법령의 제정 또는 개정 관련 사항 ② 조례의 제정 또는 개정이나 이에 상당하는 주요 정책의 결정 또는 변경 ③ 행정절차법에 의하여 행정예고를 하여야 하는 사항 ④ 국제기구 또는 외국정부와 체결하는 주요 조약·협약·협정·의정서 등 ⑤ 국가재정법 시행령 제13조 제1항 및 제14조에 해당하는 대규모 사업·공사 ⑥ 그 밖에 기록물관리기관의 장이 조사·연구서 또는 검토서의 작성이 필요하다고 인정하는 사항을 추진하고자 하는 경우에는 미리 조사·연구서 또는 검토서를 작성하여 보존하여야 한다. 조사·연구서 또는 검토서에는 조사·연구 또는 검토 배경, 제안자 등 관련자의 소속·직급 및 성명, 기관장 또는 관계기관의 지시·지침 또는 의견, 관련 현황과 검토 내용, 각종 대안과 조치 의견, 예상되는 효과 또는 결과의 분석 등이 포함되어야 한다(같은 법 시행령 제17조).

또한 공공기관은 주요 회의의 회의록, 속기록 또는 녹음기록을 작성하여야 하며, 주요 업무수행과 관련된 시청각 기록물 등을 생산해야 한다(같은 법 제17조 제2항).

이에 따라 공공기관이 ① 대통령이 참석하는 회의 ② 국무총리가 참석하는 회의 ③ 주요 정책의 심의 또는 의견조정을 목적으로 차관급 이상의 주요 직위자를 구성원으로 하여 운영하는 회의 ④ 정당과의 업무협의를 목적으로 차관급 이상의 주요 직위자가 참석하는 회의 ⑤ 개별법 또는 특별법에 따라 구성된 위원회 또는 심의회 등이 운영하는 회의 ⑥ 지방자치단체장, 교육감 및 지방교육자치에 관한 법률 제34조에 따른 교육장이 참석하는 회의 ⑦ 기록물관리법 제17조 제1항 각 호의 어느 하나에 해당하는 사항에 관한 심의 또는 의견조정을 목적으로 관계기관의 국장급 이상 공무원 3인 이상이 참석하는 회의 ⑧ 그 밖에 회의록의 작성이 필요하다고 인정되는 주요 회의를 개최하는 경우에는 회의록을 작성하여야 한다(같은 법 시행령 제18조 제1항).

회의록에는 회의의 명칭, 개최기관, 일시 및 장소, 참석자 및 배석자 명단, 진행 순서, 상정 안건, 발언 요지, 결정 사항 및 표결 내용에 관한 사항이 포함되어야 하며, 전자기록생산시스템을 통하여 회의록을 생산 또는 등록하여 관리해야 하며 특히 위 ①~③ 및

⑤에 해당하는 회의 중 영구기록물관리기관의 장이 지정하는 회의는 회의록과 함께 속
기록 또는 녹음기록 중 어느 하나를 생산하여야 하며, 녹음기록의 경우에는 녹취록을
함께 생산해야 한다. 회의록 등은 그 회의를 소집 또는 주관하는 공공기관이 작성하여
야 하며, 주관기관이 불분명하거나 공공기관이 아닌 경우에는 대상 회의의 참석자 중
회의 안건과 관련하여 업무의 연관성이 가장 높은 공공기관을 정하고, 해당 공공기관이
작성한다.

그런데 속기록 또는 녹음기록·녹취록을 생산한 공공기관은 그 기록물의 전부 또는
일부를 보존기간의 기산일부터 10년(대통령이 참석하는 회의는 15년)을 초과하지 아니하
는 범위 내에서 공개하지 않을 수 있다.

(7) 공공기관은 업무수행 과정에서 기록물을 생산하거나 접수하였을 때에는 그 기
록물의 등록·분류·편철 등에 필요한 조치를 하여야 한다. 다만, 기록물의 특성상 그 등
록·분류·편철 등의 방식을 달리 적용할 필요가 있다고 인정되는 수사·재판 관련 기록
물의 경우에는 관계 중앙행정기관의 장이 중앙기록물관리기관의 장과 협의하여 따로
정할 수 있다(같은 법 제18조).

또한 공공기관은 기록물의 보존기간, 공개 여부, 비밀 여부 및 접근권한 등을 분류하
여 관리하고, 일정한 기간 이내에 기록물을 소관 기록관 또는 특수기록관으로 이관해야
하며, 기록관이나 특수기록관은 보존기간이 30년 이상으로 분류된 기록물을 소관 영구
기록물관리기관으로 이관하여야 한다(같은 법 제19조 제1항~제3항).[107] 공공기관은 기록
물의 원활한 수집 및 이관을 위하여 매년 기록물의 생산현황을 소관 기록물관리기관에
통보하여야 하고 중앙기록물관리기관의 장은 공공기관 기록물의 관리 상태를 정기적
으로 또는 수시로 점검해야 한다(같은 법 제19조 제6항·제7항).

한편 전자기록물의 관리를 위하여 중앙기록물관리기관의 장은 컴퓨터 등의 정보처

---

107) 다만 특수기록관은 소관 비공개 기록물의 이관시기를 생산연도 종료 후 30년까지 연장할 수 있으며, 30년이 지난
후에도 업무수행에 사용할 필요가 있는 경우에는 대통령령으로 정하는 바에 따라 중앙기록물관리기관의 장에게
이관시기 연장을 요청할 수 있고 특히 국가정보원장은 소관 비공개 기록물의 이관시기를 생산연도 종료 후 50년
까지 연장할 수 있으며, 공개될 경우 국가안전보장에 중대한 지장을 줄 것이 예상되는 정보 업무 관련 기록물의
이관시기는 대통령령으로 정하는 바에 따라 중앙기록물관리기관의 장과 협의하여 따로 정할 수 있다(같은 법 제
19조 제4항·제5항). 그러나 이는 지나치게 오랜 기간 동안 국민의 알권리를 제한하는 과도한 정보보안조치라 할
것이다.

리장치에 의하여 생산·관리되는 기록정보 자료(전자기록물)의 안전하고 체계적인 관리 및 활용 등을 위하여 전자기록물 관리체계를 구축·운영하여야 한다.

(8) 기록물관리법 시행령 제26조 제1항은 기록물의 보존기간을 영구, 준영구, 30년, 10년, 5년, 3년, 1년으로 구분하고 있다. 다만, 대통령기록물과 수사·재판·정보·보안 관련 기록물은 소관 중앙행정기관의 장이 중앙기록물관리기관의 장과 협의하여 보존기간의 구분 및 그 책정기준을 달리 정할 수 있도록 하고 있다.

[표 2-7] 기록물의 보존기간별 책정 기준[108]

보존 기간	대상기록물
영구	1. 공공기관의 핵심적인 업무수행을 증명하거나 설명하는 기록물 중 영구 보존이 필요한 기록물 2. 국민이나 기관 및 단체, 조직의 지위, 신분, 재산, 권리, 의무를 증명하는 기록물 중 영구보존이 필요한 기록물 3. 국가나 지역사회의 역사경험을 증명할 수 있는 기록물 중 영구보존이 필요한 기록물 4. 국민의 건강증진, 환경보호를 위하여 필요한 기록물 중 영구보존이 필요한 기록물 5. 국민이나 기관 및 단체, 조직에 중대한 영향을 미치는 주요한 정책, 제도의 결정이나 변경과 관련된 기록물 중 영구보존이 필요한 기록물 6. 인문·사회·자연 과학의 중요한 연구성과와 문화예술분야의 성과물로 국민이나 기관 및 단체, 조직에 중대한 영향을 미치는 사항 중 영구보존이 필요한 기록물 7. 공공기관의 조직구조 및 기능의 변화, 권한 및 책무의 변화, 기관장 등 주요직위자의 임면 등과 관련된 기록물 중 영구보존이 필요한 기록물 8. 일정 규모 이상의 국토의 형질이나 자연환경에 영향을 미치는 사업·공사 등과 관련된 기록물 중 영구보존이 필요한 기록물 9. 제17조 제1항 각 호의 어느 하나에 해당하는 사항에 관한 기록물 중 영구보존이 필요한 기록물 10. 제18조 제1항 각 호의 어느 하나에 해당하는 회의록 중 영구보존이 필요한 기록물 11. 제19조 제1항 각 호의 어느 하나에 해당하는 시청각기록물 중 영구보존이 필요한 기록물 12. 국회 또는 국무회의의 심의를 거치는 사항에 관한 기록물 중 영구보존이 필요한 기록물 13. 공공기관의 연도별 업무계획과 이에 대한 추진과정, 결과 및 심사분석 관련 기록물, 외부기관의 기관에 대한 평가에 관한 기록물 14. 대통령, 국무총리의 지시사항과 관련된 기록물중 영구보존이 필요한 기록물 15. 백서, 그 밖에 공공기관의 연혁과 변천사를 규명하는 데 유용한 중요 기록물 16. 다수 국민의 관심사항이 되는 주요 사건 또는 사고 및 재해 관련 기록물

---

108) 공공기록물관리에 관한 법률 시행령 제26조 제1항.

보존 기간	대상기록물
영구	17. 대통령, 국무총리 관련 기록물과 외국의 원수 및 수상 등의 한국 관련 기록물 18. 토지 등과 같이 장기간 존속되는 물건 또는 재산의 관리, 확인, 증명에 필요한 중요 기록물 19. 장·차관급 중앙행정기관 및 광역자치단체의 장의 공식적인 연설문, 기고문, 인터뷰 자료 및 해당 기관의 공식적인 브리핑 자료 20. 국회와 중앙행정기관 간, 지방의회와 지방자치단체 간 주고받은 공식적인 기록물 21. 외국의 정부기관 혹은 국제기구와의 교류협력, 협상, 교류활동에 관한 주요 기록물 22. 공공기관 소관 업무분야의 통계·결산·전망 등 대외발표 혹은 대외 보고를 위하여 작성한 기록물 23. 영구기록물관리기관의 장 및 제3조 각 호의 어느 하나에 해당하는 공공기관의 장이 정하는 사항에 관한 기록물 24. 다른 법령에 따라 영구 보존하도록 규정된 기록물 24의2. 기관의 조직, 기능 및 기관과 국민 간의 의사소통 등에 관한 웹기록물 및 웹기록물 관련 시스템의 구축·운영과 관련된 중요한 기록물 25. 그 밖에 역사자료로서의 보존가치가 높다고 인정되는 기록물
준영구	1. 국민이나 기관 및 단체, 조직의 신분, 재산, 권리, 의무를 증빙하는 기록물 중 관리대상 자체가 사망, 폐지, 그 밖의 사유로 소멸되기 때문에 영구보존할 필요성이 없는 기록물 2. 비치기록물로서 30년 이상 장기보존이 필요하나 일정기간이 경과하면 관리대상 자체가 사망, 폐지, 그 밖의 사유로 소멸되기 때문에 영구보존의 필요성이 없는 기록물 3. 국민이나 기관 및 단체, 조직의 권리, 신분 증명 및 의무부과, 특정대상 관리 등을 위하여 행정기관이 구축하여 운영하는 행정정보시스템의 데이터세트(dataset) 및 운영시스템의 구축과 관련된 중요한 기록물 4. 토지수용, '보안업무규정' 제30조에 따른 보호구역 등 국민의 재산권과 관련된 기록물 중 30년 이상 보존할 필요가 있는 기록물 5. 관계 법령에 따라 30년 이상의 기간 동안 민·형사상 책임 또는 시효가 지속되거나, 증명자료로서의 가치가 지속되는 사항에 관한 기록물 6. 그 밖에 역사자료로서의 가치는 낮으나 30년 이상 장기보존이 필요하다고 인정되는 기록물
30년	1. 영구·준영구적으로 보존할 필요는 없으나 공공기관의 설치목적을 구현하기 위한 주요업무와 관련된 기록물로서 10년 이상의 기간 동안 업무에 참고하거나 기관의 업무 수행 내용을 증명할 필요가 있는 기록물 2. 장·차관, 광역자치단체장 등 고위직 기관장의 결재를 필요로 하는 일반적인 사항에 관한 기록물 3. 관계 법령에 따라 10년 이상 30년 미만의 기간 동안 민·형사상 또는 행정상의 책임 또는 시효가 지속되거나, 증명자료로서의 가치가 지속되는 사항에 관한 기록물 4. 다른 법령에 따라 10년 이상 30년 미만의 기간 동안 보존하도록 규정한 기록물 5. 그 밖에 10년 이상의 기간 동안 보존할 필요가 있다고 인정되는 기록물
10년	1. 30년 이상 장기간 보존할 필요는 없으나 공공기관의 주요업무에 관한 기록물로 5년 이상의 기간 동안 업무에 참고하거나 기관의 업무 수행 내용을 증명할 필요가 있는 기록물

보존 기간	대상기록물
10년	2. 본부·국·실급 부서장의 전결사항으로 공공기관의 주요업무를 제외한 일반적인 사항과 관련된 기록물 3. 관계 법령에 따라 5년 이상 10년 미만의 기간 동안 민·형사상 책임 또는 시효가 지속되거나, 증명자료로서의 가치가 지속되는 사항에 관한 기록물 4. 다른 법령에 따라 5년 이상 10년 미만의 기간 동안 보존하도록 규정한 기록물 5. 그 밖에 5년 이상 10년 미만의 기간 동안 보존할 필요가 있다고 인정되는 기록물
5년	1. 처리과 수준의 주요한 업무와 관련된 기록물로서 3년 이상 5년 미만의 기간 동안 업무에 참고하거나 기관의 업무 수행 내용을 증명할 필요가 있는 기록물 2. 기관을 유지하는 일반적인 사항에 관한 예산·회계 관련 기록물(10년 이상 보존대상에 해당하는 주요 사업 관련 단위과제에 포함되는 예산·회계 관련 기록물의 보존기간은 해당 단위과제의 보존기간을 따른다) 3. 관계 법령에 따라 3년 이상 5년 미만의 기간 동안 민사상·형사상 책임 또는 시효가 지속되거나, 증명자료로서의 가치가 지속되는 사항에 관한 기록물 4. 다른 법령에 따라 3년 이상 5년 미만의 기간 동안 보존하도록 규정한 기록물 5. 그 밖에 3년 이상 5년 미만의 기간 동안 보존할 필요가 있다고 인정되는 기록물
3년	1. 처리과 수준의 일상적인 업무를 수행하면서 생산한 기록물로서 1년 이상 3년 미만의 기간 동안 업무에 참고하거나 기관의 업무 수행 내용을 증명할 필요가 있는 기록물 2. 행정업무의 참고 또는 사실의 증명을 위하여 1년 이상 3년 미만의 기간 동안 보존할 필요가 있는 기록물 3. 관계 법령에 따라 1년 이상 3년 미만의 기간 동안 민·형사상의 책임 또는 시효가 지속되거나, 증명자료로서의 가치가 지속되는 사항에 관한 기록물 4. 다른 법령에 따라 1년 이상 3년 미만의 기간 동안 보존하도록 규정한 기록물 5. 그 밖에 1년 이상 3년 미만의 기간 동안 보존할 필요가 있다고 인정되는 기록물 6. 각종 증명서 발급과 관련된 기록물(다만, 다른 법령에 증명서 발급 관련 기록물의 보존기간이 별도로 규정된 경우에는 해당 법령에 따름) 7. 처리과 수준의 주간·월간·분기별 업무계획 수립과 관련된 기록물
1년	1. 행정적·법적·재정적으로 증명할 가치가 없으며, 역사적으로 보존하여야 할 필요가 없는 단순하고 일상적인 업무를 수행하면서 생산한 기록물 2. 기관 내 처리과 간에 접수한 일상적인 업무와 관련된 사항을 전파하기 위한 지시 공문 3. 행정기관 간의 단순한 자료요구, 업무연락, 통보, 조회 등과 관련된 기록물 4. 상급기관(부서)의 요구에 따라 처리과의 현황, 업무수행 내용 등을 단순히 보고한 기록물(취합부서에서는 해당 단위과제의 보존기간 동안 보존하여야 한다)

(9) 게다가 영구보존으로 분류된 기록물 중 중요한 기록물은 복제본을 제작하여 보존하거나 보존매체에 수록하는 등의 방법으로 이중보존하는 것을 원칙으로 하고 있다 (같은 법 21조 제1항).

즉, 기록물관리기관이 보존 중인 전자적 형태로 생산되지 아니한 기록물 중 보존기간이 준영구 이상인 경우에는 원본과 보존매체를 함께 보존하는 방법, 원본을 그대로 보존하는 방법, 원본은 폐기하고 보존매체만 보존하는 방법의 어느 하나의 방법으로 보존해야 한다.

기록물관리기관의 장은 보존가치가 매우 높은 전자기록물에 대하여는 마이크로필름 등 육안으로 식별이 가능한 보존매체에 수록하여 관리하여야 하고(같은 법 시행령 제29조 제3항), 원본은 폐기하고 보존매체만 보존하는 방식으로 기록물을 보존하고자 하는 경우에도 마이크로필름 등 육안으로 식별이 가능한 보존매체에 수록하여야 한다(같은 법 시행령 제29조 제2항).

[표 2-8] 기록물의 보존방법별 구분 기준(제29조 제1항 관련)

구분	대상기록물
원본과 보존매체를 함께 보존하는 방법	1. 보존 가치가 매우 높아 병행보존이 필요하다고 인정되는 기록물 2. 증명자료 또는 업무참고자료로서 열람 빈도가 매우 높을 것으로 예상되는 기록물 3. 원본의 형상 또는 재질 등이 특이하여 문화재적 가치가 있을 것으로 예상되는 기록물 4. 그 밖에 원본과 보존매체의 중복보존이 필요하다고 인정되는 기록물
원본을 그대로 보존하는 방법	1. 보존가치는 높으나 열람 빈도가 높지 아니할 것으로 예상되는 기록물 2. 그 밖에 어느 정도의 기간이 지난 후에 보존방법을 결정하는 것이 타당하다고 인정되는 기록물
원본은 폐기하고 보존매체만 보존하는 방법	원본을 보존하지 아니하고 내용만 보존해도 보존 목적을 달성할 수 있다고 인정되는 기록물

(10) 공공기관이 폐지된 경우 그 사무를 승계하는 기관이 없을 때에는 폐지되는 공공기관의 장은 지체 없이 그 기관의 기록물을 소관 영구기록물관리기관으로 이관하고, 그 사무를 승계하는 기관이 있을 때에는 폐지되는 기관의 장과 그 사무를 승계하는 기관의 장은 기록물 인수인계가 원활하게 이루어질 수 있도록 조치해야 한다(같은 법 제25조).

공공기관의 장 및 영구기록물관리기관의 장은 기록물이 유출되어 민간인이 이를 소유하거나 관리하는 경우에는 그 기록물을 회수하거나 위탁보존 또는 복제본 수집 등 필요한 조치를 해야 한다(같은 법 제26조 제1항).

공공기관이 기록물을 폐기하려는 경우에는 기록물관리 전문요원의 심사와 기록물평가심의회의 심의를 거쳐야 하며 영구기록물관리기관이 보존 중인 기록물의 보존가치를 재분류하여 폐기하려는 경우에는 대통령령으로 정하는 기준과 절차를 준수하여야 한다(같은 법 제27조).

(11) 기록물관리법은 비밀 기록물에 관하여도 규정하고 있다.[109]

기록물관리기관의 장은 비밀 기록물관리에 필요한 별도의 전용서고 등 비밀 기록물 관리체계를 갖추고 전담 관리요원을 지정하여야 하며, 비밀 기록물 취급과정에서 비밀이 누설되지 아니하도록 보안대책을 수립·시행하여야 한다(같은 법 제32조).

공공기관은 비밀 기록물을 생산할 때에는 그 기록물의 원본에 비밀 보호기간 및 보존기간을 함께 정하여 보존기간이 끝날 때까지 관리되도록 해야 하며 보존기간은 비밀 보호기간 이상의 기간으로 책정하여야 하고 비밀 기록물의 원본은 소관 기록물관리기관으로 이관하여 보존해야 한다(같은 법 제33조). 공공기관의 장은 해당 기관이 생산한 비밀 기록물 원본에 대하여 매년 그 생산·해제 및 재분류 현황을 소관 영구기록물관리기관의 장에게 통보해야 한다(같은 법 제34조).

(12) 기록물관리법은 정보공개법과 별개로 기록물의 공개·열람 및 활용에 대해 규정하고 있다(같은 법 제35조).

공공기관은 소관 기록물관리기관으로 기록물을 이관하려는 경우에는 그 기록물의 공개 여부를 재분류하여 이관해야 한다. 기록물관리기관은 비공개로 재분류된 기록물에 대하여는 재분류된 연도부터 5년마다 공개 여부를 재분류하여야 한다. 비공개 기록물은 생산연도 종료 후 30년이 지나면 모두 공개하는 것을 원칙으로 하나 기록물 생산기관으로부터 기록물 비공개 기간의 연장 요청을 받은 영구기록물관리기관의 장은 기록물공개심의회 및 국가기록관리위원회의 심의를 각각 거쳐 해당 기록물을 공개하지 아니할 수 있다. 이 경우 비공개로 재분류된 기록물에 대하여는 비공개 유형별 현황을 관보와 인터넷 홈페이지 등에 공고하여야 하고, 재분류된 연도부터 5년마다 공개 여부를 재분류하여야 한다. 기록물관리기관의 장은 통일·외교·안보·수사·정보 분야의 기

---

109) 비밀 기록관리의 문제점과 개선방안에 대하여는 서원경, 「우리나라 비밀 기록관리 현황에 관한 연구」, 『한국기록 관리학회지』 제6권 제1호, 2006, 93~112쪽; 안지현, 「비공개 기록의 관리와 활용에 관한 연구」, 『기록학연구』 제13호, 2010, 135~178쪽 참조.

록물을 공개하려면 미리 그 기록물을 생산한 기관의 장의 의견을 들어야 한다.

영구기록물관리기관의 장은 해당 기관이 관리하고 있는 비공개 기록물에 대하여 ①
개인에 관한 정보로서 본인이나 상속인 또는 본인의 위임을 받은 대리인이 열람을 청구
한 경우 ② 개인이나 단체가 권리구제 등을 위하여 열람을 청구한 경우로서 해당 기록
물이 아니면 관련 정보의 확인이 불가능하다고 인정되는 경우 ③ 공공기관에서 직무수
행상 필요에 따라 열람을 청구한 경우로서 해당 기록물이 아니면 관련 정보의 확인이
불가능하다고 인정되는 경우 ④ 개인이나 단체가 학술연구 등 비영리 목적으로 열람을
청구한 경우로서 해당 기록물이 아니면 관련 정보의 확인이 불가능하다고 인정되는 경
우에 해당하는 열람 청구를 받으면 이를 제한적으로 열람하게 할 수 있다(같은 법 제37조
제1항).

즉, 비공개 기록물을 열람하고자 하는 청구인이 이름·주민등록번호·소속·주소 및
전화번호·전자우편주소 등 연락처, 열람 청구 대상 기록물, 청구 목적, 열람신청서에
기재한 목적 내 사용에 대한 동의 사항을 기재한 비공개 기록물 열람신청서를 제출하
면 영구기록물관리기관의 장은 10일 이내에 제한적 열람 가능 여부를 결정하여 신청인
에게 통지하되 만약 생산기관 의견조회, 기록물공개심의회 심의 등이 필요한 경우에는
10일 범위 내에서 제한적 열람 결정을 연장할 수 있다. 이 경우 영구기록물관리기관의
장은 그 사실을 신청인에게 통지해야 한다(같은 법 시행령 제73조 제2항·제3항). 만약 영구
기록물관리기관이 비공개 결정을 한 경우에는 신청인은 7일 이내에 재심의 요청서를
제출할 수 있으며, 영구기록물관리기관은 7일 이내에 기록물공개심의회에서 재결정해
야 한다(같은 법 시행령 제73조 제4항). 비공개 기록물을 열람한 자는 그 기록물에 관한 정
보를 열람신청서에 적은 목적 외의 용도로 사용할 수 없다(같은 법 제37조 제2항).

(13) 기록물관리법은 정보공개법과는 달리 일정한 범법행위에 대해 벌칙을 가하고
있다.

기록물을 무단으로 파기한 자와 기록물을 무단으로 국외로 반출한 자(기록물을 취득
할 당시에 공무원이나 공공기관의 임직원이 아닌 사람은 제외한다)는 7년 이하의 징역 또는 3천
만 원 이하의 벌금에 처하고(같은 법 제50조), 기록물을 무단으로 은닉하거나 유출한 자,
기록물을 중과실로 멸실시킨 자, 기록물을 고의 또는 중과실로 그 일부 내용이 파악되
지 못하도록 손상시킨 자 및 비공개 기록물에 관한 정보를 목적 외의 용도로 사용한 자

는 3년 이하의 징역 또는 2천만 원 이하의 벌금에 처한다(같은 법 제51조).

3. 대통령기록물의 관리

(1) 공공기관 중 특히 대통령의 기록물에 관하여는 이를 보다 효율적으로 관리하기 위하여 2007년 기록물관리법의 특별법으로 '대통령기록물 관리에 관한 법률'(약칭 대통령기록물관리법)이 제정되어 시행되고 있다.[110]

(2) 대통령기록물이란 대통령·대통령권한대행·대통령당선인의 직무수행과 관련하여 ① 대통령 ② 대통령의 보좌기관·자문기관 및 경호업무를 수행하는 기관 ③ 대통령직인수에 관한 법률 제6조에 따른 대통령직인수위원회가 생산·접수하여 보유하고 있는 기록물과 국가적 보존가치가 있는 대통령 상징물(대통령을 상징하는 문양이 새겨진 물품 및 행정박물 등)을 말한다(같은 법 제2조 제1호).

대통령기록물의 소유권은 국가에 있으며, 국가는 대통령기록물을 관리해야 한다(대통령기록물관리법 제3조). 대통령기록물의 관리에 관하여 대통령기록물관리법에 규정되지 아니한 사항에 관하여는 기록물관리법을 적용한다(같은 법 제4조).

(3) 대통령기록물의 효율적 보존·열람 및 활용을 위하여 중앙기록물관리기관(국가기록원)의 장은 그 소속에 대통령기록관을 설치해야 한다(같은 법 제21조).

대통령기록관(www.pa.go.kr)이란 대통령기록물의 영구보존에 필요한 시설 및 장비와 이를 운영하기 위한 전문인력을 갖추고 대통령기록물을 영구적으로 관리하는 기관을 말한다(같은 법 제2조 제2호).

특정 대통령의 기록물을 관리하기 위하여 필요한 경우에는 개별 대통령기록관을 설치할 수 있다(같은 법 제25조 제1항). 개인 또는 단체가 특정 대통령의 기록물을 관리하기 위한 시설을 건립하여 국가에 기부채납하는 경우에는 국가기록관리위원회의 심의를 거쳐 이를 개별 대통령기록관으로 본다(같은 법 제25조 제2항).

---

110) 역대 대통령별 기록물 소장 현황은 대통령기록원 홈페이지(http://www.pa.go.kr/ARC/status/status01/status_ownrecord.htm) 참조.

대통령기록물의 관리에 관한 사항을 심의하기 위하여 국가기록관리위원회에 대통령기록관리위원회를 두고 있다(같은 법 제5조 제1항).

(4) 대통령과 대통령의 보좌기관·자문기관 및 경호업무를 수행하는 기관, 그리고 대통령직인수위원회의 장은 대통령의 직무수행과 관련한 모든 과정 및 결과가 기록물로 생산·관리되도록 해야 한다(같은 법 제7조 제1항). 중앙기록물관리기관은 대통령기록물을 철저하게 수집·관리하고, 충분히 공개·활용될 수 있도록 해야 한다(같은 법 제7조 제2항).

대통령기록물은 전자적으로 생산·관리되도록 해야 하며, 전자적 형태로 생산되지 아니한 기록물에 대하여도 전자적으로 관리되도록 해야 한다(같은 법 제8조). 대통령기록물생산기관의 장은 대통령기록물의 체계적 관리를 위하여 기록관을 설치·운영해야 한다(같은 법 제9조 제1항).

대통령기록관의 장은 역대 대통령이 재임 전·후 및 재임 당시에 생산한 개인기록물[111]에 대하여도 국가적으로 보존할 가치가 있다고 인정되는 경우에는 해당 대통령 및 해당 기록물 소유자의 동의를 받아 이를 수집·관리할 수 있는데 이를 수집하는 때에는 대통령 및 이해관계인과 해당 기록물의 소유권·공개 및 자료제출 여부 등 관리조건에 관한 구체적 사항을 협의하여 정해야 한다(같은 법 제26조 제1항·제2항).

대통령기록물생산기관은 대통령기록물의 원활한 수집 및 이관을 위하여 매년 대통령기록물의 생산현황을 소관 기록관에게 통보하고, 소관 기록관은 중앙기록물관리기관의 장에게 통보해야 한다. 다만, 임기가 종료되는 해와 그 전년도의 생산현황은 임기가 종료되기 전까지 통보해야 한다(같은 법 제10조 제1항).

대통령기록물생산기관은 매년 3월 31일까지 관할 기록관에게, 기록관은 매년 5월 31일까지 중앙기록물관리기관에게 대통령기록물의 생산부서, 생산연도, 기능명, 기능별 생산수량 등의 정보가 적혀 있는 목록이 포함된 전년도의 대통령기록물 생산현황을 통보해야 한다(같은 법 시행령 제4조).

대통령기록물생산기관은 대통령령으로 정하는 기간 이내에[112] 대통령기록물을 소관 기록관으로 이관해야 하며, 기록관은 대통령의 임기가 종료되기 전까지 이관대상 대통

---

111) 개인기록물이란 대통령의 사적인 일기·일지 또는 개인의 정치활동과 관련된 기록물 등으로서 대통령의 직무와 관련되지 아니하거나 그 수행에 직접적인 영향을 미치지 아니하는 대통령의 사적인 기록물을 말한다(대통령기록물관리법 제2조 제3호).

령기록물을 중앙기록물관리기관으로 이관해야 한다. 다만, 대통령직인수기관의 기록물은 대통령직 인수에 관한 법률 제6조에 따른 존속기한이 경과되기 전까지 중앙기록물관리기관으로 이관해야 한다(같은 법 제11조 제1항).

대통령 경호업무를 수행하는 기관의 장이 대통령 경호 관련 기록물을 업무수행에 활용할 목적으로 이관시기를 연장하려는 때에는 대통령령으로 정하는 바에 따라[113] 중앙기록물관리기관의 장에게 이관시기의 연장을 요청할 수 있다. 중앙기록물관리기관은 대통령 경호기관의 장과 협의하여 이관시기를 따로 정할 수 있다.

중앙기록물관리기관은 대통령기록물을 이관 받은 때에는 대통령기록관에서 이를 관리하게 해야 한다(같은 법 제11조 제3항). 대통령기록물생산기관의 기록관의 장은 대통령 임기종료 6개월 전부터 이관대상 대통령기록물의 확인·목록작성 및 정리 등 이관에 필요한 조치를 강구해야 한다(같은 법 제11조 제4항).

중앙기록물관리기관은 대통령기록물이 공공기관 밖으로 유출되거나 대통령기록물이 이관되지 아니한 경우에는 이를 회수하거나 이관받기 위하여 필요한 조치를 강구해야 한다(같은 법 제12조).

(5) 대통령기록물생산기관의 장은 보존기간이 경과된 대통령기록물을 폐기하려는 때에는 위원회의 심의를 거쳐 폐기대상 목록을 폐기하려는 날부터 60일 전까지 대통령

---

112) 기록물관리법 시행령 제5조(이관 시기) ① 대통령기록물생산기관의 장은 대통령기록물을 '사무관리규정' 제3조 제3호에 따른 처리과(이하 '처리과'라 한다)에서 보관한 후 법 제11조 제1항 본문에 따라 보존기간의 기산일부터 2년 이내에 관할 기록관으로 이관해야 한다. 다만, 대통령기록물생산기관의 처리과가 폐지되어 그 사무를 승계하는 부서가 없을 경우에는 지체 없이 관할 기록관으로 이관해야 한다.
② 제1항에도 불구하고 대통령의 임기가 종료되는 해와 그 전년도에 생산된 대통령기록물은 대통령의 임기가 종료되기 전까지 관할 기록관으로 이관해야 한다.
③ 대통령비서실 기록관의 장은 대통령의 임기가 시작되면 지체 없이 대통령이 대통령당선인으로서 직무수행과 관련하여 생산한 대통령기록물을 대통령비서실의 기록관으로 이관 받아야 한다.
④ 대통령권한대행은 권한대행의 자격이 상실되면 지체 없이 대통령권한대행인으로서의 직무수행과 관련하여 생산한 대통령기록물을 대통령비서실의 기록관으로 이관해야 한다.
⑤ 대통령기록물생산기관이 폐지되어 그 사무를 승계하는 기관이 없을 경우에는 대통령기록물생산기관의 장은 지체 없이 그 기관의 대통령기록물을 관할 기록관 또는 중앙기록물관리기관으로 이관해야 한다.
113) 기록물관리법 시행령 제6조(대통령 경호 관련 기록물의 이관시기 연장 등) ① 대통령 경호기관의 장은 법 제11조 제2항에 따라 대통령 경호 관련 기록물의 이관시기를 연장하려는 경우에는 대통령의 임기가 끝나기 6개월 전에 대상 대통령기록물의 목록, 연장시기 및 사유 등을 기재하여 중앙기록물관리기관의 장에게 이관시기 연장을 요청해야 한다.
② 제1항에 따라 이관시기의 연장을 요청받은 중앙기록물관리기관의 장은 위원회의 심의를 거쳐 이관시기의 연장 여부 및 이관시기 등을 정해야 한다.

기록관의 장에게 보내야 하며, 대통령기록관의 장은 목록을 받은 날부터 50일 이내에 대통령기록관리위원회의 심의를 거쳐 그 결과를 대통령기록물생산기관의 장에게 통보해야 한다(같은 법 제13조 제1항). 대통령기록물생산기관의 장은 폐기가 결정된 대통령기록물의 목록을 지체 없이 관보 또는 정보통신망에 고시해야 한다(같은 법 제13조 제2항). 대통령기록관의 장은 이관된 대통령기록물 중 보존기간이 경과된 대통령기록물을 폐기하려는 경우에는 대통령기록관리위원회의 심의를 거쳐야 하고 폐기가 결정된 대통령기록물의 목록을 지체 없이 관보 또는 정보통신망에 고시해야 한다(같은 법 제13조 제3항).

누구든지 무단으로 대통령기록물을 파기·손상·은닉·멸실 또는 유출하거나 국외로 반출해서는 안 된다(같은 법 제14조).

(6) 대통령기록물은 정보공개법 제9조 제1항에 해당하는 정보를 포함하고 있는 경우가 아니면 이를 공개하는 것을 원칙으로 한다(같은 법 제16조 제1항).

대통령기록물생산기관의 장은 소관 기록관으로 대통령기록물을 이관하려는 때에는 해당 대통령기록물의 공개 여부를 분류하여 이관해야 한다(같은 법 제16조 제2항). 대통령기록관의 장은 비공개로 분류된 대통령기록물에 대해서는 이관된 날부터 매 2년마다 위원회의 심의를 거쳐 공개 여부를 재분류해야 한다(같은 법 제16조 제3항).

비공개 대통령기록물은 생산연도 종료 후 30년이 경과하면 공개함이 원칙이나(같은 법 제16조 제4항) 대통령기록관의 장은 공개될 경우 국가안전보장에 중대한 지장을 초래할 것이 예상되는 대통령기록물에 대해서는 대통령기록관리위원회의 심의를 거쳐 해당 대통령기록물을 공개하지 아니할 수 있다(같은 법 제16조 제5항).

대통령은 ① 법령에 따른 군사·외교·통일에 관한 비밀기록물로서 공개될 경우 국가안전보장에 중대한 위험을 초래할 수 있는 기록물 ② 대내외 경제정책이나 무역거래 및 재정에 관한 기록물로서 공개될 경우 국민경제의 안정을 저해할 수 있는 기록물 ③ 정무직공무원 등의 인사에 관한 기록물 ④ 개인의 사생활에 관한 기록물로서 공개될 경우 개인 및 관계인의 생명·신체·재산 및 명예에 침해가 발생할 우려가 있는 기록물 ⑤ 대통령과 대통령의 보좌기관 및 자문기관 사이, 대통령의 보좌기관과 자문기관 사이, 대통령의 보좌기관 사이 또는 대통령의 자문기관 사이에 생산된 의사소통기록물로서 공개가 부적절한 기록물 ⑥ 대통령의 정치적 견해나 입장을 표현한 기록물로서 공개될 경우 정치적 혼란을 불러일으킬 우려가 있는 기록물에 해당하는 대통령기록물, 즉 대통령

지정기록물에 대하여 열람·사본제작 등을 허용하지 아니하거나 자료제출의 요구에 응하지 아니할 수 있는 기간을 따로 정할 수 있다(같은 법 제17조 제1항).

보호기간의 지정은 각 기록물별로 하되, 중앙기록물관리기관으로 이관하기 전에 해야 하며, 지정 절차 등에 관하여 필요한 사항은 대통령령으로 정한다(같은 법 제17조 제2항). 보호기간은 15년의 범위 이내에서 정할 수 있으나, 개인의 사생활과 관련된 기록물의 보호기간은 30년의 범위 이내로 할 수 있다(같은 법 제17조 제3항). 보호기간의 기산일은 대통령의 임기가 끝나는 날의 다음 날이다.

보호기간 중에는 ① 국회 재적의원 3분의 2 이상의 찬성의결이 이루어진 경우 ② 관할 고등법원장이 해당 대통령지정기록물이 중요한 증거에 해당한다고 판단하여 발부한 영장이 제시된 경우(다만, 관할 고등법원장은 열람, 사본제작 및 자료제출이 국가안전보장에 중대한 위험을 초래하거나 외교관계 및 국민경제의 안정을 심대하게 저해할 우려가 있다고 판단하는 경우 등에는 영장을 발부해서는 안 된다) ③ 대통령기록관 직원이 기록관리 업무수행상 필요에 따라 대통령기록관의 장의 사전 승인을 받은 경우에 한하여 최소한의 범위 내에서 열람, 사본제작 및 자료제출을 허용하며, 다른 법률에 따른 자료제출의 요구 대상에 포함되지 아니한다(같은 법 제17조 제4항).[114] 그러나 대통령기록관의 장은 전직 대통령이 재임 시 생산한 대통령기록물에 대하여 열람하려는 경우에는 열람에 필요한 편의를 제공하는 등 이에 적극 협조해야 하고(같은 법 제18조), 전직 대통령 또는 전직 대통령이 지정한 대리인이 열람한 내용 중 비밀이 아닌 내용을 출판물 또는 언론매체 등을 통하여 공표함으로 인하여 사실상 보호의 필요성이 없어졌다고 인정되는 대통령지정기록물에 대해서는 대통령기록관리위원회의 심의를 거쳐 보호조치를 해제할 수 있다(같은 법 제17조 제5항).

(7) 대통령기록관의 장은 보존 중인 비밀기록물에 대하여 비밀을 해제하거나 보호기간 등을 연장하려는 경우에는 전문위원회의 심의를 거쳐 재분류를 실시해야 하는데 그 대통령지정기록물이 비밀기록물인 경우에는 그 보호기간이 종료된 후에 재분류를 실시해야 한다(같은 법 제20조).

대통령기록관의 장은 비밀기록물의 비밀 보호기간이 끝나면 전문위원회의 심의를 거쳐 그 보호기간이 끝나는 날이 속하는 해의 12월 31일까지 그 비밀을 해제해야 한다(같은 법 시행령 제11조 제1항). 계속해서 비밀로 보호할 필요가 있다고 판단되는 비밀기록물은 보호기간이 끝나기 전에 전문위원회의 심의를 거쳐 그 비밀기록물의 보호기간을 연장할 수 있는데 보호기간이 연장되는 날부터 5년마다 전문위원회의 심의를 거쳐 보호기간의 연장 여부를 정해야 한다(같은 법 시행령 제11조 제2항).

그런데 ① 유효한 전시계획 또는 비상대비계획 ② 국방·외교 또는 통일 등의 국가안전보장에 치명적인 위험을 초래할 수 있는 사항 ③ 신원정보를 포함한 정보활동의 출처·수단 또는 기법에 관한 사항 ④ 국가 암호체계에 관한 사항 ⑤ 비밀의 해제로 인하여 법률·조약 또는 국제협약을 위반하게 될 수 있는 사항에 해당하는 기록물에 대해서는 비밀을 해제하지 아니하고(같은 법 시행령 제11조 제3항) 대통령기록관리위원회의 심의를 거쳐 보호기간을 재지정해야 하고, 보호기간을 재지정한 날부터 5년마다 대통령기록관리위원회의 심의를 거쳐 그 비밀기록물의 비밀의 해제 또는 보호기간의 연장 여부를 정해야 한다(같은 법 시행령 제11조 제4항).

(8) 대통령기록물 관리업무를 담당하거나 담당했던 자 또는 대통령기록물에 접근·열람했던 자는 그 과정에서 알게 된 비밀 및 보호기간 중인 대통령지정기록물에 포

---

114) 대통령기록물 관리에 관한 법률 시행령 제10조(대통령지정기록물의 열람 등의 방법과 절차) ① 국회의장은 법 제17조 제4항 제1호에 따라 대통령지정기록물의 열람, 사본제작 및 자료제출(이하 '열람등'이라 한다)을 요구하는 경우에는 대통령기록관의 장에게 국회재적의원 3분의 2 이상의 찬성 의결이 이루어졌다는 증거자료를 제시하고, 열람등을 하려는 대통령지정기록물과 열람등의 방법(열람, 사본제작 및 자료제출 중 선택한다)을 밝혀야 한다.
② 관할 고등법원장이 법 제17조 제4항 제2호에 따라 영장을 발부하는 경우에는 해당 대통령지정기록물과 열람등의 방법(열람, 사본제작 및 자료제출 중 선택한다)을 밝혀야 한다.
③ 대통령기록관의 장은 제1항에 따른 국회의장의 요구가 있거나 제2항에 따른 관할 고등법원장이 발부하는 영장이 제시된 경우에는 10일 이내에 열람등에 응하여야 한다. 이 경우 열람등의 방법은 다음 각 호와 같다.
1. 열람의 경우에는 대통령기록관의 장이 정하는 별도의 장소에서 열람하게 할 것
2. 사본제작 및 자료제출의 경우에는 제4항에 따라 승인 받은 직원이 사본을 제작하고, 송달은 대통령기록관의 장이 지정하는 직원이 직접 전달하는 방법을 원칙으로 할 것
④ 대통령기록관의 장은 법 제17조 제4항 제3호에 따라 다음 각 호의 어느 하나에 해당하는 업무의 수행에 필요한 경우에만 소속 직원에게 열람등을 승인하여야 한다. 〈개정 2014. 4. 29.〉
1. 법 제11조에 따른 대통령기록물의 이관업무
1의2. 법 제15조에 따른 대통령기록물의 보안 및 재난대책의 수립·시행에 관한 업무
2. 법 제17조 제1항에 따른 보호기간의 만료에 따른 보호조치 해제업무
3. 법 제17조 제4항 제1호 및 제2호에 따른 대통령지정기록물의 열람, 사본제공 및 자료제출에 관한 업무
4. 법 제17조 제5항에 따른 보호조치 해제업무
5. 법 제18조에 따른 전직 대통령의 열람에 필요한 편의제공 업무
6. 대통령지정기록물의 보존 및 관리를 위하여 필요하다고 인정하여 실시하는 대통령지정기록물과 그 보존매체에 대한 상태검사나 상태검사 결과 복원 또는 보존매체 수록 등에 관한 업무
⑤ 대통령기록관의 장이 제4항에 따라 직원에게 열람등을 승인하는 경우에는 그 내용에 직원의 인적 사항, 수행업무의 내역·장소 및 앞으로의 계획 등이 포함되어야 한다.
⑥ 삭제 〈2010. 8. 4.〉

함되어 있는 내용을 누설해서는 안 되며(같은 법 제19조) 이를 위반한 자는 3년 이하의 징역이나 금고 또는 7년 이하의 자격정지에 처한다(같은 법 제30조 제3항). 다만 전직 대통령 또는 전직 대통령이 지정한 대리인이 열람한 대통령지정기록물에 포함되어 있는 내용 중 비밀이 아닌 사실은 처벌 대상에서 제외된다.

또한 대통령기록물을 무단으로 파기한 자 및 대통령기록물을 무단으로 국외로 반출한 자는 10년 이하의 징역 또는 3천만 원 이하의 벌금에 처한다(같은 법 제30조 제1항). 대통령기록물을 무단으로 은닉 또는 유출한 자와 대통령기록물을 무단으로 손상 또는 멸실시킨 자는 7년 이하의 징역 또는 2천만 원 이하의 벌금에 처하고(같은 법 제30조 제2항), 중대한 과실로 대통령기록물을 멸실하거나 일부 내용이 파악되지 못하도록 손상시킨 자는 1천만 원 이하의 벌금에 처한다(같은 법 제30조 제4항).

4. 다른 공공기관에서 생산한 문서에 대한 공개 청구

다른 공공기관에서 생산한 문서는 그 생산기관에 공개를 청구하는 것이 원칙이나, 해당 문서를 접수하여 보유하고 있는 기관에도 공개 청구가 가능하다. 다만 공공기관은 공개 청구된 정보의 전부 또는 일부가 다른 공공기관이 생산한 정보인 경우에는 그 정보를 생산한 공공기관의 의견을 들어 공개 여부를 결정해야 한다(시행령 제9조).

만약 다른 공공기관에서 생산한 문서를 접수기관에서 공개 여부 판단 등에 어려움이 있는 경우에 생산기관으로 이송하는 경우에는 접수기관은 청구인에게 이송된 사실과 해당기관 등을 상세하게 즉시 통지해야 한다.

III. 전자문서

전자문서에 관하여는 전자정부법에서 정하고 있다.

전자문서란 컴퓨터 등 정보처리능력을 지닌 장치에 의하여 전자적인 형태로 작성되어 송수신되거나 저장되는 표준화된 정보를 말하고(전자정부법 제2조 제7호), 행정정보란 행정기관 등이 직무상 작성하거나 취득하여 관리하고 있는 자료로서 전자적 방식으로 처리되어 부호, 문자, 음성, 음향, 영상 등으로 표현된 것을 말한다(같은 법 제2조 제6호).

행정기관은 민원사항 등을 처리할 때 그 처리결과를 관계 법령에서 문서·서면·서류 등의 종이문서로 통지, 통보 또는 고지 등을 하도록 규정하고 있는 경우에도 민원인 본인이 원하거나 민원사항 등을 전자문서로 신청 등을 하였을 때에는 이를 전자문서로 통지 등을 할 수 있고 전자문서에 첨부되는 서류는 전자화문서로도 할 수 있다(같은 법 제7조 제2항·제3항). 행정기관이 민원사항 등을 전자문서 또는 전자화문서로 신청 등을 하게 하거나 통지 등을 하는 경우에는 인터넷을 통하여 미리 그 민원사항 등의 신청 등 또는 통지 등의 종류와 처리절차를 국민에게 공표하여야 한다(같은 법 제7조 제5항). 전자문서로 신청 등 또는 통지 등을 한 경우에는 해당 법령에서 정한 절차에 따라 신청 등 또는 통지 등을 한 것으로 보며, 민원인이 전자민원창구를 통하여 신청 등을 하였을 때에는 관계 법령에서 정한 그 민원의 소관 기관에 직접 민원을 신청한 것으로 본다(같은 법 제9조 제4항).

행정기관은 관계 법령에서 고지서·통지서 등의 종이문서로 통지 등을 하도록 규정하고 있는 경우에도 본인이 원하면 이를 전자문서로 통지 등을 할 수 있고 전자문서로 통지 등을 한 경우에는 해당 법령에서 정한 절차에 따라 통지 등을 한 것으로 본다(같은 법 제11조 제1항·제2항). 행정기관은 통지 등을 전자문서로 할 때에는 인터넷을 통하여 미리 그 통지 등의 종류와 절차를 국민에게 공표하여야 한다(같은 법 제11조 제3항).

행정기관 등의 문서는 전자문서를 기본으로 하여 작성, 발송, 접수, 보관, 보존 및 활용되어야 하고, 행정기관 등이 해당 기관에서 접수하거나 발송하는 문서의 서식은 전자문서에 적합하도록 하여야 한다(같은 법 제25조).

행정기관 등이 작성하는 전자문서는 그 문서에 대하여 전자적인 수단에 의한 결재를 받음으로써 성립하는데 전자정부법에 따른 전자문서 및 전자화문서는 다른 법률에 특별한 규정이 있는 경우를 제외하고는 종이문서와 동일한 효력을 갖는다(같은 법 제26조 제1항·제3항). 행정기관 등에 송신한 전자문서는 그 전자문서의 송신시점이 정보시스템에 의하여 전자적으로 기록된 때에 송신자가 발송한 것으로 보며, 행정기관 등이 송신한 전자문서는 수신자가 지정한 정보시스템 등에 입력된 때에 그 수신자에게 도달된 것으로 본다(같은 법 제28조 제1항·제2항).

전자적 기록의 경우, 정보에 대해 물리적으로 점유하고 있는 것은 불가능하고 그 때문에 보유라는 것은 정보를 관리하고 있는 것을 의미한다. 정보를 기록한 매체가 물리적으로 공공기관의 시설 내에 있는가 아닌가는 상관이 없고, 정보를 인출한다거나 이용할 수 있다면 그 정보를 보유하고 있다고 본다.

공공기관은 공개 청구된 정보를 검색하기 위해 새로운 프로그램을 작성하거나 공개 청구에 응해서 보유하고 있는 데이터를 결합해서 새로운 기록을 작성하는 의무는 없다. 그러나 공개가 청구된 정보를 그대로의 형태로는 보유하고 있지는 않으나, 다른 정보로부터 공개 청구된 정보를 용이하게 작성할 수 있는 경우에는 그대로의 문서를 가지고 있지 않기 때문이라는 이유로 공개를 거부하는 것은 위법하다.

IV. 기타 정보

문서나 전자문서가 아닌 도면·사진·필름·테이프·슬라이드 및 그 밖에 이에 준하는 매체 등에 기록된 사항도 정보에 해당된다.

무엇이 여기에 해당되는지에 관하여 정보공개법이나 기록물관리법에서는 명시하지 않고 있다. 그러나 지도, 그림, 전자이미지, 녹음테이프나 녹화테이프, 마이크로필름 등은 사람의 지각으로 인식할 수 있기 때문에 정보에 해당된다. 미술관 소장의 조각, 오브제 등이나 박물관 소장의 고대 유적이나 공룡화석 그리고 시설의 공개를 구하는 것이 정보공개법의 적용대상이 되는지는 의문이다.

공개를 구하는 정보가 문서나 전자문서인지 아니면 도면, 사진, 필름, 테이프, 슬라이드 및 그 밖에 이에 준하는 매체 등에 기록된 사항인지를 구별하는 실익은 해당 정보에 따라 그 공개의 방법과 공개에 따른 수수료의 산정기준이 달라지기 때문이다.

제5절 정보공개 청구 방법 및 절차

I. 정보공개 청구 방법

1. 문서 또는 말이나 정보통신망을 통한 공개 청구

정보의 공개를 청구하는 자(청구인)는 해당 정보를 보유하거나 관리하고 있는 공공기관에 청구인의 성명·주민등록번호·주소 및 연락처(전화번호·전자우편주소 등), 공개를 청구하는 정보의 내용 및 공개 방법을 기재한 정보공개 청구서를 제출하거나 말로써 정

보의 공개를 청구할 수 있다(제10조 제1항).[115]

행정청에 대하여 처분을 구하는 신청은 문서로 함이 원칙이나 법령 등에 특별한 규정이 있는 경우와 행정청이 미리 다른 방법을 정하여 공시한 경우에는 예외인데(행정절차법 제17조 제1항) 정보공개법은 문서뿐만 아니라 말로도 공개 청구를 할 수 있도록 명문화하고 하고 있다. 청구인이 말로써 정보의 공개를 청구할 때에는 담당 공무원 또는 담당 임직원의 앞에서 진술해야 하고, 담당 공무원 등은 정보공개 청구서를 작성하여 이에 청구인과 함께 기명날인해야 한다(제10조 제2항).

정보공개 청구서는 공공기관에 직접 출석하여 제출하거나 우편·팩스 또는 정보통신망에 의하여 제출하면 된다(시행령 제6조 제1항).

정보공개법 시행규칙은 정보공개 청구서([서식 1의2])라는 양식을 정해놓고 있으나 이러한 양식이 아니어도 정보공개를 청구하는 내용을 담고 있으면 정보공개 청구서로 취급된다. 정부통합정보공개시스템(www.open.go.kr)에 연계된 공공기관의 홈페이지를 통하여 전자적 정보공개 청구를 할 수도 있다. 청구인이 행정청에 대하여 전자문서로 정보공개 청구를 하는 경우에는 그 전자문서가 행정청의 컴퓨터 등에 입력된 때에 신청한 것으로 본다(행정절차법 제17조 제2항).

공공기관은 정보의 공개에 관한 사무를 신속하고 원활하게 수행하기 위하여 정보공개장소를 확보하고 공개에 필요한 시설을 갖추어야 한다(제8조 제2항). 행정절차법에서는 행정청으로 하여금 신청에 필요한 구비서류·접수기관·처리기간 기타 필요한 사항을 게시 또는 인터넷 등을 통하여 게시하거나 이에 대한 편람을 비치하여 누구나 열람할 수 있도록 하고 있고(행정절차법 제17조 제3항), 민원사무처리에 관한 법률도 행정기관은 민원사무를 신속히 처리하고 민원인에 대한 안내와 상담의 편의를 제공하기 위하여 민원실을 설치하고, 민원사무 처리상황의 확인·점검 등을 위하여 소속 공무원 중에서 민원사무심사관을 지정하도록 하고 있다(민원사무처리법 제22조, 제23조 제1항).

---

115) 헌법재판소 2012. 6. 26. 선고 2012헌마508 결정, 정보공개 청구 시 청구인의 주민등록번호를 기재하도록 규정하고 있는 '공공기관의 정보공개에 관한 법률' 제10조 제1항은 정보공개 청구인의 인적 동일성 식별 및 사후관리 등의 행정목적을 위하여 청구인의 주민등록번호를 기재할 것을 요구하고 있을 뿐이므로, 청구인이 위 조항에 따라 주민등록번호를 기재한다고 해서 그것이 곧바로 청구인의 사생활 비밀 등 기본권침해로 이어진다고 보기 어렵고, 나아가 개인정보 보호법상 개인정보의 수집은 그 목적상 필요한 범위 내에서 최소한으로 제한되고 있고(법 제16조) 그 목적 외 사용 역시 엄격히 금지되고 있는 점(법 제18조) 등에 비추어볼 때 심판대상조항의 기본권침해 가능성이 인정되지 않는다고 한 사례.

공공기관이 정보공개 청구서를 접수한 때에는 정보공개 처리대장([제4호 서식])에 기록하고 청구인에게 접수증을 교부해야 하나, 즉시 또는 구술처리가 가능한 정보의 정보공개 청구서를 접수한 때와 우편·팩스 또는 정보통신망에 의하여 정보공개 청구서를 접수한 때에는 청구인이 요청하는 경우를 제외하고는 접수증을 교부하지 아니할 수 있다(시행령 제6조 제2항).

그런데 공공기관이 부당하게 접수를 거부 또는 반려하는 경우나 정해진 구비서류 외의 서류를 추가로 요구하는 경우 또는 법정 처리기간을 경과하는 경우, 그 밖의 위법·부당하게 민원을 처리하는 경우에는 정보공개 청구인(민원인)은 그 행정기관 또는 감독기관의 장에게 이를 시정할 것을 요구할 수 있고, 이러한 시정 요구를 받은 행정기관 또는 감독기관의 장은 지체 없이 감사부서 등으로 하여금 이를 조사하게 한 후 요구사항에 대한 처리 결과를 청구인에게 통지해야 한다(민원사무처리법 시행령 제28조).

2. 정보공개 청구의 법적 성질

정보공개법에 근거한 공개 청구는 행정절차법상의 '신청'에 해당하며 또한 신청에 대한 처분은 그 성질상 대부분 민원사무에 해당하므로 이에 관한 사항은 정보공개법에 특별한 규정이 없는 한 행정절차법의 특별법인 '민원사무처리에 관한 법률'상의 절차규정이 우선 적용된다.

따라서 공공기관이 청구인 또는 제3자에 대하여 한 정보공개 결정이나 부분 공개 결정 혹은 비공개 결정은 행정심판법(제2조 제1호) 및 행정소송법(제2조 제1호)상의 처분에 해당하므로 행정심판 또는 행정소송의 대상이 된다.

3. 공개 청구의 이유나 목적의 기재 불필요

정보공개 청구의 목적은 국민의 알권리 보장에 있다. 공공기관으로서는 설명책임을 다하는 것이다. 이러한 정보공개 청구제도는 국민이 공공기관의 행정 내지 활동을 감시하기 위한 권리로서 보장되는 것이고 일정한 경우 정보공개를 청구하지 않으면 안 된다고 하는 의무를 의미하는 것은 아니다.

따라서 정보공개를 청구할 때 그 이유나 목적, 공개 청구인과 공개를 구하는 정보와의 관련성 등에 관한 사항을 굳이 기재하거나 밝힐 필요는 없다. 정보공개의 청구는 영리적인 목적이든, 상업적인 목적이든 아니면 학술연구의 목적이든 권리구제를 목적으로 하든 묻지 않는다. 심지어 아무런 목적이 없더라도 상관없다. 무엇을 위해서 정보공개 청구를 하는지, 청구인의 의도가 무엇인지도 관계없다.

공공기관도 청구인에게 정보공개의 의도라든가 공개 청구된 정보의 이용목적을 요구할 수 없다. 공개 청구된 정보를 공개할 것인가 아닌가를 판단하는 때에도 공공기관은 청구인의 의도 내지 사용목적에 따라서는 안 된다.[116] 공개 청구된 정보가 공개의 예외 사유에 해당되는지 여부는 공개 청구된 정보에 따라 객관적으로 이루어져야 하고 청구인이 누구인지나 그의 의도가 무엇인지, 사용목적은 무엇인지 등에 의해 좌우되어서도 안 된다.

또한 공개되는 정보의 '사용방법'을 기재할 필요가 없고 공공기관에서도 사용목적이나 사용방법을 요구하거나 혹은 이를 이유로 접수를 거부하거나 보완을 요구하는 것은 위법하다. 1996년 정보공개법 제정 당시에는 정보공개 청구서에 공개를 청구하는 정보의 내용과 함께 그 '사용목적'도 기재하도록 했으나(제8조 제1항 제2호) 2004년 개정 시 삭제되었다. 타당한 입법이다.

다만, 정보의 공개 및 우송 등에 소요되는 비용은 실비의 범위에서 청구인이 부담해야 하는데, 공개를 청구하는 정보의 사용목적이 공공복리의 유지·증진을 위하여 필요하다고 인정되는 경우에는 그 비용을 감면받을 수 있으므로(제17조) 수수료의 감면조치를 받기 위하여 사용목적을 기재하는 것이나 또는 그것에 의해 수수료의 감면을 판단하는 것 등은 허용된다. 하지만 이러한 경우에도 사용목적의 기재는 어디까지나 수수료의 감면을 받고자 하는 청구인의 임의적인 선택에 맡기지 않으면 안 된다.

또한 통계를 목적으로 임의로 공개 청구의 목적에 관해 기재를 요구하는 것까지 금지하는 것은 아니다. 하지만 공개 청구는 어디까지나 정보공개법 규정사항 기재만 있으면 족하므로 만약 통계목적으로 청구목적 등의 기재를 요구하는 경우에는 그 부분에 관해 통계목적인 것, 법률상 기재의 필요는 없다는 것, 기재 여부는 임의라는 사실을 명시해야 한다.

---

116) 대구고등법원 2004. 1. 30. 선고 2003누1067 판결, 정보공개 청구를 받은 공공기관이 사용목적의 정당성 또는 필요성 여부를 판단하여 정보공개를 거부할 수는 없다고 한 사례.

4. 청구인의 특정

정보공개를 청구할 때 청구인의 이름·주민등록번호·주소 및 연락처를 반드시 모두 기재해야 할까 혹은 실명이 아닌 익명으로 청구할 수 있을까도 문제된다.

정보공개법이 정보공개 청구서에 청구인의 이름·주소 등의 기재를 요구하는 것은 어디까지나 연락을 한다든가 통지를 보내는 경우에 필요하기 때문이다. 따라서 정보공개를 청구할 때 반드시 청구인의 이름·주민등록번호·주소 및 연락처를 반드시 모두 기재할 필요는 없고 또한 반드시 실명으로만 청구할 수 있다고 볼 것은 아니다. 다만, 공공기관이 정보를 공개하는 때에는 신분증명서 등에 의하여 청구인 본인 또는 그 정당한 대리인임을 확인해야 하므로(시행령 제15조 제2항) 이때에는 청구인이 본인임을 확인해 주어야 한다.

한편 청구인의 인적사항은 그 자체가 공개 대상에 해당하는가 아니면 이는 개인정보로서 비공개로 할 수 있는가도 문제된다. 가령 A라는 사람이 어떠한 정보에 관한 공개 청구를 했는데 B가 공공기관에 대해 A가 정보공개 청구를 했는지를 확인하는 내용의 정보공개 청구를 하는 경우에 A의 인적사항을 공개할 수 있을지에 대해서는 만약 그것이 이름·주민등록번호 등 개인에 관한 사항으로서 공개될 경우 청구인의 사생활의 비밀 또는 자유를 침해할 우려가 있다고 인정되는 정보에 해당되는지 여부에 따라 공개여부가 정해질 것이다(제9조 제1항 제6호). 반면 청구인이 법인 기타 단체인 경우에는 그 법인의 상호를 공개하는 것은 하등 그 단체의 권리, 경쟁상의 지위 기타 정당한 이익을 해할 우려가 없기 때문에 공개될 것이다.

5. 공개 대상 정보의 특정

(1) 정보공개 청구서의 기재사항 중 가장 중요한 것은 공개를 청구하는 정보의 내용이다.

공개 대상 정보는 원칙적으로 그 공개를 청구하는 자가 작성한 정보공개 청구서의 기재내용에 의하여 특정된다.[117]

정보공개법 제10조 제1항 제2호는 정보의 공개를 청구하는 자는 정보공개 청구서에 '공개를 청구하는 정보의 내용' 등을 기재할 것을 규정하고 있는데, 청구 대상 정보를 기재함에 있어서는 사회일반인의 관점에서 청구 대상 정보의 내용과 범위를 확정할 수 있을 정도로 특정함을 요한다.[118]

정보공개제도의 적정하고 원활한 운영을 확보하기 위해서는 정보공개 청구서에 공개 청구의 대상을 명확하게 기재할 필요가 있으나 청구인이 보고자 하는 정보를 어느 기관에서 보유·관리하고 있는지 또는 공공기관이 어떤 정보를 보유·관리하고 있는지 일반국민은 알기가 어려우므로 정보의 정식 명칭을 기재할 것까지는 없고 정식 명칭과 다르더라도 상관없다. 정보의 명칭을 알 수 없더라도 정보를 특정할 수 있는 사항이 기재되어 있으면 그것으로 족하다.[119][120] 청구인으로서는 공공기관의 지배영역 내에 있는 정보의 구체적인 표목이나 작성매체를 자세히 알 수 없는 것이 보통이고, 국민에게 정보공개 청구권을 인정한 취지가 국민의 알권리, 국정 참여권과 국정 운영의 투명성을 보장하기 위하여 일반적으로 입수하기 어려운 공공기관의 정보에 접근할 수 있는 길을 열어주는 데 있다는 점에 비추어 공개 대상 정보를 구체적으로 특정할 것을 기대하기는 어렵다는 점을 고려한 취지이다.[121]

또한 정보 비공개 결정의 취소를 구하는 사건에 있어서, 만일 원고(청구인)가 공개를 청구한 정보의 내용 중 너무 포괄적이거나 막연해서 사회일반인의 관점에서 그 내용

---

117) 대법원 2013. 2. 14. 선고 2010두24784 판결, 수정권고안을 발표하기까지 진행된 이 사건 역사교과 전문가 협의회의 '회의 개최 내용'에 관한 정보에는 '회의 개최 일시'가 당연히 포함된다고 보이므로, 원고(민주사회를 위한 변호사 모임)가 당초 회의 개최 내용의 공개를 청구하다가 원심에 이르러 구체적으로 회의 개최 일시의 공개를 청구한 것이 새로운 정보공개 청구라고 볼 수는 없다고 한 사례.

118) 대법원 2003. 3. 28. 선고 2000두9212 판결 등; 대법원 2005. 1. 28. 선고 2002두12854 판결, 수용자 교육·교화 운영지침(2001년도)은 법무부가 교정공무원의 원활한 직무수행을 도모하기 위하여 내부용으로 제작한 소형 책자로서 교정공무원의 수용자들에 대한 교정·교화와 관련된 법무부의 각종 지침, 규정 등을 요약·설명한 것임을 알수 있으므로 원고가 공개를 청구하면서 정보공개 청구서에 기재한 청구 대상 정보인 '수용자 교육·교화 운영지침'(2001년도)은 사회일반인의 관점에서 청구 대상 정보의 내용과 범위를 확정할 수 있을 정도로 특정했다고 봄이 상당할 것인데도 불구하고, 원심이 위 지침은 그와 같은 제목을 가진 단일한 지침이 있는 것인지, 아니면 수많은 지침들을 총칭하는 것인지의 여부조차 확정할 수 없어 결국 공개 청구정보를 특정할 수 없다고 단정했으니, 위와 같은 원심의 판결에는 필요한 심리를 다하지 아니했거나 공개 청구정보의 특정에 관한 법리를 오해한 것이라고 한 사례.

119) 대법원 2010. 2. 25. 선고 2007두9877 판결, 당초 원고들에 의해 공개 청구되었다가 거부된 '2002년도 및 2003년도 국가 수준 학업성취도 평가자료(연구자용 분석자료)'와 원고들이 이 사건 소송에서 공개를 구하는 학업성취도 평가에 관한 '원자료' 사이에 동일성이 있음을 전제로, 학업성취도 평가에 관한 공개 청구정보가 위 원자료로 특정되었다고 판단한 것은 정당하다고 한 사례;
이 판결에 대한 평석으로는 김기수, 「공공기관의 정보공개에 관한 법률의 적용 대상 정보」, 『2010 재판실무연구』(II), 서울남부지방법원, 32~38쪽 참조.

120) 대법원 2005. 11. 25. 선고 2004두3342 판결, 국가 또는 지방자치단체 등의 예산에 관한 법령에서 사용하고 있는 업무추진비 및 특수활동비의 의미와 범위가 불명확한 것이라고 볼 수 없다고 한 사례.

과 범위를 확정할 수 있을 정도로 특정되었다고 볼 수 없는 부분이 포함되어 있다면, 이를 심리하는 법원으로서는 마땅히 정보공개법 제20조 제2항의 규정에 따라 피고(공공기관)에게 그가 보유·관리하고 있는 공개 청구 정보를 제출하도록 하여 이를 비공개로 열람·심사하는 등의 방법으로 공개 청구 정보의 내용과 범위를 특정시켜야 한다. 위와 같은 방법으로도 특정이 불가능한 경우에는 특정되지 않은 부분과 나머지 부분을 분리할 수 있고 나머지 부분에 대한 비공개 결정이 위법한 경우라고 하여도 원고의 청구 중 특정되지 않은 부분에 대한 비공개 결정의 취소를 구하는 부분은 나머지 부분과 분리해서 이를 기각해야 할 것이다.[122]

(2) 이와 같이 정보를 특정하는 것은 공공기관에게도 책임이 있고, 청구인에게는 공공기관이 합리적인 노력에 따라 정보를 특정할 수 있는 정도의 구체적인 기술이 요구되므로 공공기관과 청구인의 상호 협력이 매우 중요하다.

---

121) 대법원 2013. 1. 24. 선고 2010두18918 판결은 원고들이 공개를 청구한 정보는 그 내용상 국가정보원이 2005년 1월경 작성한 보고서와 같은 특정 서류에 국한된 것이 아니라 해당 보고서 작성의 기초가 된 각종 내사·조사·수집자료는 물론이고 그에 관련된 국가정보원 내·외부의 지시서 및 이에 대한 복명서, 보고서, 지원문건 등과 그 목록까지 망라하고 있음이 분명하므로, 이러한 경우 법원으로서는 원고들이 특정하여 공개를 구하는 바에 따라 위와 같은 정보들을 피고가 보유·관리하고 있는지를 먼저 심리해야 하고, 그 심리 결과 피고가 해당 정보를 보유·관리하고 있지 아니함이 밝혀진 경우 이 사건 소 가운데 해당 정보에 관한 공개 거부처분의 취소를 구하는 부분은 법률상 이익이 없다고 하여 이를 각하해야 하고(원고들이 공개 대상정보를 사회일반인의 관점에서 그 내용과 범위를 확정할 수 없을 정도로 특정하지 못한 경우도 마찬가지이다), 반대로 만일 피고가 위 정보를 보유·관리하고 있을 상당한 개연성이 있음을 원고들이 입증한 경우라면 각 정보에 대하여 개별적으로 피고가 주장하는 비공개 사유의 존부를 따져 그에 관한 원고들 청구의 당부를 판단했어야 하고, 이때 피고가 과거에 생성하여 보유·관리하고 있던 정보를 폐기했다고 주장하는 경우라면 그 폐기사실에 대한 증명책임이 피고에게 있다 할 것인데, 원심이 위와 같은 개별적 조처에 나아가지 아니한 채 임의로 원고들이 이 부분 청구로써 구하는 공개 대상정보를 2005년 보고서에 한정시킨 다음 그 판시와 같은 이유로 위 보고서에 대한 공개를 거부한 피고의 처분이 적법하다고만 판단하고 나머지 정보들에 관하여는 아무런 판단도 하지 않은 제1심을 정당하다고 보아 이를 유지한 것은 정보공개법상 공개 대상 정보의 개념과 특정 방법, 공개 대상 정보의 존부에 따른 소송상 효과에 관한 법리를 오해하여 필요한 심리와 판단을 하지 않음으로써 판결에 영향을 미친 위법이 있다며 파기환송을 한 사례.
대법원 2010. 2. 11. 선고 2009두6001 판결은 원고가 이른바 '수능 등급제'의 부당함을 주장하기 위하여 필요하다고 할 뿐, 달리 공개 청구 대상 정보의 범위를 한정하지 아니한 채 '수능 원점수'의 공개를 청구한 점, 이에 피고는 각 수험생의 수험번호, 성명, 주민등록번호 등 인적사항(이하 '수험생 인적사항'이라 한다)과 해당 수험생의 원점수로 구성된 전체 수험생들의 개인별 원점수정보(이하 '수험생별 원점수정보'라 한다)가 공개 청구대상정보임을 전제로, 학생의 성적은 개인정보에 해당하므로 학생의 동의 없이 일반인에게 공개하는 것은 불가하다는 등의 사유로 이 사건 원점수정보 공개 거부처분을 한 점 등을 알 수 있는바, 이와 같은 사정에 비추어보면, 원고가 당초부터 수험생별 원점수정보에서 수험생 인적사항을 제외한 나머지 부분에 대하여만 공개를 청구했다거나 피고가 위 나머지 부분에 대하여만 이 사건 원점수정보 공개 거부처분을 했다고 할 수는 없다고 한 사례이다.
122) 대법원 2007. 6. 1. 선고 2007두2555 판결, 이 판결에 대한 해설로는 정태학, 「정보공개 청구서에 청구 대상 정보를 특정할 수 없는 부분이 포함되어 있는 경우 법원이 취해야 할 조치」, 『대법원판례해설』 제68호(2007년 상반기), 법원도서관, 495~513쪽.

먼저 청구인이 공개를 청구하려고 하는 정보의 내용을 확인하기 위해서는 공공기관이 작성·비치하는 정보목록에서 관련된 정보가 있는지를 찾아봐야 한다. 일반 국민의 입장에서는 행정기관이 어떠한 문서를 보유하고 있는가를 알기가 곤란하므로 공공기관은 청구인의 편의를 위해서 보유하는 문서 인덱스를 정비하고 용이하게 검색할 수 있도록 시스템을 정비해야 한다.

다음으로 청구인은 공개를 구하는 정보와 관련된 관계 법령의 내용을 확인해볼 필요가 있다. 관계 법령에서 그에 관한 일정한 문서나 서식, 양식 등을 명시하거나 요구하는 경우가 많기 때문이다. 만약 정보목록에 기재되어 있지 않거나 혹은 그것만으로는 원하는 정보가 존재하는지를 확인할 수 없을 때에는 청구인이 구하고자 하는 정보의 내용을 사회일반인의 관점에서 청구 대상 정보의 내용과 범위를 확정할 수 있을 정도로 특정할 수 있도록 가급적 자세하게 기재하는 것이 바람직하다.[123] 그러나 일반적으로 국민에게는 공공기관 등이 어떠한 문서 등을 보유하고 있는가를 알지 못하기 때문에 '○○에 관한 문서 일체'라고 대상문서를 적시하는 경우도 있다.[124] 이 경우 공공기관으로서는 청구인에게 참고가 되는 정보를 제공하면서 청구인이 대상 정보를 좀 더 특정할 수 있도록 하는 것이 중요하다. 그렇지 않을 경우 실제 공개된 정보가 청구인이 요구하는 것과 다르다든가 하는 이유로 추가 공개 청구를 하는 예가 생기고 있다.

일본 정보공개법 제26조는 행정기관의 장은 공개 청구인이 용이하고 적확하게 공개 청구를 할 수 있도록 하기 위해 공문서 등의 관리에 관한 법률 외에 해당 행정기관이 보유하는 행정문서의 특정에 도움을 주는 정보의 제공 기타 공개 청구를 하려는 자의 편익을 고려한 적절한 조치를 강구할 의무를 부과하고 있다. 더 나아가 총무대신으로 하여금 정보공개법의 원활한 운용을 확보하기 위하여 정보공개에 관한 종합적인 안내소를 정비하도록 하고 있다.

이러한 조치를 통해서도 공개 청구가 공개 청구 대상문서를 합리적으로 특정하기에 족한 사항을 기재하고 있지 아니한 경우에는 공공기관은 문서의 특정이 불가능하다는

---

123) 대법원 2007. 6. 1. 선고 2007두2555 판결, 공공기관의 정보공개에 관한 법률에 따라 공개를 청구한 정보의 내용이 '대한주택공사의 특정 공공택지에 관한 수용가, 택지조성원가, 분양가, 건설원가 등 및 관련 자료 일체'인 경우 '관련 자료 일체' 부분은 그 내용과 범위가 정보공개 청구 대상 정보로서 특정되지 않았다고 한 사례.
124) 대법원 2003. 3. 28. 선고 2000두9212 판결, 청구 대상 정보를 기재함에 있어서는 사회일반인의 관점에서 청구대상정보의 내용과 범위를 확정할 수 있을 정도로 특정되어 있으면 족하다고 하면서 '신고에 대한 조치 내용 통지의 근거서류 일체'라는 기재로도 청구 대상 정보가 특정되었다고 본 사례.

것을 이유로 문서 부존재로 공개 거부 결정을 하고 청구인은 이의신청이나 행정심판, 행정소송의 구제 절차를 밟아야 한다.

(3) 공개 대상 정보의 특정과 관련하여 공개를 청구하는 정보의 단위도 중요하다.

이는 수수료의 산정의 기초가 될 뿐만 아니라 행정심판이나 행정소송에서 심판의 대상 및 판결의 효력(기속력 등)의 범위와도 매우 밀접한 관련이 있기 때문이다.

한 개의 정보(문서) 파일에 복수의 정보(문서)가 포함되어 있거나 또는 상호 밀접한 관련을 갖고 있는 복수의 정보(문서)에 대한 공개 청구를 하나의 공개 청구서에 의하여 하는 경우에 해당되는 복수의 정보(문서)라고 하더라도 이를 1건의 정보(문서)공개 청구로 봐야 한다. 여기서 상호 밀접한 관련을 갖고 있는 정보(문서)의 범위에 관해서는 해당 문서의 내용 등에 의해 객관적으로 판단해야 한다. 해당 정보의 참고자료나 별첨 자료 등은 상호 밀접한 관련이 있을 것이다.

6. 다른 법률에 의한 공개 청구와의 관계

정보공개법이 아닌 다른 법률에 의한 정보공개나 열람, 공개 요청은 정보공개법에 의한 정보공개의 청구와는 원칙적으로 별개의 절차이다.

군사기밀보호법 제9조는 모든 국민은 군사기밀의 공개를 국방부 장관 또는 방위사업청장에게 문서로써 요청할 수 있다고 규정하고 있다. 이에 따라 군사기밀의 공개를 요청하려는 자는 '군사기밀 공개 요청서'에 그 사유를 적어 방위사업청장이나 그 군사기밀을 취급하는 부대의 장에게 제출하여야 하고 이를 접수한 부대의 장이 그 기밀의 공개에 대한 자체 검토의견서를 첨부하여 국방부 장관에게 제출하면 국방부 장관은 그 처리 결과를 그 군사기밀을 취급하는 부대장을 거쳐 그 요청인에게 서면으로 통보하여야 하고, 방위사업청장은 직접 그 요청인에게 서면으로 통보한다(같은 법 시행령 제9조). 이와 같이 군사기밀보호법에 의한 군사기밀의 공개 요청은 정보공개법에 의한 정보공개의 청구와는 그 상대방, 처리절차 및 공개의 사유 등이 전혀 다르므로 특별한 규정이 없는 한 정보공개법에 의한 정보공개 청구를 군사기밀보호법에 의한 군사기밀 공개 요청과 동일한 것으로 보거나 그 공개 요청이 포함되어 있는 것으로 볼 수는 없다.[125]

또한 개인정보 보호법에 따라 정보주체가 개인정보처리자 또는 공공기관에 자신의 개인정보에 대한 열람을 요구할 수 있는데(같은 법 제35조) 이러한 절차도 정보공개법에 의한 정보공개 청구와는 별개의 절차이다. 따라서 행정기관에서는 정보공개와 개인정보 보호 양 제도의 취지를 감안하여 자기의 개인정보에 관해 공개 청구를 하고자 하는 자에 대해서 창구 일원화를 도모하여 양 제도의 장단점을 충분하게 설명하는 등에 의해 공개 청구인의 편리를 배려할 필요가 있다.

국회의원이 정부에 서면으로 질문하려고 할 때에는 질문서를 의장에게 제출해야 하고, 정부는 질문서를 받은 날로부터 10일 이내에 서면으로 답변해야 하며(국회법 제122조 제1항, 제3항), 국회 본회의·위원회 또는 소위원회는 그 의결로 안건의 심의 또는 국정감사나 국정조사와 직접 관련된 보고 또는 서류 및 해당 기관이 보유한 사진·영상물의 제출을 정부·행정기관 기타에 대하여 요구할 수 있는데(같은 법 제128조 제1항) 이러한 절차도 정보공개법에 의한 공개 절차와 별개의 절차이다.

7. 반복적인 공개 청구 및 민원사항의 종결처리

정보공개를 청구하여 정보공개 여부에 대한 결정의 통지를 받은 자가 정당한 사유 없이 해당 정보의 공개를 다시 청구한 경우에는 공공기관은 이를 종결처리할 수 있다(시행령 제6조 제5항 제1호). 이는 동일한 정보의 반복 청구에 대하여 종결 처리할 수 있는 법적근거를 마련함으로써 정보공개 청구의 남용을 방지하고 행정업무의 효율성을 도모하기 위함이다. 종결처리의 대상이 되는 '정보공개 결정의 통지'는 청구인의 정보공개 청구에 따른 공공기관의 모든 유형의 결정행위를 의미하므로 종결처리의 대상은 청구인이 요청한 정보에 대한 공개 결정뿐만 아니라 비공개 결정 및 부분 공개 결정도 포함된다.[126]

또한 공개 청구된 정보가 공공기관이 보유·관리하지 않는 정보인 경우와 진정·질의 등 공개 청구의 내용이 정보공개법령에 따른 정보공개 청구로 볼 수 없는 경우로서 민원사무 처리에 관한 법률에 따른 민원사무로 처리할 수 있는 경우에는 민원사무로 처리할 수 있다(시행령 제6조 제3항). 이러한 청구를 받은 공공기관은 해당 정보를 보유·관리

---

125) 대법원 2006. 11. 10. 선고 2006두9351 판결.
126) [법제처 13-0362, 2013. 9. 17, 민원인]

하지 않는다는 사실 등 청구에 따를 수 없는 사유를 구체적으로 적어 청구인에게 통지해야 하고 그럼에도 불구하고 그 통지를 받은 청구인이 다시 같은 청구를 하면 종결 처리할 수 있다(시행령 제6조 제4항·제5항).

II. 공동 청구의 경우

2인 이상이 공동으로 정보공개를 청구할 수도 있다.

이에 관하여 정보공개법에는 아무런 규정을 두고 있지 않으나 행정절차법에서는 다수의 당사자가 공동으로 행정절차에 관한 행위를 하는 때에는 대표자를 선정할 수 있다고 규정하고 있다(같은 법 제11조 제1항). 행정청도 다수의 당사자가 대표자를 선정하지 아니하거나 대표자가 지나치게 많아 행정절차가 지연될 우려가 있는 경우에는 그 이유를 들어 상당한 기간 내에 3인 이내의 대표자를 선정해줄 것을 요청할 수 있고 당사자가 대표자의 선정요청에 응하지 아니한 때에는 행정청이 직접 선정할 수 있다(같은 법 제11조 제2항).

대표자 제도의 취지는 동일한 사안이 다수인에 관련되어 있는 경우에 그에 관한 행정절차의 수행이 몇몇 대표자에 의해 이루어지도록 하여 보다 신속하고 원활한 행정수행을 도모하기 위한 것이다.

대표자가 있는 경우에는 당사자들은 그 대표자를 통해서만 행정절차에 관한 행위를 할 수 있고, 대표자는 각자 그를 대표자로 선정한 당사자를 위하여 행정절차에 관한 모든 행위를 할 수 있으나 행정절차를 끝맺는 행위에 있어서는 당사자의 동의를 얻어야 한다(같은 법 제11조 제4항·제5항).

다수의 대표자가 있는 경우 그중 1인에 대한 행정청의 행위는 모든 당사자에게 효력이 있으나 행정청의 통지는 대표자 모두에게 해야 효력이 있다(같은 법 제11조 제6항). 당사자는 대표자를 변경 또는 해임할 수 있다(같은 법 제11조 제3항).

법원정보공개규칙(제5조), 헌법재판소 정보공개규칙(제5조), 선거관리위원회 정보공개규칙(제5조)은 2인 이상이 공동으로 정보공개를 청구하는 때에는 1인의 대표자를 선정해야 한다고 명시하고 있다.

한편 다수인이 함께한 정보공개 청구에 대한 거부처분에 대하여 하나의 소로써 그 취소를 구할 경우 소장에 붙여야 할 인지액은 청구인들의 각 청구의 소가를 합산하여

산정한다.[127]

III. 대리인을 통한 청구

정보공개 청구는 대리인에 의하여도 가능하다.

청구인은 ① 당사자의 배우자, 직계존속·비속 또는 형제자매 ② 당사자가 법인인 경우 그 임원 또는 직원 ③ 변호사 ④ 행정청의 허가를 받은 자 ⑤ 법령 등에 의하여 해당 사안에 대하여 대리인이 될 수 있는 자를 대리인으로 선임할 수 있다(행정절차법 제12조).

대리인 제도는 대표자와는 달리 대리인 자신이 행정절차의 대상이 되는 사안에 이해관계를 가질 필요 없이 오로지 당사자를 위하여 행정절차에 관한 행위를 할 수 있는 제도이다. 따라서 당사자가 대표자를 선정한 경우와 달리 대리인을 선임한 경우에는 당사자는 행정절차에서 배제되는 것은 아니며(행정절차법 제12조 제2항에서 제11조 제5항을 준용하지 않고 있다), 행정절차에 참여하여 대리인과 함께 적극적인 자기이익 실현행위를 할 수 있다.

당사자가 대표자 또는 대리인을 선정하거나 선임한 때, 대표자 또는 대리인을 변경하거나 해임한 때에는 지체 없이 그 사실을 행정청에 통지해야 한다(같은 법 제13조). 대리인에 의해서 청구하는 경우에는 본인에 의한 공개와 동일한 방법으로 본인 및 대리인의 확인절차를 거치게 된다.

IV. 정보공개 청구의 보완요구 및 보완절차

정보공개 청구서에 형식상의 불비가 있는 경우에 공공기관은 청구인에게 보완을 요구할 수 있을까.

행정절차법에 의하면 행정청은 신청에 구비서류의 미비 등 흠이 있는 경우에는 보완에 필요한 상당한 기간을 정하여 지체 없이 신청인에게 보완을 요구해야 하고(같은 법 제17조 제5항), 신청인이 기간 내에 보완을 하지 아니한 때에는 그 이유를 명시하여 접수된 신청을 되돌려 보낼 수 있다(같은 법 제17조 제6항). 신청서의 보완에 소요되는 기간은 행정

---

127) 서울고등법원 2008. 2. 15. 자 2007루263 결정.

청의 처리기간에 산입하지 아니함이 원칙이다(같은 법 제19조 제5항, 같은 법 시행령 제11조).

정보공개법에는 정보공개 청구에 대해 보완을 요구할 수 있는지에 관해 아무런 규정이 없으나 특별한 사정이 없는 한 행정절차법의 관련 규정이 준용된다고 봐야 한다. 따라서 이러한 보완 요구도 없이 반려처분을 하는 것은 허용될 수 없다 할 것이다.[128]

다만 공공기관의 보완요구는 의무적인 것이라고 볼 수는 없기 때문에 이론적으로는 형식상의 불비가 있으면 보완을 요구하지 않고 공개 결정 혹은 비공개 결정을 할 수도 있다.

국회정보공개규칙(제5조 제3항), 법원정보공개규칙(제6조), 헌법재판소 정보공개규칙(제6조), 선거관리위원회 정보공개규칙(제6조)은 공개를 청구하는 정보의 내용이 불명확하여 공개 여부를 결정할 수 없는 경우 담당 공무원은 지체 없이 청구인에게 보완을 요구해야 하고 보완기간은 정보공개 여부 결정기간에 산입하지 아니한다고 명시하고 있다. 만약 청구인이 공공기관의 보완 요구에 따를 의사가 없음을 명백히 밝힌 경우에는 결정기간의 진행은 정지되지 않으므로 공공기관의 장은 결정기간 내에 공개 여부를 결정해야 한다.

국민으로부터 보유·관리하는 정보에 대한 공개를 요구받은 공공기관으로서는 정보공개법 제9조 제1항 각 호에서 정하고 있는 비공개 사유가 아닌 다른 사유를 들어 정보공개를 거부해서는 안 되고, 정보공개 청구서를 이미 제출한 경우 다시 제출할 것을 요구해서도 안 되며, 정보공개 청구서에 흠이 있는 경우에는 지체 없이 보완을 요구하되, 그러한 경우에도 불필요하게 청구인을 해당 기관에 방문하도록 할 것이 아니라 청구인에게 편리한 방식으로 보완한 후 정보공개 여부를 결정해야 한다.[129]

일본 정보공개법 제22조는 이러한 경우 보완에 참고가 될 만한 정보를 보유하고 있는 공공기관은 그 정보를 제공해야 할 의무가 있다고 규정하고 있다.

미국 정보자유법에서도 행정기관장은 청구인의 요청이 있을 경우에는 행정기관의 주요 정보시스템 일체의 색인, 행정기관이 유지하는 주요 정보 및 기록 검색시스템에 대한 설명, 각종 유형 및 카테고리의 공공정보를 행정기관으로부터 취득하기 위한 편람 등을 비롯하여 행정기관의 기록이나 정보를 신청할 수 있는 참조자료나 안내서를 그것

---

128) 한기택, 앞의 논문, 560쪽.
129) [건설교통부 04-01974, 2004. 4. 12, 부산광역시 도시개발공사]

이 비공개 정보가 아닌 한 작성 및 제공하도록 하고 있는데[제552조(g)] 우리의 경우에도 참고할 사항이다.

정보를 공개하는 경우에도 민원인이 선택한 공개 방법에 따라 공개해야 하는 것이지 공공기관의 편의에 따라 그 공개 방법을 선택할 수는 없다.

한편 행정기관이 정보공개 청구서의 보완을 요구하는 것은 행정절차법상 행정지도에 해당된다. 행정지도는 그 목적 달성에 필요한 최소한도에 그쳐야 하며, 행정지도의 상대방의 의사에 반하여 부당하게 강요해서는 안 되고, 행정기관은 행정지도의 상대방이 행정지도에 따르지 아니했다는 것을 이유로 불이익한 조치를 해서는 안 된다(행정절차법 제48조). 행정지도를 하는 자는 그 상대방에게 그 행정지도의 취지 및 내용과 신분을 밝혀야 하고, 행정지도가 말로 이루어지는 경우에 상대방이 행정지도의 취지 및 내용과 신분의 사항을 적은 서면의 교부를 요구하면 그 행정지도를 하는 자는 직무수행에 특별한 지장이 없으면 이를 교부해야 한다(같은 법 제49조). 행정지도의 상대방은 해당 행정지도의 방식·내용 등에 관하여 행정기관에 의견을 제출할 수 있다(같은 법 제50조).

V. 정보공개 청구의 이송

청구인은 원칙적으로 정보보유기관에 정보공개 청구를 해야 한다. 공공기관은 다른 공공기관이 보유하는 정보의 공개 청구에 응답하는 의무는 없다.

따라서 다른 공공기관이 보유·관리하는 정보의 공개 청구를 받은 공공기관은 지체 없이 이를 소관 기관으로 이송해야 하며, 이송을 한 후에는 지체 없이 소관 기관 및 이송 사유 등을 분명히 밝혀 청구인에게 문서로 통지해야 한다(제11조 제4항).[130]

그 취지는 청구인이 정보공개법 제10조 제1항에 따라 정보공개 청구를 했으나 정보보유기관을 알지 못하거나 오인하는 등의 이유로 정보보유기관이 아닌 공공기관에 정보공개를 청구한 경우에 해당 정보공개 청구를 받은 공공기관은 이를 반려하거나 정보를 보유하지 않았음을 이유로 정보 비공개 결정을 할 수밖에 없으므로 청구인이 동일한

---

130) [국토해양부 10-09462, 2010. 6. 29, 경상북도지사] 문서를 취득하여 관리하고 있는 공공기관은 비공개 사유에 해당하지 아니하는 정보를 공개할 의무가 있는 것이므로, 청구인이 보유하고 있는 정보에 대하여 이송통지한 것은 정보공개법에 근거한 적법한 처분이라고 볼 수 없으므로, 보유하고 있는 정보에 대한 이송통지는 위법·부당하다고 한 사례.

정보에 대한 정보공개를 정보보유기관에 재차 청구해야 하는 불편함을 방지하기 위하여 '정보보유기관이 아닌 공공기관'이라고 할지라도 그 청구된 서류를 정보보유기관으로 이송하도록 한 것이다.[131]

공공기관이 공개를 청구 받은 정보를 보유·관리하고 있지 않다고 하여 바로 비공개 결정을 해서는 안 되며, 소관 기관을 파악하기 위한 기본적인 노력을 하여 소관 기관이 있을 경우 반드시 이송하고 소관 기관을 파악할 수 없을 경우에만 정보 부존재를 이유로 비공개 결정을 해야 한다.

소관 기관이 복수인 경우 각각의 기관마다 이송해야 한다. 이송할 대상 기관이 너무 많아 이송 자체가 큰 업무 부담을 유발하는 경우에는 이송을 생략하고 소관 기관을 안내하는 것만으로 갈음하고 있다.

행정절차법에서도 행정청이 그 관할에 속하지 아니하는 사안을 접수했거나 이송 받은 경우 또는 행정청이 접수하거나 이송 받은 후 관할이 변경된 경우에는 지체 없이 이를 관할 행정청에 이송해야 하고 그 사실을 신청인에게 통지하도록 하고 있다(같은 법 제6조 제1항). 행정청의 관할이 분명하지 아니한 경우에는 해당 행정청을 공통으로 감독하는 상급 행정청이 그 관할을 결정하며, 공통으로 감독하는 상급 행정청이 없는 경우에는 각 상급 행정청이 협의하여 그 관할을 결정한다. 지방자치단체 상호 간이나 지방자치단체의 장 상호 간 사무를 처리할 때 의견이 달라 다툼이 생기면 다른 법률에 특별한 규정이 없으면 행정자치부 장관이나 시·도지사가 당사자의 신청에 따라 조정할 수 있고, 그 분쟁이 공익을 현저히 저해하여 조속한 조정이 필요하다고 인정되면 당사자의 신청이 없어도 직권으로 조정할 수 있다(지방자치법 제148조).

국가기관 상호 간, 국가기관과 지방자치단체 간 및 지방자치단체 상호 간에 권한의 유무 또는 범위에 관하여 다툼이 있을 때에는 해당 국가기관 또는 지방자치단체는 헌법재판소에 권한쟁의심판을 청구할 수 있다(헌법재판소법 제61조).

---

131) [법제처 10-0251, 2010. 9. 13, 행정안전부 지식제도과] 민원인이 정보공개를 청구하고자 하는 정보를 보유·관리하고 있는 학교를 알고 있으면서도 해당 학교의 감독 교육청에 그 학교가 보유·관리하고 있는 각각 다른 정보에 대한 정보공개 청구서를 제출하면서 이를 해당 학교로 이송해줄 것을 반복해서 요청하고, 이에 대하여 해당 교육청은 민원인에게 정보를 보유·관리하고 있는 학교로 정보공개 청구서를 제출해줄 것을 여러 차례 안내했음에도 다시 민원인이 해당 학교가 보유·관리하는 정보에 대한 공개 청구서를 해당 교육청에 제출하면서 이를 해당 학교로 이송해줄 것을 요청하면, 이러한 민원인의 요청은 '공공기관의 정보공개에 관한 법률'에 따른 정보공개 청구가 아니므로 해당 교육청은 같은 법 제11조 제4항에 따라 그 청구를 해당 학교로 이송하지 않아도 된다고 한 사례.

정보공개 청구서가 이송된 경우 공개 결정 등은 이송을 받은 공공기관의 장이 행한다. 이 경우 이송을 한 공공기관의 장이 이송 전에 한 행위는 이송을 받은 공공기관의 장이 한 것으로 본다. 공개 결정을 하는 경우에는 해당 공공기관의 장이 공개를 실시한다.

VI. 정보공개 청구의 변경 또는 취하

행정절차법상 신청인은 처분이 있기 전에는 다른 법령 등에 특별한 규정이 있거나 해당 신청의 성질상 보완·변경 또는 취하할 수 없는 경우가 아니면 그 신청의 내용을 보완·변경하거나 또는 취하할 수 있다(행정절차법 제17조 제8항). 따라서 정보공개 청구인은 공공기관이 정보공개 청구에 대한 처분을 하기 전까지 그 내용을 보완하거나 변경 또는 취하할 수 있다.

제6절 공공기관의 처분(결정)

I. 정보공개 여부의 결정

1. 공개 여부 결정기한

행정절차법에 의하면 행정청은 신청인의 편의를 위하여 처분의 처리기간을 종류별로 미리 정하여 공표해야 한다(같은 법 제19조 제1항). 부득이한 사유로 처리기간 내에 처리하기 곤란한 경우에는 해당 처분의 처리기간의 범위 내에서 한 번만 그 기간을 연장할 수 있는데 처리기간을 연장할 때에는 처리기간의 연장 사유와 처리 예정 기한을 지체 없이 신청인에게 통지해야 한다(같은 법 제19조 제2항·제3항). 행정청이 정당한 처리기간 내에 처리하지 아니하였을 때에는 신청인은 해당 행정청 또는 그 감독 행정청에 대하여 신속한 처리를 요청할 수 있다(같은 법 제19조 제4항). 이는 처리가 막연히 지연되어 신청인에게 불리한 결과가 초래되는 것을 막기 위하여 표준처리기간을 설정하여 공표하도록 한 것이다.

정보공개법은 정보공개 청구에 대해 그 처리기간을 보다 명확하게 명시하고 있다.

즉, 공공기관은 정보공개의 청구를 받으면 그 청구를 받은 날부터 10일 이내에 공개 여부를 결정해야 하고 만약 부득이한 사유로 10일 이내에 공개 여부를 결정할 수 없을 때에는 그 기간이 끝나는 날의 다음 날부터 기산(起算)하여 10일의 범위에서 공개 여부 결정기간을 연장할 수 있다(제11조 제1항·제2항).

여기서 공개 여부 결정기간을 연장할 수 있는 부득이한 사유란 한꺼번에 많은 정보 공개가 청구되거나 공개 청구된 내용이 복잡하여 정해진 기간 내에 공개 여부를 결정하기 곤란한 경우, 정보를 생산한 공공기관 또는 공개 청구된 정보와 관련 있는 제3자의 의견청취, 정보공개심의회 개최 등의 사유로 정해진 기간 내에 공개 여부를 결정하기 곤란한 경우, 전산정보처리조직에 의하여 처리된 정보가 공개 부분과 비공개 부분을 포함하고 있고, 정해진 기간 내에 부분 공개 가능 여부를 결정하기 곤란한 경우 및 천재지변, 일시적인 업무량 폭주 등으로 정해진 기간 내에 공개 여부를 결정하기 곤란한 경우를 말한다(시행령 제7조). 개개의 공개 청구에 대하여 공개 여부를 결정하기 위하여 필요한 기간은 공개 청구의 대상이 되는 정보의 양, 비공개 정보 해당성의 심사·판단의 난이, 제3자 보호절차의 요부, 행정기관의 업무 상황 등에 의해 차이가 있을 것이나 가급적 공개 결정기간을 기다리지 않고 신속히 결정함이 바람직할 것이다.

공공기관은 연장된 사실과 연장 사유를 청구인에게 지체 없이 문서로 통지해야 한다.

한편 미국 정보자유법에서는 공개 청구를 받은 날부터 근무일(working day, 토요일, 일요일 및 법정 공휴일 제외) 기준 20일 이내에 결정을 해야 하고 특별한 사정이 있는 때에는 20일간 연장할 수 있다[제552조(a)(6)(A)].

일본 정보공개법에서는 공개 결정 등은 공개 청구를 받은 날부터 30일 이내(보정요구 기간은 제외)에 하되 행정기관의 장은 사무처리상의 곤란 기타 정당한 이유가 있는 때에는 30일 이내에 한해 연장할 수 있다고 규정하고 있다(같은 법 제10조). 그런데 일본 정보공개법은 독특하게도 공개 청구에 관한 행정문서가 현저하게 대량이어서 공개 청구를 받은 날부터 60일 이내에 그 모든 문서에 관해 공개 결정 등을 하는 경우 사무의 수행에 현저히 지장이 생길 우려가 있는 경우에는 행정기관의 장은 공개 청구에 관한 행정문서 중 상당한 부분에 관해 60일 이내에 공개 결정 등을 하고 나머지 행정문서에 관해서는 상당한 기간 내에 공개 결정 등을 하면 족하고 그 상당한 기한 등을 문서로 통지하도록 규정하고 있다(같은 법 제11조).

2. 제3자의 의견 청취와 관계 기관 및 부서 간의 협조

공공기관은 공개 청구된 공개 대상 정보의 전부 또는 일부가 제3자와 관련이 있다고 인정될 때에는 그 사실을 제3자에게 지체 없이 통지해야 하며, 필요한 경우에는 그의 의견을 들을 수 있다(제11조 제3항). 공공기관이 제3자의 의견을 들을 때에는 문서로 해야 한다. 다만, 공공기관이 필요하다고 인정하거나 제3자가 원하는 경우에는 말로 의견을 들을 수 있는데 이 경우 담당 공무원 등은 그 내용을 기록하고 본인의 확인을 받아야 한다(시행령 제8조).

한편 공공기관은 공개 청구된 정보의 전부 또는 일부가 다른 공공기관이 생산한 정보인 경우에는 그 정보를 생산한 공공기관의 의견을 들어 공개 여부를 결정하여야 한다(시행령 제9조). 정보공개 청구업무를 처리하는 부서는 관계 기관 또는 다른 부서의 협조가 필요할 때에는 정보공개 청구서를 접수한 후 처리기간의 범위에서 회신기간을 분명히 밝혀 협조를 요청해야 하고 협조를 요청받은 기관 또는 부서는 그 회신기간 내에 회신하여야 한다(시행령 제10조).

3. 20일 이내 공개 여부를 결정하지 않을 경우

종전 정보공개법 제11조 제5항은 "정보공개를 청구한 날부터 20일 이내에 공공기관이 공개 여부를 결정하지 아니한 때에는 비공개의 결정이 있는 것으로 본다"고 규정했는데, 2013년 8월 6일 개정 정보공개법에서 삭제되었다.

이에 따라 공공기관이 정보공개를 청구한 날부터 20일 이내에 공개 여부를 결정하지 아니한 때에는 공공기관은 비공개의 결정을 한 것으로 간주되는 것이 아니라 공공기관이 부작위(不作爲)를 한 것이 된다.

행정법상 부작위란 행정청이 당사자의 신청에 대하여 상당한 기간 내에 일정한 처분을 해야 할 법률상 의무가 있는데도 처분을 하지 아니하는 것을 말한다(행정심판법 제2조 제2호, 행정소송법 제2조 제2호). 이러한 행정청의 부작위에 대하여는 다른 법률에 특별한 규정이 있는 경우 외에는 행정심판법에 따라 행정심판을 청구할 수 있고(같은 법 제3조 제1항) 또는 행정소송법에 따라 행정청의 부작위가 위법하다는 것을 확인하는 소송, 즉 항고소송 중 부작위위법확인소송을 제기할 수도 있다(행정소송법 제3조 제1호).

그런데 개정 전 정보공개법에 의하면 공공기관이 정보공개를 청구한 날부터 20일 이내에 공개 여부를 결정하지 아니한 때에는 공공기관은 비공개의 결정을 한 것으로 간주되므로 그에 대해서 항고소송 중 취소소송을 제기할 수 있었으나 개정 정보공개법에 의하면 이러한 경우 먼저 부작위위법확인소송을 제기하여 공공기관의 부작위가 위법하다는 승소판결이 확정되면 그 후 공공기관이 하는 비공개 결정 혹은 부분 공개 결정에 대해 재차 취소소송을 제기해야 한다. 이는 청구인의 신속한 권리구제를 어렵게 하는 결과를 초래하게 되어 심히 부당하므로 삭제된 정보공개법 제11조 제5항은 부활되어야 한다.

또한 공공기관이 정보의 비공개 결정을 한 경우에는 비공개 이유 등을 구체적으로 밝히고 그 사실을 청구인에게 지체 없이 문서로 통지해야 하는데(제13조 제4항) 공공기관이 정보공개를 청구 받은 날부터 20일 이내에 공개 여부를 결정하지 아니한 때에는 당연히 비공개 이유나 공개 여부를 결정하지 아니하는 이유 등도 통지할 필요가 없게 된다. 심지어 정보공개의 청구를 받은 공공기관이 공개 여부 결정기간을 10일 이내에서 연장할 때에는 연장된 사실과 연장 사유를 청구인에게 지체 없이 문서로 통지해야 함에도 불구하고(제11조 제2항) 공공기관이 정보공개를 청구한 날부터 20일 이내에 공개여부를 결정하지 아니한 때에는 공개 여부를 결정하지 아니한다는 사실조차 통지할 의무가 없는데 이는 공개 청구한 정보에 대한 청구인의 알권리뿐만 아니라 공개 청구 여부의 결정 결과에 대한 청구인의 알권리도 심각하게 훼손하는 것이어서 부당하다.

물론 행정절차법 제19조 제4항에서 "행정청이 정당한 처리기간 내에 처리하지 아니했을 때에는 신청인은 해당 행정청 또는 그 감독 행정청에 신속한 처리를 요청할 수 있다"고 규정하고 있기는 하지만 정보공개 청구인의 신속한 처리 요청에도 불구하고 행정청이 이를 이행하지 않을 때에는 그 실효성이 없을 것이다.

4. 처분 시 고지사항

행정청이 처분을 하는 때에는 당사자에게 그 근거와 이유를 제시해야 한다(행정절차법 제23조 제1항). 일반적으로 당사자가 근거규정 등을 명시하여 신청한 인·허가 등을 거부하는 처분을 함에 있어 공공기관이 당사자가 그 근거를 알 수 있을 정도로 상당한 이유를 제시한 경우에는 해당 처분의 근거 및 이유를 구체적 조항 및 내용까지 명시하지

않았더라도 그로 말미암아 그 처분이 위법하다고 할 수는 없다.[132]

행정기관의 장이 민원인에게 민원서류의 보완요구, 처리기간의 연장 또는 처리지연 사유의 통지, 처리 진행상황 및 처리 결과의 통지 등을 할 때에는 공문서의 시행문에 그 민원사무의 처리를 담당하는 공무원의 소속·성명 및 전화번호·팩스번호·전자우편주소 등 연락처를 적어야 한다(민원사무처리법 시행령 제26조).[133] 이는 민원인이 처리결과 수신 후 그 결과에 대한 의문점을 해소할 수 있도록 하는 등 민원인에게 처리결과를 통지하는 때에는 처리담당자의 성명과 연락처를 기재하도록 한 것이다. 공공기관이 정보 공개의 결정을 하는 경우에도 이와 같다.

또한 행정청이 처분을 할 때에는 처분의 상대방에게 해당 처분에 대하여 행정심판을 청구할 수 있는지와 행정심판을 청구하는 경우의 심판 청구절차 및 심판 청구기간을 알려야 한다(행정심판법 제58조 제1항). 행정청은 이해관계인이 요구하면 해당 처분이 행정 심판의 대상이 되는 처분인지와 행정심판의 대상이 되는 경우 소관 위원회 및 심판 청구기간을 지체 없이 알려주어야 하고 만약 서면으로 알려줄 것을 요구받으면 서면으로 알려주어야 한다(같은 법 제58조 제2항).

당사자는 처분 전에 그 처분의 관할 행정청에 서면이나 말로 또는 정보통신망을 이용하여 의견제출을 할 수 있고 당사자가 말로 의견제출을 하였을 때에는 행정청은 서면으로 그 진술의 요지와 진술자를 기록하여야 한다(행정절차법 제27조 제1항·제3항). 행정청은 처분을 할 때에 당사자가 제출한 의견이 상당한 이유가 있다고 인정하는 경우에는 이를 반영하여야 하고 반면 당사자가 정당한 이유 없이 의견제출기한까지 의견제출을 하지 아니한 경우에는 의견이 없는 것으로 본다(같은 법 제27조 제4항, 제27조의2).

5. 처분(결정)의 송달방법

정보공개 청구에 대하여 공공기관이 처분을 한 경우 그 송달방법에 관하여 정보공개법령에는 특별한 규정은 없으나 행정절차법 제14조 제1항은 "송달은 우편, 교부 또

---

132) 대법원 2002. 5. 17. 선고 2000두8912 판결, 대법원 2007. 5. 10. 선고 2005두13315 판결.
133) [법제처 10-0368, 2010. 12. 9, 행정안전부 지식제도과] 국가정보원이 정보공개법에 따른 정보공개 결정통지를 하는 경우에는 국가정보원법 제6조에 근거하여 정보공개 담당자의 성명과 연락처를 기재하지 않을 수 있고 대표 전화 등 최소한의 연락처를 기재하여 통지하면 족하다고 해석한 사례.

는 정보통신망 이용 등의 방법으로 하되 송달받을 자(대표자 또는 대리인을 포함한다)의 주소·거소·영업소·사무소 또는 전자우편주소로 한다, 다만, 송달받을 자가 동의하는 경우에는 그를 만나는 장소에서 송달할 수 있다"고 규정하고 있다.

여기서 교부에 의한 송달은 수령확인서를 받고 문서를 교부함으로써 이루어지는데, 송달하는 장소에서 송달받을 자를 만나지 못한 경우에는 그 사무원·피용자(被用者) 또는 동거인으로서 사리를 분별할 지능이 있는 사람에게 문서를 교부할 수 있고, 문서를 송달받을 자 또는 그 사무원 등이 정당한 사유 없이 송달받기를 거부하는 때에는 그 사실을 수령확인서에 적고, 문서를 송달할 장소에 놓아둘 수 있다(같은 법 제14조 제2항). 정보통신망을 이용한 송달은 송달받을 자가 동의하는 경우에 한하고 송달받을 자는 송달받을 전자우편주소 등을 지정해야 한다(같은 법 제14조 제3항). 만약 송달받을 자의 주소 등을 통상적인 방법으로 확인할 수 없는 경우나 송달이 불가능한 경우에는 송달받을 자가 알기 쉽도록 관보, 공보, 게시판, 일간신문 중 하나 이상에 공고하고 인터넷에도 공고해야 한다(같은 법 제14조 제4항). 행정청은 송달하는 문서의 명칭, 송달받는 자의 성명 또는 명칭, 발송방법 및 발송 연월일을 확인할 수 있는 기록을 보존해야 한다(같은 법 제14조 제5항).

송달은 다른 법령 등에 특별한 규정이 있는 경우를 제외하고는 해당 문서를 송달받을 자에게 도달됨으로써 그 효력이 발생한다(같은 법 제15조 제1항). 발신주의가 아니라 도달주의 원칙을 채택하고 있는 것이다(민법 제111조 참조). 정보통신망을 이용하여 전자문서로 송달하는 경우에는 송달받을 자가 지정한 컴퓨터 등에 입력된 때에 도달된 것으로 본다(같은 법 제15조 제2항). 공시송달인 경우에는 다른 법령 등에 특별한 규정이 있는 경우를 제외하고는 공고일부터 14일이 경과한 때에 그 효력이 발생하나, 긴급히 시행해야 할 특별한 사유가 있어 효력 발생 시기를 달리 정하여 공고한 경우에는 그에 따른다(같은 법 제15조 제3항).

6. 기간의 계산방식

기간의 계산은 법령, 재판상의 처분 또는 법률행위에 다른 정한 바가 없으면 민법의 규정에 의한다(민법 제155조).

기간을 시, 분, 초로 정한 때에는 즉시로부터 기산한다(민법 제156조). 기간을 일, 주,

월 또는 연으로 정한 때에는 기간의 초일은 산입하지 아니하나(민법 제157조) 그 기간이 오전 0시로부터 시작하는 때는 초일을 산입하고 연령계산에는 출생일을 산입한다(민법 제158조).[134] 기간을 일, 주, 월 또는 연으로 정한 때에는 기간말일의 종료로 기간이 만료한다(민법 제159조). 기간을 주, 월 또는 연으로 정한 때에는 역(曆)에 의하여 계산하고 주, 월 또는 연의 처음으로부터 기간을 기산하지 아니하는 때에는 최후의 주, 월 또는 연에서 그 기산일에 해당한 날의 전일로 기간이 만료한다(민법 제160조 제1항·제2항). 월 또는 연으로 정한 경우에 최종의 월에 해당일이 없는 때에는 그 월의 말일로 기간이 만료한다(민법 제160조 제3항). 기간의 말일이 토요일 또는 공휴일에 해당한 때에는 기간은 그 익일로 만료한다(민법 제161조).

한편 민원사무처리법 제6조는 민원사무의 처리기간을 5일 이하로 정한 경우에는 민원사항의 접수 시각부터 '시간' 단위로 계산하되 공휴일과 토요일은 산입하지 아니하고, 민원사무의 처리기간을 6일 이상으로 정한 경우에는 '일(日)' 단위로 계산하되 첫날을 산입하는 반면 공휴일은 산입하지 아니하며, 민원사무의 처리기간을 주·월·연으로 정한 경우에는 첫날을 산입하되 민법 제159조부터 제161조까지의 규정을 준용한다고 규정하고 있다. 다만 천재지변이나 그 밖에 당사자 등에게 책임이 없는 사유로 기간 및 기한을 지킬 수 없는 경우에는 그 사유가 끝나는 날까지 기간의 진행이 정지되고, 외국에 거주하거나 체류하는 자에 대한 기간 및 기한은 행정청이 그 우편이나 통신에 걸리는 일수를 고려하여 정한다(행정절차법 제16조 제1항·제2항).[135]

그런데 정보공개 청구의 처리기간에 관하여는 민법에 의할지 아니면 민원사무처리법에 의할지가 문제된다. 후자에 의하면 기간 계산 시 초일은 산입하되 공휴일은 제외되므로 그렇지 아니한 민법상의 기간과 다르게 된다.

민원사무처리법 제6조는 민원인이 행정기관에 대하여 처분 등 특정한 행위를 요구하는 사항에 관한 사무와 관련하여 행정기관이 민원인의 편의 등을 위해 설정하는 민

---

134) 그런데 국회법 제168조는 "국회법에 의한 기간의 계산에는 초일을 산입한다"는 특별규정을 두고 있다.
135) 참고로 형사소송규칙 제44조는 소송행위를 할 자가 국내에 있는 경우 주거 또는 사무소의 소재지와 법원 또는 검찰청 소재지와의 거리에 따라 해로는 100km, 육로는 200km마다 각 1일을 부가하고 그 거리의 전부 또는 잔여가 기준에 미달할지라도 50km 이상이면 1일을 부가하고, 법원은 홍수, 천재지변 등 불가피한 사정이 있거나 교통통신의 불편 정도를 고려하여 법정기간을 연장함이 상당하다고 인정하는 때에는 이를 연장할 수 있다고 규정하고 있는데 소송행위를 할 자가 외국에 있는 경우의 법정기간에는 그 거주국의 위치에 따라 아시아 및 오세아니아는 15일, 북아메리카 및 유럽은 20일, 중남아메리카 및 아프리카는 30일의 기간을 부가하고 있다.

원사무의 처리기간의 산정방법을 정한 것에 불과할 뿐이고, 법정기한 내에 아무런 결정 또는 통지를 하지 아니하는 경우 이에 대한 행정소송 등 불복절차를 제기할 수 있도록 정한 경우에 대해서까지 적용된다고 보기는 어렵다. 나아가 정보공개 청구제도가 갖는 특수성, 즉 정보공개 여부의 결정이 적기에 이루어지지 않는 경우 공공기관이 차후에 그 정보를 공개하더라도 청구인으로서는 당초 정보공개 청구를 통해 취하고자 했던 소기의 목적을 달성할 수 없다는 점 등을 고려하면 민원사무처리법 제6조가 아닌 민법 규정에 따라야 할 것이다.[136]

II. 정보의 공개 결정

공공기관이 보유·관리하는 정보는 정보공개법 제9조 제1항 단서에 해당하는 정보가 아니면 정보공개법이 정하는 바에 따라 공개해야 한다(제3조, 제9조 제1항).

공공기관은 정보의 공개를 결정한 경우에는 공개의 일시 및 장소 등을 분명히 밝혀 청구인에게 통지해야 하고(제13조 제1항) 지체 없이 공개를 결정한 날부터 10일의 범위에서 공개 일시를 정하여 청구인에게 통지해야 한다. 청구인이 요청하는 때에는 공개 일시를 달리 정할 수 있다(시행령 제12조 제1항).

행정절차법은 제24조 제1항에서 행정청이 처분을 하는 때에는 다른 법령 등에 특별한 규정이 있는 경우를 제외하고는 문서로 하도록 규정하고 있는데 정보공개법도 동일하다. 처분의 문서주의는 처분 내용의 명확성을 확보하고 처분의 존부나 내용에 관한 다툼을 방지하기 위한 것이다. 따라서 행정청이 문서에 의하여 처분을 한 경우 법원은 원칙적으로 그 처분서의 문언에 따라 어떤 처분을 했는지 확정해야 하나, 그 처분서의 문언만으로는 행정청이 어떤 처분을 했는지 불분명하다는 등 특별한 사정이 있는 때에는 처분 경위나 처분 이후의 상대방의 태도 등 다른 사정을 고려하여 처분서의 문언과 달리 그 처분의 내용을 해석할 수도 있다.[137]

---

136) 서울행정법원 2008. 4. 16. 선고 2007구합31478 판결(확정), 원고가 2007년 7월 12일에 한 정보공개 청구에 대해 비공개 결정 간주가 이루어지기 위한 20일의 기간을 산정함에 있어서 민원사무처리에 관한 법률 제6조 제2항에 따라 공휴일이 산입되지 않는다는 전제 하에 비공개 결정 간주에 의한 처분일자를 2007년 8월 4일로 특정했으나, 법원에서 직권으로 비공개 결정 간주에 의한 처분일자를 기간계산에 관한 민법 규정에 따라 계산한 2007년 8월 2일로 특정한 사례.
137) 대법원 2010. 2. 11. 선고 2009두18035 판결.

또한 공공기관이 제3자의 비공개 요청에도 불구하고 공개 결정을 하는 때에는 공개 결정 이유와 공개 실시일을 명시하여 지체 없이 문서로 통지해야 하며, 공공기관은 공개 결정일과 공개 실시일의 사이에 최소한 30일의 간격을 두어야 한다(제21조). 제3자의 불복신청 가능성을 염두에 둔 것이다.

III. 공익상의 이유에 의한 재량적 공개 결정

공개 청구된 정보가 비공개 대상에 해당하는 경우에 공공기관은 반드시 비공개 결정을 해야 하는지 아니면 비공개 대상 정보라고 할지라도 공익상 특히 필요한 경우에는 이를 공개할 수 있는지 문제된다.

이는 비공개 정보의 성격을 어떻게 이해하는가에 따라 달라진다. 만약 비공개 대상에 해당하는 정보에 관해서는 공개가 금지되는 것이라고 이해하면 공공기관은 비공개 대상 정보를 재량으로 공개할 수는 없게 된다. 반면 비공개 대상에 해당하는 정보는 공개의무가 면제될 뿐이고 공개가 금지되는 것은 아니라는 해석에 따르면 원래 비공개 대상 정보에 관해서도 이를 공개할 중대한 공익상의 이유가 있으면 공공기관이 재량적으로 공개하는 것을 방해받지 않는다고 본다. (자세한 내용은 제3장 제1절 III. 공익상의 이유에 의한 재량적 공개 결정 참조.)

일반적으로 말하면 공공기관이 재량적으로 비공개 정보를 공개하는 때에는 비공개 정보의 성질과 그것이 보호하려고 하는 이익의 성질 및 중요성을 고려하면서 정보공개에 의해 얻는 이익과 비교·형량해야 할 것이다. 이때 개인정보에 관해서는 프라이버시 보호라는 관점에서 재량적 공개에 대해 매우 신중한 배려가 필요하다 할 것이나 개인정보라 하더라도 특히 '사람의 생명, 건강, 생활 또는 재산을 보호하기 위해 공개하는 것이 필요하다고 인정되는 정보'는 공개되지 않으면 안 될 것이다. 여기에 확실하게 해당되지 않은 경우라 하더라도 지극히 예외적인 경우에 개인정보의 재량적 공개가 정당화되는 경우가 없다고는 할 수 없다.

재량적 공개 결정도 정보공개법의 구조 안에서는 공개의무가 있는 공개 결정과 같게 취급된다. 때문에 공개 청구 대상 정보에 제3자에 관한 정보가 기록되어 있는 경우에는 공개에 반대한 제3자는 공공기관의 재량적 공개 결정에 대해 이의신청이나 행정심판 등 불복을 신청하거나 법원에 행정소송을 제기할 수 있다.

일본 정보공개법 제13조 제2항은 "행정기관의 장은 제3자에 관한 정보가 기록되어 있는 행정문서를 공개하고자 하는 경우로 해당 정보가 제5조 제1호로 또는 동조 제2호 단서에 규정하는 정보에 해당한다고 인정될 때 또는 제3자에 관한 정보가 기록되어 있는 행정문서를 제7조의 규정에 의해 공개하고자 할 때에는 해당 제3자의 소재가 판명되지 아니하는 경우가 아니면 공개 결정에 앞서 해당 제3자에게 공개 청구 관련 행정문서의 표시 기타 정령으로 정하는 사항을 서면으로 통지하고 의견서를 제출할 기회를 부여해야 한다"고 규정하고 있다(필요적 의견청취).[138]

IV. 정보의 비공개 결정

공공기관은 공개 청구된 정보가 제9조 제1항 단서 소정의 비공개 대상 정보에 해당되는 때에는 이를 공개하지 아니할 수 있고 공공기관이 정보의 비공개를 결정한 때에는 청구인에게 지체 없이 비공개 이유·불복의 방법 및 절차를 구체적으로 밝혀 문서나 전자문서로 통지해야 한다(제13조 제4항).

공공기관의 (전부 또는 일부) 비공개 결정(처분)에 대해 청구인은 이의신청이나 행정심판 또는 행정소송을 제기할 수 있다.

V. 정보공개심의회의 심의

1. 정보공개심의회의 설치

국가기관, 지방자치단체와 '공공기관의 운영에 관한 법률' 제5조에 따른 공기업은 정보공개 여부 등을 심의하기 위하여 업무성격이나 업무량 등을 고려하여 그 기관 또는 소속 기관에 1개 이상의 정보공개심의회를 설치·운영해야 한다(제12조 제1항, 시행령 제11조 제1항).

그러나 공공기관 중 각급 학교, 지방공사·공단, 특별법에 의한 특수법인, 사회복지법인 등 정보공개법 시행령에서 공공기관으로 규정된 기관은 법률상 정보공개심의회의

---

138) 総務省行政管理局 編, 앞의 책, 121~122쪽.

설치가 의무화되어 있지 않으므로, 해당 기관의 장이 공개 여부 및 이의신청에 대해 결정하게 된다. 하지만 정보공개 업무를 공정하게 수행하기 위해서는 가급적 정보공개심의회를 설치·운영하거나 이와 유사한 위원회를 활용하는 것이 바람직할 것이다.

2. 정보공개심의회의 구성

정보공개심의회는 위원장 1명을 포함하여 5명 이상 7명 이하의 위원으로 구성한다 (제12조 제2항).

정보공개심의회의 위원장은 소속 공무원, 임직원 또는 외부 전문가 등 정보공개심의회 위원과 같은 자격을 가진 사람 중에서 국가기관 등의 장이 지명하거나 위촉한다(제12조 제4항). 정보공개심의회의 위원장을 제외한 위원은 소속 공무원, 임직원 또는 외부 전문가로 지명하거나 위촉하되, 그중 2분의 1은 해당 국가기관 등의 업무 또는 정보공개의 업무에 관한 지식을 가진 외부 전문가로 위촉해야 한다(제12조 제3항). 하지만 정보공개법 제9조 제1항 제2호(국가안전보장·국방·통일·외교관계 등에 관한 사항으로서 공개될 경우 국가의 중대한 이익을 현저히 해할 우려가 있다고 인정되는 정보) 및 제4호(진행 중인 재판에 관련된 정보와 범죄의 예방, 수사, 공소의 제기 및 유지, 형의 집행, 교정, 보안처분에 관한 사항으로서 공개될 경우 그 직무수행을 현저히 곤란하게 하거나 형사피고인의 공정한 재판을 받을 권리를 침해한다고 인정할 만한 상당한 이유가 있는 정보)에 해당하는 업무를 주로 하는 국가기관은 그 국가기관의 장이 외부 전문가의 위촉비율을 따로 정하되, 최소한 3분의 1 이상으로 위촉해야 한다.

정보공개심의회는 공공기관의 장이 정보의 공개 여부를 결정하기 곤란하다고 보아 의견을 요청한 사항의 자문에 응하여 심의하는 것이다. 그 구성을 위하여 공공기관의 장이 소속 공무원 또는 임·직원 중에서 정보공개심의회의 위원을 지명하는 것이 원칙이나, 필요한 경우에는 공무원이나 임·직원이었던 자 또는 외부 전문가를 위원으로 위촉할 수 있되, 그 필요성 여부나 외부 전문가의 수 등에 관한 판단과 결정은 공공기관의 장이 그의 권한으로 할 수 있도록 한 것이다.[139)]

외부 전문가를 위촉하는 취지는 국민의 입장에서 공공기관의 이해와 독립하여 정보공개에 관한 판단을 하도록 한 것으로, 공공기관과 밀접한 관계에 있거나 영향력 범위에 있는 인사는 배제하는 것이 바람직하다. 따라서 외부 전문가의 요건을 일률적으로 정할 수는 없으나, 해당 기관에서 근무한 적이 있는 사람이나 소속·산하 기관에 근무하고 있거나 근무했던 사람, 공무원인 경우 다른 기관에서 근무하고 있는 사람, 해당 지방자치단체의 의원, 해당 공공기관과 직접적인 업무 감독이나 관할 등의 관계에 있는 기관의 임직원 등 논란의 소지가 있는 경우에는 가급적 위촉 대상에서 제외해야 한다.

정보공개심의회의 위원장·부위원장 및 위원의 임기는 2년으로 하며, 한 차례만 연임할 수 있다. 그러나 공무원인 위원은 그 직위에 재직하는 기간으로 한다(시행령 제11조 제3항).

정보공개심의회의 위원 중 공무원이 아닌 위원에 대해서는 예산의 범위에서 수당·여비 그 밖에 필요한 경비를 지급할 수 있다(시행령 제11조 제4항).

정보공개심의회의 위원장·부위원장 및 위원은 정보공개 업무와 관련하여 알게 된 정보를 누설하거나 그 정보를 이용하여 본인 또는 타인에게 이익 또는 불이익을 주는 행위를 해서는 안 되고(제23조 제4항, 제12조 제5항) 위원장·부위원장 및 위원 중 공무원이 아닌 사람은 형법이나 그 밖의 법률에 따른 벌칙을 적용할 때에는 공무원으로 본다(제23조 제5항).

정보공개심의회의 운영과 기능 등에 관하여 필요한 사항은 국회규칙·대법원규칙·헌법재판소규칙·중앙선거관리위원회규칙 및 대통령령으로 정하고 만약 대통령령에 규정된 것 외에 정보공개심의회의 운영에 관하여 필요한 사항은 정보공개심의회가 설치된 국가기관 등의 장이 정한다(제12조 제6항, 시행령 제11조 제5항).

3. 정보공개심의회의 권한

일반적인 정보공개 청구의 처리는 공공기관의 해당 부서의 소관이며, 공개 여부를 판단하기 곤란한 경우에만 정보공개심의회를 개최한다.

정보공개심의회는 공개 청구된 정보의 공개 여부를 결정하기 곤란한 사항, 청구인 및 제3자가 청구한 이의신청에 관한 사항 및 그 밖에 정보공개제도의 운영에 관한 사항

---

139) 대법원 2002. 3. 15. 선고 2001추95 판결, 공공기관이 장이 정보공개심의회 위원의 과반수 이상을 반드시 외부인사로 위촉해야 하고 부위원장을 시민복지국장으로 한다고 규정한 조례안은 지방의회가 단순한 견제의 범위를 넘어 집행기관의 장의 인사권의 본질적 부분을 사전에 적극적으로 침해한 것으로 관련 법령의 규정 취지에 위배된다고 한 사례.

을 심의한다(시행령 제11조 제2항).

그러나 이의신청이 제기된 경우에도 공공기관의 비공개 결정 또는 부분 공개 결정에 대하여 같은 내용으로 2회 이상 반복하여 제기된 이의신청, 청구인이나 제3자가 이의신청 기간이 지난 후에 한 이의신청, 청구인의 요구대로 공개 결정을 할 경우에는 정보공개심의회의 심의를 거칠 필요가 없다(시행령 제11조 제2항 제2호 단서).

4. 정보공개심의회 심의결과 조치

정보공개심의회의 심의에 따른 결정사항은 청구인에게 통지해야 하며 제3자의 비공개 요청에도 불구하고 공개하는 경우에는 제3자에게도 결정내용을 통지해야 한다.

그런데 공공기관의 장이 정보공개심의회의 심의를 거쳐 공개 여부를 결정할 때 정보공개심의회의 심의와 달리 처분을 할 수 있는지가 문제된다.

공개 청구된 정보의 공개 여부를 결정하는 법적인 의무와 권한을 가진 주체는 공공기관의 장이고, 정보공개심의회는 공공기관의 장이 정보의 공개 여부를 결정하기 곤란하다고 보아 의견을 요청한 사항의 자문에 응하여 심의하는 것이고 정보공개법령에서 정보공개심의회 결정 사항의 기속력에 대해 별도로 규정하고 있지 않으므로 공공기관의 장이 반드시 정보공개심의회의 심의결과에 따라야 하는 것은 아니다.[140]

그러나 정보공개심의회는 단순한 자문기구의 성격이 아니라 정보공개 여부 등을 심의하기 위해 공공기관에 의무적으로 설치하도록 한 것이며, 공정한 심의를 위해서 외부 전문가를 과반수 위촉하도록 하고 있는 점을 감안할 때 정보공개심의회의 결정사항과 달리 처분하는 것은 바람직하지 않다.

---

140) 대법원 2002. 3. 15. 선고 2001추95 판결.

제7절 정보공개의 실시

I. 정보의 공개 일시 및 공개 방법

1. 정보의 공개 일시

정보의 공개란 공공기관이 정보공개법에 따라 정보를 열람하게 하거나 그 사본·복제물을 제공하는 것 또는 전자정부법 제2조 제10호에 따른 정보통신망을 통하여 정보를 제공하는 것 등을 말한다(제2조 제2호).[141]

공공기관이 정보의 공개를 결정하였을 때에는 공개를 결정한 날부터 10일 이내의 범위에서 공개의 일시와 장소 등을 분명히 밝혀 청구인에게 통지해야 한다(제13조 제1항). 그러나 청구인이 요청하는 경우에는 공개 일시를 달리 정할 수 있고, 제3자의 비공개 요청에도 불구하고 공공기관이 공개 결정을 한 경우에는 제3자 보호라는 관점에서 공공기관은 공개 결정일과 공개 실시일 사이에 최소한 30일의 간격을 두어야 한다(제21조 제3항).

2. 정보의 공개 방법

(1) 정보의 공개는 ① 문서·도면·사진 등은 열람 또는 사본의 제공 ② 필름·테이프 등은 시청 또는 인화물·복제물의 제공 ③ 마이크로필름·슬라이드 등은 시청·열람 또는 사본·복제물의 제공 ④ 전자적 형태로 보유·관리하는 정보 등은 파일을 복제하여 정보통신망을 활용한 정보공개시스템으로 송부, 매체에 저장하여 제공, 열람·시청 또는 사본·출력물의 제공의 방법으로 한다(시행령 제14조 제1항 제1호~제4호). 공개 청구된 정보가 공공기관이 정보공개법 제7조에 따라 이미 공개한 정보(국민생활에 매우 큰 영향을 미치는 정책에 관한 정보 등)인 경우에는 해당 정보의 소재를 안내하면 된다(시행령 제

---

141) 대법원 2004. 3. 26. 선고 2002두6583 판결.
　　"청구인이 정보공개 거부처분의 취소를 구하는 소송에서 공공기관이 청구정보를 증거 등으로 법원에 제출하여 법원을 통하여 그 사본을 청구인에게 교부 또는 송달하게 하여 결과적으로 청구인에게 정보를 공개하는 셈이 되었다고 하더라도, 이러한 우회적인 방법은 법이 예정하고 있지 아니한 방법으로서 법에 의한 공개라고 볼 수는 없으므로, 해당 문서의 비공개 결정의 취소를 구할 소의 이익은 소멸되지 않는다고 할 것이다."

14조 제1항 제5호).

청구인이 공공기관에 대해 정보의 사본 또는 출력물의 제공 방법으로 공개 방법을 선택하여 정보공개 청구를 한 경우에 공개 청구를 받은 공공기관으로서는 정보의 사본 또는 복제물의 제공을 제한할 수 있는 사유에 해당하지 않는 한 청구인이 선택한 공개 방법에 따라 정보를 공개해야 하므로 그 공개 방법을 선택할 재량권이 없다. 공공기관이 임의로 정보공개 방법을 변경할 수는 없는 것이다.[142) 143)

청구인이 정보공개 거부처분의 취소를 구하는 소송에서 공공기관이 공개 청구된 정보를 증거 등으로 법원에 제출하여 법원을 통하여 그 사본을 청구인에게 교부 또는 송달하게 하여 결과적으로 청구인에게 정보를 공개하는 셈이 되었다고 하더라도, 이러한 우회적인 방법은 정보공개법이 예정하고 있지 아니한 방법으로서 정보공개법에 의한 공개라고 볼 수는 없으므로, 해당 문서의 비공개 결정의 취소를 구할 소의 이익은 소멸되지 않는다.[144) 145)

(2) 정보의 공개는 원본 공개가 원칙이나 정보를 공개하는 경우에 그 정보의 원본이 더럽혀지거나 파손될 우려가 있거나 그 밖에 상당한 이유가 있다고 인정할 때에는 공공기관은 그 정보의 사본·복제물을 공개할 수 있다(제13조 제3항).

부분 공개의 결정에 의해 해당 정보의 일부를 비공개하는 때나 영구보존되는 역사적 의미가 있는 정보인 경우, 실무적으로 항상 사용 중인 정보인 경우에도 사본을 공개할

---

142) 대법원 2003. 3. 11. 선고 2002두2918 판결, 대법원 2003. 12. 12. 선고 2003두8050 판결, 대법원 2004. 6. 25. 선고 2004두1506호 판결, 대법원 2004. 8. 20. 선고 2003두8302 판결, 대법원 2004. 10. 28. 선고 2004두8668 판결 등.

143) 대법원 2004. 6. 25. 선고 2004두1506호 판결, 원고(참여연대)로서는 이 사건 정보에 대하여 사본열람 방법에 의한 공개만으로도 학술연구와 행정 감시 등 원고의 사용목적을 달성할 수 있다거나, 피고가 앞으로도 이 사건과 유사한 수많은 반복청구에 계속 응해야 하는 불이익과 모순이 발생할 수 있다는 등의 사정만으로 원고의 사본교부 방법에 의한 정보공개 청구가 권리남용에 해당한다고 볼 수 없다고 한 사례.

144) 대법원 2004. 3. 26. 선고 2002두6583 판결; 대법원 2004. 10. 28. 선고 2004두8668 판결, 원고가 피고(국회사무총장)에게 이 사건 정보 일체를 사본·출력물 교부의 방법으로 공개해줄 것을 청구한 것에 대하여 피고가 정보 그 자체가 아닌 피고가 관리하던 문서 등을 기초로 취합, 정리한 정보를 공개한 것은 정보공개법에서 말하는 정보공개로 볼 수 없다고 한 사례.

145) [중앙행정심판위원회 11-14483, 2012. 2. 21, 한국산업인력공단, 인용] 청구인은 이 사건 시험문제와 답안을 전자파일의 형태로 전자우편을 통해 청구인에게 공개할 것을 청구했고, 피청구인은 청구인의 심판청구 후 이 사건 시험문제와 답안을 인터넷 홈페이지에 공개한 사실이 인정되는바, 공개 청구의 대상이 되는 정보가 이미 다른 사람에게 공개되어 널리 알려져 있다거나 인터넷 등을 통하여 공개되어 있어 인터넷 검색 등을 통하여 쉽게 알 수 있게 되었다는 사정만으로 더 이상 비공개 결정을 다툴 법률상 이익이 없다고는 볼 수 없으므로(대법원 2008. 11. 27. 선고 2005두15694 판결 참조) 청구인의 심판청구는 적법하다고 한 사례.

수 있을 것이다.

만약 파일 형태로 전자우편을 통해 공개하는 것이 현저히 곤란한 경우에는 청구인의 요청에도 불구하고 저장매체를 제공하거나 열람·시청 또는 사본·출력물의 교부로 대체할 수 있을 것이다(국회정보공개규칙 제13조 제2항, 법원정보공개규칙 제14조 제2항, 헌법재판소 정보공개규칙 제15조 제2항, 선거관리위원회 정보공개규칙 제14조 제2항 참조, 대통령령에는 위와 같은 규정은 없으나 준용 내지 유추 적용된다 할 것이다).

문서의 등본은 원본의 내용을 그대로 인식할 수 있게 하기 위하여 원본의 기재내용 전부를 옮겨 등사한 것으로서, 원본을 등사하는 방법은 법령에 특별한 제한이 있는 경우를 제외하고는 원본의 내용을 그대로 인식할 수 있는 한 필기나 복사기에 의한 복사 등 어떠한 방법도 허용되고, 반드시 그 문자나 도형의 규격, 형태, 모양, 크기 등이 원본과 동일해야만 하는 것은 아니다.[146]

공개 실시의 방법에 관해 디지털카메라나 비디오카메라, 칼라복사기, 스캐너 등 첨단 기술이 등장함에 따라 이에 관한 공개방법도 적극적으로 검토해봐야 한다. 디지털카메라 등으로 문서 등 정보를 촬영할 수 있도록 허용할 필요가 있으며, 열람 시 필사는 당연히 허용되므로 정보 자체의 파손이나 오손의 우려가 없으면 스캐너 등에 의한 등사도 허용해야 한다.

공공기관은 정보를 공개할 때 본인 또는 그 정당한 대리인임을 확인할 필요가 없는 경우에는 청구인의 요청에 의하여 사본·출력물·복제물·인화물 또는 복제된 파일을 우편·팩스 또는 정보통신망을 이용하여 보낼 수 있다(시행령 제14조 제2항).

공공기관이 정보를 공개할 때에는 타인의 지식재산권, 사생활의 비밀, 그 밖에 타인의 권리 또는 이익이 부당하게 침해되지 아니하도록 유의해야 한다(시행령 제14조 제3항).

(3) 공개 결정 후 공개 실시는 가급적 신속하게 행해져야 한다. 공개 결정 후 상당한 기간 내에 공개가 이루어지지 않은 경우에는 의무이행을 구하는 행정심판청구를 하거나 손해배상을 청구할 수도 있을 것이다.[147]

---

146) 대법원 1992. 5. 26. 선고 91누5952 판결.
147) 대전고등법원 2014. 4. 24. 선고, 2013누961(확정), 공공기관(금산군)이 정보공개결정을 통지한 후 청구인에게 보완서류 제출을 요구하고, 보완서류의 미제출을 이유로 정보자료 미제공 결정을 할 수 있는 근거 규정이 없으므로 정보자료 미제공 결정 처분을 취소한다는 사례.

만약 청구인이 통지를 받은 공개일 후 10일이 지날 때까지 정당한 사유 없이 그 정보의 공개에 응하지 아니하였을 때에는 공공기관은 내부적으로 종결 처리할 수 있다(시행령 제12조 제3항).

(4) 정보를 공개 받은 청구인이 정보의 재청구가 아니라 공개 결정을 전제로 하여 단지 공개방법만을 달리하여 재청구가 아닌 재공개를 요청할 수 있을까도 문제된다.

가령 당초에는 열람을 희망해서 실제로 정보를 열람했는데 필요한 부분을 특정해서 사본의 교부를 청구하거나 혹은 일단 사본의 교부를 받았는데 분실하여 다시 사본의 교부를 청구하거나 다른 부분에 관해 사본의 교부를 청구하는 경우에 이를 별개의 정보공개 청구 절차를 거치게 한다면 최장 20일의 공개 여부 결정기한을 기다려야 하는데 공개 받은 정보를 분실한 직후에 같은 방법으로 공개 실시를 구한다든가 하는 정당한 이유가 있는 경우에는 공공기관의 판단에 따라 허용될 수 있을 것이다.[148]

3. 장애인에 대한 배려

정보공개제도의 실시와 관련하여 장애인 특히 시청각장애인에 대한 배려가 필요하다.

현행 장애인복지법은 국가와 지방자치단체는 장애인이 정보에 원활하게 접근하고 자신의 의사를 표시할 수 있도록 전기통신·방송시설 등을 개선하기 위하여 노력해야 하고(장애인복지법 제22조 제1항), 시각장애인이 정보에 쉽게 접근할 수 있도록 점자도서와 음성도서 등을 보급하기 위하여 노력해야 하며(같은 법 제22조 제5항), 장애인의 특성을 고려하여 정보통신망 및 정보통신기기의 접근·이용에 필요한 지원 및 도구의 개발·보급 등 필요한 시책을 강구해야 한다(같은 법 제22조 제6항)고 규정하여 장애인의 정보에의 접근권을 간접적이나마 보장하고 있다.

---

148) [법제처 05-0067, 2005. 12. 1, 행정자치부] 정보공개법 제13조 제4항의 규정에 따라 공공기관이 청구인에게 정보 비공개 결정통지서를 교부한 후, 청구인이 비공개 결정통지서를 잃어버렸다는 이유로 재교부를 요청하는 것은 해당 정보의 비공개 결정과 관련하여 공공기관이 작성·관리하고 있는 정보에 대한 공개를 요청하는 것이 아니라 이미 수령했다가 분실한 비공개 결정통지서 사본의 단순한 재발급을 요청하는 일반민원이라고 할 것이므로 정보 비공개 결정통지서의 재교부는 정보공개법의 규정에 의한 정보공개절차가 아니라 민원사무처리에 관한 법률 제4조 내지 제10조의 규정에 의한 민원사무의 처리절차에 의하여 처리해야 할 사항이라고 유권해석을 한 사례.

또한 국가와 지방자치단체는 장애인이 공공시설과 교통수단 등을 안전하고 편리하게 이용할 수 있도록 편의시설의 설치와 운영에 필요한 정책을 강구해야 하고, 공공시설 등 이용편의를 위하여 수화통역·안내보조 등 인적서비스 제공에 관하여 필요한 시책을 강구해야 한다(같은 법 제23조).

'장애인 차별금지 및 권리구제 등에 관한 법률'도 공공기관으로 하여금 장애인이 생명, 신체 또는 재산권 보호를 포함한 자신의 권리를 보호·보장받기 위하여 필요한 사법·행정절차 및 서비스 제공에 있어 장애인을 차별해서는 안 되고, 공공기관 및 그 소속원은 사법·행정절차 및 서비스를 장애인이 장애인 아닌 사람과 실질적으로 동등한 수준으로 이용할 수 있도록 제공해야 하며, 이를 위하여 정당한 편의를 제공해야 한다고 규정하고 있다(장애인 차별금지 및 권리구제 등에 관한 법률 제26조 제1항·제4항). 또한 공공기관 및 그 소속원은 장애인이 사법·행정절차 및 서비스에 참여하기 위하여 장애인 스스로 인식하고 작성할 수 있는 서식의 제작 및 제공 등 정당한 편의 제공을 요구할 경우 이를 거부하거나 임의로 집행함으로써 장애인에게 불이익을 주어서는 안 되며(같은 법 제26조 제5항), 장애인이 사법·행정절차 및 서비스를 이용하거나 그에 참여하기 위하여 요구할 경우 보조인력, 점자자료, 인쇄물음성출력기기, 수화통역, 대독(代讀), 음성지원시스템, 컴퓨터 등의 필요하고 정당한 편의를 제공해야 한다(같은 법 시행령 제17조 제1항).

따라서 국가와 지방자치단체는 장애인이 정보공개를 청구하거나 공개 결정된 정보를 공개 실시할 때 혹은 불복절차를 진행할 때 등 정보공개제도 전반에 걸쳐 장애인이 정보에 원활하게 접근하고 자신의 의사를 표시할 수 있도록 정보통신망에의 접근·이용에 필요한 지원과 장애인에 대한 편의시설의 설치와 운영, 장애인 스스로 인식하고 작성할 수 있는 서식의 제작 및 제공, 공공시설 등 이용편의를 위한 보조인력·점자자료·인쇄물음성출력기기·수화통역·대독·음성지원시스템·컴퓨터 등의 편의 제공, 장애인보조기구의 교부·대여 등의 제도적 개선에 적극 노력해야 한다.

장애인이 정보공개제도를 이용하는 데 실효성을 확보하기 위하여 정보공개법의 개정 등 입법적 보완이 필요하다.

캐나다 정보공개법은 시각 또는 청각과 관련된 장애를 '감각장애(sensory disability)'라고, 감각장애가 있는 자로 하여금 기록물을 읽거나 들을 수 있게 하는 형태를 '대체형태(alternative format)'라고 각각 규정하여(같은 법 제3조) 기록물의 전부 또는 일부의 이용을 허용하고 있다. 따라서 감각장애인이 감각장애 때문에 대체 형태로의 이용을 요청하는 경우에는 해당 기록물의 전부 또는 일부의 1부(a copy of the record or part)를 대체형태로 제공해야 한다(같은 법 제12조 제3항).

II. 공개 대상 정보가 많은 경우

공공기관은 청구인이 사본 또는 복제물의 제공을 원하는 경우에는 이를 제공해야 한다. 다만, 공개 대상 정보의 양이 너무 많아 정상적인 업무수행에 현저한 지장을 초래할 우려가 있는 경우에는 정보의 사본·복제물을 일정 기간별로 나누어 제공하거나 열람과 병행하여 제공할 수 있다(제13조 제2항). 그러나 이러한 경우에도 청구된 정보의 사본 또는 복제물의 교부를 제한하거나 거부할 수는 없다.[149]

정보의 사본·복제물을 일정 기간별로 나누어 제공하거나 열람과 병행하여 제공하는 경우에는 청구인으로 하여금 먼저 열람하게 한 후 사본·복제물을 제공하되, 특별한 사정이 없으면 2개월 이내에 제공을 마쳐야 한다(시행령 제12조 제2항).

1998년 시행된 제정 정보공개법에서는 정보공개 청구의 대상이 이미 널리 알려진 사항이거나 청구량이 과다하여 정상적인 업무수행에 현저한 지장을 초래할 우려가 있는 경우에는 청구된 정보의 사본 또는 복제물의 교부를 제한할 수 있다고 규정하여(제8조 제2항) 사실상 비공개 대상 정보와 동일하게 처리했으나 2004년 이러한 경우 청구된 정보의 사본 또는 복제물의 교부를 제한할 수는 없고 단지 이를 일정 기간별로 나누어 교부하거나 열람과 병행하여 교부할 수 있도록 개정되었다.

개정 전 법률이 시행되던 당시 대법원은 1995년 7월 1일부터 1999년 3월 31일까지 사이의(대법원 2003. 3. 11. 선고 2001두6425 판결), 2000년 1월부터 2000년 6월까지 사이의(대법원 2003. 4. 22. 선고 2002두7661 판결), 1998년 1월부터 2000년 6월까지 사이의(대법원 2003. 4. 22. 선고 2002두8664 판결, 대법원 2003. 6. 27. 선고 2002두9087 판결), 2000년 10월부터 2000년 12월까지 사이의(대법원 2003. 5. 30. 선고 2002두10926 판결) 각 업무추진비 관련 자료의 공개에 대하여 청구량이 과다하여 정상적인 업무수행에 현저한 지장을 초래할 우려가 있는 경우에 해당하지 않는다고 한 반면 공개를 청구한 자료의 분량이 합계 9,029매에 달하기 때문에 이를 원고에게 공개하기 위해서는 피고(공공기관)의 행정업무

---

149) 대법원 2009. 4. 23. 선고 2009두2702 판결.

에 상당한 지장을 초래할 가능성이 있는 등의 이유로 공개 거부처분이 정당하다고 판단(대법원 1997. 5. 23. 선고 96누2439 판결)한 경우도 있었다.

III. 정보의 전자적 공개

공공기관은 전자적 형태로 보유·관리하는 정보에 대하여 청구인이 전자적 형태로 공개하여 줄 것을 요청하는 경우에는 그 정보의 성질상 현저히 곤란한 경우를 제외하고는 청구인의 요청에 따라야 한다(제15조 제1항). 전자적 형태로 보유·관리하지 아니하는 정보에 대하여 청구인이 전자적 형태로 공개하여 줄 것을 요청한 경우에는 공공기관은 정상적인 업무수행에 현저한 지장을 초래하거나 그 정보의 성질이 훼손될 우려가 없으면 그 정보를 전자적 형태로 변환하여 공개할 수 있다(제15조 제2항).

정보의 전자적 형태의 공개 등에 필요한 사항은 국회규칙·대법원규칙·헌법재판소규칙·중앙선거관리위원회규칙 및 대통령령으로 정하고 있다(제15조 제3항).

정보공개제도는 공공기관이 보유·관리하는 정보를 그 상태대로 공개하는 제도이다. 다만, 전자적 형태로 보유·관리되는 정보의 경우에는 그 정보가 청구인이 구하는 대로는 되어 있지 않다고 하더라도 공개 청구를 받은 공공기관이 공개 청구 대상 정보의 기초자료를 전자적 형태로 보유·관리하고 있고, 해당 기관에서 통상 사용되는 컴퓨터 하드웨어 및 소프트웨어와 기술적 전문지식을 사용하여 그 기초자료를 검색하여 청구인이 구하는 대로 편집할 수 있으며, 그러한 작업이 해당 기관의 컴퓨터 시스템 운용에 별다른 지장을 초래하지 아니한다면, 그 공공기관이 공개 청구 대상 정보를 보유·관리하고 있는 것으로 볼 수 있다.[150] 이러한 경우에 기초자료를 검색·편집하는 것은 새로운 정보의 생산 또는 가공에 해당한다고 할 수 없다.[151]

또한 공공기관이 전산기기에 개개의 정보를 전산자료로 입력하여 보유·관리하는 경우에는 전산기기의 특성상 개개의 정보만 있으면 별도의 통계, 분석 등을 위한 프로그램을 이용하여 손쉽게 입력된 개개의 정보를 종합적으로 분류하고 위와 같이 분류된 결과를 이용하여 새로운 정보를 작성, 편집, 검색, 삭제할 수 있으므로 공개 대상 정보가 개별 정보를 분류한 결과물일 경우에는 그 자체가 독자적인 자료형태로 전산기기 내에

---

150) 대법원 2014. 6. 12. 선고 2013두4309 판결.

작성, 보관되어 있지 않더라도 이를 생성할 수 있는 개개의 기초 정보자료가 모두 입력되어 있고 그 정보를 이용한 통계자료나 석차 등의 결과물을 검색, 산출할 수 있는 프로그램을 이미 가지고 있거나 시간적으로나 경제적으로 큰 부담 없이 쉽게 그 프로그램을 만들어 이용할 수 있는 경우에는 개개의 정보를 보유하고 있는 공공기관으로서는 언제든지 전산기기로 이미 보유하고 있는 개개의 정보를 이용하여 공개 대상의 정보인 결과물을 작성하고 확인할 수 있으므로 결국 사실상 공개 대상 정보를 보유하고 있는 것과 마찬가지다.[152]

따라서 공공기관이 위와 같이 보유·관리하는 개개의 정보자료를 이용하여 시간적, 경제적인 부담 없이 전산기기로 필요한 정보를 쉽게 생성할 수 있는 경우에는 형식적으로 개개의 정보자료를 이용한 결과를 산출하지 아니하여 해당 정보를 보유하지 않고 있다는 이유로 공개 대상 정보에 대한 정보공개를 거부할 수 없다.[153] 그러나 공공기관이 개개의 기초 정보자료를 문서 등 유체물의 형태로 보유하고 있어 해당 정보를 쉽게 생성할 수 없는 경우라면 해당 정보를 보유하고 있지 않다는 이유로 정보공개를 거부하는 것에 어떤 위법이 있다고 볼 수 없다.[154]

공개 청구한 정보가 공공기관에서 기존의 정보를 새로운 정보로 가공해야 되거나, 새로운 정보를 작성하는 사항, 질의형식으로 청구하는 사항이 청구된 경우에는 공공기

---

151) 대법원 2013. 9. 13. 선고 2011두9942 판결, 국세공무원이 납세자의 개인정보 열람을 위해 국세청의 통합시스템에 접속한 내역에 관한 자료는 따로 작성되거나 전자문서의 형태로 보관하고 있지 않으며, 통합시스템에 접속한 로그인 기록은 사람이 읽을 수 없는 컴퓨터 기계어로 구성된 로그 파일 형태로 자동적으로 저장되는데 사용자번호, 화면코드 등의 자료로 세분화되어 있어서 각 자료를 숫자나 문자로 전환한 후 납세자의 주민등록번호나 사업자등록번호와 일일이 대조해야만 해당 납세자에 관한 정보를 열람한 내역을 알 수 있어 3년분에 해당하는 원고의 개인정보를 열람한 내역(담당자, 소속부서, 조회사유, 열람일자) 정보 역시 위와 같은 과정을 거쳐야만 추출할 수 있는 것이므로, 피고(국세청장)가 이 사건 정보의 기초자료를 전자적 형태로 보유·관리하고 있기는 하지만 피고가 통상 사용하는 컴퓨터 하드웨어 및 소프트웨어와 기술적 전문지식을 사용한 검색·편집을 통하여 피고의 컴퓨터 시스템 운영에 별다른 지장 없이 이 사건 정보를 추출할 수 있다고 보기는 어렵다 할 것이므로, 결국 피고가 이 사건 정보를 보유·관리하고 있는 것으로 볼 수 없다고 한 사례.
대법원 2014. 5. 29. 선고 2012누25729 판결, 이 사건 CCTV에 의하여 녹화된 영상은 전자적 형태로 보유·관리됨을 알 수 있고, 이 사건 녹화된 영상을 프레임 단위로 갈무리한 다음, 각 그림파일 중 정보공개법 제9조 제1항 제6호에서 규정하고 있는 비공개 대상 정보에 해당하는 국가보훈처 청사 출입자를 포함한 일반 통행인의 얼굴 등 부분을 모자이크 처리한 후 영상압축기술에 의하여 새로운 동영상을 만드는 것은 공개 청구의 취지에 어긋나지 아니하는 범위 안에서 비공개 대상 정보에 해당하는 부분과 공개가 가능한 부분을 분리할 수 있는 경우에 해당한다고 보기 어렵고, 이는 새로운 정보의 생산 또는 가공에 해당한다고 한 사례.
152) [중앙행정심판위원회 11-19800, 2012. 3. 20, 교통안전공단, 기각], [국민권익위원회 08-10078, 2008. 8. 12, 국민권익위원회]
153) 서울행정법원 2006. 9. 6. 선고 2005구합20825 판결.
154) 대법원 2013. 9. 13. 선고 2011두9942 판결, 대법원 2010. 2. 11. 선고 2009두6001 판결.

관은 정보공개 청구가 아닌 일반 민원으로 보아 처리할 수 있고, 그 사유를 구체적으로 적어 청구인에게 통지해야 한다(시행령 제6조 제3항·제4항).

1996년 개정된 미국 정보자유법은 전자적 기록에 관해 행정기관이 개인에게 기록을 제공할 때 개인이 요청하는 양식이나 포맷으로 신속한 복사가 가능할 경우에는 해당 양식이나 포맷으로 기록을 제공해야 하고 각 기관은 그 목적을 위하여 복사 가능한 양식이나 포맷으로 기록을 유지하기 위해 합당한 노력을 기울여야 하며[제552조(a)(3)(B)], 또한 기관은 기록 요청에 대응할 때 기관의 자동정보시스템의 운영을 중대하게 방해하지 않는 한 전자 양식이나 포맷으로 기록을 검색하기 위해 합당한 노력을 기울여야 한다는 의무를 부과하고 있다[제552조(a)(3)(C)].

2013년 8월 6일 개정된 우리나라 정보공개법은 공공기관 중 중앙행정기관 및 대통령령으로 정하는 기관은 전자적 형태로 보유·관리하는 정보 중 공개 대상으로 분류된 정보를 국민의 정보공개 청구가 없더라도 정보통신망을 활용한 정보공개시스템 등을 통하여 공개해야 한다(제8조의2)고 규정하여 공개 대상 정보의 원문공개 의무를 명시하고 있다.

IV. 정보공개 청구인의 확인 절차

청구된 정보의 공개는 청구인 본인 또는 그 대리인에게 해야 한다(시행령 제15조 제1항).

공공기관이 정보를 공개할 때에는 본인 또는 그 정당한 대리인임을 확인할 필요가 없는 경우가 아니면 청구인 본인 또는 그 정당한 대리인임을 확인하여야 한다(시행령 제15조 제2항).

즉, 청구인 본인에게 공개하는 경우에는 청구인의 주민등록증이나 그 밖에 그 신원을 확인할 수 있는 신분증명서, 청구인의 법정대리인에게 공개하는 경우에는 법정대리인임을 증명할 수 있는 서류와 대리인의 주민등록증이나 그 밖에 그 신원을 확인할 수 있는 신분증명서, 청구인의 임의대리인에게 공개하는 경우에는 행정자치부령으로 정하는 위임장과 청구인 및 수임인의 주민등록증이나 그 밖에 그 신원을 확인할 수 있는 신분증명서 등에 의하여 청구인 본인 또는 그 정당한 대리인임을 확인한다. 만약 청구인이 외국인인 경우에는 여권, 외국인등록증 또는 국내에 일정한 주소를 두고 거주하거나 학술·연구를 위하여 일시적으로 체류하는 사람임을 확인할 수 있는 신분증명서, 청구인이 외국의 법인 또는 단체인 경우에는 사업자등록증, 외국단체등록증 또는 국내에 사무소를 두고 있는 법인 또는 단체임을 확인할 수 있는 증명서 등을 제시해야 한다.

만약 공공기관이 정보통신망을 통하여 정보를 공개하는 경우 청구인 본인 또는 그 대리인의 신원을 확인할 필요가 있는 때에는 전자서명 등을 통하여 그 신원을 확인해야 하고(시행령 제15조 제3항) 정보공개 청구에 대한 처리상황을 정보공개 처리대장에 기록·유지해야 한다(시행령 제16조).

한편 공공기관은 정보를 공개할 때 본인 또는 그 정당한 대리인임을 확인할 필요가 없는 경우에는 청구인의 요청에 의하여 사본·출력물·복제물·인화물 또는 복제된 파일을 우편·팩스 또는 정보통신망을 이용하여 보낼 수 있다(시행령 제14조 제2항).[155]

V. 즉시 처리가 가능한 정보공개

법령 등에 따라 공개를 목적으로 작성된 정보,[156] 일반 국민에게 알리기 위하여 작성된 각종 홍보자료, 공개하기로 결정된 정보로서 공개에 오랜 시간이 걸리지 아니하는 정보 및 그 밖에 공공기관의 장이 정하는 정보로서, 즉시 또는 말로 처리가 가능한 정보에 대해서는 제11조에 따른 절차를 거치지 아니하고 공개해야 한다. 즉, 이러한 정보에 대한 공개 청구에 대해서는 공개 여부 결정기간(최장 20일) 내에 결정할 것이 아니라 즉시 공개해야 한다(제16조). 민원사무처리법 시행령 제3조는 민원사무의 처리기간을 '즉시'로 정한 경우에는 정당한 사유가 있는 경우를 제외하고는 3근무시간 이내에 처리해야 한다고 규정하고 있다.

---

155) [법제처 13-0423, 2013. 12. 31, 민원인] 정보공개 청구에 대한 처리 결과는 정보공개 여부의 결정이고, 통지된 정보공개 결정 통지서에 이미 담당 공무원의 소속·성명 및 연락처 등이 기재되어 있으며(정보공개법 시행규칙 별지 제7호서식 참고), 우편으로 인한 송부는 정보공개 결정에 따른 청구인의 수령 방법에 불과한 점, 우편으로 정보를 공개하는 것은 정보공개 결정에 따른 집행의 방법에 불과하지 그 자체가 별도의 정보공개의 결정은 아니라는 점(나아가, 수령 방법으로 우편 외에 직접 방문하든 팩스 전송, 정보통신망 등은 모두 정보공개 결정에 따른 이행의 방법에 불과함) 등에 비추어 정보공개법 시행령 제14조 제1항 및 제2항에 따라 공공기관은 해당 정보의 사본·출력물·복제물·인화물 또는 복제된 파일을 우편으로 교부하면 되는 것이고 이미 통지한 정보공개 결정통지서와 별도로 해당 정보를 공개한다는 내용·기관의 직인·처리담당자 등을 표시한 공문서의 시행문을 반드시 첨부하여야 하는 것은 아니라고 한 사례.
156) 국가재정법 제9조(재정정보의 공표) ① 정부는 예산, 기금, 결산, 국채, 차입금, 국유재산의 현재액 및 통합재정수지, 그 밖에 대통령령이 정하는 국가와 지방자치단체의 재정에 관한 중요한 사항을 매년 1회 이상 정보통신매체·인쇄물 등 적당한 방법으로 알기 쉽고 투명하게 공표해야 한다.

VI. 공개된 정보의 자유이용 및 그 제한

1. 정보의 자유이용

정보공개 청구를 통하여 입수한 문서나 정보 등을 사용하는 방법도 전적으로 청구인의 책임에 맡겨져 있다. 정보공개법에 의해 입수한 정보를 공표하는 것이나 이를 언론사에 제공하여 보도하게 하는 것도 그의 자유로운 처분에 맡겨져 있다.

입법례에 따라서는 벨기에 정보공개법 제10조의 경우처럼 정보공개법에 근거하여 입수한 문서를 상업적으로 배포 또는 이용하는 것을 금지하는 예도 있다.

일본 도쿄 도의 정보공개조례 제4조도 "이 조례가 정하는 바에 따라 공문서의 공개를 청구하고자 하는 자는 이 조례의 목적에 따라 적정한 청구에 노력함과 아울러 공문서의 공개를 받은 때에는 이것에 의해 취득한 정보를 적정하게 사용하지 않으면 안 된다"고 규정하고 있고, 일본 오사카 부의 정보공개조례 제4조도 비슷하다. 그러나 이러한 규정은 윤리규정으로서 법적 의무를 지는 것은 아니다. 청구인이 이를 위반했다고 하여 그 이후의 정보공개 청구에 대해 공공기관이 그 사유만으로는 거부할 수 없다. 공개를 거부할 수 있는가의 여부는 어디까지나 법률에서 정하고 있는 비공개 대상 사유에 해당하는 경우에만 가능하고 그 이외의 사유를 이유로 하는 공개 거부는 위법하다.

2. 정보의 이용 제한

그런데 교육관련기관의 정보공개에 관한 특례법 제11조는 첫째, 교육관련기관의 장은 학술연구의 진흥과 교육정책의 개발을 위하여 해당 기관이 보유·관리하는 자료를 연구자 등에게 제공할 수 있는데 이에 따라 자료를 제공받은 자(같은 법 제8조 제1항 및 제2항)와 둘째, 교육부 장관 및 교육감은 교육정책 수립, 학술연구 진흥, 통계 작성 등에 활용하기 위해 교육관련기관의 장이 보유·관리하고 있는 정보를 수집하여 수집·연계·가공할 수 있고 수집·연계·가공한 정보를 연구자 등에게 제공할 수 있는데 이에 따라 자료를 제공받은 자(같은 법 제8조의2 제2항 및 제4항)가 본래의 목적 외에 부정 사용하거나 이를 누설한 경우에는 1년 이하의 징역 또는 1천만 원 이하의 벌금에 처한다고 규정하고 있다.

또한 정보공개법에 의한 정보공개절차는 아니지만 넓은 의미의 정보공개제도를 인정하고 있는 민사소송법이나 형사소송법 등 개별 법률에서 열람이나 복사한 일정한 문서 등을 목적 외로 사용하는 것을 금지하거나 그 내용의 누설을 금지하여 정보의 이용을 제한하고 있는 경우가 있다.

먼저 민사소송법은 당사자나 이해관계를 소명한 제3자는 소송기록의 열람·복사, 재판서·조서의 정본·등본·초본의 교부 또는 소송에 관한 사항의 증명서의 교부를 법원사무관 등에게 신청할 수 있고, 또 누구든지 권리구제·학술연구 또는 공익적 목적으로 대법원규칙으로 정하는 바에 따라 법원사무관 등에게 재판이 확정된 소송기록(공개를 금지한 변론에 관련된 소송기록은 제외)의 열람을 신청할 수 있도록 하면서도 소송기록을 열람·복사한 사람은 열람·복사에 의하여 알게 된 사항을 이용하여 공공의 질서 또는 선량한 풍속을 해하거나 관계인의 명예 또는 생활의 평온을 해하는 행위를 해서는 안 된다고 규정하고 있다(같은 법 제162조 제4항).

다음으로 형사소송법도 재판이 확정된 형사사건의 소송기록을 열람 또는 등사한 자는 열람 또는 등사에 의하여 알게 된 사항을 이용하여 공공의 질서 또는 선량한 풍속을 해하거나 피고인의 개선 및 갱생을 방해하거나 사건관계인의 명예 또는 생활의 평온을 해하는 행위를 해서는 안 된다고 규정하고 있다(같은 법 제59조의2 제5항). 또한 피고인 또는 변호인, 피고인 또는 변호인이었던 자는 검사가 열람 또는 등사하도록 한 제266조의3 제1항[157]에 따른 서면 및 서류 등의 사본을 해당 사건 또는 관련 소송의 준비에 사용할 목적이 아닌 다른 목적으로 다른 사람에게 교부 또는 제시해서는 안 되고 이를 위반하는 때에는 1년 이하의 징역 또는 500만 원 이하의 벌금에 처하고 있다(같은 법 제266조의16).

소송계속 중인 사건의 피해자(피해자가 사망하거나 그 심신에 중대한 장애가 있는 경우에는

---

157) 제266조의3(공소제기 후 검사가 보관하고 있는 서류 등의 열람·등사) ① 피고인 또는 변호인은 검사에게 공소제기 된 사건에 관한 서류 또는 물건(이하 '서류 등'이라 한다)의 목록과 공소사실의 인정 또는 양형에 영향을 미칠 수 있는 다음 서류 등의 열람·등사 또는 서면의 교부를 신청할 수 있다. 다만, 피고인에게 변호인이 있는 경우에는 피고인은 열람만을 신청할 수 있다.
  1. 검사가 증거로 신청할 서류 등
  2. 검사가 증인으로 신청할 사람의 성명·사건과의 관계 등을 기재한 서면 또는 그 사람이 공판기일 전에 행한 진술을 기재한 서류 등
  3. 제1호 또는 제2호의 서면 또는 서류 등의 증명력과 관련된 서류 등
  4. 피고인 또는 변호인이 행한 법률상·사실상 주장과 관련된 서류 등(관련 형사재판확정기록, 불기소처분기록 등을 포함한다.)

그 배우자·직계친족 및 형제자매를 포함한다), 피해자 본인의 법정대리인 또는 이들로부터 위임을 받은 피해자 본인의 배우자·직계친족·형제자매·변호사는 소송기록의 열람 또는 등사를 재판장에게 신청할 수 있는데 소송기록을 열람 또는 등사에 의하여 알게 된 사항을 사용하는 경우에는 부당히 관계인의 명예나 생활의 평온을 해하거나 수사와 재판에 지장을 주지 않도록 해야 한다(같은 법 제294조의4).

한편 국회법은 국회 정보위원회의 회의를 원칙적으로 비공개로 하면서 정보위원회의 위원 및 소속 공무원이 직무수행상 알게 된 국가기밀에 속하는 사항을 공개하거나 타인에게 누설하는 행위를 금지하고 있다(같은 법 제54조의2). 국정감사 및 조사에 관한 법률도 국회의원 및 사무보조자는 감사 또는 조사를 통하여 알게 된 비밀을 정당한 사유 없이 누설해서는 안 된다고 규정하고 있다(같은 법 제14조 제2항).

이와 같이 열람이나 복사한 일정한 문서 등을 목적 외로 사용하는 것을 금지하거나 그 내용의 누설을 금지하고 있는 법령을 위반한 경우 그에 대한 직접적인 제재 조항이 없더라도 민사상 불법행위에 해당되어 손해배상책임을 질 수 있다.

그런데 공공기관으로부터 입수한 자료라고 하더라도 공개된 문서나 정보의 내용이 진실하다는 것까지를 보증해주는 것이 아니다. 가령 어느 기업의 제품에 대해서 어떠한 진정 제기나 피해신고가 있었다고 하는 사실을 나타내는 공문서가 그 진정이나 피해신고가 된 사실이 진실하다는 것을 증명하는 것은 아니다.

또 공개된 정보를 입수했다고 하여 해당 정보의 본질적인 권리까지 자동적으로 취득하는 것은 아니다. 가령 저작권법에 의하여 보호되는 문서를 정보공개를 통하여 입수한 다음 이를 그대로 복제하는 것은 해당 문서의 저작권자가 갖는 복제권 등을 침해하는 것이 된다. 이를 외부에 공표하거나 언론사에 제보하여 보도하게 했는데 그 내용이 허위인 경우에는 그에 따른 명예훼손이나 신용훼손 등의 책임을 져야 한다. 정보공개제도는 공개된 정보의 신뢰성은 청구인이 자기책임 하에 판단하는 것을 전제로 하는 것이고 공공기관으로 하여금 단지 비공개 사유가 없으면 원칙적으로 공개하도록 하는 제도이기 때문이다.

VII. 정보공개 결정에 대한 제3자의 대응방법

공공기관이 공개 청구된 공개 대상 정보의 전부 또는 일부가 제3자와 관련이 있다고 인정하여 공개 청구된 사실을 통지받은 제3자는 통지받은 날부터 3일 이내에 해당 공공기관에 대하여 자신과 관련된 정보를 공개하지 아니할 것을 요청할 수 있다.

제3자가 비공개를 요청했음에도 불구하고 공공기관이 공개 결정을 할 때에는 공개 결정 이유와 공개 실시일을 분명히 밝혀 지체 없이 문서로 제3자에게 통지해야 한다. 공개 결정 통지를 받은 제3자는 해당 공공기관에 문서로 이의신청을 하거나 행정심판 또는 행정소송을 제기할 수 있다(제21조 제1항). (자세한 내용은 제5장 정보공개제도와 제3자 보호 참조.)

제8절 정보의 부분 공개

I. 부분 공개를 하는 경우

(1) 공개 청구한 정보가 정보공개법 제9조 제1항 각 호의 어느 하나에 해당하는 부분(비공개 대상 정보)과 공개 가능한 부분이 혼합되어 있는 경우로서 공개 청구의 취지에 어긋나지 아니하는 범위에서 두 부분을 분리할 수 있는 경우에는 제9조 제1항 각 호의 어느 하나에 해당하는 부분(비공개 대상 정보)을 제외하고 공개해야 한다(제14조).[158] 이러한 조치를 일반적으로 '부분 공개'라고 한다.[159]

반면 제외된 부분은 비공개가 된 것이기 때문에 그것은 일부 비공개 결정이다. 따라서 공공기관은 공개하지 아니한 나머지 정보의 비공개 결정 내용을 청구인에게 지체 없이 문서로 통지해야 하고 비공개 이유와 불복의 방법 및 절차를 구체적으로 밝혀야 한다(제13조 제4항).

1개의 정보공개 청구에 대하여 1개의 거부처분(비공개 결정)이 내려졌다고 하더라도 이는 공개 청구된 정보 또는 문서의 개수만큼의 거부처분이 결합된 것이라고 보는 것이 타당하다. 정보를 순차로 공개 청구를 하여 거부된 경우와 한꺼번에 청구했다가 거부된 경우를 달리 볼 필요가 없기 때문이다.

법원은 수개의 정보 또는 문서에 대한 공개 거부처분은 해당 정보마다 그 적법성을

---

158) 대법원 2004. 9. 23. 선고 2003두1370 판결 등.
159) 대법원 2006. 8. 24. 선고 2004두2783 판결, 원고가 공개를 청구한 자료들을 살펴보면 그 자료들이 누구를 위한 것인지 쉽게 판별될 수 있을 것이고 그와 같은 판별이 어렵다면 관련 정보 전부를 공개하면 된다고 한 사례.

따로 판단하여 판결의 주문에 표시해야 하고[160] 법원이 행정기관의 정보공개 거부처분의 위법 여부를 심리한 결과 공개를 거부한 정보에 비공개 대상 정보에 해당하는 부분과 공개가 가능한 부분이 혼합되어 있고 공개 청구의 취지에 어긋나지 않는 범위 안에서 두 부분을 분리할 수 있음을 인정할 수 있을 때에는 법원은 청구취지의 변경이 없더라도 공개가 가능한 정보에 관한 부분만의 일부취소를 명할 수 있다.[161][162] 이 경우 법원은 공개가 거부된 정보 중 공개가 가능한 부분을 특정하고, 판결의 주문에 정보공개 거부처분 중 공개가 가능한 정보에 관한 부분만을 취소한다고 표시해야 한다.[163][164]

여기서 부분 공개를 할 수 있는 요건인 "공개 청구의 취지에 어긋나지 아니하는 범위 안에서 비공개 대상 정보에 해당하는 부분과 공개가 가능한 부분을 분리할 수 있다"고 함은, 이 두 부분이 물리적으로 분리 가능한 경우를 의미하는 것이 아니고 해당 정보의 공개 방법 및 절차에 비추어 해당 정보에서 비공개 대상 정보에 관련된 기술 등을 제외 내지 삭제하고 그 나머지 정보만을 공개하는 것이 가능하고 나머지 부분의 정보만으로도 공개의 가치가 있는 경우를 의미한다.[165][166] 두 부분을 분리할 수 없을 때에는 부분공개가 아니라 전부 비공개로 할 수밖에 없을 것이다.

만약 비공개 대상 정보에 해당되지 아니하는 나머지 부분의 정보만으로는 공개의 가치가 없는 경우에는 부분 공개가 아니라 전부 비공개 결정을 할 수 있을 것이나 비공개 대상 정보 부분을 제외한 나머지 부분에 공개의 가치가 있는지 여부는 최종적으로는 법

---

160) 김의환, 앞의 논문, 177쪽.
161) 대법원 2006. 12. 7. 선고 2004두9180 판결, 대법원 2003. 11. 28. 선고 2002두8275 판결, 대법원 2003. 10. 10. 선고 2003두7767 판결, 대법원 2005. 1. 28. 선고 2002두12854 판결 등.
162) 대법원 2004. 12. 9. 선고 2003두12707 판결, 사본출력물의 공개방법과 절차에 비추어 정보공개처리대장에서 청구인에 관한 사항을 제외하고 그 나머지 정보만을 공개하는 것이 가능할 뿐 아니라 나머지 부분의 정보만으로도 공개의 가치가 있다고 볼 여지가 있다고 한 사례.
163) 대법원 2010. 2. 11. 선고 2009두6001 판결은 대학수학능력시험 수험생의 원점수정보 등에 관한 공개 청구를 행정청이 거부한 사안에서, 수험생의 인적사항을 포함한 모든 정보공개 거부처분을 취소한 원심판결을 파기한 사례; 대법원 2009. 4. 23. 선고 2009두2702 판결, 행정청이 공개를 거부한 정보 중 법인의 계좌번호, 개인의 주민등록번호, 계좌번호 등에 해당하는 정보를 제외한 나머지 부분의 정보를 공개하는 것이 타당하다고 하면서 판결 주문에서 정보공개 거부처분 전부를 취소한 것은 위법하다고 한 사례이다.
164) 대법원 2004. 11. 25. 선고 2003두9794 판결, 피의자들에 대한 진술조서 또는 피의자신문조서인 이 사건 정보 중 피의자들의 주거, 전화번호, 본적, 전과 및 검찰처분관계, 상훈, 연금관계, 병역, 교육, 경력, 가족관계, 재산 및 월수입, 종교, 정당 사회단체 가입내역, 건강상태 등 개인정보는 원고의 권리구제를 위하여 필요하다고 인정되는 정보라고 할 수 없다고 한 사례; 이 판결의 해설로는 김성열, 「수사기록에 대한 정보공개 청구권의 행사」, 『재판과 판례』 제14집(2006. 11), 대구판례연구회, 566~605쪽 참조.
165) 대법원 2004. 12. 9. 선고 2003두12707 판결, 대법원 2003. 3. 11. 선고 2001두6425 판결, 대법원 2003. 10. 10. 선고 2003두7767 판결 등.

원이 판단하게 되는데, 그 판단은 청구인의 의도가 아니라 객관적으로 이루어져야 한다. 청구인으로서는 그와 같은 유의미한 정보가 남아 있지 않다는 사실 그 자체를 공개청구로 확인하고 싶어 할지도 모르므로 나머지 부분의 정보에 공개의 가치가 있지 않다는 것이 객관적으로 명백한 경우가 아니라면 전부 비공개 결정을 하는 것은 신중할 필요가 있다.

만약 비공개 대상 정보 부분을 제외한 나머지 부분에 공개의 가치가 없다는 이유로 전부 비공개 결정을 한 경우에는 그 이유를 구체적으로 밝혀야 한다. 공개 청구된 문서가 대량인 경우 공개 정보와 비공개 정보를 구분하여 비공개 정보를 삭제할 때에 많은 시간과 노력을 필요로 한다는 이유만으로는 부분 공개의무를 면할 수 없다.

(2) 그런데 일본 최고재판소 판결[167]은 오사카 부의 주민들이 오사카 공문서 공개 등 조례에 근거하여 오사카 지사의 교제비에 관한 공문서의 공개를 청구한 사건에서, 오사카 부 정보공개조례의 부분 공개 규정의 해석으로서, 비공개 정보에 해당하는 정보는 기록되어 있지 않는 것으로 간주하여 이를 공개할 것까지도 실시기관에 의무를 과하고 있는 것으로 해석할 수는 없다는 이른바 독립일체설 내지 정보단위론을 제시했다.

즉, 이 판결에서는 이른바 부분 공개의무에 관한 정보공개의 규정에 대해 부분 공개 규정은 비공개 사유에 해당하는 '독립의 일체적 정보'를 다시 세분화하여 그 일부를 비공개로 하고, 그 나머지 부분에는 비공개 사유에 해당하는 정보는 기록되지 않은 것으로 간주하여, 이들을 공개해야 할 의무가 행정기관에 부여되어 있다고는 할 수 없으며,

---

166) 대법원 2009. 12. 10. 선고 2009두12785 판결은 교도소에 수용 중이던 재소자가 담당 교도관들을 상대로 가혹행위를 이유로 형사고소 및 민사소송을 제기하면서 그 증명자료 확보를 위해 '근무보고서'와 '징벌위원회 회의록' 등의 정보공개를 요청했으나 교도소장이 이를 거부한 사안에서, 근무보고서는 공공기관의 정보공개에 관한 법률 제9조 제1항 제4호에 정한 비공개 대상 정보에 해당한다고 볼 수 없고, 징벌위원회 회의록 중 비공개 심사·의결 부분은 위 법 제9조 제1항 제5호의 비공개사유에 해당하지만 재소자의 진술, 위원장 및 위원들과 재소자 사이의 문답 등 징벌절차 진행 부분은 비공개 사유에 해당하지 않는다고 보아 분리 공개가 허용된다고 한 사례;
대법원 2006. 8. 24. 선고 2004두2783 판결은 원고가 공개를 청구한 자료들을 살펴보면 그 자료들이 누구를 위한 것인지 쉽게 판별될 수 있을 것이고 그와 같은 판별이 어렵다면 관련 정보 전부를 공개하면 되며, 정보공개법에서 위와 같은 사정을 따로 공개를 거부할 사유로 삼고 있지도 않다는 이유로, 원고가 공개를 청구하는 정보가 다른 사람의 정보와 분리하기가 어렵기 때문에 공개를 거부할 수밖에 없다는 피고의 주장을 배척한 사례;
대법원 2004. 12. 9. 선고 2003두12707 판결은 사본출력물의 공개방법과 절차에 비추어 정보공개처리대장에서 청구인에 관한 사항을 제외하고 그 나머지 정보만을 공개하는 것이 가능할 뿐 아니라 나머지 부분의 정보만으로도 공개의 가치가 있다고 볼 여지가 있다고 한 사례이다.
167) 일본 최고재판소 2001년(平成 13년) 3월 27일 선고 平8行ツ 제210·211호 판결(오사카 부 지사 교제비 정보공개 청구사건 제2차 상고심 판결).

따라서 공개 실시기관은 이들 정보를 세분화하지 않고 일체로 보아 비공개 결정을 하는 경우에는 주민 등은 공개 실시기관에 대해 동 명문규정을 근거로 하여 공개하는 데에 문제가 있는 사항만을 제외하고 그 나머지 부분을 공개하도록 요구할 권리는 없고, 그러한 의미에서 비공개 결정을 구하는 취소소송에서 법원도 행정기관에 대해 부분 공개를 해야 한다고 하는 이유를 들어 비공개 결정의 일부를 취소하도록 명하는 판단을 할 수 없다고 판결하여 부분 공개에 대해 부정적인 판단을 했다.

그러나 이 판결은 일본에서도 많은 비판을 받았다. 이에 일본 정보공개심사회는 2004년 7월 17일 답신을 통해 정보는 어떤 내용에 대한 통지를 의미하는 것이고 사회통념상 한 묶음의 크기에 대해서는 중층적(中層的)인 파악법이 가능한 경우가 많으므로 비공개정보에 대해서도 중층적인 파악법이 가능한 경우에는 비공개로 할 합리적인 이유가 없는 정보는 공개하도록 하는 정보공개법의 정보공개원칙의 취지에 비추어 공개하는 것이 적당하지 않다고 인정되는 한 묶음으로써 그 범위를 획정하는 것이 적당하다면서,[168] 특정의 개인을 식별할 수 있는 정보에 대해서는 그 전체를 일률적으로 비공개로 하면 개인의 권리이익의 보호 필요성을 넘어서 비공개 범위가 지나치게 넓어지게 될 우려가 있고, 그 외의 비공개 정보에 있어서는 독립한 일체의 정보를 단위로 파악한다 하더라도 특정의 개인을 식별할 수 있는 정보 이외의 비공개 정보의 범위를 중층적인 각 계층에서 파악할 수 있는 결과, 최종적으로는 비공개 사유인 '우려' 등을 야기하는 원인이 되는 정보의 범위로 한정되어야 한다는 부정적인 입장을 밝혔다.

그 후 일본 최고재판소 2003년(平成 15년) 11월 11일 선고 平10行ツ 제167호 판결은 반드시 독립일체설을 채택하고 있다고는 말할 수는 없다고 판시했고, 마침내 일본 최고재판소 2007년(平成 19년) 4월 17일 판결에서 정보단위론을 비판하고 비공개 정보에 해당하지 않는 공무원의 간담회 출석에 관한 정보와 비공개 대상 정보에 해당하는 공무원 이외의 자의 간담회 출석에 관한 정보에서 공통되는 기재 부분이 있는 경우 그 자체로 비공개 정보에 해당한다고 인정되는 기재 부분을 제외한 기재 부분은 공개해야 한다고 판시하여 앞선 일본 최고재판소 2001년(平成 13년) 3월 27일 선고 平8行ツ 제210호·211호 판결과 같은 2002년(平成 14년) 2월 28일 판결을 사실상 변경했다.[169]

---

168) 우가 카츠야, 앞의 책, 142~144쪽.
169) 宇賀克也, 『情報公開·個人情報保護-最新重要裁判例·審査会答申の紹介と分析』, 有斐閣, 2013, 260쪽.

우리 대법원 판례는 이러한 일본의 독립일체설을 부정하고 있는 것으로 보인다.

II. 정보공개의 모자이크 접근 이론

(1) 정보의 부분 공개 여부와 관련하여 미국 판례법상 모자이크 접근 이론(mosaic approach theory) 또는 모자이크 이론이 주목된다.

모자이크 접근 이론은 국가기밀과 관련하여 많이 사용되고 있는데 개별 내용으로는 기밀에 해당하지 않지만 이를 종합하면 전체로서 중요한 새로운 사실을 판단할 수 있는 정보가 드러나는 경우에는 단편적 사실의 기밀성을 인정하는 이론이다. 즉, 개별적으로 판단할 때는 국가 안보에 위험하지 않은 정보임에도 불구하고 적대국 정보기관 등이 다른 많은 정보들과 그 정보들을 결합하면(mosaic) 위험한 정보가 될 수 있기 때문에 일단 무해한 정보도 공개하지 않을 수 있다는 것이다.

(2) 이 이론은 처음에 미국 정보자유법(FOIA)에 의한 정보공개제도와 관련되어 쟁점이 되었다.

1966년에 개정된 정보자유법(FOIA)은 일반인에게 행정부가 가지고 있는 정보에 대한 정보공개 청구권(enforceable right of public access)을 부여하고, 반면 정부기관에게는 공개를 거부할 수 있는 9개의 예외조항(비공개 대상 정보, exemptions)을 두었다. 그중 국가안보와 관련하여 가장 중요한 것은 예외조항 1과 3인데, 예외조항 1에 의하면 국가안보와 외교정책을 위하여 필요한 경우(in the interest of national defense or foreign policy) 대통령명령(executive order)에 의한 비밀 분류기준에 따라 적합하게 비밀로 분류된 정보는 공개하지 않을 수 있고, 예외조항 3에 의하면 개별 법률(정보의 공개 여부에 대하여 행정기관에 재량을 부여하지 않는 법률이어야 한다)에서 공개를 면제한 경우 또는 개별 법률에서 정보공개를 거부할 수 있는 특정한 기준과 유형을 정한 경우에는 정보자유법에 의한 정보공개 청구를 거부할 수 있다고 규정하고 있었다. 그런데 1974년에 개정된 미국 정보자유법은 비공개할 수 있는 정보 부분을 삭제하고, 그 나머지 부분은 청구인에게 공개해야 한다는 분리규정(segregation provision)을 추가했다.

모자이크 이론은 그 배경이 국가안보에 관한 정보를 지나치게 보호하는 의도에서 비롯된 것이므로 정보의 원칙적인 공개원칙을 천명하고 있는 정보자유법과 충돌할 여지가 많았고, 실제로 이 이론이 적용되는 것을 보면 미국 정부는 공개되어야 될 정보인 경우에도 이 이론을 주장하여 공개를 거부하는 경우가 많았다.

미국 연방법원은 1970년대 초반부터 정부의 모자이크 이론을 수용하기 시작하면서 정보 비공개의 필요성에 대한 증거 및 이유에 대한 자료를 많이 요구하지 않았다. CIA v. Sims, 471 U.S. 159 (1985) 사건에서 미국 연방대법원은 마침내 국가안보와 관련된 정보 공개 청구사건을 심리하면서 모자이크 이론을 수용하여 개별적으로는 위험하지 않은 정보라고 하더라도 다른 정보와 결합하여 국가안보에 위험이 되는 정보는 공개하지 않을 수 있다고 판시했다. 이에 따라 많은 하급심 법원들도 정부의 모자이크 이론을 이용한 정보공개 거부결정을 수용했다.

이 이론은 그 후 레이건 행정부에서 대통령령으로 입법화한 바 있지만, 특히 2001년 9·11 테러 이후 부시 행정부에서 더욱 광범위하게 주장되었다. Center for National Security Studies v. Department of Justice 사건[170]에서 원고가 9·11 이후 체포된 사람들의 인적정보를 요구했지만 미국 법무부는 모자이크 이론을 주장하면서 이들의 인적정보를 제공하면 테러리스터들이 미행정부의 첩보경로를 파악하고, 첩보활동을 방해할 수 있다는 이유로 정보공개를 거부했고, 법원도 그 주장을 받아들인 바 있다.

(3) 그러나 많은 학자들은 정보공개 청구사건에서 법원이 정부의 모자이크 이론에 지나치게 관대하다고 비판하고 있다.[171] 즉, 모자이크 이론의 목적이 국가안보 등을 고려할 때 정당하다고 하더라도, 이 이론이 광범위하게 적용되는 경우 행정부의 적법한 법집행을 견제해야 하는 사법부로 하여금 행정부의 결정을 지나치게 존중하는 결과를 낳게 된다는 것이다.

모자이크 이론에 따르면 누구나 알고 있으며 알 수 있는 공지의 사실이라도 하더라도 전문적 지식을 동원하여 이를 전체로서 종합할 경우에는 국가기밀에 해당하는 내용이 될 경우에 각 개별정보는 국가기밀성을 가지게 된다. 즉, 일반인이 알고 있는 사실도 경우에 따라서는 기밀성이 인정된다는 것이다.

---

170) 215 F. Supp. 2d 94, 103 (D.D.C. 2002), affid in part and rev'd in part, 331 F. 3d 918 (D.C. Cir. 2003).
171) 9·11 테러 이후 모자이크 이론의 확대 적용과 FOIA의 축소 위험성에 대해서는 David E. Pozen, "The Mosaic Theory, National Security, and the Freedom of Information Act," *THE YALE LAW JOURNAL* 115:628(2005), 628~679쪽 참조.

모자이크 이론에 대해서는 시간이 많이 들고 엄청난 인권침해를 낳을 수도 있다는 비판이 있다. 정보를 얻는 데 필요하다면 얼마든지 무고한 사람들을 구금해 신문할 가능성이 도사리고 있기 때문이다. 행정부가 모자이크 이론을 남용하는 것을 방지하기 위해서는 사법부가 보다 구체적이고 적극적으로 정부가 보호해야 하는 법익을 입증할 것을 요구하는 등 엄격한 사법심사를 해야 할 것이다.

(4) 모자이크 이론에서 일반인을 기준으로 할 것이냐에 관하여 논란이 있는데 일반인을 기준으로 해야 한다는 견해[172]가 있는가 하면 일반인이 알 수 있는 보도나 간행물의 정보뿐만 아니라 해당 개인의 근친자나 관계자 등 해당 개인과 특수한 관계에 있는 자가 알 수 있을 정보가 포함되어 있는 경우도 포함한다는 사례[173]도 있다.

(5) 한편 우리나라 정보공개법령에는 모자이크 이론과 관련된 내용은 규정되어 있지 않으나 판례는 이를 사실상 수용하고 있는 것으로 보인다.

보안관찰 관련 통계자료의 정보비공개 결정의 취소를 구하는 사건에서 대법원 2004. 3. 18. 선고 2001두8254 전원합의체 판결은 "보안관찰 관련 통계자료는 우리나라 53개 지방검찰청 및 지청관할지역에서 매월 보고된 보안관찰처분에 관한 각종 자료로서, 보안관찰처분대상자 또는 피보안관찰자들의 매월별 규모, 그 처분시기, 지역별 분포에 대한 전국적 현황과 추이를 한눈에 파악할 수 있는 구체적이고 광범위한 자료에 해당하므로 '통계자료'라고 하여도 그 함의를 통하여 나타내는 의미가 있음이 분명하여 가치중립적일 수는 없고, 그 통계자료의 분석에 의하여 대남공작활동이 유리한 지역으로 보안관찰처분대상자가 많은 지역을 선택하는 등으로 이 사건 정보가 북한 정보기관에 의한 간첩의 파견, 포섭, 선전선동을 위한 교두보의 확보 등 북한의 대남전략에 있어 매우 유용한 자료로 악용될 우려가 없다고 할 수 없다"면서 보안관찰 관련 통계자료는 공공기관의 정보공개에 관한 법률 제7조(주: 현행 법률에 의하면 제9조) 제1항 제2호 소정의 공개될 경우 국가안전보장·국방·통일·외교관계 등 국가의 중대한 이익을 해할 우려가 있는 정보, 또는 제3호 소정의 공개될 경우 국민의 생명·신체 및 재산의 보호 기타 공공

---

172) 松井茂記, 앞의 책, 189쪽; 일본 다카마쓰(高松)지방재판소 2008년(平成 20년) 12월 1일 판결.
173) 일본 도쿄고등재판소 2008년(平成 20년) 12월 17일 판결.

의 안전과 이익을 현저히 해할 우려가 있다고 인정되는 정보에 해당한다고 판결했다.[174]
그 직후 나온 대법원 2004. 3. 26. 선고 2002두6583 판결도 같은 취지이다.

III. 부분 공개의 방법

정보공개법은 제14조에서 부분 공개를 할 경우에 비공개 대상 정보에 해당하는 부분을
제외하고 공개해야 한다고만 규정할 뿐 구체적인 방법에 관하여는 명시하지 않고 있다.

법원의 부분 공개(비공개 처분 취소) 판결에도 불구하고 공공기관이 해당 정보를 공개
하지 아니하는 경우에는 청구인은 행정소송법 제34조 제1항에 따른 간접강제의 방법에
의하여 공개를 강제할 수밖에 없는데 이 경우 해당 판결에서 공개되어야 할 정보를 명
확하게 특정해 놓지 아니하면 집행법원이 간접강제를 명할 수 없게 될 뿐만 아니라 설
령 간접강제 결정이 발령된다 하더라도 그에 대한 청구이의의 소가 제기될 수 있다.

따라서 부분 공개 판결을 선고할 경우 그 이유에서는 비공개 부분의 정보를 제외한
나머지 정보를 어떠한 방식으로 공개하면 되는지를 구체적으로 설시함이 필요하다. 판
결 주문에서 공개되어야 할 정보의 제목, 작성일자, 문서번호나 분류번호 등으로 특정할
필요가 있고 보다 구체적으로는 판결 이유에서 설명해주면 좋을 것이다. 예를 들어 "지
출증빙 중 위 비공개되는 부분을 삭제하거나 가리고 복사하여 그 사본을 열람하게 하는

---

174) 이 판결에서 대법관 유지담, 윤재식, 김용담은 "보안관찰법 소정의 보안관찰 관련 통계자료 자체로는 보안관찰처
분대상자나 피보안관찰자의 신상명세나 주거지, 처벌범죄, 보안관찰법의 위반내용 등 구체적 사항을 파악하기 어
려운 자료이므로, 위 정보를 악용하려 한다고 하더라도 한계가 있을 수밖에 없으며, 국민의 기본권인 알권리를 제
한할 정도에 이르지 못하고, 간첩죄·국가보안법위반죄 등 보안관찰 해당 범죄에 관한 사법통계자료를 공개하는
뜻은 사법제도의 경우 그것이 공정·투명하게 운영되고 공개될수록 그 제도에 대한 국민의 신뢰가 쌓이고, 국민의
인권 신장에 기여한다는 데 있는 것이고, 보안관찰법은 남·북한이 대치하고 있는 현상황에서 우리의 자유민주적
기본질서를 유지·보장하기 위하여 필요한 제도로서 합헌성이 확인된 제도이므로, 북한이나 그 동조세력이 위 정
보를 토대로 국내의 인권상황을 악의적으로 선전하면서 보안관찰법의 폐지를 주장한다 하더라도 보안관찰법에
의한 보안관찰제도가 헌법상 제 기본권 규정에 위반하지 않는 한, 보안관찰법의 집행 자체를 인권탄압으로 볼 수
는 없으며, 오히려 위 정보를 투명하게 공개하지 않음으로써 불필요한 오해와 소모적 논쟁, 이로 인한 사회불안의
야기와 우리나라의 국제적 위상의 저하 등의 문제가 발생할 소지를 배제할 수 없는 이상, 위 정보의 투명한 공개를
통한 보안관찰제도의 민주적 통제야말로 법집행의 투명성과 공정성을 확보함과 동시에 공공의 안전과 이익에 도
움이 되고, 인권국가로서의 우리나라의 국제적 위상을 제고하는 측면도 있음을 가벼이 여겨서는 안 될 것이라는
등의 이유로, 위 정보는 정보공개법 제7조 제1항 제2호 또는 제3호 소정의 비공개 대상 정보에 해당하지 아니한
다"라며 반대의견을 표명했다.
이 판결에 대한 평석으로는 박해식, 「보안관찰법 소정의 보안관찰 관련 통계정보가 비공개 대상 정보에 해당하는
지 여부」, 『21세기 사법의 전개』 송민 최종영 대법원장 재임기념집(2005. 9), 박영사, 2005, 754~763쪽; 고시면,
「특별법으로서 '보안관찰법'의 위헌 여부 및 '보안관찰 관련 통계자료 비공개'의 합법 여부」, 『사법행정』 46권 8호
(2005. 8), 한국사법행정학회 등이 있다.

등의 방법에 의하여 나머지 부분을 공개할 수 있을 것이다"라는 취지를 판결 이유에 기재하면 판결에 따라 부분적으로 정보를 공개할 때 혼선을 방지할 수 있을 것이다.[175]

비공개 사유에 해당되어 공개를 하지 않게 되는 정보가 기록되어 있는 부분과 기타 부분이 동일 페이지에 기록되어 있는 경우에는 청구와 관계되는 정보의 전부를 복사기로 복사하고 비공개 사유에 해당되어 공개를 하지 않게 되는 정보가 기록된 부분을 지우고 이를 다시 복사하는 방법으로 한다.

반면 비공개 사유에 해당되어 공개되지 않는 정보가 기록되어 있는 부분과 기타 부분이 별도의 페이지에 기록되어 있는 경우에는 비공개 사유에 해당되어 공개를 하지 않는 정보가 기록되어 있는 페이지를 제거하되, 그것이 어려울 경우에는 비공개 사유에 해당되어 공개하지 않게 되는 정보가 기록되어 있는 페이지를 제거하고 복사하거나 비공개 사유에 해당되어 공개하지 않게 되는 정보가 기록되어 있는 페이지는 봉투를 씌워 폐쇄한다.[176]

도화나 표의 일부에 관해 비공개 정보가 기록되어 있는 경우에는 전부 검게 칠하기보다는 해당되는 곳만 가리는 것이 좋을 것이다.

전자적 기록으로 공개하는 경우에는 부분적으로 삭제되는 데이터의 장소 및 분량이 청구인에게 이해할 수 있도록 배려되어야 한다. 종이와 달리 전자적 기록의 일부를 삭제하는 경우에 삭제의 장소와 수량을 알 수 없는 형태로 이루어지게 되면 청구인은 이를 다투는 것이 곤란하게 되므로 청구인이 삭제된 장소와 분량을 알 수 있도록 삭제되는 부분을 표시하는 것이 필요하다.

1996년 개정된 미국 정보자유법에서는 합당하게 분리가 가능한 기록의 일부는 공개면제가 되는 부분을 삭제한 후 청구인에게 제공해야 한다면서, 행정기관이 부분 공개하지 아니하는 부분을 삭제하는 경우에는 그것이 비공개 사유에 의해 보호되는 이익을 훼손하는 경우를 제외하고는 원칙적으로 삭제된 정보의 분량과 삭제를 실시하는 공개 면제 사항을 공개 기록에 적시해야 한다고 규정하여 이른바 공개율 혹은 비공개율을 고지하도록 하고 있다[제552조(b)(9)].

---

175) 한애라, 「정보공개사건에서 한 문서 중 인적 사항을 제외한 나머지만을 공개하도록 할 수 있는가의 여부 및 위 일부 공개시의 주문과 이유 설시 방법」, 『행정재판실무편람—자료편』, 서울행정법원, 2001, 296쪽.
176) 수원지방법원 안양지원 2010. 6. 9. 선고 2009가단15334 판결은 교도소장이 교도관 근무일지를 부분 공개 함에 있어서 비공개 대상 정보를 칼로 오려내는 방식을 사용했다고 하여 그 절차에 위법이 있다고 할 수 없다고 했다.

제9절 정보공개 실시 비용

I. 수익자 부담의 원칙

행정절차에 드는 비용은 행정청이 부담하나 당사자 등이 자기를 위하여 스스로 지출한 비용은 당사자가 부담함이 원칙이다(행정절차법 제54조). 따라서 청구인이 공공기관에 정보공개를 청구하고 공개 결정에 따라 공개를 실시할 때까지의 비용(정보 검색비용 등)은 공공기관이 부담함이 원칙이다.

그러나 공개의 실시에 따른 비용은 청구인이 부담해야 한다. 즉, 정보의 공개 및 우송 등에 드는 비용은 수수료와 우편요금으로 구분하여 실비(實費)의 범위에서 청구인이 부담한다(제17조, 시행령 제17조 제1항).

'실비'의 내용으로는 공개 결정 등 통지서의 발송, 청구인에게 교부하는 사본의 작성 등 공개 청구의 처리 및 공개 실시를 위한 사무에 있어서 인건비, 광열비, 소모품비, 우송료 등 비용을 말한다.

수수료는 특정인에게 측정 가능한 편익 내지 특별이익을 제공하기 위하여 국가 등이 수행한 역무에 대한 비용을 조달하려는 목적으로 해당 특정인에게 일정한 비용을 부담시키는 것이다.[177]

수수료의 금액은 행정자치부령으로 정하고 있고(시행규칙 제7조, [별표]), 지방자치단체 및 그 소속기관은 조례로 수수료의 금액을 정하고 있다(시행령 제17조 제1항 단서). 정보의 공개 및 우송 등에 따른 비용 및 그 징수 등에 필요한 사항은 국회규칙·대법원규칙·헌법

---

[177] 헌법재판소 2013. 7. 25. 선고 2011헌마364 결정은 "주민등록표 등·초본 교부 수수료를 어떠한 형태로 어느 정도로 정할 것인가는 그 나라의 주민등록 관리제도의 구조와 완비 정도, 수수료 제도의 연혁, 행정기관이 제공하는 주민등록 관련 서비스의 내용과 이에 소요되는 비용의 정도, 위 서비스를 이용하는 국민의 법의식, 국가의 경제여건 등 여러 가지 요소를 종합하여 고려해야 하고, 그 산정방식이 지극히 불합리하거나 수수료가 행정서비스의 내용 등에 비추어 지나치게 고액이어서 주민등록과 관련된 국민의 개인정보 이용을 상당히 제한할 정도에 이르지 아니하는 한, 입법자의 광범위한 재량영역에 속한다고 할 것이다. 그런데 주민등록표 등·초본 교부과정에 비록 적은 양이긴 하나 행정기관 담당직원의 수고와 시간이 소요되고 인쇄기를 통하여 용지와 토너 등 물적 시설이 사용되므로 그 비용을 수수료를 통하여 변상할 필요가 있는 점, 등·초본을 교부받아 개인의 신원을 증명할 목적으로 사용함으로써 개인이 얻게 되는 편익의 정도란 현실적으로 계량하기는 힘들다는 점, 주민등록표 등·초본 교부 수수료는 주민등록법을 제정할 당시부터 존재했는데 현재까지의 수수료 액수의 추이를 보더라도 물가상승률 그 이상으로 부당하게 수수료가 책정되었다는 등의 특별한 사정이 보이지 않는 점 등을 종합적으로 고려해보면, 이 사건 심판대상조항(구 주민등록법 제29조 제1항)으로 인한 교부 수수료 400원이 객관적으로 지나치게 고액이어서 청구인들의 개인정보자기결정권 및 재산권, 평등권을 침해할 정도에 이르렀다고는 볼 수 없다"라고 했다.

재판소규칙·중앙선거관리위원회규칙 및 대통령령에서 정하고 있다(제17조 제3항).

수수료는 전자금융거래법에 따른 전자지급수단이나 수입인지(국가기관에 내는 경우) 또는 수입증지(지방자치단체에 내는 경우)의 어느 하나에 해당하는 방법으로 납부하되 부득이한 경우에는 현금으로 납부할 수 있다(시행령 제17조 제6항). 정보통신망을 통하여 정보를 전자적 형태로 공개할 때에는 지방자치단체 및 그 소속기관을 제외한 공공기관의 장은 업무부담을 고려하여 수수료의 금액을 달리 정할 수도 있다(시행령 제17조 제2항). (부록 정보공개법 시행규칙 [별표] 수수료 참조.)

우편요금은 공개되는 정보의 사본·출력물·복제물 또는 인화물을 우편으로 보내는 경우에 한하여 청구인이 부담한다.

II. 비용의 감면 사유

일정한 사유가 있는 경우 정보공개 수수료가 감면될 수 있다.

즉, 공개를 청구하는 정보의 사용 목적이, 첫째, 비영리의 학술·공익단체 또는 법인이 학술이나 연구목적 또는 행정감시를 위하여 필요한 정보를 청구한 경우, 둘째, 교수·교사 또는 학생이 교육자료나 연구목적으로 필요한 정보를 소속 기관의 장의 확인을 받아 청구한 경우, 셋째, 그 밖에 공공기관의 장이 공공복리의 유지·증진을 위하여 감면이 필요하다고 인정한 경우 등 공공복리의 유지·증진을 위하여 필요하다고 인정되는 경우에는 비용을 감면할 수 있다(제17조 제2항, 시행령 제17조 제3항). 공공기관의 장은 비용의 감면비율을 정하고, 정보통신망 등을 통하여 이를 공개해야 한다(시행령 제17조 제5항). 청구인이 비용감면을 신청할 때에는 감면사유에 관한 소명자료를 첨부해야 한다(시행령 제17조 제4항).

국무총리실 행정정보공개지침[178]은 비영리 학술·공익단체 또는 법인이 학술·연구나 행정감시를 목적으로 하는 경우와 교수·교사 또는 학생이 교육자료나 연구를 목적으로 하는 경우, 노약자, 장애인, 국가유공자 등 거동이 불편한 자 및 기초생활보장법의 적용을 받는 자의 공개 청구에 대해서는 정보공개 비용을 전액(100%) 감면하고 있다.

이처럼 정보공개 청구 시의 수수료는 '정보공개법 시행규칙' [별표]에 의하여 일률

---

178) [시행 2008. 4. 29] [국무총리실지침, 2008. 4. 29, 제정]

적·확정적으로 정해지는 것이 아니라 구체적인 정보공개 청구 사건마다 공공기관의 장이 [별표] 규정이 정하는 금액의 범위 내에서 소요되는 실비, 업무의 부담, 정보공개 청구의 주체와 공개되는 정보의 사용목적 등 제반사정을 고려하여 달리 정할 수 있다.[179]

그런데 미국 정보자유법에서는 공개 청구가 상업적 목적인 경우에는 정보의 검색·복사·검토에 합당한 표준 요금을, 학문적 내지 과학적 연구를 목적으로 한 경우에는 문서 복사에 합당한 표준 요금만을, 그 이외의 경우에는 정보의 검색 및 복사에 합당한 표준 요금을 부담토록 하고 있고 상업적 이용이 아니면 최초 2시간의 검색비용과 최초 100쪽의 복사비용에 관하여는 비용을 청구할 수 없다[제552조(a)(4)(A)]. 또한 정부의 운영이나 활동에 대한 일반의 이해에 크게 기여하고 청구인의 상업적 이익에 속하지 않기 때문에 정보의 공개가 공익에 부합하는 경우에는 위의 요금보다 감면된 비용 또는 무료로 문서를 제공하도록 하고 있으며, 청구인이 종전에 제때 납부하지 않았거나 요금이 250달러를 초과하지 않는 한 비용의 선납을 요구할 수 없다고 규정하고 있다.[180]

일본 정보공개법(제16조)은 실비의 범위 내에서 공개 청구 수수료와 공개 실시 수수료를 납부하도록 규정하고 있다.

우리 정보공개법에서는 공개 청구 수수료와 정보의 검색이나 심사비용은 수수료에 포함하지 않고 있으나 일정 분량 이하의 소량의 정보(가령 최초 100쪽 이하의 복사비용)나 즉시 공개하는 정보에 대해서는 수수료를 감면할 필요가 있다. 특히 장애인복지법 제30조 제1항은 "국가와 지방자치단체, '공공기관의 운영에 관한 법률' 제4조에 따른 공공기관, 지방공기업법에 따른 지방공사 또는 지방공단은 장애인과 장애인을 부양하는 자의 경제적 부담을 줄이고 장애인의 자립을 촉진하기 위하여 세제상의 조치, 공공시설 이용료 감면, 그 밖에 필요한 정책을 강구해야 한다"고 규정하고 있으므로 장애인에 대해서는 정보공개법 시행령이나 시행규칙 등에서 명시적으로 정보의 공개 및 우송 등에 소요되는 비용을 감면할 필요가 있다.

신문 및 인터넷신문도 정보원에 대하여 자유로이 접근할 권리와 그 취재한 정보를 자유로이 공표할 자유를 갖고 있으므로(신문 등의 진흥에 관한 법률 제3조 제2항), 신문사·인터넷신문사 및 방송사와 그 소속 직원이 취재의 목적으로 정보공개를 청하는 경

---

179) 헌법재판소 2011. 6. 30. 선고 2009헌마595 결정.
180) 미국 정보자유법상의 비용부담 및 감면제도에 관해서는 Department of Justice Guide to the Freedom of Information Act, Fees and Fee Waivers(http://www.justice.gov/oip/foia-guide13/fees-feewaivers.pdf) 참조.

우에는 수수료 등을 필요적으로 감면할 필요가 있다.

III. 교정시설 수용자의 비용 선납 의무

우리나라 정보공개법에서는 공개 청구를 할 때와 그에 따른 정보의 검색이나 심사비용을 수수료에 포함하지 않고 있고 공개 결정이 있은 후 공개를 실시할 때 비로소 수수료의 납부를 요구하고 있다.

그런데 교도소에 수용된 수용자의 정보공개 청구에 대해서는 이에 대한 예외가 인정되고 있다. 정보공개법에 따라 법무부장관, 지방교정청장 또는 교도소·구치소 및 그 지소 등 교정시설의 장에게 정보의 공개를 청구한 수형자·미결수용자·사형확정자 등 교정시설에 수용된 수용자가 정당한 사유 없이 정보공개 청구를 취하하거나 또는 정보공개법에 따른 비용을 납부하지 아니한 사실이 2회 이상 있는 수용자가 정보공개 청구를 한 경우에는 법무부 장관 등은 그 수용자에게 정보의 공개 및 우송 등에 들 것으로 예상되는 비용을 미리 납부하게 할 수 있다(형의 집행 및 수용자의 처우에 관한 법률 제117조의2 제1항·제2항). 이는 수용자 등이 무용한 정보공개 청구를 남발하고 있어 행정력의 손실이 크다는 지적에 따라 비용예납제를 도입한 것이다.

이에 따라 법무부 장관 등은 수용자가 정보공개의 청구를 한 경우에는 청구를 한 날부터 7일 이내에 예상비용을 산정하여 해당 수용자에게 미리 납부할 것을 통지하고(같은 법 시행령 제139조의2 제2항) 비용납부의 통지를 받은 수용자는 그 통지를 받은 날부터 7일 이내에 현금 또는 수입인지로 법무부 장관 등은 소장에게 납부해야 한다(같은 법 시행령 제139조의2 제3항). 예상비용은 '공공기관의 정보공개에 관한 법률 시행령' 제17조에 따른 수수료와 공개되는 정보의 사본·출력물·복제물 또는 인화물을 우편으로 송부하는 경우의 우편요금을 기준으로 공개를 청구한 정보가 모두 공개되었을 경우에 예상되는 비용이다(같은 법 시행령 제139조의2 제1항).

만약 정보의 공개 및 우송 등에 들 것으로 예상되는 비용을 미리 납부해야 하는 수용자가 납부기한까지 비용을 납부하지 아니하면 법무부 장관 등은 그 비용을 납부할 때까지 정보공개법 제11조에 따른 정보공개 여부의 결정을 유예할 수 있고(같은 법 제117조의2 제3항, 같은 법 시행령 제139조의2 제4항), 비용이 납부되면 신속하게 정보공개 여부를 결정해야 한다(같은 법 시행령 제139조의2 제5항). 다만 법무부 장관 등은 예상비용이 납부되기 전에도 정보공개 여부를 결정할 수 있다(같은 법 시행령 제139조의2 제7항).

법무부 장관 등은 비공개 결정을 하게 되면 납부된 비용의 전부를 반환하고 부분 공개 결정을 한 경우에는 공개 결정한 부분에 대하여 드는 비용을 제외한 금액을 반환한다(같은 법 시행령 제139조의2 제6항).

수용자가 아닌 일반인의 정보공개 청구에 있어서도 무용한 정보공개 청구의 남발을 예방하기 위해서 '대량'의 정보공개 청구를 하는 경우 또는 정당한 사유 없이 정보공개 청구를 반복한다거나 일정 횟수 이상 수수료 등 비용을 납부하지 아니한 정보공개 청구의 경우에는 일정한 비용을 예납케 하는 방안도 검토해볼 만하다.

IV. 비용부담에 대한 불복 절차

공공기관은 정보공개를 결정하면서 정보공개법령에 의한 수수료와 우편료를 납부하도록 통지하고 있다.

그런데 가령 공공기관이 통지한 수수료와 우편요금이 정보공개법령에 반한다든가 혹은 법정 수수료 감면사유가 있음에도 불구하고 감면신청을 거부하는 경우에 청구인이 이러한 수수료 등 부과행위 또는 통지행위에 대해 불복할 수 있을지가 문제된다.

항고소송의 대상이 되는 행정처분이라 함은 행정청의 공법상의 행위로서 특정사항에 대하여 법규에 의한 권리의 설정 또는 의무의 부담을 명하거나 기타 법률상 효과를 발생하게 하는 등 국민의 구체적인 권리의무에 직접적 변동을 초래하는 행위를 말하는 것이고, 행정권 내부에서의 행위나 알선, 권유, 사실상의 통지 등과 같이 상대방 또는 기타 관계자들의 법률상 지위에 직접적인 법률적 변동을 일으키지 아니하는 행위 등은 항고소송의 대상이 될 수 없기 때문이다.[181]

이에 대하여는 수수료 등 납부통지행위는 그 자체가 종이출력물의 제공에 대한 실비로서의 반대급부를 요구하는 사실행위일 뿐이므로 이를 행정처분이라고 보기는 어렵다는 이유로 행정심판법 소정의 처분으로 볼 수 없으므로 수수료 미납 시 공공기관이 행하는 정보공개 거부처분에 대해 불복 절차를 밟아야 한다는 견해가 있다.[182]

---

181) 대법원 2008. 4. 24. 선고 2008두3500 판결, 대법원 1995. 11. 21. 선고 95누9099 판결, 대법원 1998. 7. 10. 선고 96누6202 판결 등.
182) [행정자치부 04-08368, 2004. 8. 16, 부산광역시], [법무부 04-01577, 2004. 9. 6, 법무부]

그러나 공공기관이 청구인에게 수수료와 우편료를 부과하는 것 또는 청구인의 비용 감면신청을 거부하는 것은 설령 공공기관이 이를 강제징수 할 수 있는 것은 아니라고 하더라도 이를 청구인이 거부하는 경우에는 사실상 청구인의 공개 청구가 거부되는 것이 되어 국민의 구체적인 권리의무에 직접적 변동을 초래하는 행위라 할 것이므로 이에 대해서는 불복할 수 있다고 해야 한다.

제10절 교육관련기관 정보공개법에 의한 정보공개 청구

I. 교육정보의 특성

부모는 자녀의 교육에 관하여 전반적인 계획을 세우고 자신의 인생관·사회관·교육관에 따라 자녀의 교육을 자유롭게 형성할 권리, 즉 자녀교육권을 가진다.[183]

헌법 제31조 제1항은 "모든 국민은 능력에 따라 균등하게 교육을 받을 권리를 가진다"고 규정하여 기본권으로서의 학습권을 선언하고 있다. 부모의 자녀에 대한 교육권은 비록 헌법에 명문으로 규정되어 있지는 아니하지만, 모든 인간이 누리는 불가침의 인권으로서, 혼인과 가족생활을 보장하는 헌법 제36조 제1항, 행복추구권을 보장하는 헌법 제10조 및 "국민의 자유와 권리는 헌법에 열거되지 아니한 이유로 경시되지 아니한다"고 규정하는 헌법 제37조 제1항에서 나오는 중요한 기본권이다.[184]

이러한 부모의 자녀교육권은 학교 영역에서는 부모가 자녀의 개성과 능력을 고려하여 자녀의 학교 교육에 관한 전반적 계획을 세운다는 것에 기초하여, 자녀 개성의 자유로운 발현을 위하여 그에 상응한 교육과정을 선택할 권리, 즉 자녀의 교육진로에 관한 결정권 내지는 자녀가 다닐 학교를 선택하는 권리로 구체화된다.[185]

이처럼 부모는 자녀에 대한 교육의 방향과 목적을 설정하고 그것을 달성하기 위해 적합한 교육수단을 선택하는 권리 등을 내용으로 하는 자녀교육권을 가지며, 자녀교육

---

183) 헌법재판소 2000. 4. 27. 선고 98헌가16등 결정, 헌법재판소 2011. 12. 29. 선고 2010헌마293 결정.
184) 대법원 2010. 2. 25. 선고 2007두9877 판결.
185) 대법원 2007. 9. 20. 선고 2005다25298 판결.

권의 실질적 실현을 위해 자녀의 교육과 관련한 정보에 대한 알권리를 가진다.[186]

II. 교육정보의 공개

교육기본법은 국가와 지방자치단체는 국민의 알권리와 학습권을 보장하기 위하여 그 보유·관리하는 교육 관련 정보를 공개하여야 한다고 규정하고 있고(교육기본법 제 26조의2 제1항), 이에 따른 '교육관련기관의 정보공개에 관한 특례법'(약칭 '교육기관정보 공개법')은 교육 관련기관이 보유·관리하는 정보의 공개의무와 공개에 필요한 기본적인 사항을 정하여 국민의 알권리를 보장하고 학술 및 정책연구를 진흥함과 아울러 학교교 육에 대한 참여와 교육행정의 효율성 및 투명성을 높이기 위하여 '공공기관의 정보공개 에 관한 법률'에 대한 특례를 규정하고 있다(교육기관정보공개법 제1조).[187]

정보의 공개 등에 관하여 교육기관정보공개법에서 규정하지 아니한 사항에 대해서 는 정보공개법을 적용한다(같은 법 제4조). 정보공개법을 교육정보공개법에 적용함에 있 어서는 정보공개법 제6조부터 제9조까지, 제11조, 제13조, 제15조, 제18조부터 제21조 까지 및 제25조 중 공공기관은 각각 교육관련기관으로 보고, 정보공개법 제25조 중 행 정자치부 장관은 교육부 장관으로 본다(같은 법 제12조).

교육기관정보공개법은 공공기관이 직무상 작성 또는 취득하여 관리하고 있는 정보 가운데 교육관련기관이 학교 교육과 관련하여 직무상 작성 또는 취득하여 관리하고 있 는 정보의 공개에 관하여 특별히 규율하는 법률이므로, 학교에 대하여 교육기관정보공 개법이 적용된다고 하여 더 이상 정보공개법을 적용할 수 없게 되는 것은 아니다. 따라 서 학교에 대한 교육기관정보공개법의 시행으로 정보공개법 시행령 제2조 제1호가 묵 시적으로 폐지되었다고 볼 수 없다.[188]

교육관련기관은 그 보유·관리하는 정보를 '교육관련기관의 정보공개에 관한 특례 법'으로 정하는 바에 따라 공개해야 한다(같은 법 제3조 제1항).[189] 그러나 공시 또는 제공

---

186) 일본에서 학교의 정보공개에 대하여는 兼子 仁/蛭田政弘, 『学校の個人情報保護·情報公開』, ぎょうせい, 2007 참조.
187) 정순원, 「헌법상 정보공개와 교육정보공시법의 입법 방향」, 『교육법학연구』, 제20권 제1호(2008. 6), 대학교육법 학회, 182쪽은 교육정보공시법은 그 제정목적에 있어 가장 중요한 국민의 교육받을 권리를 언급하고 있지 못하고 있으며, 지나치게 국민의 알권리나 연구자의 학술 진흥, 행정기관의 토명성과 효율성만을 강조하고 있다고 비판 하고 있다.
188) 대법원 2013. 11. 28. 선고 2011두5049 판결.

되는 정보는 학생 및 교원의 개인정보를 포함해서는 안 된다(같은 법 제3조 제2항).[190]

　여기서 정보란 교육관련기관이 학교교육과 관련하여 직무상 작성 또는 취득하여 관리하고 있는 문서(전자문서 포함)·도면·사진·필름·테이프·슬라이드, 그 밖에 이에 준하는 매체 등에 기록된 사항을 말한다(같은 법 제2조 제1호).

　한편 교육기관정보공개법은 정보의 '공개'와 '공시'를 구분하고 있다. 여기서 공개란 교육관련기관이 교육기관정보공개법에 따라 정보를 열람하게 하거나 그 사본·복제물을 교부하는 것 또는 전자정부법 제2조 제10호에 따른 정보통신망을 통하여 정보를 공시하거나 제공하는 것 등을 말하고(같은 법 제2조 제2호), 공시란 교육관련기관이 그 보유·관리하는 정보를 국민의 정보공개에 대한 열람·교부 및 청구와 관계없이 미리 정보통신망 등 다른 법령으로 정하는 방법으로 적극적으로 알리거나 제공하는 공개의 한 방법을 말한다(같은 법 제2조 제3호).

　교육관련기관이란 학교·교육행정기관 및 교육연구기관을 말하는데(같은 법 제2조 제4호), 학교란 유아교육법 제8조에 따라 설립된 유치원 및 초·중등교육법 제4조·고등교육법 제4조에 따라 설립된 각급 학교, 그 밖에 다른 법률에 따라 설치된 각급 학교(국방·치안 등의 사유로 정보공시가 어렵다고 대통령령으로 정하는 학교는 제외한다[191])를 말하고(같은 법 제2조 제5호), 교육행정기관이란 교육공무원법 제2조 제4항에 따른 기관(같은 법 제2조 제6호)을, 교육연구기관이란 교육공무원법 제2조 제5항에 따른 기관, 그 밖에 다른 법률에 따라 교육에 관하여 전문적으로 연구·조사를 하기 위하여 설치된 기관을 말한다(같은 법 제2조 제7호).

---

189) 학교정보 공시 사이트인 학교알리미(http://www.schoolinfo.go.kr)가 운영되고 있다.
190) 헌법재판소 2011. 12. 29. 선고 2010헌마293 결정, "이 법에 따라 공시 또는 제공되는 정보는 학생 및 교원의 개인정보를 포함해서는 안 된다"는 교육관련기관의 정보공개에 관한 특례법 제3조 제2항은 헌법에 위반되지 아니한다고 판시한 사례.
191) 교육기관정보공개법 시행령 제2조(정보공시 적용 제외 학교) 교육관련기관의 정보공개에 관한 특례법 제2조 제5호에서 '대통령령으로 정하는 학교'란 다음 각 호의 학교를 말한다.
　1. '공군항공과학고등학교 설치법'에 따라 설치된 공군항공과학고등학교
　2. '사관학교설치법'에 따라 설치된 육군·해군·공군사관학교
　3. '국방대학교설치법'에 따라 설치된 국방대학교
　4. '국군간호사관학교 설치법'에 따라 설치된 국군간호사관학교
　5. '경찰대학설치법'에 따라 설치된 경찰대학
　6. '육군3사관학교 설치법'에 따라 설치된 육군3사관학교

III. 초·중등학교의 공시 대상 정보

초·중등교육을 실시하는 학교, 즉 초등학교·공민학교, 중학교·고등공민학교, 고등학교·고등기술학교, 특수학교 및 각종학교의 장은 그 기관이 보유·관리하고 있는 ① 학교규칙 등 학교운영에 관한 규정 ② 교육과정 편성 및 운영 등에 관한 사항 ③ 학년·학급당 학생 수 및 전·출입, 학업 중단 등 학생 변동 상황 ④ 학교의 학년별·교과별 학습에 관한 상황 ⑤ 교지(校地), 교사(校舍) 등 학교시설에 관한 사항 ⑥ 직위·자격별 교원 현황에 관한 사항 ⑦ 예·결산 내역 등 학교 및 법인의 회계에 관한 사항 ⑧ 학교운영위원회에 관한 사항 ⑨ 학교 급식에 관한 사항 ⑩ 학교의 보건관리·환경위생 및 안전관리에 관한 사항 ⑪ 학교폭력의 발생 현황 및 처리에 관한 사항 ⑫ 국가 또는 시·도 수준 학업성취도 평가에 대한 학술적 연구를 위한 기초자료에 관한 사항 ⑬ 학생의 입학 상황 및 졸업생의 진로에 관한 사항 ⑭ 초·중등교육법 제63조부터 제65조까지의 시정명령 등에 관한 사항 ⑮ 그 밖에 교육여건 및 학교 운영상태 등에 관한 정보를 매년 1회 이상 공시해야 하고 공시된 정보('공시정보')를 교육감에게 제출해야 한다.[192] 교육부 장관은 필요하다고 인정하는 경우 공시정보와 관련된 자료의 제출을 요구할 수 있다(같은 법 제5조 제1항).

다만, 교육감 및 교육부 장관은 위 ④ 학교의 학년별·교과별 학습에 관한 상황 및 ⑫ 국가 또는 시·도 수준 학업성취도 평가에 대한 학술적 연구를 위한 기초자료에 관한 사항의 자료를 공개할 경우 개별학교의 명칭은 제공하지 아니하며, 소재지에 관한 정보의 공개 범위는 대통령령으로 정하고 있다(같은 법 제5조 제2항).[193]

---

192) 허 희, 「초·중등교육기관의 교육 정보공개의 문제점과 개선방안」, 충북대학교 법무대학원, 2009.
193) 교육기관정보공개법 시행령 제3조(초·중등학교 공시정보의 범위·횟수 및 시기 등) ① 초·중등교육을 실시하는 학교(이하 '초·중등학교'라 한다)의 장이 법 제5조 제1항에 따라 공시해야 하는 정보의 범위, 공시 횟수 및 그 시기는 외국인학교('초·중등교육법' 제60조의2에 따른 외국인 학교를 말한다. 이하 같다)를 제외한 초·중등학교의 경우에는 별표 1과 같고, 외국인학교의 경우에는 별표 1의2와 같다. 〈개정 2011. 4. 8.〉
  ② 초·중등학교의 장은 별표 1 및 별표 1의2의 정보공시 내용 외의 내용도 자율적으로 공시할 수 있다. 〈개정 2011. 4. 8.〉
  ③ 초·중등학교의 장은 별표 1 및 별표 1의2에 따라 정보를 공시하는 경우 해당 공시일부터 최근 3년 동안 공시한 정보를 함께 공시해야 한다. 〈개정 2011. 4. 8.〉
  ④ 교육감 및 교육부장관이 법 제5조 제1항 제4호 및 제12호의 자료를 공개하는 경우 개별 학교의 소재지에 관한 정보의 공개 범위는 다음과 같다. 〈개정 2013. 3. 23., 2013. 11. 5.〉
  1. '초·중등교육법' 제2조 제1호 및 제2호에 따른 학교와 같은 조 제5호에 따른 각종 학교 중 초등학교·중학교 과정의 학교: 지방교육자치에 관한 법률 제34조 제1항에 따른 하급교육행정기관 단위로 공개
  2. '초·중등교육법' 제2조 제3호 및 제4호에 따른 학교와 같은 조 제5호에 따른 각종 학교 중고등학교 과정의 학교: 특별시·광역시·특별자치시·도 및 특별자치도(이하 '시·도'라 한다)를 관할하는 교육청 단위로 공개

한편 유치원의 장은 그 기관이 보유·관리하고 있는 ① 유치원 규칙·시설 등 기본현황 ② 유아 및 유치원 교원에 관한 사항 ③ 유치원 교육과정 및 방과후 과정 편성·운영에 관한 사항 ④ 유치원 원비 및 예·결산 등 회계에 관한 사항 ⑤ 유치원의 급식·보건관리·환경위생 및 안전관리에 관한 사항 ⑥ 유아교육법 제30조부터 제32조까지의 시정명령 등에 관한 사항 ⑦ 그 밖에 교육여건 및 유치원 운영상태 등에 관한 사항의 정보를 매년 1회 이상 공시해야 하고 공시정보를 교육감에게 제출해야 한다(같은 법 제5조의2 제1항). 교육부장관은 필요하다고 인정하는 경우 공시정보와 관련된 자료의 제출을 요구할 수 있다.

IV. 고등교육기관의 공시 대상 정보

고등교육을 실시하는 학교, 즉 대학, 산업대학, 교육대학, 전문대학, 방송대학·통신대학·방송통신대학 및 사이버대학, 기술대학 및 각종학교의 장은 그 기관이 보유·관리하고 있는 ① 학교 규칙 등 학교 운영에 관한 규정 ② 교육과정 편성 및 운영 등에 관한 사항 ③ 학생의 선발방법 및 일정에 관한 사항 ④ 충원율, 재학생 수 등 학생 현황에 관한 사항 ⑤ 졸업 후 진학 및 취업 현황 등 학생의 진로에 관한 사항 ⑥ 전임교원 현황에 관한 사항 ⑦ 전임교원의 연구 성과에 관한 사항 ⑧ 예·결산 내역 등 학교 및 법인의 회계에 관한 사항 ⑨ 등록금 및 학생 1인당 교육비의 산정근거에 관한 사항 ⑩ 고등교육법 제60조부터 제62조까지의 시정명령 등에 관한 사항 ⑪ 학교의 발전계획 및 특성화 계획 ⑫ 교원의 연구·학생에 대한 교육 및 산학협력 현황 ⑬ 도서관 및 연구에 대한 지원 현황 ⑭ 그 밖에 교육여건 및 학교 운영상태 등에 관한 정보를 매년 1회 이상 공시해야 하고 그 학교의 장은 공시정보를 교육부 장관에 제출해야 한다(같은 법 제6조 체1항).[194][195] 교육부 장관은 국민의 편의를 위하여 필요한 경우 학교의 장이 공시한 정보를 학교의 종류별·지역별 등으로 분류하여 공개할 수 있다(같은 법 제6조 제2항).

교육부 장관은 공시에 필요한 양식을 마련·보급하고, 공시정보를 수집 및 관리해야 하고 공시정보를 수집·관리하기 위한 총괄 관리기관과 항목별 관리기관 등을 지정할 수 있고(같은 법 제7조 제1항·제2항)[196] 교육관련기관의 장이 해당 정보를 공개 또는 공시를 하지 아니하거나 게을리 할 경우 이에 대한 시정을 권고해야 한다(같은 법 제7조 제3항).

한편 고등교육법 제11조에 의하여 설치하는 등록금심의위원회는 회의의 일시, 장소,

발언 요지 및 결정 사항 등이 기록된 회의록을 작성·보존하고 대통령령으로 정하는 바
에 따라[197] 이를 공개해야 한다(고등교육법 제11조 제6항). 다만, 개인의 사생활을 현저히 침

---

194) 교육기관정보공개법 시행령 제4조(고등교육기관 공시정보의 범위·횟수 및 시기 등) ① 법 제6조 제1항 각 호의
   공시정보의 범위·공시횟수 및 그 시기는 별표 2와 같다.
   ② 법 제6조 제1항 각 호 외의 부분 전단에 따른 고등교육을 실시하는 학교(이하 '고등교육기관'이라 한다)의 장은 별
   표 2의 공시정보를 학과별 또는 학부별 전공단위 또는 모집단위 및 학교단위로 공시해야 한다. 이 경우 대학원에
   관한 정보는 대학과 구분하고 '고등교육법 시행령' 제22조 각 호에 따라 구분하여 공시해야 한다.
   ③ 고등교육기관의 장은 별표 2에 따라 정보를 공시하는 경우 해당 공시일부터 최근 3년 동안 공시한 정보를 함께 공
   시해야 한다.
   제5조(고등교육기관 정보의 관리 및 공개) ① 교육부 장관은 법 제6조 제1항 각 호 외의 부분 후단에 따라 고등교
   육기관의 장이 제출한 공시정보를 통합하여 관리할 수 있다.
   ② 교육부 장관은 제1항의 공시정보 중에서 주요 항목을 표준화하여 공개할 수 있다.
   ③ 제1항 및 제2항에 따른 관리 및 공개에 필요한 사항은 교육부 장관이 정한다.
195) [교육과학기술부 09-21449, 2010. 3. 2, 교육과학기술부] '학교법인 ○○대학이 제출한 수익용 재산 대체매입 허
   가신청서류'에 포함되어 있는 것으로서 수익재산 처분허가 신청사유서, 수익용 기본재산 처분허가(대체취
   득) 재산목록 중 '수익용 기본재산(예금 중) 처분허가(대체취득) 금액 및 수익용 기본재산 부동산 매입 내용', 수익
   용 기본재산 보유현황 중 '토지·건물의 평가액, 수익용 기본재산의 총액, 예금 총액', 수익용 기본재산 대체취득 시
   수익률 비교 중 '대체취득 후 수익률 비교표', 토지대장 및 건축물관리대장, 토지·건물 등기부등본, 이 사건 법인의
   제269회 이사회 회의록 중 '수익용 기본재산 대체취득 관련 사항', '감정평가서'는 공개 대상이라고 한 사례.
196) 교육기관정보공개법 시행령 제7조(총괄 관리기관 및 항목별 관리기관의 지정 등) ① 법 제7조 제2항에 따른 총괄
   관리기관 및 항목별 관리기관으로 지정받으려는 자는 다음 각 호의 서류를 첨부하여 교육부 장관에게 해당 기관
   의 지정을 신청해야 한다.
   1. 사업 추진 계획서
   2. 업무 수행에 필요한 시설·설비·전문인력 등에 관한 명세서 및 운영계획서
   3. 정관(법인의 경우만 해당한다)
   ② 법인이 제1항에 따른 지정을 받으려는 경우 감독청은 전자정부법 제21조 제1항에 따른 행정정보의 공동이용을
   통하여 법인등기부 등본을 확인해야 하며, 신청인이 확인에 동의하지 아니하는 경우에는 이를 첨부하도록 해야
   한다.
   ③ 교육부 장관은 제1항에 따라 총괄 관리기관 및 항목별 관리기관 지정신청을 받으면 신청서를 제출받은 날부터
   30일의 범위에서 지정 여부를 결정해야 한다. 다만, 부득이한 사유가 있으면 1회에 한하여 30일의 범위에서 기간
   을 정하여 연장할 수 있다.
   ④ 총괄 관리기관과 항목별 관리기관은 법 제5조 제1항 후단 또는 제6조 제1항 후단에 따라 제출된 공시정보를 수
   집·관리한다.
   ⑤ 총괄 관리기관은 항목별 관리기관과 연계하여 공시정보를 관리·운영하고, 공시정보의 품질을 높이기 위한 연구
   를 수행해야 한다.
   ⑥ 총괄 관리기관은 매년 초·중등학교 및 고등교육기관의 장의 공시정보 관리·운영에 관한 사항을 교육감 및 교육
   부 장관에게 보고해야 한다.
197) 고등교육법 시행령 제4조의3(회의록 공개) ① 법 제11조 제6항에 따른 회의록은 회의일 다음 날부터 기산하여
   10일 이내에 학교의 인터넷 홈페이지에 공개해야 한다. 다만, 다음 각 호의 어느 하나에 해당하는 사항은 등록금심
   의위원회의 의결로 공개하지 아니할 수 있다.
   1. 회의록에 포함되어 있는 이름, 주민등록번호 등 개인에 관한 사항으로서 공개될 경우 개인의 사생활을 현저히 침
   해할 우려가 있다고 인정되는 사항
   2. 공개될 경우 등록금심의위원회의 심의의 공정성을 크게 저해할 우려가 있다고 인정되는 사항
   3. 그 밖에 공개하기에 적당하지 아니하다고 등록금심의위원회가 의결한 사항
   ② 제1항 단서에 따라 회의록의 일부 또는 전부를 공개하지 않을 때에는 비공개 사유 및 비공개 기간을 공시해야 하
   며, 비공개 사유가 해소되거나 비공개 기간이 종료되는 시점에 즉시 공개해야 한다.

해할 우려가 있다고 인정되는 사항 등 대통령령으로 정하는 사항에 대해서는 위원회의 의결로 회의록의 전부 또는 일부를 공개하지 아니할 수 있다.

회의록의 일부 또는 전부를 공개하지 않을 때에는 비공개 사유 및 비공개 기간을 공시해야 하며, 비공개 사유가 해소되거나 비공개 기간이 종료되는 시점에 즉시 공개해야 한다.

V. 학술연구의 진흥 등

교육부 장관 및 교육감은 교육정책 수립, 학술연구 진흥, 통계 작성 등에 활용하기 위해 교육관련기관의 장이 보유·관리하고 있는 정보를 수집하여 연계·가공할 수 있고 수집·연계·가공한 정보를 연구자 등에게 제공할 수 있다(교육기관정보공개법 제8조의2 제1항·제2항).

교육관련기관의 장은 학술연구의 진흥과 교육정책의 개발을 위하여 해당 기관이 보유·관리하는 자료를 연구자 등에게 제공할 수 있고 자료를 제공받은 자는 그 본래의 목적 외에 이를 누설하거나 부정 사용해서는 안 된다(같은 법 제8조 제1항·제2항).[198] 이를 위반한 때에는 1년 이하의 징역 또는 1천만 원 이하의 벌금에 처한다(같은 법 제11조).

---

198) 교육기관정보공개법 시행령 제9조(연구자 등에 대한 자료 제공) ① 연구자 등이 교육관련기관의 장에게 해당 기관이 보유·관리하는 자료의 제공을 요청할 때에는 다음 각 호의 사항을 적은 정보제공 요청서와 연구의 목적·내용·기간·방법·활용계획 등을 적은 연구계획서를 제출해야 한다.
 1. 요청인의 이름, 주민등록번호, 주소와 전화번호·전자우편주소 등의 연락처
 2. 제공받으려는 정보의 내용과 제공방법
 ② 교육관련기관의 장은 제1항에 따라 요청받은 날부터 10일 이내에 정보 제공 여부를 결정해야 하며, 부득이한 사유로 그 기간 내에 제공 여부를 결정할 수 없을 때에는 그 기간의 마지막 날의 다음 날부터 계산하여 10일 이내의 범위에서 정보 제공 여부 결정기간을 연장할 수 있다. 이 경우 교육관련기관의 장은 연장된 사실과 연장 사유를 요청인에게 지체 없이 문서로 알려야 한다.
 ③ 교육관련기관의 장은 연구 목적에 필요한 정보 제공을 위하여 노력해야 하며, 정보 제공을 요청받은 날부터 20일 이내에 교육관련기관의 장이 제공 여부를 결정하지 아니했을 때에는 제공하지 아니하기로 결정한 것으로 본다.
 ④ 공공기관의 정보공개에 관한 법률 제12조 제1항에 따라 정보공개심의회를 설치해야 하는 교육관련기관의 장은 정보공개심의회의 심의를 거쳐 자료의 제공범위와 내용을 결정해야 한다. 다만, 정보공개심의회에서 별도로 정한 사항은 심의를 거치지 아니하고 제공할 수 있다.
 ⑤ 제4항에 따른 교육관련기관에 해당하지 아니하는 교육관련기관의 경우 공공기관의 정보공개에 관한 법률 제12조를 준용하여 정보공개심의회를 설치하여 제4항에 따른 심의를 할 수 있으며, 초·중등학교의 경우에는 초·중등교육법 제31조에 따른 학교운영위원회가 제4항의 심의를 할 수 있다.

VI. 공개 및 공시의무 불이행 시 시정 또는 변경 명령

교육부 장관은 교육 정보를 공개하지 아니하거나 거짓으로 공개하는 기관의 장에게 시정 또는 변경하도록 명령해야 하고(같은 법 제10조 제1항)[199] 시정 또는 변경 명령 및 권고를 받은 학교의 장이 정당한 사유 없이 지정된 기간 내에 이행하지 않은 경우에는 유아교육법 제30조 제2항, 초·중등교육법 제63조 제2항 또는 고등교육법 제60조 제2항을 준용하여 그 위반행위를 취소 또는 정지하거나 해당 학교의 학생 정원의 감축, 학급·학과의 감축·폐지 또는 학생모집의 정지 등의 조치를 할 수 있다(같은 법 제10조 제2항).

학교의 장은 학교를 홍보하거나 '표시·광고의 공정화에 관한 법률'에 따른 표시 또는 광고를 함에 있어 교육정보공개법에 따라 공개되거나 공시된 정보와 다르게 알려서는 안 된다(같은 법 제10조의2 제1항). 교육부 장관은 학교의 장이 이를 위반한 때에는 시정 또는 변경하도록 명령해야 하고 그 위반 여부를 확인할 필요가 있는 경우에는 해당 학교의 장에게 관련 자료의 제출을 요청할 수 있다(같은 법 제10조의2 제2항·제4항). 관련 자료의 제출을 요청받은 학교의 장은 특별한 사유가 없는 한 관련 자료를 교육부 장관에게 제출해야 한다(같은 법 제10조의2 제3항). 교육부 장관은 학교의 장이 관련 자료의 제출을 거부하거나 시정 또는 변경 명령을 받고도 정당한 사유 없이 지정된 기간 내에 이행하지 아니하는 경우에는 유아교육법 제30조 제2항, 초·중등교육법 제63조 제2항 또는 고등교육법 제60조 제2항을 준용하여 유치원장이나 학교의 장, 학교의 설립자·경영자에게 기간을 정하여 그 시정 또는 변경을 명할 수 있다(같은 법 제10조의2 제5항). 시정 또는 변경 명령을 받은 자가 정당한 사유 없이 지정된 기간에 이를 이행하지 아니하면 관할청은 해당 학교의 정원 감축, 학과 폐지 또는 학생 모집 정지 등의 조치를 할 수 있다.

---

[199] 교육기관정보공개법 시행령
제11조(공시정보의 확인 등) 교육과학기술부장관은 법 제10조 제1항에 따른 시정 또는 변경의 명령을 시행하기 위하여 필요하다고 인정하면 초·중등학교 및 고등교육기관의 장의 공시정보를 확인·검증할 수 있다.
제12조(공시항목별 작성자 등 지정) ① 초·중등학교 및 고등교육기관의 장은 공시정보의 정확성을 높이기 위하여 공시항목별 작성자 및 확인자를 지정하고 이를 함께 공시해야 한다.
② 초·중등학교 및 고등교육기관의 장과 공시항목별 작성자 및 확인자는 수시로 공시된 정보의 정확성과 충실도를 점검·확인해야 한다.
③ 초·중등학교 및 고등교육기관의 장은 제2항에 따른 점검 결과 오류사항 등을 발견하면 지체 없이 수정·보완해야 한다.

교육부 장관은 시정 또는 변경을 명령한 경우와 학교의 장 등이 시정 또는 변경 명령에 따른 조치를 한 경우, 그 밖에 이와 유사한 사항으로서 대통령령으로 정하는 경우에는 그 사실을 학교 정보를 공시하는 정보통신망의 초기 화면에 지체 없이 게시해야 한다(같은 법 제10조의2 제6항).

VII. 사립학교법에 의한 이사회 회의록 등의 공개

사립학교법은 학교법인의 이사회는 개의·회의 중지 및 산회의 일시, 안건, 의사, 출석한 임원과 직원의 성명, 표결수, 그 밖에 이사장이 필요하다고 인정하는 사항을 기재한 회의록을 작성해야 한다고 규정하고 있다(사립학교법 제18조의2 제1항). 다만, 이사회 개최 당일에 회의록 작성이 어려운 사정이 있는 경우에는 안건별로 심의·의결 결과를 기록한 회의조서를 작성할 수 있는데 회의조서를 작성한 경우에는 조속한 시일 내에 회의록을 작성해야 한다(같은 법 제18조의2 제3항).

이사회 회의록 및 회의조서에는 출석임원 전원이 그 성명을 알 수 있도록 자필로 서명하고, 그 회의록 또는 회의조서가 2매 이상인 경우에는 간(間)서명해야 한다. 다만, 이사회는 출석임원 중 3인을 호선하여 이사회 회의록 및 회의조서에 대표로 간(間)서명 또는 간(間)인하게 할 수 있다(같은 법 제18조의2 제2항).

이사회 회의록은 공개해야 하나 대통령령[200]이 정하는 사항에 대해서는 이사회의 의

---

200) 사립학교법 시행령 제8조의2(이사회 회의록의 비공개 대상) ① 법 제18조의2 제4항에서 '대통령령이 정하는 사항'이라 함은 다음 각 호의 사항을 말한다.
  1. 회의록에 기재되어 있는 이름·주민등록번호 등 개인의 신상에 관한 사항으로서 공개될 경우 개인의 사생활의 비밀 또는 자유를 침해할 우려가 있다고 인정되는 사항. 다만, 다음 각 목의 개인에 관한 정보는 그러하지 아니하다.
    가.법령이 정하는 바에 따라 열람할 수 있는 사항
    나.학교법인이 공표를 목적으로 작성하거나 취득한 정보로서 개인의 사생활의 비밀과 자유를 부당하게 침해하지 아니하는 사항
    다.학교법인이 작성하거나 취득한 정보로서 공개하는 것이 공익 또는 개인의 권리구제를 위하여 필요하다고 인정되는 사항
    라.직무를 수행한 임·직원의 성명 및 직위
    마.공익을 위하여 공개가 필요한 경우로서 법령에 따라 국가 또는 지방자치단체로부터 업무의 일부를 위탁받았거나 위촉받은 개인의 성명 및 직업
  2. 그 밖에 '공공기관의 정보공개에 관한 법률' 제9조 제1항 제4호·제5호·제7호 및 제8호에 준하는 사항으로서 해당 학교법인과 직접 관련되어 이사회가 의결한 사항
  ② 학교법인은 제1항 각 호의 사항이 기간의 경과 등으로 인하여 비공개의 필요성이 없어진 경우에는 해당 사항을 공개 대상으로 해야 한다.

결로 공개하지 아니할 수 있다(같은 법 제18조의2 제4항).

또한 학교법인은 매 회계연도 개시 전에 예산을, 매 회계연도 종료 후에는 결산을 관할청에 보고하고 공시해야 한다(같은 법 제31조 제1항). 학교법인이 예산 및 결산을 관할청에 보고하고 공시함에 있어서는 예산의 경우에는 매 회계연도 개시 5일 이전에, 결산의 경우에는 매 회계연도 종료 후 3월 이내에 해야 하고 회계연도 중에 예산을 추가하거나 경정할 때에는 예산이 확정된 날부터 15일 이내에 해당 예산을 관할청에 보고하여야 한다(같은 법 시행령 제14조 제1항·제2항). 학교법인은 학교법인의 업무에 속하는 회계와 학교에 속하는 회계의 예산서(사학기관 재무·회계 규칙 및 사학기관 재무·회계 규칙에 대한 특례규칙에 따른 부속명세서 포함)를 매 회계연도 개시 5일 전까지, 그리고 매 회계연도 종료 후 3개월 안에 해당 학교의 인터넷 홈페이지에 게재하여 1년간 공개해야 한다(같은 법 시행령 제14조 제4항·제5항).

이는 학교 경영의 투명성과 공공성을 확보하기 위하여 위와 같은 정보의 공개가 특별히 중요함을 고려하여 개별적인 정보공개 청구에 의하지 않고서도 위와 같은 정보를 공개하도록 하려는 것이고 위와 같은 정보만을 공개할 의무가 있는 정보로 한정하려는 취지라고는 볼 수 없다.

제11절 방송법에 의한 시청자의 방송사에 대한 정보공개 청구

(1) 정보공개법상의 공공기관에 해당되지 아니한데도 개별 법률에서 정보공개제도를 도입하고 있는 경우가 있다.

대표적으로 2000년 3월 12일부터 시행되고 있는 방송법을 들 수 있다.

방송법은 시청자의 권익보호를 위하여 "방송사업자는 시청자가 방송프로그램의 기획·편성 또는 제작에 관한 의사결정에 참여할 수 있도록 해야 하고, 방송의 결과가 시청자의 이익에 합치하도록 하여야 한다"고 규정하고 있는데(제3조) 이러한 시청자의 권익보호의 하나로서 "종합편성 또는 보도전문편성을 행하는 방송사업자는 시청자가 요구하는 방송사업에 관한 정보를 공개하여야 한다"고 규정하고 있다(같은 법 제90조 제5항).

여기서 '종합편성'이란 보도·교양·오락 등 다양한 방송분야 상호 간에 조화를 이루도록 방송프로그램을 편성하는 것을 말하고(같은 법 제2조 제18호), '전문편성'이란 특정

방송분야의 방송프로그램을 전문적으로 편성하는 것을 말한다(같은 법 제2조 제19호).

공개 청구의 대상인 방송사업이란 방송을 행하는 사업, 즉 방송을 목적으로 하는 지상의 무선국을 관리·운영하며 이를 이용하여 방송을 행하는 사업인 지상파방송사업, 종합유선방송국(다채널방송을 행하기 위한 유선방송국 설비와 그 종사자의 총체를 말한다)을 관리·운영하며 전송·선로설비를 이용하여 방송을 행하는 사업인 종합유선방송사업, 인공위성의 무선설비를 소유 또는 임차하여 무선국을 관리·운영하며 이를 이용하여 방송을 행하는 사업인 위성방송사업 및 지상파방송사업자·종합유선방송사업자 또는 위성방송사업자와 특정채널의 전부 또는 일부 시간에 대한 전용사용계약을 체결하여 그 채널을 사용하는 사업인 방송채널사용사업을 말한다(같은 법 제2조 제2호).

공개의무자인 방송사업자란 지상파방송사업자(지상파방송사업을 하기 위하여 제9조 제1항의 규정에 의하여 허가를 받은 자), 종합유선방송사업자(종합유선방송사업을 하기 위하여 제9조 제2항의 규정에 의하여 허가를 받은 자), 위성방송사업자(위성방송사업을 하기 위하여 제9조 제2항에 따라 허가를 받은 자), 방송채널사용사업자(방송채널사용사업을 하기 위하여 제9조 제5항의 규정에 의하여 등록을 하거나 승인을 얻은 자) 및 공동체라디오방송사업자(공중선전력 10와트 이하로 공익목적으로 라디오방송을 하기 위하여 제9조 제11항의 규정에 의하여 허가를 받은 자)를 말한다(같은 법 제2조 제3호). 다만, 정보공개법의 적용을 받는 방송사업자는 정보공개법에 따라 정보공개를 청구하면 되고 방송법에서 굳이 정보공개의무자로 지정할 필요는 없으므로 여기에서는 제외된다(같은 법 시행령 제65조 제1항).

(2) 종합편성 또는 보도전문편성을 행하는 방송사업자에 대하여 정보의 공개를 요구하는 자는 청구인의 성명·주민등록번호 및 주소, 공개를 요구하는 정보의 내용 및 사용목적을 기재한 정보공개 청구서를 방송사업자에게 제출하면 된다(같은 법 시행령 제65조 제1항).

그런데 방송법 시행령에서는 서면에 의한 공개 청구만을 규정하고 있으나 정보공개법에 의한 정보공개 청구에서는 서면뿐만 아니라 구술, 그리고 전자정부시스템을 통하여도 가능한 점을 감안하면 방송법에서도 시청자가 방송사업자에 대해 서면 이외에도 구술이나 전자문서, 팩스, 방송사 홈페이지 등을 통하여도 공개 청구를 할 수 있도록 함이 바람직하다. 또한 정보공개법에 의한 공개 청구 시에는 정보의 사용목적을 요구하고 있지 아니하므로 방송법에서도 정보의 사용목적을 요구하는 내용은 삭제함이 타당하다.

정보공개의 신청을 받은 종합편성 또는 보도전문편성을 행하는 방송사업자는 신청을 받은 날부터 10일 이내에 공개 여부를 결정하고 그 결과를 신청인에게 통보해야 하고(같은 법 시행령 제65조 제2항), 만약 부득이한 사유로 10일 이내에 공개 여부를 결정할 수 없는 때에는 그 기간의 만료일 다음 날부터 기산하여 10일 이내의 범위에서 공개 여부 결정기간을 연장할 수 있는데 연장된 사실과 연장사유를 신청인에게 지체 없이 서면으로 통지해야 한다(같은 법 시행령 제65조 제3항). 정보공개의 절차와 방법 및 기타 필요한 사항은 방송통신위원회규칙으로 정하고 있다(같은 법 시행령 제65조 제5항).

(3) 종합편성 또는 보도전문편성을 행하는 방송사업자는 신청인이 요구하는 방송사업에 관한 정보가 정보공개법 제9조 제1항의 규정에 의한 비공개 대상 정보에 해당하는 경우에는 이를 공개하지 아니할 수 있다(같은 법 시행령 제65조 제4항).

종합편성 또는 보도전문편성을 행하는 방송사업자로부터 정보 비공개의 통보를 받은 신청인은 방송통신위원회에 비공개의 결정을 통보 받은 날부터 15일 이내에 조정을 신청할 수 있다(방송법 시행에 관한 방송통신위원회규칙 제25조 제1항). 방송통신위원회는 조정신청을 접수한 날부터 30일 이내에 당사자의 의견을 들어 조정내용을 결정하고 이를 당사자에게 통보해야 한다. 종합편성 또는 보도전문편성을 행하는 방송사업자는 방송통신위원회가 결정한 조정내용에 따라 신청인에게 방송사업에 관한 정보를 공개해야 한다. 정보공개 결정에 따른 비용부담은 신청인의 부담으로 하되 실비의 범위 내에서 방송사업자가 정하는 비용으로 한다.

그런데 종합·보도방송사업자가 신청인의 정보공개 청구를 전부 또는 일부 거부하는 경우 이에 대한 불복구제 절차에 관하여는 방송법이나 같은 법 시행령이 아닌 방송통신위원회규칙에서 규정하고 있는데 시청자의 정보공개 청구권을 보다 효율적으로 보장하기 위해서는 방송사업자의 정보공개 거부행위에 대해서는 행정규칙인 방송통신위원규칙이 아니라 방송법이나 같은 법 시행령에서 명시함이 바람직할 것이다. 더 나아가 종합편성 또는 보도전문편성을 행하는 방송사업자에게 요구되는 방송의 공적 책임(방송법 제5조)과 방송의 공정성 및 공익성(같은 법 제6조)을 감안할 때 정보공개법에 의한 공공기관에 포함해야 한다.

[표 2-9] 정보공개법에 의한 정보공개 청구와 방송법에 의한 정보공개 청구의 비교

구분	정보공개법	방송법
근거 법률	공공기관의 정보공개에 관한 법률	방송법 제90조 제5항
제도의 목적	• 국민의 알권리 보장 • 국정에 대한 국민의 참여 • 행정의 투명성과 신뢰성 확보 • 국민의 권익보호	• 시청자의 알권리 보장 • 시청자의 권익보호
청구인(신청인)	• 모든 국민 • 국내 체류 외국인	• 시청자(국적 불문)
피청구인	• 국가기관, 지방자치단체 • 공공기관 • 각급 학교 • 지방공사 및 지방공단 • 특별법에 의하여 설립된 특수법인 • 보조금을 받는 사회복지법인과 사회복지사업을 하는 비영리법인	• 종합편성 방송사업자 • 보도전문편성 방송사업자
정보공개 청구방법	서면(정보공개 청구서) 또는 구술 신청, 인터넷 신청도 가능	서면(정보공개 청구서)
공개 대상 정보	• 공공기관이 보유·관리하는 정보 (국가안전보장에 관련되는 정보 및 보안업무를 관장하는 기관에서 국가안전보장과 관련된 정보 분석을 목적으로 수집되거나 작성된 정보는 제외)	• 방송사업에 관한 정보
정보공개 여부의 결정 기간	청구를 받은 날부터 10일 이내(10일 연장 가능)	청구를 받은 날부터 10일 이내 (10일 연장 가능)
비용부담	실비의 범위 안에서 청구인의 부담(비용감면 가능)	신청인의 부담으로 하되 실비의 범위 내에서 방송사업자가 정하는 비용(비용 감면 조항 없음)
불복 구제 절차	• 이의신청(30일 이내, 해당 공공기관) • 행정심판(90일 이내, 재결청) • 행정소송(90일 이내, 행정법원)	• 조정신청(15일 이내, 방송통신위원회)

제3장
정보의 비공개 사유

제1절 정보의 비공개 사유와 대상

I. 알권리와 그 한계

공공기관이 보유·관리하는 정보는 공개 대상이 되므로 국민으로부터 보유·관리하는 정보에 대한 공개를 요구받은 공공기관은 이를 공개해야 한다(제9조 제1항).

그러나 국민의 알권리도 타인의 기본권을 함부로 침해하는 권리를 의미하는 것은 아니기 때문에 국가안전보장·질서유지 또는 공공복리를 위하여 필요한 경우 제한될 수 있다(헌법 제37조 제2항). 특히 개인에 관한 프라이버시권 등은 헌법에 의하여 보호되는 또 다른 기본권이다. 따라서 개별 법률에서 알권리를 제한하는 규정을 두고 있으며 현행 정보공개법에서도 법령비 정보, 국가안전보장 등 국익 관련 정보, 국민의 생명보호 등 공익 관련 정보, 재판·범죄수사 등 관련 정보, 일반행정업무수행정보, 개인정보, 법인의 경영·영업비밀 관련 정보, 특정인의 이익·불이익 관련 정보 등 8가지 유형의 정보에 대해서는 공공기관이 이를 공개하지 아니할 수 있다고 규정하고 있다(제9조 제1항 단서).

정보공개제도를 시행하고 있는 모든 나라에서 공개하지 아니할 수 있는 일정한 정보를 명시하고 있다.

국민의 알권리와 공개로 인하여 침해되는 국가안전보장이나 개인의 프라이버시권 등 다른 기본권이 충돌하는 경우에도 구체적인 사안에서의 사정을 종합적으로 고려한 이익형량과 함께 양 기본권 사이의 실제적인 조화를 꾀하는 해석 등을 통하여 이를 해결해야 하고, 그 결과에 따라 정해지는 양 기본권 행사의 한계 등을 감안하여 그 행위의

최종적인 위법성 여부를 판단해야 한다.[1)]

그렇지만 국민의 알권리는 헌법상의 표현의 자유의 내용을 이루면서도 자유민주주의 국가에서 국민주권을 실현하는 핵심이 되는 기본권이고 인간의 존엄과 가치 및 인간다운 생활을 할 권리(헌법 제1조, 제10조, 제21조, 제34조 제1항 참조)와 관련되는 것이므로, 헌법 제37조 제2항에 근거하여 정보공개법이 이를 제한하는 경우에도 그 제한은 위와 같은 알권리의 성격에 비추어 본질적 내용을 침해하지 않은 범위 내에서 필요 최소한도에 그쳐야 한다. 아울러 국가안보, 질서유지, 공공복리 등 기본권제한의 개념을 보다 구체적으로 기준을 정립해야 하며, 제한에서 오는 이익과 알권리의 침해라는 해악을 비교형량 하여 그 제한의 한계를 설정해야 한다.

정보의 성격과 내용 등에 따라서는 정보공개법 제9조 제1항의 8가지 비공개 대상 정보에 중복하여 해당될 수도 있다.

II. 정보 비공개 결정 및 통지

(1) 정보공개법은 제9조에서 8가지의 예외적인 비공개 사유를 열거하고 있다.[2)]

따라서 국민으로부터 보유·관리하는 정보에 대한 공개를 요구받은 공공기관은 정보공개법 제9조 제1항에서 정하고 있는 8가지의 비공개 사유에 해당하지 않는 한 이를 공개해야 하고, 정보공개의 예외로서 비공개 사유에 해당하는지 여부는 이를 엄격하게 해석할 필요가 있다.[3)]

공공기관이 정보공개 청구를 거부하는 경우에는 공개 청구의 대상이 된 정보의 내용을 구체적으로 확인·검토하여 어느 부분이 어떠한 법익 또는 기본권과 충돌되어 정보공개법 제9조 제1항의 8가지 비공개 대상 정보의 어디에 해당하는지를 주장·증명해야 하며, 그에 이르지 아니한 채 개괄적인 사유만을 들어 공개를 거부하는 것은 허용되지

---

1) 대법원 2006. 10. 13. 선고 2004다16280 판결.
2) 미국 정보자유법에서는 금융기관의 규제나 감독을 담당하는 기관이나 이를 대행하거나 이의 사용을 위하여 작성되는 조사, 운영, 현황 보고서에 포함되거나 이와 관련이 있는 안건[contained in or related to examination, operating, or condition reports prepared by, on behalf of, or for the use of an agency responsible for the regulation or supervision of financial institutions, 제552조(b)(8)]과 지도를 비롯하여 유정(油井)에 관한 지질학 및 지구물리적 정보 및 데이터[geological and geophysical information and data, including maps, concerning wells, 제552조(b)(9)]도 비공개 대상 정보로 규정하고 있다.
3) 대법원 2011. 7. 28. 선고 2011두4602 판결.

아니한다.[4] 여기에 해당하는지 여부는 비공개에 의하여 보호되는 업무수행의 공정성 등의 이익과 공개에 의하여 보호되는 국민의 알권리의 보장과 국정에 대한 국민의 참여 및 국정 운영의 투명성 확보 등의 이익을 비교·교량하여 구체적인 사안에 따라 개별적으로 판단해야 한다.[5]

그런데 정보공개 청구의 대상이 이미 널리 알려진 사항이라 하더라도 정보공개법은 그 공개의 방법만을 제한할 수 있도록 규정하고 있을 뿐 공개 자체를 제한하고 있지는 아니하므로, 공개 청구의 대상이 되는 정보가 이미 다른 사람에게 공개하여 널리 알려져 있다거나 인터넷이나 관보 등을 통하여 공개하여 인터넷 검색이나 도서관에서의 열람 등을 통하여 쉽게 알 수 있다는 사정만으로는 소의 이익이 없다거나 비공개 결정이 정당화될 수는 없다.[6]

(2) 공공기관이 정보의 비공개 결정을 한 경우에는 그 사실을 청구인에게 지체 없이 비공개 이유와 불복의 방법 및 절차를 구체적으로 밝혀서 문서(전자문서 포함)로 통지해야 한다(제13조 제4항).[7] 비공개 이유는 단순히 비공개에 해당되는 조항(제9조 제1항 제0호)을 명시하는 것뿐만이 아니라 그 조항에 해당하는 근거를 청구인이 알기 쉽도록 구체적으로 기술해야 한다.[8] 그 이유는 청구인이 통지서에 기재된 내용에 따라 비공개 이유를 이해하고 불복 신청 등을 할 것인가를 판단해야 하기 때문이다.[9]

---

4) 대법원 2012. 10. 11. 선고 2012두1914 판결, 대법원 2007. 2. 8. 선고 2006두4899 판결, 대법원 1999. 9. 21. 선고 98두 3426 판결, 대법원 2003. 12. 11. 선고 2001두8827 판결; 대법원 2012. 10. 11. 선고 2011두11921 판결, 피고는 이 사건 정보의 공개로 인하여 사건관계인의 명예나 사생활의 비밀 또는 생명·신체의 안전이나 생활의 평온을 현저히 해할 우려가 있다는 개괄적인 사유만을 들어 그 공개를 거부했을 뿐 구체적으로 이 사건 정보의 어떠한 내용이 정보공개법 제9조 제1항 제3호 또는 제7호의 비공개 사유에 해당하는지에 관하여는 아무런 주장·증명을 하고 있지 아니하므로 이 사건 정보는 위 각 호 소정의 비공개 대상 정보에 해당하지 아니한다고 한 사례.
서울고등법원 1998. 1. 14. 선고 97구19986 판결, 정보공개법이 시행되기 이전에 이루어진 수사기록 공개 청구에 대해 검찰총장이 개괄적인 사유만을 들어 공개를 거부한 것은 위법하다는 사례.
5) 대법원 2012. 12. 13. 선고 2011두4787 판결, 대법원 2009. 12. 10. 선고 2009두12785 판결.
6) 대법원 2008. 11. 27. 선고 2005두15694 판결, 이 판결에 대한 평석으로는 정하명, 「행정정보공개 대상정보의 적정범위: 대법원 2008. 11. 27. 선고 2005두15694판결을 중심으로」, 『법학연구』 제51권 제1호(통권 제63호), 부산대학교, 2010년 2월, 49~70쪽.
7) 대법원 2014. 4. 10. 선고 2012두17384 판결은 문서에 '전자문서'를 포함한다고 규정한 정보공개법 제2조와 정보의 비공개 결정을 '문서'로 통지하도록 정한 정보공개법 제13조 제4항의 규정에 의하면 정보의 비공개 결정은 전자문서로 통지할 수 있고, 또한 위 규정들은 행정절차법 제3조 제1항에서 행정절차법의 적용이 제외되는 것으로 정한 '다른 법률'에 특별한 규정이 있는 경우에 해당한다고 판시하고 있다.
8) 일본 최고재판소 1992년(平成 4년) 12월 10일 판결, 비공개로 하는 근거조문만으로는 이유부기로서 불충분하고, 그 조문에 해당하는 것의 근거를 밝히지 않으면 안 된다고 한 사례.

정보 부존재를 이유로 비공개 결정을 하는 경우에는 청구 대상 정보를 작성하거나 취득하지 아니한 것인지, 작성은 했으나 보존기간이 경과하여 폐기한 것인지, 청구 대상 정보가 개인 메모이어서 조직공용문서가 아니어서 공개 대상이 아니라는 것인지, 제4조 제3항에 해당되는 정보인지 등을 자세하게 기재해야 한다.

한편 공공기관 중 행정청이 정보공개 여부에 관하여 결정을 할 때에는 행정절차법에 따라 청구인에게 그 처분에 관하여 행정심판 및 행정소송을 제기할 수 있는지 여부, 그밖에 불복을 할 수 있는지 여부, 청구절차 및 청구기간, 그 밖에 필요한 사항을 알려야 하고(행정절차법 제26조), 처분을 하는 문서에는 그 처분 행정청과 담당자의 소속·성명 및 전화번호, 팩스번호, 전자우편주소 등 연락처를 적어야 하므로(같은 법 제24조 제2항) 이러한 사항도 함께 통지해야 한다.

III. 비공개 정보의 성격

비공개 정보의 법적 성격에 관하여 비공개 대상 정보는 공공기관으로 하여금 그 공개를 금지하고 있다는 견해(공개금지설)[10]와 비공개 대상 정보는 공개의무를 면제될 뿐이고 공개가 금지되는 것은 아니라는 견해(공개의무면제설)[11]가 대립하고 있다.

미국 정보자유법에서는 비공개 대상 정보는 공개의무의 예외로 보고 있어 이에 해당하는 경우라고 하더라도 별도로 법률로 공개가 금지되어 있지 아니하는 한 행정기관이 재량으로 공개하는 것을 방해받지 아니한다고 한다[제552조(d)].

일본 정보공개법은 제7조에서 "행정기관의 장은 공개 청구에 관한 행정문서에 비공개 사유가 기록되어 있는 경우에도 공익상 특히 필요하다고 인정되는 때에는 공개 청구자에 대해 해당 행정문서를 공개할 수 있다"며 공익상의 이유에 의한 재량적 공개를 명

---

9) [경찰청 10-03017, 2010. 7. 27, 인천삼산경찰서장] 청구인이 2010년 1월 6일 피청구인에게 '화재사실확인원 제893호 사건접수번호 : ◆◆경찰서 2008-009648' 관련 피의자(이하 '이 사건 피의자'라 한다)의 인적사항을 공개하여 달라는 정보공개 청구를 했고, 이에 대하여 피청구인은 2010년 1월 11일 이 사건 피의자의 인적사항은 2008. 9. 30. 송치번호 : 2008-7167호로 ◆◆지방검찰청으로 송치되었으므로 해당 기관에 문의하시기 바랍니다, 라는 이유로 공개를 거부한 것은 비공개를 하게 된 구체적 이유를 명시하지 아니하여 적법한 처분이라고 할 수 없으므로 피청구인의 이 사건 처분은 위법하다고 한 사례.
10) 홍준형, 『행정법총론』, 한울, 2001, 650쪽; 홍준형, 「문서열람청구권과 정보공개 청구권」, 『행정법연구』 제2호(1998년 상반기), 한국행정법연구소, 6쪽.
11) 박균성, 『행정법강의』, 박영사, 2009, 480쪽; 김의환, 앞의 논문, 171쪽.

문으로 인정하고 있다.

이 규정에 관하여 비공개 대상 정보에 해당하는 정보에 관해서는 공개가 금지된다고 이해하는 입장에서는 제7조는 이러한 재량적 공개를 명문으로 수권한 것이라면서 그 요건으로 '공익상 특히 필요하다고 인정된 때'라고 명시한 것은 비공개 정보를 재량적으로 공개하는 것에 대해 어떠한 특별한 필요성이 요구된다는 것을 명확하게 한 것이라고 본다.[12] 반면 비공개 대상 정보에 해당하는 정보는 공개의무가 면제될 뿐이고 공개가 금지되는 것은 아니라는 입장에서는 제7조의 규정은 이러한 재량적 공개를 확인한 것에 지나지 않고, 결코 이를 수권한 것은 아니므로 '공익상 특히 필요하다고 인정된 때'는 특별한 의미는 없고 재량적으로 공개에 어떠한 특별한 필요성은 요구되지 않는다는 입장이다.[13]

생각건대 일본 정보공개법이 제7조에서 공익상 이유에 의한 재량적 공개 조항을 둔 것은 같은 법 제5조에서 행정기관의 장은 공개 청구된 행정문서에 비공개 대상 정보가 기록되어 있는 경우가 아니면 공개 청구인에 대하여 해당 행정문서를 공개하지 않으면 안 된다고 함에 따라 그 반대해석상 비공개 대상 정보가 기록된 행정문서는 공개가 금지되는 것으로 해석될 여지가 있어서 이러한 경우에도 공익상 특히 필요하다고 인정되는 때에는 공개할 수 있다는 명문의 규정을 둔 것으로 볼 수 있다.

그러나 우리나라 정보공개법에는 일본 정보공개법 제7조와 같은 공익상 이유에 의한 재량적 공개를 허용하는 규정이 없고 제9조 제1항 단서에서 "다음 각 호의 어느 하나에 해당하는 정보는 공개하지 아니할 수 있다"고 규정하고 있으므로 비공개 대상 정보에 해당하는 정보에 관해서 그 공개를 절대적으로 금지하는 것이 아니라 공공기관에 대해 공개의무를 면제하고 있는 것으로 해석된다.

공공기관이 고도의 행정적 판단에 의해 재량적 공개를 행할 여지는 남겨두어야 할 필요가 있으므로 우리나라 정보공개제도에서도 설령 비공개 대상 정보에 해당한다고 하더라도 공익상 특히 필요하다고 인정할 때에는 재량적 공개가 허용된다고 봐야 한다. 일반적으로 본다면 정보를 비공개하는 필요성이 인정되는 경우라 하더라도 개별적으로 보면 이를 공개하는 이익이 상회하는 경우도 있을 수 있다.[14] 만약 제9조 제1항 단서

---

12) 宇賀克也, 앞의 책, 66쪽.
13) 松井茂記, 앞의 책, 135, 142쪽.

를 비공개 대상 정보에 관해서 그 공개를 금지한 규정이라고 이해한다면 정보공개법은 정보공개를 정하고 있는 것이 아니라 일정한 국가비밀의 공개를 금지한 '국가비밀보호법'이 되어버린다. 공개금지설은 자칫 우리 헌법상 국민주권·민주주의 원리에 기초하여 국가기관 등 공공기관으로 하여금 보유하는 정보를 공개하도록 하고 있고 국민은 헌법상의 알권리로서 이러한 정보공개를 청구할 권리를 가지고 있다고 하는 헌법 제21조에 위반될 소지를 야기할 수 있다.

그렇다면 정보공개법은 어디까지나 공공기관이 보유하는 정보의 원칙공개 원칙을 정하고 있는 것이고, 비공개 정보는 그 의무를 면제한 것에 지나지 않는다고 볼 것이다.[15]

IV. 비공개 정보의 범위와 입법방식

1. 비공개 정보의 범위

정보공개제도는 공공기관이 보유하는 정보는 원칙적으로 전부 공개하되 공개하는 것이 적합하지 않는 정보를 비공개로 하는 제도이다.

비공개 대상 정보는 국민의 알권리를 제약하는 것이므로 어디까지나 공개원칙의 예외로서 시간적·사항적으로 필요최소한도의 범위로 엄격하게 제한되어야 하고 충분한 이유에 기초해서 명확히 법률에 규정되어야 한다.

---

14) 국가정보원은 2013년 6월 24일 비밀 생산·보관 규정에 따라 2급 비밀인 '2007 남북정상회담 회의록' 전문을 일반 문서로 재분류하여 공개한다고 밝혔다(http://www.nis.go.kr/jsp/board/notice.do?method=view&cmid=11510&content_number=201208&page=1). 국정원은 국회 정보위가 2013년 6월 20일 회의록 발췌본을 열람했음에도 불구하고, NLL 발언과 관련해 조작·왜곡 논란이 지속, 제기될 뿐 아니라 여야 공히 전문 공개를 강력히 요구하고 있는 상황에서, 6년 전 남북정상회담 내용이 현시점에서 국가안보에 심대한 영향을 미치지는 않는 것으로 판단하는 가운데, 오히려 회담내용의 진위 여부에 대한 국론 분열이 심화되고 국가안보에 심각한 악영향이 초래됨을 깊이 우려했다고 공개 이유를 설명하면서 2007년 남북정상회담 직후부터 NLL 관련 논란이 제기되며 지난 6년간 관련 내용 상당부분이 언론보도를 통해 이미 공개되어 있어 비밀문서로 지속 유지해야 할 가치도 상실된 것으로 판단했다고 밝혔다. 이에 대해 야당인 민주당은 국정원이 공개한 문건은 원본이 아닌 왜곡된 내용으로, 국정원이 제2의 국기문란 사건을 일으켰다고 반박했다.

15) 서울행정법원 실무연구회, 앞의 책, 803쪽은 정보공개법 제9조 제1항 제1호의 법령비 정보규정은 공개금지규정으로 볼 수밖에 없으나, 공공기관은 적극적으로 정보를 공개하여야 함을 천명하고 있는 정보공개법의 태도에 비추어 비공개 대상 정보 열거규정은 공개의무 면제규정으로 파악하여 공개 여부의 판단 여지나 재량의 행사 가능성을 넓혀가는 것이 정보공개제도의 취지에 부합하는 해석일 것이라고 하고 있는데, 제1호의 법령비 정보의 경우에도 공익상의 필요에 의하여 이를 공개함이 타당한 경우도 있을 수 있다는 점에서 이를 공개금지규정으로 해석하는 것은 무리라고 할 것이다.

필요최소한도의 비공개 정보란 만약 이것을 공개한다면 국가안전보장·질서유지 또는 공공복리라는 또 다른 법익을 현저히 침해할 수 있는 성질의 정보이다. 물론 국가기관 등 공공기관은 다양하고, 그 보유하는 행정문서도 다양하기 때문에 비공개 정보를 법률로 명확하게 규정하는 것은 한계가 있다.

그렇지만 비공개 정보를 설정함에 있어서 고려할 사항으로는, 첫째, 비공개로 하는 정보는 정보공개원칙에 대한 예외이므로 필요한도 내에서 최소한에 그쳐야 하며 공공기관의 자의에 의하여 국민의 알권리가 침해당하지 않도록 법률에 구체적·제한적·열거적으로 규정되어야 한다(비공개 대상 정보의 최소성).

이와 관련하여 비공개 정보를 입법하는 방법에는 한정열거주의와 개괄주의, 그리고 절충주의가 있다.

한정열거주의는 공공기관의 자의에 의한 비공개를 방지하기 위하여 비공개의 사유를 구체적·한정적으로 열거함으로써 비공개의 결정을 기속행위로 하거나 재량범위를 최소한 규제하려는 방식을 말한다. 개괄주의는 비공개 대상 정보를 개괄적으로 정함으로써 구체적인 비공개 결정은 공무원의 재량에 일임하는 방식을 말한다. 절충주의란 개괄주의를 기본으로 하면서도 구체적 비공개 결정에 있어 공무원의 자의적 판단을 방지하기 위하여 비공개 대상 정보를 가능한 한 한정적으로 열거하여 그 내용을 한정열거주의에 비견할 수 있을 정도로 엄격히 하려는 방식을 말한다. 우리나라 정보공개법 제9조 제1항 단서는 비공개 대상 정보를 한정적으로 열거하는 한정열거주의를 채택하고 있고, 비공개에 의하여 주로 보호받는 이익이 국익, 공익, 사익 등 어느 것인지에 착안하여 법령비 정보, 국가안전보장 등 국익 관련 정보, 국민의 생명보호 등 공익 관련 정보, 재판·범죄수사 등 관련 정보, 일반행정업무수행정보, 개인정보, 법인의 경영·영업비밀 관련 정보, 특정인의 이익·불이익 관련 정보 등 8가지 유형으로 구분하고 있다. 이를 다시 공공기관 자체의 기능을 보호할 필요성에 관계된 사유에 관한 정보(제2호 내지 제5호)와 공공기관 이외의 제3자인 개인이나 법인에 관한 정보를 공공기관이 관리하고 있는 경우에 그 제3자의 권익을 보호하기 위한 정보(제6호 내지 제8호)로 나눌 수 있다. 후자의 정보에 관해서는 제3자의 의견 청취 등 절차적인 측면이 특히 강조되고 있다.

입법례에 따라서는 비공개 대상 정보를 열거한 다음 이러한 정보는 '공개하지 않을 수 있다'고 규정하거나 반대로 '공개해서는 안 된다'고 규정하는 경우, 법령비나 개인정보 등에 관해서는 '공개해서는 안 된다'고 하고 그 이외의 사유는 '공개하지 않을 수 있다'고 규정하는 방식 등이 있다.

둘째, 비공개 대상 정보는 그 대상과 요건이 명확하게 규정되어야 한다(비공개 대상 정보의 명확성). 이를 위해서는 비공개 대상 정보를 유형화 또는 특정하여 입법할 필요가 있다.

셋째, 비공개 대상 정보는 공공기관의 주관에 맡겨진 기준이 아니라 어디까지나 객관적인 판단기준이 필요하다(비공개 대상 정보의 객관성).

넷째, 비공개 대상에 해당하는 정보라도 일정한 기간이 경과하여 비공개로 할 필요가 없어졌을 때에는 즉시 공개하도록 해야 한다(비공개 대상 정보의 한시성).

다섯째, 어떤 정보의 일부분만이 비공개를 할 필요성이 인정되는 경우에 그 부분만을 비공개 대상으로 하고 그 밖의 부분은 공개해야 한다(비공개 대상 정보의 부분성).

2. 비공개 정보의 입법방식

비공개 대상 정보를 규정할 때에는 업무의 종류나 성질 등에 따른 사항적(事項的) 요소(가령 국가안전보장 등에 관한 사항, 감사·감독·검사·시험·규제·입찰계약·기술개발·인사관리·의사결정 과정 또는 내부검토 과정에 있는 사항 등)와 정보를 공개하는 것에 의해 침해받는 공공기관의 불이익 등을 개별적·구체적으로 판단하기 위한 정형적(定型的) 요소(가령 국가의 중대한 이익을 현저히 해할 우려가 있다고 인정되는 정보나 공개될 경우 업무의 공정한 수행에 현저한 지장을 초래한다고 인정할 만한 상당한 이유가 있는 정보 등) 및 정보를 공개하는데 일정한 시간적 경과가 필요한 시간적 요소(문서 작성 후 30년을 경과한 문서 등) 등을 종합적으로 고려해야 한다.[16]

사항적 요소의 경우 사항의 단위를 포괄적으로 규정하게 되면 필요 이상으로 비공개의 범위가 넓어지게 되고, 반대로 이를 세분화하게 되면 열거사항이 방대하게 되어 비공개 대상 정보를 망라하여 규정하는 것이 곤란하게 될 수 있다. 다른 한편 정형적 요소는 자칫 비공개 대상 정보를 지나치게 추상적이고 자의적인 기준으로 설정될 염려가 있다. 따라서 비공개 대상 정보를 입법할 때에는 사항적 요소와 정형적 요소 그리고 시간

---

16) 한국·미국·영국·일본의 정보공개법상 비공개 정보의 범위에 관한 비교로는 유일상, 「정보공개법상 비공개 정보의 범위에 관한 비교법제적 연구—한·미·영·일을 중심으로」, 『헌법학연구』 제11권 제3호(2005. 9), 한국헌법학회, 445~486쪽 참조.

적 요소를 적절하게 결합시키는 것이 바람직하다.

우리나라 정보공개법은 제9조 제1항에서 8가지의 비공개 대상 정보를 규정하면서 제1호의 법령비정보(다른 법률에 의하여 비밀 또는 비공개 사항으로 규정된 정보)를 제외한 나머지 7가지의 정보에 대해서는 "~공개될 경우 ……의 정당한 이익을 현저히 해할 우려가 있다고 인정되는 정보"라고 명시하여 사항적 요소와 정형적 요소를 적절하게 결합하고 있으며 이와 함께 비밀의 해제기간 설정을 통한 시간적 요소도 병행하고 있다.

V. 비공개 정보의 한시성

비공개 정보에 해당하는지 여부는 시간의 경과, 사회정세의 변화, 해당 정보에 관계되는 사무·사업의 진행상황 등의 사정 변경에 따라 변화하는 것이고, 공개 청구가 있던 상황을 감안하지 않으면 안 된다. 이러한 사정의 변화는 '우려'나 '지장'이 요건으로 되어 있는 비공개 대상 정보의 경우(제9조 제1항 제2호 내지 제8호)에는 더욱 현저하다.

일반적으로는 어느 시점에 비공개 정보에 해당하는 정보인가 여부는 다른 시점에 있어서도 당연히 그렇다는 것은 아니다. 개개의 공개 청구에 있어 비공개 정보에 해당하는지 여부의 판단시점은 공개 결정의 시점이다.

공공기관은 비공개 사유에 해당되는 정보가 기간의 경과 등으로 인하여 비공개의 필요성이 없어진 경우에는 그 정보를 공개 대상으로 해야 한다(제9조 제2항).

공개 청구를 하는 시점에서는 비공개 사유에 해당되어 공개가 불가능했으나 시간의 경과 등에 따라 비공개 사유가 없어지게 되어 공개할 수 있는 경우가 있다. 일정한 시점 동안 특히 비밀이 요구되는 정보나 진행 중인 사업에 관한 정보로서 사업 시행 도중에 공개되면 해당 사업의 원활한 시행이 어렵게 될 우려가 있는 정보인 경우에 비밀을 유지할 합리적인 기간이 경과하거나 사업이 종료되어 더 이상 비밀이 존재하지 아니하는 경우에는 해당 정보를 공개 대상으로 해야 마땅하다.

정보공개법 제9조 제1항 제5호는 의사결정 과정 또는 내부검토 과정에서 생기는 사항으로서 공개될 경우 업무의 공정한 수행에 현저한 지장을 초래한다고 인정할 만한 상당한 이유가 있는 정보를 비공개 대상 정보로 하면서도 공공기관이 의사결정 과정 또는 내부검토 과정을 이유로 비공개할 경우에는 의사결정 과정 및 내부검토 과정이 종료되면 청구인에게 이를 통지해야 한다고 규정하고 있다.

VI. 비공개 대상 정보의 범위에 관한 세부기준 수립 및 공개 의무

(1) 정보공개의 대상기관은 다양하고 그 보유하는 정보도 방대하기 때문에 구체적으로 어느 공공기관이 보유하고 있는 어떤 정보가 비공개 대상 정보에 해당하는가는 일률적으로 말할 수는 없다. 이에 정보공개법은 공공기관으로 하여금 해당 공공기관의 업무 성격을 고려하여 미리 비공개 대상 정보의 범위에 관한 세부기준을 수립하고 이를 공개하도록 강제하고 있다(제9조 제3항).[17)

행정절차법에서는 행정청이 행하는 행정작용은 그 내용이 구체적이고 명확해야 하며, 행정작용의 근거가 되는 법령 등의 내용이 명확하지 아니한 경우 그 해석을 요청받은 해당 행정청은 특별한 사유가 없으면 그 요청에 따라야 하고(행정절차법 제5조), 필요한 처분기준을 해당 처분의 성질에 비추어 되도록 구체적으로 정하여 공표할 의무가 있다고 규정하고 있는데(같은 법 제20조 제1항) 정보공개법에서는 이를 보다 적극적으로 공공기관으로 하여금 해당 공공기관의 업무의 성격을 고려하여 비공개 대상 정보의 범위에 관한 세부기준을 수립하고 이를 공개하도록 하고 있는 것이다.

이에 따라 국가기관, 지방자치단체 등 대부분의 공공기관은 자체 정보공개업무편람을 만들어 시행하고 있는데 정부의 정보공개시스템(www.open.go.kr)에서 검색할 수 있고 그 외 공공기관의 업무편람 등은 자체 홈페이지를 통해 확인할 수 있다. 일부 공기업이나 각급 학교, 사회복지법인 중에는 아직 비공개 대상 정보의 범위에 관한 세부기준을 수립하지 않고 있거나 혹은 그 내용 등이 담긴 업무편람을 발간하지 못한 경우도 있다.

그런데 공공기관의 정보공개업무편람 등에 비공개 대상 정보로 분류된 사항이라고 하여 반드시 비공개 대상 정보라는 법적 효력이 부여되는 것은 아니다.[18) 이러한 지침이나 가이드라인 등의 매뉴얼은 어디까지나 해당 공공기관의 해석을 나타내는 것이고 그 해석은 법원을 구속하는 것은 아니다. 따라서 법원이 그 공공기관의 해석을 정보공개법의 적절한 해석이 아니라고 판단하면 그에 기초한 공개 거부결정은 위법임을 면할 수 없다.

---

17) 공공기관이 수립한 비공개 대상 정보의 범위에 관한 세부기준 등은 [법제처-국가법령정보센터-행정규칙-현행규칙](http://www.law.go.kr)에서 찾아볼 수 있다.
18) [행정안전부 09-26816, 2010. 4. 27, 대전광역시]

(2) 공공기관이 종전에는 공개하던 정보를 비공개 대상 정보에 포함시키도록 하는 내용으로 정보공개법 제9조 제3항에 따른 세부기준을 개정할 수 있는지 문제된다.

어떤 정보가 비공개 대상 정보인 정보공개법 제9조 제1항 각 호에 해당되는지와 비공개 필요성이 있는지 여부는 정보공개법의 목적 및 같은 법 제9조 제1항 각 호의 입법취지, 정보의 구체적인 내용과 성격, 해당 정보를 수집한 목적, 공개될 내용과 공개로 인한 파급효과, 해당 정보를 비공개할 경우 보호되는 공익과 공개에 의하여 보호되는 국민의 알권리, 행정에 대한 국민의 참여 및 행정의 투명성 확보 등의 이익을 종합적으로 비교·형량하여 구체적인 사안에 따라 결정되어야 할 문제이다.

이러한 판단은 해당 정보를 보유·관리하는 기관이 1차적으로 하는 것이 원칙이며, 정보공개법 제9조 제3항에서 공공기관에 대하여 각 기관의 업무 성격을 고려하여 비공개 대상 정보의 범위에 관하여 미리 세부기준을 수립하게 한 것은 해당 공공기관이 특정 정보의 비공개 여부에 대한 1차적 판단권한이 있음을 전제로 정보공개법 제9조 제1항 각 호의 범위 안에서 그 공공기관의 업무 성격을 고려하여 정보의 비공개 여부에 대한 기준을 수립하게 한 것이다.

그런데 공공기관이 항상 작성 또는 수집하는 같은 내용의 정보라고 하더라도 사회여건의 변화 등에 따라 구체적으로 정보공개법 제9조 제1항 각 호의 사유에 해당하는지 여부를 달리 판단할 수 있고, 이전에 공개 대상 정보라고 하여 이를 영구히 공개 대상 정보라고 보아야 할 근거가 있다고 할 수도 없다.

따라서 원칙적으로 공공기관의 정보 공개 여부는 변경될 수 있으므로 이전에 공개했던 정보라도 이후 공개가 곤란한 사유가 발생했다면 이를 비공개 대상 정보라고 판단할 수 있고, 정보공개법 제9조 제1항 각 호에서 추상적·일반적으로 규정된 사유들을 해당 기관의 업무성격 및 구체적 사안을 고려하여 좀 더 구체적이고 상세하게 규정하는 세부기준에 이를 반영할 수 있을 것이므로 공공기관이 종전에는 공개하던 정보를 비공개 대상 정보에 포함시키도록 하는 내용으로 세부기준을 개정할 수 있다고 할 것이다.[19] 그러나 이는 매우 신중하게 이루어져야 하며 이미 이루어진 공개 결정을 사후적으로 취소할 수는 없을 것이다.

---

19) [법제처 10-0082, 2010. 5. 10, 환경부 교통환경과]

VII. 다른 법률에 따라 비공개 대상 정보의 공개를 요청하는 경우

그런데 개별 법령에서 국가기관 등 공공기관이 다른 공공기관에 대해 자료의 제공을 요구할 수 있는 권한을 부여한 경우에 이러한 요구를 받은 공공기관은 그것이 정보공개법상의 비공개 대상 정보에 해당된다는 이유로 자료 제공을 거부할 수 있을지가 문제된다.

가령 국회는 '국정감사 및 조사에 관한 법률' 제10조에 의하여 감사 또는 조사를 위하여 소관 상임위원회·소위원회·감사반의 의결로 감사 또는 조사와 관련된 보고 또는 서류 등의 제출을 관계인 또는 기관 기타에 요구할 수 있고 이러한 요구를 받은 자 또는 기관은 국회에서의 증언·감정 등에 관한 법률에서 특별히 규정한 경우를 제외하고는 누구든지 이에 응해야 한다고 규정하고 있다. 이러한 경우 자료 제공을 요구받은 공공기관은 그것이 정보공개법 제9조 제1항 소정의 비공개 대상 정보에 해당된다는 이유로 자료 제공을 거부할 수는 없다.[20] 정보공개법은 기본적으로 국민의 알권리를 보장하기 위하여 모든 국민에게 정보공개 청구권을 부여하는 근거법률이기 때문에 국가기관 등 공공기관이 다른 법률에 근거하여 자료 제공을 요구하는 경우에까지 적용된다고 볼 수는 없기 때문이다.

미국 정보자유법에서는 정보공개법이 행정기관에 대하여 정보를 비공개로 할 수 있는 권한을 인정하거나 또는 공중에 대한 기록의 이용 가능성을 제한하는 권한을 부여한 것이 아니며, 또한 연방의회에 대하여 정보를 공개하지 않는 행위를 정당화하는 근거가 되는 것은 아니라고 명시하고 있다[제552조(d)].

일본 정보공개법에는 특별한 규정을 두고 있지 아니하나 일반 법률로 헌법상 국회의 국정조사권의 범위를 제한할 수는 없기 때문에 국회의 국정조사권의 행사인 이상 비공개 대상 정보라고 하여 그 제공을 거부하는 근거로는 되지 않는다고 한다.[21]

우리나라 정보공개법에서도 정보공개법 제9조 제1항 소정의 비공개 대상 정보에 관한 규정이 이러한 정보를 보유하고 있는 공공기관으로 하여금 다른 공공기관에 대하여

---

20) [법제처 14-0411, 2014. 9. 17, 국무조정실] 국회법 제128조 및 국회에서의 증언·감정 등에 관한 법률 제2조에 따라 국회가 국정감사나 국정조사와 관련하여 국무조정실이 보유한 영상물의 제출을 요구한 경우에 정보공개법 제9조 또는 개인정보 보호법 제18조 등을 이유로 이를 거부할 수 없다고 한 사례.
21) 松井茂記, 앞의 책, 135쪽.

해당 정보를 비공개로 할 수 있는 권한을 인정하거나 또는 개별 법령에 의한 정보 제공이나 공개 요구에 대해서 이를 거부할 수 있는 근거가 되는 것은 아니다. 다만, 개별 법령에 근거하지 아니한 정보 제공 혹은 정보공개 요구에 대해서는 해당 공공기관의 장이 이에 응할지에 관한 재량을 갖고 있다고 할 것이다.

제2절 제1호 비공개 사유(법령비 정보)

다른 법률 또는 법률에서 위임한 명령(국회규칙·대법원규칙·헌법재판소규칙·중앙선거관리위원회규칙·대통령령 및 조례로 한정한다)에 따라 비밀이나 비공개 사항으로 규정된 정보

I. 법령상 비밀정보의 의의 및 입법취지

정보공개법 제9조 제1항 제1호는 다른 법률 또는 법률에서 위임한 명령에 따라 비밀이나 비공개 사항으로 규정된 정보를 비공개 대상 정보로 하고 있다. 이러한 비공개 대상 정보를 흔히 법령상 비밀정보 또는 법령비(法令秘), 법령비 정보라고 한다.[22]

제1호는 법령에 의한 비공개 가능성을 열어둔 일반조항의 성격을 갖는다.

다른 법률 또는 법률에서 위임한 명령에 따라 비밀이나 비공개 사항으로 규정된 정보를 비공개 대상 정보로 규정한 입법 취지는 비밀이나 비공개 사항으로 다른 법률 등에 규정되어 있는 경우는 이를 존중함으로써 법률 간의 마찰을 피하기 위한 것이다.[23] 이 조항은 정보공개법과 다른 법률과의 관계에 대하여, 정보의 공개에 관하여는 다른 법률에 특별한 규정이 있는 경우를 제외하고는 정보공개법이 정하는 바에 의한다는 제4조 제1항과 같은 취지이다.[24]

따라서 다른 법률에서 특정 정보를 비밀로 할 것을 규정하면서 해당 정보가 예외적

---

22) 한위수, 「정보공개법상 비공개 대상 정보로서의 법령비 정보」, 『행정재판실무편람』(II), 서울행정법원, 2002, 495~499쪽.
23) 대법원 2013. 1. 24. 선고 2010두18918 판결, 대법원 2010. 6. 10. 선고 2010두2913 판결, 대법원 2008. 10. 23. 선고 2007두1798 판결 등.

으로 공개될 수 있는 경우도 법률에서 명시적으로 규정하는 등 특정 정보의 비밀유지 및 공개에 관한 사항을 법률에서 명시적으로 규정하고 있는 경우에는 정보공개법 제9조 제1항 제1호의 '다른 법률에 따라 비밀이나 비공개 사항으로 규정된 정보'에 해당된다. 하지만 비밀이나 비공개 사항을 규정하고 있는 다른 법률 또는 법규명령에서 정보공개법의 적용 또는 그 배제에 관해 명시적으로 규정하고 있지 아니하거나 또는 특정의 정보에 관해 일의적으로 정보의 공개를 금지하고 있는 경우가 아니라면 정보공개의 원칙에 따라 해당 조항을 비공개 사유에 해당한다고 단정해서는 안 된다.

비밀정보가 비공개 사유에 해당되느냐의 여부는 정보공개 청구 시를 기준으로 한다. 기록물이 비밀로 지정되어 있거나 혹은 비공개 대상으로 분류되어 있더라도 그 후의 사정 변화에 의해 공개할 수 있는 경우도 있다.

비공개 대상 정보는 비밀정보와 구별된다. 비밀정보는 공개가 금지되는 정보이지만, 비공개 대상 정보는 공개가 금지되는 정보는 아니며 공공기관이 공개하지 아니할 수 있는 정보를 말한다.[25]

II. 비밀 또는 기밀과 국민의 알권리와의 관계

(1) 국민의 알권리에도 불구하고 보호되어야 할 사생활의 비밀이 있는 것과 마찬가지로 공무상의 비밀도 보호되어야 할 사항이 적지 않으며, 특히 군사외교상의 문제에 있어서는 비밀로서 보호되어야 할 사항이 더욱더 있을 수 있다.

따라서 국민의 표현의 자유 내지 알권리와 국가의 안전보장은 다 같이 헌법상 대단히 중요한 법익으로서 보호되어야 하지만, 경우에 따라 서로 충돌되거나 갈등하는 부분이 있기 때문에 어떤 범위에서 국민의 알권리가 보호되어야 하느냐 하는 한계의 문제는 자유민주주의 헌법을 갖고 있는 국가에서는 매우 중요한 과제라고 아니할 수 없다.[26] 왜

---

24) 이상천, 「공공기관의 정보공개에 관한 법률 제9조 제1항 제1호의 법체계적 정합성」, 『법학연구』 제13집 제2호 (2010. 8), 인하대학교, 363~366쪽은 제9조 제1항 제1호는 이미 법규성 명령에 비공개로 되어 있어 다시 공개 여부를 규정할 이유가 없으므로 불필요한 규정이라고 주장한다.

25) 이철환, 「업무추진비에 대한 정보공개의 방법」, 『법학논총』 제28집 제2호, 전남대학교 법률행정연구소, 2008, 370쪽 참조.

26) 헌법재판소 1992. 2. 25. 선고 89헌가104 결정, 이 결정에 대한 평석으로는 정재황, 국가기밀보호법 제6조 등에 대한 위헌심판결정, 법률신문 2132호(1992. 6) 15면 및 헌법재판소, 헌법재판자료 5집 헌법재판제도의 발전(1992. 12), 384쪽.

냐하면 통치권자와 피통치자가 이념상 자동적인 자유민주주의 체제하에서는 정치지도자들이 내리는 결정이나 행동에 관해서 충분히 지식을 가지고 있는 국민 대중을 필요로 하며, 자유스러운 표현체계의 유지는 개인의 자기실현을 확보하고 진리에 도달하는 수단이며 사회구성원의 정치적·사회적인 결단의 형성에 참가하는 것을 확보하는 수단일 뿐만 아니라 사회의 안정과 변혁과의 사이의 균형을 유지하는 수단이기 때문이다. 또한 자유민주주의 사회는 전체주의 사회와 달라서 정부의 무류성(無謬性)을 믿지 않으며 정부는 개인이나 일반대중과 마찬가지로 또는 그 이상으로 오류를 범할 가능성이 있을 뿐만 아니라 권력을 가진 자가 오류를 범한 경우의 영향은 대단히 크다고 하는 역사적 경험을 전제로 하여 정부가 국민의 비판을 수렴함으로써 오류를 최소화할 수 있다는 사고방식을 보편적으로 수용하고 있는 것이다.

표현의 자유가 다른 기본권에 우선하는 헌법상의 지위를 갖는다고 일컬어지는 것도 그것이 단순히 개인의 자유인데 그치는 것이 아니고 통치권자를 비판함으로써 피치자가 스스로 지배기구에 참가한다고 하는 자치정체의 이념을 그 근간으로 하고 있기 때문인 것이다.

(2) 헌법 제37조 제2항은 "국민의 모든 자유와 권리는 국가안전보장·질서유지 또는 공공복리를 위하여 필요한 경우에 한하여 법률로써 제한할 수 있으며, 제한하는 경우에도 자유와 권리의 본질적인 내용을 침해할 수 없다"고 하는 이른바 일반적 법률 유보조항을 두고 있다. 그러나 국가의 안전보장을 위하여 국민의 기본권 제한이 가능하다고 할지라도 그 제한의 한계는 어디까지나 국민의 자유와 권리의 본질적인 내용을 침해하지 않는 한도 내에서 행해져야 한다. 아울러 과잉금지의 원칙(그중에서도 피해의 최소성·법익의 균형성)에 저촉되어서도 안 되므로 국가기밀의 보호를 통한 국가의 안전보장이라는 공공의 이익이 국민의 알권리라는 개인적 법익보호보다 명백히 우월한 경우에 한해야 한다.

국가의 안전보장을 위하여 일정범위의 사항을 비밀로서 지정 분류하여 보호하고 있음은 선진민주주의 국가라고 할지라도 예외가 없는 터이지만, 거기에는 스스로 한계가 있는 것이며 그것이 필요 이상으로 광범위하여 국민의 알권리를 유명무실하게 할 정도가 되면 그 보호막을 배경으로 불법 비리 책임회피적인 사태가 야기되는 등의 역기능이 생길 수도 있다. 국가기밀에 관한 사항이라고 하더라도 일정범위 내의 것은 국민에게 이를 공개하여 이해와 협조를 구하고 공감대를 형성하는 것이 국가의 실질적인 안전보장에 필요하고도 유익하다고 할 수 있으며 필요 이상의 비밀의 양산은 국민의 정당한 비판과 감독의 여지를 말살하게 되어 주무기관의 자의와 전횡의 우려는 물론 국민의 불신·비협조·유언비어의 난무 등 부정적 결과를 초래하고 아울러 국민의 국가에 대한 귀속의식 내지 공동체 구성원의식을 희석시키고 정치적 무력감, 소외감, 적대감을 갖게 할 우려도 배제할 수 없다.

국가의 안전보장에 관한 주요 시책이라면 오히려 국민의 적극적인 참여 속에서 엄정한 여론의 여과과정을 거치게 하는 것이 시행착오를 예방할 수 있음은 물론 진정한 국민의 공감대를 기반으로 하여 실질적인 총력안보에 기여할 수 있는 강점이 있는 것이라고 할 수도 있다.

그러한 관점에서 국가기밀 및 군사기밀의 범위는 국민의 표현의 자유 내지 알권리의 대상영역을 가능한 최대한 넓혀줄 수 있도록 필요한 최소한도에 한정되어야 한다.

(3) 비밀 또는 기밀이라는 개념 자체는 본래 절대적인 것이 아니고 상대적인 것으로서 그 시기와 장소 및 상황에 따라 비밀성이 생성될 수도 소멸될 수도 있는 특성을 갖고 있다.

비밀의 실질가치 유무에 대한 최종심사는 의당 법원에 의하여 객관적으로 행하게 된다.

미국 정보자유법은 비공개 사유인 '비밀정보'에 관하여 먼저 정보가 '비밀로 하는 것이 특히 인정된' 것이 아니면 안 된다면서, 형식적으로는 비밀로 지정되어야 하고 그 비밀지정은 '대통령명령에서 정한 기준에 기한' 것이어야 하며 그 보호법익은 '국방 또는 외교정책을 위한' 것이어야 한다고 명시하고 있다.[27] 따라서 정보를 비공개로 하기 위해서는 형식적으로 비밀로 지정되어 있을 뿐만 아니라 '대통령명령에 따라 실제로 비밀지정이 정당하게 이루어질 것'을 요구하고 있다.[28]

---

27) 미국 정보자유법 §552(b)(1)(A) This section does not apply to matters that are--specifically authorized under criteria established by an Executive order to be kept secret in the interest of national defense or foreign policy and (B) are in fact properly classified pursuant to such Executive order;

28) 미국의 국가기밀과 정보공개법에 관해서는 Alasdair Roberts, *Blacked Out: Government Secrecy in the Information Age*, Cambridge University Press, 2006; 岡本篤尚, 『国家秘密と情報公開—アメリカ情報自由法と国家秘密特権の法理』, 法律文化社, 1998 참조.

이는 비밀지정이 대통령명령에 따라 정당하게 행해진 것인가, 즉 비밀지정의 적법성을 법원이 심사할 수 있다는 것을 의미한다. 법원은 행정기관이 국가비밀을 이유로 하여 비공개한 문서도 '인 카메라(In Camera)'로 심리하여 비공개할 수 있는 부분을 제외하고 남은 부분은 공개를 명할 수 있다.

일본 정보공개법은 비밀정보에 대해서 특별히 비공개 사유로 명시하지 않고 단지 제5조 제1항 제3호에서 공개할 경우 국가의 안전이 해할 우려가 있고, 다른 나라 혹은 국제기관과의 신뢰관계가 손상될 우려 또는 다른 나라 혹은 국제기관과의 교섭상의 불이익을 입을 우려가 있다고 행정기관의 장이 인정하는 것에 상당한 이유가 있는 정보를 비공개 정보로 삼고 있다.

III. 법률에 따라 비밀이나 비공개 사항으로 규정된 정보

정보공개법이 아닌 개별 법률에서 비밀이나 비공개 사항을 규정하고 있는 경우가 적지 않다. 그런데 일반 국민들로서는 정보공개법이 아닌 개별 법률이 제1호의 법령비 정보에 해당하는지 여부를 판단하는 것은 쉽지 않다. 미국 정보자유법 제552조(b)(3)은 성문법규에 의하여 공개가 명확하게 면제된 사항을 공개 예외사항으로 규정하면서(Exemption 3), 다만 그러한 성문법규는, 첫째, 쟁점에 대하여 재량의 여지를 남기지 않는 방법으로 해당 사항들이 국민에게 공개되지 않도록 규정되거나 또는 비공개를 위한 특별기준을 설정하거나 특정 유형의 사항들이 공개되지 않도록 규정되는 경우이어야 하고, 둘째, 2009년의 열린 정부 구현을 위한 '정보자유법(OPEN FOIA)' 시행 이후 제정되는 경우에는 특히 이 조항을 인용하는 법령에 한한다고 제한하고 있다. 이에 따라 미국 법무부 등은 자체 홈페이지 등에서 공개를 거부할 수 있는 예외사유 3항이 적용되는 법령(Exemption 3 Statute)을 명시하고 있다. 이는 우리나라 정보공개법에도 참고할 사항이다.

1. 법률에 따른 비공개 정보

(1) 법률에서 비밀로 규정하고 있는 대표적인 예는 과세정보를 들 수 있다.[29]
국세기본법은 세무공무원은 납세자가 세법에서 정한 납세의무를 이행하기 위하여 제출한 자료나 국세의 부과·징수를 위하여 업무상 취득한 자료 등을 원칙적으로 타인에게 제공 또는 누설하거나 목적 외의 용도로 사용해서는 안 된다고 규정하고 있다(제81조의13).[30][31] 국세기본법 제81조의13(비밀유지) 규정은 일반 공무원에 비하여 개인의 경제활동에 관한 상세한 정보를 얻을 수 있는 세무공무원으로 하여금 업무상 취득한 과세정보를 과세목적 외에 사용하는 것을 엄격히 제한하여 납세자의 비밀을 최대한 보호하기 위한 규정이라고 할 것이므로, 과세정보 해당 여부는 구체적인 내용에 의해 판단되어야 한다.[32][33]

---

29) 김중양, 앞의 책, 213~218쪽; 박종수, 「과세정보의 수집, 관리·공개의 조세법적 문제」, 『법제연구』 제30호, 한국법제연구원, 2006, 201~234쪽 참조.

30) 대법원 2004. 3. 12. 선고 2003두11544 판결.

31) [법제처 11-0345, 2011. 8. 25, 행정안전부] 국세기본법 제81조의13에 따른 "납세자가 세법에서 정한 납세의무를 이행하기 위하여 제출한 자료나 국세의 부과·징수를 위하여 업무상 취득한 자료"는 '공공기관의 정보공개에 관한 법률' 제9조 제1항 제1호에 따른 "다른 법률 또는 법률이 위임한 명령(국회규칙·대법원규칙·헌법재판소규칙·중앙선거관리위원회규칙·대통령령 및 조례에 한한다)에 의하여 비밀 또는 비공개 사항으로 규정된 정보"에 해당한다고 한 사례이고,

[중앙행정심판위원회 2010-22922, 2011. 1. 4, 인용] 청구인이 정보공개 청구한 이 사건 정보는 청구인 외 1인이 고충 신청한 내용에 대해 납세자가 제출한 자료가 아닌 피청구인이 국세청에 질의한 서류로서 이 사건 정보의 내용 중 사실관계에는 관계자의 실명이 기재되어 있지 않고, A, B, C, D, E 등으로 기재되어 있으며, 이 중 A는 원천징수의무자, B는 소송당사자, C, D는 청구인 본인, E는 대리인으로 청구인과 이해관계당사자에 해당되어 납세자의 비밀이 유출될 염려가 있다고 보이지 않으므로 과세정보에 해당된다고 보기 어렵다고 한 사례이다.

32) 서울고등법원 1995. 8. 24. 선고 94구39262 판결(확정), 피고(서울지방국세청장)의 세무조사 결과는 인격, 신분, 재산, 경력 등 개인에 관한 사항으로서 공개할 경우 개인의 사생활을 침해할 우려가 있는 정보, 법인이나 사업자 등의 영업 또는 과학 기술이나 금융에 관한 정보로 공개함으로써 사업 운영상 지장을 초래하는 정보, 비공개를 전제로 제3자로부터 취득한 정보, 기타 공개할 경우 특정인에게 이익·불이익을 주는 정보 또는 행정의 공정 원활한 집행이나 공공의 이익을 현저히 해한다고 판단되는 정보 등을 그 내용으로 하고 있어 원고의 알권리보다 우선하는 개인 또는 법인의 사생활이 포함되어 있다고 보아야 할 것이고, 나아가 국민의 알권리를 충족시킴으로써 공공의 이익만으로는 사생활의 비밀로서의 조세비밀을 침해할 명백하고 우월한 공익이 존재한다고 보기 어려우므로, 피고의 세무조사 결과가 공개되는 것은 국민의 알권리 충족이라는 이익보다 사생활의 비밀침해라는 인격권을 침해하는 결과를 초래하는 점에서 불가능하다고 보지 아니할 수 없으니, 피고가 지침에 의하여 세무조사 결과의 공개가 납세자 본인은 물론 기업경영의 기밀이 유출되어 납세자의 경영활동에 미치는 영향이 크고 조사과정에서 당국을 믿고 조사에 협조한 납세자와의 신뢰관계가 무너지게 되어 원활한 세정 운영에 저해를 받을 염려가 있다는 이유로 한 거부처분은 적법하다고 한 사례; 이 판결 이후인 1996. 12. 30. 법률 제5189호로 국세기본법이 일부 개정되어 '제7장의2 납세자의 권리'가 신설되었고 그 하나로 구 제81조의8 (비밀유지) 조항도 포함되었다.

이 판결에 대한 평석으로는 최선집, 「언론사 세무조사결과 공개 청구」, 『논점 조세법』, 조세통람사, 1998, 3~31쪽.

33) 서울행정법원 2012. 8. 16. 선고 2011구합36838 판결(항소), 갑 신문사가 국세청장에게 종교인의 최근 소득세 납부현황 등에 관한 정보의 공개를 청구했으나 국세청장이 직무상 작성 또는 취득하여 관리하고 있는 문서가 아니라는 등의 이유로 정보공개 거부처분을 한 사안에서, '종교인에 대한 소득세 납부 관련 정보' 등도 공개의 필요성이 있다는 전제에서 공개 청구대상정보 중 국세청이 종교인 개개인에 대한 소득세 납부 관련 정보 자체를 독립적으로 작성하여 보유·관리하고 있지 않더라도 국세통합시스템 등 전산시스템을 통하여 생성할 수 있어 국세청이 보유·관리하고 있을 상당한 개연성이 존재한다고 인정되는 정보에 대하여 국세청장이 이를 보유하고 있지 않다는 이유로 정보공개 거부처분을 한 것은 위법하고, 다만 을 교회 담임목사 병 등에 관한 소득세 납부자료 등은 특정인에 관한 과세정보로서 내용이 공개될 경우 개인의 프라이버시와 사적 비밀, 경제생활의 자유에 심각한 침해가 발생할 것이어서 국세기본법 제81조의13 제1항이 보호하는 과세정보에 해당한다는 이유로 그에 대한 정보공개 거부처분은 적법하다고 한 사례.

지방세기본법도 지방세 과세자료를 타인에게 제공 또는 누설하거나 목적 외의 용도로 사용하는 행위를 원칙적으로 금지하고 있다(제134조의8).

(2) 국가정보원의 조직·소재지 및 정원에 관한 내용과 예산집행내역에 관한 정보도 국가정보원법 제6조 및 제12조에 의하여 국가안전보장을 위하여 비공개가 필요한 경우에는 정보공개법 제9조 제1항 제1호에서 말하는 '다른 법률에 의하여 비공개 사항으로 규정된 정보'에도 해당한다.[34] [35]

그러나 국가정보원의 조직·소재지 및 정원에 관한 정보가 아닌 활동내역에 관한 사항까지 당연히 그 전부가 국가정보원의 조직, 소재지 및 정원에 관한 정보로서 비공개 사항으로 정한 정보에 해당한다고 단정할 수는 없으므로 국가정보원의 조직, 소재지 및 정원에 관한 정보가 아닌 국가정보원의 활동이나 운영 등에 관한 정보는 그 자체로는 정보공개법 제9조 제1항 제1호 소정의 비공개 대상 정보에 해당되지 않는다.[36] 다만 그 것이 정보공개법 제4조 제3항 소정의 '국가안전보장과 관련된 정보 분석을 목적으로 수집되거나 작성된 정보'에 해당되는 경우에는 정보공개법이 적용되지 않을 것이고 그렇지 않다 하더라도 그것이 제9조 제1항 단서의 비공개 대상에 해당될 경우에는 해당 사유로 인한 비공개가 허용될 것이다.

(3) 행정심판위원회에서 위원이 발언한 내용이나 그 밖에 공개되면 위원회의 심

---

34) 대법원 2010. 12. 23. 선고 2010두14800 판결.
   "국가정보원법 제12조가 국회에 대한 관계에서조차 국가정보원 예산내역의 공개를 제한하고 있는 것은, 정보활동의 비밀보장을 위한 것으로서, 그 밖의 관계에서도 국가정보원의 예산내역을 비공개 사항으로 한다는 것을 전제로 하고 있다고 볼 수 있고, 예산집행내역의 공개는 예산내역의 공개와 다를 바 없어 비공개 사항으로 되어 있는 '예산 내역'에는 예산집행내역도 포함된다고 보아야 하며, 국가정보원이 그 직원에게 지급하는 현금급여 및 월초수당에 관한 정보는 국가정보원 예산집행내역의 일부를 구성하는 것이므로, 위 현금급여 및 월초수당에 관한 정보는 국가 정보원법 제12조에 의하여 비공개 사항으로 규정된 정보로서 공공기관의 정보공개에 관한 법률 제9조 제1항 제1호 의 비공개 대상 정보인 '다른 법률에 의하여 비공개 사항으로 규정된 정보'에 해당한다고 보아야 하고, 위 현금급여 및 월초수당이 근로의 대가로서의 성격을 가진다거나 정보공개 청구인이 해당 직원의 배우자라고 하여 달리 볼 것 은 아니다."
35) 헌법재판소 2002. 11. 28. 선고 2001헌가28 결정, 구 국가정보원직원법 제17조 제2항(1999. 1. 21. 법률 제5682호로 개정된 것) 중 "직원(퇴직한 자를 포함한다)이 사건당사자로서 직무상의 비밀에 속한 사항을 진술하고자 할 때에는 미리 원장의 허가를 받아야 한다"는 부분은 과잉금지의 원칙에 위배하여 소송당사자의 재판청구권을 침해하고 있어 헌법에 합치되지 아니한다는 사례.
36) 대법원 2013. 1. 24. 선고 2010두18918 판결, 국가정보원이 그 직무범위를 넘어서 행한 불법적인 활동을 감시하고 이에 대한 국민의 알권리를 충족한다는 점에서 바람직한 판결이라고 평가할 수 있다.

리·재결의 공정성을 해칠 우려가 있는 사항으로서 대통령령으로 정하는 사항[37]도 공개해서는 안 된다(행정심판법 제41조).[38] 행정심판법에 따라 향후 위원회에 참여할 위원의 명단을 공개하지 않도록 한 것은 만약 위원회에 참석할 위원의 명단이 공개될 경우 위원의 자유로운 의견개진을 방해하고 앞으로 개최될 위원회의 독립적인 의사결정에 영향을 주어 위원회의 공정성과 객관성을 현저하게 저해할 우려가 있다고 인정되기 때문이다.[39]

(4) 통상조약 체결절차 및 이행에 관한 정보에 관하여도 통상협상에 관한 정보가 통상협상의 상대방이 자국의 이해와 관계되는 정보라는 이유로 비공개를 요청한 경우나 통상협상의 구체적 진행과 관련되어 그 공개가 국익을 현저히 침해하거나 통상협상에 지장을 가져올 우려가 있는 것으로 판단되는 경우, 그 밖에 정보공개법 제9조 제1항 단서 각 호의 비공개 대상에 해당되는 경우에는 공개하지 아니할 수 있다(통상조약의 체결절차 및 이행에 관한 법률[40] 제4조 제1항·제2항).

(5) 통신 제한조치의 허가·집행·통보 및 각종 서류작성 등에 관여한 공무원 등의 직무상 비밀사항(통신비밀보호법 제11조)은 제1호의 비공개 대상 정보에 해당한다 할 것인데, 공공기관이 통신비밀보호법 등 실정법을 위반하여 위법하게 수집하거나 보유하는 비밀 등은 법령비 정보에서 제외하여 이를 공개하는 것이 더 큰 공익적인 필요가 있는 예외적인 경우에는 공개를 허용할 필요가 있다.

---

37) 행정심판법 시행령 제29조(비공개 정보) 법 제41조에서 '대통령령으로 정하는 사항'이란 다음 각 호의 어느 하나에 해당하는 사항을 말한다.
 1. 위원회(소위원회와 전문위원회를 포함한다)의 회의에서 위원이 발언한 내용이 적힌 문서
 2. 심리 중인 심판청구사건의 재결에 참여할 위원의 명단
 3. 제1호 및 제2호에서 규정한 사항 외에 공개할 경우 위원회의 심리·재결의 공정성을 해칠 우려가 있다고 인정되는 사항으로서 총리령으로 정하는 사항
38) 헌법재판소 2004. 8. 26. 선고 2003헌바81·89(병합) 결정.
39) [노동부 09-17310, 2009. 9. 1, 산업재해보상보험심사위원회, 인용] 이미 의결된 안건과 관련된 위원 명단의 공개만으로 개인의 사생활의 비밀 또는 자유를 침해할 우려가 있다거나 위원회의 공정성과 객관성을 현저하게 저해할 우려가 있다고 보기 어렵고, 그러한 우려가 있다고 하더라도 국정 운영의 투명성을 강화하기 위하여 법령에 따라 국가 등이 업무의 일부를 위탁 또는 위촉한 개인의 성명과 직업도 공익을 위하여 필요한 경우에는 공개하도록 하고 있는데, 법령에 따라 위원으로 위촉된 위원의 성명 등을 공개함으로써 위원의 사명감과 책임감을 높이고 해당 위원회의 심리·의결에 공정을 기할 수 있을 것으로 보아 산업재해보상보험심사위원회의 위원 명단은 다른 법률 또는 법률이 위임한 명령에 의하여 비밀 또는 비공개 사항으로 규정된 정보에 해당한다고 보기 어렵다고 한 사례.
40) [시행 2012. 7. 18] [법률 제11149호, 2012. 1. 17, 제정]

(6) 의료법은 제19조에서 "의료인은 이 법이나 다른 법령에 특별히 규정된 경우 외에는 의료·조산 또는 간호를 하면서 알게 된 다른 사람의 비밀을 누설하거나 발표하지 못한다"고 규정하면서 특히 태아 성 감별을 목적으로 임부를 진찰하거나 검사해서는 안되며, 같은 목적을 위한 다른 사람의 행위를 도와서도 안 되고, 임신 32주 이전에 태아나 임부를 진찰하거나 검사하면서 알게 된 태아의 성(性)을 임부, 임부의 가족, 그 밖의 다른 사람이 알게 해서는 안 된다고 명시하고 있다(같은 법 제20조).[41]

또한 의료인이나 의료기관 종사자는 환자가 아닌 다른 사람에게 환자에 관한 기록을 열람하게 하거나 그 사본을 내주는 등 내용을 확인할 수 있게 해서는 안 되며 환자의 배우자, 직계 존속·비속 또는 배우자의 직계 존속이 환자 본인의 동의서와 친족관계임을 나타내는 증명서 등을 첨부하여 요청한 경우 등 일정한 사유에 해당하면 의사·치과의사 또는 한의사가 환자의 진료를 위하여 불가피하다고 인정한 경우가 아닌 한 그 기록을 열람하게 하거나 그 사본을 교부하는 등 그 내용을 확인할 수 있게 해야 한다(같은 법 제21조).

(7) 이외에도 공개하지 아니한 국회 본회의 등의 내용(국회법 제118조 제4항), 금융거래의 내용에 대한 정보 또는 자료(금융실명거래 및 비밀보장에 관한 법률 제4조)[42]와 공직자의 재산등록에 관한 사항 중 공개하지 아니하는 재산등록사항 및 금융거래자료(공직자윤리법 제10조),[43] 공개하지 아니하는 공직자의 병역사항(공직자 등의 병역사항 신고 및 공개에 관한 법률 제8조), 법관징계위원회의 징계심의에 관한 사항(법관징계법 제13조 제4항), 배심원·예비배심원 또는 배심원후보자의 성명·주소와 그 밖의 개인정보(국민의 형사재판 참여에 관한 법률 제52조), 통계의 작성과정에서 알려진 사항으로서 개인이나 법인 또는 단체 등의 비밀에 속하는 사항(통계법 제33조 제1항),[44] 종업원 등은 사용자 등이 직무발명을 출원할 때까지 그 발명의 내용에 관한 비밀을 유지해야 한다고 규정하고 있는

---

41) 강경근, 「프라이버시 보호와 진료정보」, 『헌법학연구』 10권 2호(2004. 6), 한국헌법학회, 179~220쪽.
42) [법제처 11-0346, 2011. 9. 1, 행정안전부] 금융기관이 '공공기관의 정보공개에 관한 법률'의 적용대상인 공공기관임을 전제로 '금융실명거래 및 비밀보장에 관한 법률' 제4조에 따른 금융거래의 내용에 대한 정보 또는 자료는 공공기관의 정보공개에 관한 법률 제9조 제1항 제1호의 비공개 대상 정보인 "다른 법률에 의하여 비밀 또는 비공개 사항으로 규정된 정보"에 해당한다고 한 사례.
43) 대법원 2007. 12. 13. 선고 2005두13117 판결, 공직자윤리법에 의한 '등록사항'(공직자윤리법은 '등록사항', '재산등록사항', '재산에 관한 등록사항'이라는 용어들을 혼용하고 있으나 모두 같은 의미로 해석되는바, 이하 '등록사항'으로 표현한다) 중 공직자윤리법 제10조 제1항 및 제2항에 의하여 공개해야 할 등록사항을 제외한 나머지 등록사항은 공직자윤리법 제10조 제3항 또는 제14조의 규정에 의한 법령비 정보에 해당한다고 한 사례.

발명진흥법 제19조에 따른 직무발명의 내용에 관한 정보,[45] 사법시험의 채점표·답안지, 그 밖에 시험업무의 공정한 수행에 현저한 지장을 초래할 사유가 있는 정보(사법시험법 제18조 제2항), 후원회에 연간 300만 원(대통령후보자 등·대통령선거경선후보자 후원회의 경우 500만 원) 이하를 기부한 자의 인적 사항과 금액(정치자금법 제42조 제4항),[46] 금융정보분석원 소속 공무원 등이 그 직무와 관련하여 알게 된 특정금융거래정보나 제공받은 정보 또는 자료(특정 금융거래 정보의 보고 및 이용 등에 관한 법률 제9조 등), 외국환거래의 비밀보장에 관한 정보(외국환거래법 제22조),[47] 형의 실효 등에 관한 법률 제6조 소정의 수사자료표에 의한 범죄경력조회 및 수사경력조회와 그에 대한 회보 중 조회가 가능한 경우로 규정하고 있는 사항을 제외한 나머지 사항,[48] 학교폭력 예방 및 대책에 관한 법률에 의하여 설치된 학교폭력대책자치위원회의 회의록[49] 등도 제1호 소정의 비공개 대상 정보에 해당된다.[50]

2. 법률에 따른 비공개 정보가 아닌 경우

한편 개별 법률의 규정이 제1호 소정의 비밀이나 비공개 사항을 규정하고 있는 경우

---

44) 서울행정법원 1999. 12. 30. 선고 99구15546 판결.
　　"통계법 제15조 단서, 같은 법 시행령 제16조 제2항 제2호에 의한 미공표 통계자료는 정보공개법 제7조 제1항 제1호에 의한 다른 법률 등에 의하여 비공개 사항으로 규정된 정보에 해당한다고 할 것이다(따라서 이 사건의 경우에 정보공개법의 특별법인 통계법만이 적용되어야 한다는 피고의 주장과 미공표 통계자료에 대하여는 정보공개법만이 적용된다는 원고의 주장은 모두 받아들이지 아니한다)."
45) [법제처 11-0229, 2011. 5. 26, 행정안전부]
46) 대법원 2013. 12. 12. 선고 2012두22102 판결, 연간 300만 원 이하를 기부한 자의 직업은 정치자금법 제42조 제4항에서 비공개 대상으로 규정한 '인적사항'에 해당하므로 피고(중앙선거관리위원회위원장)가 정치자금법 제42조 제4항, 정보공개법 제9조 제1항 제1호에 따라 이 사건 정보의 공개를 거부한 처분은 적법하고 한 사례.
47) [법제처 11-0347, 2011. 10. 13, 행정안전부]
48) [중앙행정심판위원회 2011-12529, 2011. 9. 20, 기각]
　　'형의 실효 등에 관한 법률' 제6조 제1항에서는 수사자료표에 의한 범죄경력조회 및 수사경력조회와 그에 대한 회보는 같은 항 각 호의 어느 하나에 해당하는 경우에 그 전부 또는 일부에 대하여 조회 목적에 필요한 최소한의 범위에서 할 수 있다고 규정하고 있으며, 같은 조 제3항에서는 누구든지 제1항에서 정하는 경우 외의 용도에 사용할 목적으로 범죄경력자료 또는 수사경력자료를 취득해서는 안 된다고 규정하고 있으므로, '형의 실효 등에 관한 법률' 제6조 제1항에서 조회가 가능한 경우로 규정하고 있는 사항을 제외한 나머지의 경우는 공공기관의 정보공개에 관한 법률 제9조 제1항 제1호에 해당하는 다른 법률에 의하여 비밀로 유지되거나 비공개 사항으로 규정된 정보라고 한 사례.
49) 대법원 2010. 6. 10. 선고 2010두2913 판결, 학교폭력대책자치위원회의 회의록은 공공기관의 정보공개에 관한 법률 제9조 제1항 제1호의 '다른 법률 또는 법률이 위임한 명령에 의하여 비밀 또는 비공개 사항으로 규정된 정보'에 해당한다고 한 사례; 이 판결에 대한 해설로는 윤강열, 「'학교폭력대책자치회 회의록'이 정보공개 대상이 되는지 여부」, 『대법원 판례해설』 제83호(2010년 상반기), 법원도서관, 2010.

에 해당하지 않은 경우를 살펴본다.[51]

(1) 형법 제126조는 "검찰, 경찰 기타 범죄수사에 관한 직무를 행하는 자 또는 이를 감독하거나 보조하는 자가 그 직무를 행함에 당하여 지득한 피의사실을 공판청구 전에 공표한 때에는 3년 이하의 징역 또는 5년 이하의 자격정지에 처한다"고 규정하고 있는데, 비밀 또는 비공개 대상이 되는 정보의 범위를 구체화하지 않고 있어, 검찰, 경찰 기타 범죄수사에 관한 직무를 행하는 자 또는 이를 감독하거나 보조하는 자의 직무상 비밀엄수의무를 포괄적으로 규정한 것에 불과하다.

따라서 직무상 범죄수사에 관계있는 자가 지득한 피의사실의 공개 또는 비공개 여부는 비밀 또는 비공개 사항으로서 보호해야 할 필요성이 있는지 여부 등에 대한 판단을 전제로 하여 결정해야 할 것이고, 같은 규정이 정보공개법 제9조 제1항 제1호의 비공개 대상 정보인 '다른 법률에 의하여 비밀 또는 비공개 사항으로 규정된 정보'에 해당한다고 보아 당연히 공개하지 아니할 수 있다고 해석하는 것은 국민의 알권리를 보장하려는 정보공개법의 입법취지 및 정보공개 청구권의 본질을 침해할 소지가 크다.

그러므로 형법 제126조가 검찰, 경찰 기타 범죄수사에 관한 직무를 행하는 자 또는

---

50) [법제처 11-0347, 2011. 10. 13, 행정안전부] 외국환거래법 제22조에 따른 정보를 보유·관리하는 기관이 공공기관의 정보공개에 관한 법률의 적용대상인 공공기관임을 전제로, 외국환거래법 제22조에 따른 정보는 외국환거래 등과 관련된 정보로 한정되고, 특히 위 정보를 비밀로 할 것을 규정하면서 해당 정보가 예외적으로 공개될 수 있는 경우도 법률에서 명시적으로 규정하는 등 특정 정보의 비밀유지 및 공개에 관한 사항을 법률에서 명시적으로 규정하고 있는 경우에 해당된다고 볼 수 있으므로, 외국환거래법 제22조에 따른 정보는 정보공개법 제9조 제1항 제1호의 '다른 법률에 의하여 비밀 또는 비공개 사항으로 규정된 정보'에 해당한다고 한 사례(법제처 2011. 9. 1. 회신 11-0346 해석례 참조).
대법원 등기선례 8-107(2004. 10. 12. 부등 3402-518 질의회답)은 부동산등기법 제21조의 규정에 의하면 등기부의 부속서류에 대하여는 이해관계 있는 부분에 한하여 열람을 청구할 수 있으므로, 위 서류는 공공기관의 정보공개에 관한 법률 제9조 제1항 제1호의 '다른 법률에 의하여 비공개사항으로 규정된 정보'에 해당하여 위 법률에 의한 정보공개의 대상이 아니며, 가족관계등록선례 200811-2(2008. 11. 24. 제정)는 제적등본(가족관계등록부)에는 사람의 성명, 생년월일 또는 가족관계에 관한 사항 등이 기록되어 있는바, 타인의 제적등본을 공개할 경우에는 그 타인 및 가족의 사생활의 비밀 또는 자유를 침해할 우려가 있으므로 이는 일반적인 정보공개청구의 대상이 아니고, '가족관계의 등록 등에 관한 법률'과 '가족관계의 등록 등에 관한 규칙'이 정하는 바에 따른 정당한 발급청구권자의 청구에 의해서만 발급될 수 있다고 한다.
51) 서울행정법원 2006. 5. 23. 선고 2005구합33241 판결은 부동산 가격공시 및 감정 평가에 관한 법률 제37조 제6항에서 감정평가업자에게 업무상 비밀의 누설 금지의무를 지우고 있다 하더라도 이는 감정평가업자에게 부과하는 의무일 뿐, 정보공개 청구를 받은 공공기관에게 부과하는 의무가 아니므로 정보공개를 청구받은 피고로서는 감정평가업자로부터 교부받은 감정평가서 등이 정보공개법 제9조 제1항 각 호에 해당하지 아니하는 한 보유하고 있는 정보 그대로 공개할 의무가 있다고 하는 반면 서울행정법원 2006. 4. 25. 선고 2005구합28133 판결은 국회 소위원회의 비공개회의 회의록은 국회법에 의하여 비공개 사항으로 규정된 정보에 해당한다고 판시했다.

이를 감독하거나 보조하는 자가 그 직무를 행함에 당하여 지득한 피의사실의 공판청구 전 공표 금지를 규정하고 있다 하여, 정보공개법 제9조 제1항 제1호의 비공개 대상 정보에 해당한다고 보아 수사기록에 대한 이해관계인의 정보공개 청구권의 행사를 일반적으로 제한하는 근거 규정이라고 볼 수는 없다.[52]

(2) 또한 형사소송법 제47조는 소송에 관한 서류는 공판의 개정 전에는 공익상 필요 기타 상당한 이유가 없으면 공개하지 못한다고 규정하고 있지만, 이는 일반에게 공표되는 것을 금지하여 소송관계인의 명예를 훼손하거나 공서양속을 해하거나 재판에 대한 부당한 영향을 야기하는 것을 방지하려는 취지일 뿐, 해당 사건의 고소인에게 그 고소에 따른 공소제기 내용을 알려주는 것을 금지하려는 취지는 아니며, 이와 같은 소송관계서류의 공판 개정 전 원칙적 공개금지를 정보공개법 제9조 제1항 제1호의 '다른 법률에 의하여 비공개 사항으로 규정된 정보'에 해당한다고 볼 수 없다.[53]

(3) 형사소송법 제198조 제2항은 "검사·사법경찰관리와 그 밖에 직무상 수사에 관계있는 자는 피의자 또는 다른 사람의 인권을 존중하고 수사과정에서 취득한 비밀을 엄수하며 수사에 방해되는 일이 없도록 해야 한다"고 규정하고 있는데, 비밀 또는 비공개 대상이 되는 정보의 범위를 구체화하지 않고 있어, 검사·사법경찰관리와 그 밖에 직무상 수사에 관계있는 자의 직무상 비밀엄수의무를 포괄적으로 규정한 것에 불과하다.

그렇다면 검사·사법경찰관리와 그 밖에 직무상 수사에 관계있는 자가 수사과정에서 취득한 비밀의 공개 또는 비공개 여부는 비밀로서 보호해야 할 필요성이 있는지 여부 등에 대한 판단을 전제로 하여 결정해야 할 것이고, 같은 규정이 정보공개법 제9조 제1항 제1호의 비공개 대상 정보인 '다른 법률에 의하여 비밀 또는 비공개 사항으로 규정된 정보'에 해당한다고 보아 당연히 공개하지 아니할 수 있다고 해석하는 것은 국민의 알권리를 보장하려는 정보공개법의 입법취지 및 정보공개 청구권의 본질을 침해할 소지가 크다고 할 것이어서 당연히 정보공개법 제9조 제1항 제1호의 비공개 대상 정보에 해당한다고 볼 수는 없다.[54]

---

52) 대법원 2004. 11. 25. 선고 2003두9794 판결, [법제처 11-0349, 2011. 8. 4, 행정안전부]
53) 대법원 2006. 5. 25. 선고 2006두3049 판결, 대법원 2004. 11. 25. 선고 2003두9794 판결.
54) 대법원 2004. 11. 25. 선고 2003두9794 판결, [법제처 11-0350, 2011. 7. 21, 행정안전부]

(4) 민원사무처리에 관한 법률 제26조는 "행정기관의 장은 민원사무의 처리와 관련하여 알게 된 민원사항의 내용과 민원인의 신상정보 등이 누설되어 민원인의 권익이 침해되지 아니하도록 노력하여야 한다"고 규정하고 있는데 그 외 비밀 또는 비공개 대상이 되는 정보의 범위가 구체화되어 있지는 않으므로, 이 규정은 민원처리담당 공무원의 업무상 주의사항 및 노력의무를 포괄적으로 규정한 것으로 보아야 할 것이다.

따라서 민원사무처리에 관한 법률 제26조에 따른 "민원사항의 내용과 민원인의 신상정보 등"이 정보공개법 제9조 제1항 제2호부터 제8호 중 어느 하나에 해당하거나 민원사무처리에 관한 법률 외의 다른 개별 법률 또는 법률이 위임한 명령에 의하여 비밀 또는 비공개 사항으로 규정된 정보에 해당하여 이를 비공개하는 것은 별론으로 하고, 정보공개법 제9조 제1항 제1호에서 규정하고 있는 '다른 법률에 의하여 비밀 또는 비공개 사항으로 규정된 정보'에 해당하지는 않는다.[55]

(5) 공직선거 후보자의 회계 책임자는 선거비용의 수입과 지출명세서 등을 선거일 후 30일(대통령선거 및 비례대표국회의원선거에 있어서는 선거일 후 40일)까지 해당 선거관리위원회에 제출해야 하고 수입과 지출보고서를 받은 선거관리위원회는 수입과 지출보고서 등의 사본을 해당 선거관리위원회 사무소에 비치하고, 선거비용의 수입과 지출보고서사본의 공고일로부터 3개월간 누구나 열람할 수 있도록 해야 하며, 이를 선거관리위원회의 인터넷 홈페이지를 통하여 공개할 수 있는데, 다만 열람기간이 아닌 때에는 이를 공개해서는 안 된다고 규정하고 있던 구 공직선거법 제133조(이 조항은 2005년 8월 4일 삭제되었다)도 그 관계서류에 대한 일반적인 정보공개 청구권을 제한하는 근거로 될 수 없다.[56]

---

55) [교육인적자원부 07-08338, 2008. 2. 15, 서울특별시 교육청] 민원사무처리에 관한 법률 제26조에 따르면, 행정기관의 장은 민원사무의 처리와 관련하여 알게 된 민원사항의 내용과 민원인의 신상정보 등이 누설되어 민원인의 권익이 침해되지 아니하도록 노력해야 한다고 되어 있는바, 민원진정과 관련한 정보를 공개하게 될 경우, 민원진정을 처리하는 행정기관의 입장에서는 민원처리와 관련한 공정한 업무수행에 현저한 지장을 받을 우려가 있고, 민원인의 입장에서는 해당 진정대상 상대방에게 명단이나 진정서의 내용이 공개될 수도 있다는 심리적인 부담으로 인하여 자유로운 의사결정에 의한 진정이 불가능해지는 등 공익의 침해가 클 것으로 보이는 점에 비추어, 이 사건 정보는 '민원사무처리에 관한 법률'상 민원인의 민원내용 또는 처리결과 등 민원사무처리와 관련되어 민원인의 권익이 침해될 수 있는 정보에 해당된다고 할 수 있으므로, 피청구인이 '공공기관의 정보공개에 관한 법률' 제9조 제1항 제1호에 따른 비공개 대상 정보에 해당한다는 이유로 한 이 사건 처분이 위법·부당하다고 할 수 없다고 한 사례. [법제처 11-0014, 2011. 3. 31, 행정안전부]도 같은 취지이다.
56) 대법원 2012. 11. 29. 선고 2012두9581 판결.

(6) 공무원의 직무상 비밀업무의무를 규정하고 있는 국가공무원법 제60조, 지방공무원법 제52조 등에서 말하는 '공무원의 직무상 알게 된 비밀'이 제1호 소정의 법령비 정보에 해당되는지에 관하여는 법령비에 해당하지 않는다는 부정설[57]과 법령비에 해당된다는 긍정설[58]이 대립하고 있다. 부정설은 공무원의 비밀엄수의무조항이 비공개의 근거가 된다고 한다면 공개 청구의 상대방이 공무원인 이상, 정보공개법 제9조 제1항 제2호 이하에서 구체적으로 규정하고 있는 비공개 대상 정보의 유형은 아무런 의미가 없고, 그것이 공무원법상 비밀에 해당하는지만 문제가 되는 결과가 되는데 이러한 결론은 정보의 공개범위를 확대하고자 하는 정보공개법의 근본취지와 이념을 형해화하는 셈이 된다는 점과 '공무원의 일반적인 비밀엄수의무를 규정한 법률'과 '비공개로 해야 하는 정보의 내용과 범위가 구체적으로 특정되어 있는 개별적·구체적인 비밀엄수의무를 규정하고 있는 법률'을 구별하여 후자의 경우에만 제1호의 법령비 정보에 해당한다고 봄이 상당하다는 입장이다. 반면 긍정설은 '공무원의 일반적인 비밀엄수의무를 규정한 법률'과 '비공개로 해야 하는 정보의 내용과 범위가 구체적으로 특정되어 있는 개별적·구체적인 비밀엄수의무를 규정하고 있는 법률'을 구별하여 후자의 경우에만 제1호의 법령비 정보에 해당한다고 해야 할 법률적·논리적 근거가 전혀 없고 전자의 경우에도 제1호 소정의 법률에 해당한다고 봄이 타당하고, 양자의 법률을 구별하는 기준이 명백하다고 할 수 없어 정보공개제도의 운용에 어려움이 생기며, 국가공무원법 제60조 소정의 '직무상 알게 된 비밀'이기 위해서는 "통상의 지식과 경험을 가진 다수인에게 알려지지 아니한 비밀성을 가졌고, 또한 정부나 국민의 이익 또는 행정목적 달성을 위하여 비밀로서 보호할 필요성이 있는 것"임을 요하는데(대법원 1996. 10. 11. 선고 94누7171 판결), 이러한 비밀이 비공개된다 하여 크게 불합리할 것은 없다는 점, 국가공무원법 제60조 소정의 '공무원이 직무상 알게 된 비밀'에 해당함에도 이를 공무원이 공개했을 경우 부정설을 취한다면 그 공무원은 그에 따른 제재를 받을 가능성이 있는데 해당 공무원의 입장에서 볼 때 이러한 결론은 불합리한 점 등을 들고 있다. 그러나 국가공무원법 제60조와 같은 추상적이고 일반적인 비밀엄수의무를 규정하고 있는 법률을 모두 법령비 정보로 볼 경우에는 비공개 정보의 범위가 지나치게 넓어지고 정보공개법 제9조 제

57) 한위수, 「정보공개 청구사건의 심리와 재판에 있어서의 몇 가지 문제」, 『행정재판실무편람』(II), 서울행정법원, 2002, 480~481쪽.
58) 김용찬, 「정보공개 청구사건에서의 몇 가지 쟁점」, 『법조』 제52권 9호(통권 564호), 법조협회, 2003, 247~248쪽.

1항 제2호 이하의 비공개 대상 정보의 입법취지와 의미가 몰각될 우려가 크다는 점에서 원칙적으로는 부정설이 타당하다고 할 것이다. 그렇다면 공개 청구에 따라 정보를 공개하는 이상 비밀엄수의무나 공무원 비밀누설죄가 성립할 여지가 없을 것이다. 특히 2013년 8월 6일 개정된 정보공개법에서 "누구든지 이 법에 따른 정당한 정보공개를 이유로 징계조치 등 어떠한 신분상 불이익이나 근무조건상의 차별을 받지 아니한다"라는 제28조(신분보장)가 신설된 이상 입법적으로 해결되었다고 볼 수 있다.

IV. 법률에서 위임한 명령

(1) 법률뿐만 아니라 법률에서 위임한 명령에 따라 비밀이나 비공개 사항으로 규정된 정보도 비공개 대상 정보에 해당된다.

여기에서 '법률에서 위임한 명령'은 정보의 공개에 관하여 법률의 구체적인 위임 아래 제정된 법규명령(위임명령)을 의미하므로 국회규칙·대법원규칙·헌법재판소규칙·중앙선거관리위원회규칙·대통령령 및 조례로 한정하고 총리령, 부령 및 내부지침, 예규, 훈령, 지시 등 '비법규 사항'은 제외된다.[59)60)]

정보공개법이 국민의 알권리를 보장하고 국정에 대한 국민의 참여와 국정 운영의 투명성을 확보함을 그 입법 목적으로 하고 있는 점(제1조), 공공기관이 보유·관리하는 정보에 관하여 공개를 원칙으로 하고 있는 점(제3조), 국민의 자유와 권리를 제한하려면 법률에 의해야 하는 점(헌법 제37조), 행정입법으로는 법률이 구체적으로 범위를 정하여 위임한 범위 안에서만 국민의 자유와 권리에 관련된 규율을 정할 수 있는 점 등을 고려할 때 법규명령이 아닌 경우에까지 비공개 대상 정보로 볼 수는 없다.

---

59) 대법원 2012. 10. 11. 선고 2011두11921 판결, 대법원 2010. 6. 10. 선고 2010두2913 판결, 대법원 2003. 12. 11. 선고 2003두8395 판결; 대법원 2009. 2. 26. 선고 2007두14596 판결, '환경정보공유 및 접근절차 부속서A'는 SOFA 합동위원회의 양측 위원장인 외교부 북미국장과 주한미군 부사령관이 합의·서명한 것으로서, 국회의 비준동의도 받은 바 없고, 그 내용 또한 공여지환경조사 및 오염치유와 관련한 조사 및 정보의 교환을 위한 절차의 합의일 뿐 국민의 권리·의무에 관한 사항을 정한 것이 아니므로, 헌법 제6조 제1항에 의하여 체결·공포된 조약으로 볼 수 없고, 따라서 위 부속서A가 정보공개법 제9조 제1항 제1호에서 규정하는 '다른 법률 또는 법률이 위임한 명령'에 해당함을 전제로 한 피고(환경부 장관)의 정보비공개 결정은 위법하다고 한 사례.
60) 김창조, 「정보공개법상 비공개 사유」, 『법학논교』, 경북대학교 법학연구소, 2006. 12, 121쪽; 이상천, 앞의 논문, 362쪽.

(2) 일반적으로 법규명령이란 법령상의 수권에 근거하여 행정권이 정립하는 법규범으로서 국가와 국민과의 관계를 일반 구속적으로 규율하는 일반·추상적 법규범을 의미하고, 행정규칙이란 행정조직 내부 또는 특별한 공법상의 법률관계(특별행정관계) 내부에서 그 조직과 활동을 규율하는 행정 내부적 법규범을 의미한다.[61] 즉, 법규명령은 국가와 국민사이의 법률관계를 규율하는 법규범이고, 행정규칙은 행정조직 내부에서의 상호관계를 규율하는 법규범이다.

법령의 규정이 특정 행정기관에게 그 법령 내용의 구체적 사항을 정할 수 있는 권한을 부여하면서 그 권한행사의 절차나 방법을 특정하지 아니한 경우에는 수임 행정기관은 행정규칙이나 규정의 형식으로 그 법령의 내용이 될 사항을 구체적으로 정할 수 있다. 이 경우의 행정규칙 등은 해당 법령의 위임한계를 벗어나지 않는 한 대외적 구속력이 있는 법규명령으로서의 효력을 가지게 되지만, 이는 행정규칙이 갖는 일반적 효력으로서가 아니라 행정기관에 법령의 구체적 내용을 보충할 권한을 부여한 법령 규정의 효력에 근거하여 예외적으로 인정되는 것이다. 따라서 그 행정규칙이나 규정이 상위법령의 위임범위를 벗어난 경우에는 법규명령으로서의 대외적 구속력을 인정할 여지는 없다.[62] 이는 행정규칙이나 규정의 '내용'이 위임범위를 벗어난 경우뿐 아니라 상위법령의 위임규정에서 특정하여 정한 권한행사의 '절차'나 '방식'에 위배되는 경우도 마찬가지라 할 것이므로, 상위법령에서 세부사항 등을 시행규칙으로 정하도록 위임했음에도 이를 고시 등 행정규칙으로 정했다면 그 역시 대외적 구속력을 가지는 법규명령으로서의 효력이 인정될 수 없다.[63]

일반적으로 법률의 위임에 의하여 효력을 갖는 법규명령의 경우, 구법에 위임의 근거가 없어 무효였더라도 사후에 법 개정으로 위임의 근거가 부여되면 그때부터는 유효한 법규명령이 되나, 반대로 구법의 위임에 의한 유효한 법규명령이 법 개정으로 위임의 근거가 없어지게 되면 그때부터 무효인 법규명령이 되므로, 어떤 법령의 위임 근거 유무에 따른 유효 여부를 심사하려면 법 개정의 전후에 걸쳐 모두 심사해야만 그 법규명령의 시기에 따른 유효·무효를 판단할 수 있다.[64]

---

61) 법규명령과 행정규칙의 구별기준에 관해서는 황도수,「법규명령으로서의 부령―법규명령과 행정규칙의 구별기준」,『행정법연구』제18호(2007년 하반기), 597~613쪽.
62) 대법원 1987. 9. 29. 선고 86누484 판결, 대법원 1999. 11. 26. 선고 97누13474 판결.
63) 대법원 2012. 7. 5. 선고 2010다72076 판결.
64) 대법원 1995. 6. 30. 선고 93추83 판결.

(3) 법률에서 위임한 명령에 따라 비밀로 유지되거나 비공개 사항으로 규정된 정보에는 징계위원회의 회의에 관한 정보(공무원징계령 제20조), 법관인사위원회의 회의에 관한 사항(법관인사위원회규칙 제5조) 등을 들 수 있다.

반면 검찰청법 제11조에 따라 제정된 검찰보존사무규칙(법무부령),[65] 교육공무원법 제13조, 제14조의 위임에 따라 제정된 교육공무원승진규정,[66] 덤핑 사실 조사 자료 중 비밀로 취급하는 것이 타당하다고 인정되는 자료의 공개 금지를 규정하고 있는 관세법 시행령 제64조,[67] 감사 업무와 관련하여 직무상 알게 된 비밀의 누설을 금지하고 있는 '지방자치단체에 대한 행정사무감사규정' 제17조[68] 등은 법률에서 위임한 명령에 해당되지 않는다.

(4) 제1호의 법규명령에 조례가 포함된 반면 그보다 상위법규인 총리령·부령이 제외된 것과 관련하여 규범력의 전도 문제가 제기된다는 견해가 있다.[69] 그러나 조례로 비밀을 지정하는 경우는 법률에서 구체적인 범위를 정하여 위임한 사항에 한정될 것이므로 제1호의 법규명령에 조례를 포함하는 것이 규범력의 전도라고 보기는 어렵다 할 것이다.

---

65) 대법원 2012. 11. 15. 선고 2011두32836 판결, 대법원 2012. 11. 15. 선고 2011두16490 판결, 대법원 2012. 10. 11. 선고 2011두9089 판결, 대법원 2012. 9. 13. 선고 2011두13910 판결, 대법원 2012. 6. 28. 선고 2011두16735 판결, 대법원 2006. 5. 25. 선고 2006두3049 판결, 대법원 2004. 5. 28. 선고 2001두3358 판결, 대법원 2006. 5. 25. 선고 2006두3049 판결 등.

66) 대법원 2006. 10. 26. 선고 2006두11910 판결.
　"교육공무원법 제13조, 제14조의 위임에 따라 제정된 교육공무원승진규정은 정보공개에 관한 사항에 관하여 구체적인 법률의 위임에 따라 제정된 명령이라고 할 수 없고, 따라서 교육공무원승진규정 제26조에서 근무성적평정의 결과를 공개하지 아니한다고 규정하고 있다고 하더라도 위 교육공무원승진규정은 공공기관의 정보공개에 관한 법률 제9조 제1항 제1호에서 말하는 법률이 위임한 명령에 해당하지 아니하므로 위 규정을 근거로 정보공개 청구를 거부하는 것은 잘못이다."

67) [법제처 11-0344, 2011. 8. 4, 행정안전부]

68) [법제처 11-0348, 2011. 7. 21, 행정안전부]

69) 이상천, 앞의 논문, 366쪽.

V. 비밀이나 비공개 사항으로 규정된 정보

1. 비밀 또는 기밀에 관한 현형 법령 개요[70]

국가적 법익에 관련된 비밀 또는 국가기밀의 개념이나 그 범위에 관하여 국가정보원법 제13조 제4항에서 국가기밀의 정의 규정을, 군사기밀보호법 제2조에서 '군사기밀'의 정의 규정을 각각 두고 있다.

그 외 군형법 제13조 제2항은 "군사상 기밀을 적에게 누설한 사람", 같은 법 제80조는 "군사상 기밀을 누설한 사람"을 규정하고 있고, 국가보안법 제4조 제1항 제2호는 "국가기밀을 탐지·수집·누설·전달하거나 중개한 때에는", 같은 항 제5호는 "국가기밀에 속하는 서류 또는 물품을 손괴·은닉·위조·변조한 때에는" 등으로 각 규정하고 있고, 형법 제98조 제2항은 "군사상의 기밀을 적국에 누설한 자", 같은 법 제113조는 "외교상의 기밀을 누설한 자", 같은 법 제127조는 "법령에 의한 직무상 비밀을 누설한 때에는"이라고 각 규정하고 있을 뿐이며 달리 비밀 또는 기밀의 구체적 정의 및 범위 등을 규정하고 있지 않다.

판례에 의하면 형법 제113조 제1항 소정의 외교상의 기밀이라 함은, 외국과의 관계에서 국가가 보지해야 할 기밀로서, 외교정책상 외국에 대하여 비밀로 하거나 확인되지 아니함이 대한민국의 이익이 되는 모든 정보자료를 말하고, 외국에 이미 널리 알려져 있는 사항은 특단의 사정이 없는 한 이를 비밀로 하거나 확인되지 아니함이 외교정책상의 이익이 된다고 할 수 없는 것이어서 외교상의 기밀에 해당하지 아니한다.[71]

또한 형법 제127조 소정의 공무상비밀누설죄는 공무원 또는 공무원이었던 자가 법령에 의한 직무상 비밀을 누설하는 것을 구성요건으로 하고 있는데 여기서 '법령에 의한 직무상 비밀'이란 반드시 법령에 의하여 비밀로 규정되었거나 비밀로 분류 명시된

---

70) 우리나라의 국가비밀보호 법제에 관해서는 박용상, 「국가비밀법의 체계」, 『사법논집』 27집(1996. 12), 법원행정처, 531~589쪽; 오남석, 「정보공개제도와 국가기밀의 관계에 관한 연구」, 전북대학교, 2001; 김수훈, 「국민의 알권리와 국가안보와의 관계에 관한 연구—국가기밀보호와 정보공개의 갈등을 중심으로」, 연세대학교, 2000; 천상범, 「국가기밀보호제도에 관한 공법적 연구」, 한양대학교 박사학위논문, 2001 등 참조.

71) 대법원 1995. 12. 5. 선고 94도2379 판결, 외국 언론에 이미 보도된 바 있는 우리나라의 외교정책이나 활동에 관련된 사항들에 관하여 정부가 이른바 보도지침의 형식으로 국내 언론기관의 보도 여부 등을 통제하고 있다는 사실을 알리는 것이 외교상의 기밀을 누설한 경우에 해당하지 않는다고 한 사례(이른바 '보도지침' 폭로 사건).

사항에 한하지 아니하고, 정치, 군사, 외교, 경제, 사회적 필요에 따라 비밀로 된 사항은 물론 정부나 공무소 또는 국민이 객관적, 일반적인 입장에서 외부에 알려지지 않는 것에 상당한 이익이 있는 사항도 포함하나, 실질적으로 그것을 비밀로서 보호할 가치가 있다고 인정할 수 있는 것이어야 한다. 공무상비밀누설죄는 비밀 그 자체를 보호하는 것이 아니라 공무원의 비밀엄수의무의 침해에 의하여 위험하게 되는 이익, 즉 비밀 누설에 의하여 위협받는 국가의 기능을 보호하기 위한 것이다.[72]

2. 국가보안법상 국가기밀

국가보안법은 반국가단체의 구성원 또는 그 지령을 받은 자가 그 목적수행을 위한 행위로서 형법 제98조에 규정된 행위(적국을 위하여 간첩을 하거나 적국의 간첩을 방조)를 하거나 국가기밀을 탐지·수집·누설·전달하거나 중개한 때에는, 군사상 기밀 또는 국가기밀의 경중에 따라 구분하여 그것이 국가안전에 대한 중대한 불이익을 회피하기 위하여 한정된 사람에게만 지득이 허용되고 적국 또는 반국가단체에 비밀로 해야 할 사실, 물건 또는 지식인 경우에는 사형 또는 무기징역에, 그 외의 군사상 기밀 또는 국가기밀의 경우에는 사형·무기 또는 7년 이상의 징역에 처하고 있다(국가보안법 제4조 제1항 제2호).

국가보안법 제4조 제1항 제2호에 정하고 있는 기밀은 정치, 경제, 사회, 문화 등 각 방면에 관하여 반국가단체에 대하여 비밀로 하거나 확인되지 아니함이 대한민국의 이익이 되는 모든 사실, 물건 또는 지식으로서, 그것들이 국내에서의 적법한 절차 등을 거쳐 이미 일반인에게 널리 알려진 공지의 사실, 물건 또는 지식에 속하지 아니한 것이어야 하고, 또 그 내용이 누설되는 경우 국가의 안전에 위험을 초래할 우려가 있어 기밀로 보호할 실질가치를 갖춘 것이어야 한다. 다만 국가보안법 제4조(목적수행)가 반국가단체의 구성원 또는 그 지령을 받은 자의 목적수행행위를 처벌하는 규정이므로 그것들이 공지된 것인지 여부는 신문, 방송 등 대중매체나 통신수단 등의 발달 정도, 독자 및 청취의 범위, 공표의 주체 등 여러 사정에 비추어보아 반국가단체 또는 그 지령을 받은 자가 더 이상 탐지·수집이나 확인·확증의 필요가 없는 것이라고 판단되는 경우 등이라 할 것이고, 누설할 경우 실질적 위험성이 있는지 여부는 그 기밀을 수집할 당시의 대한민국과 북한

---

72) 대법원 2012. 3. 15. 선고 2010도14734 판결.

또는 기타 반국가단체와의 대치현황과 안보사항 등이 고려되는 건전한 상식과 사회통념에 따라 판단해야 한다.[73] 그 기밀이 사소한 것이라 하더라도 누설될 경우 반국가단체에는 이익이 되고 대한민국에는 불이익을 초래할 위험성이 명백하다면 이에 해당한다.

3. 군사기밀보호법상 군사기밀

군사기밀보호법은 군사기밀이란 일반인에게 알려지지 아니한 것으로서 그 내용이 누설되면 국가안전보장에 명백한 위험을 초래할 우려가 있는 군(軍) 관련 문서, 도화(圖畵), 전자기록 등 특수매체기록 또는 물건으로서 군사기밀이라는 뜻이 표시 또는 고지되거나 보호에 필요한 조치가 이루어진 것과 그 내용을 말한다고 정의한 다음(군사기밀보호법 제2조) 그 내용이 누설되는 경우 국가안전보장에 미치는 영향의 정도에 따라 I급비밀, II급비밀, III급비밀로 등급을 구분하고 있다(같은 법 제3조 제1항).[74] 군사 I급비밀이란 군사기밀 중 누설될 경우 국가안전보장에 치명적인 위험을 끼칠 것으로 명백히 인정되는 가치를 지닌 것을, 군사 II급비밀이란 군사기밀 중 누설될 경우 국가안전보장에 현저한 위험을 끼칠 것으로 명백히 인정되는 가치를 지닌 것을, 군사 III급비밀이란 군사기밀 중 누설될 경우 국가안전보장에 상당한 위험을 끼칠 것으로 명백히 인정되는 가치를 지닌 것을 말한다(같은 법 시행령 제3조 제1항). 군사기밀을 적법한 절차에 의하지 아니한 방법으로 탐지하거나 수집한 사람 및 군사기밀을 탐지하거나 수집한 사람이 이를 타인에게 누설한 경우에는 각각 형사처벌의 대상이 된다(같은 법 제11조부터 제18조까지). 그런데 군사기밀보호법의 입법취지상 위 소정의 군사기밀 중 일부를 누설한 자를 위 처벌규정에 의하여 처벌하기 위해서는 그 누설된 부분이 일반인에게 알려지지 아니한 것으로서 누설된 부분만으로도 국가안전보장에 명백한 위험을 초래할 우려가 있어야 한다.[75]

---

73) 대법원 1997. 7. 16. 선고 97도985 전원합의체 판결.
74) 대법원 1994. 4. 26. 선고 94도348 판결, 구 군사기밀보호법(1993.12.27. 법률 제4616호로 전문 개정되기 전의 것) 상의 군사상의 기밀이란 비공지의 사실로서 적법절차에 따라 군사기밀로서의 표지를 갖추고 그 누설이 국가의 안전보장에 명백한 위험을 초래한다고 볼 만큼의 실질가치를 지닌 문서, 도화 또는 물건으로서, 같은 법 제4조의 규정에 따라 군사상의 기밀이 해제되지 아니한 것을 말한다고 한 사례.
75) 대법원 2002. 5. 10. 선고 2000도1956 판결, 탄약지원반장이 누설한 탄약확보계획량이 군사기밀에 해당한다고 보아 군사기밀보호법 위반의 공소사실을 유죄로 인정한 원심판결을 군사기밀보호법상 군사기밀 해당 여부에 대한 심리 미진 등의 위법이 있다는 이유로 파기한 사례.

[표 3-1] 군사기밀의 등급 구분에 관한 세부기준(군사기밀보호법 시행령 제3조 제2항 및 [별표 1])

구분	세부기준
I급비밀	가. 비밀 군사동맹 추진계획 또는 비밀 군사동맹조약 나. 전쟁 계획 또는 정책 다. 전략무기 개발계획 또는 운용계획 라. 극히 보안이 필요한 특수공작계획 마. 주변국에 대한 우리 측의 판단과 의도가 포함된 장기적이고 종합적인 군사전략
II급비밀	가. 집단안보결성 추진계획 나. 비밀 군사외교활동 다. 전략무기 또는 유도무기의 사용지침서 및 완전한 제원 라. 특수공작계획 또는 보안이 필요한 특수작전계획 마. 주변국과 외교상 마찰이 우려되는 대외정책 및 정보보고 바. 군사령부급 이상까지 모두 포함된 편제 또는 장비 현황 사. 국가적 차원의 동원 내용이 포함된 동원계획 아. 종합적이고 중장기적인 전력 정비 및 운영·유지 계획 자. 간첩용의자를 내사 또는 수사 중인 수사기관 또는 군부대 활동내용 차. 암호화 프로그램 카. 군용 암호자재
III급비밀	가. 전략무기 또는 유도무기 저장시설 또는 수송계획 나. 종합적인 연간 심리전 작전계획 다. 상황 발생에 따른 일시적인 작전활동 라. 사단(해군의 함대, 공군의 비행단을 포함한다. 이하 이 표에서 같다)급 이상 부대의 전체 편제 또는 장비 현황 마. 연대급 이상 증편 계획 바. 정보부대 또는 기무부대의 세부조직 및 세부임무 사. 장관급 장교를 장으로 하는 전투부대, 정보부대 및 기무부대의 현직 지휘관의 인물 첩보 아. 종합적인 방위산업체의 생산 또는 수리 능력 자. 사단급 이상 통신망 운용지시 및 통신규정 차. 전산보호 소프트웨어 카. 군용 음어자재(陰語資材)

4. 국가정보원법 및 보안업무규정상의 비밀

국가정보원법 제13조 제4항은 "이 법에서 국가기밀이란 국가의 안전에 대한 중대한 불이익을 피하기 위하여 한정된 인원만이 알 수 있도록 허용되고 다른 국가 또는 집단에 대하여 비밀로 할 사실·물건 또는 지식으로서 국가기밀로 분류된 사항만을 말한다"고 규정하고 있고, 같은 법 제3조 제2항에 근거하고 있는 보안업무규정(대통령령) 제2조 제1호는 "비밀이라 함은 그 내용이 누설되는 경우 국가안전보장에 유해로운 결과를 초래할 우려가 있는 국가 기밀로서 이 영에 의하여 비밀로 분류된 것을 말한다"고 정의하고 있다.

비밀은 그 중요성과 가치의 정도에 따라서 Ⅰ·Ⅱ·Ⅲ급 비밀로 구분하고 있다(보안업무 규정 제4조).[76]

누설되는 경우 대한민국과 외교관계가 단절되고 전쟁을 유발하며, 국가의 방위계획·정보활동 및 국가방위상 필요불가결한 과학과 기술의 개발을 위태롭게 하는 등의 우려가 있는 비밀은 Ⅰ급비밀, 누설되는 경우 국가안전보장에 막대한 지장을 초래할 우려가 있는 비밀은 Ⅱ급비밀, 누설되는 경우 국가안전보장에 손해를 끼칠 우려가 있는 비밀은 이를 Ⅲ급비밀로 하고 있다(같은 규정 제4조).[77]

보안업무규정 시행규칙 제7조 제3항은 보안업무규정 제4조에서 규정한 외에 직무수행상 특별히 보호를 요하는 사항은 이를 대외비로 하며, 비밀에 준하여 보관한다고 규정하고 있다. 그런데 보안업무규정 시행규칙은 대통령령인 보안업무규정의 시행에 관하여 필요한 사항을 규정한 행정규칙(대통령 훈령)이므로 정보공개법 제9조 제1항 제1호에서 규정한 '법률이 위임한 명령'에 해당하지 아니한다. 따라서 시행규칙에 의한 대외비는 정보공개법 제9조 제1항 제1호의 비밀로 규정된 정보로 볼 수 없다.[78]

헌법·정부조직법 기타 법령에 의하여 설치된 국가기관(군기관 및 교육기관을 포함한다)과 지방자치단체 및 공공단체 등 각급 기관의 장은 비밀의 보관을 위하여 필요한 인원을 보관책임자로 임명해야 하고(같은 규정 제2조 제2호, 제20조), 비밀의 작성·분류·수발 및 취급 등에 관한 일체의 관리사항을 기록하기 위하여 비밀관리기록부를 작성·비치해야 한다(같은 규정 제21조 제1항). 비밀관리기록부 및 암호자재기록부에는 모든 비밀과 암호자재에 대한 보안책임 및 보안관리 사항이 정확히 기록·보존되어야 한다(같은 규정 제

---

76) 대법원 2010. 12. 23. 선고 2010두14800 판결.
"국가정보원법 제12조가 국회에 대한 관계에서조차 국가정보원 예산내역의 공개를 제한하고 있는 것은, 정보활동의 비밀보장을 위한 것으로서, 그 밖의 관계에서도 국가정보원의 예산내역을 비공개 사항으로 한다는 것을 전제로 하고 있다고 볼 수 있고, 예산집행내역의 공개는 예산내역의 공개와 다를 바 없어, 비공개 사항으로 되어 있는 '예산내역'에는 예산집행내역도 포함된다고 보아야 하며, 국가정보원이 그 직원에게 지급하는 현금급여 및 월초수당에 관한 정보는 국가정보원 예산집행내역의 일부를 구성하는 것이므로, 위 현금급여 및 월초수당에 관한 정보는 국가정보원법 제12조에 의하여 비공개 사항으로 규정된 정보로서 공공기관의 정보공개에 관한 법률 제9조 제1항 제1호의 비공개 대상 정보인 '다른 법률에 의하여 비공개 사항으로 규정된 정보'에 해당한다고 보아야 하고, 위 현금급여 및 월초수당이 근로의 대가로서의 성격을 가진다거나 정보공개 청구인이 해당 직원의 배우자라고 하여 달리 볼 것은 아니다."
77) 대법원 2006. 11. 10. 선고 2006두9351 판결, 국방부의 한국형 다목적 헬기(KMH) 도입사업에 대한 감사원장의 감사결과보고서가 군사 2급비밀에 해당하는 이상 공공기관의 정보공개에 관한 법률 제9조 제1항 제1호에 의하여 공개하지 아니할 수 있다고 한 사례.
78) 서울행정법원 2007. 2. 2. 선고 2006구합23098 판결.

21조 제2항).

그런데 보안업무규정은 군사기밀보호법과 달리 Ⅰ·Ⅱ·Ⅲ급 비밀의 등급구분에 관한 구체적인 기준에 대해서는 명시하지 않고 있을 뿐만 아니라 비밀의 해제에 관한 요건이나 절차, 방법 등에 관하여도 아무런 규정을 두고 있어 지나치게 비밀의 지정 및 보호에만 치중하고 있다는 비판을 받고 있다.

따라서 국가정보원법에 군사기밀 보호법에 의한 군사기밀에 준하여 국가기밀을 그 내용이 누설되는 경우 국가안전보장에 미치는 영향의 정도에 따라 Ⅰ급비밀, Ⅱ급비밀, Ⅲ급비밀로 등급을 구분하여 구체적으로 명시해야 한다. 또한 국가기밀은 그 내용과 가치의 정도에 따라 적절히 보호할 수 있는 최저등급으로 지정하도록 하고, 국가기밀의 등급 구분에 관한 세부기준 사항, 국가기밀의 등급별 지정권자, 국가기밀의 해제요건 및 절차, 국가기밀의 관리·취급·표시·고지, 그 밖에 국가기밀의 보호조치와 국가기밀의 보호구역의 설정 등에 필요한 사항도 담아야 한다. 특히 국가기밀에 대해서도 국민에게 알릴 필요가 있을 때 등 일정한 사유가 있을 때에는 이를 공개할 수 있도록 하고, 일반 국민도 일정한 사유가 있는 경우에는 국가기밀의 공개를 청구할 수 있도록 하는 등 국가기밀의 공개 요청 및 처리의 절차 등에 관하여 필요한 사항을 포함해야 한다.

5. 비밀 및 비밀기록물의 관리

(1) 비밀기록물이란 공공기관이 생산한 문서·대장·카드·도면·시청각물·도서·전자문서 등의 기록물 중 비밀로 분류된 기록물로서 그 내용이 누설되는 경우 국가안전보장에 유해한 결과를 초래할 우려가 있는 국가기밀로 생산된 것을 말한다.[79]

(2) 비밀에는 보호기간을 명시하기 위하여 예고문을 기재해야 하고(보안업무규정 제12조), 비밀기록물 원본 중 일반문서로 재분류된 기록물은 정보공개법 제9조 제1항에 따라 공개 여부를 구분하여 일반문서 처리절차에 따라 관리한다.

비밀은 적절히 보호할 수 있는 최저등급으로 분류하되, 과도 또는 과소하게 분류해서는 안 된다(같은 규정 제10조 제1항). 또한 비밀은 그 자체의 내용과 가치의 정도에 따라

---

79) 국가기록원, 『비밀기록물 재분류 매뉴얼』, 2010, 8쪽.

분류해야 하며, 다른 비밀과 관련하여 분류해서는 안 된다(같은 규정 제10조 제2항). 외국 정부 또는 국제기구로부터 접수한 비밀은 그 발행기관이 필요로 하는 정도로 보호할 수 있도록 분류해야 한다(같은 규정 제10조 제3항).

비밀은 해당 등급의 비밀취급 인가를 받은 자로서 그 비밀과 업무상 직접 관계가 있는 자에 한하여 열람할 수 있다(같은 규정 제23조 제1항). 비밀취급 비인가자에게 비밀을 열람·공개 또는 취급하게 할 때에는 미리 국가정보원장의 보안조치를 받아야 하고 비밀이 군사에 관한 사항인 경우에는 국방부 장관의 보안조치를 받아야 한다(같은 규정 제23조 제2항). 공무원 또는 공무원이었던 자는 법률이 정하는 경우를 제외하고는 소속 또는 소속되었던 기관의 장의 승인 없이 비밀을 공개하지 못한다(같은 규정 제24조).

(3) 공공기관은 업무수행 과정에서 기록물을 생산하거나 접수했을 때에는 그 기록물의 등록·분류·편철 등에 필요한 조치를 해야 하고, 기록물의 특성상 그 등록·분류·편철 등의 방식을 달리 적용할 필요가 있다고 인정되는 수사·재판 관련 기록물의 경우에는 관계 중앙행정기관의 장이 중앙기록물관리기관의 장과 협의하여 따로 정할 수 있다(공공기록물 관리에 관한 법률 제18조).

이에 따라 기록물관리기관의 장은 비밀기록물 관리에 필요한 별도의 전용서고 등 비밀기록물 관리체계를 갖추고 전담 관리요원을 지정해야 하며, 비밀기록물 취급과정에서 비밀이 누설되지 아니하도록 보안대책을 수립·시행해야 한다(같은 법 제32조).

공공기관은 비밀기록물을 생산할 때에는 그 기록물의 원본에 비밀 보호기간 및 보존기간을 함께 정하여 보존기간이 끝날 때까지 관리되도록 해야 한다. 보존기간은 비밀 보호기간 이상의 기간으로 책정해야 한다(같은 법 제33조 제1항). 공공기관이 생산한 비밀기록물은 일반문서로 재분류한 경우, 예고문에 의하여 비밀보호기간이 만료된 경우, 생산 후 30년이 지난 경우에는 기록관 또는 특수기록관으로 이관해야 한다(같은 법 시행령 제68조 제1항).

(4) 비밀기록물의 원본은 소관 기록물관리기관으로 이관하여 보존해야 한다(같은 법 제33조 제2항). 공공기관의 장은 해당 기관이 생산한 비밀기록물 원본에 대하여 매년 그 생산·해제 및 재분류 현황을 소관 영구기록물관리기관의 장에게 통보해야 한다(같은 법 제34조).

공공기관은 소관 기록물관리기관으로 기록물을 이관하려는 경우에는 그 기록물의 공개 여부를 재분류하여 이관해야 한다(같은 법 제35조 제1항). 다만, 공공기관의 기록관 또는 특수기록관이 영구기록물관리기관으로 기록물을 이관하는 경우로서 기록물을 이관하기 전 최근 5년의 기간 중 해당 기록물의 공개 여부를 재분류한 경우에는 공개 여부 재분류 절차를 생략하고 기록물을 이관할 수 있다.

기록물관리기관은 비공개로 재분류된 기록물에 대해서는 재분류된 연도부터 5년마다 공개 여부를 재분류해야 한다(같은 법 제35조 제2항). 비공개 기록물은 생산연도 종료 후 30년이 지나면 모두 공개하는 것을 원칙으로 하나 이관시기가 30년 이상으로 연장되는 기록물의 경우에는 30년이 지나도 공개하지 아니한다(같은 법 제35조 제3항). 중앙 기록물관리기관의 장은 영구기록물관리기관으로 이관된 기록물에 대해서는 기록물의 성격별로 비공개 상한기간을 따로 정할 수 있다(같은 법 제36조).

(5) 미국 정보자유법은 원칙적으로 비밀지정이 된 때로부터 10년이 지나면 비밀지정을 해제하되 10년 이내의 기간에서 계속 연장할 수 있으나, 25년 이상이 경과하면 역사적 가치가 인정되는 기록을 포함한 비밀지정이 된 문서는 특별한 절차가 취해지지 않는 한 비밀지정을 해제토록 했고 실제로 2006년 12월 말에 자동적으로 지정을 해제했다.[80]

미국 대통령명령(Executive Order 13292호, 2003년 개정) 제1.4조는 ① 군사계획, 병기시스템, 작전 ② 외국정부 정보 ③ 첩보활동, 첩보원, 첩보방법, 암호 ④ 미국의 외교 또는 외국과의 활동(비밀정보원을 포함) ⑤ 국가안전보장(국제테러리즘에 대한 방위를 포함)에 관한 과학적, 기술적 또는 경제적 사항 ⑥ 핵물질 또는 핵시설을 보호하기 위한 미국의 프로그램 ⑦ 국가안전보장(국제테러리즘에 대한 방위를 포함)에 관한 시스템, 시설, 프로젝트 또는 계획의 약점 또는 능력 ⑧ 대량파괴병기를 비밀지정 가능한 정보로 규정하고 있다. 같은 명령 제1.5조(b)(c)에 의하면 제1차적으로 비밀지정권자는 비밀을 지정할 때 해당 정보의 국가안전보장상의 중요성에 비추어 언제 비밀지정을 해제할 것인지 그 기일 또는 사유를 구체적으로 정하도록 노력하지 않으면 안 된다. 기일이 도래하거나 사유가 달성된 경우에는 자동적으로 비밀지정은 해제된다. 제1차적 비밀지정권자가 조기에 비밀지정을 해제하는 기일 또는 사유를 설정하지 아니한 경우 혹은 해당 정보의 국

---

80) 이하 각국의 일정기간 후 비밀문서의 공개제도에 관해서는 行政管理研究センター 編集, 앞의 책, 148~153쪽.

가안전보장상의 중요성에 비추어 최장 25년의 비밀지정이 되어 있는 경우를 제외하고 비밀지정이 된 때로부터 원칙적으로 10년이 지나면 그 지정을 해제한다.

캐나다 정보공개법(Access to Information Act) 제16조는 범죄의 적발·방지·제압, 연방법 또는 주법의 집행, 캐나다 안보에 위협을 줄 우려가 있는 활동 등 범죄수사와 법집행에 관한 정보는 20년을 경과하지 아니하는 한 공개를 거부할 수 있다고, 제69조에서는 추밀원(Queen's Privy Council)의 비밀문서를 적용제외로 하되, 다만 비밀문서라고 하더라도 작성 후 20년을 경과한 비밀문서와 Counsil(추밀원, 추밀원의 위원회, 내각 및 내각의 위원회를 말한다)의 심의를 위해 경과설명, 분석 또는 정책 선택을 제출하는 것을 목적으로 한 토의자료 중 해당 토의자료에 관계되는 결정이 이미 공표되어 있는 경우 또는 공표되어 있지 않더라도 해당 결정일부터 4년이 경과한 때에는 예외로 각각 규정하고 있다.

영국 정보자유법(Freedom of Information Act)은 제62조에서 문서 작성일부터 30년 경과한 것을 '역사적 문서'라고 정의하고 제63조에서 공개범위를 확대하여 30년, 60년, 100년이 경과한 후에는 비공개될 수 없는 정보를 유형마다 규정하고 있다.

핀란드 정보공개법(Act on the Openness of Government Activities)은 제24조에서 정부 외교위원회의 문서, 핀란드와 외국 혹은 국제기관과의 관계에 관한 문서, 개인의 정치적 신조 등에 관한 공문서를 비밀로 한 다음 제31조에서 이러한 비밀 공문서의 비밀보호기간을 원칙적으로 25년으로 하되, 비밀보호규정에 의해 보호되는 이익에 현저히 해할 우려가 명백한 경우에는 정보의 비밀보호기간을 최장 30년간 연장할 수 있고, 특히 사적 생활의 보호를 위한 비밀문서 등에 대하여는 그 문서에 관계된 자의 사망일로부터 50년간 혹은 사망시기가 불명인 경우에는 100년간 비밀로 한다고 규정하고 있다.

(6) 영구기록물관리기관의 장은 해당 기관이 관리하고 있는 비공개 기록물에 대하여 개인에 관한 정보로서 본인이나 상속인 또는 본인의 위임을 받은 대리인이 열람을 청구한 경우, 개인이나 단체가 권리구제 등을 위하여 열람을 청구한 경우로서 해당 기록물이 아니면 관련 정보의 확인이 불가능하다고 인정되는 경우, 공공기관에서 직무수행상 필요에 따라 열람을 청구한 경우로서 해당 기록물이 아니면 관련 정보의 확인이 불가능하다고 인정되는 경우, 개인이나 단체가 학술연구 등 비영리 목적으로 열람을 청구한 경우로서 해당 기록물이 아니면 관련 정보의 확인이 불가능하다고 인정되는 경우에 해당하는 열람 청구를 받으면 이를 제한적으로 열람하게 할 수 있다(같은 법 제37조 제1항).

기록물관리기관의 장은 통일·외교·안보·수사·정보 분야의 기록물을 공개하려면 미리 그 기록물을 생산한 기관의 장의 의견을 들어야 한다(같은 법 제35조 제5항).

비공개 기록물을 열람한 자는 그 기록물에 관한 정보를 열람신청서에 적은 목적 외의 용도로 사용할 수 없다(같은 법 제37조 제2항).

6. 비밀의 공개 사유 및 절차

비밀 또는 군사기밀이라고 해서 항상 비공개 대상 정보에 해당되는 것은 아니다.

비밀은 해당 등급의 비밀취급인가를 받은 자로서 그 비밀과 업무상 직접 관계가 있는 자에 한하여 열람할 수 있으나(보안업무규정 제23조 제1항), 공무원 또는 공무원이었던 자는 법률이 정하는 경우를 제외하고는 소속 또는 소속되었던 기관의 장의 승인이 있으면 비밀을 공개할 수 있다(같은 규정 제24조).

군사기밀도 군사기밀로서 계속 보호할 필요가 없어졌을 때에는 지체 없이 그 지정을 해제해야 한다(군사기밀보호법 제6조). 국방부 장관 또는 방위사업청장은 국민에게 알릴 필요가 있을 때 또는 공개함으로써 국가안전보장에 현저한 이익이 있다고 판단될 때에 해당하는 사유가 있을 때에는 군사기밀을 공개할 수 있고(같은 법 제7조), 법률에 따라 군사기밀의 제출 또는 설명을 요구받았을 때, 군사외교상 필요할 때, 군사에 관한 조약이나 그 밖의 국제협정에 따라 외국 또는 국제기구의 요청을 받았을 때, 기술개발, 학문연구 등을 목적으로 연구기관 등이 요청할 때에 해당하는 사유가 있을 때에는 군사기밀을 제공하거나 설명할 수 있다(같은 법 제8조)

국민도 국방부 장관 또는 방위사업청장에게 군사기밀의 공개를 문서로써 요청할 수 있고(같은 법 제9조 제1항), 국방부 장관 또는 방위사업청장은 국민에게 알릴 필요가 있을 때 또는 공개함으로써 국가안전보장에 현저한 이익이 있다고 판단될 때에 해당하는 사유가 있을 때에는 군사기밀을 공개할 수 있다(같은 법 제7조, 제9조 제2항).

국가정보원법 또는 보안업무규정에서도 군사기밀과 동등하게 일반 국민에게 일정한 사유가 있는 경우에는 국가기밀의 공개를 청구할 수 있는 권리를 부여할 필요가 있다.

제3절 제2호 비공개 사유(국익 관련 정보)

국가안전보장·국방·통일·외교관계 등에 관한 사항으로서 공개될 경우 국가의 중대한 이익을 현저히 해칠 우려가 있다고 인정되는 정보

I. 국익 관련 정보의 의의 및 입법취지

(1) 제9조 제1항 제2호는 국가안전보장·국방·통일·외교관계 등에 관한 사항으로서 공개될 경우 국가의 중대한 이익을 현저히 해할 우려가 있다고 인정되는 정보를 비공개 대상 정보로 분류하고 있다.[81] 이러한 비공개 대상 정보를 흔히 국익 관련 정보라고 한다.[82]

이러한 정보를 비공개 대상 정보로 한 입법 취지는 정보공개로 발생할 수 있는 국가안전보장·국방·통일·외교관계 등 국가의 중대한 이익침해를 방지하고자 함에 있다.[83]

국가의 안전을 보장하기 위해 국방에 관한 정보 및 외교관계에 관한 정보는 종종 '국가기밀'이라고도 하는데 국가기밀이 법령상 비밀에 해당될 경우에는 제2호 소정의 비공개 대상 정보가 아니라 제1호 소정의 비공개 대상 정보에 해당되므로 여기서의 국가기밀은 법령상 비밀에 해당되지 아니하는 정보를 말한다. 제1호의 사유와 제2호의 사유가 중복되거나 중첩될 경우도 있을 것이다.

앞서 본 바와 같이 많은 국가에서는 국가기밀에 해당하는 정보를 탐지, 취득, 공개 등에 형벌을 가하고 있다. 정보공개법을 시행하는 국가라고 하더라도 이들의 정보는 일반적으로 정보공개의 예외로서 인정되고 있다. 다만 이러한 국가의 안전이나 외교를 보호하기 위한 예외사유는 남용될 위험도 강하고 어느 국가에서도 과도하게 비밀이 보호되

---

81) 대법원 2004. 3. 26. 선고 2002두6583 판결, 보안관찰 관련 통계자료는 구 정보공개법 제7조 제1항 제2호 소정의 공개될 경우 국가안전보장·국방·통일·외교관계 등 국가의 중대한 이익을 해할 우려가 있는 정보, 또는 제3호 소정의 공개될 경우 국민의 생명·신체 및 재산의 보호 기타 공공의 안전과 이익을 현저히 해할 우려가 있다고 인정되는 정보에 해당한다고 한 사례.

82) 한위수, 「정보공개법상 비공개 대상 정보로서의 국익 관련 정보 및 공익 관련 정보」, 『행정재판실무편람』(II), 서울행정법원, 2002, 517~524쪽.

83) 대법원 2006. 1. 13. 선고 2004두12629 판결.

어 국민에 충분한 정보가 제공되지 않은 문제가 되어왔다. 이 때문에 정보공개의 예외로 할 때에도 그 요건 및 남용을 방지하기 위한 제도적 장치를 마련하는 일이 매우 중요한 과제로 남아 있다.

　　(2) 국가안전보장 등에 관한 정보가 모든 비공개되는 것은 아니다. 국가안전보장·국방·통일·외교관계 등에 관한 사항이라고 하더라도 이를 공개할 경우에는 '국가의 중대한 이익'을 '현저히 해할 우려'가 있어야 한다.[84] 그에 대한 입증책임은 비공개 사유에 해당한다고 주장하는 공공기관에 있다.

　　따라서 공공기관이 '공개될 경우 국가안전보장·국방·통일·외교관계 등 국가의 중대한 이익을 현저히 해할 우려가 있다고 인정되는 정보'에 해당한다는 이유를 들어 정보의 공개를 거부할 수 있으려면 그 비공개로 인하여 보호되는 이익이 국민으로서의 알 권리에 포함되는 일반적인 공개 청구권을 넘어 정보의 공개에 관하여 특별히 가지는 구체적인 이익도 희생시켜야 할 정도로 커야 할 것이고, 과연 그러한지 여부는 정보의 내용, 공개를 필요로 하는 사유 및 그에 관한 정보공개 청구인들의 구체적 이익 등과 공공기관이 공개를 거부할 사유로서 드는 외교관계 등에의 영향, 국가이익의 실질적 손상 정도 등을 두루 고려하여 판단해야 한다.[85]

　　국가기밀사항의 범위는 객관적이고 실질적인 인식이 가능한 범위 내로 한정되어야 하고, 특히 국익 관련 정보 자체가 정보공개법 제20조 제3항에 의해 인 카메라 심사(In Camera Inspection)의 대상에서도 제외될 소지가 있기 때문에 남북분단이라는 한국적 특수성을 감안한다 하더라도 정보공개법이 갖는 순기능에 보다 중점을 두는 방향으로 해석되어야 한다.[86]

---

84) 대법원 2009. 2. 26. 선고 2007두14596 판결, 원고가 공개 청구한 이 사건 정보에는 춘천에 주둔하고 있는 주한미군 기지에 대한 환경오염조사의 주체, 일시, 항목, 내용, 결과, 처리계획, 조사비용 및 비용부담주체 등에 관한 것으로서, 피고(환경부장관)가 제출한 증거만으로는 이를 공개할 경우 국가의 중대한 이익을 현저히 해할 우려가 있다고 인정하기 부족하다고 한 사례.
85) 서울행정법원 2004. 2. 13. 선고 2002구합33943 판결, 한일회담 문서 중 일부가 공공기관의 정보공개에 관한 법률(2004. 1. 29. 법률 제7127호로 전문 개정되기 전의 것) 제7조 제1항 제2호 소정의 비공개 대상 정보에 해당하지 아니한다는 이유로 그 문서의 공개를 거부한 것은 위법하다고 한 사례.
86) 김의환, 앞의 논문, 200쪽.

II. 국가안전보장에 관한 정보

1. 국가안전보장의 의미

헌법 제37조 제2항에서 기본권 제한의 근거로 제시하고 있는 국가의 안전보장이라는 개념은 국가의 존립·헌법의 기본질서의 유지 등을 포함하는 개념으로서 결국 국가의 독립, 영토의 보전, 헌법과 법률의 기능, 헌법에 의하여 설치된 국가기관의 유지 등의 의미이다.[87] 여기의 국가안전보장에 관한 정보에는 치안유지에 관한 정보는 포함되지 않는다.[88]

제2호 소정의 비공개 대상 정보에는 일반적으로는 대통령·국무총리 등 국무위원이 참석하는 주요행사 계획에 관한 사항으로 공개될 경우 대통령 등의 안전을 위협하거나 행사목적을 부당하게 침해할 수 있는 정보와 남북회담 관련 업무, 을지연습, 직장예비군·민방위대 편성표, 비밀취급 인가자 명단, 대테러 대비전략, 충무계획 등 국가안보와 관련되는 정보, 국가기반체계 보호 단계별 대응매뉴얼, 가상시나리오에 의한 모의훈련 등 국가안보와 관련되는 정보, 그리고 정보통신망 구성도, 정보보호시스템 현황, 정보보호를 위한 내부대책과 전략 등 공개될 경우 해킹·사이버테러 등 국가행정정보의 보호에 지장을 줄 수 있는 정보, 국가안보·국방·통일·외교관계에 관한 사항으로서 국가정보원 등 관계기관으로부터 비공개 요청을 받은 정보, 국가안전보장 등과 관련한 직무를 담당하는 직위의 직무기술서, 출입국관리법 제11조제1항에 의해 입국이 금지된 외국인 리스트 관련 자료[89] 등이 해당될 수 있을 것이다.[90][91]

법무부[92]와 대검찰청[93]에서는 국가 중요시설물인 시설기준규칙 및 도면, 교정시설 방호에 관한 업무, 교정시설별 수용자 분류 수용에 관한 업무, 난민인정 관련 업무, 사

---

87) 헌법재판소 1992. 2. 25. 선고 89헌가104 결정, 대법원 2013. 1. 24. 선고 2010두18918 판결.
88) 대법원 1995. 6. 30. 선고 93추83 판결.
　"공개됨으로써 국가의 안전보장에 중대한 영향을 미칠 국가기밀의 경우까지도 반드시 공개하도록 규정된 조례안 제4조는 이런 점에서 공무원의 비밀유지의무를 규정한 국가공무원법 제60조, 지방공무원법 제52조, 형법 제127조, 보안업무규정 제24조와 지방자치법 제36조 제7항, 같은 법 시행령 제17조의4 제3항에 위반된다고 볼 수밖에 없다."
　이 판결에 대한 평석으로는 이주영, 「조례상의 형벌제정권과 지방자치법 제20조의 위헌론」, 『창원지방변호사회지』 제2호(1996), 86쪽이 있다.
89) [중앙행정심판위원회 2011-09649, 2011. 7. 26, 기각]
90) 국무총리실행정정보공개지침(국무총리실지침, 2008. 4. 29, 제정)

증발급 관련 업무, 전시예산안 편성, 통일대비 법무계획·통일기획요원 등 비밀자료(목록), 비밀로 분류된 연구 결과물, 국제형사사건 관련 범죄정보 수집·분석 및 대책, 공안사범의 교육 및 교회에 관한 제도 및 기본계획, 공안대책협의회 및 공안자문위원회의 안건 및 회의내용과 위원의 인적사항, 친북 좌익단체 등 대공사범 관련 정보, 학원가 친북좌익사범 관련 문서 등 정보, 범죄인 인도 대상자의 피의사실 및 인적사항 등도 제2호 소정의 비공개 대상 정보로 분류하고 있는데 지나치게 광범위하다.

2. 국가안전보장회의

한편 국가안전보장에 관련되는 대외정책·군사정책과 국내정책의 수립에 관하여 국무회의의 심의에 앞서 대통령의 자문에 응하기 위하여 국가안전보장회의를 두고 있다(헌법 제91조 제1항). 대통령, 국무총리, 외교부장관, 통일부장관, 국방부장관 및 국가정보원장과 대통령령으로 정하는 약간의 위원으로 구성되는 국가안전보장회의는 국가안전보장에 관련되는 대외정책, 군사정책 및 국내정책의 수립에 관하여 대통령의 자문에 응하는 기능을 수행하고 있다(국가안전보장회의법 제2조 제1항, 제3조). 국가안전보장회의는 관계 부처에 자료의 제출과 그 밖에 필요한 사항에 관하여 협조를 요구할 수 있고(같은 법 제9조), 국가정보원장은 국가안전보장에 관련된 국내외 정보를 수집·평가하여 회의에 보고함으로써 심의에 협조해야 한다(같은 법 제10조). 국가안전보장회의의 회의록 등은 제2호의 비공개 대상 정보에 해당될 가능성이 많으나 국가안전보장에 관한 사항은 국가안전보장회의법에 따라 생산된 정보에 한정되지는 않는다.

---

91) [경찰청 05-06705, 2005. 9. 21, 총포화약안전기술협회장] 경찰청은 공개될 경우 국가안전보장, 국방, 통일, 외교관계 등 국가의 중대한 이익을 해할 우려가 있다고 인정되는 정보의 유형으로 '총기 관련 범죄 현황'을 포함시키고 있는데, 총기 관련 범죄 현황의 구체적 내용으로 '총기제조·판매·밀반입 등 단속 현황·통계·수법'을 제시하고 있으나 이 건 정보의 경우 위 총기 관련 범죄 현황에 포함된다고 보기 어려운 점, 피청구인은 이 건 정보가 포함된 검사필증발부대장을 보유하고 있으며, 이 건 정보는 위 분사기 8정에 대한 검사 여부에 한정되므로 국가안전보장·국방·통일·외교관계 등에 관한 사항이나 분사기의 생산방법·판매방법, 기타 영업활동에 유용한 기술상 또는 경영상의 정보 등을 포함하고 있는 정보로는 보이지 않는 점 등을 고려할 때 이 건 정보가 비공개 대상 자료라는 이유로 행한 피청구인의 이 건 처분은 위법·부당하다고 한 사례.
92) 법무부 행정정보공개지침(법무부예규 제1043호, 2014. 1. 14, 일부개정).
93) 행정정보공개세부시행지침(대검찰청예규 제729호, 2014. 7. 18, 일부개정).

3. 국가안전보장과 국민의 알권리와의 관계

국가안위에 관한 정보 등에 대한 국민들의 알권리도 특히 중요하다.

왜냐하면 우리나라 헌법은 제4조에서 "대한민국은 통일을 지향하며, 자유민주적 기본질서에 입각한 평화적 통일정책을 수립하고 이를 추진한다"라고, 제5조 제1항에서 "대한민국은 국제평화의 유지에 노력하고 침략적 전쟁을 부인한다"라고 규정하고 있을 뿐만 아니라 제72조에서 "대통령은 필요하다고 인정할 때에는 외교·국방·통일 기타 국가안위에 관한 중요정책을 국민투표에 붙일 수 있다"라고 국민투표권을 규정하고 있기 때문이다.

국민투표법에 의하면 대통령이 국민투표안을 발의하면 투표일 현재 19세 이상인 투표권자는 국민투표일공고일로부터 투표일 전일까지 국민투표에 관한 운동을 할 수 있다(국민투표법 제26조). 여기서 국민투표에 관한 운동이란 국민투표의 대상이 되는 사항에 관하여 찬성하게 하거나 반대하게 하는 행위를 말하고 국민투표의 대상이 되는 사항에 관한 단순한 의견의 개진, 의사의 표시는 국민투표에 관한 운동으로 보지 아니한다(같은 법 제25조).

따라서 직접민주주의의 중요한 제도인 국민투표의 실시와 관련하여 그에 대한 찬성 혹은 반대운동을 하기 위해서는 외교·국방·통일 기타 국가안위에 관한 중요정책에 관한 국민들의 알권리가 최대한 보장되어야 한다는 점에서 제2호의 비공개 대상 정보의 법익을 비교형량함에 있어서는 신중한 검토가 필요할 것이다.[94]

III. 국방에 관한 정보

국방이란 다른 나라의 직·간접침략에 대해 우리나라를 방위하고, 국가통치의 기본질서 및 기본정치체제를 유지하며 국민의 생명보호, 기본적인 경제질서가 유지되는 사항, 즉 외부의 적대세력의 직접적·간접적인 침략행위로부터 국가의 독립을 유지하고 영토를 보전하는 것을 말한다.[95][96][97]

정부조직법 제33조 제1항은 "국방부장관은 국방에 관련된 군정 및 군령과 그 밖에

---

94) 이창주, 「미국에서의 국가안전보장 관련 정보공개 제한에 관한 연구」, 한국외국어대학교, 2002.

군사에 관한 사무를 관장한다"고 규정하고 있는데 정작 국방의 개념이나 범위 등을 규율하는 현행 법률은 찾아볼 수 없다. 국군조직법에서도 국방의 의무를 수행하기 위한 국군의 조직과 편성의 대강을 규정하고 있지만 국방에 관한 정의 규정이 없다. 다만 '국방정보화 기반조성 및 국방정보자원관리에 관한 법률' 제2조 제1호는 국방정보란 국방을 위하여 광(光) 또는 전자적 방식으로 처리하여 부호·문자·음성·음향 및 영상 등으로 표현한 모든 종류의 자료 또는 지식을 말한다고 규정하고 있다.

국방부의 '국방 정보공개운영 훈령'[98]은 비밀내용 또는 대외 보안이 요구되는 사안이 수록된 국회 예상질의 답변서/국회 요구자료, 연구용역과제 관련 정보 중 연구 계획 및 결과단계에서 국가안보정책 추진에 지장을 줄 것으로 판단되는 내용, 군사협정, 국제협정 및 국제법 등에 관한 업무, 전시 및 비밀 관련 법령심사, 군무회의·정책회의 업무, 주간 국정상황보고, 예산편성 기준자료, 사업별 결산 관련 이·전용 이월업무, 집행잔액 부족예산 이·전용 예비비, 정보화 조직 및 전문인력 활용 발전계획 수립, 국방부 정보화 조직 개편, 아키텍처 추진, 국방정보체계 중기계획 검토 조정, 국방정보체계개발계획 및 집행승인 검토, 국방정보체계 시험평가계획 및 결과 검토, 국방 모델링 및 시뮬레이션 관련 정보, 국가사이버안전 관련회의(전략/대책회의), 정보보호 중장기 발전계획 작

---

95) 대법원 2006. 1. 13. 선고 2004두12629 판결.
"원심은, 이 사건 각 정보 중 별지 제3목록 기재 정보를 제외한 나머지 정보에는 부교 운반용 장갑차의 일부 제원·구조·통신체계 등을 개략적으로 알 수 있는 정보가 들어 있기는 하나, 훈련 당시 주한미군의 이동경로, 작전지휘체계, 작전지휘사항 등의 군사작전상의 정보는 들어 있지 아니한 사실을 알 수 있으므로, 이것이 공개되더라도 주한미군 및 국군의 군사작전수행, 한미 양국의 합동군사훈련 및 군사동맹관계에 현저한 지장을 주게 된다거나 국방, 외교관계 등에 영향을 미친다고 하기 어렵고, 그 정보 중에 공개되어서는 안 되는 정보수집 과정이나 방법, 경로 등이 포함되어 있지는 않으므로 '범죄의 예방, 수사 등에 관한 사항으로서 공개될 경우 그 직무수행을 현저히 곤란하게 하는 정보'에 해당한다고 할 수도 없다고 판단했는바, 기록에 의하여 살펴보면, 원심의 위와 같은 사실인정 및 판단은 수긍이 가고, 거기에 주장과 같은 위법이 없다."
96) 대법원 2004. 3. 18. 선고 2001두8254 전원합의체 판결, 대법원 2004. 3. 26. 선고 2002두6583 판결은 보안관찰 관련 통계자료는 정보공개법 제7조 제1항 제2호 소정의 공개될 경우 국가안전보장·국방·통일·외교관계 등 국가의 중대한 이익을 해할 우려가 있는 정보, 또는 제3호 소정의 공개될 경우 국민의 생명·신체 및 재산의 보호 기타 공공의 안전과 이익을 현저히 해할 우려가 있다고 인정되는 정보에 해당한다고 판시했다.
97) 헌법재판소 1995. 12. 28. 선고 91헌마80 결정.
"헌법 제39조는 모든 국민은 법률이 정하는 바에 의하여 국방의 의무를 진다(제1항), 누구든지 병역의무의 이행으로 인하여 불이익한 처우를 받지 아니한다(제2항)고 규정하고 있는바, 여기서 국방의 의무라 함은 북한을 포함한 외부의 적대세력의 직·간접적인 침략행위로부터 국가의 독립을 유지하고 영토를 보전하기 위한 의무로서 현대전이 고도의 과학기술과 정보를 요구하고 국민 전체의 협력을 필요로 하는 이른바 총력전인 점에 비추어 단지 병역법 등에 의하여 군복무에 임하는 등의 직접적인 병력형성의무만을 가리키는 것으로 좁게 볼 것이 아니라, 향토예비군 설치법, 민방위기본법, 비상대비자원관리법, 병역법 등에 의한 간접적인 병력형성의무 및 병력형성 이후 군 작전명령에 복종하고 협력해야 할 의무도 포함하는 넓은 의미의 것으로 보아야 할 것이다."
98) 국방 정보공개운영 훈령[국방부훈령 제1650호, 2014. 4. 4, 일부개정]

성, 국방정보통신기반보호위원회 개최, 정보보호시행계획 작성, 정보보호체계 운영실
태 평가, 주요기반체계 취약점 분석/보호대책 수립, 군축·비확산 관련 정책 개발 및 국
방정책 반영, WMD 및 재래식무기 비확산 국가정책 수립지원, 남북 당국자회담의 남측
대표단 임무수행, 남북교류협력 군사적 지원 대책 수립 및 현황 파악, 분석, 남북합의사
항 후속조치 수립시행, 남북 및 국제군비통제 동향 분석, 유엔사 정전관리 책임조정, 군
사외교정책 수립·조정·통제, 군사외교정책 계획 발전, 정례회의, 조약·협정 체결 추진,
군 지도급 인사 해외출장계획 조정, 고위급 인사 상대국 방문, 한미동맹 정책협의체(SPI
등) 총괄, 한미 안보협의회의 기획/운영, 한미동맹 발전연구, 방위비분담 정책 조정/통
제, 군사외교정책 수립·조정·통제 및 군사외교정책 기획 발전, 동북아 및 다자안보 정
례회의, 동북아 외국 군용기 및 함정 방한 협조, 해외파병정책 결정 및 국회동의안 처리,
교육기관 및 위탁교육 수료 현황, 주요 훈련장 위치/규모, 병력동원제도 연구개선, 동원
태세 확인계획 수립/시행, 예비군 개인화기 교체, 예비군향방물자 확보, 의무사관 선발
관련 기초자료, 전시조달계획 작성 및 집행지침 수립 및 확정, 규격/형상관리업무 추진,
군수품 불용결정 승인 및 처분, 군수품 결산, 전군 재물조사, 전시지원계획 및 법령 개
정, 건전지 및 야전선 소모기준 정립, 국직부대 물자정수 인가, 한미연합 유류지원 관련
업무, 한미 간 의무보급 협조 등에 관한 업무, 연료보급기준 설정 및 지원능력 판단, 주
한미군 방위예비량 확보계획 수립, 한미 합의각서·부록 문서 작성협의, 한·미 연합협조
기구 운영업무, 반출입승인 및 수송지원, 군폭발물 처리장 사용조정 및 통제, 해외파병
부대 교대 및 재보급 지원, 태평양지역 고위군수장교 회의 참가, 군용특수자동차 관리,
군차량번호판 제정, 군·민간부두 사용승인 및 통제, 국가 핵심기반분야 종사자 불법 단
체행동 시 군 지원, 국가핵심기반 보호 기능인력 양성 및 지정인력 관리, 주한미군 반환
공여지 환경오염조사, 토양오염 검사 및 조사, 신영사업, SOFA시설구역분과위원회 운
영, 중기계획, 예산편성 관련문서, 무기체계의 소요, 성능, 전력화시기 관련문서, 용산기
지이전 및 연합 토지관리사업 관련 대미협의, 미군기지 이전사업 관련 고위급 및 유관
기관 협의 지원에 관한 정보 등을 비공개 대상 정보로 분류하고 있다.

이러한 분류기준에는 나름대로의 타당성은 있다 할 것이나 일부 정보의 경우에는 지
나치게 보안을 중시하여 국민의 알권리를 소홀히 하고 있다는 비판이 제기되고 있다. 가
령 위 국방부 훈령에는 군폭발물 처리장 사용 조정 및 통제 정보에 대해 이를 공개 시 지
역주민 민원 발생 소지 및 갈등 발생으로 국익을 저해한다는 이유를 들고 있으나 군폭발

물 처리장에 관한 정보는 지역주민들로서는 생명과 안전, 재산 보호에 관한 중대한 법익과 관련이 있으므로 이를 일률적으로 비공개 정보로 분류하는 것은 논란의 소지가 있다.

또한 주한미군 반환공여지 환경오염조사에 관한 정보와 주한미군 반환공여지의 토양 및 수질 등 환경 관련 오염정보는 조사에서 정화치유 단계까지의 모든 과정의 단위 과제로서 한·미 간 공유된 모든 정보의 공개를 위해서는 한국이 단독으로 공개할 수 없으며 SOFA환경분과위원회 한·미 양측 위원장의 합의가 필요하다는 이유로, 그리고 토양오염 검사 및 조사에 관한 정보는 이를 공개할 경우 국가안보 및 국방 등의 군 보안상 문제가 발생하여 국익을 해할 수 있다는 이유로 이를 비공개 정보로 분류하고 있는데 쉽게 납득하기 어렵다.[99]

IV. 통일에 관한 정보

통일에 관한 정보란 남북관계에 관련된 제반 정보를 말한다. 정부조직법 제31조는 "통일부장관은 통일 및 남북대화·교류·협력에 관한 정책의 수립, 통일교육, 그 밖에 통일에 관한 사무를 관장한다"고 규정하고 있다.

통일정책은 남북한 간의 문제뿐만 아니라 한반도를 둘러싸고 있는 많은 나라들과의 정치적·경제적·외교적 문제 등을 포괄하고 있어 통일에 관한 정보는 그 범위가 매우 넓다.

'통일부 정보공개의 확대를 위한 지침'[100]은 국가안전보장·국방·통일·외교관계 등에 관한 사항으로서 관계기관으로부터 비공개 요청을 받은 정보, 남북협력기금의 운용 계획, 집행, 결산 및 기금관리심의위원회 운영 등에 관한 사항, 통일부 소관 국정과제, 대통령 지시사항, 정보통신망의 구성도·보안성 검토, 정보보호시스템 현황, 정보보호를 위한 내부대책과 전략 등 공개될 경우 해킹·사이버테러 등 국가행정정보의 보호에 지장을 줄 수 있는 정보, 공안정보화 추진을 위한 시스템 구축 및 사업계획 수립 및 집행, 운영·관리에 관한 사항, 통일정책 및 대북 관련 정책 수립, 전략개발 및 관계기관 협

---

99) 국방부장관 및 방위사업청장은 방위사업을 추진함에 있어서 의사결정 과정 및 내용에 관한 정보를 정보공개법이 정하는 바에 따라 공개해야 하고(방위사업법 제5조 제2항), 총사업비 5천억 원(연구개발의 경우 500억 원) 이상의 방위력개선사업에 대한 분석·평가 결과 및 정책 반영 결과를 지체 없이 국회 소관 상임위원회에 제출해야 한다(같은 법 제5조 제4항).

100) [시행 2013. 11. 12.] [통일부훈령 제492호, 2013. 11. 12, 일부개정]

조 사항, 중장기 통일정책의 수립·추진에 관련한 사항 및 통일 과정 및 통일 대비 법령 및 제도, 인력 양성 등 관련 자료, 을지연습 등 관련 비밀 또는 대외비 문서, 비상대비계획, 대테러대비전략 등 국가안보와 관련된 사항, 북한인권 분야 관련 대북정책수립 및 집행에 관한 내용, 이산가족 관련 정책수립 및 종합·조정에 관한 내용, 북한이탈주민대책협의회 운영, 북한이탈주민 정착지원 등 북한이탈주민 주요 정책에 관한 내용, 북한 관련 실태 파악을 위한 기획 및 종합분석 정보(첩보 포함)·자료, 북한 관련 정보(첩보 포함)·자료, 북한의 대남전략·전술에 관한 자료, 북한 선전자료의 조사·분석 및 평가에 관한 자료, 북한의 심리전에 관한 자료, 한반도 주변국 동향 및 정세 분석자료, 북한 외교 및 대외관계 실태파악 및 분석자료, 북한정세의 분석과 관련되는 국내외 기관과의 협조사항 정보, 북한 인물, 정치, 군사, 행정, 법제, 사회, 교육·문화·예술·언론·체육·종교 및 관광, 주민생활·의식구조 및 인권, 자연·지리 및 환경, 북한의 변화에 관한 실태 파악 및 분석자료 중 공개 시 남북관계에 부정적 영향을 미치고 통일정책 수행에 장애를 초래할 수 있는 정보, 북한 경제·과학 실태 파악 및 종합분석 보고자료 중 공개 시 남북관계에 부정적인 영향을 미치고 통일정책 수행에 장애를 초래할 수 있는 정보, 남북교류협력에 관한 종합 및 기본 계획, 남북교류협력추진협의회(실무위원회 포함) 등에 관한 정보, 한반도 경제공동체의 형성에 관한 전략의 개발, 남북교류협력에 관한 전략·정책·사업, 북한의 경제개발에 관한 중장기 전략의 개발, 신규 경협합의서 체결·발효 추진 및 남북경협합의서 후속조치 등에 대한 자료 정보, 남북교류협력 관련 남북협력사업의 기획·조정 자료, 사회간접자본 건설 등 남북교류협력 관련 협력사업의 기획·조정 등에 관한 사항, 전략물자 반출 승인 및 관리에 관한 사항, 인도적 대북지원 관련 정책수립 및 집행에 관한 사항, 개성공단사업 지원정책 수립·조정 및 대북협의에 관한 내용, 개성공단사업 및 관리에 관한 종합계획 및 세부추진계획, 개성공단사업 추진전략의 수립·조정에 관한 내용, 개성공단 돌발사태 발생 시 위기대응 매뉴얼과 연계(대외비), 단계별 대책을 마련하고 신속 대응하기 위해 수집·작성한 정보와 개성공단 내 북측의 동향 및 사전대비책에 관한 정보, 회담전략 수립 및 남북회담과 관련한 주요 업무계획의 수립 및 평가에 대한 사항, 남북회담 관련 대책기구 및 자문기구 운영에 관한 정보, 정치군사핵 분야 및 다자간 안보회담 협상대책 수립, 운영에 관한 정보, 남북장관급회담 운영 총괄 및 조정에 관한 정보, 경제 분야 회담 및 협상대책 운영계획 수립 및 시행에 관한 정보, 사회문화인도 분야 회담 및 협상대책 운영계획 수립 시행, 남북회담 행사 및 남북 당국 간 공동행사 세부계획 수립 시행에 관한 정보, 남북회담사료 데이터베이스 구축 및 운영에 관한 정보, 대북연락업무 추진계획의 수립, 남북연락업무 수행, 판문점 지역 동향 수집, 군사정전위 및 판문점 지역 관계기관 협조에 관한 사항, 남북출입계획 및 조정, 남북출입 관련 대북협의 대책 수립 남북출입과 관련한 사항의 관계부처 협의 등에 관한 사항, 해외인사 접촉 결과 등의 자료로서, 이를 공개할 경우 국가의 중대한 이익을 현저히 해할 우려가 있다고 인정되는 정보나 남북관계에 부정적 영향을 미치고 통일정책 수행에 장애를 초래할 수 있는 정보 등을 비공개 대상으로 분류하고 있다.

이 역시 국민의 알권리 충족이라는 관점에서 비공개 대상 범위를 지나치게 확대해놓은 것이라는 비판이 가능하다.

V. 외교관계에 관한 정보

1. 외교

외교란 조약·협정·결의 등 국가 간의 합의문서 기타 대외관계에 관한 문서로서 회의·회담에 관한 사항, 경제협력에 관한 사항, 국제정세에 관한 사항, 문화·홍보활동에 관한 사항 등을 의미한다.[101]

정부조직법은 외교부 장관은 외교, 경제외교 및 국제경제협력외교, 국제관계 업무에 관한 조정, 조약 기타 국제협정, 재외국민의 보호·지원, 재외동포정책의 수립, 국제정세의 조사·분석에 관한 사무를 관장한다고 규정하고 있다(같은 법 제30조 제1항).

외교관계에는 넓은 의미에서 통상을 중심으로 하는 경제외교관계도 포함된다.[102] 외국과의 통상에 관한 합의의 내용이 객관적으로 투명하게 공표됨으로써 이로 인해 영향을 받는 국내의 이해당사자들 사이의 갈등을 조정함과 아울러 사회적 합의를 위한 건전한 여론 형성의 여건을 마련할 수 있을 것이나, 다른 한편으로 일정한 통상에 관한 사항이 공개되지 아니함으로써 국가의 정당한 이익이 보다 잘 지켜질 수 있을 것이므로 통상교섭에 관한 사항 중 일정 부분은 그 내용이 투명하게 공개되어야 하지만 통상교섭에

---

101) 김중양, 앞의 책, 218쪽.
102) 서울행정법원 2007. 2. 2. 선고 2006구합23098 판결.

관한 합의사항의 전부가 반드시 공개되어져야 한다고는 볼 수 없다.[103] [104]

'외교부 정보공개운영지침'[105]은 ① 외교안보·경제통상 등에 관한 대외정책 및 기타 정부 입장·대책 관련 자료로서 공개될 경우 외교관계에 영향을 미치거나 기타 국가의 중대한 이익을 현저히 해할 우려가 있는 정보 ② 외국정부·국제기구 및 관련 부처(기관) 간의 협의, 협상 또는 교섭에 관한 사항으로 공개될 경우 외교관계에 영향을 미치거나 기타 국가의 중대한 이익을 현저히 해할 우려가 있는 정보[106] ③ 체결 상대국과 비공개하기로 합의된 조약 및 기타 협정 관련 사항으로 공개될 경우 외교관계에 영향을 미치거나 기타 국가의 중대한 이익을 현저히 해할 우려가 있는 정보 ④ 조약 및 기타 협정의 교섭·체결·해석 및 이행 등과 관련한 자료로서 공개될 경우 외교관계에 영향을 미치거나 기타 국가의 중대한 이익을 현저히 해할 우려가 있는 정보[107] ⑤ 재외공관 등을 통해

---

103) 서울행정법원 2008. 4. 16. 선고 2007구합31478 판결(확정)은 외교통상부장관에게 한·미 FTA에 관련된 대외경제장관회의 회의록의 정보공개 청구를 요구한 사안에서, 회의록 작성의 주무부서가 재정경제부라 하더라도 외교통상부 장관이 그 회의록을 받아 직무상 소지하고 있으므로, 그 회의록은 외교통상부장관이 직무상 보유·관리하고 있는 문서로서 공공기관의 정보공개에 관한 법률 제2조 제1호에 정한 '정보'에 해당하나, 한·미 FTA 추가협상 과정에서 작성·교환된 문서는 외교관계에 관한 사항으로서 공개될 경우 국가의 중대한 이익을 현저히 해할 우려가 있다고 인정되므로, 공공기관의 정보공개에 관한 법률 제9조 제1항 제2호에 정한 비공개 대상 정보에 해당한다고 한 사례이고,

서울행정법원 2007. 2. 2. 선고 2006구합23098 판결(확정)은 한·미 FTA 체결을 위한 협정문 초안이 비공개 대상 정보를 규정한 공공기관의 정보공개에 관한 법률 제9조 제1항 제2호에서 정한 '외교관계에 관한 사항으로서 공개될 경우 국가의 중대한 이익을 현저히 해할 우려가 있다고 인정되는 정보' 및 같은 법 제9조 제1항 제5호에서 정하고 있는 '의사결정 과정 또는 내부검토 과정에 있는 사항 등으로서 공개될 경우 업무의 공정한 수행에 현저한 지장을 초래한다고 인정할 만한 상당한 이유가 있는 정보'에 해당한다고 한 사례이며,

서울행정법원 2004. 2. 13. 선고 2002구합33943 판결(항소, 쌍방 항소 취하)은 한일회담 문서 중 일부가 공공기관의 정보공개에 관한 법률 제7조 제1항 제2호 소정의 비공개 대상 정보에 해당하지 아니한다는 이유로 그 문서의 공개를 거부한 것은 위법하다고 한 사례이다.

104) [외교통상부 07-05816, 2007. 7. 23, 외교통상부] 청구인이 2007년 2월 7일 피청구인에게 한국군의 레바논 평화유지군 파병과 관련하여 2006년 10월 실무시찰단이 정부에 보고한 보고서 일체에 대한 정보공개를 청구한 데 대해 이 사건 정보가 공개될 경우 우리 군의 준비상황과 작전내용 등이 공개될 경우 파병이 이루어졌을 때 파병될 부대의 안전을 위협할 수 있고, 파병 이후의 임무수행에도 상당한 지장을 초래할 가능성이 있으며, 현재 진행 중인 교섭과 관련된 내부정보나 다른 국가의 상황이 공개됨으로써 외교적 문제가 발생하는 등 국가의 중대한 이익을 현저히 해할 우려가 있다고 볼 수 있으므로, 피청구인이 이 사건 정보에 대하여 공개를 하지 않기로 한 이 건 처분은 위법부당하다고 할 수 없다고 한 사례.

105) [시행 2013. 10. 31.] [외교부예규 제19호, 2013. 10. 31, 일부개정]

106) 서울행정법원 2004. 2. 3. 선고 2002구합24499 판결(대법원 2007. 7. 12. 선고 2005두15731 판결로 파기 환송됨)

107) 서울행정법원 2008. 4. 16. 선고 2007구합31478 판결(확정)은 한·미 FTA 추가협상 과정에서 작성·교환된 문서는 외교관계에 관한 사항으로서 공개될 경우 국가의 중대한 이익을 현저히 해할 우려가 있다고 인정되므로 공공기관의 정보공개에 관한 법률 제9조 제1항 제2호에 정한 비공개 대상 정보에 해당한다고 한 사례이고,

서울행정법원 2007. 2. 2. 선고 2006구합23098 판결(확정)은 한·미 FTA 체결을 위한 협정문 초안이 비공개 대상 정보를 규정한 공공기관의 정보공개에 관한 법률 제9조 제1항 제2호에서 정한 "외교관계에 관한 사항으로서 공개될 경우 국가의 중대한 이익을 현저히 해할 우려가 있다고 인정되는 정보"에 해당한다고 한 사례이다.

수집된 각국의 정세, 동향, 전망에 대한 정보 중 국가의 중대한 이익, 안보에 관련된 정보 ⑥ 외국정부 또는 기타 주요인사와의 비공개회담 등 특정사안에 관련된 사항으로 공개 시 외교관계 또는 기타 국가의 중대한 이익을 현저히 해할 우려가 있는 정보 ⑦ 국가원수, 국무총리, 외교장관 등 주요인사의 방문·방한 관련 교섭, 주요행사 일정 및 의전 관련 지원에 관한 사항으로 주요인사의 안전과 편의, 행사목적을 부당하게 침해할 수 있는 정보 ⑧ 주한공관, 국제기구 및 그 직원의 법적지위, 특권과 면제 및 개별 신상자료 등 외교관례상 비공개 정보 ⑨ 에너지 및 지하자원의 확보, 인권, 환경, 대테러, 핵 비확산 분야의 국제협력 전략 수립 관련 사항으로 공개 시 국가의 중대한 이익을 해할 우려가 있는 정보[108] ⑩ 외교정보통신망 구성도, 외교정보보호시스템 현황, 정보보호를 위한 내부대책과 전략 등 공개될 경우 해킹·사이버 테러 등 국가행정정보의 보호에 지장을 줄 수 있는 정보 ⑪ 을지훈련, 충무계획, 민방위교육, 예비군 등 군사훈련 및 국가재난훈련에 관한 각종 문건 ⑫ 국가안보·국방·통일·외교관계에 관한 사항으로서 관련 부처(기관)로부터 비공개 요청을 받은 정보를 비공개 대상으로 분류하고 있다.

이러한 분류도 국민의 알권리 충족이라는 관점에서 비공개 대상 범위를 지나치게 확대해놓은 것이라는 비판이 가능하다.

2. 외교문서 공개에 관한 규칙

'외교문서 공개에 관한 규칙'[109]은 외교문서를 외교부(국립외교원 및 재외공관 포함)와 그 밖의 중앙행정기관이 국내기관·외국정부기관 또는 국제기구 등을 대상으로 외교 및 대외업무를 수행하는 과정에서 생산하거나 접수한 문서라고 규정한 다음(같은 규칙 제2조) 외교부장관은 생산되거나 접수된 후 30년이 지난 외교문서를 외교문서공개심의회의 심의를 거쳐 30년이 지난 해의 다음 해 3월 중에 일반에 공개하도록 하고 있다(같은 규칙 제4조 제1항). 이때 외교부에 설치된 외교문서공개심의회가 정보공개법 제9조 제1항 각 호의 어느 하나에 해당되는 것으로 결정하는 경우에는 그 기간이 지난 후에도 공

---

108) 서울행정법원 2004. 2. 3. 선고 2002구합24499 판결(항소), KAL 858 비행기 폭파 사건과 관련된 정보 중 외교관계 등 국가의 중대한 이익을 해할 우려가 있거나 검거된 남파간첩들의 안전을 현저히 해할 우려가 있는 등의 정보를 제외한 나머지 정보는 원칙적으로 공개 거부사유에 해당되지 않는다고 한 사례.
109) [외교부령 제1호, 2013. 3. 23., 타법개정]

개하지 아니하나 5년이 지난 후 외교문서공개심의회에 회부하여 공개 여부를 재심의하도록 하고 있다(같은 규칙 제4조 제1항 단서 및 제2항).[110]

전직 공무원이 회고록 등을 집필하기 위하여 그가 재직 중 담당했던 업무에 관한 외교문서를 열람하려는 경우에는 외교부장관에게 열람신청서를 제출해야 하고, 외교부장관은 열람신청서를 검토하여 필요한 경우 해당 문서를 생산한 공공기관의 장의 의견을 들은 후 현재 진행 중인 외교 및 대외업무의 수행에 지장이 없고 국가이익에 어긋나지 아니한다고 인정되는 경우에는 그 열람을 허락해야 한다(같은 규칙 제9조 제1항·제2항). 전직 공무원이 공개되지 아니한 외교 사실을 회고록 등의 형태로 공표하려는 경우에는 국가공무원법 제60조에 따른 비밀 엄수의 의무를 지켜야 하며, 외교부 장관은 본인의 동의를 받아 원고의 내용을 검토할 수 있다(같은 규칙 제9조 제3항).

3. 다른 국가 등으로부터 임의로 제공받은 정보

외국 특히 미국에서 이미 공표되고 있는 정보나 미국의 정보자유법에 의해서 공개되고 있는 정보 또는 다른 나라에서 임의로 제공받은 정보가 한국에서는 비밀로 취급되어 비공개되는 경우가 적지 않다고 한다.

우리나라의 안전과 타국 등과의 신뢰관계 및 우리나라의 국제교섭상의 이익을 확보하는 것은 국민 전체의 기본적인 이익을 옹호하기 위해 정부에 맡겨진 중요한 책무이고, 정보공개법제에 있어서도 이들의 이익은 충분히 보호할 필요가 있다. 이런 이유로 공개하는 것에 의해 국가의 안전을 해할 우려가 있거나, 타국 등과의 신뢰관계가 손상될 우려가 있거나, 타국 등과의 교섭상의 불이익을 입을 우려가 있다고 인정하기에 충분한 상당한 이유가 있는 정보를 비공개 정보로 하고 있다. 그러나 국가의 안전보장이나 외교를 이유로 하는 비밀에 관해서는 과도한 비밀 보호의 위험성 또한 많으므로 이를 정보공개의 예외로 하는 경우에는 신중한 검토가 필요하다.

대법원 1999. 9. 21. 선고 97누5114 판결은 우리 정부가 미국 정부로부터 '12·12' (1979년) 및 '5·18'(1980년) 당시 한·미 외교문서를 전달받아 대외비로 보관 중인 정보

---

110) 서울행정법원 2004. 2. 13. 선고 2002구합33943 판결(항소), 한일회담 문서 중 일부가 공공기관의 정보공개에 관한 법률(2004. 1. 29. 법률 제7127호로 전문 개정되기 전의 것) 제7조 제1항 제2호 소정의 비공개 대상 정보에 해당하지 아니한다는 이유로 그 문서의 공개를 거부한 것은 위법하다고 한 사례.

에 대한 공개 청구에 대해 "국민의 알권리에 기한 일반적 정보공개 청구권도 일정한 한계를 갖는 것으로서 그 제한에서 오는 이익과 그 침해에 의한 해악과의 비교·형량에 의하여 일정한 범위 내에서 제한될 수 있으나, 이 사건 문서의 성격과 내용, 피고가 이를 미국 정부로부터 제공받게 된 경위 및 그 당시 미국 정부가 이 사건 문서의 공개와 관련하여 피고에게 요청한 내용에 관한 피고의 주장 요지 등 이 사건 변론에 나타난 바를 종합해보면, 이 사건 문서의 공개에 의하여 초래될 외교관계상의 국익 침해에 대한 피고의 구체적 주장·입증이 없어 그에 대한 원고의 이 사건 공개 신청이 국민의 알권리에 기한 정보공개 청구권의 한계를 벗어난 것이라고 단정할 수 없다고 본 원심의 조치는 정당하다"며 원고 승소판결을 확정했다.

일본 정보공개법 제5조 제3항은 "타국 또는 국제기관과의 신뢰 관계가 손상될 우려, 타국 또는 국제기관과의 교섭상 불이익을 입을 우려가 있다고 행정기관이 장이 인정하기에 상당한 이유가 있는 정보"를 비공개 대상으로 삼고 있다.

제4절 제3호 비공개 사유(국민의 생명보호 등 공익 관련 정보)

공개될 경우 국민의 생명·신체 및 재산의 보호에 현저한 지장을 초래할 우려가 있다고 인정되는 정보

정보공개법 제9조 제1항 제3호는 공개될 경우 국민의 생명·신체 및 재산의 보호에 현저한 지장을 초래할 우려가 있다고 인정되는 정보를 비공개 대상으로 하고 있다.

국민의 알권리를 보장하여 국정에 대한 국민의 참여와 국정 운영의 투명성을 확보한다는 정보공개법의 목적에 비추어 정보공개법 제9조 제1항 제3호의 비공개 대상 정보에 해당하기 위해서는 공개 청구된 정보가 공개됨으로써 국민의 생명·신체 및 재산에 구체적인 위험이 발생할 우려가 상당한 정도로 확실함을 요한다고 보아야 한다. 제3호 비공개 정보는 제2호나 제4호 내지 제6호의 비공개 사유와 중복되는 경우가 많다.

제3호 소정의 비공개 정보에 해당한다는 것 그리고 '현저한 지장을 초래할 우려'에 대한 입증책임은 공공기관에게 있다.[111)112)]

국민의 생명·신체 및 재산의 보호에 관한 정보에는 방재 및 방범에 방해가 되는 정보, 사람의 생명과 생활, 지위 등이 위협받는 정보, 평온하고 정상적인 생활에 지장을 초래할 우려가 있는 정보 등이 포함될 수 있을 것이다.[113]

대법원 2004. 3. 18. 선고 2001두8254 전원합의체 판결은 보안관찰법 소정의 보안관찰 관련 통계자료는 제2호 소정의 공개될 경우 국가안전보장·국방·통일·외교관계 등 국가의 중대한 이익을 해할 우려가 있는 정보, 또는 제3호 소정의 공개될 경우 국민의 생명·신체 및 재산의 보호 기타 공공의 안전과 이익을 현저히 해할 우려가 있다고 인정되는 정보에 해당한다고 판시했다.[114]

반면 사면법에 의하여 설치된 사면심사위원회의 심사과정 및 심사내용을 알 수 있는 심의서와 회의록이 제3호 소정의 비공개 정보에 해당되는지에 관하여는 국정 수행에 대한 국민의 건전한 비판은 장려되어야 하며 자유로운 의견교환을 통하여 형성된 여론에 의한 민주적 통제가 오히려 자의적으로 남용될 가능성이 높은 사면권의 적정한 행사에 기여할 수 있다는 점에서 정보의 공개를 거부할 정당한 사유가 되지 못한다고 하고 있다.[115]

중앙행정기관의 정보공개 예규나 지침에서는 이에 관하여 방화·실화 등 우범자 단속계획 등 국민에게 불안감을 줄 수 있는 정보, 인감업무·주민등록 업무관리에 관한 사

---

111) 대법원 2012. 6. 18. 선고 2011두2361 전원합의체 판결, 대법원 2012. 11. 29. 선고 2012두9581 판결. 특히 대법원 2004. 11. 25. 선고 2003두9794 판결은 "비록 원고가 1995년경 이후 주식회사 ○○○을 상대로 민사소송을 제기하여 1심, 2심, 3심에 이어 재심까지 거치면서 민사소송에서 증언했거나 사건에 관련된 사람을 상대로 여러 차례 위증죄 등으로 형사고발을 해왔다고 하더라도, 원고가 이와 관련하여 형사고발 등의 방법이 아니라 사적으로 피의자들의 생명·신체 및 재산에 대하여 위해를 가하는 행위를 했다거나 그러한 우려가 있다고 의심할 만한 행위를 했다고 인정할 만한 자료가 없을 뿐만 아니라, 피의자들에 대한 진술조서 또는 피의자신문조서인 이 사건 정보가 공개될 경우 피의자들에 대한 생명·신체 및 재산의 보호를 현저히 해할 우려가 있다고 단정하기도 어려우므로 이 사건 정보는 제9조 제1항 제3호에 규정된 비공개정보에 해당되지 않는다"라고 판시했다.

112) 대법원 2004. 5. 28. 선고 2001두3358 판결, 참고인들의 진술서인 이 사건 정보가 공개될 경우 원고가 자신의 고소사건 및 그와 관련된 무고사건에 참고인들의 진술내용을 유리하게 이용하기 위해 참고인들에게 부당한 압력을 행사할 가능성을 배제할 수 없다는 피고의 주장에 대하여, 이와 같은 가능성이라는 것은 충분히 납득할 만한 근거가 없는 주관적인 추측에 지나지 않는 것으로서, 그와 같은 일방적인 추측에 기하여 이 사건 정보가 공개될 경우 국민의 생명·신체 및 재산의 보호를 현저히 해할 우려가 있다고 단정할 수 없다고 한 사례.

113) 대법원 2003. 12. 11. 선고 2001두793 판결, 피고(국립과학수사연구소 남부분소장)는 이 사건 사진의 정보를 이미 수사기관에 제출했고, 원고는 형사재판과정에서 이를 열람·등사하여 그 사본을 가지고 있으므로, 피고가 원고에게 이 사건 사진을 컬러사진을 교부하는 방법으로 공개한다 하더라도, 이로써 피고가 분쟁의 일방당사자가 된다거나 업무의 공정성·신뢰성이 훼손된다고 보기 어려우므로, 그 사진이 정보공개법 제7조 제1항 제3호에 규정된 "공개될 경우 국민의 생명·신체 및 재산의 보호 기타 공공의 안전과 이익을 현저히 해할 우려가 있다고 인정되는 정보"에도 해당하지 않는다고 한 사례.

114) 이 판결에 대한 해설로는 박해식, 앞의 논문, 754~763쪽; 고시면, 앞의 논문, 8~19쪽 등 참조.

항으로서 공개될 경우 위·변조, 범죄목적 사용 등으로 인하여 공공의 이익을 해할 우려가 있는 정보, 개인별 여권발급 자료 및 여권제작에 관련된 보안사항으로서 공개될 경우 위·변조나 범죄목적 사용 등으로 인하여 공공의 이익을 해할 우려가 있는 정보와 재외공관 청사, 관저 건축물 구조 및 설계도, 경비 위탁에 관한 사항 등 공개될 경우 공공시설물 및 시설물을 이용하는 국민의 안전에 위해를 초래할 우려가 있는 정보, 주한공관 청사, 관저 건축물 구조 및 경비에 관한 정보, 국제테러 정세, 테러 위험지역 안전 확보 관련사항으로 우리국민이나 기업보호를 위해 비공개가 필요한 정보, 탈북자 관련 사항으로서 공개될 경우 해당 탈북자 또는 그 가족의 생명·신체 및 재산 보호에 현저한 지장을 초래할 우려가 있는 정보, 수사기관에 의한 범죄사실에 관한 내용으로서 공개될 경우 당사자의 생명, 신체, 재산보호에 현저한 지장을 초래할 우려가 있다고 인정되는 정보,[116] 납북자·국군포로 등 특수 이산가족 문제에 관한 내용으로서 외부에 공개할 경우 남북한 관계 및 통일정책 추진 시 국가의 중대한 이익을 해할 우려가 있다고 인정되는 정보, 북한이탈주민의 이름 및 주민등록번호 등 개인 신상 사항이 포함되어 있는 보호결정 및 각종 정착지원(정착금지급, 교육지원, 취업지원 등) 관련 내용 등 북한이탈주민 관련 정보, 북한이탈주민 보호대상자의 취적·인도인수, 주민등록 및 거주지 편입에 관한 사항, 진로·취업 및 진학지도, 건강 및 의료관리 등에 관한 개인신상 정보, 하나원 자원봉사자의 관리·지원 및 단체결연·후원에 관한 사항, 청사 및 시설 방호에 관한 사항으로 가급 국가보안목표시설로서 사생활의 비밀 또는 자유를 침해할 우려가 있다고 인정되는 정보, 보안관찰처분심의위원회 및 국가보안유공자상금심사위원회 운영 정보, 출국금지·정지 관련 업무, 입국금지 관련 업무, 총기 허가 및 폐기 관련 자료, 화약류 제조/관리 시설에 대한 정보, 위탁관리 관련 세부자료, 단속계획에 관한 사항, 수사지침에 관한 사항, 마약류 사범 수사정보시스템에 입력된 내용, 본인 이외의 범죄경력 및 신원조회 정보, 등기, 경매, 가족관계등록, 공탁, 송무 전산망 프로그램 개발에 사용된 표준 전산코드 등 국민의 재산권 보호에 현저한 지장을 초래할 우려가 있다고 인정되는 정보

---

115) 서울행정법원 2008. 11. 13. 선고 2008구합31987 판결(항소 및 상고 심리불속행 기각), 사면심사위원회 위원들이 누구인지가 일반에게 공개됨으로써 발생할 수 있는 사면심사위원회 위원들의 생명·신체 및 재산에 관한 위험이 너무 막연하고 추상적이어서 이러한 위험을 이유로 정보의 비공개를 정당화할 수 없는 등의 사정에 비추어 '사면심사위원회 위원 9인의 명단과 약력'이 공공기관의 정보공개에 관한 법률 제9조 제1항 제3호, 제4호, 제5호, 제6호에 정한 비공개 대상 정보에 해당하지 않는다고 한 사례.

116) 서울행정법원 2004. 2. 3. 선고 2002구합24499 판결(대법원 파기환송).

등을 제3호 소정의 비공개 대상 정보에 포함하고 있다.[117]

제5절 제4호 비공개 사유(재판·범죄수사 등에 관한 정보)

> 진행 중인 재판에 관련된 정보와 범죄의 예방, 수사, 공소의 제기 및 유지, 형의 집행, 교정(矯正), 보안처분에 관한 사항으로서 공개될 경우 그 직무수행을 현저히 곤란하게 하거나 형사피고인의 공정한 재판을 받을 권리를 침해한다고 인정할 만한 상당한 이유가 있는 정보

I. 의의 및 입법취지

제9조 제1항 제4호는 진행 중인 재판에 관련된 정보와 범죄의 예방, 수사, 공소의 제기 및 유지, 형의 집행, 교정, 보안처분에 관한 사항으로서 공개될 경우 그 직무수행을 현저히 곤란하게 하거나 형사피고인의 공정한 재판을 받을 권리를 침해한다고 인정할 만한 상당한 이유가 있는 정보를 비공개 대상으로 하고 있다.

제4호의 정보를 비공개 대상 정보로 하고 있는 것은 진행 중인 재판의 공정성, 독립성을 보장하고[118] 범죄의 일반예방 및 특별예방, 원활한 수사 및 교정행정의 원활성을 보호하자는 데 있다.[119]

---

117) [중앙행정심판위원회 2011-19000, 2011. 12. 20, 기각] 측량원도는 지적공부인 지적도 및 임야도에 현장에서 실제 측정한 데이터를 기준으로 성과를 결정한 사실 등을 작성하여 편철 보관하는 도면으로 토지의 소재, 경계 및 면적, 지번, 지목, 구조물, 도로의 현황 등에 관한 실제 정보가 자세히 기록되어 있어 이러한 도면이 일반인에게 공개되는 경우 토지의 경계 등을 둘러싼 분쟁이 불필요하게 확산되어 국민의 재산 보호에 현저한 지장을 초래할 우려가 있으므로 이 사건 정보는 정보공개법 제9조 제1항 제3호의 비공개 대상 정보에 해당한다고 한 사례.
118) 대법원 2012. 4. 12. 선고 2010두24913 판결.
119) 대법원 2006. 1. 13. 선고 2004두12629 판결.

II. 진행 중인 재판에 관한 정보

1. 의의

정보공개법은 공공기관이 보유·관리하는 모든 정보를 원칙적 공개 대상으로 하면서도, 재판의 독립성과 공정성 등 국가의 사법작용이 훼손되는 것을 막기 위하여 제9조 제1항 제4호에서 '진행 중인 재판에 관련된 정보'를 비공개 대상 정보로 규정하고 있다.[120]

'진행 중인 재판에 관한 정보'를 비공개로 하는 이유는 이를 공개할 경우 당사자의 인격적·재산적인 이익에 치명적인 손상을 주게 되며, 재판을 위한 증거서류가 제3자에게 공개되는 것을 꺼려 제출되지 아니한 일이 생길 수 있고, 판결 전에 재판기록이 공개되어 제3자가 그 당부를 논할 경우 재판의 독립성과 신뢰성에 문제를 발생할 수 있기 때문이다.

여기의 '진행 중인 재판'에는 형사소송뿐만 아니라 민사 및 행정소송도 포함되나 행정심판은 포함된다고 볼 수 없다.[121]

'진행 중인 재판에 관련된 정보'라 함은 진행 중인 재판을 담당하는 법원이 보유·관리하는 해당 재판의 소송기록뿐만 아니라 그 밖의 정보도 포함될 수 있다. 반드시 그 정보가 진행 중인 재판의 소송기록 그 자체에 포함된 내용의 정보일 필요는 없으나, 재판에 관련된 일체의 정보가 그에 해당하는 것은 아니고 진행 중인 재판의 심리 또는 재판 결과에 부정적 영향을 미칠 구체적 위험이 있는 정보만으로 한정하여 해석해야 하고, 이를 진행 중인 재판의 내용과 관련된 모든 정보로 확대해석해서는 안 된다.[122][123] 법원 이외의 공공기관이 위 규정이 정한 '진행 중인 재판에 관련된 정보'에 해당한다는 사유

---

120) 설민수, 「일반인의 재판과 재판기록에 대한 접근권과 그 제약 : 비교법적 접근」, 『저스티스』 111호(2009. 6), 한국 법학원, 5~41쪽; 이민영, 「이른바 재판정보의 비공개 대상적격」, 『사법』 제17호(2011. 9), 사법발전재단, 4~29쪽 참조.

121) [환경부 08-13953, 2009. 3. 24, 낙동강유역 환경청장]

122) 대법원 2013. 12. 26. 선고 2013두17503 판결, 대법원 2012. 4. 12. 선고 2010두24913 판결, 대법원 2011. 11. 24. 선고 2009두19021 판결; 대법원 2012. 12. 13. 선고 2011두4787 판결, 피고(군인공제회)의 내부감사 과정에서 작성한 문답서, 감사결과 보고서, 감사결과에 따른 소속직원에 대한 징계심의안, 징계의결서, 피고의 원고에 대한 채권양도 승낙과정에서 작성한 승낙협조 요청문, 건의문 등 정보가 이 사건 처분 당시 진행 중인 서울중앙지방법원 2008가합125736호 사건의 쟁점과 실질적 관련이 없다는 취지로 피고 스스로 주장하고 있는 사정 등에 비추어 이 사건 정보는 정보공개법 제9조 제1항 제4호 소정의 비공개 대상 정보인 '진행 중인 재판에 관련된 정보'에 해당하지 아니한다고 한 사례.

로 정보공개를 거부하기 위해서도 마찬가지다.[124]

2. 재판의 공개원칙

헌법 제109조는 "재판의 심리와 판결은 공개한다. 다만, 심리는 국가의 안전보장 또는 안녕질서를 방해하거나 선량한 풍속을 해할 염려가 있을 때에는 법원의 결정으로 공개하지 아니할 수 있다"고 규정하고 있다.

법원의 공판은 원칙적으로 법정에서 행하고(법원조직법 제56조 제1항), 재판의 심리와 판결은 공개한다(같은 법 제57조 제1항). 다만, 재판의 심리는 국가의 안전보장·안녕질서 또는 선량한 풍속을 해할 우려가 있는 때에는 결정으로 이를 공개하지 아니할 수 있는데, 심리 비공개 결정은 이유를 개시하여 선고한다(같은 법 제57조 제2항). 또한 형사소송에서 법원은 범죄로 인한 피해자를 증인으로 신문하는 경우 해당 피해자·법정대리인 또는 검사의 신청에 따라 피해자의 사생활의 비밀이나 신변보호를 위하여 필요하다고 인정하는 때에는 결정으로 심리를 공개하지 아니할 수 있으나(형사소송법 제294조의3 제1항) 법원의 판결은 반드시 공개해야 한다.

재판의 공개는 재판이 단순히 국가 형벌권이나 권력의 도구로 작용하는 것을 막고, 재판을 동시대인의 여론의 감시 하에 놓이게 함으로써 사법권의 남용을 견제하고자 하는 데 있다. 재판을 공개한 목적을 법관의 자의적 권한 행사에 대한 억제와 일반 공중의 참여를 통한 민주주의 실현이라는 쪽에 둔다면 재판의 공개의 핵심은 심리와 선고 시 법정 방청권의 보장을 넘어 재판의 모든 것이 담겨 있는 법원의 재판기록(court records)에 대한 일반 공중의 접근을 허용함에 있다.[125]

---

123) [행정안전부 09-19651, 2010. 3. 2, 서울특별시] 'ㅇㅇ소방재난본부에서 작성한 ㅇㅇ구 ㅇㅇ동 ㅇㅇㅇㅇ 성인나이트클럽 화재 종합보고서', 'ㅇㅇ소방서에서 작성한 ㅇㅇㅇㅇ 성인나이트클럽 화재방어검토회의 서류', 'ㅇㅇ동화재 무전기 녹취록'의 정보들은 '진행 중인 재판에 관련된 정보'에 해당하고 공개될 경우 진행 중인 재판의 심리 또는 재판결과에 영향을 미칠 구체적 위험성이 있는 정보에 해당된다고 할 수 없다고 한 사례; [노동부 09-16813, 2010. 2. 2, 대구지방노동청안동지청장, 인용]도 같은 취지이다.

124) 대법원 2013. 2. 14. 선고 2011두9430 판결, 4대강 종합정비기본계획 및 하천공사시행계획 취소 등의 소(위 계획 등에 환경영향평가법 등 관계 법령을 위반한 흠, 홍수예방, 생태계에 미치는 영향 등에 관한 이익형량을 위반하여 재량권을 일탈, 남용한 흠 등이 있음을 주된 이유로 하여 위 계획 등의 취소를 구하는 소)가 제기되어 현재 진행 중인 사실은 인정되나, 4대강 정비사업에 포함된 영산강 살리기 사업 중 특정한 2개 공구의 입찰공고에 명시된 추정금액의 산출근거에 해당하는 이 사건 정보가 공개된다고 하여 진행 중인 위 재판의 공정성 및 독립성을 침해한다거나 그 심리 또는 재판결과에 영향을 미칠 구체적인 위험성이 있다고 볼 수 없다고 한 사례.

125) 설민수, 앞의 논문, 7쪽.

법정의 질서유지는 재판장이 행하는데, 재판장은 법정의 존엄과 질서를 해할 우려가 있는 자의 입정금지 또는 퇴정을 명하거나 기타 법정의 질서유지에 필요한 명령을 발할 수 있다(법원조직법 제58조 제1항·제2항). 누구든지 법정 안에서는 재판장의 허가 없이 녹화·촬영·중계방송 등의 행위를 하지 못한다(같은 법 제59조). 심판의 합의는 공개하지 아니한다(같은 법 제65조).

특히 가정보호사건을 심리할 때 판사는 사생활 보호나 가정의 평화와 안정을 위하여 필요하거나 선량한 풍속을 해칠 우려가 있다고 인정하는 경우에는 결정으로 심리를 공개하지 아니할 수 있고, 증인으로 소환된 피해자 또는 가정구성원은 사생활 보호나 가정의 평화와 안정의 회복을 이유로 하여 판사에게 증인신문의 비공개를 신청할 수 있다(가정폭력범죄의 처벌 등에 관한 특례법 제32조).

3. 형사소송에서 서류 공개

(1) 법원은 2003년경부터 공판중심주의적 재판 진행을 내용으로 하는 새로운 형사재판 운영방식을 시행하고 있다. 이로 인해 종래의 증거 일괄제출방식을 지양하고, 공소장일본주의와 형사소송법상의 증거신청절차에 부합하는 증거제출방식 이른바 증거분리제출방식이 일반화하기 시작함에 따라 2007년 형사소송법[126]을 개정했다.[127]

개정 형사소송법은 형사절차에 있어서 피고인 및 피의자의 권익을 보장하기 위하여 인신구속제도 및 방어권보장제도를 합리적으로 개선하고, 공판중심주의적 법정심리절차를 도입하며, 국민의 알권리 보장 및 사법에 대한 국민의 신뢰를 높이기 위하여 형사재판기록의 공개범위를 확대하는 내용, 즉 재판확정기록의 열람·등사권(제59조의2 신설), 증거개시제도 등 공판중심주의적 법정심리절차의 도입(제266조의3부터 제266조의16, 제294조의4 등 신설) 등을 도입했다.

(2) 형사소송에 관한 서류는 공판의 개정 전에는 공익상 필요 기타 상당한 이유가 없

---

126) [시행 2008. 1. 1.] [법률 제8496호, 2007. 6. 1, 일부개정]
127) 장승혁,「형사소송법상 수사기록 열람·등사와 관련한 법률적 쟁점」,『우리법연구회 논문집』제6집(2010), 우리법연구회, 319~355쪽; 조기영,「피의자의 열람·등사권」,『형사법연구』제20권 제3호(통권 제36호), 한국형사법학회, 2008, 150~166쪽 등 참조.

으면 공개하지 못한다(형사소송법 제47조).

그런데 형사소송법 제47조의 입법목적은, 형사소송에 있어서 유죄의 판결이 확정될 때까지는 무죄로 추정받아야 할 피의자가 수사단계에서의 수사서류 공개로 말미암아 그의 기본권이 침해되는 것을 방지하고자 함에 목적이 있는 것이지 구속적부심사를 포함하는 형사소송절차에서 피의자의 방어권 행사를 제한하려는 데 그 목적이 있는 것은 원래가 아니므로 이 규정이 구속적부심사단계에서 변호인이 고소장과 피의자신문조서를 열람하여 피구속자의 방어권을 조력하는 것까지를 일체 금지하는 것은 아니다. 변호인에게 고소장과 피의자신문조서에 대한 열람 및 등사를 거부한 경찰서장의 정보비공개 결정은 변호인의 피구속자를 조력할 권리 및 알권리를 침해하여 헌법에 위반된다.[128]

(3) 공소제기 후 검사가 보관하고 있는 서류 등에 관하여, 피고인 또는 변호인은 검사에게 공소제기 된 사건에 관한 서류 또는 물건의 목록과 공소사실의 인정 또는 양형에 영향을 미칠 수 있는 검사가 증거로 신청할 서류 또는 물건과 그 증명력과 관련된 서류 또는 물건, 검사가 증인으로 신청할 사람의 성명·사건과의 관계 등을 기재한 서면 또는 그 사람이 공판기일 전에 행한 진술을 기재한 서류 또는 물건과 그 증명력과 관련된 서류 또는 물건, 피고인 또는 변호인이 행한 법률상·사실상 주장과 관련된 서류 또는 물건(관련 형사재판확정기록, 불기소처분기록 등을 포함한다)의 교부를 신청할 수 있다(형사소송법 제266조의3 제1항). 여기에는 도면·사진·녹음테이프·비디오테이프·컴퓨터용 디스크, 그 밖에 정보를 담기 위하여 만들어진 물건으로서 문서가 아닌 특수매체를 포함한다(같은 법 제266조의3 제6항). 다만, 피고인에게 변호인이 있는 경우에는 피고인은 열람만을 신청할 수 있다.

검사는 국가안보, 증인보호의 필요성, 증거인멸의 염려, 관련 사건의 수사에 장애를 가져올 것으로 예상되는 구체적인 사유 등 열람·등사 또는 서면의 교부를 허용하지 아니할 상당한 이유가 있다고 인정하는 때에는 열람·등사 또는 서면의 교부를 거부하거나 그 범위를 제한할 수 있으나 서류 또는 물건의 목록에 대해서는 열람 또는 등사를 거부할 수 없다(같은 법 제266조의3 제2항·제5항). 만약 검사가 열람·등사 또는 서면의 교부를 거부하거나 그 범위를 제한하는 때에는 지체 없이 그 이유를 서면으로 통지해야 한

---

128) 대법원 2006. 5. 25. 선고 2006두3049 판결, 대법원 2004. 11. 25. 선고 2003두9794 판결.

다(같은 법 제266조의3 제3항).

검사가 열람 또는 등사의 신청을 받은 때부터 48시간 이내에 통지를 하지 아니하는 때 및 검사가 서류 또는 물건의 열람·등사 또는 서면의 교부를 거부하거나 그 범위를 제한한 때에는 피고인 또는 변호인은 법원에 그 서류나 물건의 열람·등사 또는 서면의 교부를 허용하도록 할 것을 신청할 수 있다(같은 법 제266조의3 제4항, 제266조의4 제1항). 법원은 열람·등사 또는 서면의 교부를 허용하는 경우에 생길 폐해의 유형·정도, 피고 인의 방어 또는 재판의 신속한 진행을 위한 필요성 및 해당 서류 등의 중요성 등을 고려 하여 검사에게 열람·등사 또는 서면의 교부를 허용할 것을 명할 수 있고(같은 법 제266조 의4 제2항) 열람 또는 등사의 시기·방법을 지정하거나 조건·의무를 부과할 수도 있다.

검사가 열람·등사 또는 서면의 교부에 관한 법원의 결정을 지체 없이 이행하지 아니하는 때에는 해당 증인 및 서류 등에 대한 증거신청을 할 수 없다(같은 법 제266조의4 제5항).[129]

반면 검사도 피고인 또는 변호인이 공판기일 또는 공판준비절차에서 현장부재·심신 상실 또는 심신미약 등 법률상·사실상의 주장을 한 때에는 피고인 또는 변호인에게 피고인 또는 변호인이 증거로 신청할 서류 또는 물건과 그 증명력과 관련된 서류 또는 물건, 피고인 또는 변호인이 증인으로 신청할 사람의 성명, 사건과의 관계 등을 기재한 서면과 그 증명력과 관련된 서류 또는 물건, 피고인 또는 변호인이 행한 법률상·사실상의 주장과 관련된 서류 또는 물건 등의 열람·등사 또는 서면의 교부를 요구할 수 있다(같은 법 제266조의11 제1항).

피고인 또는 변호인이나 피고인 또는 변호인이었던 자는 검사가 열람 또는 등사하도록 한 서면 및 서류 등의 사본을 해당 사건 또는 관련 소송의 준비에 사용할 목적이 아닌 다른 목적으로 다른 사람에게 교부 또는 제시하거나 전기통신설비를 이용하여 제공해서는 안 되고 이를 위반하는 때에는 1년 이하의 징역 또는 500만 원 이하의 벌금에 처한다(같은 법 제266조의16 제1항).

---

129) 헌법재판소 2010. 6. 24. 선고 2009헌마257 결정, 법원의 열람·등사 허용 결정에도 불구하고 검사가 이를 신속하 게 이행하지 아니하는 경우에는 해당 증인 및 서류 등을 증거로 신청할 수 없는 불이익을 받는 것에 그치는 것이 아니라, 그러한 검사의 거부행위는 피고인의 열람·등사권을 침해하고, 나아가 피고인의 신속·공정한 재판을 받을 권리 및 변호인의 조력을 받을 권리까지 침해하게 되는 것이고, 수사서류에 대한 법원의 열람·등사 허용 결정이 있음에도 검사가 열람·등사를 거부하는 경우 수사서류 각각에 대하여 검사가 열람·등사를 거부할 정당한 사유가 있는지를 심사할 필요 없이 그 거부행위 자체로써 청구인들의 기본권을 침해한다고 한 사례.

(4) 한편 소송계속 중인 사건의 피해자(피해자가 사망하거나 그 심신에 중대한 장애가 있는 경우에는 그 배우자·직계친족 및 형제자매를 포함한다), 피해자 본인의 법정대리인 또는 이들로부터 위임을 받은 피해자 본인의 배우자·직계친족·형제자매·변호사는 소송기록의 열람 또는 등사를 재판장에게 신청할 수 있다(같은 법 제294조의4 제1항).

재판장은 소송기록의 열람 또는 등사의 신청이 있는 때에는 지체 없이 검사, 피고인 또는 변호인에게 그 취지를 통지해야 한다(같은 법 제294조의4 제2항). 재판장은 피해자 등의 권리구제를 위하여 필요하다고 인정하거나 그 밖의 정당한 사유가 있는 경우 범죄의 성질, 심리의 상황, 그 밖의 사정을 고려하여 상당하다고 인정하는 때에는 열람 또는 등사를 허가할 수 있고 이때 등사한 소송기록의 사용목적을 제한하거나 적당하다고 인정하는 조건을 붙일 수 있다(같은 법 제294조의4 제3항·제4항). 이 재판에 대해서는 불복할 수 없다(같은 법 제294조의4 제6항).

소송기록을 열람 또는 등사한 자는 열람 또는 등사에 의하여 알게 된 사항을 사용함에 있어서 부당히 관계인의 명예나 생활의 평온을 해하거나 수사와 재판에 지장을 주지 아니하도록 해야 한다(같은 법 제294조의4 제5항).

4. 형사확정기록의 경우

(1) 형사재판이 확정된 경우 재판의 집행은 원칙적으로 그 재판을 한 법원에 대응한 검찰청 검사가 지휘한다(같은 법 제460조 제1항).

형사사건에 관한 소송기록의 보관은 형사사건에 관한 소송종결 후에 있어서 재판의 집행지휘 기타 검사 사무의 적정하고 원활한 수행의 확보를 주된 목적으로 하는 것이어서 법원이 아닌 검찰청에서 보관한다. 재판의 집행지휘, 형의 집행정지, 형의 집행유예 취소청구 등의 사무는 제1심 법원에 대응하는 검찰청의 검사가 행하는 것이 원칙이고 그 열람에 관해서도 제1심 법원에 대응하는 검찰청에서 하는 것이 국민들의 편익에도 낫다는 것이다.[130]

확정된 형사기록의 열람·등사에 관하여는 종전에는 형사소송법 등에 특별한 규정이 없었다. 그렇지만 형사확정소송기록에 대하여 이를 국민이나 사건당사자에게 공개

---

130) 行政管理研究センター 編集, 앞의 책, 52쪽.

할 것인지에 관하여는, 명문의 법률규정이 없다고 하여도 헌법 제21조의 해석상 표현의 자유에 포함되는 알권리의 기본권보장법리에 의하여 확정된 형사확정소송기록에 대한 열람이나 복사는 원칙적으로 정당한 이익이 있는 국민에게 인정되었다.[131] 따라서 피고인이었던 자가 자신의 형사피고사건이 확정된 후 그 소송기록에 대하여 열람·복사를 요구하는 것은 특별한 사정이 없는 한 원칙적으로 허용되며, 특히 자신의 진술에 기초하여 작성된 문서나 자신이 작성·제출했던 자료 등의 열람이나 복사는 제한되어야 할 아무런 이유가 없다.

다만, 형사사건이 가지는 특수성에 비추어볼 때 모든 사건에 대해 누구나 항상 형사확정소송기록을 열람하거나 복사할 수 있다고 한다면 국가안전보장, 질서유지, 공공복리의 보호이익과 충돌되는 경우가 있을 수 있고 또는 사건에 직접·간접으로 관계를 가지고 있는 피의자, 피고인, 고소인이나 참고인, 증인, 감정인 등의 명예나 인격, 사생활의 비밀, 생명·신체의 안전과 평온 등 기본권 보호에 충실하지 못하게 되는 경우가 있을 수 있기 때문에 이들 기본권이 다 같이 존중될 수 있도록 상호 조화점을 구하지 않으면 안 된다. 또한 형사확정소송기록의 공개에 있어서는 위와 같은 사정 외에도 그 재판이 국가적 또는 사회적 법익의 보호를 위하여 비공개로 진행되었던 경우에는 추후에 사정변경이 있는지의 여부가 고려되어야 할 것이며, 해당 사건의 피고인의 반사회성 교정 및 정상적인 사회인으로 순조롭게 복귀하는 교화갱생의 면에 있어서 장애사유가 되는지의 여부도 검토되어야 한다.

(2) 한편 2007년 6월 1일 법률 제8496호로 개정되어 2008년 1월 1일부터 시행되고 있는 개정 형사소송법은 제59조의2를 신설하여 누구든지 권리구제·학술연구 또는 공익적 목적으로 재판이 확정된 사건의 소송기록을 보관하고 있는 검찰청에 그 소송기록의 열람 또는 등사를 신청할 수 있도록 하고 있다(같은 조 제1항).

다만, 검사는 ① 심리가 비공개로 진행된 경우 ② 소송기록의 공개로 인하여 국가의 안전보장, 선량한 풍속, 공공의 질서유지 또는 공공복리를 현저히 해할 우려가 있는 경우 ③ 소송기록의 공개로 인하여 사건관계인의 명예나 사생활의 비밀 또는 생명·신체

---

131) 헌법재판소 1991. 5. 13. 선고 90헌마133 결정, 검사가 확정된 형사소송기록의 일부인 수사기록에 대한 복사신청에 대하여 이를 거부한 행위는 피고인의 알권리를 침해한 것이므로 이를 취소한다고 한 사례.

의 안전이나 생활의 평온을 현저히 해할 우려가 있는 경우 ④ 소송기록의 공개로 인하여 공범관계에 있는 자 등의 증거인멸 또는 도주를 용이하게 하거나 관련 사건의 재판에 중대한 영향을 초래할 우려가 있는 경우 ⑤ 소송기록의 공개로 인하여 피고인의 개선이나 갱생에 현저한 지장을 초래할 우려가 있는 경우 ⑥ 소송기록의 공개로 인하여 사건관계인의 영업비밀(부정경쟁방지 및 영업비밀보호에 관한 법률 제2조 제2호의 영업비밀을 말한다)이 현저하게 침해될 우려가 있는 경우 ⑦ 소송기록의 공개에 대하여 해당 소송관계인이 동의하지 아니하는 경우의 어느 하나에 해당하는 경우에는 소송기록의 전부 또는 일부의 열람 또는 등사를 제한할 수 있으나 소송관계인이나 이해관계 있는 제3자가 열람 또는 등사에 관하여 정당한 사유가 있다고 인정되는 경우에는 이를 제한할 수 없다(같은 법 제59조의2 제1항). 검사는 소송기록의 보존을 위하여 필요하다고 인정하는 경우에는 그 소송기록의 등본을 열람 또는 등사하게 할 수 있고(같은 법 제59조의2 제4항) 소송기록의 열람 또는 등사를 제한하는 경우에는 신청인에게 그 사유를 명시하여 통지해야 한다(같은 법 제59조의2 제3항).

소송기록을 열람 또는 등사한 자는 열람 또는 등사에 의하여 알게 된 사항을 이용하여 공공의 질서 또는 선량한 풍속을 해하거나 피고인의 개선 및 갱생을 방해하거나 사건관계인의 명예 또는 생활의 평온을 해하는 행위를 해서는 안 된다(같은 법 제59조의2 제5항).

소송기록의 열람 또는 등사를 신청한 자가 열람 또는 등사에 관한 검사의 처분에 불복하는 경우에는 해당 기록을 보관하고 있는 검찰청에 대응한 법원에 그 처분의 취소 또는 변경을 서면으로 신청할 수 있다(같은 법 제59조의2 제7항, 제418조).

(3) 누구든지 판결이 확정된 사건의 판결서 또는 그 등본, 증거목록 또는 그 등본, 그 밖에 검사나 피고인 또는 변호인이 법원에 제출한 서류·물건의 명칭·목록 또는 이에 해당하는 정보를 보관하는 법원에서 해당 판결서 등을 열람 및 복사(인터넷, 그 밖의 전산정보처리시스템을 통한 전자적 방법을 포함한다)할 수 있다(같은 법 제59조의3 제1항).

그런데 ① 심리가 비공개로 진행된 경우 ② 소년법 제2조에 따른 소년에 관한 사건인 경우 ③ 공범관계에 있는 자 등의 증거인멸 또는 도주를 용이하게 하거나 관련사건의 재판에 중대한 영향을 초래할 우려가 있는 경우 ④ 국가의 안전보장을 현저히 해할 우려가 명백하게 있는 경우 ⑤ 형사소송법 제59조의2 제2항 제3호 또는 제6호의 사유가 있는 경우로서 소송관계인의 신청이 있는 경우에는 판결서 등의 열람 및 복사를 제한할 수 있다(같은 법 제59조의3 제1항 단서).

그러나 이에 불구하고 열람 및 복사에 관하여 정당한 사유가 있는 소송관계인이나 이해관계 있는 제3자는 법원의 법원사무관 등이나 그 밖의 법원공무원에게 판결서 등의 열람 및 복사를 신청할 수 있고(같은 법 제59조의3 제4항), 법원사무관 등이나 그 밖의 법원공무원의 열람 및 복사에 관한 처분에 불복하는 경우에는 법원에 처분의 취소 또는 변경을 신청할 수 있다.

소송기록의 열람 또는 등사를 신청한 자는 열람 또는 등사에 관한 검사의 처분에 불복하는 경우에는 해당 기록을 보관하고 있는 검찰청에 대응한 법원에 그 처분의 취소 또는 변경을 서면으로 신청할 수 있다(같은 법 제59조의3 제5항, 제418조).

판결서 등의 열람 및 복사의 방법과 절차, 개인정보 보호조치의 방법과 절차, 그 밖에 필요한 사항은 대법원규칙으로 정하고 있다(같은 법 제59조의3 제6항).[132]

법원사무관 등이나 그 밖의 법원공무원은 열람 및 복사에 앞서 판결서 등에 기재된 성명 등 개인정보가 공개되지 아니하도록 대법원규칙으로 정하는 보호조치를 해야 하며, 개인정보 보호조치를 한 법원사무관 등이나 그 밖의 법원공무원은 고의 또는 중대한 과실로 인한 것이 아니면 열람 및 복사와 관련하여 민사상·형사상 책임을 지지 아니한다(같은 법 제59조의3 제2항·제3항).

5. 구속절차 및 구속적부심절차에서 수사기록의 열람 및 복사

피의자가 죄를 범했다고 의심할 만한 상당한 이유가 있고, 정당한 이유 없이 출석요구에 응하지 아니하거나 응하지 아니할 우려가 있는 때에는 검사는 관할 지방법원판사에게 청구하여 체포영장을 발부받아 피의자를 체포할 수 있고, 사법경찰관은 검사에게 신청하여 검사의 청구로 관할지방법원판사의 체포영장을 발부받아 피의자를 체포할 수 있다(같은 법 제200조의2 제1항).

또한 피의자가 죄를 범했다고 의심할 만한 상당한 이유가 있고 제70조 제1항 각 호의 1에 해당하는 사유가 있을 때에는 검사는 관할지방법원판사에게 청구하여 구속영장을

---

132) 형사 판결서 등의 열람 및 복사에 관한 규칙 [대법원규칙 제2440호, 2012. 12. 27. 제정, 2013. 1. 1. 시행]

받아 피의자를 구속할 수 있고 사법경찰관은 검사에게 신청하여 검사의 청구로 관할지방법원판사의 구속영장을 받아 피의자를 구속할 수 있다(같은 법 제201조 제1항). 청구를 받은 지방법원판사는 신속히 구속영장의 발부 여부를 결정해야 하고(같은 법 제201조 제3항), 상당하다고 인정할 때에는 구속영장을 발부한다(같은 법 제201조 제4항).

한편 체포 또는 구속된 피의자 또는 그 변호인, 법정대리인, 배우자, 직계친족, 형제자매나 가족, 동거인 또는 고용주는 관할법원에 체포 또는 구속의 적부심사를 청구할 수 있다(같은 법 제214조의2 제1항). 청구를 받은 법원은 청구서가 접수된 때부터 48시간 이내에 체포 또는 구속된 피의자를 심문하고 수사관계서류와 증거물을 조사하여 그 청구가 이유 없다고 인정한 때에는 결정으로 이를 기각하고, 이유 있다고 인정한 때에는 결정으로 체포 또는 구속된 피의자의 석방을 명해야 한다(같은 법 제214조의2 제4항).

이러한 구속영장청구에 의한 피의자심문절차와 구속영장 발부 후 구속의 적부심사를 위한 심문절차에서 피의자 또는 그의 변호인에게 수사기록 중 고소장과 피의자신문조서의 내용을 알권리 및 그 서류들을 열람·등사할 권리가 인정되는지를 살펴본다.

고소로 시작된 형사피의사건의 구속적부심절차에서 피구속자의 변호를 맡은 변호인으로서는 피구속자에 대한 고소장과 경찰의 피의자신문조서를 열람하여 그 내용을 제대로 파악하지 못한다면 피구속자가 무슨 혐의로 고소인의 공격을 받고 있는 것인지, 그리고 이와 관련하여 피구속자가 수사기관에서 무엇이라고 진술했는지, 그리고 어느 점에서 수사기관 등이 구속사유가 있다고 보았는지 등을 제대로 파악할 수 없게 되고 그 결과 구속적부심절차에서 피구속자를 충분히 조력할 수 없음이 사리상 명백하므로 위 서류들의 열람은 피구속자를 충분히 조력하기 위하여 변호인에게 반드시 보장되지 않으면 안 되는 핵심적 권리이며 변호인은 고소장과 피의자신문조서의 내용을 알권리가 있다.[133]

따라서 피의자 심문에 참여할 변호인은 지방법원 판사에게 제출된 구속영장청구서 및 그에 첨부된 고소·고발장, 피의자의 진술을 기재한 서류와 피의자가 제출한 서류를 열람할 수 있고 판사는 그 일시, 장소를 지정할 수 있으며(형사소송규칙 제96조의21 제1항·제3항), 이는 체포·구속의 적부심사를 청구한 피의자의 변호인에게도 준용된다(같

---

133) 헌법재판소 2003. 3. 27. 선고 2000헌마474 결정, 검사가 피의자의 변호인에 대하여 한 고소장 및 피의자신문조서에 대한 정보비공개 결정은 변호인의 변호권과 알권리를 침해한 것으로 위헌임을 확인한다고 한 사례.

은 규칙 제104조의2). 다만, 검사는 증거인멸 또는 피의자나 공범 관계에 있는 자가 도망할 염려가 있는 등 수사에 방해가 될 염려가 있는 때에는 지방법원 판사에게 위와 같은 서류(구속영장청구서는 제외한다)의 열람 제한에 관한 의견을 제출할 수 있고, 지방법원 판사는 검사의 의견이 상당하다고 인정하는 때에는 그 전부 또는 일부의 열람을 제한할 수 있다(같은 규칙 제96조의21 제2항).

구속영장이 청구되거나 체포 또는 구속된 피의자, 그 변호인, 법정대리인, 배우자, 직계친족, 형제자매나 동거인 또는 고용주는 긴급체포서, 현행범인체포서, 체포영장, 구속영장 또는 그 청구서를 보관하고 있는 검사, 사법경찰관 또는 법원사무관 등에게 그 등본의 교부를 청구할 수 있다(같은 규칙 제101조).

6. 재정신청절차에서 서류 공개

고소권자로서 고소를 한 자(형법 제123조부터 제126조까지의 죄에 대해서는 고발을 한 자를 포함한다)는 검사로부터 공소를 제기하지 아니한다는 통지를 받은 때에는 그 검사 소속의 지방검찰청 소재지를 관할하는 고등법원에 그 당부에 관한 재정을 신청할 수 있다(형사소송법 제260조 제1항). 다만, 형법 제126조(피의사실공표죄)의 죄에 대해서는 피공표자가 명시한 의사에 반하여 재정을 신청할 수 없다.

재정신청을 하려면 검찰청법 제10조에 따른 항고를 거쳐야 하나 항고 이후 재기수사가 이루어진 다음에 다시 공소를 제기하지 아니한다는 통지를 받은 경우와 항고 신청 후 항고에 대한 처분이 행해지지 아니하고 3개월이 경과한 경우, 검사가 공소시효 만료일 30일 전까지 공소를 제기하지 아니하는 경우에는 항고를 거치지 아니하고 직접 관할 법원에 재정신청을 할 수 있다(같은 법 제260조 제2항).

재정신청사건의 심리 중에는 관련 서류 및 증거물을 열람 또는 등사할 수 없으나 법원은 필요한 때에는 증거를 조사할 수 있는데 이러한 증거조사과정에서 작성된 서류의 전부 또는 일부의 열람 또는 등사를 허가할 수 있다(같은 법 제262조의2).

7. 민사소송에서 소송기록의 열람 및 복사

(1) 민사소송에 관하여도 당사자나 이해관계를 소명한 제3자는 대법원규칙이 정하

는 바에 따라 소송기록의 열람·복사, 재판서·조서의 정본·등본·초본의 교부 또는 소송에 관한 사항의 증명서의 교부를 법원사무관 등에게 신청할 수 있다(민사소송법 제162조 제1항).

민사소송법 제162조 제1항 중 '소송기록의 열람·복사 등에 관한 사항'은 법률로서 그 내용이 정보공개의 대상 및 범위, 정보공개의 절차, 비공개 대상 정보 등에 관하여 정보공개법과 달리 규정하고 있는 것이라고 할 것이므로, 정보공개법 제4조 제1항에 따른 '다른 법률에 특별한 규정이 있는 경우'에 해당하나,[134] 민사소송법 제499조에 따른 판결확정증명서, 같은 법 제502조 제3항에 따른 담보의 제공 또는 공탁 증명서 등 같은 법 제162조 제1항에 따른 소송에 관한 사항의 증명서는 당사자 또는 이해관계를 소명한 제3자가 신청한 경우에 비로소 만들어지는 문서라고 할 것이므로, 정보공개법의 적용 제외 대상이 되는 정보라고 볼 수는 없다.[135]

소송 당사자가 아니더라도 누구든지 공개를 금지한 변론에 관련된 소송기록이 아니면 권리구제·학술연구 또는 공익적 목적으로 대법원규칙으로 정하는 바에 따라 법원사무관 등에게 재판이 확정된 소송기록의 열람을 신청할 수 있으나 열람 신청 시 해당 소송관계인이 동의하지 아니하는 경우에는 열람할 수 없다(같은 법 제162조 제2항·제3항). 소송기록을 열람·복사한 사람은 열람·복사에 의하여 알게 된 사항을 이용하여 공공의 질서 또는 선량한 풍속을 해하거나 관계인의 명예 또는 생활의 평온을 해하는 행위를 해서는 안 된다(같은 법 제162조 제4항).

민사소송법 제162조 제2항도 법률로서 그 내용이 정보공개의 대상 및 범위, 정보공개의 절차, 비공개 대상 정보 등에 관하여 정보공개법과 달리 규정하고 있는 것이라고 할 것이므로, 정보공개법 제4조 제1항에 따른 '다른 법률에 특별한 규정이 있는 경우'에 해당한다.

그런데 2015년 1월 1일부터는 민사소송법 제162조에도 불구하고 누구든지 판결이 확정된 사건의 판결서(소액사건심판법이 적용되는 사건의 판결서와 상고심절차에 관한 특례법 제4조 및 민사소송법 제429조 본문[136]에 따른 판결서는 제외한다)를 인터넷, 그 밖의 전산정보

---

134) 대법원 2014. 4. 10. 선고 2012두17384 판결.
135) [법제처 11-0457, 2011. 8. 19, 행정안전부]
136) 제429조(상고이유서를 제출하지 아니함으로 말미암은 상고기각) 상고인이 제427조의 규정을 어기어 상고이유서를 제출하지 아니한 때에는 상고법원은 변론 없이 판결로 상고를 기각해야 한다. 다만, 직권으로 조사해야 할 사유가 있는 때에는 그러하지 아니하다.

처리시스템을 통한 전자적 방법 등으로 열람 및 복사할 수 있다(민사소송법 제163조의2 제1항). 다만, 변론의 공개를 금지한 사건의 판결서로서 대법원규칙으로 정하는 경우에는 열람 및 복사를 전부 또는 일부 제한할 수 있다. 법원사무관 등이나 그 밖의 법원공무원은 열람 및 복사에 앞서 판결서에 기재된 성명 등 개인정보가 공개되지 아니하도록 대법원규칙으로 정하는 보호조치를 해야 하고(같은 법 제163조의2 제2항), 개인정보 보호조치를 한 법원사무관 등이나 그 밖의 법원공무원은 고의 또는 중대한 과실로 인한 것이 아니면 열람 및 복사와 관련하여 민사상·형사상 책임을 지지 아니한다(같은 법 제163조의2 제3항).

(2) 한편 민사소송 과정에서 비밀보호를 위해 소송기록 중에 당사자의 사생활에 관한 중대한 비밀이 적혀 있고, 제3자에게 비밀 기재부분의 열람 등을 허용하면 당사자의 사회생활에 지장이 클 우려가 있는 때와 소송기록 중에 당사자가 가지는 영업비밀(부정경쟁방지 및 영업비밀보호에 관한 법률 제2조 제2호에 규정된 영업비밀을 말한다)이 적혀 있는 때에 해당한다는 소명이 있는 경우에는 법원은 당사자의 신청에 따라 결정으로 소송기록 중 비밀이 적혀 있는 부분의 열람·복사, 재판서·조서중 비밀이 적혀 있는 부분의 정본·등본·초본의 교부를 신청할 수 있는 자를 당사자로 한정할 수 있다(민사소송법 제163조 제1항).[137]

당사자의 신청이 있는 경우에는 그 신청에 관한 재판이 확정될 때까지 제3자는 비밀 기재부분의 열람 등을 신청할 수 없다(같은 법 제163조 제2항). 신청을 기각한 결정에 대해서는 즉시항고를 할 수 있다(같은 법 제163조 제4항).

(3) 그런데 법원으로부터 비공개 대상 정보를 제출하는 명령을 받은 경우에 공공기관은 그 제출을 거부할 수 있을까가 문제된다.

미국 연방민사소송규칙에서는 증거개시(discovery)가 널리 인정되어 있으나 비밀을 포함한 경우에는 법원에 문서의 봉인을 신청할 수 있고 이에 판사가 상당하다고 판단하면 문서는 봉인되고 변호사라도 그것을 공표하는 것은 허용되지 않는다. 이것은 공개하지 않을 수 있는 문서라도 제출을 거부할 수는 없다는 것으로서 문서의 제출과 문서의

---

137) 비밀보호를 위한 열람 등의 제한 예규 [시행 2004. 9. 1] [대법원재판예규 제966호, 2004. 8. 20, 제정]

공개는 분리 가능하다는 것을 시사한다.

일본에서는 1996년 민사소송법 개정을 통해 제223조 제3항에서 법원은 문서제출의무에 관하여 판단할 필요가 있으면 문서를 제출시켜 인 카메라로 판단할 수 있도록 했다.[138] 다만, 공무원의 직무상 비밀에 관한 문서로서 그 제출에 의해 공공의 이익을 해하거나 또는 공무수행에 현저히 지장을 초래할 우려가 있는지에 관해서는 해당 감독관청의 의견을 듣도록 하면서 해당 감독관청으로 하여금 국가의 안전이 해할 우려가 있고 다른 국가나 국제기관과의 신뢰관계가 손상될 우려 또는 다른 국가나 국제기관과의 교섭상 불이익을 받을 우려, 범죄의 예방, 진압 또는 수사, 공소의 유지, 형의 집행이 기타 다른 공공의 안전과 질서유지에 지장을 초래할 우려가 있다는 사실을 소명케 하고 있다. 법원에 제출된 문서에 대해서는 누구라도 그 공개를 청구할 수 없으나 제출된 문서를 봉인하는 절차는 취해지지 않는다. 때문에 문서제출명령에 따라 제출된 문서는 공개 법정에서 서증(書證)으로 공개된다.

우리나라 민사소송법은 당사자가 서증을 신청하고자 하는 때에는 문서를 제출하는 방식 또는 문서를 가진 사람에게 그것을 제출하도록 명할 것을 신청하는 방식으로 하고 있다(민사소송법 제343조).

당사자가 소송에서 인용한 문서를 가지고 있는 때, 신청자가 문서를 가지고 있는 사람에게 그것을 넘겨달라고 하거나 보겠다고 요구할 수 있는 사법상의 권리를 가지고 있는 때, 문서가 신청자의 이익을 위하여 작성되었거나, 신청자와 문서를 가지고 있는 사람 사이의 법률관계에 관하여 작성된 문서를 가지고 있는 사람은 그 제출을 거부하지 못한다(같은 법 제344조 제1항). 따라서 피고가 소송에서 인용한 문서가 공무원이 그 직무와 관련하여 보관하거나 가지고 있는 문서로서 정보공개법 제9조에서 정하고 있는 비공개 대상 정보에 해당한다고 하더라도, 특별한 사정이 없는 한 그에 관한 문서제출의무를 면할 수 없다.[139] 또한 위의 문서에 해당하지 아니한 문서라도 문서의 소지자는 원칙적으로 그 제출을 거부하지 못하나, 다만 '공무원 또는 공무원이었던 사람이 그 직무와 관련하여 보관하거나 가지고 있는 문서'는 예외적으로 제출을 거부할 수 있다

---

138) 일본에서의 문서제출명령과 정보공개에 관해서는 大阪弁護士会情報問題対策委員会 編, 『実例でみる公文書の訴訟活用術 —文書提出命令と情報公開』, 大阪弁護士協同組合, 2005 참조.

139) 대법원 2011. 7. 6. 자 2010마1659 결정, 정보공개법 제9조 제1항 단서의 비공개 사유가 있어도 문서제출의무를 면할 수 없다고 한 사례.

(같은 법 제344조 제2항). 여기서 말하는 '공무원 또는 공무원이었던 사람이 그 직무와 관련하여 보관하거나 가지고 있는 문서'는 국가기관이 보유·관리하는 공문서를 의미한다고 할 것이고, 이러한 공문서의 공개에 관하여는 정보공개법에서 정한 절차와 방법에 의해야 한다.[140]

문서제출신청을 위하여 필요하다고 인정하는 경우에는, 법원은 신청대상이 되는 문서의 취지나 그 문서로 증명할 사실을 개괄적으로 표시한 당사자의 신청에 따라, 상대방 당사자에게 신청내용과 관련하여 가지고 있는 문서 또는 신청내용과 관련하여 서증으로 제출할 문서에 관하여 그 표시와 취지 등을 적어 내도록 명할 수 있고(같은 법 제346조), 문서제출신청에 정당한 이유가 있다고 인정한 때에는 결정으로 문서를 가진 사람에게 그 제출을 명할 수 있다(같은 법 제347조 제1항).

그러나 대통령·국회의장·대법원장 및 헌법재판소장 또는 그 직책에 있었던 사람을 증인으로 하여 직무상 비밀에 관한 사항을 신문할 경우에는 그의 동의를 받아야 하며(같은 법 제304조), 국회의원 또는 그 직책에 있었던 사람을 증인으로 하여 직무상 비밀에 관한 사항을 신문할 경우에는 국회의 동의를 받아야 하고(같은 법 제305조 제1항), 국무총리·국무위원 또는 그 직책에 있었던 사람을 증인으로 하여 직무상 비밀에 관한 사항을 신문할 경우에 법원은 국무회의의 동의를 받아야 하며(같은 법 제305조 제2항), 그 외의 공무원 또는 공무원이었던 사람을 증인으로 하여 직무상 비밀에 관한 사항을 신문할 경우에 그 소속관청 또는 감독관청의 동의를 받아야 하는데(같은 법 제306조) 이러한 경우에 직무상 비밀에 관한 사항이 적혀 있는 문서로서 동의를 받지 아니한 문서는 제출을 거부할 수 있다.

법원은 문서가 문서제출의무에 해당하는지를 판단하기 위하여 필요하다고 인정하는 때에는 문서를 가지고 있는 사람에게 그 문서를 제시하도록 명할 수 있다. 이 경우 법원은 그 문서를 다른 사람이 보도록 해서는 안 된다(같은 법 제347조 제4항).

문서제출의 신청에 관한 결정에 대해서는 즉시항고를 할 수 있고(같은 법 제348조), 당사자가 법원의 문서제출명령 및 문서제시명령에 따르지 아니한 때와 당사자가 상대방

---

140) 대법원 2010. 1. 19. 자 2008마546 결정. 신청인이 이 사건에서 제출을 신청한 문서는 재항고인 소속의 대전지방검찰청 공주지청 검사 등이 보관하고 있는 검찰인사명령서와 제3자에 대한 수사기록 또는 진정사건 기록으로서 모두 민사소송법 제344조 제1항 각호의 문서에는 해당되지 않고, 나아가 이들은 '공무원 또는 공무원이었던 사람이 그 직무와 관련하여 보관하거나 가지고 있는 문서'에 해당하므로, 피신청인으로서는 위 문서들의 제출을 거부할 수 있다고 한 사례.

의 사용을 방해할 목적으로 제출의무가 있는 문서를 훼손하여 버리거나 이를 사용할 수 없게 한 때에는, 법원은 그 문서의 기재에 대한 상대방의 주장을 진실한 것으로 인정할 수 있다(같은 법 제349조·제350조).

8. 가사소송에서 소송기록의 열람 및 복사

가정법원에서 처리 중이거나 처리한 사건에 관하여는 성명·연령·직업 및 용모 등을 볼 때 본인이 누구인지 미루어 짐작할 수 있는 정도의 사실이나 사진을 신문, 잡지, 그 밖의 출판물에 게재하거나 방송할 수 없다(가사소송법 제10조).

당사자나 이해관계를 소명한 제3자는 재판장의 허가를 받아 기록의 열람·복사, 재판서·조서의 정본(正本)·등본·초본의 발급, 소송에 관한 사항의 증명서 발급을 법원서기관, 법원사무관, 법원주사 또는 법원주사보에게 신청할 수 있다(같은 법 제10조의2). 재판장의 허가를 받지 못하면 가사소송기록을 열람하거나 복사할 수 없다.

9. 헌법재판기록의 열람 및 복사

헌법재판소의 심판확정기록의 열람·복사에 관하여는 누구든지 권리구제, 학술연구 또는 공익 목적으로 심판이 확정된 사건기록의 열람 또는 복사를 신청할 수 있다(헌법재판소법 제39조의2 제1항).

다만, 헌법재판소장은 변론이 비공개로 진행된 경우, 사건기록의 공개로 인하여 국가의 안전보장, 선량한 풍속, 공공의 질서유지나 공공복리를 현저히 침해할 우려가 있는 경우, 사건기록의 공개로 인하여 관계인의 명예, 사생활의 비밀, 영업비밀(부정경쟁방지 및 영업비밀보호에 관한 법률 제2조 제2호에 규정된 영업비밀을 말한다) 또는 생명·신체의 안전이나 생활의 평온을 현저히 침해할 우려가 있는 경우에는 사건기록을 열람하거나 복사하는 것을 제한할 수 있고 이 경우에는 신청인에게 그 사유를 명시하여 통지해야 한다(같은 법 제39조의2 제2항).

사건기록을 열람하거나 복사한 자는 열람 또는 복사를 통하여 알게 된 사항을 이용하여 공공의 질서 또는 선량한 풍속을 침해하거나 관계인의 명예 또는 생활의 평온을 훼손하는 행위를 해서는 안 된다(같은 법 제39조의2 제4항).

10. 변호사회의 사실조회

변호사법 제75조의2는 "지방변호사회는 회원인 변호사가 수임사건과 관련하여 공공기관에 조회하여 필요한 사항의 회신이나 보관 중인 문서의 등본 또는 사본의 송부를 신청하는 경우에는 그 신청이 적당하지 아니하다고 인정할 만한 특별한 사유가 있는 경우가 아니면 그 신청에 따라 공공기관에 이를 촉탁하고 회신 또는 송부 받은 결과물을 신청인에게 제시하여야 한다"고 규정하고 있다.

이러한 조회제도는 정보공개법에 기초한 공개 청구와는 다른 목적의 조회이기 때문에 지방변호사회로부터 정보의 조회를 요구받은 공공기관이 해당 정보를 제공할 것인가는 그것이 정보공개법에 따른 비공개 정보인지 여부와는 별도로 판단해야 한다. 다만 개인정보에 관해서는 프라이버시 권리보호의 관점에서 공공기관은 지방변호사회로부터 조회가 있더라도 함부로 개인정보를 제공하는 것에는 문제가 있을 수 있다.

11. 언론기관의 자료 제공 요구나 사실조회

언론은 공적인 관심사에 대하여 공익을 대변하며, 취재·보도·논평 또는 그 밖의 방법으로 민주적 여론 형성에 이바지함으로써 그 공적 임무를 수행한다(언론중재 및 피해구제 등에 관한 법률 제4조 제3항). 이를 위해 언론은 정보원(情報源)에 대하여 자유로이 접근할 권리와 그 취재한 정보를 자유로이 공표할 자유를 가지며 이러한 자유와 권리는 헌법과 법률에 의하지 아니하고는 제한받지 아니한다(같은 법 제3조 제3항·제4항).

언론기관으로부터 정보원에 대한 자유로운 접근을 요구받은 공공기관은 정보공개법 제9조 제1항 각 호의 비공개 대상 정보임을 이유로 이를 거부할 수 있을지가 문제되는데 민주적 여론 형성을 위한 언론기관의 역할은 매우 중하다고 보지 않을 수 없으나 현재의 정보공개법의 구조 하에서는 언론기관도 일반 국민과 다르지 않다. 하지만 공공기관은 공개 결정기간에 관계없이 최대한 신속하게 공개 여부를 결정할 필요가 있으며, 공개 대상 정보에 대해서는 즉시 공개함이 바람직할 것이다.

III. 범죄 예방에 관한 정보

(1) '범죄의 예방, 수사 등에 관한 사항으로서 공개될 경우 그 직무수행을 현저히 곤란하게 하는 정보'란 해당 정보가 공개될 경우 정보원, 정보수집 기법 등 정보수집 경로와 방법이 노출되어 장차 범죄 관련 정보를 수집하는 것이 현저하게 곤란해지거나, 그 불법행위의 방식이 정보 누출을 피하여 지능화되고 은밀해지게 되어, 향후 범죄의 예방 및 수사업무를 수행함에 있어 직접적이고 구체적으로 장애를 줄 위험성이 있고, 그 정도가 현저한 경우를 말한다.[141]

범죄 예방에 관한 정보에는 형사·공안사건의 범죄 예방 관련 정책 수립을 위한 내부 검토·의견 수렴·조정 중에 있는 사항, 범죄정보에 관한 사항, 수사지휘에 관한 사항이 포함될 것이다.[142]

법무부와 대검찰청, 경찰청은 범죄의 예방에 관한 정보에 관하여 보다 구체적으로 무기·화약·마약·독극물·방사성 물질 등의 제조·운반·관리체제에 관한 정보, 범죄목

---

141) 서울행정법원 2004. 2. 3. 선고 2002구합24499 판결(항소), 이 사건 각 정보는 검거된 남파간첩에 대한 수사 자료 등으로 구성되어 있으며, 이러한 정보가 그 정보수집과정에 공개되어서는 안 되는 은밀한 정보원이 존재한다거나 특수한 정보수집경로를 거친 것이 아닐 뿐 아니라 위 정보들이 공개된다고 하여 향후 남파간첩들의 범행이 지능화되고 은밀해져 그에 대한 피고의 정보수집활동을 현저하게 곤란하게 한다고 볼 수도 없으므로, 결국 이 사건 각 정보는 정보공개법 제7조 제1항 제4호 소정의 비공개 대상 정보에도 해당하지 아니한다고 한 사례이고,
서울행정법원 1999. 9. 1. 선고 99구1440 판결은 "원고와 이○○은 원고가 조직된 이래 수차례에 걸쳐 불법파업 및 폭력시위를 주도하여왔고, 피고는 적법한 치안정보활동 또는 위 불법파업 및 폭력시위의 예방, 그 수사활동의 일환으로 이들의 위와 같은 불법파업 및 시위상황에 관한 정보를 수집하여 시간적 순서에 따라 일자별로 서술하고, 이들에 대한 기본적인 인적사항을 부수적으로 첨가·기술하여 이 사건 정보를 작성했던 것인바, 이는 원고와 이○○의 범죄에 관련된 정보로서 이를 공개할 경우, 피고로서는 위 불법파업 및 시위에 대한 정보의 내용, 수집경로, 기법, 방법, 과정 등이 노출되어 향후 원고의 불법파업 및 시위의 예방, 진압, 가담자의 색출, 검거 등 수사, 이에 관한 정보의 수집에 막대한 지장을 초래하게 되고, 원고로서는 피고의 위와 같은 정보의 내용, 수집경로 등이 노출됨에 따라 향후 피고의 예방, 진압을 따돌리고, 정보수집 및 수사활동을 사전에 차단함으로써 손쉽게 불법파업 등을 벌일 수 있는 여건을 조성하는 등 피고의 범죄의 예방, 수사에 관한 직무수행을 현저히 곤란하게 하거나 곤란하게 한다고 인정할 만한 상당한 이유가 있으므로 이 사건 정보는 정보공개법 제7조 제1항 제4호 소정의 비공개 대상 정보에 해당한다 할 것이므로 이에 관한 원고의 위 주장도 이유 없다"라고 판시했다.

142) 일본 최고재판소 2009년(平成 21년) 7월 9일 선고 平19 行ヒ 270호 판결은 경찰청이 작성한 '출소자 입소죄명', '출소자의 출소사유의 종별', '출소정보 파일의 유효활용' 정보는 이것이 공개될 경우 출소자 자신이 출소정보 파일 기록에 적시된 대상자에 해당한다고 것을 보다 확실하게 판별할 수 있는 가능성이 있으며, 또한 출소정보 파일을 활용한 수사방법을 명백하게 밝히는 결과를 초래하기 때문에 경찰이 이를 비공개한 것은 정당하다고 한 사례이고, 일본 최고재판소 2007년(平成 19년) 5월 29일 판결은 경찰의 수사보상비 지급에 관한 정보가 공공의 안전에 관한 정보에 해당되느냐에 관하여 수사보상비에 관한 영수증의 기재가 공개될 경우 정보제공자에 대하여 그가 정보제공자라는 사실이 사건관계자 등에게 드러나게 될 것이라는 위험성이 있고, 그 결과 경찰은 사건관계자 등으로부터 수사협력을 받는 것이 곤란하게 될 가능성을 부인할 수 없으며, 또한 사건관계자 등에 있어서는 영수증의 기재 내용이나 그 필적 등을 통하여 영수증의 작성자를 쉽게 특정할 수 있는 가능성도 부정할 수 없으므로 범죄수사, 예방 등에 지장을 줄 우려가 있는 정보에 해당된다고 한 사례이다.

표가 되는 시설 등의 설계도·구조·경비에 관한 정보, 외국인 체류관리 업무, 출입국관련 사범 처리 업무, 동포 체류관리 업무, 국가를 당사자로 하는 소송 관련 정보보고, 검찰행정에 관한 종합계획 수립, 시행, 문제점 및 개선안 발굴에 관한 정보, 사면실시 계획, 사면대상자 선정 및 관련 자료, 형사사건의 분석 처리 및 보고, 공안 관계법령의 제·개정 타당성 검토 및 입안 정보, 공안사건(국회의원 체포·구금 동의요구)관련 형집행 및 압수물 처리 지휘·감독 관련 문서, 공안사건에 있어서 공공안전 위해요인 수집자료, 공안사건의 검찰사무보고 감독 및 정보보고, 공안사건에 있어서 무죄, 면소, 공소기각 등 사건 분석 처리에 관한 정보, 범죄인 인도청구 및 외국으로부터 범죄인 인도청구 접수 정보, 국제형사사건 관련 범죄정보 수집·분석 및 대책 정보, 국내에서의 지적재산권 침해사범 단속 및 대책 정보, 국제형사사법공조 및 외국정부에 의한 국제형사사법공조 정보, 주한미군지위협정 관련 미군 및 미군속사건 처리 자료, 인신매매 관련 국제수사공조 및 정보 공유, 인신매매 방지 위한 유관기관 회의 자료, 인신매매 방지 관련 국제수사공조 자료(대검찰청의 수사협조요청서, 유관기관 등의 수사자료 및 정보제공서, 수사공조서, 정책 건의 및 통보서, 정책회의 및 보고서), 국제수형자 이송 관련 국외이송 및 국내이송 정보, 외국인 범죄 통계 현황 및 대책 정보, 출국규제자(출국금지·정지자, 연장, 해제 요청자) 접수 문서 및 입력 자료, 출국규제자 관련 출입국정보시스템, 외국인 동향에 관한 주한외국공관원 등 접촉 관련 제도개선, 의견수렴 및 자료수집 사항, 전국 동향조사요원 정원 현황, 불법 체류외국인대책협의회 계획 수립 및 회의자료 내용, 외국국적동포 등 동포 관련 체류관리 지침 등으로 분류하고 있다.

그러나 검찰사무보고에 관한 사항이나 범죄정보에 관한 사항, 수사지휘에 관한 사항 등과 같이 비공개 대상 정보를 지나치게 추상적이며 포괄적으로 규정하고 있는 것은 문제가 아닐 수 없다.[143]

(2) 경찰관직무집행법은 경찰관은 국민의 생명·신체 및 재산의 보호, 범죄의 예방·진압 및 수사, 경비, 주요 인사 경호 및 대간첩·대테러 작전 수행, 치안정보의 수집·작성 및 배포, 교통 단속과 교통 위해의 방지, 외국 정부기관 및 국제기구와의 국제

---

143) 이구현, 앞의 책, 118쪽은 '모든' 범죄 관련 정보를 비공개한다고 할 것이 아니라 '수사목적을 위하여 수집된' 정보라는 형식으로 한정되어야 한다고 주장하고 있다.

협력, 그 밖에 공공의 안녕과 질서 유지의 직무를 수행한다고 규정하여(경찰관직무집행법 제2조) 범죄의 예방을 경찰관의 직무 중 하나로 명시하고 있다.

이에 따라 경찰관은 범죄행위가 목전에 행하여지려고 하고 있다고 인정될 때에는 이를 예방하기 위하여 관계인에게 필요한 경고를 하고, 그 행위로 인하여 사람의 생명·신체에 위해를 끼치거나 재산에 중대한 손해를 끼칠 우려가 있는 긴급한 경우에는 그 행위를 제지할 수 있다(같은 법 제6조 제1항).

(3) 학교폭력의 예방과 대책에 필요한 사항을 규정하고 있는 '학교폭력 예방 및 대책에 관한 법률'은 국가 및 지방자치단체는 학교폭력을 예방하고 근절하기 위하여 조사·연구·교육·계도 등 필요한 법적·제도적 장치를 마련할 책무를 부과하고 있다(학교폭력 예방 및 대책에 관한 법률 제4조 제1항). 교육부 장관, 교육감, 지역 교육장, 학교의 장은 학교폭력과 관련한 개인정보 등을 경찰청장, 지방경찰청장, 관할 경찰서장 및 관계 기관의 장에게 요청할 수 있고, 정보제공을 요청받은 경찰청장, 지방경찰청장, 관할 경찰서장 및 관계 기관의 장은 특별한 사정이 없으면 이에 응해야 한다(같은 법 제11조의3 제1항·제2항).

이 법에 따라 학교폭력의 예방 및 대책과 관련된 업무를 수행하거나 수행했던 자는 그 직무로 인하여 알게 된 비밀 또는 가해학생·피해학생 및 신고자·고발자와 관련된 자료, 즉 학교폭력 피해학생과 가해학생 개인 및 가족의 성명, 주민등록번호 및 주소 등 개인정보에 관한 사항, 학교폭력 피해학생과 가해학생에 대한 심의·의결과 관련된 개인별 발언 내용, 그 밖에 외부로 누설될 경우 분쟁당사자 간에 논란을 일으킬 우려가 있음이 명백한 사항 등을 누설해서는 안 된다(같은 법 제21조 제1항·제2항). 학교폭력대책자치위원회의 회의는 공개하지 아니하나, 피해학생·가해학생 또는 그 보호자가 회의록의 열람·복사 등 회의록 공개를 신청한 때에는 학생과 그 가족의 성명, 주민등록번호 및 주소, 위원의 성명 등 개인정보에 관한 사항을 제외하고 공개해야 한다(같은 법 제21조 제3항).[144]

---

144) 대법원 2010. 6. 10. 선고 2010두2913 판결, '학교폭력대책자치위원회 회의록'이 공공기관의 정보공개에 관한 법률 제9조 제1항 제5호의 '공개될 경우 업무의 공정한 수행에 현저한 지장을 초래한다고 인정할 만한 상당한 이유가 있는 정보'에 해당한다고 한 사례.

IV. 수사에 관한 정보

(1) 정보공개법 제9조 제1항 제4호는 '수사'에 관한 사항으로서 공개될 경우 그 직무수행을 현저히 곤란하게 한다고 인정할 만한 상당한 이유가 있는 정보를 비공개 대상 정보의 하나로 규정하고 있다.

그 취지는 수사의 방법 및 절차 등이 공개되어 수사기관의 직무수행에 현저한 곤란을 초래할 위험을 막고자 하는 것이다.[145)146)] 수사기록 중 정보공개를 요구하는 문서의 실질적인 내용을 구체적으로 살펴 수사의 방법 및 절차 등이 공개됨으로써 수사기관의 직무수행을 현저히 곤란하게 한다고 인정할 만한 상당한 이유가 있어야만 위 비공개 대상 정보에 해당한다.[147)]

수사에 관하여는 형사소송법 제2편 제1장에서 수사(제195조~제245조)를 규율하고 있다.

(2) 수사기록의 공개에 있어서는 수사목적, 알권리, 프라이버시가 충돌되고 있다.[148)] 법집행목적을 위하여 수집된 수사기록을 비공개 사항으로 하는 일반적 이유는 그것이 정보제공자와 법집행을 위한 수사의 보호를 위하여 필요하기 때문이다.[149)] 수사의 기술 혹은 절차가 폭로된다면 행정기관에 의한 장래의 법집행이 심각하게 방해될 수 있다.

또한 정보를 제공한 자의 신원을 비밀로 하기 위한 것인데 정보원을 공개한다면 후일 정보제공자로부터의 협력 및 정보제공을 기대할 수 없게 되고, 정보를 제공한 자의 생명, 신체에 위험이 초래되기 때문이다. 범죄수사기록 중 개인의 프라이버시에 관한 사항이 공개된다면 개인의 프라이버시에 중대한 침해를 가져오는 경우가 적지 않다.

---

145) 헌법재판소 1997. 11. 27. 선고 94헌마60 결정, 대법원 2012. 7. 12. 선고 2010두7048 판결, 대법원 2004. 3. 12. 선고 2003두13816 판결, 대법원 2006. 12. 7. 선고 2006두14216 판결.
146) 대법원 2003. 12. 26. 선고 2002두1342 판결, 이 판결에 대한 해설로는 김천수, 「제3자의 확정된 수사기록에 대한 정보공개 청구」, 『대법원판례해설』 통권 제47호(2003년 하반기), 490~509쪽 참조.
147) 대법원 2012. 9. 27. 선고 2011두31543 판결, 원고의 고소로 인하여 B가 무고 혐의로 조사받았으나 수사가 종결되어 혐의 없음 처분이 내려졌고 원고의 항소 및 재항고가 모두 기각된 점, 피의자였던 사람의 진술내용이 공개되는 경우 진술을 꺼리게 되어 수사기관이 증거를 수집하기 곤란하게 될 우려가 있으나 형사피의자에게는 이미 진술거부권이 보장되어 있어 이러한 점만으로 증거 수집이 현저히 어려워진다고 하기 어려운 점 등을 종합하면, 이 사건 정보가 수사에 관한 사항으로서 공개될 경우 직무수행이 현저히 곤란하게 되는 정보에 해당한다고 볼 수 없다고 한 사례.
148) 박균성, 「미국의 정보자유법상의 수사기록의 비공개 범위」, 『미국헌법연구』 제5호, 1994.
149) 권영법, 앞의 논문, 254~280쪽.

그러나 반면에 범죄수사에 관한 행정은 비밀리 행해지는 경향이 있으므로 이 분야에서의 정보공개의 필요는 더욱 크게 요청된다. 일반적으로 주권자인 국민이 국정에 참여하고 국정을 감시하기 위해서는 정부의 활동을 알아야 한다. 범죄수사에 관한 정보도 예외일 수는 없다.[150]

따라서 수사기록에 대한 열람·등사권이 헌법상 피고인에게 보장된 신속·공정한 재판을 받을 권리와 변호인의 조력을 받을 권리 등에 의하여 보호되는 권리라 하더라도 무제한적인 것은 아니며, 또한 헌법상 보장된 다른 기본권과 사이에 조화를 이루어야 한다. 즉, 변호인의 수사기록에 대한 열람·등사권도 기본권제한의 일반적 법률유보조항인 국가안전보장·질서유지 또는 공공복리를 위하여 제한되는 경우가 있을 수 있으며, 검사가 보관 중인 수사기록에 대한 열람·등사는 해당 사건의 성질과 상황, 열람·등사를 구하는 증거의 종류 및 내용 등 제반 사정을 감안하여 그 열람·등사가 피고인의 방어를 위하여 특히 중요하고 또 그로 인하여 국가기밀의 누설이나 증거인멸, 증인협박, 사생활침해, 관련사건 수사의 현저한 지장 등과 같은 폐해를 초래할 우려가 없는 때에 한하여 허용된다고 할 것이다. 이와 같은 사유로 거부하는 경우에도 법익형량의 원칙 등 기본권 제한에 요구되는 모든 원칙은 엄격히 지켜져야 할 것이다.[151]

또한 수사기록의 열람·등사가 사건에 직접·간접으로 관계를 가지고 있는 공동피의자, 공동피고인, 고소인이나 참고인, 증인, 감정인 등의 명예나 인격, 사생활의 비밀, 생명·신체의 안전과 평온 등과 충돌하는 경우에는 상충되는 기본권에 의하여 역시 제한되는 경우가 있을 수 있다. 피고인의 기본권도 이들 기본권의 희생 위에 보장될 수는 없으며, 이들 기본권은 다 같이 존중될 수 있도록 상호 조화점을 구하지 아니하면 안 되기 때문이다.

이처럼 수사기록에 대한 정보공개 청구권의 행사는 때에 따라 국가의 안전보장, 질

---

150) [경찰청 10-03922, 2010. 7. 27, 서울 남대문경찰서] 이 사건 정보 중 사건송치서와 기록목록에 관련된 고소사건은 ○○지방검찰청에서 불기소 결정이 내려졌고, 청구인이 공개를 청구한 정보는 청구인이 고소한 사건이 ○○지방검찰청으로 송치되었음을 확인할 수 있는 사건송치서와 그 기록목록에 불과하기 때문에 공개된다고 하여 고소사건과 관련된 직무수행을 현저히 곤란하게 하거나 형사피고인의 공정한 재판을 받을 권리를 침해한다고 인정할 만한 상당한 이유가 있다고 보기 어렵다. 따라서 이 사건 정보 중 사건송치서와 기록목록을 비공개하기로 한 것은 위법·부당하다고 한 사례.

151) 대법원 1999. 9. 21. 선고 98두3426 판결, 종결된 수사기록에 대한 고소인의 열람·등사 청구에 대하여 그 내용을 이루는 각각의 수사기록에 대한 거부의 구체적 사유를 밝히지 아니한 채 고소인이 제출한 서류 이외의 내용에 대한 열람·등사를 거부한 것이 고소인의 알권리를 침해했다고 본 사례.

서유지 및 공공복리라는 국가·사회적 법익뿐만 아니라 해당 형사사건에 직접·간접으로 관계를 가지고 있는 피의자나 참고인 등의 명예와 인격, 사생활의 비밀 또는 생명·신체의 안전과 평온 등의 기본권의 보장과 충돌되는 경우가 있을 수 있으므로, 그 행사는 이러한 국가·사회적 법익이나 타인의 기본권과 상호 조화될 수 있는 범위 내에서 정당성을 가진다. 그러나 구체적인 경우에 수사기록에 대한 정보공개 청구권의 행사가 위와 같은 범위를 벗어난 것이라고 하여 그 공개를 거부하기 위해서는 그 대상이 된 수사기록의 내용을 구체적으로 확인·검토하여 그 어느 부분이 어떠한 법익 또는 기본권과 충돌되는지를 주장·입증해야만 할 것이고, 그에 이르지 아니한 채 수사기록 전부에 대하여 개괄적인 사유만을 들어 그 공개를 거부하는 것은 허용되지 아니한다.[152]

(3) 검사가 보관하는 수사기록에 대한 변호인의 열람·등사는 실질적 당사자대등을 확보하고, 신속·공정한 재판을 실현하기 위하여 필요불가결한 것이며, 그에 대한 지나친 제한은 피고인의 신속·공정한 재판을 받을 권리를 침해하는 것이다.

그러나 수사기록에 대한 열람·등사가 허용된다고 하더라도 수사의 본질상 내재적 한계가 있다.

수사기록 중 열람·등사가 허용되는 것은 피고인에 대한 수사의 범위 내에서 수집된 것으로서 장차 법원에 증거로 제출될 서류, 증거물 등과 같은 피고인의 공격과 방어의 준비를 위하여 필요한 부분만을 의미한다. 따라서 수사기록 중 증거로서 중요한 의미를 가지고 있고 증거인멸 등의 위험이 유형적으로 작은 증거들, 예컨대 압수조서, 증거물, 실황조사서, 감정서, 피고인 자신의 자술서, 피의자신문조서 등은 제한 없이 열람·등사가 허용된다. 또한 참고인 진술조서도 증인에 대한 신분이 사전에 노출됨으로써 증거인멸, 증인협박 또는 사생활침해 등의 폐해를 초래할 우려가 없는 한 원칙적으로 허용되어야 할 것이다.[153]

---

152) 대법원 2004. 3. 12. 선고 2003두13816 판결, 국립과학수사연구소의 감정결과서류가 공개될 경우 수사기록에 편철된 증거서류 등의 공개 요구가 많아져 수사기관의 직무수행이 현저히 곤란해지거나 국립과학수사연구소의 업무에 현저히 지장을 초래할 우려가 있다고 볼 만한 증거가 없다고 한 사례.

153) 헌법재판소 1997. 11. 27. 선고 94헌마60 결정, 검사가 피고인의 변호인의 수사기록 일체의 열람·등사신청에 대하여 국가기밀의 누설이나 증거인멸, 증인협박, 사생활침해의 우려 등 정당한 사유를 밝히지 아니한 채 전부 거부한 것은 피고인의 신속하고 공정한 재판을 받을 권리와 변호인의 조력을 받을 권리를 침해한 것으로서 위헌임을 확인한 사례; 오기두, 앞의 논문, 51~78쪽 참조.

수사기관 내부의 의견서, 보고문서, 메모, 법률 검토, 내사자료 등 피고인의 범죄사실 입증에 관련된 증거가 아닌 자료는 원칙적으로 피고인의 방어활동과 직접 관계가 없고 이는 열람·등사의 대상이 되지 않는다.[154] 그렇지 아니하고 이를 무제한적으로 허용할 경우에는 피고인의 변호인은 피고인에게 유리한 증거가 나오면 좋고, 나오지 않아도 그 만이라는 생각에서 검사가 수중에 가지고 있는 자료 일체의 열람·등사를 요구하는 소위 낚시여행(fishing expedition)을 하게 될 것이고, 이러한 경우 검사는 과연 어디까지 열람·등사를 허용해야 할지 모르게 되는 결과가 되고, 또한 실질적 당사자대등과 무기 각자 개발의 원칙을 전제로 한 당사자주의 소송구조 자체를 무너뜨리게 되며, 이는 형사피고인에게 보장된 적법절차의 원칙과 기본권을 넘어서는 것이 되기 때문이다.

그러나 공개 청구 대상인 정보가 의견서 등에 해당한다고 하여 곧바로 '수사에 관한 정보'라고 볼 것은 아니고, 의견서 등의 실질적인 내용을 구체적으로 살펴 수사의 방법 및 절차 등이 공개됨으로써 수사기관의 직무수행을 현저히 곤란하게 한다고 인정할 만한 상당한 이유가 있어야만 비공개 대상 정보에 해당한다고 봄이 타당하다.[155][156]

대검찰청의 행정정보공개세부시행지침은 공소제기 전 수사기록의 열람, 등사에 관하여 범죄의 예방, 수사, 공소의 제기 및 유지에 관한 사항으로서 공개될 경우 그 직무수행을 현저히 곤란하게 하거나 형사피고인의 공정한 재판을 받을 권리를 침해한다고 인정할 만한 상당한 이유가 있는 경우로 사건관계인 또는 참고인이 열람·등사를 청구한 수사 중인 기록, 진정·내사 중인 기록, 불기소기록(기소중지·참고인중지 기록, 항고·재항고기록 포함), 종결된 진정·내사기록 중 본인 이외의 자의 진술이 기재된 서류 또는 제출서류는 비공개하되, 다만 항고인·재항고인 또는 변호인은 항고·재항고이유서를 작성하기 위하여 필요한 경우에는 그 사유를 소명하고 검사의 불기소이유서(경찰의견서를

---

154) 대법원 2006. 12. 7. 선고 2006두14216 판결.

155) 대법원 2013. 7. 25. 선고 2011두15831 판결, 대법원 2012. 12. 13. 선고 2012두782 판결, 대법원 2012. 11. 29. 선고 2012두2085 판결, 대법원 2012. 11. 29. 선고 2012두9581 판결, 대법원 2012. 7. 12. 선고 2010두7048 판결.

156) 대법원 2012. 7. 12. 선고 2010두7048 판결.
"이 사건 정보 중 개인 인적사항 부분을 제외한 나머지 부분인 범죄사실, 적용법조, 증거관계, 고소인 및 피고소인의 진술, 수사결과 및 의견 등은 비록 그것이 수사기록 중의 의견서, 법률 검토 등에 해당하여 수사에 관한 사항에 포함되는 것이기는 하나, 원고는 관련 사건의 고소인으로서 그 권리구제를 위하여 경찰의 송치의견서의 내용을 알 필요성이 큰 반면 그 정보의 내용, 수집경로 등이 노출되어 향후 범죄의 예방이나 정보수집, 수사활동 등에 영향을 미치는 경우로 보기 어려운 점 등에 비추어보면, 위 정보가 공개될 경우 피고의 직무수행을 현저히 곤란하게 하거나 피의자의 인권 및 공익 목적을 해하는 결과를 야기한다고 인정하기 어렵다는 이유를 들어 이 사건 정보 중 개인 인적사항 부분을 제외한 나머지 부분은 정보공개법 제9조 제1항 제4호의 비공개 대상 정보에 해당하지 아니한다."

원용한 경우에는 그 의견서), 항고심사회 심의서(단, 위원의 신상명세는 비공개), 비진술서류의 전부 또는 일부에 대하여 열람·등사 청구 가능하며, 피고소인·피고발인 또는 변호인은 필요한 사유를 소명하고 고소장·고발장, 항고장, 재항고장의 열람·등사 청구 가능하나 고소·고발장, 항고장, 재항고장에 첨부된 제출서류는 제외하고 있다.

또한 각종 사건 관련 자료로서 이름, 주민등록번호 등 개인을 특정할 수 있는 DB자료에 관한 사항 및 수사기법 공개 우려 등 수사를 현저히 곤란하게 할 수 있는 사항, 긴급체포, 영장, 범죄인 인도 청구에 관한 사항, 출국금(정)지 및 입국 시 통보 요청에 관한 사항, 진정, 내사, 수사 관련 자료, 통신제한 관련 수사자료, 각급청의 감정의뢰에 관한 사항, 감정결과 통보에 관한 사항, 감정 관련 법정 증언에 관한 사항, 감정 관련 사실조회에 관한 사항, 감정기법개발에 관한 사항, 감정 관련 정보보고에 관한 사항, 과학수사자문위원회에 관한 사항 등을 비공개 대상으로 분류하고 있다.

그런데 각급 검찰청별 업무평가 기준 및 평가결과에 관한 사항, 각급 검찰청별 업무평가 기초자료, 검찰업무 심사평가 기준 및 평가결과에 관한 사항, 검찰업무 심사평가 기초자료 등과 같이 비공개 대상 정보를 지나치게 포괄적으로 규정하고 있는 것은 문제가 있으며 이러한 정보들을 일률적으로 비공개 대상이라고 볼 수는 없다.

(4) 검사와 사법경찰관리는 수사에 관하여 그 목적을 달성하기 위하여 필요한 조사를 할 수 있고, 공무소 기타 공사(公私)단체에 조회하여 필요한 사항의 보고를 요구할 수 있다(형사소송법 제199조). 다만, 강제처분은 형사소송법에 특별한 규정이 있는 경우에 한하여 필요한 최소한도의 범위 안에서만 해야 한다.

이러한 조회제도는 정보공개법에 기초한 공개 청구와는 다른 목적의 조회이기 때문에 수사기관으로부터 정보의 조회를 요구받은 공공기관이 해당 정보를 제공할 것인가는 그것이 정보공개법에 따른 비공개 대상 정보에 해당하는지의 여부와는 별도로 판단해야 한다. 개인정보에 관해서는 프라이버시 권리보호의 관점에서 수사기관 등 다른 공공기관으로부터 조회가 있더라도 개인정보를 함부로 제공하는 것은 문제가 생길 수 있다.

V. 공소의 제기 및 유지에 관한 정보

공소의 제기 및 유지에 관하여는 형사소송법 제2편 제2장 공소(제246조~제264조의2)

에서 규율하고 있다.

형사소송법 제35조 제1항은 "피고인과 변호인은 소송 계속 중의 관계 서류 또는 증거물을 열람 또는 등사할 수 있다"고 규정하고 있다. 피고인의 법정대리인, 특별대리인, 보조인 또는 피고인의 배우자·직계친족·형제자매로서 피고인의 위임장 및 신분관계를 증명하는 문서를 제출한 자도 소송계속 중의 관계서류 또는 증거물을 열람 또는 등사할 수 있다(형사소송법 제35조 제2항).[157]

또한 피고인은 공판조서의 열람 또는 등사를 청구할 수 있고 피고인이 공판조서를 읽지 못하는 때에는 공판조서의 낭독을 청구할 수 있는데, 만약 이러한 청구에 응하지 아니한 때에는 그 공판조서를 유죄의 증거로 할 수 없다(같은 법 제55조).

형사 증거보전절차에서 검사, 피고인, 피의자 또는 변호인은 판사의 허가를 얻어 압수, 수색, 검증, 증인신문 또는 감정 등 증거보전처분에 관한 서류와 증거물을 열람 또는 등사할 수 있다(같은 법 제185조).[158]

대검찰청의 행정정보공개세부시행지침은 공소제기 후 증거 제출 전 기록의 열람·등사에 관하여 진행 중인 재판에 관련된 정보와 범죄의 예방, 수사, 공소의 제기 및 유지에 관한 사항으로서 공개될 경우 그 직무 수행을 현저히 곤란하게 하거나 형사피고인의 공정한 재판을 받을 권리를 침해한다고 인정할 만한 상당한 이유가 있는 경우로 피해자 또는 참고인이 열람·등사를 청구한 공소제기 후 증거제출 전 기록 중 본인 이외의 자의 진술이 기재된 서류 또는 제출서류 등을 비공개 대상으로 분류하고 있다.

VI. 형의 집행, 교정 및 보안처분에 관한 정보

1. 형의 집행, 교정에 관한 정보

형의 집행과 교정에 관하여는 형법 제1편 제3장 제5절(제66조~제71조)과 형사소송법

---

157) 헌법재판소 1998. 2. 27. 선고 96헌마211 결정, 피고인에 대한 공소제기 후 제1회 공판기일 전에 변론준비를 위하여 검찰에 수사기록에 대한 열람등사신청을 했으나 동 신청이 거부된 이후 공판절차가 진행되고 제1회 공판기일이 개시되자 법원에 수사기록의 열람등사를 신청하여 수사기록 일체를 복사 받았고 그 후 1심판결까지 선고되었다면 검찰의 열람 및 등사거부처분이 취소를 구하는 이 사건 심판청구는 권리보호의 이익이 없어 부적법하다고 한 사례.

158) 박미숙, 「형사사건기록의 열람·등사와 정보공개」, 『비교형사법연구』 제3권 제1호, 2001, 209~232쪽.

제5편(재판의 집행) 그리고 '형의 집행 및 수용자의 처우에 관한 법률', '군에서의 형의 집행 및 군수용자의 처우에 관한 법률' 등에서 규율하고 있다.[159]

'형의 집행, 교정에 관한 사항으로서 공개될 경우 그 직무수행을 현저히 곤란하게 하는 정보'란 해당 정보가 공개될 경우 재소자들의 관리 및 질서유지, 수용시설의 안전, 재소자들에 대한 적정한 처우 및 교정·교화에 관한 직무의 공정하고 효율적인 수행에 직접적이고 구체적으로 장애를 줄 고도의 개연성이 있고, 그 정도가 현저한 경우를 의미한다.[160]

여기에 해당하는지 여부는 비공개에 의하여 보호되는 업무수행의 공정성 등의 이익과 공개에 의하여 보호되는 국민의 알권리의 보장과 국정에 대한 국민의 참여 및 국정 운영의 투명성 확보 등의 이익을 비교교량하여 구체적인 사안에 따라 개별적으로 판단되어야 한다.[161]

일반적으로는 수형자의 신분기록, 교도·교화작업 관련 자료, 심사자료 등에 관한 사항이 해당될 것이다.[162]

법무부는 사회보호위원회심의에 관한 사항, 판결전 조사 등 조사업무에 관한 사항, 집행유예취소 등 제재조치에 관한 사항, 분류처우심사 등 수용처분에 관한 사항, 교과·생활성적 등 평가에 관한 사항, 보호소년 외부행사 감호에 관한 사항, 보호·위탁 소년이송 및 호송에 관한 사항, 보호소년 임시퇴원 업무에 관한 사항, 수용관리에 관한 사항, 이송 및 명적에 관한 사항, 계호 및 징벌에 관한 사항, 수용자 접견에 관한 사항, 교정시설 방호에 관한 업무, 계구에 관한 사항, 분류 및 가석방에 관한 사항, 국제수형자 이송관련 신청서, 확인서, 명령서, 심사위원회 회의록 정보, 보호소년 등의 수용사고 처리 정보, 보호소년 등의 이송허가 상신 처리 정보, 보호소년 등의 퇴원허가 상신 처리 정보, 교과교육소년원 학사관리(졸업장) 정보, 전국교정기관장회의 개최, 그 결과 평가 및 보고 정보, 교정인력 진단 정보, 공안사범의 교육·교화에 관한 제도 및 기본계획 내용, 수형자이송(형확정자 등, 개별처우자 등) 승인 정보, 교정사고에 대한 처리 관리·감독 정보, 공안사범 이송 승인 정보, 공안사범의 수용 전반 기본지침 및 정보사항 처리 정보, 수용자 규율·계호 및 보안에 관한 제도와 기본계획 내용, 보안야간근무체계 개편계획 수립,

<hr>

159) 교정기관의 정보공개 현황과 문제점 등에 관하여는 최병문, 「교정기관 정보공개의 허용한계」, 『교정연구』 제80호, 2012 참조.

160) 대법원 2009. 12. 10. 선고 2009두12785 판결, 대법원 2003. 8. 22. 선고 2002두12946 판결, 대법원 2004. 12. 9. 선고 2003두12707 판결, 대법원 2007. 2. 8. 선고 2006두4899 판결, 대법원 2007. 11. 29. 선고 2005두15113 판결.

수용자 징벌제도 개선 정보, 무인접견관리시스템 구축·운영관리 및 확충 정보, 경비교도 사고 등에 대한 정보사항 분석 및 대책 마련 정보, 가석방심사 관련 서류, 자료 분류 및 재검토 정보, 가석방심사위원회 개최 정보, 가석방 부적격 사유 발생 여부 확인 정보, 가

---

161) 대법원 2005. 1. 28. 선고 2002두12854 판결은 수용자 신문구독 현황에는 구독신청자의 성명, 거실, 청호번호 등 및 각 신문별 구독신청자 수(數) 등이 있을 수 있음을 알 수 있는바, 수용자 신문구독 현황 중 구독신청자의 성명 등의 개인식별정보가 공개되면 그들과 정치·사회·사상적 성향 등이 다른 수용자 사이에 의사의 충돌이 생길 우려가 있어 교정 목적 달성이 현저히 곤란하게 될 가능성이 있으므로 위 정보는 법 제7조 제1항 제6호 본문에서 규정하고 있는 개인식별정보이거나 법 제7조 제1항 제4호에서 규정하고 있는 '형의 집행, 교정에 관한 사항으로서 공개될 경우 그 직무 수행을 현저히 곤란하게 할 상당한 이유가 있는 정보'에 해당하는 반면, 수용자들의 각 신문별 구독신청자 수(數)는 통계자료로서 법 제7조 제1항 제4호에서 규정하고 있는 '형의 집행, 교정에 관한 사항으로서 공개될 경우 그 직무수행을 현저히 곤란하게 할 상당한 이유가 있는 정보'에 해당한다고 할 수 없고, 원고가 청구하는 공개방법 및 절차에 비추어 수용자 신문구독 현황 중 수용자들의 각 신문별 구독신청자 수만을 공개하는 것이 가능할 뿐만 아니라 그 부분의 정보만으로도 공개의 가치가 있다고 볼 여지가 있다고 한 사례이고,

대법원 2009. 12. 10. 선고 2009두12785 판결은 이 사건 근무보고서는 관계 법령에 근거하여 정식으로 작성·보관하는 공문서인 이상 원칙적으로 법 제3조에 따른 공개의 대상이라고 보아야 할 뿐만 아니라 근무 중 수용자에게 발생한 사유 혹은 그 대처방안에 따르는 책임 여부나 소재 등이 문제될 경우 수용자의 권리구제 내지 교정 업무의 적법성 확보 차원에서 관련 사실관계에 관한 확인 내지 보고적 성격의 위 근무보고서 기재내용의 이해관계인에 대한 공개 및 검토의 필요성은 일반적으로 인정된다는 점, 제1심이 비공개 열람을 통해 확인한 이 사건 근무보고서(기록 202면 이하)의 실제 내용을 보더라도 원고의 2007년 1월 19일자 소란의 경위 및 상황을 담당 교도관 입장에서 객관적으로 서술한 것에 불과하여 그 공개가 교정 업무의 수행에 어떠한 현실적인 장애를 초래하는 것이라고 보기도 어려운 점, 이 사건 근무보고의 대상인 원고가 당시 교도관들의 대처방안에 문제가 있다는 이유로 소송까지 제기한 이상 법률상 직접 이해당사자인 원고에게 이를 공개한다 하여 일반적 교정 업무 수행에 지장을 초래할 우려가 있다고 보기 어렵고, 오히려 원고의 권리구제를 위해서는 그 공개가 객관적으로 필요한 것으로 보이며, 피고로서도 교정 업무의 투명성 측면에서 이를 제시·공개할 공익적 필요가 있다는 점 등의 사정과 앞서 본 관련 법리를 종합하면, 위 근무보고서의 기재내용을 통해 교도관들의 근무방법 등이 파악될 소지가 있다거나 교도관들의 근무여건이 열악하고 수용자들로부터의 위협에 항시 노출되어 있다는 일반적 혹은 부수적 사정만으로 이 사건에서 이를 공개함으로써 교정 업무의 공정하고 효율적인 수행에 직접적·구체적이고 현저한 장애를 초래할 고도의 개연성이 있다고 보기는 어렵다 할 것인데도 원심이 위 일반적·추상적인 위험성만을 강조하여 그 정보공개를 거부한 피고의 처분이 정당하다고 판단한 것은 법 제3조 및 제9조 제1항 제4호 등에서 규정한 교정 업무의 정보 공개에 관한 법리를 오해하여 판결에 영향을 미친 위법이 있다고 한 사례이며,

대법원 2004. 12. 9. 선고 2003두12707 판결은 수용자 자비부담물품의 판매수익금과 관련하여 교도소장이 재단법인 교정협회로 송금한 수익금 총액과 교도소장에게 배당된 수익금액 및 사용내역, 교도소직원회 수지에 관한 결산결과와 사업계획 및 예산서, 수용자 외부병원 이송진료와 관련한 이송진료자 수, 이송진료자의 진료내역별(치료, 검사, 수술) 현황, 이송진료자의 진료비 지급(예산지급, 자비부담) 현황, 이송진료자의 진료비총액 대비 예산지급액, 이송진료자의 병명별 현황, 수용자 신문구독 현황과 관련한 각 신문별 구독신청자 수 등에 관한 정보는 구 공공기관의 정보공개에 관한 법률(2004. 1. 29. 법률 제7127호로 전문 개정되기 전의 것) 제7조 제1항 제4호에서 비공개 대상으로 규정한 '형의 집행, 교정에 관한 사항으로서 공개될 경우 그 직무수행을 현저히 곤란하게 하는 정보'에 해당하기 어렵다고 한 사례이다.

162) 대법원 2007. 11. 29. 선고 2005두15113 판결, 이 사건 정보 중에는 교도소 등에 수용 중인 수용자에 대한 구체적인 계호 방법, 거실 등에 대한 구체적인 검사 장소 및 방법, 출정 및 호송 중의 구체적인 계호 방법, 도주사고 방지대책, 외부병원 입원수용자에 대한 구체적인 계호 방법 및 무기휴대, 교정시설 내 1회용 주사기 등 관리, 계구 사용, 호송 중 무기휴대 및 관리상의 주의사항, 감시대 근무자의 도주용의자 및 외부침입자 발견 시 조치사항, 순찰근무, 도주사고 발생 및 집단난동 시 조치사항 등에 관한 내용이 포함되어 있음을 알 수 있고, 이러한 정보들 중에는 공개될 경우 재소자들의 관리 및 질서유지, 수용시설의 안전 등에 관한 직무의 효율적인 수행에 직접적이고 구체적으로 장애를 줄 고도의 개연성이 있고, 그 정도가 현저한 정보들이 있다고 한 사례.

석방 집행·취소·실효 정보, 가석방 민원 및 진정 처리 정보, 가석방자 국외여행 허가 여부 검토 정보, 가석방 통계 및 가석방 관련 각종 지시 및 협조 정보, 가석방 관련 정보보고, 수형자자치제 현황 정보, 분류처우 관련 민원 및 진정 처리, 지시 및 보고 정보, 분류처우 관련 정보보고, 분류분과회의, 청원조사내용 등(본인의 청원서나 접수증명원, 청원결정통지서 등은 공개) 등을 비공개 대상으로 분류하고 있다.

이 역시 국민의 알권리 충족이라는 관점에서 비공개 대상 범위를 지나치게 확대해놓은 것이라는 비판이 가능하다.

2. 보안처분에 관한 정보

보안처분이란 범인이 다시 범행할 위험을 막기 위하여 행하는 개선 교육이나 보호 그 밖의 처분을 말하고 보안처분에 관한 정보를 이러한 내용을 담고 있는 정보를 말한다.

헌법은 "법률과 적법한 절차에 의하지 아니하고는 처벌·보안처분 또는 강제노역을 받지 아니한다"(제12조 제1항)고 규정하여 형벌과 별개로 보안처분을 헌법에 포함하고 있다.

보안처분에는 보호감호, 치료감호, 보호관찰, 보안관찰이 있는데 형법에서는 보안처분의 일종인 보호관찰(제59조의2)의 규정을 두고 있다. 그 외에 보안관찰법, 치료감호법, 보호관찰 등에 관한 법률, 소년법, 마약류 관리에 관한 법률, 성매매알선 등 행위의 처벌에 관한 법률에서도 보안처분에 관한 규정을 두고 있다.

특히 보안관찰법은 특정범죄를 범한 자에 대하여 재범의 위험성을 예방하고 건전한 사회복귀를 촉진하기 위하여 보안관찰처분을 함으로써 국가의 안전과 사회의 안녕을 유지함을 목적으로 하고 있는데(보안관찰법 제1조), 같은 법 제3조에 해당하는 자 중 보안관찰해당범죄를 다시 범할 위험성이 있다고 인정할 충분한 이유가 있어 재범의 방지를 위한 관찰이 필요한 자에 대해서는 보안관찰처분을 하고 보안관찰처분을 받은 자는 거주예정지 등의 사항을 주거지 관할경찰서장에게 신고하고, 재범방지에 필요한 범위 안에서 그 지시에 따라 보안관찰을 받아야 한다(같은 법 제4조).

보안관찰 해당 범죄는 ① 형법 제88조·제89조(제87조의 미수범을 제외한다)·제90조(제87조에 해당하는 죄를 제외한다)·제92조 내지 제98조·제100조(제99조의 미수범을 제외한다) 및 제101조(제99조에 해당하는 죄를 제외한다) ② 군형법 제5조 내지 제8조·제9조 제

2항 및 제11조 내지 제16조 ③ 국가보안법 제4조, 제5조(제1항중 제4조 제1항 제6호에 해당하는 행위를 제외한다), 제6조, 제9조 제1항·제3항(제2항의 미수범을 제외한다)·제4항에 해당되는 범죄를 말한다(같은 법 제2조).

보안관찰처분대상자란 보안관찰 해당 범죄 또는 이와 경합된 범죄로 금고 이상의 형의 선고를 받고 그 형기합계가 3년 이상인 자로서 형의 전부 또는 일부의 집행을 받은 사실이 있는 자를 말한다(같은 법 제3조). 보안관찰처분의 기간은 2년인데 법무부 장관은 검사의 청구가 있는 때에는 보안관찰처분심의위원회의 의결을 거쳐 그 기간을 갱신할 수 있다(같은 법 제5조).

치료감호법은 심신장애 상태, 마약류·알코올이나 그 밖의 약물중독 상태, 정신성적(精神性的) 장애가 있는 상태 등에서 범죄행위를 한 자로서 재범의 위험성이 있고 특수한 교육·개선 및 치료가 필요하다고 인정되는 자에 대하여 적절한 보호와 치료를 함으로써 재범을 방지하고 사회복귀를 촉진하는 것을 목적으로 하고 있다(제1조).

VII. 제4호 비공개 대상 정보의 정형적 요소

진행 중인 재판에 관련된 정보와 범죄의 예방, 수사, 공소의 제기 및 유지, 형의 집행, 교정, 보안처분에 관한 사항이라고 하여 바로 비공개 대상 정보에 해당되지 않고 이러한 사항이 공개될 경우에 그 직무수행을 현저히 곤란하게 하거나 형사피고인의 공정한 재판을 받을 권리를 침해한다고 인정할 만한 상당한 이유가 있어야만 비공개 대상 정보에 해당한다.[163]

여기서 '공개될 경우 그 직무수행을 현저히 곤란하게 한다고 인정할 만한 상당한 이유가 있는 정보'란 해당 정보가 공개될 경우 범죄의 예방 및 수사 등에 관한 직무의 공정하고 효율적인 수행에 직접적이고 구체적으로 장애를 줄 고도의 개연성이 있고, 그 정도가 현저한 경우를 말하는데 여기에 해당하는지 여부는 비공개에 의하여 보호되는 업무수행의 공정성 등의 이익과 공개에 의하여 보호되는 국민의 알권리의 보장과 국정에 대한 국민의 참여 및 국정 운영의 투명성 확보 등의 이익을 비교교량하여 구체적인 사안에 따라 신중하게 판단되어야 한다.

---

163) 대법원 2008. 11. 27. 선고 2005두15694 판결.

제6절 제5호 비공개 사유(일반행정업무 수행정보)

감사·감독·검사·시험·규제·입찰계약·기술개발·인사관리에 관한 사항이나 의사결정 과정 또는 내부검토 과정에 있는 사항 등으로서 공개될 경우 업무의 공정한 수행이나 연구·개발에 현저한 지장을 초래한다고 인정할 만한 상당한 이유가 있는 정보. 다만, 의사결정 과정 또는 내부검토 과정을 이유로 비공개할 경우에는 의사결정 과정 및 내부검토 과정이 종료되면 제10조에 따른 청구인에게 이를 통지하여야 한다.

I. 의의 및 입법취지

정보공개법 제9조 제1항 제5호는 감사·감독·검사·시험·규제·입찰계약·기술개발·인사관리에 관한 사항이나 의사결정 과정[164] 또는 내부검토 과정에 있는 사항 등으로서 공개될 경우 업무의 공정한 수행이나 연구·개발에 현저한 지장을 초래한다고 인정할 만한 상당한 이유가 있는 정보를 비공개 대상 정보로 하고 있다.[165]

제5호의 입법 취지는 업무의 공정한 수행과 연구·개발의 계속성을 보장하는 것이다.[166] 즉, 공공기관이 수행하고 있는 다양한 업무의 집행과정에서 작성 또는 취득한 정보가 공개되면 해당 업무에 많은 영향을 미치거나 공정하고 효율적인 업무의 운영이 현저히 곤란하게 될 우려가 있는 정보를 보호하기 위함이다.

---

164) 대법원 2003. 8. 22. 선고 2002두12946 판결, 학교환경위생구역 내 금지행위(숙박시설) 해제결정에 관한 학교환경위생정화위원회의 회의록에 기재된 발언내용에 대한 해당 발언자의 인적사항 부분에 관한 정보는 구 정보공개법 제7조 제1항 제5호 소정의 비공개 대상에 해당한다고 한 사례; 이 판결에 대한 해설로는 권혁재, 「문서제출명령신청의 범위」, 『인권과 정의』 제331호(2004. 3), 대한변호사협회, 106~122쪽.

165) 대법원 2000. 5. 30. 선고 99추85 판결.
"지방자치단체의 도시공원에 관한 조례에서 규정된 도시공원위원회의 심의사항에 관하여 위 위원회의 심의를 거친 후 시장이나 구청장이 위 사항들에 대한 결정을 대외적으로 공표하기 전에 위 위원회의 회의 관련 자료 및 회의록이 공개된다면 업무의 공정한 수행에 현저한 지장을 초래한다고 할 것이므로, 위 위원회의 심의 후 그 심의사항들에 대한 시장 등의 결정의 대외적 공표행위가 있기 전까지는 위 위원회의 회의 관련 자료 및 회의록은 공공기관의 정보공개에 관한 법률 제7조 제1항 제5호에서 규정하는 비공개 대상 정보에 해당한다고 할 것이고, 다만 시장 등의 결정의 대외적 공표행위가 있은 후에는 이를 의사결정 과정이나 내부검토 과정에 있는 사항이라고 할 수 없고 위 위원회의 회의관련 자료 및 회의록을 공개하더라도 업무의 공정한 수행에 지장을 초래할 염려가 없으므로, 시장 등의 결정의 대외적 공표행위가 있은 후에는 위 위원회의 회의 관련 자료 및 회의록은 같은 법 제7조 제2항에 의하여 공개 대상이 된다고 할 것인바, 지방자치단체의 도시공원에 관한 조례안에서 공개시기 등에 관한 아무런 제한 규정 없이 위 위원회의 회의 관련 자료 및 회의록은 공개해야 한다고 규정했다면 이는 같은 법 제7조 제1항 제5호에 위반된다고 할 것이다."

166) 대법원 2012. 4. 12. 선고 2010두24913 판결.

'감사·감독·검사·시험·규제·입찰계약·기술개발·인사관리에 관한 사항 또는 의사결정 과정 또는 내부검토 과정에 있는 사항'은 비공개 대상 정보를 예시적으로 열거한 것이다.[167]

일본 정보공개법은 국가기관 등이 실시하는 사무 또는 사업에 관한 정보로서 공개함으로써, 첫째, 감사, 검사, 단속, 시험 또는 조세의 부과 혹은 징수에 관련된 사무에 관하여 정확한 사실의 파악을 곤란하게 할 우려 혹은 부당한 행위를 용이하게 하거나 그 발견을 곤란하게 할 우려, 둘째, 계약, 교섭 또는 쟁송에 관련된 사무에 관하여 국가기관 등의 재산상의 이익 또는 당사자로서의 지위를 부당하게 해할 우려, 셋째, 조사 연구에 관련된 사무에 관하여 그 공정하고 능률적인 수행을 부당하게 저해할 우려, 넷째, 인사관리에 관련된 사무에 관하여 공정하고 원활한 인사의 확보에 지장을 미칠 우려, 다섯째, 국가기관 등과 관련된 사업에 관하여 그 기업경영상의 정당한 이익을 해할 우려, 그밖에 해당 사무 또는 사업의 성질상, 해당 사무 또는 사업의 적정한 수행에 지장을 미칠 우려가 있는 것[168]을 비공개 사유로 규정하고 있다(같은 법 제5조 제6호).

그런데 대한민국과 미합중국 간의 자유무역협정(Free Trade Agreement between the Republic of Korea and the United States of America; 약칭 '한미 FTA')[169] 제23.4조(정보의 공개)는 "이 협정의 어떠한 규정도 공개되면 법 집행을 저해하거나 달리 공익에 반하게 되거나 특정한 공기업 또는 민간 기업의 정당한 상업적 이익을 저해하게 될 비밀정보를 당사국이 제공하거나 그에 대한 접근을 허용하도록 요구하는 것으로 해석되지 아니한다"고 규정하고 있다.[170] 이러한 협정 내용은 한미 FTA 협정이나 이에 따른 무역정보나 혹은 통상 관련 정보 등에 관한 국민의 알권리를 과도하게 제약할 우려를 낳고 있다.

반면 행정기관의 장은 대통령령으로 정하는 일정 수 이상의 소비자[171]가 정보공개

---

167) 대법원 2008. 11. 27. 선고 2005두15694 판결, 대법원 2000. 5. 30. 선고 99추85 판결, 대법원 2003. 5. 16. 선고 2001두4702 판결, 대법원 2003. 8. 22. 선고 2002두12946 판결; 한위수, 앞의 논문, 510쪽.
168) 일본 최고재판소 2010년(平成 22년) 2월 25일 선고 平21 行는 25·26호 판결, 시립학교 교직원의 평가·육성에 관하여 교직원이 작성한 자기보고서 중 설정목표, 달성목표 등에 관한 기재 정보 및 교장이 작성한 평가·육성시트 중의 해당 교직원의 평가, 육성방침 등에 관한 기재 정보는 해당 사무 또는 사업의 성질상 해당 사무 또는 사업의 적정한 수행에 지장을 미칠 우려가 있어 비공개 처분은 정당하다고 한 사례.
169) [발효일 2012. 3. 15] [미국, 제2081호, 2012. 3. 12]
170) ARTICLE 23.4: DISCLOSURE OF INFORMATION
Nothing in this Agreement shall be construed to require a Party to furnish or allow access to confidential information the disclosure of which would impede law enforcement or otherwise be contrary to the public interest or which would prejudice the legitimate commercial interests of particular enterprises, public or private.

요청사유, 정보공개 범위 및 소비자의 신분을 확인할 수 있는 증명서 구비 등 대통령령으로 정하는 요건을 갖추어 해당 관계행정기관이 보유·관리하는 식품 등의 안전에 관한 정보를 공개할 것을 요청하는 경우로서 해당 식품 등의 안전에 관한 정보가 국민 불특정 다수의 건강과 관련된 정보인 경우에는 정보공개법 제9조 제1항 제5호에도 불구하고 공개해야 한다(식품안전기본법 제24조 제4항).

II. 감사·감독 및 검사에 관한 정보

감사·감독·검사에 관한 사항으로서 공개될 경우 업무의 공정한 수행이나 연구·개발에 현저한 지장을 초래한다고 인정할 만한 상당한 이유가 있는 정보는 비공개 대상 정보에 해당한다.

감사·감독·검사에 관한 법령은 적지 않다. 대표적으로 국회는 국정을 감사하거나 특정한 국정사안에 대하여 조사할 수 있으며, 이에 필요한 서류의 제출 또는 증인의 출석과 증언이나 의견의 진술을 요구할 수 있다(헌법 제61조). 국정감사와 국정조사에 관한 절차 등은 '국정감사 및 조사에 관한 법률'에서 규정하고 있다.

국가의 세입·세출의 결산, 국가 및 법률이 정한 단체의 회계감사와 행정기관 및 공무원의 직무에 관한 감찰을 하기 위하여 대통령 소속하에 감사원이 설치되어 있다(헌법 제97조). 감사원은 세입·세출의 결산을 매년 감사하여 대통령과 차년도 국회에 그 결과를 보고해야 한다(헌법 제99조). 감사원은 국가의 세입·세출의 결산검사뿐만 아니라 감사원법 및 다른 법률에서 정하는 회계를 상시 검사·감독하여 그 적정을 기하며, 행정기관 및 공무원의 직무를 감찰하여 행정 운영의 개선과 향상을 기하고 있다(감사원법 제20조).

특히 인사에 관한 감사에 관하여 인사혁신처장은 행정기관의 인사행정 운영의 적정 여부를 정기 또는 수시로 감사할 수 있으며, 필요하면 관계 서류를 제출하도록 요구할 수 있다(국가공무원법 제17조 제1항). 국회·법원·헌법재판소 및 선거관리위원회 소속 공무원의 인사 사무에 대한 감사는 국회의장, 대법원장, 헌법재판소장 또는 중앙선거관리

---

171) 식품안전기본법 시행령 제17조(정보공개 요청 요건 등) ① 관계행정기관의 장은 법 제24조 제4항에 따라 20명 이상의 소비자가 별지 제2호서식의 식품 등의 안전정보 공개 요청서를 제출한 경우 해당 식품 등의 안전에 관한 정보가 국민 불특정 다수의 건강과 관련된 정보인 경우에는 그 정보를 공개해야 한다.
② 제1항에 따른 정보공개 요청을 하는 경우 정보공개 청구권자, 정보공개의 청구방법, 정보공개 여부의 결정 및 비용 부담에 관한 사항은 '공공기관의 정보공개에 관한 법률' 제5조, 제11조 및 제17조를 준용한다.

위원회 위원장의 명을 받아 국회 사무총장, 법원행정처장, 헌법재판소 사무처장 및 중앙선거관리위원회 사무총장이 각각 실시한다(같은 법 제17조 제2항). 감사 결과 위법 또는 부당한 사실이 발견되면 지체 없이 관계 기관의 장에게 그 시정과 관계 공무원의 징계를 요구해야 하며, 관계 기관의 장은 지체 없이 시정하고 관계 공무원을 징계처분 해야 한다(같은 법 제17조 제3항).

공공감사에 관한 법률은 중앙행정기관, 지방자치단체 및 공공기관의 자체감사기구의 구성 및 운영 등에 관한 기본적인 사항과 효율적인 감사체계의 확립에 필요한 사항을 정하고 있고, 이 법 제37조에 따라 시행되고 있는 '중앙행정기관 및 지방자치단체 자체감사기준'은 중앙행정기관 및 지방자치단체의 감사기구의 장 및 감사담당자가 자체감사활동을 할 때에 일반적으로 준수해야 할 사항을 규정하고 있다(공공감사에 관한 법률 제1조).

지방자치단체나 그 장이 위임받아 처리하는 국가사무에 관하여는 광역자치단체에서는 주무부장관의, 기초자치단체에서는 1차로 광역자치단체장의, 2차로 주무부장관의 지도·감독을 받는다(지방자치법 제167조 제1항). 기초자치단체나 그 장이 위임받아 처리하는 광역자치단체의 사무에 관하여는 광역자치단체장의 지도·감독을 받는다(같은 법 제167조 제2항). 행정자치부 장관이나 광역자치단체장은 지방자치단체의 자치사무에 관하여 보고를 받거나 서류·장부 또는 회계를 감사할 수 있다(같은 법 제171조 제1항). 이 경우 감사는 법령 위반사항에 대하여만 실시할 수 있다.

'지방자치단체에 대한 행정감사규정'은 지방자치법 제167조, 제171조 및 제171조의2와 지방교육자치에 관한 법률 제3조에 따라 지방자치단체 및 시·도교육청에 대하여 실시하는 감사의 절차와 방법 등에 관한 사항을 규정하고 있다.

한편 '공공기관의 회계감사 및 결산감사에 관한 규칙'은 공공기관의 운영에 관한 법률 제5조의 규정에 따라 지정된 공기업·준정부기관에 대하여 실시하는 감사인의 회계감사 및 감사원의 결산감사에 적용된다(공공기관의 회계감사 및 결산감사에 관한 규칙 제3조).

'환경 분야 시험·검사 등에 관한 법률'은 환경 분야의 시험·검사 및 환경의 관리와 관련된 사항을 규정하고 있다.

그런데 '항공·철도 사고조사에 관한 법률' 제28조는 국토교통부에 설치된 항공·철도사고조사위원회는 사고조사 과정에서 얻은 정보가 공개됨으로써 해당 또는 장래의 정확한 사고조사에 영향을 줄 수 있거나, 국가의 안전보장 및 개인의 사생활이 침해될 우려가 있는 경우에는 이를 공개하지 아니할 수 있고 이 경우 항공·철도 사고 등과 관계된 사람의 이름을 공개해서는 안 된다고 규정하고 있다.

'화학물질의 등록 및 평가 등에 관한 법률' 제42조는 환경부 장관은 일반인이 화학물질의 유해성 및 위해성에 관한 정보를 쉽게 확인하고 활용할 수 있도록 하기 위하여 화학물질의 명칭, 유해성 등의 정보를 공개해야 한다고 규정하고 있고, 화학물질관리법 제12조에서는 환경부 장관은 화학물질 통계조사와 화학물질 배출량 조사를 완료한 때에는 사업장별로 그 결과를 지체 없이 공개해야 하고, 화학물질을 취급하는 자가 이 법에 따른 규정을 위반했거나 환경부 장관의 명령을 이행하지 아니한 경우에는 조사결과 중에 해당 화학물질을 취급하는 자의 인적사항, 화학물질 취급량 및 취급시설의 정보, 법령 위반사실 등을 공개할 수 있다고 규정하고 있다. 다만, 공개할 경우 국가안전보장·질서유지 또는 공공복리에 현저한 지장을 초래할 것으로 인정되는 경우, 조사결과의 신뢰성이 낮아 그 이용에 혼란이 초래될 것으로 인정되는 경우, 기업의 영업비밀과 관련되어 일부 조사결과를 공개하지 아니할 필요가 있다고 인정되는 경우에는 비공개 사유로 분류하고 있다.

감사·감독 및 검사에 관한 사항으로서 비공개 대상에 해당될 수 있는 정보로는 감사원감사위원회 및 징계위원회의 회의록 또는 징계의결내용, 직무감찰 등의 대상기관 선정·시기 등에 관한 정보, 감사와 부패방지의 계획·집행·결과 등 감사업무 관련 정보, 감사·조사·단속·직무감찰 계획 등에 관한 사항으로서 공개될 경우 증거인멸 등 감사 등의 목적이 실현될 수 없다고 인정되는 정보, 문답서·확인서 등 감사·조사활동 중 생산된 문서,[172] 개인 비위자료 등 감사·조사결과 처분지시서, 인사신문고·공무원전용비리신고방 신고 및 처리서류 등 공개될 경우 공정한 업무수행을 저해할 수 있는 정보, 감독의 범위·방법·장소·결과 및 처분 또는 개선조치에 관한 정보, 퇴폐 유흥음식점의 단속계획, 식품접객업소 단속계획(감독), 물품 또는 식품의 검사범위·방법·시기 등 관련 문서, 검사의 범위·방법·시기·장소 등 검사의 목적이나 실효성을 손상시킬 우려가 있는 정보, 감사·감독·검사·단속의 구체적인 방법에 관해 이를 공개하면 탈법행위를 가

---

172) 대법원 2012. 10. 11. 선고 2010두18758 판결, 직무유기 혐의 고소사건에 대한 내부 감사과정에서 경찰관들에게서 받은 경위서를 공개하라는 고소인 갑의 정보공개신청에 대하여 관할 경찰서장이 공공기관의 정보공개에 관한 법률 제9조 제1항 제5호 등의 사유로 비공개 결정을 한 사안에서, 위 경위서가 위 법 제9조 제1항 제5호의 비공개 대상 정보에 해당하지 않는다고 본 원심판결에 비공개 대상 정보에 관한 법리오해의 위법이 있다고 한 사례.

능하게 하는 정보 등을 들 수 있다.

III. 시험에 관한 정보

시험에 관한 사항으로서 공개될 경우 업무의 공정한 수행에 현저한 지장을 초래한다고 인정할 만한 상당한 이유가 있는 정보는 공개하지 아니할 수 있다.[173)174)]

(1) 행정기관 소속 공무원의 채용시험·승진시험, 그 밖의 시험은 인사혁신처장이 실시한다(국가공무원법 제34조 제1항). 국회, 법원, 헌법재판소, 선거관리위원회 소속 공무원의 채용시험·승진시험, 그 밖의 시험은 국회사무처, 법원행정처, 헌법재판소 사무처 및 중앙선거관리위원회 사무처에서 각각 실시한다(같은 법 제34조 제3항~제5항).

공개경쟁에 따른 채용시험은 같은 자격을 가진 모든 국민에게 평등하게 공개해야 하며 시험의 시기와 장소는 응시자의 편의를 고려하여 결정한다(같은 법 제35조).

누구든지 시험 또는 임용에 관하여 고의로 방해하거나 부당한 영향을 주는 행위를 해서는 안 되고(같은 법 제44조), 채용시험·승진·임용, 그 밖에 인사기록에 관하여 거짓이나 부정하게 진술·기재·증명·채점 또는 보고해서는 안 된다(같은 법 제45조). 각 기관의 장은 정기 또는 수시로 소속 공무원의 근무성적을 객관적이고 엄정하게 평정하여 인사관리에 반영해야 한다(같은 법 제51조 제1항).

공무원의 징계처분 등을 의결하게 하기 위하여 국회규칙, 대법원규칙, 헌법재판소규칙, 중앙선거관리위원회규칙 또는 대통령령으로 정하는 기관에 징계위원회를 둔다(같은 법 제81조 제1항).

---

173) 헌법재판소 2009. 9. 24. 선고 2007헌바107 결정; 헌법재판소 2011. 3. 31. 선고 2010헌바291 결정, 시험에 관한 정보를 비공개 정보로 할 수 있도록 한 공공기관의 정보공개에 관한 법률 제9조 제1항 제5호는 헌법에 위반되지 아니한다고 한 사례.
174) 변호사 시험의 성적은 시험에 응시한 사람을 포함하여 누구에게도 공개하지 아니한다. 다만, 시험에 불합격한 사람은 시험의 합격자 발표일부터 6개월 내에 법무부 장관에게 본인의 성적 공개를 청구할 수 있다(변호사시험법 제18조 제1항). 또한 법무부 장관은 채점표, 답안지, 그 밖에 공개하면 시험업무의 공정한 수행에 현저한 지장을 줄 수 있는 정보는 공개하지 아니할 수 있다(같은 법 제18조 제2항). 따라서 변호사 시험의 성적에 관한 정보는 제1호 소정의 법령비에 해당한다.
사법시험에 응시한 자도 해당 시험의 합격자 발표일부터 6개월 내에 법무부 장관에게 본인의 성적공개를 청구할 수 있고 이 경우 법무부 장관은 청구한 자에 대하여 그 성적을 공개해야 한다고 규정하면서도 법무부 장관은 채점표·답안지 그 밖에 시험업무의 공정한 수행에 현저한 지장을 초래할 사유가 있는 정보에 관하여는 이를 공개하지 아니할 수 있다고 규정하고 있다(사법시험법 제18조 제1항·제2항).

(2) 시험에 관한 정보란, 국가고시·각종 국가관리 자격시험, 공공기관의 입사시험 및 승진시험 등 공공기관이 주관하여 실시하는 시험에 관한 정보를 의미한다. 이와 같은 시험의 정보에는 시험의 문제와 정답은 물론 그 채점기준·채점결과(성적)와 석차, 출제위원·채점위원 및 면접위원 명단, 나아가 다른 응시자의 답안지까지 시험과 관련이 있는 일체의 정보를 포함한다.

시험의 관리에 있어서 가장 중요한 것은 정확성과 공정성이다. 따라서 시험문제와 그 정답이 응시자의 지식과 능력을 정확하게 평가할 수 있어야 하고, 모든 응시자가 대등한 조건에서 공정하게 시험을 치러야 하므로 시험문제와 정답, 채점기준, 출제자 및 채점자의 신원 등 시험의 정확성과 공정성에 영향을 줄 수 있는 모든 정보는 사전에 엄격하게 비밀로 유지되어야 한다.

그런데 정부 및 지방자치단체 등 공공기관이 관리하는 시험들은 해당 분야에서 필요한 전문적인 소양과 지식 및 실무능력을 갖춘 자를 선발하여 그들로 하여금 전문적인 분야에 종사하게 함을 목적으로 시행하는 것으로서, 각 시험의 평가대상이 되는 지식의 범위가 매우 한정적일 뿐 아니라 주기적으로 반복되어 시행되어야 하므로, 이미 시행된 시험에 관한 정보라고 할지라도 이를 제한 없이 공개할 경우 다음 시험의 공정한 관리 및 시행에 적지 않은 영향을 줄 수밖에 없다. 이 같은 공공기관의 시험관리 업무의 효율성을 확보하기 위하여, 공공기관이 보유·관리하는 시험정보를 공개하면 시험업무의 공정한 수행이나 연구·개발에 현저한 지장이 초래될 염려가 있는 경우에는 이를 비공개 대상으로 할 수 있도록 하고 있다.

여기서 '공개될 경우 업무의 공정한 수행에 현저한 지장을 초래한다고 인정할 만한 상당한 이유가 있는 경우'라 함은 공개될 경우 업무의 공정한 수행이 객관적으로 현저하게 지장을 받을 것이라는 고도의 개연성이 존재하는 경우를 의미한다. 시험정보로서 공개될 경우 업무의 공정한 수행에 현저한 지장을 초래하는지 여부는 정보공개법 및 시험정보를 공개하지 아니할 수 있도록 하고 있는 입법 취지, 해당 시험 및 그에 대한 평가행위의 성격과 내용, 공개의 내용과 공개로 인한 업무의 증가, 공개로 인한 파급효과 등을 종합하여 개별적으로 판단되어야 한다.[175]

---

175) 대법원 2007. 6. 15. 선고 2006두15936 판결.

(3) 시험에 관해서는 시험실시 전에 시험문제 대해 공개 청구가 있는 경우 이를 공개하는 것은 시험 자체의 의미를 상실케 하기 때문에 그 공개를 거부할 수밖에 없다. 따라서 시험에 관한 사항으로 시험출제 관리, 시험위원 위촉, 시험감독관 선정, 시험시행에 관한 내부계획, 채점 및 합격자 결정과정 등 해당 시험의 공정한 관리를 현저히 저해할 수 있다고 인정할 만한 상당한 이유가 있는 정보, 시험에 관한 사항 중 타인의 답안지 및 시험성적, 공무원의 임용시험에 관한 사항으로서 시험문제은행 관리, 시험출제관리, 시험위원 위촉, 시험관리관 선정, 시험시행에 관한 내부계획, 채점 및 합격자 결정과정 등 해당 시험의 공정한 관리를 저해할 수 있는 정보, 국가고시 및 자격시험의 개인 식별 정보 등은 비공개 대상에 해당될 수 있다.[176]

그러나 시험 종료 후에는 시험문제에 관한 공개 청구가 된 경우 원칙적으로 그 공개를 거부할 근거는 없다.[177)178)] 시험의 계획에 관한 정보, 선발인원, 시험장소 및 시험과목·범위 등 오히려 시험정보의 공개가 공정한 시험 관리에 도움이 되는 정보들은 그 공

---

176) 서울행정법원 1999. 7. 2. 선고 99구2788, 99구14194 판결.
"사법시험 문제와 정답을 공개할 경우 상대적으로 평가의 공정성과 객관성, 효율성 측면에서 우수한 문제은행출제방식을 포기할 수밖에 없고 관리비용이 필요 이상 증대되면 정답에 논란이 없는 단순한 문제만 출제될 우려가 있는 사법시험의 본령을 훼손할 우려가 커서 공개요구를 받아들일 수 없다."

177) 서울행정법원 1998. 12. 2. 선고 98구20338 판결.
"공공기관인 증권감독원장 시행의 공인회계사 2차 시험에 응시하여 작성한 답안지는 공공기관의 정보공개에 관한 법률 제2조 제1호 소정의 정보에 해당함이 명백하고 따라서 응시생은 특별한 사정이 없는 한 위 답안지의 열람을 청구할 수 있다 할 것이고, 다만 같은 법 제7조 제1항 제5호는 시험 등으로서 공개될 경우 업무의 공정한 수행이나 연구·개발에 현저한 지장을 초래한다고 인정할 만한 상당한 이유가 있는 정보에 대하여는 공공기관이 이를 공개하지 아니할 수 있다고 규정하고 있으나, 시험의 응시자 대다수가 위와 같은 답안지의 열람 청구를 하리라고 예상되지도 않을 뿐만 아니라 가사 이로 인하여 증권감독원장의 업무량이 증가한다거나 채점의 공정성에 관한 응시자의 불만이 생긴다고 하여 이를 이유로 응시자의 답안지 열람 청구를 거부할 법적 사유가 될 수는 없으므로 위와 같은 사정만으로는 같은 법 제7조 제1항 제5호 소정의 비공개 사유에 해당한다고 볼 수 없다."

178) [중앙행정심판위원회 2011-08829, 2011. 6. 28, 취소] 시험의 시행계획 공고와 이 사건 지침이 정보의 공개를 거부하는 처분의 근거가 될 수 없고, 출제위원 명단은 정보공개법 제9조 제1항 제6호의 비공개 대상 정보에 해당하지 않는다고 한 사례,
[행정안전부 09-18827, 2010. 3. 2, 행정안전부], 문제가 공개되지 않은 상태에서 정답이 공개되면 혼란이 야기될 것이라는 주장을 입증할 구체적인 자료는 제출되지 않았고, 선택형 시험에 있어서의 모범답안은 공개될 경우 '시험' 업무의 공정한 수행이나 연구·개발에 현저한 지장을 초래한다고 인정할 만한 상당한 이유가 있는 정보에 해당한다고 할 수 없고, 공공기관은 정보를 공개함에 있어 해당 정보가 비공개 대상 정보에 해당하는지 여부를 판단하는 것으로 충분하고 공개 청구권자가 해당 정보의 공개를 통하여 얻는 실익이 있는지 여부는 고려의 대상이 아니므로, 피청구인이 이 사건 정보 중 '모범답안'의 공개를 거부한 것은 위법·부당하다고 한 사례,
[행정안전부 09-20126, 2010. 3. 2, 충청북도지사, 인용] '2009년도 제1회 지방공무원공개경쟁임용 면접시험 평정표'에 기재되어 있는 시험의 면접시험 채점결과는 평정요소의 기준이 단순 수치만으로 계량화할 수 없도록 되어 있어, 면접위원들의 채점결과가 공개된다면 추상적인 평가기준에 따른 주관적인 평가결과 등을 둘러싸고 시시비비가 발생할 우려가 높고, 이로써 면접심사업무의 수행에 현저한 지장을 초래한다고 인정할 만한 상당한 이유가 있는 것으로 인정된다고 한 반면 면접위원 위촉 현황은 비공개 대상 정보에 해당하는 것으로 볼 수 없다고 한 사례.

개가 제한되는 정보에 해당되지 않는다.[179)]

(4) 특히 문제은행 출제방식의 시험의 공개 여부가 문제된다.

문제은행 출제방식은 출제의 시간·비용이 절감되면서도 양질의 문항을 확보할 수 있는 등의 많은 장점을 가지고 있는데 그 시험문제를 공개할 경우, 기출문제와 동일 또는 유사한 문제를 다시 출제하는 것이 사실상 불가능하게 되어 그 공개를 수년 동안 거듭하다 보면 이미 축적하여 놓은 문제은행을 정상적으로 유지할 수 없는 상태에 이르게 될 것이다.

또한 문제은행 출제방식을 채택하되 한 번 출제된 문제를 다시 출제하지 않는 방식으로 운영하기 위해서는 지금보다 현저히 많은 양의 문항을 축적하는 것이 전제가 되어야 할 것인데 그에 따른 시간과 비용의 부담이 발생하고 이미 양질의 문제로 검증된 기출문제의 재활용을 포기해야 하며, 매년 많은 수의 문항을 개발하더라도 출제가 가능한 문제의 범위가 점차 좁아들어 문제 출제 자체가 점차 어려워지게 될 것이고 수험생들은 출제빈도가 높은 문제 위주의 수험준비를 하게 될 것이어서 시험을 통하여 수험생들의 실력을 정확하게 측정하는 데 상당한 지장을 받게 될 것이다.

이러한 점 등을 감안하면, 비록 시험의 문제지와 그 정답지를 공개하지 않음으로써 수험생 일반에 의한 출제오류의 시정 가능성과 시험행정의 투명성의 확보 등이 다소 떨어진다 할지라도 시험의 문제지와 그 정답지의 공개가 시험업무의 공정한 수행이나 연구·개발에 현저한 지장을 초래한다고 인정할 만한 상당한 이유가 있는 경우에 해당한다.[180)]

(5) 논술형 시험에 대한 평가업무는 평가자(채점자)가 보유하고 있는 고도의 전문적

---

179) 일본 최고재판소 2002년(平成 14년) 10월 11일 선고 平11 行ヒ 제28호 판결, 공립학교 교원 채용선발고사 필기심사의 택일식 문제와 그 해답은 비공개 대상이 아니라고 한 사례.
180) 대법원 2007. 6. 15. 선고 2006두15936 판결은 사법시험이나 고등고시의 제1차 시험 등은 주관기관, 시험의 목적, 속성, 출제 및 평가방식 등이 문제은행식 시험과는 달라 양자를 단순 비교할 수는 없다고 한 사례,
대법원 2008. 6. 12. 선고 2008두4053 판결은 비록 피고(전라북도지사)가 이 사건 시험에서 정책적으로 문제은행 출제방식을 표방했다고 하더라도 2007년 5월 26일 치러진 이 사건 과목의 출제방식이 문제은행 출제방식의 실질을 갖추었다고 보기 어렵고, 이 사건 시험이 치러진 횟수와 응시인원 등에서 이 사건 과목의 문제지 및 그 정답지의 공개로 피고에게 시험업무의 공정한 수행이나 연구·개발에 현저한 지장이 초래된다고도 보이지 않으므로 이 사건 과목의 문제지 및 정답지는 정보공개법 제9조 제1항 제5호에서 정한 비공개 대상 정보에 해당한다고 보기 어렵다고 한 사례이다.

식견과 학식 등에 근거한 평가자의 주관적 평가에 의존할 것이 예정되어 있음을 그 본질적인 속성으로 하므로 평가기준과 평가결과는 평가자에게 전속한 고도의 전문적·주관적 판단과 도덕적 양심에 일임함으로써 비로소 평가사무의 적정성이 보장되는 것이다.

만약 논술형 시험의 평가기준을 공개한다면 다의적일 수밖에 없는 평가기준과 주관적 평가결과 사이의 정합성을 둘러싸고 시험결과에 이해관계를 가진 자들로부터 제기될지도 모를 시시비비에 일일이 휘말리는 상황이 초래될 우려가 있고, 그럴 경우 업무수행상의 공정성을 확보할 수 없을 뿐 아니라 그 평가 업무의 수행 자체에 지장을 초래할 것이 명백함은 물론, 궁극적으로는 논술형 시험의 존립이 무너지게 될 염려가 있다.

따라서 논술형 시험문제의 정답을 확정하기 위한 시험관리위원회의 회의록은 평가기준(채점기준표) 자체는 아니지만 채점기준에 관한 시험관리위원들의 발언내용이 기재되어 있어 채점기준표에 준하는 것으로 볼 수 있고, 특히 그중에 시험관리위원들의 대립된 의견이나 최종 정답결정과 세부적인 면에서 차이가 나는 내용이 포함되어 있을 경우 그 공개로 인하여 수험생들에게 불필요한 오해를 불러일으키고, 그로 인하여 새로운 분쟁에 휘말리는 상황이 초래될 우려가 높으므로, 이는 공개될 경우 업무의 공정한 수행 등에 현저한 지장을 초래한다고 인정할 만한 상당한 이유가 있는 시험정보로서 제5호에서 정한 비공개 대상 정보에 해당한다.[181]

IV. 규제에 관한 정보

규제에 관한 사항으로서 공개될 경우 업무의 공정한 수행에 현저한 지장을 초래한다고 인정할 만한 상당한 이유가 있는 정보는 비공개 대상 정보에 해당한다.

행정규제에 관하여는 행정규제기본법에서 행정규제에 관한 사항을 규정하고 있다.

행정규제란 국가나 지방자치단체가 특정한 행정 목적을 실현하기 위하여 국민이나 국내법을 적용받는 외국인의 권리를 제한하거나 의무를 부과하는 것으로서 법령 등이나 조례·규칙에 규정되는 사항을 말한다(행정규제기본법 제2조 제1호).

규제에 관하여 다른 법률에 특별한 규정이 있는 경우를 제외하고는 행정규제기본법에서 정하는 바에 따른다(같은 법 제3조 제1항). 다만, ① 국회, 법원, 헌법재판소, 선거관

---

181) 대법원 2010. 10. 28. 선고 2010두12330 판결.

리위원회 및 감사원이 하는 사무 ② 형사, 행형 및 보안처분에 관한 사무 ③ 국가정보원법에 따른 정보·보안 업무에 관한 사항 ④ 병역법, 통합방위법, 향토예비군설치법, 민방위기본법, 비상대비자원 관리법 및 '재난 및 안전관리기본법'에 규정된 징집·소집·동원·훈련에 관한 사항 ⑤ 군사시설, 군사기밀 보호 및 방위사업에 관한 사항 ⑥ 조세의 종목·세율·부과 및 징수에 관한 사항에 해당하는 사항에 대해서는 행정규제기본법을 적용하지 아니한다(같은 법 제3조 제2항).

중앙행정기관의 장은 소관 규제의 명칭·내용·근거·처리기관 등을 규제개혁위원회에 등록해야 하고 규제개혁위원회는 등록된 규제사무 목록을 작성하여 공표하고, 매년 6월 말일까지 국회에 제출해야 한다(같은 법 제6조).

지방자치단체는 행정규제기본법에서 정하는 취지에 따라 조례·규칙에 규정된 규제의 등록 및 공표, 규제의 신설이나 강화에 대한 심사, 기존규제의 정비, 규제심사기구의 설치 등에 필요한 조치를 해야 한다(같은 법 제3조 제3항).

행정규제기본법은 규제의 원칙으로서 국가나 지방자치단체는 국민의 자유와 창의를 존중해야 하며, 규제를 정하는 경우에도 그 본질적 내용을 침해하지 아니하도록 해야 하고, 국가나 지방자치단체가 규제를 정할 때에는 국민의 생명·인권·보건 및 환경 등의 보호와 식품·의약품의 안전을 위한 실효성이 있는 규제가 되도록 해야 하며, 규제의 대상과 수단은 규제의 목적 실현에 필요한 최소한의 범위에서 가장 효과적인 방법으로 객관성·투명성 및 공정성이 확보되도록 설정되어야 한다고 규정하고 있다(같은 법 제5조).

정부의 규제정책을 심의·조정하고 규제의 심사·정비 등에 관한 사항을 종합적으로 추진하기 위하여 대통령 소속으로 규제개혁위원회가 설치되어 있다(같은 법 제23조). 규제개혁위원회는 규제정책의 기본방향과 규제제도의 연구·발전에 관한 사항, 규제의 신설·강화 등에 대한 심사에 관한 사항, 기존규제의 심사, 규제정비 종합계획의 수립·시행에 관한 사항, 규제의 등록·공표에 관한 사항, 규제 개선에 관한 의견 수렴 및 처리에 관한 사항, 각급 행정기관의 규제 개선 실태에 대한 점검·평가에 관한 사항, 그 밖에 위원장이 위원회의 심의·조정이 필요하다고 인정하는 사항을 심의·조정한다(같은 법 제24조).

규제개혁위원회의 회의는 공개함이 원칙이나 위원장이 공익보호 기타 사유로 필요하다고 인정하는 때에는 위원회의 의결로써 공개하지 아니할 수 있다(같은 법 시행령 제19조 제3항).

규제 업무 중 규제개혁분과위원회 및 본위원회에 상정될 정보로서 공개될 경우 공정하고 객관적인 의결에 영향을 주는 정보나 규제업무의 적정한 수행에 지장을 주는 정보, 개별 인·허가 신청, 심사, 결정에 관한 사항(특정개인식별이 가능한 문서, 법인 등의 사업계획, 생산기술) 및 개인과 법인 등의 정당한 이익 침해할 우려가 있는 정보(다만, 개별 인·허가신청서, 법령 등의 규정에 따른 첨부서류 및 심사·결정에 관한 문서는 인·허가 종료 후 공개), 각종 제도개선 또는 직무수행과 관련하여 내외 부처, 기관 등과의 협의사항, 자체 검토사항, 조사·연구내용 등 공개될 경우 국민에게 혼선을 야기하는 등 업무의 공정한 수행에 현저한 지장을 초래한다고 인정할 만한 상당한 이유가 있는 정보 등은 비공개 대상에 해당될 수 있다.

V. 입찰계약에 관한 정보

입찰계약에 관한 사항으로서 공개될 경우 업무의 공정한 수행에 현저한 지장을 초래한다고 인정할 만한 상당한 이유가 있는 정보도 비공개 대상 정보에 해당한다.

국가를 당사자로 하는 계약에 관한 기본적인 사항을 정하고 있는 '국가를 당사자로 하는 계약에 관한 법률'은 국가가 대한민국 국민을 계약상대자로 하여 체결하는 계약 등 국가를 당사자로 하는 계약을 규율하고 있고 지방자치단체를 당사자로 하는 계약에 관하여는 '지방자치단체를 당사자로 하는 계약에 관한 법률'에서 기본적인 사항을 정하고 있다. 공공기관의 운영에 관한 법률 제5조에 따른 공기업·준정부기관의 계약처리에 관하여는 '공기업·준정부기관 계약사무규칙'에서 정하고 있다(같은 규칙 제2조 제1항).

입찰계약에 관한 정보에는 입찰계약에 관한 사항으로서 입찰예정자의 상세 정보, 입찰예정 가격을 예측할 수 있는 단가, 계약완료 전에 입찰자를 식별할 수 있는 정보, 설계·시공 상의 노하우 등 공정한 계약을 저해할 수 있는 자료 및 관련 정보, 생산기술 또는 영업상의 정보, 경영방침, 경리 인사 등 내부관리사항으로 특정인에게 이익 또는 불이익을 줄 우려가 있다고 인정되는 정보, 입찰예정자의 경영내용, 업무내용 또는 평가결과를 기재한 사항 등 개인 및 법인에 해당하는 사항을 기재한 정보, 설계·시공 상의 노하우, 건축물의 설계도 등 설계·시공자에게 불이익을 줄 우려가 있는 정보 등이 해당될 수 있을 것이다.[182)

입찰계약에 관한 사항이라고 하더라도 비공개 대상 정보가 되기 위해서는 공개될 경우 업무의 공정한 수행이나 연구·개발에 현저한 지장을 초래한다고 인정할 만한 상당한 이유가 있어야 하고, 여기서 '업무의 공정한 수행에 현저한 지장을 초래한다고 인정할 만한 상당한 이유가 있는 경우'란 정보공개제도의 목적 및 비공개 대상 정보의 입법 취지에 비추어볼 때 공개될 경우 업무의 공정한 수행이 객관적으로 현저하게 지장을 받을 것이라는 고도의 개연성이 존재하는 경우를 의미한다.[183]

여기에 해당하는지 여부는 비공개에 의하여 보호되는 업무수행의 공정성 등의 이익과 공개에 의하여 보호되는 국민의 알권리의 보장과 국정에 대한 국민의 참여 및 국정 운영의 투명성 확보 등의 이익을 비교교량 하여 구체적인 사안에 따라 신중하게 판단되어야 한다.[184][185]

VI. 기술개발 관련 정보

기술개발에 관한 사항으로서 공개될 경우 업무의 공정한 수행이나 연구·개발에 현저한 지장을 초래한다고 인정할 만한 상당한 이유가 있는 정보는 비공개 대상 정보에 해당한다.

---

182) [중앙행정심판위원회 11-25236, 2012. 5. 1, 조달청, 기각] 입찰계약을 주된 업무로 하는 피청구인의 업무 특성을 고려할 때 변호사의 자문이 필요한 사안이 빈번히 발생한다 할 것인데, 자문결과가 공개되면 향후 입찰계약 관련 자문이 필요할 경우 자문변호사들이 자문결과의 공개에 대한 부담으로 인한 심리적 압박 때문에 진술한 의견을 개진할 수 없고, 피청구인이 변호사의 자문결과와 다른 의사결정을 할 경우 쟁송 등이 제기되는 등 새로운 갈등이 야기될 개연성도 있어 결국 피청구인의 원활하고 공정한 업무수행에 현저한 지장을 초래할 우려가 크다 할 것이므로, 이 사건 정보는 정보공개법 제9조 제1항 제5호의 비공개 대상 정보에 해당한다는 사례.
183) 대법원 2012. 10. 11. 선고 2010두18758 판결.
184) 대법원 2005. 1. 28. 선고 2002두12854 판결, 교도소에서 사책구입과 관련한 계약관련 자료는 피고(공주교도소장)와 거래업체 간의 계약내용에 관한 것으로서 이에는 법 제7조 제1항 제6호에서 규정하고 있는 '특정인을 식별할 수 있는 개인에 관한 정보' 및 제7호에서 규정하고 있는 '법인·단체 또는 개인의 영업상 비밀에 관한 사항'이 포함되어 있고, 거래업체가 그 공개를 거부하는 이상 '공개될 경우 정당한 이익을 현저히 해할 우려'도 있으며, 공개 청구의 취지에 어긋나지 아니하는 범위 안에서 비공개 대상 정보에 해당하는 부분과 공개가 가능한 부분을 분리할 수 있음을 인정할 만한 자료가 없다는 이유로 피고의 정보공개 거부처분이 적법하다는 취지로 판단한 사례.
185) [지식경제부 10-03405, 2010. 3. 23, 한국전력공사장] 이 사건 정보는 입찰에 참여한 업체의 입찰단가, 경영내용, 업무내용, 또는 평가결과를 기재한 사항 등이 아닌 입찰에 참가한 업체명과 연락처에 불과한 것이어서 이를 공개한다고 하더라도 피청구인의 주장과 같이 공개된 업체들이 서로 담합하여 향후 피청구인의 단가입찰업무의 효율성을 떨어지게 한다거나 업무증가 등의 부작용이 발생할 것으로 보이지 않는 점, '국가를 당사자로 하는 계약에 관한 법률 시행령'과 같은 법 시행규칙에서도 계약체결에 관한 사항 등을 공개하도록 의무를 부과했을 뿐 비공개 사항으로 규정한 것은 아닌 점, 달리 업무의 공정한 수행이 객관적으로 현저하게 지장을 받을 것이라는 고도의 개연성이 존재한다고 볼 만한 입증자료도 보이지 않는 점 등을 종합적으로 고려해볼 때 이에 대한 피청구인의 주장은 받아들일 수 없다고 한 사례.

과학기술의 개발 및 발전 등에 관하여는 과학기술기본법에서 국가로 하여금 과학기술 혁신과 이를 통한 경제·사회 발전을 위하여 종합적인 시책을 세우고 추진하도록 하고 있고, 지방자치단체에 대해서도 국가의 시책과 지역적 특성을 고려하여 지방과학기술진흥시책을 세우고 추진하도록 책무를 부과하고 있다(과학기술기본법 제4조).

정부는 과학기술 발전에 관한 중·장기 정책 목표와 방향을 설정하고, 이에 따른 과학기술기본계획을 5년마다 세우고 추진해야 하며(같은 법 제7조), 과학기술정책의 투명성과 합리성을 높이기 위하여 과학기술정책을 형성하고 집행하는 과정에 민간 전문가나 관련 단체 등이 폭넓게 참여하게 하고 일반 국민의 다양한 의견을 모을 수 있는 방안을 마련해야 한다(같은 법 제5조 제3항).

국가의 연구기관이나 기타 공공기관에서의 연구과제, 연구계획 및 연구성과는 원칙적으로 공개해야 할 것이나 기술개발에 관한 정보 중 연구의 자유나 지적소유권을 침해하는 사항, 연구의 중간단계에 있는 사항 중 국민에게 오해를 줄 우려가 있는 정보 등은 비공개 대상 정보에 해당될 수 있을 것이다.[186]

VII. 인사관리에 관한 정보

인사관리에 관한 사항으로서 공개될 경우 업무의 공정한 수행에 현저한 지장을 초래한다고 인정할 만한 상당한 이유가 있는 정보도 비공개 대상 정보에 해당한다.

미국 정보자유법은 '행정기관의 내부 인사 규칙 및 기준에 국한되는 안건(internal personnel rules and practices of an agency)'을 비공개 대상 정보로 분류하고 있고[제552조(b)(2)], 일본 정보공개법도 제5조 제6호 라목에서 '공개함으로써 인사관리에 관련된 사무에 관하여 공정하고 원활한 인사의 확보에 지장을 미칠 우려'가 있는 정보를 비공개 사유로

---

186) [중소기업청 09-10669, 2009. 9. 22, 전북지방중소기업청, 인용] 시험성적서는 대표자의 이름 및 주민등록번호는 개인을 식별할 수 있는 정보로서, 이를 공개할 경우 대표자의 인격권이나 사생활의 자유가 침해될 수 있다 할 것이나, 제품에 대한 핵심 부품의 설계 등의 기술이라고 보기 어렵고, 이러한 자료를 통해 해당기술을 추론하여 취득하기도 어렵다고 보이는 점 등에 비추어볼 때, 성능인증 신청인의 사업유지 및 기술유출이 우려된다고 인정할 수 없으므로, 연구개발 관련 자료에 해당된다고 보기 어렵다. 수질검사성적서는 제품에 대한 핵심 부품의 설계 등 기술이라고 보기 어렵고, 이러한 자료를 통해 해당 기술을 추론하여 취득하기도 어렵다고 보이는 점 등에 비추어볼 때, 성능인증 신청인의 사업유지 및 기술유출이 우려된다고 인정할 수 없으므로, 청구인이 공개 청구한 이 사건 정보 중 대표자의 이름·주민등록번호 등 개인을 식별할 수 있는 정보를 제외한 성능검사증빙서류(시험성적서, 수질검사성적서)를 공개하지 않기로 결정한 피청구인의 이 사건 처분은 위법·부당하다고 한 사례.

삼고 있다.

공무원은 국민 전체에 대한 봉사자이며, 국민에 대하여 책임을 진다(헌법 제7조 제1항). 공무원의 신분과 정치적 중립성은 법률이 정하는 바에 의하여 보장되는데(헌법 제7조 제2항) 국가공무원법에서 각급 기관에서 근무하는 모든 국가공무원에게 적용할 인사행정의 근본 기준을 정하고 있고, 지방공무원법에서는 지방자치단체의 공무원에게 적용할 인사행정의 근본 기준을 정하고 있다.

인사행정에 관한 기본정책의 수립과 국가공무원법의 시행·운영에 관한 사무는 국회는 국회 사무총장, 법원은 법원행정처장, 헌법재판소는 헌법재판소 사무처장, 선거관리위원회는 중앙선거관리위원회 사무총장, 행정부는 인사혁신처장이 관장한다(국가공무원법 제6조 제1항).

국가기관의 장은 그 소속 공무원의 인사기록을 작성·유지·보관해야 한다(같은 법 제19조 제1항). 국회 사무총장, 법원행정처장, 헌법재판소 사무처장, 중앙선거관리위원회 사무총장 및 인사혁신처장은 공무원의 인사관리를 과학화하기 위하여 공무원의 인사기록을 데이터베이스화하여 관리하고 인사 업무를 전자적으로 처리할 수 있는 시스템을 구축하여 운영할 수 있다(같은 법 제19조의2 제1항).

지방자치단체의 장과 특별시·광역시·도 또는 특별자치도의 교육감은 그 소속 공무원의 임명·휴직·면직과 징계를 하는 권한을 가지며(지방공무원법 제6조 제1항) 임용권자는 소속 공무원의 인사기록을 작성·보관해야 한다(같은 법 제6조 제3항).

지방자치단체에 임용권자별로 인사위원회를 두되, 특별시·광역시·도 또는 특별자치도에는 필요하면 제1인사위원회와 제2인사위원회를 둘 수 있다(같은 법 제7조 제1항). 인사위원회 위원은 그 직무에 관하여 알게 된 비밀을 누설해서는 안 되고 위원 중 공무원이 아닌 위원은 그 직무상 행위와 관련하여 형법이나 그 밖의 법률에 따른 벌칙을 적용할 때 공무원으로 본다(같은 법 제7조 제9항·제10항).

인사위원회는 공무원 충원계획의 사전심의 및 각종 임용시험의 실시, 임용권자의 요구에 따른 보직관리 기준 및 승진·전보임용 기준의 사전의결, 승진임용의 사전심의, 임용권자의 요구에 따른 공무원의 징계 의결 또는 징계부가금 부과 의결, 지방자치단체의 장이 지방의회에 제출하는 공무원의 임용·교육훈련·보수 등 인사와 관련된 조례안 및 규칙안의 사전심의, 임용권자의 인사운영에 대한 개선 권고, 그 밖에 법령 또는 조례에 따라 인사위원회 관장에 속하는 사항을 관장한다(같은 법 제8조 제1항).

이외에도 외무공무원의 자격, 임용, 교육훈련, 복무, 보수 및 신분보장 등에 관하여는 외무공무원법에서, 교육공무원의 그것에 대해서는 교육공무원법에서, 국가경찰공무원의 그것에 관하여는 경찰공무원법에서, 소방공무원의 그것에 관하여는 소방공무원법에서, 군인의 그것에 대해서는 군인사법·군인보수법 등에서, 국가정보원 직원의 그것에 대해서는 국가정보원직원법에서, 검사의 그것에 대해서는 검찰청법·검사징계법·검사정원법 등에서, 법관의 그것에 관하여는 법원조직법·각급 법원 판사 정원법·법관의 보수에 관한 법률·법관징계법 등에서 각각 규율하고 있다.

공무원의 임용권자나 임용제청권자는 소속 공무원에 대한 인사운영의 원칙 및 기준을 미리 정하여 공지해야 하고, 정기인사 및 이에 준하는 대규모 인사를 실시할 때에는 1개월 이전에 해당 인사의 세부기준 등을 미리 소속 공무원에게 공지해야 함을 원칙으로 한다(공무원임용령 제5조의2).

행정기관 소속 공무원의 징계처분, 그 밖에 그 의사에 반하는 불리한 처분이나 부작위에 대한 소청을 심사·결정하게 하기 위하여 인사혁신처에 소청심사위원회를 두고 있고, 국회, 법원, 헌법재판소 및 선거관리위원회 소속 공무원의 소청에 관한 사항을 심사·결정하게 하기 위하여 국회사무처, 법원행정처, 헌법재판소사무처 및 중앙선거관리위원회사무처에 각각 해당 소청심사위원회를 두고 있다(국가공무원법 제9조).

공무원의 임용시험에 관한 사항으로서 시험문제 은행관리, 시험출제관리, 시험위원위촉, 시험 관리관 선정, 시험시행에 관한 내부계획, 채점 및 합격자 결정 과정 등 해당 시험의 공정한 관리를 저해할 수 있는 정보와 공무원 채용·충원·교육훈련·공무원 처우개선·공무원연금제도 개선사항 등 각종 제도·정책수립을 위한 내부검토 협의자료로 공개될 경우 업무의 공정한 수행을 저해할 수 있는 정보, 공무원(정부출연연구기관 포함) 인사 등에 관한 사항으로서 공무원의 임용, 심사, 인사교류, 교육훈련, 연금, 휴직근무, 역량평가 검증 등의 내부 검토·협의·결정 등 공개될 경우 내부 인사기밀 등이 노출되거나 외부의 부당한 개입 등으로 인한 인사의 공정성 등을 저해할 수 있는 정보와 공무원 인사 관련 제도 및 법령 개선 등 각종 제도·정책수립을 위한 내부검토·협의·결정 자료로 공개될 경우 업무의 공정한 수행을 저해할 수 있는 정보, 정부조직 관리에 관한 사항으로서 정부조직 개편, 직제관리 등 내부 검토·협의·결정 등 공개될 경우 외부의 부당한 개입으로 인한 정부조직 관리의 공정성을 저해할 수 있는 정보, 공무원의 정원 관리에 관한 사항 중 공개될 경우 업무의 공정성을 현저히 저해할 수 있다고 인정할 만한 상당한 이유가 있는 정보(정원 협의, 정원 배정, 각급 법원의 증원요청에 관한 사항 등), 인사관리에 관한 사항 중 공개될 경우 내부 인사기밀이 노출되거나 외부의 부당한 개입으로 인하여 인사의 공정성, 객관적인 심사를 현저히 저해할 우려가 있다고 인정할 만한 상당한 이유가 있는 정보(공무원의 상훈에 관한 사항 중 공적심사위원회 결의 과정이나 포상대상자 결정 관련 사항 등), 공무원의 근무성적평정 결과[187]와 다면평가 결과(공무원 성과평가 등에 관한 규정 제12조, 제28조 등), 공무원의 교육에 관한 사항 중 교육 결과 및 교육 성적에 관한 정보, 인사위원회 및 징계위원회의 의결과정이 상세히 기록된 정보 등은 인사관리에 관한 사항으로서 비공개 대상 정보에 해당될 수 있다.

VIII. 의사결정 과정 또는 내부검토 과정에 있는 사항

1. 입법취지

정보공개법 제9조 제1항 제5호는 "……의사결정 과정 또는 내부검토 과정에 있는 사항 등으로서 공개될 경우 업무의 공정한 수행이나 연구·개발에 현저한 지장을 초래한다고 인정할 만한 상당한 이유가 있는 정보"를 비공개 대상 정보로 규정하고 있다.[188]

제5호의 의사결정 과정 또는 내부검토 과정에 있는 사항 등을 비공개 대상 정보로 하고 있는 것은 공개로 인하여 공공기관의 의사결정이 왜곡되거나 외부의 부당한 영향과 압력을 받을 가능성을 차단하여 중립적이고 공정한 의사결정이 이루어지도록 함이다.[189] 즉, 제5호의 취지는 행정내부에서의 자유롭고도 솔직한 의견의 교환을 확보하고, 내부검토단계의 미성숙한 정보가 외부에 제공되어 주민에게 무용한 혼란이나 오해를 초래하는 것이나 일부의 자에게만 부당한 이익이나 불이익을 주는 것을 회피하며, 공공기관이 수행하고 있는 다양한 업무의 집행과정에서 작성 또는 취득한 정보 중 공개되면 해당 업무에 많은 영향을 미치거나 공정하고 효율적인 업무의 운영이 현저히 곤란하게 될 우려가 있는 정보를 보호하기 위한 것이다.

---

187) 수원지방법원 2005. 11. 16. 선고 2005구합3586 판결.
188) 이구현, 앞의 책, 119쪽은 '의사결정 과정이나 정책결정 과정에 관한 사항'을 "국가의 주요정책의 결정을 위한 심의·검토·협의에 관한 정보로서 공개할 경우 활발한 의견교환 및 의사결정의 중립성을 침해할 우려가 있는 정보"라고 개정할 것을 제안하고 있다.
189) 대법원 2003. 12. 11. 선고 2001두8827 판결.

2. 의사결정 과정 또는 내부검토 과정 정보

'의사결정 과정 또는 내부검토 과정에 있는 사항'에는 내부에서 심의 중인 안건 또는 미확인자료, 공공기관 내부의 회의 및 의견교환의 기록 등 행정 내부의 자유로운 의견교환에 방해를 줄 수 있거나 국민의 오해나 혼란을 초래할 수 있는 자료 그리고 조사 또는 시험연구결과, 각종 개발계획 또는 검토안 등 특정인에게 부당한 이익 또는 불이익을 주는 정보가 해당된다.[190]

의사결정 과정에 제공된 회의 관련 자료나 의사결정 과정이 기록된 회의록 등은 의사가 결정되거나 의사가 집행된 경우에는 더 이상 의사결정 과정에 있는 사항 그 자체라고는 할 수 없으나, 의사결정 과정에 있는 사항에 준하는 사항으로서 비공개 대상 정보에 포함될 수 있다.[191][192]

공개로 인한 사생활의 비밀 또는 자유의 침해의 정도 및 업무의 공정한 수행이나 연구·개발에 지장을 초래하는 정도는 설립근거법령, 기능 등 그에 따른 회의체의 성격에 따라 다를 수 있으므로, 회의체의 성격을 고려하여 정보공개 여부를 각각 판단해야

---

190) 헌법재판소 2004. 8. 26. 선고 2003헌바81·89(병합) 결정, 행정심판위원회에서는 위원회의 최종 의사 형성에 관하여 토의가 이루어지는데 자유롭고 활발하며 공정한 심리·의결이 보장되기 위해서는 심리·의결 과정에서 누가 어떤 발언을 했는지가 외부에 공개되지 않도록 보장할 필요가 있으므로 행정심판법 제26조의2가 위원의 발언 내용을 비공개 대상으로 하는 것은 합헌이라는 사례.

191) 대법원 2003. 8. 22. 선고 2002두12946 판결, 대법원 2000. 5. 30. 선고 99추85 판결, 2003. 5. 16. 선고 2001두4702 판결, 대법원 2010. 10. 14. 선고 2010두7437 판결 등;
   대법원 2008. 11. 27. 선고 2005두15694 판결은 검찰21세기연구기획단의 1993년도 연구결과종합보고서가 검찰의 의사결정 과정 또는 내부검토 과정에 있는 사항 등으로서 공개될 경우 업무의 공정한 수행이나 연구·개발에 현저한 지장을 초래한다고 인정할 만한 상당한 이유가 있는 정보에 해당하는지 여부에 관하여 심리를 다하지 않은 원심을 파기한 사례이고,
   대법원 2003. 8. 22. 선고 2002두12946 판결, 학교환경위생구역 내 금지행위(숙박시설) 해제결정에 관한 학교환경위생정화위원회의 회의록에 기재된 발언내용에 대한 해당 발언자의 인적사항 부분에 관한 정보는 제5호 소정의 비공개 대상에 해당한다고 한 사례이며,
   대법원 2000. 5. 30. 선고 99추85 판결은 지방자치단체의 도시공원에 관한 조례에서 규정된 도시공원위원회의 심의사항에 관하여 위 위원회의 심의를 거친 후 시장이나 구청장이 위 사항들에 대한 결정을 대외적으로 공표하기 전에 위 위원회의 회의 관련 자료 및 회의록이 공개된다면 업무의 공정한 수행에 현저한 지장을 초래한다고 할 것이므로, 위 위원회의 심의 후 그 심의사항들에 대한 시장 등의 결정의 대외적 공표행위가 있기 전까지는 위 위원회의 회의 관련 자료 및 회의록은 공공기관의 정보공개에 관한 법률 제7조 제1항 제5호에서 규정하는 비공개 대상 정보에 해당한다고 할 것이고, 다만 시장 등의 결정의 대외적 공표행위가 있은 후에는 이를 의사결정과정이나 내부검토 과정에 있는 사항이라고 할 수 없고 위 위원회의 회의 관련 자료 및 회의록을 공개하더라도 업무의 공정한 수행에 지장을 초래할 염려가 없으므로, 시장 등의 결정의 대외적 공표행위가 있은 후에는 위 위원회의 회의 관련 자료 및 회의록은 같은 법 제7조 제2항에 의하여 공개 대상이 된다고 할 것인바, 지방자치단체의 도시공원에 관한 조례안에서 공개시기 등에 관한 아무런 제한 규정 없이 위 위원회의 회의 관련 자료 및 회의록은 공개해야 한다고 규정했다면 이는 같은 법 제7조 제1항 제5호에 위반된다고 한 사례이다.

한다.[193)][194)]

행정이나 공무원 조직 및 운영에 관한 집행계획, 회의자료 및 회의록, 대외기관 업무보고를 위하여 의사결정 과정 중에 있는 정보, 인사발령, 승진후보자 명부, 징계심의등 인사에 관하여 의사결정 과정에 있는 정보, 공직자윤리위원회·공무원연금급여재심위원회·공무원징계위원회·공익사업선정위원회 순직보상심사위원회, 정보공개심의위원회 등 각종 위원회의 회의에 관한 사항으로서 회의의 내용이 대부분 개인의 신상·재산 등 사생활의 비밀과 관련되어 있는 정보나 회의의 내용이 공개로 인하여 외부의 부당한 압력 등 업무의 공정성을 저해할 우려가 있는 정보, 참석자의 심리적 부담으로 인하여 솔직하고 자유로운 의사교환이 이루어질 수 없다고 인정되는 정보, 심사 중에 있는 사건의 의결에 참여할 위원의 명단 등에 관한 정보, 그리고 공무원이 직무수행과 관련하여 연구·검토한 사항으로서 기관의 공식적인 의사로 볼 수 없는 정보 등이 비공개 대상 정보에 해당될 수 있을 것이다.[195)]

---

192) [중앙행정심판위원회 10-11766, 2010. 8. 24, 서울특별시장] 서울특별시 도시○○○위원회의 자문회의에 제공된 회의자료와 회의결과에 관한 사항은 의사결정 과정에 준하는 사항으로 비공개 대상 정보에 포함될 수 있고, 발언자를 표시하지 아니하고 공개한다고 하더라도, 내부적이고 자유로운 의사결정 과정을 기록한 회의록의 특성상 동일한 문제점이 발생할 수 있다고 인정되므로, 피청구인이 이 사건 정보를 공개하지 아니하기로 한 이 사건 처분이 위법·부당하다고 할 수 없다고 한 반면, 서울특별시 도시○○○위원회의 자문결과에 적용한 관련 법령 및 심의기준에 관한 사항으로, 공개된다 하더라도 업무의 공정한 수행이나 연구개발에 현저한 지장을 초래한다고 인정할 만한 상당한 이유가 있다고 보이지 않으며 이를 공개하여 국민의 알권리를 보장하고 국정 운영의 투명성을 확보하게 되는 이익이 공개로 인하여 침해되는 이익보다 훨씬 크다고 할 것이므로 이를 공개하지 않은 것은 위법·부당하다고 한 사례.

193) [행정자치부 04-15752, 2005. 2. 4, 전라북도지사] 전라북도에 설치된 89개 위원회의 성격에 따라 각 위원회의 위원명단과 회의록이 사생활의 비밀 또는 자유를 침해할 우려가 있다고 인정되는 정보 또는 업무의 공정한 수행이나 연구·개발에 현저한 지장을 초래한다고 인정할 만한 상당한 이유가 있는 정보인지의 여부를 각각 판단하여 공개 여부를 결정해야 함에도 불구하고, 그러하지 아니한 채 전라북도에 설치되어 있는 89개의 모든 위원회의 위원명단과 회의록에 대하여 일률적으로 비공개한 사실이 인정되므로, 피청구인의 이 건 처분은 위법·부당하다고 한 사례.

194) 국토의 계획 및 이용에 관한 법률 제113조의2(회의록의 공개)는 "중앙도시계획위원회 및 지방도시계획위원회의 심의 일시·장소·안건·내용·결과 등이 기록된 회의록은 1년의 범위에서 대통령령으로 정하는 기간이 지난 후에는 공개 요청이 있는 경우 대통령령으로 정하는 바에 따라 공개해야 한다. 다만, 공개에 의하여 부동산 투기 유발 등 공익을 현저히 해칠 우려가 있다고 인정하는 경우나 심의·의결의 공정성을 침해할 우려가 있다고 인정되는 이름·주민등록번호 등 대통령령으로 정하는 개인 식별 정보에 관한 부분의 경우에는 그러하지 아니하다"라고 규정하고 있다.

195) 대법원 2012. 2. 9. 선고 2010두14268 판결, 갑(청구인)이 자신의 모 을의 장기요양등급판정과 관련된 자료로서 장기요양등급판정위원회 회의록 등에 대한 정보공개를 청구했으나 국민건강보험공단이 등급판정과 관련된 자료 일체는 공공기관의 정보공개에 관한 법률 제9조 제1항 제5호의 "공개될 경우 업무의 공정한 수행에 현저한 지장을 초래한다고 인정할 만한 상당한 이유가 있는 경우"에 해당한다는 이유로 비공개 결정처분을 한 사안에서, 회의록은 의사결정 과정이 기록된 것으로서 의사결정 과정에 있는 사항에 준하는 것에 해당하고 공개될 경우 위원회 심의업무의 공정한 수행에 현저한 지장을 가져온다고 인정할 만한 타당한 이유가 있다는 이유로 비공개 결정처분이 위법하지 않다고 본 원심판단을 수긍한 사례.

3. 회의 및 회의록의 공개 여부

(1) 공공기관의 중요한 정책 또는 안건은 대부분 회의에 부의되므로 회의 및 회의록 등의 공개는 매우 중요하다. 무엇보다도 이런 정책에 관련하는 조사자료 등의 공개화에 의하여 간접적으로 의사결정을 사전에 체크하는 것이 가능하기 때문이다.

공공기관의 의사결정은 적정한 것이어야 하는 것은 당연하지만, 공공기관으로서의 최종적인 의사결정 전의 사항에 관한 정보가 적지 않게 포함되어 있기 때문에 이러한 정보를 공개하는 것에 의해 그 적정한 의사결정이 훼손되지 않도록 할 필요가 있다.

본래 회의 등에서의 발언은 책임 있는 발언이어야 하고 공개되어서 곤란한 경우는 아니다. 그러나 회의 과정에서 여러 가지 의견이 나오는 것이 통례이고 자유롭게 발언을 인정하는 쪽이 결과적으로는 우월한 결과를 얻을 수도 있다. 때문에 회의 과정에서 나타난 의견에 관해서는 책임을 묻지 않아야 활발한 토의와 의사결정이 이루어질 수 있을 것이다.[196)

미국 정보자유법에서는 이러한 독립한 예외사유로 인정되어 있지는 않다. 다만, 법집행 목적을 위하여 수집하는 기록이나 정보(records or information compiled for law enforcement purposes)로서, 법률에 의거하여 기관과 소송을 진행하는 기관 외에 타인에게 제공할 수 없는 기관 간 또는 기관 내 각서나 서한(inter-agency or intra-agency memorandums or letters which would not be available by law to a party other than an agency in litigation with the agency)[제552조 (b)(5)]과 법집행 절차(enforcement proceedings)에 방해가 된다고 합당하게 예상할 수 있는 경우[제552조(b)(7)(A)]를 비공개 사유로 포괄적으로 규정하고 있다.

여기서 의사결정 과정 또는 내부검토 과정에 관한 정보는 행정기관 내부 및 행정기

---

196) 대법원 2014. 7. 24. 선고 2013두20301 판결, 갑이 친족인 망(亡) 을 등에 대한 독립유공자 포상신청을 하였다가 독립유공자서훈 공적심사위원회의 심사를 거쳐 포상에 포함되지 못하였다는 내용의 공적심사 결과를 통지받자 국가보훈처장에게 '망인들에 대한 공적심사위원회의 심의·의결 과정 및 그 내용을 기재한 회의록' 등의 공개를 청구하였는데, 국가보훈처장이 위 회의록은 정보공개법 제9조 제1항 제5호에 따라 공개할 수 없다는 통보를 한 사안에서, 독립유공자 등록에 관한 신청당사자의 알권리 보장에는 불가피한 제한이 따를 수밖에 없고 관계 법령에서 제한을 다소나마 해소하기 위해 조치를 마련하고 있는 점, 공적심사위원회의 심사에는 심사위원들의 전문적·주관적 판단이 상당 부분 개입될 수밖에 없는 심사의 본질에 비추어 공개를 염두에 두지 않은 상태에서의 심사가 그렇지 않은 경우보다 더 자유롭고 활발한 토의를 거쳐 객관적이고 공정한 심사 결과에 이를 개연성이 큰 점 등 위 회의록 공개에 의하여 보호되는 알권리의 보장과 비공개에 의하여 보호되는 업무수행의 공정성 등의 이익 등을 비교·교량해 볼 때, 위 회의록은 정보공개법 제9조 제1항 제5호에서 정한 '공개될 경우 업무의 공정한 수행에 현저한 지장을 초래한다고 인정할 만한 상당한 이유가 있는 정보'에 해당함에도 이와 달리 본 원심판결에 비공개 대상 정보에 관한 법리를 오해한 위법이 있다고 한 사례.

관 상호 간의 내부적인 각서의 예외사유 중에 토의 프로젝트를 보호하기 위한 특권(이른바 토의 프로젝트 특권, deliberative process privilege)으로서 인정되고 있다.[197] 이 특권은 의사결정 전(predecisional) 토의하는(deliberative) 기록에 한하여 인정된다.[198] 때문에 미국 정보자유법에서는 어디까지나 '의견(opinion)'에 관한 정보가 아닌 '사실(factual material)'에 관한 정보를 비공개하는 것은 인정되지 않는다. 다만 미국에서도 의견과 사실의 구별은 곤란한 것이라고 인식되어 있고, 가령 정보가 사실에 관한 것이라고 하더라도 그 사실을 받아들이는 것 그 자체가 일정한 견해를 전제로 하는 것인 경우 등 사실에 관한 정보라도 의견으로서 비공개되는 경우가 논의되고 있다.[199] 그러나 순수한 사실에 관한 기록은 비공개 대상 정보에 해당하지 않음은 명백하다.[200]

일본 정보공개법은 미국 정보자유법과 달리 "국가기관 등의 내부 또는 상호 간에 있어서의 심의, 검토 또는 협의에 관한 정보로서, 공개함으로써 솔직한 의견의 교환 또는 의사결정의 중립성이 부당하게 손상될 우려, 부당하게 국민 사이에 혼란을 일으키게 할 우려 또는 특정의 사람에게 부당하게 이익을 주거나 또는 불이익을 미칠 우려가 있는 정보"를 비공개 대상 정보로 규정하고 있다(같은 법 제5조 제5호). 의견뿐만 아니라 사실에 관한 정보에 대해서도 일정한 사유가 있으면 비공개 정보로 하는 것을 인정하고 있다. 장래 동종의 의사형성에 지장을 줄 수 있는 정보도 여기에 포함될 수 있다.[201]

우리나라 정보공개법에서도 의견과 사실에 관한 정보를 특별히 구분하고 있지는 않다.[202]

(2) 회의록에 있어서 발언자의 이름 등은 이것에 의해 비공개로 할 수 있는 경우가

---

197) Moye, O'Brien, O'Rourke, Hogan, & Pickert v. National Railroad Passenger Corp., 376 F.3d 1270 (11th Cir. 2004); Enviro Tech International v. Environmental Protection Agency, 371 F.3d 370, 374 (7th Cir. 2004); Paisley v. CIS, 712 F.2d 686, 697 (D.C. Cir. 1983).
198) State of Missouri v. Army Corps of Engineers, 147 F.3d 708 (8th Cir. 1998).
199) 松井茂記, 앞의 책, 514~515쪽.
200) Stephen P. Gidiere, 앞의 책, ABA, 2006, 256쪽.
201) 일본 최고재판소 1999년(平成 11년) 11월 19일 선고 平8 行ツ 제236호 판결.
202) 대법원 2008. 10. 9. 선고 2007도1220 판결, 대법원 1998. 3. 24. 선고 97도2956 판결 등은 명예훼손죄에 있어서의 '사실의 적시'란 가치판단이나 평가를 내용으로 하는 의견표현에 대치되는 개념으로서 시간과 공간적으로 구체적인 과거 또는 현재의 사실관계에 관한 보고 내지 진술을 의미하는 것이며, 그 표현내용이 증거에 의한 입증이 가능한 것을 말하고, 판단할 진술이 사실인가 또는 의견인가를 구별함에 있어서는 언어의 통상적 의미와 용법, 입증 가능성, 문제된 말이 사용된 문맥, 그 표현이 행해진 사회적 상황 등 전체적 정황을 고려하여 판단해야 한다고 판시하고 있다.

있다. 그 여부는 심의, 검토 또는 협의의 대상사항의 성격과 그 심의, 검토 또는 협의의 성격의 쌍방에 의존하고 있다. 이른바 심의, 검토 또는 협의라고 하여 자동적으로 비공개 대상이 되는 것은 아니다.

의사결정 전의 정보를 모두 비공개하는 것은 국가기관 등 공공기관이 그 활동을 국민에게 설명하는 책무를 다해야 한다는 관점에서는 적당하지 않다.[203] 따라서 개별·구체적으로 공개함에 따라 공공기관의 적정한 의사결정에 지장을 줄 우려가 있는지 유무 및 정도를 고려해서 비공개되는 정보의 범위를 정해야 한다.[204]

그러나 본래 의사형성이 일단 종료되면 그때부터는 그 과정을 비공개해야 할 이유가 없는 경우가 많다. 때문에 이러한 종류의 정보에 관해서는 공개를 거부하는 경우에도 계속 비공개하는 것이 아니라 의사형성 종료까지의 기간에 한정해서 비공개해야 한다. 이런 의미에서 의사형성 과정 정보인 것을 이유로 하여 공개를 거부하는 경우 공개가 가능하게 되는 시기를 명시하는 것이 바람직하므로 의사결정 과정 또는 내부검토 과정을 이유로 비공개할 경우에는 의사결정 과정 및 내부검토 과정이 종료되면 청구인에게 이를 통지하도록 하고 있다(제9조 제1항 제5호 단서).

그런데 의사결정 과정 또는 내부검토 과정이 언제 종료되는지 또는 종료되었는지, 청구인은 수시로 의사결정 과정 또는 내부검토 과정이 종료되었는지를 확인할 수 있는지, 의사결정 과정 또는 내부검토 과정이 종료된 후 언제까지 어떤 방법과 절차에 의해 통지를 해야 하는지 등에 관해 이를 공공기관의 판단에만 일임할 수는 없으므로 정보공개법 시행령에서 그에 관한 구체적인 기준 등을 명시할 필요가 있다. 의사결정 과정 또는 내부검토 과정을 이유로 비공개할 경우에 의사결정 과정 및 내부검토 과정이 종료되는 시기 등을 예상할 수 있으면 이를 비공개 결정을 통지할 때 함께 알리도록 해야 한다.

(3) 한편 회의의 비공개와 회의록의 비공개는 별개이므로 회의를 비공개로 한다고 하여 해당 회의의 회의록도 반드시 비공개로 되는 것은 아니고, 반대로 회의를 공개한

---

203) 松井茂記, 앞의 책, 267쪽.

204) 일본 최고재판소 1994년(平成 6년) 3월 25일 판결, 판례시보 제1512호, 22쪽(京都府 鴨川댐건설을 위해 하천개수협의회에 제출된 댐사이트 후보지점선정위치도에 관해 이를 공개하면 주민에게 무형의 오해나 혼란을 초래하여 비공개하는 것을 인정한 사례), 일본 최고재판소 1999년(平成 11년) 11월 19일 선고 平8 行ツ 제236호 판결, 일본 최고재판소 2004년(平成 16년) 6월 29일 선고 平13 行ヒ 제9호 판결(환경영향평가준비서면 및 환경평가서가 성안되기 전의 안에 관하여 의사형성과정 정보에 해당하지 않는다고 한 사례) 등.

다고 하여 해당 회의의 회의록을 반드시 공개해야 하는 것도 아니다.

회의 그 자체는 정보공개법에 따른 공개 또는 비공개 대상인 '정보'에 해당하지 아니하므로, 정보공개법 제9조의 적용 여지가 없으며, 따라서 같은 규정을 근거로 회의의 공개를 요구할 수 없다.[205]

회의에서 심의한 결과를 기재한 회의록이 정보공개법 제9조 제1항 제1호에 따른 법률에서 위임한 명령에 따라 비공개 사항으로 규정된 정보에 해당한다거나, 의사결정 과정에 제공된 회의 관련 자료나 의사결정 과정이 기록된 문서 등이 정보공개법 제9조 제1항 제5호에 따라 회의의 의사결정 과정에 있는 사항 등으로서 공개될 경우 업무의 공정한 수행에 현저한 지장을 초래한다고 인정할 만한 상당한 이유가 있는 정보에 해당하는지는 별개의 문제이다.

4. 정부 회의의 공개 및 회의록 작성의무

(1) 정부의 권한에 속하는 중요한 정책을 심의하는 회의체로 국무회의가 있다(헌법 제88조 제1항).[206]

---

205) [법제처 11-0341, 2011. 7. 15, 행정안전부] 공무원 징계령 제20조에 따른 징계위원회의 회의 자체는 공공기관의 정보공개에 관한 법률 제9조 제1항제1호의 비공개 대상 정보인 '법률이 위임한 명령에 의하여 비공개 사항으로 규정된 정보'에 해당하지 않는다고 한 사례.
206) 헌법 제89조는 국무회의의 심의를 거쳐야 하는 사항을 아래와 같이 규정하고 있다.
  1. 국정의 기본계획과 정부의 일반정책
  2. 선전·강화 기타 중요한 대외정책
  3. 헌법개정안·국민투표안·조약안·법률안 및 대통령령안
  4. 예산안·결산·국유재산처분의 기본계획·국가의 부담이 될 계약 기타 재정에 관한 중요사항
  5. 대통령의 긴급명령·긴급재정경제처분 및 명령 또는 계엄과 그 해제
  6. 군사에 관한 중요사항
  7. 국회의 임시회 집회의 요구
  8. 영전수여
  9. 사면·감형과 복권
  10. 행정 각부 간의 권한의 획정
  11. 정부안의 권한의 위임 또는 배정에 관한 기본계획
  12. 국정처리 상황의 평가·분석
  13. 행정 각부의 중요한 정책의 수립과 조정
  14. 정당해산의 제소
  15. 정부에 제출 또는 회부된 정부의 정책에 관계되는 청원의 심사
  16. 검찰총장·합동참모의장·각군 참모총장·국립대학교 총장·대사 기타 법률이 정한 공무원과 국영기업체 관리자의 임명
  17. 기타 대통령·국무총리 또는 국무위원이 제출한 사항

국무회의는 대통령·국무총리와 15인 이상 30인 이하의 국무위원으로 구성되며(헌법 제88조 제2항), 대통령은 국무회의의 의장이 되고, 국무총리는 부의장이 된다(헌법 제88조 제3항).

따라서 대통령은 국무회의 의장으로서 회의를 소집하고 이를 주재하며 의장이 사고로 직무를 수행할 수 없는 경우에는 부의장인 국무총리가 그 직무를 대행하고, 의장과 부의장이 모두 사고로 직무를 수행할 수 없는 경우에는 기획재정부 장관이 겸임하는 부총리, 교육부 장관이 겸임하는 부총리 및 정부조직법 제26조 제1항에 규정된 순서에 따라 국무위원이 그 직무를 대행한다(정부조직법 제12조 제1항·제2항). 국무위원은 정무직으로 하며 의장에게 의안을 제출하고 국무회의의 소집을 요구할 수 있다(같은 법 제12조 제3항). 국무조정실장·인사혁신처장·법제처장·국가보훈처장·식품의약품안전처장 그밖에 법률로 정하는 공무원은 필요한 경우 국무회의에 출석하여 발언할 수 있고, 소관 사무에 관하여 국무총리에게 의안의 제출을 건의할 수 있다(같은 법 제13조 제1항·제2항).

정부조직법에 따라 국무회의의 운영에 필요한 사항을 규정하고 있는 '국무회의 규정'은 행정자치부 의정관을 간사로 두고 간사로 하여금 국무회의록을 작성하도록 한 다음 작성된 국무회의록은 행정자치부 장관이 대통령에게 보고하고, 국무총리·국무위원 및 배석자에게 송부하도록 하고 있다(같은 규정 제11조 제2항).

국무회의의 공개 여부에 관하여는 이를 명시적으로 정하고 있는 법령은 아직 없으나 국정최고심의기관인 국무회의의 회의는 원칙적으로 공개해야 할 것이다.

(2) '공공기록물 관리에 관한 법률'은 국가기관 등 공공기관에 대해 기록물 생산의무를 부과하여 정책실명제와 회의록 작성 의무제를 시행하고 있다.

즉, 공공기관은 ① 법령의 제정 또는 개정 관련 사항 ② 조례의 제정 또는 개정이나 이에 상당하는 주요 정책의 결정 또는 변경 ③ 행정절차법에 의하여 행정예고를 해야 하는 사항 ④ 국제기구 또는 외국정부와 체결하는 주요 조약·협약·협정·의정서 등 ⑤ 대규모 사업·공사 ⑥ 그 밖에 기록물관리기관의 장이 조사·연구서 또는 검토서의 작성이 필요하다고 인정하는 사항 등 주요 정책 또는 사업 등을 추진하고자 하는 경우에는 미리 그 조사·연구서 또는 검토서 등을 생산해야 한다(같은 법 제17조 제1항, 같은 법 시행령 제11조 제1항).

조사·연구서 또는 검토서에는 ① 조사·연구 또는 검토 배경 ② 제안자 등 관련자의 소속·직급 및 성명 ③ 기관장 또는 관계기관의 지시·지침 또는 의견 ④ 관련 현황과 검토 내용 ⑤ 각종 대안과 조치 의견 ⑥ 예상되는 효과 또는 결과의 분석 등 사항이 포함되도록 하여(같은 법 시행령 제11조 제2항) 이른바 정책실명제를 의무화하고 있다.

특히 공공기관은 ① 대통령이 참석하는 회의 ② 국무총리가 참석하는 회의 ③ 주요 정책의 심의 또는 의견조정을 목적으로 차관급 이상의 주요 직위자를 구성원으로 하여 운영하는 회의 ④ 정당과의 업무협의를 목적으로 차관급 이상의 주요 직위자가 참석하는 회의 ⑤ 개별법 또는 특별법에 따라 구성된 위원회 또는 심의회 등이 운영하는 회의 ⑥ 지방자치단체장, 교육감 및 교육장이 참석하는 회의 ⑦ 관계기관의 국장급 이상 공무원 3인 이상이 참석하는 회의 ⑧ 그 밖에 회의록의 작성이 필요하다고 인정되는 주요 회의의 회의록을 작성해야 한다(같은 법 시행령 제18조 제1항). 회의록에는 회의의 명칭, 개최기관, 일시 및 장소, 참석자 및 배석자 명단, 진행 순서, 상정 안건, 발언 요지, 결정 사항 및 표결 내용에 관한 사항이 포함되어야 하고, 전자기록생산시스템을 통하여 회의록을 생산 또는 등록하고 관리해야 한다.[207]

5. 국회 회의의 공개 및 회의록 작성의무

(1) 우리나라 헌법 제50조는 "① 국회의 회의는 공개한다. 다만, 출석의원 과반수의 찬성이 있거나 의장이 국가의 안전보장을 위하여 필요하다고 인정할 때에는 공개하지 아니할 수 있다. ② 공개하지 아니한 회의내용의 공표에 관하여는 법률이 정하는 바에 의한다"고 규정하고 있다.

이에 따라 국회법 제75조는 "① 본회의는 공개한다. 다만, 의장의 제의 또는 의원

---

207) 방송통신위원회의 설치 및 운영에 관한 법률에 의하면 방송통신위원회의 회의는 공개를 원칙으로 하고 방송통신위원회는 위원회 규칙이 정하는 바에 따라 회의록을 작성·보존하여야 한다고 규정하고 있으나(제13조 제4항·제5항) 방송통신위원회 회의운영에 관한 규칙 제9조 제1항은 제의 안건이 공개하는 경우 국가안전보장을 해할 우려가 있는 경우, 법령에 의하여 비밀로 분류되거나 공개가 제한된 사항, 개인·법인 및 그 밖의 단체의 명예를 훼손하거나 정당한 이익을 해할 우려가 있다고 인정되는 사항, 감사·감독·검사·규제·입찰계약·인사관리·의사결정 과정 또는 내부검토 과정에 있는 사항 등으로 공개될 경우 공정한 업무수행에 현저한 지장을 초래할 우려가 있는 사항, 그 밖에 공익상 필요가 있는 등 위원회에서 공개하는 것이 적절하지 않은 상당한 이유가 있는 경우에는 공개하지 아니할 수 있다고 규정하여 회의의 비공개 사유를 대폭 확대하고 있다.
한편 방송법 제46조에 의하면 한국방송공사 이사회의 회의도 공개한다고 하고 있으나 다만 다른 법령에 따라 비밀로 분류되거나 공개가 제한된 내용이 포함되어 있는 경우, 공개하면 개인·법인 및 단체의 명예를 훼손하거나 정당한 이익을 해칠 우려가 있다고 인정되는 경우, 감사·인사관리 등에 관한 사항으로 공개하면 공정한 업무수행에 현저한 지장을 초래할 우려가 있는 경우에는 이사회의 의결로 공개하지 아니할 수 있다고 규정하고 있다.

10인 이상의 연서에 의한 동의로 본회의의 의결이 있거나 의장이 각 교섭단체대표의원과 협의하여 국가의 안전보장을 위하여 필요하다고 인정할 때에는 공개하지 아니할 수 있다. ② 제1항 단서에 의한 제의나 동의에 대해서는 토론을 하지 아니하고 표결한다"고 규정하고 있다.

(2) 국회는 본회의와 위원회의 회의록을 작성하여 보존해야 한다.
국회의 회의록에는 ① 개의·회의중지와 산회의 일시 ② 의사일정 ③ 출석의원의 수 및 성명 ④ 개회식에 관한 사항 ⑤ 의원의 이동 ⑥ 의석의 배정과 변동 ⑦ 의안의 발의·제출·회부·환부·이송과 철회에 관한 사항 ⑧ 출석한 국무위원과 정부위원의 성명 ⑨ 부의안건과 그 내용 ⑩ 의장의 보고 ⑪ 위원회의 보고서 ⑫ 의사 ⑬ 표결수 ⑭ 기명·전자·호명투표의 투표자 및 찬반의원 성명 ⑮ 의원의 발언보충서 ⑯ 서면질문과 답변서 ⑰ 정부의 청원처리결과보고서 ⑱ 정부의 국정감사 또는 조사결과처리보고서 ⑲ 기타 본회의 또는 의장이 필요하다고 인정하는 사항을 기록하고 회의록에는 의장, 의장을 대리한 부의장, 임시의장과 사무총장 또는 그 대리자가 서명·날인하여 국회에 보존한다(국회법 제115조 제1항·제3항).
반면 위원회와 소위원회의 회의록에는 ① 개의·회의중지와 산회의 일시 ② 의사일정 ③ 출석위원의 수 및 성명 ④ 출석한 위원 아닌 의원의 성명 ⑤ 출석한 국무위원·정부위원 또는 증인·감정인·참고인·진술인의 성명 ⑥ 심사안건명 ⑦ 의사 ⑧ 표결수 ⑨ 위원장의 보고 ⑩ 위원회에서 종결되거나 본회의에 부의할 필요가 없다고 결정된 안건명과 그 내용 ⑪ 기타 위원회 또는 위원장이 필요하다고 인정하는 사항을 작성하고 기재하고 위원장 또는 위원장을 대리한 간사가 서명·날인한다(같은 법 제69조).
본회의 및 위원회의 의사는 속기방법으로 이를 기록한다(같은 법 제115조 제2항, 제69조 제4항). 속기방법에 의하여 작성한 회의록의 내용은 삭제할 수 없으며, 발언을 통하여 자구정정 또는 취소의 발언을 한 경우에는 그 발언을 회의록에 기재하고(같은 법 제117조 제2항), 의원이 회의록에 기재한 사항과 회의록의 정정에 관하여 이의를 신청한 때에는 토론을 하지 아니하고 본회의의 의결로 이를 결정한다(같은 법 제117조 제4항)

(3) 국회의 회의록은 국회의원에게 배부하고 일반에게 반포한다.
그러나 국회의장이 비밀을 요하거나 국가안전보장을 위하여 필요하다고 인정한 부분에 관하여는 발언자 또는 그 소속교섭단체 대표의원과 협의하여 이를 게재하지 아니할 수 있는데 의원이 게재되지 아니한 회의록 부분에 관하여 열람·복사 등을 신청한 때에는 정당한 사유가 없는 한 의장은 이를 거절할 수 없다(같은 법 제118조 제1항·제2항). 이를 허가받은 의원은 타인에게 이를 열람하게 하거나 전재·복사하게 해서는 안 된다(같은 법 제118조 제3항). 공개하지 아니한 회의의 내용은 공표되어서는 안 되나 본회의의 의결 또는 의장의 결정으로 비공표의 사유가 소멸되었다고 판단되는 경우에는 이를 공표할 수 있다(같은 법 제118조 제4항). 공표할 수 있는 회의록은 일반에게 유상으로 반포할 수 있다(같은 법 제118조 제5항).

한편 국회 위원회에 제출된 보고서 또는 서류 등은 해당 위원회의 문서로 하여, 위원장은 문서의 종류 기타 성질 등을 고려하여 다른 서류와 분리하여 이를 보관해야 한다(같은 법 제70조 제1항·제2항). 위원 및 위원장의 허가를 받은 위원 아닌 의원은 해당 위원회의 문서를 열람하거나 비밀이 아닌 문서를 복사할 수 있다(같은 법 제70조 제3항). 위원장이 필요하다고 인정하거나 위원회의 의결이 있는 경우에는 해당 위원회의 공청회 또는 청문회 등의 경과 및 결과나 보관 중인 문서를 발간하여 의원에게 배부하고 일반에게 반포할 수 있다(같은 법 제70조 제4항). 위원회에서 생산되거나 위원회에 제출된 비밀문건의 보안관리에 관하여 국회법에서 정한 사항 외에는 국회운영위원회의 동의를 얻어 국회의장이 이를 정한다(같은 법 제70조 제5항).

국회의장은 본회의 또는 위원회의 운영 및 의사일정, 발의 또는 제출되거나 심사예정인 의안목록, 국회의 주요행사 기타 필요한 사항을 기재한 국회공보를 발간하여 의원에게 배부하는데, 국회공보는 특별한 사정이 없는 한 회기 중 매일 발간한다(같은 법 제80조 제1항·제2항).

(4) 또한 국회는 방송채널을 확보하여 본회의 또는 위원회의 회의 그 밖의 국회 및 의원의 입법활동 등을 음성 또는 영상으로 방송하는 제도를 마련하여 운용해야 한다(같은 법 제149조 제1항). 국회 방송은 공정하고 객관적이어야 하며, 정치적·상업적 목적으로 사용되어서는 안 된다(같은 법 제149조 제2항). 국회운영위원회는 국회 방송에 대한 기본원칙의 수립 및 관리 등 필요한 사항을 심의하며, 이를 위하여 국회방송심의소위원회를 둔다(같은 법 제149조 제3항).

국회 본회의 또는 위원회의 의결로 공개하지 아니하기로 한 경우를 제외하고는 의장 또는 위원장은 회의장 안(본회의장은 방청석에 한한다)에서의 녹음·녹화·촬영 및 중계방송을 국회규칙이 정하는 바에 따라 허용할 수 있는데, 녹음·녹화·촬영 및 중계방송을 하는 자는 회의장의 질서를 문란하게 해서는 안 된다(같은 법 제149조의2).

국회의장은 방청권을 발행하여 방청을 허가하게 되는데, 질서를 유지하기 위하여 필요한 때에는 방청인수를 제한할 수 있다(같은 법 제152조). 흉기를 휴대한 자, 주기가 있는 자, 정신에 이상이 있는 자 기타 행동이 수상하다고 인정되는 자는 방청을 허가하지 아니하고, 필요한 때에는 경위 또는 국가경찰공무원으로 하여금 방청인의 신체를 검사하게 할 수 있다(같은 법 제153조). 국회의장은 회의장 안의 질서를 방해하는 방청인의 퇴장을 명할 수 있으며 필요한 때에는 국가경찰관서에 인도할 수 있고, 방청석이 소란할 때에는 모든 방청인을 퇴장시킬 수 있다(같은 법 제154조).

그런데 국회 상임위원회 중 정보위원회의 회의는 공개하지 아니하고 정보위원회의 위원 및 소속공무원은 직무수행상 알게 된 국가기밀에 속하는 사항을 공개하거나 타인에게 누설해서는 안 된다(같은 법 제54조의2). 다만, 공청회(같은 법 제64조) 또는 공직후보자에 대한 인사청문회(같은 법 제65조의2)를 실시하는 경우에는 위원회의 의결로 이를 공개할 수 있다.

국회의 위원회에서는 국회의원이 아닌 자도 위원장의 허가를 받아 방청할 수 있는데, 위원장은 질서를 유지하기 위하여 필요한 때에는 방청인의 퇴장을 명할 수 있다(같은 법 제155조).

한편 국회의 위원회는 특정한 안건의 심사를 위하여 소위원회를 둘 수 있는데, 정보위원회를 제외한 상임위원회는 그 소관 사항을 분담·심사하기 위하여 상설소위원회를 둘 수 있다(같은 법 제57조 제1항·제2항). 소위원회의 회의는 공개가 원칙이나 소위원회의 의결로 공개하지 아니할 수 있다(같은 법 제57조 제5항).[208]

---

208) 헌법재판소 2009. 9. 24. 선고 2007헌바17 결정, 헌법 제50조 제1항 본문에서 천명하고 있는 국회 의사공개의 원칙이 소위원회의 회의에 적용되는 것과 마찬가지로, 출석의원 과반수의 찬성이 있거나 의장이 국가의 안전보장을 위하여 필요하다고 인정할 때에는 국회 회의를 공개하지 아니할 수 있다고 규정한 동항 단서 역시 소위원회의 회의에 적용되며, 국회법 제57조 제5항 단서는 헌법 제50조 제1항 단서가 국회 의사공개원칙에 대한 예외로서의 비공개 요건을 규정한 내용을 소위원회 회의에 관하여 그대로 이어받아 규정한 것에 불과하므로, 헌법 제50조 제1항에 위반하여 국회 회의에 대한 국민의 알권리를 침해하는 것이라거나 과잉금지의 원칙을 위배하는 위헌적인 규정이라 할 수 없다고 한 사례.

6. 법원 회의의 공개

법원조직법 제57조 제1항은 "재판의 심리와 판결은 공개한다. 다만, 심리는 국가의 안전보장·안녕질서 또는 선량한 풍속을 해할 우려가 있는 때에는 결정으로 이를 공개하지 아니할 수 있다"고 규정하고 있다. 심판의 합의는 공개하지 않는다(법원조직법 제65조).

그런데 법원의 재판이 아닌 회의에 대해서는 대법원에 대법관으로 구성되는 대법관회의가 있으며(같은 법 제16조),[209] 고등법원·특허법원·지방법원·가정법원 및 행정법원과 대법원규칙이 정하는 지원에 사법행정에 관한 자문기관으로 판사로 구성된 판사회의를 두고 있다(같은 법 제9조의2). 이와 별개로 대법원장의 자문기관으로 사법정책자문위원회(같은 법 제25조), 법관의 인사에 관한 중요 사항을 심의하는 법관인사위원회(같은 법 제25조의2), 형을 정함에 있어 국민의 건전한 상식을 반영하고 국민이 신뢰할 수 있는 공정하고 객관적인 양형을 실현하기 위한 양형위원회가 각각 대법원에 설치되어 있다(같은 법 제81조의2).

대법관회의에서 '비(秘)' 표시의 안건에 대해서는 대법원장의 승인 없이 이를 발표하지 못한다(대법관회의 운영규칙 제5조).

7. 헌법재판소 회의의 공개

헌법재판소에 재판관 전원으로 구성되는 재판관회의가 설치되어 있다(헌법재판소법 제16조 제1항). 재판관회의는 헌법재판소장이 필요하다고 인정하거나 재판관 3명 이상의 요청이 있을 때에 헌법재판소장이 소집한다(헌법재판소 재판관회의 규칙 제2조).

헌법재판소장은 재판관회의의 의장이 되며, 재판관회의는 재판관 7명 이상의 출석과 출석인원 과반수의 찬성으로 의결한다(같은 법 제16조 제2항).

---

209) 법원조직법 제17조는 대법관회의의 의결사항을 아래와 같이 규정하고 있다.
 1. 판사의 임명 및 연임에 대한 동의
 2. 대법원규칙의 제정과 개정 등에 관한 사항
 3. 판례의 수집·간행에 관한 사항
 4. 예산요구, 예비금 지출과 결산에 관한 사항
 5. 다른 법령에 의하여 대법관회의의 권한에 속하는 사항
 6. 특히 중요하다고 인정되는 사항으로서 대법원장이 부의한 사항

재판관회의는 ① 헌법재판소규칙의 제정과 개정, 입법 의견의 제출에 관한 사항 ② 예산 요구, 예비금 지출과 결산에 관한 사항 ③ 사무처장, 사무차장, 헌법재판연구원장, 헌법연구관 및 3급 이상 공무원의 임면(任免)에 관한 사항 ④ 특히 중요하다고 인정되는 사항으로서 헌법재판소장이 재판관회의에 부치는 사항을 의결한다(같은 법 제16조 제4항).

의안은 긴급한 사항이 아닌 한 보고안건과 의결안건으로 구분하여 사무처장이 별지 제1호서식에 의하여 재판관회의의 전일까지 의사일정표와 함께 각 헌법재판관에게 배포한다(헌법재판소 재판관회의 규칙 제4조). 간사는 재판관회의록을 작성·서명하고 헌법재판소장은 작성된 회의록 또는 결의록을 확인하고 서명한다(같은 규칙 제8조).

'비밀' 표시의 안건은 헌법재판소장의 승인 없이 이를 발표하지 못한다(같은 규칙 제6조).

8. 선거관리위원회 회의의 공개

각급 선거관리위원회의 회의는 해당 위원장이 소집한다. 다만, 위원 3분의 1 이상의 요구가 있을 때에는 위원장은 회의를 소집해야 하며 위원장이 회의소집을 거부할 때에는 회의소집을 요구한 3분의 1 이상의 위원이 직접 회의를 소집할 수 있다(선거관리위원회법 제11조 제1항).

각급 선거관리위원회의 회의의안은 긴급한 의안이 아닌 한 의결사항과 보고사항으로 구분하며 별지 제11호서식에 의하여 작성하고 회의개최 2일 전까지 각 위원에게 배부한다(선거관리위원회법 시행규칙 제11조 제1항). 사무총장 등은 회의록을 작성해야 하고 회의록에는 위원장·상임위원 및 지정된 작성자가 서명 또는 날인하며, 다음 회의에 보고해야 한다(같은 규칙 제11조 제4항·제5항).

IX. 제5호 비공개 대상 정보의 정형적 요소

제5호 비공개 대상 정보는 감사·감독·검사·시험·규제·입찰계약·기술개발·인사관리·의사결정 과정 또는 내부검토 과정에 있는 사항 등으로서 이것이 공개될 경우 업무의 공정한 수행이나 연구·개발에 현저한 지장을 초래한다고 인정할 만한 상당한 이유가 있는 정보이어야 한다.[210]

여기서 '공개될 경우 업무의 공정한 수행에 현저한 지장을 초래한다고 인정할 만한 상당한 이유가 있는 경우'란 공개될 경우 업무의 공정한 수행이 객관적으로 현저하게 지장을 받을 것이라는 고도의 개연성이 존재하는 경우를 말한다.[210][211][212] 이러한 경우에 해당하는지 여부는 비공개에 의하여 보호되는 업무수행의 공정성 등의 이익과 공개에 의하여 보호되는 국민의 알권리 보장과 국정에 대한 국민의 참여 및 국정 운영의 투명성 확보 등의 이익을 비교·교량하여 구체적인 사안에 따라 신중하게 판단되어야

---

210) 식품의약품안전청장은 보유·관리하고 있는 식품 등의 안전에 관한 정보 중 안전성평가자료심사위원회의 심사 내용 및 국내외에서 유해물질이 함유된 것으로 알려지는 등 위해의 우려가 제기되는 식품 등에 관한 정보 등 국민이 알아야 할 필요가 있다고 인정하는 정보를 인터넷 홈페이지, 신문, 방송 등을 통하여 공개할 수 있는데(식품위생법 제90조의2), 관계 행정기관의 장은 대통령령으로 정하는 일정 수 이상의 소비자가 정보공개 요청사유, 정보공개 범위 및 소비자의 신분을 확인할 수 있는 증명서 구비 등 대통령령으로 정하는 요건을 갖추어 해당 관계행정기관이 보유·관리하는 식품 등의 안전에 관한 정보를 공개할 것을 요청하는 경우로서 해당 식품 등의 안전에 관한 정보가 국민 불특정 다수의 건강과 관련된 정보인 경우 정보공개법 제9조 제1항 제5호에도 불구하고 공개하여야 한다(식품안전기본법 제24조 제4항).

211) 헌법재판소 2009. 9. 24. 선고 2007헌바107 결정, '업무의 공정한 수행'이나 '연구·개발에 현저한 지장'이라고 하는 개념이 다소 추상적인 개념이라고 할 것이나, 이와 같은 추상적 기준은 시험정보의 특성 및 시험정보를 공개하지 아니할 수 있도록 하고 있는 입법취지, 해당 시험의 특성, 해당 정보와 관련된 시험관리 업무의 특성 등을 감안하여 해석한다면 그 규율범위의 대강을 예측할 수 있으므로 기본권 제한에 관한 명확성의 원칙에 위반하지 아니한다고 한 사례.

212) 대법원 2007. 7. 13. 선고 2005두8733 판결; 대법원 2007. 6. 15. 선고 2006두15936 판결은 치과의사 국가시험에서 채택하고 있는 문제은행 출제방식이 출제의 시간·비용을 줄이면서도 양질의 문항을 확보할 수 있는 등 많은 장점을 가지고 있는 점, 그 시험문제를 공개할 경우 발생하게 될 결과와 시험업무에 초래될 부작용 등을 감안하면, 위 시험의 문제지와 그 정답지를 공개하는 것은 시험업무의 공정한 수행이나 연구·개발에 현저한 지장을 초래한다고 인정할 만한 상당한 이유가 있는 경우에 해당하므로, 공공기관의 정보공개에 관한 법률 제9조 제1항 제5호에 따라 이를 공개하지 않을 수 있다고 한 사례; 이 판결에 대한 해설로는 하명호, 「시험정보에 대한 공개 청구에 있어서 '업무의 공정한 수행이나 연구·개발에 현저한 지장을 초래할 상당한 이유'의 판단방법」, 『대법원 판례해설』 통권 제68호(2007년 상반기), 법원도서관, 470~494쪽 참조.

213) 대법원 2010. 2. 25. 선고 2007두9877 판결은 '2002년도 및 2003년도 국가 수준 학업성취도 평가자료'는 표본조사 방식으로 이루어졌을 뿐만 아니라 학교식별정보 등도 포함되어 있어서 그 원자료 전부가 그대로 공개될 경우 학업성취도 평가업무의 공정한 수행이 객관적으로 현저하게 지장을 받을 것이라는 고도의 개연성이 존재한다고 볼 여지가 있어 공공기관의 정보공개에 관한 법률 제9조 제1항 제5호에서 정한 비공개 대상 정보에 해당하는 부분이 있으나, '2002학년도부터 2005학년도까지의 대학수학능력시험 원데이터'는 연구 목적으로 그 정보의 공개를 청구하는 경우, 공개로 인하여 초래될 부작용이 공개로 얻을 수 있는 이익보다 더 클 것이라고 단정하기 어려우므로 그 공개로 대학수학능력시험 업무의 공정한 수행이 객관적으로 현저하게 지장을 받을 것이라는 고도의 개연성이 존재한다고 볼 수 없어 위 조항의 비공개 대상 정보에 해당하지 않는다고 한 사례이고,
대법원 2003. 3. 14. 선고 2000두6114 판결, 사법시험 제2차 시험의 답안지 열람은 시험문항에 대한 채점위원별 채점 결과의 열람과 달리 사법시험업무의 수행에 현저한 지장을 초래한다고 볼 수 없다고 한 사례이며,
대법원 2008. 4. 24. 선고 2006두9283 판결, 변리사시험 제2차시험의 채점기준표를 공개하거나 그 답안지를 사본 교부의 방법으로 공개한다면 다의적일 수밖에 없는 평가기준과 주관적 평가결과 사이의 정합성을 둘러싼 분쟁에 휘말리거나, 해당 답안지에 대한 채점결과의 정당성, 다른 답안지 채점결과의 형평성 등을 둘러싼 시시비비에 일일이 휘말리는 상황이 초래될 우려가 높으므로, 그 경우 업무수행상의 공정성 확보가 어렵게 됨은 물론 그 평가 업무의 수행자체에 막대한 지장을 초래하여 궁극적으로는 논술형 시험의 존립이 무너질 가능성도 있다는 이유로 위 채점기준표가 공개되거나 답안지가 사본교부의 방법으로 공개되는 경우 변리사시험 제2차시험 업무의 공정한 수행에 현저한 지장을 초래할 사유가 있다고 인정되기에 충분하다고 판단한 사례이다.

한다.[214) 215)] 그리고 그 판단을 할 때에는 공개 청구의 대상이 된 해당 정보의 내용뿐 아니라 그것을 공개함으로써 장래 동종 업무의 공정한 수행에 현저한 지장을 초래할지 여부도 아울러 고려해야 한다.[216) 217)]

---

214) 대법원 2014. 7. 24. 선고 2012두12303 판결, 대법원 2014. 7. 24. 선고 2013두20301 판결, 대법원 2013. 12. 26. 선고 2013두17503 판결, 대법원 2012. 12. 13. 선고 2011두4787 판결, 대법원 2012. 10. 11. 선고 2010두18758 판결, 대법원 2012. 2. 9. 선고 2010두14268 판결, 대법원 2011. 11. 24. 선고 2009두19021 판결, 대법원 2010. 10. 14. 선고 2010두7437 판결, 대법원 2010. 6. 10. 선고 2010두2913 판결, 대법원 2003. 8. 22. 선고 2002두12946 판결.

215) 대법원 2012. 2. 9. 선고 2010두14268 판결은 갑(청구인)이 자신의 모 을의 장기요양등급판정과 관련된 자료로서 장기요양인정조사표(조사원 수기 작성분) 등에 대한 정보공개를 청구했으나 국민건강보험공단이 전자문서 외에 수기로 작성된 원본이 없다는 등의 이유로 비공개 결정처분을 한 사안에서, 수기 작성 조사표는 국민건강보험공단이 직무와 관련하여 작성하여 관리하고 있는 문서라고 보는 것이 타당하고, 단순히 공개해야 할 필요성이 없다고 하여 비공개 대상 정보가 되는 것이 아니라는 이유로, 이와 달리 본 원심판결에 법리를 오해한 위법이 있다고 한 사례이고,

대법원 2010. 6. 10. 선고 2010두2913 판결은 학교폭력대책자치위원회에서의 자유롭고 활발한 심의·의결이 보장되기 위해서는 위원회가 종료된 후라도 심의·의결 과정에서 개개 위원들이 한 발언 내용이 외부에 공개되지 않는다는 것이 철저히 보장되어야 한다는 점, 학교폭력 예방 및 대책에 관한 법률 제21조 제3항이 학교폭력대책자치위원회의 회의를 공개하지 못하도록 명문으로 규정하고 있는 것은, 회의록 공개를 통한 알권리 보장과 학교폭력대책자치위원회 운영의 투명성 확보 요청을 다소 후퇴시켜서라도 초등학교·중학교·고등학교·특수학교 내외에서 학생들 사이에서 발생한 학교폭력의 예방 및 대책에 관련된 사항을 심의하는 학교폭력대책자치위원회 업무수행의 공정성을 최대한 확보하기 위한 것으로 보이는 점 등을 고려하면, 학교폭력대책자치위원회의 회의록은 공공기관의 정보공개에 관한 법률 제9조 제1항 제5호의 '공개될 경우 업무의 공정한 수행에 현저한 지장을 초래한다고 인정할 만한 상당한 이유가 있는 정보'에 해당한다고 한 사례이며,

대법원 2003. 5. 16. 선고 2001두4702 판결은 피고(광주광역시 교육감) 산하에는 원심이 들고 있는 공무원승진심사위원회 이외에도 여러 종류의 위원회가 존재하고 있고, 그 위원회의 활동 내용에 따라서는 그 소속 위원의 인적 사항이 공개되는 것만으로도 피고 업무의 공정한 수행 등에 현저한 지장을 초래한다고 인정할 만한 사정이 있음을 알 수 있으므로, 원심이 피고가 주장하는 바와 같은 피고 산하 위원회 소속 위원의 인적 사항에 관한 정보 등이 법 제7조 제1항 제5호에 정한 비공개 대상 정보에 해당하는지 여부를 판단하기 위해서는 피고 산하 위원회의 종류 및 그 활동내용, 그 소속 위원의 자격·임기 또는 연임 여부, 그 위원의 인적 사항이 공개될 경우에 예상되는 공정한 업무수행에 있어서의 지장 정도 등을 살펴보지 않으면 안 된다는 이유로, 이러한 사정을 구체적으로 살피지 아니한 채 단순히 제5호에 정한 비공개 대상 정보가 포함되어 있지 않다고 판단한 원심판결을 파기한 사례이다.

216) 대법원 2012. 10. 11. 선고 2010두18758 판결은 직무유기 혐의 고소사건에 대한 내부 감사과정에서 경찰관들에게서 받은 경위서를 공개하라는 고소인 갑의 정보공개신청에 대하여 관할 경찰서장이 공공기관의 정보공개에 관한 법률 제9조 제1항 제5호 등의 사유로 비공개 결정을 한 사안에서, 원심으로서는 이 사건 경위서가 정보공개법 제9조 제1항 제5호의 비공개 대상 정보에 해당되는지 여부를 판단함에 앞서, 이 사건 경위서가 공개될 경우 향후 내부 감사과정의 피조사자에게 어떠한 영향을 미칠 수 있고, 그로 인하여 그 업무수행에 어떤 변화가 초래될 수 있는지 여부, 원고의 알권리 보장과 관련하여 피고가 내부 감사과정에서 원고의 민원에 대한 답변서를 통해 제공한 정보의 내용 및 원고가 수사기록에 대한 정보공개 청구를 통해서 취득한 정보의 내용 등을 구체적으로 살펴본 다음, 이 사건 경위서를 비공개함으로써 보호되는 업무수행의 공정성 등 이익과 공개로 보호되는 국민의 알권리 보장, 국정에 대한 국민의 참여 및 국정 운영의 투명성 확보 등의 이익을 상호 면밀히 비교·교량했어야 하는데 이와 달리 위 경위서가 법 제9조 제1항 제5호의 비공개 대상 정보에 해당하지 않는다고 본 원심판결에 비공개 대상 정보에 관한 법리오해의 위법이 있다고 한 사례이고,

대법원 2006. 12. 7. 선고 2006두14216 판결은 심리생리검사에 관한 이 사건 정보가 수사에 관한 사항으로서 공개될 경우 그 직무수행을 현저히 곤란하게 한다고 인정할 만한 상당한 이유가 있다거나, 검사에 관한 사항으로서 공개될 경우 업무의 공정한 수행에 현저한 지장을 초래한다고 인정할 만한 상당한 이유가 있다고 보기 어렵다고 한 사례이다.

특히 학교교육에서의 시험에 관한 정보로서 공개될 경우 업무의 공정한 수행에 현저한 지장을 초래하는지 여부는 정보공개법의 목적 및 시험정보를 공개하지 아니할 수 있도록 하고 있는 입법 취지, 해당 시험 및 그에 대한 평가행위의 성격과 내용, 공개의 내용과 공개로 인한 업무의 증가, 공개로 인한 파급효과 등을 종합하여, 비공개에 의하여 보호되는 업무수행의 공정성 등의 이익과 공개에 의하여 보호되는 국민의 알권리와 학생의 학습권 및 부모의 자녀교육권의 보장, 학교교육에 대한 국민의 참여 및 교육행정의 투명성 확보 등의 이익을 비교·교량하여 구체적인 사안에 따라 신중하게 판단해야 한다.[218]

따라서 행정집행정보에 해당하기 위해서는 단순히 공공기관의 주관에 있어서 '행정의 공정 또는 원만한 집행에 현저히 지장을 초래한 것'이라고 판단되는 것만으로는 부족하고 그와 같은 위험이 구체적으로 존재하는 것이 객관적으로 명백해야 한다.

여기서 '지장'도 명목적인 것이 아니라 실질적인 것이 필요하고, 지장을 초래한다고 인정할 만한 상당한 이유가 있는지 여부도 단순히 확률적인 가능성이나 추상적인 가능성으로는 부족하고 법적으로 보호할 가치가 있는 정도의 실질적인 개연성이 요구된다. 다만 모든 행정의 사무·사업에 관한 구체적인 기준을 법령에서 미리 정하는 것은 곤란할 것이나 행정청이 행하는 행정작용은 그 내용이 구체적이고 명확해야 한다(행정절차법 제5조)는 행정 투명성의 원칙을 충분히 감안해야 한다.

이러한 관점에서 대법원은 학교 환경위생구역 내 금지행위(숙박시설) 해제결정에 관한 학교환경위생정화위원회의 회의록에 기재된 발언내용에 대한 해당 발언자의 인적

---

217) 대법원 2011. 11. 24. 선고 2009두19021 판결.
　　"원심판결 및 원심이 인용한 제1심판결 이유에 의하면, 원심은 원심판시 제3정보의 공개로 ① 금융위원회 등이 이 사건 처분 당시 이미 완료한 '론스타에 대한 동일인 주식보유한도 초과보유 승인' 또는 '2003년 12월 말 기준부터 2006년 6월 말 기준까지 론스타의 외환은행 주식의 초과보유에 대한 반기별 적격성 심사' 업무의 공정한 수행에 지장이 초래될 여지가 없고 ② 원심판시 제3정보의 내용, 원고들의 정보공개 청구 경위, 피고들이 론스타에 대한 위 주식 초과보유 승인 처분의 직권취소 여부를 재검토할 경우 그 대상인 사실관계 등에 비추어 '론스타에 대한 위 주식 초과보유 승인 처분의 직권취소'에 관한 업무나 향후 '론스타에 대한 외환은행 주식의 초과보유에 대한 반기별 적격성 심사 업무'의 공정한 수행에 현저한 지장이 초래될 것으로는 보기 어려울 뿐만 아니라 ③ 원심판시 제3정보를 공개하는 것이 금융위원회 등의 업무수행에 관한 국민의 알권리를 실현시키고 금융위원회 등의 업무수행의 공정성과 투명성을 확보하는 데에 기여할 것으로 보이므로, 원심판시 제3정보는 정보공개법 제9조 제1항 제5호 소정의 비공개 대상 정보에 해당한다고 볼 수 없다고 판단했다. 원심의 이러한 판단은 위 법리에 따른 것으로서 정당하고, 거기에 위 규정 소정의 비공개 대상 정보의 의미나 그 포섭에 관한 법리오해 등의 위법이 없다."
218) 대법원 2010. 2. 25. 선고 2007두9877 판결.

사항 부분에 관한 정보는 제5호 소정의 비공개 대상 정보에 해당한다고 하고,[219] '공정거래위원회 제143회 심사조정회의에 상정된 서류 등'은 제5호 및 제7호 소정의 비공개 대상 정보에는 해당하나 공정거래법 제62조 소정의 '사업자의 비밀'로서 보호할 가치가 있는 것에는 해당하지 않는다고 하며, 사법시험 제2차 시험의 답안지 열람은 시험문항에 대한 채점위원별 채점 결과의 열람과 달리 사법시험업무의 수행에 현저한 지장을 초래한다고 볼 수 없어 공개해야 한다고 했다.[220]

제7절 제6호 비공개 사유(개인정보)

해당 정보에 포함되어 있는 성명·주민등록번호 등 개인에 관한 사항으로서 공개될 경우 사생활의 비밀 또는 자유를 침해할 우려가 있다고 인정되는 정보. 다만, 다음 각 목에 열거한 개인에 관한 정보는 제외한다.

　가. 법령에서 정하는 바에 따라 열람할 수 있는 정보

　나. 공공기관이 공표를 목적으로 작성하거나 취득한 정보로서 사생활의 비밀 또는 자유를 부당하게 침해하지 아니하는 정보

　다. 공공기관이 작성하거나 취득한 정보로서 공개하는 것이 공익이나 개인의 권리 구제를 위하여 필요하다고 인정되는 정보

　라. 직무를 수행한 공무원의 성명·직위

　마. 공개하는 것이 공익을 위하여 필요한 경우로서 법령에 따라 국가 또는 지방자치단체가 업무의 일부를 위탁 또는 위촉한 개인의 성명·직업

I. 의의 및 입법취지

제9조 제1항 제6호는 해당 정보에 포함되어 있는 성명·주민등록번호 등 개인에 관한 사항으로서 공개될 경우 사생활의 비밀 또는 자유를 침해할 우려가 있다고 인정되는

---

219) 대법원 2003. 8. 22. 선고 2002두12946 판결.
220) 대법원 2003. 3. 14. 선고 2000두6114 판결.

정보를 비공개 대상 정보로 하고 있다.[221]

　제6호의 개인정보를 비공개 대상 정보로 하고 있는 것은 개인의 사생활의 비밀과 자유의 존중 및 개인의 자신에 대한 정보통제권을 보장하는 등 정보공개로 인하여 발생할 수 있는 제3자의 법익침해를 방지하자는 데 있다.[222]

　비공개 대상이 되는 개인정보 중에는 해당 정보에 포함되어 있는 성명·주민등록번호 등 개인에 관한 사항으로서 공개될 경우 사생활의 비밀 또는 자유를 침해할 우려가 있다고 인정되는 정보(제6호)와 개인의 경영상·영업상 비밀에 관한 사항으로서 공개될 경우 개인의 정당한 이익을 현저히 해칠 우려가 있다고 인정되는 정보(제7호)를 포괄한다. 전자는 주로 사생활 관련 정보를 의미하고('개인정보') 후자는 영업상 관련 정보('영업상 비밀정보')를 말한다. 이를 통괄하여 편의상 개인정보라고 부르기도 한다.

　행정비밀주의를 타파하여 국민주권주의 실질화를 기하는 제도적 장치로서의 정보공개제도의 본질에 비추어보면, 국가의 모든 정보는 공개함이 바람직할 것이다. 그러나 공공기관이 보유하고 있는 정보 중에는 개인정보가 포함되어 있는 경우가 많아 개인정보가 정보주체의 의사와 무관하게 누구에게나 노출되어 개인의 사생활의 비밀과 자유가 침해될 우려가 있기 때문에 이를 방지하고자 "해당 정보에 포함되어 있는 이름·주민등록번호 등 개인에 관한 사항으로서 공개될 경우 개인의 사생활의 비밀 또는 자유를 침해할 우려가 있다고 인정되는 정보"를 공개하지 아니할 수 있도록 규정하게 된 것이다.

　하지만 제6호의 비공개 대상 정보에 해당하더라도 그것이, 첫째, 법령에서 정하는 바에 따라 열람할 수 있는 정보인 경우, 둘째, 공공기관이 공표를 목적으로 작성하거나 취득한 정보로서 사생활의 비밀 또는 자유를 부당하게 침해하지 않는 정보인 경우, 셋째, 공공기관이 작성하거나 취득한 정보로서 공개하는 것이 공익이나 개인의 권리구제를 위하여 필요하다고 인정되는 정보인 경우,[223] 넷째, 직무를 수행한 공무원의 성명·직위인 경우, 다섯째, 공개하는 것이 공익을 위하여 필요한 경우로서 법령에 따라 국가 또는

---

221) 정보공개와 개인정보 혹은 프라이버시권의 보호와의 관계에 대해서는 강경근, 「미국 정보공개법상 법원의 이익형량의 권한」, 『판례실무연구』 VII(2004. 12), 박영사, 3~28쪽; 강경근, 「정보공개 청구권의 제한—특히 프라이버시권에 관련하여」, 『토지공법연구』 19집(2003. 9), 한국토지공법학회, 169~192쪽; 최창호, 「정보공개와 개인정보 보호에 관한 소고」, 『법학논총』 제18집, 숭실대학교 법학연구소, 2007, 35~67쪽; 경건, 「정보공개와 개인정보의 보호: 정보공개법상의 개인정보 보호를 중심으로」, 『정보법학』 6권 1호(2002. 7), 한국정보법학회, 61~100쪽; 김용군, 「정보공개와 프라이버시 보호에 관한 연구」, 성균관대학교 법학박사학위청구논문, 1995 등 참조.

222) 대법원 2006. 1. 13. 선고 2004두12629 판결.

지방자치단체가 업무의 일부를 위탁 또는 위촉한 개인의 성명·직업 등 개인에 관한 정보는 비공개 대상 정보에서 제외하고 있다.

미국 정보자유법은 '그 공개가 개인의 프라이버시에 대하여 명백히 부당한 침해가 될 수 있는 인사·의료기록 및 그와 유사한 서류'[제552조(b)(6), "personnel and medical files and similar files the disclosure of which would constitute a clearly unwarranted invasion of personnel privacy"]를 비공개 대상으로 하고 있다.

일본 정보공개법 제5조 제1호는 "개인에 관한 정보로서 해당 정보에 포함되어 있는 성명, 생년월일 그 밖의 기술(記述) 등에 의하여 특정의 개인을 식별할 수 있는 정보(다른 정보와 대조함으로써 특정의 개인을 식별할 수 있는 것으로 되는 것을 포함한다) 또는 특정의 개인을 식별할 수는 없지만 공개함으로써 더욱 개인의 권리이익을 침해할 우려가 있는 정보"를 비공개 대상으로 규정하고 있다.

II. 개인정보의 의의 및 그 보호

1. 개인정보(개인정보자기결정권)의 의의 및 배경

(1) 개인에 관한 정보 즉 개인정보란 개인의 신체, 신념, 사회적 지위, 신분 등과 같이 개인의 인격주체성을 특징짓는 사항으로서 그 개인의 동일성을 식별할 수 있게 하는 일체의 정보라고 할 수 있다.

새로운 독자적 기본권으로서의 개인정보자기결정권을 헌법적으로 승인할 필요성이 대두된 것은 다음과 같은 사회적 상황의 변동을 그 배경으로 한다.[224]

인류사회는 20세기 후반에 접어들면서 컴퓨터와 통신기술의 비약적인 발전에 힘입어 종전의 산업사회에서 정보사회로 진입하게 되었고, 이에 따른 정보환경의 급격한 변화로 인하여 개인정보의 수집·처리와 관련한 사생활보호라는 새로운 차원의 헌법문제가 초미의 관심사로 제기되었다.

---

223) 대법원 2003. 3. 11. 선고 2001두6425 판결, 지방자치단체의 업무추진비 세부항목별 집행내역 및 그에 관한 증빙서류에 포함된 개인에 관한 정보는 '공개하는 것이 공익을 위하여 필요하다고 인정되는 정보'에 해당하지 않는다고 한 사례; 이 판결에 대한 평석으로는 김의환, 「정보공개 대상의 판단기준」, 『행정판례평선』, 박영사, 2011, 389~397쪽; 이철환, 앞의 논문, 363~383쪽 참조.
224) 헌법재판소 2005. 5. 26. 선고 99헌마513, 2004헌마190 결정.

현대에 들어와 사회적 법치국가의 이념 하에 국가기능은 점차 확대되어왔고, 이에 따라 국가의 급부에 대한 국민의 기대도 급격히 높아지고 있다. 국가가 국민의 기대에 부응하여 복리증진이라는 국가적 과제를 합리적이고 효과적으로 수행하기 위해서는 국가에 의한 개인정보의 수집·처리의 필요성이 증대된다. 오늘날 정보통신기술의 발달은 행정기관의 정보 수집 및 관리 역량을 획기적으로 향상시킴으로써 행정의 효율성과 공정성을 높이는 데 크게 기여하고 있다. 이와 같이 오늘날 국민이 급부행정의 영역에서 보다 안정적이고 공평한 대우를 받기 위해서는 정보기술의 뒷받침이 필연적이라고 할 수 있다.

한편, 현대의 정보통신기술의 발달은 그 그림자도 짙게 드리우고 있다. 특히 컴퓨터를 통한 개인정보의 데이터베이스화가 진행되면서 개인정보의 처리와 이용이 시공에 구애됨이 없이 간편하고 신속하게 이루어질 수 있게 되었고, 정보처리의 자동화와 정보파일의 결합을 통하여 여러 기관 간의 정보교환이 쉬워짐에 따라 한 기관이 보유하고 있는 개인정보를 모든 기관이 동시에 활용하는 것이 가능하게 되었다. 오늘날 현대사회는 개인의 인적 사항이나 생활상의 각종 정보가 정보주체의 의사와는 전혀 무관하게 타인의 수중에서 무한대로 집적되고 이용 또는 공개될 수 있는 새로운 정보환경에 처하게 되었고, 개인정보의 수집·처리에 있어서의 국가적 역량의 강화로 국가의 개인에 대한 감시능력이 현격히 증대되어 국가가 개인의 일상사를 낱낱이 파악할 수 있게 되었다.

이와 같은 사회적 상황 하에서 개인정보자기결정권을 헌법상 기본권으로 승인하는 것은 현대의 정보통신기술의 발달에 내재된 위험성으로부터 개인정보를 보호함으로써 궁극적으로는 개인의 결정의 자유를 보호하고, 나아가 자유민주체제의 근간이 총체적으로 훼손될 가능성을 차단하기 위하여 필요한 최소한의 헌법적 보장장치라고 할 수 있다.

(2) 우리 헌법 제10조는 "모든 국민은 인간으로서의 존엄과 가치를 가지며, 행복을 추구할 권리를 가진다. 국가는 개인이 가지는 불가침의 기본적 인권을 확인하고 이를 보장할 의무를 진다"고 규정하고 있다.

이는 우리 헌법에서 최고의 가치를 가지는 핵심적인 조항으로서 헌법에 의하여 창설된 모든 국가기관의 공권력 행사는 이를 효과적으로 실현하고 이에 봉사하기 위하여 존재하는 것으로 체계적으로 최상위의 목표 규정이다. 또한 규범적으로 이는 모든 국가작용뿐만 아니라 사회생활에서도 국민 개개인은 통치의 대상이나 지배의 객체가 되어서는 안 되고 그 자체가 목적적 존재로서 섬김의 대상이 되어야 하는 것이며, 국민 개개인의 인격이 최고도로 자유롭게 발현될 수 있도록 최대한으로 보장되어야 한다는 의미이다.

또한 헌법 제17조에서는 "모든 국민은 사생활의 비밀과 자유를 침해받지 아니한다"고 규정하여 사생활의 비밀과 자유를 국민의 기본권의 하나로 보장하고 있다.

사생활의 비밀은 국가가 사생활 영역을 들여다보는 것에 대한 보호를 제공하는 기본권이며,[225] 사생활의 자유는 국가가 사생활의 자유로운 형성을 방해하거나 금지하는 것에 대한 보호를 의미한다.[226]

구체적으로 사생활의 비밀과 자유가 보호하는 것은 개인의 내밀한 내용의 비밀을 유지할 권리, 개인이 자신의 사생활의 불가침을 보장받을 수 있는 권리, 개인의 양심영역이나 성적 영역과 같은 내밀한 영역에 대한 보호, 인격적인 감정세계의 존중의 권리와 정신적인 내면생활이 침해받지 아니할 권리 등으로서 사생활영역의 자유로운 형성과 비밀유지이다.[227]

이들 헌법 규정은 개인의 사생활 활동이 타인으로부터 침해되거나 사생활이 함부로 공개되지 아니할 소극적인 권리는 물론, 오늘날 고도로 정보화된 현대사회에서 자신에 대한 정보를 자율적으로 통제할 수 있는 적극적인 권리까지도 보장하려는 데 그 취지가 있다.[228]

그런데 현대 고도정보화사회에서 개인의 존엄과 가치, 개인의 자유로운 인격의 발현이 명실상부하게 보장되려면 개인정보의 무제한적인 수집·보관·이용 등으로부터 개인을 효과적으로 보호해야 한다. 이를 위하여 개인정보의 배포·공개 및 그 반면인 수집·보관·이용 등에 대해서는 원칙적으로 그 정보주체인 개인이 스스로 결정할 권리가 헌법상 보장되고 있는 것이다.

이처럼 인간의 존엄과 가치, 행복추구권을 규정한 헌법 제10조 제1문에서 도출되는

---

225) 대법원 2012. 12. 13. 선고 2011두8710 판결.
226) 헌법재판소 2002. 3. 28. 선고 2000헌마53 결정, 헌법재판소 2001. 8. 30. 선고 99헌바92 결정, 헌법재판소 2003. 10. 30. 선고 2002헌마518 결정 등.
227) 헌법재판소 2003. 10. 30. 선고 2002헌마518 결정, 헌법재판소 2007. 5. 31. 선고 2005헌마1139 결정.
228) 대법원 1998. 7. 24. 선고 96다42789 판결, 구 국군보안사령부가 군과 관련된 첩보 수집, 특정한 군사법원 관할 범죄의 수사 등 법령에 규정된 직무범위를 벗어나 민간인들을 대상으로 평소의 동향을 감시·파악할 목적으로 지속적으로 개인의 집회·결사에 관한 활동이나 사생활에 관한 정보를 미행, 망원 활용, 탐문채집 등의 방법으로 비밀리에 수집·관리한 경우, 이는 헌법에 의하여 보장된 기본권을 침해한 것으로서 불법행위를 구성한다고 한 사례.

일반적 인격권 및 헌법 제17조의 사생활의 비밀과 자유에 의하여 보장되는[229] 개인정보 자기결정권은 자신에 관한 정보가 언제 누구에게 어느 범위까지 알려지고 또 이용되도록 할 것인지를 그 정보주체가 스스로 결정할 수 있는 권리이다.[230] 즉, 정보주체가 개인 정보의 공개와 이용에 관하여 스스로 결정할 권리를 말한다.[231]

이러한 기본권을 보장할 의무가 있는 국가가 개인의 사적 생활관계의 비밀과 자유를 침해하는 것은 불법행위에 해당한다.[232]

공적 인물에 대해서는 사생활의 비밀과 자유가 일정한 범위 내에서 제한되어 그 사생활의 공개가 면책되는 경우도 있을 수 있으나, 이는 공적 인물은 통상인에 비하여 일반 국민의 알권리의 대상이 되고 그 공개가 공공의 이익이 된다는 데 근거한 것이므로, 일반 국민의 알권리와는 무관하게 국가기관이 평소의 동향을 감시할 목적으로 개인의 정보를 비밀리에 수집한 경우에는 그 대상자가 공적 인물이라는 이유만으로 면책될 수 없다.

다만 일반 국민의 알권리를 위하여 국가가 개인의 사적 생활관계에 해당하는 사항을 공개해야 할 경우가 있을 수는 있으나, 그러한 경우 그 행위의 위법성이 조각된다고 하기 위해서는 그 내용의 공공성, 공개의 필요성, 공개의 절차와 형식, 공개되는 정보의 정도, 공개로 인해 침해되는 이익의 성질·내용 등을 종합적으로 참작하여 공개함으로써 얻어지는 공공의 이익이 피침해이익보다 우월한 것으로 평가될 수 있어야 한다.[233]

특히 개별 법률에서 개인정보 보호를 보다 엄격하게 규율하고 있는 경우에는 이를 공개하는 것은 훨씬 더 엄격한 기준을 적용해야 한다.

가령 '북한이탈주민의 보호 및 정착지원에 관한 법률'은 북한이탈주민이 정치, 경제, 사회, 문화 등 모든 생활 영역에서 신속히 적응·정착하는 데 필요한 보호 및 지원을 하는 것을 목적으로 하면서(같은 법 제1조), 인도주의에 입각하여 특별히 보호할 것을 기본원칙으로 하고 있으므로(같은 법 제4조 제1항) 국가가 북한을 이탈하여 귀순한 주민들에 관한 정보를 공개함에 있어서는 위와 같은 헌법과 법률의 취지, 탈북주민의 불안정한

---

229) 헌법재판소 2005. 5. 26. 선고 99헌마513, 2004헌마190(병합) 결정.
230) 헌법재판소 2005. 5. 26. 선고 99헌마513등 결정, 헌법재판소 2005. 7. 21. 선고 2003헌마282·425(병합) 결정.
231) 정태호, 「개인정보자결권의 헌법적 근거 및 구조에 대한 고찰 : 동시에 교육행정정보시스템(NEIS)의 위헌 여부의 판단에의 그 응용」, 『헌법논총』 14집(2003. 12), 헌법재판소, 401~496쪽; 정극원, 「법치국가원리와 개인정보 보호」, 『헌법학연구』 12권 1호(2006. 3), 한국헌법학회, 193~226쪽 등 참조.
232) 대법원 1998. 7. 24. 선고 96다42789 판결.
233) 대법원 2001. 11. 30. 선고 2000다68474 판결.

신분상의 지위 및 정서적 불안감, 북한 내 가족 등에 대한 위해의 우려 기타 제반 사정을 감안하여 그 신원은 물론 탈북경위 등 공표의 내용과 그 절차 및 시기 등 여러 면에서 일반적인 행정정보 등의 공개 때보다 훨씬 엄격한 기준에 의해야 하고, 합리적인 보호기준에 미치지 못한 경우에는 그 정당성을 인정할 수 없다.[234]

2. 정보공개제도와 개인정보 보호제도의 관계

일견 정보공개는 정보를 여는 방향으로 향하고 있고 이에 대해 개인정보의 보호는 정보를 닫는 방향으로 향하고 있어서 정보공개와 개인정보 보호는 공개 청구권과 비공개 사유의 하나인 개인정보라는 관계로 상호 상반되는 입장에 서 있다고 할 수 있다.

그러나 정보공개제도와 개인정보 보호제도는 동전의 앞뒷면과 같이 매우 밀접한 관계가 있다.[235]

정보공개제도는 국민 누구에게나 국정정보를 공개하는 것을 원칙으로 하여 공정하고 민주적인 국정 운영을 실현하고자 하는 것인 반면 개인정보 보호제도는 개인정보의 보호를 위한 기본원칙을 규정함으로써 개인의 권리·이익의 보호를 도모하고자 하는 것이다. 정보의 공개에 있어서도 정보공개법은 국민 누구에게나 공개하는 데 반하여 개인정보 보호법에 있어서는 기본적으로 비공개이며 본인에 대해서만 공개한다는 점에서 구별된다. 이처럼 정보공개제도는 국정정보 전반의 공개에 관한 절차가 중심을 이루고 있는 반면 개인정보 보호제도는 개인정보의 보유와 이용·제공의 제한, 안전·정확성의 확보, 개인정보 파일의 공시, 개인정보의 본인에의 공개, 정정하는 일 등을 포함하는 것이 상이하다.

그러나 양 제도는 일정한 정보의 공개를 내포하고 있다는 점에서 공통된 점이 있다.

---

234) 대법원 2012. 4. 26. 선고 2011다53164 판결, 북한이탈주민 갑 등이 북한을 이탈하여 남한으로 들어온 후 귀순사실 및 신원 비공개 요청을 했음에도 강원지방경찰청이 언론에 갑 등의 인적 사항과 탈북경로, 인원구성, 탈북수단, 북한 내 지위 등을 포함한 관련 자료를 제공하여 보도되도록 하자 갑 등이 국가를 상대로 위자료를 청구한 사안에서, 강원지방경찰청의 정보공개행위는 정보를 공개함으로써 얻을 수 있는 공공의 이익을 감안하더라도 침해당한 갑 등의 이익이 훨씬 무거우므로 정당성을 인정할 수 없다는 이유로 국가의 위자료 지급책임을 인정하면서, 국가의 신원보호조치 불이행으로 갑 등의 북한 내 가족들에 대한 피해 우려가 한층 커졌을 것이라는 점은 경험칙에 부합하므로 실제로 그러한 위해가 발생했는지 등에 대한 증명이 없더라도 이를 위자료 참작사유로 삼을 수 있다고 한 사례.
235) 정보공개법과 개인정보 보호법과의 관계에 대해서는 김중양, 앞의 책, 66~73쪽; 최창호, 「정보공개와 개인정보 보호에 관한 소고」, 『법학논총』 18집(2007. 8), 숭실대학교 법학연구소, 35~71쪽; 이용우, 「행정정보공개제도의 법적 문제」, 『공법학연구』 제5권 제1호, 2004, 405~429쪽; 松井茂記, 앞의 책, 55~61쪽 등 참조.

정보공개가 청구된 경우에 과연 그 대상 정보에 포함된 타인의 개인정보를 보호해야 하는가, 또는 역으로 개인정보 보호법과의 관계에 있어서 정보공개제도의 비공개 사항을 어떻게 규정할 것인가 하는 점에서 서로 관련성을 가지고 있으며, 이런 면에서 양 제도는 서로 조정을 도모할 필요가 있다. 양 제도가 병존해서 논해지고 있는 것은 어느 것도 정부가 보유하는 정보를 공중 또는 개인이 접근이용 하는 것을 통해서 정부의 자의적인 활동을 체크한다고 하는 기능을 가지고 있기 때문이다. 정보의 자유로운 흐름에 접근하여 어떠한 자기정보가 유통되고 있는가를 아는 것은 본인의 프라이버시 보호를 위해서도 필요하다고 본다면 자기정보공개 청구권이라는 형태로 정보공개와 개인정보 보호는 조화를 이룰 수 있다.[236]

이 문제는 특히 정보주체가 자신에 관한 정보를 개인정보 보호법에 의해서가 아니라 정보공개법에 따라 공개를 청구할 경우 공공기관이 정보공개법 제9조 제1항 소정의 개인정보 등 비공개 대상 정보에 해당된다는 이유로 이를 공개 거부 할 수 있느냐의 문제가 발생한다.

한편 정보공개법 제4조 제1항은 "정보의 공개에 관하여는 다른 법률에 특별한 규정이 있는 경우를 제외하고는 이 법에서 정하는 바에 따른다"고 규정하고 있는데, 여기서 '정보공개에 관하여 다른 법률에 특별한 규정이 있는 경우'에 해당한다고 하여 정보공개법의 적용을 배제하기 위해서는, 그 특별한 규정이 '법률'이어야 하고, 나아가 그 내용이 정보공개의 대상 및 범위, 정보공개의 절차, 비공개 대상 정보 등에 관하여 정보공개법과 달리 규정하고 있는 것이어야 한다.[237] 그런데 '개인정보 보호법'은 정보주체가 본인에 관한 정보의 열람을 청구하는 경우에 관하여 규정할 뿐, 기관이 아닌 개인이 타인에 관한 정보의 공개를 청구하는 경우에 관하여는 특별한 규정을 두지 않고 있으므로 기관이 아닌 개인들이 타인에 관한 정보의 공개를 청구하는 경우에는 개인정보 보호법이 아니라 정보공개법 제9조 제1항 제6호에 따라 개인에 관한 정보의 공개 여부를 판단

---

236) [국방부 09-14654, 2009. 11. 24, 육군참모총장, 인용] 현재 국립현충원의 인터넷홈페이지에 국립현충원에 안장되어 있는 참전 전사자 등의 성명, 계급, 소속, 군번, 사망일자 등이 공개되고 있는 사실로 보아 국가유공자 등의 성명, 계급, 소속, 군번, 사망일자 등의 정보는 애국선열에 대한 보훈과 추모를 위해 국민에게 일반적으로 공개되어진 정보이고, 육군본부의 인사명령에 따라 실종에서 전사자로 분류되는 6·25 전쟁 참전자의 정보라 해서 달리 볼 것은 아닌 점 등에 비추어볼 때, 이 사건 정보는 정보공개법 제9조의 비공개 대상 정보에 해당하지 않는다 할 것이므로 이 사건 처분은 위법·부당하다고 한 사례.
237) 대법원 2007. 6. 1. 선고 2007두2555 판결.

해야 한다.[238]

개인정보 보호법 등 다른 법령에서 개인정보의 공개 여부에 관하여 규정하고 있는 사항은 그 법령이 정하는 바에 따른다.[239]

미국은 1966년 정보자유법(FOIA)이 제정된 이후인 1974년에 개인의 프라이버시를 보호하기 위한 프라이버시 보호법(Privacy Act, PA)을 제정한 반면 우리나라는 1996년 정보공개법의 제정에 앞서 1994년에 '공공기관의 개인정보 보호에 관한 법률'(제4734호)을 제정하여 1995년부터 시행하다 2011년 9월 30일 '개인정보 보호법'으로 대체하였다.[240][241]

3. 개인정보자기결정권의 구체적인 내용

(1) 개인정보자기결정권은 구체적으로 다음과 같은 것을 그 내용으로 한다.

개인정보를 수집·보관 및 이용하려면 그 정보주체의 동의를 얻어야 한다. 개인정보를 수집하려면 그 목적이 명확히 제시되어야 하고, 수집된 정보를 이용할 때 그 목적이 수집목적과 같은 경우에는 정보주체의 별도의 동의를 얻을 필요가 없지만 그 목적이 각각 다르거나 수집된 정보를 제3자에게 전달하려면 별도로 정보주체의 동의를 얻어야 한다. 개인정보는 이용목적에 필요한 범위 내에서 정확하고 안전하며 최신의 것이어야 하므로 이를 담보하기 위하여 정보주체가 관여할 수 있어야 한다. 개인정보는 분실 또는 권한 없는 접근·파괴·사용·변경·공개 등의 위험으로부터 합리적인 안전보장장치에 의하여 보호되어야 한다.

또한 개인정보자기결정권에 대한 제한은 헌법 제37조 제2항에서 규정하고 있는 국

---

238) 대법원 2010. 2. 25. 선고 2007두9877 판결. 그런데 서울행정법원 실무연구회, 앞의 책, 845쪽 주 172)는 2011년 9월 30일부터 시행되고 있는 '개인정보 보호법' 아래서는 이 대법원 판결이 적용되기 어렵다면서 '개인정보 보호법' 상 개인정보의 '처리'는 개인정보의 제공, 공개도 포함하는 것으로서(제2조 제2호), 제17조, 제18조, 제19조, 제21조, 제23조, 제24조 등에 따른 여러 가지 제약을 받고 있으므로, 이러한 범위에서는 '개인정보 보호법'이 정보공개법보다 우선한다고 볼 수 있다(개인정보 보호법 제6조, 정보공개법 제4조 제1항)고 한다.

239) 서울고등법원 2007. 4. 27. 선고 2006누23588 판결, 공공기관의 컴퓨터에 의하여 처리되는 개인정보의 보호에 관하여는 다른 법률에 특별한 규정이 있는 경우를 제외하고는 개인정보 보호법이 정하는 바에 의하여야 하므로(개인정보 보호법 제3조 제1항) 공공기관의 컴퓨터에 의해 처리되는 개인정보에 대해서는 정보공개법이 아니라 개인정보 보호법에 따라 비공개의 적법성 여부가 판단되어야 한다고 한 사례.

240) [시행 2011. 9. 30] [법률 제10465호, 2011. 3. 29, 제정] 이 법률의 시행과 함께 종전의 '공공기관의 개인정보 보호에 관한 법률'은 폐지되었다.

241) 행정상의 개인정보 보호 특히 개인정보 보호법의 해설에 관해서는 김의환, 「행정상의 개인정보 보호」, 『행정소송』 (II), 한국사법행정학회, 256~300쪽; 이필재, 「유비쿼터스시대의 개인정보 보호법제」, 충북대학교, 2009 참조.

가의 안전보장, 질서유지 또는 공공복리를 위하여 필요한 경우에 한하여 법률로써 명확히 규정한 경우에만 가능하며 그 경우 개인의 인격자체를 훼손시키는 것과 같이 본질적인 내용은 결코 침해할 수 없다. 이는 곧 자유민주주의와 법치주의를 기본적인 헌법원리로 삼고 있는 우리 헌법에서 개인의 정보주권에 대한 제한은 그 정보주체 스스로가 동의하거나 자신의 대표인 국회가 제정한 법률을 통해서만, 즉 자기지배를 통해서만 가능하다는 것을 뜻한다. 특히 고도정보화사회에서 정보를 통한 타인이나 사회세력, 국가권력에 의한 지배는 헌법상 허용되지 아니하며, 그것을 허용하는 경우에는 인간의 존엄과 가치와 개인 인격의 자유로운 발현은 도저히 확보될 수 없는 것이다.

따라서 국가권력에 의하여 개인정보자기결정권을 제한함에 있어서는 개인정보의 수집·보관·이용 등의 주체, 목적, 대상 및 범위 등을 법률에 구체적으로 규정함으로써 그 법률적 근거를 보다 명확히 하는 것이 바람직하다.[242]

일반적으로 볼 때, 종교적 신조, 육체적·정신적 결함, 성생활에 대한 정보와 같이 인간의 존엄성이나 인격의 내적 핵심, 내밀한 사적 영역에 근접하는 민감한 개인정보들에 대해서는 그 제한의 허용성은 엄격히 검증되어야 하며 특별한 사정이 없는 한 타인의 지득(知得), 외부에 대한 공개로부터 차단되어 개인의 내밀한 영역 내에 유보되어야 하는 정보인 것이다.[243]

반면, 성명, 직명과 같이 인간이 공동체에서 어울려 살아가는 한 다른 사람들과의 사이에서 식별되고 전달되는 것이 필요한 기초정보들도 있다. 이러한 정보들은 사회생활 영역에서 노출되는 것이 자연스러운 정보라 할 것이고, 또 국가가 그 기능을 제대로 수행하기 위해서도 일정하게 축적·이용하지 않을 수 없다. 이러한 정보들은 다른 위험스런 정보에 접근하기 위한 식별자(識別子) 역할을 하거나, 다른 개인정보들과 결합함으로써 개인의 전체적·부분적 인격상을 추출해내는 데 사용되지 않는 한 그 자체로 언제나 엄격한 보호의 대상이 된다고 하기 어렵다.

---

242) 헌법재판소 2005. 7. 21. 선고 2003헌마282·425(병합) 결정.
243) 헌법재판소 2007. 5. 31. 선고 2005헌마1139 결정, 이 사건 법률조항(공직자 등의 병역사항 신고 및 공개에 관한 법률 제3조)이 공적 관심의 정도가 약한 4급 이상의 공무원들까지 대상으로 삼아 모든 질병명을 아무런 예외 없이 공개토록 한 것은 입법목적 실현에 치중한 나머지 사생활 보호의 헌법적 요청을 현저히 무시한 것이고, 이로 인하여 청구인들을 비롯한 해당 공무원들의 헌법 제17조가 보장하는 기본권인 사생활의 비밀과 자유를 침해하는 것이라는 사례.

(2) 사생활의 범위는 시대나 지역·개인의 의식 등에 의해 천차만별이고 그 범위를 일률적으로 결정해버리는 것은 사생활을 보호한다는 점에서 바람직하지 않는 경우도 있다.

사생활과 관련된 사항의 공개가 사생활의 비밀을 침해하는 것으로서 위법하다고 하기 위해서는 적어도 공표된 사항이 일반인의 감수성을 기준으로 하여 그 개인의 입장에 섰을 때 공개되기를 바라지 않을 것에 해당하고 아울러 일반인에게 아직 알려지지 않은 것으로서 그것이 공개됨으로써 그 개인이 불쾌감이나 불안감을 가질 사항 등에 해당해야 한다.[244]

프라이버시 정보를 비공개 사유로 해석하기 위해서는 여기에서 보호되는 이익이 실질적으로 보호할 가치가 있는 정당한 것인가 여부, 해당 침해이익의 위험이 구체적으로 존재하는 것이 객관적으로 명백한지 여부, 나아가 비공개로 하는 데 따른 폐해는 없는지 여부, 공개에 따른 유용성 또는 공익성은 없는지 등을 종합적으로 검토하는 것이 필요하다.

개인에 관한 정보는 프라이버시로 인정되는 것에 한정하지 않고 개인에 관한 모든 정보를 포함하며 특정의 개인을 식별하고 또 식별할 수 있는 정보에는 다른 자료로부터 쉽게 개인을 식별할 수 있는 정보도 포함한다.

(3) 헌법 제21조는 언론·출판의 자유, 즉 표현의 자유를 규정하고 있는데, 이 자유는 전통적으로는 사상 또는 의견의 자유로운 표명(발표의 자유)과 그것을 전파할 자유(전달의 자유)를 의미하는 것으로서, 개인이 인간으로서의 존엄과 가치를 유지하고 행복을 추구하며 국민주권을 실현하는 데 필수불가결한 것으로 오늘날 민주국가에서 국민이 갖는 가장 중요한 기본권 중의 하나이다.[245]

헌법상의 기본권은 제1차적으로 개인의 자유로운 영역을 공권력의 침해로부터 보호하기 위한 방어적 권리이지만 다른 한편으로 헌법의 기본적인 결단인 객관적인 가치질서를 구체화한 것으로서, 사법(私法)을 포함한 모든 법 영역에 그 영향을 미치는 것이므

---

244) 대법원 2006. 12. 22. 선고 2006다15922 판결, 재건축을 추진하는 아파트 단지 내 도로의 소유자가 재건축조합에게 이를 고가로 매도하려고 하여 재건축조합 및 조합원들과 이해가 상반된 상황에서, 위 소유자가 사석에서 도로를 고가로 매도해야 한다는 동석자의 말에 동조한 사실을 재건축조합의 조합장이 재건축조합 소식지 등을 통하여 조합원들에게 알린 것이 위법하지 않다고 본 사례.
245) 헌법재판소 2010. 7. 29. 선고 2006헌바75 결정.

로 사인 간의 법률관계도 헌법상의 기본권 규정에 적합하게 규율되어야 한다. 다만 기본권 규정은 그 성질상 사법관계에 직접 적용될 수 있는 예외적인 것을 제외하고는 사법상의 일반원칙을 규정한 민법 제2조, 제103조, 제750조, 제751조 등의 내용을 형성하고 그 해석 기준이 되어 간접적으로 사법관계에 효력을 미치게 된다.[246]

알권리 또는 표현의 자유를 보장하는 헌법상 기본권 규정도 민법상의 일반규정 등의 해석 기준이 되어 사인 간의 법률관계를 규율하게 된다. 이러한 측면에서 보면 개인정보라 하더라도 누군가가 정보주체인 다른 사람의 동의 없이 그 사람의 정보를 자유롭게 공개하는 등 표현행위의 대상으로 삼을 수 있는 법적 이익도 인정될 수 있다. 일반적 인격권이나 사생활의 비밀과 자유를 정하고 있는 헌법상 기본권 규정 역시 민법의 일반규정 등을 통하여 사법상 인격적 법익의 보장이라는 형태로 구체화될 것이다.

여기서 공공기관이 보유·관리하는 개인정보를 공개하면 개인의 사생활의 비밀 또는 자유를 침해할 우려가 있다고 인정되는 경우에 이를 비공개 대상으로 할 수 있도록 함으로써, 국민의 알권리(정보공개 청구권)와 개인정보 주체의 사생활의 비밀과 자유가 서로 충돌하게 되는데, 위와 같은 기본권들이 충돌하는 경우에 기본권의 서열이나 법익의 형량을 통하여 어느 한쪽의 기본권을 우선시키고 다른 쪽의 기본권을 후퇴시킬 수는 없다. 국민의 알권리(정보공개 청구권)와 개인정보주체의 사생활의 비밀과 자유 중 어느 하나를 상위 기본권이라고 하거나 어느 쪽이 우월하다고 할 수는 없을 것이기 때문이다. 따라서 이러한 경우에는 헌법의 통일성을 유지하기 위하여 상충하는 기본권 모두가 최대한으로 그 기능과 효력을 발휘할 수 있도록 조화로운 방법을 모색하되(규범조화적 해석), 법익형량의 원리, 입법에 의한 선택적 재량 등을 종합적으로 참작하여 심사해야 한다.[247]

그러므로 정보주체의 동의 없이 개인정보를 공개함으로써 침해되는 인격적 법익과 정보주체의 동의 없이 자유롭게 개인정보를 공개하는 표현행위로서 보호받을 수 있는 법적 이익이 하나의 법률관계를 둘러싸고 충돌하는 경우에는, 개인이 공적인 존재인지 여부, 개인정보의 공공성 및 공익성, 개인정보 수집의 목적·절차·이용형태의 상당성, 개인정보 이용의 필요성, 개인정보 이용으로 인해 침해되는 이익의 성질 및 내용 등의 여러 사정을 종합적으로 고려하여, 개인정보에 관한 인격권의 보호에 의하여 얻을 수

---

246) 대법원 2010. 4. 22. 선고 2008다38288 전원합의체 판결.
247) 헌법재판소 1991. 9. 16. 선고 89헌마165 결정, 헌법재판소 2007. 10. 25. 선고 2005헌바96 결정 등.

있는 이익(비공개 이익)과 표현행위에 의하여 얻을 수 있는 이익(공개 이익)을 구체적으로 비교·형량하여 어느 쪽의 이익이 더욱 우월한 것으로 평가할 수 있는지에 따라 그 행위의 최종적인 위법성 여부를 판단해야 한다.[248]

4. 개인정보의 대상 및 범위

(1) '개인에 관한 정보'에는 개인의 내심, 신체, 신분, 지위 기타 개인에 관한 일체의 사항에 관한 사실, 판단, 평가 등 모든 정보가 포함된다.[249]

즉, 개인에 관한 정보는 개인의 인격이나 사생활에 관한 정보에 한정되지 아니하고 개인의 지적창작물에 관한 정보, 조직체의 구성원으로의 개인의 활동에 관한 정보, 개인이 영위하는 사업에 관한 정보, 기타 개인과의 관련성을 갖는 모든 정보를 의미한다.[250] 성명이나 주소 등 특정개인이 식별되는 것에 한정되지 아니한다.[251]

개인의 사상·양심·종교에 관한 정보(개인정보 보호법), 개인의 건강상태에 관한 정보(의료법), 개인의 생활에 관한 정보(각종 명부), 개인의 주거 및 가족관계에 관한 정보(주

---

248) 대법원 2011. 9. 2. 선고 2008다42430 전원합의체 판결, 변호사 정보 제공 웹사이트 운영자가 변호사들의 개인신상정보를 기반으로 변호사들의 인맥지수를 산출하여 공개하는 서비스를 제공한 사안에서, 인맥지수의 사적·인격적 성격, 산출과정에서 왜곡 가능성, 인맥지수 이용으로 인한 변호사들의 이익 침해와 공적 폐해의 우려, 그에 반하여 이용으로 달성될 공적인 가치의 보호 필요성 정도 등을 종합적으로 고려하면, 운영자가 변호사들의 개인신상정보를 기반으로 한 인맥지수를 공개하는 표현행위에 의하여 얻을 수 있는 법적 이익이 이를 공개하지 않음으로써 보호받을 수 있는 변호사들의 인격적 법익에 비하여 우월하다고 볼 수 없어, 결국 운영자의 인맥지수 서비스 제공행위는 변호사들의 개인정보에 관한 인격권을 침해하는 위법한 것이라는 전제에서, 변호사 정보 제공 웹사이트 운영자가 변호사들의 개인신상정보를 기반으로 변호사들의 '인맥지수'를 산출하여 공개하는 서비스를 제공한 행위는 변호사들의 개인정보에 관한 인격권을 침해하는 위법한 반면 변호사 정보 제공 웹사이트 운영자가 대법원 홈페이지에서 제공하는 '나의 사건검색' 서비스를 통해 수집한 사건정보를 이용하여 변호사들의 '승소율이나 전문성 지수 등'을 제공하는 서비스를 한 행위는 변호사들의 개인정보에 관한 인격권을 침해하는 위법한 행위로 평가할 수 없다고 한 사례.
249) 대법원 2004. 11. 25. 선고 2003두9794 판결, 피의자들에 대한 진술조서 또는 피의자신문조서인 이 사건 정보 중 피의자들의 주거, 전화번호, 본적, 전과 및 검찰처분관계, 상훈, 연금관계, 병역, 교육, 경력, 가족관계, 재산 및 월수입, 종교, 정당사회단체 가입내역, 건강상태 등 개인정보는 원고의 권리구제를 위하여 필요하다고 인정되는 정보라고 할 수 없어 제9조 제1항 제6호에 규정된 비공개정보에 해당하는 한편, 나머지 정보는 원고의 권리구제를 위하여 필요하다고 인정되는 정보라고 한 사례.
250) 대법원 2004. 12. 9. 선고 2003두12707 판결, 정보공개처리대장은 정보공개법령에 따라 정보공개 청구서의 접수일자, 접수번호, 청구인, 청구사항(정보내용, 사용목적, 청구방법), 처리사항(공개내용, 공개범위, 비공개 사유, 통지일자, 공개일자, 공개방법, 공개수량, 담당부서) 등 정보공개 청구에 대한 처리상황을 기록한 문서로서 그중 청구인에 관한 사항은 법 제7조 제1항 제6호 본문에서 규정하고 있는 '특정인을 식별할 수 있는 개인에 관한 정보'에 해당하는 반면 나머지 사항은 '특정인을 식별할 수 있는 개인에 관한 정보'에 해당한다고 보기 어렵고, 원고가 청구하는 사본출력물의 공개방법과 절차에 비추어 정보공개처리대장에서 청구인에 관한 사항을 제외하고 그 나머지 정보만을 공개하는 것이 가능할 뿐 아니라 나머지 부분의 정보만으로도 공개의 가치가 있다고 볼 여지가 있다고 한 사례.

민등록표, 가족관계등록부), 개인의 과세 및 자산에 관한 정보(국세기본법, 지방세기본법, 금융실명제법), 개인의 교육에 관한 정보(교육기본법) 등이 포함된다.

개인정보는 반드시 개인의 내밀한 영역이나 사사(私事)의 영역에 속하는 정보에 국한되지 않고 공적 생활에서 형성되었거나 이미 공개된 개인정보까지 포함한다. 개인정보의 범위는 상대적인 개념이며, 역사·지역·개인의 의식 등에 따라 다르다.

여기의 개인에 공무원은 포함되는 반면 사업을 영위하는 개인의 해당 사업에 관한 정보는 여기의 개인정보라 할 수 없고 제7호에 해당된다.

(2) 또한 그러한 개인정보를 대상으로 한 조사·수집·보관·처리·이용 등의 행위는 모두 원칙적으로 개인정보자기결정권에 대한 제한에 해당한다.[252)][253)]

개인정보의 종류 및 성격, 수집목적, 이용형태, 정보처리방식 등에 따라 개인정보자기결정권의 제한이 인격권 또는 사생활의 자유에 미치는 영향이나 침해의 정도는 달라지므로 개인정보자기결정권의 제한이 정당한지 여부를 판단함에 있어서는 위와 같은 요소들과 추구하는 공익의 중요성을 헤아려야 한다.[254)]

---

251) 대법원 2002. 7. 9. 선고 2001두10257 판결, 원고가 피고(칠곡 군수)에게 장학금 및 학자금에 관한 1994년부터 1999년까지의 신청서류 일체의 공개를 청구한 데 대하여, 학생의 이름·생년월일·주소·가족관계·성적·생활기록부·주민등록번호 또는 호적등본, 보호자의 이름·주소·직업·경력·공적·수입·재산규모, 추천자의 이름·직위 등을 포함하는 이 사건 정보는 학생 본인뿐 아니라 제3자인 가족, 추천자 등의 사생활에 관한 정보로서 같은 법률 제7조 제1항 제6호 소정의 공개를 거부할 수 있는 개인에 관한 정보에 해당한다고 할 것인바, 피고가 이미 공개한 장학금 수혜자 명단 또는 각종 위원회 명단은 비록 개인에 관한 정보이기는 하나 본인들이 자신의 정보가 공개될 것을 어느 정도 예상할 수 있는 점에서 공개를 예상하기 곤란한 이 사건 정보와는 성질을 달리하고, 이 사건 정보를 공개할 경우에 기대되는 주민의 알권리 보장, 장학생 선발의 공정성·투명성의 확보라는 공익에 비하여 그 경우에 침해될 사생활의 비밀과 자유를 보장하는 것이 더욱 중요하다고 보이며, 이 사건 정보의 공개가 개인의 권리구제를 위하여 필요하다고 인정할 만한 사정도 없다고 한 사례.
252) 헌법재판소 2005. 5. 26. 선고 99헌마513 결정.
253) 대법원 2014. 7. 24. 선고 2012다49933 판결, 국회의원인 갑 등이 '각급 학교 교원의 교원단체 및 교원노조 가입현황 실명자료'를 인터넷을 통하여 공개한 사안에서, 위 정보는 개인정보자기결정권의 보호대상이 되는 개인정보에 해당하므로 이를 일반 대중에게 공개하는 행위는 해당 교원들의 개인정보자기결정권과 전국교직원노동조합의 존속, 유지, 발전에 관한 권리를 침해하는 것이고, 갑 등이 위 정보를 공개한 표현행위로 인하여 얻을 수 있는 법적 이익이 이를 공개하지 않음으로써 보호받을 수 있는 해당 교원 등의 법적 이익에 비하여 우월하다고 할 수 없으므로, 갑 등의 정보 공개행위가 위법하다고 한 사례.
254) 헌법재판소 2005. 7. 21. 선고 2003헌마282·425(병합) 결정, 피청구인들(교육인적자원부 장관, 서울특별시 교육감)이 졸업증명서 발급업무에 관한 민원인의 편의 도모, 행정 효율성의 제고를 위하여 개인의 존엄과 인격권에 심대한 영향을 미칠 수 있는 민감한 정보라고 보기 어려운 성명, 생년월일, 졸업일자 정보만을 NEIS에 보유하고 있는 것은 목적의 달성에 필요한 최소한의 정보만을 보유하는 것이라 할 수 있고, 공공기관의 개인정보 보호에 관한 법률에 규정된 개인정보 보호를 위한 법 규정들의 적용을 받을 뿐만 아니라 피청구인들이 보유목적을 벗어나 개인정보를 무단 사용했다는 점을 인정할 만한 자료가 없는 한 NEIS라는 자동화된 전산시스템으로 그 정보를 보유하고 있다는 점만으로 피청구인들의 적법한 보유행위 자체의 정당성마저 부인하기는 어렵다고 한 사례.

(3) 중앙행정기관의 정보공개에 관한 행정규칙에서는 진정·탄원·질의 등 각종 민원을 제기한 개인 등의 인적사항, 특정 공무원 및 각종 위원회 위원의 자택주소 및 전화번호·학력·주민등록번호·사회경력 등 공적 업무 수행과 관련이 없는 정보(다만, 특정 공무원 및 위원을 식별할 수 없도록 통계목적 등으로 활용되는 경우는 제외), 징계심의·의결·결정통지, 신원조사, 퇴직사실 확인 등 인사관리 과정에서 생산·취득한 공무원의 개인에 관한 사항으로서 공개될 경우 공무원의 명예·신용·경제적 이익 등 사생활을 침해할 수 있는 정보(다만, 특정 공무원을 식별할 수 없도록 통계 목적 등으로 활용되는 경우는 제외), 재산등록의무자의 재산신고, 위원회 운영, 유공자 포상, 지방세 심사제도 운영 등 각종 업무수행과 관련하여 취득한 개인의 인적사항 또는 재산상황 등의 정보, 시험원서·답안지, 합격자대장 등에 포함되어 있는 수험생의 성적·학력·주소·주민등록번호 등 정보, 공무원 징계협의 관련 문서 일체, 특별 사면자 인적사항, 비위면직자의 인적사항 및 비위면직사항, 재산등록의무자의 재산신고, 위원회 운영 등 업무수행과 관련하여 취득한 개인의 인적사항 또는 재산상황 등의 정보, 국가인재DB에 수록된 공직후보자에 관한 정보, 개인식별 및 보안(IP, ID 등) 관련 정보, 위조 등기 및 위조 가족관계등록부 관련 자료 중 공개될 경우 관련자의 사생활을 침해할 우려가 있다고 인정되는 정보, 주민조회 및 전과조회 업무에 관한 사항, 출입국 조회 업무에 관한 사항, 사건 관련자의 개인 신상에 관한 사항, 아동이나 여성 등 피해자 신상에 관한 사항, 남북 교류협력 관련 남북한 주민 간 접촉왕래의 기획·조정 및 승인에 관한 정보, 북한방문자의 지원 및 사후관리에 관한 정보로서 해당 정보에 포함되어 있는 이름·주민등록번호 등 개인에 관한 사항, 개성공단 남북한주민 방문 및 접촉·왕래에 관한 정보 등을 개인정보로서 비공개 대상으로 삼고 있다. 이러한 비공개 정보의 분류는 그 개념과 범위가 다소 모호하고 광범위하여 국민의 알권리를 침해할 여지가 남아 있다.

5. 개인정보 보호법의 주요 내용

(1) 개인정보의 처리에 관한 사항은 개인정보 보호법에서 규율하고 있다.

이 법은 개인정보의 처리 및 보호에 관한 사항을 정함으로써 개인의 자유와 권리를 보호하고, 나아가 개인의 존엄과 가치를 구현함을 목적으로 하고 있다(개인정보 보호법 제1조).

(2) 개인정보 보호법에서 개인정보란 살아 있는 개인에 관한 정보로서 성명, 주민등록번호 및 영상 등을 통하여 개인을 알아볼 수 있는 정보를 말하는데 해당 정보만으로는 특정 개인을 알아볼 수 없더라도 다른 정보와 쉽게 결합하여 알아볼 수 있는 것을 포함한다(같은 법 제2조 제1호).

정보주체란 처리되는 정보에 의하여 알아볼 수 있는 사람으로서 그 정보의 주체가 되는 사람을 말한다(같은 법 제2조 제3호). 여기서 처리란 개인정보의 수집, 생성, 기록, 저장, 보유, 가공, 편집, 검색, 출력, 정정(訂正), 복구, 이용, 제공, 공개, 파기, 그 밖에 이와 유사한 행위를 의미한다(같은 법 제2조 제2호).[255]

개인정보파일이란 개인정보를 쉽게 검색할 수 있도록 일정한 규칙에 따라 체계적으로 배열하거나 구성한 개인정보의 집합물(같은 법 제2조 제4호)을, 개인정보처리자란 업무를 목적으로 개인정보파일을 운용하기 위하여 스스로 또는 다른 사람을 통하여 개인정보를 처리하는 공공기관,[256] 법인, 단체 및 개인 등을 말한다(같은 법 제2조 제5호). 개인정보 보호법은 정보공개법과 달리 공공기관뿐만 아니라 이에 해당되지 않는 법인, 단체 및 개인도 포함하고 있는 점이 특징이다.

(3) 개인정보 보호법은 개인정보 보호 원칙으로서, 첫째, 개인정보처리자는 개인정보의 처리 목적을 명확하게 해야 하고 그 목적에 필요한 범위에서 최소한의 개인정보만을 적법하고 정당하게 수집해야 하고, 둘째, 개인정보처리자는 개인정보의 처리 목적에 필요한 범위에서 적합하게 개인정보를 처리해야 하며, 그 목적 외의 용도로 활용해서는 안 되며, 셋째, 개인정보처리자는 개인정보의 처리 목적에 필요한 범위에서 개인정보의

---

255) [국방부 09-14654, 2009. 11. 24, 육군참모총장, 인용] 문서에 의해 처리되는 개인정보나 사망한 자의 개인정보는 개인정보 보호법의 적용을 받는 정보가 아니므로, 이 사건 정보가 개인정보 보호법에 의해서 비공개 대상 정보에 해당한다는 피청구인의 주장을 거부한 사례.

256) 공공기관이란 국회, 법원, 헌법재판소, 중앙선거관리위원회의 행정사무를 처리하는 기관, 중앙행정기관(대통령 소속 기관과 국무총리 소속 기관을 포함한다) 및 그 소속 기관, 지방자치단체와 그 밖의 국가기관 및 공공단체 중 대통령령으로 정하는 기관을 말한다(개인정보 보호법 제2조 제6호).
개인정보 보호법 시행령 제2조(공공기관의 범위) 개인정보 보호법 제2조 제6호 나목에서 '대통령령으로 정하는 기관'이란 다음 각 호의 기관을 말한다.
1. '국가인권위원회법' 제3조에 따른 국가인권위원회
2. '공공기관의 운영에 관한 법률' 제4조에 따른 공공기관
3. '지방공기업법'에 따른 지방공사와 지방공단
4. 특별법에 따라 설립된 특수법인
5. '초·중등교육법', '고등교육법', 그 밖의 다른 법률에 따라 설치된 각급 학교

정확성, 완전성 및 최신성이 보장되도록 해야 하고, 넷째, 개인정보처리자는 개인정보의 처리 방법 및 종류 등에 따라 정보주체의 권리가 침해받을 가능성과 그 위험 정도를 고려하여 개인정보를 안전하게 관리해야 하고, 다섯째, 개인정보처리자는 개인정보 처리방침 등 개인정보의 처리에 관한 사항을 공개해야 하며 열람청구권 등 정보주체의 권리를 보장해야 하고, 여섯째, 개인정보처리자는 정보주체의 사생활 침해를 최소화하는 방법으로 개인정보를 처리해야 하며, 일곱째, 개인정보처리자는 개인정보의 익명처리가 가능한 경우에는 익명에 의하여 처리될 수 있도록 해야 하며, 여덟째, 개인정보처리자는 개인정보 보호법 및 관계 법령에서 규정하고 있는 책임과 의무를 준수하고 실천함으로써 정보주체의 신뢰를 얻기 위하여 노력해야 한다는 8가지의 원칙을 밝히고 있다(같은 법 제3조).

정보주체는 자신의 개인정보 처리와 관련하여, 첫째, 개인정보의 처리에 관한 정보를 제공받을 권리, 둘째, 개인정보의 처리에 관한 동의 여부, 동의 범위 등을 선택하고 결정할 권리, 셋째, 개인정보의 처리 여부를 확인하고 개인정보에 대하여 열람 및 사본의 발급을 요구할 권리, 넷째, 개인정보의 처리 정지, 정정·삭제 및 파기를 요구할 권리, 다섯째, 개인정보의 처리로 인하여 발생한 피해를 신속하고 공정한 절차에 따라 구제받을 권리를 가진다(같은 법 제4조).

국가와 지방자치단체는 개인정보의 목적 외 수집, 오용·남용 및 무분별한 감시·추적 등에 따른 폐해를 방지하여 인간의 존엄과 개인의 사생활 보호를 도모하기 위한 시책을 강구해야 하고(같은 법 제5조 제1항), 개인정보의 처리에 관한 법령 또는 조례를 제정하거나 개정하는 경우에는 개인정보 보호법의 목적에 부합되도록 해야 한다(같은 법 제5조 제4항).

개인정보처리자는 정보주체의 동의를 받은 경우, 법률에 특별한 규정이 있거나 법령상 의무를 준수하기 위하여 불가피한 경우, 공공기관이 법령 등에서 정하는 소관 업무의 수행을 위하여 불가피한 경우, 정보주체와의 계약의 체결 및 이행을 위하여 불가피하게 필요한 경우, 정보주체 또는 그 법정대리인이 의사표시를 할 수 없는 상태에 있거나 주소불명 등으로 사전 동의를 받을 수 없는 경우로서 명백히 정보주체 또는 제3자의 급박한 생명, 신체, 재산의 이익을 위하여 필요하다고 인정되는 경우 및 개인정보처리자의 정당한 이익을 달성하기 위하여 필요한 경우로서 명백하게 정보주체의 권리보다 우선하는 경우에는 개인정보를 수집할 수 있으며 그 수집 목적의 범위에서 이용할 수 있다(같은 법 제15조 제1항).

또한 개인정보처리자는 정보주체의 동의를 받은 경우 등 일정한 사유가 있는 경우에 한하여 정보주체의 개인정보를 제3자에게 제공하거나 공유할 수 있다(같은 법 제17조 제1항).

(4) 정보주체의 권리 보장과 관련하여

첫째, 정보주체는 개인정보처리자가 처리하는 자신의 개인정보에 대한 열람을 해당 개인정보처리자나 공공기관에 직접 열람을 요구하거나 행정자치부 장관을 통하여 열람을 요구할 수 있다(같은 법 제35조 제1항·제2항).[257]

개인정보의 열람을 요구받은 개인정보처리자는 10일 내에 정보주체가 해당 개인정보를 열람할 수 있도록 해야 한다(같은 법 제35조 제3항). 해당 기간 내에 열람할 수 없는 정당한 사유가 있을 때에는 정보주체에게 그 사유를 알리고 열람을 연기할 수 있으며, 그 사유가 소멸하면 지체 없이 열람하게 해야 한다.

그러나 개인정보처리자는 ① 법률에 따라 열람이 금지되거나 제한되는 경우 ② 다른 사람의 생명·신체를 해할 우려가 있거나 다른 사람의 재산과 그 밖의 이익을 부당하게 침해할 우려가 있는 경우 ③ 공공기관이 조세의 부과·징수 또는 환급에 관한 업무를 수행할 때 중대한 지장을 초래하는 경우 ④ 공공기관이 초·중등교육법 및 고등교육법에 따른 각급 학교, 평생교육법에 따른 평생교육시설, 그 밖의 다른 법률에 따라 설치된 고등교육기관에서의 성적 평가 또는 입학자 선발에 관한 업무를 수행할 때 중대한 지장을 초래하는 경우 ⑤ 공공기관이 학력·기능 및 채용에 관한 시험, 자격 심사에 관한 업무를 수행할 때 중대한 지장을 초래하는 경우 ⑥ 공공기관이 보상금·급부금 산정 등에 대하여 진행 중인 평가 또는 판단에 관한 업무를 수행할 때 중대한 지장을 초래하는 경우 ⑦ 공공기관이 다른 법률에 따라 진행 중인 감사 및 조사에 관한 업무를 수행할 때 중대한 지장을 초래하는 경우에는 정보주체에게 그 사유를 알리고 열람을 제한하거나 거절할 수 있다(같은 법 제35조 제4항).

둘째, 정보주체는 자신의 개인정보를 열람하고 개인정보처리자에게 그 개인정보의 정정 또는 삭제를 요구할 수 있다(같은 법 제36조 제1항). 다만, 다른 법령에서 그 개인정보가 수집 대상으로 명시되어 있는 경우에는 그 삭제를 요구할 수 없고, 개인정보처리

---

257) 행정자치부에서는 '개인정보 보호종합지원 포털(http://www.privacy.go.kr)'을 운영하고 있다.

[표 3-2] 개인정보 열람 등 요구 절차[258)

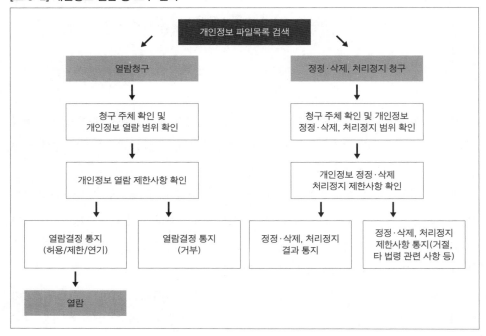

자는 정보주체의 요구가 이에 해당될 때에는 지체 없이 그 내용을 정보주체에게 알려야 한다(같은 법 제36조 제4항).

개인정보처리자는 정보주체의 요구를 받았을 때에는 개인정보의 정정 또는 삭제에 관하여 다른 법령에 특별한 절차가 규정되어 있는 경우를 제외하고는 지체 없이 그 개인정보를 조사하여 정보주체의 요구에 따라 정정·삭제 등 필요한 조치를 한 후 그 결과를 정보주체에게 알려야 하고, 개인정보처리자가 개인정보를 삭제할 때에는 복구 또는 재생되지 아니하도록 조치해야 한다(같은 법 제36조 제2항·제3항).

셋째, 정보주체는 개인정보처리자에 대하여 자신의 개인정보 처리의 정지를 요구할 수 있고 공공기관에 대해서는 등록 대상이 되는 개인정보 파일 중 자신의 개인정보에 대한 처리의 정지를 요구할 수 있다(같은 법 제37조 제1항).

이러한 요구를 받은 개인정보처리자는 지체 없이 정보주체의 요구에 따라 개인정보 처리의 전부를 정지하거나 일부를 정지해야 한다(같은 법 제37조 제2항).

---

258) http://www.privacy.go.kr/wcp/dcl/per/pernalInfo.do

그러나 ① 법률에 특별한 규정이 있거나 법령상 의무를 준수하기 위하여 불가피한 경우 ② 다른 사람의 생명·신체를 해할 우려가 있거나 다른 사람의 재산과 그 밖의 이익을 부당하게 침해할 우려가 있는 경우 ③ 공공기관이 개인정보를 처리하지 아니하면 다른 법률에서 정하는 소관 업무를 수행할 수 없는 경우 ④ 개인정보를 처리하지 아니하면 정보주체와 약정한 서비스를 제공하지 못하는 등 계약의 이행이 곤란한 경우로서 정보주체가 그 계약의 해지 의사를 명확하게 밝히지 아니한 경우에는 정보주체에게 지체 없이 그 사유를 알리고 정보주체의 처리정지 요구를 거절할 수 있다(같은 법 37조 제3항). 개인정보처리자는 정보주체의 요구에 따라 처리가 정지된 개인정보에 대하여 지체 없이 해당 개인정보의 파기 등 필요한 조치를 해야 한다(같은 법 제37조 제4항).

정보주체는 개인정보의 열람, 개인정보의 정정·삭제, 개인정보의 처리정지 등의 요구를 대리인에게 하게 할 수 있고 만 14세 미만 아동의 법정대리인은 개인정보처리자에게 그 아동의 개인정보 열람 등 요구를 할 수 있다(같은 법 제38조 제1항·제2항).

개인정보처리자는 정보주체가 열람 등 요구를 할 수 있는 구체적인 방법과 절차를 마련하고, 이를 정보주체가 알 수 있도록 공개해야 하고(같은 법 제38조 제4항), 정보주체가 열람 등 요구에 대한 거절 등 조치에 대하여 불복이 있는 경우 이의를 제기할 수 있도록 필요한 절차를 마련하고 안내해야 한다(같은 법 제38조 제5항). 개인정보처리자는 열람 등 요구를 하는 자에게 수수료와 사본을 우송하는 경우 우송료를 청구할 수 있다(같은 법 제38조 제3항).

정보주체는 개인정보처리자가 개인정보 보호법을 위반한 행위로 손해를 입으면 개인정보처리자에게 손해배상을 청구할 수 있다(같은 법 제39조 제1항). 이 경우 입증책임이 전환되어 그 개인정보처리자는 고의 또는 과실이 없음을 입증하지 아니하면 책임을 면할 수 없다. 개인정보처리자가 개인정보 보호법에 따른 의무를 준수하고 상당한 주의와 감독을 게을리 하지 아니한 경우에는 개인정보의 분실·도난·유출·변조 또는 훼손으로 인한 손해배상책임을 감경(減輕) 받을 수 있다(같은 법 제39조 제2항).

개인정보에 관한 분쟁의 조정(調停)을 위하여 개인정보 분쟁조정위원회(kopico.or.kr)를 두고 있다(같은 법 제40조).

(5) 개인정보 보호법이 일부 적용되지 않은 경우도 있다.

첫째, ① 공공기관이 처리하는 개인정보 중 통계법에 따라 수집되는 개인정보 ② 국가

[표 3-3] 개인정보 분쟁조정 절차[259)]

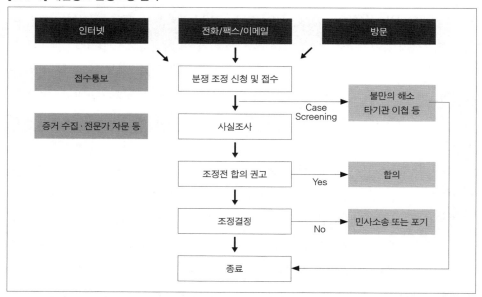

안전보장과 관련된 정보 분석을 목적으로 수집 또는 제공 요청되는 개인정보 ③ 공중위
생 등 공공의 안전과 안녕을 위하여 긴급히 필요한 경우로서 일시적으로 처리되는 개인
정보 ④ 언론, 종교단체, 정당이 각각 취재·보도, 선교, 선거 입후보자 추천 등 고유 목적
을 달성하기 위하여 수집·이용하는 개인정보에 관하여는 개인정보 보호법 제3장(개인정
보의 처리)부터 제7장(개인정보 단체소송)까지를 적용하지 아니한다(같은 법 제58조 제1항).

그러나 개인정보처리자는 이러한 경우에도 그 목적을 위하여 필요한 범위에서 최소
한의 기간에 최소한의 개인정보만을 처리해야 하며, 개인정보의 안전한 관리를 위하여
필요한 기술적·관리적 및 물리적 보호조치, 개인정보의 처리에 관한 고충처리, 그 밖에
개인정보의 적절한 처리를 위하여 필요한 조치를 마련해야 한다(같은 법 제58조 제4항).

둘째, 공개된 장소에 영상정보처리기기(CCTV)를 설치·운영하여 처리되는 개인정
보에 대해서는 개인정보 보호법 제15조(개인정보의 수집·이용), 제22조(동의를 받는 방법),
제27조(영업 양도 등에 따른 개인정보의 이전 제한) 제1항·제2항, 제34조(개인정보 유출 통지
등) 및 제37조(개인정보의 처리정지 등)를 적용하지 아니한다(같은 법 제58조 제2항).

---

259) http://www.privacy.go.kr/wcp/dcl/inv/DclInvPttRegist.do

셋째, 개인정보처리자가 동창회, 동호회 등 친목 도모를 위한 단체를 운영하기 위하여 개인정보를 처리하는 경우에는 개인정보 보호법 제15조(개인정보의 수집·이용), 제30조(개인정보 처리방침의 수립 및 공개) 및 제31조(개인정보 보호책임자의 지정)를 적용하지 아니한다(같은 법 제58조 제3항).

6. 개인정보 보호에 관한 법령

개인정보 보호에 관하여는 다른 법률에 특별한 규정이 있는 경우를 제외하고는 개인정보 보호법에서 정하는 바에 따른다(개인정보 보호법 제6조).

(1) '정보통신망 이용촉진 및 정보보호 등에 관한 법률'은 정보통신망의 이용을 촉진하고 정보통신서비스를 이용하는 자의 개인정보를 보호함 등을 목적으로 하고 있다.

이 법에 따라 정보통신서비스 제공자는 이용자의 개인정보를 보호하고 건전하고 안전한 정보통신서비스를 제공하여 이용자의 권익보호와 정보이용능력의 향상에 이바지해야 한다(같은 법 제3조 제1항).

정보통신서비스 제공자는 이용자의 개인정보를 이용하려고 수집하는 경우에는 원칙적으로 이용자에게 알리고 동의를 받아야 하고(같은 법 제22조), 사상, 신념, 과거의 병력 등 개인의 권리·이익이나 사생활을 뚜렷하게 침해할 우려가 있는 개인정보를 수집해서는 안 된다(같은 법 제23조). 또한 법령에서 이용자의 주민등록번호 수집·이용을 허용하는 경우 등이 아니면 이용자의 주민등록번호를 수집·이용할 수 없고 수집한 개인정보를 이용자로부터 동의 받은 목적이나 다른 목적으로 이용해서는 안 된다(같은 법 제24조). 정보통신서비스 제공자는 이용자의 개인정보를 제3자에게 제공하려면 원칙적으로 이용자에게 알리고 동의를 받아야 한다(같은 법 제24조의2).

정보통신서비스 제공자 등이 개인정보를 취급할 때에는 개인정보의 분실·도난·누출·변조 또는 훼손을 방지하기 위한 기술적·관리적 조치를 해야 한다(같은 법 제28조). 이용자의 개인정보를 취급하고 있거나 취급했던 자는 직무상 알게 된 개인정보를 훼손·침해 또는 누설해서는 안 되며, 누구든지 그 개인정보가 누설된 사정을 알면서도 영리 또는 부정한 목적으로 개인정보를 제공받아서는 안 된다(같은 법 제28조의2). 정보통신서비스 제공자 등은 동의를 받은 개인정보의 수집·이용 목적을 달성한 경우나 동의를 받은 개인정보의 보유 및 이용 기간이 끝난 경우 등에는 다른 법률에 따라 개인정보를 보존하는 경우가 아니면 해당 개인정보를 지체 없이 파기해야 한다.

이용자는 정보통신서비스 제공자 등에 대하여 언제든지 개인정보 수집·이용·제공 등의 동의를 철회할 수 있고 본인에 관한 사항을 열람하거나 제공을 요구할 수 있고 오류가 있는 경우에는 그 정정을 요구할 수 있다. 정보통신서비스 제공자 등은 이용자가 동의를 철회하면 지체 없이 수집된 개인정보를 파기하는 등 필요한 조치를 해야 하고 열람 또는 제공을 요구받으면 지체 없이 응해야 하며 오류의 정정을 요구받으면 지체 없이 그 오류를 정정하거나 정정하지 못하는 사유를 이용자에게 알리는 등 필요한 조치를 해야 하고, 필요한 조치를 할 때까지는 해당 개인정보를 이용하거나 제공해서는 안된다(같은 법 제30조).

이용자는 정보통신서비스 제공자 등이 개인정보 보호의무를 위반한 행위로 손해를 입으면 그 정보통신서비스 제공자 등에게 손해배상을 청구할 수 있고 해당 정보통신서비스 제공자 등은 고의 또는 과실이 없음을 입증하지 아니하면 책임을 면할 수 없다(같은 법 제32조).

(2) '신용정보의 이용 및 보호에 관한 법률'은 신용정보의 오용·남용으로부터 사생활의 비밀 등을 적절히 보호함으로써 건전한 신용질서의 확립에 이바지함을 목적으로 하고 있다(같은 법 제1조).

'신용정보'란 금융거래 등 상거래에 있어서 거래 상대방의 신용을 판단할 때 필요한 특정 신용정보주체를 식별할 수 있는 정보, 신용정보주체의 거래내용을 판단할 수 있는 정보, 신용정보주체의 신용도를 판단할 수 있는 정보, 신용정보주체의 신용거래능력을 판단할 수 있는 정보 등을 말하고, 신용정보 중 개인의 신용도와 신용거래능력 등을 판단할 때 필요한 정보를 개인 신용정보라고 규정하고 있다(같은 법 제2조 제1호).[260]

신용정보회사 등은 국가의 안보 및 기밀에 관한 정보, 기업의 영업비밀 또는 독창적인 연구개발 정보, 개인의 정치적 사상, 종교적 신념, 그 밖에 신용정보와 관계없는 사생활에 관한 정보, 확실하지 아니한 개인 신용정보, 다른 법률에 따라 수집이 금지된 정

---

260) 개인 신용정보의 의미에 대해서는 최철환, 「신용정보의 이용 및 보호에 관한 법률 제15조 제1항 제4호의 '개인 신용정보'의 의미」, 『대법원 판례해설』 통권 제62호(2003년 상반기), 법원도서관, 551~565쪽 참조.

보를 수집·조사해서는 안 되고, 개인의 질병에 관한 정보를 수집·조사하거나 타인에게 제공하려면 미리 해당 개인의 동의를 받아야 하며 해당 목적으로만 그 정보를 이용해야 한다(같은 법 제16조).

신용조회회사나 신용정보집중기관은 국가·지방자치단체 등 공공기관에 해당 공공기관이 보유하고 있는 신용정보 중 관계 법령에 따라 공개할 수 있는 신용정보의 열람 또는 제공을 요청할 수 있고, 이러한 요청을 받은 공공기관은 특별한 사유가 없으면 그 요청에 따라야 한다(같은 법 제23조 제1항). 신용조회회사 또는 신용정보집중기관이 공공기관의 장에게 신용정보주체의 신용도·신용거래능력 등의 판단에 필요한 신용정보의 제공을 요청하면 그 요청을 받은 공공기관의 장은 공공기관의 정보공개에 관한 법률, 개인정보 보호법, 국민건강보험법, 국민연금법, 한국전력공사법, 주민등록법에도 불구하고 해당 신용조회회사 또는 신용정보집중기관에 정보를 제공할 수 있다(같은 법 제23조 제2항). 신용조회회사 또는 신용정보집중기관은 공공기관으로부터 제공받은 신용정보를 신용정보 제공·이용자에게 제공할 수 있다(같은 법 제23조 제3항). 신용정보를 제공받은 신용정보 제공·이용자는 그 정보를 타인에게 제공해서는 안 된다(같은 법 제23조 제5항).[261]

또한 신용정보집중기관 및 대통령령으로 정하는 신용정보 제공·이용자는 상법 제64조 등 다른 법률에 따라 소멸시효가 완성된 예금 및 보험금 등의 지급을 위한 경우로서 해당 예금 및 보험금 등의 원권리자에게 관련 사항을 알리기 위한 경우 또는 금융거래계약의 만기 도래, 실효, 해지 등 계약의 변경사유 발생 등 거래 상대방의 권리·의무에 영향을 미치는 사항을 알리기 위한 경우에는 행정자치부 장관에게 주민등록법 제30조제1항에 따른 주민등록 전산정보자료의 제공을 요청할 수 있고 행정자치부 장관은

---

261) 대법원 2012. 9. 13. 선고 2012도5525 판결, 신용정보의 이용 및 보호에 관한 법률은 제50조 제2항 제7호, 제40조 제4호에서 신용정보회사 등이 아니면서 특정인의 소재 및 연락처를 알아내거나 금융거래 등 상거래관계 외의 사생활 등을 조사하는 행위를 업으로 하는 자를 처벌하는 규정을 두고 있는바, 원심이 배척하지 아니한 제1심이 적법하게 채택한 증거에 의하면, 공소외 1 주식회사에서 입찰정보 수집업무 등을 담당하는 피고인들은 '○○○ ○○○'라는 상호의 흥신소를 운영하는 공소외 2에게 공소외 1 주식회사가 입찰에 참여한 건설공사의 설계심의 평가위원 등의 행적을 감시해 달라고 의뢰하고, 이에 공소외 2는 공소외 3 등 위 흥신소의 종업원과 함께 위 설계심사 평가위원 등의 주거지, 근무처를 따라 다니면서 그들의 행적을 조사·감시한 사실을 알 수 있으므로, 원심으로서는 공소외 2가 사생활 조사 등에 관하여 해온 업무의 형태, 피고인들이 공소외 2에게 사생활 조사 등을 의뢰한 경위 및 의뢰한 사생활 조사 등의 규모와 지급한 대금의 액수 등에 관하여 더 나아가 살핌으로써 피고인들이 공소외 2로 하여금 사생활 조사 등을 업으로 하는 신용정보의 이용 및 보호에 관한 법률 위반죄의 실행을 결의하게 했는지 여부를 가렸어야 한다고 판시한 사례.

특별한 사유가 없으면 그 요청에 따라야 한다(같은 법 제24조 제1항).

(3) 주민등록법에 의한 개인정보의 보호

개인정보 중 가장 민감한 정보는 개인의 주소와 주민등록번호일 것이다. 주민등록에 관한 사항을 정하고 있는 주민등록법에 의하면 주민은 '성명, 성별, 생년월일, 세대주와의 관계, 합숙하는 곳은 관리책임자, 등록기준지, 주소, 거주지를 이동하는 경우에는 전입 전의 주소 또는 전입지와 해당 연월일 등'을 관할 시장·군수 또는 구청장에게 신고해야 한다(같은 법 제10조). 이와 같은 등록사항은 대한민국에서 그 정보주체를 타인으로부터 식별가능하게 하는, 즉 개인의 동일성을 나타내는 가장 기초적이고 기본적인 정보이다.

개인정보를 제공한 주체는 그 정보의 수집·이용·제공의 각 단계에서 그 정보에 대한 통제권을 가지고 있어야 하고, 해당 정보에의 자유로운 접근권, 정정청구권 등이 보장되어야 한다.

이에 주민등록법은 개인의 이름과 주소, 주민등록번호가 기재된 주민등록표를 열람하거나 그 등본 또는 초본의 교부를 받으려는 자를 원칙적으로 해당 본인이나 세대원으로 한정하고 있다(제29조 제1항). 해당 본인이나 세대원이 아닌 자로부터 주민등록표의 열람 또는 등·초본의 교부신청을 받은 열람 또는 등·초본교부기관의 장은 그 열람 또는 등·초본의 교부가 개인의 사생활을 침해할 우려가 있거나 공익에 반한다고 판단되면 그 열람을 하지 못하게 하거나 등·초본의 발급을 거부할 수 있고 이 경우 그 사유를 신청인에게 서면으로 알려야 한다(같은 법 제29조 제5항).

한편 주민등록표에 기록된 주민등록 사항에 관한 주민등록전산정보자료를 이용 또는 활용하려는 자는 관계 중앙행정기관의 심사를 거쳐 행정자치부 장관의 승인을 받아야 하고, 전산자료를 이용·활용하는 자는 본래의 목적 외의 용도로 이용·활용해서는 안 된다(같은 법 제30조 제1항·제5항).

주민등록표 보유기관은 주민등록표를 관리할 때에 주민등록표가 멸실, 도난, 유출 또는 손상되지 아니하도록 필요한 안전조치를 해야 하고, 주민등록표의 관리자는 보유 또는 이용목적 외의 목적을 위하여 주민등록표를 이용한 전산처리를 해서는 안 되며, 주민등록업무에 종사하거나 종사했던 자 또는 그 밖의 자로서 직무상 주민등록사항을 알게 된 자는 다른 사람에게 이를 누설해서는 안 된다(같은 법 제31조).

거짓이나 그 밖의 부정한 방법으로 다른 사람의 주민등록표를 열람하거나 그 등본 또는 초본을 교부받은 자, 주민등록전산정보자료를 본래의 목적 외의 용도로 이용·활용한 자, 다른 사람의 주민등록증을 부정하게 사용한 자, 다른 사람의 주민등록번호를 부정하게 사용한 자 등은 3년 이하의 징역 또는 1천만 원 이하의 벌금에 처한다(같은 법 제37조).

(4) '공직자 등의 병역사항 신고 및 공개에 관한 법률'은 대통령 등 일정한 직위 이상의 병역사항 신고의무자는 신고대상자(본인 및 본인과 18세 이상의 직계비속)가 대통령령[262]으로 정하는 질병·심신장애 또는 제2국민역에 편입되거나 병역이 면제된 경우에 해당하면 병적증명서 발급을 신청하거나 병역사항 또는 변동사항을 신고할 때에 질병명·심신장애 내용 또는 처분사유의 비공개를 요구할 수 있고, 이 경우 병무청장은 그 질병명·심신장애 내용 또는 처분사유를 공개해서는 안 된다(같은 법 제8조 제3항).[263]

(5) 의료법은 의료인은 의료법이나 다른 법령에 특별히 규정된 경우 외에는 의료·조산 또는 간호를 하면서 알게 된 다른 사람의 비밀을 누설하거나 발표하지 못한다며 비밀누설금지의무를 부과하고 있고(제19조), 의료인이나 의료기관 종사자는 환자가 아닌 다른 사람에게 환자에 관한 기록을 열람하게 하거나 그 사본을 내주는 등 내용을 확인할 수 있게 해서는 안 된다고 규정하고 있다(같은 법 제21조 제1항). 이를 위반한 자는 3년 이하의 징역이나 1천만 원 이하의 벌금에 처하는데 이 죄들은 친고죄이므로 고소가 있어야 처벌할 수 있다(같은 법 제88조). 다만 환자의 배우자, 직계 존속·비속 또는 배우자의 직계 존속이 환자 본인의 동의서와 친족관계임을 나타내는 증명서 등을 첨부하는 등 보건복지부령으로 정하는 요건을 갖추어 요청한 경우 등에 해당하면 그 기록을 열람하게 하거나 그 사본을 교부하는 등 그 내용을 확인할 수 있게 할 수 있다.
또한 의료인은 태아 성 감별을 목적으로 임부를 진찰하거나 검사해서는 안 되며, 같은 목적을 위한 다른 사람의 행위를 도와서도 안 되고, 임신 32주 이전에 태아나 임부를 진찰하거나 검사하면서 알게 된 태아의 성(性)을 임부, 임부의 가족, 그 밖의 다른 사

---

262) 공직자 등의 병역사항 신고 및 공개에 관한 법률 시행령 제14조 제1항에 따른 [별표]는 신고의무자가 비공개를 요구할 수 있거나 병무청장이 비공개해야 하는 질병명·심신장애 내용 또는 처분사유를 구체적으로 명시하고 있다.
263) 헌법재판소 2007. 5. 31. 선고 2005헌마139 결정.

람이 알게 해서도 안 된다(같은 법 제20조). 이를 위반한 자는 2년 이하의 징역이나 1천만 원 이하의 벌금에 처한다(같은 법 제88조의3).

III. 비공개 대상 정보의 판단 기준

1. 개인식별형과 프라이버시형

(1) 비공개 대상이 되는 개인정보를 규율하는 방식으로는 크게 특정의 개인을 식별할 수 있는 정보를 원칙적으로 비공개한 후에 보호할 필요가 없는 정보를 비공개 정보의 범위에서 제외하는 방식(개인식별형 또는 개인식별정보형)과 개인의 사적 생활이나 권리이익을 해할 우려가 있는 것을 비공개 정보로 규정하는 방식(프라이버시형 또는 프라이버시정보형)으로 대별할 수 있다.[264]

개인식별형은 프라이버시형에 비해 비공개의 범위가 좁은 방식이라고 할 수 있는 반면 프라이버시라고 말할 수 없는 정보나 프라이버시 정보라고 하더라도 책임행정의 측면에서 공개되어야 할 정보까지 비공개로 되어버릴 가능성이 있다는 문제가 있다.

반면 프라이버시형은 '개인식별정보'뿐만 아니라 그 외에 정보의 내용을 구체적으로 살펴 '개인에 관한 사항의 공개로 개인의 내밀한 내용의 비밀 등이 알려지게 되고, 그 결과 인격적·정신적 내면생활에 지장을 초래하거나 자유로운 사생활을 영위할 수 없게 될 위험성이 있는 정보', 즉 개인의 프라이버시 정보도 비공개 대상 정보로 포함되게 되어 비공개의 범위가 지나치게 넓어질 우려가 제기된다.

프랑스, 일본 등 국가에서는 개인식별형을, 미국과 뉴질랜드 등 국가에서는 프라이버시형을 취하고 있다.

정보공개법 제9조 제1항 제6호의 규정이 개인식별형인지 아니면 프라이버시형인지에 관해 의견이 대립되고 있다.

---

264) 대법원 2005. 1. 28. 선고 2002두12854 판결, 기증금품접수대장은 공주교도소에 금품을 기증한 금품기증자의 인적사항, 기증금품 내용 및 사용처, 기증명목 등이 기재되어 있는 문서로서 그 중 금품기증자의 인적사항은 제6호 본문에서 규정하고 있는 '특정인을 식별할 수 있는 개인에 관한 정보'에 해당하는 반면 나머지 사항은 '특정인을 식별할 수 있는 개인에 관한 정보'에 해당한다고 보기 어렵고, 원고가 청구하는 공개방법 및 절차에 비추어 이 사건 기증금품접수대장에서 금품기증자의 인적사항을 제외하고 그 나머지 정보만을 공개하는 것이 가능할 뿐 아니라 나머지 부분의 정보만으로도 공개의 가치가 있다고 볼 여지가 있다고 한 사례.

(2) 정보공개법은 제정 당시 제7조 제1항 제6호에서 '해당 정보에 포함되어 있는 이름·주민등록번호 등에 의하여 특정인을 식별할 수 있는 개인에 관한 정보'를 비공개 대상 정보로 규정하고 있었다.

그러나 이 조항은 '개인정보' 그 자체를 비공개 대상 정보로 규정함으로써 특정인을 식별할 수 있는 개인정보가 포함된 행정정보라면 모두 공개를 거부할 수 있는 것처럼 오해를 낳았고 그 결과 공공기관들이 정보공개의 필요성에도 불구하고 개인정보 보호라는 명분으로 공개를 거부할 수 있는 법적 빌미를 제공해주었다.

이러한 비판에 따라 2004년 1월 29일 정보공개법이 법률 제7127호로 전부개정되면서 제9조 제1항 제6호로 종전 비공개 대상 정보인 '특정인을 식별할 수 있는 개인에 관한 정보'를 '개인의 사생활의 비밀 또는 자유를 침해할 우려가 있는 정보'로 축소하고 비공개 대상 정보의 예외 항목에 기존의 가, 나, 다목 외에 라, 마목을 추가로 규정함으로써 비공개 대상 정보의 요건을 강화했다.[265]

이는 비공개 대상 정보로서의 개인정보의 의미를 '사생활의 비밀 또는 자유를 침해할 정보'라고 보다 명확히 규정한 것으로, 프라이버시형을 취하고 있다고 볼 수 있다.[266]

(3) 이와 관련하여 대법원 2012. 6. 18. 선고 2011두2361 전원합의체 판결에서 다수의견은 공공기관의 정보공개에 관한 법률의 개정 연혁, 내용 및 취지 등에 헌법상 보장되는 사생활의 비밀 및 자유의 내용을 보태어보면, 정보공개법 제9조 제1항 제6호 본문의 규정에 따라 비공개 대상이 되는 정보에는 구 공공기관의 정보공개에 관한 법률의 이름·주민등록번호 등 정보 형식이나 유형을 기준으로 비공개 대상 정보에 해당하는지를 판단하는 '개인식별정보'뿐만 아니라 그 외에 정보의 내용을 구체적으로 살펴 '개인에 관한 사항의 공개로 개인의 내밀한 내용의 비밀 등이 알려지게 되고, 그 결과 인격적·정신적 내면생활에 지장을 초래하거나 자유로운 사생활을 영위할 수 없게 될 위험

---

265) 헌법재판소 2010. 12. 28. 선고 2009헌바258 결정, '공공기관의 정보공개에 관한 법률' 제9조 제1항 제6호 본문 조항은 기본권 제한에 관한 명확성의 원칙에 위반되지 않으며, 평등원칙에 위배된다고 할 수 없고, 청구인의 알권리(정보공개 청구권)를 침해하지 아니한다고 한 사례; 이 결정에 대한 평석으로는 이희훈, 앞의 논문, 173~192쪽 참조.

266) 박균성, 앞의 책, 468쪽; 이철환, 앞의 논문, 371쪽 참조; 宇賀克也, 『新·情報公開法の逐条解説』, 有斐閣, 2010, 72쪽도 우리나라 정보공개법은 당초 개인식별형을 채택하고 있었으나 2004년 정보공개법 개정으로 프라이버시형을 채용하고 있다고 지적하고 있다.

성이 있는 정보'도 포함된다고 본 반면[267][268] 별개 의견은 구 정보공개법이 2004. 1. 29. 법률 제7127호로 전부 개정되면서 비공개 대상 정보의 하나인 제7조 제1항 제6호 본문의 '이름·주민등록번호 등에 의하여 특정인을 식별할 수 있는 개인에 관한 정보'가 정보공개법 제9조 제1항 제6호 본문의 '이름·주민등록번호 등 개인에 관한 사항'으로 변경되기는 했으나, '해당 정보에 포함되어 있는 이름·주민등록번호 등 개인에 관한 사항으로서 공개될 경우 개인의 사생활의 비밀 또는 자유를 침해할 우려가 있다고 인정되는 정보'의 의미와 범위는, 구 정보공개법 제7조 제1항 제6호 본문 소정의 '해당 정보에 포함되어 있는 이름·주민등록번호 등에 의하여 특정인을 식별할 수 있는 개인에 관한 정보'와 다르지 않다고 새기는 것이 정보공개법의 문언뿐 아니라 그 개정 경위 및 취지, 종래 대법원 판례가 취한 견해, 관련 법령과의 조화로운 해석에 두루 부합하면서 국민의 알권리를 두텁게 보호하는 합리적인 해석이라고 밝혔다.

(4) 특정 개인의 식별 가능성은 기본적으로 해당 특정의 개인이 아니라 객관적으로 일반인이면 그 공개를 희망하는가 아니면 그렇지 않은가 여부를 기준으로 삼아야 한다(일반인 기준설).[269]

근친자나 지인 등 극히 협소한 범위의 사람들만이 식별 가능한 정보라면 특정 개인을 식별할 수 있는 정보라고 보기에는 충분하지 않다. 다만 정보의 성질이나 내용에 따라서는 반드시 일반인 기준은 아니고 특정인이 입수할 수 있는 정보를 조합범위에 포함해서 판단할 예도 있을 것이다.

---

267) 대법원 2012. 12. 13. 선고 2012두782 판결, 대법원 2012. 10. 11. 선고 2012두5718 판결, 대법원 2012. 9. 27. 선고 2011두31543 판결, 대법원 2012. 9. 13. 선고 2011두13910 판결, 대법원 2012. 8. 30. 선고 2011두4213 판결, 대법원 2013. 7. 25. 선고 2011두15831 판결.

268) 대법원 2012. 12. 13. 선고 2011두8710 판결, 원고들이 공개를 구하는 제주 4·3 사건 진상규명 및 희생자 명예회복위원회가 보유·관리하고 있는 이 사건 희생자 18명에 대한 심사기록 중 희생자나 유족 등의 인적사항 이외의 내용 역시 개인의 사생활의 비밀 또는 자유를 침해할 우려가 인정되는 경우에는 정보공개법 제9조 제1항 제6호 본문이 규정한 비공개 대상에 해당한다. (······) 사망자 또는 행방불명자의 개인정보는 유족의 프라이버시와 직접 관련될 수 있으므로 원고들이 공개를 구하는 이 사건 정보에서 문제되는 사망자 또는 행방불명자의 개인정보 또한 비공개 대상 정보에 포함되고, 이 사건 정보 중 이 사건 희생자 18명의 이름, 출신지, 나이 및 사망 또는 행방불명 여부 등이 일부 공개되었다고 하더라도 그와 같은 정보만으로는 희생자를 구체적으로 특정하기 어렵지만 이 사건 정보에 포함되어 있는 희생자의 구체적인 생년월일, 주소, 본적, 사망 또는 행방불명 경위 등이 공개되는 경우에는 희생자와 그 유족 또는 보증인들이 누구인지 식별이 가능하게 되는 등 유족 또는 보증인들의 사생활의 비밀 또는 자유를 침해할 우려가 있는 정보에 해당한다고 한 사례.

269) 松井茂記, 앞의 책, 189쪽.

개인식별성을 판단할 때에는 대상이 된 집단의 규모도 고려의 대상이 된다. 가령 어느 집단 중의 1인이 해고되었다고 하는 경우 해당 집단의 구성원의 수가 많은 경우에는 다른 정보와 조합하는 것에 의해 해당 개인이 식별될 가능성은 일반적으로 적으나, 구성이 극히 소수인 경우에는 모자이크 어프로치에 의해 개인이 식별될 가능성이 높다. 또 구성원이 극히 소수인 경우에는 가령 개인이 식별되지 않더라도 집단의 불명예가 직접적으로 구성원의 불명예로 연결되는 경향이 강하다. 어느 집단이 소수가 아니더라도 정보의 성질, 내용에 따라서는 해당 집단에 속한 구성원 전원이 불이익을 입게 될 가능성도 있을 것이다.[270]

해당 정보의 성질 및 내용도 고려할 필요가 있다. 가령 일정한 집단에 속한 자에 관한 정보를 공개하면 해당 집단에 속하는 개개의 자에게 불이익을 줄 경우가 있다. 이러한 경우에 정보의 성질 및 내용에 비추어 프라이버시 보호의 만전을 기할 필요성의 범위에 관해서는 개인식별 가능성을 인정해야 할 필요가 있다.[271]

공개 청구된 정보 중에 특정 개인의 성명, 주소 등이 포함되어 있으면 이는 명백하게 개인식별정보에 해당된다. 인영(印影)도 포함될 것이다. 반면 정보 중에 특정 개인의 성명·주소 등이 기록되어 있지 않은 경우에는 원칙적으로 비공개 대상이라고 할 수 없다.

2. 죽은 사람에 관한 정보의 포함 여부

공개 청구된 정보 중에 사망자(死亡者)에 관한 개인정보가 포함되어 있는 경우 이를 개인정보라고 할 수 있을지도 문제된다.

사망자에게는 프라이버시 권리는 존재하지는 않으나, 역시 사망자의 개인정보를 보호할 필요가 있으므로 개인정보의 주체가 사망했다 하더라도 그의 개인정보에 관해서는 비공개할 수 있어야 한다.

미국 정보자유법에서는 사망자 개인의 프라이버시는 보호하지 않고 유족의 프라이

---

270) 宇賀克也, 앞의 책, 53쪽.
271) [교육과학기술부 09-26520, 2010. 4. 27, 서울특별시 교육청] 이 사건 외부 전문가는 법령에 따라 ○○시 유아교육위원회의 위원으로 위촉된 점, 외부 전문가의 성명 등을 공개함으로써 외부 전문가의 사명감과 책임감을 높이고 ○○시 유아교육위원회의 심리·의결에 공정을 기할 수 있을 것으로 보이는 점 등을 고려하면, 외부 전문가에 관한 이 사건 정보가 공개된다고 하여 위원회 업무의 공정한 수행에 현저한 지장을 초래한다고 인정되지 않기 때문에 이 사건 정보를 공개하지 않은 피청구인의 처분은 위법·부당하다고 한 사례.

버시로서 보호하는 방식으로 사망자의 개인정보를 보호하는 반면,[272] 오스트레일리아의 정보공개법에서는 명시적으로 사망자의 정보도 개인정보로서 보호하는 예도 있다.[273]

우리나라 개인정보 보호법은 개인정보의 대상을 '살아 있는 개인에 관한 정보'라고 규정하고 있는데 다른 한편 '언론중재 및 피해구제 등에 관한 법률'은 타인의 생명, 자유, 신체, 건강, 명예, 사생활의 비밀과 자유, 초상, 성명, 음성, 대화, 저작물 및 사적(私的) 문서, 그 밖의 인격적 가치 등에 관한 권리를 인격권이라고 하면서 언론이 타인의 인격권을 침해한 경우에는 그 피해를 신속하게 구제해야 한다고 규정하고 있다(같은 법 제5조 제1항). 더 나아가 같은 법 제5조의2는 사망자의 인격권도 일정 부분 보호하고 있는데 위 인격권의 보호대상에 사망한 사람을 포함시켜 다른 법률에 특별한 규정이 없으면 사망 후 30년까지 사망자의 인격권을 보호하며 사망한 사람의 인격권을 침해했거나 침해할 우려가 있는 경우에는 유족이 이에 따른 구제절차를 수행하도록 하고 있다.

그렇다면 사망자에 관한 개인정보는 여기에서 말하는 개인에 관한 정보 그 자체에는 해당되지는 않으나, 사망자에 관한 정보를 공개함으로써 유족들의 권리이익을 침해하거나 감정을 해할 우려가 있는 때에는 개인에 관한 정보에 준하여 비공개로 하는 것이 타당하다.[274]

일본의 행정기관 개인정보 보호법 제2조 제2항도 우리와 같이 개인정보를 "생존하는 개인에 관한 정보"라고 정의하고 있으나 이는 사망자가 공개 청구권을 행사할 수 없는 등 같은 법의 대상이 되는 경우는 적다고 하는 사정을 고려한 것이고, 본인으로부터 공개 청구가 된 개인정보에 제3자인 사망자가 식별되는 정보가 포함되어 있는 경우에는 원칙적으로 해당 정보를 비공개하기 위해 '개인정보'가 아니고 '개인에 관한 정보'라는 문언을 사용하고 있다고 한다.[275] 사망자의 명예, 프라이버시에 관한 일반 국민의 감정이나 사망자의 사생활 공개가 유족의 프라이버시 침해가 될 수 있다는 등을 고려하면 '개인'에는 사망자도 포함된다는 것이다.[276]

---

272) National Archives and Records Administration v. Favish, 541 U.S. 157 (2004) 판결, 죽은 사람의 가족이 고인의 시신 사진의 공개 결정에 대해 정보자유법 제552조(b)(7)(C)에 의거하여 취소청구를 할 수 있다고 한 사례.

273) 宇賀克也, 앞의 책, 53쪽.

274) 김중양, 앞의 책, 233쪽.

275) 宇賀克也, 앞의 책, 54쪽.

276) 일본 도쿄지방재판소 2008년(平成 20년) 3월 28일 판결은 사형을 집행당한 개인에 관한 정보에 관하여 사망자의 명예 내지 프라이버시에 관한 일반 국민감정에 비추어볼 때 사망자의 개인식별정보에 관해서도 비공개정보로서 보호되어야 한다고 판시했고, 같은 법원 2010년(平成 22년) 12월 16일 판결도 같은 취지이다.

IV. 제6호 비공개 대상 정보의 정형적 요소

개인에 관한 정보라고 하여 그 자체로 비공개 대상이 되는 것이 아니다. 개인에 관한 정보가 공개될 경우 사생활의 비밀 또는 자유를 침해할 우려가 있다고 인정되는 정보이어야 비로소 비공개 대상 정보에 해당되는 것이다.[277]

앞서 본 바와 같이 대법원은 정보공개법 제9조 제1항 제6호 본문의 규정에 따라 비공개 대상이 되는 정보를 '개인식별정보'뿐만 아니라 그 외에 정보의 내용을 구체적으로 살펴 '개인에 관한 사항의 공개로 인하여 개인의 내밀한 내용의 비밀 등이 알려지게 되고, 그 결과 인격적·정신적 내면생활에 지장을 초래하거나 자유로운 사생활을 영위할 수 없게 될 위험성이 있는 정보'도 포함하고 있어 자칫 비공개 대상이 되는 개인의 사생활의 범위가 지나치게 넓어질 수도 있으므로 개인에 관한 사항으로서 공개될 경우 개인의 사생활의 비밀 또는 자유를 침해할 '우려'가 있다고 인정할 때에는 보다 진지한 검토와 법익형량이 필요할 것이다.[278]

이처럼 하나의 법률관계를 둘러싸고 두 기본권이 충돌하는 경우에는 구체적인 사안에서의 사정을 종합적으로 고려한 이익형량과 함께 양 기본권 사이의 실제적인 조화를 꾀하는 해석 등을 통하여 이를 해결해야 하고, 그 결과에 따라 정해지는 양 기본권 행사의 한계 등을 감안하여 그 행위의 최종적인 위법성 여부를 판단해야 하며,[279] 이러한 이익형량 과정에서, 첫째, 침해행위의 영역에 속하는 고려요소로는 침해행위로 달성하려

---

277) 대법원 2006. 12. 7. 선고 2004두9180 판결은 비록 이 사건 공개 청구 대상 정보에 개인에 관한 정보가 포함되어 있다 해도 그 정보의 비공개에 의하여 보호되는 개인의 사생활 보호 등의 이익과 공개에 의하여 보호되는 국정 운영의 투명성 확보 등의 공익을 심리하여 그 비교·교량에 의하여 이 사건 공개 거부처분의 당부를 판단해야 한다고 한 사례이고,

대법원 1997. 5. 23. 선고 96누2439호 판결은 재개발사업에 관한 이해관계인이 공개를 청구한 자료 중 일부는 개인의 인적사항, 재산에 관한 내용이 포함되어 있어서 공개될 경우에는 타인의 사생활의 비밀과 자유를 침해할 우려가 있다고 판시한 사례이며,

대법원 2006. 12. 7. 선고 2005두241 판결은 사면대상자들의 사면실시건의서와 그와 관련된 국무회의 안건자료에 관한 정보는 그 공개로 얻는 이익이 그로 인하여 침해되는 당사자들의 사생활의 비밀에 관한 이익보다 더욱 크므로 구 공공기관의 정보공개에 관한 법률(2004. 1. 29. 법률 제7127호로 전문 개정되기 전의 것) 제7조 제1항 제6호에서 정한 비공개 사유에 해당하지 않는다고 한 사례이다.

278) 대법원 2011. 5. 24. 자 2011마319 결정, 국회의원이 '각급 학교 교원의 교원단체 및 교원노조 가입 현황 실명자료'를 인터넷을 통하여 공개한 사안에서, 위 정보 공개 행위가 개인정보자기결정권 및 단결권에 대한 침해를 정당화할 정도로 학생의 학습권이나 학부모의 교육권 및 교육의 선택권 내지는 알권리를 위하여 반드시 필요하거나 허용되어야 하는 행위라고 단정할 수 없고, 보전의 필요성도 소명된다는 이유로 정보공개 금지 가처분신청을 인용한 원심결정을 수긍한 사례.

279) 대법원 2010. 4. 22. 선고 2008다38288 전원합의체 판결.

는 이익의 내용 및 그 중대성, 침해행위의 필요성과 효과성, 침해행위의 보충성과 긴급성, 침해방법의 상당성 등이 있고, 둘째, 피해이익의 영역에 속하는 고려요소로는 피해법익의 내용과 중대성 및 침해행위로 인하여 피해자가 입는 피해의 정도, 피해이익의 보호가치 등이 있으며, 일단 권리의 보호영역을 침범함으로써 불법행위를 구성한다고 평가된 행위가 위법하지 않다는 점은 이를 주장하는 사람이 증명해야 한다.[280]

V. 공개 가능한 개인정보

해당 정보에 포함되어 있는 이름·주민등록번호 등 개인에 관한 사항으로서 공개될 경우 개인의 사생활의 비밀 또는 자유를 침해할 우려가 있다고 인정되는 정보에 해당하여 비공개 대상이라고 하더라도, 첫째, 법령이 정하는 바에 따라 열람할 수 있는 정보, 둘째, 공공기관이 공표를 목적으로 작성하거나 취득한 정보로서 개인의 사생활의 비밀과 자유를 부당하게 침해하지 않는 정보, 셋째, 공공기관이 작성하거나 취득한 정보로서 공개하는 것이 공익 또는 개인의 권리구제를 위하여 필요하다고 인정되는 정보, 넷째, 직무를 수행한 공무원의 성명·직위, 다섯째, 공개하는 것이 공익을 위하여 필요한 경우로써 법령에 의하여 국가 또는 지방자치단체가 업무의 일부를 위탁 또는 위촉한 개인의 성명·직업 등 개인에 관한 정보는 비공개 대상 정보의 예외사유에 해당되어 공개할 수 있다(제9조 제6호 단서).

일본 정보공개법은 개인식별정보에 해당한다 하더라도, 첫째, 법령의 규정에 의하여 또는 관행으로써 공개되거나 공개할 것이 예정되어 있는 정보, 둘째, 사람의 생명, 건강, 생활 또는 재산을 보호하기 위하여 공개하는 것이 필요하다고 인정되는 정보, 셋째, 해당 개인이 공무원 등인 경우에, 해당 정보가 그 직무의 수행에 관련된 정보일 때는 해당 정보 가운데 해당 공무원 등의 직(職) 및 해당 직무수행의 내용에 관련된 부분은 비공개 대상 정보의 예외사유로 규정하고 있다(일본 정보공개법 제5조 제1호 단서).

이러한 비공개 대상 정보의 예외사유에 대하여는 이를 주장하는 자(원고)에게 주장 입증 책임이 있다 할 것이다.

---

280) 대법원 2011. 5. 24. 자 2011마319 결정, 대법원 2006. 10. 13. 선고 2004다16280 판결.

1. 법령이 정하는 바에 따라 열람할 수 있는 정보

법령이 정하는 바에 따라 열람할 수 있는 정보는 공적 영역(public domain) 정보이어서 개인정보로 보호할 필요가 없다는 관점에서 비공개의 예외사유로 하고 있다. 일반적으로 프라이버시 권리는 개인정보가 비공개된 것을 요건으로 하고 있고 공개되는 정보에 관해서는 프라이버시는 성립하지 않기 때문이다.

이러한 정보는 일반에 공개되어 개인의 프라이버시가 침해될 우려가 있다고 하더라도 수인해야 할 범위 내일 것이다.

'열람할 수 있는 정보'는 공개 청구시점에서 누구에게라도 알려질 수 있는 상태에 있는 정보를 말한다. 제한적으로 소수의 사람에게만 알려진 경우 또는 일단 공개되었더라도 그 후 시간의 경과에 의해 공개 청구시점에서는 반드시 누구에라도 알려질 상황이 아닌 경우에는 여기에 해당되지 아니한다.

법령에 의해 열람할 수 있는 정보로는 대표적으로 등기부를 들 수 있다.

상업등기법에 따라 상법 및 기타 법령에 따라 상인에 관한 일정한 사항을 기록하고 있는 상업등기부는 누구든지 수수료만 납부하면 등기부에 기록되어 있는 사항의 전부 또는 일부의 열람과 이를 증명하는 서면의 교부를 청구할 수 있으며, 이해관계 있는 부분에 한하여 등기부의 부속서류의 열람을 청구할 수 있다(상업등기법 제14조). 상업등기부는 상호등기부, 무능력자등기부, 법정대리인등기부, 지배인등기부, 합자조합등기부, 합명회사등기부, 합자회사등기부, 유한책임회사등기부, 주식회사등기부, 유한회사등기부, 외국회사등기부로 구분된다.

부동산등기법은 토지등기부와 건물등기부로 구분되는 등기부에 대해 누구든지 수수료만 내면 관할 등기소가 아닌 등기소에서도 이를 열람하거나 증명서의 발급을 청구할 수 있도록 하고 있다(부동산등기법 제19조 제1항).[281]

지적대장인 토지대장과 임야대장, 그리고 건축물대장도 누구나 열람하거나 그 등본을 발급받을 수 있다(측량·수로조사 및 지적에 관한 법률 제71조·제75조, 건축법 제38조 등).

---

281) [경찰청 10-02663, 2010. 6. 1, 대전중부경찰서] 국민신문고 진정서, 진술조서 및 소유권이전등기 판결문은 공개된다고 하여 제3자의 사생활을 침해할 우려가 있을 것으로는 보이지 않으며, 비밀로 보존해야 할 수사방법 상의 기밀이 누설될 우려가 있는 등의 비공개를 필요로 하는 사정도 없으며, 이에 대한 피청구인의 소명이나 입증이 없는 점, 별지목록 기재 등기부등본 및 토지대장은 불특정·다수인에 의한 열람이 자유로이 이루어지는 정보이기 때문에 이를 공개한다고 하여 개인의 사생활의 비밀 또는 자유가 침해될 우려가 있다고 보기 어렵다고 한 사례.

2. 공표를 목적으로 작성하거나 취득한 정보

공공기관이 공표를 목적으로 작성하거나 취득한 정보로서 개인의 사생활의 비밀과 자유를 부당하게 침해하지 않는 정보도 이를 비공개함으로써 보호되는 개인의 법익보다는 이를 공개함으로써 얻는 국민의 알권리가 더 크다고 할 것이어서 비공개 대상에서 제외하고 있다.

가령 공직선거법에 따라 공개하는 후보자의 인적사항, 경력사항, 재산관계, 전과, 병역사항 등이나 고위 공직자의 이름·나이·출신학교·경력 등에 관한 사항, 서훈자의 이름이나 직업, 선행을 한 사람이나 자원봉사자 등의 인적사항 등은 일반에 공개되더라도 수인해야 할 범위 내일 것이다.

공표를 목적으로 작성하거나 취득한 정보에는 공표가 시간적으로 예정된 경우만이 아니라(가령 연차보고서 중에 공표되는 정보에 관해 작성 중인 보고서 등) 해당 정보의 성질상 통상적으로 공표되는 것도 포함된다.

공표를 목적으로 작성된 정보에 공표기간이 정해진 경우 그 기간이 종료되었다고 하여 그 이후 당연히 일반에 비공개되는 것은 아니다.

3. 공익 또는 개인의 권리구제를 위하여 필요하다고 인정되는 정보

정보공개법 제9조 제1항 제6호 단서 (다)목은 "공공기관이 작성하거나 취득한 정보로서 공개하는 것이 공익 또는 개인의 권리구제를 위하여 필요하다고 인정되는 정보"를 비공개 대상 정보에서 제외한다고 규정하고 있다.

(1) 여기에서 '공개하는 것이 공익을 위하여 필요하다고 인정되는 정보'에 해당하는지 여부는 비공개에 의하여 보호되는 개인의 사생활 보호 등의 이익과 공개에 의하여 보호되는 국정 운영의 투명성 확보 등의 공익을 비교·교량하여 구체적 사안에 따라 신중히 판단해야 한다.[282)283)284)285)]

---

282) 대법원 2013. 2. 14. 선고 2010두24784 판결, 대법원 2004. 8. 20. 선고 2003두8302 판결, 대법원 2003. 3. 11. 선고 2001두6425 판결, 대법원 2003. 5. 16. 선고 2001두4702 판결.

그런데 개인에 관한 정보는 특별한 사정이 없는 한 그 개인의 사생활 보호라는 관점에

283) 대법원 2013. 2. 14. 선고 2010두24784 판결은 이 사건 역사교과 전문가 협의회 위원(한국 근·현대사 교과서 수정 권고안 마련에 참여한 위원)들의 명단·소속 및 지위를 공개할 경우 비록 당사자들의 사생활의 비밀 등이 침해될 염려가 있다고 하더라도, 이 사건 협의회에서 해당 역사교과서의 내용이 헌법 정신에 입각한 대한민국 정통성을 저해하는지, 그 학습 내용이 고등학생 수준에 적합한지 여부 등을 검토하는 업무를 담당한 이상 국민에 의한 기본적 감시와 통제를 가능하게 하고 협의과정의 투명성, 공공성 및 정당성 확보를 위하여 이 사건 협의회에 누가 참석했는지 그 명단, 소속 및 지위를 밝혀 이 사건 협의회가 위 업무를 담당할 만한 건전한 국가의식 및 역사교육에 대한 전문적 식견을 가진 전문가로 구성되었는지 공개할 필요가 있는 점, 국민이 관심을 가지고 있고 청소년 역사관 형성에 중요한 역할을 하는 역사교과서 수정 작업에 관여한 이 사건 협의회 역할의 중요성에 비추어 그 구성의 정당성에 관하여 공개적인 논의가 가능하도록 이 사건 정보를 공개할 공익상 필요가 있는 점 등을 종합하여, 이 사건 정보의 공개로 얻는 이익이 이로 인하여 침해되는 당사자들의 사생활의 비밀 등에 관한 이익보다 더욱 크다고 할 것이므로, 이 사건 정보는 비공개 대상 정보에 해당하지 않는다고 한 사례이고,
   대법원 2007. 12. 13. 선고 2005두13117 판결은 등록의무자 본인 및 그 배우자와 직계존비속이 소유하는 재산의 종류와 가액 및 고지거부사실(직계존비속이 자신의 재산등록사항의 고지를 거부하는 경우 그 고지거부사실 자체는 등록할 재산에 대응하는 것이므로 이는 등록사항으로 보아야 할 것이다)은 공직자윤리법에 의한 등록사항에 해당하나, 그 밖에 등록의무자의 배우자 및 직계존비속의 존부와 그 인적사항 및 고지거부자의 고지거부사유는 그 등록사항에 해당하지 않는다고 한 사례이며,
   대법원 2003. 12. 12. 선고 2003두8050 판결은 공무원이 직무와 관련 없이 개인적인 자격으로 간담회·연찬회 등 행사에 참석하고 금품을 수령한 정보는 공공기관의정보공개에 관한 법률 제7조 제1항 제6호 단서 (다)목 소정의 '공개하는 것이 공익을 위하여 필요하다고 인정되는 정보'에 해당하지 않는다고 한 사례이고,
   대법원 2003. 3. 11. 선고 2001두6425 판결은 지방자치단체의 업무추진비 세부항목별 집행내역 및 그에 관한 증빙서류에 포함된 개인에 관한 정보는 '공개하는 것이 공익을 위하여 필요하다고 인정되는 정보'에 해당하지 않는다고 한 사례이다.
284) 대법원 2012. 12. 13. 선고 2011두8710 판결은 "제주 4·3사건 진상규명 및 희생자 명예회복위원회는 수괴급 공산 무장병력지휘관 또는 중간간부로서 군경의 진압에 주도적·적극적으로 대항한 자, 모험적 도발을 직·간접적으로 지도 또는 사주함으로써 제주 4·3사건의 발발의 책임이 있는 남로당 제주도당의 핵심간부, 기타 무장유격대와 협력하여 진압 군경 및 동인들의 가족, 제헌선거 관여자 등을 살해한 자, 경찰 등의 가옥과 경찰관서 등 공공시설에 대한 방화를 적극적으로 주도한 자와 같은 자들은 '희생자'로 볼 수 없다"라는 헌법재판소 2001. 9. 27. 선고 2000헌마238 등 결정에서 제시한 기준을 참작하여 마련한 희생자 결정기준에 따라 결정했고, 원고들이 제출한 증거들만으로는 이 사건 정보에 포함된 희생자들이 자의적이고 형식적인 판단에 의하여 희생자로 결정되었다고 단정하기 어려운 사정 등을 종합하면 이 사건 정보의 비공개에 의하여 보호되는 이익보다 공개에 의하여 보호되는 이익이 우월하다고 단정할 수 없으므로, 이 사건 정보를 '공개하는 것이 공익을 위하여 필요하다고 인정되는 정보'에 해당한다고 보기 어렵고, 아울러 이 사건 정보의 공개가 희생자의 결정기준 등과 관련된 구체적 사실관계나 진위를 밝히는 데 도움이 되지 못하며, 이 사건 희생자 결정이 희생자로 결정된 사람들에게 '대한민국의 정통성과 자유민주적 기본질서를 수호한 행위'를 했다고 역사적 평가를 하거나 당시의 상황에서 반대의 입장에 설 수밖에 없었던 사람들에게 '대한민국의 정통성과 자유민주적 기본질서를 수호한 행위를 탄압한 자'라는 부정적 평가를 내려 그들의 명예를 훼손하는 등 어떠한 불이익을 가하기 위한 것이 아닌 사정 등을 고려하면, 이 사건 정보가 이 사건 희생결정의 직접 상대방이 아닌 원고들 개인의 권리구제를 위하여 필요한 정보에 해당한다고도 보기 어렵다고 한 사례.
285) [중앙행정심판위원회 11-16468, 2012. 2. 21, 환경부, 인용] 그린캠퍼스 활성화를 위한 자문회의 개최 계획으로서 자문회의 일시, 장소, 참석 대상, 내용, 회의자료의 항목으로 구성되어 있고 참석 대상에는 각 대상자의 이름, 소속 기관, 직위가 기재되어 있는데 자문회의 참석 대상의 이름, 소속 기관 등은 개인에 관한 정보에 해당하나 참석 대상자들은 환경 분야 전문가로 그 명단이 공개됨으로써 자문회의 인적 구성의 적정성 및 객관성이 보장되고 참석 대상자들도 그린캠퍼스와 관련한 전문가로서의 사명감과 책임감을 높이며 그린캠퍼스 선정 계획에도 공정을 기할 수 있을 것으로 보이는 점, 나아가 자문회의 참석 대상자들은 그린캠퍼스 활성화와 관련하여 공적인 임무를 수행하는 지위에 있는 바 참석 대상자들의 이름과 소속기관, 직위 등을 단순한 개인의 사생활의 비밀이라고 보기 어려운 점 등을 종합해볼 때 '그린캠퍼스 활성화를 위한 자문회의' 개최알림 문서는 공개에 의하여 보호되는 공적인 이익이 비공개에 의하여 보호되는 개인의 사생활의 비밀 등의 이익보다 크다고 할 것이므로 '공개하는 것이 공익을 위하여 필요하다고 인정되는 정보'에 해당한다고 한 사례.

서 보더라도 개인정보가 공개되는 것은 바람직하지 않으며 개인에 관한 정보의 비공개에 의하여 보호되는 이익보다 공개에 의하여 보호되는 이익이 우월하다고 단정할 수도 없으므로, 이는 일반적으로 '공개하는 것이 공익을 위하여 필요하다고 인정되는 정보'에 해당하지 않는다.[286] 주민등록번호 이외의 특정인을 식별할 수 있는 개인에 관한 정보도 특별한 사정이 없는 한 이와 같다.[287]

식품안전기본법은 정부는 식품 등의 안전정보의 관리와 공개를 위하여 종합적인 식품 등의 안전정보관리체계를 구축·운영하여야 하고, 관계 중앙행정기관의 장은 식품안전정책을 수립하는 경우 사업자, 소비자 등 이해당사자에게 해당 정책에 관한 정보를 제공하여야 하며, 사업자가 식품안전법령 등을 위반한 것으로 판명된 경우 해당 식품 등 및 사업자에 대한 정보를 정보공개법 제9조 제1항 제6호에도 불구하고 공개할 수 있다고 규정하고 있다(식품안전기본법 제24조 제1항~제3항).

(2) 다음으로 '공개하는 것이 개인의 권리구제를 위하여 필요하다고 인정되는 정보'에 해당하는지 여부는 비공개에 의하여 보호되는 개인의 사생활의 비밀 등의 이익과 공개에 의하여 보호되는 개인의 권리구제 등의 이익을 비교·교량하여 구체적 사안에 따라 개별적으로 판단해야 한다.[288][289]

개인의 권리구제를 위하여 필요하다고 인정되는 정보로는 대표적으로 수사기록을 들 수 있다. 민사구제를 받기 위하거나 혹은 형사사건에서 항고나 재정신청 등 권리구제를 받기 위해서는 수사기록이 증거로 필요로 하는 경우가 많기 때문이다.

수사기록에 들어 있는 특정인을 식별할 있는 개인에 관한 정보로는 통상 관련자들의 이름, 주민등록번호, 주소(주거 또는 근무처 등)·연락처(전화번호 등), 그 외 직업·나이 등이 있을 것이다.[290] 그중 관련자들의 이름은 수사기록의 공개를 구하는 필요성이나 유용성, 즉 개인의 권리구제라는 관점에서 특별한 사정이 없는 한 원칙적으로 공개되어야

---

286) 대법원 2003. 3. 11. 선고 2001두6425 판결, 지방자치단체의 업무추진비 세부항목별 집행내역 및 그에 관한 증빙서류에 포함된 개인에 관한 정보는 '공개하는 것이 공익을 위하여 필요하다고 인정되는 정보'에 해당하지 않는다고 한 사례.

287) 대법원 2003. 4. 22. 선고 2002두8664 판결, 대법원 2003. 4. 22. 선고 2002두9391 판결.

288) 대법원 2012. 12. 13. 선고 2012두782 판결, 대법원 2012. 11. 29. 선고 2012두2085 판결, 대법원 2012. 10. 11. 선고 2011두9089 판결, 대법원 2012. 10. 11. 선고 2012두1914 판결, 대법원 2012. 6. 28. 선고 2011두16735 판결, 대법원 2009. 10. 29. 선고 2009두14224 판결, 대법원 2009. 10. 29. 선고 2009두14361 판결, 대법원 2003. 12. 26. 선고 2002두1342 판결, 대법원 2004. 11. 25. 선고 2003두9794 판결 등.

할 것이다.[291][292]

반면 관련자들의 주민등록번호는 동명이인의 경우와 같이 동일성이 문제되는 등의 특별한 사정이 있는 경우를 제외하고는 개인의 권리구제를 위하여 필요하다고 볼 수는 없으므로 원칙적으로 비공개해야 한다.[293] 관련자들의 주소·연락처는 공개될 경우 악용될 가능성이나 사생활이 침해될 가능성이 높은 반면,[294] 증거의 확보 등 개인의 권리구제라는 관점에서는 그 공개가 필요하다고 볼 수 있는 경우도 있을 것이므로 개인식별정보는 비공개라는 원칙을 염두에 두고서 구체적 사안에 따라 개인의 권리구제의 필요

---

289) 대법원 2009. 10. 29. 선고 2009두14224 판결은 고속철도 역의 유치위원회에 지방자치단체로부터 지급받은 보조금의 사용 내용에 관한 서류 일체 등의 공개를 청구한 사안에서, 공개 청구한 정보 중 개인의 성명은 비공개에 의하여 보호되는 개인의 사생활 등의 이익이 국정 운영의 투명성 확보 등의 공익보다 더 중요하여 비공개 대상 정보에 해당한다고 한 사례이고,
대법원 2012. 6. 18. 선고 2011두2361 전원합의체 판결, 피의자신문조서 중 관련자들의 이름을 제외한 주민등록번호, 직업, 주소(주거 또는 직장주소), 본적, 전과 및 검찰 처분, 상훈·연금, 병역, 교육, 경력, 가족, 재산 및 월수입, 종교, 정당·사회단체 가입, 건강상태, 연락처, 전화 등의 개인에 관한 정보는 개인에 관한 사항으로서 그 공개로 인하여 개인의 내밀한 내용의 비밀 등이 알려지게 되고 그 결과 인격적·정신적 내면생활에 지장을 초래하거나 자유로운 사생활을 영위할 수 없게 될 위험성이 있는 정보에 해당한다고 보아 이를 비공개 대상 정보로, 위 각 정보를 제외한 나머지 개인에 관한 정보는 비공개 대상 정보에 해당하지 않는다고 판단한 사례이며,
대법원 2003. 4. 25. 선고 2000두7087 판결은 공안사범사후관리지침에 기하여 작성된 원고에 대한 동향파악관리카드와 동향파악 대상자의 각 등급별 숫자는 공공기관의 정보공개에 관한 법률 제9조 제1항 제1호, 제3호, 제4호, 제6호 소정의 비공개 대상 정보이거나 같은 법 제4조 제3항 소정의 적용대상 제외정보에 해당한다고 볼 수 없고, 원고에 대한 동향파악관리카드는 같은 법 제9조 제1항 제6호 소정의 '해당 정보에 포함되어 있는 이름·주민등록번호에 의하여 특정인을 식별할 수 있는 개인정보'이지만 같은 호 다목 소정의 '공공기관이 작성하거나 취득한 정보로 공개하는 것이 개인의 권리구제를 위하여 필요하다고 인정되는 정보'에 해당한다고 한 사례이고,
서울고등법원 2006. 1. 12. 선고 2005누17067 판결(상고기각)은 강간죄의 피해자인 고소인이 피고인에 대한 공소장의 공개를 청구한 사안에서, 피고인의 주민등록번호, 직업, 주거와 본적 부분을 제외한 나머지 부분은 공공기관의 정보공개에 관한 법률 제9조 제1항 제6호의 사유에 의한 비공개 대상 정보에 해당하지 아니한다고 한 사례이다.

290) 서울행정법원 2008. 11. 6. 선고 2008구합26466 판결(확정), 특정업체의 영업비밀이 경쟁업체에 유출되었다는 제보에 따라 압수수색을 받은 회사가 국가정보원에 제보자의 신원정보에 관한 정보공개를 청구한 사안에서, 정보공개로 인해 제보자의 사생활의 비밀이 침해되는 정도보다 피제보자의 권리구제를 위해 정보가 공개되어야 할 필요성이 크다고 보아 제보자의 성명, 주소는 공개 대상 정보에 해당한다고 한 사례.

291) 대법원 2003. 12. 26. 선고 2002두1342 판결, 그런데 대법원 2009. 10. 29. 선고 2009두14361 판결은 개인의 성명은 개인의 신상에 관한 것으로서 그 정보가 공개될 경우 해당인의 사생활이 침해될 염려가 있다고 인정되는 반면, 개인이 성명 외의 나머지 거래내역 등의 공개만으로도 000유치위가 000유치와 관련하여 청주시로부터 지급받은 보조금의 사용내역 등을 확인할 수 있을 것으로 보이므로, 개인의 성명의 비공개에 의하여 보호되는 해당 개인의 사생활 비밀 등의 이익은 국정 운영의 투명성 확보 등의 공익보다 더 중하다고 판시하고 있다.

292) 전주지방법원 2010. 4. 6. 선고 2009구합1881 판결(확정), 재건축을 추진 중인 아파트 주민들이 남원시에 제출한 탄원서에 서명한 주민들의 성명을 공개해 달라는 정보공개 청구를 남원시가 거부하자 그 취소를 구하는 행정소송을 제기한 것에 대하여, 성(姓)을 제외한 이름[名]까지 공개하는 것은 공익이나 원고의 권리구제를 위해 필요한 정보라고 볼 수 없다는 이유로 남원시의 거부처분은 적법하다는 사례.

293) 대법원 2004. 5. 28. 선고 2001두3358 판결.

294) 대법원 2013. 7. 25. 선고 2011두15831 판결, 수사기록 중 이름을 제외한 주민등록번호, 주소 내지 주거, 본적, 연락처 내지 전화번호, 직업, 나이, 전과, 상훈, 병역, 교육, 경력, 가족관계, 재산, 수입, 종교, 건강상태 등의 인적사항에 관한 정보는 비공개 대상 정보라고 한 사례.

성과 비교·교량하여 개별적으로 공개 여부를 판단해야 한다.[295][296] 그 외 직업, 나이 등의 인적사항은 특별한 경우를 제외하고는 개인의 권리구제를 위하여 필요하다고 보기는 어려울 것이다.[297]

(3) 그런데 '공무원에 관한 정보'가 이를 공개하는 것이 공익 또는 개인의 권리구제를 위하여 필요하다고 인정되는 정보에 해당하는지가 문제된다.

행사참석자 또는 금품수령자를 식별할 수 있는 개인에 관한 정보는 특별한 사정이 없는 한 그 개인의 사생활 보호라는 관점에서 보더라도 위와 같은 정보가 공개되는 것은 바람직하지 않으며 그 정보의 비공개에 의하여 보호되는 이익보다 공개에 의하여 보호되는 이익이 우월하다고 단정할 수도 없으므로, 이는 '공개하는 것이 공익을 위하여 필요하다고 인정되는 정보'에 해당하지 않는다고 봄이 상당하다.[298]

즉, 행사참석자 정보 중 공무원이 직무와 관련하여 행사에 참석한 경우의 정보는 '공개하는 것이 공익을 위하여 필요하다고 인정되는 정보'에 해당하나, 그 공무원의 주민등록번호와 공무원이 직무와 관련 없이 개인적인 자격 등으로 행사에 참석한 경우의 정보는 그 공무원의 사생활 보호라는 관점에서 보더라도 위와 같은 정보가 공개되는 것은

---

295) 대법원 2012. 10. 11. 선고 2012두1914 판결, 제1회 피의자신문조서 제1면에는 B의 주민등록번호, 주거, 등록기준지, 직장주소, 휴대전화 등 인적사항이 기재되어 있는데 그중 B의 주민등록번호, 주거, 등록기준지 기재 부분은 이미 이 사건 가사소송에서 알려진 정보로서 공개될 경우 B의 사생활이 침해될 가능성이 있다고 할 수 없으나, B의 직장주소, 휴대전화 기재 부분은 개인에 관한 사항으로서 공개될 경우 B의 사생활이 침해될 가능성이 많은 반면, 위 가사소송에서의 원고의 항소 또는 피고의 항소로 인한 응소 등 원고의 권리구제를 위하여 반드시 공개가 필요하다고 보이지 않는다고 한 사례.

296) [경찰청 10-11641, 2010. 6. 29, 의정부경찰서] 청구인이 화재로 인하여 피해를 입은 피보험자에게 보험금을 지급하고 취득한 보험자대위권을 행사하기 위해 청구인이 이 사건 피의자를 상대로 민사소송 등을 제기하려면 이 사건 피의자의 주소가 꼭 필요한 점, 이 사건 피의자의 주소를 공개하지 않으면 이러한 보험자대위권의 행사가 원천봉쇄 되는 점, 따라서 청구인이 취득한 보험자대위권의 행사를 가능하게 하여 권리구제절차를 밟을 수 있도록 하는 이익이 이 사건 피의자의 사생활 등의 이익에 비해 더 큰 것으로 보이는 점 등을 종합적으로 고려할 때, 피청구인이 이 사건 피의자의 주소를 공개하지 않은 이 사건 처분은 위법·부당하다고 한 사례. 같은 취지의 [경찰청 10-03931, 2010. 6. 1, 인천남동경찰서] 결정.

297) 대법원 2010. 2. 11. 선고 2009두6001 판결, 대학수학능력시험 수험생의 원점수정보에 관한 공개 청구를 행정청이 거부한 사안에서, 원심이, 각 수험생의 인적사항에 관한 정보를 청구인이 공개 청구한 것으로 보이지 않으므로 원점수정보가 공공기관의 정보공개에 관한 법률 제9조 제1항 제6호에서 정한 비공개 대상 정보에 해당하지 아니하고, 이와 달리 보더라도 원점수정보 중 수험생의 수험번호, 성명, 주민등록번호 등 인적사항을 제외한 나머지 부분만을 공개하는 것이 타당하다고 하면서도 주문에서는 원점수정보 공개 거부처분의 전부를 취소한 것에 대하여, 당사자의 의사해석을 그르치거나 판결 주문 기재방법 등을 오해한 위법이 있음을 이유로 원심판결을 파기한 사례.

298) 대법원 2003. 5. 16. 선고 2001두4702 판결, 대법원 2003. 3. 14. 선고 2002두6439 판결, 대법원 2003. 3. 14. 선고 2001두4610 판결, 대법원 2003. 3. 11. 선고 2002두2918 판결.

바람직하지 않으며 그 정보의 비공개에 의하여 보호되는 이익보다 공개에 의하여 보호되는 이익이 우월하다고 할 수도 없으므로 이는 '공개하는 것이 공익을 위하여 필요하다고 인정되는 정보'에 해당하지 않는다.[299) 300)]

또한 금품수령자 정보 중 그 공무원이 직무와 관련하여 금품을 수령한 정보는 '공개하는 것이 공익을 위하여 필요하다고 인정되는 정보'에 해당하나, 그 공무원이 직무와 관련 없이 개인적인 자격 등으로 금품을 수령한 경우의 정보는 그 공무원의 사생활 보호라는 관점에서 보더라도 그 정보가 공개되는 것은 바람직하지 않으며 위 정보의 비공개에 의하여 보호되는 이익보다 공개에 의하여 보호되는 이익이 우월하다고 할 수도 없으므로 이는 '공개하는 것이 공익을 위하여 필요하다고 인정되는 정보'에 해당하지 않는다고 봄이 상당하다.[301)]

(4) 정보공개법 제9조 제1항은 비공개 대상 정보의 하나로 제6호에서 '해당 정보에 포함되어 있는 성명·주민등록번호 등에 의하여 특정인을 식별할 수 있는 개인에 관한 정보(개인식별정보)'를 규정하는 한편, 제7호에서 '법인·단체 또는 개인의 영업상 비밀에 관한 사항으로서 공개될 경우 법인 등의 정당한 이익을 현저히 해칠 우려가 있다고 인정되는 정보(영업비밀정보)'를 규정하고 있다.

위 규정 내용에 의하면, 개인에 관한 정보 중 영업비밀정보가 비공개 대상에 해당하기 위해서는 그것이 영업상 비밀에 관한 정보라는 것만으로는 부족하고 그것이 공개될 경우 영업주의 정당한 이익을 현저히 해칠 우려가 있다는 요건을 충족해야 하고, 개인에 관한 정보 중 영업비밀정보 이외의 개인식별정보는 그것이 공개될 경우 개인의 정

---

299) 대법원 2003. 3. 11. 선고 2001두724 판결; 대법원 2003. 12. 12. 선고 2003두8050 판결, 공무원이 직무와 관련 없이 개인적인 자격으로 간담회·연찬회 등 행사에 참석하고 금품을 수령한 정보는 공공기관의 정보공개에 관한 법률 제7조 제1항 제6호 단서 (다)목 소정의 '공개하는 것이 공익을 위하여 필요하다고 인정되는 정보'에 해당하지 않는다고 한 사례.
300) 대법원 2003. 4. 25. 선고 2002두5412 판결, 피고(전라북도지사)가 시정홍보 협조인사에 대한 선물이나 사례, 불우주민이나 이재민에 대한 격려 및 위로 기타 유사 명목으로 지급한 금품에 관한 지출증빙에 포함된 그 금품의 최종수령자를 식별할 수 있는 개인에 관한 정보('격려금수령정보') 중 그 개인이 공무원인 경우의 정보에 관하여 보건대, 공무원이 피고로부터 위와 같은 금품을 수령하는 것이 공무의 일환이라 할 수 없고, 그 공무원의 사생활 보호라는 관점에서 보더라도 법 제7조 제1항 제6호 단서 나목 소정의 '공표를 목적으로 하는 정보'에 해당되지 아니하는 위와 같은 정보가 공개되는 것은 바람직하지 않으며, 그 정보의 비공개에 의하여 보호되는 이익보다 공개에 의하여 보호되는 이익이 우월하다고 할 수도 없다고 한 사례; 대법원 2003. 3. 11. 선고 2001두724 판결도 같은 취지이다.
301) 대법원 2003. 3. 11. 선고 2001두724 판결 등.

당한 이익을 현저히 해칠 우려가 있다는 요건을 충족하지 않더라도 원칙적으로 비공개 대상 정보에 해당한다고 해석된다.[302] 따라서 어떤 개인이 공공기관으로부터 격려금 등 금품을 수령한 경우, 그 격려금이 그 개인의 영업과 관련되어 있다 하더라도 그 수령사실은 제7호에 규정된 영업상의 비밀에 해당되는 데 그치는 것이 아니라 개인의 사생활에 속하는 사항으로서 보호되어야 할 필요가 있다고 할 것이므로, 격려금수령정보 중 개인이 공공기관 등으로부터 영업상 격려금 등을 수령했다는 내용의 정보는 영업비밀 정보가 아닌 개인식별정보에 해당한다.

4. 직무를 수행한 공무원의 성명 · 직위

(1) 직무를 수행한 공무원의 성명 · 직위도 비공개 대상 정보에서 제외되어 있다.

이 조항은 정보공개법 제9조 제1항 제6호의 예외적인 공개사항 중 공익적 성격의 개인정보로서, 직무를 수행한 공무원의 성명직위를 공개하도록 하여 정부업무수행의 투명성을 강화하고자 하는 취지라 할 수 있다.

여기서 공무원의 직무수행에 관한 정보란 공무원이 행정기관의 구성으로서 담당하는 직무수행에 관한 정보를 말한다. 해당 공무원의 직무수행에 관한 정보는 공공기관의 설명책무를 다하기 위해서는 이를 공개할 필요가 크다.

'직무를 수행한 공무원'의 범위는 '공무원'으로만 문언적으로 제한하여 해석할 것이 아니고, 행정청이 업무의 전문성 · 특수성을 고려하여 해당 업무를 수행하기 위하여 설립한 공공기관의 직원도 포함된다고 넓게 해석하는 것이 합리적이다.[303] 일반직이든 별정직이든, 상근이든 비상근이든 간에, 유급이든 무급이든 간에 구분하지 않는다. 또한 공무원이었던 자가 당연히 여기에 포함되는 것은 아니지만 공무원이었던 당시의 정보에 관해서는 여기에 해당될 것이다.

---

302) 대법원 2003. 3. 11. 선고 2001두724 판결.
303) [국토해양부 07-19790, 2008. 5. 27, 국토해양부] 이 사건 현지조사측량자는 ○○지적공사 소속의 지적기술자로서, 지적측량 업무와 관련하여 중앙지적위원회의 현지조사에 참여하여 그 직무를 수행했다면, 이는 개인의 자격이 아닌 ○○지적공사 소속 직원의 자격으로 직무와 관련하여 참석한 것으로 보아야 할 것이므로, 이 사건 정보 중 현지조사측량자의 성명 · 직위는 정보공개법 제9조 제1항 제6호 단서에서 말하는 '직무를 수행한 공무원의 성명 · 직위'에 해당한다고 할 것이므로 피청구인이 현지조사측량자의 성명 · 직위가 개인에 관한 사항으로서 공개될 경우 개인의 사생활의 비밀 또는 자유를 침해할 우려가 있다는 이유로 이 사건 정보 중 현지조사측량자의 성명 · 직위를 비공개한 것은 위법하다고 한 사례.

공개 청구된 하나의 정보에 복수의 개인정보가 있는 경우에는 각 개인마다 비공개 정보 해당성을 판단해야 한다. 즉, 해당 공무원으로서의 비공개 정보 해당성과 다른 개인으로서의 비공개 대상 정보 해당성을 별개로 검토하여 어느 쪽이라도 해당하면 해당 부분은 비공개된다.

따라서 공무원에 관한 정보는 공무에 관한 정보와 개인에 관한 정보를 구별하여 전자에 관하여는 개인정보라고 인정할 수 없을 것이다.[304] 어느 공무원에 관해 특별한 규정이 없는 경우에 공무에 관한 공무원 개인의 이름은 개인에 관한 정보에 해당하지 않는다. 공무원이 직무상 작성한 문서에 기안자, 결재권자 혹은 담당자로서 이름이 기재되어 있는 경우 혹은 직무상 참가한 이름이 기재되어 있는 경우 그 직원의 이름은 일반적으로는 개인에 관한 정보라고 할 수 없으므로 그 직원의 이름은 공개 대상이 된다.[305]

그러나 공무원이더라도 생년월일, 자택 주소, 전화번호, 주민등록번호까지 공개되어야 하는 것은 아니다.

(2) 공무원에 관한 정보에 관하여 특히 업무추진비 지출과 관련하여 많은 문제가 이어져왔다.[306]

---

304) 일본 최고재판소 2003년(平成 15년) 12월 18일 선고 平9 行ツ 제21호 판결은 개인식별형에 있어서 공무원의 직무수행에 관한 정보는 개인에 관한 정보에 해당하지 않는다(공문서공개조례에서 개인정보가 기록된 공문서의 공개 청구를 해당 본인 및 그 배우자가 공동으로 한 경우에 그것이 개인에 과난 정보인 것을 이유로 비공개하는 것은 위법하다는 사례)고 한 반면, 일본 최고재판소 1994년(平成 6년) 1월 27일 판결은 프라이버시형의 규정에 있어 (오사카 부) 지사 교제비의 상대방인 사인에 관하여는 공개해서는 안 된다고 판시했다.

305) [법제처 06-0131, 2006. 8. 22, 행정자치부] 교육장이 작성한 공문서에 관하여 공개 청구된 경우 해당 공문서의 성립과정에 참여한 공무원의 성명은 '공공기관의 정보공개에 관한 법률' 제9조 제1항 제6호 라목에서 비공개 대상 정보에서 제외하고 있으므로 개인의 사생활의 비밀 또는 자유를 침해할 우려가 있음을 이유로 해당 공문서가 동호의 비공개 대상 정보에 해당한다고 볼 수 없다고 유권해석한 사례;
[국세청 08-04238, 2008. 7. 15, 서울지방국세청장], 이미 의결된 안건과 관련된 정보공개심의회 위원 명단의 공개가 정보공개심의회의 공정하고 객관적인 심리·의결에 현저한 지장을 받을 가능성과 개인의 사생활의 비밀 또는 자유를 침해할 우려가 있다고 보기는 어려우며, 그러한 우려가 있더라도 국정 운영의 투명성을 강화하기 위하여 법령에 따라 국가 등이 업무의 일부를 위탁 또는 위촉한 개인의 성명과 직업도 공익을 위하여 필요한 경우에는 공개하도록 하고 있으며, 외부 전문가의 사명감과 책임감을 높이고 정보공개심의회의 심리·의결에 공정을 기할 수 있을 것으로 보이는 점 등을 고려하면 외부 전문가인 정보공개심의회 위원의 성명 등이 비밀 또는 비공개 사항으로 규정된 정보에 해당한다고 보기 어려우므로 정보공개심의회의 내부위원들은 모두 피청구인 소속 공무원으로서 '직무를 수행한 공무원'에 해당되므로 성명과 직위는 공개해야 한다고 한 사례.

306) 대구지방법원 2000. 12. 14. 선고 99구7884 판결, 울산지방법원 2001. 5. 23. 선고 2000구2108 판결, 부산고등법원 2002. 8. 16. 선고 2001누2171 판결, 서울고등법원 2002. 8. 27. 선고 2001누17274 판결, 대전고등법원 2003. 6. 26. 선고 2001누2162 판결, 대전지법 2006. 7. 26. 선고 2005구합2928 판결, 수원지방법원 2009. 3. 18. 선고 2008구합3990 판결(항소) 등; 이철환, 앞의 논문 참조.

업무추진비란 지방자치단체의 장과 보조기관, 사업소장의 직무수행에 드는 비용과 지방자치단체가 시행하는 행사, 시책추진사업, 투자사업의 원활한 추진을 위한 비용을 말한다(지방자치단체 업무추진비 집행에 관한 규칙 제2조 제1호).

회계 관계 공무원 및 업무추진비 집행 공무원은 업무추진비를 집행하려는 경우에는 [별표]에 규정된 직무활동에 대하여 집행해야 하고(같은 규칙 제3조), 업무추진비 집행의 상대방이 공직선거법 제112조 제1항에 따른 기부행위 대상자에 해당하는 경우 그 집행 방법은 [별표] 제8호 나목에 해당하는 업무추진비 집행을 제외하고는 지방자치단체 명의로 해야 한다(같은 규칙 제4조).

지방자치단체의 업무추진비 집행 등에 관한 세부기준 및 지출 증빙서류의 기재사항 등은 행정자치부 예규인 '지방자치단체 세출예산 집행기준'에서 정하고 있는데 이 기준에 의하면 지방자치단체의 장이 접대성 경비를 집행하고자 하는 경우에는 집행목적·일시·장소·집행대상 등을 증빙서류에 기재하여 사용용도를 명확히 해야 하며, 건당 50만원 이상의 경우에는 주된 상대방의 소속 또는 주소 및 성명을 증빙서류에 반드시 기재하도록 하고 있다.

대법원은 지방자치단체의 업무추진비 지출관계서류 등에 포함된 공무원의 개인식별정보 중 행사참석자 정보인 경우 그 공무원이 직무와 관련하여 행사에 참석한 경우의 정보는 '공개하는 것이 공익을 위하여 필요하다고 인정되는 정보'에 해당하지만, 그 공무원이 직무와 관련 없이 개인적인 자격 등으로 행사에 참석한 경우의 정보는 그 공무원의 사생활 보호라는 관점에서 '공개하는 것이 공익을 위하여 필요하다고 인정되는 정보'에 해당하지 않는다고 했다.[307]

또한 지방자치단체의 업무추진비 지출관계서류 등에 포함된 공무원의 개인식별정보 중 금품수령자정보인 경우에도 그 공무원이 직무와 관련하여 금품을 수령한 정보는 '공개하는 것이 공익을 위하여 필요하다고 인정되는 정보'에 해당하지만, 그 공무원이 직무와 관련 없이 개인적인 자격 등으로 금품을 수령한 경우의 정보는 그 공무원의 사생활 보호라는 관점에서 '공개하는 것이 공익을 위하여 필요하다고 인정되는 정보'에 해당하지 않으므로 공무원이 직무와 관련 없이 개인적인 자격으로 간담회·연찬회 등 행

---

307) 대법원 2004. 8. 20. 선고 2003두8302 판결, 대법원 2003. 3. 11. 선고 2001두724 판결, 대법원 2003. 12. 12. 선고 2003두8050 판결.

사에 참석하고 금품을 수령한 정보는 비공개 대상 정보에 해당한다는 입장이다.[308]

반면 공무원이 아닌 사람, 즉 지방자치단체의 기관운영업무추진비, 시책추진업무추진비, 기타 업무추진비 등의 지출결의서, 예산집행과 지급결의서, 일상경비정리부, 현금출납부 기타 이와 유사한 서류와 위 지출과 관련된 세금계산서·계산서·신용카드매출전표·영수증·담당공무원 작성의 보고서 등의 지출증빙서류 등에 포함된 사인(私人)에 관한 정보는 특별한 사정이 없는 한 그 개인의 사생활 보호라는 관점에서 '공개하는 것이 공익을 위하여 필요하다고 인정되는 정보'에 해당하지 않는다.[309]

교제 내지 접대에 관한 정보 중 출석한 담당직원의 성명은 공개 대상에 해당되고 접대의 상대방이 공무원인 경우에는 이를 개인정보로서 보호할 필요는 없다. 국민에 의해 선거로 선출된 국회의원 등 선출직 공무원이나 행정부의 일원으로서 행정권을 행사하는 국무위원이나 정부위원 등 고위 공직자의 성명을 비공개로 할 이유가 전혀 없다. 다만 공무원이라 하더라도 자택의 주소나 전화번호 등 공무를 수행한 후에 공개하는 것이 당연하다고는 할 수 없는 정보에 관해서는 개인에 관한 정보로서 비공개하는 것이 인정되어야 할 것이다.[310]

(3) 미국 정보자유법에서는 일반의 문서에 서명한 행정기관의 직원명은 당연 공개되나 첩보기관 등에 근무하는 직원 등 그 성명을 공표하는 것에 의해 생명의 위험성이 있는 등 특별한 이유가 있는 경우에는 비공개 사유에 해당된다[제552조(b)(7)].

개인의 사생활과 공익을 비교하여 공익에 더 비중이 있다면 사생활보호법이 중요 사회문제로서 다수인에게 영향을 주는 사안의 공개까지 막을 수 없다는 것이 미국의 판례

---

308) 대법원 2003. 12. 12. 선고 2003두8050 판결, 공무원이 직무와 관련 없이 개인적인 자격으로 간담회·연찬회 등 행사에 참석하고 금품을 수령한 정보는 공공기관의 정보공개에 관한 법률 제7조 제1항 제6호 단서 (다)목 소정의 '공개하는 것이 공익을 위하여 필요하다고 인정되는 정보'에 해당하지 않는다고 한 사례.

309) 대법원 2003. 3. 11. 선고 2001두6425 판결, 지방자치단체의 업무추진비 세부항목별 집행내역 및 그에 관한 증빙서류에 포함된 개인에 관한 정보는 '공개하는 것이 공익을 위하여 필요하다고 인정되는 정보'에 해당하지 않는다고 한 사례.

310) 일본에서 지방자치단체장의 교제비 지출 관련 문서 등이 개인에 관한 정보로서 비공개 정보에 해당하는지가 문제된 사례로는 일본 최고재판소 1994년(平成 6년) 1월 27일 판결, 일본 최고재판소 2001년(平成 13년) 3월 27일 선고 平8行ツ 제210·211호 판결(오사카 부 지사 교제비 정보공개 청구사건 제2차 상고심 판결), 일본 최고재판소 2001년(平成 13년) 5월 29일 선고 平9 行ツ 제152호 판결(교토 부 지사 교제비 정보공개 청구사건), 일본 최고재판소 2002년(平成 14년) 2월 28일 판결(나고야 시장 교제비청구사건), 일본 최고재판소 2004년(平成 16년) 2월 13일 선고 平13 行ヒ 제18호 판결, 일본 최고재판소 2004년(平成 16년) 2월 13일 선고 平13 行ヒ 제8호 판결 등이 있다.

이다.[311] 즉, 단순한 개인기록이라는 사유만으로 공개 거부할 수 없으며 사생활 침해라는 것이 분명하게 증명되어야 하고[312], 뇌물을 받아 유죄선고를 받은 공무원의 신상자료는 그 부정행위가 재발되지 않도록 공개해야 한다는 것이다.[313]

5. 국가 등이 업무의 일부를 위탁 또는 위촉한 개인의 성명·직업

공개하는 것이 공익을 위하여 필요한 경우로서 법령에 의하여 국가 또는 지방자치단체가 업무의 일부를 위탁 또는 위촉한 개인의 성명·직업 등 개인에 관한 정보도 비공개 대상 정보에 해당되지 아니한다.

그런데 '국민의 형사재판 참여에 관한 법률'은 법령으로 정하는 경우를 제외하고는 누구든지 배심원·예비배심원 또는 배심원후보자의 성명·주소와 그 밖의 개인정보를 공개해서는 안 되고 배심원·예비배심원 또는 배심원후보자의 직무를 수행했던 사람들의 개인정보에 대해서는 본인이 동의하는 경우에 한하여 공개할 수 있다고 규정하고 있다(국민의 형사재판 참여에 관한 법률 제52조). 여기서 배심원 등의 개인 정보는 배심원·예비배심원 또는 배심원후보자에 관한 정보로서 해당 정보에 포함되어 있는 성명·주민등록번호·주소 등의 사항에 의하여 해당 개인을 식별할 수 있는 정보를 말하는데 해당 정보만으로는 특정 개인을 식별할 수 없더라도 다른 정보와 용이하게 결합하여 식별할 수 있는 것을 포함한다(국민의 형사재판 참여에 관한 규칙 제44조 제1항).

법원은 정보공개법 제10조에 따라 배심원·예비배심원 또는 배심원후보자의 개인정보에 대한 정보공개 청구가 있는 경우 그 사실을 배심원·예비배심원 또는 배심원후보자에게 지체 없이 통지하고 정보공개 청구에 대한 동의 여부에 관한 의견을 확인해야 하고 공개 청구된 사실을 통지받은 배심원·예비배심원 또는 배심원후보자는 통지받은 날부터 7일 이내에 법원에 개인정보공개의 동의 여부에 관한 서면을 제출할 수 있다. 배심원·예비배심원 또는 배심원후보자가 위 기간 내에 개인정보 공개에 동의하는 서면을 제출하지 아니한 경우에는 개인정보 공개에 대하여 동의하지 아니한 것으로 본다(같은 규칙 제44조 제2항·제4항).

---

311) Cochran v. United States, 770 F.2d 949 (11th Cir. 1985).
312) Department of the Air Force v. Rose, 425 U.S. 352 (1976).
313) Columbia Packing Co. v. Department of Agriculture, 563 F.2d 495 (1st Cir. 1977).

VI. 개인정보가 기록된 정보의 부분 공개

개인의 프라이버시에 관련된 부분이 공개 청구의 대상 정보에 포함되어 있는 때에는 이것을 제외한 나머지 부분을 부분 공개의 방식에 의하여 처리하는 것이 보통이다.

특정 개인 여부를 식별하는 것은 통상 이름, 주민등록번호, 주소 등으로 하기 때문에 이름, 주민등록번호 등을 삭제함으로써 특정 개인이 식별되지 않고 청구의 취지가 손상되지 않을 정도로 정보의 일부를 공개할 수 있는 때에는 해당 이름, 주민등록번호 등을 삭제한 나머지 정보는 공개해야 한다.[314]

부분 공개는 비공개 부분을 분리 또는 삭제가 기술적으로 가능한 경우에 한하여[315] 그리고 그 나머지 부분의 정보만으로도 공개의 가치가 있는 경우에 공개하는 것이다.[316] (제2장 제8절 정보의 부분 공개 참조.)

VII. 부수되는 문제

1. 자기의 개인정보에 대한 공개 청구

정보주체인 본인이 자신의 개인식별정보를 공개 청구하는 경우에 이를 공개해야 하는지 여부가 문제된다.

이에 관해서는 개인정보라고 해도 본인이 공개 청구를 하는 경우에는 프라이버시가 침해될 우려는 없으므로 개인정보에 해당하지 아니한다는 견해[317]와 정보공개법에 의한 정보공개는 공공기관이 청구인이 누구인가와 무관하게 일률적으로 공개 여부를 결

---

314) 대법원 2006. 5. 25. 선고 2006두3049 판결, 공소장 중 피고인의 주민등록번호 등 일부 사항은 정보공개법 제9조 제1항 제6호 소정의 '공개될 경우 개인의 사생활의 비밀 또는 자유를 침해할 우려가 있다고 인정되는 정보'에 해당하므로 피고인의 주민등록번호, 직업, 주거, 본적 부분을 제외한 나머지 부분에 대해서만 정보공개(등사)거부처분의 취소를 명한 사례.

315) 대법원 2004. 9. 23. 선고 2003두1370 판결, 비공개 대상 정보에 해당하는 고발·고소인, 피의자, 참고인, 피고인, 증인의 인적사항에 관한 정보는 피의자신문조서, 진술조서, 증인신문조서의 각 모두 부분과 공판조서 중 피고인 인정신문 부분에 집중되어 있어 다른 정보와 분리하는 것이 가능하므로 나머지 부분만의 정보를 공개하는 것이 타당하고 실제 이러한 개인정보가 공개해야 할 다른 정보와 분리하기 어려운 경우가 있다고 하더라도 개괄적인 사유만을 들어 공개를 거부하는 것은 허용되지 아니한다고 한 사례.

316) 대법원 2004. 12. 9. 선고 2003두12707 판결.

317) 변현철, 앞의 논문, 650쪽.

정해야 하므로 본인의 청구라고 하여 특별히 취급하여 개인정보에서 제외된다고 볼 이유가 없으므로 원칙적으로 비공개해야 한다는 견해[318]가 대립하고 있다. 후자의 견해에 따르면 비공개되는 본인에 관한 정보의 공개 여부는 개인정보 보호법에 의하여 취급할 문제라는 것이다. 개인정보 보호제도에 의한 본인공개를 할 수 없는 경우에 한하여 정보공개제도에 의한 공개 청구를 인정해야 한다는 절충적인 입장도 있다.[319]

생각건대 정보주체인 본인이 자신의 개인식별정보를 공개 청구하는 경우에 그것이 정보공개법의 절차에 따른 경우에는 정보공개법상의 비공개 대상 정보에 해당되는지 여부에 따라 공개 여부를 결정하고, 반면 그것이 개인정보 보호법의 절차에 따른 경우에는 개인정보 보호법 제35조 등에 따라 개인정보의 열람 등을 청구할 수 있을 것이다.[320] [321] 양자가 청구의 형식, 절차, 상대방, 열람 또는 공개의 방법 등에 있어 다소의 차이가 있지는 하지만, 청구인으로는 개인정보 보호법의 개인정보 열람청구권을 행사하거나 정보공개법의 정보공개 청구권을 행사하거나 결과는 거의 같을 것이다. 다만, 자기정보의 정정·삭제까지 염두에 둔다면 개인정보 보호법 제35조에 따라 자신의 개인정보를 열람하는 것이 바람직할 것이고, 자기정보를 열람하는 데 그치지 않고 자기정보의 사본 또는 복제물까지 제공받기를 원한다면 정보공개 청구를 하는 것이 유리할 것이다.[322]

청구인이 정보공개법에 따라 공개를 청구한 정보는 청구인 자신에 관계된 것으로서 개인의 사생활의 비밀 또는 자유를 침해할 우려가 없는 경우이거나 '개인의 권리구제를 위하여 필요하다고 인정되는 정보'에 해당하는 경우가 대부분일 것이다.[323]

---

318) 김중양, 앞의 책, 232쪽; 松井茂記, 앞의 책, 211쪽.
319) 宇賀克也, 『情報公開·個人情報保護—最新重要裁判例·審査会答申の紹介と分析』, 有斐閣, 2013, 360쪽.
320) 대법원 2010. 2. 25. 선고 2007두9877 판결, 기관이 아닌 개인이 타인에 관한 정보의 공개를 청구하는 경우에는 구 공공기관의 개인정보 보호에 관한 법률(2007. 5. 17. 법률 제8448호로 개정되기 전의 것)에 의할 것이 아니라, 공공기관의 정보공개에 관한 법률 제9조 제1항 제6호에 따라 개인에 관한 정보의 공개 여부를 판단해야 한다고 한 사례.
321) 일본 최고재판소 2001년(平成 13년) 12월 18일 판결은 지방자치단체의 공문서공개조례에 있어서 본인으로부터 공개 청구에 대해 개인에 관한 정보라는 이유로 비공개하는 것은 허용되지 않는다고 판시했으나, 이 판결은 개인정보 보호제도가 채용되지 아니한 상황에 적용되는 것이고 개인정보 보호법이 제정된 이후에는 본인에 대한 자기정보의 공개 문제는 기본적으로는 개인정보의 보호에 관한 제도 중에서 해결해야 할 문제이므로 본인이나 유족에 대한 자기 또는 관계 고인의 정보의 공개에 관하여는 현행 정보공개법에 의하여 인정되는 것은 상당하지 않다는 것이 일본 내각부 소속 정보공개심사회의 입장이라고 한다. 行政管理研究センター 編集, 앞의 책, 113~114쪽, 232~233쪽 참조.
322) 서울행정법원 실무연구회, 앞의 책, 850쪽.
323) [교육인적자원부 07-06048, 2007. 6. 5, 고려대학교]

그런데 개별 법률에서 개인정보에 대한 본인의 공개 청구제도를 규정하고 있는 경우가 있다.

생명윤리 및 안전에 관한 법률 제19조는 인간대상연구자는 인간대상연구와 관련한 사항을 기록·보관해야 한다고 하면서 연구대상자는 자신에 관한 정보의 공개를 청구할 수 있으며, 그 청구를 받은 인간대상연구자는 특별한 사유가 없으면 정보를 공개해야 한다고 명시하고 있다. 연구대상자의 정보공개에 관한 구체적인 사항은 국가생명윤리심의위원회의 심의를 거쳐 보건복지부령으로 정하고 있다.[324]

2. 정보주체가 공개에 동의하는 경우

정보주체가 자신의 개인정보에 관한 공개 청구에 대해 공개에 동의하는 경우에, 본인의 청구라고 하여 특별히 취급하여 개인정보에서 제외된다고 볼 이유가 없으므로 원칙적으로 비공개해야 한다는 입장에서는 정보주체가 공개에 동의한다고 하더라도 공공기관이 반드시 공개해야 하는 것은 아니라고 한다.[325]

개인정보 보호법은 정보주체의 동의를 받은 경우에 개인정보처리자는 정보주체의 개인정보를 제3자에게 제공하거나 공유할 수 있고(개인정보 보호법 제17조 제1항), 개인정보를 목적 외의 용도로 이용하거나 이를 제3자에게 제공할 수도 있으며(같은 법 제18조

---

324) 생명윤리 및 안전에 관한 법률 시행규칙 제16조(정보공개의 청구) ① 법 제19조 제2항에 따라 자신에 관한 정보의 공개를 청구하려는 연구대상자(이하 '청구인'이라 한다)는 그 정보의 보관기간 이내에 별지 제7호서식의 정보공개 청구서에 다음 각 호의 서류를 첨부하여 해당 연구를 심의한 기관위원회에 제출해야 한다.
  1. 해당 연구 참여 시 작성했던 동의서 사본 또는 그 연구의 연구대상자임을 증명할 수 있는 서류
  2. 법정대리인의 경우 법정대리인임을 증명할 수 있는 서류
  ② 기관위원회는 제1항에 따른 정보공개 청구서를 접수한 날부터 15일 이내에 해당 연구를 수행한 연구자에게 전달해야 한다.
  ③ 연구자는 기관위원회로부터 정보공개 청구서를 전달받은 날부터 30일 이내에 청구인이 공개를 요구한 정보를 기관위원회에 제출해야 한다. 다만, 배아생성의료기관이 휴업하거나 폐업하는 등 특별한 사유가 있어 정보를 공개할 수 없는 경우에는 그 사유를 기관위원회에 제출해야 한다.
  ④ 기관위원회는 연구자로부터 제3항에 따른 정보나 정보를 공개할 수 없는 사유를 제출받은 날부터 10일 이내에 청구인이 요청한 정보를 열람할 수 있게 하거나 비공개 사유를 통지해야 한다. 다만, 정보 공개를 청구한 날부터 60일 이내에 기관위원회가 공개 여부 등을 청구인에게 통지하지 아니했을 때에는 공개 결정이 있는 것으로 본다.
  ⑤ 기관위원회는 정보공개 과정에서 청구인과 연구자가 직접 대면하지 않도록 해야 하며, 다른 연구대상자의 개인정보가 유출되지 않도록 필요한 조치를 해야 한다.
  ⑥ 이 법 또는 이 규칙에서 정하지 않은 정보공개의 절차 및 방법, 기록·보관 등에 필요한 사항은 기관위원회에서 별도의 규정으로 정할 수 있다.
325) 松井茂記, 앞의 책, 211쪽.

제2항), 개인정보처리자로부터 개인정보를 제공받은 자도 개인정보를 제공받은 목적 외의 용도로 이용하거나 이를 제3자에게 제공할 수 있다고 규정하고 있다(같은 법 제19조 제1호). 같은 법 제22조에서는 개인정보처리자가 개인정보의 처리에 대하여 정보주체의 동의를 받는 방법을 구체적으로 정하고 있다.

3. 허위의 개인정보

공개 청구된 정보에 포함된 개인에 관한 사항이 허위인 경우 가령 공무원이 실제로는 출석하지 않은 회의의 출석자로 자신의 성명이 모용(冒用)된 경우에 제6호 소정의 개인식별정보에 해당될지가 문제된다.

자기의 이름이 부정한 행위로 모용되었다는 사실 그 자체가 피모용자에 따라서는 불쾌한 일인 것은 명확하고, 또 피모용자가 그 공표를 원하지 않은 정보라고 일반적으로 추인할 수 있으며, 만약 이러한 정보를 공개한다면 피모용자의 명예를 훼손할 우려도 부정할 수 없으므로 개인정보 해당성을 부정해야 할 이유는 없을 것이며 성명의 모용 사실을 지적하면서 본건과 무관하다는 취지의 주(注)를 붙인 것만으로는 프라이버시 침해를 회피할 수 없다.[326]

공무원의 직무에 관한 정보에 성명 등이 모용된 경우에는 모용된 공무원은 공무를 수행하고 있다고 말할 수 없기 때문에 역시 비공개해야 할 것이다.[327]

공무원의 직무에 관한 정보의 내용이 허위인지 여부가 다투어지는 경우에는 제3자 의견청취절차를 거쳐 해당 공무원에게 확인하고 만약 허위의 사실로 확인되면 비공개해야 할 것이지만 확인이 되지 않으면 비공개 대상이라고 단정할 수는 없을 것이다.[328] 물론 개인정보 보호제도에 의해 본인으로부터의 공개 청구는 가능하다. 타인이 허위의 사실을 기입한 것이면 그 책임은 본인에게 있지는 않다. 이러한 경우 개인정보 보호법에서 개인에게는 잘못된 개인정보에 관해 정정·삭제청구권이 보장되어 있고 이의가 있다는 취지의 가필·첨부에 의한 정정을 인정하고 있으므로 이를 공개하는 경우에도 그 가필·첨부를 첨가하여 공개해야 할 것이다.

---

326) 일본 최고재판소 1999년(平成 11년) 2월 4일 판결; 우가 카츠야, 앞의 책, 110~111쪽에서 인용.
327) 松井茂記, 앞의 책, 210쪽.
328) 松井茂記, 앞의 책, 211쪽.

4. 개인정보의 재량적 공개

개인정보에 관해서도 이를 공개할 중대한 공익상의 필요가 있다면 공공기관은 이를 재량적으로 공개할 수 있을 것이다. 그러나 개인정보의 재량적 공개는 매우 신중해야 하므로 지극히 예외적인 경우 이외에는 인정되지 아니할 것이다.

5. 프라이버시 정보공개의 시한성 문제

개인정보 등의 적용 제외에 관해서도 일정기간의 경과에 의해 적용 제외로서의 사유가 없어진 때에는 공개(시한공개)해야 한다.

프라이버시에 관련되지 않은 정보가 공개 청구가 있은 시점에서 적용 제외대상에 해당하고 있어도 일정 기간을 경과한다면 해당 적용 제외사항에 해당하는 사유가 소멸하는 것이 명백한 때에는 또는 일정 기간을 경과한 후 해당 적용 제외사항에 포함되는 사유가 없어진 정보에 관해서는 일정의 절차에 따라 공개되어야 한다. 즉, 공개의 시한적 적용이다.

그러나 프라이버시에 관해서는 시한 공개에 세심한 주의가 필요하다. 즉, 모든 경우에 프라이버시가 시간의 경과와 함께 비공개를 해제하고 공개할 수 있는 조건이 확보되었다고는 말할 수 없으며, 시간적·공간적인 영역을 초월해서 프라이버시는 성립하는 것이므로 일반적으로 기간이 경과한다고 해서 프라이버시가 소멸하는 것이라고는 생각하기 어렵다. 따라서 프라이버시를 너무 탄력적으로 해석하는 것은 오히려 프라이버시의 보호에 있어서 문제를 낳을 수 있다.

6. 정보의 존부를 회답하는 것 자체가 프라이버시를 침해하는 경우

공개 청구에 대해 대상이 된 정보가 존재하는 것을 회답하는 것 자체가 프라이버시 권리 침해가 되는 경우가 있다. 이 경우에는 통상의 절차처럼 대상이 된 정보의 존재를 인정하는 전제에서 그것을 비공개하게 되면 프라이버시 권리보호에 불충분하게 된다. 이러한 경우에는 정보의 존부에 관해 회답하지 아니하고 비공개 결정을 할 수 있을 것이다(일본 정보공개법 제8조).

7. 제3자의 절차적 권리 보장

공공기관은 공개 청구된 공개 대상 정보의 전부 또는 일부가 제3자와 관련이 있다고 인정되는 때에는 그 사실을 제3자에게 지체 없이 통지해야 하며, 필요한 경우에는 그의 의견을 청취할 수 있다(제11조 제3항).

따라서 청구인이 다른 사람에 대한 개인정보를 공개 청구를 한 경우에 공공기관은 공개 청구의 대상이 된 정보의 주체인 개인에게 공개 청구된 사실을 지체 없이 통지하고 그의 의견을 청취해야 한다. 이러한 통지받은 제3자는 통지받은 날부터 3일 이내에 해당 공공기관에 대하여 자신과 관련된 정보를 공개하지 아니할 것을 요청할 수 있고(제21조 제1항), 그의 비공개 요청에도 불구하고 공공기관이 공개 결정을 하는 때에는 공공기관은 공개 결정 이유와 공개 실시일을 명시하여 지체 없이 문서로 통지해야 하며, 제3자는 해당 공공기관에 문서로 통지를 받은 날부터 7일 이내에 이의신청을 하거나 행정심판 또는 행정소송을 제기할 수 있다(제21조 제2항).

제8절 제7호 비공개 사유(법인의 경영상·영업상 비밀정보)

법인·단체 또는 개인(이하 '법인등'이라 한다)의 경영상·영업상 비밀에 관한 사항으로서 공개될 경우 법인등의 정당한 이익을 현저히 해칠 우려가 있다고 인정되는 정보. 다만, 다음 각 목에 열거한 정보는 제외한다.
 가. 사업활동에 의하여 발생하는 위해(危害)로부터 사람의 생명·신체 또는 건강을 보호하기 위하여 공개할 필요가 있는 정보
 나. 위법·부당한 사업활동으로부터 국민의 재산 또는 생활을 보호하기 위하여 공개할 필요가 있는 정보

I. 의의 및 입법취지

제9조 제1항 제7호는 법인·단체 또는 개인의 경영상·영업상 비밀에 관한 사항으로

서 공개될 경우 법인 등의 정당한 이익을 현저히 해칠 우려가 있다고 인정되는 정보를 비공개 대상 정보로 삼고 있다.[329] 법인 등의 경영상·영업상 비밀은 타인에게 알려지지 아니함이 유리한 사업활동에 관한 일체의 정보 또는 사업활동에 관한 일체의 비밀사항을 의미한다.[330]

제7호의 입법 취지는 법인 등의 영업활동에 관한 비밀의 유출을 방지하여 정당한 이익을 보호하고자 함에 있다.[331]

II. 법인·단체 또는 개인의 경영상·영업상 비밀에 관한 정보

1. '법인 등'에 관한 정보

여기서 보호되는 것은 '법인 등'에 관한 정보이다. '법인'에는 주식회사, 공익법인, 종교법인, 특수법인 기타 법인 외에 정치단체, 기타 법인격 없는 단체도 널리 포함된다. 사업을 수행하는 개인의 해당 사업에 관한 정보도 해당된다.

그러나 공공기관은 제7호의 법인에 포함되지 아니한다. 공공기관의 경영상·영업상의 비밀에 관한 정보는 제1호의 법령비 정보나 제5호의 일반적인 행정집행 정보에 해당될 수 있다.

2. 법인 등의 경영상·영업상의 비밀정보를 비공개하는 이유

법인 등에 관한 경영상·영업상의 비밀정보가 포함되어 있는 경우 그것을 공개하는 것은 해당 법인 등에 불이익을 줄 수 있는 가능성이 있다. 여기서 이러한 법인 등에 관한 정보가 비공개 대상 정보로 인정되고 있다.

기업은 종종 다액의 투자를 하여 노하우 등을 획득하기도 하고 그것이 공개되면 기업은 큰 손해를 입게 된다. 다액의 투자를 하여 노하우를 획득했더라도 정보공개에 의

---

329) 관련 논문으로는 강경근, 「헌법상 정보공개와 기업비밀의 보호」, 『법조』 제36권 3호(1987년 3월), 법조협회, 38~61쪽.
330) 대법원 2014. 7. 24. 선고 2012두12303 판결, 대기업 용역비 지출내역은 비공개 대상이라고 한 사례.
331) 대법원 2012. 4. 12. 선고 2010두24913 판결.

해 그것이 무의미하게 되어버린다면 기업은 종종 투자를 하여 노하우를 획득하는 데 소극적이 될 것이다. 이것은 당연 과학기술의 진전을 저해한다. 때문에 이러한 투자에 뒷받침된 노하우 등의 기업정보는 예외적으로 비공개할 필요가 있다. 또 이것은 헌법의 요청이기도 하다. 기업은 헌법에 따라 직업선택의 자유를 보장받고 있고 여기에는 영업의 자유가 포함된다. 당연히 해당 기업에 관한 정보를 비밀로 하는 것도 보호된다. 이러한 비밀을 공공기관이 입수한 경우에 해당 기업의 동의나 정당한 이유도 없이 비밀을 공개하는 것은 직업선택의 자유를 침해할 가능성이 있다.

다른 한편 기업의 활동은 소비자에 대해 중대한 관심사이다. 소비자에게는 상품이나 서비스의 선택을 위해서 될 수 있는 한 많은 정보가 주어지는 것이 중요하다. 특히 기업의 정보가 소비자의 생명, 건강, 안전 등에 관한 경우 기업정보의 공개는 소비자의 생명, 건강, 안전을 확보하기 위해서도 불가결하다. 따라서 기업의 이익을 확보하면서도 다른 한편으로 국민의 이익을 확보하기 위해 정보의 공개가 요구되는 경우도 있으므로 양자의 조화점을 찾아야 하는 것이다.

미국 정보자유법은 '영업비밀(trade secrets) 및 개인으로부터 입수한 상업·금융 정보(commercial or financial information)와 비닉특권 또는 비밀사항(privileged or confidential)'을 비공개 사유로 하고 있다[제552조(b)(4)].[332]

일본 정보공개법에서는 법인 기타의 단체에 관한 정보 또는 사업을 영위하는 개인의 해당 사업에 관한 정보로서 공개함으로써 해당 법인 등 또는 해당 개인의 권리, 경쟁상의 지위 기타 정당한 이익을 해칠 우려가 있는 것을 비공개 정보로 규정하고 있다(같은 법 제5조 제2항 가호).[333] 다만 사람의 생명, 건강, 생활 또는 재산을 보호하기 위하여 공개하는 것이 필요하다고 인정되는 정보는 제외된다.

3. 법인 등의 '경영상·영업상 비밀'에 관한 정보

정보공개법 제9조 제1항 제7호 소정의 법인 등의 '경영상·영업상 비밀'에 관한 정보

---

332) 김배원, 「정보공개제도와 기업비밀―미국의 FOIA 예외조항 4의 판례를 중심으로」, 『공법학연구』 제5권 제2호 (2004. 5), 한국비교공법학회, 181~211쪽 참조.
333) 일본 최고재판소 2011년(平成 23년) 10월 14일 판결, '에너지 사용 합리에 관한 법률' 제11조에 의한 정기보고서 중 연료 및 전기 사용량 등에 관한 수치정보는 사업자의 경쟁상의 지위 기타 정당한 이익이 해할 개연성이 객관적으로 인정된다고 한 사례.

와 부정경쟁방지법 상의 영업비밀과의 관계를 살펴본다.

타인의 상표·상호 등을 부정하게 사용하게 하는 등의 부정경쟁행위와 타인의 영업비밀을 침해하는 행위를 방지하여 건전한 거래질서를 유지함을 목적으로 제정된 부정경쟁방지 및 영업비밀보호에 관한 법률('부정경쟁방지법')은 제2조 제2호에서 그 규율대상인 '영업비밀'에 관하여 "공공연히 알려져 있지 아니하고 독립된 경제적 가치를 가지는 것으로서, 상당한 노력에 의하여 비밀로 유지된 생산방법, 판매방법, 그 밖에 영업활동에 유용한 기술상 또는 경영상의 정보를 말한다"라고 정의하고 있는데, 정보공개법 제9조 제1항 제7호 소정의 '법인 등의 경영상·영업상 비밀'은 부정경쟁방지법 제2조 제2호 소정의 '영업비밀'에 한하지 않고 '타인에게 알려지지 아니함이 유리한 사업활동에 관한 일체의 정보' 또는 '사업활동에 관한 일체의 비밀사항'으로 해석함이 상당하다.[334] 해당 정보가 영리목적인가의 여부는 관계없다. 그 공개 여부는 공개를 거부할 만한 정당한 이익이 있는지 여부에 따라 결정되어야 하는데, 그러한 정당한 이익이 있는지 여부는 정보공개법의 입법 취지에 비추어 이를 엄격하게 판단해야 한다.[335]

좀 더 구체적으로는 각종 용역수행 민간업체(개인·법인·단체 등)가 제출한 사항으로서 해당 업체의 기존 기술·신공법·시공실적·내부관리 등 영업상의 비밀에 관한 사항으로서 공개될 경우 민간업체의 정당한 이익을 현저히 해할 우려가 있다고 인정되는 정보, 각종 용역수행과 관련하여 민간업체에 대한 기술 평가결과 등 특정업체의 정당한 이익을 현저히 해할 우려가 있다고 인정되는 정보, 업무상 취득한 법인·단체 또는 개인이 보유하는 생산기술 또는 영업상의 정보 중에서 공개될 경우 당사자의 이익을 현저히 침해할 수 있는 정보, 특정업체의 경영자료로서 경영방침, 신용, 경리, 인사 등의 사업활동을 하는 데 있어서의 내부관리에 속하는 사항, 계약체결에 이르는 과정 또는 결과에 관한 문서로서 공개될 경우 설계·시공의 노하우 등이 공개되어 설계·시공자에게 불

---

334) 대법원 2012. 4. 12. 선고 2010두24913 판결, 대법원 2008. 10. 23. 선고 2007두1798 판결; 대법원 2003. 3. 14. 선고 2001두4610 판결은 1997년도 및 1998년도의 서울특별시의 예산서 세항과목상의 보도관리 시책추진특수활동비, 서무관리기관 운영 일반업무추진비, 서무관리기관 운영특수활동비, 서무관리 시책추진특수활동비를 지출할 당시에 작성된 지출증빙에는 7호 소정의 '법인·단체 또는 개인의 영업상 비밀에 관한 사항'이 포함되어 있지 않고, 따라서 이를 공개할 경우 그 법인 등의 정당한 이익을 현저히 해할 우려가 있다고 인정할 만한 아무런 근거가 없다고 한 사례이다.

335) 대법원 2013. 11. 28. 선고 2011두5049 판결, 2003년부터 2008년 11월 3일까지 C대학교 자금운용위원회의 각 회의록에 관한 정보와 C대학교 총장에게 보고된 2003년부터 2008년경까지 각 연도의 C대학교의 등록금 인상률 산정근거가 기재된 문서는 '법인 등의 경영·영업상' 비밀에는 해당하지만 이것이 공개된다고 하여 C대학교의 정당한 이익을 현저히 해할 우려가 있다고 볼 수 없다고 한 사례.

리한 정보, 남북한 간의 물자 반출입 승인과 관련하여 법인·단체 또는 개인의 경영·영업상 비밀에 관한 정보 등이 여기에 해당될 수 있을 것이다.[336)]

III. 법인의 정당한 이익을 현저히 해칠 우려가 있다고 인정되는 정보

1. 판단 기준

법인 등의 경영상·영업상 비밀이라고 하더라도 그것만으로는 비공개 대상 정보에 해당하지 아니하고 그것이 공개될 경우 법인 등의 정당한 이익을 현저히 해칠 우려가 있다고 인정되는 정보여야 비공개 대상 정보에 해당된다.[337)]

즉, '법인 등의 경영상·영업상의 비밀에 관한 사항'이라도 공개를 거부할 만한 정당한 이익이 있는지의 여부에 따라 그 공개 여부가 결정된다.[338)] 정당한 이익 유무를 판단할 때에는 국민의 알권리를 보장하고 국정에 대한 국민의 참여와 국정 운영의 투명성을 확보함을 목적으로 하는 정보공개법의 입법 취지와 아울러 해당 법인 등의 성격, 해당 법인 등의 권리, 경쟁상 지위 등 보호받아야 할 이익의 내용·성질 및 해당 정보의 내용·성질 등에 비추어 해당 법인 등에 대한 권리보호의 필요성, 해당 법인 등과 행정과의 관계 등을 종합적으로 고려하여[339)] 엄격하게 판단해야 한다.[340)]

여기서 '법인 등의 정당한 이익을 현저히 해칠 우려가 있는 정보'란 법인 등의 영업상 유·무형의 비밀이나 노하우에 관한 사항을 포함하고 있어 공개할 경우 그 법인 등의 영업상 지위가 위협받는다거나 그 법인 등에 대한 사회적 평가가 저하되는 등 기존의 정당한 이익이 현저히 침해받는 정보를 의미한다.[341)342)] 특히 국민에 의한 감시의 필요성이 크고 이를 감수해야 하는 면이 강한 공익법인에 대해서는 다른 법인 등에 대하여 보

---

336) WTO협정에 의한 영업상 비밀보장에 대해서는 이상윤, 「영업상 비밀보호 및 정보공개 운영규정 연구」, 『무역구제』 2003년 겨울호, 산업자원부 무역위원회 참조.

337) 대법원 2007. 6. 1. 선고 2006두20587 판결, 대한주택공사의 아파트 분양원가 산출내역에 관한 정보는 그 공개로 위 공사의 정당한 이익을 현저히 해할 우려가 있다고 볼 수 없어 구 공공기관의 정보공개에 관한 법률 제7조 제1항 제7호에서 정한 비공개 대상 정보에 해당하지 않는다고 한 사례;
이 판결에 대한 해설로는 하명호, 「대한주택공사가 분양한 아파트의 분양원가 산출자료가 구 공공기관의 정보공개에 관한 법률 제7조 제1항 제7호 소정의 비공개 정보인지 여부」, 『대법원 판례해설』, 통권 제68호(2007년 상반기), 법원도서관, 448~469쪽 참조.

338) 대법원 2014. 7. 24. 선고 2012두12303 판결, 대기업 용역비 지출내역은 비공개 대상이라고 한 사례.

339) 대법원 2014. 7. 24. 선고 2012두12303 판결.

다 소극적으로 해석해야 한다.[343)344)345]

또한 공개될 경우 법인 등의 정당한 이익을 현저히 해할 우려란 정보의 공개로 인하여 해당 법인 등의 경영상·영업상 활동에 중대한 지장을 초래하거나 그 영업이익·거래신용 또는 법적지위에 직접적으로 상당한 침해가 발생하는 경우를 의미하는 것으로서 이에 대한 판단을 위해서는 해당 법인 등의 영업특성, 업무규모 등 제반 사정을 개별적·구체적으로 고려해야 할 것이다.[346]

---

340) 대법원 2012. 4. 12. 선고 2010두24913 판결, 대법원 2011. 11. 24. 선고 2009두19021 판결 등; 대법원 2011. 11. 24. 선고 2009두19021 판결은 "원심판시 제3정보에는 론스타 등의 사업 활동에 관한 비밀정보가, 원심판시 제5정보에는 테마섹 홀딩스 등의 사업 활동에 관한 비밀정보가 일부 포함되어 있으나, 위 각 정보가 론스타 또는 테마섹 홀딩스의 설립에 관한 개괄사항이나 외환은행 또는 하나은행 주식 취득과 관련한 일반사항 등을 내용으로 하는 것이고 정보 작성시점으로부터 이미 상당한 기간이 경과한 점에 비추어보면 그것이 공개될 경우에 론스타 또는 테마섹 홀딩스 등의 정당한 이익을 현저히 해할 우려가 있다고 볼 수 없으므로, 위 각 정보는 정보공개법 제9조 제1항 제7호 소정의 비공개 대상 정보에 해당하지 아니한다"라고 한 사례이고,
대법원 2004. 6. 25. 선고 2004두1506호 판결은 원고(참여연대)가 정보공개를 청구한 피고(서울특별시장)의 기관운영업무추진비와 시책추진업무추진비의 집행내역과 증빙서류 등에 피고가 면담장소 등으로 이용한 식당 등의 위치·명칭·음식요금, 면담대상자 등 특정 법인, 단체 또는 개인의 영업에 관한 정보가 포함되어 있다고 하더라도 그 정보공개의 대상에 특정 법인, 단체 또는 개인의 영업상 비밀에 관한 사항이 포함되어 있다거나 그 정보가 공개될 경우 영업주의 정당한 이익을 현저히 해할 우려가 있다고 인정할 만한 증거가 없다는 이유로 그 정보가 정보공개법 제7조 제1항 제7호에 정하여진 비공개 대상 정보에 해당하지 아니한다고 한 사례이며,
서울고등법원 1995. 8. 24. 선고 94구39262 판결은 세무조사결과의 공개 청구에 대해 기업비밀의 유출로 납세자의 경영에 미치는 영향이 크고 당국을 믿고 조사에 협조한 납세자와의 신뢰관계가 무너져 원활한 세정 운영에 저해를 받을 염려가 있다면 거부한 것은 적법하다고 한 사례이다.
341) 대법원 2013. 12. 26. 선고 2013두17503 판결.
342) [법제처 06-0037, 2006. 4. 7, 국정홍보처] 정부기관이 집행하는 정부광고(정책광고) 업무에 관련된 정보 중 이미 집행한 정부광고의 '매체사별 계약단가'는 '공공기관의 정보공개에 관한 법률' 제9조 제1항 제7호에서 규정하고 있는 비공개 대상 정보에 해당하지 아니한다고 유권해석을 한 사례.
343) 대법원 2012. 12. 13. 선고 2011두4787 판결, 대법원 2012. 11. 29. 선고 2012두2085 판결, 대법원 2012. 4. 12. 선고 2010두24913 판결, 대법원 2011. 11. 24. 선고 2009두19021 판결, 대법원 2011. 10. 27. 선고 2010두24647 판결, 대법원 2010. 12. 23. 선고 2008두13392 판결, 대법원 2010. 12. 23. 선고 2008두13101 판결, 대법원 2008. 10. 23. 선고 2007두1798 판결 등.
344) 대법원 2010. 12. 23. 선고 2008두16650 판결, 방송프로그램의 기획·편성·제작 등에 관한 정보로서 한국방송공사가 공개하지 아니한 것은 정보공개법 제9조 제1항 제7호에 정한 '법인 등의 경영상·영업상 비밀에 관한 사항'에 해당할 뿐만 아니라 그 공개를 거부할 만한 정당한 이익도 있다고 보아야 하고, 다만 그 한계를 넘는 방송활동으로부터 국민의 생활 등을 보호하기 위하여 공개할 필요가 있는 경우에는 같은 호 단서에 따라 이를 공개해야 한다고 볼 여지가 있다고 판시한 사례.
345) [행정안전부 10-06736, 2010. 7. 27, 경기도지사] 청구인이 피청구인 1에게 공개를 요청한 2009년 11월 20일부터 2010년 1월 13일까지 방송 등의 매체에 피청구인 1이 발주한 홍보비 집행현황과 피청구인 2에게 공개를 요구한 2008년도 하반기 및 2009년도 상반기 경기도의회 의장·부의장의 기관운영 및 시책추진 업무추진 등의 집행내역서는 공공기관인 피청구인이 일정한 기간 동안 집행한 예산의 내역으로서, 국민의 알권리를 보장하고 국정에 대한 국민의 참여와 국정 운영의 투명성을 확보하기 위해서는 공개되어야 할 필요가 큰 점, 정보공개법령상 예산집행의 내용과 사업평가 결과 등 행정 감시를 위하여 필요한 정보는 공개하도록 규정되어 있는 점, 피청구인 1과 2가 집행한 홍보비 및 업무추진비 등의 예산은 이를 수령한 법인·단체의 경영·영업상의 비밀이 침해된다고 볼 수는 없는 점 등에 비추어볼 때, 이 사건 정보는 건별·일자별·성격별 등 예산지출의 세부내역까지 투명하게 공개되어야 할 것이므로, 이 사건 처분은 위법·부당하다고 한 사례.

공개될 경우 정당한 이익을 현저히 해칠 '우려' 여부를 판단할 때에는 단순히 확률적인 가능성이 아니라 법적 판단으로 가치 있는 개연성이 요구되며[347] 법인정보의 성질이나 취급이 다종다양한 것이기 때문에 개별 구체적인 상황에 따라 종합적으로 판단할 수밖에 없다.

정당한 이익에 해당되어 비공개가 가능한 사항에는 법인·단체 또는 사업을 영위하는 개인이 보유하는 생산기술 또는 영업상의 정보, 경영방침, 신용, 경리, 인사 등의 사업 활동을 하는 데 있어서 내부관리에 속하는 사항, 기타 법인 등의 정당한 이익을 해할 우려가 있는 정보가 해당될 수 있다. 법인의 계좌번호나 대표자의 인영 등의 내부자관리정보에 관해서는 널리 알려져 있는 상태에 두어져 있는가, 위조 등의 악용될 우려가 있는지 등이 판단기준이 되고 있다.[348)349]

대법원은 지방자치단체의 업무추진비 지출관계서류 등에 포함된 법인·단체 또는 영업소를 경영하는 개인의 상호, 단체명, 영업소명, 사업자등록번호 등에 관한 정보는 법인 등의 영업상 비밀에 관한 사항으로서 공개될 경우 법인 등의 정당한 이익을 현저히 해칠 우려가 있다고 인정되는 정보에 해당하지 아니하지만, 법인 등이 거래하는 금융기관의 계좌번호에 관한 정보는 법인 등의 영업상 비밀에 관한 사항으로서 법인 등의 이름과 결합하여 공개될 경우 해당 법인 등의 영업상 지위가 위협받을 우려가 있는 정보에 해당한다고 했다.[350)351] 법인·단체 또는 영업소를 경영하는 개인이 금품을 수령한 정보는 '법인·단체 또는 개인의 영업상 비밀에 관한 사항'으로서 공개될 경우 법인 등의

---

346) 서울행정법원 2006. 1. 5. 선고 2005구합16833 판결(확정), 항생제 평가등급에서 상위 또는 하위에 속한 요양기관의 수, 명단 등이 공공기관의 정보공개에 관한 법률 제9조에서 정한 비공개 대상 정보에 해당하지 아니한다고 한 사례.

347) 이구현, 앞의 책, 121쪽은 제7호 소정의 '영업상의 비밀'이나 '정당한 이익을 현저히 해할 우려가 있다고 인정되는 정보' 등의 규정이 지나치게 모호하고 광범위하다고 비판하고 있다.

348) 일본 최고재판소 2002년(平成 14년) 9월 12일 선고 平11 行ヒ 제50호 판결, 청구서에 기재된 채권자의 거래은행 명 및 계좌번호, 여기에 날인된 인영이 비공개 대상이 된다고 볼 수 없다고 한 사례.

349) [문화체육관광부 09-20065, 2009. 12. 22, 한국문화재보호재단] '설치도면'은 법인의 영업에 관련된 정보로서 이를 공개할 경우 법인의 정당한 이익을 해할 우려가 있다고 보이고, '미술센터의 통장사본, 인감증명서 및 사용인감계'는 인영(印影) 등이 포함되어 있어 이를 공개할 경우 법인의 정당한 이익을 해할 우려가 있다고 보일 뿐만 아니라, 대표자의 주민등록번호가 포함되어 있어 이를 공개할 경우 대표자의 인격권이나 사생활의 자유가 침해될 수 있다고 한 반면, '거래명세서'에는 '피청구인이 거래하는 업체의 대표자 이름, 계좌번호 및 이메일 주소'가 포함되어 있고, '출연사례비명세서'에는 '출연자 이름, 주민등록번호 및 주소'가 포함되어 있는 바, 이는 개인을 식별할 수 있는 정보로서 이를 공개할 경우 인격권이나 사생활의 자유가 침해될 수 있다 할 것이나, 이 부분을 제외한 정보는 공개될 경우 법인·단체 또는 개인의 경영상·영업상 비밀에 관한 사항으로서 공개될 경우 법인 등의 정당한 이익을 현저히 해할 우려가 있다고 인정되는 정보라고 보기 어렵다고 한 사례.

350) 대법원 2004. 8. 20. 선고 2003두8302 판결, 대법원 2003. 4. 22. 선고 2002두9391 판결 참조.

정당한 이익을 현저히 해칠 우려가 있다고 인정되는 경우에 한하여 비공개 대상 정보에 해당한다.

법인 등을 대표하는 자가 직무상 행한 행위 등 해당 법인 등의 행위라고 평가되는 행위에 관한 정보에는 법인 등 대표자 또는 이에 준하는 지위에 있는 자가 해당 법인 등의 직무로서 행한 행위에 관한 정보 외에 그 밖에 다른 사람의 행위에 관한 정보라고 하더라도 권한에 근거하여 해당 법인을 위하여 행한 계약 체결 등에 관한 정보도 포함된다.[352]

2. 공공기관의 계약정보 등의 공개 여부

국가기관 등 공공기관이 계약을 체결한 경우, 계약상대자의 성명, 계약금액 등 국가기밀이 아닌 계약에 관한 정보를 정보공개법 제9조 제1항 제7호에 따라 비공개할 수 있는지를 살펴본다.

'국가를 당사자로 하는 계약에 관한 법률(국가계약법)'에 의하면 중앙관서의 장 또는 계약담당 공무원은 계약을 체결하려면 일반경쟁에 부쳐야 하는데 계약의 목적, 성질, 규모 등을 고려하여 필요하다고 인정되면 참가자의 자격을 제한하거나 참가자를 지명하여 경쟁에 부치거나 수의계약을 할 수도 있다(제7조). 중앙관서의 장 또는 계약담당 공무원은 분기별 발주계획, 계약체결 및 계약변경에 관한 사항을 전자조달시스템 또는

---

351) 대법원 2003. 12. 12. 선고 2003두8050 판결은 법인·단체 또는 영업소를 경영하는 개인이 금품을 수령한 정보는 '법인·단체 또는 개인의 영업상 비밀에 관한 사항'에 해당하지만 위 정보가 공개될 경우 법인 등의 정당한 이익을 현저히 해할 우려가 있음을 인정할 증거가 없다는 이유로, 피고가 위 정보를 공개하지 아니한 것은 위법하다고 판단한 사례이고,
대법원 2011. 7. 28. 선고 2011두4602 판결은 갑 등이 한국토지주택공사가 사업시행자로서 택지개발하고 분양가 상한제아파트로 건축 및 분양한 고양 일산 2지구 아파트와 관련하여 토지매입보상비, 택지조성비 등에 대한 정보공개를 청구했으나 한국토지주택공사가 이를 거부한 사안에서, 위 정보를 공개함으로 말미암아 한국토지주택공사의 정당한 이익을 현저히 해할 우려가 있다고 볼 수 없어 제7호 소정의 비공개 대상 정보에 해당하지 않는다고 한 사례이며,
대법원 2011. 7. 28. 선고 2010도9652 판결은 피고인이 갑 주식회사에서 재직 중 취득한 회사의 경영상 정보가 포함된 내부 문서인 파일들을 유출했다고 하여 업무상배임죄로 기소된 사안에서, 갑 회사의 영업비밀에 해당하는 파일들을 무단 반출한 행위는 회사에 '재산상의 손해를 가한 때'에 해당하고, 이를 자신의 개인 이메일로 전송받아 보관함으로써 재산상 이익을 취득했다고 본 사례이다.
352) 일본 최고재판소 2003년(平成 15년) 11월 11일 선고 平10 行ヒ 제54호 판결, 일본 최고재판소 2003년(平成 15년) 12월 18일 선고 平12 行ヒ 제16호 판결; 한편 후쿠오카(福岡)고등재판소 2006년(平成 18년) 10월 19일 판결은 법인 등의 대표자에 관하여, 소장, 간사장, 지점장, 지사장, 회장, 의장, 사장, 위원장, 대표이사, 관장, 영업소장, 부회장, 부사장, 상무이사, 전무이사 등의 직책을 쓴 자는 계약 등의 대표자에 해당, 사무장, 사무국장, 실장, 감사실장의 경우에는 일반적으로는 법인 등의 대표자라고 인정될 수 없다고 판결했다.

중앙관서의 장이 지정·고시한 정보처리장치에 공개해야 한다(같은 법 시행령 제92조의2).

지방자치단체의 장 또는 계약담당자도 발주계획, 입찰, 계약, 설계변경 및 그로 인한 계약금액의 조정, 감독, 검사, 대가의 지급 등 입찰, 계약, 계약의 이행과 관련되는 사항을 공개해야 하고 수의계약을 체결한 경우에는 수의계약 내용을 공개해야 한다(지방자치단체를 당사자로 하는 계약에 관한 법률 제9조, 제43조, 같은 법 시행령 제124조).

위와 같이 국가계약법령 및 지방계약법령에서 각 중앙관서의 장, 지방자치단체의 장 또는 계약담당 공무원 등으로 하여금 분기별 발주계획, 계약체결에 관한 사항, 월별 수의계약 내역 등을 공개하도록 규정하고 있는 것은 국민의 알권리를 보장하고 계약 관련 사무의 공정한 집행 및 투명성을 보장하기 위한 취지이므로, 위 규정에 해당되는 범위에서는 국가나 지방자치단체가 정보공개법과 무관하게, 즉 국민의 공개 청구 여부와 관계없이 각 해당 규정에 따라 공개 대상 정보를 공개해야 한다.

한편, 국가계약법령과 지방계약법령에 따라 국가나 지방자치단체가 공개해야 하는 사항 외에 정보공개법에 따른 공공기관이 계약과 관련하여 보유·관리하는 정보도 국민의 공개 청구가 있는 경우 국민의 알권리를 보장하고 국정에 대한 국민의 참여 및 투명성을 확보하기 위해서 원칙적으로 공개 대상이 된다고 할 것인데, 예외적으로 정보공개법 제9조 제1항 각 호의 비공개 사유에 해당하는 경우에는 이를 공개하지 않을 수 있다.

따라서 국가나 지방자치단체가 당사자가 되어 체결한 계약에 관한 사항으로서 국가계약법령 및 지방계약법령 등에 해당하는 계약에 관한 정보는 공개 청구 여부와 상관없이 공개하게 되는 것이고, 그 외의 국가기밀이 아닌 계약에 관한 정보는 원칙적으로 공개해야 하나, 개별적·구체적으로 판단하여 법인 등의 경영상·영업상 비밀에 관한 사항으로서 공개될 경우 법인 등의 정당한 이익을 현저히 해칠 우려가 있다고 인정되는 경우에는 정보공개법 제9조 제1항 제7호에 따라 비공개할 수 있다.[353)354)]

---

353) [법제처 11-0395, 2011. 10. 7, 민원인]
354) [법제처 06-0132, 2006. 8. 22, 행정자치부] 공기관이 예산을 집행하는 과정에서 작성한 물품구매 관련 '구입과지출결의서'상 계약상대방에 관한 정보 중 상호, 사업자번호, 성명, 주소에 관한 정보는 정보공개법 제9조 제1항 제7호의 비공개 대상 정보에 해당한다고 볼 수 없다고 유권해석을 한 사례.

3. 방송사업자의 방송프로그램 공개 여부

국가·지방자치단체 또는 법인이 아닌 자는 방송사업 또는 전송망사업을 할 수 없다 (방송법 제13조 제1항). 방송사업자는 지상파방송사업을 하는 지상파방송사업자, 종합유선방송사업을 하는 종합유선방송사업자, 위성방송사업을 하는 위성방송사업자, 방송채널사용사업을 하는 방송채널사용사업자 및 공중선전력 10와트 이하로 공익목적으로 라디오방송을 하는 공동체라디오방송사업자를 말한다(같은 법 제2조 제3호).

그런데 정보공개법의 적용대상이 되는 방송사업자(법인)가 취재활동을 통하여 확보한 결과물이나 과정에 관한 정보 또는 방송프로그램의 기획·편성·제작 등에 관한 정보가 '법인 등의 경영상·영업상 비밀에 관한 사항'으로서 공개를 거부할 만한 정당한 이익이 있는지 문제된다.

오늘날 방송은 민주적 여론형성, 생활정보의 제공, 국민문화의 향상 등 공공적 역할을 수행하면서 국민의 생활에 직접적인 영향을 미치고 있고, 특히 방송의 이러한 공공성을 고려하여 공익향상과 문화발전을 위한 공영방송제도를 두고 공영방송사업을 맡기고 있다. 또한 헌법 제21조 제1항에 의하여 보장되는 언론·출판의 자유에는 방송의 자유가 포함되고, 방송의 자유는 주관적인 자유권으로서의 특성을 가질 뿐만 아니라 다양한 정보와 견해의 교환을 가능하게 함으로써 민주주의의 존립·발전을 위한 기초가 되는 언론의 자유의 실질적 보장에 이바지한다는 특성을 가지고 있다. 이와 같이 공영방송사로서의 공적 기능을 제대로 수행하면서도 아울러 언론 자유의 주체로서 방송의 자유를 제대로 향유하기 위해서는 방송주체로서의 존립과 활동이 국가권력의 간섭으로부터 독립해야 함은 물론 방송의 자유를 침해하는 사회의 다양한 세력들로부터도 자유로울 것이 요청된다.

한편 방송사의 취재활동을 통하여 확보한 결과물이나 그 과정에 관한 정보 또는 방송프로그램의 기획·편성·제작 등에 관한 정보는 경쟁관계에 있는 다른 방송사와의 관계나 시청자와의 관계, 방송프로그램의 객관성·형평성·중립성이 보호되어야 한다는 당위성 측면에서 볼 때 '타인에게 알려지지 아니함이 유리한 사업활동에 관한 일체의 정보'에 해당한다고 볼 수 있다. 개인 또는 집단의 가치관이나 이해관계에 따라 방송프로그램에 대한 평가가 크게 다를 수밖에 없는 상황에서 정보공개법에 의한 정보공개 청구의 방법으로 방송사가 가지고 있는 방송프로그램의 기획·편성·제작 등에 관한 정보 등을 제한 없이 모두 공개하도록 강제하는 것은 방송사로 하여금 정보공개의 결과로서 야기될 수 있는 각종 비난이나 공격에 노출되게 하여 결과적으로 방송프로그램 기획 등 방송활동을 위축시킴으로써 방송사의 경영상·영업상의 이익을 해하고 나아가 방송의 자유와 독립을 훼손할 우려가 있다.[355]

따라서 방송프로그램의 기획·편성·제작 등에 관한 정보로서 방송사가 공개하지 아니한 것은 사업활동에 의하여 발생하는 위해로부터 사람의 생명·신체 또는 건강을 보호하기 위하여 공개할 필요가 있는 정보나 위법·부당한 사업활동으로부터 국민의 재산 또는 생활을 보호하기 위하여 공개할 필요가 있는 정보를 제외하고는, 정보공개법 제9조 제1항 제7호에 정한 '법인 등의 경영상·영업상 비밀에 관한 사항'에 해당할 뿐만 아니라 그 공개를 거부할 만한 정당한 이익도 있다.[356]

IV. 공개할 수 있는 법인의 경영상·영업상 정보

법인 등의 경영상·영업상 비밀에 관한 사항이더라도, 첫째, 사업 활동에 의하여 발생하는 위해로부터 사람의 생명·신체 또는 건강을 보호하기 위하여 공개할 필요가 있는 정보와 둘째, 위법·부당한 사업활동으로부터 국민의 재산 또는 생활을 보호하기 위하여 공개할 필요가 있는 정보는 비공개 대상 정보에 해당되지 아니하고 공개 대상에 해당된다.

사업활동의 위해로부터 사람의 생명 또는 건강보호 관련 정보로는 가령 약해나 식중독 등에 의한 위해 발생을 미리 방지하거나 위해가 확대되는 것을 방지하기 위한 관련

---

355) 서울행정법원 2007. 4. 18. 선고 2006구합24183 판결(대법원 2008. 5. 29. 2008두2774 심리불속행 기각), 한국방송공사의 프로그램 외주제작 내역 중 외주처, 제작 내역 및 금액에 관한 정보는 공공기관의 정보공개에 관한 법률 제9조 제1항 제7호에서 규정하는 비공개 대상인 '법인 등의 경영상·영업상 비밀에 관한 정보'에 해당하지 않는다고 한 사례.

356) 대법원 2010. 12. 23. 선고 2008두13101 판결은 한국방송공사(KBS)가 황우석 교수의 논문조작 사건에 관한 사실관계의 진실 여부를 밝히기 위하여 제작한 〈추적 60분〉 가제 '새튼은 특허를 노렸나'인 방송용 60분 분량의 편집 원본 테이프 1개에 대하여 정보공개 청구를 했으나 한국방송공사가 정보공개 청구접수를 받은 날로부터 20일 이내에 공개 여부 결정을 하지 않아 비공개 결정을 한 것으로 간주된 사안에서, 위 정보는 방송프로그램의 기획·편성·제작 등에 관한 정보로서, 공공기관의 정보공개에 관한 법률 제9조 제1항 제7호에서 비공개 대상 정보로 규정하고 있는 '법인 등의 경영상·영업상 비밀에 관한 사항으로서 공개될 경우 법인 등의 정당한 이익을 현저히 해할 우려가 있다고 인정되는 정보'에 해당한다고 한 사례이고,
대법원 2010. 12. 23. 선고 2008두13392 판결도 같은 취지의 사건에서 피고(한국방송공사)가 이 사건 프로그램을 방송하지 아니하기로 결정했다거나 이 사건 정보에 소외 1이 임의로 더빙 및 자막 처리를 한 부분이 포함되어 있다고 하여 달리 볼 것이 아니라고 판시한 사례이다.

정보를 들 수 있고, 위법·부당한 사업활동으로부터 국민의 재산 또는 생활을 보호하기 위한 정보로는 국민의 재산 또는 생활의 피해가 발생하는 것을 방지하기 위해서 사업자의 각종 행정처분통지서 등을 들 수 있다.[357)358)]

V. 부수되는 문제

1. 비공개 조건부 임의제공 정보의 공개 여부

(1) 법인 등이 공개하지 않는다는 조건으로 임의로 공공기관에 정보를 제공한 경우에 공공기관이 이러한 정보에 대한 공개 청구에 대해 비공개 결정을 할 수 있는가의 문제가 있다.

만약 정보제공자가 비공개를 조건으로 하여 공공기관에 제공한 정보를 언제나 비공개로 해야 한다고 하면 이러한 정보에 대한 국민의 알권리는 막히게 된다. 다른 한편 정보를 임의로 제공한 법인 등의 이익도 고려해야 할 필요가 있다. 항상 공개를 전제로 한다면 공공기관은 법인 등으로부터 정보를 입수하는 데 곤란을 겪고 법인 등에 대한 적절한 규제나 지도를 행할 수 없게 될 우려도 있다.

따라서 비공개 특약이 있는 경우 일반적으로 그것을 존중해야 할 의무가 있다고 할 수는 있으나 다른 한편 비공개 특약이 있으면 항상 정보공개를 거부할 수 있다고 한다면 이는 정보공개제도의 골격을 흔들게 된다.[359)]

(2) 미국 정보자유법에는 법인 등이 임의로 제공한 정보에 관하여 이를 비공개로 한다는 명문의 예외사유는 규정되어 있지 않다.

---

357) 대법원 2006. 1. 13. 선고 2003두9459 판결, 아파트재건축주택조합의 조합원들에게 제공될 무상보상평수의 사업수익성 등을 검토한 자료가 구 공공기관의 정보공개에 관한 법률(2004. 1. 29. 법률 제7127호로 전문 개정되기 전의 것) 제7조 제1항에서 정한 비공개 대상 정보에 해당하지 않는다고 한 사례; 이 판결에 대한 해설로는 박평균, 「재건축아파트 조합원들에 대한 무상보상평수 산출내역이 구 공공기관의 정보공개에 관한 법률 제7조 제1항 제5호, 제7호 소정의 비공개 대상 정보인지 여부」, 『대법원 판례해설』 통권 제61호(2006년 상반기), 법원도서관, 54~84쪽 참조.
358) 서울행정법원 2000. 1. 7. 선고 99구19984호 판결, 아파트 분양원가의 산출내역은 이미 산출이 종료된 내역자료에 지나지 않아 의사결정 과정에 있다거나 영업상 비밀로 보이지 않으며 오히려 공개됨으로써 분양원가 산출과정의 투명성을 확보할 수 있으므로 정보 비공개 처분은 위법하다고 한 사례.
359) 松井茂記, 앞의 책, 229~230쪽.

다만, 법집행 목적을 위하여 수집하는 기록이나 정보로서, 개인으로부터 취득하는 영업비밀(trade secrets)과 상업 또는 재무 정보, 면책(privileged) 또는 기밀(confidential) 정보(information)를 비공개 대상 정보로 삼고 있다[제552조(b)(4)].[360]

즉, 첫째, 영업비밀[361]과 둘째, 상업 또는 재무에 관한 것으로서 개인(법인 등도 포함한다)으로부터 취득한 면책적이거나 기밀에 해당하는 정보 등 두 가지의 큰 범주의 정보를 비공개 사유로 정하고 있다.[362]

여기서 가장 문제가 되는 것이 기밀정보(confidential information)의 의미와 그 기준인데 초기의 미국 판례는 주관적 기준(subjective test)을 채택하여 정보제공자가 비공개를 기대하면서 정보를 제공했는지 또는 정보제공자가 정보를 제공하려고 했는지를 고려했다.

그러나 1974년 미국 연방항소법원은 National Parks 판결[363]에서 주관적 기준 대신에, 첫째, 정보를 제공하도록 요청받은 사적 당사자로부터 협조를 얻을 정부의 이익과 둘째, 정보제공자 자신의 이익이라는 경쟁적 해악 및 손상 기준을 제시한 이후 임의로 제출된 정보의 공개가 정보를 입수하는 행정기관의 능력을 손상하는 것이 되는 경우에는 영업의 비밀로서 비공개하는 것을 인정했다.[364]

이 판결은 비밀인지 여부를 판단할 때 정보제공자의 의사는 결정적인 요소는 아니

360) (b) records or information compiled for law enforcement purposes, but only to the extent that the production of such law enforcement records or information … (4) trade secrets and commercial or financial information obtained from a person and privileged or confidential; 한편 미국 정보자유법 (b)(7)(D)는 "주, 지방, 또는 외국의 기관 및 당국 또는 비밀유지를 전제로 정보를 제공한 모든 사적 단체를 포함하여 비밀정보원의 신원을 노출시키는 것으로 합리적으로 예견할 수 있고, 또 형사조사과정에서 형사법 집행당국에 의하여 또는 합법적인 국가보안정보조사를 관장하는 기관에 의하여 작성된 기록이나 정보의 경우에 정보원에 의하여 제공되는 정보를 노출시키는 것으로 합리적으로 예견할 수 있는 정보(…could reasonably be expected to disclose the identity of a confidential source, including a State, local, or foreign agency or authority or any private institution which furnished information on a confidential basis, and, in the case of a record or information compiled by a criminal law enforcement authority in the course of a criminal investigation or by an agency conducting a lawful national security intelligence investigation, information furnished by a confidential source)"도 비공개 대상으로 삼고 있다.
361) 영업 비밀(trade secrets)에 관하여 Restatement of Torts(1939년, 제757조)는 "영업에 이용하는 공식이나 형식, 장치 또는 정보의 편집으로서, 영업에 사용되고, 그 사용자에게 그것을 알지 못하거나 사용하지 않은 경쟁자에 대하여 유리한 장점을 제공하는 것(Any formula, pattern, device, or compilation of information which is used in one's business, and which gives him an advantage over competitors who do not know it or use it)"이라고 정의하고 있다; Harry A. Hammit, Marc Rotenberg, John A. Verdi & Mark S. Zaid, 앞의 책, 102쪽 참조.
362) Pub. Citizen Health Research Group v. FDA, 185 F.3d 898, 903 (D.C. Cir. 1999); 미국 법무부(DOJ), *Freedom of Information Act Guide*, March 2007 (http://www.usdoj.gov/oip/foia_guide07.htm), 2007, 355쪽 참조.
363) National Parks & Conservation Ass'n v. Morton, 498 F.2d 765 (D.C. Cir. 1974).
364) 宇賀克也, 『情報公開法の理論』(新版), 有斐閣, 2000, 131~137쪽 참조.

고 ① 정부가 장래에 있어서 필요한 정보를 얻을 능력을 손상할 것인가(impairment test)
와 ② 정보제공자의 경쟁적 지위에 실질적 손해를 줄 수 있는가(competitive harm test)라
는 관점에서 객관적으로 비밀성의 유무를 판단하는 입장을 채용한 것이다.[365] 이를 흔
히 위 판결의 당사자 이름을 따서 모톤 기준(Morton test)이라고 한다.

그런데 그 후 1992년 Critical Mass 판결[366]은 National Parks 판결을 유지하면서도
National Parks 판결의 기준은 정보의 제공(제출)이 강제(의무화, compelled)되는 경우에
한하고, 정보가 임의로(voluntarily) 행정기관에 제공된(submitted) 경우에는 정보제출자
(submitter)가 통상 이를 공중(public)에 공개하지 않는 정보라면 (b)(4)호의 적용을 받
아 비공개할 수 있다고 판시했다.

정보제출이 강제되는 경우에 한정해서 National Parks 판결의 기준이 적용되는 것이
라면 위 ①의 기준은 그다지 중요하지 않게 된다. 왜냐하면 행정기관이 정보제출을 강
제할 수 있는 이상 정보공개를 싫어하는 기업으로부터 정보를 얻는 것이 곤란하게 된다
는 것을 염려할 필요는 없기 때문이다. 그러나 National Parks 판결은 정보제출이 강제
되는 경우에 있어서도 해당 정보가 공개 대상인지 아닌지는 제출된 정보의 질에 영향을
줄 수 있는 것으로서 그 한도에서 ①의 기준이 전혀 의미를 잃은 것은 아니다.

그렇다면 정보제출이 강제되는 주된 심사기준은 ② 정보제공자의 경쟁적 지위에 실
질적 손해를 줄 수 있는가(competitive harm test)라는 점이다.

이에 관해서는 실제 경쟁상의 불이익을 받을 필요는 없고 경쟁이 실제 존재한다는
것과 중대한 경쟁상의 불이익을 받을 가능성이 있는 것으로 족하고 통상 공개하지 않는
종류의 정보이면 비공개하는 것이 인정되고 있다.

Critical Mass Standard에 의하면 법원은 정부에 임의로 제출된 정보와 법규상 필요에
의해서나 혹은 편익을 위하여 정부에 제출될 것이 강요되는 정보를 구분하여 만약 정보
의 제출이 강요된 경우라면 그 정보는 정보의 공개가 기업에 대한 중대한 경쟁력에 관
계되지 아니하는 한 공중에게 공개되어야 한다는 것이다.

---

365) National Parks & Conservation Ass'n v. Morton, 498 F.2d 765 (D.C. Cir. 1974) at 770에 의하면, "commercial or
financial matter is 'confidential' for purposes of the exemption if disclosure of the information is likely to have either
of the following effects: (1) to impair the Government's ability to obtain necessary information in the future; or (2) to
cause substantial harm to the competitive position of the person from whom the information was obtained"라고 판시
하고 있다; 미국 법무부(DOJ), 앞의 자료, 367~368쪽 참조.
366) Critical Mass Project v. NRC, 975 F.2d 871 (D.C. Cir. 1992).

이처럼 정보제출이 강제되는 경우에는 National Parks 판결의 기준이 적용되지만, 정보제출이 강제되는 법적 권한은 법률, 대통령령, 규칙 등 다양하다. 입찰의 참가와 같이 참가하는 것 자체는 임의이나 참가하는 이상 정보제출을 의무화하는 경우에는 어느 기준을 적용할 것인가는 매우 중요한 의미를 갖는다. 판례 중에는 정부계약을 위해 제출한 서류에 대해서 계약에 참가하는가는 임의이기 때문에 해당 정보의 제출도 임의라고 본 사례도 있으나,[367] 미국 법무부는 그러한 경우에는 정보제공이 강제되고 있는 경우로서 National Parks 판결의 기준에 따라야 한다는 입장이다.

문제는 기업체나 정부가 정보공개를 거부하기 위하여 기업체가 정보를 자의적으로 제출한 것으로 만들게 하고, 실제로 정부당국은 기업체로 하여금 정보를 자의적으로 제출하도록 강요할 수 있다는 데 있다.[368]

해당 정보의 제출을 강제하는 권한을 행정기관이 가지고 있는데도 실제로 그 권한을 행사하지 않고 임의로 정보가 제출되는 경우도 있는데, 정보제출을 의무화하는 권한을 행사하지 않은 경우나 제출을 하지 않으면 벌칙 등을 부과할 수 있는데도 그러하지 않은 경우도 있다. 미국 법무부는 그러한 경우에 정보제출은 임의로 이루어진 것으로 해석하여 정보제출자가 통상 공중에 공개하지 않은 정보인 경우에는 비공개할 수 있다고 한다.

그러나 이는 행정기관의 재량에 의해 비공개될 수 있는 범위를 확장하는 것과 동일한 결과를 초래하는 것이라는 비판이 제기된다. Critical Mass 사건의 원고도 임의제출된 정보를 행정기관이 통상 비공개로 할 수 있게 된다면 행정기관과 기업이 공모하여 강제수단을 사용하지 않고 임의제출의 형식을 빌려 공개를 면할 수 있다고 주장했다.

임의제출 정보에 관한 Critical Mass 판결의 기준은 행정기관에 의한 정보 수집을 용이하게 해주는 장점이 있으나 행정목적을 위하여 진정으로 필요한 정보는 공공기관이 강제적으로라도 취득할 수 있어야 한다.

(3) 일본 정보공개법 제5조 제2호 나목은 "법인 기타 단체에 관한 정보 또는 사업을 하는 개인의 해당 사업에 관한 정보로서 행정기관의 요청을 받아서 공개하지 않는다는 조건에서 임의로 제공된 것으로 법인 등 또는 개인에 있어서 통례적으로 공개하지 않는

---

367) Environmental Technology, Inc. v. EPA, 822 F. Supp. 1226 (E. D. Va. 1993).
368) 이구현, 앞의 책, 121~122쪽.

것으로 되어 있는 것, 기타 해당 조건을 붙인 것이 해당 정보의 성질, 당시의 상황 등에 비춰서 합리적이라고 인정되는 정보"를 비공개 정보로 규정하고 있다. 다만 사람의 생명, 건강, 생활 또는 재산을 보호하기 위해 공개할 필요가 있다고 인정되는 정보는 제외하고 있다.

이러한 비공개 예외사유는 어디까지나 '행정기관의 요청을 받아' 임의로 제출된 경우에 인정되는 것이므로 법인 등이 비자발적 혹은 강제적으로 정보를 제공한 경우와 법인 등이 인허가 등을 신청하기 위해 제출한 정보에는 적용되지 않는다.[369] 또한 이러한 예외사유로 비공개하기 위해서는 법인 등이 비공개 조건을 일방적으로 부여한 것만으로는 불충분하고 '공개하지 않는다는 조건'으로 임의로 제출되는 것이어야 하며 어디까지나 행정기관이 그 조건을 승인하는 것이 필요하다. 이러한 승인은 반드시 서면에 의한 것을 요구하는 것은 아니다.

특수법인이나 공익법인 등 행정기관에 의해 광범한 감독에 따르고 있는 법인에 있어서는 본래 행정기관에 '임의로' 정보를 제출한 것이라고는 하기 어렵다.

일반적으로 법인 등이 임의로 공공기관에 정보를 제공하면서 이를 공개하지 않는다는 조건을 붙인 경우 그것이 합리적이라면 비공개할 이익이 더 많다고 볼 수 있다. 여기서 비공개 조건이 합리적인가 아닌가는 개별 구체적인 사례에 따라 해당 정보의 성질, 당시의 상황, 해당 법인 등이 속한 업계나 업종의 통상적 관행 등에 비추어 판단해야 하는데 '해당 정보의 성질'이 중요한 고려요소의 하나이다.[370] 따라서 법률에 위반되는 경우나 공서양속에 위반되는 경우 등에는 합리적이라고 할 수는 없다. 합리적인지 여부는 원칙적으로 정보제출 시의 상황에 비추어 판단하는데 제출 후의 사정도 고려할 여지가 있다. 가령 비공개의 조건을 붙인 법인이 해산하여 존재하지 않은 경우에는 사후의 사정변경을 고려해서 공개할 여지가 생긴다고 할 수 있다.

(4) 미국이나 일본의 정보공개법과 달리 우리나라 정보공개법에서는 법인 등이 임의로 제출한 정보를 비공개 정보로 규정하고 있지 아니하므로 비공개 사유를 열거적·한정적으로 보는 입장에서는 임의제공 정보라고 해서 바로 비공개 정보로 인정할

369) 松井茂記, 앞의 책, 231쪽.
370) 松井茂記, 앞의 책, 232쪽.

수는 없다.[371]

그런데 우리나라 행정실무상 공공기관에서 법인 등의 정보를 강제적으로 제출케 하는 경우가 적지 않고 반면 행정지도 등을 통해 정보를 임의적으로 제출케 하는 경우도 많다. 특히 특수법인이나 공익법인 등 행정기관에 의해 광범한 감독에 따르고 있는 법인에 있어서는 본래 행정기관에 '임의로' 정보를 제출한 것이라고는 하기 어렵다. 따라서 공공기관에 임의로 제출된 정보와 법규상 필요에 의해서나 혹은 정보의 편익을 위하여 공공기관에 제출이 사실이 강요되는 정보를 구분하여 만약 정보의 제출이 강요된 경우라면 그 정보는 정보의 공개가 기업에 대한 중대한 경쟁력에 관계되지 아니하는 한 함부로 비공개 대상으로 삼아서는 안 된다.

문제는 기업이나 정부가 정보공개를 거부하기 위하여 기업이 정보를 자의적으로 제출한 것으로 만든다거나 공공기관이 기업으로 하여금 정보를 자의적으로 제출하도록 강요할 수 있다는 데 있다.[372] 공공기관이 행정지도를 남용하여 임의의 형식으로 정보를 제출하게 한 다음 이를 이유로 공개 거부를 할 수 있다는 점이다.

그런데 우리나라 행정정차법에서는 행정지도는 그 목적 달성에 필요한 최소한도에 그쳐야 하며, 행정지도의 상대방 의사에 반하여 부당하게 강요해서는 안 되며(같은 법 제48조 제1항), 행정기관은 행정지도의 상대방이 행정지도에 따르지 아니했다는 것을 이유로 불이익한 조치를 해서는 안 된다(같은 법 제48조 제2항)고 규정하고 있다.

행정지도를 하는 자는 그 상대방에게 그 행정지도의 취지 및 내용과 신분을 밝혀야 하고(같은 법 제49조 제1항) 행정지도가 말로 이루어지는 경우에 상대방이 행정지도의 취지 및 내용과 신분 사항을 적은 서면의 교부를 요구하면 그 행정지도를 하는 자는 직무

---

371) 서울고등법원 1997. 2. 20. 선고 96구13943 판결, 피고(외무부 장관)가 이 사건 문서[외무부는 1996년 3월경 주미 한국대사관을 통하여 미국 정부로부터 받은 문건들은 1979년 12월 12일 군사반란 및 1980년 5월 18일 광주항쟁에 관련하여 당시 미국 정부(국무부, 국방부 및 중앙정보부)와 주한 미대사관 사이 및 일본 정부(주미대사관 포함)와 미국 정부(주한 미대사관 포함) 사이에 작성, 수수된 전문 기타 서류로서 비밀이 해제된 것이며, 거기에는 위 기간 동안 한국 내의 정치과정에 대한 미국 정부의 시각과 역할을 이해하는 데 도움이 될 수 있는 내용이 포함되어 있다]를 교부받을 당시 미국 정부가 민간인들의 요청이 있을 경우에는 미국법에 따라 미국 정부에 요청토록 권유해줄 것을 희망했다고 하더라도 이러한 사유만으로는 미국 정부가 비공개를 전제로 하여 이 사건 문서를 제공했다고 인정하기에도 부족하다고 할 것이고, 제3자로부터 제공된 정보가 그 제공자의 프라이버시나 영업비밀 등 보호할 법익을 저해하게 되는 경우는 별론으로 한다고 하더라도 이 사건의 경우에는 미국법에 의해 미국 시민이든 외국인에 대해서든 공개가 허용되고 미국 정부가 실제로 공개한 내용을 일본 정부의 요청에 따라 제공한 것이어서 피고가 이를 다시 원고에게 공개한다고 하더라도 미국 정부로서 하등 이해를 달리할 바 없으므로 공개 대상 정보에 해당된다고 한 사례.
372) 이구현, 앞의 책, 121~122쪽.

수행에 특별한 지장이 없으면 이를 교부해야 하며(같은 법 제49조 제2항), 행정지도의 상대방은 해당 행정지도의 방식·내용 등에 관하여 행정기관에 의견제출을 할 수 있다고 하고 있다(같은 법 제50조).

따라서 국민의 생명이나 건강을 보호하기 위해 필요한 경우에는 공공기관은 보다 적극적으로 정보를 공개하는 방향으로 나아가야 할 것이나 행정지도의 절차와 방법, 범위 등이 지켜져야 하며 불필요하게 정보의 임의제공을 구하지 않도록 법제도를 개선해야 하고 법인 등도 안이하게 임의로 정보제공에 응하지 않도록 함이 바람직하다.

우리나라 정보공개법에서는 공공기관이 법인 등으로부터 비공개를 조건으로 자발적으로 제공받은 영업상의 비밀 등 정보의 공개 청구에 대해서는 그 정보의 공개로 인하여 정보제공자와의 신뢰관계·협력관계가 침해되어 행정의 공정한 수행에 지장을 초래할 우려가 있을 경우에는 정보공개법 제9조 제1항 제7호가 아니라 제5호에 의하여 비공개가 될 수 있을 것이다.[373]

(5) 한편 우리나라의 개별 법령에서 임의제공 정보에 대해 정보제공자의 명시적인 동의 없이는 이를 공개할 수 없다고 명문의 규정을 두고 있는 경우가 있다.

즉, 반덤핑 관세제도를 규정하고 있는 관세법에서는 기획재정부 장관 또는 무역위원회는 반덤핑조사 및 덤핑방지관세의 부과 여부 등을 결정하기 위하여 필요하다고 인정하는 때에는 관계행정기관·국내생산자·공급자·수입자 및 이해관계인에게 관계자료의 제출 등 필요한 협조를 요청할 수 있다고 규정하고 있다(같은 법 시행령 제64조 제1항). 특히 기획재정부 장관 또는 무역위원회는 제출된 자료 중 성질상 비밀로 취급하는 것이 타당하다고 인정되거나 조사신청자나 이해관계인이 정당한 사유를 제시하여 비밀로 취급해줄 것을 요청한 자료에 대해서는 해당 자료를 제출한 자의 명시적인 동의 없이 이를 공개해서는 안 되며(같은 법 시행령 제64조 제2항), 비밀로 취급해줄 것을 요청한 자료를 제출한 자에게 해당 자료의 비밀이 아닌 요약서의 제출을 요구할 수 있고(같은 법 시행령 제64조 제3항), 비밀취급요청이 정당하지 아니하다고 인정됨에도 불구하고 자료의 제출자가 정당한 사유 없이 자료의 공개를 거부하는 때 또는 비밀이 아닌 요약서의

---

373) 김의환, 「비공개 대상 정보의 범위」, 『행정소송』(II), 한국사법행정학회, 234쪽; 변현철, 앞의 논문, 653쪽; 한위수, 「정보공개법상 비공개 대상 정보로서의 개인정보 및 영업상 비밀」, 『행정재판실무편람』(II), 서울행정법원, 2002, 507쪽.

제출을 거부한 때에는 해당 자료의 정확성이 충분히 입증되지 아니하는 한 해당 자료를 참고하지 아니할 수 있다(같은 법 시행령 제64조 제4항)고 규정하고 있다.

기획재정부 장관 또는 무역위원회는 덤핑방지관세의 부과절차와 관련하여 이해관계인으로부터 취득한 정보·자료 및 인지한 사실을 다른 목적으로 사용할 수 없고(같은 법 시행령 제64조 제6항), 이해관계인이 제출한 관계증빙자료와 제출 또는 통보된 자료 중 비밀로 취급되는 것 외의 자료의 열람을 요청하는 경우에는 특별한 사유가 없는 한 이에 응해야 하고, 이 경우 이해관계인의 자료열람요청은 그 사유 및 자료목록을 기재한 서면으로 해야 한다(같은 법 시행령 제64조 제7항). 상계관세제도와 관련해서도 같은 취지의 내용을 두고 있다(같은 법 시행령 제78조).

또한 '자유무역협정의 이행을 위한 관세법의 특례에 관한 법률' 제20조 제1항은 세관 공무원과 대통령령으로 정하는 원산지증빙서류 발급자는 수입자·수출자·생산자(체약 상대국에 거주하는 수출자·생산자와 그 밖의 이해관계인 포함) 또는 체약상대국의 권한 있는 기관이 협정 및 이 법에서 정한 바에 따라 원산지의 결정, 관세의 부과·징수 또는 통관을 목적으로 제출한 자료로서 대통령령으로 정하는 바에 따라 비밀취급자료로 지정된 자료를 자료제출자의 동의 없이 타인(체약상대국의 관세당국 포함)에게 제공 또는 누설하거나 사용 목적 외의 용도로 사용해서는 안 되며, 다만 국가기관이 관세에 관한 쟁송 또는 관세범의 소추(訴追)를 목적으로 비밀취급자료를 요구하는 경우, 법원의 제출명령 또는 법관이 발부한 영장에 따라 비밀취급자료를 요구하는 경우 및 세관공무원 상호 간에 관세의 부과·징수, 통관 또는 질문·검사상의 필요에 따라 제공하는 경우에는 그 사용 목적에 맞는 범위에서 비밀취급자료를 제공할 수 있다고 규정하고 있다. 이러한 정보는 제9조 제1항 제1호 또는 제7호에 의한 비공개 대상 정보에 해당할 것이다.

2. 해당 법인 등이 공개 청구를 하는 경우

법인 등에 관한 경영상·영업상의 정보라고 하더라도 개인정보의 경우와 마찬가지로 해당 법인 등이 공개 청구를 한 경우 제7호를 원용하여 공개를 거부할 수 있는가의 문제가 있다. 개인정보의 경우와 마찬가지로 해당 법인 등이 공개 청구를 한 경우라고 하더라도 해당 법인 등에게만 공개하는 것은 인정되지 않는다고 해석해야 한다.

다만 개인정보에 관해서는 개인정보 보호법에 의해 본인 공개 청구가 가능하지만 법인 등의 정보에 관해서는 이와 유사한 공개 청구제도가 없다.

즉, 자연인은 자기정보에 접근하여 잘못된 사실이 있으면 개인정보처리자에게 자신에 관한 개인정보의 정정 또는 삭제를 요구할 수 있으나(개인정보 보호법 제36조 등) 법인은 '개인'이 아니기 때문에 이러한 권리를 보장받지 못하고 있다. 입법 정책적으로는 법인에게도 자연인과 동일 또는 유사한 정보 보호 및 공개 청구를 도입할 필요가 있다.[374]

3. 해당 법인 등이 정보공개에 동의한 경우

해당 법인 등이 해당 법인만이 아닌 모든 사람에 대해 공개를 승낙하고 있는 경우에는 그 공개가 해당 법인 등의 권리나 경쟁상의 지위 기타 정당한 이익을 해칠 우려가 있다고 볼 수는 없으므로 청구인의 공개 청구를 거부할 수는 없을 것이다.

4. 공익상의 이유에 의한 재량적 공개

아무리 법인 등의 경영상·영업상의 비밀에 관한 정보를 보호해야 한다고 하더라도 이를 공개해야 하는 공익이 상회하는 경우에까지 정보를 비공개해야 할 이유는 없다. 일본 정보공개법은 법인 등의 경영상·영업상의 비밀에 관한 정보라고 하더라도 사람의 생명, 건강, 생활 또는 재산을 보호하기 위해 공개하는 것이 필요하다고 인정되는 정보를 제외하여(제5조 제2호 단서) 공익상의 이유에 의한 재량적 공개를 인정하고 있다. 때문에 임의제공 정보라고 하더라도 공익상의 필요가 있으면 법인정보는 공개될 수 있다.

우리나라에서도 유추적용 될 수 있을 것이다. 이때 비공개로 하는 것에 의해 보호되는 이익과 공개하는 것에 의해 보호되는 이익을 비교·형량해야 한다. 이 비교·형량에 있어서는 공개하는 것에 의해 보호되는 이익의 성질 및 내용을 살펴볼 필요가 있다. 때문에 사람의 생명이나 건강을 보호하기 위해 필요한 경우에는 정보를 공개해야 하는 공익을, 그 이외의 경우에는 법인 등의 경영상·영업상 비밀의 이익을 신중하게 검토하지 않으면 안 된다.

---

374) 宇賀克也, 『情報公開·個人情報保護—最新重要裁判例·審査会答申の紹介と分析』, 有斐閣, 2013, 21~22쪽 참조.

5. 제3자의 절차적 보호

공공기관은 공개 청구된 공개 대상 정보의 전부 또는 일부가 제3자와 관련이 있다고 인정되는 때에는 그 사실을 제3자에게 지체 없이 통지해야 하며, 필요한 경우에는 그의 의견을 청취할 수 있으므로(제11조 제3항), 청구인이 법인 등의 경영상·영업상 비밀에 관한 정보에 대해 공개 청구를 한 경우에는 공공기관은 공개 청구의 대상이 된 정보의 주체인 법인 등에게 공개 청구된 사실을 지체 없이 통지하고 그의 의견을 청취해야 한다. 이러한 통지받은 제3자는 통지받은 날부터 3일 이내에 해당 공공기관에 대하여 자신과 관련된 정보를 공개하지 아니할 것을 요청할 수 있다(제21조 제1항). 제3자의 비공개 요청에도 불구하고 공공기관이 공개 결정을 하는 때에는 공공기관은 공개 결정 이유와 공개 실시일을 명시하여 지체 없이 문서로 통지해야 하며, 제3자는 해당 공공기관에 문서로 통지를 받은 날부터 7일 이내에 이의신청을 하거나 행정심판 또는 행정소송을 제기할 수 있다(제21조 제2항).

한편 법인 A가 법인 B에 비공개 특약으로 정보를 제공한 경우에 B가 A의 동의 없이 공공기관에 임의로 그 정보를 제공한 경우는 어떻게 취급해야 하는가.

임의제공 정보를 비공개 사유로 명시적으로 규정하고 있지 아니하는 우리나라 정보공개법에서는 B가 A에 대한 약속의무 위반에 따른 손해배상책임을 지는 것은 별론으로 하고 그러한 사정만으로는 이를 비공개조건부 임의제공 정보로 보아 비공개 사유에 해당된다고 할 수는 없을 것이다.

제9절 제8호 비공개 사유(특정인의 이익·불이익 관련 정보)

공개될 경우 부동산 투기, 매점매석 등으로 특정인에게 이익 또는 불이익을 줄 우려가 있다고 인정되는 정보

제9.조 제1항 제8호는 공개될 경우 부동산 투기, 매점매석 등으로 특정인에게 이익 또는 불이익을 줄 우려가 있다고 인정되는 정보를 비공개 대상으로 삼고 있다.[375]

이는 정보의 성격상 공개함으로써 정보를 얻은 자와 얻지 못한 자와의 사이에 불공평이 발생하고 부당한 이익 또는 불이익이 초래되는 것을 방지하기 위함이다.[376]

도시계획 결정을 위한 행정기관 간의 협의 관련 자료, 학교 부지 선정을 위한 정보, 신도시 지정제안을 위한 조사 및 협의 등 정보, 공공시설과 관련된 설치계획, 예산 배정계획, 공사·용역 발주계획, 예산 편성 요구 자료 등 공개될 경우 부동산투기·매점매석 등 특정인에게 이익 또는 불이익을 줄 우려가 있다고 인정되는 정보, 공유재산 매각 공고전의 관련 정보로서 공개될 경우 특정인에게 이익, 불이익을 줄 우려가 있는 정보, 공공시설의 용지매수계약서, 설계단가표, 각종 개발계획 등이 해당될 수 있을 것이다.[377] [378]

---

375) 이구현, 앞의 책, 122쪽은 이 조항은 외국의 입법례에서도 찾아볼 수 없는 사례로 그 대상이 모호하고 대상 정보를 확정하기가 용이하지 않고 곤란한 문제가 있으므로 이 조항을 삭제하거나 혹은 보다 구체적 예외사유를 두어 명확성을 도모해야 할 것이며, 매우 엄격하게 판단되어야 한다고 주장하고 있다.

376) [환경부 05-10233, 2005. 9. 21, 한강유역환경청] 환경정책기본법 제25조 및 제26조 등에 의한 사전환경성 검토와 관련하여 사전환경성 검토 협의요청기관이 행정계획을 확정·승인·지정하기 이전이나 개발사업을 허가·인가·승인하기 이전에 특정인이 사전환경성 검토협의와 관련된 구비서류와 협의내용 및 협의결과를 알게 될 경우 부동산 투기·매점매석 등에 이용하게 되어 부당한 이익을 초래하게 될 것을 막기 위한 것이라 할 수 있는데, '경기도 파주시 진동면 동파리(임진강) 골재채취 예정지의 지정'은 이미 사전환경성 검토협의를 통하여 지정이 끝난 상태로서 사전환경성검토협의와 관련된 협의내용 및 협의결과 등을 공개한다고 하더라도 특정인에게 부당한 이익을 초래한다고 보기는 어렵고, 또한 이 건 정보는 피청구인이 파주시에 대하여 행하는 사전환경성 검토협의 이행의 관리·감독과 관련된 것으로서 국민의 알권리의 보장과 공공기관이 행하는 사업운영의 투명성 확보 등의 공익이 우선된다고 할 것이므로, 피청구인의 이 건 처분은 위법·부당하다고 한 사례.

377) [중앙행정심판위원회 2010-30387, 2011. 3. 22, 기각] 2008년 이후의 사유림 매수현황 중 '소재지번과 면적, 매수이유, 매수목적, 매수금액, 현재 활용 현황'에 대한 정보와 관련하여, 산림청은 2030년까지 국유림 비율을 32% 목표로 하는 '국유림확대기본계획'에 따라 전국적으로 분포되어 있는 국유림과 연접하거나 가까운 위치에 있는 사유림 등 1만 헥타르 정도를 매입하여 국유림을 확대·집단화하고 있는바, 사유지를 매수한 임야의 지번, 면적, 매수금액 등을 공개할 경우, 사인이 국유림 주변의 토지나 임야를 미리 매수한 후 국유림확대기본계획에 따라 국유지에 인접해 있는 임야를 매수하고자 추진 중인 피청구인에게 고가로 매수청구하거나 속칭 알박기 등의 투기방법으로 악용될 소지가 있다고 충분히 예상할 수 있으므로 소재지번 등의 정보는 공개될 경우 정보공개법 제9조 제1항 제8호에서 규정하고 있는 부동산 투기·매점매석 등으로 특정인에게 이익 또는 불이익을 줄 우려가 있다고 인정되는 정보에 해당한다고 한 사례.

378) 대구지방법원 2006. 11. 29. 선고 2006구합837 판결(항소기각, 심리불속행 상고기각으로 확정)은 대구광역시 도시개발공사가 시행하여 이미 종료한 죽곡지구 택지개발공사의 분양원가 산출내역 등과 관련된 자료인 용지비, 조성비, 간선도로비, 기타 직접비, 기타 비용에 관한 정보에 대해,
서울행정법원 2006. 5. 18. 선고 2005구합40157 판결과 수원지방법원 2006. 6. 14. 선고 2006구합2443 판결은 임대아파트 분양전환가격의 산정근거가 되는 택지수용가, 택지조성원가, 택지분양가, 건설원가, 공사비, 설계감리비, 부대비용, 이윤 등 건축비 산출내역 및 관련 자료에 관한 정보에 대해,
수원지방법원 2005. 9. 14. 선고 2004구합931 판결은 감정평가업자의 선정문서, 감정평가의뢰 문서, 감정평가자 선정협의서에 대해,
각각 특정인의 이익·불이익 관련 정보가 아니라고 한 사례다.

제10절 정보의 부존재에 따른 공개 거부

I. 기록물관리제도의 중요성

정보공개제도가 효과적으로 시행, 운영되기 위해서는 무엇보다도 공공기관이 관리하는 문서(정보)가 잘 보존·관리되어 있어야 한다.

마땅히 있어야 할 공문서가 생산되지 못했다거나 생산된 공문서가 존재한다 하더라도 이를 손쉽게 검색할 수 없다거나 공문서 보존기간이 만료되기 이전에 이를 폐기해버린다면 국민의 알권리는 그만큼 침해당하게 된다. 문서관리제도가 완비되지 않은 정보공개제도는 한마디로 '그림의 떡'에 불과하다. 그런 점에서 문서관리제도의 정착이야말로 정보공개제도의 성패를 좌우한다 해도 과언은 아니다.

그런데 과거 공문서는 강학상 행정기관의 건물이나 집기·비품, 공무원의 관사 등과 같이 직접으로 공용목적을 위하여 국가 또는 공공단체 자신의 사용에 제공되는 물건, 즉 국유재산 가운데 행정기관이 갖는 '공용물(公用物)'로 취급해왔다. 공문서의 관리는 국민의 권리이익과는 직접적인 관계가 없고 행정 내부의 사무편의를 위한 것으로 여겨져 온 것이다.

이런 인식 때문에 법형식상으로도 공문서의 관리에 관해서는 법률의 형식이 아니라 훈령[379]이나 대통령령[380]의 형식으로 규율해왔다.

그러나 정보공개제도를 확립하기 위해서는 공문서도 도로·하천·공원·항만 등이나 그 부속물건 등과 같이 직접적으로 일반 공중의 공동사용에 사용되는 물건, 즉 강학상 '공공용물(公共用物)'로서 위치되어야 한다. 국유재산법은 공공용물을 행정재산에 속하는 공공용재산이라고 하고 있다(국유재산법 제6조 제2항 제2호).

공문서는 본래 국민의 재산이다. 때문에 공문서의 관리는 국민의 권리이익에 관한 사항이기 때문에 법률에 의해 규율되어야 한다.

정보공개법의 시행 이후 새롭게 기록물 관리의 중요성이 대두되자 1999년 '공공기관

---

379) 대통령훈령 제3호 공문서규정(1950. 3. 6)
380) 정부공문서규정은 1961년 9월 13일 각령 제137호로 제정되어 시행되다 1991년 6월 19일 사무관리규정(대통령령 제13390호)의 제정으로 폐지되었고, 사무관리규정은 1991년 10월 1일부터 시행되었으나 그중 공문서의 등록에 관한 제24조의 규정은 1992년 1월 1일부터 시행되었다.

의 기록물관리에 관한 법률'[381]이 제정되어 2000년 1월 1일부터 시행되다 2006년 '공공기록물 관리에 관한 법률'[382](약칭 '기록물관리법')로 개편되었다. (제2장 제4절 II. 2. 공공기록물 관리에 관한 법률에 따른 공공기록물의 관리 참조.)

II. 정보공개법과 공공기록물 관리에 관한 법률의 관계

(1) 우리나라 공공기관의 정보의 보존·관리와 그 공개에 관한 입법방식은 외국의 사례와 같이 정보의 보존·관리와 그 공개를 별개의 입법으로 하여 별도로 규율하는 방법에 의하고 있다.

그중 정보의 관리에 있어서는 '공공기록물 관리에 관한 법률'이 적용되고, 관리하고 있는 정보의 공개에 있어서는 '공공기관의 정보공개에 관한 법률'이 적용된다.[383]

기록물관리법은 "공공기관의 투명하고 책임 있는 행정 구현과 공공기록물의 안전한 보존 및 효율적 활용을 위하여 공공기록물의 관리에 관하여 필요한 사항을 정함을 목적"으로 하고 있다(제1조). 즉, 정보공개법과 마찬가지로 기록물관리법도 '공공기관의 투명하고 책임 있는 행정의 구현'을 목적으로 삼고 있다.

모든 공무원은 기록물관리법이 정하는 바에 따라 기록물을 보호·관리할 의무가 있으며(같은 법 제4조 제1항), 공공기관 및 기록물관리기관의 장은 기록물이 국민에게 공개되어 활용될 수 있도록 적극적으로 노력해야 할 의무가 있고(같은 법 제4조 제2항), 기록물이 전자적으로 생산·관리되도록 필요한 조치를 마련해야 하며, 전자적 형태로 생산되지 아니한 기록물도 전자적으로 관리되도록 노력해야 한다(같은 법 제6조). 여기에 정보공개법과 기록물관리법의 상호보완적인 입법목적이 기능하고 있다.[384] 다만, 현재의 우리 법체

---

381) [제정 1999. 1. 29. 법률 5709호]
382) [전부개정 2006. 10. 4. 법률 제8025호]
383) 정보공개법과 공공기록물 관리법과의 관계에 대해서는 박진우, 「정보공개법상 법령에 의한 비공개 정보에 관한 고찰—공공기록물관리에 관한 법률과의 관계를 중심으로」, 『동아법학』 제43호(2009), 29~54쪽 참조.
384) 윤은하, 「기록정보 서비스와 정보공개—이용자 중심의 서비스 논쟁을 중심으로」, 『한국기록관리정보학회지』 제12권 제2호, 2012, 174쪽 이하는 정보공개법과 기록물관리법은 행정의 투명성이라는 공통의 가치를 추구하지만 그 구체적 목적과 방법에 있어 상이하다면서 기록정보 서비스의 목적은 정보공개 청구와 분명히 다르며, 이를 무시하고 정부 행정 처리 절차로 환원시킬 때 그 본질과 의도가 왜곡되며, 정보공개 청구가 공공기록물에 접근하는 유일한 통로라는 사실은 정보공개 청구의 목적과 다른 정보 요구를 가진 이용자들의 기록물 이용을 방해한다고 지적하면서, 학술연구를 위한 기록 이용이 정보공개 청구의 절차라는 민원 서비스를 통해 이루어지고 있다는 사실은 자유로운 학술연구나 일반 대중의 일상의 기록정보 요구를 충족시키는 데 커다란 걸림돌이 된다고 한다.

계상 공공기관의 각종 기록물의 보존과 관리는 기록물관리법에 의하여 규율되고 있고, 정보공개법은 공공기관이 실제로 보유·관리하고 있는 정보의 공개에 관한 사항들을 규율하고 있는 것이므로 양 법률은 서로 적용영역을 달리하므로 정보공개법은 직접적으로 기록물의 보존·관리에 관한 사항을 정하는 법규범이 아니라고 할 것이다.

(2) 기록물관리법에서 규정하고 있는 공공기관은 정보공개법상의 공공기관에 해당되며 기록물관리법상의 기록물은 바로 정보공개법상의 정보에 해당된다.

따라서 기록물관리법에 의한 공공기관의 기록물에 대한 공개 여부에 따라서 정보공개법상의 정보공개의 운명이 결정될 가능성이 높다.

정보공개 청구인이 공개를 요구하는 해당 정보에 대해 그 정보를 생산한 공공기관이 생산 당시에 비공개로 분류해서 관리하고 있었다면 정보공개 청구를 받은 공공기관은 법령에 의한 비공개 대상 정보라는 이유로 정보 비공개 결정을 할 수 있다는 것이다.

또 하나의 문제점으로는 관할의 중첩문제를 들 수 있다.

즉, 정보공개법상 정보공개 여부 등을 심의하기 위하여 국가기관, 지방자치단체 등은 정보공개심의회를 설치·운영하고 있는 반면(정보공개법 제12조), 기록물관리법은 국무총리 소속하에 국가기록관리위원회를 설치하여 비공개 기록물의 공개 여부 결정을 하도록 규정하고 있다(기록물관리법 제15조 제1항 제5호). 다시 말해 정보공개 청구가 있을 경우 그 공개 여부 결정을 위한 관할은 정보공개심의회에 있는 반면, 공개 청구 대상인 정보가 처음 생산될 당시에 기록물관리법에 의하여 공공기관이 비공개로 분류하여 관리하고 있었다면 그 비공개의 해제를 위해서는 국가기록관리위원회의 결정을 받아야 한다는 점에서 관할 내지 절차의 중복 문제가 발생하게 된다.[385]

위와 같은 문제점을 해결하고 정보공개의 원칙이 준수되기 위해서는 다음과 같은 방안을 고려할 필요가 있다.

첫째, 기록물관리법과 그 시행령에서 공개에 관한 세밀하고 합리적인 기준을 정하고 이에 의거하여 기록물의 생성단계에서부터 공개 여부에 대한 결정을 하도록 함으로써 담당자의 자의에 의한 결정이 되지 않도록 해야 한다.

공개 대상 정보임에도 불구하고 생성 당시에 기록물을 자의적으로 비공개로 분류하

---

385) 비공개 기록의 관리에 있어 문제점에 관해서는 안지현, 앞의 논문, 135~178쪽 참조.

여 관리해왔다면 정보공개법 제9조 제1항 각 호를 이유로 편의적으로 비공개 결정을 할 위험성이 상존하기 때문이다.

현재는 기록물관리법 시행규칙(제18조)에서 기록물의 공개 여부 구분표시는 '공개, 부분 공개, 비공개' 중 하나를 선택하여 표시하도록 하고 부분 공개 또는 비공개의 경우에는 해당 정보를 '부분 공개( )' 또는 '비공개( )'로 표시하고, 정보공개법 제9조 제1항 각 호의 번호 중 해당 번호를 괄호 안에 표시하여 함께 관리하게 함으로써 합리적이고 세밀한 기준이 결여된 채 공공기록물이 운영되고 있다.

둘째, 관할의 중첩문제를 해결하기 위해서는 정보공개법상의 정보공개심의회와 기록물관리법상의 국가기록관리위원회 가운데 어느 한 기관에 결정권을 유보하는 것이 불필요한 시간과 노력의 투자를 줄이고 행정력의 낭비를 방지하는 것이 될 것이다. 가령 기록물의 비공개 분류로 인하여 정보공개법상의 비공개 대상 정보로 된 정보에 대해서는 국가기록물관리위원회의 비공개 기록물에 대한 공개 결정이 있으면 정보공개법상의 정보공개심의회의 결정을 다시 경유하지 않고 국가기록관리위원회의 공개 결정을 정보공개심의회의 결정으로 의제하여 정보공개절차를 진행하는 것으로 일원화하는 것이 바람직할 것이다.[386]

비공개 기록물의 지정 및 관리와 그 공개 등에 관한 사항은 정보공개위원회와 국가기록관리위원회의 필요적 협의사항으로 하는 방안도 좋을 것이다.

미국에서는 연방기록법(Federal Records Act, 미합중국 법전 제44편 제3101조 이하), 기록폐기법(제44편 제3306조 이하), 공문서관리법(제44편 제2901조 이하), 문서감축법(제44편 제1501조 이하) 등에 의해 문서관리의 기본이 정해져 있다. 행정기관(agency)의 기록의 파기·양도 등은 이러한 법률에 따르지 않으면 안 된다.

연방기록법에 의하면 공문서 관리에 관한 일반감독책임은 정부재산관리청 장관(Administrator of General Services)이 맡도록 되어 있다(44 U.S.C. §§2904~2906). 같은 법 제3101조에 의하면 공문서 관리책임은 각 연방정부기관의 장에게 있고 동 기관의 장은 문서작성·보존·기록문서센터의 정보제공 서비스에 관한 규칙을 정할 수 있다.

특히 공문서의 파기에는 국립공문서관장·기록관리국장의 승인이 필요하다. 그리고 법률에 위반하는 조치가 있으면 국립공문서관장 등은 해당 행정기관에 대해 상당기간

---

386) 박진우, 앞의 논문, 51쪽.

내에 시정할 것을 권고하고 위법하게 폐기될 우려가 있는 경우에는 법무장관을 통해 법적 조치를 취하는 것도 인정되고 있다. 공문서의 관리는 해당 문서를 보관하는 행정기관뿐만 아니라 행정 전체의 책임이라고 보는 것이다.

연방기록법은 기록문서(records)란 도서관에 있는 도서를 제외한 '모든 서적, 서류, 지도, 사진, 기계가 읽을 수 있는 매체 또는 그 외 문서'이며 '연방법에 따라 공무의 수행에 즈음해서 연방정부기관이 작성 또는 수수한 것'이라고 규정하고 있다.[387]

미국 정보자유법(FOIA)에서 사용하는 정보의 용어에는, 첫째, 전자적 서식(format)을 포함하여 어떤 서식으로든 행정기관이 기록을 유지할 때 정보자유법의 요건을 충족시키는 기관기록에 해당하는 모든 정보와 둘째, 기록 관리의 목적을 위한 정부계약에 의거하여 법인이 행정기관을 대신하여 유지하는 첫째의 정보에 기술되는 모든 정보를 포함한다고 규정하고 있다[제552조(f)(2)].

일본에서는 2009년 7월에야 '공문서 등의 관리에 관한 법률'이 제정되었다. 이 법에 따라 일본 정부 전체가 통일적인 규정에 의해 공문서 등의 작성·관리를 행하게 되었다. 이 법에 의하면 일본에서는 공문서를 행정문서, 법인문서, 특정역사공문서로 구분하여 관리하고 있다(같은 법 제2조 제8항).

III. 존재하지 않는 정보에 대한 공개 청구

1. 정보 부존재의 발생 사유

정보공개제도는 공공기관이 보유·관리하는 정보를 그 상태대로 공개하는 제도이므로 공공기관이 그 정보를 보유·관리하고 있지 아니한 경우에는 특별한 사정이 없는 한 이를 이유로 한 정보공개 거부처분에 대해 그 취소를 구할 법률상의 이익이 없다.[388]

---

387) "…all books, papers, maps, photographs, machine-readable materials, or other documentary materials, regardless of physical form or characteristics, made or received by an agency of the U.S. Government under Federal law or in connection with the transaction of public business and preserved or appropriate for preservation by that agency or its legitimate successor as evidence of the organization, functions, policies, decisions, procedures, operations, or other activities of the Government or because of the informational value of the data in them." (44 U.S.C. 3301, Definition of Records)

정보가 존재하지 아니하는 경우는 여러 가지로 상정할 수 있다.[389]

첫째, 처음부터 공개 청구의 대상이 되는 정보가 물리적으로 존재하지 않은 경우이다. 여기에는 그러한 정보가 처음부터 작성되지 않은 경우나 문서보존기간이 경과해서 파기되어버려 현존하지 않은 경우 등이 해당될 것인데 공공기관이 원래부터 공개 청구된 정보를 작성·취득하고 있지 아니한 경우에는 공공기관이 소관외의 사항이거나 혹은 소관내의 사항이기는 하나 업무수행상의 필요가 없는 등 때문에 정보를 작성·취득하지 않은 경우와 공공기관이 문서를 작성·취득해야 함에도 불구하고 하지 않은 경우 등도 포함되고, 문서보존기간이 경과해서 파기되어버려 현존하지 않은 경우에는 작성·취득한 후 보존기간의 경과 후 또는 그 만료 전에 대상 정보가 폐기된 경우와 보존기간 내에 있음에도 잘못하여 폐기·분실된 경우 등도 있을 수 있다.

둘째, 공개 청구 대상이 되고 있는 정보 자체는 존재하지만 그것이 정보공개법령 또는 다른 관련 법령의 공개 청구 대상 문서에 해당하지 않은 경우이다. 가령 결재 혹은 공람의 절차가 끝나지 않은 문서나 공무원이나 직원이 개인적으로 작성·취득한 문서 또는 국가안전보장에 관련되는 정보 및 보안 업무를 관장하는 기관에서 국가안전보장과 관련된 정보의 분석을 목적으로 수집하거나 작성한 정보(제4조 제3항)인 경우 등이다.

셋째, 상당히 오래된 문서여서 대상 정보가 작성된 후 폐기된 것인지 혹은 원래부터 작성되지 아니한 것인지가 불명한 경우나 대상 문서가 존재하지 않음에도 불구하고 공공기관 등의 업무상 실수에 의해 문서파일에 잘못 등재된 경우 등이 있을 수 있다.

넷째, 공공기관이 대상 문서를 보유하고 있는데도 탐색이 불충분하여 정보 부존재로 잘못 처리된 경우도 있고 청구인이 특정한 대상 문서에 관해 청구인과 공공기관 사이에 대상 문서의 범위 등에 관한 인식이 다른 결과 관련 문서는 존재하지만 부존재 처리된 사례도 발생할 수 있다.

2. 부존재한 정보에 대한 공개 청구

정보가 부존재한지 여부를 결정하는 시점은 정보의 공개 청구시점이 아니라 공개 결

---

388) 대법원 2014. 6. 12. 선고 2013두4309 판결.
389) 行政管理研究センター 編集, 앞의 책, 209~228쪽.

정시점이다. 따라서 청구시점에서는 부존재이지만 공개 결정기간 내에 정보를 생산 또는 입수한 경우에는 그 시점에서 공공기관은 대상 정보를 보유하고 있다고 할 수 있기 때문에 이 경우에는 적법한 공개 청구로서 공개 여부 결정을 해야 한다.

공개 청구시점에 해당 공공기관이 대상 정보를 보유하고 있다면 그 후 공공기관이 이를 타에 송부했다는 이유로 정보 부존재를 이유로 비공개 결정을 하는 것은 위법하다. 이러한 경우에는 행정상의 구제 또는 사법상의 구제에 의해 공개를 구하는 경우도 있기 때문에 최소한 그러한 구제의 여지를 확보하기 위해서도 공공기관은 사본을 보존해두어야 한다.

물리적으로 문서는 존재하나 이미 보존연한이 경과하고 있어 폐기 가능한 경우에도 공개 청구의 대상이 된다. 보존기간은 내부적인 문제로서 대상문서의 성격을 변하게 하는 것은 아니기 때문이다.

또한 가령 보존기간이 경과했다 하더라도 공개 청구된 경우에는 최종적으로 법원에서 공개하지 않아도 좋다고 하는 것이 확정될 때까지는 그 문서를 파기하거나 훼손하는 것은 허용되지 않는다고 해야 한다.[390] 청구인도 이러한 경우에는 정보의 폐기를 금지하는 집행정지신청이나 임시처분신청 제도를 적극적으로 활용할 필요가 있다(행정심판법 제30조·제31조, 행정소송법 제23조).

보존기간이 지난 문서에 대한 공개 청구를 받은 공공기관이 전부 공개 혹은 부분 공개 결정을 한 후에 해당 문서를 파기한 때에는 법원은 문서 부존재를 이유로 공개 청구를 기각할 수밖에 없으나 이러한 경우에는 파기를 한 공공기관에게 소송비용을 부담시켜야 하며(민사소송법 제99조), 청구인은 이와 별개로 민사상 손해배상 청구를 제기할 수도 있을 것이다.

한편 정보공개법의 적용대상 외의 정보인 경우(제4조 제3항), 즉 국가안전보장에 관련되는 정보 및 보안업무를 관장하는 기관에서 국가안전보장과 관련된 정보 분석을 목적으로 수집되거나 작성된 정보는 부존재한 정보라고는 할 수 없다.

---

390) 헌법재판소 2012. 12. 27. 선고 2010헌마668 결정, 대법원 2010. 2. 11. 선고 2009두17612호 판결로 정보공개승소 판결을 받은 원고가 판결 취지에 따른 재처분을 하지 않은 서초구청장에 대해 간접강제 결정을 신청했는데, 공개 대상 문서 정보가 이미 폐기되어 존재하지 않는다는 이유로 기각한 법원 결정(대법원 2010. 10. 22. 자 2010무128 결정)에 대한 헌법소원 청구를 각하 및 기각한 사례.

3. 정보 부존재 결정

청구인이 공개를 청구하는 정보가 없는 경우에는 해당 공공기관은 정보 부존재 결정(처분)을 한다. 이는 정보공개법 제9조 제1항 단서 소정의 비공개 대상 정보에 해당된다는 이유로 하는 정보 비공개 결정은 아니지만 청구인의 정보공개 청구를 사실상 거부하는 것이기 때문에 거부처분에 준하여 공공기관의 통지의무 등을 부과하고 있다.[391]

한편 공개 청구된 정보 자체가 작성·취득되어 있지 아니하기 때문에 해당 공공기관이 정보를 보유하고 있지 않은 경우나 정보 자체는 작성·취득되어 있으나 보존연한이 경과하여 폐기된 경우에 공개 청구가 거부되는 것은 어쩔 수 없다.

정보공개법 시행 이후 공공기관은 정보 부존재의 경우 별다른 처리규정이 없어 '비공개 결정'으로 처리해왔다.

정보 부존재를 비공개 처분으로 취급한 이유는, 첫째, 청구인의 입장에서는 원하는 정보를 공개 받지 못할 경우 그 사유를 막론하고 비공개로 받아들이는 경우가 많으며 정보 부존재라는 공공기관의 주장을 인정하지 않을 수 있다는 점, 둘째, 공공기관이 지니는 정보공개 의무에는 적극적인 정보공개뿐만 아니라 정보의 보존·관리 및 검색을 충실히 할 의무, 정보가 존재하지 않는다는 사실에 대한 입증책임까지도 포함된다는 점 등 때문이다.

그런데 2011년 10월 17일 정보공개법 시행령이 개정되어 '정보 부존재' 처리규정이 신설되었다. 이에 따라 공개 청구된 정보가 공공기관이 보유·관리하지 아니하는 정보로서 해당 공공기관이 '민원사무처리에 관한 법률'에 따른 민원사무로 처리할 수 있는 경우에는 이를 민원사무로 보아 처리할 수 있도록 했다(시행령 제6조 제3항). 이 경우 공공기관은 해당 정보를 보유·관리하지 아니한다는 사실 등 청구에 따를 수 없는 사유를 구체적으로 적어 청구인에게 통지해야 한다(시행령 제6조 제4항). 그럼에도 불구하고 청구인이 다시 같은 청구를 한 경우에는 공공기관은 이를 종결처리할 수 있다(시행령 제6조 제5항).[392]

정보 부존재 처리의 경우에는 정보공개 여부 결정기간이 10일인 데 반하여 민원사무 처리에 관한 법률에 따른 법정 처리기한은 7일이다. 따라서 공공기관이 정보 부존재를

---

391) 대법원 2006. 1. 13. 선고 2003두9459 판결.

이유로 민원사무로 처리할 때에는 7일 이내에 처리하고 그 사유 등을 청구인에게 통지해야 한다.[393]

한편 공공기관은 공개 청구가 있는 때에는 청구인에게 정보의 존부에 관하여 적절한 정보를 제공하고 대상 정보가 가능한 한 정확하게 특정될 수 있도록 도움을 주어야 한다. 이를 위해 공공기관은 대상 정보의 탐색 효율성을 제고하고, 문서 관리·보존·분류 등의 적정화를 철저히 하는 등으로 정보 부존재의 사유에 의한 공개 거부가 최소화하도록 노력해야 한다.

미국 정보자유법은 각 행정기관은 정보공개 청구인의 요청이 있을 경우에는 기관의 주요 정보 시스템 일체의 색인, 기관이 유지하는 주요 정보 및 기록 검색 시스템에 대한 설명과 각종 유형 및 공공 정보를 기관으로부터 취득하기 위한 편람 등 해당 기관의 기록이나 정보를 신청할 수 있는 참조 자료나 안내서를 작성하여 무료로 제공하도록 하고 있다[제552조(g)].

일본 정보공개법도 제22조 제1항에서 "행정기관의 장은 개시 청구를 하려고 하는 자가 용이하고 적확하게 개시 청구를 할 수 있도록 공문서 등의 관리에 관한 법률 제7조 제2항에 규정한 것 이외에 해당 행정기관이 보유하는 행정문서의 특정에 이바지하는 정보의 제공 기타 개시 청구를 하려고 하는 자의 편의를 고려한 적절한 조치를 강구한다"라고, 또 같은 조 제2항에서 "총무대신은 이 법률의 원활한 운용을 확보하기 위하여 개시청구에 관한 종합적인 안내소를 정비한다"라고 각각 규정하고 있다.

우리 정보공개법에서도 공공기관으로 하여금 보다 적극적인 정보의 제공의무를 규정할 필요가 있다.

---

392) [중앙행정심판위원회 2011-16326, 2011. 12. 6, 인용] 청구인의 2011년 3월 7일자 정보공개 청구에 대하여 피청구인이 이 사건 정보가 비공개 대상 정보라는 이유로 정보공개 거부처분을 한 후, 청구인의 2011년 6월 8일자 정보공개 청구에 대해서는 피청구인이 행정심판이 진행 중이라는 이유로 이 사건 처분 1을 했고, 2011년 6월 28일자 중앙행정심판위원회에서 학교법인 ○○대학의 정관변경 인가신청에 대해 계속 심의 중이라는 피청구인의 회신에 따라 이 사건 정보가 의사결정 과정 또는 내부검토 과정에 있다는 이유로 기각재결을 하자, 청구인은 중앙행정심판위원회의 재결도 끝났고 정관변경도 인가되었다는 이유로 2011년 7월 7일에 다시 이 사건 정보의 공개를 청구한 것으로 보이는데, 이러한 사정변경이 있다면 피청구인으로서는 이 사건 정보가 '공공기관의 정보공개에 관한 법률'의 비공개 대상 정보에 해당되는지에 대하여 다시 검토하여 이 사건 정보의 세부 정보별로 공개 여부를 결정해야 할 것임에도 불구하고 3회 이상 반복민원이라는 이유로 종결처리를 한 피청구인의 이 사건 처분 2는 위법·부당하다는 사례.

393) 춘천지방법원 2014. 10. 24. 선고 2014나868 판결(확정), 피고(대한민국)가 원고에게 이 사건 정보(우편물의 종적 조회에 관한 정보)의 폐기 여부를 밝힐 고지의무 또는 선관주의의무를 부담한다고 볼 수 없으므로, 피고가 원고에게 이 사건 정보의 존재 여부를 밝히지 아니한 채 이 사건 처분을 한 것을 위법하다고 할 수 없다고 한 사례.

4. 정보 부존재 사유의 입증책임

공공기관이 정보를 보유하거나 관리하고 있는지 아니면 공개 청구한 정보가 실제로 존재하고 있지 않는지를 누가, 어떻게 입증할 것인지가 문제된다.

정보공개법에서 말하는 공개 대상 정보는 정보 그 자체가 아닌 정보공개법 제2조 제1호에서 예시하고 있는 매체 등에 기록된 사항을 의미하고, 공개 대상 정보는 원칙적으로 공개를 청구하는 자가 정보공개법 제10조 제1항 제2호에 따라 작성한 정보공개 청구서의 기재내용에 의하여 특정되며, 만일 공개 청구인이 특정한 바와 같은 정보를 공공기관이 보유·관리하고 있지 않은 경우라면 특별한 사정이 없는 한 해당 정보에 대한 공개 거부처분에 대하여는 취소를 구할 법률상 이익이 없으므로 청구인은 그가 공개를 구하는 정보를 공공기관이 보유·관리하고 있을 상당한 개연성이 있다는 점에 대하여 입증할 책임이 있다. 즉, 정보공개법에 의한 정보공개제도는 공공기관이 보유·관리하는 정보를 그 상태대로 공개하는 제도이므로 해당 정보를 공공기관이 보유·관리하고 있다는 점에 관하여 정보공개를 구하는 자에게 증명책임이 있다.[394] 그러나 입증의 정도와 관련하여 청구인은 공개를 구하는 정보를 공공기관이 보유·관리하고 있을 상당한 개연성이 있다는 점을 입증함으로써 족하다.[395][396] 가령 공공기관이 정보가 없다거나 또는 폐기되었다고 주장하지만 법령에 공공기관에 문서의 작성의무를 부과하고 있고 아직 문서보존기간이 남아 있다면 청구인은 청구인이 공개를 구하는 정보를 공공기관이 보유·관리하고 있을 상당한 개연성이 있다는 점을 입증했다고 볼 수 있다.

반면 공개를 구하는 정보를 공공기관이 한때 보유·관리했으나 후에 그 정보가 담긴 문서들이 폐기되어 존재하지 않게 된 것이라면 그 정보를 더 이상 보유·관리하고 있지 않다는 점에 대한 증명책임은 공공기관에 있다.[397]

정보의 생산 근거가 되는 해당 법규의 폐지는 그 적용이 중단된다는 것을 의미할 뿐 그 정보가 담긴 문서를 실제 폐기하여 없앤다는 의미는 아니므로 법규가 폐지되었다 하여 곧바로 공공기관이 문서를 보관·관리하지 않고 있다고 단정할 수는 없다. 이러한 경

---

394) 대법원 2013. 1. 24. 선고 2010두18918 판결, 대법원 2004. 3. 12. 선고 2003두11544 판결, 대법원 2004. 12. 9. 선고 2003두12707 판결, 대법원 2006. 1. 13. 선고 2003두9459 판결, 대법원 2007. 6. 1. 선고 2007두2555 판결 등.
395) 대법원 2010. 10. 14. 선고 2010두6809 판결, 대법원 2007. 6. 1. 선고 2006두20587 판결, 대법원 2006. 1. 13. 선고 2003두9459 판결, 대법원 2005. 1. 28. 선고 2002두12854 판결 등.

우 법원으로서는 위 정보를 한때 보유·관리하고 있던 공공기관이 해당 정보가 폐지된 이후 그 정보가 담긴 문서를 보존기한의 경과 등으로 실제로 폐기하여 보유·관리하지 않게 되었는지의 여부를 심리·판단해야 한다.[398]

공공기관이 그 정보를 보유·관리하고 있지 아니한 경우에는 특별한 사정이 없는 한 정보공개 거부처분의 취소를 구할 법률상의 이익이 없으므로 이러한 경우 법원은 원고들이 공개를 구하는 정보를 피고가 보유·관리하고 있는지 심리한 다음, 공개가 청구된 정보를 공공기관이 보유·관리하고 있다고 인정할 증거가 없는 경우에는 피고가 실제로 보유·관리하고 있지 않는 정보에 대한 공개 거부처분의 취소를 구하는 부분은 이를 각하한다.[399]

만약 공개를 청구한 정보의 내용 중 너무 포괄적이거나 막연해서 사회 일반인의 관점에서 그 내용과 범위를 확정할 수 있을 정도로 특정되었다고 볼 수 없는 부분이 포함되어 있다면, 법원은 공공기관에게 그가 보유·관리하고 있는 공개 청구 정보를 제출하도록 하여 이를 비공개로 열람·심사하는 등의 방법으로 공개 청구 정보의 내용과 범위를 특정시켜야 한다. 그러한 방법으로도 특정이 불가능한 경우에는 법원은 특정되지 않은 부분과 나머지 부분을 분리할 수 있고 나머지 부분에 대한 비공개 결정이 위법한 경우라고 해도 정보공개의 청구 중 특정되지 않은 부분에 대한 비공개 결정의 취소를 구하는 부분은 나머지 부분과 분리하여 이를 기각한다.

---

396) 대법원 2010. 12. 23. 선고 2010두14800 판결, 국가정보원에서 작성한 것으로 보이는 '퇴직금 산출 명세서'(갑 제6호증)에 양우공제회 퇴직금 산출 명세가 공무원연금공단 퇴직금 산출 명세와 함께 기재되어 있고, '급여명세서'(갑 제4호증)에는 양우공제회 기여금 공제내역이 기재되어 있는 점, 원심법원의 석명 전에는 피고가 양우공제회 퇴직금은 기여금을 운용하여 발생하는 수익금으로 지급되므로 정년퇴직 시의 예상퇴직금을 현 시점에서 구체적으로 산출하기 곤란하다고 주장했을 뿐, 양우공제회 퇴직금에 관한 정보를 보유·관리하고 있지 않다고 적극적으로 다투지는 아니했으며, 관련 이혼 등 소송을 담당하던 서울가정법원의 사실조회에 대하여 양우공제회 운영내규상 직무 관련 범죄 또는 징계 등의 경우 지급제한규정이 존재한다고 회신(갑 제3호증)하기도 한 점, 위 급여명세서에 '기금' 명목의 금원이 급여에서 공제되거나 환급된 것으로 기재되어 있는 점 등을 감안할 때, 피고가 별지 목록 제2항 기재 '현재까지 적립된 양우공제회 퇴직금 및 정년퇴직 시 일시불로 지급하는 양우공제회 예상퇴직금'과 같은 목록 제4항 기재 '양우공제회비 외에, 현금급여에서 매월 공제된 기금의 용도'에 관한 정보를 보유·관리하고 있을 상당한 개연성이 있다는 점이 증명되었다고 볼 여지가 있다고 한 사례.
397) 대법원 2013. 1. 24. 선고 2010두18918 판결, 대법원 2004. 3. 12. 선고 2003두11544 판결, 대법원 2004. 12. 9. 선고 2003두12707 판결, 대법원 2006. 1. 13. 선고 2003두9459 판결, 대법원 2007. 6. 1. 선고 2007두2555 판결 등.
398) 대법원 2004. 12. 9. 선고 2003두12707 판결, 교도소직원회운영지침과 재소자자변물품공급규칙이 폐지되었다 하여 곧바로 교도소장이 그 정보가 담긴 문서들을 보관·관리하지 않고 있다고 단정할 수는 없다고 한 사례.
399) 대법원 2010. 12. 23. 선고 2010두14800 판결, 대법원 2006. 1. 13. 선고 2003두9459 판결, 대법원 2003. 4. 25. 선고 2000두7087 판결, 대법원 2005. 1. 28. 선고 2002두12854 판결 등.

5. 정보 부존재 결정에 대한 불복 구제 절차

청구인이 공개 청구한 정보가 존재하지 아니한다는 통지를 공공기관으로부터 받은 청구인은 이에 대하여 이의신청을 제기하거나 이의신청 여부와 관계없이 행정심판 또는 행정소송을 제기할 수 있다(정보공개법 제18조 제1항, 제19조 제2항 및 민원사무처리법 제18조 제3항).

그런데 공공기관 중 행정기관의 정보 부존재 통지는 민원사무이므로 이는 정보공개법 제13조에 따른 정보공개 여부 결정 통지가 아니라 민원사무처리법 제15조에 따른 민원사항의 처리 결과 통지에 해당한다 할 것이다.

그렇다면 행정기관으로부터 정보 부존재 통지를 받은 정보공개 청구인이 이에 불복할 경우에는 그 통지를 받은 날부터 90일 이내에 그 행정기관의 장에게 문서로 이의신청을 할 수 있을 것이다(민원사무처리법 제18조). 행정기관의 장은 이의신청을 받은 날부터 10일 이내(부득이한 사유로 10일 이내에 결정할 수 없을 때에는 그 기간의 만료일 다음 날부터 10일간 연장 가능)에 이의신청에 대하여 결정하고 그 결과를 지체 없이 문서로 통지해야 한다.

반면 민원사무처리법의 적용대상인 행정기관이 아닌 공공기관의 정보 부존재 결정에 대해서는 정보공개법 제18조에 따라 청구인은 공공기관으로부터 그 통지를 받은 날부터 30일 이내에 해당 공공기관에 문서로 이의신청을 할 수 있고, 공공기관은 이의신청을 받은 날부터 7일 이내(부득이한 사유로 7일 이내에 결정할 수 없을 때에는 그 기간이 끝나는 날의 다음 날부터 7일간 연장 가능)에 정보공개심의회의 심의를 거쳐 이의신청에 대하여 결정하고 그 결과를 청구인에게 지체 없이 문서로 통지해야 한다.

이처럼 정보 부존재 결정을 한 공공기관이 민원사무처리법의 적용 대상에 해당하느냐의 여부에 따라 정보 부존재 결정에 대한 이의신청의 절차 등에 있어서 차이가 발생하는 것은 바람직하지 않다 할 것이므로 정보공개법 제18조 제1항의 '정보공개와 관련한 공공기관의 비공개 결정 또는 부분 공개 결정에 대하여'라는 요건을 '정보공개와 관련한 공공기관의 비공개 결정 또는 부분 공개 결정이나 정보 부존재 결정에 대하여'라고 명시할 필요가 있다.

6. 기록물 훼손에 대한 책임

공공기관이 직무상 작성하여 보유·관리의무를 부담하는 보존문서에 대하여 해당 기관의 고의 또는 과실로 문서를 보유·관리하고 있지 않게 된 경우에는 기록물관리법에 의하여 그 멸실·훼손자 혹은 관리책임자의 민사적 혹은 형사적 책임 여부를 묻는 것이 가능하다.[400]

공공기관이 기록물을 폐기하려는 경우에는 기록물관리 전문요원의 심사와 기록물평가심의회의 심의를 거쳐야 하는데(기록물관리법 제27조 제1항), 그렇지 아니하고 기록물을 무단으로 파기한 자와 기록물을 무단으로 국외로 반출한 자는 7년 이하의 징역 또는 3천만 원 이하의 벌금에 처하고(같은 법 제50조), 기록물을 무단으로 은닉하거나 유출한 자와 기록물을 중과실로 멸실시킨 자, 기록물을 고의 또는 중과실로 그 일부 내용이 파악되지 못하도록 손상시킨 자, 비공개 기록물에 관한 정보를 목적 외의 용도로 사용한 자는 3년 이하의 징역 또는 2천만 원 이하의 벌금에 처한다(같은 법 제51조).

한편 직원이 문서를 위법하게 소지하고 있는 경우 공공기관으로서는 문서를 보유하고 있지 않다고 하더라도 당연히 문서의 반환을 구하는 권리를 갖고 있다. 위법하게 문서를 소지한 직원은 징계처분의 대상이 될 것이다. 직원이 문서관리에 관한 규정을 위반하여 문서를 위법하게 파기한 경우에는 문서가 현존하지 않은 이상 그 공개를 구할 수는 없고 공공기관 또는 위법하게 문서를 처분한 직원에 대해서 국가배상 또는 민사상 손해배상의 책임을 묻거나 문서손괴죄 등의 형사책임을 구할 수 있을 것이다. 형법 제366조는 "타인의 재물, 문서 또는 전자기록 등 특수매체기록을 손괴 또는 은닉, 기타 방법으로 그 효용을 해한 자는 3년 이하의 징역 또는 700만 원 이하의 벌금에 처한다"고 규정하고 있으며 그 미수범도 처벌하고 있다(형법 제371조).

그러나 이러한 법적 책임을 추궁하는 것은 별론으로 하고, 공공기관은 보존기간의 경과로 폐기했거나 혹은 관리자의 고의·과실 등으로 멸실되어 더 이상 존재하지 아니하거나 공공기관이 보유하지 아니하게 된 정보는 이를 공개할 수 없음은 어쩔 수가 없다.

그리고 이와 같이 공공기관이 보유·관리하지 아니하는 정보에 대한 공개 불능의 처

---

400) 공공기관의 정보 은닉 등에 관한 문제점을 지적한 논문으로는 임재홍, 「정보공개법상 정보 은닉과 비공개 정보의 범위—99구24276사건에서 드러난 법무부의 헌법 일탈적 행태 비판」, 『민주법학』 19호(2001년 상반기), 민주주의 법학연구회, 도서출판 관악사, 174~203쪽 참조.

분은 정보공개법 제9조상의 비공개 대상 정보의 경우에 행하는 비공개 처분과는 다르다. 제9조에서 말하는 비공개 대상 정보는 모두 공공기관에서 실제로 보유·관리하는 것으로서 제9조 제1항 소정의 특단의 사유들이 있는 경우에 이를 비공개할 수 있고 비공개의 정당화 사유로 작용하게 되는 것이다. 이는 당연히 공개할 수 없는 경우가 아니며 다만 공공의 이익 등 제반 사정을 참작하여 정보공개법에 의하여 비공개가 정당화되어지는 경우라고 할 수 있다.

한편 "공공기관이 보유·관리하는 정보는 정보공개법이 정하는 바에 따라 공개하여야 한다"고 규정한 정보공개법 제3조는 단지 공공기관이 실제로 보유·관리하고 있는 정보에 대하여 그 공개원칙을 정하는 의미일 뿐이며 공공기관이 고의 또는 과실로 문서의 존부에 대한 확인의무를 게을리 했거나, 공공기관이 고의 또는 과실로 문서를 보유·관리하고 있지 않게 된 경우 그 공공기관이 정보 비공개를 정당화하는 법적 근거가 되는 것이 아니며 그렇게 해석될 여지도 없다.[401]

제11절 정보의 존부를 명확하게 응답하지 않는 공개 거부

I. 존부응답거부의 의의 및 취지

공개 청구가 된 경우 청구 대상 정보가 존재하면 비공개 정보에 해당하지 아니한 부분은 공개 결정을 하고, 비공개 정보에 해당하는 부분은 비공개 결정을 한다. 비공개 결정을 하는 경우에는 이유를 제시해야 한다. 만약 청구 대상 정보가 존재하지 아니한 경우에는 부존재의 이유를 제시해서 거부처분을 하게 된다.

그러나 예외적으로 공개 청구된 정보의 존부(存否) 자체를 명확하게 할 경우 그 자체로 비공개 정보의 규정에 의해 보호되어야 하는 이익이 훼손될 경우가 있다. 이는 이른바 글로마 거부(glomar denial, "neither confirm nor deny") 혹은 글로마 응답(Glomar response)의 문제로서 존부응답거부(存否應答拒否)라고 한다.

정보의 존부 자체를 응답거부 하는 것과 비공개 정보의 규정의 보호이익이 침해될

---

401) 헌법재판소 2003. 4. 24. 선고 2002헌바59 결정.

가능성은 이론적으로는 모든 비공개 정보에 관해 존재한다고 할 수 있다. 일본의 경우 실제로 존부응답거부를 이유로 하는 경우는 개인정보가 대부분을 차지하고 그중에서 도 상당수는 본인으로부터의 공개 청구라고 한다.[402]

공개 청구가 탐색적으로 이루어진 경우 가령 개인에 관한 정보에 관해 말하자면 어떤 사람을 지명해서 국립암센터에 입원한 적이 있던 때의 진료기록의 공개 청구가 있는 경우 해당 정보는 존재하지만 제9조 제1항 제6호(개인정보)에 의해 비공개한다고 회답 하는 것은 그 자체로 공개 청구된 자가 해당 병원에 입원하고 있었다는 사실이 명확하 게 되어, 그의 프라이버시가 침해될 우려가 발생할 수 있다. 법인 등에 관한 정보에 관해 서도 특정 기업을 지정해서 신상품의 인허가신청서의 공개를 청구하는 것에 의해 해당 기업의 기업전략이 경쟁기업에 알려져 영업상의 비밀이나 경쟁상의 지위를 침해당할 수 있게 된다.

국가의 안전보장 등에 관한 정보의 경우에도 외국으로부터 문서의 존재 자체를 명확 하게 하지 않겠다는 조건으로 입수한 문서에 대해 그 존재사실을 인정하는 것은 외국과 의 신뢰관계가 훼손될 우려가 있다. 공공의 안전에 관한 정보의 경우에도 마약 사범이 제3자를 통하여 자신에 관한 내사나 수사에 관한 정보의 공개를 청구하는 경우 해당 정 보가 존재한다는 것만으로도 수사의 밀행성이 훼손되고 증거인멸이 용이하게 될 우려 가 있다.[403]

이에 대해 존부응답거부는 비공개 정보가 보호하고자 하는 이익을 현저하게 침해하 는 경우에 한정되어야 한다는 의견도 있으나, 만약 존부응답거부제도를 수용한다면 비 공개 정보가 이미 제반의 사정을 비교형량한 후에 합리적인 범위에 한정되고 있는 이 상, 존부응답거부의 경우에 보호이익의 침해의 정도를 고도로 하는 것은 일관성이 없어 채택할 수는 없을 것이다.[404]

II. 글로마 거부

존부응답거부제도는 미국 정보자유법에서 판례에 의해 인정된 '글로마 거부(glomar

---

402) 行政管理研究センター 編集, 앞의 책, 194쪽.
403) 宇賀克也, 『新·情報公開法の逐條解説』(5판), 有斐閣, 2010, 115쪽.
404) 宇賀克也, 앞의 책, 116쪽.

denial)'및 예외(exclusion) 제도에서 비롯된 것이다.[405)406)]

미국 정보자유법은 원래 행정문서의 존부를 명확하게 하지 않은 채 공개 청구를 거부하는 제도는 없었다. 그런데 구소련 잠수함 탐사선 글로마(Glomar Exploler)호에 관한 정보공개 청구에 관해 미국 연방법원이 문서의 존부를 회답하지 않은 채 공개 청구를 거부한 것을 인정한 데서 글로마 거부(glomar denial) 혹은 글로마 응답(Glomarization, glomar response)이라고 불리는 것이다.[407)]

미국 연방법원은 명문의 규정은 없지만 판례상 국가기밀이나 개인의 프라이버시에 관한 사례에서 이 글로마 거부를 허용했다.[408)]

그 후 미국 정보자유법에 "형사법 집행기관에 의하여 정보제공자의 이름 또는 개인적 신원확인자별로 유지되는 정보제공자에 관한 기록이 정보제공자의 이름이나 개인적 신원확인자에 따라 제3자에 의하여 청구된 경우에는 언제나 해당 기관은 정보제공자로서의 지위가 공식적으로 확인되지 않는 한, 이 조의 요건에 구속되지 않고 기록을 취급할 수 있다"[제552조(c)(2)], "대외정보활동이나 방첩활동, 국제 테러리즘에 관하여 연방수사국(FBI)이 유지하는 기록에의 접근을 수반하는 청구가 있을 때와 해당 기록의 존재가 (b)(1)에 규정된 기밀정보로 분류되어 있는 동안은, 이 조의 요건에 구속되지 않고 기록을 다룰 수 있다"[제552조(c)(3)]라는 조항을 두어 국가기밀이나 법집행에 관한 정보에 관해서 정보공개법의 적용제외를 인정하고 있다.

일본 정보공개법도 제8조에서 "공개 청구에 대하여 해당 공개 청구에 관련된 행정문서가 존재하고 있는지 여부를 대답하는 것만으로 비공개 정보를 공개하는 것으로 되어버리는 경우에는 행정기관의 장은 해당 행정문서의 존부를 명확히 하지 아니한 채 해당 정보공개 청구를 거부할 수 있다"라고 존부응답거부처분을 명문화하고 있다.[409)]

미국 정보자유법에서는 주로 국가기밀, 프라이버시 정보, 범죄수사정보 등에 한정해

---

405) Harry A. Hammit/ Marc Rotenberg/ John A. Verdi/ Mark S. Zaid, 앞의 책, 56~57쪽.
406) 존부응답거부제도를 입법적으로 시행하고 있는 나라는 일본 이외에도 핀란드(제17조), 캐나다(제10조), 뉴질랜드(제10조), 아일랜드(제22조~제24조), 영국(제24조 제2항) 등에서 시행하고 있다.
  行政管理研究センター編集, 앞의 책, 414, 445, 452, 480, 491쪽 참조.
407) Phillippi v. CIA, 546 F.2d. 1009 (D.C. Cir. 1976).
408) Nation Magazine, Washington Bureau v. Customs Service, 71 F.3d 885, 893 (D.C. Cir. 1995).
409) (行政文書の存否に関する情報) 第八条 開示請求に対し′当該開示請求に係る行政文書が存在しているか否かを答えるだけで′不開示情報を開示することとなるときは′行政機関の長は′当該行政文書の存否を明らかにしないで′当該開示請求を拒否することができる°

서 인정되고 있는 반면 일본 정보공개법은 비공개 정보를 한정하지 않고 인정하고 있어서 법문상으로는 모든 비공개 정보에 관해서 존부응답거부가 가능하다. 때문에 일본에서는 이 규정은 남용될 우려가 많으므로 모든 예외사유에 널리 이를 인정하는 것에 대해 입법정책적으로 의문을 제기하는 견해가 유력하다.[410]

가령 특정 개인을 지명해서 공개 청구가 된 경우에 그 개인에 관한 문서가 존재하는 것 자체가 그 개인의 프라이버시 권리를 침해하는 것이 되는 경우, 문서의 존재 자체를 명확하게 하는 것이 국가의 안전이나 외교를 해칠 우려가 있는 경우, 특히 피의자를 지명해서 그 피의자에 대한 내사자료에 관해 공개 청구가 된 경우 문서의 존재를 응답하는 것 차제가 내사의 유무를 명확하게 해버리기 때문에 공공의 안전 등에 지장을 줄 경우 등 지극히 예외적인 경우 이외에는 인정되지 않는다고 해야 한다는 것이다.

반면 우리나라는 이에 대한 별도의 규정이 없고 판례도 아직 찾아볼 수 없다.[411]

그러나 아직 국민들의 행정에 대한 신뢰가 충분하지 못한 상태에서 존부응답거부제도를 도입할 경우 자칫 공공기관이 이를 남용하거나 악용할 우려도 있으므로 명문의 규정이 없는 한 이를 인정하는 것은 매우 신중해야 하며 설령 이를 인정하는 경우에는 그 남용에 대한 대책도 함께 마련해야 한다.

III. 존부응답거부에 대한 구제 방법

만약 존부응답거부가 우리 정보공개법에서도 가능하다고 한다면 이는 거부처분에 해당하므로 이유부기 및 통지의 의무가 있다.

존재응답거부의 경우의 이유부기는 "해당 정보의 존재를 답변하는 것 자체가 제9조 제0호의 비공개 정보를 공개하는 것이 되기 때문에 청구 대상 정보가 존재한다거나 존재하지 않다고 말할 수 없으나 가령 존재한다고 하더라도 제9조 제0호에 해당하여 비공개되는 문서이다"라고 기재하게 될 것이다. 존부응답거부는 결코 비공개 정보의 범위를 확대하는 것이 아니다.

존부응답거부를 하는 경우에 중요한 것은 공개 대상 정보에 대해서는 존부응답거부

---

410) 宇賀克也, 앞의 책, 117쪽.
411) 서울행정법원 실무연구회, 앞의 책, 876쪽은 존부응답거부 형태의 거부처분도 가능하다고 설명하고 있다.

를 해서는 안 되고, 또한 존부응답거부가 필요한 유형의 비공개 대상 정보에 대해서는 실제로 정보가 존재하든 아니하든 간에 항상 존부응답거부를 해야 한다는 점이다. 정보가 존재하지 않은 경우에는 부존재라고 답변하고 반면 정보가 존재하는 경우에는 존부응답거부를 한다면 존부응답거부를 하는 경우에는 해당 정보가 존재하는 경우라는 것을 청구인에게 알려주는 것이나 다름없기 때문이다.

존부응답거부에 대해서도 이의신청, 행정심판, 행정소송 등 불복신청이 가능하다. 법원은 공공기관에 대해 정보의 제출을 요구하여 인 카메라 심리를 할 수 있다. 이 경우 공공기관은 정보의 제시를 거부할 수 없다. 그런데 법원이 공공기관에 대해 정보의 제출을 요구하면 해당 정보가 존재한다는 사실이 드러날 우려가 있기 때문에 미국에서는 정보가 존재하지 않은 경우에도 정보를 제출하는 형식으로 취해서(이 경우에 실제 공개 청구 대상 정보는 존재하지 않기 때문에 설명서가 제출된다) 정보의 존재가 탐지되지 않도록 배려하고 있다. 다만, 우리나라 정보공개법에서는 제20조 제3항에 따라 해당 정보를 제출하지 아니하게 할 수도 있을 것이다.

제12절 권리남용을 이유로 한 공개 거부

I. 권리남용의 의의

권리의 행사와 의무의 이행은 신의에 좇아 성실히 해야 하고 권리는 남용하지 못한다(민법 제2조).

따라서 권리의 행사가 주관적으로 오직 상대방에게 고통을 주고 손해를 입히려는 데 있을 뿐 이를 행사하는 사람에게는 아무런 이익이 없고, 객관적으로 사회질서에 위반된다고 볼 수 있으면, 그 권리의 행사는 권리남용으로서 허용되지 아니한다.[412] 권리의 행사가 상대방에게 고통이나 손해를 주기 위한 것이라는 주관적 요건은 권리자의 정당한 이익을 결여한 권리행사로 보이는 객관적인 사정에 의하여 추인할 수 있으며, 어느 권리행사가 권리남용이 되는가의 여부는 개별적이고 구체적인 사안에 따라 판단된다.[413]

---

412) 대법원 2012. 6. 14. 선고 2012다20819 판결, 대법원 2010. 12. 9. 선고 2010다59783 판결.

II. 정보공개 청구와 권리남용

권리남용이 허용되지 않는다는 것은 법의 일반원칙이므로 이러한 명문이 규정이 없더라도 정보공개 청구도 일반의 법률행위이므로 권리남용적인 공개 청구에 대해서는 일반적인 권리남용금지의 법리에 따라(민법 제2조 제2항) 공개 청구를 거부하는 것도 가능하다.[414]

국민의 정보공개 청구는 정보공개법 제9조에 정한 비공개 대상 정보에 해당하지 아니하는 한 원칙적으로 폭넓게 허용되어야 하지만, 실제로는 해당 정보를 취득 또는 활용할 의사가 전혀 없이 정보공개 제도를 이용하여 사회통념상 용인될 수 없는 부당한 이득을 얻으려 하거나, 오로지 공공기관의 담당 공무원을 괴롭힐 목적으로 정보공개 청구를 하는 경우처럼 권리의 남용에 해당하는 것이 명백한 경우에는 정보공개 청구권의 행사를 허용하지 아니하는 것이 옳다.[415]

---

413) 대법원 2011. 1. 13. 선고 2009다103950 판결, 불법구금 상태에서 고문을 당한 후 간첩방조 등의 범죄사실로 유죄판결을 받고 형집행을 당한 사람에 대하여 국가배상책임을 인정하면서, 국가의 소멸시효 완성 항변은 신의성실의 원칙에 반하는 권리남용으로서 허용될 수 없다고 한 원심판단을 수긍한 사례.

414) 프랑스(제2조), 뉴질랜드(제18조), 그리스(제16조), 오스트리아(제1조), 이탈리아(제25조), 스페인(제37조), 벨기에(제10조), 아일랜드(제10조), 태국(제11조)과 영국의 정보공개법(제14조)에서는 권리남용에 해당하거나 또는 이에 상응하는 공개 청구를 인정하지 않는다는 취지의 명시적인 규정을 두고 있다. 行政管理研究センター 編集, 앞의 책, 428, 453, 457, 458, 460, 464, 468, 480, 484, 492쪽; 宇賀克也, 앞의 책, 121쪽 참조.

415) 대법원 2014. 12. 24. 선고 2014두9349 판결, 수형자인 원고가 이 사건 정보에의 접근을 목적으로 피고(서울중앙지방검찰청 검사장)에게 정보공개를 청구한 것이 아니라, 청구가 거부되면 그 거부처분의 취소를 구하는 소송에서 승소한 뒤 소송비용 확정절차를 통해 자신이 그 소송에서 실제 지출할 소송비용보다 다액을 소송비용으로 지급받아 금전적 이득을 취하거나, 수감 중 변론기일에 출정하여 강제노역을 회피하는 것 등을 목적으로 정보공개를 청구하였다고 볼 여지가 크므로, 이러한 정보공개 청구는 권리를 남용하는 행위로서 허용되지 아니한다고 한 사례.
　서울고등법원 2014. 10. 7. 선고 2014누48278 판결, ① 원고는 수감 중 짧은 기간 동안 많은 국가기관을 상대로 유사한 내용의 정보공개 청구와 행정소송을 끊임없이 제기하였고, 이에 대해 공개 또는 부분 공개의 결정이 있었음에도 원고는 해당 정보를 수령하지 아니한 점, ② 원고는 이미 각 지방검찰청 검사장 등에 제기한 정보공개 청구에 의해 공개된 정보를 통해 원고가 주장하는 수수료 산정기준에 관한 자료를 얻은 것으로 보임에도 불구하고, 계속하여 연도만 달리하여 전국의 검찰청 검사장 등을 상대로 동일한 내용의 정보공개를 청구하고 있는 점, ③ 원고가 청구한 정보를 공개하기 위해서는 해당 정보에 관한 자료의 정리·수집, 개인정보 삭제 등의 과정을 일일이 거쳐야 하는바, 원고가 전국의 검찰청 및 교정기관들을 상대로 동시다발적으로 포괄적인 내용의 정보공개를 청구함으로써 행정기관들에게 상당한 업무 부담과 함께 행정력의 소모를 초래하고 있으며, 이로 인해 결과적으로 일반국민에게도 상당한 피해를 유발할 위험이 있는 점, ④ 원고는 수감기간 중에 여러 건의 행정소송을 동시에 진행함으로써 2011년부터 2013년 7월까지 총 47회에 걸쳐 법정에 출정하였고, 그 과정에서 발생한 출정비용의 상당한 부분이 납부되지 않고 있는 점, ⑤ 원고가 소송대리인까지 선임하면서 자신과는 직접 관련이 없는 정보들에 대해서도 다수의 반복적인 정보공개 청구소송을 제기한 목적이 부수적으로나마 소송비용 확정절차를 통한 이익의 취득에 있는 것은 아닌가 하는 의문도 배제하기 어려운 점 등에 비추어, 원고의 정보공개 청구는 신의칙에 반하여 권리를 남용한 것으로 봄이 타당하므로, 원고의 정보공개 청구를 거부한 피고의 처분은 적법하다고 한 사례.

따라서 정보공개법에 근거한 공개 청구라도 권리남용에 해당되면 공공기관은 거부 처분을 할 수 있고 이 경우 권리남용에 해당하는가에 관해 이유를 제시해야 한다.

우리나라 정보공개법 시행령 제6조 제5항은 정보공개를 청구하여 정보공개 결정의 통지를 받은 자가 정당한 사유 없이 해당 정보의 공개 청구를 다시 한 경우와 정보공개 청구를 한 자가 공공기관이 해당 정보를 보유·관리하지 아니한다는 사실을 통지받은 후에 다시 같은 청구를 한 경우에는 공공기관은 종결처리할 수 있다고 규정하고 있는데, 이는 권리남용의 예라고 볼 수 있다.

대법원은 정보공개 청구의 목적에 특별한 제한이 있다고 할 수 없으므로, 오로지 공공기관을 괴롭힐 목적으로 정보공개를 구하고 있다는 등의 특별한 사정이 없는 한, 정보공개의 청구가 신의칙에 반하거나 권리남용에 해당한다고 볼 수는 없다는 입장이다.[416][417][418] 따라서 정보공개 청구인이 정보공개를 청구한 목적이 관련된 소송에 제출할 증거자료를 획득하기 위한 것이었고 위 소송이 이미 종결되었다고 하더라도, 그가 오로지 피고를 괴롭힐 목적으로 정보공개를 구하고 있다는 등의 특별한 사정이 없는 한, 위와 같은 사정만으로는 청구인이 정보공개 소송을 계속하고 있는 것이 권리남용에 해당한다고 볼 수 없고,[419][420] 또한 원고가 피고에 대하여 1995년 7월 1일부터 1999년 3월 31일까지의 업무추진비 세부항목별 집행내역 및 그에 관한 증빙서류의 공개를 청구한 것도 권리의 남용에 해당하지 않는다는 것이다.[421]

공공기관이 정보공개 청구가 권리남용에 해당된다는 이유로 거부처분을 한 경우 청구인은 이에 대하여 이의신청이나 행정심판 또는 행정소송을 제기할 수 있다.

---

416) 대법원 2012. 12. 13. 선고 2011두4787 판결, 대법원 2008. 9. 25. 선고 2008두8680 판결, 대법원 2006. 8. 24. 선고 2004두2783 판결, 대법원 2004. 9. 23. 선고 2003두1370 판결 등.

417) 대법원 2006. 8. 24. 선고 2004두2783 판결; 이 판결에 대한 해설로는 하명호, 「정보공개의 청구가 신의칙에 반하거나 권리남용에 해당하는지 여부」, 『대법원 판례해설』 통권 제64호(2006년 상반기), 법원도서관, 42~67쪽.

418) 대법원 2010. 12. 23. 선고 2008두13392 판결, 원고를 포함한 다수인이 동일한 내용의 정보공개를 청구했다 하더라도 그러한 사정만으로는 원고가 오로지 피고를 괴롭힐 목적으로 이 사건 정보공개를 청구하고 있다고 보기 어렵고 달리 원고의 정보공개 청구가 권리의 남용에 해당한다고 볼 수 없다고 한 사례. 대법원 2010. 12. 23. 선고 2008두13101 판결도 같은 취지임.

419) 대법원 2008. 10. 23. 선고 2007두1798 판결, 원고가 피고(한국방송공사)의 전 직원이었던 소외인의 소송대리인으로서 소송상 유리한 자료를 획득하기 위하여 이 사건 정보공개 청구를 했다 하더라도 그러한 사정만으로 원고의 이 사건 정보공개 청구가 권리의 남용에 해당한다고 볼 수 없다고 한 사례.

420) 대법원 2004. 9. 23. 선고 2003두1370 판결.

421) 대법원 2003. 3. 11. 선고 2001두6425 판결.

제13절 정보공개법과 저작권법의 관계

I. 정보공개와 저작권

저작권법에 의하면 저작자는 저작물을 창작한 자를 말하고, 저작물이란 인간의 사상 또는 감정을 표현한 창작물을 말한다(저작권법 제2조 제1호·제2호).

그런데 공개 청구를 받은 공공기관이 청구된 정보 중에 제3자의 미공표된 저작물을 보유하고 있는 경우 이를 임의로 공개하는 것은 저작권자가 갖는 공표권을 침해하는 것이 될 수 있다. 또한 공개를 결정하여 사본을 교부하거나 정보통신망을 통하여 공개하는 것은 저작권자의 복제권 또는 전송권을 침해하는 것이 될 수 있다.[422]

이럴 경우 공공기관이 공개 청구된 정보를 공개한다는 것은 저작권을 위반하는 것이라는 이유로 비공개 결정을 할 수 있을지가 문제된다.

또한 공개 청구를 받은 공공기관이 해당 정보가 해당 공공기관의 저작물이라는 사유로 공개 청구를 거부할 수 있을지도 문제될 수 있다.

그런데 우리나라 저작권법이나 정보공개법은 저작물이 공공기관에 의해 정보가 공개되는 경우를 상정하고 있지 않기 때문에 저작권법과의 충돌 내지 조정이 필요하다.

주로 문제가 되는 것은 저작물의 공표권(저작인격권)과 복제권(저작재산권)이다.

II. 저작권의 종류

저작자는 저작인격권과 저작재산권을 가지며, 저작권은 저작물을 창작한 때부터 발생하며 어떠한 절차나 형식의 이행을 필요로 하지 아니한다(저작권법 제10조).

저작인격권에는 저작자는 그의 저작물을 공표하거나 공표하지 아니할 것을 결정할 권리를 말하는 공표권(같은 법 제11조)과 저작자는 저작물의 원본이나 그 복제물에 또는 저작물의 공표 매체에 그의 실명 또는 이명을 표시할 권리인 성명표시권(같은 법 제

---

422) 정보공개제도와 저작권의 관계에 대해서는 박성호, 「정보공개제도와 저작권법의 관계(1)(2)」, *JURIST*, 2002년 6·7월호; 정필운, 「정보공개 청구권과 저작권의 상충 : 미국의 논의」, 『경희법학』 제44권 제1호(2009), 245~286쪽; 정필운, 「공공기관은 자신의 저작권을 근거로 국민의 정보공개 청구권을 거부할 수 있는가」, 『헌법학연구』 제16권 제1호(2010. 3), 249~285쪽 참조.

12조), 저작자는 그의 저작물의 내용·형식 및 제호의 동일성을 유지할 권리인 동일성유지권(같은 법 제13조)을 포함하고 있다. 여기서 공표란 저작물을 공연, 공중송신 또는 전시 그 밖의 방법으로 공중에게 공개하는 경우와 저작물을 발행하는 경우를 말한다(같은 법 제2조 제25호).

이처럼 저작권법은 저작물을 공표할 것인지의 여부의 결정권을 오로지 저작자에 맡기고 있으므로 공개 청구된 정보 중에 미공표의 저작물이 포함되어 있고, 저작자가 그 공표를 원하지 않은 경우에는 해당 정보를 공개할 수 없다고 볼 여지가 있다.

한편 저작재산권에는 저작자는 그의 저작물을 복제할 권리인 복제권(같은 법 제16조), 그의 저작물을 공연할 권리인 공연권(같은 법 제17조), 그의 저작물을 공중송신 할 권리인 공중송신권(같은 법 제18조), 미술저작물 등의 원본이나 그 복제물을 전시할 권리인 전시권(같은 법 제19조), 저작물의 원본이나 그 복제물을 배포할 권리인 배포권(같은 법 제20조), 판매용 음반이나 판매용 프로그램을 영리를 목적으로 대여할 권리인 대여권(같은 법 제21조), 그의 저작물을 원저작물로 하는 2차적저작물을 작성하여 이용할 권리인 2차적저작물작성권(같은 법 제22조)을 포함하고 있다.

여기서 저작물의 발행이란 저작물 또는 음반을 공중의 수요를 충족시키기 위하여 복제·배포하는 것을 말하고(같은 법 제2조 제24호), 저작물의 복제란 인쇄·사진촬영·복사·녹음·녹화 그 밖의 방법으로 일시적 또는 영구적으로 유형물에 고정하거나 다시 제작하는 것인데, 건축물의 경우에는 그 건축을 위한 모형 또는 설계도서에 따라 이를 시공하는 것을 포함한다(같은 법 제2조 제22호). 저작물의 배포란 저작물 등의 원본 또는 그 복제물을 공중에게 대가를 받거나 받지 아니하고 양도 또는 대여하는 것을 말한다(같은 법 제2조 제23호).

III. 정보공개법과 저작권법의 관계

(1) 첫째, 저작권법이 정보공개법 제4조 제1항에 따른 '다른 법률에 특별한 규정이 있는 경우'에 해당하는지가 문제된다.

정보공개법 제4조에서는 정보의 공개에 관하여는 다른 법률에 특별한 규정이 있는 경우를 제외하고는 정보공개법이 정하는 바에 의한다고 규정하고 있다. 그런데 저작권법 제11조에서는 저작자의 저작물 공표권을, 제16조에서는 저작자의 저작물의 복제권을, 제20조에서는 저작자의 저작물 배포권을 각각 인정하고 있는데 이는 공공기관이 보유·관리하고 있는 정보이자 저작권법에 따른 저작물에 해당하는 것의 정보공개의 대상 및 범위, 정보공개의 절차 등에 대하여 규정하고 있는 것으로 보기 어려우므로 저작권법의 위 규정은 정보공개법 제4조 제1항에 따른 '다른 법률에 특별한 규정이 있는 경우'에 해당한다고 할 수 없다.

(2) 둘째, 저작권법이 정보공개법 제9조 제1항 제1호 소정의 법령비에 해당하는지에 관해서는 저작권법은 저작자 등의 권리보호와 문화발전의 기여라는 것을 목적으로 하는 법률이고 정보의 공개를 금지하는 것 자체를 본래의 목적으로 하는 것이 아니며, 또한 저작권법은 저작물을 공표할 것인가 아닌가의 결정권을 저작자에게 맡길 뿐, 해당 정보를 비밀로 하는 것을 보호하는 것은 아니기 때문에, 정보공개법 제9조 제1항 제1호 소정의 법령비에 해당된다고 볼 수는 없다.

미국 정보자유법 제552조(b)(3)는 법률에 의하여 특히 공개가 제외되는 정보(specifi-cally exempted from disclosure by statute)를 공개하지 않도록 규정하고 있는데, 일반적으로 저작권법은 여기서 말하는 법률(statute)에는 해당하지 않는 것으로 해석하고 있다.

(3) 셋째, 공공기관이 제3자의 저작물을 정보공개의 방식으로 열람을 해주거나 사본을 제공하는 것이 저작권자인 제3자가 가지는 공표권이나 성명표시권, 그리고 복제권 등을 침해하는 것인지가 문제된다.

프랑스 정보공개법 제10조는 "행정문서는 저작권료 지불을 조건으로 열람할 수 있다. 이 장에서 규정된 열람권의 행사는 그 수혜자이든 제3자에게든 열람한 문서들을 상업적 목적으로 복제하고 유포하거나 사용하는 것을 배제한다"라고 규정하고 있다.

독일 환경정보법 제8조 제1항 제2호는 정보의 공개 또는 정보매체를 이용하게 하는 것이 지적재산권, 특히 저작권의 보호에 반하는 경우 공개 청구권은 인정되지 않는다고 규정하고 있다.

한편 일본 저작권법 제18조(공표권)는 저작자는 그의 저작물로서 아직 공표되지 아니한 것(그의 동의를 얻지 아니하고 공표된 저작물을 포함한다)을 공중에게 제공하거나 제시할 권리를 가지나(제1항), 그 저작물이 아직 공표되지 않은 것을 행정기관에 제공한 경우(행정기관정보공개법 제9조 제1항의 규정에 의해 공개한다는 취지의 결정을 할 때까지 별단의 의사표시를 한 경우를 제외한다)에는 정보공개법의 규정에 의하여 행정기관의 장이 해당 저작물을 공중에 제공하거나 또는 제시하는 것에 동의한 것으로 본다(제3항 제1호)고 규정하고 있다.

같은 법 제18조 제4항 제1호에서는 비공개 대상 정보 중 정보공개법 제5조(행정문서의 개시의무)의 규정에 의해 행정기관의 장이 제5조 제1호 나목(사람의 생명, 건강, 생활 또는 재산을 보호하기 위하여 공개하는 것이 필요하다고 인정되는 정보) 혹은 다목[해당 개인이 공무원인 경우에 해당 정보가 그 직무의 수행에 관련된 정보일 때에는 해당 정보 가운데 해당 공무원 등의 직(職) 및 해당 직무수행의 내용에 관련된 부분] 혹은 같은 조 제2호 단서에 규정하는 정보(사람의 생명, 건강, 생활 또는 재산을 보호하기 위하여 공개하는 것이 필요하다고 인정되는 정보)가 기록되어 있는 저작물로서 아직 공표되지 아니한 것을 공중에 제공하거나 혹은 제시하는 때 또는 정보공개법 제7조(공익상의 이유에 의한 재량적 개시)의 규정에 의해 행정기관의 장이 저작물이 아직 공표되지 아니한 것을 공중에 제공하거나 혹은 제시하는 것에 해당하는 때에는 공표권을 적용하지 않는다고 규정하고 있다.

또한 같은 법 제19조(성명표시권) 제1항에서 성명표시권을 규정하면서도 같은 조 제4항에서 성명표시권은 정보공개법 또는 정보공개조례의 규정에 의해 행정기관의 장 또는 지방공공단체의 기관의 장이 저작물을 공중에 제공하거나 제시하는 경우에 있어서 해당 저작물에 대해 이미 그 저작자가 표시되어 있는 경우에 따라 저작자명을 표시하는 경우 및 정보공개법 제6조(부분개시) 제2항의 규정 또는 정보공개조례의 규정에서 동항의 규정에 상당하는 것에 의해 행정기관의 장 또는 지방공공단체의 기관이 저작물을 공중에 제공하거나 제시하는 경우에 있어서 해당 저작물의 저작자명의 표시를 생략하는 것으로 되는 경우에는 성명표시권을 적용하지 아니한다고 규정하고 있다. 다만 같은 법 제42조의2는 행정기관의 장 또는 지방공공단체의 기관은 정보공개법 등의 규정에 의하여 저작물을 공중에 제공 또는 제시하는 것을 목적으로 하는 경우에는, 정보공개법 제14조(개시의 실시) 제1항(행정문서의 개시는 문서 또는 도화에 대해서는 열람 또는 사본의 교부에 의해, 전자적 기록에 대해서는 그 종별, 정보화의 진전 상황 등을 감안하여 정령으로 정하는 방법에 따라 실시한다)에 규정하는 방법에 의하여 개시하기 위해 필요하다고 인정되는 한도에서, 해당 저작물을 이용할 수 있다고 규정하고 있다.

그런데 우리나라 정보공개법이나 저작권법에서는 이와 관련하여 아무런 규정을 두고 있지 않다. 우리나라 저작권법은 저작자의 권리와 이에 인접하는 권리를 보호하기 위한 법인 반면 정보공개법은 공공기관이 보유·관리하는 정보에 대한 국민의 알권리를 보장하기 위한 법이어서, 두 법률은 그 목적과 입법취지 등을 달리하므로 공공기관이 공개 청구된 정보에 타인의 저작권이 포함되어 있다는 이유만으로 비공개 처분을 한다는 것은 곤란할 것이다. 그러나 공개 청구된 정보에 정보공개법 제9조 제1항 단서 소정의 비공개 대상 정보가 포함되어 있는 경우에는 그에 따라 비공개 처분을 할 수는 있을 것이다. 이때 저작권자인 제3자의 권리보호도 중요하다.

따라서 공개 청구된 공개 대상 정보의 전부 또는 일부가 제3자의 저작물에 해당하는 등 제3자와 관련이 있다고 인정되는 때에는 공공기관은 그 사실을 제3자에게 지체 없이 통지해야 하므로(제11조 제3항) 공공기관은 저작자인 제3자에게 공개 청구된 사실을 통지하여 그의 의견을 요청해야 한다. 공공기관의 저작물을 정보공개법에 따라 공개 받은 경우에도 이를 공개 받은 자가 저작물을 저작권법에 위반되는 방법으로 이용(공표·배포·공연·전시·대여 등)하는 것은 허용되지 않는다.[423]

공공기관이 저작물을 포함한 제3자의 정보를 공표하는 경우, 그것을 헌법 제23조 제3항 소정의 공공필요에 의한 재산권의 수용·사용 또는 제한에 해당된다고 하는 견해도 있으나 허가신청 등 공공기관으로부터 어떠한 이익을 얻을 목적으로 저작물을 제출하는 경우에는 강제적으로 수용되었다고 보기는 어렵다.

IV. 공공기관이 자신의 저작권을 이유로 비공개할 수 있는지 여부

저작물이란 인간의 사상 또는 감정을 표현한 창작물을 말하므로(저작권법 제2조 제1호), 국가 또는 지방자치단체 등 공공기관이 작성하거나 생산한 창작물도 저작권법의 보호대상에 해당된다. 법인 등의 명의로 공표되는 업무상저작물의 저작자는 계약 또는 근무규칙 등에 다른 정함이 없는 때에는 그 법인 등이 된다(같은 법 제9조).

다만, 헌법·법률·조약·명령·조례 및 규칙, 국가 또는 지방자치단체의 고시·공고·훈령 그 밖에 이와 유사한 것, 법원의 판결·결정·명령 및 심판이나 행정심판절차

---

423) [법제처 10-0422, 2011. 1. 20, 행정안전부 지식제도과] 민원인이 '공공기관의 운영에 관한 법률'에 따른 공공기관인 저작자가 출판사와 출판계약을 통하여 이미 출판한 운전면허 학과시험의 문제은행을 정보공개법에 따라 공개 청구 하는 경우, 해당 공공기관은 위 문제은행이 저작권법 제53조에 따라 편집저작물로 등록·출판되었다는 이유만으로 공개를 거부할 수 없다고 유권해석 한 사례.

그 밖에 이와 유사한 절차에 의한 의결·결정 등과 국가 또는 지방자치단체가 작성한 것으로서 위에 규정된 것의 편집물 또는 번역물은 저작권법에 의한 보호를 받지 못한다(같은 법 제7조).

따라서 국가 또는 지방자치단체 등 공공기관이 작성한 정보가 저작권법의 보호대상에 해당될 경우에 그 저작자인 공공기관이 저작권법에 따른 공표권 등 저작권을 이유로 정보공개를 거부할 수 있을지도 문제가 된다.

그런데 저작권법은 저작재산권에 관해 제23조부터 제35조의2에서 저작재산권을 제한하고 있고, 제101조의3부터 제101조의5에서는 프로그램 저작물의 저작재산권을 제한하고 있다.

또한 저작권법 제35조의3(저작물의 공정한 이용)은 위와 같은 경우 외에도 저작물의 통상적인 이용방법과 충돌하지 않고 저작자의 정당한 이익을 부당하게 해치지 아니하는 경우에는 보도·비평·교육·연구 등을 위하여 저작물을 이용할 수 있다고 규정하면서 저작물 이용 행위가 여기에 해당하는지를 판단할 때에는 영리성 또는 비영리성 등 이용의 목적 및 성격, 저작물의 종류 및 용도, 이용된 부분이 저작물 전체에서 차지하는 비중과 그 중요성, 저작물의 이용이 그 저작물의 현재 시장 또는 가치나 잠재적인 시장 또는 가치에 미치는 영향 등을 고려해야 한다고 명시하고 있다.

따라서 저작권법 제23조부터 제35조의3까지, 제101조의3부터 제101조의5까지의 경우처럼 저작재산권이 제한되는 경우에 공공기관의 저작물을 이용하는 것은 저작권법에 위반되지 아니한다.

더욱이 최근 저작권법이 개정되어[424] 국가 또는 지방자치단체가 업무상 작성하여 공표한 저작물이나 계약에 따라 저작재산권의 전부를 보유한 저작물은 ① 국가안전보장에 관련되는 정보를 포함하는 경우 ② 개인의 사생활 또는 사업상 비밀에 해당하는 경우 ③ 다른 법률에 따라 공개가 제한되는 정보를 포함하는 경우 ④ 한국저작권위원회에 등록된 저작물로서 국유재산법에 따른 국유재산 또는 '공유재산 및 물품 관리법에 따른 공유재산으로 관리되는 경우가 아니면 허락 없이 이용할 수 있고(같은 법 제24조의2 제1항), 국가 또는 지방자치단체는 한국저작권위원회에 등록된 저작물로서 국유재산법에 따른 국유재산 또는 '공유재산 및 물품 관리법'에 따른 공유재산으로 관리되는 공공

---

424) [시행 2014. 7. 1.] [법률 제12137호, 2013. 12. 30. 일부개정]

저작물 중 자유로운 이용을 위해 필요하다고 인정되는 경우에는 국유재산법 또는 '공유 재산 및 물품 관리법'에도 불구하고 대통령령이 정하는 바에 따라 사용하게 할 수 있다 고 규정하고 있다(같은 법 제24조의2 제3항). 또한 국가는 공공기관의 운영에 관한 법률 제 4조에 따른 공공기관이 업무상 작성하여 공표한 저작물이나 계약에 따라 저작재산권의 전부를 보유한 저작물의 이용을 활성화하기 위하여 대통령령으로 정하는 바에 따라 공 공저작물 이용활성화 시책을 수립·시행할 수 있다고 규정하여(같은 법 제24조의2 제2항) 공공저작물의 무상 이용을 촉진하고 있다.

이처럼 저작권법과 정보공개법은 그 입법목적을 달리하므로 공공기관이 저작권이라 는 이유만으로는 비공개 사유로 삼을 수는 없을 것이다.[425] 다만, 구체적 사안에서 공개 청구된 해당 정보가 정보공개법 제9조 제1항 각 호의 비공개 대상 정보에 해당될 때에 는 그러한 사유로는 비공개될 수 있을 것이다.

우리나라에서도 정보공개법 혹은 저작권법에서 일본의 입법례 등을 참조하여 정보 공개법과 저작권법과의 이해관계를 보다 명확하게 조정하는 입법이 필요하다(프랑스 정 보공개법 제10조).

---

425) 박성호, 「정보공개제도와 저작권법의 관계」, 『특별법연구』 7권(2005. 12), 박영사, 759~778쪽; 정필운, 「공공기관 은 자신의 저작권을 근거로 국민의 정보공개 청구를 거부할 수 있는가」, 『헌법학연구』 제16권 1호(2010. 3), 한국 헌법학회, 249~287쪽 참조; 특히 정필운, 위의 논문 271~272쪽에서는 호주 정보공개법 제20조 제3항 제3호에서 "청구인이 요청하는 형태에 의한 공개가 문서에 포함되는 사항이, 기관이나 부의 사무에 관련이 없는 사항으로 저 작권(호주 연방이나 기관 또는 주가 보유하는 저작권은 제외한다)의 침해와 관련되는 경우에는 그 형태에 의한 공 개를 거부하고 다른 형태에 의하여 공개할 수 있다"라고 규정하고 있다고 소개하고 있다.

제4장
정보공개 거부에 대한
불복 구제 방법 및 절차

제1절 불복 구제 절차 개관

I. 행정쟁송절차 개관

정보공개의 청구가 공공기관에 의하여 거부된 경우 청구인은 공공기관에 대하여 이의신청을 하거나 이의신청절차를 거치지 아니하고 행정심판 또는 행정소송을 청구할 수 있다(제18조 제1항, 제19조 제2항, 제20조 제1항).

정보공개 청구가 거부된 경우 이에 대한 불복 구제 방법은 각국의 행정환경에 따라 다르다. 대체적으로 생각할 수 있는 구제제도로는 이의신청과 행정심판, 행정소송을 들 수 있고 이외에 옴부즈만제도에 의한 구제제도나 독립된 합의제기관에 의한 구제제도를 상정할 수 있다.[1]

옴부즈만제도에 의한 구제제도는 공정성, 독립성, 신속성을 중시한 시정권고기관으로서의 독임제 구제제도라고 할 수 있는데 스웨덴, 핀란드, 덴마크, 노르웨이, 네덜란드, 호주, 뉴질랜드, 캐나다 등 대부분의 서구 제국에서 활용하고 있다.

정보공개위원회와 같은 합의제 전문심사기구를 별도로 설치하여 그 기관으로 하여금 공개 거부에 관한 모든 것을 심사하여 필요한 경우 시정권고 할 수 있게 하는 방법도 있다. 프랑스의 행정정보공개위원회나 일본의 정보공개심사회가 이와 유사한 기능을 수행하고 있다.

---

1) 김중양, 앞의 책, 263쪽.

[표 4-1] 구제 절차의 비교

구분	이의신청	행정심판	행정소송
심판기관	처분청	원칙적으로 재결청	관할 행정법원(지방법원)
심판대상	개별법에서 정하고 있는 처분	위법 또는 부당한 처분	위법한 처분
근거법령	민원사무처리법, 개별 법령	행정심판법	행정소송법

II. 헌법소원심판 청구 가능 여부

공공기관의 정보공개 거부처분에 대해 헌법소원심판을 청구할 수 있을지 문제된다.

공권력의 행사 또는 불행사로 인하여 헌법상 보장된 기본권을 침해받은 자는 법원의 재판을 제외하고는 헌법재판소에 헌법소원심판을 청구할 수 있다(헌법재판소법 제68조 제1항). 헌법소원심판을 제기하려면 다른 법률에 구제 절차가 있는 경우에는 그 절차를 모두 거친 후에야 가능하다(같은 법 제68조 제1항 단서).

그런데 1998년 정보공개법이 시행되면서 행정심판 및 행정소송이라는 구제절차가 마련되어 있으므로 그 이후에 이루어진 공공기관의 정보공개 거부처분에 대해서는 그 구제절차를 거친 뒤에 헌법소원심판을 청구해야 한다. 따라서 행정소송절차를 경유하지 아니한 채 헌법소원심판을 청구하면 사전 구제 절차를 모두 거치지 않은 것이 되어 각하된다.[2) 3)]

정보공개법이 시행되기 이전에도 헌법재판소는 헌법심판 청구 후에 공공기관이 공개를 구하는 정보를 구두 설명과 민원회신을 통하여 청구인에게 모두 알려준 이상 청구인이 주장하는 기본권의 침해가 종료됨으로써 청구인이 헌법소원을 통하여 달성하고자 하는 주관적 목적은 이미 달성되었으므로 그 침해의 원인이 된 공권력의 행사(청구인

---

2) 헌법재판소 1998. 2. 27. 선고 94헌마77 결정, 헌법재판소 1998. 2. 27. 선고 97헌마101 결정, 헌법재판소 1999. 9. 16. 선고 98헌마246 결정, 헌법재판소 2000. 2. 24. 선고 99헌마96 결정, 헌법재판소 2000. 12. 29. 선고 2000헌마797 결정 등.

3) 헌법재판소 2001. 12. 20. 선고 2000헌마722 결정, 법무부가 관리하는 검사에 대한 징계기록 및 대검찰청이 관리하는 감찰조사기록에 대해 청구인이 관련 민사소송에서 서증조사를 신청하고, 법원이 이를 받아들여 서증조사를 실시하고자 했으나, 법무부 장관과 검찰총장이 위 기록들의 공개를 거부하는 바람에 서증조사가 실시되지 못한 경우, 청구인은 법원의 서증조사절차를 매개로 사실상 위 법률에 의한 정보공개 청구권을 행사했다고 볼 수 있고, 피청구인들은 실질적으로 이에 대해 거부처분을 한 것이므로 청구인으로서는 행정쟁송절차를 이용하여 이 사건 거부처분의 취소를 구함으로써 자신의 정보공개 청구권을 구제받을 길이 있었는데도 그러한 구제절차를 거치지 아니하고 제기한 헌법소원심판청구는 부적법하다고 한 사례.

주장의 거부처분)를 취소할 실익이 없어졌다고 했고,[4] 피고인에 대한 공소제기 후 제1회 공판기일 전에 변론준비를 위하여 검찰에 수사기록에 대한 열람등사신청을 했으나 동 신청이 거부된 이후 공판절차가 진행되고 제1회 공판기일이 개시되자 법원에 수사기록의 열람등사를 신청하여 수사기록 일체를 복사 받았고, 그 후 1심판결까지 선고되었다면 검찰의 열람 및 등사거부처분도 취소를 구하는 헌법소원심판청구도 권리보호의 이익이 없어 부적법하다는 입장이었다.[5]

제2절 이의신청

I. 이의신청의 의의

이의신청이란 공공기관으로부터 정보공개 청구를 거부당한 청구인이 해당 공공기관으로 하여금 청구인의 청구 사항을 다시 심사하여 잘못이 있는 경우 스스로 시정하도록 하는 절차를 말한다. 법령상으로는 이의신청이라는 용어 이외에 불복신청·청원·심사청구·재심사청구·재결신청·재정신청 등의 용어가 혼용되고 있다.

이의신청은 처분청으로 하여금 다시 거부처분에 대하여 심사하도록 한 절차로서 행정심판법에서 정한 행정심판과는 그 성질을 달리하고 또한 사안의 전문성과 특수성을 살리기 위하여 특별한 필요에 따라 둔 행정심판에 대한 특별 또는 특례 절차라 할 수도 없다.

이의신청은 형식적인 절차요건 없이 신속하고 간편하게 권리구제를 받을 수 있고 비용이 들지 않으며 신청절차도 정보공개시스템을 통해도 가능하므로 많이 활용되고 있다. 반면 이의신청은 거부처분을 행한 해당 공공기관에 직접 하는 것이기 때문에 공평성에 문제가 있어 구제의 실효성은 상대적으로 적다.

청구인이 정보공개와 관련한 공공기관의 비공개 결정 또는 부분 공개의 결정에 대하여 불복이 있거나 정보공개 청구 후 20일이 경과하도록 정보공개 결정이 없는 때

---

4) 헌법재판소 1997. 4. 24. 선고 92헌마47 결정.
5) 헌법재판소 1998. 2. 27. 선고 96헌마211 결정.

에는 공공기관으로부터 정보공개 여부의 결정 통지를 받은 날 또는 정보공개 청구 후 20일이 경과한 날부터 30일 이내에 해당 공공기관에 문서로 이의신청을 할 수 있다(제 18조 제1항).

민원사무처리법 제18조에서는 민원사항에 대한 행정기관의 장의 거부처분에 불복하는 민원인은 그 거부처분을 받은 날부터 90일 이내에 그 행정기관의 장에게 문서로 이의신청을 할 수 있고 행정기관의 장은 이의신청을 받은 날부터 10일 이내에 그 이의신청에 대하여 결정하고 그 결과를 민원인에게 지체 없이 문서로 통지해야 하도록 규정하고 있는데, 정보공개법에서는 보다 더 신속한 구제를 위하여 정보공개 거부처분에 대한 이의신청 기간을 30일 이내로 하고 이의신청에 대한 결정기한도 7일 이내로 단축하되 공정한 심의를 위해 정보공개심의회의 심의를 거치도록 하고 있다.

II. 이의신청 절차

이의신청은 신청인의 이름·주민등록번호 및 주소(법인 또는 단체의 경우에는 그 명칭, 사무소 또는 사업소의 소재지와 대표자의 이름)와 연락처, 이의신청의 대상이 되는 정보공개 여부 결정의 내용, 이의신청의 취지 및 이유 그리고 정보공개 여부의 결정통지를 받은 날 또는 비공개 결정이 있는 것으로 보는 날을 기재한 서면으로 해야 한다(시행령 제18조 제1항).

III. 이의신청에 대한 결정

공공기관은 이의신청을 받은 날부터 7일 이내에 그 이의신청에 대하여 결정하고 그 결과를 청구인에게 지체 없이 문서로 통지해야 한다(제18조 제3항). 부득이한 사유로 정해진 기간 이내에 결정할 수 없는 때에는 그 기간이 끝나는 날의 다음 날부터 기산하여 7일의 범위에서 연장할 수 있으며, 연장 사유를 청구인에게 통지해야 한다(시행령 제18조 제3항).

이의신청에 대한 결정은 원래의 정보공개 청구에 대한 거부결정의 당부를 판단하는 것이므로, 이의신청 결정에서 이의신청 당시라는 표현을 추가했다고 하더라도 이의신청에 대한 결정의 위법 여부도 원래의 정보공개 청구 시점을 기준으로 판단한다.

공공기관이 이의신청을 인용하는 결정을 한 때에는 공개일시·공개장소 등을 명시하여 청구인에게 통지해야 한다. 반면 공공기관이 이의신청을 각하(却下) 또는 기각(棄却)하는 결정을 한 경우에는 청구인에게 결정이유와 함께 행정심판 또는 행정소송을 제기할 수 있다는 사실을 결과 통지와 함께 알려야 한다(제18조 제4항).

이의신청을 받아들이는 경우에는 이의신청 대상인 거부처분을 취소하지 않고 바로 최초의 신청을 받아들이는 새로운 처분을 해야 하는 반면, 이의신청을 받아들이지 않는 경우에는 다시 거부처분을 하지 않고 그 결과를 통지함에 그칠 뿐이다.

공공기관은 이의신청에 대한 처리상황을 이의신청 처리대장에 기록·유지해야 한다(시행령 제18조 제4항).

IV. 정보공개심의회의 심의

국가기관, 지방자치단체 및 공공기관의 운영에 관한 법률 제5조에 따른 공기업은 정보공개 여부 등을 심의하기 위하여 정보공개심의회를 설치·운영해야 한다(제12조 제1항). (제2장 제6절 V. 정보공개심의회의 심의 참조.)

국가기관 등은 이의신청이 있는 경우에는 정보공개심의회를 개최해야 하나, 정보공개심의회의 심의를 이미 거친 사항, 단순·반복적인 청구 및 법령에 따라 비밀로 규정된 정보에 대한 청구의 어느 하나에 해당하는 경우에는 개최하지 아니할 수 있다(제18조 제2항). 정보공개법 시행령 제11조 제2항 제2호 단서는 좀 더 구체적으로 공공기관의 비공개 또는 부분공개 결정에 대하여 같은 내용으로 2회 이상 반복하여 제기된 이의신청과 청구인 및 제3자가 이의신청 기간이 지난 후에 한 이의신청 그리고 청구인의 요구대로 공개 결정할 경우에는 정보공개심의회의 심의를 거칠 필요 없다고 규정하고 있다.

V. 이의신청 결정에 대한 불복 절차

공공기관의 이의신청 기각 또는 각하 결정에 대해 불복할 경우에는 이의신청을 기각하거나 각하하는 결정에 대해서가 아니라 원처분, 즉 정보공개 거부처분에 대해 소정의 기간 내에 행정심판 또는 행정소송을 제기해야 한다.

주의할 점은 판례는 이의신청을 거쳐 행정소송을 제기하는 경우 행정소송법에서 정한 행정심판을 거친 경우의 제소기간의 특례가 적용된다고 할 수 없다고 하고 있다.[6) 이의신청 절차와는 별도로 그 대상이 된 거부처분에 대하여 행정심판 또는 행정소송을 제기할 수 있도록 보장하고 있는 이상, 이의신청 절차에 의하여 국민의 권익의 보호가 소홀하게 된다거나 헌법 제27조에서 정한 재판청구권이 침해된다고 볼 수도 없으므로 따라서 이의신청에 대한 결과를 통지받은 날부터 취소소송의 제소기간이 기산된다고 할 수 없다는 것이다. 그러나 이는 '권리 위에 잠자고 있지 않은' 이의신청인의 권리를 부당하게 제약하는 것이므로 공공기관의 정보 비공개 결정에 대하여 이의신청을 한 경우 그 이의신청에 대한 결정을 받을 때까지는 원처분인 비공개 결정에 대한 제소기간의 진행은 당연히 정지되고 이의신청에 대한 결정을 받은 날부터 제소기간이 진행한다할 것이다.

행정심판의 실무에서는 원처분이 아닌 이의신청을 불복의 대상으로 삼고 있는 경우도 있으나[7) 이는 시정되어야 한다.[8)

한편 이의신청의 결정은 행정심판에서의 재결이나 행정소송절차에서의 판결 등과 같은 기속력을 갖지는 못하므로 공공기관의 이의신청 인용결정에 대해 이해관계 있는 제3자는 이에 따른 공개 결정에 대해 행정심판 또는 행정소송을 제기할 수 있다.

---

6) 대법원 2012. 11. 15. 선고 2010두8676 판결(이는 민원사무처리법에서 정한 민원 이의신청의 대상인 거부처분에 대한 사례이다), 그런데 서울고등법원 1999. 9. 29. 선고 99누1481 판결(상고기각)은 이와 달리 "이의신청이나 행정심판이 행정소송에 대하여 임의적·선택적 절차로 마련되어 있는 점 및 제소기간을 규정한 행정소송법 제20조 제1항은 그 단서에서 행정심판청구를 할 수 있는 경우에는 행정심판청구가 있은 때의 제소기간은 재결서의 정본을 송달받은 날부터 기산한다고 규정하고 있는 점 등에 비추어보면, 정보 비공개 결정에 대하여 이의신청을 한 경우 그 이의신청에 대한 결정을 받을 때까지는 원처분인 비공개 결정에 대한 제소기간의 진행은 당연히 정지되고 이의신청에 대한 결정을 받은 날부터 제소기간이 진행한다고 봄이 상당하다"고 상반된 판결을 하고 있다.
7) [중앙행정심판위원회 11-16468, 2012. 2. 21, 환경부, 인용], [중앙행정심판위원회 10-12031, 2010. 8. 24, 한국토지주택공사(경기지역본부), 인용], [중앙행정심판위원회 10-07446, 2010. 8. 24, 전라북도교육감, 인용], [중앙행정심판위원회 10-15702, 2010. 8. 24, 울산광역시장, 인용] 등.
8) 대법원 2012. 7. 12. 선고 2010두7048 판결, 이의신청 기각결정을 받은 청구인이 행정소송을 제기하면서 청구취지에서 2008년 11월 27일자 이의신청 기각결정의 취소를 구한다고 하면서도 그 청구원인으로 이의신청 기각결정의 위법사유가 아닌 정보공개 거부처분의 위법사유를 주장하고 있으면 비록 원고가 이의신청 기각결정의 취소를 구하고 있다고 하더라도 그 취지는 이 사건 거부처분의 취소를 구하는 것으로 선해할 수 있다고 한 사례.

제3절 행정심판

I. 행정심판의 의의 및 종류

1. 행정심판의 의의

행정심판이란 행정상 법률관계의 분쟁을 행정기관이 심리·재결하는 행정쟁송절차를 말한다. 행정심판은 약식 쟁송의 하나이다. 행정심판은 분쟁해결의 성질을 갖는 광의의 재판의 일종이기는 하나, 그럼에도 그것은 행정절차이며 사법절차는 아니다. 행정심판의 재결 또한 그 자체가 행정작용의 하나로서 행정행위적인 성질을 갖는다.[9]

우리 헌법 제107조 제3항은 "재판의 전심절차로서 행정심판을 둘 수 있다. 행정심판의 절차는 법률로 정하되 사법절차가 준용되어야 한다"고 규정하고 있다.

청구인이 정보공개와 관련한 공공기관의 결정에 대하여 불복이 있는 때에는 이의신청절차를 거친 뒤에 혹은 이의신청 절차를 거치지 아니하고 행정심판법이 정하는 바에 따라 행정심판을 청구할 수 있다(제19조 제1항·제2항).[10]

국가가 행정감독적인 수단으로 통일적이고 능률적인 행정을 위하여 중앙 및 지방행정기관 내부의 의사를 자율적으로 통제하고 국민의 권리구제를 신속하게 할 목적의 일환으로 행정심판제도를 도입한 것이다.

행정심판에서는 행정소송과 달리 행정처분의 위법뿐만 아니라 그 부당을 주장할 수도 있고, 그 절차가 비교적 간편하며, 비용도 들지 않고, 처분기관이 아니라 그 상급기관이나 독립적인 행정심판위원회에서 그 당부를 심판한다는 점에서 어느 정도 독립성과 공정성을 담보된다는 등의 장점이 있다. 특히 행정소송은 3심제인 반면 행정심판은 단심제이어서 인용재결인 경우에는 즉시 기속력이 발생할 뿐만 아니라 재결기간이 피청구인 또는 행정심판위원회가 심판청구서를 받은 날부터 60일 이내(30일 연장 가능, 행정심판법 제45조 제1항)로 비교적 단기간이어서 그 효용성이 점차 증가하고 있다.

---

9) 홍정선, 앞의 책, 839쪽.
10) 김기표, 「정보공개와 행정심판 : 정보공개법의 심사경과」, 『행정심판연구논문집』(II), 2004년 4월, 법제처, 107~129쪽.

2. 행정심판의 종류

행정심판에는 행정청의 위법 또는 부당한 처분[11]을 취소하거나 변경하는 행정심판인 취소심판, 행정청의 처분의 효력 유무 또는 존재 여부를 확인하는 행정심판인 무효등확인심판, 당사자의 신청에 대한 행정청의 위법 또는 부당한 거부처분이나 부작위에 대하여 일정한 처분을 하도록 하는 행정심판인 의무이행심판이 있다(행정심판법 제5조).

정보공개 거부처분을 당한 청구인은 공공기관을 상대로 정보공개 거부처분의 취소를 구하는 취소심판을 청구하는 것이 일반적인데 공공기관으로 하여금 직접 정보공개처분을 하도록 하는 의무이행심판을 청구할 수도 있다.

II. 행정심판 절차

1. 청구인

행정청의 처분 또는 부작위에 대해서는 다른 법률에 특별한 규정이 있는 경우 외에는 행정심판을 청구할 수 있다(같은 법 제3조 제1항). 정보공개법도 청구인이 정보공개와 관련한 공공기관의 결정에 대하여 불복이 있거나 정보공개 청구 후 20일이 경과하도록 정보공개 결정이 없는 때에는 행정심판법에서 정하는 바에 따라 행정심판을 청구할 수 있다고 규정하고 있다(제19조 제1항).

행정심판을 청구할 수 있는 사람(청구인)은 정보공개를 청구했다가 공공기관으로부터 거부처분을 당한 청구인 및 공공기관의 정보공개처분에 관하여 법률상 이해관계가 있는 제3자이다.

청구인은 법정대리인 외에 청구인의 배우자, 청구인 또는 배우자의 사촌 이내의 혈족, 청구인이 법인이거나 청구인 능력이 있는 법인이 아닌 사단 또는 재단인 경우에는 그 소속 임직원, 변호사, 다른 법률에 따라 심판청구를 대리할 수 있는 자 및 그 밖에 행

---

11) [교육인적자원부 04-15796, 2005. 2. 25, 창원대학교] 행정심판법은 행정청이 행하는 구체적 사실에 관한 법 집행으로서의 공권력의 행사 등을 대상으로 행정심판을 제기하도록 했으며, '공공기관의 정보공개에 관한 법률' 제19조는 '정보공개와 관련된 결정'에 대해서만 행정심판을 제기할 수 있도록 한정하고 있는바, 이 건 청구취지는 피청구인이 작성한 문서의 진실 여부를 확인하라는 것으로서 행정심판의 대상이 되지 아니하므로 이 건 청구는 부적법한 심판청구라고 한 사례.

정심판위원회의 허가를 받은 자를 대리인으로 선임할 수 있다(행정심판법 제18조 제1항).

2. 피청구인

행정심판 청구의 대상(피청구인)은 정보공개 청구에 대해 전부 또는 일부 거부처분을 한 공공기관이다. 그러나 대통령의 처분 또는 부작위에 대해서는 다른 법률에서 행정심판을 청구할 수 있도록 정한 경우 외에는 행정심판을 청구할 수 없으므로(같은 법 제3조 제2항) 이러한 경우에는 대통령 소속기관인 대통령비서실장이나 국가안보실장, 대통령 경호실장을 피청구인으로 해야 한다.

피청구인도 그 소속 직원이나 변호사, 다른 법률에 따라 심판청구를 대리할 수 있는 자 그 밖에 행정심판위원회의 허가를 받은 자를 대리인으로 선임할 수 있다(같은 법 제18조 제2항).

행정청이 처분을 할 때에는 처분의 상대방에게 해당 처분에 대하여 행정심판을 청구할 수 있는지, 행정심판을 청구하는 경우의 심판청구 절차 및 심판청구기간을 알려야 하는데(같은 법 제58조 제1항) 이러한 고지를 하지 아니하거나 잘못 고지하여 청구인이 행정심판청구서를 다른 행정기관에 제출한 경우에는 그 행정기관은 그 심판청구서를 지체 없이 정당한 권한이 있는 피청구인에게 보내고 지체 없이 그 사실을 청구인에게 알려야 한다(같은 법 제23조 제2항·제3항).

행정심판청구의 대상과 관계되는 권한이 다른 행정청에 승계된 경우에는 권한을 승계한 행정청을 피청구인으로 해야 한다. 청구인이 피청구인을 잘못 지정한 경우 또는 행정심판이 청구된 후에 피청구인이 다른 행정청에 승계된 경우에는 행정심판위원회는 직권으로 또는 당사자의 신청에 의하여 결정으로써 피청구인을 경정할 수 있다(같은 법 제17조 제2항). 경정결정이 있으면 종전의 피청구인에 대한 심판청구는 취하되고 종전의 피청구인에 대한 행정심판이 청구된 때에 새로운 피청구인에 대한 행정심판이 청구된 것으로 본다(같은 법 제17조 제4항).

3. 행정심판청구기간

행정심판은 처분이 있음을 알게 된 날부터 90일 이내에 청구해야 한다(같은 법 제27조

제1항). 청구인이 천재지변, 전쟁, 사변, 그 밖의 불가항력으로 인하여 위 기간에 심판청구를 할 수 없었을 때에는 그 사유가 소멸한 날부터 14일 이내에, 국외에서 행정심판을 청구하는 경우에는 그 사유가 소멸된 날부터 30일 이내에 행정심판을 청구할 수 있다(같은 법 제27조 제2항).[12)]

그런데 행정심판은 청구인이 처분이 있음을 알게 된 날부터 90일 이내라고 하더라도 처분이 있었던 날부터 180일이 지나면 정당한 사유가 없으면 청구하지 못한다(같은 법 제27조 제3항). 만약 행정청이 심판청구기간을 이 기간보다 긴 기간으로 잘못 알린 경우 그 잘못 알린 기간에 심판청구가 있으면 그 행정심판은 90일 이내에 청구된 것으로 보며(같은 법 제27조 제5항), 행정청이 심판청구기간을 알리지 아니한 경우에는 정당한 사유가 있으면 처분이 있었던 날부터 180일이 지난 이후에도 심판청구를 할 수 있다(같은 법 제27조 제6항). '정당한 사유'에 해당하는 것이 무엇인지가 문제되는데, 이는 처분이 있은 날부터 180일 이내에 심판 청구를 하지 못함을 정당화할 만한 객관적인 사유를 의미한다. 심판청구기간을 계산할 때에는 피청구인이나 행정심판위원회 또는 행정기관에 심판청구서가 제출되었을 때에 행정심판이 청구된 것으로 본다(같은 법 제23조 제4항). 무효등확인심판청구와 부작위에 대한 의무이행심판청구에는 청구기간이 적용되지 아니한다(같은 법 제27조 제7항).

4. 행정심판청구방식

행정심판청구는 서면으로 해야 하는데(같은 법 제28조) 심판청구서와 그 밖의 서류를 전자문서화하고 이를 정보통신망을 이용하여 행정심판위원회에서 지정·운영하는 전자정보처리조직을 통하여 제출할 수도 있다(같은 법 제52조 제1항).

이에 따라 제출된 전자문서는 행정심판법에 따라 제출된 것으로 보며, 부본을 제출할 의무가 면제된다(같은 법 제52조 제2항). 제출된 전자문서는 그 문서를 제출한 사람이

---

12) [중앙행정심판위원회 11-19800, 2012. 3. 20, 교통안전공단, 기각] 정보공개 청구인이 1차로 정보공개 거부처분을 받고 이의신청을 한 경우 그 이의신청에 대한 결정을 받을 때까지는 원처분에 대한 행정심판 청구기간의 진행은 당연히 정지되고 이의신청에 대한 결정을 받은 날부터 청구기간이 진행한다고 봐야 한다는 전제에서, 청구인이 2011년 5월 25일 원처분을 알았고 그로부터 90일이 지난 2011년 8월 30일 행정심판을 청구했다 하더라도 청구인이 원처분을 받은 후 기간 내에 적법하게 이의신청을 하여 2011년 6월 14일 이의신청기각결정을 받았으므로 2011년 8월 30일 제기한 심판청구는 90일 내에 청구된 것이어서 적법하다는 사례.

정보통신망을 통하여 전자정보처리조직에서 제공하는 접수번호를 확인했을 때에 전자정보처리조직에 기록된 내용으로 접수된 것으로 보며 이때 행정심판이 청구된 것으로 본다(같은 법 제52조 제3항·제4항).

5. 관할 행정심판위원회

행정심판을 담당하는 행정심판위원회는 처분청에 따라 달리 설치되어 있다.

첫째, ① 감사원, 국가정보원장, 그 밖에 대통령령으로 정하는 대통령 소속기관의 장[13] ② 국회사무총장·법원행정처장·헌법재판소사무처장 및 중앙선거관리위원회사무총장 ③ 국가인권위원회, 진실·화해를위한과거사정리위원회, 그 밖에 지위·성격의 독립성과 특수성 등이 인정되어 대통령령으로 정하는 행정청 또는 그 소속 행정청의 처분에 대한 행정심판의 청구에 대해서는 해당 행정청에 두는 행정심판위원회에서 심리·재결한다(같은 법 제6조 제1항).

둘째, ① 그 이외의 국가행정기관의 장 또는 그 소속 행정청 ② 특별시장·광역시장·특별자치시장·도지사·특별자치도지사(특별시·광역시·특별자치시·도 또는 특별자치도의 교육감 포함) 또는 특별시·광역시·특별자치시·도·특별자치도의 의회(의장, 위원회의 위원장, 사무처장 등 의회 소속 모든 행정청 포함) ③ 지방자치법에 따른 지방자치단체조합 등 관계 법률에 따라 국가·지방자치단체·공공법인 등이 공동으로 설립한 행정청의 처분 또는 부작위에 대한 심판청구에 대해서는 '부패방지 및 국민권익위원회의 설치와 운영에 관한 법률'에 따라 국민권익위원회에 두는 중앙행정심판위원회에서 심리·재결한다(같은 법 제6조 제2항). 다만, 대통령령[14]으로 정하는 국가행정기관 소속 특별지방행정기관의 장의 처분 또는 부작위에 대한 심판청구에 대해서는 해당 행정청의 직근 상급행정기관에 두는 행정심판위원회에서 심리·재결한다(같은 법 제6조 제4항).

셋째, ① 광역지방자치단체 소속 행정청 ② 광역지방자치단체의 관할구역에 있는

---

13) 행정심판법 시행령 제2조(행정심판위원회의 소관 등)는 "행정심판법 제6조 제1항 제1호에서 '대통령령으로 정하는 대통령 소속기관의 장'이란 대통령비서실장, 국가안보실장, 대통령경호실장 및 방송통신위원회를 말한다"라고 규정하고 있다.

14) 행정심판법 시행령 제3조(중앙행정심판위원회에서 심리하지 아니하는 특별지방행정기관의 처분 등)는 "법 제6조 제4항에서 '대통령령으로 정하는 국가행정기관 소속 특별지방행정기관'이란 법무부 및 대검찰청 소속 특별지방행정기관(직근 상급행정기관이나 소관 감독행정기관이 중앙행정기관인 경우는 제외한다)을 말한다"라고 규정하고 있다.

시·군·자치구의 장, 소속 행정청 또는 시·군·자치구의 의회(의장, 위원회의 위원장, 사무국장, 사무과장 등 의회 소속 모든 행정청 포함) ③ 광역지방자치단체의 관할구역에 있는 둘 이상의 지방자치단체(시·군·자치구를 말한다)·공공법인 등이 공동으로 설립한 행정청의 처분에 대한 심판청구에 대해서는 광역지방자치단체의 시·도지사 소속으로 두는 행정심판위원회에서 심리·재결한다(같은 법 제6조 제3항).

그런데 정보공개법은 정보공개처분에 대해 제기된 행정심판의 재결을 담당하는 재결청에 대해 국가기관 및 지방자치단체 외의 공공기관의 결정에 대한 감독행정기관은 관계 중앙행정기관의 장 또는 지방자치단체의 장으로 한다고 규정하고 있다(제19조 제1항 후문). 행정심판법은 공공기관 중 국가기관 및 지방자치단체에 적용될 뿐 그 외의 공공기관에 대해서는 직접 적용되지 않기 때문에 정보공개법에서 특별한 규정을 두고 있는 것이다.

행정심판위원회의 위원 중 정보공개 여부의 결정에 관한 행정심판에 관여하는 위원은 재직 중은 물론 퇴직 후에도 그 직무상 알게 된 비밀을 누설해서는 안 되며(제19조 제3항), 형법이나 그 밖의 법률에 따른 벌칙을 적용할 때에는 공무원으로 본다(제19조 제4항).

6. 행정심판 참가

행정심판의 결과에 이해관계가 있는 제3자나 행정청은 해당 심판청구에 대한 행정심판위원회나 소위원회의 의결이 있기 전까지는 그 사건에 대하여 심판참가를 할 수 있다(행정심판법 제20조 제1항).

행정심판위원회는 취소심판의 청구가 이유가 있다고 인정하면 공개 거부처분을 취소 또는 다른 처분으로 변경하거나 처분을 다른 처분으로 변경할 것을 피청구인에게 명하게 되고(같은 법 제43조 제3항) 심판청구를 인용하는 재결은 피청구인과 그 밖의 관계 행정청을 기속(羈束)하며 당사자의 신청을 거부하거나 부작위로 방치한 처분의 이행을 명하는 재결이 있으면 행정청은 지체 없이 이전의 신청에 대하여 재결의 취지에 따라 처분을 해야 한다(같은 법 제49조 제1항·제2항). 따라서 재결에 이해관계가 있는 제3자는 정보공개 청구인의 행정심판청구에 대해 심판참가를 할 필요가 있다.

심판참가를 하려는 자는 참가의 취지와 이유를 적은 참가신청서와 당사자의 수만큼 참가신청서 부본을 행정심판위원회에 제출해야 한다(같은 법 제20조 제2항). 행정심판위원회는 참가신청서를 받으면 참가신청서 부본을 당사자에게 송달하고(같은 법 제20조 제3항) 기간을 정하여 당사자와 다른 참가인에게 제3자의 참가신청에 대한 의견을 제출하도록 할 수 있으며, 당사자와 다른 참가인이 그 기간에 의견을 제출하지 아니하면 의견이 없는 것으로 본다(같은 법 제20조 제4항).

참가신청을 받은 행정심판위원회는 허가 여부를 결정하고, 지체 없이 당사자와 참가인에게 결정서를 송달해야 한다(같은 법 제20조 제5항). 참가신청을 허가받지 못한 참가신청인은 송달을 받은 날부터 7일 이내에 행정심판위원회에 이의신청을 할 수 있다(같은 법 제20조 제6항).

다른 한편 행정심판위원회는 필요하다고 인정하면 그 행정심판 결과에 이해관계가 있는 제3자나 행정청에 그 사건 심판에 참가할 것을 요구할 수 있다(같은 법 제21조 제1항). 참가할 것을 요구받은 제3자나 행정청은 지체 없이 그 사건 심판에 참가할 것인지 여부를 행정심판위원회에 통지해야 한다(같은 법 제21조 제2항).

참가인은 행정심판 절차에서 당사자가 할 수 있는 심판절차상의 행위를 할 수 있으므로(같은 법 제22조 제1항) 당사자가 행정심판위원회에 서류를 제출할 때에는 참가인의 수만큼 부본을 제출해야 하고, 행정심판위원회가 당사자에게 통지를 하거나 서류를 송달할 때에는 참가인에게도 통지하거나 송달해야 한다(같은 법 제22조 제2항).

7. 행정심판위원회의 심리

행정심판의 심리는 구술심리나 서면심리로 한다(같은 법 제40조 제1항). 당사자가 구술심리를 신청하면 행정심판위원회는 서면심리만으로 결정할 수 있다고 인정되는 경우 외에는 구술심리를 해야 하고 허가 여부를 결정하여 신청인에게 알려야 한다(같은 법 제40조 제2항). 실무상으로는 대부분 서면심리로 진행한다.

청구인은 청구의 기초에 변경이 없는 범위에서 청구의 취지나 이유를 변경할 수 있다(같은 법 제29조 제1항). 행정심판이 청구된 후에 피청구인이 새로운 처분을 하거나 심판청구의 대상인 처분을 변경한 경우에는 청구인은 새로운 처분이나 변경된 처분에 맞추어 청구의 취지나 이유를 변경할 수 있다(같은 법 제29조 제2항).[17]

행정심판위원회는 청구변경 신청에 대하여 허가할 것인지 여부를 결정하고, 지체 없이 신청인과 당사자 및 참가인에게 결정서를 송달해야 한다(같은 법 제29조 제6항). 청구의 변경결정이 있으면 처음 행정심판이 청구되었을 때부터 변경된 청구의 취지나 이유로 행정심판이 청구된 것으로 본다(같은 법 제29조 제8항).

행정심판청구인은 심판청구에 대하여 행정심판위원회의 의결이 있을 때까지는 서면으로 심판청구를 취하할 수 있다(같은 법 제42조 제1항).

당사자는 심판청구서·보정서·답변서·참가신청서·보충서면 등에 덧붙여 그 주장을 뒷받침하는 증거서류나 증거물을 제출할 수 있다(같은 법 제34조 제1항).

8. 행정심판위원회에서 인 카메라 심리 여부

정보공개법 제20조 제2항은 "재판장은 필요하다고 인정하면 당사자를 참여시키지 아니하고 제출된 공개 청구 정보를 비공개로 열람·심사할 수 있다"고 규정하여 미국 판례법상 인정되고 있는 비공개 심리방식인 '인 카메라 심리(In Camera Inspection)'를 보장하고 있다. (인 카메라 심리에 대해서는 제4장 제4절 Ⅴ. 정보공개소송의 심리 참조.)

더 나아가 제20조 제3항에서는 "재판장은 행정소송의 대상이 제9조 제1항 제2호에 따른 정보 중 국가안전보장·국방 또는 외교관계에 관한 정보의 비공개 또는 부분공개 결정처분인 경우에 공공기관이 그 정보에 대한 비밀 지정의 절차, 비밀의 등급·종류 및 성질과 이를 비밀로 취급하게 된 실질적인 이유 및 공개를 하지 아니하는 사유 등을 입증하면 해당 정보를 제출하지 아니하게 할 수 있다"고 규정하여 이러한 인 카메라 심리 자체도 행하지 않을 수 있도록 규정하고 있다.

그런데 정보공개법이나 행정심판법에는 정보공개법 제20조 제2항 및 제3항이 행정심판절차에서도 적용되는지에 관해서 아무런 규정이 없으므로 행정심판절차에서는 명문의 규정이 없는 한 정보공개법 제20조 제2항 및 제3항은 적용되거나 준용되지 아니한다고 볼 것이다.

그러나 행정심판위원회는 사건 심리에 필요하면 관계 행정기관이 보관 중인 관련 문서, 장부, 그 밖에 필요한 자료를 제출할 것을 요구할 수 있고, 또한 필요하다고 인정하

---

15) [중앙행정심판위원회 11-14483, 2012. 2. 21, 한국산업인력공단, 인용] 시험의 시행계획과 이 사건 지침에서 시험 문제와 답안을 비공개 대상으로 정했다는 사유와 정보공개법 제9조 제1항 제5호의 '공개될 경우 업무의 공정한 수행이나 연구·개발에 현저한 지장을 초래한다고 인정할 만한 상당한 이유가 있는 정보'에 해당한다는 사유는 기본적 사실관계가 동일하다고 할 수 없고, 추가로 주장하는 위 처분사유가 처분 당시에 이미 존재한 사실에 기초한 것이라 하여 달리 볼 것은 아니라는 사례.

면 사건과 관련된 법령을 주관하는 행정기관이나 그 밖의 관계 행정기관의 장 또는 그 소속 공무원에게 위원회 회의에 참석하여 의견을 진술할 것을 요구하거나 의견서를 제출할 것을 요구할 수 있고 관계 행정기관의 장은 특별한 사정이 없으면 위와 같은 행정심판위원회의 요구에 따라야 한다(행정심판법 제35조 제1항~제3항). 또한 행정심판위원회는 사건을 심리하기 위하여 필요하면 직권으로 또는 당사자의 신청에 의하여 당사자나 관계인(관계 행정기관 소속 공무원 포함)을 위원회의 회의에 출석하게 하여 신문하는 방법이나 당사자나 관계인이 가지고 있는 문서·장부·물건 또는 그 밖의 증거자료의 제출을 요구하고 영치(領置)하는 방법, 당사자 또는 관계인의 주소·거소·사업장이나 그 밖의 필요한 장소에 출입하여 당사자 또는 관계인에게 질문하거나 서류·물건 등을 조사·검증하는 방법에 따라 증거조사를 할 수 있고 당사자 등은 위원회의 조사나 요구 등에 성실하게 협조해야 한다(같은 법 제36조 제1항·제4항).

따라서 행정심판절차에서 행정심판위원회는 사실상 정보공개법 제20조 제2항과 같은 인 카메라 심리를 할 수 있을 것이다.

한편 일본의 정보공개·개인정보 보호심사회설치법에 의하여 행정기관의 정보공개에 관한 자문에 응하고 불복신청 시 조사심의를 하기 위하여 내각부에 설치된 정보공개·개인정보 보호심사회는 필요하다고 인정되는 때에는 행정기관에 대해 공개 결정 등에 관한 행정문서의 제시를 요구할 수 있고 이러한 요구를 받은 행정기관은 이를 거부할 수 없다고 규정하고 있다(같은 법 제9조 제1항·제2항). 심사회에 제시된 행정문서는 누구도 그 공개를 요구할 수 없다(같은 법 제9조 제1항 후문).

이처럼 심사회는 행정기관에 대해 행정문서의 제시를 요구할 수 있는데 그것이 '필요하다고 인정되는 때'란 해당 행정문서에 기록되어 있는 정보의 성질, 해당 사건의 증거관계 등에 비추어 심사회가 해당 행정문서를 실제로 보지 않으면 생길 수 있는 적절한 판단 곤란성 등의 불이익과 해당 행정문서를 심사회에 제출하는 것에 의해 생기는 행정상의 지장 등의 불이익과를 비교형량 한 결과 필요하다고 인정되는 것을 의미한다.[16]

더욱이 심사회는 필요하다고 인정되는 때에는 행정기관에 대해 공개 결정 등에 관한 행정문서에 기록되어 있는 정보의 내용을 심사회가 지정한 방법에 의해 분류 또는 정리한 자료를 작성, 심사회에 제출해주도록 요구할 수 있다고 규정하고 있다(같은 법 제9조

---

16) 宇賀克也, 앞의 책, 257쪽.

제3항). 이는 이른바 본 인덱스(Vaughn Index)의 제출을 구하는 권한을 인정한 것이다.

9. 행정처분에 대한 집행정지신청

행정심판청구는 처분의 효력이나 그 집행 또는 절차의 속행에 영향을 주지 아니한다
(행정심판법 제30조 제1항). 그러나 행정심판위원회는 처분, 처분의 집행 또는 절차의 속행
때문에 중대한 손해가 생기는 것을 예방할 필요성이 긴급하다고 인정할 때에는 직권으
로 또는 당사자의 신청에 의하여 처분의 효력, 처분의 집행 또는 절차의 속행의 전부 또
는 일부의 정지를 결정할 수 있다(같은 법 제30조 제2항). 다만 처분의 효력정지는 처분의
집행 또는 절차의 속행을 정지함으로써 그 목적을 달성할 수 있을 때에는 허용되지 않
고, 집행정지는 공공복리에 중대한 영향을 미칠 우려가 있을 때에는 허용되지 않는다(같
은 법 제30조 제2항·제3항).

집행정지신청은 행정심판청구와 동시에 또는 행정심판청구에 대한 행정심판위원회
의 의결이 있기 전까지 신청의 취지와 원인을 적은 서면을 행정심판위원회에 제출해야
한다(같은 법 제30조 제5항).

한편 행정심판위원회는 처분 또는 부작위가 위법·부당하다고 상당히 의심되는 경우
로서 처분 또는 부작위 때문에 당사자가 받을 우려가 있는 중대한 불이익이나 당사자에
게 생길 급박한 위험을 막기 위하여 임시지위를 정해야 할 필요가 있는 경우에는 직권
으로 또는 당사자의 신청에 의하여 임시처분을 결정할 수 있다(같은 법 제31조 제1항).

일반적으로 정보공개 거부처분에 대한 불복 절차에서 일단 정보가 공개되면 당초에
거부처분을 한 실익이 소멸되기 때문에 정보공개 거부처분에 대해서는 그 집행정지의
결정을 기대하기는 어렵다. 다만, 공개를 구하는 정보가 보존기간의 만료 등으로 인해
곧 폐기될 사정에 처해 있는 등의 특별한 경우에는 그에 관한 집행정지 또는 임시처분
의 결정이 필요한 경우가 있을 것이다.

III. 행정심판위원회의 재결

1. 재결의 종류

재결이란 행정심판의 청구에 대하여 행정심판위원회가 행하는 판단을 말한다(같은 법 제2조 제3호).

행정심판위원회는 피청구인 또는 위원회가 심판청구서를 받은 날부터 60일 이내에 재결을 해야 하고(같은 법 제45조 제1항) 부득이한 사정이 있는 경우에는 위원장이 직권으로 30일을 연장할 수 있다. 재결기간을 연장할 때에는 재결기간이 끝나기 7일 전까지 당사자에게 알려야 한다(같은 법 제45조 제2항).

행정심판위원회는 심판청구가 적법하지 아니하면 그 심판청구를 각하하고(같은 법 제43조 제1항), 심판청구가 이유가 없다고 인정하면 그 심판청구를 기각한다(같은 법 제43조 제2항).

반면 행정심판위원회는 취소심판의 청구가 이유가 있다고 인정하면 처분을 취소 또는 다른 처분으로 변경하거나 처분을 다른 처분으로 변경할 것을 피청구인에게 명하고 (같은 법 제43조 제3항), 의무이행심판의 청구가 이유가 있다고 인정하면 지체 없이 신청에 따른 처분을 하거나 처분을 할 것을 피청구인에게 명한다(같은 법 제43조 제5항). 만약 행정심판 재결의 내용이 처분청에게 처분의 취소를 명하는 것이 아니라 재결청이 스스로 처분을 취소하는 것일 때에는 그 재결의 형성력에 의하여 해당 처분은 별도의 행정처분을 기다릴 것 없이 당연히 취소되어 소멸되는 것이다.[17]

그런데 행정심판위원회는 심판청구가 이유가 있다고 인정하는 경우에도 이를 인용하는 것이 공공복리에 크게 위배된다고 인정하면 그 심판청구를 기각하는 재결을 할 수 있다. 이를 사정재결이라고 한다. 행정심판위원회가 사정재결을 할 때에는 재결의 주문에서 그 처분 또는 부작위가 위법하거나 부당하다는 것을 구체적으로 밝혀야 하고(같은 법 제44조 제1항) 청구인에 대하여 상당한 구제 방법을 취하거나 상당한 구제 방법을 취할 것을 피청구인에게 명할 수 있다(같은 법 제44조 제2항).

행정심판위원회는 심판청구의 대상이 되는 처분 또는 부작위 외의 사항에 대해서는

---

17) 대법원 1998. 4. 24. 선고 97누17131 판결.

재결하지 못하고, 심판청구의 대상이 되는 처분보다 청구인에게 불리한 재결을 하지 못한다(같은 법 제47조).

2. 재결의 효력

행정심판위원회가 재결을 하면 지체 없이 당사자에게 재결서의 정본을 송달해야 하고(같은 법 제48조 제1항) 재결서가 청구인에게 송달되었을 때에 재결의 효력이 생긴다(같은 법 제48조 제2항). 이 경우 중앙행정심판위원회는 재결 결과를 소관 중앙행정기관의 장에게도 알려야 한다.

심판청구를 인용하는 재결은 피청구인과 그 밖의 관계 행정청을 기속한다(같은 법 제49조 제1항). 심판청구의 대상이 된 행정청에 대하여 재결에 관한 항쟁수단을 별도로 인정하는 것은 행정상의 통제를 스스로 파괴하고, 국민의 신속한 권리구제를 지연시키는 작용을 하게 될 것이기 때문에 행정청은 재결에 불복하여 행정소송을 제기할 수 없다.[18] 이러한 기속력은 해당 처분에 관하여 재결주문 및 그 전제가 된 요건사실의 인정과 판단에만 미치고 이와 직접 관계가 없는 다른 처분에 대해서는 미치지 않는다.[19]

당사자의 신청을 거부하거나 부작위로 방치한 처분의 이행을 명하는 재결이 있으면 행정청은 지체 없이 이전의 신청에 대하여 재결의 취지에 따라 처분을 해야 한다(같은 법 제49조 제2항).[20] 신청에 따른 처분이 절차의 위법 또는 부당을 이유로 재결로써 취소된 경우에도 이와 같다(같은 법 제49조 제3항). 행정심판위원회는 피청구인이 재결의 취지에 따른 처분을 하지 아니하는 경우에는 당사자가 신청하면, 그 처분의 성질이나 그 밖의 불가피한 사유로 위원회가 직접 처분을 할 수 없는 경우가 아닌 한, 기간을 정하여

---

18) 홍정선, 「행정심판의 피청구인으로서 지방자치단체의 원고적격」, 『지방자치법연구』 7권 1호(통권 13호), 법영사, 2007, 18쪽은 지방자치단체의 '자치사무'에 관련한 인용재결에 대해 해당 지방자치단체가 항고소송을 제기할 수 없도록 하는 것은 정당하지 않다고 비판하고 있다.

19) 대법원 1998. 2. 27. 선고 96누13972 판결.

20) [교육과학기술부 08-14067, 2009. 2. 24, 학교법인 성인학원] 이 사건에서 쟁점이 되는 2008년 5월 13일자 인용재결은 청구인에게 해당 정보가 비공개 대상 정보라는 사실을 입증한 후 해당 정보는 제외하고 나머지 정보를 공개하라는 취지인데 피청구인은 위 인용재결이 있고 난 후에도 이 사건 정보를 공개하지 않았고, 이 사건 정보 중에 정보공개법 내지 다른 법률에 의한 비공개 대상 정보가 포함되어 있다는 사실을 입증하지도 아니한 상태에서 청구인이 이 사건 심판을 청구할 때까지 부작위로 일관했으며, 우리 위원회에서 피청구인에게 이 사건 정보를 비공개하고 있는 사유와 그 입증자료를 우리 위원회에 제출하도록 통지했음에도 불구하고 피청구인은 어떠한 회신도 하지 않았던 점에 비추어볼 때, 이는 행정심판법을 위반한 것이라고 한 사례.

서면으로 시정을 명하고 그 기간에 이행하지 아니하면 직접 처분을 할 수 있다(같은 법 제50조 제1항).

행정심판위원회가 직접 처분했을 때에는 그 사실을 해당 행정청에 통보해야 하며, 그 통보를 받은 행정청은 행정심판위원회가 한 처분을 자기가 한 처분으로 보아 관계 법령에 따라 관리·감독 등 필요한 조치를 해야 한다(같은 법 제50조 제2항). 그런데 정보 공개 청구의 경우 피청구인인 행정청이 재처분의무를 불이행하는 경우에도 행정심판 위원회는 정보를 보유한 행정청이 아니어서 직접처분을 할 수 없는 한계가 있다.[21]

일반적으로 행정처분이나 행정심판 재결이 불복기간의 경과로 확정될 경우 그 확정 력은, 처분으로 법률상 이익을 침해받은 자가 해당 처분이나 재결의 효력을 더 이상 다 툴 수 없다는 의미일 뿐, 더 나아가 판결과 같은 기판력이 인정되는 것은 아니어서 그 처 분의 기초가 된 사실관계나 법률적 판단이 확정되고 당사자들이나 법원이 이에 기속되 어 모순되는 주장이나 판단을 할 수 없게 되는 것은 아니다.[22]

행정심판청구에 대한 재결이 있으면 그 재결 및 같은 처분 또는 부작위에 대하여 다 시 행정심판을 청구할 수 없다(같은 법 제51조).

3. 재결에 대한 불복 절차

행정심판에 대한 재결에 대해 불복할 경우에는 당초의 행정처분 등에 대해 행정소송 을 제기하면 된다. 다만, 재결 자체에 고유한 위법이 있는 경우에는 재결 취소를 구하는 행정소송(취소소송)을 제기할 수도 있다(행정소송법 제19조). 여기에서 말하는 '재결 자체 에 고유한 위법'이란 그 재결 자체에 주체, 절차, 형식 또는 내용상의 위법이 있는 경우 를 의미한다. 가령 행정심판청구가 부적법하지 않음에도 각하한 재결은 심판 청구인의 실체심리를 받을 권리를 박탈한 것으로서 원처분에 없는 고유한 하자가 있는 경우에 해 당하므로 위 재결은 취소소송의 대상이 된다.[23]

따라서 정보공개 거부처분에 대한 재결청의 재결에 대해서는 재결 자체에 고유한 위

---

21) 홍정선, 『행정법원론(상)』, 910쪽.
22) 대법원 1993. 4. 13. 선고 92누17181 판결, 대법원 2004. 7. 8. 선고 2002두11288 판결, 대법원 2008. 7. 24. 선고 2006두20808 판결 등.
23) 대법원 2001. 7. 27. 선고 99두2970 판결.

법이 있는 경우가 아니면 불복할 수 없고 당초의 거부처분에 대해 행정소송을 제기해야
한다.

제4절 행정소송

I. 행정소송의 의의 및 종류

1. 행정소송의 의의

행정소송은 법원이 공법상의 법률관계에 관한 분쟁에 대하여 행하는 재판절차를 말
한다. 공법상 법률관계에 관한 것이지만 독립된 재판기관인 법원에 의한 재판이라는 점
에서 행정기관이 하는 행정심판과 구별된다.

정보공개를 실효적으로 실현하기 위해서는 행정기관으로부터 분리된, 헌법상 독립
이 보장된 법원에 의한 사법적 구제가 불가결하다. 이를 위해 정보공개법 제20조 제1항
은 "청구인이 정보공개와 관련한 공공기관의 결정에 대하여 불복이 있거나 정보공개 청
구 후 20일이 경과하도록 정보공개 결정이 없는 때에는 행정소송법에서 정하는 바에 따
라 행정소송을 제기할 수 있다"고 규정하고 있다.

행정소송의 주된 목적과 기능은 민사소송의 그것과 마찬가지로 권익구제, 즉 위법한
행정작용으로 말미암아 권리·이익을 침해당한 국민으로 하여금 쟁송절차를 통하여 구
제받도록 함으로써 실질적 법치 행정의 원리를 구현하려는 데 있고, 더 나아가 민사소
송과는 달리 부수적으로 실질적 법치행정의 구현을 통하여 행정의 적법성과 합목적성
을 보장하는 기능까지도 하게 된다.

그러나 행정소송은 행정목적의 실현을 위한 공법상의 법률관계를 다룬다는 점에서
개인 상호 간의 사법상의 법률관계를 다루는 민사소송과 다른 여러 가지 특수성이 있
다. 그러한 특수성으로 인해 행정소송절차에 관한 일반법으로서 행정소송법이 별도로
마련되어 있으며, 개별 법률에서 특별한 규정을 둔 경우가 있다.

행정소송은 민사소송과 그 다루는 대상을 달리할 뿐, 대립 당사자 간에 발생한 법률
적 분쟁을 해결하는 법 판단 작용이라는 점에서 민사소송과 동일하므로 행정소송법 제

8조 제2항은 "행정소송에 관하여 이 법에 특별한 규정이 없는 사항에 대해서는 법원조직법과 민사소송법 및 민사집행법의 규정을 준용한다"고 규정하고 있다.

2. 행정소송의 종류

행정소송은 행정청의 처분이나 부작위에 대하여 제기하는 소송인 항고소송, 행정청의 처분 등을 원인으로 하는 법률관계에 관한 소송 그 밖에 공법상의 법률관계에 관한 소송으로서 그 법률관계의 한쪽 당사자를 피고로 하는 소송인 당사자소송, 국가 또는 공공단체의 기관이 법률에 위반되는 행위를 한 때에 직접 자기의 법률상 이익과 관계없이 그 시정을 구하기 위하여 제기하는 소송인 민중소송, 국가 또는 공공단체의 기관 상호 간에 있어서의 권한의 존부 또는 그 행사에 관한 다툼이 있을 때에 이에 대하여 제기하는 소송인 기관소송(다만, 헌법재판소법 제2조의 규정에 의하여 헌법재판소의 관장사항이 되는 소송은 제외한다) 등 네 종류로 구분된다(행정소송법 제3조).

그중 항고소송은 행정청의 위법한 처분 등을 취소 또는 변경하는 소송인 취소소송, 행정청의 처분의 효력 유무 또는 존재 여부를 확인하는 소송인 무효 등 확인소송, 행정청의 부작위가 위법하다는 것을 확인하는 소송인 부작위위법확인소송으로 구분하는데(같은 법 제4조) 정보공개 거부처분에 대해서는 그 취소를 구하는 소송이 대부분이다.

[표 4-2] 행정소송의 종류

주관적 소송	항고소송	취소소송
		무효 등 확인소송
		부작위위법확인소송
	당사자소송	
객관적 소송	민중소송	
	기관소송	

항고소송의 대상이 되는 행정청의 '처분'이란 행정청이 행하는 구체적 사실에 관한 법집행으로서의 공권력의 행사 또는 그 거부와 그 밖에 이에 준하는 행정작용 및 행정심판에 대한 재결을 말한다(같은 법 제2조 제1호).

행정청의 어떤 행위가 항고소송의 대상이 될 수 있는지는 추상적·일반적으로 결정할 수 없고, 구체적인 경우 행정처분은 행정청이 공권력 주체로서 행하는 구체적 사실에 관한 법집행으로서 국민의 권리의무에 직접적으로 영향을 미치는 행위라는 점을 염두에 두고, 관련 법령의 내용과 취지, 행위의 주체·내용·형식·절차, 그 행위와 상대방 등 이해관계인이 입는 불이익과의 실질적 견련성(牽聯性), 그리고 법치행정 원리와 해당 행위에 관련한 행정청 및 이해관계인의 태도 등을 참작하여 개별적으로 결정해야 한다.[24]

어떠한 처분의 근거가 행정규칙에 규정되어 있다고 하더라도 그 처분이 상대방에게 권리 설정 또는 의무 부담을 명하거나 기타 법적인 효과를 발생하게 하는 등으로 상대방의 권리의무에 직접 영향을 미치는 행위라면, 이 경우에도 항고소송의 대상이 되는 행정처분에 해당한다. 하지만 행정청의 내부적인 의사결정 등과 같이 상대방 또는 관계자들의 법률상 지위에 직접 법률적 변동을 일으키지 않는 행위는 여기에 해당하지 않는다.[25]

3. 부작위위법확인의 소

(1) 부작위라 함은 행정청이 당사자의 신청에 대하여 상당한 기간 내에 일정한 처분을 해야 할 법률상 의무가 있음에도 불구하고 이를 하지 아니하는 것을 말한다(같은 법 제2조 제2호).

정보공개법이 제정·시행되기 이전에는 정보공개 청구를 받은 공공기관이 공개 여부에 관하여 공개 혹은 비공개의 결정(처분)을 하지 않은 경우 청구인은 해당 공공기관을 상대로 행정소송법상 부작위위법확인청구의 소를 제기한 다음 그 승소판결이 확정된 이후에 공공기관이 비로소 비공개 결정을 하면 해당 비공개 결정을 대상으로 하여 취소소송을 제기해야 했다(그 대표적인 사례로 대법원 2004. 9. 23. 선고 2003두1370 부작위위법확인판결을 들 수 있다). 그러나 1998년 정보공개법이 시행되면서 "정보공개를 청구한 날부터 20일 이내에 공공기관이 공개 여부를 결정하지 아니한 때에는 비공개의 결정이 있는 것으로 본다"는 조항으로 인해(제11조 제5항) 부작위위법확인소송을 제기함이 없이 바

---

24) 대법원 2012. 9. 27. 선고 2010두3541 판결.
25) 대법원 2011. 4. 21. 자 2010무111 전원합의체 결정.

로 정보공개 거부처분에 대한 취소소송을 제기하면 되었다.

그런데 2013년 8월 6일 정보공개법이 개정되면서 위 제11조 제5항이 삭제되었다. 따라서 개정법의 시행 이후에는 공공기관이 공개 여부에 관하여 20일 이내에 공개 결정 혹은 비공개의 결정(처분)을 하지 않으면 청구인은 해당 공공기관을 상대로 행정소송법상 부작위위법확인청구의 소를 제기한 다음 그 승소판결이 확정된 이후에 공공기관의 비공개 결정에 대해 취소소송을 제기해야 하므로 청구인의 권리구제의 실효성을 현저히 떨어뜨렸다. 물론 부작위위법확인의 소의 계속 중에 공공기관이 공개 청구에 대해 거부처분을 하게 되면 청구인은 처분취소소송으로 소를 교환적으로 변경할 수 있기는 하겠지만, 종전의 규정을 삭제한 것은 개악이므로 다시 부활해야 한다.

(2) 행정소송법 제4조 제3호가 정하는 부작위위법확인의 소는 행정청이 당사자의 법규상 또는 조리상의 권리에 기한 신청에 대하여 상당한 기간 내에 신청을 인용하는 적극적 처분 또는 각하하거나 기각하는 등의 소극적 처분을 해야 할 법률상 응답의무가 있음에도 불구하고 이를 하지 아니하는 경우 그 부작위가 위법하다는 것을 확인함으로써 행정청의 응답을 신속하게 하여 부작위 또는 무응답이라고 하는 소극적 위법상태를 제거하는 것을 목적으로 하는 제도이다.[26] 나아가 그 인용 판결의 기속력에 의하여 행정청으로 하여금 적극적이든 소극적이든 어떤 처분을 하도록 강제한 다음, 그에 대하여 불복이 있을 경우 그 처분을 다투게 함으로써 최종적으로는 당사자의 권리와 이익을 보호하려는 제도이다.

부작위위법확인소송은 처분의 신청을 한 자로서 부작위의 위법의 확인을 구할 법률상 이익이 있는 자만이 제기할 수 있는 것으로서(행정소송법 제36조) 당사자가 행정청에 대하여 어떤 행정행위를 해줄 것을 신청하지 아니했거나 당사자가 그러한 행정행위를 해줄 것을 요구할 수 있는 법규상 또는 조리상의 권리를 가지고 있지 아니하는 등의 경우 또는 당사자의 신청이 있은 이후 당사자에게 생긴 사정의 변화로 인하여 위 부작위가 위법하다는 확인을 받는다고 하더라도 종국적으로 침해되거나 방해받은 권리와 이익을 보호·구제받는 것이 불가능하게 되었다면[27] 원고적격이 없거나 항고소송의 대상인 위법한 부작위가 있다고 할 수 없어 그 부작위위법확인의 소는 부적법하다.[28]

---

26) 대법원 2000. 2. 25. 선고 99두11455 판결.

행정청이 당사자의 신청에 대하여 거부처분을 한 경우에는 항고소송의 대상인 위법한 부작위가 있다고 볼 수 없어 그 부작위위법확인의 소는 부적법하다.[29] 당사자의 신청에 대하여 행정청이 거부처분을 한 경우에는 그 거부처분에 대하여 취소소송을 제기해야 하고 행정처분의 부존재를 전제로 한 부작위위법확인소송을 제기할 수 없는 것이다.[30]

부작위위법확인의 소는 부작위 상태가 계속되는 한 그 위법의 확인을 구할 이익이 있다고 보아야 하므로 원칙적으로 제소기간의 제한을 받지 않으나, 행정소송법 제38조 제2항이 제소기간을 규정한 같은 법 제20조를 부작위위법확인소송에 준용하고 있으므로 행정심판 등 전심절차를 거친 경우에는 행정소송법 제20조가 정한 제소기간 내에 부작위위법확인의 소를 제기해야 할 것이다.

하지만 당사자의 법규상 또는 조리상의 권리에 기한 신청에 대하여 행정청이 부작위의 상태에 있는지 아니면 소극적 처분을 했는지는 동일한 사실관계를 토대로 한 법률적 평가의 문제가 개입되어 분명하지 않은 경우가 있을 수 있고, 부작위위법확인소송 계속 중에 소극적 처분이 있게 되면 부작위위법확인의 소는 소의 이익을 잃어 부적법하게 되고 이 경우 소극적 처분에 대한 취소소송을 제기해야 하는 등 부작위위법확인의 소는 취소소송의 보충적 성격을 지니고 있으며, 부작위위법확인소송의 이러한 보충적 성격에 비추어 동일한 신청에 대한 거부처분의 취소를 구하는 취소소송에는 특단의 사정이 없는 한 그 신청에 대한 부작위위법의 확인을 구하는 취지도 포함되어 있다고 볼 수 있다.[31]

그런데 행정소송에서는 행정심판과 달리 당사자의 신청에 대한 행정청의 위법 또는

27) 대법원 2002. 6. 28. 선고 2000두4750 판결, 지방자치단체가 조례를 통하여 노동운동이 허용되는 사실상의 노무에 종사하는 공무원의 구체적 범위를 규정하지 않고 있는 것에 대하여 버스전용차로 통행위반 단속업무에 종사하는 자가 부작위위법확인의 소를 제기했으나 상고심 계속 중에 정년퇴직한 경우, 위 조례를 제정하지 아니한 부작위가 위법하다는 확인을 구할 소의 이익이 상실되었다고 한 사례.
28) 대법원 2007. 10. 26. 선고 2005두7853 판결, 대법원 1993. 4. 23. 선고 92누17099 판결, 대법원 1999. 12. 7. 선고 97누17568 판결 등.
29) 대법원 1998. 1. 23. 선고 96누12641 판결, 대법원 1993. 4. 23. 선고 92누17099 판결, 대법원 1995. 9. 15. 선고 95누7345 판결 등.
30) 대법원 1990. 12. 11. 선고 90누4266 판결.
31) 대법원 2009. 7. 23. 선고 2008두10560 판결, 당사자가 동일한 신청에 대하여 부작위위법확인의 소를 제기했으나 그 후 소극적 처분이 있다고 보아 처분취소소송으로 소를 교환적으로 변경한 후 여기에 부작위위법확인의 소를 추가적으로 병합한 경우 최초의 부작위위법확인의 소가 적법한 제소기간 내에 제기된 이상 그 후 처분취소소송으로의 교환적 변경과 처분취소소송에의 추가적 변경 등의 과정을 거쳤다고 하더라도 여전히 제소기간을 준수한 것으로 봄이 상당하다고 한 사례.

부당한 거부처분이나 부작위에 대하여 일정한 처분을 하도록 하는 의무이행소송은 인정되지 않는다.

II. 행정소송의 관할 법원

1. 행정소송의 재판적 및 관할 법원

재판적이란 사건에 밀접하게 관계하는 지점이고 '보통재판적'이란 사건의 종류나 내용에 관계없이 일반적으로 인정되는 재판적을 말한다.

소(訴)는 피고의 보통재판적이 있는 곳의 법원이 관할한다(민사소송법 제5조). 사람의 보통재판적은 그의 주소에 따라 정함이 원칙이고(같은 법 제3조) 법인, 그 밖의 사단 또는 재단의 보통재판적은 이들의 주된 사무소 또는 영업소가 있는 곳에 따라 정한다(같은 법 제5조 제1항). 국가의 보통재판적은 그 소송에서 국가를 대표하는 관청 또는 대법원이 있는 곳으로 하고(같은 법 제6조) 국가를 당사자 또는 참가인으로 하는 소송에서는 법무부장관이 국가를 대표한다(국가를 당사자로 하는 소송에 관한 법률 제2조).

취소소송의 제1심관할법원은 피고의 소재지를 관할하는 행정법원으로 한다. 그러나 피고가 중앙행정기관, 중앙행정기관의 부속기관과 합의제 행정기관 또는 그 장인 경우와 국가의 사무를 위임 또는 위탁받은 공공단체 또는 그 장인 경우에는 대법원 소재지를 관할하는 행정법원(서울행정법원)에도 제기할 수 있다(행정소송법 제9조).

토지관할은 전속관할이 아니라 임의관할이므로 당사자의 합의에 의한 합의관할이나 변론관할도 생기며, 항소심에서는 관할 위반을 주장할 수 없다.

항고소송의 사물관할은 원칙적으로 판사 3인으로 구성된 합의부에서 재판하는 합의사건이다(법원조직법 제7조 제3항).

행정소송의 심급관할은 1998년 3월 1일 개정된 행정소송법에 따라 지방법원급인 행정법원을 제1심 법원으로 하고 그 항소심을 고등법원, 상고심을 대법원이 담당하도록 함으로써 3심제를 원칙으로 하고 있다. 다만, 행정법원이 설치되지 아니한 지역에 있어서는 행정법원이 설치될 때까지 해당 지방법원의 본원, 그리고 예외적으로 춘천지방법원 강릉지원이 행정법원의 권한에 속하는 사건을 관할하도록 되어 있다.[32]

2. 정보공개소송의 관할 확대 필요성

이처럼 현행 행정소송법은 원칙적으로 피고 즉 공공기관(행정청)의 소재지 또는 서울행정법원(중앙행정기관이 피고인 경우)을 관할법원으로 하고 있다. 따라서 정보공개소송에 있어서는 대부분 피고(공공기관)의 소재지를 관할하는 법원이나 서울행정법원이 관할법원이 된다.

그런데 미국 정보자유법은 원고의 거주지역(the complainant resides)이나 주된 사업장이 있는 장소(principal place of business), 행정기관의 기록이 소재하고 있는 곳이나 컬럼비아 특별자치구(District of Columbia)에 소재하는 미국의 연방지방법원에 정보공개소송을 제소할 수 있다고 규정하고 있다[제552조(a)(4)(B)].

일본 정보공개법 제21조도 정보공개소송에 있어서는 행정사건소송법 제12조에서 규정한 재판소, 그 외 원고의 보통재판적의 소재지를 관할하는 고등재판소의 소재지를 관할하는 지방재판소('특정관할재판소')에도 제기할 수 있으며, 특정관할재판소에 소송이 제기된 경우에 있어서 다른 재판소에 동일 또는 동종 혹은 유사 행정문서에 관한 정보공개소송이 계속되고 있는 경우에 있어서는, 해당 특정관할재판소는 당사자의 주소 또는 소재지, 심문을 받아야 할 증인의 주소, 쟁점 또는 증거의 공통성, 기타 사정을 고려해서 상당하다고 인정되는 때에는 신청에 의해 또는 직권으로 소송의 전부 또는 일부에 있어서 해당 다른 재판소 또는 행정사건 소송법 제12조에서 규정한 재판소에로 이송할 수 있다고 명시하고 있다. 그 후인 2004년 일본 행정사건소송법(제12조)이 개정되어 이러한 제도가 일반화되었다.

우리나라도 행정소송법이나 정보공개법에서 적어도 정보공개소송에 있어서는 원고의 보통재판적의 소재지를 관할하는 고등법원의 소재지를 관할하는 행정법원에도 소를 제기할 수 있도록 하고 아울러 다른 법원에 동일 또는 유사한 정보에 관한 정보공개소송이 계속되고 있는 경우에는 해당 소송을 다른 법원에 이송할 수 있도록 관련 법률을 개정할 필요가 있다. 특히 공공기관의 지방이전이 본격화되고 있으므로 그 필요성은 더욱 높아지고 있다.

---

32) 법원조직법(법률 제4765호, 1994. 7. 27) 부칙 제2조 및 행정소송법(제4770호, 1994. 7. 27) 부칙.

III. 행정소송의 당사자

1. 원고

취소소송은 처분의 취소를 구할 법률상 이익이 있는 자가 제기할 수 있다(행정소송법 제12조). 처분의 효과가 기간의 경과, 처분의 집행 그 밖의 사유로 인하여 소멸된 뒤에도 그 처분의 취소로 인하여 회복되는 법률상 이익이 있는 자의 경우도 같다.

항고소송에서 원고는 민사소송의 경우와 동일하게 당사자능력 및 당사자적격이 있어야 한다. 소송에 있어서 당사자가 누구인가는 당사자능력, 당사자적격 등에 관한 문제와 직결되는 중요한 사항이므로, 사건을 심리·판결하는 법원으로서는 직권으로 소송 당사자가 누구인가를 확정하여 심리를 진행해야 한다. 이때 당사자가 누구인가는 소장에 기재된 표시 및 청구의 내용과 원인 사실 등 소장의 전취지(全趣旨)를 합리적으로 해석하여 확정해야 할 것이고, 소장에 표시된 원고에게 당사자능력이 인정되지 않는 경우에는 소장의 전취지를 합리적으로 해석한 결과 인정되는 올바른 당사자능력자로 그 표시를 정정하는 것은 허용되며, 소장에 표시된 당사자가 잘못된 경우에 당사자 표시를 정정케 하는 조치를 취함이 없이 바로 소를 각하할 수는 없다.[33] [34]

수인의 청구 또는 수인에 대한 청구가 처분의 취소 청구와 관련되는 청구인 경우에는 그 수인은 공동소송인이 될 수 있다(같은 법 제15조).

한편 당사자적격이란 특정한 소송사건에서 당사자로서 소송을 수행하고 본안판결을 받기에 적합한 자격을 말하고, 소송요건에 해당하므로 법원이 당사자의 주장에 구애됨이 없이 직권으로 심리 판단하여 흠결이 있는 경우에는 소를 각하한다.

대법원은 정보공개법 제5조 제1항 소정의 '국민'에는 자연인은 물론 법인, 권리능력 없는 사단·재단도 포함되고, 법인, 권리능력 없는 사단·재단 등의 경우에는 설립목적을 불문한다고 하여 법인, 권리능력 없는 사단·재단의 경우 설립목적과 관계없이 당사자능력과 당사자적격을 가진다고 하고 있다.[35] 또한 청구인이 공공기관에 대하여 정보공

---

33) 대법원 1996. 12. 20. 선고 95다26773 판결, 대법원 2001. 11. 13. 선고 99두2017 판결 등.
34) 대법원 2003. 3. 11. 선고 2002두8459 판결, 이 소송에서 대법원은 소를 제기한 원고는 이○○ 개인이지 단체인 울산참여자치연대가 아니므로 울산참여자치연대의 당사자표시정정신청은 항소심에서 원고를 변경하는 임의적 당사자변경신청에 해당하여 허용될 수 없다고 했다.

개를 청구했다가 거부처분을 받은 것 자체가 정보공개법 소정의 법률상 이익의 침해에 해당한다고 하여 정보공개 청구인의 범위를 제한하지 않고 있다.[36][37]

2. 피고

행정소송법은 다른 법률에 특별한 규정이 없는 한 그 처분을 행한 행정청을 피고로 하고 있으므로(같은 법 제13조 제1항, 제38조 제1항) 항고소송에서의 피고는 민사소송의 경우와는 달리 실체법상의 권리능력은 물론 민사소송법상의 당사자능력도 없는 행정청이 당사자능력을 갖는다. 따라서 '처분'에 관해서는 처분 행정청이, '재결'에 관해서는 재결청이 각각 피고가 된다.

항고소송의 대상인 행정처분 등을 외부적으로 그의 명의로 행한 행정청이 피고가 된다. 그리하여 행정처분을 하게 된 연유가 상급 행정청이나 타 행정청의 지시나 통보에 의한 것이라 하더라도 처분을 행한 행정청이 피고가 된다.

행정청에 관하여 행정소송법은 개념정의를 하고 있지 아니하나, 행정절차법 제2조 제1호는 "행정청이라 함은 행정에 관한 의사를 결정하여 표시하는 국가 또는 지방자치단체의 기관과 그 밖의 법령 또는 자치법규에 의하여 행정권한을 가지고 있거나 위임 또는 위탁받은 공공단체 또는 그 기관이나 사인을 말한다"고 규정하고 있다. 이처럼 행정청은 국가 또는 공공단체의 기관으로서 국가나 공공단체의 의견을 결정하여 외부에 나타낸 기관, 즉 의사결정 표시기관이라는 점에서 행정조직법상의 행정청 개념과 반드시 일치하는 것은 아니다. 외부적 의사표시기관이 아닌 내부기관은 실질적인 의사가 그 기관에 의하여 결정되더라도 피고적격을 갖지 못한다.

공정거래위원회, 토지수용위원회, 방송위원회, 공직자윤리위원회 등 각종 합의제 행

---

35) 대법원 2004. 6. 25. 선고 2004두1506호 판결, 대법원 2003. 3. 11. 선고 2001두6425 판결, 대법원 2003. 3. 14. 선고 2001두4610 판결 등.

36) 대법원 2003. 3. 11. 선고 2001두6425 판결, 대법원 2003. 12. 11. 선고 2003두8395 판결, 대법원 2006. 1. 13. 선고 2003두9459 판결.

37) 대법원 2004. 9. 23. 선고 2003두1370 판결.
   "원고 등 168명이 전두환, 노태우 등에 대하여 불기소처분을 한 담당 검사 등 6명을 상대로 제기한 손해배상소송이 종결되었으므로 원고에게는 더 이상 5·18 광주민주화운동에 관한 사건 및 1979년 12월 12일 발생한 반란사건에 관한 사건기록에 대한 이 사건 정보공개 거부처분의 취소를 구할 법률상 이익이 없다는 피고의 주장을 배척한 원심의 판단은 정당하고, 거기에 상고이유에서 주장하는 바와 같은 구 정보공개법(2004. 1. 29. 법률 제7127호로 전문개정되기 전의 것) 제18조의 '법률상 이익의 침해를 받은 때'의 의미에 관한 법리오해의 위법이 있다고 할 수 없다."

정기관이 한 처분에 대해서는 그 합의체의 대표가 아닌 합의체 행정기관 자체가 피고가 되는 것이 원칙이다.[38]

행정권한의 위임이나 위탁이 있으면 위임청은 위임사항의 처리에 관한 권한을 잃고 그 사항은 수임청의 권한이 되므로 수임청이 위임받은 권한에 기하여 수임청 명의로 한 처분에 대해서는 당연히 수임청이 정당한 피고가 된다.[39]

공법인이나 개인(공무수탁사인)도 국가나 지방자치단체의 사무를 위임받아 행하는 범위 내에서 '행정청'에 속하며 항고소송의 피고적격을 갖는다. 이 경우 행정권한을 위임받은 자는 공법인 자체이지 그 대표자가 아니므로 처분은 공법인의 이름으로 행해지고, 그에 대한 항고소송의 피고도 공법인이 되어야 하고 그 대표자가 되는 것이 아니다.

그런데 행정권한의 대리나 내부위임의 경우에는 처분권한이 이관되는 것이 아니므로, 그 처분권한을 가진 원 행정청의 이름으로 처분 등을 해야 하고(가령 ○○부 장관의 이름으로 행하면서 단지 내부전결규정이나 위임에 따라 차관이나 실국장이 전결한다는 표시가 되어 있는 처분 등), 이 경우 원 행정청이 피고적격을 갖는다.

한편 국회사무처법 제4조 제3항은 "의장이 행한 처분에 대한 행정소송의 피고는 사무총장으로 한다"고, 법원조직법 제70조는 "대법원장이 행한 처분에 대한 행정소송의 피고는 법원행정처장으로 한다"고, 헌법재판소법 제17조 제5항은 "헌법재판소장이 한 처분에 대한 행정소송의 피고는 헌법재판소 사무처장으로 한다"고 각각 규정하여 국회의장, 대법원장 및 헌법재판소장의 피고 적격을 배제하고 대신 국회 사무총장, 법원행정처장 및 헌법재판소 사무처장으로 하도록 하고 있다.

이에 따르면 국회의장, 대법원장 또는 헌법재판소장에게 한 정보공개 청구가 비공개 또는 공개 결정된 경우에는 이에 불복하는 청구인이나 제3자는 그 처분(결정)을 한 국회의장이나 대법원장, 헌법재판소장을 상대로 이의신청 또는 행정심판청구를 해야 하는 반면에 행정소송에서는 국회 사무총장과 법원행정처장, 헌법재판소 사무처장을 피고로 삼아야 한다.

그런데 행정부의 수반인 대통령이 행정소송의 피고 적격이 인정되고 있다는 점에

---

38) 그런데 대법원 2003. 3. 28. 선고 2000두9212 판결은 피고 '공정거래위원회'를 '공정거래위원회 위원장'으로 직권 경정했고, 대법원 2013. 12. 12. 선고 2012두22102 판결은 '중앙선거관리위원회위원장'을 피고로 삼고 있다. 반면 대법원 2013. 11. 14. 선고 2011두28783 판결은 공정거래위원회를, 대법원 2007. 3. 15. 선고 2005두1404 판결은 방송위원회를, 대법원 2013. 7. 25. 선고 2011두1214 판결은 국민권익위원회를 각각 행정사건의 피고로 하고 있다.
39) 대법원 1992. 9. 22. 선고 91누11292 판결 등.

서[40] 국회의장, 대법원장 및 헌법재판소장을 피고 적격에서 배제하는 것이 과연 타당한 입법인지에 관해서 의문이 든다.

특히 법원정보공개규칙 제4조 제1항은 정보공개법에 의한 정보공개 청구서는 각급 기관에 제출하도록 하면서도 유독 대법원이 보유·관리하는 정보의 공개 청구는 법원행정처에 대하여 한다고 규정하여 대법원장에 대한 정보공개 청구나 그 결정에 대한 불복절차를 제한하고 있는데 법률도 아닌 대법원규칙으로 헌법기관인 '대법원장'에 대한 정보공개 청구 자체를 제한하는 것은 상위법인 정보공개법에 위반된다 할 것이다.

3. 당사자의 변경

당사자의 변경이란 소송계속 중에 종래의 당사자 대신에 새로운 당사자가 소송에 가입하거나 기존의 당사자에 추가하여 새로운 당사자가 소송에 가입하는 현상을 가리킨다.

당사자의 변경은 당사자의 동일성이 바뀌는 것이므로, 당사자의 동일성을 해하지 않는 범위 내에서 당사자의 표시만을 정정하는 당사자 '표시정정'과 구별된다.

행정소송의 경우에도 원고의 사망, 법인의 합병, 수탁자의 임무종료 등에 의한 다연승계, 계쟁물의 양도(가령 영업양도 등)에 의한 특정승계에 관한 민사소송법의 규정이 원칙적으로 준용된다. 그러나 각종 자격취소처분 등 순수 대인적 처분이나 일신전속적인 권리·이익을 침해하는 처분의 취소소송 중 원고가 사망한 경우는 소송은 승계되지 아니하고 그대로 종료된다.[41]

취소소송은 다른 법률에 특별한 규정이 없는 한 그 처분을 행한 행정청을 피고로 하는데(행정소송법 제13조 제1항) 처분이 있은 뒤에 그 처분에 관계되는 권한이 다른 행정청에 승계된 때에는 이를 승계한 행정청을 피고로 하고, 행정청이 없게 된 때에는 그 처분에 관한 사무가 귀속되는 국가 또는 공공단체를 피고로 한다(같은 법 제13조 제2항).

원고가 피고를 잘못 지정한 때에는 법원은 원고의 신청에 의한 결정으로 피고의 경

---

40) 다만 행정심판법 제3조 제2항은 "대통령의 처분 또는 부작위에 대하여는 다른 법률에서 행정심판을 청구할 수 있도록 정한 경우 외에는 행정심판을 청구할 수 없다"고 규정하고 있다.

41) 대법원 2003. 8. 19. 선고 2003두5037 판결, 일본 최고재판소 2004년(平成 16년) 2월 24일 선고 平11 行ツ 제251호·同 行ヒ 제194호 판결.

정을 허가할 수 있다(같은 법 제14조 제1항). 법원은 경정결정의 정본을 새로운 피고에게 송달해야 한다(같은 법 제14조 제2항). 경정신청을 각하하는 결정에 대해서는 즉시항고할 수 있다(같은 법 제14조 제3항). 경정결정이 있을 때에는 새로운 피고에 대한 소송은 처음에 소를 제기한 때에 제기된 것으로 보고(같은 법 제14조 제4항) 종전의 피고에 대한 소송은 취하된 것으로 본다(같은 법 제14조 제5항).[42]

4. 소송 참가

법원은 소송의 결과에 따라 권리 또는 이익의 침해를 받을 제3자가 있는 경우에는 당사자 또는 제3자의 신청 또는 직권에 의한 결정으로 그 제3자를 소송에 참가시킬 수 있다(같은 법 제16조 제1항).

이는 소송의 결과에 따라 권리 또는 이익을 침해받을 제3자가 있는 경우 그 제3자를 본인이나 당사자의 신청 또는 법원의 직권에 의한 결정으로 소송에 참가시켜 변론하고 자료를 제출하게 하는 제도이다.

법원이 결정을 하고자 할 때에는 미리 당사자 및 제3자의 의견을 들어야 한다(같은 법 제16조 제2항). 참가신청을 한 제3자는 그 신청을 각하한 결정에 대하여 즉시 항고할 수 있다(같은 법 제16조 제3항).

처분 등을 취소하는 판결의 대세적 효력에 의하여 권리 또는 이익을 침해받게 되었음에도 그 소송에 책임 없는 사유로 참가하지 못했던 제3자는 재심을 청구할 수 있는데(같은 법 제31조), 이 소송참가제도는 그러한 재심에 의한 구제를 요하는 사태의 발생을 미연에 방지하는 조치 기능도 하게 된다.

소송참가의 요건인 '소송의 결과로 권리 또는 이익을 침해받을 자'란 판결의 결론인 주문에 의하여 직접 권리이익을 침해받게 되는 자를 말한다. 취소판결의 형성력 그 자체에 의하여 직접 권리이익을 침해받는 경우뿐만 아니라, 판결의 기속을 받는 피고 행정청이나 관계행정청의 새로운 처분에 의하여 권리이익을 침해받게 되는 자도 포함된다. 여기서 이익은 법률상의 이익을 말하고, 단순히 사실상의 이익이나 경제상의 이익

---

42) 대법원 1997. 6. 27. 선고 97누5725 판결(진정한 원고는 회사인데 대표이사 개인으로 잘못 표시한 것이라고 보아 원고 정정을 인정한 사례), 대법원 2001. 11. 13. 선고 99두2017 판결(진정한 원고는 간접강제 결정의 집행력이 미치는 국가나 공공단체인데 처분 행정청으로 잘못 표시한 것으로 보아 원고 정정을 인정한 사례).

은 포함되지 않는다.[43)]

소송에 참가한 제3자에 대해서는 민사소송법 제67조의 규정을 준용한다(같은 법 제16조 제4항). 따라서 소송목적이 공동소송인 모두에게 합일적으로 확정되어야 할 공동소송의 경우에 공동소송인 가운데 한 사람의 소송행위는 모두의 이익을 위해서만 효력을 가진다(민사소송법 제67조 제1항). 공동소송에서 공동소송인 가운데 한 사람에 대한 상대방의 소송행위는 공동소송인 모두에게 효력이 미친다(같은 법 제67조 제2항). 공동소송에서 공동소송인 가운데 한 사람에게 소송절차를 중단 또는 중지해야 할 이유가 있는 경우 그 중단 또는 중지는 모두에게 효력이 미친다(같은 법 제67조 제3항).

다른 한편 법원은 다른 행정청을 소송에 참가시킬 필요가 있다고 인정할 때에는 당사자 또는 해당 행정청의 신청 또는 직권에 의한 결정으로 그 행정청을 소송에 참가시킬 수 있다(같은 법 제17조 제1항). 법원은 결정을 하고자 할 때에는 당사자 및 해당 행정청의 의견을 들어야 한다(같은 법 제17조 제2항).

소송에 참가한 행정청에 대해서는 민사소송법 제76조의 규정을 준용한다(같은 법 제17조 제3항). 참가인은 당사자들에 대하여 독자적인 청구를 하는 것이 아니므로, 보조참가인(강학상 공동소송적 보조참가인)의 지위에 있다. 그러므로 참가인의 소송행위는 피참가인을 표준으로 판단하게 된다. 민사소송법 제67조가 준용되는 결과 참가인은 통상의 보조참가인에 비하여 다음과 같은 독립적인 지위가 인정된다. 유리한 행위는 1인이 해도 전원에 대하여 효력이 생기는 방면 불리한 행위는 전원이 하지 않는 한 효력이 없다. 그리하여 1인이라도 상대방의 주장사실을 다투면 전원이 다툰 것이 되고, 피참가인이나 참가인 중 누구라도 상소를 할 수 있으나, 전원이 하지 않으면 안 되며, 소취하에 대한 동의도 전원의 동의를 요한다. 법원은 변론기일에 참가인과 당사자 본인 모두를 소환하지 않으면 안 된다.

참가인의 상소기간은 참가인에 대한 판결송달 시부터 독립하여 계산하며, 1인에게 해당 소송의 중단·중지의 사유가 발생하면 소송 전체를 중단·중지하지 않으면 안 된다. 참가인 등에 대한 상대방의 소송행위는 유·불리를 불문하고 전원에 대하여 효력이 있다.

참가인의 지위를 취득한 제3자는 실제 소송에 참가하여 소송행위를 했는지 여부를 불

---

43) 대법원 2008. 5. 29. 선고 2007두23873 판결, 신설되는 항만의 명칭결정 등의 취소를 구하는 소송에 대하여 지방자치단체들이 제3자 소송참가신청을 한 사안에서 그 소송 결과에 따라 침해되는 법률상 이익이 없어 위 신청이 부적법하다고 한 사례.

문하고, 판결의 효력(인용판결의 형성력 및 인용·기각판결의 기판력)을 받는다. 따라서 참가인이 된 제3자는 판결확정 후 행정소송법 제31조에 의한 재심의 제소를 제기할 수 없다.

IV. 정보공개소송의 절차

1. 행정심판과 행정소송의 관계

(1) 소는 법원에 소장을 제출함으로써 제기한다(민사소송법 제248조). 소장에는 당사자와 법정대리인, 청구의 취지와 원인을 적어야 한다(민사소송법 제249조 제1항).

취소소송은 법령의 규정에 의하여 해당 처분에 대한 행정심판을 제기할 수 있는 경우에도 이를 거치지 아니하고 제기할 수 있다(행정소송법 제18조 제1항).

임의적 전치주의 하에서는 행정심판을 제기할 것인지 여부가 원고의 선택에 맡겨져 있으므로 행정처분으로 인하여 권리이익을 침해받은 자는 바로 행정소송을 제기할 수도 있고, 행정심판과 행정소송을 동시에 청구하거나 또는 행정심판을 거쳐 행정소송을 청구할 수도 있다. 일본도 자유선택주의를 채택하고 있다.

(2) 행정소송절차에서 소장이나 신청서 또는 신청의 취지를 적은 조서에는 다른 법률에 특별한 규정이 있는 경우가 아니면 소송목적의 값에 따라 그 금액에 해당하는 인지(印紙)를 붙여야 한다(민사소송 등 인지법 제1조, 제2조).

인지제도의 목적은 수익자부담의 원칙에 따라 국가 또는 공공단체가 특정 개인을 위하여 행하는 역무에 대한 반대급부로서의 수수료의 성질을 가짐과 아울러 불필요하고 성공 가능성이 없는 소송을 방지하고 남소에 따른 법원의 과중한 업무 부담에서 오는 법원업무의 양질성과 효율성 저하를 방지하는 데에 있다.[44]

여기서 소송목적의 값(소가)은 원고가 청구취지로써 구하는 범위에서 원고의 입장에서 보아 전부 승소할 경우에 직접 받게 될 경제적 이익을 객관적으로 평가하여 금액으로 정함을 원칙으로 한다(민사소송 등 인지규칙 제6조).

재산권상의 소로서 그 소가를 산출할 수 없는 것과 비재산권을 목적으로 하는 소송의

---

44) 헌법재판소 1996. 10. 4. 선고 95헌가1, 4 결정.

소가는 5천만 원으로 한다(민사소송 등 인지법 제2조 제4항, 민사소송 등 인지규칙 제18조의2).

그런데 1개의 소로써 수개의 청구를 하는 경우에 그 수개의 청구의 경제적 이익이 독립한 별개의 것인 때에는 합산하여 소가를 산정하게 되며(민사소송 등 인지규칙 제19조) 반면 1개의 소로써 주장하는 수개의 청구의 경제적 이익이 동일하거나 중복되는 때에는 중복되는 범위 내에서 흡수되고, 그중 가장 다액인 청구의 가액을 소가로 한다(같은 규칙 제20조). 또한 1개의 소로써 수개의 비재산권을 목적으로 하는 청구를 병합한 때에는 각 청구의 소가를 합산하되, 청구의 목적이 1개의 법률관계인 때에는 1개의 소로 본다(같은 규칙 제22조).

여기서 소가합산의 예외사유인 '청구의 목적이 1개의 법률관계인 때'는 다수 원고의 비재산권 청구가 병합된 경우에 있어서는 이를 '1개의 처분이 불특정 다수인에게 그 효력이 공통으로 미치고, 그 결과 해당 처분이 취소(또는 무효확인)됨으로써 생기는 이익 역시 그 불특정 다수인에게 전체로서 공통되는 경우'를 말한다.

따라서 형식상으로는 다수의 원고들이 같은 날짜의 행정처분에 관하여 하나의 소장으로 제소하여 1개의 법률관계인 것처럼 보이지만 실질적으로는 원고들 각자에 대하여 각각 별개의 처분이 있는 경우에는 이에 해당하지 않는다고 할 것이다.

그런데 정보공개 청구를 받은 공공기관으로서는 정보공개 거부처분이 취소되는 경우 그 청구인들 중 1인에 대하여만 정보를 공개하는 것으로는 부족하고 공개 청구를 한 개개인에 대하여 정보를 각각 공개해야 하고, 만약 그들 이외의 자가 추가로 정보공개 청구를 하는 경우에는 다시 개별적으로 이를 공개해야 하므로 다수인이 공동으로 정보의 공개를 청구한 데 대해 공개를 거부한 처분은 동일한 기회에 하나의 행위로 이루어지기는 했으나 그 효력 및 이 사건 처분이 취소되었을 경우의 이익은 정보공개를 청구한 청구인별로 발생할 뿐, 불특정 다수인에게 전체로서 공통되는 경우라고 할 수 없으므로, 이들이 공동으로 제기한 정보공개 거부처분취소소송의 소가는 민사소송 등 인지규칙 제22조 본문을 적용하여 청구인들의 각 청구의 소가를 합산하여 산정하게 된다.[45] 이에 따르면 동일한 내용의 정보공개 청구를 굳이 공동으로 할 필요는 없을 것이다.

---

45) 서울고등법원 2008. 2. 15. 결정 2007루263(확정), 1,066명이 공동으로 공공기관에 대해 정보공개 청구를 했는데 거부되어 행정소송을 제기하는 경우 법원에 납부해야 할 인지대는 95,000원[(20,000,100원×45/10,000)+5,000원, 100원 미만 버림]이 아니라 각 청구의 소가를 합산한 21,320,106,600원(1,066×20,000,100원)으로 산정하여 75,175,300원[(21,320,106,600원×35/10,000)+555,000원, 100원 미만 버림]의 인지액을 납부해야 한다고 한 사례.

반면 수인이 아닌 1명의 청구인이 다수의 정보를 공개하라고 청구하는 경우에는 청구의 목적이 1개의 법률관계에 해당하여 1개의 소로 본다.

2. 취소소송의 제소기간

취소소송은 처분이 있음을 안 날부터 90일 이내에 제기해야 하고 처분이 있은 날부터 1년(재결이 있은 날부터 1년)을 경과하면 정당한 사유가 없는 한 이를 제기하지 못한다(행정소송법 제20조). 상대방에게 고지되어야 효력을 발생하게 되므로, 행정처분이 상대방에게 고지되어 상대방이 이러한 사실을 인식함으로써 행정처분이 있다는 사실을 현실적으로 알았을 때 행정소송법 제20조 제1항이 정한 제소기간이 진행되고, 제소기간의 기산점인 '처분 등이 있음을 안 날'이란 통지, 공고 기타의 방법에 의하여 해당 처분 등이 있었다는 사실을 현실적으로 안 날을 의미한다. 상대방이 있는 행정처분의 경우에는 특별한 규정이 없는 한 의사표시의 일반적 법리에 따른다.[46]

다만, 다른 법률에 해당 처분에 대한 행정심판의 재결을 거치지 아니하면 취소소송을 제기할 수 없다는 규정이 있는 경우와 그 밖에 행정심판청구를 할 수 있는 경우 또는 행정청이 행정심판청구를 할 수 있다고 잘못 알린 경우에 행정심판청구가 있은 때의 기간은 재결서의 정본을 송달받은 날부터 기산한다.

3. 소의 이익

공개 청구인에게 공개 거부처분의 취소를 구하는 '법률상의 이익'이 있는지 아닌가는 중요한 문제이다. 왜냐하면 행정소송법 제12조에서 취소를 구하는 '법률상의 이익'이 있는 자만 소송을 제기할 수 있다고 규정하고 있기 때문이다.

---

46) 대법원 2014. 9. 25. 선고 2014두8254 판결, 지방보훈청장이 허혈성심장질환이 있는 갑에게 재심 서면판정 신체검사를 실시한 다음 종전과 동일하게 전(공)상군경 7급 국가유공자로 판정하는 '고엽제후유증전환 재심신체검사 무변동처분' 통보서를 송달하자 갑이 위 처분의 취소를 구한 사안에서, 위 처분이 갑에게 고지되어 처분이 있다는 사실을 현실적으로 알았을 때 행정소송법 제20조 제1항에서 정한 제소기간이 진행한다고 보아야 함에도, 갑이 통보서를 송달받기 전에 자신의 의무기록에 관한 정보공개를 청구하여 위 처분을 하는 내용의 통보서를 비롯한 일체의 서류를 교부받은 날부터 제소기간을 기산하여 위 소는 90일이 지난 후 제기한 것으로서 부적법하다고 본 원심판결에 법리를 오해한 위법이 있다고 한 사례.

사법권 행사의 요건은 소송 제기 때뿐만 아니라 소송 종료 시까지 필요하다. 소송 도중에 사법권 행사의 요건이 결하게 되는 경우 법원은 원칙적으로 사법권을 행사할 수 없다.

정보공개법 제정 시에는 청구인이 정보공개와 관련하여 공공기관의 처분 또는 부작위로 인하여 법률상 이익의 침해를 받은 때에는 행정소송법이 정하는 바에 따라 행정소송을 제기할 수 있다(제18조 제1항)고 규정했는데 2004년 '법률상 이익의 침해를 받은 때'라는 요건을 삭제하고 단순히 '청구인이 정보공개와 관련한 공공기관의 결정에 대하여 불복이 있는 때'로 개정되었다(제20조 제1항).

그런데 정보공개 청구권은 법률상 보호되는 구체적인 권리이므로 청구인이 공공기관에 대하여 정보공개를 청구했다가 거부처분을 받은 것 자체가 법률상 이익의 침해에 해당한다.[47)48)] 공개 청구의 대상이 되는 정보가 이미 다른 사람에게 공개되어 널리 알려져 있다거나 인터넷 등을 통하여 공개되어 인터넷검색 등을 통하여 쉽게 알 수 있다는 사정만으로는 소의 이익이 없다거나 비공개 결정이 정당화될 수 없다.[49)] 공개 거부처분을 받은 청구인이 다른 경로를 통하여 해당 정보를 접할 수 있게 되었다 하더라도 이러한 접근 가능성은 사실상의 가능성에 불과하여 구체적인 권리로서의 정보공개 청구권이 구제되는 것은 아니라 할 것이어서 행정소송을 통한 공개 거부처분의 취소를 구할 법률상의 이익은 여전히 존재한다.[50)]

또한 정보공개 거부처분의 취소를 구하는 소송에서 공공기관이 공개 청구된 정보를 증거 등으로 법원에 제출하여 법원을 통하여 그 사본이 청구인에게 교부 또는 송달하게 하여 결과적으로 청구인에게 정보를 공개하는 셈이 되었다고 하더라도, 이러한 우회적인 방법은 정보공개법이 예정하고 있지 아니한 방법으로서 정보공개법에 의한 공개라고 볼 수는 없으므로, 해당 문서의 비공개 결정의 취소를 구할 소의 이익은 소멸되

---

47) 대법원 2003. 12. 12. 선고 2003두8050 판결, 대법원 2003. 3. 11. 선고 2001두6425 판결, 대법원 2006. 1. 13. 선고 2003두9459 판결.

48) 대법원 2011. 7. 28. 선고 2011두4602 판결은 청구인이 공공기관에 대하여 정보의 공개를 청구했다가 정보공개 거부처분을 받은 이상, 자신들이 분양받은 아파트의 분양원가를 계산하기에 충분한 자료를 갖고 있는지 여부와 관계없이 위 처분의 취소를 구할 법률상의 이익이 있다고 한 사례;
반면 홍일표, 「공공기관의 정보공개에 관한 법률 제18조 제1항 소정의 '법률상 이익의 침해를 받은 때'의 의미」, 『행정재판실무편람』(II), 서울행정법원, 2002, 492쪽은 정보공개 청구권 침해 자체가 바로 법률상 이익의 침해를 받은 때에 해당한다고 해석하는 것은 무리라고 한다.

49) 대법원 2010. 12. 23. 선고 2008두13392 판결, 대법원 2010. 12. 23. 선고 2008두13101 판결, 대법원 2007. 7. 13. 선고 2005두8733 판결, 대법원 2008. 11. 27. 선고 2005두15694 판결 등.

50) 대법원 2007. 7. 13. 선고 2005두8733 판결.

지 않는다.[51]

반면 정보공개제도는 공공기관이 보유·관리하는 정보를 그 상태대로 공개하는 제도이기 때문에 정보공개 청구를 거부하는 처분이 있은 후 대상 정보가 폐기되었다든가 하여 공공기관이 그 정보를 보유·관리하지 않게 된 경우에는 특별한 사정이 없는 한 정보공개 거부처분의 취소를 구할 법률상의 이익이 없다.[52][53] 또한 소송 도중에 가령 공개 거부결정이 공공기관의 직권 또는 행정심판의 재결에 의해 취소되어 공개 청구 대상 문서가 공개된 경우 원고는 소의 이익이 없게 되고 소송은 각하되게 된다.

4. 입증책임

입증책임이란 재판 또는 소송 과정에서 자신의 주장이 사실임을 증명해야 할 책임으로서 거증책임(舉證責任) 또는 증명책임(證明責任)이라고도 한다.

소송상 어느 요증사실의 존부가 확정되지 않을 때에 해당 사실이 존재하지 않는 것으로 취급되어 법률판단을 받게 되는 당사자 일방의 위험 또는 불이익을 말한다. 쉽게 말하여 증거조사를 해보았으나 증거 없을 때의 패소위험을 뜻한다. 따라서 이 책임이 어느 쪽에서 부담할 것인지가 소송재판상에서 매우 중요한 사항이며, 어느 쪽에 입증책임을 부담시킬 것인지를 정하는 것을 '입증책임의 분배'라 한다.

이에 관하여 통설인 법률요건분류설 또는 규범설에 의하면 각 당사자는 자기에게 유리한 법규의 요건사실의 존부에 대해 입증책임을 지는 것으로 분배시키고 있다. 이에 의하면 권한행사규정의 요건사실의 존재는 그 권한행사의 필요 또는 적법성을 주장하는 자가 입증책임을 부담하므로, 적극적 처분에 대해서는 그 처분을 한 처분청이, 거부

---

51) 대법원 2004. 3. 26. 선고 2002두6583 판결, 일본 최고재판소 2002년(平成 14년) 2월 28일 선고 平9 行ツ 제 136·137호 판결.
52) 대법원 2003. 4. 25. 선고 2000두7087 판결, 이 판결에 대한 평석으로는 김용찬, 앞의 논문, 217쪽 이하.
53) 헌법재판소 1997. 4. 24. 선고 92헌마47 결정.
"이 사건 헌법소원심판청구의 요지는 청구인이 이 사건 심판청구 시까지 여러 차례에 걸쳐 국가보훈처 공적심사위원회의 서훈심사기준을 공개할 것을 요구했음에도 피청구인인 국가보훈처장이 이를 거부함으로써 청구인의 '알권리'를 침해했다는 것인바, 이 사건 심판청구 후에 피청구인이 구두설명과 민원회신을 통하여 공적심사위원회가 내부적 심사기준으로 삼고 있는 독립유공자에 대한 공적심사의 구체적 기준을 청구인에게 모두 알려준 이상 청구인이 주장하는 기본권의 침해가 종료됨으로써 청구인이 이 사건 헌법소원을 통하여 달성하고자 하는 주관적 목적은 이미 달성되었으므로 그 침해의 원인이 된 공권력의 행사(청구인 주장의 거부처분)를 취소할 실익이 없어졌다고 할 것이다."

처분에 대해서는 원고가 각 입증책임을 부담하고, 권한불행사규정이나 상실규정의 요건사실의 존재는 처분권한의 불행사나 상실을 주장하는 자가 입증책임을 부담하므로 적극적 처분에 대해서는 원고가, 거부처분에 대해서는 처분청이 각 입증책임을 부담한다. 그러나 법률요건분류설만으로 일관할 수는 없고, 입증의 난이(입증자료가 누구의 지배영역 내에 있는가, 소극적 사실인가 적극적 사실인가 여부 등), 사실 존재의 개연성 등을 종합하여 양 당사자에게 공평하게 입증책임 내지 입증의 필요를 분배함으로써 구체적 타당성 있는 결과를 얻을 수 있도록 해야 한다.

정보공개 청구소송에 있어서 공개 거부처분, 즉 공개 청구된 정보가 비공개 정보에 해당하는지 아닌지에 관한 입증책임은 피고인 공공기관에 있다. 만약 원고에게 입증책임이 있다고 하면 원고는 공개 청구 대상 정보에 포함되어 있는 정보가 비공개 사유에 해당하지 않다는 입증을 해야 하는데 공개 청구 대상 정보에 포함된 내용을 전혀 알지 못하는 원고로서는 불가능에 가까운 일이다. 때문에 공개 거부처분을 한 공공기관이 그것이 정당하다는 입증책임을 부담해야 한다.

미국 정보자유법에서는 입증책임(burden of proof)이 피고 행정기관(agency) 측에 있다고 명시되어 있다[제552조(a)(4)(B)].

반면 행정처분이 재량권을 일탈·남용함으로써 위법하다고 다투어지는 경우 그 입증책임은 원칙적으로 이를 주장하는 자(원고)에게 있다.[54]

공공기관이 정보를 보유하거나 관리하고 있는지 아니면 공개 청구한 정보가 실제로 존재하고 있지 않는지를 누가, 어떻게 입증할 것인지도 문제된다.

정보공개제도는 공공기관이 보유·관리하는 정보를 그 상태대로 공개하는 제도이므로 청구인은 공개를 구하는 정보를 행정기관이 보유·관리하고 있을 상당한 개연성이 있다는 점을 입증할 책임이 있다.[55] 반면 공개를 구하는 정보를 공공기관이 보유·관리했으나 후에 그 정보가 담긴 문서 등이 폐기되어 존재하지 않게 된 것이라면 그 정보를 더 이상 보유·관리하고 있지 아니하다는 점에 대한 증명책임은 공공기관에게 있다.[56]

---

54) 대법원 1987. 12. 8. 선고 87누861 판결.
55) 대법원 2007. 6. 1. 선고 2006두20587 판결, 대법원 2005. 1. 28. 선고 2002두12854 판결.
56) 대법원 2004. 12. 9. 선고 2003두12707 판결, 교도소직원회운영지침과 재소자자변물품공급규칙이 폐지되었다 하여 곧바로 교도소장이 그 정보가 담긴 문서들을 보관·관리하지 않고 있다고 단정할 수는 없다고 한 사례.

5. 처분사유의 취소·철회 및 추가·변경

(1) 공공기관은 법률에 특별한 근거가 없어도 하자 있는 처분을 직권으로 취소할 수 있고,[57] 설령 하자 없는 처분이라도 이를 존속시킬 필요가 없게 된 사정변경이 생겼거나 중대한 공익상의 필요가 발생한 경우에는 직권으로 이를 철회·변경할 수도 있다.[58]

또한 행정청이 소송의 대상인 처분을 소가 제기된 후 변경한 때에는 법원은 원고의 신청에 의한 결정으로 청구의 취지 또는 원인의 변경을 허가할 수 있다(행정소송법 제22조 제1항). 소의 변경신청은 처분의 변경이 있음을 안 날로부터 60일 이내에 해야 한다(같은 법 제22조 제2항).

(2) 모든 행정행위는 사실상의 기초와 법률상의 근거로 이루어져 있는데 위 양자를 합하여 처분이유 또는 처분사유라고 하고, 처분사유의 추가라 함은 당초의 처분사유를 그대로 두고 새로운 처분사유를 추가하는 것을 의미하며, 처분사유의 변경이라 함은 당초의 처분사유에 대체하는 새로운 사유를 내세우는 교환적 변경을 말한다.

처분청이 처분 당시에 적시한 구체적 사실을 변경하지 아니하는 범위 내에서 단지 그 처분의 근거법령만을 추가·변경하거나 당초의 처분사유를 구체적으로 표시하는 것에 불과한 경우에는 새로운 처분사유를 추가하거나 변경하는 것이라고 볼 수 없다.[59)60)]

또한 처분사유의 추가 또는 변경은 행정행위를 그대로 두고 처분의 이유만을 추가 또는 변경하는 것이므로 처분의 성립 당시 적법요건상 흠이 있는 행정행위를 사후에 보완하거나 그 흠이 취소원인이 될 만한 가치를 상실하게 됨으로써 행위의 효력을 유지하도록 하는 제도인 '흠(하자)의 치유'와 구별되고, 하자 있는 행위를 새로운 행정행위로

---

57) 대법원 1986. 2. 25. 선고 85누664 판결.
58) 대법원 1992. 1. 17. 선고 91누3130 판결.
59) 대법원 2007. 2. 8. 선고 2006두4899 판결, 대법원 1989. 7. 25. 선고 88누11926 판결, 대법원 1998. 4. 24. 선고 96두13286 판결, 대법원 2004. 11. 26. 선고 2004두4482 판결 등.
60) 대법원 2005. 1. 28. 선고 2002두12854 판결, 원고의 사책구입과 관련한 계약 관련 자료 일체의 정보공개 청구에 대하여 피고가 당초 내세운 처분의 근거와 이유는 '업자의 비공개 요청 및 법 제9조 제1항 제4호의 수형자에게 공개할 실익이 없고 교화의 적정한 수행을 위해 수형자에 대한 열람제한의 규정에 의거 비공개'였으나, 피고가 내세운 '업자의 비공개 요청'이라는 문구에는 비록 구체적으로 명시되지는 아니했으나 '계약 관련 자료 일체'에는 법 제9조 제1항 제6호에서 규정하고 있는 '개인식별정보'와 제7호에서 규정하고 있는 '법인·단체 또는 개인의 영업상 비밀에 관한 사항'이 포함되어 있음을 전제로 '거래업체'가 법 제9조 제3항에 의하여 공개 거부의 의사표시를 했음을 이유로 하여 정보공개 거부처분을 한 것임을 알 수 있으므로, 피고가 당초의 처분 사유에 법 제9조 제1항 제6, 7호의 사유를 처분사유로 추가한 것이 아니라 다소 불분명했던 당초의 처분사유를 명백하게 한 것에 지나지 않는다고 한 사례.

대체하는 '행정행위의 전환'과도 구별되며, 처분에 이유제시가 없거나 또는 있다고 하더라도 행정절차법상 요구되는 처분이유가 결여되어 행정행위가 형식적으로 위법하게 되는 경우에 이유결여를 사후에 개선하는 '처분이유의 사후제시'와 구별된다.[61]

(3) 그런데 처분의 적법성이 다투어지는 항고소송에서 공공기관이 처분 당시 밝혔던 근거와 이유와는 다른 사유를 들거나 새로운 공개 거부이유를 추가할 수 있을지가 문제된다.

행정처분의 취소를 구하는 항고소송에 있어서, 처분청은 사실심 변론종결 시까지[62] 당초 처분의 근거로 삼은 사유와 기본적 사실관계가 동일성이 있다고 인정되는 한도 내에서만 다른 사유를 추가하거나 변경할 수 있다.[63]

그러나 행정청은 처분을 할 때에는 신청 내용을 모두 그대로 인정하는 처분인 경우, 단순·반복적인 처분 또는 경미한 처분으로서 당사자가 그 이유를 명백히 알 수 있는 경우 또는 긴급히 처분을 할 필요가 있는 경우가 아니면 당사자에게 그 근거와 이유를 제시해야 한다(행정절차법 제23조).[64]

본래 이유부기제도는 결정을 받은 국민에게 행정기관의 행위의 이유를 고지시키는 것을 목적으로 하고 있다. 당연히 국민은 그 행정기관의 행위를 재판에서 다투는 때에는 그 이유에 근거하여 결정이 이루어진 것으로써 준비를 하게 된다. 그럼에도 불구하고 행정기관은 후에 자유롭게 공개 거부이유를 교체한다거나 추가할 수 있다고 한다면 국민의 신뢰는 배신당하게 된다. 때문에 이러한 공개 거부이유의 교체나 추가는 신중하게 허용되어야 한다.

이와 같이 기본적 사실관계와 동일성이 인정되지 않는 별개의 사실을 들어 처분사유로 주장하는 것이 허용되지 않는다고 해석하는 이유는 행정처분의 상대방의 방어권을 보장함으로써 실질적 법치주의를 구현하고 행정처분의 상대방에 대한 신뢰를 보호하

---

61) 홍정선, 앞의 책, 1045~1046쪽.
62) 대법원 1999. 8. 20. 선고 98두17043 판결.
63) 대법원 1992. 2. 14. 선고 91누3895 판결.
64) 대법원 2002. 5. 17. 선고 2000두8912 판결, 행정청이 토지형질변경허가신청을 불허하는 근거규정으로 '도시계획법 시행령 제20조'를 명시하지 아니하고 '도시계획법'이라고만 기재했으나, 신청인이 자신의 신청이 개발제한구역의 지정목적에 현저히 지장을 초래하는 것이라는 이유로 구 도시계획법시행령(2000. 7. 1. 대통령령 제16891호로 전문 개정되기 전의 것) 제20조 제1항 제2호에 따라 불허된 것임을 알 수 있었던 경우, 그 불허처분이 위법하지 아니하다고 한 사례.

고자 함에 그 취지가 있다.[65)

여기서 기본적 사실관계의 동일성 유무는 처분사유를 법률적으로 평가하기 이전의 구체적인 사실에 착안하여 그 기초인 사회적 사실관계가 기본적인 점에서 동일한지 여부에 따라 결정해야 한다.[66) 만일 그와 같은 동일성이 없다면 추가 또는 변경된 사유가 당초의 처분 시 그 사유를 명기하지 않았을 뿐 처분 시에 이미 존재하고 있었고 당사자도 그 사실을 알고 있었다 하더라도 당초의 처분사유와 동일성이 있는 것이라 할 수 없다.[67)

(4) 대법원은 정보공개 청구소송에서 처분사유의 추가나 변경과 관련하여 재판확정기록의 열람·등사를 피고인 등에게만 허용하는 검찰보존사무규칙 제20조를 정보공개 거부처분의 당초 처분사유로 했다가 특정인을 식별할 수 있는 개인에 관한 정보를 비공개 대상으로 규정한 구 정보공개법 제9조 제1항 제6호의 사유를 추가한 경우에 기본적 사실관계의 동일성을 인정한 반면 제2, 3, 4, 6호의 사유를 추가한 경우에는 기본적 사실관계의 동일성을 부인했다.[68)

또한 피고가 소송 계속 중에, 정보공개법 제9조 제1항 제2, 3, 4, 6호 및 제7호 등의 비공개 사유를 추가한 데 대하여 추가한 처분사유 중 정보공개법 제9조 제1항 제2, 3, 4, 7호에 관한 부분은 당초의 처분사유와 그 기초가 되는 사회적 사실관계를 놓고 보더라도 동일성이 전혀 없으므로 이러한 처분사유의 추가는 허용되지 아니한다는 것이다.[69)

당초의 정보공개 거부처분사유인 정보공개법 제9조 제1항 제4호 및 제6호의 사유에 제5호의 사유를 새로 추가한 경우[70)와 피고가 당초의 처분사유인 제7호의 사유에 제1호의 사유를 추가한 경우,[71) 피고가 당초의 처분사유인 정보공개법 제9조 제1항 제4,

---

65) 대법원 1988. 1. 19. 선고 87누603 판결, 대법원 1999. 3. 9. 선고 98두18565 판결, 대법원 2001. 3. 23. 선고 99두6392 판결, 대법원 2001. 9. 28. 선고 2000두8684 판결, 대법원 2007. 7. 13. 선고 2005두8733 판결 등.

66) 대법원 2012. 4. 12. 선고 2010두24913 판결, 대법원 2006. 1. 13. 선고 2004두12629 판결, 대법원 2004. 11. 26. 선고 2004두4482 판결 등.

67) 대법원 2003. 12. 11. 선고 2001두8827 판결, 이 판결에 대한 해설로는 박해식, 「비공개 대상 정보 간의 처분사유의 추가·변경」, 『대법원 판례해설』, 통권 제47호(2003년 하반기), 625~641쪽 참조.

68) 대법원 2003. 12. 11. 선고 2003두8395 판결, 당초의 정보공개 거부처분사유인 검찰보존사무규칙 제20조 소정의 신청권자에 해당하지 아니한다는 사유는 새로이 추가된 거부처분사유인 구 정보공개법 제7조 제1항 제6호의 사유와 그 기본적 사실관계의 동일성이 있다고 한 사례;
   이 판결에 대한 해설로는 오문기, 「정보공개 거부처분과 관련된 처분사유의 추가·변경」, 『재판과 판례』 제16집 (2007. 12), 대구판례연구회, 798~846쪽.

69) 대법원 2003. 12. 11. 선고 2003두8395 판결.

70) 대법원 2003. 12. 11. 선고 2001두8827 판결.

7호에 제5호의 사유를 추가한 경우,[72] 피고가 당초의 처분사유인 제2, 4호, 6호에 제1호의 사유를 추가하는 경우,[73] 당초의 처분사유인 정보공개법 제9조 제1항 제5호에 제6호의 사유를 추가한 경우,[74] 피고가 당초의 처분사유인 제5호의 사유에 제4호의 사유를 추가하는 경우[75]나, 반대로 제4호의 사유에 제5호의 사유를 추가하는 경우,[76] 제4호의 사유에 제4호의 다른 사유를 추가하는 것[77]도 기본적 사실관계의 동일성이 없다는 입장이다.[78][79]

V. 정보공개소송의 심리

1. 행정소송법상 심리

(1) 행정소송의 심리에는 원칙적으로 민사소송법이 준용되므로(행정소송법 제8조 제2항) 민사소송법에 의한 심리가 행해진다.[80]

다만 행정소송법에서는 민사소송에 관한 특칙으로서 제25조에서 법원은 당사자의 신청이 있는 때에는 결정으로써 재결을 행한 행정청에 대하여 행정심판에 관한 기록의

---

71) 대법원 2008. 10. 23. 선고 2007두1798 판결.
72) 대법원 2012. 4. 12. 선고 2010두24913 판결.
73) 대법원 2006. 1. 13. 선고 2004두12629 판결.
74) 대법원 2007. 7. 13. 선고 2005두8733 판결.
75) 대법원 2013. 3. 14. 선고 2011두14432 판결, 대법원 2013. 3. 14. 선고 2011두6578 판결.
76) 대법원 2013. 2. 14. 선고 2011두9430 판결.
77) 대법원 2013. 12. 26. 선고 2013두17503 판결, 피고(금융감독원장)가 당초 처분사유로 소송이 진행 중인 사항에 관련된 정보라는 취지를 명기한 이상, 그 후 소송에서 이와 전혀 별개인 절차인 국제중재기구인 국제투자분쟁해결센터(ICSID)의 중재절차에 관련된 정보에도 해당된다는 처분사유를 추가로 주장하는 것은 허용될 수 없다고 한 사례.
78) 대법원 2013. 3. 14. 선고 2011두19109 판결, 피고(한국수자원공사)가 이 사건 정보공개 거부처분의 사유로 제시한 내용만으로는 이 사건 정보공개 거부처분의 사유가 정보공개법 제9조 제1항 몇 호에서 정하고 있는 비공개 사유에 해당하는지 알 수 없고, 그와 같이 비공개 사유가 특정되지 아니한 이상 이후 같은 항 제4, 5, 7호를 처분사유로 추가하는 것은 허용되지 않는다고 보아 이 사건 정보공개 거부처분이 위법하다고 한 원심판결을 정당하다고 한 사례.
79) 대법원 2011. 11. 24. 선고 2009두19021 판결, 경제개혁연대와 소속 연구원 갑이 금융위원회위원장 등에게 금융위원회의 론스타에 대한 외환은행 발행주식의 동일인 주식보유한도 초과보유 승인과 론스타의 외환은행 발행주식 초과보유에 대한 반기별 적격성 심사와 관련된 정보 등의 공개를 청구했으나, 금융위원회위원장 등이 현재 대법원에 재판 진행 중인 사안이 포함되어 있다는 이유로 공공기관의 정보공개에 관한 법률 제9조 제1항 제4호에 따라 공개를 거부한 사안에서, 금융위원회위원장 등이 위 정보가 대법원 재판과 별개 사건인 서울중앙지방법원에 진행 중인 재판에 관련된 정보에도 해당한다며 처분사유를 추가로 주장하는 것은 당초의 처분사유와 기본적 사실관계가 동일하다고 할 수 없는 사유를 추가하는 것이어서 허용될 수 없다고 본 원심판단을 정당하다고 한 사례.
80) 한위수, 「정보공개 청구사건의 재판에 있어서의 몇 가지 문제」, 『행정재판실무편람』(II), 477~486쪽 참조.

제출을 명할 수 있고, 제출명령을 받은 행정청은 지체 없이 해당 행정심판에 관한 기록을 법원에 제출해야 한다고 규정하고 있으며, 특히 제26조에서 법원은 필요하다고 인정할 때에는 직권으로 증거조사를 할 수 있고, 당사자가 주장하지 아니한 사실에 대해서도 판단할 수 있다며 직권심리제도를 두고 있다.

또한 법원은 공개 거부 결정이 적법한 것인가 아니면 위법한 것인가를 심리한다. 행정심판이 처분의 위법성뿐만 아니라 부당성에 관해서까지 판단하는 것과는 이 점에서 다르다.

(2) 원래 법률상의 요건사실에 해당하는 주요사실에 대하여 당사자가 주장하지도 아니한 사실을 인정하여 판단하는 것은 변론주의에 위배된다고 할 것이나, 당사자의 주요사실에 대한 주장은 직접적으로 명백히 한 경우뿐만 아니라 당사자가 법원에 서증을 제출하며 그 입증취지를 진술함으로써 서증에 기재된 사실을 주장하거나 그 밖에 당사자의 변론을 전체적으로 관찰하여 간접적으로 주장한 것으로 볼 수 있는 경우에도 주요사실의 주장이 있는 것으로 보아야 한다.[81] 민사소송에 있어서 변론주의는 주요사실에 대해서만 인정될 뿐 주요사실의 존부를 추인케 하는 간접사실에 대하여는 그 적용이 없다.[82]

그런데 공개 거부된 정보가 정보공개법 제9조 제1항 각 호에 열거된 비공개 정보에 해당하는가를 법원이 심리할 때에는 공개 거부된 정보를 공개해야 하는가 여부를 소송에서 다투어지는 것이기 때문에 공개 청구된 대상 정보를 일반의 민사소송절차에서처럼 서증으로 법원에 제출하게 하고 원고에도 그것을 보여주는 등의 증거조사 방법으로는 심리를 할 수가 없다.

여기서 종래 법원이 취해온 것이 추인(推認)이라고 불리는 방법이 있다.[83] 이 방법은 종래부터 공무원의 비밀엄수의무 위반 등의 형사재판에서 사용되어져 온 것인데 비밀 그 자체를 법원에 제출하기가 어려우므로 그 비밀을 포함한 문서를 작성하거나 또는 이를 보유하고 있는 공공기관의 직원을 증인으로 채택하여 해당 정보 중에 어떠한 내용이

---

81) 대법원 1995. 4. 28. 선고 94다16083 판결, 대법원 1999. 7. 27. 선고 98다46167 판결, 대법원 2001. 2. 23. 선고 2000다 70804 판결 등.
82) 대법원 2002. 6. 28. 선고 2000다62254 판결, 대법원 1993. 4. 13. 선고 92다23315, 92다23322 판결 등.
83) 松井茂記, 앞의 책, 371~372쪽.

기록되어 있는가를 증언케 하고 법원은 그 증언에 기초해서 해당 정보 중에 어떤 내용이 기록되어 있는가를 추측하는 방법이다.

이러한 추인방법은 비밀 그것을 공개법정에 제출함이 없이 비밀이 보호할 가치 있는 것인가 아닌가를 판단시키는 것이어서 나름대로의 장점을 갖고 있다. 그러나 사안의 성격상 증인은 구체적으로 어떠한 기재가 있는가를 특정적으로 진술할 수는 없다. 비록 증인에게 선서의무가 있고 허위의 증언을 한 경우에는 위증죄의 처벌 가능성이 있다고 하더라도 법원이 공개 청구 대상 정보를 직접 보지 않은 한 증인이 허위의 증인을 하더라도 이를 확인하기도 쉽지 않다. 증인의 증언이 진실이라고 확실하게 담보할 수가 없는 것이다. 비밀의 내용에 관해 증언하는 것은 공공기관 측의 직원이어서 정보 내용이 비공개정보에 해당하는가에 관해 과대하게 평가를 할 경향도 있다. 게다가 원고가 증인을 신문할 때에도 핵심에 관한 사항에 대해서는 증인이 민사소송법 제306조에 따라 '직무상의 비밀'에 관한 소속 관청 또는 감독관청의 동의가 없다는 이유로 증언을 거부할 수 있고, 소속 관청 또는 감독관청은 '국가의 중대한 이익을 해친다'는 이유로 증언에 대한 동의를 거부할 수도 있어 결국 핵심적 부분의 증언을 얻을 수 없는 경우가 많을 것이다. 이를 고려하면 특히 정보공개소송에서는 추인의 방법에는 치명적인 한계가 있다고 하지 않을 수 없다.

이런 이유로 미국 법원에서는 사건을 처음부터 심사하고(de novo) 해당 기록의 내용을 '인 카메라'로 검토하여 해당 기록이나 그 일부가 비공개 정보에 해당하여 공개가 거부되어야 하는지를 판단하고 있으며[제552조(a)(4)(B)], 이를 위해 필요한 경우에는 공공기관에 대해 비공개 결정을 한 정보의 내용을 법원이 지정한 방법에 따라 분류 또는 정리하도록 한 다음 해당 자료(index)를 법원에 제출하라고 명령할 수 있는 권한(Vaughn index)을 가지고 있다.[84]

(3) 한편 공공기관의 거부처분이 있은 뒤에 해당 처분의 근거가 된 사실상태나 법률이 변경된 경우에 어느 때를 위법판단의 기준시점으로 할 것인지에 관하여 처분시설과

---

84) 宇賀克也, 『情報公開·個人情報保護—最新重要裁判例·審査会答申の紹介と分析』, 有斐閣, 2013, 22~23쪽 및 43~46쪽은, 정보공개소송에서 증거조사로서 인 카메라 심리를 행하는 것은 민사 소송의 기본원칙에 반하기 때문에 명문의 규정이 없는 한 허용되지 않는다는 일본 최고재판소 2009년(平成 21년) 1월 15일 결정의 반대해석상 명문의 규정이 있으면 인 카메라 제도가 인정된다고 해석하면서 정보공개법에 인 카메라 심리제도를 도입하자고 제안하고 있다.

판결시설(정확히는 사실심의 변론종결시설)의 대립이 있다.

통설·판례는 행정처분의 위법 여부는 처분 당시를 기준으로 판단해야 한다고 처분시설을 택하고 있다.[85] 판결시설에 의하게 되면 행위 시에 위법했던 행위가 후에 법령의 개폐에 의하여 적법한 행위가 될 수도 있어 법치주의의 원리에 반하고 판결의 지연 등에 따라 결론이 달라질 수도 있는 등의 불합리가 발생하므로 처분시설이 타당하다 할 것이다.

다만, 여기서 처분의 위법 여부를 판단하는 기준시점이 처분 당시라는 의미는 처분이 있을 때의 법령과 사실상태를 기준으로 하여 적법 여부를 판단할 것이며, 처분이 있은 뒤에 생긴 법령의 개폐나 사실상태의 변동에 영향을 받지 않는다는 뜻이지, 처분 당시 존재했던 자료나 행정청에 제출되었던 자료만으로 위법 여부를 판단한다는 의미는 아니다. 따라서 처분 당시 존재했던 사실에 대한 입증책임은 사실심 변론종결 당시까지 얼마든지 할 수 있는 것이고, 법원은 처분 당시 행정청이 알고 있었던 자료뿐만 아니라 사실심 변론종결 당시까지 제출된 모든 자료를 종합하여 처분당시 존재했던 객관적 사실을 확정하고 나서 그 사실에 기초하여 처분의 적법성 여부를 판단해야 하는 것이다. 처분시설을 따른다고 하여 처분 후의 자료를 이용하여 처분 시의 비공개 결정의 적법성을 판단하는 것을 방해받는 것은 아니다.

행정청은 신청에 의한 처분을 함에 있어서도 특별한 사정이 없는 한 신청 시가 아닌 처분 당시의 법령 및 기초사실에 터잡아 처분해야 하는 것이므로, 신청 당시에는 허가 등의 요건을 갖추었더라도 그 후 허가 등이 있기 전에 법령과 사실상태의 변경으로 허가 등의 요건을 갖추지 못하게 되면 행정청은 허가 등을 거부해야 한다. 따라서 거부처분의 적법 여부도 원칙적으로 신청 시가 아니라 처분 시를 기준으로 판단해야 하고, 허가 등의 신청 후 행정청이 합리적 이유 없이 그 처리를 늦추어 그 사이 허가기준 등이 변경된 것이 아닌 한, 새로운 법령 및 허가기준에 따라 한 거부처분은 위법하다 할 수 없다.[86]

(4) 공공기관이 정보공개를 청구한 날부터 20일 이내에 공개 여부를 결정하지 아니한 때에는 공공기관은 비공개의 결정을 한 것으로 간주되는 것이 아니라 부작위한 것이

---

85) 대법원 1993. 5. 27. 선고 92누19033 판결 등.
86) 대법원 2006. 8 25. 선고 2004두2974 판결 등.

되므로 당연히 공공기관의 비공개 처분 사유도 존재하지 아니할 것이나, 공공기관이 사후에라도 청구인에게 처분사유를 통지했거나 청구인이 제기한 이의신청, 행정심판 또는 행정소송에서 처분사유를 제시했다면 이를 비공개 결정의 처분사유로 보고 판단함이 상당할 것이다.[87]

청구인도 행정절차법 제23조에 따라 행정청에 대해 처분의 근거와 이유를 제시해줄 것을 요청함이 바람직하고 이에 대해 행정청은 신속히 그 근거와 이유를 제시해야 한다.

(5) 그런데 법원은 민사소송절차와는 달리 행정소송절차에서는 필요하다고 인정할 때에는 직권으로 증거조사를 할 수 있고, 당사자가 주장하지 아니한 사실에 대하여도 판단할 수 있다(행정소송법 제26조).

법원의 직권증거조사 및 직권탐지를 규정한 행정소송법 제26조는 행정소송의 특수성에서 연유하는 당사자주의, 변론주의의 일부 예외 규정으로서, 법원으로서는 기록상 현출되어 있는 사항에 관하여 직권으로 증거조사를 하고 이를 기초로 하여 판단할 수 있는 것이며, 그 경우 당초의 처분사유와 기본적 사실관계에 있어서 동일성이 인정되는 한도 내에서만 새로운 처분사유를 인정하여 행정처분의 정당성 여부를 판단하는 것이 허용된다.[88]

따라서 행정소송에서 기록상 자료가 나타나 있다면 당사자가 주장하지 않았더라도 판단할 수 있고, 당사자가 제출한 소송자료에 의하여 법원이 처분의 적법 여부에 관한 합리적인 의심을 품을 수 있음에도 단지 구체적 사실에 관한 주장을 하지 아니했다는 이유만으로 당사자에게 석명을 하거나 직권으로 심리·판단하지 아니함으로써 구체적 타당성이 없는 판결을 하는 것은 행정소송법 제26조의 규정과 행정소송의 특수성에 반하므로 허용될 수 없다.[89]

(6) 한편 정보공개를 둘러싼 소송은 신속하게 해결되는 것이 필요하다. 최종적으로 정보의 공개가 명해진다 해도 시기를 놓쳐버리면 정보공개의 의의는 크게 감소되어버

---

87) 김의환, 「정보공개법 일반론」, 『행정소송』(Ⅱ), 한국사법행정학회, 169쪽; 서울행정법원 2007. 8. 28. 선고 2007구합7826 판결.
88) 대법원 2011. 1. 13. 선고 2010두21310 판결, 대법원 2009. 5. 28. 선고 2008두6394 판결 등.
89) 대법원 2010. 2. 11. 선고 2009두18035 판결, 대법원 2006. 9. 22. 선고 2006두7430 판결.

리기 때문이다. 이러한 의미에서 정보공개소송을 담당하는 법원은 신속하게 심리를 진행하여 판결을 선고해야 한다.

민사소송법 제199조는 판결은 소가 제기된 날부터 5월 이내에, 항소심 및 상고심에서는 기록을 받은 날부터 5월 이내에 선고한다고 규정하고 있으나 이 규정은 훈시규정에 불과하다.

공개 청구인인 원고가 신속한 심리를 구하는 때 법원은 우선적 심리의 필요성 등을 고려하여 피고 행정기관에 심리에 신속하게 응하도록 소송지휘를 해야 한다. 만약 피고인 공공기관이 정당한 이유 없이 신속한 심리에 응하지 않은 경우에는 입증책임을 다하지 않은 것으로 간주하여 정보공개를 명하는 판결을 선고하는 것도 고려해야 한다.

입법론으로는 공직선거법에 의한 소송, 즉 선거에 관한 소청이나 소송은 다른 쟁송에 우선하여 신속히 결정 또는 재판해야 하며, 소송에 있어서는 수소법원은 소가 제기된 날부터 180일 이내에 처리해야 한다는 공직선거법 제225조 또는 법원은 언론보도 등에 의하여 피해를 받았음을 이유로 하는 재판은 다른 재판에 우선하여 신속히 해야 한다는 언론중재 및 피해구제 등에 관한 법률 제29조와 같은 내용을 정보공개법에 포함할 필요가 있다.

미국 정보자유법에서는 신속한 재판을 위하여 피고인 행정기관은 법원이 정당한 사유를 들어 별도로 지시하지 않는 한 소장을 송달받은 후 30일 이내에 답변서를 제출하거나 해명하도록 하고 있다[제552조(a)(4)(C)].

2. 드노보 심사(De Novo Review) 및 인 카메라 심리(In Camera Inspection)

(1) 심리의 범위와 관련하여 정보공개소송의 심리절차가 시심적(始審的) 쟁송인지 아니면 복심적(覆審的) 쟁송인지가 문제된다.

시심적 쟁송이란 행정법관계의 형성·변경 등이 쟁송의 형식을 거쳐 비로소 처음부터 이루어지는 경우의 쟁송을 말한다.[90] 반면 복심적 쟁송이란 이미 이루어진 행위의 재심사절차로서의 쟁송을 말하는데 재량권 남용 여부가 주된 심리대상이 된다.

공권력 행사를 신중하고 공정하게 행하기 위한 절차인 형식적 의미의 쟁송은 언제나

---

90) 홍정선, 앞의 책, 835쪽.

시심적 쟁송이다. 반면 위법·부당한 행정작용으로 인해 권리가 침해된 자가 일정 국가기관에 이의를 제기하여 그 위법·부당함을 시정하고 이로써 침해된 권리·이익의 회복을 구하는 절차를 말하는 실질적 의미의 쟁송은 복심적 쟁송인 것이 일반적이나 시심적 쟁송일 수도 있다. 시심적 쟁송도 상소에 의해 다투게 되면 복심적 쟁송이 된다.

미국 정보자유법에서는 정보공개를 구하는 소송의 심리는 시심적 쟁송이라고 알려져 있다[제552조(a)(4)(B)]. 시심적 심사는 드노보 심사(De Novo Review)라고도 하는데 법원이 행정기관의 판단에 구애됨이 없이 독자적인 판단을 하고 증거조사를 행하는 권한을 말한다. 즉, 법원은 공개를 청구하는 문서가 공개 대상에 해당하는지, 대상 정보면 행정기관이 관리권한을 갖고 있음에도 불구하고 그것을 공개하지 않았는지, 공개하지 않았다면 그것이 위법한지의 순서로 심사하고 행정기관에 대해 공개 거부의 금지 및 부적절하게 공개가 거부된 기록의 제출을 명령할 수 있는 권한을 갖는다. 이 경우에 법원은 사건을 처음부터 심사하고(de novo) 해당 기록의 내용을 '인 카메라'로 검토하여 해당 기록이나 그 일부가 비공개 정보에 해당하여 공개가 거부되어야 하는지를 판단할 수 있으며, 행정기관은 비공개 결정에 대한 입증책임이 있다.

(2) 정보공개소송에서는 정보의 공개 여부가 쟁점이므로 일반적인 행정소송에서처럼 문제가 되고 있는 정보 자체를 증거로 제출하여 당사자에게 제공할 수는 없다. 그렇다고 하여 피고인 공공기관의 일방적인 주장을 토대로 심리를 하게 되면 구제 절차로서의 의미가 사라지게 될 것이다. 이러한 이유 때문에 정보공개소송에서는 당사자의 참여 없이 법원이 해당 정보를 직접 심리하는 비공개 심사제도가 어느 정도 문제를 해결하는 수단이 된다.

반면 특히 대량의 문서와 관련된 사건들에서 법원에 시심적 심사를 요구하는 것은 실제로 공공기관이 져야 할 부담을 법원에 전가하게 될 것이고 더욱이 비공개 심사를 하게 되면 원고 측에게 본안에 대한 실질적인 정보도 제공하지 못하게 되므로 당사자주의 절차를 약화시키는 점도 있다.

미국에서는 FOIA 소송상의 심리를 위하여 법원은 세 가지 절차적 수단을 전개해왔다. 즉, 연방법원은 ① 쟁점이 된 자료에 대한 비공개 심사(In Camera review),[91] ② 행정기관에 대하여 색인(Vaughn index)의 제출,[92] ③ 행정기관에 대하여 공개선서진술서(a detailed public affidavit)의 제출절차[93]가 그것이다. 이러한 절차적 수단들은 당사자주의 절차를 보장하거나 행정기관의 행위에 대한 법원의 시심적 심사를 수행하려는 것이다.

이처럼 미국 정보자유법은 인 카메라 심리를 명시적으로 규정하고 있다[제552조 (a) (4)(B)]. 이 심리를 실행하는지 여부는 법원의 재량이다. 미국 연방법원은 청구가 있는 경우에는 행정기관의 기록 보류를 금지하고 부적절하게 보류한 행정기관 기록의 제출을 명령할 수 있는 관할권을 갖는다. 이 경우에는 법원은 사건을 처음부터 판단하고 해당 기관 기록의 내용을 카메라로 검토하여 해당 기록이나 그 일부가 제552조(b)에 규정된 비공개 사유에 의거하여 공개가 거부되어야 하는지를 판단할 수 있으며, 행정기관은 자체 조치를 입증할 책임이 있다고 규정하고 있다. 이러한 비공개 심리 방식을 인 카메라 심리(In Camera Inspection/Review)라고 한다.

실무상으로는 사법경제에 기여할 때, 실시기관이 제출한 선서진술서(affidavit)의 거부에 대한 결론만을 표시하고 있을 때, 실시기관에 악의가 있을 때, 문서내용에서 당사자 간의 깊은 대립이 있을 때, 실시기관이 비공개심리의 의견을 말할 때 또는 공개하는 것에 강한 공공성이 있다고 인정될 때 인 카메라 심리를 한다고 한다.

이처럼 공개 청구 대상 정보에 포함된 정보가 비공개 사유에 해당하는지 아닌지를 판단하기 위해서는 법원이 공개 청구 대상 정보를 직접 보는 것이 중요하다.

(3) 인 카메라 심리제도가 헌법상 공개재판원칙에 반하여 위헌이라는 주장도 있다.

우리 헌법 제101조 제1항은 "사법권은 법관으로 구성된 법원에 속한다"고 규정하고 있고, 헌법 제109조는 "재판의 심리와 판결은 공개한다. 다만, 심리는 국가의 안전보장 또는 안녕질서를 방해하거나 선량한 풍속을 해할 염려가 있을 때에는 법원의 결정으로 공개하지 아니할 수 있다"고 규정하고 있다. 헌법상 재판의 공개원칙은 밀실재판이 가지는 자의성을 배제하기 위해 인정되는 중요한 헌법상의 제도이다. 재판은 공개된 법정에서 행해지는 것에 의해 그 의미가 있다.

이와 관련하여 일본 최고재판소 2009년(平成 21년) 1월 15일자 결정은 정보공개소송에 있어 증거조사로서 인 카메라 심리를 행하는 것은 민사소송의 기본원칙에 반하기 때

---

91) Simon v. Department of Justice, 980 F.2d 782, 784 (D.C. Cir. 1992), Ely v. FBI 781 F.2d 1487, 1491-94 (11th Cir. 1986).

92) Vaughn v. Rosen, 484 F. 2d 820, 826-828 (D.C. Cir. 1973), cert. denied, 415 U.S. 977 (1974).

93) Phillippi v. CIA 546 F.2d 1009. 1013(D.C. Cir. 1976).

문에, 명문의 규정이 없는 한 허용되지 않는다고 할 수밖에 없다고 판시했다. 이에 따라 정보공개소송에 있어 신청인(원고)이 입회권을 포기한 경우에 검증물 제시명령을 하는 방식으로 인 카메라 심리를 하는 것은 판례법상 인정되지 않는다. 그런데 이 결정은 정보공개소송에 있어서 인 카메라 심리가 재판의 공개원칙을 선언한 헌법 조항에 위반되는 것은 아니므로 만약 인 카메라 심리제도를 허용하는 명문의 법규정이 있으면 허용된다는 견해가 유력하다.[94]

또한 인 카메라 심리는 미국에서도 당사자에게 불리하게 되고, 항소심에서의 심리에 지장이 있고 재판관에게 과도한 부담이 된다는 등의 문제점이 지적된다.

그러나 당사자의 입장에서 말하면 법원이 직접 문서를 보지 않고 공공기관의 주장을 신뢰하여 이것저것 추인하는 것보다도 법원이 문서를 직접 보고 예외사유에 해당하는지 아닌지를 판단 받는 쪽이 훨씬 유리하다. 항소심에서도 다시 한 번 사실심리가 행해지므로 필요한 경우에는 재판장이 재차 인 카메라 심리를 하면 된다. 재판장의 과도한 부담은 본 인덱스 등의 방법을 사용하는 것에 의해 경감될 수 있다. 미국에서는 전문적인 판단을 필요로 하는 경우에는 특별히 감정인을 임명하여 그 특별감정인에게 작업을 맡기고 있다.

이러한 인 카메라 심리는 정보공개의 실효성을 확보하기 위해서 꼭 필요한 방식이다. 왜냐하면 공개 청구 대상 정보에 포함된 정보가 예외사유에 해당하는지 아닌지는 해당 정보에 기록되어 있는 정보를 직접 보지 않으면 판단할 수 없기 때문이다. 또 공개 청구 대상 정보에 일부 비공개 사유에 해당할 것 같은 정보가 포함되어 있는 경우에도 이를 제외한 나머지 부분은 공개해야 하는데 그 경우에도 공공기관의 결정이 적절한가 아닌가는 해당 정보를 직접 보지 않으면 안 된다. 때문에 미국에서는 정보공개소송에서 이 방법이 매우 중요한 역할을 하고 있다.

인권옹호단체도 비공개 심리에 대해 원고가 이의를 제출하도록 권하면서 먼저 본 인덱스(Vaughn Index)의 제출명령을 신청할 것을 권고하고 있다.

물론 이러한 방법에 대해 문제점을 지적하는 목소리도 적지 않다. 상대방 당사자(원고)에게 반박 혹은 탄핵의 기회를 주지 않은 증거에 의해 재판을 하는 절차를 인정하는 것은 행정소송제도의 기본에 반한다는 원론적인 입장에서부터 판사가 직접 문서를 보

---

94) 우가 카츠야, 앞의 책, 229쪽.

고 예외사유에 해당하는가를 판단해도 원고 측은 그 판단에 상당한 이유가 있는가 아닌가를 알지 못하기 때문에 판사의 판단은 당사자에 의한 검증을 거치지 않은 일방적인 것이 되지 않을 수 없다는 것이다. 또 그 결과 항소심에서 그 인정을 다투는 것은 곤란하게 되고 공개 청구 대상 정보가 방대한 경우에 판사가 정보를 직접 보고 비공개할 수 있는 부분을 삭제해두는 것은 판사에게 방대한 부담이 된다는 것이다.

(4) 일본 정보공개법에는 인 카메라 심리를 인정하는 특별한 규정은 없다.

그런데 일본 정보공개·개인정보 보호심사회설치법은 제9조에서 내각부에 설치된 정보공개·개인정보 보호심사회는 필요하다고 인정되는 때에는 자문청(비공개 결정을 한 행정기관의 장 등)에 대해 행정문서 등의 제시를 요구할 수 있고, 심사회로부터 이러한 요구를 받은 자문청은 거부할 수 없다고 규정하고 있다(같은 조 제1항·제2항).

더 나아가 심사회는 필요하다고 인정되는 때에는 자문청에 대해 행정문서 등에 기록되어 있는 정보의 내용을 심사회가 지정한 방법에 따라 분류 또는 정리한 자료를 작성하여, 심사회에 제출해주도록 요구할 수 있다고 규정하여 이른바 본 인덱스의 제출을 구하는 권한을 인정하고 있다(같은 조 제3항). 이외에도 심사회는 행정심판이 제기된 사건에 관하여, 불복신청인, 참가인 또는 자문청에 대해 의견서 또는 자료의 제출을 요구할 수 있고, 적당하다고 인정되는 자에게 그가 알고 있는 사실을 진술시키거나 또는 감정 요구를 할 수 있으며, 기타 필요한 조사를 할 수 있다(같은 조 제4항). 심사회에 제시된 행정문서는 누구도 그 공개를 청구할 수 없다(같은 조 제1항).

3. 본 인덱스(Vaughn Index, 색인)의 제출명령

(1) 인 카메라 심리의 문제점에 대처하기 위해서 미국 법원은 본 인덱스(Vaughn Index), 즉 색인 제출명령이라는 방법을 취하고 있다.[95]

이것은 미국 법원이 비공개 결정의 적법성을 심사하기 위하여 행정기관에 대해 비공개한 문서들을 분류·정리시키고, 그에 관한 각각의 비공개 이유와 근거 등을 명기하여 법원에 제출하게 하는 것이다.[96]

---

95) 미국 법무부 홈페이지(http://www.justice.gov/oip/foia_updates/Vol_VII_3/page6.htm).

공개를 거부하는 문서에 관한 색인(index)을 제출시켜 공공기관의 공개 거부사유의 정당성에 상세한 이유를 기재하여 제출하도록 한 것은 미국의 Vaughn v. Rosen, 484 F.2d 820 (D.C. Cir, 1973)[97]에서 인정된 것이어서 통상 본 인덱스(Vaughn Index) 또는 본 절차 (Vaughn Procedure)라고 부른다.

본 인덱스는 법원이 직접 공개 청구대상문서를 보는 것이 아니지만 정보공개 거부처분의 입증책임이 공공기관에 있는데도 불구하고 현실적으로 원고가 문서내용을 접근하거나 알 수 없다는 변칙적 사태를 바로잡는 중요한 수단이 되는 것으로서 정보공개소송에 있어서 당사자주의 절차를 의미있게 하고, 정보공개법이 규정한대로 공공기관에 입증책임을 부담시키며, 비공개 심사에서 낭비되는 귀중한 사법적 자원을 보존하고, 상소심을 위한 적절한 기록을 확보한다는 점에서 큰 의미를 지닌다.

(2) 법원은 먼저 본 인덱스의 제출을 요구하고 그것으로 충분하면 공개 청구 대상 정보를 직접 볼 필요도 없고 공공기관의 판단을 존중해서 비공개 사유에 해당함을 인정하고 있다. 이러한 의미에서 인 카메라 심리는 최후의 수단일지도 모르나 어떠한 경우에도 반드시 이용되는 방법은 아니다. 본 인덱스 제출명령도 최종적으로 인 카메라 심리 가능성이 있기 때문에 철저히 준수되고 있다. 인 카메라 심리 없이는 정보공개소송의 심리 실효성을 확보하기가 곤란하다고 할 수 있다.

법원은 비공개된 문서를 인 카메라로 직접 심리하는 권한을 갖고는 있으나 방대한 문서를 직접 보고 공개할 부분과 비공개할 부분을 선별하는 것은 대단한 작업이기 때문에 행정기관 자신에게 비공개한 정보를 분류·정리시키고, 각각 비공개한 이유를 명시케 하는 것은 법원의 부담을 크게 감경시킴과 아울러 법원의 판단을 보다 쉽게 하는 효과를 갖는다. 현재에는 비공개 결정이 법원에서 다투어지면 법원은 거의 본 인덱스의 제출을 명하고 행정기관에서도 법원의 제출명령을 받을 때까지 기다리지 않고 본 인덱스 준비를 하고 있다고 한다.

특히 공개 청구된 문서의 분량이 많고 해당 문서마다 이를 비공개한 사유가 복수이

---

96) Vaughn Index에 관해서는 김배원, 「미국의 정보공개판례―Vaughn v. Rosen F.2d 820(1973)」, 부산대학교 『법학연구』 제41권 제1호(통권 49호, 2000. 12), 471~483쪽; 김배원, 「정보공개소송과 사법심사―Vaughn Index를 중심으로」, 『공법연구』 제29집 제2호, 193~211쪽 참조.
97) cert. denied, 415 U.S. 977 (1974).

거나 사실관계 또는 법적 쟁점이 복잡한 사안인 경우에 법원이 공공기관에게 본 인덱스를 제출하도록 하면 사안의 개요와 쟁점이 명확해지고 상대방인 원고로서도 거부처분의 위법성을 보다 쉽게 지적하고 다툴 수가 있으며 이에 따라 법원도 비공개 처분(특히 부분 비공개 처분)의 당부를 신속하고 적정하게 판단할 수 있게 된다.

(3) 본 인덱스는 특별한 형식은 없다. 공개를 거부한 정보가 항목별로 정리·분류되고 그것을 비공개하는 이유가 정확하게 정리되어 설명되면 좋을 것이다.

색인의 작성을 구하는 필요성, 이것을 요구하는 시기, 특히 해당 문서를 실제로 보는 것과의 전후관계 등에 관해서는 사안에 따라 판단해야 한다.

본(Vaughn) 판결 이후 일련의 판례에 의하면 인덱스에 포함되지 않으면 안 되는 사항으로는, 첫째, 공개 청구 문서 중 거부처분을 상세하게 특정함과 동시에 그 이유를 정확하게 표시할 것, 둘째, 공개가 용이한 부분과 그렇지 아니한 부분을 분리하고 거부부분도 그 이유를 분명히 할 것, 셋째, 공개를 거부한 문서에 관련 근거규정을 명시할 것, 넷째, 거부사유를 지지하는 진술서를 제출할 것, 다섯째, 거부사유가 복수인 경우에는 각각에 대한 근거규정을 명시할 것, 여섯째, 거부사유에 해당하지 않는 부분을 명확히 하고 그것이 문서의 어느 부분에서 위치하는가를 표시할 것 등을 들고 있다.[98]

존부응답거부인 경우 정보가 존재한다면 해당 정보를 인 카메라로 심리하여 비공개 결정이 적법·타당한지 아닌지를 검토해야 한다. 정보가 존재하지 않은 경우에도 정보를 제출하는 형식을 취하여 심리할 필요가 있다. 인 카메라 심사의 실시에 있어 문서가 존재하는지 아닌지를 알지 못하도록 배려가 필요하기 때문이다.

(4) 우리 정보공개법에서는 본 인덱스에 관한 직접적인 내용이 없는데, 인 카메라 심리가 효율적으로 운영되기 위해서는 본 인덱스의 제출이 사전에 이루어질 필요가 절실하다.

따라서 법원은 필요하다고 인정되는 때에는 공공기관에 대해 비공개 결정을 한 정보의 내용을 법원이 지정한 방법에 따라 분류 또는 정리하도록 한 다음 해당 자료(index)를 법원에 제출하라고 명령할 수 있는 권한을 가져야 한다. 그리고 본 인덱스의 정확성

98) 김배원, 「정보공개소송과 사법심사」, 『공법연구』 제29집 제2호, 201~202쪽.

을 확인하거나 인 카메라 심리의 실효성을 높이기 위해서는 당사자, 참가인 또는 관계기관 등에 대해 의견서나 자료의 제출을 요구하거나, 적당하다고 인정되는 자에게 그가 알고 있는 사실을 진술하게 하거나 또는 감정을 요구하는 등 필요한 조사를 할 수 있어야 한다.

본 인덱스가 의미를 갖는 것은 그 설명이 불충분한 경우에 법원이 언제라도 공개 청구된 문서를 제출하도록 하여 직접 볼 수 있기 때문이다. 즉, 인 카메라 심리의 가능성이 있다는 자체가 본 인덱스의 실효성을 담보하는 것이다. 이러한 절차는 1심과 항소심에서 매우 유용하다. 특히 색인을 통하여 판사는 견본을 뽑아서 비공개 심사(In Camera Review)를 진행함으로써 행정기관이 부기한 비공개 심사절차의 결합을 통하여 행정기관의 자의적인 공개 거부사유를 감시할 수 있게 되는 것이다.

현행 정보공개법에는 본 인덱스, 즉 목록의 제출의무를 직접적으로 규정하고 있지는 않으나 법원은 직권으로 증거조사를 실시할 수 있으며(행정소송법 제26조) 또한 정보공개법 제20조 제2항에 근거하여 공공기관에 본 인덱스의 제출을 명할 수 있고 공공기관은 당연히 이에 따를 의무가 있다 할 것이다.

(5) 법원이 인 카메라 심리를 하기 위해서 공공기관에 대해 공개 청구 대상 정보나 그 색인을 제출하라고 명령했는데도 불구하고 해당 공공기관이 이에 불응할 경우에는 공개 청구 정보를 비공개로 열람·심사할 수가 없다.

이러한 경우에 법원이 피고에 대해 민사소송법에 의한 문서제출명령을 할 수 있을지가 문제되는데, 당사자가 서증(書證)을 신청하고자 하는 때에는 문서를 제출하는 방식 또는 문서를 가진 사람에게 그것을 제출하도록 명할 것을 신청할 수 있고 당사자가 소송에서 인용한 문서를 가지고 있는 사람은 그 제출을 거부하지 못한다(민사소송법 제343조, 제344조 제1항).

따라서 피고가 소송에서 인용한 문서가 공무원이 그 직무와 관련하여 보관하거나 가지고 있는 문서라면 그것이 정보공개법 제9조에서 정하고 있는 비공개 대상 정보에 해당한다고 하더라도 특별한 사정이 없는 한 그에 관한 문서제출의무를 면할 수는 없다.[99]

법원은 문서제출신청에 정당한 이유가 있다고 인정한 때에는 결정으로 문서를 가진

---

99) 대법원 2011. 7. 6.자 2010마1659 결정.

사람에게 그 제출을 명할 수 있고, 문서가 제출명령 대상에 해당하는지를 판단하기 위하여 필요하다고 인정하는 때에는 문서를 가지고 있는 사람에게 그 문서를 제시하도록 명할 수 있는데 이때 그 문서를 다른 사람이 보도록 해서는 안 된다(같은 법 제347조).

당사자가 명령에 따르지 아니한 때 또는 당사자가 상대방의 사용을 방해할 목적으로 제출의무가 있는 문서를 훼손해버리거나 이를 사용할 수 없게 한 때에는, 법원은 그 문서의 기재에 대한 상대방의 주장을 진실한 것으로 인정할 수 있다(같은 법 제349조·제350조). (제3장 제5절 II. '7. 민사소송에서 소송기록의 열람 및 복사' 참조.)

4. 공개 청구된 정보의 비공개 열람·심사

재판장은 필요하다고 인정하면 당사자를 참여시키지 아니하고 제출된 공개 청구 정보를 비공개로 열람·심사할 수 있다(제20조 제2항).

미국 정보자유법에서 인정하고 있는 인 카메라 심리를 인정한 것이다. 그런데 이러한 권한은 문언상 법원(재판부)이 아니라 재판장에게 부여되어 있는데 이는 배석판사는 비공개로 열람·심사할 권한이 없다는 것이 되어 합의부 재판의 의미를 몰각하는 것이므로 '재판장'을 '법원'으로 개정해야 한다.[100]

인 카메라 심리와 관련하여 대법원은 사실심 법원은 해당 정보의 성질, 해당 사건의 증거관계 등에 비추어 필요하다고 판단한 경우 위 규정에 따라 공개 청구 정보를 제출받아 비공개로 열람·심사할 권한이 있으나 그것은 특별한 사정이 없는 한, 사실심 법원에 그와 같은 의무가 있다고 할 수는 없다는 입장이다.[101] 하지만 가령 비공개 대상 정보에 해당하는 부분과 공개가 가능한 부분이 혼합되어 있고, 공개 청구의 취지에 어긋나지 않는 범위 안에서 두 부분을 분리할 수 있는지를 판단하기 위해서는 당사자의 주장과 간접적인 자료는 물론 공개 청구 정보를 직접 열람·심사할 필요성도 있다고 보이므로 정보공개법 제20조 제2항을 적용하여 당사자를 참여시키지 않고 제출된 공개 청구 정보를 비공개로 열람·심사해야 한다는 것이다.[102] 따라서 특히 부분 공개 판결을 선고

---

100) 조용호, 「정보공개 청구소송에서 '비공개 열람·심사'의 방법」, 『행정재판실무편람-자료편』, 서울행정법원, 2001, 289쪽; 한위수, 「정보공개 청구사건의 재판실무상 제문제」, 『인권과 정의』 제304호(2001년), 대한변호사협회, 38쪽 참조.
101) 대법원 2012. 12. 13. 선고 2011두4787 판결, 대법원 2008. 10. 23. 선고 2007두1798 판결.

할 때에는 인 카메라 심리를 해야 할 것이다.

실무상 비공개 정보를 열람·심사하는 방법으로는 재판장은 준비절차기일이나 변론기일에서 원고는 참석시키지 아니한 채 피고(공공기관)에게 해당 정보가 담긴 문서나 테이프 등의 원본과 사본을 법정에 가져오게 하여 해당 정보를 열람하면서 비공개 사유의 존부 등을 심사한 다음, 사본이 원본과 다르지 않음을 확인한 후 원본은 돌려주고 사본은 봉인하여 판결선고시까지 판사실에서 보관하다가 종국판단 및 판결문 작성 시 꺼내 활용하여 판결선고까지 마친 다음에는 다시 봉인한 후 판결 확정 여부를 기다려 만일 판결이 확정되면 이를 피고에게 돌려준다. 만일 사건이 상소되면 봉인한 봉투에 비밀표시를 하고 기록에 첨철하여 상소법원에 송부하는 것이 일반적이다.[103] 정보의 양이 많은 경우에는 정보보관 장소에 검증을 가서 열람·심사한다.[104]

대상 정보를 법원에 제출하지 않는 경우 또는 비공개 정보의 양이나 그 밖의 사정에 의하여 법원에 제출하기 어려운 경우에는 원칙적으로 정보보관장소에서 법원의 '비공개 정보 검증'의 형식으로 열람·심사할 수밖에 없다.[105] 재판부의 검증비용은 입증책임이 있는 처분청에서 일단 부담해야 한다. 참여사무관은 정보검증의 일시, 장소를 특정하여 재판부가 대상정보를 비공개로 열람·심사한 사실을 검증조서로 작성하고, 판결이유의 증거 거시란에는 '이 법원의 비공개 정보 검증결과' 정도로 기재하고, 사실인정에서는 열람·심사한 결과를 자세히 설시하게 될 것이다.[106] 증거를 설시할 때에는 '이 법원이 비공개로 이 사건 공개 청구정보를 열람·심사한 결과'라고 기재한다.[107]

반면 법원에 제출할 수 있는데도 임의로 제출하지 않는 경우에는 이를 강제할 방법은 없다. 비공개 정보이기 때문에 원고의 신청에 따른 문서제출명령도 적절한 방법이라고 볼 수 없다. 따라서 이 경우에는 피고가 비공개 정보 검증을 신청하지 않는 한 입증책임의 원칙상 피고가 주장하는 비공개 정보임을 인정할 증거가 없다는 이유로 원고 청구를 인용할 수밖에 없을 것이다.[108]

---

102) 대법원 2005. 1. 28. 선고 2002두12854 판결, 분리공개 가능 여부 판단의 전제로서 공개 청구된 정보를 직접 열람·심사한 흔적이 없다면 필요한 심리를 다하지 아니한 위법이 있다고 한 사례.
103) 서울행정법원 실무연구회, 앞의 책, 883쪽. 같은 책, 888쪽에서는 정보공개법 제20조 제2항, 제3항의 시행에 관하여 그 구체적인 시행절차 등에 관한 대법원규칙의 제정이 필요하다고 지적하고 있다.
104) 김창석, 「서울행정법원의 사건처리절차」, 대한변호사협회 제39기 특별연수(행정소송), 2006, 24쪽.
105) 조용호, 앞의 논문, 290쪽.
106) 조용호, 앞의 논문, 291쪽.
107) 조용호, 앞의 논문, 290쪽.

5. 비공개 심사도 하지 않는 경우

그런데 정보공개법 제20조 제3항은 "재판장은 행정소송의 대상이 제9조 제1항 제2호에 따른 정보('국가안전보장·국방·통일·외교관계 등에 관한 사항으로서 공개될 경우 국가의 중대한 이익을 현저히 해칠 우려가 있다고 인정되는 정보') 중 국가안전보장·국방 또는 외교관계에 관한 정보의 비공개 또는 부분 공개 결정처분인 경우에 공공기관이 그 정보에 대한 비밀 지정의 절차, 비밀의 등급·종류 및 성질과 이를 비밀로 취급하게 된 실질적인 이유 및 공개를 하지 아니하는 사유 등을 입증하면 해당 정보를 제출하지 아니하게 할 수 있다"고 규정하고 있다.

이는 국가안전보장·국방 또는 외교에 관한 정보에 관하여는 공공기관이 일종의 본 인덱스를 제출하면 인 카메라 심리를 하지 않을 수 있다는 것이어서 심히 부당하다. 본 인덱스가 의미를 갖는 것은 그 설명이 불충분한 경우에 법원이 언제라도 공개 청구된 문서를 제출하도록 하여 직접 볼 수 있기 때문인데 만약 인 카메라 심리를 하지 않을 수 있다고 한다면 본 인덱스의 실효성 자체도 담보하기 어려울 수 있기 때문이다.

따라서 정보공개법 제20조 제3항은 삭제되어야 하며, 오히려 법원은 공공기관에 대해 비공개정보를 항목별로 분류·정리하고 각각에 관해 비공개한 이유를 설명한 문서(본 인덱스)를 제출하도록 하고, 만약 이를 거부하는 경우에는 그에 따른 불이익을 주는 내용의 입법이 필요하다.[109]

VI. 행정소송의 판결 및 효력

1. 판결의 종류

법원은 소송의 심리를 마치고 나면 종국판결을 한다(민사소송법 제198조).[110]

법원은 변론 전체의 취지와 증거조사의 결과를 참작하여 자유로운 심증으로 사회정

---

108) 조용호, 앞의 논문, 291쪽.

109) 김배원, 「정보공개소송과 사법심사—Vaughn Index를 중심으로」, 『공법연구』 제29집 제2호, 205쪽은 굳이 Vaughn index 제출절차를 입법화하려면, 비공개 심사를 면제받을 수 있는 예외적 수단으로서가 아니라 공공기관의 비공개를 정당화하는 원칙적 수단—국가안전보장 등에 한정하지 않고 비공개 대상 정보 전부에 걸쳐—으로써 규정해야 한다고 주장하고 있다.

의와 형평의 이념에 입각하여 논리와 경험의 법칙에 따라 사실주장이 진실한지 아닌지를 판단한다(같은 법 제202조). 법원은 당사자가 신청하지 아니한 사항에 대해서는 판결하지 못한다(같은 법 제203조).

그런데 행정소송에 있어서는 행정청의 재량에 속하는 처분이라도 재량권의 한계를 넘거나 그 남용이 있는 때에는 법원은 이를 취소할 수 있다(행정소송법 제27조). 반면 원고의 청구가 이유 있다고 인정하는 경우에도 처분 등을 취소하는 것이 현저히 공공복리에 적합하지 아니하다고 인정하는 때에는 법원은 원고의 청구를 기각할 수 있다(같은 법 제28조 제1항). 이를 사정판결이라고 한다.

판결은 선고로 효력이 생긴다(민사소송법 제205조). 판결의 주문은 그 자체에 의하여 그 내용을 특정할 수 있어야 한다.

원고의 청구가 절차상의 요건을 결여하고 있거나 공개 청구 대상 정보가 부존재한 경우에는 각하판결이, 원고의 청구가 전부 혹은 일부 인용될 때에는 원고 (전부 혹은 일부) 승소판결이, 원고의 청구가 이유 없으면 원고 패소판결이 각각 선고될 것이다.

정보공개 청구 거부처분의 취소를 구하는 청구취지 속에는 비공개 대상 정보를 제외한 나머지 부분에 대한 거부처분만 취소를 해야 할 경우 그 일부취소를 구하는 취지도 포함되어 있다고 볼 수 있다. 법원이 행정청의 정보공개 거부처분의 위법 여부를 심리한 결과 공개를 거부한 정보에 정보공개법 제9조 제1항 각 호 소정의 비공개 대상 정보에 해당하는 부분과 공개가 가능한 부분이 혼합되어 있고 공개 청구의 취지에 어긋나지 않는 범위 안에서 두 부분을 분리할 수 있는 때에는 청구취지의 변경이 없더라도 공개가 가능한 정보에 관한 부분만의 일부 취소를 명할 수 있다.[111] 이러한 경우 법원은 공개가 가능한 부분을 특정하고 판결의 주문에 공공기관의 거부처분 중 공개가 가능한 정보에 관한 부분만을 취소한다고 표시해야 한다.[112]

---

110) 행정소송의 판결과 그 효력에 관해서는 법원행정처, 『전정증보 법원실무제요 행정』, '제13장 행정소송의 종료', 1997, 266~295쪽 참조.
111) 대법원 2003. 10. 10. 선고 2003두7767 판결.
112) 대법원 2003. 3. 11. 선고 2001두6425 판결.

2. 판결의 효력

(1) 첫째, 처분 등을 취소하는 확정판결은 그 사건에 관하여 당사자인 행정청과 그 밖의 관계행정청을 기속하며(행정소송법 제30조 제1항), 제3자에 대하여도 효력이 있다(같은 법 제29조 제1항). 이를 판결의 기속력이라고 한다.

따라서 판결에 의하여 취소되는 처분이 당사자의 신청을 거부하는 것을 내용으로 하는 경우에는 그 처분을 행한 행정청은 판결의 취지에 따라 다시 이전의 신청에 대한 처분을 해야 한다(같은 법 제30조 제2항).

행정소송에서 기속력(覊束力)이라 함은 처분이나 재결을 취소 또는 변경하는 판결이 확정되면 소송당사지인 행정청과 관계행정청이 그 내용에 따라 행동할 실체법적 의무를 지게 되는데 이러한 당사자에 대한 실체법상의 구속력을 말한다. 이는 처분이나 재결의 취소·무효 확인 또는 부작위위법확인청구에 대한 원고승소 판결에 대하여 인정되는 효력으로, 원고 청구를 기각하는 패소판결에 대해서는 인정되지 않는다.

판결의 기속력이란 판결 그 자체의 효력이 아니라, 취소판결의 실효성을 확보하기 위해 행정소송법이 취소판결에 특별히 인정한 효력이다. 말하자면 취소판결로 행정행위의 취소는 가능해도 동일한 행정행위의 발령을 당연히 막을 수는 없기 때문에 기속력이 인정되어야 한다는 것이다.

기속력의 내용으로는 취소소송에서 인용판결이 확정되면 행정청은 동일 사실관계 아래서 동일한 이유에 의하여 동일 당사자에게 동일한 내용의 처분을 할 수 없다는 반복금지효와 거부처분의 취소판결 등이 확정되면 해당 거부처분을 한 행정청 등은 판결의 취지에 따라 원래의 신청에 대한 처분을 해야 한다는 적극적 처분의무를 들 수 있다.

다만 확정판결의 당사자인 처분 행정청은 그 행정소송의 사실심 변론종결 이후 발생한 새로운 사유를 내세워 다시 이전의 신청에 대하여 거부처분을 할 수 있으며[113] 종전 처분 후에 발생한 새로운 사유를 내세워 다시 거부처분을 할 수 있고, 그러한 처분도 재처분에 해당한다.[114]

---

113) 대법원 2004. 1. 15. 자 2002무30 결정, 대법원 1997. 2. 4.자 96두70 결정, 대법원 1999. 12. 28. 선고 98두1895 판결.
114) 대법원 2004. 1. 15. 자 2002무30 결정, 토지형질변경 및 건축허가신청 반려처분의 취소판결이 확정되었음에도 확정판결의 취지에 따른 재처분을 하지 아니하여 간접강제 절차가 진행중 새로이 그 지역에 건축법 제12조 제2항에 따라 건축허가제한공고를 하고 그에 따라 다시 한 거부처분이 행정소송법 제30조 제2항 소정의 재처분에 해당한다고 한 사례.

여기에서 '새로운 사유'인지는 종전 처분에 관하여 위법한 것으로 판결에서 판단된 사유와 기본적 사실관계의 동일성이 인정되는 사유인지에 따라 판단되어야 하고, 기본적 사실관계의 동일성 유무는 처분사유를 법률적으로 평가하기 이전의 구체적인 사실에 착안하여 그 기초인 사회적 사실관계가 기본적인 점에서 동일한지에 따라 결정되며, 추가 또는 변경된 사유가 처분 당시에 그 사유를 명기하지 않았을 뿐 이미 존재하고 있었고 당사자도 그 사실을 알고 있었다고 하여 당초 처분사유와 동일성이 있는 것이라고 할 수는 없다.[115]

정보공개법상 각 비공개 사유를 별개의 처분사유로 보는 이상 공공기관은 당초 정보공개 거부처분에서 비공개 사유로 내세우지 않은 정보공개법 소정의 다른 비공개 사유를 내세워 다시 정보의 공개를 거부할 수 있고, 그 행정소송의 사실심 변론종결 이후 발생한 새로운 사유를 내세워 다시 이전의 신청에 대한 공개 거부처분을 할 수도 있으며 그러한 처분도 행정소송법에 규정된 재처분에 해당된다.[116] [117] 그 취소사유가 행정처분의 절차, 방법의 위법으로 인한 것이라면 그 처분 행정청은 그 확정판결의 취지에 따라 그 위법사유를 보완하여 다시 종전의 신청에 대한 거부처분을 할 수 있고,[118] 그러한 처분도 재처분에 해당한다.[119]

---

115) 대법원 2011. 10. 27. 선고 2011두14401 판결, 고양시장이 갑 주식회사의 공동주택 건립을 위한 주택건설사업계획승인 신청에 대하여 미디어밸리 조성을 위한 시가화예정 지역이라는 이유로 거부하자, 갑 회사가 거부처분의 취소를 구하는 소송을 제기하여 승소판결을 받았고 위 판결이 그대로 확정되었는데, 이후 고양시장이 해당 토지 일대가 개발행위허가 제한지역으로 지정되었다는 이유로 다시 거부하는 처분을 한 사안에서, 재거부처분은 종전 거부처분 후 해당 토지 일대가 개발행위허가 제한지역으로 지정되었다는 새로운 사실을 사유로 하는 것으로, 이는 종전 거부처분 사유와 내용상 기초가 되는 구체적인 사실관계가 달라 기본적 사실관계가 동일하다고 볼 수 없다는 이유로, 행정소송법 제30조 제2항에서 정한 재처분에 해당하고 종전 거부처분을 취소한 확정판결의 기속력에 반하는 것은 아니라고 본 원심판단을 수긍한 사례.
116) 대법원 2004. 1. 15. 자 2002무30 결정, 대법원 1997. 2. 4.자 96두70 결정, 대법원 1999. 12. 28. 선고 98두1895 판결; 오문기, 앞의 논문, 843쪽 등 참조.
117) 대법원 2004. 9. 23. 선고 2003두1370 판결은 공공기관이 수사기록에 대한 정보공개를 거부하기 위해서는 그 대상이 된 수사기록의 내용을 구체적으로 확인·검토하여 그 어느 부분이 어떠한 법익 또는 기본권과 충돌되어 구 정보공개법 제7조 제1항 몇 호에서 정하고 있는 비공개 사유에 해당하는지를 주장·입증해야만 할 것이고, 그에 이르지 아니한 채 수사기록 전부에 대하여 개괄적인 사유만을 들어 공개를 거부하는 것은 허용되지 아니한다는 전제에서, 공공기관이 개괄적으로 수사기록에 비공개 사유에 해당하는 정보가 포함되어 있다고 하면서 사건기록목록사본을 제출했을 뿐 개별정보에 대하여 공개 거부사유를 구체적으로 주장·입증하지 않고 있으므로 피고의 이 부분 주장은 모두 이유 없다고 판단하면서, 다만 피고로서는 이러한 판결의 취지에 따라 개별정보에 대하여 공개 거부사유를 구체적으로 내세워 다시 공개를 거부할 수 있을 것이라고 판시하고 있다고 판시한 사례이고,
대법원 2001. 11. 13. 선고 99두2017 판결은 거부처분 취소판결은 거부처분을 행한 행정청으로 하여금 그 판결의 취지에 따라 다시 이전의 신청에 대한 처분을 하도록 하는 기속력을 갖기는 하지만(행정소송법 제30조 제2항 참조), 그 판결을 채무명의로 하여 행정청의 재처분의무를 민사소송법상의 강제집행절차에 의하여 실현할 수 있는 집행력을 갖지는 못한다고 한 사례이다.

한편 처분사유의 추가·변경과 기속력은 표리의 관계에 있다.

행정소송에서 기속력은 기판력과 달리 개개의 위법사유에 대한 판단에 대하여 생기는 것이므로, 법원이 위법하다고 판단한 동일한 이유에 기하여 동일한 내용의 처분을 하는 것을 금할 뿐, 기본적 사실관계가 동일하지 아니한 별도의 이유에 기하여 동일한 내용의 처분을 하는 것까지 금하는 것은 아니다. 또한 당초의 처분이 있은 후의 법령이나 사실상태가 변동된 이상 그 변동시점이 사실심 변론종결 이후인지 여부에 관계없이 기속력을 받지 아니하므로, 동일한 이유로 동일한 내용의 처분을 할 수 있다.[120] 취소판결이 확정된 후에 그 기속력에 위반하여 한 동일 내용의 처분은 위법하고, 그 하자가 중대하고 명백하여 당연무효이다.[121]

이처럼 행정청은 처분취소소송에서 패소한 후에도 처분 당시 존재한 다른 사유, 즉 처분사유의 동일성이 인정되지 않은 사유들을 들어 몇 번이고 동일한 처분을 되풀이할 수 있게 되는데 이를 무제한으로 인정하게 되면, 행정청이 새로운 사유를 인위적으로 작출할 수 있을 때까지 재처분을 연기하다가 스스로 그와 같은 사유를 작출한 다음 이를 이유로 거부처분을 하는 것을 허용하게 되어 행정청의 자의에 의하여 판결의 기속력이 잠탈될 가능성이 있다.

따라서 재처분이 ① 합리적인 기간 내가 아니라 기속력 회피를 위하여 처리를 지연하다가 새로운 법령 및 허가 기준에 따라 이루어진 경우 ② 행정청이 스스로 작출한 새로운 거부 사유에 기한 것인 경우 ③ 실질적으로 보아 종전의 거부처분을 답습한 것으로서 권리남용에 해당한다고 볼 수 있는 경우 등에 있어서는 재처분의무를 충족했다고 볼 수 없다고 봐야 한다.[122]

---

118) 서울행정법원 실무연구회(2014), 882쪽은 그러나 이는 분쟁의 일회적 해결이라는 요청에 반하고 재판의 신뢰에도 부정적 영향을 미치므로, 판례의 태도를 완화하여 처분사유의 추가·변경을 보다 유연하게 허용하여 주는 것이 타당한 해결책이라고 한다.

119) 대법원 2005. 1. 14. 선고 2003두13045 판결, 방송위원회가 중계유선방송사업자에게 한 종합유선방송사업 승인거부처분이 심사의 기준시점을 경원자와 달리하여 평가한 것이 위법이라는 사유로 취소하는 확정판결의 취지에 따라 재처분 무렵을 기준으로 재심사한 결과에 따라 이루어진 재승인거부처분도 행정소송법 제30조 제2항에 규정된 재처분에 해당한다고 한 사례.

120) 대법원 1998. 1. 17. 자 97두22 결정, 건축불허가처분을 취소하는 판결이 확정된 후 국토이용관리법시행령이 준농림지역 안에서의 행위제한에 관하여 지방자치단체의 조례로서 일정 지역에서 숙박업을 영위하기 위한 시설의 설치를 제한할 수 있도록 개정된 경우, 해당 지방자치 단체장이 위 처분 후에 개정된 신법령에서 정한 사유를 들어 새로운 거부처분을 한 것이 행정소송법 제30조 제2항 소정의 확정판결의 취지에 따라 이전의 신청에 대한 처분을 한 경우에 해당한다고 한 사례.

121) 대법원 1990. 12. 11. 선고 90누3560 판결.

(2) 둘째, 형성력이란 처분이나 재결을 취소하는 내용의 판결이 확정되면, 처분청의 취소, 취소통지 등의 별도의 행위를 기다릴 것 없이 그 처분이나 재결의 효력은 당연히 소멸되고, 그로써 그 처분이나 재결에 기하여 형성된 기존의 법률관계 또는 법률상태에 변동을 가져오는 것을 말한다.

이러한 형성력은 기판력과 마찬가지로 원고 승소판결에만 인정되는 효력이다. 형성력은 소급효를 지녀 취소판결이 확정되면 해당 처분은 처분 당시부터 당연히 효력이 없었던 것이 된다.

처분 등을 취소하는 확정판결은 제3자에 대하여도 효력이 있다(제3자효). 따라서 행정처분취소판결이 있으면, 제3자라 하더라도 그 취소판결의 존재와 그 취소판결에 의하여 형성된 법률관계를 용인해야 한다.[123] 그러나 행정처분을 취소하는 확정판결이 제3자에 대하여 효력이 있다고 하더라도 일반적으로 판결의 효력은 주문에 포함한 것에 한하여 미치는 것이므로 그 취소판결 자체의 효력으로서 그 행정처분을 기초로 하여 새로 형성된 제3자의 권리까지 당연히 그 행정처분 전의 상태로 환원되는 것이라고는 할 수 없고, 단지 취소판결의 존재와 취소판결에 의하여 형성되는 법률관계를 소송당사자가 아니었던 제3자라 할지라도 이를 용인하지 않으면 안 된다는 것을 의미하는 것에 불과하다.

그러므로 취소판결의 확정으로 인하여 해당 행정처분을 기초로 새로 형성된 제3자의 권리관계에 변동을 초래하는 경우가 있다 하더라도 이는 취소판결 자체의 형성력에 기한 것이 아니라 취소판결의 위와 같은 의미에서의 제3자에 대한 효력의 반사적 효과로써 그 취소판결이 제3자의 권리관계에 대하여 그 변동을 초래할 수 있는 새로운 법률요건이 되는 까닭이라 할 것이다.

취소판결의 제3자에 대한 효력으로 인하여 제3자의 이익의 보호가 문제되고, 이를 위하여 제3자의 소송참가(행정소송법 제16조)와 재심제도(같은 법 제31조)가 마련되어 있다.

(3) 셋째, 기판력이란 일단 판결이 확정된 때에는 동일한 사항이 다시 소송상으로 문

---

122) 김의환, 「거부처분취소확정판결의 기속력과 간접강제의 요건」, 『경기법조』 2004년 11호(2004. 11), 수원지방변호사회, 432쪽; 석호철, 「기속력의 범위로서의 처분사유의 동일」, 『행정판례연구』 5집(2000. 10), 박영사, 274쪽 등 참조[오문기, 앞의 논문, 843쪽에서 재인용].
123) 대법원 1986. 8. 19. 선고 83다카2022 판결.

제가 되었을 때에 당사자는 이에 저촉되는 주장을 할 수 없고 법원도 이에 저촉되는 판단을 할 수 없는 효력을 의미한다(이른바 소송법적 효력).

전소와 후소의 소송물이 동일하지 아니하여도 전소의 기판력 있는 법률관계가 후소의 선결적 법률관계가 되는 때에는 전소의 판결의 기판력이 후소에 미쳐 후소의 법원은 전에 한 판단과 모순되는 판단을 할 수 없다.[124]

확정판결의 기판력은 그 판결의 주문에 포함된 것, 즉 소송물로 주장된 법률관계의 존부에 관한 판단의 결론 그 자체에만 미치는 것이고 판결이유에서 설시된 그 전제가 되는 법률관계의 존부에까지 미치는 것은 아니다.[125]

이와 관련하여 처분사유의 추가가 허용되지 않는다는 이유로 원고 승소판결이 확정된 경우 공공기관은 추가가 허용되지 않은 비공개 사유를 내세워 다시 거부처분을 할 수 있는지 문제된다.

이에 대해서는 공개 거부 사유의 추가나 변경이 허용되어 판결의 구속력을 확장하고 결과적으로 행정기관이 패소판결 후에 다른 이유로 하는 공개 거부에 대처할 수 있다는 견해(적극설)[126]와 사정이 변경되어 판결 후에 생긴 사정 때문에 다른 이유로 공개 거부가 필요하게 되었다고 하는 부득이한 예외적인 경우를 제외하고는 역시 허용되지 않는다고 해야 한다는 견해(소극설)[127]가 대립하고 있다.

기본적 사실관계의 동일성이 인정되지 않는다는 이유로 앞선 소송에서 추가·변경을 허용하지 아니한 이상 공공기관은 거부처분에 대한 취소판결 이후에 기본적 사실관계가 동일하지 않은 별도의 비공개 사유로 다시 거부처분을 할 수 있다고 보는 것이 논리적으로는 일관성이 있다.[128] 그러나 이는 분쟁의 일회적 해결이라는 요청에 반한다.[129]

---

124) 대법원 1994. 12. 27. 선고 93다34183 판결, 대법원 1994. 12. 27. 선고 94다4684 판결, 대법원 1999. 12. 10. 선고 99다25785 판결.
125) 대법원 2000. 2. 25. 선고 99다55472 판결, 대법원 1996. 11. 15. 선고 96다31406 판결 등.
126) 박해식, 앞의 논문, 640쪽.
127) 松井茂記, 앞의 책, 384~385쪽.
128) 대법원 2004. 9. 23. 선고 2003두1370 판결.
129) 김의환, 앞의 논문, 182쪽.

3. 간접강제

(1) 공개 거부처분 취소판결은 형성판결에 속하므로 확정되면 바로 거부처분 취소라는 목적을 달성할 수는 있다.[130]

그러나 성질상 강제집행 할 수 있는 효력, 즉 집행력이 인정되지 않으므로 청구인은 행정청의 재처분의무를 직접 강제할 수는 없고 간접강제의 방법에 의하여 공개 결정을 간접적으로 강제할 수밖에 없다.[131] 행정소송법 제34조 제1항은 "행정청이 제30조 제2항의 규정에 의한 처분을 하지 아니한 때에는 제1심 수소법원은 당사자의 신청에 의하여 결정으로써 상당한 기간을 정하고 그 기간 내에 이행하지 아니한 때에는 그 지연기간에 따라 일정한 배상을 할 것을 명하거나 즉시 손해배상을 할 것을 명할 수 있다"고 규정하여 간접강제 규정을 두고 있다.

따라서 거부처분에 대한 취소의 확정판결이 있음에도 행정청이 아무런 재처분을 하지 아니하거나, 재처분을 했다 하더라도 그것이 종전 거부처분에 대한 취소의 확정판결의 기속력에 반하는 등으로 당연무효라면 이는 아무런 재처분을 하지 아니한 때와 마찬가지라 할 것이므로 이러한 경우에는 행정소송법 제30조 제2항, 제34조 제1항 등에 의한 간접강제신청에 필요한 요건을 갖춘 것으로 보아야 한다.[132]

(2) 간접강제 결정이 있은 후에 의무행정청이 그 결정에 정한 상당한 기간 내에 확정된 판결의 취지에 따른 처분을 하지 않는 경우, 신청인은 그 결정을 집행권원으로 하여 집행문을 부여받아 배상금을 강제집행 할 수 있고,[133] 이때 위 결정은 피신청인이었던 행정청이 소속하는 국가 또는 공공단체에 대하여 그 효력을 미치므로 이들 소유의 재산에 대하여도 집행할 수 있다(행정소송법 제34조 제2항, 제33조).[134]

거부처분 취소판결의 간접집행 결정은 그 자체가 독립된 집행권원이 되므로, 그 집

---

130) 간접강제에 관해서는 권창영, 『민사보전법』, 유로, 2010, 458~469쪽 참조.; 행정소송법상의 간접강제 집행에 관해서는 법원행정처, 『전정증보 법원실무제요 행정』 '제15장 행정소송의 강제집행', 1997, 303~310쪽; 마용주, 「행정소송법상 간접강제의 집행문제」, 『행정재판실무편람』(자료집), 서울행정법원, 2001, 99~104쪽 등 참조.
131) 간접강제금의 본질과 산정 등에 관해서는 정선주, 「간접강제금의 본질과 소송상의 제문제」, 『민사소송』(제16권 제1호), 진원사, 2012, 433~458쪽 참조.
132) 대법원 2002. 12. 11. 자 2002무22 결정.
133) 대법원 2014. 7. 24. 선고 2012다49933 판결, 간접강제 배상금은 채무자로부터 추심된 후 국고로 귀속되는 것이 아니라 채권자에게 지급하여 채무자의 작위의무 불이행으로 인한 손해의 전보에 충당되는 것이라고 한 사례.

행권원의 집행력 배제를 구하기 위해서는 청구이의의 소를 제기해야 하는데 판례는 청구이의 소의 성질을 민사소송으로 보고 있다.[135)

그러나 판결의 이행을 확보하기 위해서는 간접강제밖에 방법이 없다는 것은 불합리하다. 간접강제 집행방법을 취하는 경우 비공개 결정에 대한 취소소송의 인용판결이 확정되고 간접강제 결정을 얻는 데 상당한 시간이 걸리고, 공공기관이 새로운 이유를 들어 정보공개를 다시 거부하여 정보공개소송이 효과적인 권리구제절차로서 기능할 수 없게 될 수 있는 단점이 발생할 수 있다. 일단 공개 거부처분이 법원에 의해 취소된 후 공공기관이 다른 이유로 재차 공개를 거부하는 이른바 두더지 게임을 허용하면 정보공개는 어떠한 의미도 없다.

미국에서는 법원의 명령에 따르지 않으면 법원모욕죄로 명령에 따르지 않은 사람의 신병을 구속할 수도 있다. 이는 법원의 고유의 권한에 근거한 것이고 별단의 법률 규정이 있어야 하는 것은 아니다. 우리나라에서는 아직 이러한 제도가 없다.

(3) 그런데 행정심판법에는 당사자의 신청에 대한 행정청의 위법 또는 부당한 거부처분에 대하여 단순히 이를 취소하는 데 그치지 아니하고 일정한 처분을 하도록 하는 행정심판, 즉 의무이행심판을 인정하고 있다(같은 법 제5조 제3호).

심판청구를 인용하는 재결은 피청구인과 그 밖의 관계 행정청을 기속(羈束)하므로 당사자의 신청을 거부한 처분의 이행을 명하는 재결이 있으면 행정청은 지체 없이 이전의 신청에 대하여 재결의 취지에 따라 처분을 해야 한다(같은 법 제49조). 그럼에도 불구하고 피청구인이 처분을 하지 아니하는 경우에는 당사자가 신청하면 행정심판위원회는 그 처분의 성질이나 그 밖의 불가피한 사유로 위원회가 직접 처분을 할 수 없는 경우가 아닌 한 기간을 정하여 서면으로 시정을 명하고 그 기간에 이행하지 아니하면 직접처분을 할 수 있고(같은 법 제50조 제1항), 이때에는 그 사실을 해당 행정청에 통보해야 하며, 그 통보를 받은 행정청은 행정심판위원회가 한 처분을 자기가 한 처분으로 보아 관

---

134) 대법원 2013. 2. 14. 선고 2012다26398 판결은 민사집행법 제261조 제1항의 간접강제결정에 기한 배상금은 채무자로 하여금 그 이행기간 이내에 이행을 하도록 하는 심리적 강제수단이라는 성격뿐만 아니라 채무자의 채무불이행에 대한 법정 제재금이라는 성격도 가지고 있으므로 채무자가 간접강제결정에서 명한 이행기간이 지난 후에 채무를 이행했다면, 채권자는 특별한 사정이 없는 한 채무의 이행이 지연된 기간에 상응하는 배상금의 추심을 위한 강제집행을 할 수 있다고 판시하고 있다.
135) 대법원 2001. 11. 13. 선고 99도2017 판결.

계 법령에 따라 관리·감독 등 필요한 조치를 해야 한다(같은 법 제50조 제2항).

그렇다면 행정소송에 있어서도 행정심판법에서 의무이행심판을 인정하고 있는 것과 마찬가지로 의무이행소송을 도입해야 한다.[136]

의무이행심판의 청구가 이유가 있다고 인정하면 행정심판위원회는 지체 없이 신청에 따른 처분을 하거나 처분할 것을 피청구인에게 명하는 것처럼 의무이행소송이 시행되면 정보공개의 의무이행을 구하는 청구가 이유가 있다고 인정되면 법원은 직접 피고에게 청구에 따른 공개처분을 하거나 공개처분할 것을 명하게 될 것이다.

(4) 한편 공공기관이 정보를 공개하는 결정을 하고도 그에 따른 정보 열람이나 사본 또는 복제물의 교부라고 하는 공개행위를 이행하지 아니하는 경우에 청구인의 구제방법을 살펴본다.

공공기관의 정보공개 결정은 민사집행법상의 집행권원이 아니므로, 그에 기하여 곧바로 공공기관에 대하여 강제집행을 통하여 열람청구권이나 사본교부청구권을 실현하는 것은 허용될 수 없다. 공공기관이 거부처분을 한 것도 아니므로 그 취소를 구할 수도 없다. 그렇다면 행정소송법 제3조 제2호의 규정에 따라 행정처분인 공개 결정을 원인으로 하여 문서에 대한 열람이나 그 사본의 교부를 청구하는 당사자소송을 제기하고, 그 승소확정판결을 얻으면 이를 집행권원으로 하여 다시 민사집행법 제257조가 정하는 동산인도청구권의 집행방법에 준하여 직접강제에 의하여 열람 또는 사본의 작성과 교부를 실현하는 수밖에 없을 것이다.[137]

4. 소송비용의 부담

(1) 소송비용의 부담에 관하여는 민사소송법 제98조 이하의 원칙이 그대로 적용되므로, 원칙적으로 소송비용은 패소한 당사자가 부담하고 원고 청구의 일부가 인용되는 때에는 원·피고가 분담한다(민사소송법 제98조, 제101조).

그런데 법원은 사정에 따라 승소한 당사자로 하여금 그 권리를 늘리거나 지키는 데

---

136) 서울행정법원 실무연구회, 앞의 책, 889쪽.
137) 한기택, 앞의 논문, 565쪽.

필요하지 아니한 행위로 말미암은 소송비용 또는 상대방의 권리를 늘리거나 지키는 데 필요한 행위로 말미암은 소송비용의 전부나 일부를 부담하게 할 수 있으므로(같은 법 제 99조) 가령 부작위위법확인청구의 소가 제기된 후에 공공기관이 공개 또는 비공개 결정을 한 경우에는 해당 소를 항고소송(취소소송)으로 변경하지 않으면 각하될 것이지만 소송비용은 피고(공공기관)가 부담하도록 해야 한다.

소송비용에 산입되는 변호사의 보수는 당사자가 보수계약에 의하여 지급한 또는 지급할 보수액의 범위 내에서 각 심급단위로 소송목적의 값에 따라 별표의 기준에 의하여 산정한다(변호사 보수의 소송비용 산입에 관한 규칙 제3조 제1항). 소송목적의 값 또는 피보전권리의 값의 산정은 민사소송등인지법 제2조의 규정에 의하는데(같은 규칙 제4조) 정보공개 청구소송은 비(非)재산권을 목적으로 하는 소송에 해당된다(민사소송등인지법 제2조 제4항, 민사소송 등 인지규칙 제17조 제4호, 제18조의2).[138] 금액 전부를 소송비용에 산입하는 것이 현저히 부당하다고 인정되는 경우에는 법원은 상당한 정도까지 감액 산정할 수 있고, 소송의 특성 및 이에 따른 소송대리인의 선임 필요성, 당사자가 실제 지출한 변호사 보수 등에 비추어 현저히 부당하게 낮은 금액이라고 인정하는 때에는 당사자의 신청에 따라 위 금액의 2분의 1 한도에서 이를 증액할 수 있다(변호사 보수의 소송비용 산입에 관한 규칙 제6조).

취소청구가 사정판결에 의하여 기각되거나 행정청이 처분을 취소 또는 변경함으로 인하여 청구가 각하 또는 기각된 경우에는 소송비용은 피고의 부담으로 한다(행정소송법 제32조). 소송계속 중 정보가 보존기한 만료로 폐기되어 원고의 청구가 기각된 경우 또는 직권으로 취소 결정하고 공개한 경우 등 형식적으로는 원고 패소라 하더라도 실질적으로는 공개 거부결정에 위법성이 있다면 피고가 소송비용을 부담하도록 해야 한다.[139]

소송비용에 관한 재판이 확정된 때에는 피고 또는 참가인이었던 행정청이 소속하는 국가 또는 공공단체에 그 효력이 미친다(같은 법 제33조). 왜냐하면 행정청에게는 권리의 능력이 없기 때문이다. 따라서 소송비용을 피고의 부담으로 하는 판결이 확정된 때는 피고 행정청이 속하는 국가 또는 공공단체가 비용을 부담해야 하고, 소송비용을 원고의

---

138) 서울고등법원 2008. 2. 15. 자 2007루263 결정, 다수의 정보공개처분 취소청구는 '청구의 목적이 1개의 법률관계인 때'에 해당한다고 할 수 없다고 한 사례.
139) 대법원 2003. 4. 25. 선고 2000두7087 판결, 피고의 공개 거부처분 이후 공개 청구된 정보가 폐기된 경우에는 원고의 소를 각하하되 소송비용은 피고의 부담으로 한 사례.

부담으로 하는 판결이 확정된 때에는 피고 행정청이 속하는 국가 또는 공공단체가 비용채권자로서 소송비용확정 신청을 하고 강제집행을 할 수 있다(같은 법 제34조 제2항). 해당 행정청의 소속관계는 사무의 귀속관계와는 다르므로 기관위임사무의 경우 행정처분의 효과는 국가에 귀속되나 소송비용부담의 재판은 소속한 공공단체에 대하여 그 효력이 생긴다.

(2) 그런데 정보공개를 둘러싼 소송은 어느 의미에서는 모든 국민의 알권리를 옹호하기 위한 공익소송이라고 볼 수 있다. 따라서 그 소송에 필요한 비용을 다른 소송의 경우처럼 기계적으로 패소자(특히 원고)에게 부담시키는 것은 합리적이지 않다.

미국 정보자유법에서는 소송에 필요한 변호사 비용에 관해 승소한 경우에 비용을 지불하는 것을 조건으로 변호사에게 의뢰하는 것이 인정되고, 게다가 원고가 실질적으로 승소한 경우에는 변호사 비용도 행정기관에 부담시키고 있다.

즉, 법원은 원고가 실질적으로 승소하는 사건에서 합리적인 변호사 수임료와 기타 소송비용을 행정기관에 부과할 수 있는데, 원고가 사법명령 또는 집행 가능한 서면계약이나 합의판결, 원고의 주장이 타당성이 없지 않은 경우에 행정기관의 자발적이거나 일방적인 입장 변경을 통하여 구제책을 확보한 경우에는 사실상 승소한 것으로 간주하고 있다[제552조(a)(4)(E)]. 이는 국민이 공개 거부결정을 소송으로 다투는 것을 용이하게 하는 의미에서 매우 중요한 규정이다.

우리나라 상법 제405조는 주주대표소송을 제기한 주주가 승소한 때에는 그 주주는 회사에 대하여 소송비용 및 그 밖의 소송으로 인하여 지출한 비용 중 상당한 금액의 지급을 청구할 수 있고 반면 주주대표소송을 제기한 주주가 패소한 때에는 악의인 경우 외에는 회사에 대하여 손해를 배상할 책임이 없다고 규정하고 있는데, 국민의 알권리 보장이라는 공익적 성격이 강한 정보공개 청구소송에서 참고할 만한 입법이라 할 것이다.

5. 판결에 대한 상소

제1심 법원이 선고한 종국판결에 대해서는 항소(抗訴)를 할 수 있다(민사소송법 제390조 제1항). 항소는 항소장을 제1심 법원에 제출함으로써 한다(민사소송법 제397조 제1항). 항소는 판결서가 송달된 날부터 2주 이내에 해야 하나, 판결서 송달 전에도 할 수 있다(같은 법 제396조).

상고는 고등법원이 선고한 종국판결과 지방법원 합의부가 제2심으로서 선고한 종국판결에 대하여 판결에 영향을 미친 헌법·법률·명령 또는 규칙의 위반이 있다는 것을 이유로 드는 때에만 할 수 있다(같은 법 제422조 제1항, 제423조).[140]

상고법원의 법원사무관 등은 원심법원의 법원사무관 등으로부터 소송기록을 받은 때에는 바로 그 사유를 당사자에게 통지해야 하고, 통지를 받은 상고인은 상고장에 상고이유를 적지 아니한 때에는 통지를 받은 날부터 20일 이내에 상고이유서를 제출해야 하며, 만약 상고인이 상고이유서를 제출하지 아니한 때에는 상고법원은 변론 없이 판결로 상고를 기각해야 한다(같은 법 제426조, 제427조·제429조).

6. 제3자에 의한 재심

처분을 취소하는 판결에 의하여 권리 또는 이익의 침해를 받은 제3자는 자기에게 책임 없는 사유로 소송에 참가하지 못함으로써 판결의 결과에 영향을 미칠 공격 또는 방어방법을 제출하지 못한 때에는 이를 이유로 확정된 종국판결에 대하여 재심의 청구를 할 수 있다(행정소송법 제31조 제1항).

제3자에 의한 제소기간은 확정판결이 있음을 안 날부터 30일 이내(국외에서 제기하는 경우는 60일 이내), 판결이 확정된 날부터 1년 이내에 제기해야 한다(같은 법 제31조 제2항, 제5조).

항고소송의 인용판결의 효력(형성력)은 소송당사자 이외의 제3자에게 미치므로(같은 법 제29조 등) 소송당사자 외의 제3자 또는 행정청은 불측의 손해를 입지 않기 위하여 소송참가를 할 수도 있으나(같은 법 제16조, 제17조), 제3자가 자기에게 귀책사유 없이 소송

---

140) 그런데 상고심절차에 관한 특례법은 대법원은 상고이유에 관한 주장이 원심판결이 헌법에 위반되거나, 헌법을 부당하게 해석한 경우, 원심판결이 명령·규칙 또는 처분의 법률위반 여부에 대하여 부당하게 판단한 경우, 원심판결이 법률·명령·규칙 또는 처분에 대하여 대법원 판례와 상반되게 해석한 경우, 법률·명령·규칙 또는 처분에 대한 해석에 관하여 대법원 판례가 없거나 대법원 판례를 변경할 필요가 있는 경우, 이외에 중대한 법령위반에 관한 사항이 있는 경우 및 민사소송법 제424조 제1항 제1호부터 제5호까지에 규정된 사유가 있는 경우의 사유를 포함하지 아니한다고 인정하면 더 나아가 심리를 하지 아니하고 원심법원으로부터 상고기록을 받은 날부터 4개월 이내에 판결로 상고를 기각한다고 하여 심리 불속행 제도를 규정하고 있다(같은 법 제4조 제1항·제6조 제2항). 이에 따른 판결에는 이유를 적지 아니할 수 있고, 선고도 필요하지 아니하며, 상고인에게 송달됨으로써 그 효력이 생긴다(같은 법 제5조 제1항·제2항).

에 참가하지 못하는 경우도 있어서 행정소송법은 처분 등을 취소하는 판결 등에 의하여 권리 또는 이익의 침해를 받은 제3자는 자기에게 책임 없는 사유로 소송에 참가하지 못함으로써 판결의 결과에 영향을 미칠 공격 또는 방어방법을 제출하지 못한 때에는 이를 이유로 확정된 종국판결에 대하여 재심을 청구할 수 있도록 했다.

이 제3자에 의한 재심은 재심사유, 소의 제기권자, 재심절차 등에 있어서 민사소송법상의 재심과 다르나, 확정된 종국판결에 대하여 그 판결을 효력을 받은 자가 비상의 불복절차를 취한다는 점에서 같으므로 특별한 규정이 없는 경우에는 민사소송법상의 재심의 규정을 준용할 것이다.

재심원고는 항고소송의 인용판결에 의하여 권리 또는 이익의 침해를 받은 제3자이고, 재심피고는 확정판결에 나타난 원고와 피고를 공동으로 한다.

재심사유는 "자기에게 책임 없는 사유로 소송에 참가하지 못함으로써 판결의 결과에 영향을 미칠 공격 또는 방어방법을 제출하지 못했을 것"이다. 그 입증책임은 재심청구인에게 있다.

제5절 손해배상 청구 및 손실보상 청구

I. 손해배상 청구

(1) 공무원의 직무상 불법행위로 손해를 받은 국민은 법률이 정하는 바에 의하여 국가 또는 공공단체에 정당한 배상을 청구할 수 있다(헌법 제29조 제1항).

국가배상법 제2조 제1항은 "국가나 지방자치단체는 공무원 또는 공무를 위탁받은 사인이 직무를 집행하면서 고의 또는 과실로 법령을 위반하여 타인에게 손해를 입히거나, 자동차손해배상 보장법에 따라 손해배상의 책임이 있을 때에는 이 법에 따라 그 손해를 배상하여야 한다"고 규정하고 있다.

(2) 그런데 어떠한 행정처분이 후에 항고소송에서 취소되었다고 할지라도 그 기판력에 의하여 해당 행정처분이 곧바로 공무원의 고의 또는 과실로 인한 것으로서 불법행위를 구성한다고 단정할 수는 없는 것이고, 그 행정처분의 담당공무원이 보통 일반의 공

무원을 표준으로 하여 볼 때 객관적 주의의무를 결하여 그 행정처분이 객관적 정당성을 상실했다고 인정될 정도에 이른 경우에 국가배상법 제2조가 정한 국가배상책임의 요건을 충족했다고 봄이 상당하다.[141]

이때에 객관적 정당성을 상실했는지 여부는 피침해 이익의 종류 및 성질, 침해행위가 되는 행정처분의 태양 및 그 원인, 행정처분의 발동에 대한 피해자 측의 관여의 유무, 정도 및 손해의 정도 등 제반 사정을 종합하여 손해의 전보책임을 국가 또는 지방자치단체에 부담시켜야 할 실질적인 이유가 있는지 여부에 의하여 판단해야 한다.[142]

그리고 공무원에게 부과된 직무상 의무의 내용이 단순히 공공일반의 이익을 위한 것이거나 행정기관의 내부의 질서를 규율하기 위한 것이 아니고, 전적으로 또는 부수적으로 사회구성원 개인의 안전과 이익을 보호하기 위하여 설정된 것이라면, 공무원이 그와 같은 직무상 의무를 위반함으로 인해 피해자가 입은 손해에 대해서는 상당의 인과관계가 인정되는 범위 내에서 국가나 지방자치단체가 손해배상책임을 지는 것이고, 이때 상당 인과관계의 유무를 판단함에 있어서는 일반적인 결과 발생의 개연성은 물론 직무상의 의무를 부과하는 행동규범의 목적, 그 수행하는 직무의 목적 내지 기능으로부터 예견 가능한 행위 후의 사정 및 가해행위의 태양이나 피해의 정도 등을 종합적으로 고려해야 한다.[143]

일반적으로 공무원이 직무를 집행함에 있어서 관계 법규를 알지 못하거나 필요한 지식을 갖추지 못하여 법규의 해석을 그르쳐 잘못된 행정처분을 했다면 그가 법률전문가가 아닌 행정직 공무원이라고 하여 과실이 없다고 할 수 없으나, 법령에 대한 해석이 그 문언 자체만으로는 명백하지 아니하여 여러 견해가 있을 수 있는 데다가 이에 대한 선례나 학설, 판례 등도 귀일된 바 없어 의의가 없을 수 없는 경우에 관계 공무원이 그 나름대로 신중을 다하여 합리적인 근거를 찾아 그중 어느 한 견해를 따라 내린 해석이 후

---

141) 대법원 2000. 5. 12. 선고 99다70600 판결, 대법원 2004. 6. 11. 선고 2002다31018 판결, 대법원 2007. 5. 10. 선고 2005다31828 판결.

142) 대법원 2007. 5. 10. 선고 2005다31828 판결 등.

143) 대법원 2012. 5. 24. 선고 2012다11297 판결, 지방자치단체장의 갑에 대한 건축허가신청 반려처분이 확정판결에 의하여 취소되었음에도 담당공무원들이 판결 취지에 따른 재처분을 지체하고, 그 후 건축허가를 하면서 위법한 내용의 부관을 부가한 다음 부관의 이행을 요구하면서 갑이 한 착공신고의 수리를 지체한 사안에서, 위 행정처분은 객관적 정당성을 상실한 것으로서 위와 같은 불법행위와 갑이 건물 준공이 지체된 기간 동안 얻지 못한 건물 차임 상당의 손해 사이에 상당의 인과관계가 인정된다고 본 원심판단을 수긍한 사례. 같은 취지의 대법원 1994. 12. 27. 선고 94다36285 판결 등이 있다.

에 대법원이 내린 입장과 같지 않아 결과적으로 잘못된 해석에 돌아가고, 이에 따른 처리가 역시 결과적으로 위법하게 되어 그 법령의 부당집행이라는 결과를 가져오게 되었다고 하더라도 그와 같은 처리방법 이상의 것을 성실한 평균적 공무원에게 기대하기는 어려운 일이고, 따라서 이러한 경우에까지 공무원의 과실을 인정할 수는 없다.[144)145]

(3) 국가배상책임이 인정되는 경우 공무원 자신의 책임은 면제되지 아니하고 공무원이 고의 또는 중대한 과실이 있는 때에는 국가 또는 지방자치단체는 그 공무원에게 구상할 수 있다(국가배상법 제2조 제2항).

국가나 지방자치단체의 손해배상 책임에 관하여는 국가배상법에 규정된 사항 외에는 민법에 따르고 민법 외의 법률에 다른 규정이 있을 때에는 그 규정에 따른다(같은 법 제8조).

민법 제750조는 고의 또는 과실로 인한 위법행위로 타인에게 손해를 가한 자는 그 손해를 배상할 책임이 있다고 규정하고 있다. 다만 불법행위로 인한 손해배상의 청구권은 피해자나 그 법정대리인이 그 손해 및 가해자를 안 날로부터 3년간, 불법행위를 한 날로부터 10년 내에 이를 행사하지 아니하면 시효로 인하여 소멸하나(민법 제766조), 금전의 급부를 목적으로 하는 국가의 권리로서 시효에 관하여 다른 법률에 규정이 없는 것 및 국가에 대한 권리로서 금전의 급부를 목적으로 하는 것은 5년 동안 행사하지 아니하면 시효로 인하여 소멸한다(국가재정법 제96조 제1항·제2항). 소멸시효의 중단·정지 그 밖의 사항에 관하여 다른 법률의 규정이 없는 때에는 민법의 규정을 적용한다(같은 법 제96조 제3항).

(4) 그렇다면 공공기관의 정보공개 거부 결정에 대해서 청구인이 공공기관을 상대로 하여 국가배상 또는 민사상 손해배상을 청구할 수 있을지가 문제된다.[146]

앞서 본 바와 같이 어떠한 행정처분이 후에 항고소송에서 취소되었다고 할지라도 그 기판력에 의하여 해당 행정처분이 곧바로 공무원의 고의 또는 과실로 인한 것으로서 불

---

144) 대법원 1995. 10. 13. 선고 95다32747 판결, 대법원 2004. 6. 11. 선고 2002다31018 판결, 대법원 2010. 4. 29. 선고 2009다97925 판결.
145) 정보공개 거부처분이 취소된 경우 그에 대한 손해배상청구가 기각된 사례로는 서울중앙지방법원 2014. 5. 16. 선고 2013가합536422 판결, 원고 108 서울중앙지방법원 2013. 1. 17. 선고 2012가단161480 판결, 서울중앙지방법원 2007. 2. 13. 선고 2006가단57597 판결, 춘천지방법원 2007. 10. 16. 선고 2006가단11220 판결 등이 있다.

법행위를 구성한다고 단정할 수는 없는 것이고, 그 행정처분의 담당 공무원이 보통 일반의 공무원을 표준으로 하여 볼 때 객관적 주의의무를 결하여 그 행정처분이 객관적 정당성을 상실했다고 인정될 정도에 이른 경우에는 국가배상법 제2조가 정한 국가배상책임의 요건을 충족했다고 본다. 따라서 일반적으로 정보공개 거부처분이 위법하다고 하더라도 그것만으로는 공공기관의 불법행위가 성립된다고 보기는 어려울 것이다.[147]

또한 행정절차 관계 법령상 허가신청을 일정 기간 이내에 처리하도록 규정되어 있다고 하더라도, 행정청이 그 처리기간을 도과했다 하여 그 도과시점에서 행정청이 그 신청을 허가해야 할 의무를 지고 허가 신청인은 그 허가를 받을 권리를 취득하게 되거나 허가가 난 것으로 간주할 수는 없다. 따라서 원고가 정보공개 거부처분에 관하여 법원에 제기한 소송에서 승소판결이 확정된 경우, 공공기관은 원고가 이전에 한 정보공개 청구에 대해 위 판결의 취지에 따라 다시 처분을 해야 할 의무가 있으나 10일 이내에 정보공개 여부를 결정해야 한다는 정보공개법 제11조의 규정은 훈시규정에 불과하므로 이 기간을 지나쳐 거부처분을 했다고 하더라도 이러한 사정만으로는 곧바로 당초의 거부처분이 위법하게 되는 것은 아니다.[148]

그러나 가령 공공기관이 공개 청구된 정보가 존재하고 이를 쉽게 찾을 수 있는데도 불구하고 만연히 정보 부존재를 이유로 거부처분을 하거나 또는 정보공개 청구를 받은 후 해당 정보를 의도적으로 폐기·은익·손상·처분을 한 경우, 공개 청구된 정보와 다른 정보를 공개하거나 허위의 정보를 공개한 경우, 공개 여부 결정을 법정 기한보다 현저히 지체한 경우,[149] 공개 결정이 행해졌으나 장기간에 걸쳐 공개의 실시를 거부한 경우[150] 등에는 공공기관의 불법행위 책임이 성립될 수 있을 것이다.[151]

146) 홍정선, 앞의 책, 608~610쪽은 정보공개 청구에 대하여 공공기관이 정보공개법에 위반하여 정보공개를 거부한 경우, 청구인은 국가배상을 청구할 수 있다고 하면서도 만약 청구인이 해당 정보의 직접적인 이해당사자가 아니라면 국민으로서 가지는 알권리의 침해만을 이유로 국가배상을 청구하여 승소한다는 것은 예상하기 어렵다고 하는데, 정보공개 청구권 자체가 하나의 기본권인 이상 알권리의 침해만으로도 국가배상을 부정하기는 어렵다 할 것이다.
147) 미국에서도 비공개 결정이 위법하다고 하더라도 그것만으로는 손해배상이 인정되지 않는다고 하며, 일본의 재판소도 손해배상에 관해 소극적이라고 한다. 松井茂記, 앞의 책, 385쪽.
148) 서울중앙지방법원 2013. 1. 17. 선고 2012가단161480 판결, 정보공개 거부처분을 취소한다는 법원의 판결이 확정된 이후 정보공개법상에 정해진 처리기간을 경과하여 정보공개결정이 내려지고 원고에게 공개된 기록의 등사물이 송달되었다고 하더라도 이러한 사정만으로 공공기관이 행정소송법상 재처분의무를 위반한 행위를 하였다거나 국가에 손해배상책임을 인정할 만한 고의, 과실이 있는 경우에 해당한다고 인정하기는 어렵다고 한 사례.
149) 서울남부지방법원 2014. 3. 10. 선고 2013가소80847 판결(항소), 피고(방송문화진흥회)가 정보공개 여부에 관한 결정을 지연함으로써 마땅히 법적으로 보호받아야 할 원고의 정보공개 청구와 관련된 절차적 권리를 심각하게 침해하였고 이로 인하여 원고가 정신적 고통을 받았으므로 금 30만 원의 위자료를 지급하라고 한 사례.

부당 응소로 인한 손해배상책임에 관하여는 일반적으로 소송을 제기하거나 제기되어진 소송에 응소하는 것 자체는 헌법에 의하여 보장된 국민의 권리실현이나 권리보호를 위한 수단으로서 원칙적으로 적법하나, 그와 같은 소제기나 응소행위가 권리실현이나 권리보호를 빙자하여 상대방의 권리나 이익을 침해하거나 상당한 이유 없이 상대방에게 고통을 주려는 의사로 행해지는 등 고의 또는 과실이 인정되고, 이것이 공서양속에 반하는 정도에 이른 것인 경우에는 위법성을 띠고 불법행위를 구성한다.[152]

(5) 정보공개 절차를 통해 공개한 정보의 진실성에 대해서는, 공공기관은 공개 청구에 대해 신속한 결정을 해야 할 것이 예정되어 있고 또한 공개 청구된 정보가 정보공개법 제9조 제1항에서 정하고 있는 비공개 대상 정보에 해당되는지 여부만을 판단할 뿐이고 그 외 공개 청구된 정보의 기재내용이 진실한지 여부까지 조사할 의무가 있다고 볼수는 없다. 따라서 설령 공공기관이 공개 결정한 정보의 내용이 허위라고 하더라도(가령 공문서 등에 기재된 명의가 임의로 도용된 경우 등) 이를 대외적으로 공표한 자가 그 책임을 지는 것은 별론으로 하고 공개 결정을 한 공공기관은 원칙적으로 국가배상 책임 등을 지지 않는다 할 것이다. 그러나 공공기관이 공개 청구된 정보에 대해 그 정보 자체가 아닌 허위의 정보를 작출하여 공개 결정한 경우에는 허위 정보의 공개에 따른 책임을 면하기 어려울 것이다.[153]

---

150) 일본 도쿄고등재판소 2007년(平成 19년) 6월 20일 판결(방위청 직원이 방위청에 대해 행정문서공개 청구를 한 사람들의 리스트를 조직적으로 작성·보존·배포한 것은 그 리스트에 기재된 원고의 개인정보를 기재한 것이어서 원고의 프라이버시 및 알권리 등이 침해되었다는 이유로 12만 엔의 손해배상을 명한 사례), 秋田地判 1997년(平成 9년) 3월 27일 판결, 大阪地判 1997년(平成 9년) 12월 26일 판결 등; 이외에도 정보공개조례에 근거한 공개 청구에 대하여 지방공공단체가 비공개 사유가 있다고 하여 거부한 처분은 위법이므로 배상책임을 인정한 사례로는 仙台地判 1997년(平成 9년) 2월 27일 판결, 岐阜地判 2002년(平成 14년) 9월 26일 판결 등이 있다.
151) 서울중앙지방법원 2014. 10. 23. 선고 2014가단63566 판결(항소), 외국인 수용자인 원고가 정보공개를 청구한 데 대해 피고(대한민국) 소속 교정공무원들이 외국인 등록을 하지 않은 외국인 수용자는 정보공개 청구권이 없다는 이유로 거부한 것은 과실에 의한 법령해석으로 원고의 정보공개 청구권을 박탈한 것이므로 피고는 원고에 정신적 손해로 금 100만 원의 위자료를 지급하라고 한 사례.
152) 대법원 1994. 9. 9. 선고 93다50116 판결, 피고 갑이 피고 을의 동의를 얻어 원고로부터 교부받은 백지 약속어음의 수취인란을 제3자인 피고 을로 보충하고 신탁법 제7조에 위반하여 피고 을의 이름으로 원고 소유의 토지에 대하여 가압류 결정을 받아 집행을 한 뒤 원고가 제기한 가압류이의소송에 피고 을로 하여금 응소하게 하고, 약속어음의 원인인 대여금채권에 대한 담보조로 원고 소유의 다른 부동산에 관하여 피고 갑 앞으로 마쳐진 가등기에 기하여 제소 전 화해에 의하여 본등기를 마치고서도 가압류 이의소송을 그대로 유지하는 한편, 피고 을 이름으로 다시 가압류의 본안인 대여금 청구의 소를 제기한 일련의 행위는 부당소송행위로서 불법행위를 구성한다고 본 사례.

II. 손실보상 청구

모든 국민의 재산권은 보장된다(헌법 제23조 제1항). 공공필요에 의한 재산권의 수용·사용 또는 제한 및 그에 대한 보상은 법률로써 하되, 정당한 보상을 지급해야 한다(헌법 제23조 제3항).[154] 이 규정은 보상청구권의 근거에 관해서뿐만 아니라 보상의 기준과 방법에 관해서도 법률의 규정에 유보하고 있는 것으로 보아야 한다.[155]

공공기관의 정보공개로 인하여 저작인격권(공표권 등) 또는 저작재산권(복사권 등)이 침해된 경우 저작자는 해당 공공기관에 대해 손실보상을 청구할 수 있는 경우도 생길 수 있다. 특히 기업비밀의 공개가 공공의 목적을 위한 경우로서 재산권의 '수용'에 해당될 경우에는 정당한 보상을 해야 할 것이다.[156]

미국에서는 제약회사가 행정기관(환경보호청)에 제출한 약품의 제조방식 등에 관한 데이터가 그 후 관련 법률이 개정되어 일반에 공개된 사례에서 영업상의 비밀에 해당하는 데이터의 일부가 공개된 것은 미국헌법에 따른 보상이 필요한 '수용'에 해당한다는 연방대법원 판결이 있다.[157]

때문에 공공기관이 보유하는 정보에 제3자의 정보가 기록되어 있고 그 공개 자체가 적법하더라도 그것이 공공의 이익을 위해 제3자에게 특별한 손실을 준 경우에는 손실보상이 필요한 경우가 있다 할 것이다.[158]

---

153) 일본 최고재판소 2006년(平成 18년) 4월 20일 판결; 대법원 2012. 2. 9. 선고 2011다14671 판결은 거래 등의 기초가 되는 정보의 진실성은 스스로 검증하여 거래하는 것이 원칙이므로 정보제공자가 법령상·계약상 의무 없이 단지 질의에 응답한 것에 불과한 경우에는 고의로 거짓 정보를 제공하거나 선행행위 등으로 위험을 야기했다는 등의 특별한 사정이 없는 한 위와 같은 응답행위가 불법행위를 구성한다고 볼 수 없다고 판시하고 있다.

154) 헌법재판소는 헌법이 보장하고 있는 재산권은 경제적 가치가 있는 모든 공법상·사법상의 권리로서 사적 유용성 및 그에 대한 원칙적인 처분권을 내포하는 재산가치 있는 구체적인 권리를 의미하며(1992. 6. 26. 선고 90헌바26 결정; 2002. 7. 18. 선고 99헌마574 결정 등), 헌법상의 재산권에 관한 규정은 다른 기본권 규정과는 달리 그 내용과 한계가 법률에 의해 구체적으로 형성되는 기본권 형성적 법률유보의 형태를 띠고 있으므로 헌법이 보장하는 재산권의 내용과 한계는 국회에서 제정되는 형식적 의미의 법률에 의하여 정해지고, 재산권의 구체적 모습은 재산권의 내용과 한계를 정하는 법률에 의하여 형성된다(1993. 7. 29. 선고 92헌바20 결정; 2001. 6. 28. 선고 99헌바106 결정)고 판시하고 있다.

155) 대법원 2004. 10. 27. 선고 2003두1349 판결, 대법원 1993. 7. 13. 선고 93누2131 판결.

156) 미국 연방항소법원 Wealry v. FTC 462 F. Supp 589 (D.N.J. 1978), Amchen Products v. Costile 481 F.Supp 195 (S.D.N.Y 1979) 판결 등 참조; 그런데 Westinghouse v. NRC 555 F. 2d 82, 95 (1997) 판결은 기업이 원자력 이용관계 허가신청을 위하여 임의로 제출한 것을 수용이라고 할 수는 없다고 한다.

157) Ruckelshaus v. Monsanto Co., 467 U.S. 986 (1984).

158) 松井茂記, 앞의 책, 532쪽.

제6절 벌칙

현행 정보공개법에는 정보공개법을 위반한 공무원이나 직원에 대하여 징계 또는 처벌조항을 따로 두고 있지 않다.

그런데 개별 법률에서 일정한 정보의 공개를 강제하면서 이를 위반하거나 또는 공공기관이 제공한 정보를 받은 자가 이를 본래의 목적 외에 부정사용하거나 누설하는 경우에 이를 형사처벌을 하고 있는 경우가 있다.

가령 전기사업법은 한국전력거래소는 대통령령으로 정하는 바에 따라 전력거래량, 전력거래가격 및 전력수요 전망 등 전력시장에 관한 정보를 공개하여야 하고 정보를 공개하지 아니한 자는 1년 이하의 징역 또는 500만 원 이하의 벌금에 처한다고 규정하고 있다(전기사업법 제41조, 제103조 제3호).

또한 정보의 교육관련기관의 정보공개에 관한 특례법은 교육관련기관의 장은 학술연구의 진흥과 교육정책의 개발을 위하여 해당 기관이 보유·관리하는 자료를 대통령령으로 정하는 바에 따라 연구자 등에게 제공할 수 있는데 이에 따라 자료를 제공받은 자는 본래의 목적 외에 부정사용하거나 이를 누설하여서는 안 된다는 의무를 부과하고 있고(같은 법 제8조), 또한 교육부 장관 및 교육감은 교육정책 수립, 학술연구 진흥, 통계 작성 등에 활용하기 위해 교육관련기관의 장이 보유·관리하고 있는 정보를 수집하여 연계·가공한 정보를 대통령령으로 정하는 바에 따라 연구자 등에게 제공할 수 있는데 이에 따라 자료를 제공받은 자는 본래의 목적 외에 부정사용하거나 이를 누설하여서는 안 된다는 의무를 부과하면서(같은 법 제8조의2 제1항·제2항·제4항) 이를 위반한 때에는 1년 이하의 징역 또는 1천만 원 이하의 벌금에 처하고 있다(같은 법 제11조).

정보공개와 관련하여 형법에 의한 처벌대상이 될 수 있는 경우도 있다. 만약 공무원이 정보를 임의로 조작하거나 공문서 등을 손상, 은닉하는 경우에는 형법상 공용서류 등의 무효죄(제141조)나 공문서위조·변조죄 또는 허위공문서작성죄(제225조·제226조, 제227조의2) 등에 해당되어 형사처벌의 대상이 된다. 또한 청구인의 정보공개 청구에 대해 공무원이 정당한 이유 없이 그 직무수행을 거부하거나 그 직무를 유기한 때에는 형법상 직무유기죄에 해당될 수 있다(제122조).[159]

한편 공공기록물 관리에 관한 법률(기록물관리법)은 기록물을 무단으로 파기한 자와 기록물을 무단으로 국외로 반출한 자(기록물을 취득할 당시에 공무원이나 공공기관의 임직원이 아닌 사람은 제외한다)는 7년 이하의 징역 또는 3천만 원 이하의 벌금에 처하고 있고(제 50조), 기록물을 무단으로 은닉하거나 유출한 자, 기록물을 중과실로 멸실시킨 자, 기록 물을 고의 또는 중과실로 그 일부 내용이 파악되지 못하도록 손상시킨 자, 비공개 기록 물에 관한 정보를 목적 외의 용도로 사용한 자는 3년 이하의 징역 또는 2천만 원 이하의 벌금에 처하고 있다(제51조).

공공기관이 고의로 공개 대상인 정보의 공개를 거부하거나 허위의 정보를 공개한 때 에는 정보공개법에서 형사처벌 조항을 두어야 한다는 의견이 제기되고 있다.

한편 공무원이 법령을 위반하여 업무를 처리할 경우 국가공무원법 제78조와 지방공 무원법 제69조 등의 규정에 의한 징계사유에 해당될 것이다. 그러나 정보공개법에 따른 정당한 정보공개를 이유로는 징계조치 등 어떠한 신분상 불이익이나 근무조건상의 차 별을 받지 않는다(제28조).

---

159) 헌법재판소 2002. 10. 31. 선고 2002헌마433 결정, 청구인의 정보공개 청구에 대하여 교도소 측이 정보공개법의 관련규정에 따라 비공개 결정을 한 경우에 청구인으로서는 그 결정으로 인하여 법률상 이익을 침해받았음을 이유 로 이의신청, 행정심판 및 행정소송을 제기할 수 있도록 되어 있고, 실제로 청구인이 위 결정에 불복하여 행정심판 청구서를 작성·제출했는데도 피고소인이 위 결정의 연장선상에서 수용질서 유지의 목적으로 그 접수를 거부했다 면 이는 아무런 근거 없이 법률상 보장된 청구인의 불복구제의 기회를 박탈하는 것에 다름 아니므로, 이를 두고 직 무상 정당한 행위라고 쉽사리 단정할 수는 없음에도 불구하고, 관련 사항에 대하여 조사를 하지도 않은 채 위와 같 이 판단한 것은 수사 미진에 해당하거나 정당행위에 대한 법리를 오해한 것이라고 한 사례.

제5장
정보공개제도와 제3자 보호

제1절 제3자 보호와 역(逆)정보공개소송

I. 제3자 보호의 필요성

정보공개제도는 공공기관이 보유하는 정보를 원칙적으로 모두 공개하는 제도이다. 그러나 공공기관이 보유하는 정보 중에 청구인 이외의 제3자의 개인정보나 법인의 영업상 비밀이 포함되어 있는 경우에는 청구인의 알권리와 제3자의 개인정보자기결정권이 충돌하게 된다.

이 경우 헌법상 적법절차 규정(제12조 제1항)에 따라 행정기관이 국민에게 불이익한 행위를 할 경우에는 사전에 고지하고 청문의 기회를 주는 것을 요구하고 있다. 자기에 관한 정보가 공개되는 것에 의하여 불이익을 받을 제3자의 입장에서는 공공기관의 공개 여부 결정에 앞서 사전에 공개 청구된 사실을 고지 받고 그에 관한 의견 제출의 기회를 갖는 것은 헌법상의 권리이다.

따라서 공공기관이 보유하는 제3자에 관한 정보에 대해 공개 청구가 된 경우에 공공기관은 해당 제3자에 공개 청구가 있다는 것을 고지하여 제3자의 의견을 듣는 것이 바람직하다. 만약 제3자가 정보의 공개에 반대함에도 불구하고 공공기관이 해당 정보의 공개를 결정한 경우에는 제3자에게 공개 결정에 대한 행정상의 구제 절차가 보장되지 않으면 안 된다. 즉, 제3자에게는 공개되어서는 안 될 정보가 현실적으로 공개되기 전에 의견을 제출할 수 있는 기회가 주어져야 하며 정보공개를 허용하는 결정에 대해서는 그 정보를 사실상 공개하기 전에 행정심판과 취소소송을 제기할 수 있는 기회도 주어져야 한다. 사후 권리구제만으로는 일단 정보가 공개되고 나면 그것은 이미 완성된 기성사실로 간주되기 때문에 그 보호의 목적을 달성할 수 없기 때문이다.

물론 해당 제3자가 정보의 공개에 반대한다고 하여 공공기관이 반드시 이에 따라야 하는 것은 아니다. 해당 제3자가 공개에 반대한다 하더라도 공공기관이 공개 청구된 정보가 정보공개법 제9조 제1항의 8가지 비공개 대상 정보에 해당되지 아니한다고 판단할 경우에는 이를 공개해야 하는 것이다.

그러나 현행 행정쟁송제도는 예방적 권리구제를 마련하고 있지 않다. 특히 예방적 부작위청구소송은 현행법상 허용되지 않고 있다. 바로 이러한 이유에서 정보공개에 대한 구제 절차는 일반행정쟁송과는 다른 특칙을 필요로 하는 것이며, 특히 위법한 정보공개를 사전에 저지할 수 있는 예방적 쟁송절차에 관한 명확한 규정들이 마련되어야 한다.

II. 역(逆)정보공개소송(정보공개금지소송)

정보공개에 반대하는 제3자가 정보의 공개금지를 구하는 소송을 '역(逆)정보공개소송(reverse FOIA action)' 또는 정보공개금지소송이라고 한다.[1] 그 선례가 되는 사건이 1979년의 미국 연방대법원 Chrysler Corp. v. Brown 441 U.S. 281 판결이다.[2]

이 판결에 의하면 미국의 정보자유법(FOIA)에는 위법한 비공개에 대해 제소할 수 있는 권리를 부여하고 있을 뿐이고 위법한 공개에 대해서는 아무런 규정이 없기 때문에 정보자유법 그 자체로는 위법한 공개를 금지하는 소송을 제기할 수 없다는 것이다.

따라서 영업상의 비밀정보(confidential business information, Exemption 4)의 공개 결정에 대해서는 FOIA가 아니라 연방 행정절차법(APA, 5 U.S.C. §§701-706)에 따라 이를 금지해 달라는 제소를 할 수 있고, 또한 이와 별개로 연방공무원에 의한 광범위한 영업상의 비밀정보(confidential business information)의 공개를 금지하거나 불법화하고 있는 비밀보호법(Trade Secrets Act, 18 U.S.C. §1905)에 의해서도 가능하다는 것이다.[3] 역정보공개소송은 대부분 영업상의 비밀정보[제552조(b)(4)]를 이유로 하고 있으나 법령비 정보[제552조(b)(3)], 개인정보[제552조(b)(6)], 법집행 정보[제552조(b)(7)], 금융기관 정보[제552조(b)(8)],

---

1) 김배원, 「미국의 '역'정보공개소송에 관한 고찰」, 『공법학연구』 제7권 제1호, 403~435쪽.
2) 일본의 역 FOIA 사례로는, 농약약효시험성적표기재문서의 공개 청구에 관하여 제약회사가 제기한 사례인 히로시마(廣島)지방재판소 2008년(平成 20년) 8월 28일 판결과 원고가 제공한 의료기기에 관한 일부 정보를 공개 결정한 데 대하여 제기한 도쿄지방재판소 2010년(平成 22년) 3월 25일 판결(부분공개 결정 취소) 등이 있다.
3) CNA Financial Corp. v. Donovan, 830 F.2d 1132, 1140 (D.C. Cir. 1987) 등.

지질정보[제552조(b)(9)] 등의 비공개 사유가 있는 경우에도 제기되고 있다.[4]

제2절 제3자의 범위 및 법적 지위

공개 청구된 정보가 제3자와 관련이 있다는 경우란 제3자가 정보를 제공한 경우에 한하지 않고, 공공기관이 작성한 것이거나 그 제3자 이외의 자로부터 수령한 정보 중에 해당 제3자에 관한 정보가 기록되어 있는 경우도 포함한다.

행정청이 당사자 등[5]에게 의무를 과하거나 권익을 제한하는 처분을 할 때에는 원칙적으로 당사자 등에게 의견제출의 기회를 주어야 한다(행정절차법 제22조 제3항).

이른바 복효적 행정행위, 특히 제3자효를 수반하는 행정행위에 대한 행정심판청구에 있어서 그 청구를 인용하는 내용의 재결로 인하여 비로소 권리이익을 침해받게 되는 자(예컨대 제3자가 행정심판청구인인 경우의 행정처분 상대방 또는 행정처분 상대방이 행정심판청구인인 경우의 제3자)는 그 인용재결에 대하여 다툴 필요가 있고, 그 인용재결은 원처분과 내용을 달리하는 것이므로 그 인용재결의 취소를 구하는 것은 원처분에는 없는 재결에 고유한 하자를 주장하는 셈이어서 당연히 항고소송의 대상이 된다.[6]

인용재결의 취소를 구하는 해당 소송은 그 인용재결의 당부를 그 심판대상으로 하고 있고, 그 점을 가리기 위해서는 행정심판청구인들의 심판청구원인 사유에 대한 재결청의 판단에 관해서도 그 당부를 심리·판단해야 할 것이므로, 법원은 재결청이 원처분의 취소 근거로 내세운 판단사유의 당부뿐만 아니라 재결청이 심판청구인의 심판청구원인 사유를 배척한 판단 부분이 정당한가도 심리·판단해야 한다.[7] 그러나 그 인용재결로 인하여 새로이 어떠한 권리이익도 침해받지 아니하는 자인 경우에는 그 재결의 취소를

---

4) Stephen P. Gidiere, 앞의 책, 323쪽.
5) 여기에는 행정청의 처분에 대하여 직접 그 상대가 되는 당사자뿐만 아니라 행정청이 직권으로 또는 신청에 따라 행정절차에 참여하게 한 이해관계인을 포함한다(행정절차법 제2조 제4호).
6) 대법원 1998. 4. 24. 선고 97누17131 판결, 대법원 1997. 12. 23. 선고 96누10911 판결; 대법원 2001. 5. 29. 선고 99두10292 판결, 행정청이 골프장 사업계획승인을 얻은 자의 사업시설 착공계획서를 수리한 것에 대하여 인근 주민들이 그 수리처분의 취소를 구하는 행정심판을 청구하자 재결청이 그 청구를 인용하여 수리처분을 취소하는 형성적 재결을 한 경우, 그 수리처분 취소 심판청구는 행정심판의 대상이 되지 아니하여 부적법 각하해야 함에도 위 재결은 그 청구를 인용하여 수리처분을 취소했으므로 재결 자체에 고유한 하자가 있다고 본 사례.
7) 대법원 1997. 12. 23. 선고 96누10911 판결.

구할 소의 이익이 없다.[8]

한편 여기의 제3자에는 정보공개법상의 공공기관은 포함되지 않는다 할 것이다. 공공기관은 다른 공공기관의 공개 결정에 대해 불복 절차를 신청할 권리가 인정된다고 볼 수 없기 때문이다.

제3절 정보공개 절차에서 제3자의 보호

I. 정보의 공개 여부 결정단계에서 제3자의 보호

(1) 공공기관은 공개 청구된 공개 대상 정보의 전부 또는 일부가 제3자와 관련이 있다고 인정할 때에는 그 사실을 제3자에게 지체 없이 통지해야 하며, 필요한 경우에는 그의 의견을 들을 수 있다(제11조 제3항).

정보공개법이 제3자 관련 정보까지 공개하도록 하고 있다고 하여 그 제3자를 공공기관이 아닌 단체에 의하여 자신의 정보가 보유·관리되는 자와 합리적 이유 없이 차별함으로써 헌법상 평등의 원칙을 위반한 것이라고 할 수는 없다.[9]

그러나 이는 공공기관이 보유·관리하고 있는 정보가 제3자와 관련이 있는 경우 그 정보공개 여부를 결정함에 있어 공공기관이 제3자와의 관계에서 거쳐야 할 절차를 규정한 것에 불과할 뿐, 제3자의 비공개 요청이 있다는 사유만으로 정보공개법상 정보의 비공개 사유에 해당한다고 볼 수 없다.[10] 따라서 해당 제3자가 공개에 반대한다고 하는 이유만으로는 공개 거부 결정은 정당화되지 못하며 경우에 따라서는 해당 제3자가 공개에 반대한다 하더라도 법률상 공개하지 않을 수 없는 경우도 있을 것이다.

---

8) 대법원 1995. 6. 13. 선고 94누15592 판결, 처분상대방이 아닌 제3자가 당초의 양식어업면허처분에 대하여는 아무런 불복조치를 취하지 않고 있다가 도지사가 그 어업면허를 취소하여 처분상대방인 면허권자가 그 어업면허취소처분의 취소를 구하는 행정심판을 제기하고 이에 재결기관인 수산청장이 그 심판청구를 인용하는 재결을 하자 비로소 그 제3자가 행정소송으로 그 인용재결을 다투고 있는 경우, 수산청장의 그 인용재결은 도지사의 어업면허취소로 인하여 상실된 면허권자의 어업면허권을 회복해주는 것에 불과할 뿐 인용재결로 인하여 제3자의 권리이익이 새로이 침해받는 것은 없고, 가사 그 인용재결로 인하여 그 면허권자의 어업면허가 회복됨으로써 그 제3자에 대하여 사실상 당초의 어업면허에 따른 효과와 같은 결과를 초래한다고 하더라도 이는 간접적이거나 사실적·경제적인 이해관계에 불과하므로, 그 제3자는 인용재결의 취소를 구할 소의 이익이 없다고 본 사례.
9) 대법원 2008. 9. 25. 선고 2008두8680 판결.
10) 대법원 2008. 9. 25. 선고 2008두8680 판결, 대법원 2012. 10. 11. 선고 2011두9089 판결.

(2) 공공기관이 제3자의 의견을 들을 때에는 문서로 한다. 다만, 공공기관이 필요하다고 인정하거나 제3자가 원하는 경우에는 말로 의견을 들을 수 있고 이 경우 담당 공무원 등은 그 내용을 기록하고 본인의 확인을 받아야 한다(시행령 제8조). 제3자에게 통지하는 내용은 청구인의 성명과 주소, 공개 청구된 정보의 내용, 의견청취일시, 의견청취 내용, 의견청취자의 직급과 성명 그 밖의 참고사항 등이다.

제3자의 비공개 요청에도 불구하고 공공기관이 공개 결정을 할 때에는 공개 결정이유와 공개 실시일을 분명히 밝혀 지체 없이 문서로 통지해야 하며, 제3자는 해당 공공기관에 문서로 이의신청을 하거나 행정심판 또는 행정소송을 제기할 수 있다(제21조 제2항). 제3자가 제기하는 이의신청은 공개 결정 통지를 받은 날부터 7일 이내에 해야 한다.

제3자가 소재불명이거나 제3자의 주소가 판명되지 않아 그의 의견을 청취할 수 없을 때에는 공공기관은 소재의 확인에 관해 합리적인 노력을 다할 의무가 있다. 그럼에도 불구하고 공개 결정기간(접수일부터 최장 20일 이내) 때문에 마냥 제3자의 의견을 기다리고 있을 수는 없다. 소재불명인 경우 행정청은 공시송달을 행하는 것이 일반적인 방법이나 정보공개 청구의 경우에는 공시송달의 방법이 별다른 의미가 있다고 보기는 어렵다.

해당 제3자의 소재가 판명되는 한 제3자가 다수라는 이유만으로는 서면에 의한 통지와 의견서 제출의 기회부여의무가 면제되지 않는다. 해당 제3자의 수가 많더라도 소재가 판명되면 개별적으로 서면으로 통지와 의견서 제출의 기회를 주지 않으면 안 된다.[11]

공개 청구된 사실을 통지받은 제3자는 통지받은 날부터 3일 이내에 해당 공공기관에 대하여 자신과 관련된 정보를 공개하지 아니할 것을 요청할 수 있다(제21조 제1항). 3일이 지났다고 하더라도 공공기관이 공개 결정을 할 때까지는 제3자는 공공기관에 의견을 제출할 수 있다고 봐야 한다.

공공기관은 제3자 의견에 기속되는 것은 아니며 제3자의 의견만을 근거로 비공개해서는 안 되고 공개 여부는 정보공개법 제9조 제1항을 근거로 결정해야 한다.

제3자가 제출한 의견서는 행정절차법상의 신청에는 해당하지는 않으나 공공기관이 공개 결정을 한 경우에는 제3자에게 공개 결정이유를 통지할 의무가 있다.

---

11) 다만 캐나다에서는 행정기관에 약 80만 명에 관한 데이터베이스 정보의 공개 청구에 관해 공시송달절차에 의해 제3자 의견청취절차가 취해진 적이 있다고 한다.

청구인의 신상을 제3자에게 통지하는 것은 청구인의 프라이버시를 침해할 우려가 있을 수도 있으나, 제3자의 입장에서도 청구인의 기본적인 신상은 알아야 할 필요성이 있으므로 청구인의 성명, 주소(상세 지번은 제외)를 제3자에게 알려주되, 이와 같은 사항이 제3자에게 통지된다는 점을 청구인에게도 알려주어야 한다.

II. 정보의 공개절차에서 제3자 보호

제3자가 공개에 반대하더라도 공공기관의 장은 그 의견에 구속되어야 하는 것은 아니므로 공개 청구에 대해 공개를 거부하는 비공개 사유에 해당하는가를 최종적으로 판단하는 것은 공공기관의 장이다.[12]

제3자의 비공개 요청에도 불구하고 공공기관이 공개 결정을 할 때에는 공개 결정 이유와 공개 실시일을 분명히 밝혀 지체 없이 문서로 통지해야 한다.

제3자에게 통지할 때 중요한 것은 공개 결정을 한 이유이다. 이것에 의해 공개에 반대하는 제3자로서는 왜 공개한 것인가의 이유가 명확하게 되어 공개 결정을 다투는 것이 보다 용이하게 된다.

공공기관이 비공개 결정을 한 때 또는 공공기관의 비공개 결정에 대해 청구인이 불복을 신청한 경우에도 제3자에게 그 사실 및 이유 등을 통지할 필요가 있다.

제4절 정보공개 결정에 대한 제3자의 불복 구제 절차

I. 이의신청

(1) 공공기관이 정보공개 결정을 한 때에는 제3자는 해당 공공기관에 문서로 이의신청을 하거나 행정심판 또는 행정소송을 제기할 수 있다(제21조 제2항).

이의신청은 통지를 받은 날부터 7일 이내에 해야 하고 공공기관은 공개 결정일과 공개 실시일의 사이에 최소한 30일의 간격을 두어야 한다(제21조 제3항).

---

12) 대법원 2002. 3. 15. 선고 2001추95 판결.

정보공개법상 제3자의 이의제기와 관련된 절차규정의 취지는 공개가 요구된 정보와 관련된 제3자의 권익을 보호하기 위한 것이고, 제3자가 공공기관의 정보공개 결정에 대하여 현실적으로 불복할 수 있는 기회를 보장하기 위하여 최소한 30일의 기간을 보장하고 있다.

행정심판의 재결에 따라 공공기관이 정보공개 결정을 하는 경우에도 제3자의 행정소송 제기를 위한 기간을 보장하기 위하여 공개 결정일부터 공개 실시일까지 30일의 기간이 보장되어야 한다.[13)]

(2) 이의신청은 신청인의 성명, 주민등록번호 및 주소(법인 또는 단체의 경우에는 그 명칭, 사무소 또는 사업소의 소재지와 대표자의 성명)와 연락처, 이의신청의 대상이 되는 정보공개 여부 결정의 내용, 이의신청의 취지 및 이유, 정보공개 여부의 결정통지를 받은 날 또는 정보공개를 청구한 날을 적은 서면으로 해야 한다(시행령 제18조 제1항).

법문에는 마치 제3자가 자신과 관련된 정보에 관해 비공개 요청을 했으나 공공기관이 공개 결정을 한 경우에만 이의신청을 할 수 있다고 규정하고 있으나 공공기관으로부터 자신과 관련된 정보가 공개 청구된 사실을 통지받지 못한 제3자 또는 그러한 통지는 받았으나 의견을 제출하지 아니한 제3자도 이의신청을 제기할 수 있다고 해야 한다.

정보공개와 관련한 공공기관의 비공개 결정 또는 부분 공개 결정에 대하여 청구인이 이의신청을 할 때에는 공공기관으로부터 정보공개 여부의 결정통지를 받은 날 또는 비공개의 결정이 있는 것으로 보는 날부터 30일 이내에 이의신청을 할 수 있는 것과 달리, 제3자가 제기하는 이의신청은 제3자가 공개 결정통지를 받은 날부터 7일 이내에 해야 한다.

공공기관 중 국가기관·지방자치단체 및 공공기관의 운영에 관한 법률 제5조에 따른 공기업은 이의신청을 심의하기 위하여 정보공개심의회를 두어야 한다. 그러나 제3자가 이의신청기간이 지난 후에 한 이의신청은 정보공개심의회의 심의를 거칠 필요가 없다.

공공기관은 이의신청을 받은 날부터 7일 이내에 그 이의신청에 대하여 결정하고 그 결과를 청구인에게 지체 없이 문서로 통지해야 하나, 부득이한 사유로 정해진 기간 이내에 결정할 수 없는 때에는 그 기간의 만료일 다음 날부터 기산하여 7일 이내의 범위에

---

13) [법제처 06-0058, 2006. 5. 10, 행정자치부]

서 연장할 수 있으며, 연장 사유와 연장기간 등을 구체적으로 밝혀 청구인에게 통지해야 한다(제18조 제3항, 시행령 제18조 제2항). 이는 청구인이 이의신청을 제기한 경우뿐만 아니라 제3자가 이의신청을 제기한 경우에도 준용된다.

또한 공공기관은 이의신청을 각하 또는 기각하는 결정을 한 때에는 청구인에게 행정심판 또는 행정소송을 제기할 수 있다는 취지를 결정이유·불복방법 및 불복절차를 구체적으로 밝힌 결과 통지와 함께 알려야 하는데(제18조 제4항, 시행령 제18조 제3항) 청구인이 이의신청을 제기한 경우뿐만 아니라 제3자가 이의신청을 제기한 경우에도 역시 준용된다 할 것이다.

그런데 이의신청절차에서는 행정심판이나 행정소송절차와 달리 집행정지제도는 적용되지 않는다.

II. 행정심판

(1) 제3자의 비공개 요청에도 불구하고 공공기관이 정보공개 결정을 한 때에는 제3자는 행정심판법에 따라 행정심판을 제기할 수 있다.

행정심판은 원칙적으로 처분이 있음을 알게 된 날부터 90일 이내에 청구해야 하고 처분이 있었던 날부터 180일이 지나면 청구하지 못한다(행정심판법 제27조).

(2) 그런데 행정심판청구는 처분의 효력이나 그 집행 또는 절차의 속행에 영향을 주지 아니하므로(같은 법 제30조 제1항) 불복신청 계속 중에 공개 실시일이 도래하면 정보가 공개되어버릴 우려가 있다. 그렇게 되면 불복신청의 이익이 상실되어버리기 때문에 제3자는 불복신청을 함과 동시에 공개 결정의 집행정지신청도 해둘 필요가 있다. 게다가 행정심판청구에 대한 재결은 피청구인 또는 행정심판위원회가 심판청구서를 받은 날부터 60일 이내에 해야 하는데 부득이한 사정이 있는 경우에는 위원장이 직권으로 30일을 연장할 수도 있다(같은 법 제45조).

따라서 행정심판위원회는 처분, 처분의 집행 또는 절차의 속행 때문에 중대한 손해가 생기는 것을 예방할 필요성이 긴급하다고 인정할 때에는 직권으로 또는 당사자의 신청에 의하여 처분의 효력, 처분의 집행 또는 절차의 속행의 전부 또는 일부의 정지를 결정할 수 있다(같은 법 제30조 제2항). 다만, 처분의 효력정지는 처분의 집행 또는 절차의 속행을 정지함으로써 그 목적을 달성할 수 있을 때에는 허용되지 않고, 집행정지는 공공복리에 중대한 영향을 미칠 우려가 있을 때에는 허용되지 않는다.

집행정지신청은 심판청구와 동시에 또는 행정심판위원회나 소위원회의 의결이 있기 전까지 신청의 취지와 원인을 적은 서면을 행정심판위원회에 제출해야 한다. 심판청구서를 피청구인에게 제출한 경우로서 심판청구와 동시에 집행정지신청을 할 때에는 심판청구서 사본과 접수증명서를 함께 제출해야 한다(같은 법 제30조 제5항).

집행정지신청을 받은 재결청은 안이하게 공개 결정의 집행정지를 인정해서는 안 되고 공개에 의해 제3자가 받을 손해의 중대성과 회복 불가능성, 불복신청에 있어 신청이 인정될 가능성, 그리고 대항하는 공익을 신중하게 비교·형량하여 집행정지 여부를 결정해야 할 것이다.

(3) 행정심판의 결과에 이해관계가 있는 제3자나 행정청은 해당 심판청구에 대한 행정심판위원회나 소위원회의 의결이 있기 전까지 그 사건에 대하여 심판 참가를 할 수 있다(같은 법 제20조).

그런데 공공기관의 정보공개 결정에 대하여 이해관계 있는 제3자가 행정심판을 청구한 경우에는 공개 청구인이 '제3자'로서 심판 참가를 할 수 있을 것이다. 심판 참가가 허용되면 참가인은 행정심판 절차에서 당사자가 할 수 있는 심판절차상의 행위를 할 수 있다(같은 법 제22조 제1항).

정보공개에 반대하는 공공기관이 제3자가 정보공개를 결정한 다른 공공기관을 상대로 제기한 공개 금지를 구하는 행정심판에 보조참가를 할 수 있을지에 대해서는 소극적으로 봐야 할 것이다.

(4) 행정심판위원회는 취소심판의 청구가 이유가 있다고 인정하면 처분을 취소 또는 다른 처분으로 변경하거나 처분을 다른 처분으로 변경할 것을 피청구인에게 명한다(같은 법 제43조 제3항).

III. 행정소송

(1) 제3자의 비공개 요청에도 불구하고 공공기관이 정보공개 결정을 한 때에는 제

3자는 행정소송법에 따라 행정소송을 제기할 수 있다.

행정소송은 원칙적으로 처분이 있음을 알게 된 날부터 90일 이내에 청구해야 하고 처분이 있었던 날부터 1년이 지나면 청구하지 못한다(행정소송법 제20조).

(2) 그런데 취소소송의 제기는 처분의 효력이나 그 집행 또는 절차의 속행에 영향을 주지 아니하므로(같은 법 제23조 제1항) 만약 공개 결정일로부터 30일이 지난 후부터 행정소송청구기간 내에 공공기관이 공개실시를 해버리면 행정소송을 제기할 이익이나 실효성은 소멸되고 만다. 따라서 제3자는 가능한 한 신속하게 행정소송을 제기함과 아울러 정보공개 결정의 집행정지를 신청해야 한다.

취소소송이 제기된 경우에 처분 등이나 그 집행 또는 절차의 속행으로 인하여 생길 회복하기 어려운 손해를 예방하기 위하여 긴급한 필요가 있다고 인정될 때 본안이 계속되고 있는 법원은 당사자의 신청 또는 직권에 의하여 처분의 효력이나 그 집행 또는 절차의 속행의 전부 또는 일부의 정지를 결정할 수 있는 것이다(같은 법 제23조 제2항). 따라서 제3자는 공공기관을 상대로 공개 결정취소를 구하는 소를 제기함과 동시에 혹은 그 이후에 공개 결정의 집행정지신청을 할 수 있다.[14]

(3) 법원은 소송의 결과에 따라 권리 또는 이익의 침해를 받을 제3자가 있는 경우에는 당사자 또는 제3자의 신청 또는 직권에 의하여 미리 당사자 및 제3자의 의견을 들어 결정으로써 그 제3자를 소송에 참가시킬 수 있다(같은 법 제16조 제1항·제2항).

그런데 공공기관의 정보공개 결정에 대하여 이해관계 있는 제3자가 행정소송을 제기한 경우에는 공개 청구인이 '제3자'로서 참가를 신청할 수 있다.

소송목적이 공동소송인 모두에게 합일적으로 확정되어야 할 공동소송의 경우에 공동소송인 가운데 한 사람의 소송행위는 모두의 이익을 위해서만 효력을 가지며, 공동소송에서 공동소송인 가운데 한 사람에 대한 상대방의 소송행위는 공동소송인 모두에게 효력이 미치고, 공동소송에서 공동소송인 가운데 한 사람에게 소송절차를 중단 또는

---

14) 일본 도쿄지방법원 2007년(平成 19년) 2월 8일 판결, 농약등록신청 자료(독성 및 잔류성에 관한 시험성적의 개요 및 기타 필요 사항을 기재한 자료)를 일부 공개 결정한 데 대해 신청인들(비료·농약 등의 수출입 및 판매 등을 업으로 하는 회사)이 공개 결정의 취소를 구하는 소를 본안으로 한 공개 결정의 집행정지신청을 한 데 대해 이를 인용한 사례.

중지해야 할 이유가 있는 경우 그 중단 또는 중지는 모두에게 효력이 미친다(같은 법 제16조 제4항, 민사소송법 제67조). 참가신청을 한 제3자는 그 신청을 각하한 결정에 대하여 즉시항고 할 수 있다(행정소송법 제16조 제3항). 법원은 다른 행정청을 소송에 참가시킬 필요가 있다고 인정할 때에는 당사자 또는 해당 행정청의 신청 또는 직권에 의하여 당사자 및 해당 행정청의 의견을 들어 결정으로써 그 행정청을 소송에 참가시킬 수 있다(같은 법 제17조 제1항·제2항).

그 외 행정소송의 절차와 심리방식, 판결의 종류와 그 효력, 상소 등에 관해서는 청구인이 제기한 행정소송의 그것과 동일하다. (제4장 제4절 IV~VI 참조.)

IV. 손해배상 청구 및 손실보상 청구

1. 손해배상 청구

공공기관이 제3자에 관한 비공개 사유가 포함된 정보를 공개 청구에 따라 공개함으로써 제3자가 손해를 입은 경우에 해당 제3자는 공공기관에 대해 손해배상을 청구하거나 또는 국가배상법에 따른 국가배상을 신청할 수 있을까가 문제된다.

공공기관의 공개 결정이 위법하고 그 결정을 행한 직원에게 고의 또는 과실이 있으면 손해배상의 여지가 있다. 가령 공공기관이 제3자에 대한 의견청취절차를 태만하게 하거나 그러한 통지나 의견청취 없이 제3자 관련 정보를 공개함으로써 개인정보자기결정권이나 영업상의 비밀 등 법익이 침해되어 제3자가 손해를 입게 되었다면 손해배상 책임이 인정될 수 있을 것이다.[15] (제4장 제5절 I. 손해배상 청구 참조.)

반면 가령 공공기관에 진정이 제기된 기업에 대한 공개 청구가 이루어져 기업명 또는 제품명이 그대로 공개된 결과, 그 기업이나 제품에 대한 평가가 저하되었다고 하더라도 해당 공공기관에는 책임이 없다고 해야 한다. 공공기관은 공개 청구된 진정의 내용이 진실인지에 대한 책임을 지는 것은 아니고 공개 청구에 대해서 그것을 공개하는 것은 '위법'은 아니기 때문이다. 그러나 공공기관이 정보공개 청구에 의해서가 아니라 자체적으로 발표한 경우에는 그 발표사실이 진실이거나 혹은 진실이라는 증명이 없더

---

15) 김의환, 앞의 논문, 174쪽; 松井茂記, 앞의 책, 409쪽.

라도 의심의 여지없이 확실히 진실이라고 믿을 만한 객관적이고도 타당한 확증과 근거가 있는 경우가 아니라면 명예훼손의 책임을 져야 한다.[16]

2. 손실보상 청구

제3자에 관한 정보가 공개된 경우에 해당 제3자는 헌법 제23조 제3항을 근거로 하여 공공기관에 대해 보상을 청구할 수 있을지에 관해서는 공공기관이 보유하는 정보에 제3자인 법인의 정보가 기록되어 있고 그 공개 자체는 적법하더라도 그것이 공공의 이익을 위해 그 법인에 특별한 손실을 주는 경우에는 손실보상이 필요할 수 있을 것이다.[17] (제4장 제5절 II. 손실보상 청구 참조.)

---

16) 대법원 1998. 5. 22. 선고 97다57689 판결.
17) Ruckelshaus v. Monsanto Co., 467 U.S. 986 (1984).

제6장
정보공개제도의 관련 기관

제1절 헌법기관과 정보공개제도

I. 국회

1. 국회 의사공개의 원칙과 알권리

국민의 알권리는 행정부뿐만 아니라 입법부와 사법부에 대해서도 적용되는 기본권이다.

특히 헌법 제50조 제1항은 "국회의 회의는 공개한다"라고 하여 의사공개의 원칙을 규정하고 있다. 의사공개의 원칙은 의사진행의 내용과 국회의원의 활동을 국민에게 공개함으로써 민의에 따른 국회운영을 실천한다는 민주주의적 요청에서 유래하는 것으로서 국회에서의 토론 및 정책결정의 과정이 공개되어야 주권자인 국민의 정치적 의사형성과 참여, 의정활동에 대한 감시와 비판이 가능하게 될뿐더러, 의사의 공개는 의사결정의 공정성을 담보하고 정치적 야합과 부패에 대한 방부제 역할을 하기도 하는 것이다.[1]

의사공개원칙의 헌법적 의미를 고려할 때, 위 헌법조항은 단순한 행정적 회의를 제외하고 국회의 헌법적 기능과 관련된 모든 회의는 원칙적으로 국민에게 공개되어야 함을 천명한 것이다. 게다가 오늘날 국회기능의 중점이 본회의에서 위원회로 옮겨져 위원회중심주의로 운영되고 있고, 법안 등의 의안에 대한 실질적인 심의가 위원회에서 이루

---

[1] 헌법재판소 2000. 6. 29. 선고 98헌마443,99헌마583(병합) 결정.

어지고 있으므로, 의사공개의 원칙은 국회의 위원회의 회의에도 당연히 적용되는 것으로 보아야 한다.

2. 의사공개의 원칙과 국회법

국회의 위원회는 그 소관에 속하는 의안과 청원 등의 심사 기타 법률에서 정하는 직무를 행하는 상임위원회와 수개의 상임위원회 소관과 관련되거나 특히 필요하다고 인정한 안건을 효율적으로 심사하기 위해 설치된 특별위원회로 구분된다(국회법 제35조).

국회법 제75조 제1항은 "본회의는 공개한다"고 하여 본회의 공개원칙을, 같은 법 제65조 제4항은 "청문회는 공개한다"고 하여 위원회에서 개최하는 청문회 공개원칙을 분명히 밝히고 있으며, 국회법 제71조는 본회의에 관한 규정을 위원회에 대하여 준용하도록 규정하고 있다. 결국 본회의든 위원회의 회의든 국회의 회의는 원칙적으로 공개해야 하고, 원하는 모든 국민은 원칙적으로 그 회의를 방청할 수 있다.

3. 의사공개 원칙의 한계

의사공개의 원칙은 보다 구체적으로는 방청 및 보도의 자유와 회의록의 공표를 그 내용으로 한다.

그러나 의사공개의 원칙은 절대적인 것이 아니므로, 국회의장의 제의 또는 국회의원 10인 이상의 연서에 의한 동의로 본회의의 의결(출석의원 과반수의 찬성)이 있거나 국회의장이 각 교섭단체대표의원과 협의하여 국가의 안전보장을 위하여 필요하다고 인정할 때에는 공개하지 아니할 수 있다(헌법 제50조 제1항 단서, 국회법 제75조 제1항 단서).

한편 국회법 제55조 제1항은 "위원회에서는 의원이 아닌 자는 위원장의 허가를 받아 방청할 수 있다"고 규정하고 있다. 여기서 위원장이 방청을 불허하는 결정을 할 수 있는 사유란 회의장의 장소적 제약으로 불가피한 경우, 회의의 원활한 진행을 위하여 필요한 경우 등 회의의 질서유지를 위하여 필요한 경우로 제한된다. 다만 방청을 불허를 할 수 있는 사유 자체는 제한적이지만 그러한 사유가 구비되었는지에 관한 판단, 즉 회의의 질서유지를 위하여 방청을 금지할 필요성이 있는지에 관한 판단은 국회의 자율권 존중의 차원에서 위원장에게 폭넓은 판단재량을 인정하고 있다.

위원회는 특정한 안건의 심사를 위하여 소위원회를 둘 수 있다(국회법 제57조 제1항). 국회의 소위원회도 회의를 공개함이 원칙이나 소위원회의 의결로 공개하지 아니할 수 있다(같은 법 제57조 제5항). 소위원회의 회의의 공개 여부도 소위원회 또는 소위원회가 속한 위원회에서 소위원회가 관장하는 업무의 성격, 심사대상인 의안의 특성, 회의공개로 인한 장단점, 그간의 의사관행 등 여러 가지 사정을 종합하여 합리적으로 결정할 수 있다.[2]

한편 국정감사 및 조사에 관한 법률 제12조는 "(국정)감사 및 조사는 공개로 한다. 다만, 위원회의 의결로 달리 정할 수 있다"고 하여 국정감사 및 조사의 공개원칙을 규정하고 있다.[3] 국회법 제127조는 "국회의 국정감사와 국정조사에 관하여 이 법이 정한 것을 제외하고는 국정감사 및 조사에 관한 법률이 정하는 바에 따른다"고 규정하고 있는데, 국정감사가 소관 상임위원회별로 실시되는 이상 국정감사에 관하여도 위원회에 관한 국회법 제55조가 적용되므로 국정감사 방청 불허행위는 국감법 제12조 또는 국회법 제55조 제1항에 근거한 것으로서 위헌적인 공권력의 행사라고 할 수는 없다고 한다.[4]

4. 국회 정보공개규칙

우리나라 정보공개법은 행정기관 이외에 입법부인 국회도 정보공개 대상기관에 포함하고 있다는 점이 특징이다.

정보공개법 제27조는 정보공개법의 시행에 필요한 사항은 국회규칙·대법원규

---

2) 헌법재판소 2000. 6. 29. 선고 98헌마443 결정, 국회 예산결산특별위원회의 계수조정소위원회를 비공개로 함에 관하여는 예산결산특별위원회 위원들의 실질적인 합의 내지 찬성이 있었다고 볼 수 있고, 그 합의를 바탕으로 이 사건 계수조정소위원회를 비공개로 진행한 것은 헌법이 설정한 국회 의사자율권의 범위를 벗어난 것이라 할 수 없으니, 피청구인들이 그에 터잡아 청구인들의 방청을 불허하였다 하더라도, 이를 가리켜 위헌적인 공권력의 행사라고 할 수는 없다고 한 사례.

3) 국회의 조사권이 가지는 국민에 대한 정보공개 기능에 관하여는 전원배, 『의회조사권에 관한 비교헌법적 연구 : 우리나라 국정조사권의 활성화를 위하여』, 서울대학교, 1995.

4) 헌법재판소 2000. 6. 29. 선고 98헌마443, 99헌마583(병합) 결정; 이 결정에서 이영모 재판관과 하경철 재판관은 "이 사건 국정감사 방청 불허행위는 단순히 장소적 제약 혹은 질서유지의 필요성이라는 방청 불허사유의 한계를 넘어서서, 청구인들이 속한 시민단체가 국정감사에 임한 의원들을 평가하여 바로 언론을 통해 공표함으로써 의원들에게 가해지는 과도한 심리적 압박 때문에 방청을 불허한 것으로 이해되는데, 이는 정당한 방청 불허사유에 해당하지 아니하므로, 방청허가권의 재량범위를 일탈한 이 같은 방청불허행위로 청구인들의 방청의 자유 내지 알권리를 침해한 것으로 보아야 한다는 이유로 반대의견을 밝혔고, 김영일 재판관도 이와 다른 이유로 청구인들의 국회방청권이 침해되었다는 반대의견을 밝혔다.

칙·헌법재판소규칙·중앙선거관리위원회규칙 및 대통령령으로 정한다고 하고 있는데 이에 따라 시행되고 있는 '국회 정보공개규칙'[5]은 대부분 대통령령(정보공개법 시행령)과 동일 또는 유사한 내용을 담고 있다. 몇 가지 다른 내용을 살펴본다.

국회사무처·국회도서관·국회예산정책처 및 국회입법조사처는 정보공개법 제7조 제1항의 정보, 즉 국민생활에 매우 큰 영향을 미치는 정책에 관한 정보, 국가의 시책으로 시행하는 공사 등 대규모의 예산이 투입되는 사업에 관한 정보, 예산집행의 내용과 사업평가 결과 등 행정감시를 위하여 필요한 정보 및 그 밖에 공공기관의 장이 정하는 정보를 정보통신망을 이용하거나 국회간행물의 발간·판매 등 다양한 방법으로 국민에게 제공하여야 한다(국회 정보공개규칙 제3조 제1항). 소속기관은 공표한 정보의 이용편의를 위하여 종합목록의 발간 그 밖에 필요한 조치를 할 수 있다(같은 규칙 제3조 제2항).

정보공개 청구서는 소속 기관에 직접 출석하여 제출하거나 우편·팩스 또는 정보통신망을 통하여 제출하는데 정보공개 청구서를 접수한 소속 기관은 공개를 청구하는 정보의 내용이 불명확하여 공개 여부를 결정할 수 없는 경우에는 지체 없이 청구인에게 보완을 요구하여야 한다. 보완기간은 정보공개 여부 결정기간에 산입하지 않는다(같은 규칙 제5조 제3항).

국회 정보공개규칙은 법원 정보공개규칙이나 헌법재판소 정보공개규칙과 달리 정보공개 청구서의 이송에 관하여는 명시적인 규정을 두고 있지 않다. 공공기관의 비공개 결정 또는 부분 공개 결정에 대하여 같은 내용으로 2회 이상 반복하여 제기된 이의신청, 청구인 또는 제3자가 이의신청기간이 지난 후에 한 이의신청, 청구인의 요구대로 공개 결정할 경우에 대한 이의신청에 대해서는, 이를 심의 제외사유로 명시하고 있는 대통령령 제11조 제2항과 달리, 별다른 규정을 두고 있지 않다(같은 규칙 제10조 제2항 참조).

정보의 공개 및 우송 등에 소요되는 비용은 수수료와 우편요금으로 구분하되, 우편요금은 공개되는 정보의 사본·출력물·복제물 또는 인화물을 우편으로 송부하는 경우에 한하고 수수료의 금액은 국회의장이 '규정'으로 정하고 있다(같은 규칙 제16조 제1항).

국회 도서관장·국회 예산정책처장 및 국회 입법조사처장은 전년도의 정보공개 운영실태를 매년 2월 말일까지 국회 사무총장에게 제출하여야 한다. 국회 사무총장은 제출받은 정보공개 운영실태를 포함한 전년도의 국회 정보공개 운영실태를 종합하여 매년

---

5) [시행 2011. 4. 20] [국회규칙 제164호, 2011. 4. 20, 타법개정]

공표해야 하고, 필요하면 관계 공공기관에 정보공개에 관한 자료 제출 등의 협조를 요청할 수 있다(제25조).

II. 법원

1. 재판의 공개와 알권리

헌법 제109조는 "재판의 심리와 판결은 공개한다"고 규정하여 공개재판주의를 밝히고 있다.

그러나 법원의 심리가 국가의 안전보장 또는 안녕질서를 방해하거나 선량한 풍속을 해할 염려가 있을 때에는 법원의 결정으로 공개하지 아니할 수 있다(법원조직법 제57조 제1항). 심리 비공개 결정을 한 경우에도 재판장은 적당하다고 인정되는 자의 재정을 허가할 수 있다. 또한 누구든지 법정 안에서는 재판장의 허가 없이 녹화·촬영·중계방송 등의 행위를 하지 못한다(같은 법 제59조). 이를 위반한 때에는 20일 이내의 감치 등의 제재를 받게 된다.

그런데 재판의 공개원칙이 반드시 재판자료의 공개를 의미하는 것은 아니다. 진행 중인 재판에 관련된 정보로서 공개될 경우 그 직무수행을 현저히 곤란하게 하거나 형사 피고인의 공정한 재판을 받을 권리를 침해한다고 인정할 만한 상당한 이유가 있는 정보는 공개하지 아니할 수 있다(제9조 제1항 제4호).

2. 법원 정보공개규칙

우리나라 정보공개법은 사법부인 법원도 정보공개 대상기관에 포함하고 있다.

정보공개법 제27조의 위임규정에 따라 시행되고 있는 '법원 정보공개규칙'[6]은 대부분 대통령령과 동일한 내용을 담고 있다. 몇 가지 다른 내용은 다음과 같다.

각급 법원, 법원행정처, 사법연수원, 사법정책연구원, 법원공무원교육원, 법원 도서관 및 그 소속기관은 정보공개법 제7조 제1항 각 호에 해당하는 정보를 정보통신망을

---

6) [시행 2014. 1. 1.] [대법원규칙 제2512호, 2013. 12. 31, 타법개정]

이용하거나, 간행물의 발간·판매 등 다양한 방법으로 국민에게 공개하여야 한다(법원 정보공개규칙 제2조 제1항). 법원행정처장은 각급 기관이 공표한 정보의 이용편의를 위하여 종합목록의 발간 기타 필요한 조치를 할 수 있다(같은 규칙 제2조 제2항).

정보공개 청구서는 각급 기관에 직접 출석하거나 우편·팩스 또는 정보통신망에 의하여 제출할 수 있는데, 대법원이 보유·관리하는 정보의 공개 청구는 법원행정처에 해야 한다(같은 규칙 제4조 제1항). 그런데 헌법기관인 대법원장에 관한 정보의 공개 청구까지를 법원행정처장에게 해야 한다는 것으로 해석한다면 이는 국가기관에 대한 정보공개 청구권을 국민의 기본권으로 보장하고 있는 헌법에 위반될 여지가 있다.

2인 이상이 공동으로 정보공개를 청구하는 때에는 1명의 대표자를 선정하여야 한다(같은 규칙 제5조). 공개를 청구하는 정보의 내용이 불명확하여 공개 여부를 결정할 수 없는 경우 담당 공무원은 지체 없이 청구인에게 보완을 요구하여야 하고 이때 보완기간은 정보공개 여부 결정기간에 산입하지 아니한다(같은 규칙 제6조).

각급 기관은 공개 청구된 정보 중 전부 또는 일부가 다른 공공기관이 생산한 정보인 때에는 해당 정보를 생산한 공공기관의 의견을 들어 공개 여부를 결정하여야 한다(같은 규칙 제9조). 정보공개 청구업무를 처리하는 부서는 관계기관 또는 다른 부서의 협조가 필요한 때에는 정보공개 청구서를 접수한 후 처리기간의 범위 내에서 회신기간을 명시하여 협조를 요청하여야 하고 협조를 요청받은 기관 또는 부서는 그 회신 기간 내에 회신하여야 한다(같은 규칙 제10조).

각 고등법원, 특허법원, 각 지방법원, 각 가정법원, 행정법원, 법원행정처, 사법연수원, 사법정책연구원, 법원공무원교육원, 법원 도서관은 정보공개심의회를 설치·운영하여야 하는데 해당 기관에 정보공개심의회와 유사한 구성과 기능을 수행하는 위원회 등이 있는 경우에는 해당 위원회 등으로 하여금 정보공개심의회의 기능을 수행하게 할 수 있다(같은 규칙 제11조 제1항).

정보공개심의회는 각급 기관의 장이 공개 청구된 정보의 공개 여부를 결정하기 곤란한 사항, 청구인 및 제3자가 제기한 이의신청, 해당 기관의 정보공개 기준수립에 관한 사항, 기타 정보공개제도의 운영에 관한 사항을 심의한다(같은 규칙 제11조 제2항). 기타 심의회의 운영에 관하여 필요한 사항은 심의회가 설치된 각급 기관의 장이 정한다(같은 규칙 제11조 제5항).

그런데 대통령령에서는 공공기관의 비공개 결정 또는 부분 공개 결정에 대하여 같은 내용으로 2회 이상 반복하여 제기된 이의신청, 청구인 또는 제3자가 이의신청기간이 지난 후에 한 이의신청, 청구인의 요구대로 공개 결정할 경우에 대한 이의신청에 대해서 정보공개심의회의 심의 제외사유로 명시하고 있는 데 반하여(시행령 제11조 제2항 제2호) 법원 정보공개규칙은 국회 정보공개규칙과 마찬가지로 이를 명시하고 있지 않다(같은 규칙 제11조 제2항 참조).

수수료의 금액은 '내규'로 정하고 있다(같은 규칙 제17조 제1항).

각 고등법원, 특허법원, 각 지방법원, 각 가정법원, 행정법원, 사법연수원, 사법정책연구원, 법원공무원교육원, 법원 도서관의 장은 그 소속기관의 정보공개 운영실태를 포함한 전년도의 정보공개 운영실태를 매년 2월 말일까지 법원행정처장에게 제출해야 한다.

법원행정처장은 연 1회 제출받은 전년도의 법원 정보공개 운영실태를 종합하여 공표하여야 하는데(같은 규칙 제19조) 필요하면 관계 공공기관에 정보공개에 관한 자료 제출 등의 협조를 요청할 수 있다(제25조).

III. 헌법재판소

우리나라 정보공개법은 헌법재판소도 정보공개 대상기관에 포함하고 있다.

정보공개법 제27조의 위임규정에 따라 시행되고 있는 '헌법재판소 정보공개규칙'[7]은 대부분 대통령령과 동일한 내용을 담고 있다.

헌법재판소사무처는 정보공개법 제7조 제1항 각 호에 해당하는 정보를 정보통신망을 이용하거나, 간행물의 발간·판매 등 다양한 방법으로 국민에게 공개해야 하고, 헌법재판소사무처장은 각급기관이 공표한 정보의 이용편의를 위하여 종합목록의 발간 기타 필요한 조치를 할 수 있도록 하고 있다(헌법재판소 정보공개규칙 제2조).

정보공개 청구서는 청구인이 사무처에 직접 출석하거나 우편·팩스 또는 정보통신망에 의하여 제출할 수 있다(같은 규칙 제4조 제1항).

2인 이상이 공동으로 정보공개를 청구하는 때에는 1명의 대표자를 선정해야 한다(같은 규칙 제5조).

공개를 청구하는 정보의 내용이 불명확하여 공개 여부를 결정할 수 없는 경우 담당

---

7) [시행 2014. 12. 16.] [헌법재판소규칙 제344호, 2014. 12. 16, 일부개정]

공무원은 지체 없이 청구인에게 보완을 요구해야 하고 보완기간은 정보공개 여부 결정기간에 포함하지 않는다(같은 규칙 제6조).

헌법재판소 사무처는 다른 공공기관이 보유하거나 관리하는 정보의 정보공개 청구서를 접수한 때에는 지체 없이 이를 소관기관으로 이송해야 하며, 이송을 한 공공기관은 즉시 소관기관과 그 사유를 소관기관 및 이송사유 등을 명시하여 청구인에게 문서로 통지해야 한다(같은 규칙 제7조). 다만, 헌법재판소 정보공개규칙에는 공개 청구서를 소관기관으로 이송하는 경우 청구서 이송에 소요되는 기간이 공개 여부 결정기간에 산입하는지 여부에 대해서는 따로 규정하고 있지 아니하나 청구서 이송에 소요되는 기간은 공개 여부 결정기간에 포함하지 않는다고 볼 것이다.

헌법재판소 사무처에 정보공개심의회를 설치·운영한다(같은 규칙 제12조 제1항).

정보공개심의회는 위원장 1인을 포함하여 5인 내지 7인의 위원으로 구성하는데 위원장 및 위원은 사무처장이 헌법재판소 공무원 또는 외부 전문가로 지명 또는 위촉하되, 위원 중 2인은 헌법재판소의 업무 또는 정보공개의 업무에 관한 지식을 가진 외부 전문가로 위촉한다(같은 규칙 제12조 제3항, 제4항).

정보공개심의회는 사무처장이 공개 청구된 정보의 공개 여부를 결정하기 곤란한 사항이나 청구인 및 제3자가 제기한 이의신청, 그 밖의 정보공개제도의 운영에 관한 사항을 심의한다(같은 규칙 제12조 제2항). 이 규칙에 규정한 것 외에 심의회의 운영에 관하여 필요한 사항은 사무처장이 정한다(같은 규칙 제12조 제7항).

그런데 대통령령에서는 공공기관의 비공개 결정 또는 부분 공개 결정에 대하여 같은 내용으로 2회 이상 반복하여 제기된 이의신청, 청구인 또는 제3자가 이의신청기간이 지난 후에 한 이의신청, 청구인의 요구대로 공개 결정할 경우에 대한 이의신청에 대해서 심의제외사유로 명시하고 있는 데 반하여 헌법재판소 정보공개규칙에서는 이를 명시하고 있지는 않다(같은 규칙 제12조 제2항 참조).

수수료의 금액은 다른 법령에 특별한 규정이 있는 경우를 제외하고는 [별표]로 정하고 있는데 수수료의 감면비율은 사무처장이 정한다(같은 규칙 제18조).

헌법재판소 사무처장은 전년도의 정보공개 운영실태를 매년 2월 말일까지 작성하여 공표해야 하고, 필요하면 관계 공공기관에 정보공개에 관한 자료 제출 등의 협조를 요청할 수 있다(제25조).

Ⅳ. 선거관리위원회

우리나라 정보공개법은 헌법기관인 중앙선거관리위원회도 정보공개 대상기관에 포함하고 있다. 다만 정보공개법 제2조 제3호 가목 1)에서는 '중앙선거관리위원회'만을 공공기관으로 규정하고 있으나 선거관리위원회는 중앙선거관리위원회(9인), 특별시·광역시·도선거관리위원회(9인), 구·시·군선거관리위원회(9인), 읍·면·동선거관리위원회(7인)로 구분되므로(선거관리위원회법 제2조) 각급 선거관리위원회를 포함한다 할 것이다.

정보공개법 제27조의 위임규정에 따라 시행되고 있는 '선거관리위원회 정보공개규칙[8]'은 대부분 대통령령과 동일한 내용을 담고 있는데 다만 몇 가지 다른 내용은 다음과 같다.

각급 선거관리위원회(소속기관을 포함하며, 읍·면·동선거관리위원회를 제외한다)는 정보공개법 제7조 제1항 각 호에 해당하는 정보를 정보통신망에 게시하거나, 간행물의 발간·판매 등 다양한 방법으로 국민에게 공개해야 하고, 중앙선거관리위원회는 각급 선거관리위원회가 공표한 정보의 이용편의를 위하여 종합목록을 발간하거나 그 밖에 필요한 조치를 할 수 있다(선거관리위원회 정보공개규칙 제2조). 각급 선거관리위원회는 정보공개 절차를 국민이 쉽게 알 수 있도록 정보공개 청구 및 처리절차, 정보공개 청구서식, 수수료, 그 밖에 주요사항이 포함된 정보공개편람을 작성하여 국민이 열람할 수 있도록 갖추어두어야 하고 청구인의 편의를 도모하기 위하여 정보공개 청구서식과 컴퓨터 단말기 등을 갖추어두어야 한다(같은 규칙 제3조 제2항·제3항).

정보공개 청구서는 각급 선거관리위원회에 직접 출석하여 제출하거나 우편·팩스 또는 정보통신망을 이용하여 제출할 수 있다(같은 규칙 제4조 제1항).

2인 이상이 공동으로 정보공개를 청구하는 때에는 1인의 대표자를 선정해야 한다(같은 규칙 제5조).

공개를 청구하는 정보의 내용이 불명확하여 공개 여부를 결정할 수 없는 경우 담당 공무원은 지체 없이 청구인에게 보완을 요구해야 한다(같은 규칙 제6조). 이때 보완기간은 정보공개 여부 결정기간에 산입하지 아니한다.

---

8) [시행 2014. 11. 27.] [중앙선거관리위원회규칙 제420호, 2014. 11. 27, 일부개정]

중앙선거관리위원회 및 특별시·광역시·도선거관리위원회는 정보공개심의회를 설치·운영해야 한다(같은 규칙 제11조 제1항).

정보공개심의회는 각급 위원회가 공개 청구된 정보의 공개 여부를 결정하기 곤란한 사항이나 청구인 및 제3자가 제기한 이의신청, 그 밖에 정보공개제도의 운영에 관한 사항을 심의한다(같은 규칙 제11조 제2항). 이 규칙에 규정한 것 외에 심의회의 운영에 관하여 필요한 사항은 중앙선거관리위원회 및 시·도선거관리위원회의 위원장이 정한다(같은 규칙 제11조 제7항).

선거관리위원회 정보공개규칙은 법원 정보공개규칙이나 헌법재판소 정보공개규칙과 달리 정보공개 청구서의 이송에 관하여는 명시적인 규정을 두고 있지 않다.

수수료의 금액은 다른 법령에 특별한 규정이 있는 경우를 제외하고는 [별표]로 정하고 있는데(같은 규칙 제17조 제1항) 수수료의 감면비율은 각급 선거관리위원회 위원장이 정한다(같은 규칙 제17조 제5항).

중앙선거관리위원회 소속기관의 장 및 시·도선거관리위원회의 위원장은 전년도의 정보공개 운영실태를 매년 2월 말일까지 중앙선거관리위원회의 위원장에게 제출해야 하고, 중앙선거관리위원회의 위원장은 연 1회 정보공개 운영실태를 종합하여 공표해야 한다(같은 규칙 제19조).

제2절 행정자치부 장관

(1) 행정자치부 장관은 정보공개법에 따른 정보공개제도의 정책 수립 및 제도 개선 사항 등에 관한 기획·총괄 업무를 관장한다(제24조 제1항).

이에 따라 행정자치부 장관은 정보공개위원회가 정보공개제도의 효율적 운영을 위하여 필요하다고 요청하면 국회·법원·헌법재판소 및 중앙선거관리위원회를 제외한 공공기관의 정보공개제도의 운영실태를 평가할 수 있다(제24조 제2항).[9] 이때에는 해당 공공기관의 장에게 평가의 취지 및 내용과 담당 공무원의 인적사항 및 방문일시를 미리

---

9) '서울특별시 열린시정을 위한 행정정보공개 조례' 제12조는 집행기관의 장은 정보공개의 운영실태 등을 연 2회 이상 주기적으로 점검·평가하여 이를 홈페이지 등 정보통신망에 공개해야 하고(제1항) 집행기관의 정보공개 운영실태 등에 대한 평가보고서를 매년 발간하여 공개한다(제3항)고 규정하고 있다.

통보해야 한다(시행령 제27조).

행정자치부 장관이 공공기관의 정보공개제도의 운영실태를 평가 실시한 경우에는 그 결과를 정보공개위원회를 거쳐 국무회의에 보고한 후 공개해야 하며, 정보공개위원회가 개선이 필요하다고 권고한 사항에 대해서는 해당 공공기관에 시정 요구 등의 조치를 해야 한다(제24조 제3항).

또한 행정자치부 장관은 정보공개에 관하여 필요할 경우에 공공기관(국회·법원·헌법재판소 및 중앙선거관리위원회는 제외한다)의 장에게 정보공개 처리 실태의 개선을 권고할 수 있고 권고를 받은 공공기관은 이를 이행하기 위하여 성실하게 노력해야 하며, 그 조치 결과를 행정자치부 장관에게 알려야 한다(제24조 제4항).

국회·법원·헌법재판소·중앙선거관리위원회·중앙행정기관 및 지방자치단체는 그 소속 기관 및 소관 공공기관에 대하여 정보공개에 관한 의견을 제시하거나 지도·점검을 할 수 있다(제24조 제5항). 국회 사무총장·법원행정처장·헌법재판소 사무처장·중앙선거관리위원회 사무총장 및 행정자치부 장관은 필요하다고 인정하면 관계 공공기관에 정보공개에 관한 자료 제출 등의 협조를 요청할 수 있다(제25조).

(2) 공공기관 중 정보공개법 시행령 제2조에서 규정하고 있는 기관은 전년도의 정보공개 운영실태를 매년 1월 31일까지 관계 중앙행정기관의 장 또는 지방자치단체의 장에게 제출해야 하고, 시장·군수 또는 자치구의 구청장은 제출받은 정보공개 운영실태를 포함한 전년도의 정보공개 운영실태를 매년 2월 10일까지 관할 특별시장·광역시장 또는 도지사에게 제출해야 한다(시행령 제28조 제1항·제2항), 중앙행정기관의 장과 특별시장·광역시장·특별자치시장·도지사 또는 특별자치도지사는 제출받은 정보공개 운영실태를 포함한 전년도의 정보공개 운영실태를 매년 2월 말일까지 행정자치부 장관에게 제출해야 한다(시행령 제28조 제3항). 행정자치부 장관은 매년 제출받은 정보공개 운영실태를 종합하여 공표해야 한다(시행령 제28조 제4항).

행정자치부 장관은 전년도의 정보공개 운영에 관한 보고서를 매년 정기국회 개회 전까지 국회에 제출해야 하는데(제26조 제1항), 정보공개 운영에 관한 보고서에는 공공기관의 정보공개 운영실태에 관한 사항, 정보공개제도 운영실태 평가에 관한 사항 및 시정 요구 등의 조치에 관한 사항이 포함되어야 한다(시행령 제29조).

그런데 일본 정보공개법에서는 정보공개업무를 관장하는 총무대신으로 하여금 정보공개법률의 원활한 운영을 확보하기 위해 공개 청구에 관한 종합안내소를 정비하도록 하고 있는데(제22조 제2항) 우리도 행정자치부 장관으로 하여금 정보공개 청구에 관한 종합안내소를 설치·운영하도록 할 필요가 있다.

제3절 정보공개위원회

I. 정보공개위원회의 구성 및 운영

행정자치부 장관 소속으로 정보공개위원회가 설치되어 있다.

정보공개위원회는 위원장과 부위원장 각 1명을 포함한 9명의 위원으로 구성한다(제23조 제1항). 정보공개위원회의 위원은 대통령령으로 정하는 관계 중앙행정기관의 차관급 공무원이나 고위공무원단에 속하는 일반직공무원,[10] 정보공개에 관하여 학식과 경험이 풍부한 사람으로서 행정자치부 장관이 위촉하는 사람, 그리고 시민단체(비영리민간단체지원법 제2조에 따른 비영리민간단체를 말한다)에서 추천한 사람으로서 행정자치부 장관이 위촉한 사람이 되며 위원장을 포함한 5명은 공무원이 아닌 사람으로 위촉하여야 한다(제23조 제2항). 민간위원이 과반수를 차지하게 하여 위원회의 독립성을 보다 강화하기 위한 것이다.

정보공개위원회의 위원장은 공무원이 아닌 사람 중에서, 부위원장은 공무원 중에서 행정자치부 장관이 각각 위촉하거나 임명한다(시행령 제20조 제1항). 위원장은 정보공개위원회의 업무를 총괄하고 회의의 의장이 된다(시행령 제22조 제1항). 부위원장은 위원장을 보좌하고, 위원장이 부득이한 사유로 직무를 수행할 수 없는 때에는 그 직무를 대행한다(시행령 제22조 제2항).

위원장·부위원장과 위원의 임기는 2년이며, 연임할 수 있다(제23조 제3항). 그러나 공무원인 위원은 법령에 의한 당연직이므로 그의 임기는 그의 재직기간이다.

정보공개위원회의 회의는 반기별로 개최하는데 위원장은 필요하다고 인정하는 때

---

10) 시행령 제20조(위원회의 구성) ① 생략
② 법 제23조 제2항 제1호에 따른 위원은 기획재정부 제2차관, 법무부 차관, 행정자치부 차관 및 국무조정실 국무1차장으로 한다.

에는 임시회를 소집할 수 있다(시행령 제21조 제1항). 정보공개위원회의 회의는 재적위원 과반수의 출석으로 개의하고 출석위원 과반수의 찬성으로 의결한다(시행령 제21조 제2항).

정보공개법 시행령에 규정된 것 외에 정보공개위원회의 운영에 관하여 필요한 사항은 정보공개위원회의 의결을 거쳐 위원장이 정한다(시행령 제26조).

위원장·부위원장과 위원은 정보공개 업무와 관련하여 알게 된 정보를 누설하거나 그 정보를 이용하여 본인 또는 타인에게 이익 또는 불이익을 주는 행위를 하여서는 아니 된다(제23조 제4항). 위원장·부위원장과 위원 중 공무원이 아닌 사람은 형법이나 그 밖의 법률에 따른 벌칙을 적용할 때에는 공무원으로 본다(제23조 제5항).

II. 정보공개위원회의 권한

정보공개위원회는, 첫째, 정보공개에 관한 정책 수립과 제도 개선에 관한 사항, 둘째, 정보공개에 관한 기준 수립에 관한 사항, 셋째, 공공기관의 정보공개 운영실태 평가 및 그 결과 처리에 관한 사항, 넷째, 그 밖에 정보공개에 관하여 대통령령으로 정하는 사항[11]을 심의·조정하는 임무를 수행한다(제22조).

정보공개위원회는 정보공개 여부 등을 심의하기 위하여 국가기관, 지방자치단체 및 공기업 등에 설치하는 '정보공개심의회'와는 그 구성과 역할, 법적 지위 등이 다르다.

정보공개위원회는 필요하다고 인정하는 때에는 관련 공공기관에 대하여 정보공개와 관련된 자료·서류 등의 제출요청, 관계공무원·이해관계인·참고인 등의 출석요청 및 의견청취의 조치를 취할 수 있다(시행령 제23조).

정보공개위원회의 업무를 보좌하고 그 밖에 행정사무를 효율적으로 처리하기 위한 위원회의 사무처리는 행정자치부 전략기획관이 수행한다(시행령 제24조).

위원장 및 공무원이 아닌 위원과 관계공무원·이해관계인·참고인 등에 대해서는 예산의 범위 안에서 수당·여비, 그 밖에 필요한 경비를 지급할 수 있다(시행령 제25조).

---

11) 시행령 제19조(심의·조정사항) 법 제22조 제4호에서 '그 밖에 정보공개에 관하여 대통령령이 정하는 사항'이라 함은 다음 각 호의 사항을 말한다.
 1. 법 제7조 제1항에 따른 행정정보의 공표에 관한 사항
 2. 그 밖에 법 제22조에 따른 정보공개위원회에서 심의·조정이 필요하다고 결정한 사항

그 외 정보공개위원회의 구성과 의결 절차 등 위원회 운영에 필요한 사항은 대통령령으로 정한다(제23조 제6항).

III. 정보공개위원회의 개선 방향

그런데 대통령 및 대통령 소속 기관도 정보공개법에 의한 공공기관에 해당하므로 이러한 공공기관의 정보공개 운영실태 평가 및 그 결과 처리에 관한 사항 등을 심의·조정하는 정보공개위원회는 행정자치부가 아닌 대통령 소속으로 환원하는 것이 바람직할 것이다.[12]

또한 정보공개위원회를 현재의 심의·조정기구에서 보다 권한이 강화된 의결기구로 해야 한다.

공공기관의 정보공개제도를 보다 활성화하기 위해서는 정보공개위원회에 제6조 소정의 공공기관의 의무이행에 관한 조사 및 개선권고 권한, 제7조 소정의 행정정보의 공표의무의 이행에 관한 조사 및 개선 권고 권한, 제8조 소정의 정보목록의 작성·비치의무의 이행에 관한 조사 및 개선 권고 권한, 제9조 제2항 소정의 기간의 경과 등으로 인한 비공개 대상 정보의 해제 여부 조사 권한, 제9조 제3항 소정의 공공기관의 비공개 대상 정보의 범위에 관한 세부기준 수립과 공개의무의 조사 및 개선 권고 권한, 제12조 소정의 정보공개심의회의 설치와 운영 현황에 관한 조사 및 개선 권고 권한, 제24조 소정의 공공기관의 정보공개제도 운영실태 평가 권한 등을 추가로 부여할 필요가 있다. 정보공개법령의 제정이나 개폐 등에 관한 의견 제시권도 검토해볼 만하다.

한편 정보공개위원회가 구속적 결정권을 갖는 독립된 제3자적 기관으로 설치하는 의견도 있다. 이는 정보공개에 관한 분쟁 처리의 전문성과 공정성을 아울러 기하려는 방안으로서 정보공개위원회를 상설적인 독립기구화하고 여기에 정보공개 정책의 수립 및 집행 권한을 부여함과 아울러 행정심판 기능까지도 포함한다는 견해이다. 정보공개제도의 운영 현황을 지켜보면서 중장기적인 과제로 검토할 사안이다.

---

[12] 2008년 2월 이명박 정부가 출범하자 기존의 대통령 소속이던 정보공개위원회를 행정안전부 장관(현 행정자치부 장관) 소속으로 격하했다.

제4절 지방자치단체와 정보공개제도

I. 지방자치단체의 조례 제정권

지방자치단체는 법령의 범위 안에서 그 사무에 관하여 조례를 제정할 수 있다. 그러나 주민의 권리 제한 또는 의무 부과에 관한 사항이나 벌칙을 정할 때에는 법률의 위임이 있어야 한다(지방자치법 제22조).

지방자치법 제22조에서 말하는 '법령의 범위 안'이라는 의미는 '법령에 위반되지 아니하는 범위 안'이라는 의미이다. 따라서 지방자치단체는 그 내용이 주민의 권리의 제한 또는 의무의 부과에 관한 사항이거나 벌칙에 관한 사항이 아닌 한 법률의 위임이 없더라도 그의 사무에 관하여 조례를 제정할 수 있다.[13] 주민의 권리제한 또는 의무부과에 관한 사항이나 벌칙에 해당하는 조례를 제정할 경우에는 그 조례의 성질을 묻지 아니하고 법률의 위임이 있어야 하고 그러한 위임 없이 제정된 조례는 효력이 없다.[14]

조례가 규율하는 특정사항에 관하여 그것을 규율하는 국가의 법령이 이미 존재하는 경우에도 조례가 법령과 별도의 목적에 기하여 규율함을 의도하는 것으로서 그 적용에 의하여 법령의 규정이 의도하는 목적과 효과를 전혀 저해하는 바가 없는 때, 또는 양자가 동일한 목적에서 출발한 것이라고 할지라도 국가의 법령이 반드시 그 규정에 의하여 전국에 걸쳐 일률적으로 동일한 내용을 규율하려는 취지가 아니고 각 지방자치단체가 그 지방의 실정에 맞게 별도로 규율하는 것을 용인하는 취지라고 해석되는 때에는 그 조례가 국가의 법령에 위반되는 것은 아니다.[15]

한편 지방자치단체가 자치조례를 제정할 수 있는 사항은 지방자치단체의 고유사무인 자치사무와 개별 법령에 의하여 지방자치단체에 위임된 단체위임사무에 한하고, 국

---

13) 대법원 2006. 10. 12. 선고 2006추38 판결.
14) 대법원 2004. 6. 11. 선고 2004추41 판결, 대법원 2006. 10. 12. 선고 2006추38 판결; 대법원 2007. 12. 13. 선고 2006추
52 판결, 제주특별자치도에서 자동차대여사업을 하고자 하는 사람의 영업활동을 제한하는 내용의 '제주특별자치도
여객자동차 운수사업에 관한 조례안' 제37조 제3항과 제4항은 그 수권규정인 '제주특별자치도 설치 및 국제자유도
시 조성을 위한 특별법' 제324조 제2항이 조례로 정할 수 있도록 한 사항에 해당하지 아니하여 법률의 위임 없이 국
민의 권리제한 또는 의무부과에 관한 사항을 규정한 것으로 무효라고 한 사례.
15) 대법원 2000. 11. 24. 선고 2000추29 판결; 대법원 2006. 10. 12. 선고 2006추38 판결, 군민의 출산을 적극 장려하기
위하여 세 자녀 이상의 세대 중 세 번째 이후 자녀에게 양육비 등을 지원할 수 있도록 하는 내용의 '정선군 세 자녀
이상 세대 양육비 등 지원에 관한 조례안'이 법령에 위반되지 않는다고 한 사례.

가사무가 지방자치단체의 장에게 위임된 기관위임사무는 원칙적으로 자치조례의 제정 범위에 속하지 않는다.[16] 다만, 기관위임사무에 있어서도 그에 관한 개별 법령에서 일정한 사항을 조례로 정하도록 위임하고 있는 경우에는 위임받은 사항에 관하여 개별 법령의 취지에 부합하는 범위 내에서 이른바 위임조례를 정할 수 있다.[17]

조례가 규정하고 있는 사항이 그 근거 법령 등에 비추어볼 때 자치사무나 단체위임사무에 관한 것이라면 이는 자치조례로서 지방자치법 제22조가 규정하고 있는 '법령의 범위 안'이라는 사항적 한계가 적용될 뿐, 위임조례와 같이 국가법에 적용되는 일반적인 위임입법의 한계가 적용될 여지는 없다.[18]

지방자치단체의 장은 법령이나 조례가 위임한 범위에서 그 권한에 속하는 사무에 관하여 규칙을 제정할 수 있다(같은 법 제23조). 조례와 규칙을 자치입법이라고 한다.

기초자치단체인 시·군 및 자치구의 조례나 규칙은 광역자치단체인 서울특별시·광역시·도·특별자치도·특별자치시의 조례나 규칙을 위반해서는 안 된다(같은 법 제24조).

II. 지방자치단체와 정보공개법

(1) 우리나라 정보공개법은 미국이나 일본 등과 달리 지방자치단체에 대해서도 적용하고 있다.

즉, 지방자치단체와 지방공기업법에 따른 지방공사 및 지방공단, 그리고 지방자치단체의 조례로 정하는 기관도 정보공개법의 적용 대상 기관인 공공기관에 포함하고 있다(시행령 제2조 제2호).[19]

지방자치단체는 그 소관 사무에 관하여 법령의 범위에서 정보공개에 관한 조례를 정할 수 있다(제4조 제2항). 원래 지방자치단체는 지방자치법에 의하여 법령의 범위 안에

---

16) 대법원 1994. 5. 10. 선고 93추144 판결, 대법원 1999. 9. 17. 선고 99추30 판결 등.
17) 대법원 1999. 9. 17. 선고 99추30 판결, 대법원 2000. 5. 30. 선고 99추85 판결 등.
18) 대법원 2000. 11. 24. 선고 2000추29 판결.
19) 대전지방법원 2006. 3. 15. 선고 2005구합3273 판결(확정), 지방자치단체가 예산안을 작성할 때 참고하는 내부자료인 예산편성 실과별 예산요구서는 예산안 편성에 관한 내부검토 과정에 있는 사항에 준하는 사항으로 볼 수 있으나, 그 비공개로 인하여 보호되는 업무수행의 공정성 등의 이익보다 공개에 의하여 보호되는 예산편성 과정에 대한 주민의 알권리의 보장, 예산편성에 대한 주민의 참여, 예산편성과 지방재정 운영의 적절성, 합리성 및 투명성 확보 등의 이익이 훨씬 크다는 이유로, 공공기관의 정보공개에 관한 법률 제9조 제1항 제5호에서 정한 비공개 대상 정보에 해당하지 않는다고 한 사례.

서 그 사무에 관하여 조례를 제정할 수 있으므로 정보공개법의 위임조항이 없더라도 지방자치단체는 정보공개법령에 위반되지 않는 범위 내에서 조례를 제정할 수 있는데 정보공개법에서는 이를 확인하는 조항을 두고 있는 것이다.

조례는 법률에 위배되어서는 안 되므로 조례에서 정보공개에 관한 내용을 입법할 때에는 국민의 권리가 법률에서 규정하는 범위보다 넓게 규정하는 것은 가능하나, 반대로 그보다 좁게 규정하는 것, 가령 비공개 대상 정보의 요건을 확장한다거나 정보공개의 결정기간을 더 연장한다거나 정보공개의 절차를 더 까다롭게 하는 것은 상위법에 위반되어 무효가 된다.

지방자치단체가 반드시 정보공개에 관한 조례를 제정해야 하는 것은 아니다. 그러나 지방자치단체가 정보를 공개함에 따라 청구인에게 징수하는 수수료의 금액은 조례로 정하도록 되어 있으므로(시행령 제17조 제1항 단서) 지방자치단체가 수수료에 관한 조례를 제정하지 않으면 정보공개에 따르는 수수료를 징수할 수 없게 된다.

지방자치단체가 정보공개에 반대하는데도 국가 등 행정기관이 공개를 결정한 경우 혹은 그 반대인 경우에 해당 지방자치단체가 사법구제절차를 취할 수 있을지는 행정소송법상의 기관소송에 해당되지 않는 한 부정적으로 볼 수밖에 없을 것이다.

(2) 한편 지방의회는 매년 1회 그 지방자치단체의 사무에 대하여 광역자치단체에서는 14일의 범위에서, 기초자치단체에서는 9일의 범위에서 감사를 실시하고, 지방자치단체의 사무 중 특정 사안에 관하여 본회의 의결로 본회의나 위원회에서 조사하게 할 수 있으며, 지방자치단체 및 그 장이 위임받아 처리하는 국가사무와 광역자치단체의 사무에 대하여 국회와 광역자치단체의회가 직접 감사하기로 한 사무 외에는 그 감사를 각각 해당 광역자치단체의회와 기초자치단체의회가 할 수 있다(지방자치법 제41조 제1항·제3항).

또한 지방의회는 감사 또는 조사를 위하여 필요하면 현지 확인을 하거나 서류제출을 요구할 수 있으며, 지방자치단체의 장 또는 관계 공무원이나 그 사무에 관계되는 자를 출석하게 하여 증인으로서 선서한 후 증언하게 하거나 참고인으로서 의견을 진술하도록 요구할 수 있다(같은 법 제41조 제4항). 지방자치단체의 장이나 관계 공무원은 지방의회나 그 위원회에 출석하여 행정사무의 처리상황을 보고하거나 의견을 진술하고 질문에 응답할 수 있고, 지방자치단체의 장이나 관계 공무원은 지방의회나 그 위원회가 요구하면 출석·답변해야 한다(같은 법 제42조 제1항·제2항).

이처럼 행정감사를 위하여 지방의원이 서류 등 관련 자료의 제출을 요구하는 경우 자료제출의 요구를 받은 관계인 또는 관계기관은 특별한 사유가 없는 한 그 요구에 따르도록 규정함으로써 실질적이고 효과적인 감사활동을 위하여 지방의원에게 일반인에 비하여 폭넓은 자료제출 요구권한을 부여하고 있다.[20]

---

20) 수원지방법원 2009. 10. 21. 선고 2008가단111493 판결, 자료제출의 의무가 있는 피고 수원시가 감사를 위한 원고의 자료제출요구에 특별한 사유 없이 이를 거부하고, 일부 자료만 감사 당일 감사 직전에 열람만 할 수 있도록 함으로써 지방의회의원인 원고의 실질적인 감사를 위한 활동을 방해했을 뿐만 아니라, 피고 수원시는 이 사건 변론과정에서 이후의 행정사무감사에서도 이 사건 각 관련 자료를 계속하여 제출하지 아니할 뜻을 명백히 표시하고 있는바, 피고 수원시는 위와 같은 위법행위로 원고가 입은 정신적 고통에 대하여 금 100만 원의 손해를 배상할 의무가 있다고 한 사례.

제7장
열린 정부의 구현을 위하여 :
정보공개제도 개선 방향

제1절 현행 정보공개법의 문제점과 개정 방향

우리나라 정보공개법은 국민의 알권리 보장이라는 입법 목적 규정이나 적용대상인 공공기관의 범위 확대, 의무적인 행정정보공표제도의 시행, 문서뿐만 아니라 말에 의한 공개 청구 제도, 전자적 정보공개제도, 원문 공개, 최장 20일인 공공기관의 공개 여부 결정기간, 다양한 불복 구제 절차, 제3자의 권리 보장, 신분보장 조항 등 다른 나라의 정보공개법에 비하여 우수한 제도를 두고 있다.

또한 정부는 정보공개제도를 청구에 의한 공개에서 선제적·능동적 정보공개로 전환하여 사전공개 대상 정보의 구체화, 사전정보공개 방법의 표준화, 국민의 정보공개 모니터링, 사전정보공개 평가 강화 등 '사전정보공개 활성화' 시책을 적극 추진하여왔다. 이에 따라 대부분의 행정기관에서 '정보공개 모니터단'을 구성하고, 기관별 정보공개책임관도 지정하여 청구인의 편의를 적극 도모하여왔다.

반면 정보공개법의 제정과정에서부터 정보공개법이 가지는 한계로 지적된 것은 정보공개의 대상이 되지 않는 정보의 영역, 즉 비공개 정보가 광범위하고 포괄적으로 설정되어 있다는 점이었다. 이러한 점은 2004년 정보공개법이 전부개정 되면서 많이 개선되기는 하였으나 아직도 '국가의 중대한 이익', '현저한 지장을 초래할 우려', '정당한 이익을 현저히 해칠 우려가 있다고 인정되는 정보' 등 불명확한 사유가 남아 있다. 또한 정보공개제도의 절차적 측면에서는 아직 미흡한 측면이 나타나고 있다.[1]

또한 아직도 일선 공공기관에서 정보공개 업무를 처리할 때 미흡한 점이 적지 않다.[2] 정보공개제도를 운영하는 과정에서 일부 공무원의 무관심 및 이해 부족 등으로 공공기관의 자의적인 비공개 사례가 사라지지 않고 있다. 공공기관이 비공개 결정을 할 때 법적 근거 조항만을 나열하거나 비공개 근거를 추상적으로 제시하는 경우, 답변을 불성실·불친절하게 하는 경우, 같은 사안에 대해 공공기관마다 다른 결정을 내리는 사례 등도 지적되고 있다.

정부의 합동평가에서도 사전정보공표기준, 정보공개심의회 활용, 국민만족도 등이 낮게 평가되어 개선이 필요하며 정보공개심의회의 운영도 미흡하고, 국민생활에 영향을 주는 정보나 행정 감시를 위해 필요한 정보 등 주요정보에 대한 사전공표 수준도 개선되어야 할 점으로 지적되었다.

국민이 편리하게 정보에 접근할 수 있도록 정보를 보다 쉽고 빨리 얻을 수 있도록 정보 분류체계를 개선하는 등 온라인 정보공개시스템을 지속적으로 고도화하여 국민과 소통하는 창구로 발전시켜 나가야 한다.

현행 정보공개법의 문제점과 그 개정 방향을 차례로 살펴본다.

(1) 정보공개법 제2조 제1호는 '정보'란 공공기관이 직무상 작성 또는 취득하여 관리하고 있는 문서(전자문서를 포함한다)·도면·사진·필름·테이프·슬라이드 및 그 밖에 이에 준하는 매체 등에 기록된 사항을 말한다고 정의하고 있다.

그런데 관보, 백서, 신문, 잡지, 일반서적 또는 정부간행물센터 등에서 불특정 다수인에게 판매목적으로 발행되는 정보와 특별한 관리나 보존이 필요한 역사적 혹은 문화

---

1) 각국의 정보공개법의 순위를 매기고 있는 비영리단체인 'Global Right to Information Rating'이 Access Info Europe(스페인)과 Centre for Law and Democracy(캐나다)가 개발한 정보공개법(RTI) 평가기준에 근거하여 세계 97개국의 정보공개법을 평가한 자료에 의하면 우리나라는 Right of Access(4점/6점), Scope(23점/30점), Requesting Procedures(11점/30점), Exceptions & Refusals(20점/30점), Appeals(17점/30점), Sanctions & Protections(1점/8점), Promotional measures(8점/16점) 등 7개 분야 150점 만점 중 84점을 받아 50위에 그친 것으로 나타났다(http://www.rti-rating.org/country_data.php). 다만, 이 자료는 우리나라의 경우 1996년에 제정된 정보공개법을 대상으로 하고 있다는 점과 각국의 정보공개법을 평가하는 기준 및 대상 등이 달라 최근에 제정되거나 개정된 법률인 경우에는 상대적으로 좋은 평가를 받는다는 점, 이 평가기준은 법적 체계를 측정하는 것이고 실행의 질을 측정하는 것은 아니라는 한계 등을 감안하면 그 공정성에 관해서는 의문이 있다. 우리 정부도 최신의 정보공개법에 관한 영문 법령 자료 등을 제공할 필요가 있다.
한편 이 자료에 의하면 세르비아(135점)-인도(130점)-슬로베니아(129점)-라이베리아(126점)-엘살바도르(124점)-시에라레온(124점)-멕시코(119점)-안티구아(118점)-아제르바이잔(115점)-우크라이나(115점)가 상위 10위권이고, 반면 오스트리아(37점)-리히텐슈타인(39점)-타지크스탄(51점)-독일(52점)-요르단(55점)-벨기에(56점)-이탈리아(57점)-타이완(60점)-우즈베키스탄(61점)-도미니크공화국(61점) 순으로 하위 10위권이다. 그 외 미국(89점, 44위), 캐나다(79점, 56위), 중국(72점, 67위), 일본(67점, 78위)도 그다지 좋은 평가를 받지 못한 것으로 나타났다.
2) 현행 정보공개제도의 운영성과와 문제점 등에 관하여는 안전행정부(현 행정자치부), 2013년 정보공개 연차보고서, 10~15쪽 등 참조.

적인 자료이거나 또는 학술 연구용 자료 혹은 도서관·박물관 및 미술관 소장 자료 등은 정보공개의 대상 정보에서 제외하든가(일본 정보공개법 제2조 제2항, 캐나다 정보공개법 제68조 참조) 아니면 정보공개법령과 별개의 공개절차를 규율할 필요가 있다.

(2) 정보공개법 제2조 제3호 가목은 공공기관에 해당하는 국가기관에 '중앙선거관리위원회'를 규정하고 있으나 이를 선거관리위원회로 개정함이 타당하다.

또한 중앙행정기관에 '대통령 소속기관과 국무총리 소속기관'을 포함한다고 규정하고 있으나 국가기관에 헌법기관인 대통령 및 국무총리도 해당함을 명시해야 한다. 국가인권위원회도 국가기관에 해당하므로 정보공개법상의 공공기관인 국가기관에 포함해야 한다. 각급 학교뿐만 아니라 (사립)학교를 운영하는 학교법인도 공공기관에 포함시킬 필요가 있다. '특별법에 따라 설립된 특수법인'(시행령 제2조 제4호)에 법인뿐만 아니라 단체와 각종 기구도 포함시키고, 보조금 관리에 관한 법률 또는 지방재정법에 따라 국가 또는 지방자치단체로부터 연간 5천만 원 이상의 보조금을 받는 기관 또는 단체(시행령 제2조 제6호) 이외에도 국가재정법 또는 그 밖의 다른 법률에 의하여 국가나 지방자치단체로부터 보조금을 지급받는 법인이나 단체·기구도 보조금액에 관계없이 적어도 해당 보조금과 관련된 정보에 관하여는 공공기관으로 해야 한다.

특히 정치자금법에 의하여 정당의 보호·육성을 위하여 국가가 정당에 지급하는 금전이나 유가증권, 즉 보조금도 마찬가지다(정치자금법 제25조 이하).[3]

국민의 세금(tax)이 있는 곳에 국민의 알권리가 미친다는 대원칙에 충실할 필요가 있다.

또한 방송법 제90조 제5항에 따라 시청자가 요구하는 방송사업에 관한 정보를 공개해야 하는 종합편성 또는 보도전문편성을 행하는 방송사업자도 방송의 공적 책임(방송법 제5조)과 방송의 공정성 및 공익성(같은 법 제6조)을 감안할 때 정보공개법에 의한 공공기관에 포함해야 한다.

한편 사기업은 비록 정보공개법의 적용대상기관인 공공기관에는 포함되지 않지만 국민의 생명과 신체, 재산에 밀접한 사업 활동을 하는 법인이나 단체(가령 원자력 사업을

---

3) 중앙선거관리위원회의 자료에 의하면 2011년도 정당에 대한 국고보조금은 약 333억 원, 2012년도는 약 1,080억 원, 2013년도는 약 379억 원이다(http://www.nec.go.kr/cmm/dozen/view.do?atchFileId=FILE_000000000061848&fileSn=1&bbsId=B0000338).

독점하고 있는 한국수력원자력주식회사 등), 국가기간산업 등 국민경제상 중요한 산업을 영위하는 상장법인인 공공적 법인(자본시장과 금융투자업에 관한 법률 제152조 제3항) 또는 공공기관의 운영 등에 관한 법률에서 정하고 있는 공공기관에 준하는 사기업에 대해서는 소비자의 권익보호 등을 위해서라도 가급적 정보공개를 실시하도록 하는 것이 바람직할 것이다.[4]

물론 영업상의 비밀 등에 관하여는 정보공개법 제9조 제1항 제7호 등의 규정에 의해 비공개 대상 정보에 해당될 경우가 많을 것이므로 부당하게 기업의 이익이 침해된다거나 기업의 활동이 위축되지는 않을 것이다. 오히려 기업의 활동을 공개함으로써 소비자의 신뢰를 더 얻을 수도 있을 것이다.

그렇다면 정보공개위원회 또는 주무 중앙행정기관의 장으로 하여금 위와 같은 사기업에 대하여 정보공개제도를 설치·운영할 것을 권고할 수 있도록 하는 근거조항을 마련할 필요가 있다.

(3) 정보공개법 제4조 제3항은 "국가안전보장에 관련되는 정보 및 보안 업무를 관장하는 기관에서 국가안전보장과 관련된 정보의 분석을 목적으로 수집하거나 작성한 정보에 대해서는 이 법을 적용하지 아니한다. 다만, 제8조 제1항에 따른 정보목록의 작성·비치 및 공개에 대해서는 그러하지 아니한다"고 규정하고 있다.

그러나 위와 같은 정보도 현행 비공개 대상 정보 조항에 의하여 충분히 규율할 수 있고 국가정보원의 직무수행에 관한 국민적 신뢰가 아직은 미흡하다는 점을 감안하면 위 조항은 삭제함이 바람직하다.

(4) 정보공개법 제5조 제2항은 "외국인의 정보공개 청구에 관하여는 대통령령으로 정한다"고 하고 있고 정보공개법 시행령 제3조는 정보공개를 청구할 수 있는 외국인을 국내에 일정한 주소를 두고 거주하거나 학술·연구를 위하여 일시적으로 체류하는 사람과 국내에 사무소를 두고 있는 법인 또는 단체로 한정하고 있다.

그러나 이는 누구라도(any person) 정보공개 청구를 할 수 있다는 보편적 원칙에 반하

---

4) 남아프리카 공화국 정보공개법은 사적 기관을(제50조), 불가리아 정보공개법(제3조 제3항, 제19조 제1항)은 언론기관을 정보공개 대상기관에 포함시키고 있다. 宇賀克也, 『情報公開の理論と実務』, 有斐閣, 2005, 240~241쪽 및 268쪽.

므로 외국인도 제한 없이 정보공개 청구권을 보장해야 한다.

(5) 정보공개법 제6조 제1항은 공공기관의 의무로서 "공공기관은 정보의 공개를 청구하는 국민의 권리가 존중될 수 있도록 이 법을 운영하고 소관 관련 법령을 정비하여야 한다"고 규정하고 있으나, 선언적인 의미에 그치고 있다.

이를 실효성 있게 하기 위해서는 공공기관이 정보공개 또는 비공개에 관한 사항 등을 입법하거나 내규 등 행정규칙을 제정 또는 개폐하는 경우에는 사전에 미리 정보공개위원회의 심의를 거치도록 하거나 또는 행정자치부 장관과 협의하도록 할 필요가 있다.

(6) 정보공개법 제6조 제2항은 "공공기관은 정보의 적절한 보존과 신속한 검색이 이루어지도록 정보관리체계를 정비하고, 정보공개 업무를 주관하는 부서 및 담당하는 인력을 적정하게 두어야 하며, 정보통신망을 활용한 정보공개시스템 등을 구축하도록 노력하여야 한다"고 규정하고 있는데 아직도 정보의 적절한 보존과 신속한 검색이 이루어지도록 하는 정보관리체계가 미흡하다는 지적이 제기되고 있다.

따라서 정보공개위원회 또는 행정자치부 장관 및 헌법기관의 장으로 하여금 산하 공공기관의 정보관리체계를 정기적·주기적으로 점검하고 평가하여 이를 공표하도록 하는 방안이 필요하다.

(7) 정보공개법 제7조는 행정정보의 공표의무를 부과하고 있는데 그 범위를 보다 확장하고 행정정보가 최대한 신속하게 공표될 수 있도록 공표시기를 명시할 필요가 있다. 특히 일정 금액 이상의 예산 집행 등에 관한 사항과 감사원 감사 결과, 국회의 국정감사 또는 국정조사 관련 자료, 정보공개 책임관의 이름과 직책·업무의 구체적인 내용·전화번호 등 연락처 등을 포함해야 한다.

미국 정보자유법은 각 행정기관은 국민에게 안내하기 위하여 연방관보에, 첫째, 국민이 정보를 얻고, 제출 또는 청구를 하거나 결정을 받는 중앙 및 일선 조직과 지정된 장소, 공무원(제복기관인 경우에는 그 구성원들), 그리고 방법에 관한 세부사항, 둘째, 이용 가능한 모든 공식적·비공식적 절차의 성격과 요건을 포함하여 각 기관의 기능이 연결되고 결정되는 일반적 과정과 방법에 관한 기술, 셋째, 절차 규칙, 이용 가능한 양식과 그 양식을 취득할 수 있는 장소에 대한 설명, 그리고 모든 문서, 보고서 또는 조사서의 범위와 내용에 관한 설명, 넷째, 일반적 적용 가능성에 관하여 법률의 위임을 받아 제정된 실체적 규칙, 그리고 일반적 정책에 관한 기술 또는 해당 기관에 의해 공식화되고 채택된 적용 가능성에 관한 해석, 다섯째, 위와 같은 내용에 관한 각각의 수정, 개정 및 폐지의 사항을 별도로 명기하고 연방관보에 발표하도록 하고 있다[제552조(a)(1)].

더 나아가 각 행정기관은 공표된 규칙에 따라 국민의 열람과 복사를 위하여, 첫째, 사건의 재결에 있어서 명령과 함께 동의의견 및 반대의견을 포함한 최종의견, 둘째, 해당 기관에 의하여 채택되어왔으나 연방관보에 공표되지 않은 정책 및 해석에 관한 사항, 셋째, 국민 개개인에 영향을 미치는 행정간부편람 및 간부에 대한 훈령, 넷째, 형식이나 포맷에 관계없이 모든 사람에게 공개되어왔고 또 행정기관이 결정하는 주제의 성질 때문에 실질적으로 동일한 기록에 대한 차후의 청구 대상이 되었거나 될 것 같은 모든 기록의 복사본, 다섯째, 위 네 번째에서 언급된 기록들의 총괄색인들을 이용할 수 있도록 하여야 한다고 규정하고 있다[제552조(a)(2)]. 참고할 만한 내용이다.

(8) 정보공개법 제8조 제1항은 "공공기관은 그 기관이 보유·관리하는 정보에 대하여 국민이 쉽게 알 수 있도록 정보목록을 작성하여 갖추어두고, 그 목록을 정보통신망을 활용한 정보공개시스템 등을 통하여 공개하여야 한다"고 규정하고 있다.

그러나 여전히 정보목록만으로는 정보의 존재 여부, 존재 형태, 범위, 분량 등을 확인하기 어려운 경우가 많다. 공공기관이 보유한 정보자료 목록인 주요문서 목록이나 보존문서기록대장 등이 정리되지 않는 경우도 적지 않다. 정보통신망을 활용한 정보공개시스템 등에서 정보목록을 통한 정보의 생산 및 관리가 제대로 이루어지지 못하고 있다. 따라서 공공기관이 보유·관리하는 정보(기록물)가 그 생산단계에서부터 폐기단계에 이르기까지 체계화되고 투명해져서 국민 입장에서 정보의 존재 자체, 정보의 접근경로를 명확히 알 수 있도록 기록물관리법과의 보다 통합적이고 체계적인 정비가 필요하다.[5]

정보공개위원회나 행정자치부 장관 및 헌법기관의 장으로 하여금 정보목록의 작성·비치 현황을 정기적으로 점검케 하고 그 결과를 공표하도록 해야 한다.

현행 공공기록물 관리에 관한 법률 제16조 제1항은 "공공기관은 효율적이고 책임 있

---

5) 조태제, 「공공정보의 작성 및 취득단계에서의 제도개선 방안」, 『인터넷법률』 통권 제16호(2002), 법무부, 30~53쪽 참조.

는 업무수행을 위하여 업무의 입안단계부터 종결단계까지 업무수행의 모든 과정 및 결과가 기록물로 생산·관리될 수 있도록 업무과정에 기반한 기록물관리를 위하여 필요한 조치를 마련하여야 한다"고, 제17조 제1항은 "공공기관은 주요 정책 또는 사업 등을 추진하려면 대통령령으로 정하는 바에 따라 미리 그 조사·연구서 또는 검토서 등을 생산하여야 한다"고, 제18조는 "공공기관은 업무수행 과정에서 기록물을 생산하거나 접수했을 때에는 대통령령으로 정하는 바에 따라 그 기록물의 등록·분류·편철 등에 필요한 조치를 하여야 한다. 다만, 기록물의 특성상 그 등록·분류·편철 등의 방식을 달리 적용할 필요가 있다고 인정되는 수사·재판 관련 기록물의 경우에는 관계 중앙행정기관의 장이 중앙기록물관리기관의 장과 협의하여 따로 정할 수 있다"고 각각 규정하고 있는데 이를 확인하고 강제할 수 있는 행정력의 행사가 필요하다.

미국 정보자유법은 각 행정기관장은 요청이 있을 경우에는 기관의 주요 정보 시스템 일체의 색인, 기관이 유지하는 주요 정보 및 기록 검색 시스템에 대한 설명, 정보자유법에 의거하여 각종 유형 및 카테고리의 공공 정보를 기관으로부터 취득하기 위한 편람을 비롯하여 기관의 기록이나 정보를 청구할 수 있는 참조 자료나 안내서를 무료로 작성 및 제공하도록 하고 있다[제552조(g)].

(9) 정보공개법 제9조 제1항은 8가지의 비공개 대상 정보를 규정하고 있다.

그중 '국가의 중대한 이익'(제2호), '현저히 해칠 우려'(제2호), '현저한 지장을 초래할 우려'(제3호), '현저한 지장을 초래한다고 인정할 만한 상당한 이유'(제5호), '정당한 이익을 현저히 해칠 우려가 있다고 인정되는 정보'(제7호) 등 불명확한 사유가 남아 있는데 좀 더 명확하게 규정할 필요가 있다.

또한 제1호의 '다른 법률 또는 법률에서 위임한 명령에 따라 비밀이나 비공개 사항으로 규정된 정보'와 관련하여 국가기밀 및 군사기밀의 정의 및 등급 구분에 관한 세부기준 등을 법률에서 정해야 하고 위법하게 수집한 비밀정보는 비공개 대상 정보에서 제외해야 한다.

미국 정보자유법 제552조(b)(3)은 성문법규에 의하여 공개가 명확하게 면제한 사항을 공개 예외사항으로 규정하면서(Exemption 3), 다만 그러한 성문법규는, 첫째, 쟁점에 대하여 재량의 여지를 남기지 않는 방법으로 해당 사항들이 국민에게 공개되지 않도록 규정되거나 또는 비공개를 위한 특별기준을 설정하거나 특정유형의 사항들이 공개되지 않도록 규정되는 경우여야 하고, 둘째, 2009년의 열린 정부 구현을 위한 '정보자유법 (OPEN FOIA)' 시행 이후 제정되는 경우에는 특히 이 조항을 인용하는 법령에 한한다고 제한하고 있는데 우리나라 정보공개법에도 이를 수용할 필요가 있다. 또한 일반 국민들로서는 정보공개법이 아닌 개별 법률이 제1호의 법령비 정보에 해당하는지 여부를 판단하는 것은 쉽지 않으므로 공공기관의 자체 홈페이지 등에서 제1호 소정의 법령비 정보에 해당하는 법령을 의무적으로 공표하도록 해야 한다.

제2호의 '국가안전보장·국방·통일·외교관계 등에 관한 사항'도 비공개 대상 정보의 범위가 다소 포괄적이므로 그 정의와 대상, 범위 등에 관하여 보다 상세히 규정해야 한다.

제4호의 '진행 중인 재판에 관련된 정보'도 광범위한 면이 있으므로 그 범위를 제한할 필요가 있다.

제5호의 '의사결정 과정 또는 내부검토 과정에 있는 사항'과 관련하여 회의의 공개 여부와 회의록의 작성 의무 및 공개 여부에 관한 보다 명확한 기준과 지침이 필요하다. 기록물관리법에 의한 회의록 작성의 대상과 범위를 대폭 확대해야 한다.

의사결정 과정 또는 내부검토 과정이 언제 종료되는지 또는 종료되었는지, 청구인은 수시로 의사결정 과정 또는 내부검토 과정이 종료되었는지를 확인할 수 있는지, 의사결정 과정 또는 내부검토 과정이 종료된 후 언제까지 어떤 방법과 절차에 의해 통지를 해야 하는지 등에 관해서도 보다 구체적인 기준을 정해야 하고 의사결정 과정 및 내부검토 과정이 종료되는 시기 등을 예상할 수 있으면 이를 비공개 결정을 통지할 때 함께 알리도록 해야 한다.

제6호의 개인식별정보의 비공개 예외사유 중 특히 공무원에 관한 정보에 대해서는 그 공개 범위를 확대할 필요가 있다.

제7호의 법인 등의 경영상·영업상 비밀에 관한 비공개에 대한 예외사유를 보다 확대하고 특히 소비자 등의 권익을 강화해야 한다.

(10) 정보공개법 제9조 제2항은 "공공기관은 제1항 각 호의 어느 하나에 해당하는 정보가 기간의 경과 등으로 인하여 비공개의 필요성이 없어진 경우에는 그 정보를 공개 대상으로 하여야 한다"고 규정하여 비공개의 필요성이 없어졌는지 여부를 해당 공공기관으로 하여금 개별적으로 판단하도록 하고 있으나, 비밀 등급에 따라 일정한 기간을 명시하여 그 기간 동안 비밀의 재지정이 없는 경우에는 자동적으로 비밀성이 해제된 것

으로 보도록 하고, 나아가 과도한 비밀분류 금지를 명시해야 한다.

(11) 정보공개법 제9조 제3항은 "공공기관은 제1항 각 호의 범위 안에서 해당 공공기관의 업무의 성격을 고려하여 비공개 대상 정보의 범위에 관한 세부기준을 수립하고 이를 공개하여야 한다"고 규정하고 있다.

그런데 공공기관이 자체적으로 수립한 비공개 대상 정보의 범위에 관한 세부기준을 살펴보면 지나치게 행정 편의적이거나 포괄적으로 규정하고 있는 경우가 많다. 특히 법무부와 대검찰청 등 권력기관일수록 지나치게 비공개 대상 정보의 범위를 확대하고 있는데 이는 시정되어야 한다.

따라서 공공기관이 비공개 대상 정보의 범위에 관한 세부기준을 자체적으로 수립하거나 이를 개폐할 때에는 사전에 정보공개위원회의 심의를 받도록 하고 정보공개위원회에 세부기준의 수립에 관한 개선 권고기능을 부여해야 한다.

또한 매년마다 관련 법령의 제정이나 개폐, 관련 판례나 행정심판례 등을 세부기준에 반영토록 하고 이를 정보공개위원회의 심의를 거치도록 하는 방안도 필요하다.

(12) 정보공개법 제10조 제1항은 정보공개의 청구를 정보공개 청구서를 제출하거나 말로써 하도록 한정하고 있는데 정보통신망이나 팩스, 우편 등을 통한 청구방법도 명시할 필요가 있다. 또한 정보공개 청구업무를 담당하거나 처리하는 부서와 그 책임자, 주소지 등을 공표해야 한다.[6]

(13) 정보공개법 제11조 제1항은 정보공개 여부의 결정기간을 공개 청구를 받은 날부터 10일 이내로 정하고 있는데 이 기간에 공휴일이 포함되는지 여부가 명확하지 아니하므로 위 10일(연장 시 10일 추가)에는 근무일뿐만 아니라 법정공휴일도 포함된다는 내용을 명시하거나 혹은 정보공개법의 기간 계산에 관하여는 민법의 해당 조항을 준용한다는 내용이 필요하다.

---

6) 공공기관인 대통령이나 그 부속기관, 그리고 대통령 소속기관인 국가정보원에 직접 방문하여 정보공개 청구를 할 경우 정보목록을 확인하는 것은 고사하고 해당 기관에 접근하는 것 자체가 어렵다. 특히 국가정보원법 제6조는 국가정보원의 조직·소재지 및 정원은 국가안전보장을 위하여 필요한 경우에는 그 내용을 공개하지 아니할 수 있다고 규정하고 있다.

(14) 정보공개법 제11조 제2~4항, 제13조 제1항, 제21조 제2항은 청구인 또는 제3자에 대한 통지의무를 규정하고 있는데 그 송달방법에 관하여는 아무런 규정을 두고 있지 않다. 송달절차를 정하고 있는 행정절차법 제14조 내지 제16조를 준용한다는 규정을 둘 필요가 있다. 다만, 제3자의 소재가 판명되지 아니하는 경우에는 굳이 공시최고 절차를 둘 필요는 없을 것이다(일본 정보공개법 제13조 제2항 단서 참조).

(15) 정보공개법 제11조 제4항은 공공기관은 다른 공공기관이 보유·관리하는 정보의 공개 청구를 받았을 때에는 지체 없이 이를 소관기관으로 이송해야 한다고 규정하고 있는데, 이송에 걸리는 기간도 공개 여부 결정기간에 포함해야 한다.

(16) 2명 이상이 공동으로 정보공개를 청구할 때에는 1명의 대표자를 선정하도록 하는 제도를 두어야 한다(법원정보공개규칙 제5조 등).

(17) 공개를 청구하는 정보의 내용이 불명확하여 공개 여부를 결정할 수 없는 경우 담당 공무원 또는 담당 임직원은 지체 없이 청구인에게 보완을 요구해야 하고, 이때 보완기간은 정보공개 여부 결정기간에 산입하지 아니한다는 규정을 두어야 한다(법원정보공개규칙 제6조 등).

(18) 정보공개법 제12조 제3항은 정보공개심의회의 위원장을 제외한 위원은 소속 공무원, 임직원 또는 외부 전문가로 지명하거나 위촉하되, 그중 2분의 1은 해당 국가기관 등의 업무 또는 정보공개의 업무에 관한 지식을 가진 외부 전문가로 위촉해야 한다면서도 같은 법 제9조 제1항 제2호 및 제4호에 해당하는 업무를 주로 하는 국가기관은 그 국가기관의 장이 외부 전문가의 위촉 비율을 따로 정하되, 최소한 3분의 1 이상은 외부 전문가로 위촉해야 한다고 규정하고 있다.

그런데 외부 전문가의 자격요건을 좀 더 구체적으로 정할 필요가 있으며, 제9조 제1항 제2호 및 제4호에 해당하는 업무를 주로 하는 국가기관의 경우에도 굳이 외부 전문가의 위촉비율을 별도로 정할 필요는 없을 것이다. 외부 전문가인 위원의 임기 만료 2개월 전에 그 내용을 공고 또는 광고를 하도록 해야 한다.

정보공개심의회 위원의 임기는 2년이고 한 차례 연임할 수 있으므로 정보공개심의회

위원을 교육하는 기능을 정보공개위원회에 부여하는 방안도 검토해볼 수 있을 것이다.

(19) 정보공개법 제13조 제2항 및 같은 법 시행령 제12조 제2항은 공개 대상 정보의 양이 너무 많아 정상적인 업무수행에 현저한 지장을 초래할 우려가 있는 경우에 공공기관은 정보의 사본·복제물을 2개월 이내에 나누어 제공할 수 있도록 하고 있는데 그 기간을 보다 단축할 필요가 있다.

(20) 정보공개법 제16조는 즉시 처리가 가능한 정보의 공개를 규정하고 있는데, 여기에 1회(혹은 3회) 이상 공개된 정보도 포함함이 바람직하다.

(21) 정보공개법 제17조 제1항은 정보의 공개 및 우송 등에 소요되는 비용은 실비의 범위에서 청구인의 부담으로 하고 있는데 상업적 용도를 위한 경우에는 실비가 아니라 정당한 이용가격 또는 그에 합당한 비용을 부과할 필요가 있다.

또한 제17조 제2항은 공개를 청구하는 정보의 사용 목적이 공공복리의 유지·증진을 위하여 필요하다고 인정되는 경우에는 비용을 감면할 수 있다고 규정하고 있는데 여기에 언론사 또는 언론인이 공개를 청구하는 경우와 장애인이 청구하는 경우 등을 포함해야 한다. 일정 매수(가령 100장)까지는 수수료를 면제한다거나 비용이 지나치게 고액일 경우에는 그 상한액을 설정할 필요가 있다.

(22) 정보공개법 제19조는 행정심판에 관해 규정하고 있는데 그 심리방법에 관하여 아무런 규정을 두고 있지 않고 행정심판법에 따르도록 하고 있다.

그런데 정보공개에 관한 행정심판절차에서는 일반의 사건과 다른 특성이 있으므로 일본의 정보공개·개인정보 보호심사회설치법의 경우처럼 행정심판위원회가 인 카메라(In Camera) 심리를 할 수 있고 이를 위해 공공기관에게 정보목록을 제출케 하는 본 인덱스 규정을 신설할 필요가 있다.

(23) 정보공개법 제20조는 행정소송절차를 규정하고 있는데 제2항에서 "재판장은 필요하다고 인정하면 당사자를 참여시키지 아니하고 제출된 공개 청구 정보를 비공개로 열람·심사할 수 있다"고 규정하여 인 카메라 심리제도를 도입하고 있는데 여기서

'재판장'은 '법원'으로 개정해야 한다.

또한 비공개심사의 효율성과 실효성을 도모하기 위해서는 미국의 정보자유법이 규정하고 있듯이 법원으로 하여금 비공개 결정을 한 공공기관에 대하여 비공개한 해당 문서의 목록(index)을 제출하도록 명령권을 부여하고 본 인덱스(Vaughn Index) 제도를 적극 실시하며 그런 다음 인 카메라 심리절차를 활용하도록 해야 한다.

한편 같은 조 제3항은 "재판장은 행정소송의 대상이 제9조 제1항 제2호에 따른 정보 중 국가안전보장·국방 또는 외교관계에 관한 정보의 비공개 또는 부분 공개 결정처분인 경우에 공공기관이 그 정보에 대한 비밀지정의 절차, 비밀의 등급·종류 및 성질과 이를 비밀로 취급하게 된 실질적인 이유 및 공개를 하지 아니하는 사유 등을 입증하면 해당 정보를 제출하지 아니하게 할 수 있다"고 규정하여 특정한 정보 자체가 재판부에 제출되지 않을 수 있는 길을 열어놓고 있다.

정보공개 여부 처분의 당부는 최종적으로 법원에 의한 사법심사에 의하여 판정되어야 할 것인데, 위 조항은 결국 특정한 종류의 정보에 대해서는 법원의 사법심사 자체를 봉쇄하려는 것이고, 이는 사법부에 대한 불신에 기초한 발상일 뿐 아니라 권력분립의 원칙을 훼손하는 것이라고 볼 수 있으므로 삭제되어야 한다.

미국의 정보공개소송의 실무상 인정되고 있는 '인 카메라 심리(비공개심사)' 제도도 법원이 정보 자체를 접할 수 있다는 전제에서 비롯된 것인데 우리 정보공개법에서는 이 제도의 취지를 악용하여 재판장으로 하여금 정보 자체를 보지 못하게 한 다음 사실상 청구기각판결을 유도하는 것은 도저히 납득할 수 없는 것이다. 일본의 정보공개법을 비롯한 어느 나라의 입법례에서도 이러한 특례조항은 찾아볼 수 없다.

(24) 1998년 정보공개법이 시행되면서 "정보공개를 청구한 날부터 20일 이내에 공공기관이 공개 여부를 결정하지 아니한 때에는 비공개의 결정이 있는 것으로 본다"는 조항으로 인해(제11조 제5항) 정보공개 청구를 받은 공공기관이 공개 여부에 관하여 공개 혹은 비공개의 결정(처분)을 하지 않은 경우 청구인은 해당 공공기관을 상대로 행정소송법상 부작위위법확인청구의 소를 제기함이 없이 바로 정보공개 거부처분에 대한 취소소송을 제기하면 되었다.

그런데 2013년 8월 6일 정보개정법이 개정되면서 위 제11조 제5항이 삭제되었다. 이에 따라 개정 법률의 시행 이후에는 공공기관이 공개 여부에 관하여 20일 이내에 공개 혹은 비공개의 결정(처분)을 하지 않으면 청구인은 해당 공공기관을 상대로 행정소송법상 부작위위법확인청구의 소를 제기한 다음 그 승소판결이 확정된 이후에 공공기관의 비공개 결정에 대해 취소소송을 제기해야 하므로 청구인의 권리구제의 실효성을 현저히 떨어뜨렸다. 종전의 규정을 삭제한 것은 개악이므로 다시 부활해야 한다.

(25) 정보공개법 제21조 제2항은 제3자의 비공개 요청에도 불구하고 공공기관이 공개 결정을 할 때에는 공개 결정 이유와 공개 실시일을 분명히 밝혀 지체 없이 문서로 제3자에게 통지하도록 하고 있는데, 제3자의 비공개 요청이 없는 경우에도 공개 결정 사실을 통지하도록 해야 한다.

또한 청구인이 공공기관의 비공개 결정에 대해 이의신청이나 행정심판, 행정소송을 제기한 때에는 그러한 사실을 제3자에게 신속하게 통지하도록 하여 제3자가 참가신청을 할 수 있도록 배려할 필요가 있다. 마찬가지로 제3자가 공공기관의 공개 결정에 대해 이의신청이나 행정심판, 행정소송을 제기한 때에도 그러한 사실을 청구인에게 신속하게 고지하도록 하여 청구인이 참가신청을 할 수 있도록 해야 한다(캐나다 정보공개법 제43조 참조).

(26) 정보공개법 제22조는 행정자치부 장관 소속으로 정보공개위원회를 두고 정보공개에 관한 정책의 수립 및 제도 개선에 관한 사항, 정보공개에 관한 기준 수립에 관한 사항, 제24조 제2항 및 제3항의 규정에 의한 공공기관의 정보공개 운영실태 평가 및 그 결과 처리에 관한 사항 및 그 밖에 정보공개에 관하여 대통령령이 정하는 사항을 심의·조정하도록 하고 있다.

그런데 대통령 및 그 소속기관, 국무총리 및 그 소속기관도 공공기관에 해당된다는 점에서 정보공개위원회를 원래대로 대통령 소속으로 함이 바람직하다.

개인정보 보호에 관한 사항을 심의·의결하기 위하여 대통령 소속으로 개인정보 보호위원회가 설치되어 독립하여 업무를 수행하는 있음을 참고해야 한다(개인정보 보호법 제7조 제1항).

정보공개위원회를 현재의 심의·조정기구에서 보다 권한이 강화된 의결기구로 해야 한다.

정보공개위원회의 권한에 제6조 소정의 공공기관의 의무이행에 관한 조사 및 개선 권고 권한, 제7조 소정의 행정정보의 공표의무의 이행에 관한 조사 및 개선 권고 권한, 제8조 소정의 정보목록의 작성·비치의무의 이행에 관한 조사 및 개선 권고 권한, 제9조 제2항 소정의 기간의 경과 등으로 인한 비공개 대상 정보의 해제 여부 조사 권한, 제9조 제3항 소정의 공공기관의 비공개 대상 정보의 범위에 관한 세부기준 수립과 공개의무 의 조사 및 개선 권고 권한, 제12조 소정의 정보공개심의회의 설치와 운영 현황에 관한 조사 및 개선 권고 권한, 그리고 정보공개법령의 제정이나 개폐 등에 관한 의견 제시권 도 부여되어야 한다.

기록물관리, 기록물의 전자적 관리체계의 구축, 기록물의 전자적 생산·관리, 기록물 의 폐기, 비밀 기록물의 생산과 보존·관리·폐기 등에 관한 업무 등은 정보공개제도와 도 밀접한 관련이 있으므로 기록물관리에 관한 기본정책의 수립과 기록물관리 표준의 제정·개정 및 폐지 등을 심의하기 위하여 국무총리 소속으로 설치된 국가기록관리위원 회가 위와 같은 업무를 수행할 때에는 미리 정보공개위원회와 협의토록 함이 바람직하 다(기록물관리법 제9조).

미국 정보자유법에서는 감사원은 정보공개법의 이행에 대해 행정기관의 감사를 수 행하고 감사 결과를 적시하는 보고서를 발행하도록 하고 있다[제552조(i)].

더 나아가 유럽이나 캐나다 등에서 두고 있는 정보커미셔너(Information Commissioner) 혹은 정보옴부즈만(Information Ombudsman) 제도를 도입하여 이들에게 권리구제기능 등 을 부여하는 방안도 적극 검토해볼 만하다.

(27) 정보공개법 제23조는 정보공개위원회의 위원 9인 중 위원장을 포함한 5인은 공 무원이 아닌 자로 위촉해야 한다면서 그 자격을 정보공개에 관하여 학식과 경험이 풍부 한 자로서 행정자치부 장관이 위촉하는 자 및 시민단체(비영리민간단체지원법 제2조에 따 른 비영리민간단체를 말한다)에서 추천한 자로서 행정자치부 장관이 위촉하는 자로 하고 있는데, '정보공개에 관하여 학식과 경험이 풍부한 자'의 요건을 보다 구체적으로 명시 해야 하며, 시민단체가 추천한 자를 최소한 2인 이상 위촉하도록 해야 한다. 그 자격요건 을 설정해야 하고, 정보공개위원회 위원의 임기 만료 3개월 전에 시민단체로 하여금 정 보공개위원회 위원을 추천하도록 안내하는 내용의 공고 또는 광고를 하도록 해야 한다.

(28) 정보공개법 제24조 제1항은 행정자치부 장관으로 하여금 정보공개제도의 정책

수립 및 제도 개선 사항 등에 관한 기획·총괄 업무를 관장하도록 하고 있는데 그에 관한 권한은 정보공개위원회로 이관하고 행정자치부 장관은 실무적인 집행권한을 갖는 방안을 검토해볼 필요가 있다.

또한 같은 조 제5항은 국회·법원·헌법재판소·중앙선거관리위원회·중앙행정기관 및 지방자치단체는 그 소속 기관 및 소관 공공기관에 대하여 정보공개에 관한 의견을 제시하거나 지도·점검을 할 수 있다고만 규정하고 있는데 보다 구체적인 지도·점검의 대상과 방법, 절차 등을 규율해야 하고, 행정부 소속의 정보공개위원회와 같은 기구를 국회·법원·헌법재판소·중앙선거관리위원회 및 지방자치단체(광역)에 설치하도록 해야 한다.

(29) 정보공개법 제25조는 국회 사무총장·법원행정처장·헌법재판소 사무처장·중앙선거관리위원회 사무총장 및 행정자치부 장관은 필요하다고 인정하면 관계 공공기관에 정보공개에 관한 자료 제출 등의 협조를 요청할 수 있다고만 규정하고 있는데, 이러한 협조요청을 받은 관계 공공기관은 특별한 사정이 없는 한 협조요청에 성실히 응할 의무를 부과해야 한다.

(30) 정보공개법 제26조 제1항은 행정자치부 장관으로 하여금 전년도의 정보공개 운영에 관한 보고서를 매년 정기국회 개회 전까지 국회에 제출하도록 하고 있는데 그 기간을 매년 3월 말까지로 앞당겨야 한다.

한편 정보공개법 시행령 제29조는 정보공개 운영에 관한 보고서에는 공공기관의 정보공개 운영실태에 관한 사항, 정보공개제도 운영실태 평가에 관한 사항, 시정 요구 등의 조치에 관한 사항을 포함하도록 하고 있는데 그 범위를 대폭 확대해야 한다.

미국 정보자유법은 각 행정기관은 매년 2월 1일 이전에 직전 회계연도를 총괄하여 ① 기록의 공개 청구에 대하여 기관이 거부한 결정 건수와 각 결정의 이유 ② 이의신청 건수, 이의에 대한 결과, 그리고 정보공개 거부에 이르게 된 각 이의신청에 대한 결정의 이유, 그리고 행정기관이 정보를 공개하지 않는 근거가 되는 모든 법령 목록(법령비), 각각의 법령에 근거한 사건 건수, 그러한 각 성문법규에서 행해진 기관의 정보비공개 결정을 법원이 인정하였는가의 여부에 대한 설명, 그리고 비공개된 모든 정보의 범위에 대한 요약설명 ③ 전년도 9월 30일 현재 기관에 계류 중인 기록에 대한 청구 건수, 그리고 그날 현재 그러한 청구가 기관에 계류되었던 날들의 중간 및 평균 일수 ④ 행정기관에 접수된 기록 청구 건수와 기관이 처리한 청구 건수 ⑤ 청구 접수일을 기준으로 하여 행정기관이 서로 다른 유형의 청구를 처리하는 데 걸린 날들의 중간일수 ⑥ 청구 접수일부터 행정기관이 청구에 대응한 평균일수와 중간일수, 청구에 대응한 일수의 범위 ⑦ 청구 접수일 후 경과된 업무일수를 토대로 행정기관이 20일 이내와 20일 이후 200일 이내, 200일 이후 300일 이내, 300일 이후 400일 이내, 400일 이후에 결정을 내린 기록 청구 건수 ⑧ 청구 접수일로부터 공개결정된 정보를 제공하는 데 소요된 평균일수와 중간일수, 일수의 범위 ⑨ 항소 접수일을 토대로 행정적인 항소에 대응하는 데 소요된 중간 및 평균 일수, 최장 업무일수, 최단 업무일수 ⑩ 각 청구서를 접수한 후 경과된 시간을 비롯하여 각 행정기관에 계류 중인 공개 청구 가운데 접수일이 가장 빠른 10건에 관한 자료 ⑪ 접수한 후 경과된 업무일수를 비롯하여 전년도 9월 30일 현재 행정기관에 계류 중인 행정 항소사건 가운데 접수일이 가장 빠른 10건에 관한 자료 ⑫ 공개결정 및 공개 거부된 신속 심사 청구 건수, 신속 심사 청구를 판단하는 데 소요되는 평균일수 및 중간일수, 필요한 10일 이내에 결정된 건수 ⑬ 승인되거나 거부된 비용 면제 청구 건수, 비용 면제 결정을 내리는 데 소요된 평균일수 및 중간일수 ⑭ 행정기관이 수납한 청구처리 수수료의 총액 ⑮ 기록 청구를 처리하는 기관의 상근직원 수, 그리고 기관이 그 청구처리에 지출한 비용의 총액 등의 정보를 포함하는 보고서를 법무장관에게 제출해야 한다고 규정하고 있다[제552조(e)(1)].

또한 법무장관은 매년 4월 1일 또는 그 이전에 정보자유법에 따라 전년도에 제기된 사건번호목록과 각 사건과 관련된 비공개 사유, 그러한 사건의 처리, 부과된 소송비용과 수수료, 처벌을 포함하는 연례보고서를 제출해야 하고, 이 보고서에는 행정기관이 정보자유법의 준수하도록 권장하기 위하여 법무부가 실시한 사업에 대한 설명도 포함해야 한다[제552조(e)(6)].

법무장관은 매년 4월 1일까지 그 이전 1년 동안 정보자유법에 따른 사건 목록과 각 사건과 관련된 면제, 해당 사건의 처리, 소송비용과 요금, 벌금을 포함하는 연례보고서를 제출해야 하고, 이 보고서에는 정보자유법의 준수를 독려하기 위하여 법무부가 실시한 사업에 대한 설명도 포함하도록 하고 있다[제552조(e)(6)].

캐나다 정보공개법도 제38조에서 "정보위원(Information Commissioner)은 매 회계연도의 종료 후 3개월 이내에 해당 회계연도에서의 업무에 관한 연차보고서를 의회에 제출해야 한다"고 규정하고 있으며, 특히 사안의 긴급성과 중요성을 감안하여 연차보고서의 제출이 차년도의 보고서 제출시기까지 지체해서는 안 된다고 인정될 때에는 언제라도 특별보고서를 의회에 제출할 수 있다고 하고 있다(같은 법 제39조 제1항).

우리나라에서도 이러한 제도들을 적극 도입할 필요가 있다.

(31) 정보공개법 시행령 제11조의2는 중앙행정기관의 장, 특별시장·광역시장·특별자치시장·도지사·특별자치도지사, 시장·군수·자치구의 구청장 및 특별시·광역시·특별자치시·도·특별자치도의 교육감은 소속 공무원 중에서 정보공개 책임관을 지정하도록 하고 있다.

그런데 정보공개법에서 직접 공공기관으로 하여금 정보공개 책임관을 두도록 함이 바람직하고, 정보공개 책임관의 권한에 해당 공공기관 기록물의 생산·관리·보유·이관·폐지 등에 관한 업무와 정보관리체계를 점검할 의무도 부과할 필요가 있다.

참고로 미국 정보자유법은 각 행정기관은 수석 공무원인 최고 FOIA 책임자를 차관보급으로 지명하도록 하고 최고 FOIA 책임자는 행정기관장의 권한에 의거하여, 첫째, 기관 전체에 대해 효율적이고 적절한 정보자유법의 준수를 담당하고, 둘째, 기관 전체를 상대로 정보공개법의 이행을 감시하고 기관장과 최고 법무 책임자, 법무장관에게 본 조의 이행 성과를 적절히 통지하며, 셋째, 정보공개법의 이행을 개선하는 데 필요한 경우에는 기관의 기준과 정책, 인사, 기금에 대한 조정을 기관장에게 건의하고, 넷째, 법무장관이 지시하는 시기와 양식에 따라 정보공개법의 이행 성과를 검토하고 기관장을 통하여 법무장관에게 보고하며, 다섯째, 기관의 편람뿐 아니라 정보공개법에 관한 기관의 연례보고서에 공개 면제에 대한 간략한 설명을 포함시키고 면제가 적용되는 기관 기록의 일반 카테고리에 대한 적절한 개요를 제공하여 정보공개법의 법정 면제의 목적에 대한 일반의 이해를 도모하는 등의 업무를 수행하도록 하고 있다[제552조(k)(1)~(5)].

또한 최고 FOIA 책임자는 FOIA 공보관을 1인 이상 지명할 권한을 갖는데[제552조(k)(6)] FOIA 공보관은 기관 최고 FOIA 책임자를 보좌하며 FOIA 신청센터 직원의 1차 대응 이후 정보공개법에 의거하는 청구인이 FOIA 신청센터에서 받은 서비스에 관하여 불만을 제기할 수 있는 감독 공무원의 역할을 수행하며 아울러 신청 지연을 완화하고 신청 현황의 투명성과 이해를 제고하며 분쟁 해결을 지원할 책임을 부과하고 있다[제552조(l)].

제2절 추가 검토 사항

해방 이후 우리나라는 남북분단이라는 특수상황과 관존민비적인 사고가 맞물려서 국가비밀사항을 지나치게 넓게 설정하여 과도한 비밀보호법제가 갖추어져 있었다.

그런데 1998년 정보공개법이 시행되면서 조금씩 개선되어 매년 정보공개 청구 건수가 점점 늘어가고 있다.[7] 정보공개제도가 보다 활성화되기 위해서는 정보공개법뿐만 아니라 공공기록물의 관리에 관한 법률, 개인정보 보호법, 행정절차법, 민원사무처리에 관한 법률, 전자정부법 등 관련 법률과 좀 더 유기적인 기능을 할 수 있도록 입법체계를 갖추어야 한다. 국가정보원법, 군사기밀보호법, 보안업무규정 등 국가기밀과 관련된 일련의 비밀보호법제 전반을 정보공개법의 취지에 맞추어 전면적으로 재검토, 정비할 필요가 있다.

국민의 청구에 의한 소극적 정보공개에서 선제적이고 능동적인 공개로 국민이 필요로 하는 정보를 발굴하고 이를 제공하여 수요자인 국민이 원하는 고품격 정보공개 서비스가 제공되어야 한다. 청와대나 국무총리실, 국가정보원, 법무부, 대검찰청, 국세청 등 힘이 있는 국가기관일수록 정보공개에 소극적인 자세를 보이는 것도 시정되어야 한다.

국민들도 정보공개제도를 적극적으로 활용할 필요가 있다.

물론 정보공개제도 자체는 목적이 될 수 없고 수단일 뿐이다. 정보를 얻는 것은 단지 시작에 불과하나 정보가 있어야 정부의 정책에 반대하거나 아니면 그것을 변화시키려

7) [1998~2013년 연도별 정보공개 접수 현황] (안전행정부, 2013년 정보공개 연차보고서, 20쪽)

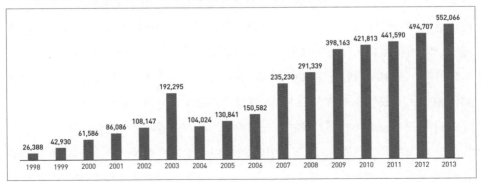

※ 2004년 이후 정보공개 통계에서는 '공공기록물 관리에 관한 법률'에 따른 국가기록원이 보유하는 기록정보 자료에 대한 청구 및 처리에 관한 통계가 분리되어 '공공기관의 정보공개에 관한 법률'에 근거한 처리 현황만 산출됨.

할 때에 힘을 가질 수 있다.

정부에게 법령상 반드시 있어야 하는 정보 또는 국민들에게 유용한 정보가 '없다(정보 부존재 결정)'는 정보(fact)라도 얻어내야 한다. 그 자체가 위법 부당하기 때문에 그러한 정보라도 있어야 국민이 행동(action)으로 나아갈 수 있다.

정보공개제도가 행정의 투명성과 국민의 국정 참여를 제고하여 국민주권을 실현하기 위한 중요한 수단으로서의 역할을 다할 수 있도록 국민의 적극적인 활용과 정부의 끊임없는 노력 그리고 이를 위한 제도적 보완이 필요하다.

(1) 정보공개법이 국회 등 다른 공공기관에 대한 정보 제공 요구를 제한하는 권한을 공공기관에 부여하는 것은 아니라는 점을 명시해야 한다[미국 정보자유법 제552조(d) 참조].

(2) 정보공개를 청구를 하는 사람에게 공공기관은 그와 관련된 정보를 제공하는 등의 편의 제공 의무를 부과해야 한다.

일본 정보공개법 제22조(개시 청구를 하고자 하는 자에 대한 정보의 제공 등) 제1항은 "행정기관의 장은 공개 청구를 하고자 하는 자가 용이하면서도 정확하게 공개 청구를 할 수 있도록 공문서 등의 관리에 관한 법률 제7조 제2항에서 규정하는 것 이외에 해당 행정기관이 보유한 행정문서의 특정에 기여하는 정보의 제공 및 기타 공개 청구를 하고자 하는 자의 편의를 고려하여 적절한 조치를 강구하도록 한다"고 규정하고 있는데 우리에게도 필요한 내용이다.

또한 일본 정보공개법 제22조 제2항은 "총무대신은 이 법률의 원활한 운영을 확보하기 위해 공개 청구에 관한 종합안내소를 정비하도록 한다"고 규정하고 있는데 우리 정보공개법에도 정보공개법의 원활한 운영을 위해 공공기관으로 하여금 정보공개 청구에 관한 종합적인 안내소('정보공개센터')를 설치·운영토록 함으로써 국민 일반이 손쉽게 정보공개제도에 접근하여 이용할 수 있도록 유도해야 한다.

정보공개제도의 정책 및 제도 개선 연구, 정보공개 청구 및 불복 절차 상담, 정보공개제도 홍보 및 교육 등을 담당하는 공익법인을 행정자치부 산하기관으로 두는 방안도 검토해볼 필요가 있다.

더 나아가 정보공개제도의 활성화를 도모하기 위하여 국가 및 지방자치단체 등 공공기관으로 하여금 정보공개 관련 상담소를 설치·운영하도록 하거나 또는 공공기관이 아

닌 민간인이나 민간단체가 정보공개 상담활동을 하거나 정보공개상담소를 설치·운영
하는 데 재정적 지원을 할 수 있도록 해야 한다.

(3) 언론사·언론인의 정보공개에 대한 특칙

정보공개제도는 국민의 알권리를 보장한다는 데 그 목적과 취지가 있으므로, 이러한
제도를 가장 적극적으로 활용해야 하는 사람은 기자 등 언론인·언론사일 것이다.

그런데 현행 정보공개법은 정보의 신속성이 생명인 언론사로 하여금 정보공개제도
를 이용하도록 적극적으로 유인하지 못하고 있다. 정보를 가장 많이 취급하는 언론기
관이 정보공개 청구권 행사의 주된 주체가 아닌 것은 언론보도의 성격상 정보공개 청
구를 통해 얻은 정보는 이미 언론보도를 통해 신속히 보도해야 할 가치를 잃고 있기 때
문인 것으로 보인다. 따라서 언론사의 정보공개 청구에 대해서는 공공기관의 정보공개
결정기간을 10일에서 3~5일 이내로 단축하고 공개된 정보에 대한 수수료를 필요적으
로 감면해 국민의 알권리가 실질적으로 보장되도록 해야 한다. 특히 종합편성 또는 보
도전문편성을 행하는 방송사업자를 공공기관에 포함시킬 경우에는 더욱더 그러한 필
요성이 높다.

미국 정보자유법에서는 언론 매체의 대표자가 정보공개를 청구하는 경우에는 그 수
수료는 문서 복사를 위한 합리적인 표준 요금으로 제한하고 있다[제552조(a)(4)(A)(ii)
(II)]. 여기서 '언론 매체의 대표자'란 국민 각자에게 잠재적인 이익이 되는 정보를 수집
하고 편집 기술을 이용하여 원 자료를 별개로 가공하며 이를 일반인에게 배포하는 개인
이나 기관을 말하며, '언론'은 시사와 관련이 있거나 공익에 부합할 수 있는 정보를 뜻하
는데 텔레비전, 라디오, 정기간행물 발행자뿐만 아니라 프리랜서 언론인도 언론기관의
실제 고용 여부를 불문하고 해당 기관을 통한 출판을 예상할 수 있는 확고한 근거(출판계
약서, 과거 출판기록 등)를 입증할 경우에는 해당 기관을 위해 근무한다고 간주하고 있다.

그뿐만 아니라 심각한 환경훼손에 관한 정보나 국민의 생명이나 신체, 재산에 중대
한 영향을 미치는 정보(가령 원자력 이용 현황이나 그 사고 등에 관한 정보) 등에 대해서도 공
공기관의 정보공개 결정기간을 3~5일 이내로 단축하고 수수료를 감면해주어야 한다.

(4) 정보공개법에 공개를 청구하는 정보의 내용이 불명확하여 공개 여부를 결정할
수 없는 경우 담당 공무원은 지체 없이 청구인에게 상당한 기간을 정하여 보완을 요구

할 수는 있도록 하되 공공기관으로 하여금 청구인에게 보완에 참고가 되는 정보를 제공할 의무를 부과해야 한다(일본 정보공개법 제4조 제2항 참조). 또한 보완기간은 정보공개 여부 결정기간에 포함하지 않는다는 규정을 두어야 한다.

(5) 공익상의 이유에 의한 재량적 정보공개제도를 도입해야 한다.

일본 정보공개법 제7조(공익상의 이유에 의한 재량적 개시)는 "행정기관의 장은 개시 청구에 관련된 행정문서에 불개시 정보가 기록되어 있는 경우일지라도 공익상 특히 필요하다고 인정하는 때에는 개시 청구자에게 해당 행정문서를 개시할 수 있다"고 규정하고 있다.

(6) 정보의 존부에 관한 정보(Glomarization) 조항의 신설도 조심스럽게 검토해볼 필요가 있다.

일본 정보공개법 제8조(행정문서의 존부에 관한 정보)는 "개시 청구에 대하여 해당 개시 청구에 관련된 행정문서가 존재하고 있는지 아닌지에 답하는 것만으로 불개시 정보를 개시하는 것이 되는 때에는 행정기관의 장은 해당 행정문서의 존부를 분명히 하지 아니하고 해당 개시 청구를 거부할 수 있다"고 규정하고 있다.

다만, 아직 행정에 대한 신뢰가 충분하지 못한 상태에서 존부응답거부제도를 도입할 경우 자칫 공공기관이 이를 남용할 우려도 있으므로 그에 대한 대책도 함께 마련해야 할 것이다.

(7) 정보공개 거부처분에 대한 구제의 실효성을 높이기 위해서는 정보공개제도의 실체적 규정에 못지않게 절차적 규정을 보완해야 한다.

첫째, 일본 행정사건소송법은 제12조 제1항에서 취소소송은 피고의 보통재판적 소재를 관할하는 재판소 또는 처분이나 재결을 한 행정청의 소재지를 관할하는 재판소의 관할에 속한다고 하면서도 제12조 제4항에서 국가 등을 피고로 하는 취소소송은 원고의 보통재판적 소재지를 관할하는 고등재판소의 소재지를 관할하는 지방재판소('특정관할재판소')에도 제기할 수 있다고 규정하여 정보공개소송의 관할을 대폭 확대하고 있다. 미국 정보자유법도 이와 유사한 제도를 두고 있는데, 이를 원용하여 우리 정보공개법에서도 통상의 관할법원 이외에 청구인의 보통재판적의 소재지를 관할하는 행정법원에도 정보공개와 관련된 행정소송을 제기할 수 있도록 함으로써 청구인의 소송상의 편익을 도모할 필요가 있다.

둘째, 일본 정보공개법 제21조(소송이송의 특례 등)는 "① 행정사건소송법(1962년 법률 제139호) 제12조 제4항의 규정에 의해 동항에서 규정하는 특정 관할법원에 공개 결정 등의 취소를 구하는 소송 또는 공개 결정 등에 관한 불복신청에 대한 재결 또는 결정취소를 구하는 소송(다음 항 및 부칙 제2항의 '정보공개소송'을 말한다)이 제기된 경우에는 동법 제12조 제5항의 규정에도 불구하고 다른 법원에 동일 또는 동종이나 유사한 행정문서에 관한 공개 결정 등 또는 이와 관련된 불복신청에 대한 재결 또는 결정에 관한 항고소송(동법 제3조제1항에서 규정하는 항고소송을 말한다. 다음 항에서도 동일하다)이 계속되는 경우에는 해당 특정 관할법원은 당사자의 주소 또는 소재지, 심문을 받아야 할 증인의 주소, 쟁점 또는 증거의 공통성 및 기타 사정을 고려하여 상당하다고 인정되는 경우에는 신청에 의하여 또는 직권으로 소송의 전부 또는 일부에 대해서 다른 법원 또는 동법 제12조 제1항 내지 제3항에서 규정하는 법원으로 이송할 수 있다. ② 전항의 규정은 행정사건소송법 제12조 제4항의 규정에 의해 동항에서 규정하는 특정 관할법원에 공개 결정 등 또는 이와 관련된 불복신청에 대한 재결 또는 결정에 관한 항고소송에서 정보공개소송 이외의 것이 제기된 경우에 대해 준용한다"고 규정하고 있다.

우리나라 정보공개법에서도 다른 법원에 동일 또는 동종이나 유사한 정보공개소송 또는 관련 청구소송이 계속되는 경우에는 법원은 당사자의 주소 또는 소재지, 신문을 받아야 할 증인의 주소, 쟁점 또는 증거의 공통성 및 기타 사정을 고려하여 소송의 전부 또는 일부를 다른 법원으로 이송할 수 있도록 하는 규정을 둘 필요가 있다.

셋째, 정보공개 거부처분을 받은 청구인이 이에 불복하여 행정심판이나 행정소송을 제기한다 하더라도 법원의 최종 판결까지는 최소한 몇 년이 걸리기 때문에 설사 정보공개를 명하는 승소판결을 받는다 하더라도 적시성이 생명인 정보의 가치는 상실되게 마련이다.

더욱이 청구인이 제1심법원에서 승소판결을 받는다 하더라도 공공기관이 상소를 제기할 경우 집행력이 발생하지 않으며, 정보공개에 관한 소송은 재산권의 청구에 관한 소가 아니기 때문에 법원으로서도 민사소송법 제199조에 의한 가집행선고 판결을 할 수도 없다.

이러한 폐단을 시정하기 위해서는 선거소송은 소가 제기된 날로부터 180일 이내에 처리하도록 하고 있는 공직선거법 제225조나 언론소송은 다른 재판에 우선하여 신속히 하도록 하고 있는 언론중재 및 피해구제 등에 관한 법률 제29조 등을 원용하여, 정보공개법에도 "정보공개소송은 다른 쟁송에 우선하여 신속히 재판하여야 하며, 수소법원은 소가 제기된 날로부터 180일 이내에 처리하여야 한다"는 조항을 두어야 한다.

또한 피고로 하여금 법원으로부터 소장을 송달받은 후 30일 이내에 소장에 대한 답변을 제출하도록 해야 한다[미국 정보자유법 제552조(a)(4)(C) 참조].

프랑스 정보공개법(행정문서들의 공개에 관한 법률) 제7조는 행정문서의 열람 거부와 관련하여 소송이 제기될 경우 행정법원은 청구가 된 날로부터 6개월 이내에 판결을 내려야 한다고 규정하고 있다.

넷째, 행정상 의무이행소송을 도입해야 한다.[8]

현행 행정소송법상 허용되는 비공개 결정에 대한 취소소송은 설령 그것이 인용된다 하더라도 그 효과는 행정소송법 제30조 제2항과 제34조에 의한 간접강제에 의해서만 뒷받침할 수 있는 데 불과하다. 게다가 비공개 결정에 대한 취소소송의 인용판결이 확정되는 데 걸리는 시간(상소기간 포함)과 행정소송법 제34조 제1항에 의한 수소법원이 정하는 '상당한 기간'이 경과한 뒤에야 그러한 간접강제의 효력이 나타날 터인데, 이때에는 정보공개가 이미 무의미해질 경우가 적지 않을 것이다.

또 정보를 관리하거나 보유하는 공공기관이 새로운 이유를 들어 정보공개를 거부할 수 있으므로, 그러한 경우 정보공개소송을 통한 권리구제는 더욱더 지연될 가능성이 있다. 이러한 요인들은 결국 정보공개에 관한 권리구제에서 요구되는 신속성을 저해함으로써 정보공개소송이 오히려 정보공개에 관한 불복 구제 수단이기보다는 정보공개를 지연시키거나 정보공개에 대한 시민의 요구를 회피하는 방편으로 이용될 우려를 낳고 있다.

따라서 정보공개에 관한 불복절차는 현행 행정심판법과 행정소송법에만 맡길 것이 아니라 정보공개법의 차원에서 정보공개의 특수성을 고려한 특별한 규율을 행하고 그밖의 사항에 관해서만 현행 행정소송법의 보충적 적용을 인정하는 데 그쳐야 한다.

다섯째, 공공기관으로 하여금 정보공개를 적극적으로 활성화하도록 유도하기 위해서는 정보공개 청구소송에서 공공기관이 패소한 경우에는 그에 따른 실질적인 소송비

---

8) 일본 행정사건소송법 제3조 제6항은 항고소송의 하나로서 의무화 소송을 인정하고 있다.

용을 청구인에게 지급하게 할 필요가 있다.

정보공개 청구가 거부당한 청구인이 권리구제를 위하여 이의신청이나 행정심판, 행정소송을 제기할 경우 소송대리인(변호사)의 도움을 받아 승소한 경우 그에 대한 제반 소송비용을 보전하여 줌으로써 정보공개소송의 실효성을 꾀할 수 있고, 반면 공공기관의 무분별한 정보 비공개 결정의 남용을 예방할 수 있을 것이다.

미국의 정보공개법 제522조(a)(4)(E)는 "법원은 정보공개와 관련하여 원고가 실질적으로 승소한 사건에서, 미합중국에 대하여 합리적인 변호사 수임료와 그러한 사건에서 정당하게 발생한 다른 소송비용을 부과할 수 있다"고 규정하고 있는데, 이에 따라 통상 1시간당 300달러의 소송비용이 소요되는 것으로 보아 제1심의 사건의 경우 5만 달러(약 6천만 원) 정도가 지불되며, 과거 제1심의 사건의 경우 최고 16만 달러가 지불된 적도 있다고 한다.[9]

자본시장과 금융투자업에 관한 법률 제29조 제8항은 소수주주가 상법 제403조에 따른 소송(주주대표소송)을 제기하여 승소한 경우에는 금융투자업자에게 소송비용, 그 밖에 소송으로 인한 모든 비용의 지급을 청구할 수 있다고 규정하고 있는데 이를 원용하여 정보공개법에도 소송비용의 특례조항을 신설해야 한다.

한편 행정감시 등을 주된 목적으로 하는 공익단체 또는 언론사 등이 공익적 목적으로 정보공개 청구소송을 제기했으나 패소한 경우에는 "공개를 청구하는 정보의 사용 목적이 공공복리의 유지·증진을 위하여 필요하다고 인정되는 경우에는 제1항에 따른 비용을 감면할 수 있다"는 정보공개법 제17조 제2항을 원용하여 그에 따른 소송비용을 감면할 수 있는 제도도 마련되어야 한다.[10]

(8) 제재조항의 신설

정당한 정보공개에 대해서는 보호하되 악의적이며 위법한 공개 거부 또는 의도적인 허위 정보를 제공하는 행위 등에 관하여는 형사처벌을 하거나 과태료를 부과하는 등의 제재조항이 있어야 한다.

---

9) 日本弁護士連合会 情報公開法·民訴法問題対策本部消費者問題対策委員会 編,『アメリカ情報公開の現場から — 秘密主義との闘い』, 花伝社, 1997, 21쪽.

10) 변호사 보수의 소송비용산입에 관한 규칙에 의하면 소가가 2천만 원인 경우 소송비용에 산입되는 변호사 보수는 심급당 150만 원이다.

캐나다 정보공개법 제67조-1은 정보공개법에 의한 이용권을 부정할 목적으로 기록물의 폐기·훼손 또는 변조, 기록물의 위조 또는 허위작성, 기록물의 은닉, 타인에 대한 위 각 행위의 지시·제안·조언 또는 교사행위를 해서는 안 되며, 이를 위반한 경우에는 기소하여 2년 이하의 징역 또는 1만 달러 이하의 벌금에 처하거나 이를 병과할 수 있고, 또는 즉결판결로 6개월 이하의 징역 또는 5천 달러 이하의 벌금에 처하거나 이를 병과할 수 있다고 규정하고 있다.

(9) 공무원은 직무를 수행할 때 소속 상관의 직무상 명령에 복종하여야 한다(국가공무원법 제57조 등).

이때 가령 정보공개 업무를 담당하는 공무원이 소속 상관으로부터 의도적인 정보 은폐나 폐기 등을 지시받은 경우에 이러한 명령을 거부하면 징계사유에 해당될 수 있다. 따라서 소속 상관의 위법 혹은 부당한 명령에 대해서는 이를 거부하거나 이의를 신청할 수 있는 권리를 부여하고 더 나아가 이러한 사유를 내부고발을 할 경우에는 불이익을 줄 수 없도록 내부고발자 보호제도를 수립해야 한다.

누구든지 부패행위를 알게 된 때에는 이를 국민권익위원회에 신고할 수 있고(부패방지 및 국민권익위원회의 설치와 운영에 관한 법률 제55조), 특히 공직자는 그 직무를 행함에 있어 다른 공직자가 부패행위를 한 사실을 알게 되었거나 부패행위를 강요 또는 제의받은 경우에는 지체 없이 이를 수사기관·감사원 또는 국민권익위원회에 신고해야 한다(같은 법 제56조).

누구든지 이 법에 따른 신고나 이와 관련한 진술 그 밖에 자료 제출 등을 한 이유로 소속기관·단체·기업 등으로부터 징계조치 등 어떠한 신분상 불이익이나 근무조건상의 차별을 받지 아니하고, 또한 누구든지 신고를 한 이유로 신분상 불이익이나 근무조건상의 차별을 당했거나 당할 것으로 예상되는 때에는 국민권익위원회에 해당 불이익처분의 원상회복·전직·징계의 보류 등 신분보장조치와 그 밖에 필요한 조치를 요구할 수 있다(같은 법 제62조).

그런데 "공익을 침해하는 행위를 신고한 사람 등을 보호하고 지원함으로써 국민생활의 안정과 투명하고 깨끗한 사회풍토의 확립에 이바지함"을 목적으로 하고 있는 공익신고자 보호법은 국민의 건강과 안전, 환경, 소비자의 이익 및 공정한 경쟁을 침해하는 행위를 '공익침해행위'로서 규정하고 있는데 여기에 정보공개법에 따라 공공기관이 행하는 공개 결정 혹은 비공개 결정도 포함시켜 정보공개 관련 공익신고자에 대한 보호조치와 불이익조치 금지의 실효성을 제고해야 한다(공익신고자 보호법 제2조 제1호 가목 '별표' 참조).

(10) 공공기록물 관리에 관한 법률과 정보공개법과의 상호 연계성을 강화하고 기록물관리법에 의한 비공개 기록물의 열람제도를 활성화해야 한다.

같은 법 제37조 제1항은 영구기록물관리기관의 장은 해당 기관이 관리하고 있는 비공개 기록물에 대하여 개인에 관한 정보로서 본인(상속인 포함) 또는 본인의 위임을 받은 대리인이 열람을 청구한 경우, 개인이나 단체가 권리구제 등을 위하여 열람을 청구한 경우로서 해당 기록물이 아니면 관련 정보의 확인이 불가능하다고 인정되는 경우, 공공기관에서 직무수행상 필요에 따라 열람을 청구한 경우로서 해당 기록물이 아니면 관련 정보의 확인이 불가능하다고 인정되는 경우, 개인이나 단체가 학술연구 등 비영리 목적으로 열람을 청구한 경우로서 해당 기록물이 아니면 관련 정보의 확인이 불가능하다고 인정되는 경우에 해당하는 열람 청구를 받으면 대통령령으로 정하는 바에 따라 이를 제한적으로 열람하게 할 수 있다고 규정하고 있다.

영구기록물관리기관의 장은 10일 이내에 제한적 열람 가능 여부를 결정하여 신청인에게 통지해야 하고(같은 법 시행령 제73조 제3항), 영구기록물관리기관의 결정에 불복하는 경우 신청인은 7일 이내에 재심의 요청서를 제출할 수 있으며, 영구기록물관리기관은 7일 이내에 기록물공개심의회에서 재결정해야 한다(시행령 제73조 제4항).

그런데 이러한 제도에 대한 적극적인 홍보를 통하여 비공개 기록물의 열람제도를 활성화하도록 유도해야 한다.

개인정보 보호법에 의한 개인정보의 열람·정정·삭제제도 및 개인정보 단체소송의 활성화, 군사기밀보호법에 의한 군사기밀의 공개·제공·설명의무(같은 법 제7조 및 제8조)의 확대 및 군사기밀의 공개요청 제도(같은 법 제9조)의 활성화 방안도 필요하다.

이외에도 국정에 대한 국민의 참여와 국정 운영의 투명성을 확보함을 목적으로 하는 정보공개법의 입법취지와 그 실효성을 극대화할 수 있도록 국내외의 법적·제도적 보완책을 끊임없이 연구하고 보완해야 한다.

참 고 문 헌

I. 국내 참고문헌

1. 단행본

강경근,『정보공개제도의 입법 및 사법적 실현』, 한국법제연구원, 2002.

국가기록원,『비밀기록물 재분류 매뉴얼』, 2010.

곽관훈,『재정의 투명성 제고를 위한 정보공개 관련 법제의 개선방안』, 한국법제연구원, 2006.

권건보,『개인정보보호와 자기정보통제권』, 경인문화사, 2005.

권찬태·안홍복,『지방자치회계의 투명성과 주민의 알권리』, 집문당, 2003.

김석준·강경근·홍준형,『열린사회 열린정보』, 비봉출판사, 1993.

김승태,『행정정보 공개제도의 집행요인 및 정책효과 분석』, 한국학술정보, 2006.

김중양,『정보공개법』, 법문사, 2000.

법원행정처,『전정증보 법원실무제요 행정』, 1997.

──────,『법원실무제요 민사집행(III)』, 2014.

사단법인 언론인권센터,『정보공개청구 매뉴얼』, 2005.

서울행정법원,『행정재판실무편람』, 2001.

──────,『행정재판실무편람(II)』, 자료편, 2002.

서울행정법원 실무연구회,『행정소송의 이론과 실무』(개정판), 사법발전재단, 2014.

서정범 역(우가 카츠야 저),『新정보공개법의 축조해설』, 세창출판사, 2012.

성낙인,『헌법학 입문』, 법문사, 2014.

윤광석,『정보공개제도의 진단과 개선방안 연구』, 한국행정연구원, 2010.

이구현,『미디어와 정보공개법』, 한국언론재단, 2004.

이규연,『정보공개와 탐사보도』, 한국언론재단, 2007.

전진한,『투명사회 정보도시』, 한울아카데미, 2013.

정종섭,『한국헌법론』, 박영사, 2013.

총무처 능률국,『정보공개법령의 제정과정과 내용』, 1997.

하승수·조영삼·성재호·전진한,『정보사냥』, 환경재단 도요새, 2009.

한국법제연구원,『정보공개제도와 정보공개법제정의 방향』, 한국법제연구원, 1992.

한국언론재단 편집부,『세계의 언론법제 정보공개와 언론』, 한국언론재단, 2008.

한국행정연구원,『행정정보공개제도에 관한 연구』, 1992.

행정안전부, 『정보공개제도 운영 매뉴얼』, 2010.

행정자치부, 『1998년~2013년 정보공개 연차보고서』.

허　영, 『한국헌법론』, 박영사, 2007.

홍정선, 『행정법원론(상)』(21판), 박영사, 2013.

2. 논문(학위논문 포함)

강경근, "헌법상 정보공개와 한국법·제도의 현실", 법학논총 2집, 숭실대학교 법학연구소, 1986.

──, "국민의 정보공개청구권", 법률신문 1881호(1989. 10), 법률신문사, 1989.

──, "헌법상 정보공개청구권의 주체와 대상", 법학논총 6집, 숭실대학교 법학연구소, 1993.

──, "정보공개법시안상의 정보공개 범위와 그 문제점", 인권과 정의 221호, 대한변호사협회, 1995.

──, "정보공개에 있어서의 제3자 관련 공익정보의 공개", 현대공법이론의 제문제(천봉 석종현 박사 화갑기념논문집), 삼영사, 2003.

──, "정보공개청구권의 제한 : 특히 프라이버시권에 관련하여", 토지공법연구 19집, 한국토지공법학회, 2003.

──, "미국 정보공개법상 법원의 이익형량의 권한", 판례실무연구(VII), 비교법실무연구회, 박영사, 2004.

강근복, "지방자치와 정보공개", 지방자치연구 2권 1호(2호), 한국지방자치학회, 1990.

강성남, "정보공개제도에 관한 한 고찰", 입법조사연구 234호, 국회도서관 입법조사분석실, 1995.

강수경, "행정정보공개에 관한 연구", 연세대학교, 2010.

강영균, "알권리에 관한 연구 : 정보공개청구권과 자기정보통제권을 중심으로", 서울대학교, 1990.

경　건, "정보공개청구제도에 관한 연구 : 일반 행정법이론체계와의 관련에서", 서울대학교, 1998.

──, "독일 정보공개법제의 개관", 행정법연구 2호, 행정법이론실무학회, 1998.

──, "독일 정보공개법제의 개관", 법학연구 5권, 서울대학교, 1998.

──, "독일 환경정보공개소송(UIG-Klage)의 특성", 행정법연구 5호, 행정법이론실무학회, 1999.

──, "정보공개청구권의 헌법적 근거와 그 제한", 행정판례연구 5집, 박영사, 2000.

──, "정보공개를 위한 공공기록관리체계의 정비", 법률행정논집 8권, 서울시립대학교 법률행정연구소, 2001.

──, "정보공개와 개인정보의 보호 : 정보공개법상의 개인정보 보호를 중심으로", Jurist 384호, 청림인터렉티브, 2002.

──, "정보공개와 개인정보의 보호 : 정보공개법상의 개인정보 보호를 중심으로", 정보법학 6권 1호, 한국정보법학회, 2002.

──, "독일 환경정보법상의 정보공개청구제도", 판례실무연구 VII, 박영사, 2004.

──, "정보공개청구권의 근거", 행정판례평선, 박영사, 2011.

고시면, "특별법으로서 '보안관찰법'의 위헌 여부 및 '보안관찰 관련 통계자료 비공개'의 합법 여부", 사법행정 제46권 제8호, 한국사법행정학회, 2005.

구병삭, "국민의 알권리와 국정의 정보공개", 법률행정논집 19집, 고려대학교 법률행정연구소, 1981.

———, "국민의 알권리와 국정의 정보공개", 현대공법이론, 1982.

———, "정보공개법제정의 방향", 공법연구 17집(1989. 7), 한국공법학회, 1989.

권영법, "공소제기 전 수사서류의 열람·등사권", 법조, 통권 659호(2011. 8)

권헌영, "정보공개법제에 관한 연구 : 정보사회의 전자적 정보공개를 중심으로", 연세대학교, 1998.

권혁재, "문서제출명령신청의 범위", 인권과 정의 제331호, 대한변호사협회, 2004.

권형준, "정보공개제도에 관한 고찰", 법학논총 23집 2호, 한양대학교, 2006.

———, "정보공개제도에 관한 고찰", 현대헌법학의 이론적 전개와 조망(금석 권형준 교수 정년기념 논문집), 박영사, 2013.

김광암, "정보화사회에 있어서 정보공개와 인권보장", 검찰 104호, 대검찰청, 1993.

———, "정보화사회에 있어서 정보공개와 인권보장", 수원지방변호사회지 5호, 수원지방변호사회, 1994.

김기수, "공공기관의 정보공개에 관한 법률의 적용 대상 정보", 재판실무연구(II), 서울남부지방법원, 2010.

김기표, "정보공개와 행정심판 : 정보공개법의 심사경과", 행정심판연구논문집: 2000~2003년 법제지 수록논문(II), 법제처, 2004.

김남규, "정보공개제도에 관한 연구", 대전대학교 대학원, 2004.

김남진, "정보공개조례안의 위법성 여부", 사법행정 33권 12호, 한국사법행정학회, 1992.

김배원, "알권리에 관한 연구", 부산대학교, 1989.

———, "미국의 정보자유법(FOIA Text; EFOIA of 1996) 역문 및 원문", 법학연구 40권 1호(통권 48호), 부산대학교, 1999.

———, "미국의 정보자유법", 미국헌법연구 10호, 해암사, 1999.

———, "일본의 정보공개제도 : 「행정기관이 보유하는 정보의 공개에 관한 법률」을 중심으로", 공법학연구 2권, 한국비교공법학회, 2000.

———, "미국의 정보자유법(FOIA) 30년(1966-1996)", 공법학연구 3권 1호, 한국비교공법학회, 2001.

———, "정보공개제도와 기업비밀 : 미국의 FOIA 예외조항 4의 판례를 중심으로", 공법학연구 5권 2호, 한국비교공법학회, 2004.

———, "정보기본권의 독자성과 타당범위에 대한 고찰 : 헌법 개정과 관련한 체계구성을 중심으로", 헌법학연구 12권 4호(2006. 11), 한국헌법학회, 2007.

———, "미국의 정보공개판례 ─ Vaughn v. Rosen F.2d 820(1973)", 부산대학교 법학연구 제41권 제1호(통권 49호), 2000.

김봉철, "정보공개법상 공개대상정보로서 '공공기관이 보유·관리하는 정보'에 관한 연구 ─ 보유·관리되고 있는 정보의 의미와 공공기관의 정보생성·복원·가공의무를 중심으로", 법조, 통권 제693호(2014. 6).

김상겸, "정부자문위원회에 관한 헌법적 연구", 헌법학연구 11권 2호, 한국헌법학회, 2005.

김상민, "우리나라의 행정정보공개제도에 관한 연구", 경희대학교, 1992.

김상태, "정보공개소송에 있어서의 법률문제 : 정보공개청구권의 법적 성격 및 소송유형을 중심으로", 법학논총 24집 3호, 한양대학교, 2007.

김성배, "정보공개제도와 국가비밀보호의 문제", 법학논고 34집, 경북대학교 출판부, 2010.

김성열, "수사기록에 대한 정보공개청구권의 행사", 재판과 판례 14집, 대구판례연구회, 2006.

김세규, "독일의 정보공개제도와 환경정보법", 동아법학 26호, 동아대학교출판부, 1999.

김수훈, "국민의 알권리와 국가안보와의 관계에 관한 연구 : 국가기밀보호와 정보공개의 갈등을 중심으로", 연세대학교, 2000.

김영조, "개정 정보공개법의 주요내용과 문제점", 사회과학연구, 상명대학교 사회과학연구소, 2004.

김용군, "정보공개와 프라이버시 보호에 관한 연구", 성균관대학교, 1995.

김용상, "정보공개청구제도에 관한 연구 : 제도 시행상의 문제점을 중심으로", 한양대학교, 2001.

김용섭, "검사의 불기소사건기록에 대한 정보공개를 둘러싼 법적 쟁점", 행정법연구 제35호, 행정법이론실무학회, 2013.

김용찬, "정보공개청구사건에서의 몇 가지 쟁점", 법조 52권 9호(통권564호), 법조협회, 2003.

김원주, "'행정과정'과 정보공개, 한국행정법학의 어제·오늘·내일", 문연 김원주 교수 정년기념논문집 1권, 문연 김원주 교수 정년기념논문집 간행위원회, 2000.

김의환, "거부처분취소확정판결의 기속력과 간접강제의 요건", 경기법조(2004년 11호), 수원지방변호사회, 2004.

――, "정보공개와 공무원의 비밀엄수의무", 행정소송(II), 한국사법행정학회, 2008.

――, "정보공개법 일반론", 행정소송(II), 한국사법행정학회, 2008.

――, "비공개대상정보의 범위", 행정소송(II), 한국사법행정학회, 2008.

――, "행정상의 개인정보보호", 행정소송(II), 한국사법행정학회, 2008.

――, "정보공개대상의 판단기준", 행정판례평선, 박영사, 2011.

김재광, "원전사고와 환경정보공개에 관한 고찰", 행정법학 제2호, 한국행정법학회, 2012.

김주원, "판례를 통해 본 정보공개청구권", 판례연구 22집(1), 서울지방변호사회, 2008.

김창조, "정보공개제도상의 비공개 사유와 본인공개청구", 행정판례연구 8집, 박영사, 2003.

――, "정보공개법상 비공개 사유와 공무원의 비밀엄수의무", 공법연구 제35집 제2호, 한국공법학회, 2006.

김채홍, "행정정보공개제도에 관한 연구", 법학논총 12집 1호, 조선대학교 법학연구소, 2005.

김천수, "제3자의 확정된 수사기록에 대한 정보공개청구", 대법원 판례해설 47호(2003년 하반기), 법원도서관, 2004.

김춘환, "전자정보공개에 관한 연구", 토지공법연구 15집, 한국토지공법학회, 2002.

――, "정보공개소송의 문제점과 개선점", 법학논총 8집, 조선대학교 법학연구소, 2002.

김충묵, "행정정보공개제도에 관한 연구", 법학연구 1집, 군산대학교, 1998.

――, "공공기관의 정보공개에 관한 고찰", 법학의 현대적 제문제(덕암 김병대 교수 화갑기념논문집), 대흥기획, 1998.

김태호, "국가비밀과 정보공개 : 정보공개법 제7조 제1항 제1호 및 제2호의 비공개 사유와 그 운용을 중심으로", 행정법연구 8호(2002년 상반기), 행정법이론실무학회, 2002.

김효진, "정보공개와 개인정보의 법적 보호", 헌법규범과 헌법현실, 법문사, 2000.

노기호, "교육정보공개와 개인정보보호의 문제 : 일본과 미국의 제도 및 판례를 중심으로", 공법연구 27집 1호, 한국공법학회, 1998.

노영보, "현대사회에 있어서 정보공개와 인권보장", 저스티스 24권 2호, 한국법학원, 1991.

노청석, "중국 '정부정보공개조례'의 제정과 그 의의", 법률신문 3551호(2007. 3), 법률신문사, 2007.

류지태, "정보공개조례안의 위법성", 법률신문 2150호(1992. 8), 법률신문사, 1992.

――――, "행정작용 당사자의 법적 지위보장을 위한 제도개선 논의 : 현행 행정절차법안과 행정정보공개법안의 문제점을 중심으로", 법학논집 32집, 고려대학교 법학연구원, 1996.

마용주, "행정소송법상 간접강제의 집행문제", 행정재판실무편람―자료집, 서울행정법원, 2001.

명승환, "전자적인 정보공개 방안에 관한 연구", 한국행정학회 학술대회 발표논문, 한국행정학회, 1997.

문정욱, "열린 정부 정책 동향과 시사점 : 영국과 미국의 OGP 전략을 중심으로", 방송통신정책 제25권 17호(통권 562호), 정보통신정책연구원.

문종욱, "정보화사회에서의 프라이버시권과 정보공개", 법학연구 8권 1호, 충남대학교 법학연구소, 1997.

박균성, "정보공개제도에 관한 연구 : 적용범위와 한계를 중심으로", 서울대학교, 1985.

――――, "미국의 정보자유법상의 수사기록의 비공개 범위", 미국헌법연구 제5호, 1994.

박미숙, "형사사건기록의 열람·등사와 정보공개", 비교형사법연구 제3권 제1호, 2001.

박선희, "공공기관의 정보공개에 대한 연구", 영남대학교, 2010.

박성호, "정보공개제도와 저작권법의 관계(1)(2)", JURIST 2002년 6, 7월호, 2002.

――――, "정보공개제도와 저작권법의 관계", 특별법연구 7권, 박영사, 2005.

박영규, "행정정보공개제도에 관한 연구 : 공개대상정보의 한계 및 구제제도 중심으로", 한양대학교, 1995.

박영욱, "정보공개청구사건에 대한 행정심판실무상 쟁점 검토", (순간)법제 522호, 법제처, 2001.

――――, "정보공개청구사건에 대한 행정심판실무상 쟁점 검토", 행정심판연구논문집(2000~2003년) 법제지 수록논문(II), 법제처, 2004.

박용덕, "조례에 의한 정보공개에 관한 연구", 고려대학교 법무대학원, 2006.

박용상, "국가기밀법의 체계", 사법논집 제27집, 법원도서관, 1996.

박원경, "신상정보공개의 본질과 소급적용의 한계", 판례연구 제26집 2호, 서울지방변호사회, 2013.

박재윤, "개인적 이익과 정보공개청구", 서울대학교 대학원, 2003.

박정일, "행정정보공개제도와 개인정보보호", 원광대학교 대학원, 2004.

박종보, "공공정보공개제도와 알권리의 헌법적 근거", 헌법규범과 헌법현실, 법문사, 2000.

박종수, "과세정보의 수집, 관리·공개의 조세법적 문제", 법제연구 제30호, 한국법제연구원, 2006.

박진우, "프랑스 정보공개제도의 현 단계", 세계의 언론법제 정보공개와 언론, 한국언론재단, 2008.

박찬걸, "특정 성범죄자의 신상정보 활용제도의 문제점과 개선방안 : 성범죄자 등록·고지·공개제도를 중심으로", 법학논총 제27권 제4호, 한양대학교, 2010.

박평준, "가. 정보공개거부처분에 있어서 정보의 보유·관리와 처분의 취소를 구할 법률상 이익의 존부 …", 대법원판례해설 61호(2006년 하반기), 법원도서관, 2006.

박해식, "정보공개청구사건에 관한 최근 대법원 판례의 개관, 상", 법률신문 3233호(2004. 1), 법률신
　　　문사, 2004.

───, "정보공개청구사건에 관한 최근 대법원 판례의 개관, 하", 법률신문 3234호(2004. 1), 법률신
　　　문사, 2004.

───, "비공개대상정보 간의 처분사유의 추가·변경", 대법원 판례해설 47호, 법원도서관, 2004.

───, "보안관찰법 소정의 보안관찰 관련 통계정보가 비공개대상정보에 해당하는지 여부", 21세기
　　　사법의 전개(송민 최종영 대법원장 재임기념집), 박영사, 2005.

배병호, "정보공개청구소송에서 비공개사유의 추가", 성균관법학 20권 2호, 성균관대학교 비교법연
　　　구소, 2008.

───, "미국의 정보공개제도와 언론", 세계의 언론법제 정보공개와 언론, 한국언론재단, 2008.

백윤기, "행정정보공개조례(안) 재의결 취소 등", 국민과 사법(윤관 대법원장 퇴임기념집), 박영사,
　　　1999.

변재옥, "현대사회에 있어서 정보공개와 인권보장", 저스티스 24권 2호, 한국법학원, 1991.

변현철, "정보공개법의 실무적 연구 : 판례를 중심으로", 재판자료 89집(2000. 12) : 외국사법연수론집
　　　(20), 대법원 법원행정처, 2000.

서석희, "정보공개제도에 관한 비교법적 연구", 군사법론집 2집, 국방부, 1995.

서원경, "우리나라 비밀기록관리 현황에 관한 연구", 한국기록관리학회지 제6권 제1호, 2006.

석호철, "기속력의 범위로서의 처분사유의 동일", 행정판례연구 5집, 박영사, 2000.

설계경, "행정정보공개제도에 관한 고찰", 외법논집 19집, 한국외국어대학교 법학연구소, 2005.

설민수, "일반인의 재판과 재판기록에 대한 접근권과 그 제약 : 비교법적 접근", 저스티스 111호, 한국
　　　법학원, 2009.

성낙인, "정보공개법의 제정방향 : 프랑스 정보공개법제를 중심으로", 사회과학연구 11집 1권(통권
　　　제18호), 영남대학교, 1991.

───, "개인정보보호 및 정보공개법제의 정립과 언론", 언론중재 15권 1호(통권 54호, 1995년 봄),
　　　언론중재위원회, 1995.

───, "정보공개법제의 비교법적 검토 : 정부정보공개법(시안)을 중심으로", 인권과 정의 221호, 대
　　　한변호사협회, 1995.

───, "프랑스의 정보공개법제", 행정법연구 5호(1999년 하반기), 행정법이론실무학회, 1999.

───, "정보공개와 개인정보(사생활비밀)보호", 한일법학 19집, LEC, 2000.

소병천, "영국의 환경정보공개에 관한 법제 연구", 외법논집 35권 제2호, 한국외국어대학교 법학연구
　　　소, 2011.

신양균, "수사절차에서 변호인의 기록열람·등사권", 법조 제574호, 법조협회, 2004.

심영섭, "북유럽에서의 정보공개와 언론", 세계의 언론법제 정보공개와 언론, 한국언론재단, 2008.

안지현, "비공개 기록의 관리와 활용에 관한 연구", 기록학연구 제13호, 한국기록학회, 2006.

양영희, "정보화사회에 있어서 프라이버시 보호와 정보공개", 이화여자대학교, 1990.

양희준, 「교육관련기관의 정보공개에 관한 특례법」 제정과정 분석 ― 법안 제5조 심사과정을 중심으

로", 교육법학연구 제25권 제3호, 대한교육법학회, 2013.

엄기열, "알권리의 개념적 가능성과 한계 : 알권리에 대한 1989년의 헌법재판소 판결 이전의 학설에 관하여", 언론과 법 2호, 한국언론법학회, 2003.

여인호, "환경법에서의 정보공개", 경남법학 18집, 경남대학교 법학연구소, 2003.

오기두, "정보 비공개 결정 위헌 확인 ─ 수사기록의 공개와 변호인의 피구속자 조력권 및 알권리", 헌법재판소결정해설집, 헌법재판소, 2004.

오남석, "정보공개제도와 국가기밀의 관계에 관한 연구", 전북대학교, 2001.

오문기, "정보공개거부처분과 관련된 처분사유의 추가·변경", 재판과 판례 16집(2007. 12), 대구판례연구회, 2008.

오준근, "행정과정에 있어서의 절차적 정의와 인권보호", 인권과 정의 제369호(2007. 5), 대한변호사협회, 2007.

오항녕, "영국 정보공개제도의 발달과 현황 : 미완의 여정", 기록보존 제12호(1999. 12).

유일상, "정보공개법상 비공개정보의 범위에 관한 비교법제적 연구─한·미·영·일을 중심으로", 헌법학연구 제11권 제3호, 한국헌법학회, 2005.

유재천, "정보공개와 프라이버시", 언론중재 9권 2호(통권 31호, 1989년 여름), 언론중재위원회, 1989.

유진식, "정보공개거부처분취소", 행정판례연구 19-1, 박영사, 2014.

윤강열, "'학교폭력대책자치위원회 회의록'이 정보공개 대상이 되는지 여부", 대법원 판례해설 83호(2010년 상반기), 법원도서관, 2010.

윤은하, "기록정보 서비스와 정보공개 : 이용자 중심의 서비스 논쟁을 중심으로", 한국기록관리학회지 12권 2호, 한국기록관리학회, 2012.

육종수, "주민 참가의 활성화를 위한 정보공개제도", 공법연구 26집 3호, 한국공법학회, 1998.

이동흡, "검사의 형사기록 열람·등사 거부처분에 관하여", 행정판례연구 4집, 박영사, 1999.

이민영, "이른바 재판정보의 비공개 대상적격", 사법 제17호, 사법발전재단, 2011.

이병철, "사법 선진화를 위한 판결정보공개", (순간)법제 615호, 법제처, 2009.

이상윤, "영업상비밀보호 및 정보공개 운영규정연구", 무역구제 통권 9호(2003년 겨울호), 산업자원부 무역위원회, 2003.

이상천, "공공기관의 정보공개에 관한 법률 제9조 제1항 제1호의 법체계적 정합성", 법학연구 제13집 제2호, 인하대학교 법학연구소, 2010.

이상해, "행정정보에 대한 접근권─독일과 스위스의 '연방이 보유한 정보에의 접근에 관한 법' 및 '행정의 공개성원칙에 관한 연방법'을 중심으로", 공법연구 제35집 제1호, 한국공법학회, 2006.

이서열, "정보공개법제의 발전과 향후 개선과제", 외법논집 30집, 한국외국어대학교 법학연구소, 2008.

이영진, "정보공개와 프라이버시 보호에 관한 연구 : 정보사회를 대비한 법·제도 측면", 연세대학교, 1991.

이인묘·조동제, "대만의 체제이행과 행정개혁 : 대만에서의 정보공개법제의 최근 상황을 중심으로", 아시아법제연구 4호, 한국법제연구원, 2005.

이자성, "정보공개제도와 정부의 책무성에 관한 한국과 일본 비교 : 시민단체의 예산지출 청구를 중심으로", 한국행정학보 제38권 제5호, 한국행정학회, 2004.

이종상, "헌법상 기본권 보장을 위한 정보공개와 사생활비밀보호제도", 경남법학 11집(김선수 교수 정년퇴임기념호), 경남대학교 법학연구소, 1996.

이주영, "조례상의 형벌제정권과 지방자치법 제20조의 위헌론", 창원지방변호사회지 제2호, 1996.

이창주, "미국에서의 국가안전보장 관련 정보공개제한에 관한 연구", 한국외국어대학교, 2012.

이철환, "정보공개소송에서의 쟁점", 법학논총 28집 1호, 전남대학교 법률행정연구소, 2008.

――――, "업무추진비에 대한 정보공개의 방법", 법학논총 28집 2호, 전남대학교 법률행정연구소, 2008.

이춘구, "지방자치와 행정정보공개의 관계 소고 : 한국과 일본의 서론적 고찰", 현대공법이론의 전개 (석정 허영민 박사 화갑기념집), 석정 허영민 박사 화갑기념논문집 간행위원회, 1993.

이한성, "미국의 행정정보공개제도", 행정법연구 제2호(1998년 상반기), 행정법 이론실무학회, 1998.

이희훈, "공공기관의 정보공개에 관한 법률 제9조 제1항 제6호에 대한 헌법적 고찰", 경기법학논총 13호, 경기대학교, 2011.

임재홍, "정보공개법상 정보은닉과 비공개정보의 범위―99구24276사건에서 드러난 법무부의 헌법 일탈적 행태 비판", 민주법학 19호(2001년 상반기), 민주주의법학연구회, 도서출판 관악사, 2001.

장영수, "독일의 정보공개제도", 세계의 언론법제 정보공개와 언론, 한국언론재단, 2008.

장승혁, "형사소송법상 수사기록 열람·등사와 관련한 법률적 쟁점", 우리법연구회 논문집 제6집, 우리법연구회, 2010.

전정구, "정보공개청구권과 개인 및 기업비밀보호의 조화," 한일·일한변호사협의회 12호, 한일변호 사협의회, 1993.

전원배, "의회조사권에 관한 비교헌법적 연구 : 우리나라 국정조사권의 활성화를 위하여", 서울대학 교, 1995.

정광호·전대성·김홍석, "정보공개제도가 항생제 처방에 미친 영향 : 서울시 의료기관을 중심으로", 행정논총 46권 1호, 서울대학교 행정대학원, 2008.

정남철, "정보공개제도와 권리구제", 고려대학교, 1997.

――――, "정보공개 거부결정과 처분사유의 추가·변경", 행정판례연구 18-1(2013), 박영사, 2014.

정선주, "간접강제금의 본질과 소송상의 제문제", 민사소송 제16권 제1호, 진원사, 2012.

정순원, "헌법상 정보공개와 교육정보공시법의 입법방향", 교육법학연구 20권 1호, 대한교육법학회, 2008.

정 승, "중국 정보법제에 관한 연구 : 정보공개·비밀보호·개인정보보호를 중심으로", 성균관대학교, 2012.

정연주, "신상공개제도와 세부 정보공개제도(안)에 대한 헌법적 검토―헌재결 2003. 6. 26. 2002헌가 14 중심으로", 헌법판례연구 제7권, 박영사, 2005.

정준희, "영국의 정보자유법과 언론", 세계의 언론법제 정보공개와 언론, 한국언론재단, 2008.

정태학, "정보공개청구서에 청구대상정보를 특정할 수 없는 부분이 포함되어 있는 경우 법원이 취해 야 할 조치", 대법원판례해설 68호(2007. 12), 법원도서관, 2008.

정필운, "정보공개청구권과 저작권의 상충 : 미국의 논의", 경희법학 44권 1호, 경희대학교, 2009.

──, "공공기관은 자신의 저작권을 근거로 국민의 정보공개청구를 거부할 수 있는가", 헌법학연구 16권 1호, 한국헌법학회, 2010.

정하명, "행정정보공개대상 정보의 적정 범위 : 대법원 2008.11.27. 선고 2005두15694판결을 중심으로", 법학연구 51권 1호(63호), 부산대학교, 2010.

──, "정보공개제도에서 개인정보보호에 관한 논의의 발전", 공법연구 42집 3호, 한국공법학회, 2014.

조기영, "피의자의 열람·등사권", 형사법연구 제20권 제3호(통권 제36호), 한국형사법학회, 2008.

조용호, "정보공개청구소송에서 '비공개 열람' 심사의 방법", 행정재판실무편람(자료집), 서울행정법원, 2001.

조정은, "전자적 행정정보공개에 관한 법적 고찰", 건국대학교, 2008.

채우석, "일본의 정보공개법제에 관한 일고", 아·태공법연구 5집, 아세아·태평양공법학회, 1998.

──, "정보공개와 판례의 동향", 토지공법연구 24집, 한국토지공법학회, 2004.

──, "행정절차법상 정보공개", 공법연구 30집 4호, 한국공법학회, 2002.

──, "환경행정과 정보공개", 환경법연구 제29권 제2호, 한국환경법학회, 2007.

천대윤, "21세기 정보사회를 위한 한국 정보공개정책의 발전론적 고찰—미국 사례를 중심으로", 사회과학 제37권 제1호(통권 제46호), 1998.

최명준, "알권리와 정보공개", 성균법학 19집, 성균관대학교 법률학회, 1987.

최병문, "교정기관 정보공개의 허용한계", 교정연구 54호, 한국교정학회, 2012.

천상범, "국가기밀보호제도에 관한 공법적 연구", 한양대학교 박사학위논문, 2001.

최선집, "언론사 세무조사결과 공개청구", 논점 조세법, 조세통람사, 1998.

최송화, "공공기관의 정보공개에 관한 법률의 내용과 특징", 법치행정과 공익(청담 최송화 교수 화갑기념논문집), 박영사, 2002.

최영덕, "제조물책임소송에서 정보공개를 통한 입증책임 완화에 관한 연구", 법학연구 제17집 제1호, 인하대학교 법학연구소, 2014.

최용남, "정보공개와 국민의 알 권리", 현대법학의 과제(구산 곽종영 교수 화갑기념논문집), 동 간행위원회, 1993.

최정민·김유승, "국내 정보공개 연구 동향 분석", 한국기록관리학회지 13권 3호, 한국기록관리학회, 2013.

최진영, "군의 정보공개청구제도에 대한 검토", (순간)법제 통권 제665호, 법제처, 2014.

최창호, "미국의 정보자유법에 관한 연구", 해외연수검사연구논문집 제19집 제1호, 법무연수원, 2004.

──, "정보공개와 개인정보보호에 관한 소고", 법학논총 18집, 숭실대학교 법학연구소, 2007.

최철환, "신용정보의 이용 및 보호에 관한 법률 제15조 제1항 제4호의 '개인 신용정보'의 의미", 대법원판례해설 통권 제62호, 법원도서관, 2003.

하명호, "정보공개의 청구가 신의칙에 반하거나 권리 남용에 해당하는지 여부", 대법원 판례해설 통권 제64호(2006년 상반기), 법원도서관, 2007.

──, "가. 정보공개거부처분 취소소송에서 정보의 존재에 대한 입증책임의 소재와 입증의 정도…",

대법원판례해설 68호(2007 상반기), 법원도서관, 2008.

———, "시험정보에 대한 공개청구에 있어서 '업무의 공정한 수행이나 연구·개발에 현저한 지장을 초래할 상당한 이유'의 판단방법", 대법원 판례해설 통권 제68호(2007년 상반기), 법원도서관, 2008.

———, "대한주택공사가 분양한 아파트의 분양원가 산출자료가 구 공공기관의 정보공개에 관한 법률 제7조 제1항 제7호 소정의 비공개정보인지 여부", 대법원 판례해설 통권 제68호(2007년 상반기), 법원도서관, 2008.

———, "정보공개의무기관", 행정판례평선, 박영사, 2011.

한귀현, "정보공개제도와 환경보호 : 독일 환경정보법(UIG)을 중심으로", 공법학연구 1권, 한국비교공법학회, 1999.

한기택, "정보공개에 있어서 문서의 특정", 행정재판실무편람(III) : 자료집, 서울행정법원, 2003.

한만주, "독일의 환경정보공개청구제도", 안암법학 통권 제43호(상), 무지개출판사, 2014.

한애라, "정보공개사건에서 한 문서 중 인적사항을 제외한 나머지만을 공개하도록 할 수 있는가의 여부 및 위 일부 공개시의 주문과 이유설시 방법", 행정재판실무편람(자료집), 서울행정법원, 2001.

한위수, "알권리와 정보공개청구권", 헌법문제와 재판(하) : 법관세미나 자료, 사법연수원, 1996.

———, "알권리와 정보공개청구권", 재판자료 77집 : 헌법문제와 재판(하), 대법원 법원행정처, 1997.

———, "정보공개청구사건의 재판실무상 제문제", 인권과 정의 304호, 대한변호사협회, 2001.

———, "정보공개청구사건의 심리와 재판에 있어서의 몇 가지 문제", 행정재판실무편람(II) 자료집, 서울행정법원, 2002.

———, "정보공개법상 비공개대상정보로서의 법령비 정보", 행정재판실무편람(II), 서울행정법원, 2002.

함인선, "공법인의 기본권 주체성", 헌법실무연구 3권, 헌법실무연구회, 2002.

허정룡, "정보공개에 있어서 프라이버시권 보호", 대전대학교, 1999.

허   희, "초·중등교육기관의 교육 정보공개의 문제점과 개선방안", 충북대학교 법무대학원, 2009.

현준원, "유럽연합의 공법상 환경정보공개제도에 관한 고찰 : 독일의 사례를 중심으로", 아주법학 제6권 제1호, 아주대학교 법학연구소, 2012.

홍완식, "정보공개청구권에 관한 연구", 정법논총 22집, 건국대학교 정법대학, 1987.

홍일표, "공공기관의 정보공개에 관한 법률 제18조 제1항 소정의 '법률상 이익의 침해를 받은 때'의 의미", 행정재판실무편람(II) 자료집, 서울행정법원, 2002.

홍정선, "행정정보공개조례(안) 재의결 취소", 법률신문 2191호(1993. 2), 법률신문사, 1993.

———, "행정심판의 피청구인으로서 지방자치단체의 원고적격", 지방자치법연구 7권 1호(통권 13호), 법영사, 2007.

———, "정보공개청구권 : KBS 추적 60분(새튼은 특허를 노렸나) 정보공개거부사건", (최신) 행정법판례특강 제2판, 박영사, 2012.

홍준형, "정보공개청구권과 정보공개법", 법과 사회 6호, 박영사, 1992.

———, "정보공개청구권과 정보의 자유", 현대법의 이론과 실제(금낭 김철수 교수 화갑기념논문집),

박영사, 1993.

─────, "문서열람청구권과 정보공개청구권", 행정법연구 2호(1998년 상반기), 행정법이론실무학회, 1998.

─────, "행정정보공개조례의 적법 여부", 판례행정법, 두성사, 1999.

황도수, "법규명령으로서의 부령─법규명령과 행정규칙의 구별기준", 행정법연구 제18호, 2007.

황정근, "공공기관의 정보공개에 관한 법률 제7조의 비공개 대상 정보", 행정소송실무연구 1999~2002년. II, 서울고등법원, 2002.

II. 일본 단행본

宇賀克也, 『情報公開法の理論』, 有斐閣, 1998.

─────, 『アメリカの情報公開』, 良書普及会, 1998.

─────, 『情報公開法の理論』(新版), 有斐閣, 2000.

─────, 『情報公開法・情報公開条例』, 有斐閣, 2001.

─────, 『ケースブック 情報公開法』, 有斐閣, 2002.

─────, 『情報公開法 − アメリカの制度と運用』, 日本評論社, 2004.

─────, 『情報公開の理論と実務』, 有斐閣, 2005.

─────, 『情報公開と公文書管理』, 有斐閣, 2010.

─────, 『新・情報公開法の逐条解説 − 行政機関情報公開法・独立行政法人等情報公開法』(第5版), 有斐閣, 2010.

─────, 『情報公開法』, 有斐閣, 2010.

─────, 『情報公開・個人情報保護─最新重要裁判例・審査会答申の紹介と分析』, 有斐閣, 2013.

宇賀克也/長谷部 恭男 編, 『情報法』, 有斐閣, 2012.

松井茂記, 『情報公開法』, 有斐閣, 2001.

総務省行政管理局 編, 『詳解情報公開法』, 国立印刷局, 2001.

行政管理研究センター編集, 『情報公開制度改善のポイント ─総務省・情報公開法制度運営検討会報告』, ぎょうせい, 2006.

行政改革委員会事務局, 『情報公開法要綱案(中間報告)−行政改革委員会行政情報公開部会』, 第一法規出版, 1996.

最高裁判所事務総局行政局 監修, 『主要行政事件裁判例概観 11 情報公開・個人情報保護』, 法曹会, 2008.

高橋滋/斎藤 誠/藤井 昭夫 編著, 『条解行政情報関連三法 − 公文書管理法・行政機関情報公開法・行政機関個人情報』, 弘文堂, 2011.

兼子 仁, 『情報公開審査会Q&Aマニュアル』(新版), ぎょうせい, 2011.

兼子 仁/蛭田政弘, 『学校の個人情報保護・情報公開』, ぎょうせい, 2007.

右崎正博/多賀谷一照, 『情報公開法・個人情報保護法・公文書管理法 − 情報関連7法』別冊 法学セミナー, 日本評論社, 2013.

右崎正博/三宅 弘 編,『情報公開を進めるための公文書管理法解説』, 日本評論社, 2011.

北沢義博・三宅 弘,『情報公開法解説』(第2版), 三省堂, 2003.

三宅 弘,『情報公開法の手引き - 逐条分析と立法過程』, 花伝社, 1999.

浅野詠子,『情報公開ですすめる自治体改革 - 取材ノートが明かす活用術』, 自治体研究社, 2010.

太田雅幸,『情報公開法の解説』, 一橋出版, 2006.

中島昭夫,『使い倒そう！情報公開法 - FOIA(米国情報自由法)もこうして使える』, 日本評論社, 1999.

―――,『これでいいのか情報公開法 - 霞が関に風穴は開いたか』, 花伝社, 2005.

中出征夫,『情報公開立法史 - 神奈川県公文書公開条例の誕生』, 公人社, 2004.

岡本篤尚,『国家秘密と情報公開 - アメリカ情報自由法と国家秘密特権の法理』, 法律文化社, 1998.

日本弁護士連合会情報公開法・民訴法問題対策本部消費者問題対策委員会 編,『アメリカ情報公開の現場から - 秘密主義との闘い』, 花伝社, 1997.

関東弁護士会連合会 編,『市民のための情報公開 - 使いこなそう情報公開制度』, 明石書店, 1997.

第二東京弁護士会 編,『情報公開条例ハンドブック - 制定・改正・運用 - 改正東京都条例を中心に』, 花伝社, 2000.

―――,『情報公開・開示マニュアル - 知りたい情報類型別』, ぎょうせい, 2008.

―――,『情報公開・個人情報保護審査会答申例ポイントの解説』, ぎょうせい, 2009.

大阪弁護士会情報問題対策委員会 編,『実例でみる公文書の訴訟活用術 - 文書提出命令と情報公開』, 大阪弁護士協同組合, 2005.

自由人権協会 編,『情報公開法をつくろう - アメリカ情報自由法に学ぶ』, 花伝社, 1990.

Ⅲ. 미국 단행본

미국 법무부(DOJ),『Freedom of Information Act Guide, March 2007』(http://www.usdoj.gov/oip/foia_guide07.htm), 2007.

―――,『Freedom of Information Act Annual Reports(FY12)』(http://www.justice.gov/oip/annual_report/2012/oip-foia-fy12.pdf)

미국 법무부(DOJ) Office of Information Policy Justice Dept. (U.S.),『Guide to the Freedom of Information Act 2009』, 2009.

Ann Florini,『The Right to Know: Transparency for an Open World』, Columbia University Press, 2007.

Alasdair Roberts,『Blacked Out: Government Secrecy in the Information Age』, Cambridge University Press, 2006.

Charles N. Davis & Sigman L. Splichal,『Access Denied: Freedom of Information in the Information Age』, Iowa State University Press, 2000.

Cheryl Ann Bishop,『Access to Information as a Human Right』, LFB Scholarly Publishing LLC, 2011.

David Cuillier & Charles N. Davis,『The Art of Access: Strategies for Acquiring Public Records』, CQ Press, 2010.

Harold Cross, 『The People's Right to Know: Legal Access to Public Records and Proceedings』, Columbia
　　　University Press, 1953.

Harry A. Hammit, Marc Rotenberg, John A. Verdi & Mark S. Zaid, 『Litigation Under the Federal Open
　　　Government Laws 2008』, Electronic Privacy Information, 2008.

Heather Brooke, 『The Silent State: Secrets, Surveillance and the Myth of British Democracy』, William
　　　Heinemann, 2010.

Heather Brooke & Ian Hislop, 『Your Right To Know: A Citizen's Guide to the Freedom of Information
　　　Act』, Pluto Press, 2006.

Jack Beatson & Yvonne Cripps, 『Freedom of Expression and Freedom of Information: Essays in Honour
　　　of Sir David Williams』, Oxford University Press, 2000.

Jacqueline Klosek, 『The Right to Know: Your Guide to Using and Defending Freedom of Information
　　　Law in the United States』, Praeger, 2009.

Johan Lidberg, 『The International Freedom of Information Index: The Promise and Practice of FOI laws』,
　　　VDM Verlag, 2009.

John Wadham, Kelly Harris & Eric Metcalfe, 『Blackstone's Guide to the Freedom of Information Act
　　　2000』(Blackstone's Guides), Oxford University Press, 2013.

Jonathan Fox, Libby Haight, Helena Hofbauer & Tania Sánchez Andrade eds., 『Mexico's Right-to-Know
　　　Reforms: Civil Society Perspectives』, Woodrow Wilson International Center for Scholars, 2007.

Lee Levine, Robert C. Lind, Seth D. Berlin & C. Thomas Dienes, 『Newsgathering and the Law』(4th ed),
　　　LexisNexis, 2011.

Rick Peltz-Steele, 『The Law of Access to Government』, Carolina Academic Press, 2012.

Robert R. Cooper, 『Freedom of Information Act: Elements, Policies and Agency Efforts(Government
　　　Procedures and Operations)』, Nova Science Pub Inc, 2013.

Shannon E. Martin, 『Freedom of Information: The News the Media Use』, Peter Lang International Aca-
　　　demic Publishers, 2008.

Stephen P. Gidiere, 『The Federal Information Manual: How the Government Collects, Manages, and
　　　Discloses Information under FOIA and Other Statutes』, ABA, 2006.

United States Congress House of Represen, 『The State of the Foia Assessing Agency Efforts to Meet Foia
　　　Requirements』, Bibliogov, 2010.

─────, 『Implementing Foia—Does the Bush Administration's Executive Order Improve Processing?』,
　　　Bibliogov, 2010.

정보공개(FOI) 참고 사이트

한국 사이트

정보공개시스템	https://www.open.go.kr
국가기록원	http://www.archives.go.kr
대통령기록관	http://www.pa.go.kr
청와대	http://www.president.go.kr
행정자치부	http://www.mogaha.go.kr
법제처	http://www.moleg.go.kr
대한민국 전자관보	http://gwanbo.korea.go.kr
대한민국 정부	http://www.korea.go.kr
정부3.0	http://www.gov30.go.kr
정부민원 포털 민원24	http://www.minwon.go.kr
공공데이터 포털	http://www.data.go.kr
개인정보보호 종합지원 포털	http://www.privacy.go.kr
한국정보화진흥원	http://www.nia.or.kr
공공데이터제공분쟁조정위원회	http://www.odmc.or.kr
국가공간정보유통시스템	https://www.nsic.go.kr
프리즘	http://www.prism.go.kr
공공기관 경영정보 공개시스템	http://www.alio.go.kr/alio
내고장 살림	http://www.laiis.go.kr
지방공기업 경영정보 공개시스템	http://www.cleaneye.go.kr
대학 알리미	http://www.academyinfo.go.kr
학교 알리미	http://www.schoolinfo.go.kr

미국 등 서양 사이트

Access Info Europe	http://www.access-info.org/
American Civil Liberties Union(ACLU)	https://www.aclu.org
American Society of Access Professionals(ASAP)	http://www.accesspro.org
ARTICLE 19	http://www.article19.org

Electronic Privacy Information Center	http://epic.org
Freedominfo	http://www.freedominfo.org
Global Right to Information Rating	http://www.rti-rating.org
Judicial Watch	http://www.judicialwatch.org
Media Freedom and Information Access Clinic (MFIA Clinic)	http://www.yaleisp.org/media-freedom-and-information-access-clinic
National Freedom of Information Coalition (NFOIC)	http://www.nfoic.org
Office of Government Information Services (OGIS)	https://ogis.archives.gov
Open Government Partnership	http://www.opengovpartnership.org
Open Society Foundations	http://www.opensocietyfoundations.org
Public Citizen	http://www.citizen.org
Right2INFO	http://www.right2info.org
미국정부 포털	http://www.usa.gov
미국 백악관	http://www.whitehouse.gov/open
U.S. Department of Justice	http://www.justice.gov/oip
U.S. Government's open data	http://www.data.gov
U.S. Department of Justice	http://www.foia.gov

일본 사이트

일본 총무성	http://www.soumu.go.jp
일본 법무성	http://www.moj.go.jp
일본 전자정부 종합창구 e-Gov	http://law.e-gov.go.jp
일본 정보공개·개인정보보호심사회	http://www.cao.go.jp

색 인

정보공개법 조문색인

고등법원 판결

행정심판 재결

미국 판례

연방 대법원 판결

연방 항소법원 판결

일본 판례

최고재판소 판결

고등재판소 판결

지방재판소 판결

사항 색인

부록

「공공기관의 정보공개에 관한 법률」(3단 비교표)

공공기관의 정보공개에 관한 법률 [법률 제12844호, 2014.11.19. 일부개정·시행]	공공기관의 정보공개에 관한 법률 시행령* [대통령령 제25751호, 2014.11.19., 일부개정·시행]	공공기관의 정보공개에 관한 법률 시행규칙** [행정자치부령 제8호, 2014.12.10., 일부개정·시행]
제1장 총칙 〈개정 2013.8.6〉	제1장 총칙	
제1조(목적) 이 법은 공공기관이 보유·관리하는 정보에 대한 국민의 공개 청구 및 공공기관의 공개 의무에 관하여 필요한 사항을 정함으로써 국민의 알권리를 보장하고 국정(國政)에 대한 국민의 참여와 국정 운영의 투명성을 확보함을 목적으로 한다. [전문개정 2013.8.6]	**제1조(목적)** 이 영은 「공공기관의 정보공개에 관한 법률」에서 위임된 사항과 그 시행에 필요한 사항을 규정함을 목적으로 한다. 〈개정 2011.10.17〉	**제1조(목적)** 이 규칙은 「공공기관의 정보공개에 관한 법률」 및 같은 법 시행령에서 위임된 사항과 그 시행에 필요한 사항을 규정함을 목적으로 한다. 〈개정 2011.11.1〉
제2조(정의) 이 법에서 사용하는 용어의 뜻은 다음과 같다. 1. "정보"란 공공기관이 직무상 작성 또는 취득하여 관리하고 있는 문서(전자문서를 포함한다. 이하 같다)·도면·사진·필름·테이프·슬라이드 및 그 밖에 이에 준하는 매체 등에 기록된 사항을 말한다. 2. "공개"란 공공기관이 이 법에 따라 정보를 열람하게 하거나 그 사본·복제물을 제공하는 것 또는 「전자정부법」 제2조제10호에 따른 정보통신망(이하 "정보통신망"이라 한다)을 통하여 정보를 제공하는 것 등을 말한다. 3. "공공기관"이란 다음 각 목의 기관을 말한다. 가. 국가기관 1) 국회, 법원, 헌법재판소, 중앙선거관리위원회 2) 중앙행정기관(대통령 소속 기관과 국무총리 소속 기관을 포함한다) 및 그 소속 기관 3) 「행정기관 소속 위원회의 설치·운영에 관한 법률」에 따른 위원회	**제2조(공공기관의 범위)** 「공공기관의 정보공개에 관한 법률」(이하 "법"이라 한다) 제2조제3호라목에서 "대통령령으로 정하는 기관"이란 다음 각 호의 기관 또는 단체를 말한다. 1. 「유아교육법」, 「초·중등교육법」, 「고등교육법」에 따른 각급 학교 또는 그 밖의 다른 법률에 따라 설치된 학교 2. 「지방공기업법」에 따른 지방공사 및 지방공단 3. 다음 각 목의 어느 하나에 해당하는 기관 중 지방자치단체의 조례로 정하는 기관 가. 지방자치단체의 조례에 따라 설립되고 해당 지방자치단체가 출연한 기관 나. 지방자치단체의 지원액(조례 또는 규칙에 따라 직접 지방자치단체의 업무를 위탁받거나 독점적 사업권을 부여받은 기관의 경우에는 그 위탁업무나 독점적 사업으로 인한 수입액을 포함한다)이 총수입액의 2분의 1을 초과하는 기관 다. 지방자치단체가 100분의 50	

---

* 국회정보공개규칙, 법원정보공개규칙, 헌법재판소 정보공개 규칙, 선거관리위원회 정보공개규칙은 제외.
** 외교문서 공개에 관한 규칙은 제외.

나. 지방자치단체
다. 「공공기관의 운영에 관한 법률」 제2조에 따른 공공기관
라. 그 밖에 대통령령으로 정하는 기관
[전문개정 2013.8.6]

이상의 지분을 가지고 있거나 100분의 30 이상의 지분을 가지고 임원 임명권한 행사 등을 통하여 해당 기관의 정책 결정에 사실상 지배력을 확보하고 있는 기관

라. 지방자치단체와 가목부터 다목까지의 어느 하나에 해당하는 기관이 합하여 100분의 50 이상의 지분을 가지고 있거나 100분의 30 이상의 지분을 가지고 임원 임명권한 행사 등을 통하여 해당 기관의 정책 결정에 사실상 지배력을 확보하고 있는 기관

마. 가목부터 라목까지의 어느 하나에 해당하는 기관이 단독으로 또는 두 개 이상의 기관이 합하여 100분의 50 이상의 지분을 가지고 있거나 100분의 30 이상의 지분을 가지고 임원 임명권한 행사 등을 통하여 해당 기관의 정책 결정에 사실상 지배력을 확보하고 있는 기관

바. 가목부터 라목까지의 어느 하나에 해당하는 기관이 설립하고, 지방자치단체 또는 해당 설립 기관이 출연한 기관

4. 특별법에 따라 설립된 특수법인
5. 「사회복지사업법」 제42조제1항에 따라 국가나 지방자치단체로부터 보조금을 받는 사회복지법인과 사회복지사업을 하는 비영리법인
6. 제5호 외에 「보조금 관리에 관한 법률」 제9조 또는 「지방재정법」 제17조제1항 각 호 외의 부분 단서에 따라 국가나 지방자치단체로부터 연간 5천만원 이상의 보조금을 받는 기관 또는 단체. 다만, 정보공개 대상 정보는 해당 연도에 보조를 받은 사업으로 한정한다.
[전문개정 2014.5.28.]

제3조(정보공개의 원칙) 공공기관이 보유·관리하는 정보는 국민의 알권리 보장 등을 위하여 이 법에서 정하는 바에 따라 적극적으로 공개하여야 한다.
[전문개정 2013.8.6]

제4조(적용 범위) ① 정보의 공개에 관하여는 다른 법률에 특별한 규정이 있는 경우를 제외하고는 이 법에서 정하는 바에 따른다. ② 지방자치단체는 그 소관 사무에 관하여 법령의 범위에서 정보공개에 관한 조례를 정할 수 있다. ③ 국가안전보장에 관련되는 정보 및 보안 업무를 관장하는 기관에서 국가안전보장과 관련된 정보의 분석을 목적으로 수집하거나 작성한 정보에 대해서는 이 법을 적용하지 아니한다. 다만, 제8조제1항에 따른 정보목록의 작성·비치 및 공개에 대해서는 그러하지 아니한다. [전문개정 2013.8.6]		
제2장 정보공개 청구권자와 공공기관의 의무 〈개정 2013.8.6〉		
제5조(정보공개 청구권자) ① 모든 국민은 정보의 공개를 청구할 권리를 가진다. ② 외국인의 정보공개 청구에 관하여는 대통령령으로 정한다. [전문개정 2013.8.6]	제3조(외국인의 정보공개 청구) 법 제5조제2항에 따라 정보공개를 청구할 수 있는 외국인은 다음 각 호의 어느 하나에 해당하는 자로 한다. 1. 국내에 일정한 주소를 두고 거주하거나 학술·연구를 위하여 일시적으로 체류하는 사람 2. 국내에 사무소를 두고 있는 법인 또는 단체 [전문개정 2014.5.28.]	
제6조(공공기관의 의무) ① 공공기관은 정보의 공개를 청구하는 국민의 권리가 존중될 수 있도록 이 법을 운영하고 소관 관계 법령을 정비하여야 한다. ② 공공기관은 정보의 적절한 보존과 신속한 검색이 이루어지도록 정보관리체계를 정비하고, 정보공개 업무를 주관하는 부서 및 담당하는 인력을 적정하게 두어야 하며, 정보통신망을 활용한 정보공개시스템 등을 구축하도록 노력하여야 한다. [전문개정 2013.8.6]		
제7조(행정정보의 공표 등) ① 공공기관은 다음 각 호의 어느 하나에 해당하는 정보에 대해서는 공개의 구체적 범위와 공개의 주기·시기 및 방법 등을 미리 정하여 공표	제4조(행정정보의 공표 등) ① 공공기관은 법 제7조제1항에 따라 다음 각 호에 해당하는 정보를 포함하여 국민에게 알려야 할 필요가 있는 정보를 공개하여야 한다.	

하고, 이에 따라 정기적으로 공개하여야 한다. 다만, 제9조제1항 각 호의 어느 하나에 해당하는 정보에 대해서는 그러하지 아니하다.
1. 국민생활에 매우 큰 영향을 미치는 정책에 관한 정보
2. 국가의 시책으로 시행하는 공사(工事) 등 대규모 예산이 투입되는 사업에 관한 정보
3. 예산집행의 내용과 사업평가 결과 등 행정감시를 위하여 필요한 정보
4. 그 밖에 공공기관의 장이 정하는 정보
② 공공기관은 제1항에 규정된 사항 외에도 국민이 알아야 할 필요가 있는 정보를 국민에게 공개하도록 적극적으로 노력하여야 한다.
[전문개정 2013.8.6]

1. 식품·위생, 환경, 복지, 개발사업 등 국민의 생명·신체 및 재산보호와 관련된 정보
2. 교육·의료·교통·조세·건축·상하수도·전기·통신 등 국민의 일상생활과 관련된 정보
3. 다음 각 목에 해당하는 정보
  가. 「국가를 당사자로 하는 계약에 관한 법률 시행령」 제92조의2에 따른 계약관련 정보
  나. 「지방자치단체를 당사자로 하는 계약에 관한 법률 시행령」 제31조에 따른 수의계약 내역 정보
  다. 「국가재정법」 제9조에 따른 재정정보
  라. 「지방재정법」 제60조에 따른 재정운용상황에 관한 정보
  마. 그 밖에 법령에서 공개, 공표 또는 공시하도록 정한 정보
4. 국회 및 지방의회의 질의 및 그에 대한 답변과 국정감사 및 행정사무 감사 결과에 관한 정보
5. 기관장의 업무추진비에 관한 정보
6. 그 밖에 공공기관의 사무와 관련된 제1호부터 제5호까지에 준하는 정보
② 공공기관은 제1항 각 호에 따른 정보를 포함하여 법 제7조제1항 각 호에 해당하는 정보를 정보통신망에 게재하거나 정부간행물을 발간·판매하는 등 다양한 방법으로 국민에게 공개하여야 한다.
③ 행정자치부장관은 공공기관이 공표한 정보의 이용편의를 위하여 종합목록을 발간하거나 그 밖에 필요한 조치를 할 수 있다. 〈개정 2014.11.19.〉
[전문개정 2014.5.28.]

제8조(정보목록의 작성·비치 등) ① 공공기관은 그 기관이 보유·관리하는 정보에 대하여 국민이 쉽게 알 수 있도록 정보목록을 작성하여 갖추어 두고, 그 목록을 정보통신망을 활용한 정보공개시스템 등을 통하여 공개하여야 한다. 다만, 정보목록 중 제9조제1항에 따라 공개하지 아니할 수 있는 정보가 포함되어 있는 경우에는 해당 부분을 갖추어 두지 아니하거나 공개하지 아니할 수 있다.

제5조(정보목록의 작성·비치 등) ① 법 제8조제1항에 따른 정보목록에는 문서제목·생산연도·업무담당자·보존기간 등이 포함되어야 한다. 이 경우 「공공기록물 관리에 관한 법률 시행령」 제20조 및 제23조에 따른 등록정보의 목록으로 법 제8조제1항에 따른 정보목록을 갈음할 수 있다.
② 공공기관은 정보공개 절차를 국민이 쉽게 알 수 있도록 정보공개 청구 및 처리 절차, 정보공개 청구

② 공공기관은 정보의 공개에 관한 사무를 신속하고 원활하게 수행하기 위하여 정보공개 장소를 확보하고 공개에 필요한 시설을 갖추어야 한다. [전문개정 2013.8.6]	서식, 수수료, 그 밖의 주요 사항이 포함된 정보공개편람을 작성하여 갖추어 두고 일반국민이 열람할 수 있도록 제공하여야 한다. ③ 공공기관은 청구인의 편의를 도모하기 위하여 정보공개 청구서식, 컴퓨터단말기 등을 갖추어 두어야 한다. [전문개정 2014.5.28.]	
제8조의2(공개대상 정보의 원문공개) 공공기관 중 중앙행정기관 및 대통령령으로 정하는 기관은 전자적 형태로 보유·관리하는 정보 중 공개대상으로 분류된 정보를 국민의 정보공개 청구가 없더라도 정보통신망을 활용한 정보공개시스템 등을 통하여 공개하여야 한다. [본조신설 2013.8.6]	제5조의2(원문공개 대상기관) 법 제8조의2에서 "대통령령으로 정하는 기관"이란 다음 각 호의 기관을 말한다. 1. 중앙행정기관의 소속 기관 2. 「행정기관 소속 위원회의 설치·운영에 관한 법률」에 따른 위원회 3. 지방자치단체 4. 「초·중등교육법」 제2조에 따른 각급 학교 5. 「공공기관의 운영에 관한 법률」 제5조에 따른 공기업 및 준정부기관 [본조신설 2013.11.13.] [시행일:2014.3.1.] 제5조의2제1호·제2호 및 제3호[특별시·광역시·특별자치시·도·특별자치도에 한정한다(해당 교육행정기관은 제외한다)] [시행일:2015.3.1.] 제5조의2제3호(특별시·광역시·특별자치시·도·특별자치도의 교육행정기관과 시·군·자치구에 한정한다) 및 제5조의2제4호 [시행일:2016.3.1.] 제5조의2제5호	
제3장 정보공개의 절차 〈개정 2013.8.6〉		
제9조(비공개 대상 정보) ① 공공기관이 보유·관리하는 정보는 공개대상이 된다. 다만, 다음 각 호의 어느 하나에 해당하는 정보는 공개하지 아니할 수 있다. 1. 다른 법률 또는 법률에서 위임한 명령(국회규칙·대법원규칙·헌법재판소규칙·중앙선거관리위원회규칙·대통령령 및 조례로 한정한다)에 따라 비밀이나 비공개 사항으로 규정된 정보 2. 국가안전보장·국방·통일·외교관계 등에 관한 사항으로서 공		제1조의2(의사결정 과정 등 종료 통지의 서식) 「공공기관의 정보공개에 관한 법률」(이하 "법"이라 한다) 제9조제1항제5호 단서에 따른 의사결정 과정 및 내부검토 과정 종료의 통지는 별지 제1호서식에 따른다. [전문개정 2014.5.28.]

개될 경우 국가의 중대한 이익을 현저히 해칠 우려가 있다고 인정되는 정보

3. 공개될 경우 국민의 생명·신체 및 재산의 보호에 현저한 지장을 초래할 우려가 있다고 인정되는 정보

4. 진행 중인 재판에 관련된 정보와 범죄의 예방, 수사, 공소의 제기 및 유지, 형의 집행, 교정(矯正), 보안처분에 관한 사항으로서 공개될 경우 그 직무수행을 현저히 곤란하게 하거나 형사피고인의 공정한 재판을 받을 권리를 침해한다고 인정할 만한 상당한 이유가 있는 정보

5. 감사·감독·검사·시험·규제·입찰계약·기술개발·인사관리에 관한 사항이나 의사결정 과정 또는 내부검토 과정에 있는 사항 등으로서 공개될 경우 업무의 공정한 수행이나 연구·개발에 현저한 지장을 초래한다고 인정할 만한 상당한 이유가 있는 정보. 다만, 의사결정 과정 또는 내부검토 과정을 이유로 비공개할 경우에는 의사결정 과정 및 내부검토 과정이 종료되면 제10조에 따른 청구인에게 이를 통지하여야 한다.

6. 해당 정보에 포함되어 있는 성명·주민등록번호 등 개인에 관한 사항으로서 공개될 경우 사생활의 비밀 또는 자유를 침해할 우려가 있다고 인정되는 정보. 다만, 다음 각 목에 열거한 개인에 관한 정보는 제외한다.
가. 법령에서 정하는 바에 따라 열람할 수 있는 정보
나. 공공기관이 공표를 목적으로 작성하거나 취득한 정보로서 사생활의 비밀 또는 자유를 부당하게 침해하지 아니하는 정보
다. 공공기관이 작성하거나 취득한 정보로서 공개하는 것이 공익이나 개인의 권리 구제를 위하여 필요하다고 인정되는 정보
라. 직무를 수행한 공무원의 성명·직위
마. 공개하는 것이 공익을 위하여 필요한 경우로서 법령에 따라 국가 또는 지방자치단체가 업무의 일부를 위탁 또는 위촉한 개

인의 성명·직업 7. 법인·단체 또는 개인(이하 "법인등"이라 한다)의 경영상·영업상 비밀에 관한 사항으로서 공개될 경우 법인등의 정당한 이익을 현저히 해칠 우려가 있다고 인정되는 정보. 다만, 다음 각 목에 열거한 정보는 제외한다. 가. 사업활동에 의하여 발생하는 위해(危害)로부터 사람의 생명·신체 또는 건강을 보호하기 위하여 공개할 필요가 있는 정보 나. 위법·부당한 사업활동으로부터 국민의 재산 또는 생활을 보호하기 위하여 공개할 필요가 있는 정보 8. 공개될 경우 부동산 투기, 매점매석 등으로 특정인에게 이익 또는 불이익을 줄 우려가 있다고 인정되는 정보 ② 공공기관은 제1항 각 호의 어느 하나에 해당하는 정보가 기간의 경과 등으로 인하여 비공개의 필요성이 없어진 경우에는 그 정보를 공개 대상으로 하여야 한다. ③ 공공기관은 제1항 각 호의 범위에서 해당 공공기관의 업무 성격을 고려하여 비공개 대상 정보의 범위에 관한 세부 기준을 수립하고 이를 공개하여야 한다. [전문개정 2013.8.6]		
제10조(정보공개의 청구방법) ① 정보의 공개를 청구하는 자(이하 "청구인"이라 한다)는 해당 정보를 보유하거나 관리하고 있는 공공기관에 다음 각 호의 사항을 적은 정보공개 청구서를 제출하거나 말로써 정보의 공개를 청구할 수 있다. 1. 청구인의 성명·주민등록번호·주소 및 연락처(전화번호·전자우편주소 등을 말한다) 2. 공개를 청구하는 정보의 내용 및 공개방법 ② 제1항에 따라 청구인이 말로써 정보의 공개를 청구할 때에는 담당 공무원 또는 담당 임직원(이하 "담당공무원등"이라 한다)의 앞에서 진술하여야 하고, 담당공무원등은 정보공개 청구조서를 작성	**제6조(정보공개의 청구방법 등)** ① 법 제10조제1항에 따른 정보공개 청구서는 공공기관에 직접 출석하여 제출하거나 우편·팩스 또는 정보통신망을 이용하여 제출한다. ② 공공기관은 정보공개 청구서를 접수하면 정보공개 처리대장에 기록하고 청구인에게 접수증을 발급하여야 한다. 다만, 다음 각 호의 어느 하나에 해당하는 경우에는 청구인이 요청할 때를 제외하고는 접수증을 발급하지 아니할 수 있다. 1. 즉시 또는 말로써 처리가 가능한 정보의 정보공개 청구서를 접수한 경우 2. 우편·팩스 또는 정보통신망을 통하여 정보공개 청구서를 접수한 경우	**제2조(정보공개청구서의 서식)** ① 법 제10조제1항 및 「공공기관의 정보공개에 관한 법률 시행령」(이하 "영"이라 한다) 제6조제1항에 따른 정보공개 청구서는 별지 제1호의2서식에 따른다. ② 법 제10조제1항 및 제2항에 따라 말로 정보공개를 청구하는 경우에는 별지 제2호서식에 따른다. [전문개정 2014.5.28.]

하여 이에 청구인과 함께 기명날인하여야 한다.
③ 제1항과 제2항에서 규정한 사항 외에 정보공개의 청구방법 등에 관하여 필요한 사항은 국회규칙·대법원규칙·헌법재판소규칙·중앙선거관리위원회규칙 및 대통령령으로 정한다.
[전문개정 2013.8.6]

③ 제2항에도 불구하고 다음 각 호의 어느 하나에 해당하는 경우로서 「민원사무 처리에 관한 법률」에 따른 민원사무로 처리할 수 있는 경우에는 민원사무로 처리할 수 있다.
1. 공개 청구된 정보가 공공기관이 보유·관리하지 아니하는 정보인 경우
2. 진정(陳情)·질의 등 공개 청구의 내용이 법 및 이 영에 따른 정보공개 청구로 볼 수 없는 경우
④ 공공기관은 제3항에 따른 청구를 받으면 해당 정보를 보유·관리하지 아니한다는 사실 등 청구에 따를 수 없는 사유를 구체적으로 적어 청구인에게 통지하여야 한다.
⑤ 공공기관은 다음 각 호의 어느 하나에 해당하는 청구에 대해서는 종결 처리할 수 있다.
1. 제1항에 따라 정보공개를 청구하여 정보공개 여부에 대한 결정의 통지를 받은 자가 정당한 사유 없이 해당 정보의 공개를 다시 청구한 경우
2. 제3항에 따른 청구를 한 자가 제4항에 따른 통지를 받은 후에 다시 같은 청구를 한 경우
[전문개정 2014.5.28.]

제11조(정보공개 여부의 결정) ① 공공기관은 제10조에 따라 정보공개의 청구를 받으면 그 청구를 받은 날부터 10일 이내에 공개 여부를 결정하여야 한다.
② 공공기관은 부득이한 사유로 제1항에 따른 기간 이내에 공개 여부를 결정할 수 없을 때에는 그 기간이 끝나는 날의 다음 날부터 기산(起算)하여 10일의 범위에서 공개 여부 결정기간을 연장할 수 있다. 이 경우 공공기관은 연장된 사실과 연장 사유를 청구인에게 지체 없이 문서로 통지하여야 한다.
③ 공공기관은 공개 청구된 공개 대상 정보의 전부 또는 일부가 제3자와 관련이 있다고 인정할 때에는 그 사실을 제3자에게 지체 없이 통지하여야 하며, 필요한 경우에는 그의 의견을 들을 수 있다.
④ 공공기관은 다른 공공기관이 보

제7조(공개여부 결정기간의 연장) 법 제11조제2항 전단에 따른 부득이한 사유는 다음 각 호의 어느 하나에 해당하는 사유로 한다.
1. 한꺼번에 많은 정보공개가 청구되거나 공개 청구된 내용이 복잡하여 정해진 기간 내에 공개 여부를 결정하기 곤란한 경우
2. 정보를 생산한 공공기관 또는 공개 청구된 정보와 관련 있는 법 제11조제3항에 따른 제3자의 의견청취, 법 제12조에 따른 정보공개심의회 개최 등의 사유로 정해진 기간 내에 공개 여부를 결정하기 곤란한 경우
3. 전산정보처리조직에 의하여 처리된 정보가 공개 부분과 비공개 부분을 포함하고 있고, 정해진 기간 내에 부분 공개 가능 여부를 결정하기 곤란한 경우
4. 천재지변, 일시적인 업무량 폭주

제3조(정보공개처리관련 서식) ① 법 제11조제2항에 따른 공개 여부 결정기간 연장의 통지는 별지 제3호서식에 따른다.
② 영 제6조제2항 및 제16조에 따른 정보공개 처리대장은 별지 제4호서식에 따른다.
③ 영 제6조제4항에 따른 통지는 별지 제4호의2서식에 따른다.
[전문개정 2014.5.28.]

제4조(제3자의 의견청취관련 서식) ① 법 제11조제3항에 따라 제3자에게 통지하는 정보공개 청구사실 통지는 별지 제4호의3서식에 따르고, 정보공개가 청구된 사실을 통지받은 제3자의 의견 제출 또는 법 제21조제1항에 따른 비공개 요청은 별지 제5호서식에 따른다.
② 법 제11조제3항 및 영 제8조에 따라 말로 제3자의 의견청취를 하

유·관리하는 정보의 공개 청구를 받았을 때에는 지체 없이 이를 소관 기관으로 이송하여야 하며, 이송한 후에는 지체 없이 소관 기관 및 이송 사유 등을 분명히 밝혀 청구인에게 문서로 통지하여야 한다. [전문개정 2013.8.6]	등으로 정해진 기간 내에 공개 여부를 결정하기 곤란한 경우 [전문개정 2014.5.28.] **제8조(제3자의 의견청취)** ① 공공기관이 법 제11조제3항에 따라 제3자의 의견을 들을 때에는 문서로 하여야 한다. 다만, 공공기관이 필요하다고 인정하거나 제3자가 원하는 경우에는 말로 의견을 들을 수 있다. ② 담당 공무원 등이 제1항 단서에 따라 말로 의견을 듣는 경우에는 그 내용을 기록하고 본인의 확인을 받아야 한다. [전문개정 2014.5.28.]	는 경우에는 별지 제6호서식에 따른다. [전문개정 2014.5.28.]
	제9조(정보생산 공공기관의 의견청취) 공공기관은 공개 청구된 정보의 전부 또는 일부가 다른 공공기관이 생산한 정보인 경우에는 그 정보를 생산한 공공기관의 의견을 들어 공개 여부를 결정하여야 한다. [전문개정 2014.5.28.] **제10조(관계 기관 및 부서 간의 협조)** ① 정보공개 청구업무를 처리하는 부서는 관계 기관 또는 다른 부서의 협조가 필요할 때에는 정보공개 청구서를 접수한 후 처리기간의 범위에서 회신기간을 분명히 밝혀 협조를 요청하여야 한다. ② 제1항에 따라 협조를 요청받은 기관 또는 부서는 그 회신기간 내에 회신하여야 한다. [전문개정 2014.5.28.]	
제12조(정보공개심의회) ① 국가기관, 지방자치단체 및 「공공기관의 운영에 관한 법률」 제5조에 따른 공기업(이하 "국가기관등"이라 한다)은 제11조에 따른 정보공개 여부 등을 심의하기 위하여 정보공개심의회(이하 "심의회"라 한다)를 설치·운영한다. ② 심의회는 위원장 1명을 포함하여 5명 이상 7명 이하의 위원으로 구성한다. ③ 심의회의 위원장을 제외한 위원	**제11조(정보공개심의회)** ① 국가기관·지방자치단체 및 「공공기관의 운영에 관한 법률」 제5조에 따른 공기업(이하 "국가기관등"이라 한다)은 업무성격이나 업무량 등을 고려하여 법 제12조에 따른 정보공개심의회(이하 "심의회"라 한다)를 그 기관 또는 소속 기관에 1개 이상 설치·운영하여야 한다. ② 심의회는 다음 각 호의 사항을 심의한다. 1. 공개 청구된 정보의 공개 여부	

은 소속 공무원, 임직원 또는 외부 전문가로 지명하거나 위촉하되, 그 중 2분의 1은 해당 국가기관 등의 업무 또는 정보공개의 업무에 관한 지식을 가진 외부 전문가로 위촉하여야 한다. 다만, 제9조제1항제2호 및 제4호에 해당하는 업무를 주로 하는 국가기관은 그 국가기관의 장이 외부 전문가의 위촉 비율을 따로 정하되, 최소한 3분의 1 이상은 외부 전문가로 위촉하여야 한다.
④ 심의회의 위원장은 제3항에 규정된 위원과 같은 자격을 가진 사람 중에서 국가기관등의 장이 지명하거나 위촉한다.
⑤ 심의회의 위원에 대해서는 제23조제4항 및 제5항을 준용한다.
⑥ 심의회의 운영과 기능 등에 관하여 필요한 사항은 국회규칙·대법원규칙·헌법재판소규칙·중앙선거관리위원회규칙 및 대통령령으로 정한다.
[전문개정 2013.8.6]

를 결정하기 곤란한 사항
2. 법 제18조 및 제21조제2항에 따른 이의신청. 다만, 다음 각 목의 어느 하나에 해당하는 이의신청은 제외한다.
가. 공공기관의 비공개 결정 또는 부분 공개 결정에 대하여 같은 내용으로 2회 이상 반복하여 제기된 이의신청
나. 청구인이 법 제18조제1항에 따른 기간이 지난 후에 한 이의신청
다. 제3자가 법 제21조제2항에 따른 기간이 지난 후에 한 이의신청
라. 청구인의 요구대로 공개 결정을 할 경우
3. 그 밖에 정보공개제도의 운영에 관한 사항
③ 심의회의 위원의 임기는 2년으로 하며, 한 차례만 연임할 수 있다. 다만, 공무원인 위원의 임기는 그 직위에 재직하는 기간으로 한다.
④ 심의회의 위원 중 공무원이 아닌 위원에게는 예산의 범위에서 수당·여비와 그 밖에 필요한 경비를 지급할 수 있다.
⑤ 이 영에 규정된 것 외에 심의회의 운영에 필요한 사항은 심의회가 설치된 국가기관등의 장이 정한다.
[전문개정 2014.5.28.]

제11조의2(정보공개책임관) 중앙행정기관의 장, 특별시장·광역시장·특별자치시장·도지사·특별자치도지사, 시장·군수·구청장(자치구의 구청장을 말한다. 이하 같다) 및 특별시·광역시·특별자치시·도·특별자치도의 교육감은 소속 공무원 중에서 정보공개책임관을 지정하여 정보공개에 관한 다음 각 호의 사무를 수행하게 할 수 있다.
1. 정보공개심의회 운영
2. 소속 기관에 대한 정보공개 사무의 지도·지원
3. 정보공개 담당 공무원의 정보공개 사무처리능력 발전을 위한 교육·훈련
4. 정보공개 청구인에 대한 정보공개 청구 지원
[전문개정 2014.5.28.]

제13조(정보공개 여부 결정의 통지)	제12조(정보공개 일시의 통지 등)	제5조(정보공개여부 결정통지의 서식)
① 공공기관은 제11조에 따라 정보의 공개를 결정한 경우에는 공개의 일시 및 장소 등을 분명히 밝혀 청구인에게 통지하여야 한다. ② 공공기관은 청구인이 사본 또는 복제물의 교부를 원하는 경우에는 이를 교부하여야 한다. 다만, 공개 대상 정보의 양이 너무 많아 정상적인 업무수행에 현저한 지장을 초래할 우려가 있는 경우에는 정보의 사본·복제물을 일정 기간별로 나누어 제공하거나 열람과 병행하여 제공할 수 있다. ③ 공공기관은 제1항에 따라 정보를 공개하는 경우에 그 정보의 원본이 더럽혀지거나 파손될 우려가 있거나 그 밖에 상당한 이유가 있다고 인정할 때에는 그 정보의 사본·복제물을 공개할 수 있다. ④ 공공기관은 제11조에 따라 정보의 비공개 결정을 한 경우에는 그 사실을 청구인에게 지체 없이 문서로 통지하여야 한다. 이 경우 비공개 이유와 불복(不服)의 방법 및 절차를 구체적으로 밝혀야 한다. [전문개정 2013.8.6]	① 공공기관은 정보의 공개를 결정하였을 때(제3자의 비공개 요청에도 불구하고 법 제21조제2항에 따라 공개 결정을 한 경우는 제외한다)에는 공개를 결정한 날부터 10일 이내의 범위에서 공개 일시를 정하여 청구인에게 통지하여야 한다. 다만, 청구인이 요청하는 경우에는 공개 일시를 달리 정할 수 있다. ② 법 제13조제2항에 따라 정보의 사본·복제물을 일정 기간별로 나누어 제공하거나 열람과 병행하여 제공하는 경우에는 청구인으로 하여금 먼저 열람하게 한 후 사본·복제물을 제공하되, 특별한 사정이 없으면 2개월 이내에 제공을 마쳐야 한다. ③ 공공기관은 제1항에 따라 통지한 공개일 후 10일이 지날 때까지 청구인이 정당한 사유 없이 그 정보의 공개에 응하지 아니하였을 때에는 내부적으로 종결 처리할 수 있다. [전문개정 2014.5.28.]	법 제13조제1항 및 제4항에 따른 정보공개 여부 결정에 대한 통지는 별지 제7호서식에 따른다. [전문개정 2014.5.28.]
제14조(부분 공개) 공개 청구한 정보가 제9조제1항 각 호의 어느 하나에 해당하는 부분과 공개 가능한 부분이 혼합되어 있는 경우로서 공개 청구의 취지에 어긋나지 아니하는 범위에서 두 부분을 분리할 수 있는 경우에는 제9조제1항 각 호의 어느 하나에 해당하는 부분을 제외하고 공개하여야 한다. [전문개정 2013.8.6]	제13조(부분 공개) 공공기관은 법 제14조에 따라 부분 공개 결정을 하는 경우에는 공개하지 아니하는 부분에 대하여 비공개 이유와 불복의 방법 및 절차를 구체적으로 밝혀야 한다. [전문개정 2014.5.28.]	
	제14조(정보공개 방법) ① 정보는 다음 각 호의 구분에 따른 방법으로 공개한다. 1. 문서·도면·사진 등: 열람 또는 사본의 제공 2. 필름·테이프 등: 시청 또는 인화물·복제물의 제공 3. 마이크로필름·슬라이드 등: 시청·열람 또는 사본·복제물의 제공 4. 전자적 형태로 보유·관리하는 정보 등: 파일을 복제하여 정보	제6조(정보공개 위임장 서식) 영 제15조제2항제3호에 따른 위임장은 별지 제8호서식에 따른다. [전문개정 2014.5.28.]

통신망을 활용한 정보공개시스
템으로 송부, 매체에 저장하여 제
공, 열람·시청 또는 사본·출력물
의 제공
5. 법 제7조제1항에 따라 이미 공
개된 정보: 해당 정보의 소재(所
在) 안내
② 공공기관은 정보를 공개할 때
본인 또는 그 정당한 대리인임을
확인할 필요가 없는 경우에는 청
구인의 요청에 따라 제1항 각 호
의 사본·출력물·복제물·인화물
또는 복제된 파일을 우편·팩스 또
는 정보통신망을 이용하여 보낼
수 있다.
③ 공공기관은 제1항에 따라 정보
를 공개할 때에는 타인의 지식재
산권, 사생활의 비밀, 그 밖에 타
인의 권리 또는 이익이 부당하게
침해되지 아니하도록 유의하여야
한다.
[전문개정 2014.5.28.]

제15조(정보공개 시 청구인 확인)
① 청구된 정보의 공개는 청구인
본인 또는 그 대리인에게 하여야
한다.
② 공공기관은 제1항에 따라 정보
를 공개할 때에는 다음 각 호의 구
분에 따른 신분증명서 등에 의하
여 청구인 본인 또는 그 정당한 대
리인임을 확인하여야 한다. 다만,
정보를 공개할 때 본인 또는 그 정
당한 대리인임을 확인할 필요가
없는 경우에는 그러하지 아니하
다. 〈개정 2014.11.19.〉
1. 청구인 본인에게 공개하는 경
우: 청구인의 주민등록증이나 그
밖에 그 신원을 확인할 수 있는
신분증명서(청구인이 외국인인
경우에는 여권, 외국인등록증 또
는 그 밖에 제3조제1호에 따른
외국인임을 확인할 수 있는 신분
증명서를, 청구인이 외국의 법인
또는 단체인 경우에는 사업자등
록증, 외국단체등록증 또는 그 밖
에 제3조제2호에 따른 법인 또는
단체임을 확인할 수 있는 증명서
를 말한다)
2. 청구인의 법정대리인에게 공개
하는 경우: 법정대리인임을 증명
할 수 있는 서류와 대리인의 주

민등록증이나 그 밖에 그 신원을 확인할 수 있는 신분증명서

3. 청구인의 임의대리인에게 공개하는 경우: 행정자치부령으로 정하는 위임장과 청구인 및 수임인의 주민등록증이나 그 밖에 그 신원을 확인할 수 있는 신분증명서

③ 공공기관은 정보통신망을 통하여 정보를 공개하는 경우에 청구인 본인 또는 그 대리인의 신원을 확인할 필요가 있을 때에는 제2항에도 불구하고 전자서명 등을 통하여 그 신원을 확인하여야 한다. [전문개정 2014.5.28.]

제16조(정보공개처리상황의 기록) 공공기관은 정보공개청구에 대한 처리상황을 정보공개처리대장에 기록·유지하여야 한다.

제15조(정보의 전자적 공개) ① 공공기관은 전자적 형태로 보유·관리하는 정보에 대하여 청구인이 전자적 형태로 공개하여 줄 것을 요청하는 경우에는 그 정보의 성질상 현저히 곤란한 경우를 제외하고는 청구인의 요청에 따라야 한다.

② 공공기관은 전자적 형태로 보유·관리하지 아니하는 정보에 대하여 청구인이 전자적 형태로 공개하여 줄 것을 요청한 경우에는 정상적인 업무수행에 현저한 지장을 초래하거나 그 정보의 성질이 훼손될 우려가 없으면 그 정보를 전자적 형태로 변환하여 공개할 수 있다.

③ 정보의 전자적 형태의 공개 등에 필요한 사항은 국회규칙·대법원규칙·헌법재판소규칙·중앙선거관리위원회규칙 및 대통령령으로 정한다.
[전문개정 2013.8.6]

제16조(즉시 처리가 가능한 정보의 공개) 다음 각 호의 어느 하나에 해당하는 정보로서 즉시 또는 말로 처리가 가능한 정보에 대해서는 제11조에 따른 절차를 거치지 아니하고 공개하여야 한다.

1. 법령 등에 따라 공개를 목적으로 작성된 정보

2. 일반국민에게 알리기 위하여 작성된 각종 홍보자료 3. 공개하기로 결정된 정보로서 공개에 오랜 시간이 걸리지 아니하는 정보 4. 그 밖에 공공기관의 장이 정하는 정보 [전문개정 2013.8.6]		
제17조(비용 부담) ① 정보의 공개 및 우송 등에 드는 비용은 실비(實費)의 범위에서 청구인이 부담한다. ② 공개를 청구하는 정보의 사용 목적이 공공복리의 유지·증진을 위하여 필요하다고 인정되는 경우에는 제1항에 따른 비용을 감면할 수 있다. ③ 제1항에 따른 비용 및 그 징수 등에 필요한 사항은 국회규칙·대법원규칙·헌법재판소규칙·중앙선거관리위원회규칙 및 대통령령으로 정한다. [전문개정 2013.8.6]	**제17조(비용 부담)** ① 법 제17조제1항에 따른 정보의 공개 및 우송 등에 드는 비용은 수수료와 우편요금(공개되는 정보의 사본·출력물·복제물 또는 인화물을 우편으로 보내는 경우로 한정한다)으로 구분하며, 수수료 금액은 행정자치부령으로 정한다. 다만, 지방자치단체의 경우 수수료의 금액은 조례로 정한다. 〈개정 2014.11.19.〉 ② 법 제15조제1항 및 제2항에 따라 정보통신망을 통하여 정보를 전자적 형태로 공개할 때에는 공공기관(지방자치단체 및 그 소속 기관은 제외한다)의 장은 업무부담을 고려하여 제1항 본문에 따라 정한 수수료 금액의 범위에서 수수료 금액을 달리 정할 수 있다. ③ 다음 각 호의 어느 하나에 해당하는 경우에는 법 제17조제2항에 따라 수수료를 감면할 수 있다. 1. 비영리의 학술·공익단체 또는 법인이 학술이나 연구목적 또는 행정감시를 위하여 필요한 정보를 청구한 경우 2. 교수·교사 또는 학생이 교육자료나 연구목적으로 필요한 정보를 소속 기관의 장의 확인을 받아 청구한 경우 3. 그 밖에 공공기관의 장이 공공복리의 유지·증진을 위하여 감면이 필요하다고 인정한 경우 ④ 법 제17조제2항에 따른 비용감면을 신청할 때에는 감면사유에 관한 소명자료를 첨부하여야 한다. ⑤ 공공기관의 장은 제3항에 따른 비용의 감면비율을 정하고, 정보통신망 등을 통하여 공개하여야 한다. ⑥ 제1항에 따른 수수료는 다음 각 호의 어느 하나에 해당하는 방법으로 낸다. 다만, 부득이한 경우에	**제7조(수수료의 금액)** 영 제17조제1항에 따른 수수료 금액은 다른 법령에 특별한 규정이 있는 경우를 제외하고는 별표와 같다. [전문개정 2014.5.28.]

	는 현금으로 낼 수 있다. 1. 「전자금융거래법」 제2조제11호에 따른 전자지급수단 2. 수입인지(국가기관에 내는 경우로 한정한다) 또는 수입증지(지방자치단체에 내는 경우로 한정한다) [전문개정 2014.5.28.]	
제4장 불복 구제 절차 〈개정 2013.8.6〉	**제4장 이의신청**	
제18조(이의신청) ① 청구인이 정보공개와 관련한 공공기관의 비공개 결정 또는 부분 공개 결정에 대하여 불복이 있거나 정보공개 청구 후 20일이 경과하도록 정보공개 결정이 없는 때에는 공공기관으로부터 정보공개 여부의 결정 통지를 받은 날 또는 정보공개 청구 후 20일이 경과한 날부터 30일 이내에 해당 공공기관에 문서로 이의신청을 할 수 있다. ② 국가기관등은 제1항에 따른 이의신청이 있는 경우에는 심의회를 개최하여야 한다. 다만, 다음 각 호의 어느 하나에 해당하는 경우에는 개최하지 아니할 수 있다. 1. 심의회의 심의를 이미 거친 사항 2. 단순·반복적인 청구 3. 법령에 따라 비밀로 규정된 정보에 대한 청구 ③ 공공기관은 이의신청을 받은 날부터 7일 이내에 그 이의신청에 대하여 결정하고 그 결과를 청구인에게 지체 없이 문서로 통지하여야 한다. 다만, 부득이한 사유로 정하여진 기간 이내에 결정할 수 없을 때에는 그 기간이 끝나는 날의 다음 날부터 기산하여 7일의 범위에서 연장할 수 있으며, 연장 사유를 청구인에게 통지하여야 한다. ④ 공공기관은 이의신청을 각하(却下) 또는 기각(棄却)하는 결정을 한 경우에는 청구인에게 행정심판 또는 행정소송을 제기할 수 있다는 사실을 제3항에 따른 결과 통지와 함께 알려야 한다. [전문개정 2013.8.6] **제19조(행정심판)** ① 청구인이 정보공개와 관련한 공공기관의 결	**제18조(이의신청)** ① 법 제18조제1항 및 제21조제2항에 따른 이의신청은 다음 각 호의 사항을 적은 서면으로 하여야 한다. 1. 신청인의 성명, 주민등록번호 및 주소(법인 또는 단체의 경우에는 그 명칭, 사무소 또는 사업소의 소재지와 대표자의 성명)와 연락처 2. 이의신청의 대상이 되는 정보공개 여부 결정의 내용 3. 이의신청의 취지 및 이유 4. 정보공개 여부의 결정통지를 받은 날 또는 정보공개를 청구한 날 ② 공공기관은 법 제18조제3항 단서에 따라 이의신청결정기간의 연장을 통지할 때에는 통지서에 연장 사유, 연장기간 등을 구체적으로 밝혀야 한다. ③ 공공기관은 법 제18조제4항에 따라 이의신청을 각하 또는 기각하는 결정을 할 때에는 결정 이유와 불복의 방법 및 절차를 구체적으로 밝혀야 한다. ④ 공공기관은 이의신청에 대한 처리상황을 이의신청 처리대장에 기록·유지하여야 한다. [전문개정 2014.5.28.]	**제8조(이의신청처리관련 서식)** ① 법 제18조제1항 및 제21조제2항과 영 제18조제1항에 따른 이의신청은 별지 제9호서식에 따른다. ② 법 제18조제3항 및 제4항에 따른 이의신청 결정 통지와 법 제21조제2항에 따른 이의신청에 대한 결정의 통지는 별지 제9호의2서식에 따른다. ③ 법 제18조제3항 단서와 영 제18조제2항에 따른 이의신청 결정 기간 연장의 통지는 별지 제10호서식에 따른다. ④ 영 제18조제4항에 따른 이의신청 처리대장은 별지 제11호서식에 따른다. [전문개정 2014.5.28.]

정에 대하여 불복이 있거나 정보 공개 청구 후 20일이 경과하도록 정보공개 결정이 없는 때에는 「행정심판법」에서 정하는 바에 따라 행정심판을 청구할 수 있다. 이 경우 국가기관 및 지방자치단체 외의 공공기관의 결정에 대한 감독 행정기관은 관계 중앙행정기관의 장 또는 지방자치단체의 장으로 한다.
② 청구인은 제18조에 따른 이의신청 절차를 거치지 아니하고 행정심판을 청구할 수 있다.
③ 행정심판위원회의 위원 중 정보공개 여부의 결정에 관한 행정심판에 관여하는 위원은 재직 중은 물론 퇴직 후에도 그 직무상 알게 된 비밀을 누설하여서는 아니 된다.
④ 제3항의 위원은 「형법」이나 그 밖의 법률에 따른 벌칙을 적용할 때에는 공무원으로 본다.
[전문개정 2013.8.6]

제20조(행정소송) ① 청구인이 정보공개와 관련한 공공기관의 결정에 대하여 불복이 있거나 정보공개 청구 후 20일이 경과하도록 정보공개 결정이 없는 때에는 「행정소송법」에서 정하는 바에 따라 행정소송을 제기할 수 있다.
② 재판장은 필요하다고 인정하면 당사자를 참여시키지 아니하고 제출된 공개 청구 정보를 비공개로 열람·심사할 수 있다.
③ 재판장은 행정소송의 대상이 제9조제1항제2호에 따른 정보 중 국가안전보장·국방 또는 외교관계에 관한 정보의 비공개 또는 부분공개 결정처분인 경우에 공공기관이 그 정보에 대한 비밀 지정의 절차, 비밀의 등급·종류 및 성질과 이를 비밀로 취급하게 된 실질적인 이유 및 공개를 하지 아니하는 사유 등을 입증하면 해당 정보를 제출하지 아니하게 할 수 있다.
[전문개정 2013.8.6]

제21조(제3자의 비공개 요청 등) ① 제11조제3항에 따라 공개 청구된 사실을 통지받은 제3자는 그 통지를 받은 날부터 3일 이내에 해당 공공기관에 대하여 자신과 관련된 정보를 공개하지 아니할 것을

제8조의2(제3자에 대한 정보공개 결정 통지의 서식) 법 제21조제2항에 따라 제3자에게 하는 정보공개 결정 통지는 별지 제11호의2서식에 따른다.
[전문개정 2014.5.28.]

요청할 수 있다. ② 제1항에 따른 비공개 요청에도 불구하고 공공기관이 공개 결정을 할 때에는 공개 결정 이유와 공개 실시일을 분명히 밝혀 지체 없이 문서로 통지하여야 하며, 제3자는 해당 공공기관에 문서로 이의신청을 하거나 행정심판 또는 행정소송을 제기할 수 있다. 이 경우 이의신청은 통지를 받은 날부터 7일 이내에 하여야 한다. ③ 공공기관은 제2항에 따른 공개 결정일과 공개 실시일 사이에 최소한 30일의 간격을 두어야 한다. [전문개정 2013.8.6]		
제5장 정보공개위원회 등	**제5장 정보공개위원회 등**	
제22조(정보공개위원회의 설치) 다음 각 호의 사항을 심의·조정하기 위하여 행정자치부장관 소속으로 정보공개위원회(이하 "위원회"라 한다)를 둔다. 〈개정 2014.11.19.〉 1. 정보공개에 관한 정책 수립 및 제도 개선에 관한 사항 2. 정보공개에 관한 기준 수립에 관한 사항 3. 제24조제2항 및 제3항에 따른 공공기관의 정보공개 운영실태 평가 및 그 결과 처리에 관한 사항 4. 그 밖에 정보공개에 관하여 대통령령으로 정하는 사항 [전문개정 2013.8.6.]	**제19조(심의·조정 사항)** 법 제22조제4호에서 "대통령령으로 정하는 사항"이란 다음 각 호의 사항을 말한다. 1. 법 제7조제1항에 따른 행정정보의 공표에 관한 사항 2. 그 밖에 법 제22조에 따른 정보공개위원회(이하 "위원회"라 한다)에서 심의·조정이 필요하다고 결정한 사항 [전문개정 2014.5.28.]	
제23조(위원회의 구성 등) ① 위원회는 위원장과 부위원장 각 1명을 포함한 9명의 위원으로 구성한다. ② 위원회의 위원은 다음 각 호의 사람이 된다. 이 경우 위원장을 포함한 5명은 공무원이 아닌 사람으로 위촉하여야 한다. 〈개정 2014.11.19.〉 1. 대통령령으로 정하는 관계 중앙행정기관의 차관급 공무원이나 고위공무원단에 속하는 일반직 공무원 2. 정보공개에 관하여 학식과 경험이 풍부한 사람으로서 행정자치부장관이 위촉하는 사람 3. 시민단체(「비영리민간단체 지원법」 제2조에 따른 비영리민간단체를 말한다)에서 추천한 사람으로서 행정자치부장관이 위촉하는 사람	**제20조(위원회의 구성)** ① 위원회의 위원장은 법 제23조제2항제2호 또는 제3호에 해당하는 사람 중에서, 부위원장은 법 제23조제2항제1호에 해당하는 공무원 중에서 행정자치부장관이 각각 위촉하거나 임명한다. 〈개정 2011.10.17., 2013.3.23., 2014.11.19.〉 ② 법 제23조제2항제1호에 따른 위원은 기획재정부 제2차관, 법무부 차관, 행정자치부 차관 및 국무조정실 국무1차장으로 한다. 〈개정 2013.11.13., 2014.11.19.〉 **제21조(회의 및 의결정족수)** ① 위원회의 회의는 반기(半期)별로 개최한다. 다만, 위원장은 필요하다고 인정하는 경우에는 임시회를 소집할 수 있다.	

③ 위원장·부위원장 및 위원(제2항제1호의 위원은 제외한다)의 임기는 2년으로 하며, 연임할 수 있다.
④ 위원장·부위원장 및 위원은 정보공개 업무와 관련하여 알게 된 정보를 누설하거나 그 정보를 이용하여 본인 또는 타인에게 이익 또는 불이익을 주는 행위를 하여서는 아니 된다.
⑤ 위원장·부위원장 및 위원 중 공무원이 아닌 사람은 「형법」이나 그 밖의 법률에 따른 벌칙을 적용할 때에는 공무원으로 본다.
⑥ 위원회의 구성과 의결 절차 등 위원회 운영에 필요한 사항은 대통령령으로 정한다.
[전문개정 2013.8.6]

② 위원회의 회의는 재적위원 과반수의 출석으로 개의(開議)하고 출석위원 과반수의 찬성으로 의결한다.
[전문개정 2014.5.28.]

제22조(위원장의 직무) ① 위원회의 위원장은 위원회의 업무를 총괄하고 회의의 의장이 된다.
② 위원회의 부위원장은 위원장을 보좌하고, 위원장이 부득이한 사유로 직무를 수행할 수 없을 때에는 그 직무를 대행한다.
[전문개정 2014.5.28.]

제23조(의견청취 등) 위원회는 필요하다고 인정하는 경우에는 다음 각 호의 조치를 할 수 있다.
1. 관련 공공기관에 정보공개와 관련된 자료·서류 등의 제출요청
2. 관계 공무원, 이해관계인, 참고인 등의 출석요청 및 의견청취
[전문개정 2014.5.28.]

제24조(사무기구) 위원회의 업무 보좌와 그 밖에 위원회의 행정사무를 효율적으로 처리하기 위한 사무처리는 행정자치부 창조정부기획관이 수행한다. 〈개정 2014.11.19.〉
[전문개정 2014.5.28.]

제25조(수당 등) 위원회의 위원장 및 공무원이 아닌 위원과 제23조제2호에 따라 위원회에 참석하는 관계 공무원, 이해관계인, 참고인 등에게는 예산의 범위에서 수당·여비와 그 밖에 필요한 경비를 지급할 수 있다. 다만, 공무원이 그 소관업무와 직접 관련되어 참석하는 경우에는 그러하지 아니하다.
[전문개정 2014.5.28.]

제26조(정보공개위원회의 운영 규정) 이 영에 규정된 것 외에 위원회의 운영에 필요한 사항은 위원회의 의결을 거쳐 위원장이 정한다.
[전문개정 2014.5.28.]

제24조(제도 총괄 등) ① 행정자치부장관은 이 법에 따른 정보공개제도의 정책 수립 및 제도 개선 사

제27조(운영실태 평가) 행정자치부장관은 법 제24조제2항에 따라 정보공개제도의 운영실태를 평

항 등에 관한 기획·총괄 업무를 관장한다. 〈개정 2014.11.19.〉
② 행정자치부장관은 위원회가 정보공개제도의 효율적 운영을 위하여 필요하다고 요청하면 공공기관(국회·법원·헌법재판소 및 중앙선거관리위원회는 제외한다)의 정보공개제도 운영실태를 평가할 수 있다. 〈개정 2014.11.19.〉
③ 행정자치부장관은 제2항에 따른 평가를 실시한 경우에는 그 결과를 위원회를 거쳐 국무회의에 보고한 후 공개하여야 하며, 위원회가 개선이 필요하다고 권고한 사항에 대해서는 해당 공공기관에 시정 요구 등의 조치를 하여야 한다. 〈개정 2014.11.19.〉
④ 행정자치부장관은 정보공개에 관하여 필요할 경우에 공공기관(국회·법원·헌법재판소 및 중앙선거관리위원회는 제외한다)의 장에게 정보공개 처리 실태의 개선을 권고할 수 있다. 이 경우 권고를 받은 공공기관은 이를 이행하기 위하여 성실하게 노력하여야 하며, 그 조치 결과를 행정자치부장관에게 알려야 한다. 〈개정 2014.11.19.〉
⑤ 국회·법원·헌법재판소·중앙선거관리위원회·중앙행정기관 및 지방자치단체는 그 소속 기관 및 소관 공공기관에 대하여 정보공개에 관한 의견을 제시하거나 지도·점검을 할 수 있다.
[전문개정 2013.8.6]

제25조(자료의 제출 요구) 국회사무총장·법원행정처장·헌법재판소사무처장·중앙선거관리위원회사무총장 및 행정자치부장관은 필요하다고 인정하면 관계 공공기관에 정보공개에 관한 자료 제출 등의 협조를 요청할 수 있다. 〈개정 2014.11.19.〉
[전문개정 2013.8.6]

가할 때에는 해당 공공기관의 장에게 평가의 취지 및 내용과 담당 공무원의 인적사항 및 방문일시를 미리 통보하여야 한다. 〈개정 2014.11.19.〉
[전문개정 2014.5.28.]

제28조(자료제출) ① 제2조 각 호의 기관은 전년도의 정보공개 운영실태를 매년 1월 31일까지 관계 중앙행정기관의 장 또는 지방자치단체의 장에게 제출하여야 한다.
② 시장·군수 또는 구청장은 제1항에 따라 받은 정보공개 운영실태를 포함한 전년도의 정보공개 운영실태를 매년 2월 10일까지 관할 특별시장·광역시장 또는 도지사에게 제출하여야 한다.
③ 중앙행정기관의 장과 특별시장·광역시장·특별자치시장·도지사 또는 특별자치도지사는 제1항 및 제2항에 따라 받은 정보공개 운영실태를 포함한 전년도의 정보공개 운영실태를 매년 2월 말

제9조(자료 제출) 영 제28조에 따른 정보공개 운영실태의 제출은 별지 제12호서식에 따른다.
[전문개정 2014.5.28.]

	일까지 행정자치부장관에게 제출하여야 한다. 〈개정 2014.11.19.〉 ④ 행정자치부장관은 매년 제3항에 따라 받은 정보공개 운영실태를 종합하여 공표하여야 한다. 〈개정 2014.11.19.〉 [전문개정 2014.5.28.]	
제26조(국회에의 보고) ① 행정자치부장관은 전년도의 정보공개 운영에 관한 보고서를 매년 정기국회 개회 전까지 국회에 제출하여야 한다. 〈개정 2014.11.19.〉 ② 제1항에 따른 보고서 작성에 필요한 사항은 대통령령으로 정한다. [전문개정 2013.8.6]	**제29조(정보공개 운영에 관한 보고서)** 법 제26조에 따른 정보공개 운영에 관한 보고서에는 다음 각 호의 사항이 포함되어야 한다. 1. 공공기관의 정보공개 운영실태에 관한 사항 2. 법 제24조제2항에 따른 정보공개제도 운영실태 평가에 관한 사항 3. 법 제24조제3항에 따른 시정 요구 등의 조치에 관한 사항 [전문개정 2014.5.28.]	
제27조(위임규정) 이 법 시행에 필요한 사항은 국회규칙·대법원규칙·헌법재판소규칙·중앙선거관리위원회규칙 및 대통령령으로 정한다. [전문개정 2013.8.6]		
제28조(신분보장) 누구든지 이 법에 따른 정당한 정보공개를 이유로 징계조치 등 어떠한 신분상 불이익이나 근무조건상의 차별을 받지 아니한다. [본조신설 2013.8.6]		
부칙 〈법률 제11991호, 2013.8.6〉	**부칙** 〈대통령령 제24837호, 2013.11.13〉	**부칙** 〈행정자치부령 제8호, 2014.12.10.〉
이 법은 공포 후 3개월이 경과한 날부터 시행한다. 다만, 제8조의2의 개정규정은 2014년 3월 1일부터 시행한다.	**제1조(시행일)** 이 영은 공포한 날부터 시행한다. 다만, 제5조의2의 개정규정은 다음 각 호의 구분에 따른 날부터 시행한다. 1. 제5조의2제1호·제2호 및 제3호[특별시·광역시·특별자치시·도·특별자치도에 한정한다(해당 교육행정기관은 제외한다)]의 개정규정: 2014년 3월 1일 2. 제5조의2제3호(특별시·광역시·특별자치시·도·특별자치도의 교육행정기관과 시·군·자치구에 한정한다) 및 제5조의2제4호의 개정규정: 2015년 3월 1일 3. 제5조의2제5호의 개정규정: 2016년 3월 1일	이 규칙은 공포한 날부터 시행한다.

	제2조(국가 등으로부터 보조금을 받는 기관에 관한 적용례) 제2조제6호의 개정규정은 2014년 1월 1일 이후 국가 또는 지방자치단체로부터 연간 5천만원 이상의 보조금를 받는 기관 또는 단체부터 적용한다.	
부칙〈법률 제12844호, 2014.11.19.〉(정부조직법)	**부칙**〈대통령령 제25751호, 2014.11.19.〉(행정자치부와 그 소속기관 직제)	[별표] 수수료 (제7조 관련) [서식 1] 의사결정 과정 및 내부검토 과정 종료 통지서 [서식 1의2] 정보공개 청구서 [서식 2] 정보공개 구술 청구서 [서식 3] 공개 여부 결정기간 연장 통지서 [서식 4] 정보공개 처리대장 [서식 4의2] 정보 부존재 등 통지서 [서식 4의3] 정보공개 청구사실 통지서 [서식 5] 제3자 의견서(비공개 요청서) [서식 6] 제3자 의견 청취서 [서식 7] 정보 (공개, 부분 공개, 비공개) 결정 통지서 [서식 8] 정보공개 위임장 [서식 9] 정보공개 결정 등 이의신청서 [서식 9의2] 이의신청 (인용, 부분 인용, 기각, 각하) 결정 통지서 [서식 10] 이의신청 결정기간 연장 통지서 [서식 11] 이의신청 처리대장 [서식 11의2] 제3자에 대한 정보공개 결정 통지서 [서식 12] 정보공개 운영실태
제1조(시행일) 이 법은 공포한 날부터 시행한다. 다만, 부칙 제6조에 따라 개정되는 법률 중 이 법 시행 전에 공포되었으나 시행일이 도래하지 아니한 법률을 개정한 부분은 각각 해당 법률의 시행일부터 시행한다. 제2조부터 제5조까지 생략 **제6조(다른 법률의 개정)** ①부터 〈56〉까지 생략 〈57〉 공공기관의 정보공개에 관한 법률 일부를 다음과 같이 개정한다. 제22조 각 호 외의 부분, 제23조제2항제2호·제3호, 제24조제1항부터 제3항까지, 같은 조 제4항 전단·후단, 제25조 및 제26조제1항 중 "안전행정부장관"을 각각 "행정자치부장관"으로 한다. 〈58〉부터 〈258〉까지 생략 제7조 생략	**제1조(시행일)** 이 영은 공포한 날부터 시행한다. 다만, 부칙 제5조에 따라 개정되는 대통령령 중 이 영 시행 전에 공포되었으나 시행일이 도래하지 아니한 대통령령을 개정한 부분은 각각 해당 대통령령의 시행일부터 시행한다. 제2조부터 제4조까지 생략 **제5조(다른 법령의 개정)** ①부터 〈108〉까지 생략 〈109〉 공공기관의 정보공개에 관한 법률 시행령 일부를 다음과 같이 개정한다. 제4조제3항, 제20조제1항, 제27조 및 제28조제3항·제4항 중 "안전행정부장관"을 각각 "행정자치부장관"으로 한다. 제15조제2항제3호 및 제17조제1항 본문 중 "안전행정부령"을 각각 "행정자치부령"으로 한다. 제20조제2항 중 "안전행정부 제1차관"을 "행정자치부 차관"으로 한다. 제24조 중 "안전행정부 창조정부기획관"을 "행정자치부 창조정부기획관"으로 한다. 〈110〉부터 〈418〉까지 생략	

공공기관의 정보공개에 관한 법률(약칭: 정보공개법)

[시행 2014.11.19.] [법률 제12844호, 2014.11.19., 타법개정]

제1장 총칙 〈개정 2013.8.6〉

제1조(목적) 이 법은 공공기관이 보유·관리하는 정보에 대한 국민의 공개청구 및 공공기관의 공개
　의무에 관하여 필요한 사항을 정함으로써 국민의 알권리를 보장하고 국정(國政)에 대한 국민의
　참여와 국정 운영의 투명성을 확보함을 목적으로 한다.
[전문개정 2013.8.6]

제2조(정의) 이 법에서 사용하는 용어의 뜻은 다음과 같다.
　1. "정보"란 공공기관이 직무상 작성 또는 취득하여 관리하고 있는 문서(전자문서를 포함한다.
　　이하 같다)·도면·사진·필름·테이프·슬라이드 및 그 밖에 이에 준하는 매체 등에 기록된 사
　　항을 말한다.
　2. "공개"란 공공기관이 이 법에 따라 정보를 열람하게 하거나 그 사본·복제물을 제공하는 것 또
　　는 「전자정부법」 제2조제10호에 따른 정보통신망(이하 "정보통신망"이라 한다)을 통하여 정
　　보를 제공하는 것 등을 말한다.
　3. "공공기관"이란 다음 각 목의 기관을 말한다.
　　가. 국가기관
　　　1) 국회, 법원, 헌법재판소, 중앙선거관리위원회
　　　2) 중앙행정기관(대통령 소속 기관과 국무총리 소속 기관을 포함한다) 및 그 소속 기관
　　　3) 「행정기관 소속 위원회의 설치·운영에 관한 법률」에 따른 위원회
　　나. 지방자치단체
　　다. 「공공기관의 운영에 관한 법률」 제2조에 따른 공공기관
　　라. 그 밖에 대통령령으로 정하는 기관
[전문개정 2013.8.6]

제3조(정보공개의 원칙) 공공기관이 보유·관리하는 정보는 국민의 알권리 보장 등을 위하여 이 법에
　서 정하는 바에 따라 적극적으로 공개하여야 한다.
[전문개정 2013.8.6]

제4조(적용 범위) ① 정보의 공개에 관하여는 다른 법률에 특별한 규정이 있는 경우를 제외하고는
　이 법에서 정하는 바에 따른다.
② 지방자치단체는 그 소관 사무에 관하여 법령의 범위에서 정보공개에 관한 조례를 정할 수 있다.
③ 국가안전보장에 관련되는 정보 및 보안 업무를 관장하는 기관에서 국가안전보장과 관련된 정
　보의 분석을 목적으로 수집하거나 작성한 정보에 대해서는 이 법을 적용하지 아니한다. 다만, 제

8조제1항에 따른 정보목록의 작성·비치 및 공개에 대해서는 그러하지 아니한다.

[전문개정 2013.8.6]

제2장 정보공개청구권자와 공공기관의 의무 〈개정 2013.8.6〉

제5조(정보공개청구권자) ① 모든 국민은 정보의 공개를 청구할 권리를 가진다.

② 외국인의 정보공개청구에 관하여는 대통령령으로 정한다.

[전문개정 2013.8.6]

제6조(공공기관의 의무) ① 공공기관은 정보의 공개를 청구하는 국민의 권리가 존중될 수 있도록 이 법을 운영하고 소관 관계 법령을 정비하여야 한다.

② 공공기관은 정보의 적절한 보존과 신속한 검색이 이루어지도록 정보관리체계를 정비하고, 정보공개 업무를 주관하는 부서 및 담당하는 인력을 적정하게 두어야 하며, 정보통신망을 활용한 정보공개시스템 등을 구축하도록 노력하여야 한다.

[전문개정 2013.8.6]

제7조(행정정보의 공표 등) ① 공공기관은 다음 각 호의 어느 하나에 해당하는 정보에 대해서는 공개의 구체적 범위와 공개의 주기·시기 및 방법 등을 미리 정하여 공표하고, 이에 따라 정기적으로 공개하여야 한다. 다만, 제9조제1항 각 호의 어느 하나에 해당하는 정보에 대해서는 그러하지 아니하다.

1. 국민생활에 매우 큰 영향을 미치는 정책에 관한 정보

2. 국가의 시책으로 시행하는 공사(工事) 등 대규모 예산이 투입되는 사업에 관한 정보

3. 예산집행의 내용과 사업평가 결과 등 행정감시를 위하여 필요한 정보

4. 그 밖에 공공기관의 장이 정하는 정보

② 공공기관은 제1항에 규정된 사항 외에도 국민이 알아야 할 필요가 있는 정보를 국민에게 공개하도록 적극적으로 노력하여야 한다.

[전문개정 2013.8.6]

제8조(정보목록의 작성·비치 등) ① 공공기관은 그 기관이 보유·관리하는 정보에 대하여 국민이 쉽게 알 수 있도록 정보목록을 작성하여 갖추어 두고, 그 목록을 정보통신망을 활용한 정보공개시스템 등을 통하여 공개하여야 한다. 다만, 정보목록 중 제9조제1항에 따라 공개하지 아니할 수 있는 정보가 포함되어 있는 경우에는 해당 부분을 갖추어 두지 아니하거나 공개하지 아니할 수 있다.

② 공공기관은 정보의 공개에 관한 사무를 신속하고 원활하게 수행하기 위하여 정보공개 장소를 확보하고 공개에 필요한 시설을 갖추어야 한다.

[전문개정 2013.8.6]

제8조의2(공개대상 정보의 원문공개) 공공기관 중 중앙행정기관 및 대통령령으로 정하는 기관은 전자적 형태로 보유·관리하는 정보 중 공개대상으로 분류된 정보를 국민의 정보공개청구가 없더라도 정보통신망을 활용한 정보공개시스템 등을 통하여 공개하여야 한다.

[본조신설 2013.8.6]

[시행일 : 2014.3.1] 제8조의2

제3장 정보공개의 절차 〈개정 2013.8.6〉

제9조(비공개 대상 정보) ① 공공기관이 보유·관리하는 정보는 공개 대상이 된다. 다만, 다음 각 호의 어느 하나에 해당하는 정보는 공개하지 아니할 수 있다.

1. 다른 법률 또는 법률에서 위임한 명령(국회규칙·대법원규칙·헌법재판소규칙·중앙선거관리위원회규칙·대통령령 및 조례로 한정한다)에 따라 비밀이나 비공개 사항으로 규정된 정보
2. 국가안전보장·국방·통일·외교관계 등에 관한 사항으로서 공개될 경우 국가의 중대한 이익을 현저히 해칠 우려가 있다고 인정되는 정보
3. 공개될 경우 국민의 생명·신체 및 재산의 보호에 현저한 지장을 초래할 우려가 있다고 인정되는 정보
4. 진행 중인 재판에 관련된 정보와 범죄의 예방, 수사, 공소의 제기 및 유지, 형의 집행, 교정(矯正), 보안처분에 관한 사항으로서 공개될 경우 그 직무수행을 현저히 곤란하게 하거나 형사피고인의 공정한 재판을 받을 권리를 침해한다고 인정할 만한 상당한 이유가 있는 정보
5. 감사·감독·검사·시험·규제·입찰계약·기술개발·인사관리에 관한 사항이나 의사결정 과정 또는 내부검토 과정에 있는 사항 등으로서 공개될 경우 업무의 공정한 수행이나 연구·개발에 현저한 지장을 초래한다고 인정할 만한 상당한 이유가 있는 정보. 다만, 의사결정 과정 또는 내부검토 과정을 이유로 비공개할 경우에는 의사결정 과정 및 내부검토 과정이 종료되면 제10조에 따른 청구인에게 이를 통지하여야 한다.
6. 해당 정보에 포함되어 있는 성명·주민등록번호 등 개인에 관한 사항으로서 공개될 경우 사생활의 비밀 또는 자유를 침해할 우려가 있다고 인정되는 정보. 다만, 다음 각 목에 열거한 개인에 관한 정보는 제외한다.
   가. 법령에서 정하는 바에 따라 열람할 수 있는 정보
   나. 공공기관이 공표를 목적으로 작성하거나 취득한 정보로서 사생활의 비밀 또는 자유를 부당하게 침해하지 아니하는 정보
   다. 공공기관이 작성하거나 취득한 정보로서 공개하는 것이 공익이나 개인의 권리 구제를 위하여 필요하다고 인정되는 정보
   라. 직무를 수행한 공무원의 성명·직위
   마. 공개하는 것이 공익을 위하여 필요한 경우로서 법령에 따라 국가 또는 지방자치단체가 업무의 일부를 위탁 또는 위촉한 개인의 성명·직업
7. 법인·단체 또는 개인(이하 "법인등"이라 한다)의 경영상·영업상 비밀에 관한 사항으로서 공개될 경우 법인등의 정당한 이익을 현저히 해칠 우려가 있다고 인정되는 정보. 다만, 다음 각

목에 열거한 정보는 제외한다.

　　가. 사업활동에 의하여 발생하는 위해(危害)로부터 사람의 생명·신체 또는 건강을 보호하기
　　　　위하여 공개할 필요가 있는 정보

　　나. 위법·부당한 사업활동으로부터 국민의 재산 또는 생활을 보호하기 위하여 공개할 필요가
　　　　있는 정보

　8. 공개될 경우 부동산 투기, 매점매석 등으로 특정인에게 이익 또는 불이익을 줄 우려가 있다고
　　　인정되는 정보

② 공공기관은 제1항 각 호의 어느 하나에 해당하는 정보가 기간의 경과 등으로 인하여 비공개의
　　필요성이 없어진 경우에는 그 정보를 공개 대상으로 하여야 한다.

③ 공공기관은 제1항 각 호의 범위에서 해당 공공기관의 업무 성격을 고려하여 비공개 대상 정보의
　　범위에 관한 세부 기준을 수립하고 이를 공개하여야 한다.

[전문개정 2013.8.6]

제10조(정보공개의 청구방법) ① 정보의 공개를 청구하는 자(이하 "청구인"이라 한다)는 해당 정보를
　　보유하거나 관리하고 있는 공공기관에 다음 각 호의 사항을 적은 정보공개청구서를 제출하거나
　　말로써 정보의 공개를 청구할 수 있다.

　1. 청구인의 성명·주민등록번호·주소 및 연락처(전화번호·전자우편주소 등을 말한다)

　2. 공개를 청구하는 정보의 내용 및 공개방법

② 제1항에 따라 청구인이 말로써 정보의 공개를 청구할 때에는 담당 공무원 또는 담당 임직원(이
　　하 "담당공무원등"이라 한다)의 앞에서 진술하여야 하고, 담당공무원등은 정보공개청구조서를
　　작성하여 이에 청구인과 함께 기명날인하여야 한다.

③ 제1항과 제2항에서 규정한 사항 외에 정보공개의 청구방법 등에 관하여 필요한 사항은 국회규
　　칙·대법원규칙·헌법재판소규칙·중앙선거관리위원회규칙 및 대통령령으로 정한다.

[전문개정 2013.8.6]

제11조(정보공개 여부의 결정) ① 공공기관은 제10조에 따라 정보공개의 청구를 받으면 그 청구를 받
　　은 날부터 10일 이내에 공개 여부를 결정하여야 한다.

② 공공기관은 부득이한 사유로 제1항에 따른 기간 이내에 공개 여부를 결정할 수 없을 때에는 그
　　기간이 끝나는 날의 다음 날부터 기산(起算)하여 10일의 범위에서 공개 여부 결정기간을 연장할
　　수 있다. 이 경우 공공기관은 연장된 사실과 연장 사유를 청구인에게 지체 없이 문서로 통지하여
　　야 한다.

③ 공공기관은 공개청구된 공개 대상 정보의 전부 또는 일부가 제3자와 관련이 있다고 인정할 때에
　　는 그 사실을 제3자에게 지체 없이 통지하여야 하며, 필요한 경우에는 그의 의견을 들을 수 있다.

④ 공공기관은 다른 공공기관이 보유·관리하는 정보의 공개청구를 받았을 때에는 지체 없이 이를
　　소관 기관으로 이송하여야 하며, 이송한 후에는 지체 없이 소관 기관 및 이송 사유 등을 분명히
　　밝혀 청구인에게 문서로 통지하여야 한다.

[전문개정 2013.8.6]

제12조(정보공개심의회) ① 국가기관, 지방자치단체 및 「공공기관의 운영에 관한 법률」 제5조에 따른 공기업(이하 "국가기관등"이라 한다)은 제11조에 따른 정보공개 여부 등을 심의하기 위하여 정보공개심의회(이하 "심의회"라 한다)를 설치·운영한다.

② 심의회는 위원장 1명을 포함하여 5명 이상 7명 이하의 위원으로 구성한다.

③ 심의회의 위원장을 제외한 위원은 소속 공무원, 임직원 또는 외부 전문가로 지명하거나 위촉하되, 그 중 2분의 1은 해당 국가기관등의 업무 또는 정보공개의 업무에 관한 지식을 가진 외부 전문가로 위촉하여야 한다. 다만, 제9조제1항제2호 및 제4호에 해당하는 업무를 주로 하는 국가기관은 그 국가기관의 장이 외부 전문가의 위촉 비율을 따로 정하되, 최소한 3분의 1 이상은 외부 전문가로 위촉하여야 한다.

④ 심의회의 위원장은 제3항에 규정된 위원과 같은 자격을 가진 사람 중에서 국가기관등의 장이 지명하거나 위촉한다.

⑤ 심의회의 위원에 대해서는 제23조제4항 및 제5항을 준용한다.

⑥ 심의회의 운영과 기능 등에 관하여 필요한 사항은 국회규칙·대법원규칙·헌법재판소규칙·중앙선거관리위원회규칙 및 대통령령으로 정한다.

[전문개정 2013.8.6]

제13조(정보공개 여부 결정의 통지) ① 공공기관은 제11조에 따라 정보의 공개를 결정한 경우에는 공개의 일시 및 장소 등을 분명히 밝혀 청구인에게 통지하여야 한다.

② 공공기관은 청구인이 사본 또는 복제물의 교부를 원하는 경우에는 이를 교부하여야 한다. 다만, 공개 대상 정보의 양이 너무 많아 정상적인 업무수행에 현저한 지장을 초래할 우려가 있는 경우에는 정보의 사본·복제물을 일정 기간별로 나누어 제공하거나 열람과 병행하여 제공할 수 있다.

③ 공공기관은 제1항에 따라 정보를 공개하는 경우에 그 정보의 원본이 더럽혀지거나 파손될 우려가 있거나 그 밖에 상당한 이유가 있다고 인정할 때에는 그 정보의 사본·복제물을 공개할 수 있다.

④ 공공기관은 제11조에 따라 정보의 비공개 결정을 한 경우에는 그 사실을 청구인에게 지체 없이 문서로 통지하여야 한다. 이 경우 비공개 이유와 불복(不服)의 방법 및 절차를 구체적으로 밝혀야 한다.

[전문개정 2013.8.6]

제14조(부분 공개) 공개청구한 정보가 제9조제1항 각 호의 어느 하나에 해당하는 부분과 공개 가능한 부분이 혼합되어 있는 경우로서 공개청구의 취지에 어긋나지 아니하는 범위에서 두 부분을 분리할 수 있는 경우에는 제9조제1항 각 호의 어느 하나에 해당하는 부분을 제외하고 공개하여야 한다.

[전문개정 2013.8.6]

제15조(정보의 전자적 공개) ① 공공기관은 전자적 형태로 보유·관리하는 정보에 대하여 청구인이 전자적 형태로 공개하여 줄 것을 요청하는 경우에는 그 정보의 성질상 현저히 곤란한 경우를 제

외하고는 청구인의 요청에 따라야 한다.

② 공공기관은 전자적 형태로 보유·관리하지 아니하는 정보에 대하여 청구인이 전자적 형태로 공개하여 줄 것을 요청한 경우에는 정상적인 업무수행에 현저한 지장을 초래하거나 그 정보의 성질이 훼손될 우려가 없으면 그 정보를 전자적 형태로 변환하여 공개할 수 있다.

③ 정보의 전자적 형태의 공개 등에 필요한 사항은 국회규칙·대법원규칙·헌법재판소규칙·중앙선거관리위원회규칙 및 대통령령으로 정한다.

[전문개정 2013.8.6]

제16조(즉시 처리가 가능한 정보의 공개) 다음 각 호의 어느 하나에 해당하는 정보로서 즉시 또는 말로 처리가 가능한 정보에 대해서는 제11조에 따른 절차를 거치지 아니하고 공개하여야 한다.

1. 법령 등에 따라 공개를 목적으로 작성된 정보
2. 일반국민에게 알리기 위하여 작성된 각종 홍보자료
3. 공개하기로 결정된 정보로서 공개에 오랜 시간이 걸리지 아니하는 정보
4. 그 밖에 공공기관의 장이 정하는 정보

[전문개정 2013.8.6]

제17조(비용 부담) ① 정보의 공개 및 우송 등에 드는 비용은 실비(實費)의 범위에서 청구인이 부담한다.

② 공개를 청구하는 정보의 사용 목적이 공공복리의 유지·증진을 위하여 필요하다고 인정되는 경우에는 제1항에 따른 비용을 감면할 수 있다.

③ 제1항에 따른 비용 및 그 징수 등에 필요한 사항은 국회규칙·대법원규칙·헌법재판소규칙·중앙선거관리위원회규칙 및 대통령령으로 정한다.

[전문개정 2013.8.6]

제4장 불복 구제 절차 〈개정 2013.8.6〉

제18조(이의신청) ① 청구인이 정보공개와 관련한 공공기관의 비공개 결정 또는 부분 공개 결정에 대하여 불복이 있거나 정보공개청구 후 20일이 경과하도록 정보공개 결정이 없는 때에는 공공기관으로부터 정보공개 여부의 결정 통지를 받은 날 또는 정보공개청구 후 20일이 경과한 날부터 30일 이내에 해당 공공기관에 문서로 이의신청을 할 수 있다.

② 국가기관등은 제1항에 따른 이의신청이 있는 경우에는 심의회를 개최하여야 한다. 다만, 다음 각 호의 어느 하나에 해당하는 경우에는 개최하지 아니할 수 있다.

1. 심의회의 심의를 이미 거친 사항
2. 단순·반복적인 청구
3. 법령에 따라 비밀로 규정된 정보에 대한 청구

③ 공공기관은 이의신청을 받은 날부터 7일 이내에 그 이의신청에 대하여 결정하고 그 결과를 청구인에게 지체 없이 문서로 통지하여야 한다. 다만, 부득이한 사유로 정하여진 기간 이내에 결정할

수 없을 때에는 그 기간이 끝나는 날의 다음 날부터 기산하여 7일의 범위에서 연장할 수 있으며, 연장 사유를 청구인에게 통지하여야 한다.

④ 공공기관은 이의신청을 각하(却下) 또는 기각(棄却)하는 결정을 한 경우에는 청구인에게 행정심판 또는 행정소송을 제기할 수 있다는 사실을 제3항에 따른 결과 통지와 함께 알려야 한다.

[전문개정 2013.8.6]

제19조(행정심판) ① 청구인이 정보공개와 관련한 공공기관의 결정에 대하여 불복이 있거나 정보공개청구 후 20일이 경과하도록 정보공개 결정이 없는 때에는 「행정심판법」에서 정하는 바에 따라 행정심판을 청구할 수 있다. 이 경우 국가기관 및 지방자치단체 외의 공공기관의 결정에 대한 감독행정기관은 관계 중앙행정기관의 장 또는 지방자치단체의 장으로 한다.

② 청구인은 제18조에 따른 이의신청 절차를 거치지 아니하고 행정심판을 청구할 수 있다.

③ 행정심판위원회의 위원 중 정보공개 여부의 결정에 관한 행정심판에 관여하는 위원은 재직 중은 물론 퇴직 후에도 그 직무상 알게 된 비밀을 누설하여서는 아니 된다.

④ 제3항의 위원은 「형법」이나 그 밖의 법률에 따른 벌칙을 적용할 때에는 공무원으로 본다.

[전문개정 2013.8.6]

제20조(행정소송) ① 청구인이 정보공개와 관련한 공공기관의 결정에 대하여 불복이 있거나 정보공개청구 후 20일이 경과하도록 정보공개 결정이 없는 때에는 「행정소송법」에서 정하는 바에 따라 행정소송을 제기할 수 있다.

② 재판장은 필요하다고 인정하면 당사자를 참여시키지 아니하고 제출된 공개청구 정보를 비공개로 열람·심사할 수 있다.

③ 재판장은 행정소송의 대상이 제9조제1항제2호에 따른 정보 중 국가안전보장·국방 또는 외교관계에 관한 정보의 비공개 또는 부분 공개 결정처분인 경우에 공공기관이 그 정보에 대한 비밀 지정의 절차, 비밀의 등급·종류 및 성질과 이를 비밀로 취급하게 된 실질적인 이유 및 공개를 하지 아니하는 사유 등을 입증하면 해당 정보를 제출하지 아니하게 할 수 있다.

[전문개정 2013.8.6]

제21조(제3자의 비공개 요청 등) ① 제11조제3항에 따라 공개청구된 사실을 통지받은 제3자는 그 통지를 받은 날부터 3일 이내에 해당 공공기관에 대하여 자신과 관련된 정보를 공개하지 아니할 것을 요청할 수 있다.

② 제1항에 따른 비공개 요청에도 불구하고 공공기관이 공개 결정을 할 때에는 공개 결정 이유와 공개 실시일을 분명히 밝혀 지체 없이 문서로 통지하여야 하며, 제3자는 해당 공공기관에 문서로 이의신청을 하거나 행정심판 또는 행정소송을 제기할 수 있다. 이 경우 이의신청은 통지를 받은 날부터 7일 이내에 하여야 한다.

③ 공공기관은 제2항에 따른 공개 결정일과 공개 실시일 사이에 최소한 30일의 간격을 두어야 한다.

[전문개정 2013.8.6]

제5장 정보공개위원회 등

제22조(정보공개위원회의 설치) 다음 각 호의 사항을 심의·조정하기 위하여 행정자치부장관 소속으로 정보공개위원회(이하 "위원회"라 한다)를 둔다.〈개정 2014. 11. 19.〉

1. 정보공개에 관한 정책 수립 및 제도 개선에 관한 사항
2. 정보공개에 관한 기준 수립에 관한 사항
3. 제24조제2항 및 제3항에 따른 공공기관의 정보공개 운영실태 평가 및 그 결과 처리에 관한 사항
4. 그 밖에 정보공개에 관하여 대통령령으로 정하는 사항

[전문개정 2013.8.6]

제23조(위원회의 구성 등) ① 위원회는 위원장과 부위원장 각 1명을 포함한 9명의 위원으로 구성한다.
② 위원회의 위원은 다음 각 호의 사람이 된다. 이 경우 위원장을 포함한 5명은 공무원이 아닌 사람으로 위촉하여야 한다.〈개정 2014. 11. 19.〉

1. 대통령령으로 정하는 관계 중앙행정기관의 차관급 공무원이나 고위공무원단에 속하는 일반직공무원
2. 정보공개에 관하여 학식과 경험이 풍부한 사람으로서 행정자치부장관이 위촉하는 사람
3. 시민단체(「비영리민간단체 지원법」 제2조에 따른 비영리민간단체를 말한다)에서 추천한 사람으로서 행정자치부장관이 위촉하는 사람

③ 위원장·부위원장 및 위원(제2항제1호의 위원은 제외한다)의 임기는 2년으로 하며, 연임할 수 있다.
④ 위원장·부위원장 및 위원은 정보공개 업무와 관련하여 알게 된 정보를 누설하거나 그 정보를 이용하여 본인 또는 타인에게 이익 또는 불이익을 주는 행위를 하여서는 아니 된다.
⑤ 위원장·부위원장 및 위원 중 공무원이 아닌 사람은 「형법」이나 그 밖의 법률에 따른 벌칙을 적용할 때에는 공무원으로 본다.
⑥ 위원회의 구성과 의결 절차 등 위원회 운영에 필요한 사항은 대통령령으로 정한다.

[전문개정 2013.8.6]

제24조(제도 총괄 등) ① 행정자치부장관은 이 법에 따른 정보공개제도의 정책 수립 및 제도 개선 사항 등에 관한 기획·총괄 업무를 관장한다.〈개정 2014. 11. 19.〉
② 행정자치부장관은 위원회가 정보공개제도의 효율적 운영을 위하여 필요하다고 요청하면 공공기관(국회·법원·헌법재판소 및 중앙선거관리위원회는 제외한다)의 정보공개제도 운영실태를 평가할 수 있다.〈개정 2014. 11. 19.〉
③ 행정자치부 장관은 제2항에 따른 평가를 실시한 경우에는 그 결과를 위원회를 거쳐 국무회의에 보고한 후 공개하여야 하며, 위원회가 개선이 필요하다고 권고한 사항에 대해서는 해당 공공기관에 시정 요구 등의 조치를 하여야 한다.〈개정 2014. 11. 19.〉
④ 행정자치부장관은 정보공개에 관하여 필요할 경우에 공공기관(국회·법원·헌법재판소 및 중앙

선거관리위원회는 제외한다)의 장에게 정보공개 처리 실태의 개선을 권고할 수 있다. 이 경우 권고를 받은 공공기관은 이를 이행하기 위하여 성실하게 노력하여야 하며, 그 조치 결과를 행정자치부장관에게 알려야 한다. 〈개정 2014. 11. 19.〉

⑤ 국회·법원·헌법재판소·중앙선거관리위원회·중앙행정기관 및 지방자치단체는 그 소속 기관 및 소관 공공기관에 대하여 정보공개에 관한 의견을 제시하거나 지도·점검을 할 수 있다.

[전문개정 2013.8.6]

제25조(자료의 제출 요구) 국회사무총장·법원행정처장·헌법재판소사무처장·중앙선거관리위원회 사무총장 및 행정자치부장관은 필요하다고 인정하면 관계 공공기관에 정보공개에 관한 자료 제출 등의 협조를 요청할 수 있다. 〈개정 2014. 11. 19.〉

[전문개정 2013.8.6]

제26조(국회에의 보고) ① 행정자치부장관은 전년도의 정보공개 운영에 관한 보고서를 매년 정기국회 개회 전까지 국회에 제출하여야 한다. 〈개정 2014. 11. 19.〉

② 제1항에 따른 보고서 작성에 필요한 사항은 대통령령으로 정한다.

[전문개정 2013.8.6]

제27조(위임규정) 이 법 시행에 필요한 사항은 국회규칙·대법원규칙·헌법재판소규칙·중앙선거관리위원회규칙 및 대통령령으로 정한다.

[전문개정 2013.8.6]

제28조(신분보장) 누구든지 이 법에 따른 정당한 정보공개를 이유로 징계조치 등 어떠한 신분상 불이익이나 근무조건상의 차별을 받지 아니한다.

[본조신설 2013.8.6]

부칙 〈법률 제12844호, 2014.11.19.〉 (정부조직법)

제1조(시행일) 이 법은 공포한 날부터 시행한다. 다만, 부칙 제6조에 따라 개정되는 법률 중 이 법 시행 전에 공포되었으나 시행일이 도래하지 아니한 법률을 개정한 부분은 각각 해당 법률의 시행일부터 시행한다.

제2조부터 **제5조**까지 생략

제6조(다른 법률의 개정) ①부터 〈56〉까지 생략

〈57〉 공공기관의 정보공개에 관한 법률 일부를 다음과 같이 개정한다.

제22조 각 호 외의 부분, 제23조제2항제2호·제3호, 제24조제1항부터 제3항까지, 같은 조 제4항 전
단·후단, 제25조 및 제26조제1항 중 "안전행정부장관"을 각각 "행정자치부장관"으로 한다.

⟨58⟩부터 ⟨258⟩까지 생략

제7조 생략

공공기관의 정보공개에 관한 법률 시행령

[시행 2014.11.19.] [대통령령 제25751호, 2014.11.19., 타법개정]

제1장 총칙

제1조(목적) 이 영은 「공공기관의 정보공개에 관한 법률」에서 위임된 사항과 그 시행에 필요한 사항을 규정함을 목적으로 한다. 〈개정 2011.10.17.〉

제2조(공공기관의 범위) 「공공기관의 정보공개에 관한 법률」(이하 "법"이라 한다) 제2조제3호라목에서 "대통령령으로 정하는 기관"이란 다음 각 호의 기관 또는 단체를 말한다.
1. 「유아교육법」, 「초·중등교육법」, 「고등교육법」에 따른 각급 학교 또는 그 밖의 다른 법률에 따라 설치된 학교
2. 「지방공기업법」에 따른 지방공사 및 지방공단
3. 다음 각 목의 어느 하나에 해당하는 기관 중 지방자치단체의 조례로 정하는 기관
   가. 지방자치단체의 조례에 따라 설립되고 해당 지방자치단체가 출연한 기관
   나. 지방자치단체의 지원액(조례 또는 규칙에 따라 직접 지방자치단체의 업무를 위탁받거나 독점적 사업권을 부여받은 기관의 경우에는 그 위탁업무나 독점적 사업으로 인한 수입액을 포함한다)이 총수입액의 2분의 1을 초과하는 기관
   다. 지방자치단체가 100분의 50 이상의 지분을 가지고 있거나 100분의 30 이상의 지분을 가지고 임원 임명권한 행사 등을 통하여 해당 기관의 정책 결정에 사실상 지배력을 확보하고 있는 기관
   라. 지방자치단체와 가목부터 다목까지의 어느 하나에 해당하는 기관이 합하여 100분의 50 이상의 지분을 가지고 있거나 100분의 30 이상의 지분을 가지고 임원 임명권한 행사 등을 통하여 해당 기관의 정책 결정에 사실상 지배력을 확보하고 있는 기관
   마. 가목부터 라목까지의 어느 하나에 해당하는 기관이 단독으로 또는 두 개 이상의 기관이 합하여 100분의 50 이상의 지분을 가지고 있거나 100분의 30 이상의 지분을 가지고 임원 임명권한 행사 등을 통하여 해당 기관의 정책 결정에 사실상 지배력을 확보하고 있는 기관
   바. 가목부터 라목까지의 어느 하나에 해당하는 기관이 설립하고, 지방자치단체 또는 해당 설립 기관이 출연한 기관
4. 특별법에 따라 설립된 특수법인
5. 「사회복지사업법」 제42조제1항에 따라 국가나 지방자치단체로부터 보조금을 받는 사회복지법인과 사회복지사업을 하는 비영리법인
6. 제5호 외에 「보조금 관리에 관한 법률」 제9조 또는 「지방재정법」 제17조제1항 각 호 외의 부분 단서에 따라 국가나 지방자치단체로부터 연간 5천만 원 이상의 보조금을 받는 기관 또는 단체. 다만, 정보공개 대상 정보는 해당 연도에 보조를 받은 사업으로 한정한다.

[전문개정 2014.5.28.]

제2장 정보공개청구권자와 공공기관의 의무

제3조(외국인의 정보공개 청구) 법 제5조제2항에 따라 정보공개를 청구할 수 있는 외국인은 다음 각 호의 어느 하나에 해당하는 자로 한다.

1. 국내에 일정한 주소를 두고 거주하거나 학술·연구를 위하여 일시적으로 체류하는 사람
2. 국내에 사무소를 두고 있는 법인 또는 단체

[전문개정 2014.5.28.]

제4조(행정정보의 공표 등) ① 공공기관은 법 제7조제1항에 따라 다음 각 호에 해당하는 정보를 포함 하여 국민에게 알려야 할 필요가 있는 정보를 공개하여야 한다.

1. 식품·위생, 환경, 복지, 개발사업 등 국민의 생명·신체 및 재산 보호와 관련된 정보
2. 교육·의료·교통·조세·건축·상하수도·전기·통신 등 국민의 일상생활과 관련된 정보
3. 다음 각 목에 해당하는 정보
   가. 「국가를 당사자로 하는 계약에 관한 법률 시행령」 제92조의2에 따른 계약관련 정보
   나. 「지방자치단체를 당사자로 하는 계약에 관한 법률 시행령」 제31조에 따른 수의계약 내역 정보
   다. 「국가재정법」 제9조에 따른 재정정보
   라. 「지방재정법」 제60조에 따른 재정운용상황에 관한 정보
   마. 그 밖에 법령에서 공개, 공표 또는 공시하도록 정한 정보
4. 국회 및 지방의회의 질의 및 그에 대한 답변과 국정감사 및 행정사무 감사 결과에 관한 정보
5. 기관장의 업무추진비에 관한 정보
6. 그 밖에 공공기관의 사무와 관련된 제1호부터 제5호까지에 준하는 정보

② 공공기관은 제1항 각 호에 따른 정보를 포함하여 법 제7조제1항 각 호에 해당하는 정보를 정보통 신망에 게재하거나 정부간행물을 발간·판매하는 등 다양한 방법으로 국민에게 공개하여야 한다.

③ 행정자치부장관은 공공기관이 공표한 정보의 이용편의를 위하여 종합목록을 발간하거나 그 밖 에 필요한 조치를 할 수 있다. 〈개정 2014.11.19.〉

[전문개정 2014.5.28.]

제5조(정보목록의 작성·비치 등) ① 법 제8조제1항에 따른 정보목록에는 문서제목·생산연도·업무 담당자·보존기간 등이 포함되어야 한다. 이 경우 「공공기록물 관리에 관한 법률 시행령」 제20조 및 제23조에 따른 등록정보의 목록으로 법 제8조제1항에 따른 정보목록을 갈음할 수 있다.

② 공공기관은 정보공개 절차를 국민이 쉽게 알 수 있도록 정보공개 청구 및 처리 절차, 정보공개 청구서식, 수수료, 그 밖의 주요 사항이 포함된 정보공개편람을 작성하여 갖추어 두고 일반국민 이 열람할 수 있도록 제공하여야 한다.

③ 공공기관은 청구인의 편의를 도모하기 위하여 정보공개 청구서식, 컴퓨터단말기 등을 갖추어 두 어야 한다.

[전문개정 2014.5.28.]

제5조의2(원문공개 대상기관) 법 제8조의2에서 "대통령령으로 정하는 기관"이란 다음 각 호의 기관을 말한다.

1. 중앙행정기관의 소속 기관
2. 「행정기관 소속 위원회의 설치·운영에 관한 법률」에 따른 위원회
3. 지방자치단체
4. 「초·중등교육법」 제2조에 따른 각급 학교
5. 「공공기관의 운영에 관한 법률」 제5조에 따른 공기업 및 준정부기관

[본조신설 2013.11.13.]
[시행일:2014.3.1.] 제5조의2제1호·제2호 및 제3호[특별시·광역시·특별자치시·도·특별자치도에 한정한다(해당 교육행정기관은 제외한다)]
[시행일:2015.3.1.] 제5조의2제3호(특별시·광역시·특별자치시·도·특별자치도의 교육행정기관과 시·군·자치구에 한정한다) 및 제5조의2제4호
[시행일:2016.3.1.] 제5조의2제5호

제3장 정보공개의 절차

제6조(정보공개의 청구방법 등) ① 법 제10조제1항에 따른 정보공개 청구서는 공공기관에 직접 출석하여 제출하거나 우편·팩스 또는 정보통신망을 이용하여 제출한다.

② 공공기관은 정보공개 청구서를 접수하면 정보공개 처리대장에 기록하고 청구인에게 접수증을 발급하여야 한다. 다만, 다음 각 호의 어느 하나에 해당하는 경우에는 청구인이 요청할 때를 제외하고는 접수증을 발급하지 아니할 수 있다.

1. 즉시 또는 말로써 처리가 가능한 정보의 정보공개 청구서를 접수한 경우
2. 우편·팩스 또는 정보통신망을 통하여 정보공개 청구서를 접수한 경우

③ 제2항에도 불구하고 다음 각 호의 어느 하나에 해당하는 경우로서 「민원사무 처리에 관한 법률」에 따른 민원사무로 처리할 수 있는 경우에는 민원사무로 처리할 수 있다.

1. 공개 청구된 정보가 공공기관이 보유·관리하지 아니하는 정보인 경우
2. 진정(陳情)·질의 등 공개 청구의 내용이 법 및 이 영에 따른 정보공개 청구로 볼 수 없는 경우

④ 공공기관은 제3항에 따른 청구를 받으면 해당 정보를 보유·관리하지 아니한다는 사실 등 청구에 따를 수 없는 사유를 구체적으로 적어 청구인에게 통지하여야 한다.

⑤ 공공기관은 다음 각 호의 어느 하나에 해당하는 청구에 대해서는 종결 처리할 수 있다.

1. 제1항에 따라 정보공개를 청구하여 정보공개 여부에 대한 결정의 통지를 받은 자가 정당한 사유 없이 해당 정보의 공개를 다시 청구한 경우
2. 제3항에 따른 청구를 한 자가 제4항에 따른 통지를 받은 후에 다시 같은 청구를 한 경우

[전문개정 2014.5.28.]

제7조(공개여부 결정기간의 연장) 법 제11조제2항 전단에 따른 부득이한 사유는 다음 각 호의 어느 하나에 해당하는 사유로 한다.

1. 한꺼번에 많은 정보공개가 청구되거나 공개 청구된 내용이 복잡하여 정해진 기간 내에 공개 여부를 결정하기 곤란한 경우
2. 정보를 생산한 공공기관 또는 공개 청구된 정보와 관련 있는 법 제11조제3항에 따른 제3자의 의견청취, 법 제12조에 따른 정보공개심의회 개최 등의 사유로 정해진 기간 내에 공개 여부를 결정하기 곤란한 경우
3. 전산정보처리조직에 의하여 처리된 정보가 공개 부분과 비공개 부분을 포함하고 있고, 정해진 기간 내에 부분 공개 가능 여부를 결정하기 곤란한 경우
4. 천재지변, 일시적인 업무량 폭주 등으로 정해진 기간 내에 공개 여부를 결정하기 곤란한 경우

[전문개정 2014.5.28.]

제8조(제3자의 의견청취) ① 공공기관이 법 제11조제3항에 따라 제3자의 의견을 들을 때에는 문서로 하여야 한다. 다만, 공공기관이 필요하다고 인정하거나 제3자가 원하는 경우에는 말로 의견을 들을 수 있다.

② 담당 공무원 등이 제1항 단서에 따라 말로 의견을 듣는 경우에는 그 내용을 기록하고 본인의 확인을 받아야 한다.

[전문개정 2014.5.28.]

제9조(정보생산 공공기관의 의견청취) 공공기관은 공개 청구된 정보의 전부 또는 일부가 다른 공공기관이 생산한 정보인 경우에는 그 정보를 생산한 공공기관의 의견을 들어 공개 여부를 결정하여야 한다.

[전문개정 2014.5.28.]

제10조(관계 기관 및 부서 간의 협조) ① 정보공개 청구업무를 처리하는 부서는 관계 기관 또는 다른 부서의 협조가 필요할 때에는 정보공개 청구서를 접수한 후 처리기간의 범위에서 회신기간을 분명히 밝혀 협조를 요청하여야 한다.

② 제1항에 따라 협조를 요청받은 기관 또는 부서는 그 회신기간 내에 회신하여야 한다.

[전문개정 2014.5.28.]

제11조(정보공개심의회) ① 국가기관·지방자치단체 및 「공공기관의 운영에 관한 법률」 제5조에 따른 공기업(이하 "국가기관등"이라 한다)은 업무성격이나 업무량 등을 고려하여 법 제12조에 따른 정보공개심의회(이하 "심의회"라 한다)를 그 기관 또는 소속 기관에 1개 이상 설치·운영하여야 한다.

② 심의회는 다음 각 호의 사항을 심의한다.
1. 공개 청구된 정보의 공개 여부를 결정하기 곤란한 사항
2. 법 제18조 및 제21조제2항에 따른 이의신청. 다만, 다음 각 목의 어느 하나에 해당하는 이의신청은 제외한다.
   가. 공공기관의 비공개 결정 또는 부분 공개 결정에 대하여 같은 내용으로 2회 이상 반복하여

제기된 이의신청

　　나. 청구인이 법 제18조제1항에 따른 기간이 지난 후에 한 이의신청

　　다. 제3자가 법 제21조제2항에 따른 기간이 지난 후에 한 이의신청

　　라. 청구인의 요구대로 공개 결정을 할 경우

　3. 그 밖에 정보공개제도의 운영에 관한 사항

③ 심의회의 위원의 임기는 2년으로 하며, 한 차례만 연임할 수 있다. 다만, 공무원인 위원의 임기는 그 직위에 재직하는 기간으로 한다.

④ 심의회의 위원 중 공무원이 아닌 위원에게는 예산의 범위에서 수당·여비와 그 밖에 필요한 경비를 지급할 수 있다.

⑤ 이 영에 규정된 것 외에 심의회의 운영에 필요한 사항은 심의회가 설치된 국가기관등의 장이 정한다.

[전문개정 2014.5.28.]

제11조의2(정보공개책임관) 중앙행정기관의 장, 특별시장·광역시장·특별자치시장·도지사·특별자치도지사, 시장·군수·구청장(자치구의 구청장을 말한다. 이하 같다) 및 특별시·광역시·특별자치시·도·특별자치도의 교육감은 소속 공무원 중에서 정보공개책임관을 지정하여 정보공개에 관한 다음 각 호의 사무를 수행하게 할 수 있다.

　1. 정보공개심의회 운영

　2. 소속 기관에 대한 정보공개 사무의 지도·지원

　3. 정보공개 담당 공무원의 정보공개 사무처리능력 발전을 위한 교육·훈련

　4. 정보공개 청구인에 대한 정보공개 청구 지원

[전문개정 2014.5.28.]

제12조(정보공개 일시의 통지 등) ① 공공기관은 정보의 공개를 결정하였을 때(제3자의 비공개 요청에도 불구하고 법 제21조제2항에 따라 공개 결정을 한 경우는 제외한다)에는 공개를 결정한 날부터 10일 이내의 범위에서 공개 일시를 정하여 청구인에게 통지하여야 한다. 다만, 청구인이 요청하는 경우에는 공개 일시를 달리 정할 수 있다.

② 법 제13조제2항에 따라 정보의 사본·복제물을 일정 기간별로 나누어 제공하거나 열람과 병행하여 제공하는 경우에는 청구인으로 하여금 먼저 열람하게 한 후 사본·복제물을 제공하되, 특별한 사정이 없으면 2개월 이내에 제공을 마쳐야 한다.

③ 공공기관은 제1항에 따라 통지한 공개일 후 10일이 지날 때까지 청구인이 정당한 사유 없이 그 정보의 공개에 응하지 아니하였을 때에는 내부적으로 종결 처리할 수 있다.

[전문개정 2014.5.28.]

제13조(부분 공개) 공공기관은 법 제14조에 따라 부분 공개 결정을 하는 경우에는 공개하지 아니하는 부분에 대하여 비공개 이유와 불복의 방법 및 절차를 구체적으로 밝혀야 한다.

[전문개정 2014.5.28.]

제14조(정보공개 방법) ① 정보는 다음 각 호의 구분에 따른 방법으로 공개한다.

1. 문서·도면·사진 등: 열람 또는 사본의 제공
2. 필름·테이프 등: 시청 또는 인화물·복제물의 제공
3. 마이크로필름·슬라이드 등: 시청·열람 또는 사본·복제물의 제공
4. 전자적 형태로 보유·관리하는 정보 등: 파일을 복제하여 정보통신망을 활용한 정보공개시스템으로 송부, 매체에 저장하여 제공, 열람·시청 또는 사본·출력물의 제공
5. 법 제7조제1항에 따라 이미 공개된 정보: 해당 정보의 소재(所在) 안내

② 공공기관은 정보를 공개할 때 본인 또는 그 정당한 대리인임을 확인할 필요가 없는 경우에는 청구인의 요청에 따라 제1항 각 호의 사본·출력물·복제물·인화물 또는 복제된 파일을 우편·팩스 또는 정보통신망을 이용하여 보낼 수 있다.

③ 공공기관은 제1항에 따라 정보를 공개할 때에는 타인의 지식재산권, 사생활의 비밀, 그 밖에 타인의 권리 또는 이익이 부당하게 침해되지 아니하도록 유의하여야 한다.

[전문개정 2014.5.28.]

제15조(정보공개 시 청구인 확인) ① 청구된 정보의 공개는 청구인 본인 또는 그 대리인에게 하여야 한다.

② 공공기관은 제1항에 따라 정보를 공개할 때에는 다음 각 호의 구분에 따른 신분증명서 등에 의하여 청구인 본인 또는 그 정당한 대리인임을 확인하여야 한다. 다만, 정보를 공개할 때 본인 또는 그 정당한 대리인임을 확인할 필요가 없는 경우에는 그러하지 아니하다. 〈개정 2014.11.19.〉

1. 청구인 본인에게 공개하는 경우: 청구인의 주민등록증이나 그 밖에 그 신원을 확인할 수 있는 신분증명서(청구인이 외국인인 경우에는 여권, 외국인등록증 또는 그 밖에 제3조제1호에 따른 외국인임을 확인할 수 있는 신분증명서를, 청구인이 외국의 법인 또는 단체인 경우에는 사업자등록증, 외국단체등록증 또는 그 밖에 제3조제2호에 따른 법인 또는 단체임을 확인할 수 있는 증명서를 말한다)
2. 청구인의 법정대리인에게 공개하는 경우: 법정대리인임을 증명할 수 있는 서류와 대리인의 주민등록증이나 그 밖에 그 신원을 확인할 수 있는 신분증명서
3. 청구인의 임의대리인에게 공개하는 경우: 행정자치부령으로 정하는 위임장과 청구인 및 수임인의 주민등록증이나 그 밖에 그 신원을 확인할 수 있는 신분증명서

③ 공공기관은 정보통신망을 통하여 정보를 공개하는 경우에 청구인 본인 또는 그 대리인의 신원을 확인할 필요가 있을 때에는 제2항에도 불구하고 전자서명 등을 통하여 그 신원을 확인하여야 한다.

[전문개정 2014.5.28.]

제16조(정보공개처리상황의 기록) 공공기관은 정보공개청구에 대한 처리상황을 정보공개처리대장에 기록·유지하여야 한다.

제17조(비용 부담) ① 법 제17조제1항에 따른 정보의 공개 및 우송 등에 드는 비용은 수수료와 우편

요금(공개되는 정보의 사본·출력물·복제물 또는 인화물을 우편으로 보내는 경우로 한정한다)으로 구분하며, 수수료 금액은 행정자치부령으로 정한다. 다만, 지방자치단체의 경우 수수료의 금액은 조례로 정한다.〈개정 2014.11.19.〉

② 법 제15조제1항 및 제2항에 따라 정보통신망을 통하여 정보를 전자적 형태로 공개할 때에는 공공기관(지방자치단체 및 그 소속 기관은 제외한다)의 장은 업무부담을 고려하여 제1항 본문에 따라 정한 수수료 금액의 범위에서 수수료 금액을 달리 정할 수 있다.

③ 다음 각 호의 어느 하나에 해당하는 경우에는 법 제17조제2항에 따라 수수료를 감면할 수 있다.

   1. 비영리의 학술·공익단체 또는 법인이 학술이나 연구목적 또는 행정감시를 위하여 필요한 정보를 청구한 경우
   2. 교수·교사 또는 학생이 교육자료나 연구목적으로 필요한 정보를 소속 기관의 장의 확인을 받아 청구한 경우
   3. 그 밖에 공공기관의 장이 공공복리의 유지·증진을 위하여 감면이 필요하다고 인정한 경우

④ 법 제17조제2항에 따른 비용감면을 신청할 때에는 감면사유에 관한 소명자료를 첨부하여야 한다.

⑤ 공공기관의 장은 제3항에 따른 비용의 감면비율을 정하고, 정보통신망 등을 통하여 공개하여야 한다.

⑥ 제1항에 따른 수수료는 다음 각 호의 어느 하나에 해당하는 방법으로 낸다. 다만, 부득이한 경우에는 현금으로 낼 수 있다.

   1. 「전자금융거래법」 제2조제11호에 따른 전자지급수단
   2. 수입인지(국가기관에 내는 경우로 한정한다) 또는 수입증지(지방자치단체에 내는 경우로 한정한다)

[전문개정 2014.5.28.]

제4장 이의신청

제18조(이의신청) ① 법 제18조제1항 및 제21조제2항에 따른 이의신청은 다음 각 호의 사항을 적은 서면으로 하여야 한다.

   1. 신청인의 성명, 주민등록번호 및 주소(법인 또는 단체의 경우에는 그 명칭, 사무소 또는 사업소의 소재지와 대표자의 성명)와 연락처
   2. 이의신청의 대상이 되는 정보공개 여부 결정의 내용
   3. 이의신청의 취지 및 이유
   4. 정보공개 여부의 결정통지를 받은 날 또는 정보공개를 청구한 날

② 공공기관은 법 제18조제3항 단서에 따라 이의신청결정기간의 연장을 통지할 때에는 통지서에 연장 사유, 연장기간 등을 구체적으로 밝혀야 한다.

③ 공공기관은 법 제18조제4항에 따라 이의신청을 각하 또는 기각하는 결정을 할 때에는 결정 이유와 불복의 방법 및 절차를 구체적으로 밝혀야 한다.

④ 공공기관은 이의신청에 대한 처리상황을 이의신청 처리대장에 기록·유지하여야 한다.

[전문개정 2014.5.28.]

제5장 정보공개위원회 등

제19조(심의·조정 사항) 법 제22조제4호에서 "대통령령으로 정하는 사항"이란 다음 각 호의 사항을 말한다.

  1. 법 제7조제1항에 따른 행정정보의 공표에 관한 사항

  2. 그 밖에 법 제22조에 따른 정보공개위원회(이하 "위원회"라 한다)에서 심의·조정이 필요하다고 결정한 사항

[전문개정 2014.5.28.]

제20조(위원회의 구성) ① 위원회의 위원장은 법 제23조제2항제2호 또는 제3호에 해당하는 사람 중에서, 부위원장은 법 제23조제2항제1호에 해당하는 공무원 중에서 행정자치부장관이 각각 위촉하거나 임명한다. 〈개정 2011.10.17., 2013.3.23., 2014.11.19.〉

② 법 제23조제2항제1호에 따른 위원은 기획재정부 제2차관, 법무부 차관, 행정자치부 차관 및 국무조정실 국무1차장으로 한다. 〈개정 2013.11.13., 2014.11.19.〉

제21조(회의 및 의결정족수) ① 위원회의 회의는 반기(半期)별로 개최한다. 다만, 위원장은 필요하다고 인정하는 경우에는 임시회를 소집할 수 있다.

② 위원회의 회의는 재적위원 과반수의 출석으로 개의(開議)하고 출석위원 과반수의 찬성으로 의결한다.

[전문개정 2014.5.28.]

제22조(위원장의 직무) ① 위원회의 위원장은 위원회의 업무를 총괄하고 회의의 의장이 된다.

② 위원회의 부위원장은 위원장을 보좌하고, 위원장이 부득이한 사유로 직무를 수행할 수 없을 때에는 그 직무를 대행한다.

[전문개정 2014.5.28.]

제23조(의견청취 등) 위원회는 필요하다고 인정하는 경우에는 다음 각 호의 조치를 할 수 있다.

1. 관련 공공기관에 정보공개와 관련된 자료·서류 등의 제출요청

2. 관계 공무원, 이해관계인, 참고인 등의 출석요청 및 의견청취

[전문개정 2014.5.28.]

제24조(사무기구) 위원회의 업무 보좌와 그 밖에 위원회의 행정사무를 효율적으로 처리하기 위한 사무처리는 행정자치부 창조정부기획관이 수행한다. 〈개정 2014.11.19.〉

[전문개정 2014.5.28.]

제25조(수당 등) 위원회의 위원장 및 공무원이 아닌 위원과 제23조제2호에 따라 위원회에 참석하는 관계 공무원, 이해관계인, 참고인 등에게는 예산의 범위에서 수당·여비와 그 밖에 필요한 경비를 지급할 수 있다. 다만, 공무원이 그 소관업무와 직접 관련되어 참석하는 경우에는 그러하지 아니하다.
[전문개정 2014.5.28.]

제26조(정보공개위원회의 운영 규정) 이 영에 규정된 것 외에 위원회의 운영에 필요한 사항은 위원회의 의결을 거쳐 위원장이 정한다.
[전문개정 2014.5.28.]

제27조(운영실태 평가) 행정자치부장관은 법 제24조제2항에 따라 정보공개제도의 운영실태를 평가할 때에는 해당 공공기관의 장에게 평가의 취지 및 내용과 담당 공무원의 인적사항 및 방문일시를 미리 통보하여야 한다. 〈개정 2014.11.19.〉
[전문개정 2014.5.28.]

제28조(자료제출) ① 제2조 각 호의 기관은 전년도의 정보공개 운영실태를 매년 1월 31일까지 관계 중앙행정기관의 장 또는 지방자치단체의 장에게 제출하여야 한다.
② 시장·군수 또는 구청장은 제1항에 따라 받은 정보공개 운영실태를 포함한 전년도의 정보공개 운영실태를 매년 2월 10일까지 관할 특별시장·광역시장 또는 도지사에게 제출하여야 한다.
③ 중앙행정기관의 장과 특별시장·광역시장·특별자치시장·도지사 또는 특별자치도지사는 제1항 및 제2항에 따라 받은 정보공개 운영실태를 포함한 전년도의 정보공개 운영실태를 매년 2월 말일까지 행정자치부장관에게 제출하여야 한다. 〈개정 2014.11.19.〉
④ 행정자치부장관은 매년 제3항에 따라 받은 정보공개 운영실태를 종합하여 공표하여야 한다. 〈개정 2014.11.19.〉
[전문개정 2014.5.28.]

제29조(정보공개 운영에 관한 보고서) 법 제26조에 따른 정보공개 운영에 관한 보고서에는 다음 각 호의 사항이 포함되어야 한다.
  1. 공공기관의 정보공개 운영실태에 관한 사항
  2. 법 제24조제2항에 따른 정보공개제도 운영실태 평가에 관한 사항
  3. 법 제24조제3항에 따른 시정 요구 등의 조치에 관한 사항
[전문개정 2014.5.28.]

부칙 〈대통령령 제25751호, 2014.11.19.〉(행정자치부와 그 소속기관 직제)

제1조(시행일) 이 영은 공포한 날부터 시행한다. 다만, 부칙 제5조에 따라 개정되는 대통령령 중 이 영 시행 전에 공포되었으나 시행일이 도래하지 아니한 대통령령을 개정한 부분은 각각 해당 대

통령령의 시행일부터 시행한다.

제2조부터 제4조까지 생략

제5조(다른 법령의 개정) ①부터 〈108〉까지 생략

〈109〉 공공기관의 정보공개에 관한 법률 시행령 일부를 다음과 같이 개정한다.

제4조제3항, 제20조제1항, 제27조 및 제28조제3항·제4항 중 "안전행정부장관"을 각각 "행정자치
부장관"으로 한다.

제15조제2항제3호 및 제17조제1항 본문 중 "안전행정부령"을 각각 "행정자치부령"으로 한다.

제20조제2항 중 "안전행정부 제1차관"을 "행정자치부 차관"으로 한다.

제24조 중 "안전행정부 창조정부기획관"을 "행정자치부 창조정부기획관"으로 한다.

〈110〉부터 〈418〉까지 생략

공공기관의 정보공개에 관한 법률 시행규칙

[시행 2014.12.10.] [행정자치부령 제8호, 2014.12.10., 일부개정]

제1조(목적) 이 규칙은「공공기관의 정보공개에 관한 법률」및 같은 법 시행령에서 위임된 사항과 그 시행에 필요한 사항을 규정함을 목적으로 한다. 〈개정 2011.11.1.〉

제1조의2(의사결정 과정 등 종료 통지의 서식)「공공기관의 정보공개에 관한 법률」(이하 "법"이라 한다) 제9조제1항제5호 단서에 따른 의사결정 과정 및 내부검토 과정 종료의 통지는 별지 제1호서식에 따른다.
[전문개정 2014.5.28.]

제2조(정보공개 청구서의 서식) ① 법 제10조제1항 및「공공기관의 정보공개에 관한 법률 시행령」(이하 "영"이라 한다) 제6조제1항에 따른 정보공개 청구서는 별지 제1호의2서식에 따른다.
② 법 제10조제1항 및 제2항에 따라 말로 정보공개를 청구하는 경우에는 별지 제2호서식에 따른다.
[전문개정 2014.5.28.]

제3조(정보공개 처리 관련 서식) ① 법 제11조제2항에 따른 공개 여부 결정기간 연장의 통지는 별지 제3호서식에 따른다.
② 영 제6조제2항 및 제16조에 따른 정보공개 처리대장은 별지 제4호서식에 따른다.
③ 영 제6조제4항에 따른 통지는 별지 제4호의2서식에 따른다.
[전문개정 2014.5.28.]

제4조(제3자의 의견청취관련 서식) ① 법 제11조제3항에 따라 제3자에게 통지하는 정보공개 청구사실 통지는 별지 제4호의3서식에 따르고, 정보공개가 청구된 사실을 통지받은 제3자의 의견 제출 또는 법 제21조제1항에 따른 비공개 요청은 별지 제5호서식에 따른다.
② 법 제11조제3항 및 영 제8조에 따라 말로 제3자의 의견청취를 하는 경우에는 별지 제6호서식에 따른다.
[전문개정 2014.5.28.]

제5조(정보공개 여부 결정 통지의 서식) 법 제13조제1항 및 제4항에 따른 정보공개 여부 결정에 대한 통지는 별지 제7호서식에 따른다.
[전문개정 2014.5.28.]

제6조(정보공개 위임장 서식) 영 제15조제2항제3호에 따른 위임장은 별지 제8호서식에 따른다.
[전문개정 2014.5.28.]

제7조(수수료의 금액) 영 제17조제1항에 따른 수수료 금액은 다른 법령에 특별한 규정이 있는 경우를 제외하고는 별표와 같다.

[전문개정 2014.5.28.]

제8조(이의신청 처리 관련 서식) ① 법 제18조제1항 및 제21조제2항과 영 제18조제1항에 따른 이의신청은 별지 제9호서식에 따른다.

② 법 제18조제3항 및 제4항에 따른 이의신청 결정 통지와 법 제21조제2항에 따른 이의신청에 대한 결정의 통지는 별지 제9호의2서식에 따른다.

③ 법 제18조제3항 단서와 영 제18조제2항에 따른 이의신청 결정기간 연장의 통지는 별지 제10호서식에 따른다.

④ 영 제18조제4항에 따른 이의신청 처리대장은 별지 제11호서식에 따른다.

[전문개정 2014.5.28.]

제8조의2(제3자에 대한 정보공개 결정 통지의 서식) 법 제21조제2항에 따라 제3자에게 하는 정보공개 결정 통지는 별지 제11호의2서식에 따른다.

[전문개정 2014.5.28.]

제9조(자료 제출) 영 제28조에 따른 정보공개 운영실태의 제출은 별지 제12호서식에 따른다.

[전문개정 2014.5.28.]

부칙 〈행정자치부령 제8호, 2014.12.10.〉

이 규칙은 공포한 날부터 시행한다.

[별표] 수수료 (제7조 관련)
[서식 1] 의사결정 과정 및 내부검토 과정 종료 사실 통지서
[서식 1의2] 정보공개청구서
[서식 2] 정보공개 구술 청구서
[서식 3] 공개 여부 결정기간연장 통지서
[서식 4] 정보공개처리대장
[서식 4의2] 정보 부존재 등 통지서
[서식 4의3] 정보공개청구사실 통지서
[서식 5] 제3자 의견서(비공개요청서)
[서식 6] 제3자의견청취서
[서식 7] 정보(공개·부분공개·비공개) 결정통지서
[서식 8] 정보공개위임장
[서식 9] 정보공개(공개, 부분공개, 비공개) 결정 이의신청서

정보공개 수수료 (제7조 관련)

공개대상	공개방법 및 수수료	
	열람·시청	사본(종이출력물)·인화물·복제물
문서·도면·사진 등	○ 열람 - 1일 1시간 이내: 무료 - 1시간 초과 시 30분마다 1,000원	○ 사본(종이출력물) - A3 이상 300원 　•1장 초과마다 100원 - B4 이하 250원 　•1장 초과마다 50원
필름·테이프 등	○ 녹음테이프(오디오자료)의 청취 - 1건이 1개 이상으로 이루어진 경우 　•1개(60분 기준)마다 1,500원 - 여러 건이 1개로 이루어진 경우 　•1건(30분 기준)마다 700원 ○ 녹화테이프(비디오자료)의 시청 - 1편이 1롤 이상으로 이루어진 경우 　•1롤(60분 기준)마다 1,500원 - 여러 편이 1롤로 이루어진 경우 　•1편(30분 기준)마다 700원 ○ 영화필름의 시청 - 1편이 1캔 이상으로 이루어진 경우 　•1캔(60분 기준)마다 3,500원 - 여러 편이 1캔으로 이루어진 경우 　•1편(30분 기준)마다 2,000원 ○ 사진필름의 열람 - 1장: 200원 　•1장 초과마다 50원	○ 녹음테이프(오디오자료)의 복제 - 1건이 1개 이상으로 이루어진 경우 　•1개마다 5,000원 - 여러 건이 1개로 이루어진 경우 　•1건마다 3,000원 ※ 매체비용은 별도 ○ 녹화테이프(비디오자료)의 복제 - 1편이 1롤 이상으로 이루어진 경우 　•1롤마다 5,000원 - 여러 편이 1롤로 이루어진 경우 　•1편마다 3,000원 ※ 매체비용은 별도 ○ 사진필름의 복제 - 1컷마다 6,000원 ※ 매체비용은 별도 ○ 사진필름의 인화 - 1컷마다 500원 　•1장 초과마다 　　3"×5" 200원 　　5"×7" 300원 　　8"×10" 400원
마이크로필름·슬라이드 등	○ 마이크로필름의 열람 - 1건(10컷 기준)1회: 500원 　•10컷 초과 시 1컷마다 100원 ○ 슬라이드의 시청 - 1컷마다 200원	○ 사본(종이출력물) - A3 이상 300원 　•1장 초과마다 200원 - B4 이하 250원 　•1장 초과마다 150원 ○ 마이크로필름의 복제 - 1롤마다 1,000원 ※ 매체비용은 별도 ○ 슬라이드의 복제 - 1컷마다 3,000원 ※ 매체비용은 별도

전자파일	○ 전자파일(문서·도면·사진 등)의 열람 　- 1일 1시간 이내 : 무료 　- 1시간 초과 시 30분마다 1,000원 ○ 전자파일(오디오자료·비디오자료)의 　시청·청취 　- 1편: 1,500원 　　• 30분 초과 시 10분마다 500원	○ 사본(종이출력물) 　- A3 이상 300원 　　• 1장 초과마다 100원 　- B4 이하 250원 　　• 1장 초과마다 50원 ○ 전자파일(문서·도면·사진 등)의 복제 　- 1건 1MB(메가바이트) 이내: 무료 　- 1MB 초과 시 1MB마다 100원 　　(다만, 10장마다 100원을 초과할 수 　　없음) 　- 정보공개 처리를 위하여 전자파일로 　　의 변환 작업이 필요한 경우에는 사본 　　(종이출력물) 수수료의 1/2로 산정 　- 부분공개 처리를 위하여 지움 작업 및 　　전자파일로의 변환 작업이 필요한 경 　　우에는 사본(종이출력물) 수수료와 　　동일하게 산정 　※ 매체비용은 별도 ○ 전자파일(오디오자료·비디오자료)의 　복제 　- 1건(700MB 기준)마다 5,000원 　- 700MB 초과 시 350MB마다 2,500원 　※ 매체비용은 별도

〈비고〉
1. 정보통신망을 활용한 정보공개시스템 등을 통하여 공개하는 경우에는 전자파일 복제의 경우를 적용하여 수수료를 산정한다.
2. 해당 공공기관에서 사본, 출력물, 복제물을 만들 수 있는 전산장비 등이 없거나 도면 등이 A3 규격을 초과하여 이를 복사할 장비가 없어 외부업체에 대행시키는 경우에는 청구인과 협의를 통하여 그 비용을 수수료에 포함하여 산정할 수 있다.
3. 수수료 중 100원 단위 미만 금액은 계산하지 아니한다.

교육관련기관의 정보공개에 관한 특례법(비교표)

교육관련기관의 정보공개에 관한 특례법 [시행 2014.11.19.] [법률 제12844호, 2014.11.19., 타법개정]	교육관련기관의 정보공개에 관한 특례법 시행령 [시행 2015.1.1.] [대통령령 제25840호, 2014.12.9., 타법개정]
제1조(목적) 이 법은 교육관련기관이 보유·관리하는 정보의 공개의무와 공개에 필요한 기본적인 사항을 정하여 국민의 알권리를 보장하고 학술 및 정책연구를 진흥함과 아울러 학교교육에 대한 참여와 교육행정의 효율성 및 투명성을 높이기 위하여 「공공기관의 정보공개에 관한 법률」에 대한 특례를 규정함을 목적으로 한다.	**제1조(목적)** 이 영은 「교육관련기관의 정보공개에 관한 특례법」에서 위임된 사항과 그 시행에 필요한 사항을 규정함을 목적으로 한다.
제2조(정의) 이 법에서 사용하는 용어의 정의는 다음과 같다. 〈개정 2010.2.4, 2011.12.31, 2012.12.11〉 1. "정보"란 교육관련기관이 학교교육과 관련하여 직무상 작성 또는 취득하여 관리하고 있는 문서(전자문서를 포함한다)·도면·사진·필름·테이프·슬라이드, 그 밖에 이에 준하는 매체 등에 기록된 사항을 말한다. 2. "공개"란 교육관련기관이 이 법에 따라 정보를 열람하게 하거나 그 사본·복제물을 교부하는 것 또는 「전자정부법」 제2조제10호에 따른 정보통신망(이하 "정보통신망"이라 한다)을 통하여 정보를 공시하거나 제공하는 것 등을 말한다. 3. "공시"란 교육관련기관이 그 보유·관리하는 정보를 국민의 정보공개에 대한 열람·교부 및 청구와 관계없이 미리 정보통신망 등 다른 법령으로 정하는 방법으로 적극적으로 알리거나 제공하는 공개의 한 방법을 말한다. 4. "교육관련기관"이란 학교·교육행정기관 및 교육연구기관을 말한다. 5. "학교"란 「유아교육법」 제8조에 따라 설립된 유치원 및 「초·중등교육법」 제4조·「고등교육법」 제4조에 따라 설립된 각급학교, 그 밖에 다른 법률에 따라 설치된 각급학교(국방·치안 등의 사유로 정보공시가 어렵다고 대통령령으로 정하는 학교는 제외한다)를 말한다. 6. "교육행정기관"이란 「교육공무원법」 제2조제4항에 따른 기관을 말한다. 7. "교육연구기관"이란 「교육공무원법」 제2조제5항에 따른 기관, 그 밖에 다른 법률에 따라 교육에 관하여 전문적으로 연구·조사를 하기 위하여 설치된 기관을 말한다.	**제2조(정보공시 적용 제외 학교)** 「교육관련기관의 정보공개에 관한 특례법」(이하 "법"이라 한다) 제2조제5호에서 "대통령령으로 정하는 학교"란 다음 각 호의 학교를 말한다. 1. 「공군항공과학고등학교 설치법」에 따라 설치된 공군항공과학고등학교 2. 「사관학교설치법」에 따라 설치된 육군·해군·공군사관학교 3. 「국방대학교설치법」에 따라 설치된 국방대학교 4. 「국군간호사관학교 설치법」에 따라 설치된 국군간호사관학교 5. 「경찰대학설치법」에 따라 설치된 경찰대학 6. 「육군3사관학교 설치법」에 따라 설치된 육군3사관학교 7. 삭제 〈2012.2.3〉
제3조(정보공개의 원칙) ① 교육관련기관은 그 보유·관리하는 정보를 이 법으로 정하는 바에 따라 공개하여야 한다. ② 이 법에 따라 공시 또는 제공되는 정보는 학생 및 교원의 개인정보를 포함하여서는 아니 된다.	

제4조(다른 법률과의 관계) 정보의 공개 등에 관하여 이 법에서 규정하지 아니한 사항에 대하여는 「공공기관의 정보공개에 관한 법률」을 적용한다.

제5조(초·중등학교의 공시대상정보 등) ① 초·중등교육을 실시하는 학교의 장은 그 기관이 보유·관리하고 있는 다음 각 호의 정보를 매년 1회 이상 공시하여야 한다. 이 경우 그 학교의 장은 공시된 정보(이하 "공시정보"라 한다)를 교육감에게 제출하여야 하고, 교육부장관은 필요하다고 인정하는 경우 공시정보와 관련된 자료의 제출을 요구할 수 있다. 〈개정 2008.2.29, 2013.3.23〉
1. 학교규칙 등 학교운영에 관한 규정
2. 교육과정 편성 및 운영 등에 관한 사항
3. 학년·학급당 학생 수 및 전·출입, 학업중단 등 학생변동 상황
4. 학교의 학년별·교과별 학습에 관한 상황
5. 교지(校地), 교사(校舍) 등 학교시설에 관한 사항
6. 직위·자격별 교원현황에 관한 사항
7. 예·결산 내역 등 학교 및 법인의 회계에 관한 사항
8. 학교운영위원회에 관한 사항
9. 학교급식에 관한 사항
10. 학교의 보건관리·환경위생 및 안전관리에 관한 사항
11. 학교폭력의 발생현황 및 처리에 관한 사항
12. 국가 또는 시·도 수준 학업성취도평가에 대한 학술적 연구를 위한 기초자료에 관한 사항
13. 학생의 입학상황 및 졸업생의 진로에 관한 사항
14. 「초·중등교육법」 제63조부터 제65조까지의 시정명령 등에 관한 사항
15. 그 밖에 교육여건 및 학교운영상태 등에 관한 사항
② 교육감 및 교육부장관은 제1항제4호 및 제12호의 자료를 공개할 경우 개별학교의 명칭은 제공하지 아니하며, 소재지에 관한 정보의 공개 범위는 대통령령으로 정한다. 〈개정 2008.2.29, 2013.3.23〉
③ 제1항에 따른 공시정보의 구체적인 범위·공시횟수 및 그 시기 등에 관하여 필요한 사항은 대통령령으로 정한다.

제5조의2(유치원의 공시대상정보 등) ① 유치원의 장은 그 기관이 보유·관리하고 있는 다음 각 호의 정보를 매년 1회 이상 공시하여야 한다. 이 경우 그 유치원의 장은 공시정보를 교육감에게 제출하여야 하고, 교육부장관은 필요하다고 인정하는 경우 공시정보와 관련된 자료의 제출을 요구할 수 있다. 〈개정 2012.3.21, 2013.3.23〉
1. 유치원 규칙·시설 등 기본현황
2. 유아 및 유치원 교원에 관한 사항

제3조(초·중등학교 공시정보의 범위·횟수 및 시기 등) 제3조(초·중등학교 공시정보의 범위·횟수 및 시기 등) ① 초·중등교육을 실시하는 학교(이하 "초·중등학교"라 한다)의 장이 법 제5조제1항에 따라 공시하여야 하는 정보의 범위, 공시 횟수 및 그 시기는 외국인학교(「초·중등교육법」 제60조의2에 따른 외국인 학교를 말한다. 이하 같다)를 제외한 초·중등학교의 경우에는 별표 1과 같고, 외국인학교의 경우에는 별표 1의2와 같다. 〈개정 2011.4.8〉
② 초·중등학교의 장은 별표 1 및 별표 1의2의 정보 공시 내용 외의 내용도 자율적으로 공시할 수 있다. 〈개정 2011.4.8〉
③ 초·중등학교의 장은 별표 1 및 별표 1의2에 따라 정보를 공시하는 경우 해당 공시일부터 최근 3년 동안 공시한 정보를 함께 공시하여야 한다. 〈개정 2011.4.8〉
④ 교육감 및 교육부장관이 법 제5조제1항제4호 및 제12호의 자료를 공개하는 경우 개별학교의 소재지에 관한 정보의 공개 범위는 다음과 같다. 〈개정 2013.3.23, 2013.11.5〉
1. 「초·중등교육법」 제2조제1호 및 제2호에 따른 학교와 같은 조 제5호에 따른 각종학교 중 초등학교·중학교 과정의 학교: 「지방교육자치에 관한 법률」 제34조제1항에 따른 하급교육행정기관 단위로 공개
2. 「초·중등교육법」 제2조제3호 및 제4호에 따른 학교와 같은 조 제5호에 따른 각종학교 중 고등학교 과정의 학교: 특별시·광역시·특별자치시·도 및 특별자치도(이하 "시·도"라 한다)를 관할하는 교육청 단위로 공개

제3조의2(유치원 공시정보의 범위·공시횟수 및 시기 등) 제3조의2(유치원 공시정보의 범위·공시횟수 및 시기 등) ① 유치원의 장이 법 제5조의2제1항에 따라 공시하여야 하는 정보의 범위, 공시횟수 및 그 시기는 별표 1의3과 같다.
② 유치원의 장은 별표 1의3에 따라 정보를 공시하는 경우 해당 공시일부터 최근 3년 동안 공시한 정보를 함께 공시하여야 한다.
[본조신설 2012.4.20]

3. 유치원 교육과정 및 방과후 과정 편성·운영에 관한사항
4. 유치원 원비 및 예·결산 등 회계에 관한 사항
5. 유치원의 급식·보건관리·환경위생 및 안전관리에 관한 사항
6. 「유아교육법」 제30조부터 제32조까지의 시정명령 등에 관한 사항
7. 그 밖에 교육여건 및 유치원운영상태 등에 관한사항
② 제1항에 따른 공시정보의 구체적인 범위·공시횟수 및 그 시기 등에 필요한 사항은 대통령령으로 정한다.
[본조신설 2011.12.31]

제3조의3(유치원 정보의 공개) 교육감은 법 제5조의2제1항에 따라 제출받은 공시정보를 해당 기관 및 하급교육행정기관의 홈페이지 등을 통하여 공개하여야 한다.
[본조신설 2012.4.20]

제6조(고등교육기관의 공시대상정보 등) ① 고등교육을 실시하는 학교의 장은 그 기관이 보유·관리하고 있는 다음 각 호의 정보를 매년 1회 이상 공시하여야 한다. 이 경우 그 학교의 장은 공시정보를 교육부장관에게 제출하여야 한다. 〈개정 2008.2.29, 2009.5.8, 2013.3.23〉
1. 학교규칙 등 학교운영에 관한 규정
2. 교육과정 편성 및 운영 등에 관한 사항
3. 학생의 선발방법 및 일정에 관한 사항
4. 충원율, 재학생 수 등 학생현황에 관한 사항
5. 졸업 후 진학 및 취업현황 등 학생의 진로에 관한사항
6. 전임교원 현황에 관한 사항
7. 전임교원의 연구성과에 관한 사항
8. 예·결산 내역 등 학교 및 법인의 회계에 관한 사항
8의2. 등록금 및 학생 1인당 교육비의 산정근거에 관한 사항
9. 「고등교육법」 제60조부터 제62조까지의 시정명령 등에 관한 사항
10. 학교의 발전계획 및 특성화 계획
11. 교원의 연구·학생에 대한 교육 및 산학협력 현황
12. 도서관 및 연구에 대한 지원 현황
13. 그 밖에 교육여건 및 학교운영상태 등에 관한사항
② 교육부장관은 국민의 편의를 위하여 필요한 경우 제1항에 따라 학교의 장이 공시한 정보를 학교의 종류별·지역별 등으로 분류하여 공개할 수 있다. 〈개정 2008.2.29, 2013.3.23〉
③ 제1항에 따른 공시정보의 구체적인 범위, 공시횟수 및 그 시기, 제2항에 따른 정보의 공개방법 등에 관하여 필요한 사항은 대통령령으로 정한다.

제4조(고등교육기관 공시정보의 범위·횟수 및 시기 등) ① 법 제6조제1항 각 호의 공시정보의 범위·공시횟수 및 그 시기는 별표 2와 같다.
② 법 제6조제1항 각 호 외의 부분 전단에 따른 고등교육을 실시하는 학교(이하 "고등교육기관"이라 한다)의 장은 별표 2의 공시정보를 학과별 또는 학부별 전공단위 또는 모집단위 및 학교단위로 공시하여야 한다. 이 경우 대학원에 관한 정보는 대학과 구분하고, 「고등교육법 시행령」 제22조 각 호에 따라 구분하여 공시하여야 한다.
③ 고등교육기관의 장은 별표 2에 따라 정보를 공시하는 경우 해당 공시일부터 최근 3년 동안 공시한 정보를 함께 공시하여야 한다.

제5조(고등교육기관 정보의 관리 및 공개) 제5조(고등교육기관 정보의 관리 및 공개) ① 교육부장관은 법 제6조제1항 각 호 외의 부분 후단에 따라 고등교육기관의 장이 제출한 공시정보를 통합하여 관리할 수 있다. 〈개정 2013.3.23〉
② 교육부장관은 제1항의 공시정보 중에서 주요 항목을 표준화하여 공개할 수 있다. 〈개정 2013.3.23〉
③ 제1항 및 제2항에 따른 관리 및 공개에 필요한 사항은 교육부장관이 정한다. 〈개정 2013.3.23〉

제6조(정보공시 방법) ① 유치원, 초·중등학교 및 고등교육기관의 장은 법 제5조제1항, 제5조의2제1항 및 제6조제1항에 따른 공시정보를 국민들이 알기 쉽도록 해당 기관의 홈페이지를 통하여 공시하여야 한다. 다만, 홈페이지에 공시를 할 수 없는 유치원은 제3조의3에 따른 정보의 공개를 해당 유치원의 정보공시로 본다. 〈개정 2012.4.20〉
② 유치원, 초·중등학교 및 고등교육기관의 장은 공시정보 자료를 따로 갖춰 두고 관리하여야 한다. 〈개정 2012.4.20〉
③ 유치원, 초·중등학교 및 고등교육기관의 장은 해당 기관의 공시정보의 제공을 요청받으면 이를 열람하게 하거나, 그 사본·복제물을 제공하여야 한다. 〈개정 2012.4.20〉

	④ 제3항에 따른 공시정보의 열람이나 사본·복제물의 제공·우송에 드는 비용은 실제비용의 범위에서 청구인이 부담하여야 한다. 다만, 정보의 사용 목적이 공공복리의 유지·증진을 위하여 필요하다고 인정되는 경우에는 이를 감면할 수 있다.
제7조(공시의 권고 등) ① 교육부장관은 제5조·제5조의2 및 제6조에 따른 공시에 필요한 양식을 마련·보급하고, 공시정보를 수집 및 관리하여야 한다. 〈개정 2008.2.29, 2011.12.31, 2013.3.23〉 ② 교육부장관은 제1항의 공시정보를 수집·관리하기 위한 총괄 관리기관과 항목별 관리기관 등을 지정할 수 있다. 〈개정 2008.2.29, 2013.3.23〉 ③ 교육부장관은 교육관련기관의 장이 해당 정보를 이 법으로 정하는 바에 따라 공개 또는 공시를 하지 아니하거나 게을리 할 경우 이에 대한 시정을 권고하여야 한다. 〈개정 2008.2.29, 2013.3.23〉	**제7조(총괄 관리기관 및 항목별 관리기관의 지정 등)** ① 법 제7조제2항에 따른 총괄 관리기관 및 항목별 관리기관으로 지정받으려는 자는 다음 각 호의 서류를 첨부하여 교육부장관에게 해당 기관의 지정을 신청하여야 한다. 〈개정 2013.3.23〉 1. 사업 추진 계획서 2. 업무 수행에 필요한 시설·설비·전문인력 등에 관한 명세서 및 운영계획서 3. 정관(법인의 경우만 해당한다) ② 법인이 제1항에 따른 지정을 받으려는 경우 감독청은 「전자정부법」 제36조제1항에 따른 행정정보의 공동이용을 통하여 법인 등기사항증명서를 확인하여야 한다. 〈개정 2010.5.4, 2010.11.2〉 ③ 교육부장관은 제1항에 따라 총괄 관리기관 및 항목별 관리기관 지정신청을 받으면 신청서를 제출받은 날부터 30일의 범위에서 지정 여부를 결정하여야 한다. 다만, 부득이한 사유가 있으면 1회에 한하여 30일의 범위에서 기간을 정하여 연장할 수 있다. 〈개정 2013.3.23〉 ④ 총괄 관리기관과 항목별 관리기관은 법 제5조제1항 후단, 제5조의2제1항 후단 또는 제6조제1항 후단에 따라 제출된 공시정보를 수집·관리한다. 〈개정 2012.4.20〉 ⑤ 총괄 관리기관은 항목별 관리기관과 연계하여 공시정보를 관리·운영하고, 공시정보의 품질을 높이기 위한 연구를 수행하여야 한다. ⑥ 총괄 관리기관은 매년 유치원, 초·중등학교 및 고등교육기관의 장의 공시정보 관리·운영에 관한 사항을 교육감 및 교육부장관에게 보고하여야 한다. 〈개정 2012.4.20, 2013.3.23〉
제8조(학술연구의 진흥 등) ① 교육관련기관의 장은 학술연구의 진흥과 교육정책의 개발을 위하여 해당 기관이 보유·관리하는 자료를 대통령령으로 정하는 바에 따라 연구자 등에게 제공할 수 있다. ② 제1항에 따라 자료를 제공받은 자는 본래의 목적 외에 부정사용하거나 이를 누설하여서는 아니 된다. 〈개정 2011.12.31〉	
	제8조 삭제 〈2013.11.5〉
제8조의2(교육관련기관이 보유·관리하는 정보의 수집·연계·가공 및 제공 등) ① 교육부장관 및 교육감은 교육정책 수립, 학술연구 진흥, 통계 작성 등에 활용하기 위해 교육관련기관의 장이 보유·관리하고 있는 정보를 수집하여 연계·가공할 수 있다. 다만, 교육감의 경우에는 교육관련기관 중 관할	**제9조(연구자 등에 대한 자료 제공)** ① 연구자 등이 교육관련기관의 장에게 해당 기관이 보유·관리하는 자료의 제공을 요청할 때에는 다음 각 호의 사항을 적은 정보제공 요청서와 연구의 목적·내용·기간·방법·활용계획 등을 적은 연구계획서를 제출하여야 한다. 〈개정 2012.4.20〉

시·도의 학교 및 교육행정기관에 한한다. 〈개정 2013.3.23〉

② 교육부장관 및 교육감은 제1항에 따라 수집·연계·가공한 정보를 대통령령으로 정하는 바에 따라 연구자 등에게 제공할 수 있다. 〈개정 2013.3.23〉

③ 제1항 및 제2항의 경우 개인이나 법인 또는 단체 등을 식별할 수 없는 형태로 정보를 수집·제공하여야 한다.

④ 제2항에 따라 자료를 제공받은 자는 본래의 목적 외에 부정사용하거나 이를 누설하여서는 아니 된다.

⑤ 제1항에 따른 정보의 수집과 제2항에 따른 정보의 제공 등에 관한 사항은 대통령령으로 정한다.

[본조신설 2011.12.31]

1. 요청인의 이름, 주소와 전화번호·전자우편주소 등의 연락처
2. 제공받으려는 정보의 내용과 제공방법

② 교육관련기관의 장은 제1항에 따라 요청받은 날부터 10일 이내에 정보제공 여부를 결정하여야 하며, 부득이한 사유로 그 기간 내에 제공 여부를 결정할 수 없을 때에는 그 기간의 마지막 날의 다음 날부터 계산하여 10일 이내의 범위에서 정보제공 여부 결정기간을 연장할 수 있다. 이 경우 교육관련기관의 장은 연장된 사실과 연장 사유를 요청인에게 지체 없이 문서로 알려야 한다.

③ 교육관련기관의 장은 연구 목적에 필요한 정보 제공을 위하여 노력하여야 하며, 정보 제공을 요청받은 날부터 20일 이내에 교육관련기관의 장이 제공 여부를 결정하지 아니하였을 때에는 제공하지 아니하기로 결정한 것으로 본다.

④ 「공공기관의 정보공개에 관한 법률」 제12조제1항에 따라 정보공개심의회를 설치하여야 하는 교육관련기관의 장은 정보공개심의회의 심의를 거쳐 자료의 제공범위와 내용을 결정하여야 한다. 다만, 정보공개심의회에서 별도로 정한 사항은 심의를 거치지 아니하고 제공할 수 있다. 〈개정 2012.4.20〉

⑤ 제4항에 따른 교육관련기관에 해당하지 아니하는 교육관련기관의 경우 「공공기관의 정보공개에 관한 법률」 제12조를 준용하여 정보공개심의회를 설치하여 제4항에 따른 심의를 할 수 있으며, 초·중등학교의 경우에는 「초·중등교육법」 제31조에 따른 학교운영위원회가 제4항의 심의를 할 수 있다.

제9조의2(정보의 수집, 제공 등) ① 교육부장관 및 교육감은 법 제8조의2에 따라 정보를 수집하여 연계·가공하고 이를 제공하기 위하여 정보시스템을 구축·운영할 수 있다. 〈개정 2013.3.23〉

② 연구자 등이 교육부장관 또는 교육감에게 제1항에 따른 정보의 제공을 요청하는 경우와 교육부장관 또는 교육감이 제공 여부를 결정하는 경우에는 제9조제1항부터 제4항까지의 규정을 준용한다. 이 경우 "교육관련기관의 장"은 "교육부장관 또는 교육감"으로 본다. 〈개정 2013.3.23〉

[본조신설 2012.4.20]

제9조(권한의 위임) 이 법에 따른 교육부장관의 권한은 그 일부를 대통령령으로 정하는 바에 따라 교육감 등에게 위임할 수 있다. 〈개정 2008.2.29, 2013.3.23〉

제10조(권한의 위임) 교육부장관은 법 제9조에 따라 다음 각 호의 권한을 해당 교육감에게 위임한다. 〈개정 2011.8.19, 2012.4.20, 2013.3.23〉

1. 법 제7조제3항에 따른 시정의 권고
2. 법 제10조제1항에 따른 시정 또는 변경의 명령
3. 법 제10조제2항에 따라 준용되는 「유아교육법」 제30조제2항에 따른 정원감축, 학급감축 또는 유아모집정지 등의 조치 및 「초·중등교육법」 제63조제2항에 따른 위반행위의 취소·정지명령 또는 학생정원의 감축 등의 조치

	4. 법 제10조의2제2항 및 제3항에 따른 자료제출의 요청 및 접수 5. 법 제10조의2제4항에 따른 시정 또는 변경의 명령 6. 법 제10조의2제5항에 따라 준용되는 「유아교육법」 제30조제2항에 따른 정원감축, 학급감축 또는 유아모집정지 등의 조치 및 「초·중등교육법」 제63조제2항에 따른 위반행위의 취소·정지명령 또는 학생정원의 감축 등의 조치 7. 법 제10조의2제6항에 따른 게시
제10조(시정 또는 변경 명령) ① 교육부장관은 이 법에서 정한 정보를 공개하지 아니하거나 거짓으로 공개하는 기관의 장에게 시정 또는 변경하도록 명령하여야 한다. 〈개정 2008.2.29, 2013.3.23〉 ② 교육부장관은 제1항에 따른 시정 또는 변경 명령 및 제7조제3항에 따른 권고를 받은 학교의 장이 정당한 사유 없이 지정된 기간 내에 이행하지 아니하는 경우 「유아교육법」 제30조제2항, 「초·중등교육법」 제63조제2항 또는 「고등교육법」 제60조제2항을 준용한다. 〈개정 2008.2.29, 2011.12.31, 2013.3.23〉	**제11조(공시정보의 확인 등)** 교육부장관은 법 제10조제1항 및 제10조의2제4항에 따른 시정 또는 변경의 명령을 시행하기 위하여 필요하다고 인정하면 유치원, 초·중등학교 및 고등교육기관의 장의 공시정보를 확인·검증할 수 있다. 〈개정 2011.8.19, 2012.4.20, 2013.3.23〉 **제12조(공시항목별 작성자 등 지정)** ① 유치원, 초·중등학교 및 고등교육기관의 장은 공시정보의 정확성을 높이기 위하여 공시항목별 작성자 및 확인자를 지정하고 이를 함께 공시하여야 한다. 〈개정 2012.4.20〉 ② 유치원, 초·중등학교 및 고등교육기관의 장과 공시항목별 작성자 및 확인자는 수시로 공시된 정보의 정확성과 충실도를 점검·확인하여야 한다. 〈개정 2012.4.20〉 ③ 유치원, 초·중등학교 및 고등교육기관의 장은 제2항에 따른 점검 결과 오류사항 등을 발견하면 지체 없이 수정·보완하여야 한다. 〈개정 2012.4.20〉
제10조의2(공개·공시 정보의 활용에 대한 시정 또는 변경 명령) ① 학교의 장은 학교를 홍보하거나 「표시·광고의 공정화에 관한 법률」에 따른 표시 또는 광고를 함에 있어 이 법에 따라 공개되거나 공시된 정보와 다르게 알려서는 아니 된다. ② 교육부장관은 제1항의 위반 여부를 확인할 필요가 있는 경우에는 해당 학교의 장에게 관련 자료의 제출을 요청할 수 있다. 〈개정 2013.3.23〉 ③ 제2항에 따라 관련 자료의 제출을 요청받은 학교의 장은 특별한 사유가 없는 한 관련 자료를 교육부장관에게 제출하여야 한다. 〈개정 2013.3.23〉 ④ 교육부장관은 학교의 장이 제1항을 위반한 때에는 시정 또는 변경하도록 명령하여야 한다. 〈개정 2013.3.23〉 ⑤ 교육부장관은 학교의 장이 제3항에 따른 관련 자료의 제출을 거부하거나 제4항에 따른 시정 또는 변경 명령을 받고도 정당한 사유 없이 지정된 기간 내에 이행하지 아니하는 경우에는 「유아교육법」 제30조제2항, 「초·중등교육법」 제63조제2항 또는 「고등교육법」 제60조제2항을 준용한다. 〈개정 2011.12.31, 2013.3.23〉 ⑥ 교육부장관은 다음 각 호의 어느 하나에 해당하는	

경우에는 그 사실을 학교정보를 공시하는 정보통신망의 초기 화면에 지체 없이 게시하여야 한다. 〈개정 2013.3.23〉
1. 제4항에 따라 시정 또는 변경을 명령한 경우
2. 제5항에 따른 조치를 한 경우
3. 그 밖에 이와 유사한 사항으로서 대통령령으로 정하는 경우
⑦ 제2항에 따른 자료제출 요청 및 제3항에 따른 자료제출, 제4항에 따른 시정 또는 변경 명령, 제5항에 따른 조치 및 제6항에 따른 게시 등에 필요한 사항은 대통령령으로 정한다.
[본조신설 2011.5.19]

제11조(벌칙) 제8조제1항 또는 제8조의2제2항에 따라 자료를 제공받은 자가 제8조제2항 또는 제8조의2제4항을 위반한 때에는 1년 이하의 징역 또는 1천만원 이하의 벌금에 처한다. 〈개정 2011.12.31〉

제12조(「공공기관의 정보공개에 관한 법률」과의 관계) 「공공기관의 정보공개에 관한 법률」을 「교육관련기관의 정보공개에 관한 특례법」에 적용함에 있어서는 다음 각 호에 따른다. 〈개정 2008.2.29., 2013.3.23., 2014.11.19.〉
1. 「공공기관의 정보공개에 관한 법률」 제6조부터 제9조까지, 제11조, 제13조, 제15조, 제18조부터 제21조까지 및 제25조 중 "공공기관"은 각각 "교육관련기관"으로 본다.
2. 「공공기관의 정보공개에 관한 법률」 제25조 중 "행정자치부장관은 교육부장관"으로 본다.

제13조(규제의 재검토) 교육부장관은 제3조의2 및 별표 1의3에 따른 유치원 공시정보의 범위 등에 대하여 2015년 1월 1일을 기준으로 2년마다(매 2년이 되는 해의 1월 1일 전까지를 말한다) 그 타당성을 검토하여 개선 등의 조치를 하여야 한다.
[본조신설 2014.12.9.]

부칙
〈법률 제12844호, 2014.11.19.〉 (정부조직법)

제1조(시행일) 이 법은 공포한 날부터 시행한다. 다만, 부칙 제6조에 따라 개정되는 법률 중 이 법 시행 전에 공포되었으나 시행일이 도래하지 아니한 법률을 개정한 부분은 각각 해당 법률의 시행일부터 시행한다.

제2조부터 제5조까지 생략

제6조(다른 법률의 개정) ①부터 〈25〉까지 생략
〈26〉 교육관련기관의 정보공개에 관한 특례법 일부를 다음과 같이 개정한다.
제12조제2호 중 "안전행정부장관"을 "행정자치부장관"으로 한다.

부칙
〈대통령령 제25840호, 2014.12.9.〉
(규제 재검토기한 설정 등 규제정비를 위한 건축법 시행령 등 일부개정령)

제1조(시행일) 이 영은 2015년 1월 1일부터 시행한다.

제2조부터 제16조까지 생략

〈27〉부터 〈258〉까지 생략 제7조 생략	
	[별표 1] 초·중등교육기관(외국인학교 제외)의 공시정보 범위, 공시 횟수 및 그 시기(제3조제1항 관련) [별표 1의2] 외국인학교의 공시정보 범위, 공시 횟수 및 그 시기(제3조제1항 관련) [별표 1의3] 유치원의 공시정보 범위·공시횟수 및 시기(제3조의2 관련) [별표 2] 고등교육기관의 공시정보 범위, 공시횟수 및 그 시기(제4조제1항 관련)

국회정보공개규칙

[시행 2011. 4. 20.] [국회규칙 제164호, 2011. 4. 20., 타법개정]

제1조(목적) 이 규칙은 「공공기관의 정보공개에 관한 법률」에서 위임된 사항과 그 시행에 관하여 필요한 사항을 규정함을 목적으로 한다.

제2조(외국인의 정보공개청구) 「공공기관의 정보공개에 관한 법률」(이하 "법"이라 한다) 제5조제2항의 규정에 따라 정보공개를 청구할 수 있는 외국인은 다음 각 호의 어느 하나에 해당하는 자이어야 한다.
1. 국내에 일정한 주소를 두고 거주하거나 학술·연구를 위하여 일시적으로 체류하는 자
2. 국내에 사무소를 두고 있는 법인 또는 단체

제3조(행정정보의 공표 등) ① 국회사무처·국회도서관·국회예산정책처 및 국회입법조사처(이하 "소속기관"이라 한다)는 법 제7조제1항 각 호의 정보를 정보통신망을 이용하거나 국회간행물의 발간·판매 등 다양한 방법으로 국민에게 제공하여야 한다. 〈개정 2007.7.3〉
② 소속기관의 장은 소속기관이 공표한 정보의 이용편의를 위하여 종합목록의 발간 그 밖에 필요한 조치를 할 수 있다.

제4조(정보목록의 작성·비치 등) ① 법 제8조제1항의 규정에 따른 정보목록에는 문서제목·생산연도·업무담당자·보존기간 등이 포함되어야 한다. 이 경우 「국회기록물관리규칙」 제8조제1항 및 제4항에 따른 등록정보를 목록으로 제공하는 경우 이 목록으로 정보목록을 대신할 수 있다. 〈개정 2011.4.20〉
② 소속기관은 정보공개절차를 국민이 쉽게 알 수 있도록 정보공개청구 및 처리절차, 정보공개청구서식, 수수료, 그 밖의 주요사항이 포함된 정보공개편람을 작성·비치하여 일반국민의 열람에 제공하여야 한다.
③ 소속기관은 청구인의 편의를 도모하기 위하여 정보공개청구서식·컴퓨터단말기 등을 비치하여야 한다.

제5조(정보공개의 청구방법 등) ① 법 제10조제1항의 규정에 따른 정보공개청구서는 소속기관에 직접 출석하여 제출하거나 우편·모사전송 또는 정보통신망을 통하여 제출한다.
② 소속기관은 정보공개청구서를 접수한 경우에는 정보공개처리대장에 기록하고 청구인에게 접수증을 교부하여야 한다. 다만, 다음 각 호의 어느 하나에 해당하는 경우에는 청구인이 요청하는 경우를 제외하고는 접수증을 교부하지 아니할 수 있다.
1. 즉시 또는 구술 처리가 가능한 정보의 정보공개청구서를 접수한 경우
2. 우편·모사전송 또는 정보통신망을 통하여 정보공개청구서를 접수한 경우
③ 공개를 청구하는 정보의 내용이 불명확하여 공개 여부를 결정할 수 없는 경우 담당공무원은 지

체 없이 청구인에게 보완을 요구하여야 한다. 이 경우 보완기간은 정보공개 여부 결정기간에 산입하지 아니한다.

제6조(공개 여부 결정기간의 연장) 법 제11조제2항 전단의 "부득이한 사유"라 함은 다음 각 호의 어느 하나에 해당하는 경우를 말한다.
1. 일시에 많은 정보공개가 청구되거나 공개청구된 정보의 내용이 복잡하여 정하여진 기간 내에 공개 여부의 결정이 곤란한 경우
2. 정보를 생산한 공공기관 또는 공개청구된 정보와 관련 있는 제3자의 의견청취, 정보공개심의회 개최 등의 사유로 정하여진 기간 내에 공개 여부의 결정이 곤란한 경우
3. 정보시스템에 의하여 처리된 정보가 공개부분과 비공개부분을 포함하고 있고, 정하여진 기간 내에 부분공개 가능 여부의 결정이 곤란한 경우
4. 천재지변, 일시적인 업무량의 폭주 등으로 정하여진 기간 내에 공개 여부의 결정이 곤란한 경우

제7조(제3자의 의견청취) ① 법 제11조제3항의 규정에 따른 제3자의 의견청취는 문서에 의한다. 다만, 소속기관이 필요하다고 인정하는 경우와 제3자가 원하는 경우에는 구술로 할 수 있다.
② 제1항 단서의 규정에 따라 구술로 의견을 청취하는 경우 담당공무원 등은 구술내용을 기록하고 본인의 확인을 받아야 한다.

제8조(정보생산 공공기관의 의견청취) 소속기관은 공개청구된 정보 중 전부 또는 일부가 다른 공공기관이 생산한 정보인 경우에는 그 정보를 생산한 공공기관의 의견을 들어 공개 여부를 결정하여야 한다.

제9조(관계 기관 및 부서 간의 협조) ① 정보공개청구업무를 처리하는 부서는 관계 기관 또는 다른 부서의 협조가 필요한 경우에는 정보공개청구서를 접수한 후 지체 없이 처리기간 내에서 회신기간을 명시하여 협조를 요청하여야 한다.
② 제1항의 규정에 따라 협조를 요청받은 기관 또는 부서는 그 회신기간 내에 회신하여야 한다.

제10조(정보공개심의회) ① 소속기관은 업무성격이나 업무량 등을 고려하여 법 제12조의 규정에 따른 정보공개심의회(이하 "심의회"라 한다)를 1개 이상 설치·운영하여야 한다.
② 심의회는 다음 각 호의 사항을 심의한다.
1. 공개청구된 정보의 공개 여부를 결정하기 곤란한 사항
2. 법 제7조제1항의 규정에 따른 행정정보의 공표에 관한 사항
3. 법 제18조 및 제21조제2항의 규정에 따른 이의신청
4. 그 밖에 정보공개제도의 운영에 관한 사항
③ 심의회의 위원의 임기는 2년으로 하되, 1차에 한하여 연임할 수 있다. 다만, 공무원인 위원의 임기는 그 직위에 재직하는 기간으로 한다.

④ 심의회의 회의에 출석한 위원에게는 예산의 범위 안에서 수당, 여비, 그 밖에 필요한 경비를 지급할 수 있다.

⑤ 이 규칙에 규정한 것 외에 심의회의 운영에 관하여 필요한 사항은 소속기관의 장이 정한다.

제11조(정보공개일시의 통지 등) ① 소속기관은 정보의 공개를 결정한 경우(제3자의 비공개요청에도 불구하고 법 제21조제2항의 규정에 따라 공개결정을 하는 경우를 제외한다)에는 지체 없이 공개를 결정한 날부터 10일 이내의 범위에서 공개일시를 정하여 청구인에게 통지하여야 한다. 다만, 청구인이 요청하는 경우에는 공개일시를 달리 정할 수 있다.

② 법 제13조제2항의 규정에 따라 정보의 사본·복제물을 일정기간별로 나누어 교부하거나 열람과 병행하여 교부하는 경우에는 청구인으로 하여금 먼저 열람하게 한 후 사본·복제물을 교부하되, 특별한 사정이 없는 한 2개월 이내에 교부를 완료하여야 한다.

③ 청구인이 제1항의 규정에 따라 통지한 공개일 후 10일이 경과할 때까지 정당한 사유 없이 그 정보의 공개에 응하지 아니하는 경우에는 이를 내부적으로 종결처리할 수 있다.

제12조(부분공개) 소속기관은 법 제14조의 규정에 따라 부분공개결정을 하는 경우에는 비공개하는 부분에 대하여 비공개이유·불복방법 및 불복절차를 구체적으로 명시하여야 한다.

제13조(정보공개방법) ① 정보의 공개는 다음 각 호의 어느 하나의 방법으로 한다.
  1. 문서·도면·사진 등은 열람 또는 사본의 교부
  2. 필름·테이프 등은 시청 또는 인화물·복제물의 교부
  3. 마이크로필름·슬라이드 등은 시청·열람 또는 사본·복제물의 교부
  4. 전자적 형태로 보유·관리하는 정보 등은 파일을 복제하여 전자우편으로 송부, 매체에 저장하여 제공, 열람·시청 또는 사본·출력물의 교부

② 파일형태로 전자우편을 통하여 공개하는 것이 현저히 곤란한 경우에는 청구인의 요청에도 불구하고 저장매체를 제공하거나 열람·시청 또는 사본·출력물의 교부로 대체할 수 있다.

③ 소속기관은 정보를 공개함에 있어서 본인 또는 그 정당한 대리인임을 확인할 필요가 없는 경우에는 청구인의 요청에 의하여 제1항 각 호의 사본·출력물·복제물·인화물 또는 복제된 파일을 우편·모사전송 또는 정보통신망을 통하여 송부할 수 있다.

④ 소속기관은 제1항의 규정에 따라 정보를 공개하는 경우에는 타인의 지적소유권, 사생활의 비밀 그 밖에 타인의 권리 또는 이익이 부당하게 침해되지 아니하도록 유의하여야 한다.

제14조(정보공개시 청구인의 확인) ① 청구된 정보의 공개는 청구인 본인 또는 그 대리인에게 하여야 한다.

② 소속기관이 제1항의 규정에 따라 정보를 공개하는 경우에는 다음 각 호의 구분에 따른 신분증명서 등에 의하여 청구인 본인 또는 그 정당한 대리인임을 확인하여야 한다. 다만, 정보를 공개함에 있어서 본인 또는 그 정당한 대리인임을 확인할 필요가 없는 경우에는 그러하지 아니하다.
  1. 청구인 본인에게 공개하는 경우에는 청구인의 주민등록증, 그 밖에 신원을 확인할 수 있는 신

분증명서(청구인이 외국인인 경우에는 여권·외국인등록증 그 밖에 제2조제1호의 규정에 따른 외국인임을 확인할 수 있는 신분증명서, 청구인이 외국의 법인 또는 단체인 경우에는 사업자등록증·외국단체등록증 그 밖에 제2조제2호의 규정에 따른 법인 또는 단체임을 확인할 수 있는 증명서)

2. 청구인의 법정대리인에게 공개하는 경우에는 법정대리인임을 증명할 수 있는 서류, 대리인의 주민등록증, 그 밖에 신원을 확인할 수 있는 신분증명서

3. 청구인의 임의대리인에게 공개하는 경우에는「국회정보공개규정」이 정하는 위임장, 청구인 및 수임인의 주민등록증, 그 밖에 신원을 확인할 수 있는 신분증명서

③ 소속기관이 정보통신망을 통하여 정보를 공개하는 경우 청구인 본인 또는 그 대리인의 신원을 확인할 필요가 있는 경우에는 제2항의 규정에 불구하고 전자서명 등을 통하여 그 신원을 확인하여야 한다.

제15조(정보공개처리상황의 기록) 소속기관은 정보공개청구에 대한 처리상황을 정보공개처리대장에 기록·유지하여야 한다.

제16조(비용부담) ① 법 제17조제1항의 규정에 따른 정보의 공개 및 우송 등에 소요되는 비용은 수수료와 우편요금(공개되는 정보의 사본·출력물·복제물 또는 인화물을 우편으로 송부하는 경우에 한한다)으로 구분하되, 수수료의 금액은 국회의장이 규정으로 정한다.

② 법 제15조제1항 및 제2항의 규정에 따라 정보통신망을 통하여 전자적 형태로 공개하는 경우에는 소속기관의 장은 업무부담을 고려하여 규정이 정하는 금액의 범위 안에서 수수료의 금액을 달리 정할 수 있다.

③ 다음 각 호의 어느 하나에 해당하는 경우에는 법 제17조제2항의 규정에 따라 수수료를 감면할 수 있다.

1. 비영리의 학술·공익단체 또는 법인이 학술이나 연구목적 또는 행정감시를 위하여 필요한 정보를 청구한 경우

2. 교수·교사 또는 학생이 교육자료나 연구목적으로 필요한 정보를 당해 기관의 장의 확인을 받아 청구한 경우

3. 그 밖에 소속기관의 장이 공공복리의 유지·증진을 위하여 감면이 필요하다고 인정한 경우

④ 법 제17조제2항의 규정에 따른 비용감면을 신청하는 경우에는 감면사유에 관한 소명자료를 첨부하여야 한다.

⑤ 소속기관의 장은 제3항의 규정에 따른 비용의 감면비율을 정하여 이를 정보통신망 등을 통하여 공개하여야 한다.

⑥ 제1항의 규정에 따른 수수료는 소속기관에 수입인지로 납부한다. 다만, 부득이한 경우에는 현금으로 납부할 수 있다.

⑦ 소속기관은 제1항의 규정에 따른 수수료를 정보통신망을 이용하여 전자화폐·전자결제 등의 방법으로 납부하게 할 수 있다.

제17조(이의신청) ① 법 제18조제1항 및 제21조제2항의 규정에 따른 이의신청은 다음 각 호의 사항을 기재한 서면으로 하여야 한다.

1. 신청인의 이름·주민등록번호 및 주소(법인·단체의 경우에는 그 명칭, 사무소 또는 사업소의 소재지와 대표자의 이름)와 연락처
2. 이의신청의 대상이 되는 정보공개 여부 결정의 내용
3. 이의신청의 취지 및 이유
4. 정보공개 여부의 결정통지를 받은 날 또는 비공개결정이 있는 것으로 보는 날

② 소속기관은 법 제18조제2항 단서의 규정에 따라 이의신청 결정기간의 연장을 통지하는 경우에는 통지서에 연장사유·연장기간 등을 구체적으로 기재하여야 한다.

③ 소속기관은 법 제18조제3항의 규정에 따라 이의신청을 각하 또는 기각하는 결정을 하는 경우에는 결정이유·불복방법 및 불복절차를 구체적으로 명시하여야 한다.

④ 소속기관은 이의신청에 대한 처리상황을 이의신청처리대장에 기록·유지하여야 한다.

제18조(정보공개운영실태의 제출 등) ① 국회도서관장·국회예산정책처장 및 국회입법조사처장은 전년도의 정보공개 운영실태를 매년 2월 말일까지 국회사무총장에게 제출하여야 한다. 〈개정 2007.7.3〉

② 국회사무총장은 매년 제1항의 규정에 따라 제출받은 정보공개 운영실태를 포함한 전년도의 국회 정보공개 운영실태를 종합하여 공표하여야 한다.

제19조(위임규정) 이 규칙의 시행에 관하여 필요한 사항은 규정으로 정한다.

부칙 〈국회규칙 제164호, 2011.4.20〉 (국회기록물관리규칙)

제1조(시행일) 이 규칙은 국회운영위원회가 의결한 날부터 시행한다.

제2조 및 **제3조** 생략

제4조(다른 규칙의 개정) 「국회정보공개규칙」 중 일부를 다음과 같이 개정한다.

제4조제1항 중 "「국회기록물관리규정」 제6조 및 제9조의 규정에 따른 기록물등록대장 및 기록물철 등록부와 같은 규정 제22조의 규정에 따른 목록으로"를 "「국회기록물관리규칙」 제8조제1항 및 제4항에 따른 등록정보를 목록으로 제공하는 경우 이 목록으로"로 한다.

법원정보공개규칙

[시행 2014. 1. 1.] [대법원규칙 제2512호, 2013. 12. 31., 타법개정]

제1조(목적) 이 규칙은 「공공기관의 정보공개에 관한 법률」(이하 "법"이라 한다)에서 위임된 사항과 그 시행에 필요한 사항을 규정함을 목적으로 한다. 〈개정 2012.4.9〉

제2조(행정정보의 공표 등) ① 각급 법원, 법원행정처, 사법연수원, 사법정책연구원, 법원공무원교육원, 법원도서관 및 그 소속기관(이하 "각급기관"이라 한다)은 법 제7조제1항 각 호에 해당하는 정보를 정보통신망을 이용하거나, 간행물의 발간·판매 등 다양한 방법으로 국민에게 공개하여야 한다. 〈개정 2012.4.9, 2013.12.31〉
② 법원행정처장은 각급기관이 공표한 정보의 이용편의를 위하여 종합목록의 발간 기타 필요한 조치를 할 수 있다.

제3조(정보목록의 작성·비치 등) ① 법 제8조제1항의 규정에 의하여 작성·비치되는 정보목록에는 각급기관의 각 부서별 주요문서제목, 생산연도, 업무담당자, 보존기간 등이 포함되어야 한다. 이 경우 정보목록은 「법원기록물 관리규칙」제12조제1항 및 제15조의 규정에 의한 등록정보를 목록으로 제공하는 경우 이를 목록으로 갈음할 수 있다. 〈개정 2005.3.10, 2007.7.31〉
② 각급기관은 정보공개절차를 일반국민이 쉽게 알 수 있도록 정보공개청구 및 처리절차, 정보공개청구서식, 수수료 기타 주요사항이 포함된 정보공개편람을 작성·비치하여 일반국민의 열람에 제공하여야 한다.
③ 각급기관은 청구인의 편의를 도모하기 위하여 정보공개주관부서를 지정하고 이를 표시하여야 하며, 정보공개청구서식·컴퓨터단말기 등을 비치하여야 한다.

제4조(정보공개의 청구방법 등) ① 법 제10조제1항의 규정에 의한 정보공개청구서는 각급기관에 직접 출석하거나 우편·모사전송 또는 정보통신망에 의하여 제출할 수 있다. 다만, 대법원이 보유·관리하는 정보의 공개청구는 법원행정처에 대하여 한다.
② 각급기관이 정보공개청구서를 접수한 때에는 정보공개 처리 전산시스템에 입력하고 청구인에게 접수증을 교부하여야 한다. 다만, 다음 각 호의 1에 해당하는 때에는 청구인이 요청하는 경우를 제외하고는 접수증을 교부하지 아니할 수 있다. 〈개정 2012.4.9〉
  1. 즉시 또는 구술처리가 가능한 정보의 정보공개청구서를 접수한 때
  2. 우편·모사전송 또는 정보통신망에 의하여 정보공개청구서를 접수한 때
③ 제2항에도 불구하고 공개청구된 정보가 각급기관이 보유·관리하지 아니하는 정보이거나 진정·질의 등 공개청구의 내용이 법 및 이 규칙에 따른 정보공개청구로 볼 수 없는 경우로서 해당 각급기관이 「민원사무처리에 관한 법률」에 따른 민원사무로 처리할 수 있는 경우에는 이를 같은 법에 따른 민원사무로 보아 처리할 수 있다. 〈신설 2012.4.9, 2013.11.1〉
④ 각급기관은 제3항에 따른 청구를 받은 경우에 해당 정보를 보유·관리하지 아니한다는 사실 등

청구에 따를 수 없는 사유를 구체적으로 적어 청구인에게 통지하여야 한다. 〈신설 2012.4.9〉

⑤ 각급기관은 다음 각 호의 어느 하나에 해당하는 청구에 대해서는 종결 처리할 수 있다. 〈신설 2012.4.9, 2013.11.1〉

1. 제1항에 따라 정보공개를 청구하여 정보공개 여부 결정의 통지를 받은 자가 정당한 사유 없이 해당 정보의 공개청구를 다시 한 경우

2. 제3항에 따른 청구를 한 자가 제4항에 따른 통지를 받은 후에 다시 같은 내용의 공개청구를 한 경우

제5조(다수인의 공개청구) 2인 이상이 공동으로 정보공개를 청구하는 때에는 1인의 대표자를 선정하여야 한다.

[제목개정 2013.11.1]

제6조(보완요구) 공개를 청구하는 정보의 내용이 불명확하여 공개 여부를 결정할 수 없는 경우 담당 공무원은 지체 없이 청구인에게 보완을 요구하여야 한다. 이때 보완기간은 정보공개 여부 결정 기간에 산입하지 아니한다.

[전문개정 2012.4.9]

제7조(공개 여부 결정기간의 연장 등) ① 법 제11조제2항에서 "부득이한 사유"라 함은 다음 각 호의 1의 사유를 말한다. 〈개정 2013.11.1〉

1. 일시에 많은 정보공개가 청구되거나 공개청구된 정보의 내용이 복잡하여 정하여진 기간 내에 공개 여부의 결정이 곤란한 경우

2. 정보를 생산한 공공기관 또는 공개청구된 정보와 관련 있는 제3자의 의견청취, 정보공개심의 회개최 등의 사유로 정하여진 기간 내에 공개 여부의 결정이 곤란한 경우

3. 전산정보처리조직에 의하여 처리된 정보가 공개부분과 비공개부분을 포함하고 있고, 정하여 진 기간 내에 부분공개 가능 여부의 결정이 곤란한 경우

4. 천재지변, 일시적인 업무량의 증대 등으로 정하여진 기간 내에 공개 여부의 결정이 곤란한 경우

② 각급기관이 법 제11조제4항의 규정에 의하여 공개청구서를 소관기관으로 이송하는 경우 청구 서 이송에 소요되는 기간은 공개 여부 결정기간에 산입하지 아니한다.

제8조(제3자의 의견청취) ① 법 제11조제3항의 규정에 의한 제3자의 의견청취는 서면에 의한다. 다 만, 각급기관이 필요하다고 인정한 때와 제3자가 원하는 때에는 구술로 할 수 있다.

② 제1항 단서의 규정에 의하여 구술로 의견을 청취한 담당공무원 등은 구술내용을 기록하고 본인 의 확인을 받아야 한다.

제9조(정보생산 공공기관의 의견청취) 각급기관은 공개청구된 정보 중 전부 또는 일부가 다른 공공기 관이 생산한 정보인 때에는 당해 정보를 생산한 공공기관의 의견을 들어 공개 여부를 결정하여

야 한다. 〈개정 2013.11.1〉

제10조(관계기관 및 부서간의 협조) ① 정보공개청구업무를 처리하는 부서는 관계기관 또는 다른 부서의 협조가 필요한 때에는 정보공개청구서를 접수한 후 처리기간의 범위 내에서 회신기간을 명시하여 협조를 요청하여야 한다. 〈개정 2013.11.1〉
② 제1항의 규정에 의하여 협조를 요청받은 기관 또는 부서는 그 회신 기간 내에 회신하여야 한다. 〈개정 2013.11.1〉

제11조(정보공개심의회) ① 각 고등법원, 특허법원, 각 지방법원, 각 가정법원, 행정법원, 법원행정처, 사법연수원, 사법정책연구원, 법원공무원교육원, 법원도서관은 법 제12조의 규정에 의한 정보공개심의회(이하 "심의회"라 한다)를 설치·운영하여야 한다. 다만, 당해기관에 심의회와 유사한 구성과 기능을 수행하는 위원회 등이 있는 경우에는 당해위원회등으로 하여금 심의회의 기능을 수행하게 할 수 있다. 〈개정 2013.11.1, 2013.12.31〉
② 심의회는 다음 각 호의 사항을 심의한다. 〈개정 2013.11.1〉
  1. 각급기관의 장이 공개청구된 정보의 공개 여부를 결정하기 곤란한 사항
  2. 법 제18조 및 법 제21조제2항의 규정에 의한 이의신청
  3. 당해 기관의 정보공개기준수립에 관한 사항
  4. 기타 정보공개제도의 운영에 관한 사항
③ 심의회의 위원의 임기는 2년으로 하며, 1차에 한하여 연임할 수 있다. 다만, 공무원인 위원의 임기는 그 직위에 재직하는 기간으로 한다.
④ 심의회에 출석한 위원에 대하여는 예산의 범위에서 수당·여비 기타 필요한 경비를 지급할 수 있다. 〈개정 2013.11.1〉
⑤ 기타 심의회의 운영에 관하여 필요한 사항은 심의회가 설치된 각급기관의 장이 정한다.

제12조(정보공개일시의 통지 등) ① 각급기관은 법 제21조제1항에 해당 하는 경우를 제외하고 정보의 공개를 결정한 때에는 지체 없이 그 공개를 결정한 날부터 10일 이내에 공개되도록 법 제13조제1항의 규정에 의한 공개일시를 정하여 청구인에게 통지하여야 한다. 다만, 청구인이 요청하는 경우에는 공개일시를 달리 정할 수 있다.
② 법 제13조제2항 단서의 경우에는 청구인이 먼저 열람하게 한 후 사본·복제물을 교부할 수 있으며 특별한 사정이 없는 한 2개월 이내에 교부를 완료하여야 한다. 〈개정 2013.11.1〉
③ 청구인이 제1항의 규정에 의하여 통지한 공개일 후 10일이 경과할 때까지 정당한 사유 없이 당해 정보를 수령하지 아니한 경우에는 이를 내부적으로 종결 처리할 수 있다. 〈개정 2013.11.1〉

제13조(부분공개) 각급기관은 법 제14조에 의해 부분공개결정을 하는 경우 비공개하는 부분에 대해서 비공개이유·불복방법 및 불복절차를 구체적으로 명시하여야 한다.

제14조(정보공개방법) ① 정보의 공개는 다음 각 호의 1의 방법으로 한다. 이 경우 사본·복제물·인

화물 또는 출력물은 1부 교부하는 것을 원칙으로 한다. 〈개정 2012.4.9, 2013.11.1〉

1. 문서·도면·사진 등은 열람 또는 사본의 교부

2. 필름·테이프 등은 시청 또는 인화물·복제물의 교부

3. 마이크로필름·슬라이드 등은 시청·열람 또는 사본·복제물의 교부

4. 전자적 형태로 보유·관리하는 정보 등은 파일을 복제하여 정보통신망으로 송부, 매체에 저장하여 제공, 열람·시청 또는 사본·출력물의 교부

5. 법 제7조제1항에 따라 이미 공개된 정보의 경우 그 정보 소재(所在)의 안내

② 파일형태로 정보통신망을 통해 공개하는 것이 현저히 곤란한 경우에는 청구인의 요청에도 불구하고 저장매체를 제공하거나 열람·시청 또는 사본·출력물의 교부로 대체할 수 있다. 〈개정 2013.11.1〉

③ 각급기관은 정보를 공개함에 있어서 본인 또는 그 정당한 대리인임을 직접 확인할 필요가 없는 경우에는 청구인의 요청에 의하여 제1항 각 호의 사본·복제물·인화물·출력물 또는 복제된 파일을 모사전송, 우편(정보통신망을 포함한다)으로 송부할 수 있다. 〈개정 2013.11.1〉

④ 제1항 각 호의 규정에 의하여 정보를 공개하는 때에는 타인의 지적 소유권, 사생활의 비밀 기타 타인의 권리 또는 이익이 부당하게 침해되지 아니하도록 유의하여야 한다. 〈개정 2013.11.1〉

제15조(정보공개시 청구인의 확인) ① 청구된 정보의 공개는 청구인 본인 또는 그 대리인에게 하여야 한다.

② 각급기관이 제1항의 규정에 의하여 정보를 공개하는 때에는 다음 각 호의 1의 구분에 의한 신분증명서 등에 의하여 청구인 본인 또는 그 정당한 대리인임을 확인하여야 한다. 다만, 정보를 공개함에 있어서 본인 또는 그 정당한 대리인임을 확인할 필요가 없는 경우에는 그러하지 아니하다. 〈개정 2013.11.1〉

1. 청구인 본인에게 공개할 때에는 청구인의 주민등록증 기타 그 신원을 확인할 수 있는 신분증명서(청구인이 외국인인 경우에는 여권·외국인등록증 기타 국내에 일정한 주소를 두고 거주하거나 학술·연구를 위하여 일시적으로 체류하는 자임을 확인할 수 있는 신분증명서, 청구인이 외국의 법인 또는 단체인 경우에는 사업자등록증·외국단체등록증 기타 국내에 사무소를 두고 있는 법인 또는 단체임을 확인할 수 있는 증명서)

2. 청구인의 법정대리인에게 공개할 때에는 법정대리인임을 증명할 수 있는 서류와 대리인의 주민등록증 기타 그 신원을 확인할 수 있는 신분증명서

3. 청구인의 임의대리인에게 공개할 때에는 내규가 정하는 위임장과 청구인 및 수임인의 주민등록증 기타 그 신원을 확인할 수 있는 신분증명서

③ 제2항의 규정에도 불구하고 각급기관이 정보통신망을 통하여 정보를 공개하는 경우 당해 청구인의 신원을 확인할 필요가 있는 때에는 전자서명 등을 통하여 그 신원을 확인하여야 한다.

제16조(정보공개처리상황의 전산입력) 각급기관은 정보공개청구에 대한 처리상황을 정보공개 처리 전산시스템에 입력·유지하여야 한다. 〈개정 2007.3.8〉

[제목개정 2007.3.8]

제17조(비용부담) ① 법 제17조제1항의 규정에 의한 정보의 공개 및 우송 등에 소요되는 비용은 수수료와 우편요금(공개되는 정보의 사본·복제물·인화물 또는 출력물을 우편으로 송부하는 경우에 한한다)으로 구분하되 수수료의 금액은 내규로 정한다.

② 법 제15조제1항 및 제2항의 규정에 의해 정보통신망을 통해 전자적 형태로 공개하는 경우 업무부담을 고려하여 각급기관의 장이 정하는 바에 의해 수수료를 감면할 수 있다. 다만, 매체에 저장하여 제공하는 경우 실비 범위내에서 수수료를 징수할 수 있다.

③ 법 제17조제2항의 규정에 의하여 비용을 감면할 수 있는 경우는 다음 각 호의 1과 같으며, 수수료에 한한다. 〈개정 2013.11.1〉

1. 비영리의 학술·공익단체 또는 법인이 학술이나 연구목적 또는 행정감시를 위하여 필요한 정보를 청구한 때

2. 교수·교사 또는 학생이 교육자료나 연구목적으로 필요한 정보를 소속기관의 장의 확인을 받아 청구한 때

3. 기타 각급기관의 장이 공공복리의 유지·증진을 위하여 비용의 감면이 필요하다고 인정한 때

④ 비용감면을 신청하는 경우 청구서에 사용목적에 관한 소명자료를 첨부하여야 하며, 청구목적에 따라 적정하게 사용하여야 한다.

⑤ 제3항의 규정에 의한 비용의 감면비율은 각급기관의 장이 정한다.

⑥ 수수료는 수입인지로 납부하여야 한다. 그러나 내규가 정하는 바에 의하여 이를 현금으로 납부하게 할 수 있다.

⑦ 각급기관은 제6항의 규정에 의하여 수수료를 징수한 때에는 정보공개결정통지서(즉시 또는 구술처리가 가능한 정보를 공개한 때에는 정보공개청구서)에 수입인지 또는 현금납부영수증을 붙이고 소인하여야 한다.

제18조(이의신청) ① 법 제18조제1항 및 법 제21조제2항의 규정에 의한 이의신청은 다음 각 호의 사항을 기재한 서면으로 하여야 한다. 〈개정 2013.11.1〉

1. 신청인의 이름·주민등록번호 및 주소(법인·단체의 경우에는 그 명칭, 사무소 또는 사업소의 소재지와 대표자의 이름) 및 연락처(전화번호·전자우편주소 등)

2. 이의신청의 대상이 되는 정보공개 여부 결정의 내용

3. 이의신청의 취지 및 이유

4. 정보공개 여부의 결정통지를 받은 날 또는 정보공개청구 후 20일이 경과한 날

② 각급기관은 법 제18조제3항 단서 규정에 의하여 정보공개심의회 개최 등의 사유로 이의신청결정기간의 연장을 통지하는 경우 통지서에 연장사유 및 연장기간 등을 구체적으로 기재하여야 한다. 〈개정 2013.11.1〉

③ 각급기관은 법 제18조제4항에 의해 이의신청을 각하 또는 기각하는 결정을 하는 경우에도 법 제13조제4항을 준용하여 결정이유·불복방법 및 불복절차를 구체적으로 명시하여야 한다. 〈개정 2013.11.1〉

④ 각급기관은 이의신청에 대한 처리상황을 이의신청처리대장에 기록·유지하여야 한다.

제19조(정보공개 운영실태의 공표 등) ① 각 고등법원, 특허법원, 각 지방법원, 각 가정법원, 행정법원, 사법연수원, 사법정책연구원, 법원공무원교육원, 법원도서관의 장은 그 소속 기관의 정보공개 운영실태를 포함한 전년도의 정보공개 운영실태를 매년 2월 말일까지 법원행정처장에게 제출하여야 한다. 〈개정 2013.11.1, 2013.12.31〉

② 법원행정처장은 연 1회 제1항의 규정에 의하여 제출받은 전년도의 법원 정보공개 운영실태를 종합하여 공표하여야 한다.

제20조(위임규정) 이 규칙의 시행에 관하여 필요한 사항은 내규로 정한다.

부칙 〈대법원규칙 제2512호, 2013.12.31〉 (사법정책연구원 운영규칙)

제1조(시행일) 이 규칙은 2014년 1월 1일부터 시행한다.

제2조(다른 규칙의 개정) ①부터 ⑦까지 생략

⑧ 법원정보공개규칙 일부를 다음과 같이 개정한다.

제2조제1항, 제11조제1항 본문, 제19조제1항 중 "사법연수원, 법원공무원교육원"을 각각 "사법연수원, 사법정책연구원, 법원공무원교육원"으로 한다.

⑨부터 ⑬까지 생략

헌법재판소 정보공개 규칙

[시행 2014.12.16.] [헌법재판소규칙 제344호, 2014.12.16., 일부개정]

제1조(목적) 이 규칙은 「공공기관의 정보공개에 관한 법률」에서 위임된 사항과 그 시행에 필요한 사항을 규정하는 것을 목적으로 한다.
[전문개정 2014.12.16.]

제2조(행정정보의 공표 등) ① 헌법재판소사무처(이하 "사무처"라 한다)는 「공공기관의 정보공개에 관한 법률」(이하 "법"이라 한다) 제7조제1항 각 호에 해당하는 정보를 정보통신망을 이용하거나, 간행물의 발간·판매 등 다양한 방법으로 국민에게 공개하여야 한다.
② 헌법재판소사무처장(이하 "사무처장"이라 한다)은 공표한 정보의 이용편의를 위하여 종합목록의 발간 및 그 밖에 필요한 조치를 할 수 있다.
[전문개정 2014.12.16.]

제3조(정보목록의 작성·비치 등) ① 법 제8조제1항에 따른 정보목록에는 각 부서별 주요문서 제목, 생산연도, 업무담당자, 보존기간 등이 포함되어야 한다. 이 경우 「헌법재판소 기록물 관리 규칙」 제12조 및 제15조에 따른 등록정보의 목록으로 법 제8조제1항에 따른 정보목록을 갈음할 수 있다.
② 사무처는 정보공개절차를 일반국민이 쉽게 알 수 있도록 정보공개청구 및 처리절차, 정보공개청구서식, 수수료, 그 밖에 주요사항이 포함된 정보공개편람을 작성하여 갖춰 두고 일반국민이 열람할 수 있도록 제공하여야 한다.
③ 사무처는 청구인의 편의를 도모하기 위하여 정보공개주관부서를 지정하고 이를 표시하여야 하며, 정보공개청구서식·컴퓨터단말기 등을 갖춰 두어야 한다.
[전문개정 2014.12.16.]

제4조(정보공개의 청구방법 등) ① 법 제10조제1항에 따른 정보공개청구서는 별지 제1호서식에 따르고, 청구인 등이 사무처에 직접 출석하거나 우편·모사전송 또는 정보통신망을 이용하여 제출할 수 있다.
② 법 제10조제2항에 따른 정보공개청구조서는 별지 제2호서식에 따른다.
③ 사무처가 정보공개청구서를 접수한 때에는 별지 제3호서식의 정보공개처리대장에 기록하고 청구인에게 접수증을 교부하여야 한다. 다만, 다음 각 호의 어느 하나에 해당하는 경우에는 청구인이 요청하는 경우를 제외하고는 접수증을 교부하지 아니할 수 있다.
  1. 즉시 또는 구술처리가 가능한 정보의 정보공개청구서를 접수한 경우
  2. 우편·모사전송 또는 정보통신망을 통하여 정보공개청구서를 접수한 경우
④ 제3항에도 불구하고 공개청구된 정보가 헌법재판소가 보유·관리하지 아니하는 정보이거나 진정·질의 등 공개청구의 내용이 법 및 이 규칙에 따른 정보공개청구로 볼 수 없는 경우로서 「민원사무처리에 관한 법률」에 따른 민원사무로 처리할 수 있는 경우에는 이를 같은 법에 따른 민원사

무로 보아 처리할 수 있다.

⑤ 사무처는 제4항에 따른 청구를 받으면 해당 정보를 보유·관리하지 아니한다는 사실 등 청구에 따를 수 없는 사유를 구체적으로 적어 청구인에게 통지하여야 한다.

⑥ 사무처는 다음 각 호의 어느 하나에 해당하는 청구에 대해서는 종결 처리할 수 있다.

　1. 제1항에 따라 정보공개를 청구하여 정보공개여부결정의 통지를 받은 자가 정당한 사유 없이 해당 정보의 공개청구를 다시 한 경우

　2. 제4항에 따른 청구를 한 자가 제5항에 따른 통지를 받은 후에 다시 같은 내용의 공개청구를 한 경우

⑦ 제5항에 따른 통지는 별지 제7호의2서식에 따른다.

[전문개정 2014.12.16.]

제5조(다수인의 정보공개 청구) 2명 이상이 공동으로 정보공개를 청구하는 때에는 1명의 대표자를 선정하여야 한다.

[전문개정 2014.12.16.]

제6조(보완요구) 공개를 청구하는 정보의 내용이 불명확하여 공개 여부를 결정할 수 없는 경우 담당 공무원은 지체 없이 청구인에게 보완을 요구하여야 한다. 이때 보완기간은 정보공개 여부 결정기간에 포함하지 아니한다.

[전문개정 2014.12.16.]

제7조(정보공개청구서의 이송) ① 사무처는 다른 공공기관이 보유하거나 관리하는 정보의 정보공개청구서를 접수한 때에는 지체 없이 이를 소관기관에 이송하여야 한다.

② 제1항에 따라 정보공개청구서를 이송한 때에는 즉시 소관기관과 그 사유를 명시하여 청구인에게 통지하여야 한다.

[전문개정 2014.12.16.]

제8조(공개 여부 결정기간의 연장) ① 법 제11조제2항의 "부득이한 사유"란 다음 각 호의 어느 하나에 해당하는 사유를 말한다.

　1. 일시에 많은 정보공개가 청구되거나 공개청구된 정보의 내용이 복잡하여 정하여진 기간 내에 공개 여부의 결정이 곤란한 경우

　2. 정보를 생산한 공공기관 또는 공개청구된 정보와 관련 있는 제3자의 의견청취, 정보공개심의회 개최 등의 사유로 정하여진 기간 내에 공개 여부의 결정이 곤란한 경우

　3. 전산정보처리조직에 의하여 처리된 정보가 공개부분과 비공개부분을 포함하고 있고, 정하여진 기간 내에 부분공개가능 여부의 결정이 곤란한 경우

　4. 천재지변, 일시적인 업무량의 증대 등으로 정하여진 기간 내에 공개 여부의 결정이 곤란한 경우

② 법 제11조제2항에 따른 공개 여부 결정기간 연장의 통지는 별지 제4호서식에 따른다.

[전문개정 2014.12.16.]

제9조(제3자의 의견청취) ① 법 제11조제3항에 따른 제3자의 의견청취는 별지 제5호서식에 따른 서면으로 하여야 한다. 다만, 사무처가 필요하다고 인정하는 경우와 제3자가 원하는 경우에는 구술로 할 수 있다.

② 제1항 단서에 따라 구술로 의견을 청취한 관계 공무원은 별지 제6호서식에 따라 구술내용을 기록하고 본인의 확인을 받아야 한다.

[전문개정 2014.12.16.]

제10조(정보생산 공공기관의 의견청취) 사무처는 공개청구된 정보의 전부 또는 일부가 다른 공공기관이 생산한 정보인 경우에는 해당 정보를 생산한 공공기관의 의견을 들어 공개 여부를 결정하여야 한다.

[전문개정 2014.12.16.]

제11조(관계기관 및 부서간의 협조) ① 정보공개청구 업무를 처리하는 부서는 관계 기관 또는 다른 부서의 협조가 필요한 경우에는 정보공개청구서를 접수한 후 지체 없이 처리기간의 범위에서 회신기간을 명시하여 협조를 요청하여야 한다.

② 제1항에 따라 협조를 요청받은 부서는 그 회신기간 내에 회신하여야 한다.

[전문개정 2014.12.16.]

제12조(정보공개심의회) ① 법 제12조에 따라 사무처에 정보공개심의회(이하 "심의회"라 한다)를 둔다.

② 심의회는 다음 각 호의 사항을 심의한다.

　　1. 사무처장이 공개청구된 정보의 공개 여부를 결정하기 곤란한 사항

　　2. 법 제18조 및 법 제21조제2항에 따른 이의신청

　　3. 그 밖에 정보공개제도의 운영에 관한 사항

③ 심의회는 위원장 1명을 포함하여 5명 이상 7명 이하의 위원으로 구성한다.

④ 심의회의 위원장 및 위원은 사무처장이 헌법재판소 공무원 또는 외부전문가로 지명 또는 위촉하되, 위원 중 2명은 헌법재판소의 업무 또는 정보공개의 업무에 관한 지식을 가진 외부전문가로 위촉한다.

⑤ 심의회의 위원의 임기는 그 직위에 재직하는 기간으로 한다. 다만, 외부전문가인 위원의 임기는 2년으로 하며, 한 차례만 연임할 수 있다.

⑥ 심의회에 출석한 위원에게는 예산의 범위에서 수당, 여비, 그 밖에 필요한 경비를 지급할 수 있다.

⑦ 이 규칙에서 정한 것 외에 심의회의 운영에 필요한 사항은 사무처장이 정한다.

[전문개정 2014.12.16.]

제13조(정보공개일시의 통지 등) ① 사무처는 정보의 공개를 결정한 때(제3자의 비공개요청에도 불구하고 법 제21조제2항에 따라 공개결정을 하는 때는 제외한다)에는 지체 없이 공개를 결정한 날부터 10일 이내의 범위에서 공개일시를 정하여 청구인에게 통지하여야 한다. 다만, 청구인이 요청하는 경우에는 공개일시를 달리 정할 수 있다.

② 법 제13조제2항의 경우에는 청구인이 먼저 열람하게 한 후 사본·복제물을 교부할 수 있으며 특별한 사정이 없으면 2개월 이내에 교부를 마쳐야 한다.

③ 청구인이 제1항에 따라 통지한 공개일 후 10일이 지날 때까지 정당한 사유 없이 해당 정보를 수령하지 아니한 경우에는 이를 내부적으로 종결 처리할 수 있다.

④ 법 제13조제1항 및 제4항에 따른 정보공개여부결정에 대한 통지는 별지 제7호서식에 따른다.

⑤ 법 제9조제1항제5호 단서에 따른 통지는 별지 제7호의3서식에 따른다.

[전문개정 2014.12.16.]

제14조(부분공개) 사무처는 법 제14조에 따라 부분공개결정을 하는 경우 비공개하는 부분에 대해서 비공개이유·불복방법 및 불복절차를 구체적으로 명시하여야 한다.

[전문개정 2014.12.16.]

제15조(정보공개방법) ① 정보의 공개는 다음 각 호의 어느 하나에 해당하는 방법으로 한다. 이 경우 사본·복제물·인화물 또는 출력물은 1부를 교부하는 것을 원칙으로 한다.

1. 문서·도면·사진 등은 열람 또는 사본의 교부

2. 필름·테이프 등은 시청 또는 인화물·복제물의 교부

3. 마이크로필름·슬라이드 등은 시청·열람 또는 사본·복제물의 교부

4. 전자적 형태로 보유·관리하는 정보 등은 파일을 복제하여 전자우편으로 송부, 매체에 저장하여 제공, 열람·시청 또는 사본·출력물의 교부

5. 법 제7조제1항에 따라 이미 공개된 정보의 경우 그 정보 소재(所在)의 안내

② 파일형태로 전자우편을 통해 공개하는 것이 현저히 곤란한 경우에는 청구인의 요청에도 불구하고 저장매체를 제공하거나 열람·시청 또는 사본·출력물의 교부로 대체할 수 있다.

③ 사무처는 정보를 공개할 때 본인 또는 그 정당한 대리인임을 직접 확인할 필요가 없는 경우에는 청구인의 요청에 따라 제1항 각 호의 사본·복제물·인화물·출력물 또는 복제된 파일을 모사전송 또는 우편(전자우편을 포함한다)으로 보낼 수 있다.

④ 제1항 각 호에 따라 정보를 공개하는 때에는 다른 사람의 지적소유권, 사생활의 비밀, 그 밖에 다른 사람의 권리 또는 이익이 부당하게 침해되지 아니하도록 유의하여야 한다.

[전문개정 2014.12.16.]

제16조(정보공개 시 청구인의 확인) ① 청구된 정보의 공개는 청구인 본인 또는 그 대리인에게 하여야 한다.

② 사무처가 제1항에 따라 정보를 공개하는 때에는 다음 각 호의 구분에 따른 신분증명서 등에 의하여 청구인 본인 또는 그 정당한 대리인임을 확인하여야 한다. 다만, 정보를 공개할 때 본인 또

는 그 정당한 대리인임을 확인할 필요가 없는 경우에는 그러하지 아니하다.

1. 청구인 본인에게 공개할 때에는 청구인의 주민등록증이나 그 밖에 그 신원을 확인할 수 있는 신분증명서(청구인이 외국인인 경우에는 여권·외국인등록증 또는 그 밖에 국내에 일정한 주소를 두고 거주하거나 학술·연구를 위하여 일시적으로 체류하는 사람임을 확인할 수 있는 신분증명서, 청구인이 외국의 법인 또는 단체인 경우에는 사업자등록증·외국단체등록증 또는 그 밖에 국내에 사무소를 두고 있는 법인 또는 단체임을 확인할 수 있는 증명서)

2. 청구인의 법정대리인에게 공개할 때에는 법정대리인임을 증명할 수 있는 서류와 대리인의 주민등록증이나 그 밖에 그 신원을 확인할 수 있는 신분증명서

3. 청구인의 임의대리인에게 공개할 때에는 별지 제8호서식에 따른 위임장과 청구인 및 수임인의 주민등록증이나 그 밖에 그 신원을 확인할 수 있는 신분증명서

③ 제2항에도 불구하고 사무처가 정보통신망을 통하여 정보를 공개하는 경우 해당 청구인의 신원을 확인할 필요가 있으면 전자서명 등을 통하여 그 신원을 확인하여야 한다.

[전문개정 2014.12.16.]

제17조(정보공개처리상황의 기록) 사무처는 정보공개청구에 대한 처리상황을 별지 제3호서식의 정보공개처리대장에 기록·유지하여야 한다.

[전문개정 2014.12.16.]

제18조(비용부담) ① 법 제17조제1항에 따른 정보의 공개 및 우송 등에 소요되는 비용은 수수료와 우편요금(공개되는 정보의 사본·복제물·인화물 또는 출력물을 우편으로 송부하는 경우에 한정한다)으로 구분하되, 수수료의 금액은 다른 법령에 특별한 규정이 없으면 별표와 같다.

② 법 제15조제1항 및 제2항에 따라 정보통신망을 통해 전자적 형태로 공개하는 경우 업무 부담을 고려하여 사무처장이 정하는 바에 따라 수수료를 감면할 수 있다. 다만, 매체에 저장하여 제공하는 경우 실비 범위에서 수수료를 받을 수 있다.

③ 법 제17조제2항에 따라 비용을 감면할 수 있는 경우는 다음 각 호와 같으며, 수수료에 한정한다.

1. 비영리의 학술·공익단체 또는 법인의 대표자 또는 그 직원이 학술이나 연구목적 또는 행정 감시를 위하여 필요한 정보를 청구한 경우

2. 교수·교사 또는 학생이 교육 자료나 연구목적으로 필요한 정보를 소속기관의 장의 확인을 받아 청구한 경우

3. 그 밖에 사무처장이 공공복리의 유지·증진을 위하여 비용의 감면이 필요하다고 인정한 경우

④ 비용감면을 신청하는 경우 청구서에 사용목적에 관한 소명자료를 첨부하여야 하며, 청구목적에 따라 적정하게 사용하여야 한다.

⑤ 제3항에 따른 비용의 감면비율은 사무처장이 정한다.

⑥ 제1항에 따른 수수료는 수입인지로 납부한다. 그러나 사무처장이 정하는 바에 따라 현금으로 낼 수 있다.

⑦ 사무처는 제6항에 따라 수입인지로 수수료를 받은 경우에는 정보공개결정통지서(즉시 또는 구술처리가 가능한 정보를 공개한 경우에는 정보공개청구서)에 수입인지를 붙이고 소인(消印)하

여야 한다.
[전문개정 2014.12.16.]

제19조(이의신청방법) ① 법 제18조제1항 및 법 제21조제2항에 따른 이의신청은 다음 각 호의 사항을 적은 서면으로 하여야 한다.
1. 신청인의 이름·주민등록번호 및 주소(법인·단체의 경우에는 그 명칭, 사무소 또는 사업소의 소재지와 대표자의 이름)와 연락처(전화번호·전자우편주소 등)
2. 이의신청의 대상이 되는 정보공개 여부 결정의 내용
3. 이의신청의 취지 및 이유
4. 정보공개 여부의 결정통지를 받은 날 또는 정보공개 청구 후 20일이 지난 날
② 사무처는 법 제18조제3항 단서에 따라 정보공개심의회 개최 등의 사유로 이의신청결정기간의 연장을 통지하는 경우 통지서에 연장사유 및 연장기간 등을 구체적으로 적어야 한다.
③ 사무처는 법 제18조제4항에 따라 이의신청을 각하 또는 기각하는 결정을 하는 경우에도 법 제13조제4항을 준용하여 결정이유·불복방법 및 불복절차를 구체적으로 명시하여야 한다.
④ 제1항에 따른 이의신청은 별지 제9호서식에 따르고, 제2항에 따른 이의신청결정기간 연장의 통지는 별지 제10호서식에 따른다.
⑤ 사무처는 이의신청에 대한 처리상황을 이의신청 처리대장에 기록·유지하여야 한다.
⑥ 법 제18조제3항 및 제4항에 따른 이의신청 결정 통지는 별지 제9호의2서식에 따른다.
⑦ 제5항에 따른 이의신청 처리대장은 별지 제12호서식에 따른다.
[전문개정 2014.12.16.]

제20조(제3자의 비공개요청) 법 제21조제1항에 따른 비공개요청은 별지 제5호서식에 따른 서면으로 하여야 한다.
[전문개정 2014.12.16.]

제21조(정보공개 운영실태의 공표) 사무처장은 전년도의 정보공개 운영실태를 매년 2월 말일까지 별지 제11호서식에 따라 작성하고 이를 공표하여야 한다.
[전문개정 2014.12.16.]

부칙 〈헌법재판소규칙 제344호, 2014.12.16.〉

이 규칙은 공포한 날부터 시행한다.

[별표] 수수료(제18조 관련)
[서식 1] 정보공개청구서
[서식 2] 정보공개청구조서

선거관리위원회 정보공개규칙

[시행 2014.11.27.] [중앙선거관리위원회규칙 제420호, 2014.11.27., 일부개정]

제1조(목적) 이 규칙은 「공공기관의 정보공개에 관한 법률」에서 위임된 사항과 그 시행에 필요한 사항을 규정함을 목적으로 한다. 〈개정 2005.8.4., 2012.7.23.〉

제2조(행정정보의 공표 등) ① 각급선거관리위원회(소속기관을 포함하며, 읍·면·동선거관리위원회를 제외한다. 이하 "각급위원회"라 한다)는 「공공기관의 정보공개에 관한 법률」(이하 "법" 이라 한다) 제7조제1항 각 호에 해당하는 정보를 정보통신망에 게시하거나, 간행물의 발간·판매 등 다양한 방법으로 국민에게 공개하여야 한다. 〈개정 2005.8.4., 2012.7.23., 2014.11.27.〉
② 중앙선거관리위원회(이하 "중앙위원회"라 한다)는 각급위원회가 공표한 정보의 이용편의를 위하여 종합목록을 발간하거나 그 밖에 필요한 조치를 할 수 있다. 〈개정 2014.11.27.〉

제3조(정보목록의 작성·비치 등) ① 법 제8조제1항에 따른 정보목록에는 문서제목 생산연도 업무담당자 보존기간 등이 포함되어야 한다. 이 경우 「선거관리위원회 기록물 관리 규칙」 제12조 및 제15조에 따른 등록정보로 정보목록을 갈음할 수 있다. 〈개정 2004.11.20., 2005.8.4., 2007.4.26., 2014.11.27.〉
② 각급위원회는 정보공개절차를 국민이 쉽게 알 수 있도록 정보공개청구 및 처리절차, 정보공개청구서식, 수수료, 그 밖의 주요사항이 포함된 정보공개편람을 작성하여 국민이 열람할 수 있도록 갖추어 두어야 한다. 〈개정 2014.11.27.〉
③ 각급위원회는 청구인의 편의를 도모하기 위하여 정보공개청구서식 컴퓨터 단말기 등을 갖추어 두어야 한다. 〈개정 2014.11.27.〉

제4조(정보공개의 청구방법 등) ① 법 제10조제1항에 따른 정보공개청구서는 각급위원회에 직접 출석하여 제출하거나 우편·팩스 또는 정보통신망을 이용하여 제출할 수 있으며, 정보공개청구서는 별지 제1호서식에 따른다. 〈개정 2014.11.27.〉
② 법 제10조제2항의 정보공개청구조서는 별지 제2호서식에 따른다.
③ 각급위원회가 정보공개청구서 및 정보공개청구조서(이하 "정보공개청구서등"이라 한다)를 접수하면 별지 제3호서식에 따른 정보공개처리대장에 기록하고, 청구인에게 접수증을 발급하여야 한다. 다만, 다음 각 호의 어느 하나에 해당하는 경우에는 청구인이 요청할 때를 제외하고는 접수증을 발급하지 아니할 수 있다. 〈개정 2014.11.27.〉
  1. 즉시 또는 말로써 처리가 가능한 정보의 정보공개청구서등을 접수한 경우
  2. 우편·팩스 또는 정보통신망을 통하여 정보공개청구서등을 접수한 경우
④ 제3항에도 불구하고 공개청구된 정보가 각급위원회가 보유·관리하지 아니하는 정보이거나 진정·질의 등 공개청구의 내용이 법 및 이 규칙에 따른 정보공개청구로 볼 수 없는 경우로서 「민원사무처리에 관한 법률」에 따른 민원사무로 처리할 수 있는 경우에는 민원사무로 처리할 수 있다.

〈개정 2014.11.27.〉

⑤ 각급위원회는 제4항에 따라 정보공개청구를 민원사무로 처리하는 경우 해당 정보를 보유·관리하지 아니한다는 사실 등 청구에 따를 수 없는 사유를 구체적으로 적어 청구인에게 통지하여야 한다. 〈개정 2014.11.27.〉

⑥ 각급위원회는 다음 각 호의 어느 하나에 해당하는 청구에 대해서는 종결처리할 수 있다. 〈개정 2014.11.27.〉

　　1. 제1항에 따라 정보공개를 청구하여 정보공개여부에 대한 결정의 통지를 받은 자가 정당한 사유 없이 해당 정보의 공개를 다시 청구한 경우

　　2. 제5항에 따른 통지를 받은 자가 다시 같은 내용의 공개청구를 한 경우

[전문개정 2012.7.23.]

제4조의2(의사결정 과정 등 종료 통지) 법 제9조제1항제5호 단서에 따른 의사결정 과정 및 내부검토 과정 종료의 통지는 별지 제3호의4서식에 따른다.

[본조신설 2014.11.27.]

제5조(다수인의 정보공개청구) 2인이상이 공동으로 정보공개를 청구하는 때에는 1인의 대표자를 선정하여야 한다.

제6조(보완요구) 공개를 청구하는 정보의 내용이 불명확하여 공개여부를 결정할 수 없는 경우 담당 공무원은 청구인에게 보완을 요구할 수 있다. 이 경우 보완기간은 정보공개여부 결정기간에 산입하지 아니한다.

[전문개정 2012.7.23.]

제7조(공개여부 결정기간의 연장) ① 법 제11조제2항 전단에서 "부득이한 사유"라 함은 다음 각 호의 어느 하나에 해당하는 사유를 말한다. 〈개정 2010.10.25., 2014.11.27.〉

　　1. 한꺼번에 많은 정보공개가 청구되거나 공개청구된 정보의 내용이 복잡하여 정해진 기간 내에 공개여부를 결정하기 곤란한 경우

　　2. 정보를 생산한 공공기관 또는 공개청구된 정보와 관련있는 제3자의 의견청취, 정보공개심의회 개최 등의 사유로 정해진 기간 내에 공개여부를 결정하기 곤란한 경우

　　3. 전산정보처리조직에 의하여 처리된 정보가 공개부분과 비공개부분을 포함하고 있고, 정해진 기간 내에 부분공개여부를 결정하기 곤란한 경우

　　4. 천재지변, 일시적인 업무량의 폭주 등으로 정해진 기간 내에 공개여부를 결정하기 곤란한 경우

② 법 제11조제2항의 규정에 의한 공개여부 결정기간 연장의 통지는 별지 제4호서식에 의한다.

제8조(제3자의 의견청취 등) ① 법 제11조제3항에 따른 제3자의 의견청취 또는 법 제21조제1항에 따른 비공개요청은 별지 제5호서식에 따른다. 다만, 각급위원회가 필요하다고 인정하거나 제3자가 원하는 경우에는 말로 의견을 들을 수 있다. 〈개정 2014.11.27.〉

② 제1항 단서에 따라 말로 의견을 들을 때에는 담당공무원은 별지 제6호서식에 따라 그 내용을 기록하고 본인의 확인을 받아야 한다. 〈개정 2014.11.27.〉

제9조(정보생산 공공기관의 의견청취) 각급위원회는 공개청구된 정보의 전부 또는 일부가 다른 공공기관이 생산한 정보인 때에는 그 정보를 생산한 공공기관의 의견을 들어 공개여부를 결정하여야 한다.

제10조(관계기관 및 부서간의 협조) ① 정보공개청구업무를 처리하는 부서는 관계기관 또는 다른 부서의 협조가 필요한 때에는 정보공개청구서등을 접수한 후 처리기간 내에서 회신기간을 분명히 밝혀 협조를 요청하여야 한다. 〈개정 2014.11.27.〉
② 제1항의 규정에 의하여 협조를 요청받은 기관 또는 부서는 그 회신기간내에 회신하여야 한다.

제11조(정보공개심의회) ① 중앙위원회 및 특별시·광역시·도선거관리위원회(이하 "시·도위원회"라 한다)에 법 제12조에 따른 정보공개심의회(이하 "심의회"라 한다)를 둔다. 〈개정 2014.11.27.〉
② 심의회는 다음 각호의 사항을 심의한다. 〈개정 2014.11.27.〉
　1. 각급위원회가 공개청구된 정보의 공개여부를 결정하기 곤란한 사항
　2. 법 제18조 및 제21조제2항에 따른 이의신청. 다만, 다음 각 목의 어느 하나에 해당하는 이의신청은 제외한다.
　　가. 비공개 결정 또는 부분공개결정에 대하여 같은 내용으로 2회 이상 반복하여 제기된 이의신청
　　나. 청구인이 법 제18조제1항에 따른 기간이 지난 후에 한 이의신청
　　다. 제3자가 법 제21조제2항에 따른 기간이 지난 후에 한 이의신청
　　라. 청구인의 요구대로 공개결정을 한 경우
　3. 그 밖에 정보공개제도의 운영에 관한 사항
③ 심의회의 위원의 임기는 2년으로 하되, 연임할 수 있다. 다만, 위원이 소속공무원인 경우에는 그 직위에 재직하는 기간으로 한다.
④ 심의회의 회의는 위원장이 소집한다.
⑤ 심의회의 회의는 재적위원 과반수의 출석으로 개의하고 출석위원 과반수의 찬성으로 의결한다.
⑥ 위원에게는 예산의 범위에서 수당 여비 그 밖에 필요한 경비를 지급할 수 있다. 〈개정 2014.11.27.〉
⑦ 이 규칙에서 규정한 것 외에 심의회의 운영에 관하여 필요한 사항은 중앙위원회 및 시·도위원회의 위원장이 정한다. 〈개정 2014.11.27.〉

제12조(정보공개일시의 통지 등) ① 각급위원회는 정보의 공개를 결정한 때(제3자의 비공개요청에 불구하고 법 제21조제2항에 따라 공개결정을 한 경우는 제외한다)에는 공개를 결정한 날부터 10일이내의 범위내에서 공개일시를 정하여 청구인에게 통지하여야 한다. 다만, 청구인이 요청하는 경우에는 공개일시를 달리 정할 수 있다. 〈개정 2014.11.27.〉

② 법 제13조제2항에 따라 정보의 사본·복제물을 일정 기간별로 나누어 제공하거나 열람과 병행하여 제공하는 경우에는 청구인으로 하여금 먼저 열람하게 한 후 사본 복제물을 제공하되, 특별한 사정이 없으면 2월 이내에 제공을 마쳐야 한다. 〈개정 2014.11.27.〉

③ 청구인이 제1항에 따라 통지한 공개일 후 10일이 지날 때까지 정당한 사유없이 그 정보의 공개에 응하지 아니하였을 때에는 내부적으로 종결처리할 수 있다. 〈개정 2014.11.27.〉

④ 법 제13조제1항 및 제4항의 규정에 의한 정보공개여부 결정에 대한 통지는 별지 제7호서식에 의한다.

제13조(부분공개) 각급위원회는 법 제14조에 따라 부분공개결정을 하는 경우에는 비공개하는 부분에 대하여 비공개이유와 불복의 방법 및 절차를 구체적으로 밝혀야 한다. 〈개정 2014.11.27.〉

제14조(정보공개방법) ① 정보의 공개는 다음 각호의 방법으로 한다. 〈개정 2012.7.23., 2014.11.27.〉

1. 문서·도면·사진 등은 열람 또는 사본의 제공
2. 필름·테이프 등은 시청 또는 인화물·복제물의 제공
3. 마이크로필름·슬라이드 등은 시청·열람 또는 사본·복제물의 제공
4. 전자적 형태로 보유·관리하는 정보 등은 파일을 복제하여 정보통신망을 활용한 정보공개시스템 등으로 송부, 매체에 저장하여 제공, 열람·시청 또는 사본·출력물의 제공
5. 법 제7조제1항에 따라 이미 공개된 정보의 경우 그 정보 소재(所在)의 안내

② 파일형태로 정보통신망을 통하여 공개하는 것이 현저히 곤란한 경우에는 청구인의 요청에도 불구하고 저장매체를 제공하거나 열람·시청, 사본·출력물의 제공으로 대체할 수 있다. 〈개정 2014.11.27.〉

③ 각급위원회는 정보를 공개할 때 본인 또는 그 정당한 대리인임을 확인할 필요가 없는 경우에는 청구인의 요청에 따라 제1항 각호의 사본·복제물·인화물·출력물 또는 복제된 파일을 우편 팩스 또는 전자통신망을 이용하여 보낼 수 있다. 〈개정 2014.11.27.〉

④ 제1항에 따라 정보를 공개하는 때에는 타인의 지식재산권, 사생활의 비밀, 그 밖에 타인의 권리 또는 이익이 부당하게 침해되지 아니하도록 유의하여야 한다. 〈개정 2014.11.27.〉

제15조(정보공개시 청구인의 확인) ① 청구된 정보의 공개는 청구인 본인 또는 그 대리인에게 하여야 한다.

② 각급위원회는 제1항에 따라 정보를 공개하는 때에는 다음 각 호의 신분증명서 등에 따라 청구인 본인 또는 그 정당한 대리인임을 확인하여야 한다. 다만, 정보를 공개할 때 본인 또는 그 정당한 대리인임을 확인할 필요가 없는 경우에는 그러하지 아니하다. 〈개정 2014.11.27.〉

1. 청구인 본인에게 공개하는 경우에는 청구인의 주민등록증이나 그 밖에 그 신원을 확인할 수 있는 신분증명서(청구인이 외국인인 경우에는 여권·외국인등록증 그 밖에 국내에 일정한 주소를 두고 거주하거나 학술·연구를 위하여 일시적으로 체류하는 사람임을 확인할 수 있는 신분증명서, 청구인이 외국의 법인 또는 단체인 때에는 사업자등록증·외국인단체등록증 그 밖에 국내에 사무소를 두고 있는 법인 또는 단체임을 확인할 수 있는 증명서)

2. 청구인의 법정대리인에게 공개하는 경우에는 법정대리인임을 증명할 수 있는 서류와 대리인의 주민등록증이나 그 밖에 그 신원을 확인할 수 있는 신분증명서

3. 청구인의 임의대리인에게 공개하는 경우에는 별지 제8호서식에 따른 위임장과 청구인 및 수임인의 주민등록증이나 그 밖에 그 신원을 확인할 수 있는 신분증명서

③ 각급위원회가 정보통신망을 통하여 정보를 공개하는 경우 청구인 본인 또는 그 대리인의 신원을 확인할 필요가 있는 때에는 제2항의 규정에 불구하고 전자서명 등을 통하여 그 신원을 확인하여야 한다.

제16조(정보공개처리상황의 기록) 각급위원회는 정보공개청구에 대한 처리상황을 정보공개처리대장에 기록·유지하여야 한다.

제17조(비용부담) ① 법 제17조제1항에 따른 정보의 공개 및 우송등에 드는 비용은 수수료와 우편요금(공개되는 정보의 사본·복제물·인화물 또는 출력물을 우편으로 보내는 경우에 한한다)으로 구분하며, 수수료는 다른 법령에 특별한 규정이 있는 경우를 제외하고는 별표와 같다. 〈개정 2014.11.27.〉

② 법 제15조제1항 및 제2항에 따라 정보통신망을 통하여 정보를 전자적 형태로 공개하는 때에는 업무부담을 고려하여 각급위원회의 위원장이 정하는 바에 의하여 수수료를 감면할 수 있다. 다만, 매체에 저장하여 제공하는 경우 실비의 범위내에서 수수료를 징수할 수 있다. 〈개정 2014.11.27.〉

③ 법 제17조제2항에 따라 비용을 감면할 수 있는 경우는 다음 각 호와 같다. 〈개정 2014.11.27.〉

1. 비영리의 학술·공익단체 또는 법인이 학술이나 연구 목적 또는 행정감시를 위하여 필요한 정보를 청구한 경우

2. 교수·교사 또는 학생이 교육자료나 연구목적으로 필요한 정보를 소속기관의 장의 확인을 받아 청구한 경우

3. 각급위원회의 위원장이 공공복리의 유지·증진을 위하여 감면이 필요하다고 인정하는 경우

④ 법 제17조제2항에 따른 비용감면을 신청하는 때에는 감면사유에 관한 소명자료를 첨부하여야 한다. 〈개정 2014.11.27.〉

⑤ 제3항에 따른 비용의 감면비율은 각급위원회 위원장이 정한다. 〈개정 2010.10.25., 2014.11.27.〉

⑥ 제1항에 따른 수수료는 수입인지 또는 해당 위원회 위원장이 지정한 금융기관 계좌로 납부한다. 다만, 부득이한 때에는 현금으로 납부할 수 있다. 〈개정 2010.10.25., 2014.11.27.〉

⑦ 각급위원회는 제6항의 본문에 따라 수입인지로 수수료를 징수한 때에는 정보공개결정통지서(즉시 또는 구술 처리가 가능한 정보를 공개한 때에는 정보공개청구서등)에 수입인지를 붙이고 소인하여야 한다. 〈개정 2014.11.27.〉

⑧ 삭제 〈2014.11.27.〉

제18조(이의신청) ① 법 제18조제1항 및 법 제21조제2항에 따른 이의신청은 별지 제9호서식에 따른다. 〈개정 2014.11.27.〉

1. 삭제 〈2014.11.27.〉

2. 삭제 〈2014.11.27.〉

3. 삭제 〈2014.11.27.〉

4. 삭제 〈2014.11.27.〉

② 각급위원회는 법 제18조제3항 단서에 따라 이의신청결정기간의 연장을 통지할 때에는 별지 제10호서식에 따르며, 통지서에 연장사유 및 연장기간 등을 구체적으로 밝혀야 한다. 〈개정 2014.11.27.〉

③ 각급위원회는 법 제18조제4항에 따라 이의신청을 각하 또는 기각하는 결정을 할 때에는 결정이유와 불복의 방법 및 절차를 구체적으로 밝혀야 한다. 〈개정 2014.11.27.〉

④ 각급위원회는 이의신청에 대한 처리상황을 별지 제11호서식에 따른 이의신청처리대장에 기록·유지하여야 한다. 〈개정 2014.11.27.〉

제19조(정보공개운영실태의 공표 등) ① 중앙위원회 소속기관의 장 및 시·도위원회의 위원장은 별지 제12호서식에 의하여 전년도의 정보공개운영실태를 매년 2월 말일까지 중앙위원회의 위원장에게 제출하여야 한다.

② 중앙위원회의 위원장은 연 1회 제1항의 규정에 의한 정보공개운영실태를 종합하여 공표하여야 한다.

부칙 〈중앙선거관리위원회규칙 제420호, 2014.11.27.〉

이 규칙은 공포한 날부터 시행한다. 〈단서 생략〉

[별표] 수수료[제17조 관련]
[서식 1] 정보공개청구서
[서식 2] 정보공개청구조서(규칙 제4조 관련)
[서식 3] 정보공개처리대장(규칙제6조 관련)
[서식 4] 공개 여부결정기간연장통지서
[서식 5] 제3자의견서[비공개요청서] (규칙 제8조 관련)
[서식 6] 제3자의견청취서 (규칙 제8조 관련)
[서식 7] 정보공개 결정통지서
[서식 8] 정보공개위임장 (규칙 제15조 관련)
[서식 9] 정보공개[비공개]결정이의신청서 (규칙 제18조 관련)
[서식 10] 이의신청결정기간연장통지서
[서식 11] 이의신청처리대장 (규칙 제18조 관련)
[서식 12] 정보공개 운영실태

서울특별시 정보공개 조례·시행규칙(비교표)

서울특별시 열린시정을 위한 행정정보공개 조례 [시행 2013.8.1.] [서울특별시조례 제5553호, 2013.8.1., 전부개정]	서울특별시 열린시정을 위한 행정정보공개 조례 시행규칙 [시행 2013.12.12.] [서울특별시규칙 제3943호, 2013.12.12., 타법개정]
제1조(목적) 이 조례는「공공기관의 정보공개에 관한 법률」(이하 "법"이라 한다)에 의하여 서울특별시 및 산하 집행기관의 행정정보를 공개하는 데 필요한 사항을 정함으로써 행정운영의 투명성을 확보하고, 시민의 알 권리를 보장하여 소통과 협력을 통한 열린 시정을 구현하는 것을 그 목적으로 한다.	**제1장 총칙** 제1조(목적) 이 규칙은「서울특별시 열린시정을 위한 행정정보공개 조례」(이하 "조례"라 한다)에서 위임된 사항과 그 시행에 관하여 필요한 사항을 규정함을 목적으로 한다.
제2조(정의) 이 조례에서 사용하는 용어의 정의는 다음과 같다 1. "집행기관"이란 서울특별시, 서울특별시 소속 행정기관, 투자기관 및 출연기관을 말한다. 2. "청구인"이란 행정정보의 공개를 집행기관에 청구하는 개인, 법인 또는 단체를 말한다. 3. "투자기관"이란 서울특별시가 설립한 지방공사 및 공단을 말한다. 4. "출연기관"이란「민법」제32조 또는 특별법에 의하여 서울특별시가 설립한 법인을 말한다.	
제3조(정보공개의 원칙) ① 집행기관이 보유·관리하는 행정정보는 소중한 공공자산으로서 법령과 이 조례가 정하는 바에 따라 공개하여야 한다. ② 시민의 알권리를 충족시키기 위해 시민의 청구 없이도 주요 결재문서 등의 사전공개대상 행정정보를 확대한다. ③ 공개되는 정보는 시민이 접근하기 쉽도록 분류·관리하며 정보통신망을 활용하여 신속하게 공개한다. ④ 공개되는 정보는 제공하는 목적에 맞게 그 내용을 충실하게 작성하여 공개한다.	제2조(총괄부서 지정) 행정정보공개업무는 집행기관별 당해 기관의 문서에 관한 사무를 주관하는 부서(「행정업무의 효율적 운영에 관한 규정」제3조 제3호에서 규정된 "문서과"를 말한다.이하 "총괄부서"라 한다)에서 총괄한다. 다만, 집행기관의 장이 필요하다고 인정하는 때에는 기관의 사정에 따라 이와 다르게 지정할 수 있다. 〈개정 2013.11.14〉 제2조의1 (정보공개책임관)「공공기관의 정보공개에 관한 법률시행령」제11조의2의 규정에 따른 정보공개책임관은 총괄부서 담당 국장급 공무원으로 한다. [본조신설 2013.11.14]
제4조(집행기관의 책무) ① 집행기관의 장은 공개대상이 되는 행정정보를 체계적으로 분류·보관하여 행정정보의 공개청구 등에 신속하게 응할 수 있도록 하여야 한다. ② 집행기관의 장은 정보목록을 작성·비치하고 그 목록을 정보통신망을 활용한 정보공개시스템 등에 공개하여야 하며, 행정정보공개 접수창구를 시민이 이용하기 편리한 곳에 설치·운영하여야 한다. ③ 집행기관의 장은 시민을 대상으로 정보공개의 확대와 소통 증대를 위하여 시민의 의견을 적극 수렴하며, 관련 사업을 추진하는 기관 또는 단체에 행정적, 재정적 지원을 할 수 있다.	제3조(안내·접수창구의 설치·운영) ① 집행기관의 장은 시민이 행정정보공개청구를 쉽게 할 수 있도록 민원실에 별도의 접수 및 안내창구를 설치·운영한다. 다만, 민원실이 설치되어 있지 않은 집행기관은 제2조의 규정에 의하여 지정된 총괄부서에 접수·안내창구를 설치·운영한다. ② 집행기관의 장은 제1항의 규정에 의한 안내·접수창구 및 장소에 시민이 편리하게 이용 또는 열람할 수 있도록 다음 각 호의 서류를 비치하여야 한다. 〈개정 2004.11.25, 2013.11.14〉 1. 정보공개청구서식 2. 정보공개청구방법 및 처리절차, 정보공개청구 관련 서식, 수수료 등이 포함된 정보공개편람

3. 조례 제4조의 규정에 의한 당해 기관의 정보목록
4. 조례 제5조에 의한 당해 기관의 공표대상행정정보목록
5. 공표 또는 공개된 행정정보나 정보목록을 확인할 수 있는 컴퓨터 등 전산 온라인장비

제4조(정보목록 작성·공개) ① 조례 제4조제2항의 규정에 의한 정보목록은 별지 제1호서식에 따라 작성한다. 〈개정2004.11.25, 2013.11.14〉
② 제1항의 정보목록은 매월 작성하여 홈페이지 등 정보통신망(이하 "정보통신망"이라한다)에 공개하여야 한다. 〈개정2004.11.25, 2013.11.14〉
[제목개정 2013.11.14]

제5조(행정정보의 공표) ① 집행기관은 다음 각 호의 1에 해당하는 행정정보는 청구인의 청구가 없더라도 이를 정례적으로 공개하여야 한다. 다만, 법령이나 다른 조례에 의하여 비공개행정정보로 구분되는 경우에는 그러하지 아니하다.
1. 서울특별시 중장기 종합계획 및 부문별 중기 또는 장기계획과 중요한 기본계획
2. 제1호의 계획 중 집행기관이 정한 것에 관계된 중간 단계의 안
3. 서울특별시 당해 연도 업무계획과 예산·결산 및 기금운영
4. 서울특별시 투자기관·출연기관의 당해 연도 업무계획과 예산 및 결산
5. 부채현황과 연도별 상환계획
6. 서울특별시장, 부시장, 실·국·본부장과 4급 이상 공무원이 장인 부서 및 기관의 업무추진비 사용내역, 각 투자기관과 출연기관의 장 및 임원, 서울시립대학교 총장·학장·처장의 업무추진비 사용내역
7. 집행기관에서 징수하는 사용료, 수수료 및 각종 공공요금의 조정계획
8. 서울특별시가 정례적으로 실시하는 부문별 시정의 주요 통계조사 결과(교통속도 및 교통량, 쓰레기 발생량, 인구 및 세대통계, 산업통계, 도시계획 관련 통계 등)
9. 계약금액 1천만원 이상의 수의계약 현황, 총 공사비 1억원 이상의 공사, 물품구매, 용역발주 등에 대한 계약서 및 계약변경에 관한 사항과 계약에 따른 예산과목별 집행내역
10. 행정심판재결 결과, 지방세 이의신청 결과 및 심사청구 심의 결과
11. 각종 시정과 관련하여 시가 주최한 공청회개최 결과보고서
12. 민원처리 및 정보공개업무와 관련된 지침, 절차 등을 수록한 업무편람 등
13. 학술용역 등 각종 용역사업 결과
14. 서울특별시 투자심사위원회 등 각종 위원회 회의결과 및 회의록

제2장 행정정보 공표제도

제5조(공표주기 및 시기) ① 조례 제5조제1항 및 제2항 각호의 1에 규정된 행정정보(이하 "행정정보"라 한다)는 생산주기에 따라 연1회, 반기별, 분기별, 매월 또는 수시로 공표하되, 그 공표주기 및 시기는 별표와 같다. 〈개정 2013.11.14〉
② 제1항의 행정정보별 세부 공표대상업무는 시장이 따로 정하여 매년 정보통신망에 공개하여야 한다. 〈개정 2013.11.14〉

제6조(공표형태) ① 집행기관의 장은 행정정보를 그 형식이나 수량 등에 따라 시보 또는 인터넷의 당해 기관 홈페이지(이하 "인터넷"이라 한다)에 게재하거나 인쇄물로 발간하여 공표하되, 공표형태는 별표1과 같다.
② 집행기관의 장이 제1항의 규정에 의하여 행정정보를 인터넷에 공표하는 경우에는 시민이 쉽게 접근할 수 있도록 서울특별시홈페이지와 당해 기관의 홈페이지를 연결하는 등의 조치를 하여야 한다.
③ 행정정보에 「공공기관의 정보공개에 관한 법률」 제9조제1항에서 규정한 비공개대상행정정보가 혼재되어 있는 경우에는 이를 가린 후 공표한다. 〈개정 2004.11.25〉

제7조(공표기관 및 부서) ① 행정정보의 공표는 집행기관의 장이 당해 기관의 소관업무에 대하여 시행하되, 집행기관별 소관업무는 다음 각 호에 의한다. 다만, 집행기관의 장이 필요하다고 인정하는 때에는 소속 하부기관의 행정정보를 수합하여 함께 공표할 수 있다.
1. 서울특별시 및 서울특별시 소속 행정기관: 「서울특별시 행정기구 설치조례」 및 같은 조례 시행규칙에 의한 소관업무
2. 투자기관 및 출연기관: 당해 기관의 설치조례에 의한 소관업무
② 행정정보의 공표업무는 집행기관별 사무분장에 의한 행정정보의 처리부서(「행정업무의 효율적 운

15. 목표관리제와 관련하여 실·국장 추진 목표 및 목표 관련 예산집행 현황

16. 기타 집행기관이 공익을 위하여 공개함이 타당하다고 인정하는 업무

② 서울특별시는 제1항이외 다음 각 호의 1에 해당하는 행정정보를 적극적으로 공개하여야 한다.

1. 서울특별시가 정례적으로 실시하는 상수도 원수·정수의 수질검사 결과 및 대기·소음 등 환경보전과 관련하여 실시하는 검사·측정결과

2. 서울특별시 지방공사·공단의 경영실적 평가 결과

3. 서울특별시장의 공약 실천 계획 및 이행 실적

4. 서울특별시 시민감사옴부즈만 활동보고서

5. 공공서비스에 대한 시민 만족도 등 서울특별시가 전문 조사 연구기관에 의뢰하여 조사한 자치구·산하기관·서울특별시의 사무 수탁기관 및 사회적 공공서비스를 제공하는 민간기관·업체에 대한 평가 결과

6. 교량, 터널, 지하철안전점검 및 진단결과 보고서

7. 교량, 터널 등 시설안전관리 유지 관련 예산편성 및 집행현황

8. 재난 및 수방대비 안전관리분야 예산집행현황

9. 감염병 발생현황

10. 농축산물의 가격 변동추이 및 현황, 농산물 잔류 농약 검사 결과, 원산지 표시 등의 점검 결과

11. 감사 실시계획 및 결과와 당해 연도 의회 행정사무감사 결과보고서

③ 제1항 및 제2항 각호의 1에 해당하는 행정정보의 세부공개내용 및 공개주기·시기·방법·담당부서 등은 규칙으로 정한다.

영에 관한 규정」 제3조제4호에서 정한 "처리과"를 말한다. 이하 "공표부서"라 한다)에서 수행한다. 다만, 처리부서가 불명확하거나 여러 부서가 관련되어 있는 경우에는 공표부서를 집행기관의 장 또는 총괄부서의 장이 지정한다. 〈개정 2013.11.14〉

③ 행정정보가 여러 부서에 관련되어 있는 경우에는 공표부서의 장이 공표자료의 수합에 필요한 서식 및 제출기일 등을 정하여 관련부서에 통보하고, 관련부서의 장은 이에 따라 해당 자료를 기일 내에 공표부서에 제출하여야 한다.

④ 행정정보의 공표기관 및 부서는 별표1과 같다.

제8조(공표방법의 변경) ① 집행기관의 장은 행정정보의 형식 또는 여건의 변화 등에 의하여 별표1에서 정한 공표부서, 주기 및 시기 또는 형태 등 공표방법을 변경하고자 하는 경우에는 사전에 정보공개심의회의 심의를 거쳐 이를 변경할 수 있다.

② 제1항의 규정에 의하여 공표방법을 변경하는 경우 별표1에서 정한 공표시기가 도래하기 전가지 변경사항을 시보 또는 인터넷에 공고하여야 한다.

제9조(공표매체관리) ① 공표매체관리 부서는 다음 각 호와 같다. 〈개정 2011.7.28〉

1. 서울특별시보: 서울특별시 시민소통담당관

2. 인터넷: 집행기관별 당해 기관의 인터넷 홈페이지 관리부서

3. 인쇄물: 집행기관별 공표부서

② 공표부서의 장은 행정정보를 공표매체에 게재요청하기 전에 제1항에서 정한 공표매체관리부서와 협의하여야 한다.

제10조(기타) 행정정보의 공표에 관하여 이 규칙에 정하지 아니한 사항은 당해 행정정보를 생산하여 보유하고 있는 집행기관의 장 또는 공표부서의 장이 정한다.

제6조(비용의 부담) 행정정보의 공개에 소요되는 비용은 청구인의 부담으로 하며, 그 금액 및 징수절차 등 필요한 사항은 서울특별시수수료징수조례에서 정하는 바에 의한다.

제17조(수수료의 감면) 「공공기관의 정보공개에 관한 법률 시행령」제17조제3항 각호의 1에 해당하는 경우에는 당해수수료의 100분의 50을 경감한다. 〈신설 2006.1.5〉

[종전의 제20조에서 이동 〈2013.11.14〉]

[종전의 제17조는 제13조로 이동 〈2013.11.14〉]

제7조(정보공개심의회 설치·운영) ① 집행기관은 법 제12조의 규정에 의하여 정보공개심의회(이하 "심의회"라 한다)를 설치·운영한다.

② 심의회는 위원장 및 부위원장을 포함한 7인 이내로 하고 이중 과반수를 행정정보 공개에 관하여 전문지식과 경험이 풍부한 외부 인사 중 집행기관의 장이 위촉한 자로 구성한다.

③ 위촉직 위원의 임기는 2년으로 하며, 1차에 한하여 연임할 수 있다. 다만, 보궐위원의 임기는 전임자의

제3장 정보공개심의회

제11조(구성 및 운영) ① 조례 제7조의 규정에 의한 정보공개심의회(이하 "심의회"라 한다)는 집행기관별로 1개 이상 구성·운영한다. 다만, 집행기관의 장이 필요하다고 인정하는 때에는 하부 소속기관의 심의회 기능을 당해 기관의 심의회에서 대신하게 할 수 있다. 〈개정 2013.11.14〉

② 제1항 단서의 규정에 의하여 하부 소속기관의 심

잔임기간으로 한다.

④ 심의회의 회의는 재적위원 과반수의 참석으로 개의하고 출석위원 과반수의 찬성으로 의결한다.

⑤ 위촉직 위원에 대하여는 예산의 범위 안에서 수당, 여비 기타 필요한 경비를 지급할 수 있다.

⑥ 집행기관별 심의회 구성 및 운영방법 등에 대한 세부사항은 규칙 또는 규정으로 정한다.

의회 기능을 대신할 수 있는 집행기관 및 대신할 수 있는 범위는 다음 각 호와 같다. 〈개정 2013.12.12〉

1. 서울특별시: 서울특별시 직속사업소로서 5급 이하 공무원 또는 이에 상당하는 직위에 보할 수 있는 임기제공무원이 장인 사업소의 심의회 기능

2. 4급 이상 공무원 또는 이에 상당하는 직위에 보할 수 있는 임기제공무원이 장인 집행기관: 당해 기관에 소속된 하부기관의 심의회 기능

3. 조례 제2조제3호 제4호에 규정된 집행기관: 당해 기관에 소속된 하부기관의 심의회 기능

③ 집행기관별 심의회의 위원장 및 부위원장은 위원 중에서 호선한다.

[종전의 제15조에서 이동 〈2013.11.14〉]

[종전의 제11조는 삭제 〈2013.11.14〉]

제8조(심의회의 기능) 심의회는 다음 각 호의 사항을 심의한다.

1. 집행기관의 장이 공개청구된 행정정보의 공개 여부, 공개범위, 공개방법 등의 결정을 심의회에 심의 요청한 사항

2. 법 제18조(이의신청) 및 법 제21조제2항의 규정에 의한 이의신청

3. 기타 시민의 알 권리 확대를 위하여 집행기관의 장이 심의가 필요하다고 인정하는 사항 또는 위원장이 심의를 요청하거나 부의하는 사항

제12조(안건상정) ① 심의회에 안건을 상정하고자 하는 부서 또는 기관의 장은 별지 제2호서식에 의한 안건상정요청서를 심의회 개최일 5일 전까지 총괄부서의 장에게 제출하여야 한다.

② 간사는 심의회 회의개최일 2일 전까지 안건을 각 위원들에게 배부하여야 한다.

[종전의 제16조에서 이동 〈2013.11.14〉]

[종전의 제12조는 삭제 〈2013.11.14〉]

제9조(의견청취) 심의회는 필요하다고 인정하는 경우 관계 공무원, 청구인, 관련 분야 전문가 또는 기타 이해관계가 있는 제3자 등으로부터 의견을 들을 수 있다.

제13조(간사 등) ① 심의회의 사무를 처리하기 위하여 심의회에 간사와 서기 각 1인을 두되, 간사 및 서기는 총괄부서의 장이 정한다.

② 간사는 별지 제3호서식에 의한 정보공개심의회 심의의결서 및 별지 제4호서식에 의한 회의록을 작성하여야 한다.

[종전의 제17조에서 이동 〈2013.11.14〉]

[종전의 제13조는 삭제 〈2013.11.14〉]

제10조(위원의 책무) 심의회의 위원은 직무수행상 알게 된 비밀을 타인에게 누설하여서는 아니 되며, 위원에서 물러난 후에도 또한 같다.

제14조(수당 등) 심의회의 회의에 참석한 위원 및 위원장이 필요하다고 인정하여 회의에 참석한 자에 대하여는 예산의 범위 안에서 여비·수당 등의 실비를 지급할 수 있다. 다만, 당해 심의안건과 직접 관련이 있는 공무원, 행정정보공개의 청구인 및 이의신청인 등이 심의회에 참석하는 경우에는 그러하지 아니하다.

[종전의 제18조에서 이동 〈2013.11.14〉]

[종전의 제14조는 삭제 〈2013.11.14〉]

제11조(서울특별시 심의회) ① 위원장은 위촉직 위원 중 호선하고 부위원장은 행정국장으로 한다.

② 당연직 위원은 행정국장·언론담당관 및 시설계획과장으로 한다.

제15조(운영세칙) 기타 심의회 운영에 필요한 세부사항은 심의회의 의결을 거쳐 위원장이 정한다.

[종전의 제19조에서 이동 〈2013.11.14〉]

[종전의 제15조는 제11조로 이동 〈2013.11.14〉]

제12조(평가 및 보고 등) ① 집행기관의 장은 정보공개의 운영실태 등을 연 2회 이상 주기적으로 점검·평가하여 이를 홈페이지 등 정보통신망에 공개

제4장 기타 운영사항 〈제목개정 2013.11.14〉

제16조(평가 및 보고 등) ① 집행기관의 장은 조례 제

하여야 한다. ② 전항의 운영실태 점검의 방법과 시기 및 절차에 대해서는 규칙으로 정한다. ③ 서울특별시장은 집행기관의 정보공개운영실태 등에 대한 평가보고서를 매년 발간하여 공개한다.	12조에 따른 정보공개의 운영실태 등을 상·하반기별로 점검·평가하며, 이를 위한 평가항목과 추진방법 등에 대한 세부시행계획을 수립하여 실시하여야 한다. ② 집행기관의 장은 전년도의 정보공개 운영실태를 매년 3월까지 시장에게 제출하여야 한다. ③ 시장은 매년 제2항의 규정에 의해 제출받은 정보공개 운영실태를 종합하여 평가보고서를 작성하여 공개하여야 한다. [본조신설 2013.11.14]
제13조(다른 제도와의 관계) ① 이 조례는 법령 또는 조례에 의하여 열람, 공고, 고시, 예고 또는 등본, 초본 그 밖의 사본의 교부대상이 되는 행정정보에 대하여는 적용하지 아니한다. ② 집행기관의 자료실, 도서관 등에서 일반에 열람 또는 대출되는 도서, 간행물 등은 이 조례의 적용대상에서 제외한다.	
제14조(시행규칙) 이 조례의 시행에 관하여 필요한 사항은 규칙으로 정한다.	
부칙 〈제5553호, 2013.8.1〉 이 조례는 공포한 날부터 시행한다.	**부칙** 〈제3943호, 2013.12.12〉 (서울특별시 행정기구 설치조례 시행규칙) **제1조(시행일)** 이 규칙은 2013년 12월 12일부터 시행한다. **제2조(다른 규칙의 개정)** ① 서울특별시 열린시정을 위한 행정정보공개조례시행규칙 일부를 다음과 같이 개정한다. 제11조제2항제1호 및 제2호 중 "계약직공무원"을 각각 "임기제공무원"으로 한다. ②부터 ④까지 생략
	[별표] 공표대상행정정보의 공표방법 [서식 1] 행정정보 공개목록 [서식 2] 서울특별시 정보공개심의회 안건상정요청서 [서식 3] 서울시 정보공개심의회 의결서 [서식 4] 정보공개심의회 회의록

법무부 행정정보공개지침

[시행 2014.1.14.] [법무부예규 제1043호, 2014.1.14., 일부개정]

제1조(목적) 이 지침은 공공기관의 정보공개에 관한 법률(이하 '법'이라 한다) 및 동법시행령(이하 '시행령'이라 한다)에 따라 우리 부의 행정정보 공개에 필요한 사항을 규정함을 목적으로 한다.

제2조(적용범위) 이 지침은 법무부 본부·그 소속기관(검찰청 제외) 및 산하단체(이하 "본부 및 소속 기관 등"이라 한다)의 행정정보공개제도 운용에 적용한다.

제3조(정보공개의 원칙) ① 「공공기관의 기록물 관리에 관한 법률(이하 "기록물관리법"이라 한다)」 및 사무관리시행규칙 제12조에 따라 공문서 등의 공개여부를 분류함에 있어서는 특별한 사정이 없는 한 공개로 분류하여야 한다.

② 공개로 분류된 공문서 등은 공개 청구시 원문 그대로 공개하고 공개·비공개정보가 혼합되어 부분공개로 표시된 문서 등은 비공개 부분을 가리고 공개하되 부분공개 대상 공문서 등을 전체 비공개하여서는 아니 된다.

③ 공개 청구된 정보를 공개할 경우에는 현재 보유·관리하고 있는 정보를 대상으로 하여야 하고, 그 정보의 일부를 발췌·요약하는 등 별도의 가공된 형태로 공개하여서는 아니 된다. 다만, 정상적인 업무수행에 큰 지장을 줄 우려가 있다고 판단되는 경우에는 정보공개청구인의 동의를 얻어 부분적으로 정보를 가공하여 공개할 수 있다.

④ 제1항의 "특별한 사정"은 이 지침에서 정하고 있는 "비공개 대상정보의 세부기준"에 해당되는 경우와 법 제9조 제1항 각호의 비공개 대상정보에 해당되어 공개함이 곤란한 경우를 말한다.

제4조(정보공개책임관) ① 본부의 정보공개책임관은 기획조정실장이 되고 소속기관 및 산하단체의 정보공개책임관은 당해 기관장이 지정하는 기획 관련 부서의 장이 된다.

② 본부의 정보공개책임관은 정보공개에 관한 주요사항을 총괄·조정하고 교육·지도, 운영실적의 평가 등 정보공개의 확대를 위하여 노력하여야 한다.

제5조(정보공개의 주관 및 처리부서) ① 정보공개청구서의 접수·배부, 정보공개제도의 운영은 운영지원과에서 담당하고 공개여부의 결정·통지, 불복 대응 등은 당해 정보를 관장하는 소관부서에서 실시한다.

② 공개청구 내용이 여러 부서에 관련된 경우에는 소관 행정정보의 수(數)가 많은 부서에서 처리주체가 되어 관련 부서와 협조하여 조치하고 그 수가 동일한 경우에는 해당 부서 간 협의를 통하여 처리주체를 정한다.

③ 처리부서는 청구인에 대한 정보공개 결정 통지 후 처리내역을 주관부서에 통지하여야 한다.

④ 처리부서는 다른 부서의 협조가 필요할 때에는 청구서 접수 후 처리기간의 범위에서 회신기간을 밝혀 협조를 요청하여야 하며, 협조 요청을 받은 부서는 그 회신기간에 회신하여야 한다. 〈신

설 2014. 1.〉

제6조(정보부존재 및 진정·질의 등 정보의 처리원칙) 보유·관리하고 있지 아니한 정보이거나 진정·질의·제안 등 민원성 청구정보에 대해서는 시행령 제6조에 따라「민원사무처리에 관한 법률」에 따라 처리할 수 있다.

제7조(생산단계에서 공개여부 명확화) ① 공개청구에 신속하게 응하기 위하여 공문서 등의 생산·결재 단계에서부터 공개여부를 실질적으로 분류(공개·부분공개·비공개 중 하나를 기입)하여야 한다.

② 각종 보고서, 계획서, 검토서 등 간이기안문 형태의 내부결재 문서도 반드시「행정업무의 효율적 운영에 관한 규정 시행규칙」별지 제2호 서식에 따라 공개여부를 분류한 후 등록하여야 한다. 〈개정 2014. 1.〉

제8조(즉시 공개) ① 정보공개청구인이 기관에 직접 방문하여 청구한 내용이 다음 각 호에 해당되는 경우에는 즉시 공개할 수 있다.

가. 이미 홈페이지, 법전 등에 공표되어 있는 정보

나. 이미 여러 번의 결정·통지에서 '공개'로 결정된 정보

다. 일반 간행물, 팸플릿, 안내서, 본인 작성 민원서류(청원·진정서 등)

② 처리부서에서는 정보공개처리대장에 등록한 후 정보공개 결정통지서 작성 없이 청구인에게 정보를 즉시 제공하면서 수수료를 징수하고, '즉시 공개 정보 수령증(별표 1)'에 서명토록 하여 정보공개청구서와 함께 보관하여야 한다.

제9조(정보목록 등의 작성·비치) ① 시행령 제5조의 정보목록은 다음 각 호에 따라 매월 작성 후 게시 또는 비치하여야 한다.

1. 각 실·국·본부는 월별 기록물 등록대장(비공개·부분공개 대상정보 목록 포함)을 출력하여 목록별 공개여부를 검토 후 매월 5일까지 운영지원과로 제출하여야 한다.

2. 운영지원과는 각 실·국·본부별 기록물 등록대장을 종합하여 매월 10일까지 홈페이지에 게시 또는 기록물등록대장의 출력물을 민원실 등에 비치하여야 한다.

3. 목록 자체에 법 제9조 제1항 각호에서 규정하고 있는 비공개 대상정보가 포함되어 있을 경우에만 예외적으로 목록을 비공개할 수 있다.

② 운영지원과에서는 정보공개절차 등을 국민들이 쉽게 알 수 있도록 시행령 제5조 제2항에서 정하고 있는 사항이 포함된 정보공개편람을 작성하여 법무부 홈페이지와 민원실 등에 게시·비치하고 본부 및 소속기관 등에 배부하여야 한다.

③ 소속기관 및 산하단체에서는 본부에서 배부한 정보공개 편람과 본부에 준하는 정보목록을 작성하여 민원실 등에 비치·게시하여야 한다.

제10조(행정정보의 공표) ① 법 제7조에 따른 공표대상 행정정보의 범위와 공표주기 등은 "별표 2"

및 "법무부 기록관리표준서"와 같다. 본부 각 소관부서에서는 이를 정기적으로 공표하여야 하며 그 밖에 국민이 알아야 할 필요가 있는 정보를 국민에게 공개하도록 적극 노력하여야 한다. 〈개정 2014. 1.〉

② 소속기관은 본부의 행정정보 공표범위("별표 2" 및 "법무부 기록관리표준서") 내에서 소관 행정정보를 공표할 수 있다.

③ 산하단체는 법무부에 준하여 자체실정에 맞는 공표기준을 정하여 시행하여야 한다.

제11조(정보공개의 목록 등록) 정보공개청구 등에 따라 공개·부분공개·비공개 및 불복사례에 대해서는 국민들이 이용할 수 있도록 그 목록(보유기관 및 부서명, 정보명, 공개범위 등)을 홈페이지 공개정보 목록 코너에 등록하여야 한다. 단, 인터넷으로 청구·처리된 사항은 제외한다.

제12조(비공개 대상정보의 세부기준) ① 법 제9조 제1항 각호의 "비공개 대상정보"와 관련하여 본부 및 소속기관에 적용하는 "비공개 대상정보 세부기준"은 "별표 3" 및 "법무부 기록관리표준서"와 같고, 산하단체는 법 제9조 제1항 각호의 범위 내에서 자체 세부기준을 정하여 시행하여야 한다.

② "별표 3"의 기준을 적용함에 있어 당해 정보를 공개함으로써 얻게 되는 국민의 알권리 보장과 비공개함으로써 보호되는 다른 법익과의 조화가 이루어질 수 있도록 공정하게 공개여부를 판단하여야 한다.

③ "동 세부기준"에 포함되지 않은 문서 등의 정보공개청구에 대하여 비공개 또는 부분공개하고자 하는 경우에는 정보공개심의회의 심의를 통하여 법 제9조 제1항 각호의 범위 내에서 부분공개 또는 비공개로 결정할 수 있다.

④ 제1항의 법 제9조 제1항 제5호의 의사결정 과정 또는 내부검토 과정을 이유로 비공개할 경우에는 의사결정 과정 및 내부검토 과정이 종료되면 "별표 4"의 서식을 작성하여 청구인에게 이를 통지하여야 한다. 〈신설 2014. 1.〉

제13조(전자적 공개기반 조성) ① 정보화담당관실에서는 다음 사항을 조치하여야 한다.

1. 정보통신망을 통한 체계적 정보공개를 위하여 홈페이지의 「정보공개」 코너 등 관련 시스템 등을 지속적으로 정비
2. 전자결재시스템과 홈페이지 「정보공개」 코너의 연계를 통하여 공표대상 문서 등이 결재완료 시 자동으로 홈페이지에 게시될 수 있도록 조치

② 각 실·국·본부별의 소관 공표대상 행정정보는 원문 그대로 홈페이지에 게시되어야 한다.

③ 각 실·국·본부는 제2항의 규정에 의한 정보를 게시함에 있어 법 제9조 제1항 각호에서 정한 비공개대상정보가 포함되어 있는 경우에는 그 부분을 삭제하고 게시하여야 한다.

④ 기관 홈페이지를 운영하는 소속기관 및 산하단체의 장은 체계적 정보공개를 위하여 관련 시스템 등의 정비·운영에 노력하여야 한다.

제14조(정보공개심의회의 구성) ① 정보공개심의회는 법 제12조 및 시행령 제11조에 따라 본부 및 소속기관별로 설치하여 운영한다. 단, 지소·출장소의 경우 본소 등의 정보공개심의회에서 그 사무

를 관장한다.

② 본부의 위원장은 기획조정실장이 되고, 위원은 심의안건 관련 부서의 주무과장, 국가송무과장, 운영지원과장으로 하되, 학계·법조계 또는 비영리 민간단체 등의 외부전문가 1명 이상을 위원으로 위촉하여야 하고, 간사는 운영지원과 정보공개업무 담당 사무관으로 한다.

③ 심의회 내부위원의 임기는 그 직위에 재직하는 기간으로 하고, 공무원이 아닌 외부위원가의 임기는 2년으로 하며, 1차에 한하여 연임할 수 있다.

④ 산하단체는 자체 실정에 맞는 정보공개심의회 설치·운영기준을 마련하여 시행하여야 한다.

제15조(위원장의 직무) ① 위원장은 심의회를 대표하며, 심의회의 운영을 통할한다.

② 위원장이 부득이한 사유로 직무를 수행할 수 없을 때에는 공무원인 위원 중에서 직제 순에 따라 그 직무를 대행한다.

제16조(회의 및 의결정족수) ① 위원장이 필요하다고 인정하거나, 정보공개처리부서의 장이 요청할 경우 심의회를 소집할 수 있다.

② 심의회의 회의는 위원장을 포함한 재적위원 과반수 이상의 출석으로 개의하고 출석위원 과반수의 찬성으로 의결한다.

③ 위원이 부득이한 사유로 참석할 수 없을 경우에는 정보공개심의회 검토의견서(별표 5)를 제출할 수 있으며, 이 경우 해당 정보공개심의회에 출석한 것으로 본다.

④ 회의는 구두회의로 진행하되, 안건의 내용이 경미한 경우, 긴급한 사유로 위원이 출석하는 회의를 개최할 시간적 여유가 없는 경우, 천재지변이나 그 밖의 부득이한 사유로 인하여 위원의 출석에 의한 의사정족수를 채우기 어려운 경우 등은 서면으로 할 수 있으며 구두회의시 간사는 정보공개심의회의 회의록(별표 6)을 작성·보관하여야 한다.

제17조(심의회의 기능) 심의회는 다음 각 호의 사항을 심의한다.

1. 공개여부를 결정하기 곤란한 사항 등에 대한 심의
2. "비공개 대상정보의 세부기준(별표 3 및 법무부 기록관리표준서)"에 포함되지 않는 사항 등에 대한 비공개 결정 심의
3. 이의신청에 대한 심의
4. 기타 정보공개제도의 운영에 있어 필요한 사항 심의 등

제18조(경비 지급) 공무원이 아닌 위원이 정보공개심의회에 참석하여 안건을 심의할 경우에는 예산의 범위 안에서 수당·여비 기타 필요한 경비를 지급할 수 있다. 단, 서면심의를 하는 경우에는 참석수당의 1/2의 범위 내에서 지급할 수 있다.

제19조(정보공개심의회의 개최 및 운영) ① 정보공개를 청구 받은 부서는 이 규정 제17조 각 호에 해당된 경우 정보공개심의회 심의요청서(별표 7)를 첨부하여 정보공개 주관부서에 심의회 개최를 요구하여야 한다. 이 경우 당해 부서 관련 공무원은 심의회에 참석하여 의견을 개진할 수 있다.

다만 불가피한 사유로 참석할 수 없는 경우 서면으로 검토의견을 개진할 수 있다.

② 주관부서는 정보공개심의회 의결서(별표 8) 등 회의결과를 소관부서에 즉시 통보하여야 한다.

③ 소관부서는 심의회의 결과를 청구인에게 지체 없이 문서로 통지하여야 한다. 이 경우 비공개 법 적근거·결정이유, 불복방법 및 절차를 구체적으로 명시하여야 한다.

제20조(공개방법) ① 청구인이 다수이거나 행정기관이 정례적 또는 수시 공표하는 행정정보는 홈페 이지를 통하여 공개할 수 있다.

② 정보공개시스템을 통하여 정보공개 여부 결정 통지를 할 경우 「행정업무의 효율적 운영에 관한 규정」 제14조의 규정에도 불구하고 전자이미지 관인 및 서명을 생략할 수 있다. 다만, 청구인이 원할 경우 서면으로 관인 날인 또는 서명을 하여 교부하여야 한다. 〈개정 2014. 1.〉

③ 청구인이 사본 또는 복제물의 교부를 원하는 경우에는 그 형태로 교부하여야 한다. 다만, 공개대 상 정보의 양이 너무 많아 정상적인 업무수행에 현저한 지장을 초래할 우려가 있는 경우에는 정 보의 사본·복제물을 일정 기간별로 나누어 제공하거나 열람과 병행하여 제공할 수 있다. 〈신설 2014. 1.〉

제21조(비공개 결정 등에 대한 통제 강화) ① 비공개 결정에 신중을 기하고 정보공개를 확대하기 위하 여 본부 처리부서에서는 부분·비공개 결정을 하고자 하는 경우와 이의신청에 대하여 의견서를 제출하는 경우 검토의견서(별표 9)에 따라 사전에 국가송무과와 협의하여야 한다.

② 법무부 정보공개심의회의 심의를 거쳐 부분 또는 비공개 등으로 결정·통지된 이후 당해 사안을 처리부서에서 공개하고자 하는 경우에는 검토의견서(별표 9)에 따라 사전에 국가송무과와 협의 하여야 한다.

③ 국가송무과는 제1항 및 제2항에 따라 처리부서로부터 협의 요청이 있는 경우 공개청구 등의 처 리기한을 감안하여 신속히 검토한 후 조치하여야 한다.

제22조(수수료의 감면 등) ① 시행령 제17조 제2항에 따라 정보통신망을 통한 전자적 형태로 정보를 공개하는 경우에는 1천 원 이하의 수수료는 납부를 면제할 수 있다. 단, 법 제15조 제2항의 경우 는 예외로 한다.

② 시행령 제17조 제5항의 규정에 의한 정보공개 수수료의 감면비율은 총수수료의 50퍼센트 감액 률을 적용한다.

③ 우편요금은 정보공개청구서 등에 특별히 우송방법이 적시되어 있지 않는 한 등기발송 기준으로 납부하도록 하여야 한다.

제23조(정보공개 운영실태 평가) 정보공개책임관은 본부 및 소속기관 등의 정보공개 운영실태를 연 1회 이상 자체 평가할 수 있다. 이 경우 자체평가의 취지와 내용 등을 사전에 통보하여야 한다.

제24조(지도·감독) 본부 및 소속기관 등의 장은 소속직원이 이 지침을 준수하도록 지도·감독하여야 하며, 그 밖에 정보공개의 확대에 필요한 조치를 취하여야 한다.

제25조(정보공개 교육) 본부 및 소속기관 등의 장은 소속직원에 대하여 정보공개에 관한 교육을 연 1회 이상 실시하여야 한다.

제26조(다른 법령과의 관계) 이 지침에서 정하지 않은 사항은 「공공기관의 정보공개에 관한 법률」 등 관계 법령에 의한다.

제27조(재검토 기한) 「훈령·예규 등의 발령 및 관리에 관한 규정」(대통령 훈령 제248호)에 따라 이 훈령 발령 후의 법령이나 현실 여건의 변화 등을 검토하여 이 훈령의 폐지, 개정 등의 조치를 하여야 하는 기한은 2017. 1. 13.까지로 한다. 〈개정 2014. 1. 〉

부칙〈제1043호, 2014.1.14〉

이 지침은 2014. 1. 14.부터 시행한다.

[별표 1] 즉시공개 정보 수령증
[별표 2] 공표대상 법무행정정보의 목록
[별표 3] 비공개 대상 법무행정정보의 세부기준표
[별표 4] 의사결정 과정 및 내부검토 과정 종료 사실 통지서
[별표 5] 정보공개심의회 검토의견서
[별표 6] 정보공개심의회 회의록
[별표 7] 정보공개심의회 심의요청서
[별표 8] 정보공개심의회 의결서
[별표 9] 검토의견서

미국 정보자유법

The Freedom of Information*

Act, 5 U.S.C. § 552, As Amended By Public Law No. 110-175, 121 Stat. 2524, and Public Law No. 111-83, § 564, 123 Stat. 2142, 2184

Effective: October 28, 2009
United States Code Annotated Currentness
Title 5. Government Organization and Employees (Refs & Annos)
Part I. The Agencies Generally
Chapter 5. Administrative Procedure (Refs & Annos)
Subchapter II. Administrative Procedure (Refs & Annos)

§ 552. Public information; agency rules, opinions, orders, records, and proceedings

(a) Each agency shall make available to the public information as follows:
(1) Each agency shall separately state and currently publish in the Federal Register for the guidance of the public--
(A) descriptions of its central and field organization and the established places at which, the employees (and in the case of a uniformed service, the members) from whom, and the methods whereby, the public may obtain information, make submittals or requests, or obtain decisions;
(B) statements of the general course and method by which its functions are channeled and determined, including the nature and requirements of all formal and informal procedures available;
(C) rules of procedure, descriptions of forms available or the places at which forms may be obtained, and instructions as to the scope and

정보자유법(FOIA)**

2009. 10. 28. 발효
미합중국 법률
제5편 정보기구 및 직원들
파트 I. 정부기관 일반
  제5장 행정절차
    제2절 행정절차

(새로 시행된 조항들은 고딕체)

제552조(공공정보) 기관 규칙, 의견, 명령, 기록 및 절차

(a) 각 행정기관은 국민이 다음과 같이 정보를 이용할 수 있도록 하여야 한다.
(1) 각 기관은 국민에게 안내하기 위하여 연방관보에 다음의 사항을 일반적으로 기술하고 최신의 내용을 공표해야 한다.
(A) 국민이 정보를 얻고, 제출 또는 청구를 하거나 결정을 받는 중앙 및 일선 조직과 지정된 장소, 공무원(제복기관인 경우에는 그 구성원들), 그리고 방법에 관한 세부사항

(B) 이용 가능한 모든 공식적·비공식적 절차의 성격과 요건을 포함하여 각 기관의 기능이 연결되고 결정되는 일반적 과정과 방법에 관한 기술

(C) 절차 규칙, 이용 가능한 양식과 그 양식을 취득할 수 있는 장소에 대한 설명, 그리고 모든 문서, 보고서 또는 조사서의 범위와 내용에 관한 설명

---

* 미국 정보자유법의 원문의 출처는 미국 법무부 홈페이지 자료이다(http://www.justice.gov/oip/amended-foia-redlined-2010.pdf).

** 미국 정보자유법의 번역은 법무부, 『각국의 개인정보보호 법제』, 2003, 1~21쪽 자료와 그 외 국회 및 법제처 자료 등을 참고했다. 한국의 법령 체계는 [編-章-節-款-條-項-號-目]의 순으로 이루어진 반면에 미국의 법령 체계는 [Title-Part-Chapter-Subchapter-Section-Subsection-Paragraph-Subparagraph] [§(a)(1)(A)(i)(I)]의 순으로 이루어져 있다.

contents of all papers, reports, or examinations;

(D) substantive rules of general applicability adopted as authorized by law, and statements of general policy or interpretations of general applicability formulated and adopted by the agency; and

(E) each amendment, revision, or repeal of the foregoing.

Except to the extent that a person has actual and timely notice of the terms thereof, a person may not in any manner be required to resort to, or be adversely affected by, a matter required to be published in the Federal Register and not so published. For the purpose of this paragraph, matter reasonably available to the class of persons affected thereby is deemed published in the Federal Register when incorporated by reference therein with the approval of the Director of the Federal Register.

(2) Each agency, in accordance with published rules, shall make available for public inspection and copying-

(A) final opinions, including concurring and dissenting opinions, as well as orders, made in the adjudication of cases;

(B) those statements of policy and interpretations which have been adopted by the agency and are not published in the Federal Register;

(C) administrative staff manuals and instructions to staff that affect a member of the public;

(D) copies of all records, regardless of form or format, which have been released to any person under paragraph (3) and which, because of the nature of their subject matter, the agency determines have become or are likely to become the subject of subsequent requests for substantially the same records; and

(E) a general index of the records referred to under subparagraph (D);

unless the materials are promptly published and copies offered for sale. For records created on or after November 1, 1996, within one year after such date, each agency shall make such records available, including by computer telecommunications or, if computer telecommunications means have not been established by the agency, by other electronic means. To the extent required to prevent a clearly unwarranted invasion of personal privacy, an agency may delete identifying details when it makes available or publishes an opinion, statement of policy,

(D) 일반적 적용가능성에 관하여 법률의 위임을 받아 제정된 실체적 규칙, 그리고 일반적 정책에 관한 기술 또는 해당 기관에 의해 공식화되고 채택된 적용가능성에 관한 해석

(E) 상기 내용에 관한 각각의 수정, 개정 및 폐지

개인이 해당 조항에 의하여 실질적이고 적시의 통지를 받은 범위를 제외하고는, 누구라도 어떤 방법으로든 연방관보에 공표되거나 공표되지 않도록 요구되는 사항에 의거하도록 강요받지 않으며 또한 불리한 영향을 받지 않는다.
이 (1)의 목적을 위하여 그 때문에 영향을 받는 집단에 대하여 합리적으로 이용하는 사항은, 연방관보국장의 승인으로 연방관보에 언급됨으로써 구체화된 때에는 관보에 공표된 것으로 간주된다.

(2) 각 기관은 공표된 규칙에 따라 국민의 열람과 복사를 위하여 다음 사항들을 이용할 수 있도록 하여야 한다.
(A) 사건의 재결에 있어서 명령과 함께 동의의견 및 반대의견을 포함한 최종의견

(B) 해당기관에 의하여 채택되어 왔으나 연방관보에 공표되지 아니한 정책 및 해석에 관한 사항

(C) 국민 개개인에 영향을 미치는 행정간부편람 및 간부에 대한 훈령

(D) 형식이나 포맷에 관계없이 다음의 (3)에 따라 모든 사람에게 공개되어 왔고 또 기관이 결정하는 주제의 성질 때문에 실질적으로 동일한 기록에 대한 차후의 청구대상이 되었거나 될 것 같은 모든 기록의 복사본, 그리고

(E) (D)에서 언급된 기록들의 총괄색인

단, 그 자료들이 신속하게 공표되지 않거나 판매용 복사본이 제공되지 않는 한 그러하다.
1996년 11월 1일 또는 그 이후에 작성된 기록에 대하여는 그 후 1년 이내에 각 기관은, 컴퓨터통신수단으로, 만약 컴퓨터통신수단이 해당 기관에 의하여 정비되어 있지 않은 경우에는 다른 전자수단으로, 그러한 기록을 이용케 하여야 한다. 명백하게 부당한 개인의 프라이버시 침해를 방지하도록 요구받는 정도로, 기관이 의견, 정책에 관한 설명, 해석, 직원편람, 훈령 또는 (D)에서 언급된 기록의 복사본들을 이용케 하거나 공표할 때에, 기관은 신원사항을 삭제할 수 있

interpretation, staff manual, instruction, or copies of records referred to in subparagraph (D). However, in each case the justification for the deletion shall be explained fully in writing, and the extent of such deletion shall be indicated on the portion of the record which is made available or published, unless including that indication would harm an interest protected by the exemption in subsection (b) under which the deletion is made. If technically feasible, the extent of the deletion shall be indicated at the place in the record where the deletion was made. Each agency shall also maintain and make available for public inspection and copying current indexes providing identifying information for the public as to any matter issued, adopted, or promulgated after July 4, 1967, and required by this paragraph to be made available or published. Each agency shall promptly publish, quarterly or more frequently, and distribute (by sale or otherwise) copies of each index or supplements thereto unless it determines by order published in the Federal Register that the publication would be unnecessary and impracticable, in which case the agency shall nonetheless provide copies of such index on request at a cost not to exceed the direct cost of duplication. Each agency shall make the index referred to in subparagraph (E) available by computer telecommunications by December 31, 1999.

A final order, opinion, statement of policy, interpretation, or staff manual or instruction that affects a member of the public may be relied on, used, or cited as precedent by an agency against a party other than an agency only if--

    (i) it has been indexed and either made available or published as provided by this paragraph; or

    (ii) the party has actual and timely notice of the terms thereof.

(3)(A) Except with respect to the records made available under paragraphs (1) and (2) of this subsection, and except as provided in subparagraph (E), each agency, upon any request for records which (i) reasonably describes such records and (ii) is made in accordance with published rules stating the time, place, fees (if any), and procedures to be followed, shall make the records promptly available to any person.

(B) In making any record available to a person under this paragraph, an agency shall provide the record in any form or format requested by

다. 그러나 각 경우에 삭제에 대한 정당한 이유는 문서로 충분하게 설명되어야 하고, 그러한 삭제를 하는 경우에는 이용되거나 공표되는 기록의 부분에서 표시—그러한 표시가 삭제의 근거가 된 (b)의 예외조항에 의하여 보호되는 이익을 침해할 우려가 없는 한—되어야 한다. 기술적으로 가능하다면, 삭제가 행해진 기록의 어느 부분에서 어느 정도로 삭제가 되었는지 표시되어야 한다. 그뿐만 아니라 각 기관은 공적 열람과 복사를 위하여, 1967년 7월 4일 이후에 발행되고 채택되거나 공표된, 그리고 이 (2)에 의하여 이용 가능하게 하거나 공표되도록 요구되는 모든 사항에 관하여 확인할 수 있는 정보를 제공하는, 최신 색인을 유지하고 이용할 수 있게 하여야 한다. 각 기관은, 연방관보를 통해 공포된 명령에 의하여 발행이 불필요하고 실현 가능성이 없다고 결정되지 않는 한, 색인 및 그 부록의 복사본을 신속하게 분기별로 또는 더 자주 발행하고 배포(판매 또는 다른 방법으로)하여야 한다. 그러나 이 경우에 해당 기관은 복제에 소요되는 경비를 초과하지 않는 가격으로 신청에 따라 그러한 색인의 복사본을 제공하여야 한다. 각 기관은 (E)에 언급된 1999년 12월 31일까지 컴퓨터통신으로 이용 가능한 색인을 만들어야 한다.

국민 개개인에 영향을 미치는 최종명령, 의견, 정책선언, 해석 또는 직원편람이나 훈령은, 다음과 같은 경우에만, 기관에 의하여 선례로서 기관 이외의 당사자에 대해 근거로 제시될 수 있고 이용되거나 인용될 수 있다.

    (i) 그것이 색인화되어 있고 이 (2)에 규정된 바대로 이용 가능했거나 발행되었던 경우; 또는

    (ii) 당사자가 해당 기간에 대하여 실제적이고 적시적인 통지를 받는 경우

(3)(A) 위의 (1) 및 (2)에 의하여 이용 가능한 기록에 관한 것과 (E)에서 규정된 바를 제외하고, 각 기관은, (i) 그러한 기록들을 합리적으로 기술하고 (ii) 시간, 장소, 수수료(있는 경우), 그리고 준수할 절차를 규정하는 공포된 규칙에 따라 작성된 기록들에 대한, 신청에 의하여 누구든지 그 기록을 신속하게 이용할 수 있게 하여야 한다.

(B) 이 (3)에서 기록에 관한 청구에 응함에 있어서 기관은, 해당 기록을 청구인이 청구한 형태나 서식으로 용이하게 복사할 수 있으면, 그러

the person if the record is readily reproducible by the agency in that form or format. Each agency shall make reasonable efforts to maintain its records in forms or formats that are reproducible for purposes of this section.

(C) In responding under this paragraph to a request for records, an agency shall make reasonable efforts to search for the records in electronic form or format, except when such efforts would significantly interfere with the operation of the agency's automated information system.

(D) For purposes of this paragraph, the term "search" means to review, manually or by automated means, agency records for the purpose of locating those records which are responsive to a request.

(E) An agency, or part of an agency, that is an element of the intelligence community (as that term is defined in section 3(4) of the National Security Act of 1947 (50 U.S.C. 401a(4))) shall not make any record available under this paragraph to--

　(i) any government entity, other than a State, territory, commonwealth, or district of the United States, or any subdivision thereof; or

　(ii) a representative of a government entity described in clause (i).

(4)(A)(i) In order to carry out the provisions of this section, each agency shall promulgate regulations, pursuant to notice and receipt of public comment, specifying the schedule of fees applicable to the processing of requests under this section and establishing procedures and guidelines for determining when such fees should be waived or reduced. Such schedule shall conform to the guidelines which shall be promulgated, pursuant to notice and receipt of public comment, by the Director of the Office of Management and Budget and which shall provide for a uniform schedule of fees for all agencies.

　(ii) Such agency regulations shall provide that--

　　(I) fees shall be limited to reasonable standard charges for document search, duplication, and review, when records are requested for commercial use;

　　(II) fees shall be limited to reasonable standard charges for document duplication when records are not sought for commercial use and the request is made by an educational or noncommercial scientific

한 형태나 서식으로 기록을 제공하여야 한다. 각 기관은 이 조의 목적을 위하여 복사할 수 있는 형식이나 포맷으로 기록을 관리하기 위한 합리적인 노력을 하여야 한다.

(C) 이 (3)에 따른 기록의 청구에 응하여 기관은 전자적 형태나 서식으로 된 기록을 검색하기 위한 합리적인 노력을 하여야 한다. 다만, 그러한 노력이 해당 기관의 자동정보체계 작동에 중대한 장애를 일으킬 우려가 있는 경우에는 예외로 한다.

(D) 이 (3)의 목적을 위하여 "검색"이라는 용어는, 수동적 또는 자동화된 방법으로 청구대상이 된 기관 기록들의 소재를 파악하기 위하여 그러한 기록들을 조사하는 것을 의미한다.

(E) 정보당국[1947년의 국가보안법 { 50 U.S.C. 401a(4) } 3(4)에서 정의하고 있다)]의 일원인 기관이나 기관의 일부는 다음 각 호에 대해서는 이 (3)에 의거하는 기록을 제공해서는 안 된다.

　(i) 주, 연방령, 연방 또는 합중국의 특별구 혹은 그 하부조직을 제외한 정부단체

　(ii) (i)에서 기술된 정부단체의 대표자

(4)(A)(i) 이 조의 규정들을 시행하기 위하여 각 기관은, 공고와 국민의 의견수렴을 거쳐, 이 조에 따른 청구절차에 적용할 수수료 기준을 구체화하고 또 그러한 수수료가 감면되어야 할 경우를 결정하기 위한 절차와 지침을 마련하는 규정을 공포하여야 한다. 그러한 기준은, 공고와 의견수렴을 거쳐 관리예산처장이 공포하고, 모든 기관은 단일 수수료 기준을 규정하는 지침에 따라야 한다.

　(ii) 그러한 기관 규정은 다음의 사항들을 규정한다.

　　(I) 기록이 상업적 용도로 청구될 경우에, 수수료는 문서열람, 복사, 그리고 심사를 위한 합리적인 표준요금에 한정된다.

　　(II) 기록이 상업적 용도로 청구되지 아니하고 또 그 청구가 교육적 또는 비영리적 과학단체―그 목적이 학문적이거나 과학연구인 단체―에 의하여 행해지는 경우 또는 언론매체의 대표자에 의하여 행해지는 경우에, 수

institution, whose purpose is scholarly or scientific research; or a representative of the news media; and

(III) for any request not described in (I) or (II), fees shall be limited to reasonable standard charges for document search and duplication.

In this clause, the term 'a representative of the news media' means any person or entity that gathers information of potential interest to a segment of the public, uses its editorial skills to turn the raw materials into a distinct work, and distributes that work to an audience. In this clause, the term 'news' means information that is about current events or that would be of current interest to the public. Examples of news-media entities are television or radio stations broadcasting to the public at large and publishers of periodicals (but only if such entities qualify as disseminators of 'news') who make their products available for purchase by or subscription by or free distribution to the general public. These examples are not all-inclusive. Moreover, as methods of news delivery evolve (for example, the adoption of the electronic dissemination of newspapers through telecommunications services), such alternative media shall be considered to be news-media entities. A freelance journalist shall be regarded as working for a news-media entity if the journalist can demonstrate a solid basis for expecting publication through that entity, whether or not the journalist is actually employed by the entity. A publication contract would present a solid basis for such an expectation; the Government may also consider the past publication record of the requester in making such a determination.

(iii) Documents shall be furnished without any charge or at a charge reduced below the fees established under clause (ii) if disclosure of the information is in the public interest because it is likely to contribute significantly to public understanding of the operations or activities of the government and is not primarily in the commercial interest of the requester.

(iv) Fee schedules shall provide for the recovery of only the direct costs of search, duplication, or review. Review costs shall include only the direct costs incurred during the initial examination of a document for the purposes of determining whether the documents must be

수료는 문서복사를 위한 합리적인 표준요금에 한정된다.

(III) (I) 또는 (II)에서 규정되지 않은 모든 청구에 있어서, 수수료는 문서 검색과 복사를 위한 합리적인 표준요금에 한정된다.

본 조항의 "언론 매체의 대표자"란 국민 각자에게 잠재적인 이익이 되는 정보를 수집하고 편집 기술을 이용하여 원자료를 별개로 가공하며 이를 일반인에게 배포하는 개인이나 기관을 말한다. 본 조항에서 "언론"은 시사와 관련이 있거나 공익에 부합할 수 있는 정보를 뜻한다. 언론기관으로는 대체적으로 지상파 텔레비전이나 라디오 방송국, 그리고 일반인의 구입이나 구독, 무료 배포로 상품을 제공하는 정기간행물 발행업자(해당 기관은 "뉴스" 배포자의 자격이 있어야 한다)가 있다. 이는 모든 언론 매체를 포함하는 것은 아니다. 아울러 뉴스 배포의 방법은 갈수록 발전하기 때문에(예를 들어 통신 서비스를 통한 신문의 전자적 배포 방법 채택) 해당 대안 매체도 언론기관으로 간주해야 한다. 프리랜서 언론인은 언론기관의 실제 고용 여부를 불문하고 해당 기관을 통한 출판을 예상할 수 있는 확고한 토대를 설명할 수 있는 경우에는 해당 언론기관을 위해 근무한다고 간주한다. 출판 계약서는 그러한 예상을 판단하는 확고한 근거를 나타낼 수 있고 정부는 공개 여부 결정을 내릴 때 청구인의 과거 출판 기록도 고려할 수 있다.

(iii) 정보공개가 정부의 운영과 활동에 대한 국민의 이해를 돕는 데 크게 기여할 수 있어서 공공의 이익을 위한 경우이고, 또 청구인의 상업적 이익에 주된 목적이 있는 것이 아니라면, 문서는 무료로 또는 (ii)에서 규정된 수수료보다 감면된 비용으로 제공되어야 한다.

(iv) 수수료 기준은 검색, 복사, 또는 조사를 위한 직접 비용만을 충당하도록 정해야 한다. 조사비용은 해당 문서가 이 조에 의하여 공개가 면제된 부분을 비닐할 목적으로 문서를 초기에 조사하는 동안 초래된 직접비용만 포함한다. 조사비용은 이 조에 의한 청구처리과정에

disclosed under this section and for the purposes of withholding any portions exempt from disclosure under this section. Review costs may not include any costs incurred in resolving issues of law or policy that may be raised in the course of processing a request under this section. No fee may be charged by any agency under this section--

(I) if the costs of routine collection and processing of the fee are likely to equal or exceed the amount of the fee; or

(II) for any request described in clause (ii)(II) or (III) of this subparagraph for the first two hours of search time or for the first one hundred pages of duplication.

(v) No agency may require advance payment of any fee unless the requester has previously failed to pay fees in a timely fashion, or the agency has determined that the fee will exceed $250.

(vi) Nothing in this subparagraph shall supersede fees chargeable under a statute specifically providing for setting the level of fees for particular types of records.

(vii) In any action by a requester regarding the waiver of fees under this section, the court shall determine the matter de novo: Provided, That the court's review of the matter shall be limited to the record before the agency.

(viii) An agency shall not assess search fees (or in the case of a requester described under clause (ii)(II), duplication fees) under this subparagraph if the agency fails to comply with any time limit under paragraph (6), if no unusual or exceptional circumstances (as those terms are defined for purposes of paragraphs (6)(B) and (C), respectively) apply to the processing of the request.

(B) On complaint, the district court of the United States in the district in which the complainant resides, or has his principal place of business, or in which the agency records are situated, or in the District of Columbia, has jurisdiction to enjoin the agency from withholding agency records and to order the production of any agency records improperly withheld from the complainant. In such a case the court shall determine the matter de novo, and may examine the contents of such agency records in camera to determine whether such records or any part thereof shall be withheld under any of the exemptions set forth in

서 제기될 수 있는 법적 혹은 정책적 문제의 해결에 소요되는 어떠한 비용도 포함할 수 없다. 이 조에 의해서는 다음과 같은 경우에 어떠한 수수료도 부과할 수 없다.

(I) 일상적인 수집 및 수수료 처리의 비용이 수수료의 금액과 같거나 그것을 초과할 경우; 또는

(II) 위의 (ii)의 (II) 또는 (III)에서 규정한 어떤 청구에 있어서도 검색기간의 첫 2시간 또는 복사의 첫 100페이지에 해당하는 경우

(v) 어떤 기관도, 청구인이 이전에 수수료를 기한 내에 납부하지 않은 적이 있거나 기관이 수수료가 250달러를 초과할 것이라고 결정하지 않는 한, 수수료를 선납할 것을 요구할 수 없다.

(vi) 이 (A)상의 어떠한 것도, 특별한 유형의 기록에 대한 수수료 수준을 구체적으로 규정하는 법률로 부과되는 수수료를 대체할 수 없다.

(vii) 이 조에 있어 수수료의 면제에 관한 청구인의 어떤 행위에 대하여도 법원은 그 문제를 새로이 다시 결정하여야 한다. 그 경우에 그 문제에 대한 법원의 심사는 기관이 결정하기 전의 기록에 한정된다.

(viii) 기관은 아래 (6)에서 규정하고 있는 기한을 준수하지 않거나 비정상적이거나 예외적인 상황 [각각 (6)의 (B) 및 (C)의 목적을 위하여 용어가 정의된 대로] 이 청구의 처리에 적용되지 않는 경우에는 이 (A)에 의거하는 검색비용 [또는 (ii)(II)에서 설명하는 청구인의 경우에는 복사 비용]을 부과할 수 없다.

(B) 소가 제기되면, 원고의 거주지나 주된 경제활동지 또는 기관기록이 보관되어 있는 지역이나 컬럼비아 특별지구에 소재하는 연방지방법원은, 기관에 대하여 기관기록을 공개거부하지 말 것과 원고에 대하여 부당하게 공개거부된 모든 기관기록을 제출하도록 명할 관할권을 가진다. 이 경우 법원은 해당 사건을 처음부터 심사하여 결정하고, 그러한 기록 또는 기록의 어떤 부분이 이 조의 (b)에서 규정된 예외조항에 의하여 공개되지 아니할 수 있는가를 결정하기 위하여 법정외 장소에서 비공개로 해당 기록의 내용을 검토할 수 있으며, 정보공개 거부의 정당성에 관한 입증책임은 해당 기관에 있다. 법원이 실질적 중요성을 부여하는 다른 사항들

subsection (b) of this section, and the burden is on the agency to sustain its action. In addition to any other matters to which a court accords substantial weight, a court shall accord substantial weight to an affidavit of an agency concerning the agency's determination as to technical feasibility under paragraph (2)(C) and subsection (b) and reproducibility under paragraph (3)(B).

(C) Notwithstanding any other provision of law, the defendant shall serve an answer or otherwise plead to any complaint made under this subsection within thirty days after service upon the defendant of the pleading in which such complaint is made, unless the court otherwise directs for good cause is shown.

[(D) Repealed. Pub.L. 98-620, Title IV, § 402(2), Nov. 8, 1984, 98 Stat. 3357]

(E)(i) The court may assess against the United States reasonable attorney fees and other litigation costs reasonably incurred in any case under this section in which the complainant has substantially prevailed.

(ii) For purposes of this subparagraph, a complainant has substantially prevailed if the complainant has obtained relief through either--

(I) a judicial order, or an enforceable written agreement or consent decree; or

(II) a voluntary or unilateral change in position by the agency, if the complainant's claim is not insubstantial.

(F)(i) Whenever the court orders the production of any agency records improperly withheld from the complainant and assesses against the United States reasonable attorney fees and other litigation costs, and the court additionally issues a written finding that the circumstances surrounding the withholding raise questions whether agency personnel acted arbitrarily or capriciously with respect to the withholding, the Special Counsel shall promptly initiate a proceeding to determine whether isciplinary action is warranted against the officer or employee who was primarily responsible for the withholding. The Special Counsel, after investigation and consideration of the evidence submitted, shall submit his findings and recommendations to the administrative authority of the agency concerned and shall send copies of the findings and ecommendations to the officer or employee or his representative. The ad-

외에, (2)(C)와 (b)에서의 기술적 실행 가능성, 그리고 (3)(B)에서의 복사 가능성에 관한 기관의 선서진술서에도 실질적 중요성을 부여해야 한다.

(C) 다른 법률의 규정에도 불구하고 피고는 법원이 다른 결정을 할 만큼 정당한 이유가 제시되지 않는 한, 소장이 피고에게 송달된 뒤 30일 이내에 이 (a)에 따라 제기된 모든 소에 대하여 답변서를 제출하거나 항변을 해야 한다.

(D) 폐지. Pub. L. 98-620, Title IV, 402(2), Nov. 8, 1984, 98 Stat. 3335, 3357.

(E)(i) 법원은 이 조와 관련하여 원고가 실질적으로 승소한 사건에서, 미합중국에 대하여 합리적인 변호사 수임료와 그러한 사건에서 정당하게 발생한 다른 소송비용을 부과할 수 있다.

(ii) (E)의 목적을 위하여 원고가 다음 각 호를 통하여 구제책을 확보한 경우에는 사실상 승소한 것으로 간주한다.

(I) 사법 명령 또는 집행 가능한 서면 계약이나 합의 판결 또는

(II) 원고의 주장이 타당성이 없지 않은 경우에 기관의 자발적이거나 일방적인 입장 변경

(F)(i) 법원이 원고에게 부당하게 공개거부된 모든 기관기록의 제출을 명하고 합중국에 대하여 정당한 변호사 비용과 다른 소송비용을 부과할 때마다, 그리고 공개거부를 둘러싼 상황이 기관 직원들이 비공개에 관하여 자의적이고 변칙적으로 행동하였는가 하는 문제를 제기하는 평결문을 법원이 추가적으로 발부할 때마다, 특별법무담당관은 제출된 증거를 조사하고 참작한 뒤에, 해당 기관의 행정관청에게 평결문과 권고문을 제출하고 행정책임자나 담당자 또는 그 대리인에게 평결문과 권고문의 사본을 송달하여야 한다. 행정관청은 특별법무담당관이 권고한 시정조치를 시행하여야 한다.

ministrative authority shall take the corrective action that the Special Counsel recommends.

(ii) The Attorney General shall--

(I) notify the Special Counsel of each civil action described under the first sentence of clause (i); and

(II) annually submit a report to Congress on the number of such civil actions in the preceding year.

(iii) The Special Counsel shall annually submit a report to Congress on the actions taken by the Special Counsel under clause (i).

(G) In the event of noncompliance with the order of the court, the district court may punish for contempt the responsible employee, and in the case of a uniformed service, the responsible member.

(5) Each agency having more than one member shall maintain and make available for public inspection a record of the final votes of each member in every agency proceeding.

(6)(A) Each agency, upon any request for records made under paragraph (1), (2), or (3) of this subsection, shall--

(i) determine within 20 days (excepting Saturdays, Sundays, and legal public holidays) after the receipt of any such request whether to comply with such request and shall immediately notify the person making such request of such determination and the reasons therefor, and of the right of such person to appeal to the head of the agency any adverse determination; and

(ii) make a determination with respect to any appeal within twenty days (excepting Saturdays, Sundays, and legal public holidays) after the receipt of such appeal. If on appeal the denial of the request for records is in whole or in part upheld, the agency shall notify the person making such request of the provisions for judicial review of that determination under paragraph (4) of this subsection.

The 20-day period under clause (i) shall commence on the date on which the request is first received by the appropriate component of the agency, but in any event not later than ten days after the request is first received by any component of the agency that is designated in the agency's regulations under

(ii) 법무장관은 다음의 조치를 취해야 한다.

(I) 위 (i)의 첫 번째 문장에서 기술하고 있는 각 민사소송을 특별법무담당관에게 통보한다.

(II) 매년 전년도 민사소송 건수에 관한 보고서를 의회에 제출한다.

(iii) 특별법무담당관은 매년 위 (i)에 따라 실시한 조치에 관한 보고서를 의회에 제출한다.

(G) 지방법원은, 법원의 명령에 대한 불이행시 책임 있는 직원을, 그리고 제복기관의 경우에는 그 책임자를 모욕죄로 처벌할 수 있다.

(5) 1명 이상으로 구성된 각 기관은 일반 국민의 검색을 위하여 기관의 모든 처리과정에 있어서 각 구성원의 최종 표결기록을 유지하고 이용할 수 있도록 하여야 한다.

(6)(A) 각 기관은, 위의 (1), (2) 또는 (3)에 의한 모든 공개청구에 대하여

(i) 청구접수 후 20일 이내(토요일, 일요일 및 법정공휴일 제외)에 청구에 대한 동의 여부를 결정하여, 청구인에게 그러한 결정과 결정이유 및 불리한 결정에 대하여는 해당 기관의 장에게 이의를 제기할 수 있는 권리를 즉시 통지하여야 한다. 그리고

(ii) 이의접수 후 20일 이내(토요일, 일요일 및 법정공휴일 제외)에 청구에 대해 결정하여야 한다. 이의제기에 대하여 전체적 혹은 부분적으로 기록에 대한 공개청구 거부가 인정되면, 해당 기관은 청구인에게 위의 (4)에 따라 그러한 결정에 대한 사법심사를 받을 수 있는 규정을 고지하여야 한다.

위 (i)에 따른 20일은 유관 기관의 구성원이 신청서를 최초로 접수하는 날부터 개시하되, 어떤 경우에도 이 조에 의거하여 기관의 규정에서 청구서를 접수하도록 지정된 기관의 구성원이 청구서를 최초로 접수한 이후 10일 이내로 한다. 다음의 경우를 제외하고 기관은 20일을 넘길 수 없다.

this section to receive requests under this section. The 20-day period shall not be tolled by the agency except--

(I) that the agency may make one request to the requester for information and toll the 20-day period while it is awaiting such information that it has reasonably requested from the requester under this section; or

(II) if necessary to clarify with the requester issues regarding fee assessment. In either case, the agency's receipt of the requester's response to the agency's request for information or clarification ends the tolling period.

(B)(i) In unusual circumstances as specified in this subparagraph, the time limits prescribed in either clause (i) or clause (ii) of subparagraph (A) may be extended by written notice to the person making such request setting forth the unusual circumstances for such extension and the date on which a determination is expected to be dispatched. No such notice shall specify a date that would result in an extension for more than ten working days, except as provided in clause (ii) of this subparagraph.

(ii) With respect to a request for which a written notice under clause (i) extends the time limits prescribed under clause (i) of subparagraph (A), the agency shall notify the person making the request if the request cannot be processed within the time limit specified in that clause and shall provide the person an opportunity to limit the scope of the request so that it may be processed within that time limit or an opportunity to arrange with the agency an alternative time frame for processing the request or a modified request. To aid the requester, each agency shall make available its FOIA Public Liaison, who shall assist in the resolution of any disputes between the requester and the agency. [Effective one year from date of enactment]. Refusal by the person to reasonably modify the request or arrange such an alternative time frame shall be considered as a factor in determining whether exceptional circumstances exist for purposes of subparagraph (C).

(iii) As used in this subparagraph, "unusual circumstances" means, but only to the extent reasonably necessary to the proper processing of the particular requests--

(I) 기관이 청구인에게 정보를 요청하고 이 조에 의거하여 청구인에게 합당하게 요청하는 정보를 기다리는 동안 통지하는 경우 또는

(II) 청구인에게 비용 부과에 관한 문제를 해명하기 위해 필요한 경우. 이 경우 기관의 정보 요청이나 해명 요구에 대해 청구인으로부터 답변서를 받으면 통지기간은 종료된다.

(B)(i) 이 (B)에서 규정하는 예외적 상황이 발생한 경우에는 예외적 상황과 결정이 발송될 것으로 예상되는 날짜를 명기하는 서면 통지서를 청구인에게 발송하여 (A)의 (i) 또는 (ii)에서 규정된 기한을 연장할 수 있다. 해당 통지서는 아래 (ii)의 경우를 제외하고 10 근무일 이상 연장될 수 있는 날짜를 명기해서는 아니 된다.

(ii) (i)에서 규정된 기한을 연장하는 내용으로 (i)에서의 서면통지가 이루어짐을 목적으로 하는 청구에 관하여, 그 청구가 동 기한 내에 처리될 수 없는 경우에 기관은 청구인에게 통보하고, 또 그것이 기한 내에 처리 가능하도록 청구의 범위를 한정하는 기회 또는 그 청구나 수정된 청구를 처리하기 위한 다른 기간을 기관과 조정할 수 있는 기회를 제공하여야 한다. 기관은 청구인을 지원하기 위해 청구인과 기관의 분쟁 해결을 지원하는 FOIA 공보관을 이용할 수 있게 해야 한다. [법 시행일 1년 후부터 효력 발생] 해당 청구를 합리적으로 수정하거나 다른 기간으로의 조정을 청구인이 거부하면, 그것은 (C)의 목적을 위한 예외적 상황의 존재 여부를 결정함에 있어서 한 요소로서 고려된다.

(iii) 이 (B)에서 사용된 "예외적인 상황"의 의미는 특수한 청구의 적절한 처리에 합리적으로 필요한 정도에서만 인정되는 다음과 같은 필요성이 있는 경우를 말한다.

(I) the need to search for and collect the requested records from field facilities or other establishments that are separate from the office processing the request;

(II) the need to search for, collect, and appropriately examine a voluminous amount of separate and distinct records which are demanded in a single request; or

(III) the need for consultation, which shall be conducted with all practicable speed, with another agency having a substantial interest in the determination of the request or among two or more components of the agency having substantial subject-matter interest therein.

(iv) Each agency may promulgate regulations, pursuant to notice and receipt of public comment, providing for the aggregation of certain requests by the same requestor, or by a group of requestors acting in concert, if the agency reasonably believes that such requests actually constitute a single request, which would otherwise satisfy the unusual circumstances specified in this subparagraph, and the requests involve clearly related matters. Multiple requests involving unrelated matters shall not be aggregated.

(C)(i) Any person making a request to any agency for records under paragraph (1), (2), or (3) of this subsection shall be deemed to have exhausted his administrative remedies with respect to such request if the agency fails to comply with the applicable time limit provisions of this paragraph. If the Government can show exceptional circumstances exist and that the agency is exercising due diligence in responding to the request, the court may retain jurisdiction and allow the agency additional time to complete its review of the records. Upon any determination by an agency to comply with a request for records, the records shall be made promptly available to such person making such request. Any notification of denial of any request for records under this subsection shall set forth the names and titles or positions of each person responsible for the denial of such request.

(ii) For purposes of this subparagraph, the term "exceptional circumstances" does not include a delay that results from a predictable agency workload of requests under this section, unless the agency demonstrates

(I) 청구를 처리하는 관공서와는 별개의 현장 조직 또는 다른 기관들로부터 청구된 기록을 검색하고 수집할 필요성

(II) 단독으로 청구된 방대한 양의 별개의 상이한 기록을 검색, 수집, 그리고 적절하게 검토할 필요성; 또는

(III) 청구에 대한 결정에 있어서 실질적인 이해관계를 갖는 다른 기관 또는 실질적인 내용상의 이해관계를 갖는 둘 이상의 기관 내부조직 간에 가장 빨리 처리되도록 협의할 필요성

(iv) 각 기관은, 특정 청구가 사실상 일회성 청구를 구성하고 (B)에서 규정하는 예외적 상황을 충족한다고 합당하게 판단되며 해당 청구가 명백하게 관련된 청구를 수반하는 경우에는 공고와 의견 수렴을 거쳐 동일 청구인이나 단체 청구인의 해당 청구를 합산하는 규정을 공포할 수 있다. 관련이 없는 청구를 포함하는 다수의 청구는 합산할 수 없다.

(C)(i) (a)의 (1), (2) 또는 (3)에 따라 공개를 청구하는 청구인은 해당기관이 (6)의 기한규정을 준수하지 않는 경우에는 해당 청구에 관한 행정상의 구제절차를 다 거친 것으로 본다. 만약 기관이 예외적인 상황의 존속과 공개청구에 대해 정당한 주의의무를 하였음을 입증할 수 있는 경우에는 법원은 관할권을 유지하고 기관이 기록 검토를 완료할 수 있도록 추가 시간을 허용할 수 있다. 기록에 대한 공개청구에 대한 기관의 판단에 따라 기록은 해당 청구인에게 즉시 제공되어야 한다. 공개청구에 대한 거부를 알리는 (a)의 통지서에는 해당 청구를 거부한 책임 있는 담당자의 이름, 직급 또는 직위를 명시하여야 한다.

(ii) 이 (C)의 목적을 위하여 "예외적 상황"은 현재 처리 중인 잔여 청구업무를 감소시키기 위한 합리적인 경과를 해당 기관이 입증하지 못하는 한, 이 조에서의 청구로 예상되는 기관의 업무부담으로 인한 지연은 포함하지 않

reasonable progress in reducing its backlog of pending requests.

(iii) Refusal by a person to reasonably modify the scope of a request or arrange an alternative time frame for processing a request (or a modified request) under clause (ii) after being given an opportunity to do so by the agency to whom the person made the request shall be considered as a factor in determining whether exceptional circumstances exist for purposes of this subparagraph.

(D)(i) Each agency may promulgate regulations, pursuant to notice and receipt of public comment, providing for multitrack processing of requests for records based on the amount of work or time (or both) involved in processing requests.

(ii) Regulations under this subparagraph may provide a person making a request that does not qualify for the fastest multitrack processing an opportunity to limit the scope of the request in order to qualify for faster processing.

(iii) This subparagraph shall not be considered to affect the requirement under subparagraph (C) to exercise due diligence.

(E)(i) Each agency shall promulgate regulations, pursuant to notice and receipt of public comment, providing for expedited processing of requests for records--

(I) in cases in which the person requesting the records demonstrates a compelling need; and

(II) in other cases determined by the agency.

(ii) Notwithstanding clause (i), regulations under this subparagraph must ensure--

(I) that a determination of whether to provide expedited processing shall be made, and notice of the determination shall be provided to the person making the request, within 10 days after the date of the request; and

(II) expeditious consideration of administrative appeals of such determinations of whether to provide expedited processing.

(iii) An agency shall process as soon as practicable any request for records to which the agency has granted expedited processing under this subparagraph. Agency action to deny or affirm denial of a request for expedited processing pursuant to this subparagraph, and failure by an agency to respond in a

는다.

(iii) 청구 대상인 기관에 의하여 수정하거나 조정할 기회가 부여된 후에 위의 (ii) 하에서 청구의 범위를 합리적으로 수정하거나 청구(또는 수정된 청구)를 처리하기 위한 다른 기간으로의 조정을 청구인이 거부하면, 그것은 이 (C)의 목적을 위한 예외적 상황의 존재 여부를 결정함에 있어서 한 요소로서 고려된다.

(D)(i) 각 기관은, 공고와 의견수렴에 거쳐, 청구 처리와 관련된 업무 또는 시간(혹은 양자 모두)의 양을 근거로 기록에 대한 청구의 다선처리를 정하는 규칙을 공포할 수 있다.

(ii) 이 (D)에 의한 규정은 가장 빠른 다선처리를 받을 자격이 없는 청구인에게 더 신속한 처리를 위하여 청구의 범위를 제한하는 기회를 제공할 수 있다.

(iii) 이 (D)는 (C)에 의거하여 정당한 주의의무를 행사해야 할 요건에 영향을 미친다고 간주해서는 안 된다.

(E)(i) 각 기관은, 공고와 의견수렴을 거쳐, 다음 기록 청구에 대한 신속한 처리를 제공하는 규칙을 공포하여야 한다.

(I) 공개 청구인이 긴급성을 입증한 경우, 그리고

(II) 기관에 의하여 결정된 다른 사건

(ii) (i)에도 불구하고 이 (E)에서의 규정은 다음 사항들을 보장해야 한다.

(I) 신속한 처리가 이루어지도록 하느냐의 여부에 대한 결정이 행해지고, 결정에 대한 통지가 청구한 날로부터 10일 이내에 청구인에게 제공되는 것; 그리고

(II) 신속한 처리 여부의 결정에 대한 행정쟁송에 대한 신속한 배려

(iii) 기관은, 자신이 이 (E)에 따라 신속히 처리해 온 기록에 대한 모든 공개청구에 대하여 최대한 신속히 처리하여야 한다. 이 (E)에 따른 신속한 처리에 대한 공개청구를 인정하거나 거부하는 기관행위, 그리고 그러한 공개청구에 대하여 기관이 제때 응하지 못한 행위는, 사법심사가 기관의 결정 이전의 해당 기록에

timely manner to such a request shall be subject to judicial review under paragraph (4), except that the judicial review shall be based on the record before the agency at the time of the determination.

(iv) A district court of the United States shall not have jurisdiction to review an agency denial of expedited processing of a request for records after the agency has provided a complete response to the request.

(v) For purposes of this subparagraph, the term "compelling need" means--

(I) that a failure to obtain requested records on an expedited basis under this paragraph could reasonably be expected to pose an imminent threat to the life or physical safety of an individual; or

(II) with respect to a request made by a person primarily engaged in disseminating information, urgency to inform the public concerning actual or alleged Federal Government activity.

(vi) A demonstration of a compelling need by a person making a request for expedited processing shall be made by a statement certified by such person to be true and correct to the best of such person's knowledge and belief.

(F) In denying a request for records, in whole or in part, an agency shall make a reasonable effort to estimate the volume of any requested matter the provision of which is denied, and shall provide any such estimate to the person making the request, unless providing such estimate would harm an interest protected by the exemption in subsection (b) pursuant to which the denial is made.

(7) Each agency shall--

(A) establish a system to assign an individualized tracking number for each request received that will take longer than ten days to process and provide to each person making a request the tracking number assigned to the request; and

(B) establish a telephone line or Internet service that provides information about the status of a request to the person making the request using the assigned tracking number, including--

(i) the date on which the agency originally received the request; and

(ii) an estimated date on which the agency will complete action on the request.

의거해야 하는 경우를 제외하고는, 위의 (4)에서의 사법심사의 대상이 된다.

(iv) 연방지방법원은, 기관이 공개청구에 대하여 정식 답변을 한 이후에는, 공개청구에 대한 신속한 처리를 거부한 기관의 행위를 심사할 관할권을 갖지 않는다.

(v) 이 (E)의 목적을 위하여 "긴급성"이라는 용어는 다음의 경우들을 의미한다.

(I) 이 (6)에서의 신속한 근거 하에서 청구된 기록을 입수하지 못하면, 개인의 생명이나 신체상의 안전에 긴급한 위험을 초래할 것이 상당히 예견되는 경우; 또는

(II) 주로 정보의 배포에 종사하는 개인의 청구와 관련하여 연방정부의 실제 활동이나 주장을 국민에게 알려야 할 경우

(vi) 신속한 처리를 청구한 자에 의한 긴급성의 입증은, 그러한 사람이 알고 믿는 가장 정직하고 올바른 사람에 의하여 확인된 진술로 이행해야 한다.

(F) 기관은 기록 청구 전부나 일부를 공개 거부할 때 거부되는 청구사항의 수량을 평가하기 위해 합당하게 노력하고 청구인에게 해당 평가를 제공하되, 해당 평가의 제공이 공개거부의 근거가 되는 (b)의 예외사유에 의하여 보호되는 이익을 침해할 우려가 있는 경우에는 예외로 한다.

(7) 각 기관은 다음의 조치를 취해야 한다.

(A) 처리에 소요되는 기간이 10일을 초과하는 각 신청에 대해 개별 추적번호를 할당하는 시스템을 확립하고 청구인에게 추적 번호를 제공한다.

(B) 할당된 추적 번호를 이용하여 다음 정보를 포함하여 신청 처리 상태에 관한 정보를 청구인에게 제공하는 전화 회선이나 인터넷 서비스를 마련한다.

(i) 기관이 신청서를 최초로 접수한 날짜

(ii) 기관이 신청에 대한 조치를 완료하는 예상일

(b) This section does not apply to matters that are--
(1) (A) specifically authorized under criteria established by an Executive order to be kept secret in the interest of national defense or foreign policy and (B) are in fact properly classified pursuant to such Executive order;

(2) related solely to the internal personnel rules and practices of an agency;

(3) specifically exempted from disclosure by statute (other than section 552b of this title), if that statute--
(A)(i) requires that the matters be withheld from the public in such a manner as to leave no discretion on the issue; or (ii) establishes particular criteria for withholding or refers to particular types of matters to be withheld; and
(B) if enacted after the date of enactment of the OPEN FOIA Act of 2009, specifically cites to this paragraph.

(4) trade secrets and commercial or financial information obtained from a person and privileged or confidential;

(5) inter-agency or intra-agency memorandums or letters which would not be available by law to a party other than an agency in litigation with the agency;

(6) personnel and medical files and similar files the disclosure of which would constitute a clearly unwarranted invasion of personal privacy;

(7) records or information compiled for law enforcement purposes, but only to the extent that the production of such law enforcement records or information (A) could reasonably be expected to interfere with enforcement proceedings, (B) would deprive a person of a right to a fair trial or an impartial adjudication, (C) could reasonably be expected to constitute an unwarranted invasion of personal privacy, (D) could reasonably be expected to disclose the identity of a confidential source, including a State, local, or foreign agency or authority or any private institution which furnished information on a confidential basis, and, in the case of a record or information compiled by criminal law enforcement authority in the course of a criminal investigation or by an agency conducting a lawful national security

(b) 다음 사항들에는 이 조를 적용하지 않는다.
(1)(A) 국방 또는 외교정책상의 이익을 위해 비밀로 유지하도록 행정명령에 의하여 수립된 기준에 의하여 위임되고
(B) 그러한 행정명령에 따라 실제로 적절하게 비밀로 분류된 사항;

(2) 기관의 내부인사규칙 및 업무에만 관련된 사항;

(3) [이 법률 제552(b) 이외의] 성문법규에 의하여 공개가 명확하게 면제된 사항. 단, 그러한 성문법규는

(A)(i) 쟁점에 대하여 재량의 여지를 남기지 않는 방법으로 해당 사항들이 국민에게 공개되지 않도록 규정되거나, 또는 (ii) 비공개를 위한 특별기준을 설정하거나 특정 유형의 사항들이 공개되지 않도록 규정되는 경우, 그리고
(B) 2009년의 열린 정부 구현을 위한 「정보자유법」(OPEN FOIA) 시행 이후 제정되는 경우에는 특히 (3)을 인용하는 법령에 한한다.

(4) 영업비밀 및 개인으로부터 입수한 상업·금융 정보와 비닉특권 또는 비밀사항;

(5) 해당 기관과 소송 중인 기관 이외의 당사자에게는 법률로 이용 불가능하게 되어 있는 기관 간 또는 기관 내부의 비망록이나 서신;

(6) 그 공개가 개인의 프라이버시에 대하여 명백히 부당한 침해가 될 수 있는 인사·의료기록 및 그와 유사한 서류

(7) 법집행을 목적으로 작성된 기록 또는 정보. 다만, 그러한 법집행기록 또는 정보의 제출이 (A) 집행절차를 방해한다고 합리적으로 예견 가능하거나, (B) 개인으로부터 공정한 재판 또는 불편부당한 판결을 받을 권리를 박탈하거나, (C) 개인의 프라이버시에 대한 부당한 침해가 된다고 합리적으로 예견되거나, (D) 주, 지방 또는 외국의 기관 및 당국 또는 비밀유지를 전제로 정보를 제공한 모든 사적 단체를 포함하여 비밀정보원의 신원을 노출시키는 것으로 합리적으로 예견할 수 있고, 또 형사조사과정에서 형사법 집행당국에 의하여 또는 합법적인 국가보안정보조사를 관장하는 기관에 의하여 작성된 기록이나 정보의 경우에 정보원에 의하여 제공되는 정보를 노출시키는 것으로 합리적으로 예견할 수 있거나, (E) 법집행조사나 소추를 위한 기술 및 절차 또는 지침을 공개하는 경우에, 그러한 공개가 법의 면탈을 초래할 우

intelligence investigation, information furnished by a confidential source, (E) would disclose techniques and procedures for law enforcement investigations or prosecutions, or would disclose guidelines for law enforcement investigations or prosecutions if such disclosure could reasonably be expected to risk circumvention of the law, or (F) could reasonably be expected to endanger the life or physical safety of any individual;

(8) contained in or related to examination, operating, or condition reports prepared by, on behalf of, or for
the use of an agency responsible for the regulation or supervision of financial institutions; or

(9) geological and geophysical information and data, including maps, concerning wells.

Any reasonably segregable portion of a record shall be provided to any person requesting such record after deletion of the portions which are exempt under this subsection. The amount of information deleted, and the exemption under which the deletion is made, shall be indicated on the released portion of the record, unless including that indication would harm an interest protected by the exemption in this subsection under which the deletion is made. If technically feasible, the amount of the information deleted, and the exemption under which the deletion is made, shall be indicated at the place in the record where such deletion is made.

(c)(1) Whenever a request is made which involves access to records described in subsection (b)(7)(A) and--
   (A) the investigation or proceeding involves a possible violation of criminal law; and
   (B) there is reason to believe that (i) the subject of the investigation or proceeding is not aware of its pendency, and (ii) disclosure of the existence of the records could reasonably be expected to interfere with enforcement proceedings, the agency may, during only such time as that circumstance continues, treat the records as not subject to the requirements of this section.

(2) Whenever informant records maintained by a criminal law enforcement agency under an informant's name or personal identifier are requested by a third party according to the informant's

려가 합리적으로 예견되거나, (F) 개인의 생명 또는 신체적 안전을 위협할 것으로 합리적으로 예견되는 경우에 한한다.

(8) 금융기관의 규제나 감독에 대하여 책임이 있는 기관에 의하여, 기관을 대신하여 또는 기관이 사용하기 위하여 작성된 조사, 운영, 상황보고에 포함되어 있거나 그러한 것들과 관련된 사항; 또는

(9) 지도를 포함하여, 유정(油井)에 관한 지질학 및 지구물리학적 정보와 자료

기록 중 합리적으로 분리할 수 있는 부분은 어떠한 것이더라도, 이 (b)에서 예외로 된 부분을 삭제한 뒤에, 그러한 기록을 청구한 누구에게라도 제공되어야 한다. 삭제된 정보의 양은, 삭제의 근거가 된 이 (b)의 예외조항에 의하여 보호되는 이익을 침해할 우려가 있는 경우가 아닌 한, 해당 기록의 공개 부분에서 표시되어야 한다. 기술적으로 가능하다면, 삭제된 정보의 양은 해당 기록에서 삭제가 이루어진 부분에 표시되어야 한다.

(c)(1) (b)(7)(A)에서 규정된 기록에 대한 접근을 수반하는 청구가 행해질 때 그리고 -
   (A) 수사나 절차가 형법을 위반할 가능성을 수반할 때; 그리고
   (B) (i) 수사나 절차의 주체가 그 계속 중임을 알지 못하고, 그리고 (ii) 해당 기록의 존재를 공개하는 것이 집행절차를 방해한다고 예기하는 것이 합리적이라고 믿을 만한 이유가 있을 때는 해당 기관은 그러한 상황이 계속되는 동안만 이 조의 요건에 구속되지 않고 해당 기록을 취급할 수 있다.

(2) 형사법 집행기관에 의하여 정보제공자의 이름 또는 개인적 신원확인자별로 유지되는 정보제공자에 관한 기록이 정보제공자의 이름이나 개인적 신원확인자에 따라 제3자에 의하여 청구된 경우

name or personal identifier, the agency may treat the records as not subject to the requirements of this section unless the informant's status as an informant has been officially confirmed.

(3) Whenever a request is made which involves access to records maintained by the Federal Bureau of Investigation pertaining to foreign intelligence or counterintelligence, or international terrorism, and the existence of the records is classified information as provided in subsection (b)(1), the Bureau may, as long as the existence of the records remains classified information, treat the records as not subject to the requirements of this section.

(d) This section does not authorize withholding of information or limit the availability of records to the public, except as specifically stated in this section. This section is not authority to withhold information from Congress.

(e)(1) On or before February 1 of each year, each agency shall submit to the Attorney General of the United States a report which shall cover the preceding fiscal year and which shall include--
  (A) the number of determinations made by the agency not to comply with requests for records made to such agency under subsection (a) and the reasons for each such determination;
  (B)(i) the number of appeals made by persons under subsection (a)(6), the result of such appeals, and the reason for the action upon each appeal that results in a denial of information; and
    (ii) a complete list of all statutes that the agency relies upon to authorize the agency to withhold information under subsection (b)(3), the number of occasions on which each statute was relied upon, a description of whether a court has upheld the decision of the agency to withhold information under each such statute, and a concise description of the scope of any information withheld;
  (C) the number of requests for records pending before the agency as of September 30 of the preceding year, and the median and average number of days that such requests had been pending before the agency as of that date;
  (D) the number of requests for records received by the agency and the number of requests which the agency processed;

에는 언제나 해당 기관은, 정보제공자로서의 지위가 공식적으로 확인되지 않는 한, 이 조의 요건에 구속되지 않고 기록을 취급할 수 있다.

(3) 대외정보활동이나 방첩활동, 국제 테러리즘에 관하여 연방수사국이 유지하는 기록에의 접근을 수반하는 청구가 있을 때와 해당 기록의 존재가 (b)(1)에 규정된 기밀정보로 분류되어 있는 동안은, 이 조의 요건에 구속되지 않고 기록을 다룰 수 있다.

(d) 이 조는, 이 조에서 명시적으로 규정된 경우를 제외하고는, 국민에게 정보를 공개하지 않을 권한을 부여하거나 기록의 이용 가능성을 제한하지 않는다. 이 조는 연방의회에 대하여 정보를 공개하지 않을 권한을 허용하지 않는다.

(e)(1) 매년 2월 1일 또는 그 이전에, 각 기관은 연방법무장관에게 직전회계년도를 총괄하여 다음 사항들을 포함하는 보고서를 제출해야 한다.
  (A) (a)에 의하여 기록의 공개청구에 대하여 기관이 거부한 결정 건수와 각 결정의 이유;
  (B)(i) (a)(6)에 의해 제기된 이의신청 건수, 이의에 대한 결과, 그리고 정보공개거부에 이르게 된 각 이의신청에 대한 결정의 이유, 그리고
    (ii) (b)(3)에서 기관이 정보를 공개하지 않는 근거가 되는 모든 법령 목록, 각각의 법령에 근거한 사건 건수, 그러한 각 성문법규에서 행해진 기관의 정보비공개 결정을 법원이 인정하였는가의 여부에 대한 설명, 그리고 비공개된 모든 정보의 범위에 대한 요약설명;
  (C) 전년도 9월 30일 현재 기관에 계류 중인 기록에 대한 청구건수, 그리고 그날 현재 그러한 청구가 기관에 계류되었던 날들의 중간 및 평균 일수;
  (D) 기관에 접수된 기록 청구 건수와 기관이 처리한 청구 건수;

(E) the median number of days taken by the agency to process different types of requests, based on the date on which the requests were received by the agency;

(F) the average number of days for the agency to respond to a request beginning on the date on which the request was received by the agency, the median number of days for the agency to respond to such requests, and the range in number of days for the agency to respond to such requests;

(G) based on the number of business days that have elapsed since each request was originally received by the agency--

    (i) the number of requests for records to which the agency has responded with a determination within a period up to and including 20 days, and in 20-day increments up to and including 200 days;

    (ii) the number of requests for records to which the agency has responded with a determination within a period greater than 200 days and less than 301 days;

    (iii) the number of requests for records to which the agency has responded with a determination within a period greater than 300 days and less than 401 days; and

    (iv) the number of requests for records to which the agency has responded with a determination within a period greater than 400 days;

(H) the average number of days for the agency to provide the granted information beginning on the date on which the request was originally filed, the median number of days for the agency to provide the granted information, and the range in number of days for the agency to provide the granted information;

(I) the median and average number of days for the agency to respond to administrative appeals based on the date on which the appeals originally were received by the agency, the highest number of business days taken by the agency to respond to an administrative appeal, and the lowest number of business days taken by the agency to respond to an administrative appeal;

(J) data on the 10 active requests with the earliest filing dates pending at each agency, including the amount of time that has elapsed since each request was originally received by the agency;

(E) 청구 접수일을 기준으로 하여 기관이 서로 다른 유형의 청구를 처리하는 데 걸린 날들의 중간일수;

(F) 청구 접수일부터 기관이 청구에 대응한 평균 일수와 중간 일수, 청구에 대응한 일수의 범위;

(G) 청구 접수일 후 경과된 업무 일수를 토대로

    (i) 기관이 20일 이내와 20일 이후 200일 이내에 결정을 내린 청구 건수

    (ii) 기관이 200일 이후 300일 이내에 결정을 내린 기록 청구 건수

    (iii) 기관이 300일 이후 400일 이내에 결정을 내린 기록 청구 건수

    (iv) 기관이 400일 이후에 결정을 내린 기록 청구 건수

(H) 청구 접수일부터 공개결정된 정보를 제공하는 데 소요된 평균 일수와 중간 일수, 일수의 범위

(I) 항소 접수일을 토대로 행정적인 항소에 대응하는 데 소요된 중간 및 평균 일수, 최장 업무 일수, 최단 업무 일수

(J) 각 청구서를 접수한 후 경과된 시간을 비롯하여 각 기관에 계류 중인 공개청구 가운데 접수일이 가장 빠른 10건에 관한 자료

(K) data on the 10 active administrative appeals with the earliest filing dates pending before the agency as of September 30 of the preceding year, including the number of business days that have elapsed since the requests were originally received by the agency;

(L) the number of expedited review requests that are granted and denied, the average and median number of days for adjudicating expedited review requests, and the number adjudicated within the required 10 days;

(M) the number of fee waiver requests that are granted and denied, and the average and median number of days for adjudicating fee waiver determinations;

(N) the total amount of fees collected by the agency for processing requests; and

(O) the number of full-time staff of the agency devoted to processing requests for records under this section, and the total amount expended by the agency for processing such requests.

(2) Information in each report submitted under paragraph (1) shall be expressed in terms of each principal component of the agency and for the agency overall.

(3) Each agency shall make each such report available to the public including by computer telecommunications, or if computer telecommunications means have not been established by the agency, by other electronic means. In addition, each agency shall make the raw statistical data used in its reports available electronically to the public upon request.

(4) The Attorney General of the United States shall make each report which has been made available by electronic means available at a single electronic access point. The Attorney General of the United States shall notify the Chairman and ranking minority member of the Committee on Government Reform and Oversight of the House of Representatives and the Chairman and ranking minority member of the Committees on Governmental Affairs and the Judiciary of the Senate, no later than April 1 of the year in which each such report is issued, that such reports are available by electronic means.

(5) The Attorney General of the United States, in consultation with the Director of the Office of

(K) 접수한 후 경과된 업무 일수를 비롯하여 전년도 9월 30일 현재 기관에 계류 중인 행정 항소사건 가운데 접수일이 가장 빠른 10건에 관한 자료

(L) 공개결정 및 공개거부된 신속 심사 청구 건수, 신속 심사 청구를 판단하는 데 소요되는 평균 일수 및 중간 일수, 필요한 10일 이내에 결정된 건수

(M) 승인되거나 거부된 비용 면제 청구 건수, 비용 면제 결정을 내리는 데 소요된 평균 일수 및 중간 일수

(N) 기관이 수납한 청구처리 수수료의 총액;

(O) 이 조에서의 기록 청구를 처리하는 기관의 상근직원 수, 그리고 기관이 그 청구처리에 지출한 비용의 총액

(2) (1)에 의하여 제출하는 각 보고서의 정보는 기관의 주요 부서 및 기관 전체로 구분하여 표시해야 한다.

(3) 각 기관은 컴퓨터통신을, 만약 기관이 컴퓨터통신수단을 구비하지 못하였으면, 다른 전자수단을 사용하여 일반 국민이 각 보고서를 이용할 수 있도록 하여야 한다. 아울러 각 기관은 공개청구가 있을 경우에는 보고서에 사용된 원 통계자료를 일반 국민이 전자적으로 이용할 수 있도록 해야 한다.

(4) 연방 법무장관은 전자수단을 이용하여 제공된 각 보고서를 전자단말기에서 이용할 수 있도록 하여야 한다. 연방 법무장관은 그러한 보고서들이 전자수단으로 이용 가능함을, 각 보고서가 발행된 연도의 4월 1일 이전에, 하원의 정부개혁위원회 및 감독위원회 위원장과 소수당 간부 그리고 상원의 정무위원회 및 사법위원회 위원장과 소수당 간부에게 통지하여야 한다.

(5) 연방 법무장관은 관리예산처장관의 협의를 거쳐 1997년 10월 1일까지 (e)에서 규정하는 보고

Management and Budget, shall develop reporting and performance guidelines in connection with reports required by this subsection by October 1, 1997, and may establish additional requirements for such reports as the Attorney General determines may be useful.

(6) The Attorney General of the United States shall submit an annual report on or before April 1 of each calendar year which shall include for the prior calendar year a listing of the number of cases arising under this section, the exemption involved in each case, the disposition of such case, and the cost, fees, and penalties assessed under subparagraphs (E), (F), and (G) of subsection (a)(4). Such report shall also include a description of the efforts undertaken by the Department of Justice to encourage agency compliance with this section.

(f) For purposes of this section, the term--
(1) "agency" as defined in section 551(1) of this title includes any executive department, military department, Government corporation, Government controlled corporation, or other establishment in the executive branch of the Government (including the Executive Office of the President), or any independent regulatory agency; and

(2) 'record' and any other term used in this section in reference to information includes--
(A) any information that would be an agency record subject to the requirements of this section when maintained by an agency in any format, including an electronic format; and
(B) any information described under subparagraph (A) that is maintained for an agency by an entity under Government contract, for the purposes of records management.

(g) The head of each agency shall prepare and make publicly available upon request, reference material or a guide for requesting records or information from the agency, subject to the exemptions in subsection (b), including--
(1) an index of all major information systems of the agency;
(2) a description of major information and record locator systems maintained by the agency; and
(3) a handbook for obtaining various types and categories of public information from the agency pursuant to chapter 35 of title 44, and under

서들에 관련된 보고와 실행지침을 작성해야 하고, 법무장관이 유용하다고 결정하는 보고서들에 대한 추가 요건을 설정할 수 있다.

(6) 연방 법무장관은 매년 4월 1일 또는 그 이전에 이 조에 의해 전년도에 제기된 사건 번호목록, 각 사건에 관련된 비공개 사유, 그러한 사건의 처리, 그리고 (a)(4)의 (E), (F) 및 (G)에 따라 부과된 비용, 수수료, 그리고 처벌을 포함하는 연례보고서를 제출하여야 한다. 그러한 보고서에는 이 조에 대한 기관의 준수를 권장하는 법무부가 실시한 사업에 대한 설명도 포함해야 한다.

(f) 이 조의 목적을 위한 용어
(1) 제5편 제551조(1)에서 정의된 "기관"에는 모든 행정부서, 군사부서, 정부기업, 정부감독기업, 또는 (대통령실을 포함하여) 정부의 행정부 내 기타 조직 또는 독립규제기관이 포함된다. 그리고

(2) "기록" 등 이 조에서 정보에 관하여 사용되는 다른 모든 용어에는,
(A) 전자적 서식을 포함하여 어떤 서식으로든 기관이 기록을 유지할 때, 이 조의 요건을 충족시키는 기관 기록에 해당하는 모든 정보; 그리고
(B) 기록 관리의 목적을 위한 정부 계약에 의거하여 법인이 기관을 대신하여 유지하는 (A)에 기술되는 모든 정보를 포함한다.

(g) 각 기관의 장은 공개청구에 대해 다음 각 호를 비롯하여 기관의 기록이나 정보를 공개청구할 수 있는 참고자료나 안내서를 제공하되 (b)에 따라야 한다.

(1) 해당 기관의 모든 주요 정보체계에 대한 색인;
(2) 해당 기관에 의하여 관리되는 주요 정보 및 기록 검색 시스템에 대한 설명;
(3) 제44편 제35장에 따른, 그리고 이 조에 의해 기관의 공개대상정보에 대한 다양한 유형과 범주의 입수를 위한 안내서

this section.

(h)(1) There is established the Office of Government Information Services within the National Archives and Records Administration.

(2) The Office of Government Information Services shall--
(A) review policies and procedures of administrative agencies under this section;
(B) review compliance with this section by administrative agencies; and
(C) recommend policy changes to Congress and the President to improve the administration of this section.

(3) The Office of Government Information Services shall offer mediation services to resolve disputes between persons making requests under this section and administrative agencies as a non-exclusive alternative to litigation and, at the discretion of the Office, may issue advisory opinions if mediation has not resolved the dispute.

(i) The Government Accountability Office shall conduct audits of administrative agencies on the implementation of this section and issue reports detailing the results of such audits.

(j) Each agency shall designate a Chief FOIA Officer who shall be a senior official of such agency (at the Assistant Secretary or equivalent level).

(k) The Chief FOIA Officer of each agency shall, subject to the authority of the head of the agency--
(1) have agency-wide responsibility for efficient and appropriate compliance with this section;
(2) monitor implementation of this section throughout the agency and keep the head of the agency, the chief legal officer of the agency, and the Attorney General appropriately informed of the agency's performance in implementing this section;
(3) recommend to the head of the agency such adjustments to agency practices, policies, personnel, and funding as may be necessary to improve its implementation of this section;
(4) review and report to the Attorney General, through the head of the agency, at such times and in such formats as the Attorney General

(h)(1) 국립문서기록보관소 내에 정부정보서비스실을 둔다.

(2) 정부정보서비스실은 다음의 업무를 수행한다.

(A) 이 조에 의한 행정기관의 정책 및 절차를 심사한다.

(B) 이 조에 대한 행정기관의 준수 여부를 심사한다.

(C) 이 조의 운영을 개선하기 위해 의회와 대통령에게 정책 변경을 건의한다.

(3) 정부정보서비스실은 소송에 대한 비독점적 대안으로서 이 조에 따라 공개청구를 청구한 사람들과 행정기관 사이의 분쟁을 해결하는 조정 업무를 제공하고 만약 조정으로 분쟁을 해결할 수 없는 경우에는 정부정보서비스실의 재량에 따라 자문 의견을 낼 수 있다.

(i) 회계감사원은 이 조의 이행에 대해 행정기관을 감사하고 그 감사 결과를 처리한 보고서를 발행한다.

(j) 각 기관은 수석 공무원인 최고 FOIA 책임자(차관보나 동급)를 지명한다.

(k) 각 기관의 최고 FOIA 책임자는 기관장의 권한에 의거하여 다음의 업무를 수행한다.

(1) 기관 전체에 대해 효율적이고 적절한 이 조의 준수를 담당한다.
(2) 기관 전체를 상대로 이 조의 이행을 감시하고 기관장과 최고 법무 책임자, 그리고 법무장관에게 이 조의 이행 성과를 적절히 통지한다.

(3) 이 조의 이행을 개선하는 데 필요한 경우에는 기관의 업무와 정책, 인사, 자금에 대한 조정을 기관장에게 건의한다.

(4) 법무장관이 지시하는 시기와 양식을 따라 이 조의 이행 성과에 관하여 심사하고 기관장을 통하여 법무장관에게 보고한다.

may direct, on the agency's performance in implementing this section;

(5) facilitate public understanding of the purposes of the statutory exemptions of this section by including concise descriptions of the exemptions in both the agency's handbook issued under subsection (g), and the agency's annual report on this section, and by providing an overview, where appropriate, of certain general categories of agency records to which those exemptions apply; and

(6) designate one or more FOIA Public Liaisons.

(l) FOIA Public Liaisons shall report to the agency Chief FOIA Officer and shall serve as supervisory officials to whom a requester under this section can raise concerns about the service the requester has received from the FOIA Requester Center, following an initial response from the FOIA Requester Center Staff. FOIA Public Liaisons shall be responsible for assisting in reducing delays, increasing transparency and understanding of the status of requests, and assisting in the resolution of disputes.

CREDIT(S)
(Pub.L. 89-554, Sept. 6, 1966, 80 Stat. 383; Pub. L. 90-23, § 1, June 5, 1967, 81 Stat. 54; Pub.L. 93-502, §§ 1 to 3, Nov. 21, 1974, 88 Stat. 1561 to 1564; Pub.L. 94-409, § 5(b), Sept. 13, 1976, 90 Stat. 1247; Pub.L. 95-454, Title IX, § 906(a)(10), Oct. 13, 1978, 92 Stat. 1225; Pub.L. 98-620, Title IV, § 402(2), Nov. 8, 1984, 98 Stat. 3357; Pub.L. 99-570, Title I, §§ 1802, 1803, Oct. 27, 1986, 100 Stat. 3207-48, 3207-49; Pub.L. 104-231, §§ 3 to 11, Oct. 2, 1996, 110 Stat. 3049 to 3054; Pub.L. 107-306, Title III, § 312, Nov. 27, 2002, 116 Stat. 2390; Pub.L. 110-175, §§ 3, 4(a), 5, 6(a)(1), (b)(1), 7(a), 8 to 10(a), 12, Dec. 31, 2007, 121 Stat. 2525 to 2530; Pub.L. 111-83, Title V, § 564(b), Oct. 28, 2009, 123 Stat. 2184.)
Current through P.L. 112-9 approved 4-14-11

(5) (g)에 의거하여 발행되는 기관의 정보공개편람과 이 조에 관한 기관의 연례보고서에 비공개 사유들에 대한 간략한 설명을 포함하고 비공개 사유가 적용되는 기관 기록의 일반 카테고리에 대한 적절한 개요를 제공하여 이 조의 법령비 비공개의 목적에 대한 일반 국민의 이해를 도모하고;

(6) FOIA 공보관을 1인 이상 지명한다.

(l) FOIA 공보관은 기관 최고 FOIA 책임자를 보좌하며, 이 조에 따른 공개청구인이 FOIA 청구센터 직원으로부터 받은 최초 반응 이후 FOIA 청구센터에서 받은 서비스에 관하여 불만을 제기할 수 있는 감독 공무원의 역할을 수행한다.
FOIA 공보관은 공개결정이 지연되는 것을 완화하고 공개청구 현황의 투명성과 이해를 제고하며 분쟁 해결을 지원할 책임이 있다.

일본 정보공개법

行政機関の保有する 情報の公開に関する法律

(平成十一年五月十四日法律第四十二号)
最終改正：平成二十六年六月十三日法律第六十九号

第一章　総則

（目的）
第一条　この法律は、国民主権の理念にのっとり、行政文書の開示を請求する権利につき定めること等により、行政機関の保有する情報の一層の公開を図り、もって政府の有するその諸活動を国民に説明する責務が全うされるようにするとともに、国民の的確な理解と批判の下にある公正で民主的な行政の推進に資することを目的とする。

（定義）
第二条　この法律において「行政機関」とは、次に掲げる機関をいう。
一　法律の規定に基づき内閣に置かれる機関（内閣府を除く。）及び内閣の所轄の下に置かれる機関
二　内閣府、宮内庁並びに内閣府設置法（平成十一年法律第八十九号）第四十九条第一項 及び第二項に規定する機関（これらの機関のうち第四号の政令で定める機関が置かれる機関にあっては、当該政令で定める機関を除く。）
三　国家行政組織法（昭和二十三年法律第百二十号）第三条第二項 に規定する機関（第五号の政令で定める機関が置かれる機関にあっては、当該政令で定める機関を除く。）
四　内閣府設置法第三十九条 及び第五十五条並びに宮内庁法（昭和二十二年法律第七十号）第十六条第二項 の機関並びに内閣府設置法第四十条 及び第五十六条（宮内庁法第十八条第一項 において準用する場合を含む。）の特別の機関で、政令で定めるもの
五　国家行政組織法第八条の二 の施設等機関及び同法第八条の三 の特別の機関で、政令で定めるもの
六　会計検査院
2　この法律において「行政文書」とは、行政機関の職員が職務上作成し、又は取得した文書、図画及び電磁的記録（電子的方式、磁気的

행정기관이 보유하는 정보의 공개에 관한 법률

제정：1999년 5월 14일 법률 제42호
최종개정：2014년 6월 13일 법률 제69호

제1장 총칙

제1조(목적) 이 법률은 국민 주권의 이념에 따라 행정문서의 개시(開示)를 청구하는 권리에 대하여 정함으로써 행정기관이 보유하는 정보의 더 많은 공개를 도모하여 정부의 활동을 국민에게 설명할 책무가 완수되도록 하는 동시에 국민의 정확한 이해와 비판 하에 있는 공정하고 민주적인 행정의 추진에 이바지하는 것을 목적으로 한다.

제2조(정의) ① 이 법률에서 "행정기관"이라 함은 다음에 열거하는 기관을 말한다.

1. 법률의 규정에 의거하여 내각에 설치되는 기관(내각부를 제외한다) 및 내각의 관할 하에 설치되는 기관
2. 내각부, 궁내청 및 「내각부설치법」(1999년 법률 제89호) 제49조제1항 및 제2항에서 규정하는 기관(이들 기관 중 제4호의 정령으로 정하는 기관이 설치되는 기관에 있어서는 해당 정령에서 정하는 기관을 제외한다)
3. 「국가행정조직법」(1948년 법률 제120호) 제3조제2항에서 규정하는 기관(제5호의 정령으로 정하는 기관이 설치되는 기관에 있어서는 해당 정령에서 정하는 기관을 제외한다)
4. 「내각부설치법」 제39조 및 제55조와 「궁내청법」(1947년 법률 제70호) 제16조제2항의 기관 및 「내각부설치법」 제40조와 제56조(「궁내청법」 제18조제1항에서 준용하는 경우를 포함한다)의 특별한 기관으로 정령에서 정하는 것
5. 「국가행정조직법」 제8조의2의 시설 기관 및 동법 제8조의3의 특별한 기관으로 정령에서 정하는 것
6. 회계검사원

② 이 법률에서 "행정문서"라 함은 행정기관의 직원이 직무상 작성하거나 취득한 문서, 도화 및 전자적 기록(전자적 방식, 자기적 방식 기타 사람의 지각으

方式その他人の知覚によっては認識することができない方式で作られた記録をいう。以下同じ。）であって、当該行政機関の職員が組織的に用いるものとして、当該行政機関が保有しているものをいう。ただし、次に掲げるものを除く。

一　官報、白書、新聞、雑誌、書籍その他不特定多数の者に販売することを目的として発行されるもの

二　公文書等の管理に関する法律 （平成二十一年法律第六十六号）第二条第七項 に規定する特定歴史公文書等

三　政令で定める研究所その他の施設において、政令で定めるところにより、歴史的若しくは文化的な資料又は学術研究用の資料として特別の管理がされているもの（前号に掲げるものを除く。）

第二章　行政文書の開示

（開示請求権）

第三条　何人も、この法律の定めるところにより、行政機関の長（前条第一項第四号及び第五号の政令で定める機関にあっては、その機関ごとに政令で定める者をいう。以下同じ。）に対し、当該行政機関の保有する行政文書の開示を請求することができる。

（開示請求の手続）

第四条　前条の規定による開示の請求（以下「開示請求」という。）は、次に掲げる事項を記載した書面（以下「開示請求書」という。）を行政機関の長に提出してしなければならない。

一　開示請求をする者の氏名又は名称及び住所又は居所並びに法人その他の団体にあっては代表者の氏名

二　行政文書の名称その他の開示請求に係る行政文書を特定するに足りる事項

2　行政機関の長は、開示請求書に形式上の不備があると認めるときは、開示請求をした者（以下「開示請求者」という。）に対し、相当の期間を定めて、その補正を求めることができる。この場合において、行政機関の長は、開示請求者に対し、補正の参考となる情報を提供するよう努めなければならない。

（行政文書の開示義務）

第五条　行政機関の長は、開示請求があったときは、開示請求に係る行政文書に次の各号に掲げる情報（以下「不開示情報」という。）のいずれかが記録されている場合を除き、開示請求

로는 인식할 수 없는 방식으로 만들어진 기록을 말한다. 이하 같다)으로, 해당 행정기관의 직원이 조직적으로 사용하는 것으로 해당 행정기관이 보유하고 있는 것을 말한다. 다만, 다음에 열거하는 것을 제외한다.

1. 관보, 백서, 신문, 잡지, 서적 기타 불특정 다수의 자에게 판매하는 것을 목적으로 하여 발행되는 것

2. 공문서등의 관리에 관한 법률(2009년 법률 제66호)제2조제7항에서 규정하는 특정역사공문서 등

3. 정령에서 정하는 연구소 기타의 시설에서 정령이 정하는 바에 따라 역사적 혹은 문화적인 자료 또는 학술 연구용 자료로서 특별한 관리가 되고 있는 것(전호에 열거된 것을 제외한다)

제2장 행정문서의 개시

제3조(개시청구권) 누구든지 이 법률이 정하는 바에 따라 행정기관의 장(전조 제1항제4호 및 제5호의 정령에서 정하는 기관에 있어서는 그 기관마다 정령에서 정하는 자를 말한다. 이하 같다)에게 해당 행정기관이 보유하는 행정문서의 개시를 청구할 수 있다.

제4조(개시청구의 절차) ① 전조의 규정에 의한 개시청구(이하 "개시청구"라 한다)는 다음에 열거하는 사항을 기재한 서면(이하 "개시청구서"라 한다)을 행정기관의 장에게 제출하여야 한다.

1. 개시청구를 하는 자의 성명 또는 명칭 및 주소 또는 거소, 법인 기타 단체에 있어서는 대표자의 성명

2. 행정문서의 명칭 기타 개시청구에 관련된 행정문서를 특정할 만한 사항

② 행정기관의 장은 개시청구서에 형식상의 미비가 있다고 인정하는 때에는 개시청구를 한 자(이하 "개시청구자"라 한다)에게 상당한 기간을 정하여 그 보정을 요구할 수 있다. 이 경우 행정기관의 장은 개시청구자에게 보정에 참고가 되는 정보를 제공하도록 노력하여야 한다.

제5조(행정문서의 개시 의무) 행정기관의 장은 개시청구가 있을 때에는 개시청구에 관련된 행정문서에 다음 각 호에서 열거하는 정보(이하 "불개시 정보"라 한다) 중 어느 하나가 기록되어 있는 경우를 제외하고는 개시청구자에게 해당 행정문서를 개시

者に対し、当該行政文書を開示しなければならない。

一　個人に関する情報（事業を営む個人の当該事業に関する情報を除く。）であって、当該情報に含まれる氏名、生年月日その他の記述等により特定の個人を識別することができるもの（他の情報と照合することにより、特定の個人を識別することができることとなるものを含む。）又は特定の個人を識別することはできないが、公にすることにより、なお個人の権利利益を害するおそれがあるもの。ただし、次に掲げる情報を除く。
イ　法令の規定により又は慣行として公にされ、又は公にすることが予定されている情報
ロ　人の生命、健康、生活又は財産を保護するため、公にすることが必要であると認められる情報
ハ　当該個人が公務員等（国家公務員法（昭和二十二年法律第百二十号）第二条第一項に規定する国家公務員（独立行政法人通則法（平成十一年法律第百三号）第二条第二項に規定する特定独立行政法人の役員及び職員を除く。）、独立行政法人等（独立行政法人等の保有する情報の公開に関する法律（平成十三年法律第百四十号。以下「独立行政法人等情報公開法」という。）第二条第一項に規定する独立行政法人等をいう。以下同じ。）の役員及び職員、地方公務員法（昭和二十五年法律第二百六十一号）第二条に規定する地方公務員並びに地方独立行政法人（地方独立行政法人法（平成十五年法律第百十八号）第二条第一項に規定する地方独立行政法人をいう。以下同じ。）の役員及び職員をいう。）である場合において、当該情報がその職務の遂行に係る情報であるときは、当該情報のうち、当該公務員等の職及び当該職務遂行の内容に係る部分
二　法人その他の団体（国、独立行政法人等、地方公共団体及び地方独立行政法人を除く。以下「法人等」という。）に関する情報又は事業を営む個人の当該事業に関する情報であって、次に掲げるもの。ただし、人の生命、健康、生活又は財産を保護するため、公にすることが必要であると認められる情報を除く。
イ　公にすることにより、当該法人等又は当該個人の権利、競争上の地位その他正当な利益を害するおそれがあるもの
ロ　行政機関の要請を受けて、公にしないとの条件で任意に提供されたものであって、法人等又は個人における通例として公にしないこととされているものその他の当該条件を付することが当該情報の性質、当時の状況等に

하여야 한다.

1. 개인에 관한 정보(사업을 영위하는 개인의 해당 사업에 관한 정보를 제외한다)로서, 해당 정보에 포함되는 성명, 생년월일 기타의 기술 등에 의해 특정의 개인을 식별할 수 있는 것(다른 정보와 조합함으로써 특정의 개인을 식별할 수 있게 되는 경우를 포함한다) 또는 특정의 개인을 식별할 수 없지만 공개함으로써 개인의 권리 이익을 해칠 우려가 있는 것. 다만, 다음에 열거하는 정보를 제외한다.

가. 법령의 규정에 의하거나 또는 관행으로 공개되거나 공개하는 것이 예정되어 있는 정보
나. 사람의 생명, 건강, 생활 또는 재산을 보호하기 위하여 공개하는 것이 필요하다고 인정되는 정보
다. 해당 개인이 공무원 등[「국가공무원법」(1947년 법률 제120호) 제2조제1항에서 규정하는 국가공무원「독립행정법인통칙법」(1999년 법률 제103호) 제2조제2항에서 규정하는 특정독립행정법인의 임원 및 직원을 제외한다], 독립행정법인 등[「독립행정법인 등이 보유하는 정보의 공개에 관한 법률」(2001년 법률 제140호. 이하 「독립행정법인 등 정보공개법」이라 한다) 제2조제1항에서 규정하는 독립행정법인 등을 말한다. 이하 같다]의 임원 및 직원, 「지방공무원법」(1950년 법률 제261호) 제2조에서 규정하는 지방공무원 및 지방독립행정법인[「지방독립행정법인법」(2003년 법률 제118호) 제2조제1항에서 규정하는 지방독립행정법인을 말한다. 이하 같다]의 임원 및 직원을 말한다]인 경우에 해당 정보가 그 직무의 수행에 관련된 정보일 때에는 해당 정보 중 해당 공무원 등의 직(職) 및 해당 직무 수행의 내용에 관련된 부분

2. 법인 기타의 단체(국가, 독립행정법인 등, 지방공공단체 및 지방독립행정법인을 제외한다. 이하 "법인 등"이라 한다)에 관한 정보 또는 사업을 영위하는 개인의 해당 사업에 관한 정보로서, 다음에 열거하는 것. 다만, 사람의 생명, 건강, 생활 또는 재산을 보호하기 위하여 공개하는 것이 필요하다고 인정되는 정보를 제외한다.
가. 공개함으로써 해당 법인 등 또는 해당 개인의 권리, 경쟁상의 지위 기타 정당한 이익을 해칠 우려가 있는 것
나. 행정기관의 요청을 받아 공표하지 아니한다는 조건으로 임의로 제공받은 것으로 법인 등 또는 개인에 있어서 통례로서 공개하지 아니하게 되어 있는 것, 기타 해당 조건을 부가하는 것이 해당 정보의 성질, 당시의 상황 등에 비추어

照らして合理的であると認められるもの

三　公にすることにより、国の安全が害される
　おそれ、他国若しくは国際機関との信頼関係
　が損なわれるおそれ又は他国若しくは国際機
　関との交渉上不利益を被るおそれがあると行
　政機関の長が認めることにつき相当の理由が
　ある情報

四　公にすることにより、犯罪の予防、鎮圧又
　は捜査、公訴の維持、刑の執行その他の公共
　の安全と秩序の維持に支障を及ぼすおそれが
　あると行政機関の長が認めることにつき相当
　の理由がある情報

五　国の機関、独立行政法人等、地方公共団体
　及び地方独立行政法人の内部又は相互間にお
　ける審議、検討又は協議に関する情報であっ
　て、公にすることにより、率直な意見の交換
　若しくは意思決定の中立性が不当に損なわれ
　るおそれ、不当に国民の間に混乱を生じさせ
　るおそれ又は特定の者に不当に利益を与え若
　しくは不利益を及ぼすおそれがあるもの

六　国の機関、独立行政法人等、地方公共団体
　又は地方独立行政法人が行う事務又は事業に
　関する情報であって、公にすることにより、
　次に掲げるおそれその他当該事務又は事業の
　性質上、当該事務又は事業の適正な遂行に支
　障を及ぼすおそれがあるもの

　イ　監査、検査、取締り、試験又は租税の賦
　　課若しくは徴収に係る事務に関し、正確な事
　　実の把握を困難にするおそれ又は違法若しく
　　は不当な行為を容易にし、若しくはその発見
　　を困難にするおそれ

　ロ　契約、交渉又は争訟に係る事務に関し、
　　国、独立行政法人等、地方公共団体又は地方
　　独立行政法人の財産上の利益又は当事者とし
　　ての地位を不当に害するおそれ

　ハ　調査研究に係る事務に関し、その公正か
　　つ能率的な遂行を不当に阻害するおそれ

　ニ　人事管理に係る事務に関し、公正かつ円
　　滑な人事の確保に支障を及ぼすおそれ

　ホ　国若しくは地方公共団体が経営する企
　　業、独立行政法人等又は地方独立行政法人に
　　係る事業に関し、その企業経営上の正当な利
　　益を害するおそれ

（部分開示）
第六条　行政機関の長は、開示請求に係る行政文
書の一部に不開示情報が記録されている場合に
おいて、不開示情報が記録されている部分を容
易に区分して除くことができるときは、開示請
求者に対し、当該部分を除いた部分につき開示
しなければならない。ただし、当該部分を除い
た部分に有意の情報が記録されていないと認め

합리적이라고 인정되는 것

3. 공개함으로써 국가의 안전을 해칠 우려, 다른 국
가나 국제기관과의 신뢰 관계가 손상될 우려 또
는 다른 국가나 국제기관과의 교섭상 불이익을
당할 우려가 있다고 행정기관의 장이 인정하는
데 상당한 이유가 있는 정보

4. 공개함으로써 범죄의 예방, 진압 또는 수사, 공소
유지, 형의 집행 기타 공공의 안전과 질서 유지에
지장을 초래할 우려가 있다고 행정기관의 장이
인정하는 데 상당한 이유가 있는 정보

5. 국가기관, 독립행정법인 등, 지방공공단체 및 지
방독립행정법인의 내부 또는 상호 간의 심의, 검
토 또는 협의에 관한 정보로서, 공개함으로써 솔
직한 의견의 교환이나 의사결정의 중립성이 부당
하게 손상될 우려, 부당하게 국민 사이에 혼란을
야기할 우려 또는 특정한 자에게 부당하게 이익
을 주거나 불이익을 줄 우려가 있는 것

6. 국가기관, 독립행정법인 등, 지방공공단체 또는
지방독립행정법인이 실시하는 사무 또는 사업에
관한 정보로서, 공개함으로써 다음에 열거하는
우려 기타 해당 사무 또는 사업의 성질상, 해당 사
무 또는 사업의 적정한 수행에 지장을 초래할 우
려가 있는 것

가. 감사, 검사, 단속, 시험 또는 조세의 부과나 징
수에 관련된 사무에 관하여 정확한 사실의 파악
을 곤란하게 할 우려 또는 위법하거나 부당한
행위를 용이하게 하거나 그 발견을 곤란하게 할
우려

나. 계약, 교섭 또는 쟁송에 관련된 사무에 관하여
국가, 독립행정법인 등, 지방공공단체 또는 지
방독립행정법인의 재산상 이익 또는 당사자로
서의 지위를 부당하게 해칠 우려

다. 조사 연구에 관련된 사무에 관하여 그 공정하
고 능률적인 수행을 부당하게 저해할 우려

라. 인사관리에 관련된 사무에 관하여 공정하고
원활한 인사의 확보에 지장을 줄 우려

마. 국가 혹은 지방공공단체가 경영하는 기업, 독
립행정법인 등 또는 지방독립행정법인에 관련
된 사업에 관하여 그 기업경영상 정당한 이익을
해칠 우려

제6조(부분 개시) ① 행정기관의 장은 개시청구에 관
련된 행정문서의 일부에 불개시 정보가 기록되어
있는 경우에, 불개시 정보가 기록되어 있는 부분을
용이하게 구분하여 제외할 수 있을 때에는 개시청
구자에게 해당 부분을 제외한 부분에 대하여 개시
하여야 한다. 다만, 해당 부분을 제외한 부분에 유
의미한 정보가 기록되어 있지 아니하다고 인정되
는 때에는 그러하지 아니하다.

られるときは、この限りでない。

2　開示請求に係る行政文書に前条第一号の情報（特定の個人を識別することができるものに限る。）が記録されている場合において、当該情報のうち、氏名、生年月日その他の特定の個人を識別することができることとなる記述等の部分を除くことにより、公にしても、個人の権利利益が害されるおそれがないと認められるときは、当該部分を除いた部分は、同号の情報に含まれないものとみなして、前項の規定を適用する。

（公益上の理由による裁量的開示）

第七条　行政機関の長は、開示請求に係る行政文書に不開示情報が記録されている場合であっても、公益上特に必要があると認めるときは、開示請求者に対し、当該行政文書を開示することができる。

（行政文書の存否に関する情報）

第八条　開示請求に対し、当該開示請求に係る行政文書が存在しているか否かを答えるだけで、不開示情報を開示することとなるときは、行政機関の長は、当該行政文書の存否を明らかにしないで、当該開示請求を拒否することができる。

（開示請求に対する措置）

第九条　行政機関の長は、開示請求に係る行政文書の全部又は一部を開示するときは、その旨の決定をし、開示請求者に対し、その旨及び開示の実施に関し政令で定める事項を書面により通知しなければならない。

2　行政機関の長は、開示請求に係る行政文書の全部を開示しないとき（前条の規定により開示請求を拒否するとき及び開示請求に係る行政文書を保有していないときを含む。）は、開示をしない旨の決定をし、開示請求者に対し、その旨を書面により通知しなければならない。

（開示決定等の期限）

第十条　前条各項の決定（以下「開示決定等」という。）は、開示請求があった日から三十日以内にしなければならない。ただし、第四条第二項の規定により補正を求めた場合にあっては、当該補正に要した日数は、当該期間に算入しない。

2　前項の規定にかかわらず、行政機関の長は、事務処理上の困難その他正当な理由があるときは、同項に規定する期間を三十日以内に限り延長することができる。この場合において、行政機関の長は、開示請求者に対し、遅滞な

② 개시청구에 관련된 행정문서에 전조 제1호의 정보(특정 개인을 식별할 수 있는 것에 한한다)가 기록되어 있는 경우에, 해당 정보 중 성명, 생년월일 기타 특정의 개인을 식별할 수 있게 되는 기술 등의 부분을 제외함으로써, 공개하더라도 개인의 권리 이익을 해칠 우려가 없다고 인정되는 때에는 해당 부분을 제외한 부분은 같은 호의 정보에 포함되지 아니하는 것으로 간주하여 전항의 규정을 적용한다.

제7조(공익상의 이유에 의한 재량적 개시) 행정기관의 장은 개시청구에 관련된 행정문서에 불개시 정보가 기록되어 있는 경우라고 하더라도 공익상 특히 필요하다고 인정하는 때에는 개시청구자에게 해당 행정문서를 개시할 수 있다.

제8조(행정문서의 존부에 관한 정보) 개시청구에 대하여 해당 개시청구에 관련된 행정문서가 존재하고 있는지 아닌지에 답하는 것만으로 불개시 정보를 개시하는 것이 되는 때에는 행정기관의 장은 해당 행정문서의 존부를 명확하게 밝히지 아니하고 해당 개시청구를 거부할 수 있다.

제9조(개시청구에 대한 조치) ① 행정기관의 장은 개시청구에 관련된 행정문서의 전부 또는 일부를 개시하는 때에는 그 취지의 결정을 하고 개시청구자에게 그 취지 및 개시의 실시에 관하여 정령이 정하는 사항을 서면으로 통지하여야 한다.

② 행정기관의 장은 개시청구에 관련된 행정문서의 전부를 개시하지 아니하는 때(전조의 규정에 의해 개시청구를 거부하는 때 및 개시청구에 관련된 행정문서를 보유하고 있지 아니하는 때를 포함한다)에는 개시를 하지 아니한다는 취지의 결정을 하고 개시청구자에게 그 취지를 서면으로 통지하여야 한다.

제10조(개시결정 등의 기한) ① 전조 각 항의 결정(이하 "개시 결정 등"이라 한다)은 개시청구가 있은 날부터 30일 이내로 하여야 한다. 다만, 제4조제2항의 규정에 따라 보정을 요구한 경우에는 해당 보정에 필요한 날짜는 해당 기간에 산입하지 아니한다.

② 전항의 규정에도 불구하고 행정기관의 장은 사무처리상의 곤란 기타 정당한 이유가 있을 때에는 같은 항에서 규정하는 기간을 30일 이내에 한하여 연장할 수 있다. 이 경우에 행정기관의 장은 개시청구자에게 지체없이 연장 후의 기간 및 연장 이유를 서

く、延長後の期間及び延長の理由を書面により通知しなければならない。

（開示決定等の期限の特例）

第十一条　開示請求に係る行政文書が著しく大量であるため、開示請求があった日から六十日以内にそのすべてについて開示決定等をすることにより事務の遂行に著しい支障が生ずるおそれがある場合には、前条の規定にかかわらず、行政機関の長は、開示請求に係る行政文書のうちの相当の部分につき当該期間内に開示決定等をし、残りの行政文書については相当の期間内に開示決定等をすれば足りる。この場合において、行政機関の長は、同条第一項に規定する期間内に、開示請求者に対し、次に掲げる事項を書面により通知しなければならない。

一　本条を適用する旨及びその理由
二　残りの行政文書について開示決定等をする期限

（事案の移送）

第十二条　行政機関の長は、開示請求に係る行政文書が他の行政機関により作成されたものであるときその他他の行政機関の長において開示決定等をすることにつき正当な理由があるときは、当該他の行政機関の長と協議の上、当該他の行政機関の長に対し、事案を移送することができる。この場合においては、移送をした行政機関の長は、開示請求者に対し、事案を移送した旨を書面により通知しなければならない。

2　前項の規定により事案が移送されたときは、移送を受けた行政機関の長において、当該開示請求についての開示決定等をしなければならない。この場合において、移送をした行政機関の長が移送前にした行為は、移送を受けた行政機関の長がしたものとみなす。

3　前項の場合において、移送を受けた行政機関の長が第九条第一項の決定（以下「開示決定」という。）をしたときは、当該行政機関の長は、開示の実施をしなければならない。この場合において、移送をした行政機関の長は、当該開示の実施に必要な協力をしなければならない。

（独立行政法人等への事案の移送）

第十二条の二　行政機関の長は、開示請求に係る行政文書が独立行政法人等により作成されたものであるときその他独立行政法人等において独立行政法人等情報公開法第十条第一項に規定する開示決定等をすることにつき正当な理由があるときは、当該独立行政法人等と協議の上、当該独立行政法人等に対し、事案を移送すること

면으로 통지하여야 한다.

제11조(개시결정 등의 기한의 특례) 개시청구에 관련된 행정문서가 현저하게 대량이어서 개시청구가 있은 날부터 60일 이내에 그 모두에 대해서 개시 결정 등을 함으로써 사무 수행에 현저한 지장이 발생할 우려가 있는 경우에는, 전조의 규정에도 불구하고 행정기관의 장은 개시청구와 관련되는 행정문서 중 상당한 부분에 대해 해당 기간 내에 개시 결정 등을 하고 나머지 행정문서에 대해서는 상당한 기간 내에 개시 결정 등을 하면 된다. 이 경우에 행정기관의 장은 같은 조 제1항에 규정하는 기간 내에 개시청구자에게 다음에 열거하는 사항을 서면으로 통지하여야 한다.

1. 이 조항을 적용하는 취지 및 그 이유
2. 나머지 행정문서에 대하여 개시 결정 등을 하는 기한

제12조(사안의 이송) ① 행정기관의 장은 개시청구에 관련된 행정문서가 다른 행정기관에 의해 작성된 것일 때 기타 다른 행정기관의 장이 개시 결정 등을 하는 것에 정당한 이유가 있을 때에는 해당 다른 행정기관의 장과 협의한 후 해당 다른 행정기관의 장에게 사안을 이송할 수 있다. 이 경우에는 이송을 한 행정기관의 장은 개시청구자에게 사안을 이송한 취지를 서면으로 통지하여야 한다.

② 전항의 규정에 의해 사안이 이송된 때에는 이송을 받은 행정기관의 장이 해당 개시청구에 대한 개시 결정 등을 하여야 한다. 이 경우에 이송을 한 행정기관의 장이 이송 전에 한 행위는 이송을 받은 행정기관의 장이 한 것으로 본다.

③ 전항의 경우에 이송을 받은 행정기관의 장이 제9조제1항의 결정(이하 "개시 결정"이라 한다)을 한 때에는 해당 행정기관의 장은 개시의 실시를 하여야 한다. 이 경우에 이송을 한 행정기관의 장은 해당 개시의 실시에 필요한 협력을 하여야 한다.

제12조의2(독립행정법인 등으로 사안의 이송) ① 행정기관의 장은 개시청구에 관련된 행정문서가 독립행정법인 등에 의해 작성된 것일 때 기타 독립행정법인 등에서 「독립행정법인 등 정보공개법」 제10조제1항에서 규정하는 개시 결정 등을 하는데 정당한 이유가 있을 때에는, 해당 독립행정법인 등과 협의한 후 해당 독립행정법인 등에게 사안을 이송할 수 있다. 이 경우에는 이송을 한 행정기관의 장

ができる。この場合においては、移送をした行政機関の長は、開示請求者に対し、事案を移送した旨を書面により通知しなければならない。

2　前項の規定により事案が移送されたときは、当該事案については、行政文書を移送を受けた独立行政法人等が保有する独立行政法人等情報公開法第二条第二項に規定する法人文書と、開示請求を移送を受けた独立行政法人等に対する独立行政法人等情報公開法第四条第一項に規定する開示請求とみなして、独立行政法人等情報公開法 の規定を適用する。この場合において、独立行政法人等情報公開法第十条第一項中「第四条第二項 」とあるのは「行政機関の保有する情報の公開に関する法律（平成十一年法律第四十二号）第四条第二項」と、独立行政法人等情報公開法第十七条第一項 中「開示請求をする者又は法人文書」とあるのは「法人文書」と、「により、それぞれ」とあるのは「により」と、「開示請求に係る手数料又は開示」とあるのは「開示」とする。

3　第一項の規定により事案が移送された場合において、移送を受けた独立行政法人等が開示の実施をするときは、移送をした行政機関の長は、当該開示の実施に必要な協力をしなければならない。

（第三者に対する意見書提出の機会の付与等）

第十三条　開示請求に係る行政文書に国、独立行政法人等、地方公共団体、地方独立行政法人及び開示請求者以外の者（以下この条、第十九条及び第二十条において「第三者」という。）に関する情報が記録されているときは、行政機関の長は、開示決定等をするに当たって、当該情報に係る第三者に対し、開示請求に係る行政文書の表示その他政令で定める事項を通知して、意見書を提出する機会を与えることができる。

2　行政機関の長は、次の各号のいずれかに該当するときは、開示決定に先立ち、当該第三者に対し、開示請求に係る行政文書の表示その他政令で定める事項を書面により通知して、意見書を提出する機会を与えなければならない。ただし、当該第三者の所在が判明しない場合は、この限りでない。

　　一　第三者に関する情報が記録されている行政文書を開示しようとする場合であって、当該情報が第五条第一号ロ又は同条第二号ただし書に規定する情報に該当すると認められるとき。

　　二　第三者に関する情報が記録されている行政文書を第七条の規定により開示しようとするとき。

3　行政機関の長は、前二項の規定により意見

은 개시청구자에게 사안을 이송한 취지를 서면으로 통지하여야 한다.

② 전항의 규정에 의해 사안이 이송된 때에는 해당 사안에 대해서는 행정문서를 이송받은 독립행정법인 등이 보유하는 「독립행정법인 등 정보공개법」제2조제2항에서 규정하는 법인 문서와 개시청구를 이송받은 독립행정법인 등에 대한 「독립행정법인 등 정보공개법」 제4조제1항에서 규정하는 개시청구로 간주하여 「독립행정법인 등 정보공개법」의 규정을 적용한다. 이 경우에 「독립행정법인 등 정보공개법」제10조제1항 중 "제4조제2항"은 「행정기관이 보유하는 정보의 공개에 관한 법률」(1999년 법률 제42호) 제4조제2항"으로, 「독립행정법인 등 정보공개법」 제17조제1항 중 "개시청구를 하는 자 또는 법인 문서"는 "법인 문서"로, "에 의해, 각각" 은 "에 의해"로, "개시청구에 관련된 수수료 또는 개시"는 "개시"로 한다.

③ 제1항의 규정에 의해 사안이 이송된 경우에 이송을 받은 독립행정법인 등이 개시의 실시를 하는 때에는 이송을 한 행정기관의 장은 해당 개시의 실시에 필요한 협력을 하여야 한다.

제13조(제3자에 대한 의견서 제출기회의 부여 등) ① 개시청구에 관련된 행정문서에 국가, 독립행정법인 등, 지방공공단체, 지방독립행정법인 및 개시청구자 이외의 자(이하 이 조, 제19조 및 제20조에서 "제3자"라 한다)에 관한 정보가 기록되어 있을 때에는 행정기관의 장은 개시 결정 등을 함에 있어서 해당 정보에 관련된 제3자에게 개시청구에 관련된 행정문서의 표시 기타 정령에서 정하는 사항을 통지하고 의견서를 제출할 기회를 부여할 수 있다.

② 행정기관의 장은 다음 각 호의 1에 해당할 때에는 개시결정에 앞서 해당 제3자에게 개시청구에 관련된 행정문서의 표시 기타 정령에서 정하는 사항을 서면으로 통지하고 의견서를 제출할 기회를 부여하여야 한다. 다만, 해당 제3자의 소재가 판명되지 아니하는 경우에는 그러하지 아니하다.

1. 제3자에 관한 정보가 기록되어 있는 행정문서를 개시하고자 하는 경우로서, 해당 정보가 제5조제1호 나목 또는 같은 조 제2호 단서에 규정하는 정보에 해당한다고 인정될 때

2. 제3자에 관한 정보가 기록되어 있는 행정문서를 제7조의 규정에 따라 개시하고자 할 때

③ 행정기관의 장은 전2항의 규정에 의해 의견서의

書の提出の機会を与えられた第三者が当該行政文書の開示に反対の意思を表示した意見書を提出した場合において、開示決定をするときは、開示決定の日と開示を実施する日との間に少なくとも二週間を置かなければならない。この場合において、行政機関の長は、開示決定後直ちに、当該意見書（第十八条及び第十九条において「反対意見書」という。）を提出した第三者に対し、開示決定をした旨及びその理由並びに開示を実施する日を書面により通知しなければならない。

（開示の実施）
第十四条　行政文書の開示は、文書又は図画については閲覧又は写しの交付により、電磁的記録についてはその種別、情報化の進展状況等を勘案して政令で定める方法により行う。ただし、閲覧の方法による行政文書の開示にあっては、行政機関の長は、当該行政文書の保存に支障を生ずるおそれがあると認めるときその他正当な理由があるときは、その写しにより、これを行うことができる。
2　開示決定に基づき行政文書の開示を受ける者は、政令で定めるところにより、当該開示決定をした行政機関の長に対し、その求める開示の実施の方法その他の政令で定める事項を申し出なければならない。
3　前項の規定による申出は、第九条第一項に規定する通知があった日から三十日以内にしなければならない。ただし、当該期間内に当該申出をすることができないことにつき正当な理由があるときは、この限りでない。
4　開示決定に基づき行政文書の開示を受けた者は、最初に開示を受けた日から三十日以内に限り、行政機関の長に対し、更に開示を受ける旨を申し出ることができる。この場合においては、前項ただし書の規定を準用する。

（他の法令による開示の実施との調整）
第十五条　行政機関の長は、他の法令の規定により、何人にも開示請求に係る行政文書が前条第一項本文に規定する方法と同一の方法で開示することとされている場合（開示の期間が定められている場合にあっては、当該期間内に限る。）には、同項本文の規定にかかわらず、当該行政文書については、当該同一の方法による開示を行わない。ただし、当該他の法令の規定に一定の場合には開示をしない旨の定めがあるときは、この限りでない。
2　他の法令の規定に定める開示の方法が縦覧であるときは、当該縦覧を前条第一項本文の閲覧とみなして、前項の規定を適用する。

제출 기회가 주어진 제3자가 해당 행정문서의 개시에 반대 의사를 표시한 의견서를 제출했을 경우에 개시 결정을 하는 때에는 개시 결정일과 개시 실시일 사이에 적어도 2주간을 두어야 한다. 이 경우에 행정기관의 장은 개시결정 후 즉시 해당 의견서(제18조 및 제19조에서 "반대 의견서"라 한다)를 제출한 제3자에게 개시결정을 한 취지와 그 이유 및 개시 실시일을 서면으로 통지하여야 한다.

제14조(개시의 실시) ① 행정문서의 개시는 문서 또는 도화에 대해서는 열람 또는 사본의 교부에 의해, 전자적 기록에 대해서는 그 종별, 정보화의 진전 상황 등을 감안하여 정령에서 정하는 방법으로 실시한다. 다만, 열람 방법에 의하여 행정문서를 개시하는 경우에는 행정기관의 장은 해당 행정문서의 보존에 지장을 일으킬 우려가 있다고 인정하는 때 기타 정당한 이유가 있을 때는 그 사본으로 이를 실시할 수 있다.

② 개시결정에 근거해 행정문서의 개시를 받는 자는 정령에서 정하는 바에 따라 해당 개시결정을 한 행정기관의 장에게 그가 요구하는 개시의 실시방법 기타 정령에서 정하는 사항을 신청하여야 한다.

③ 전항의 규정에 의한 신청은 제9조제1항에서 규정하는 통지를 받은 날부터 30일 이내에 하여야 한다. 다만, 해당 기간 내에 해당 신청을 하지 못하는 것에 대해 정당한 이유가 있을 때는 그러하지 아니하다.

④ 개시결정에 근거하여 행정문서의 개시를 받은 자는 최초로 개시를 받은 날부터 30일 이내에 한하여 행정기관의 장에게 다시 개시를 받는다는 취지를 신청할 수 있다. 이 경우 전항 단서의 규정을 준용한다.

제15조(다른 법령에 의한 개시 실시와의 조정) ① 행정기관의 장은 다른 법령의 규정에 따라 누구에게든지 개시청구에 관련된 행정문서가 전조 제1항 본문에 규정하는 방법과 동일한 방법으로 개시되고 있는 경우(개시 기간이 정해져 있는 경우에는 해당 기간 내에 한한다)에는, 같은 항 본문의 규정에도 불구하고 해당 행정문서에 대해서는 해당 동일한 방법에 의한 개시를 실시하지 아니한다. 다만, 해당 다른 법령의 규정에서 일정한 경우에는 개시를 하지 않는다는 취지로 정하고 있는 때에는 그러하지 아니하다.
② 다른 법령의 규정에서 정하는 개시 방법이 종람일 때에는 해당 종람을 전조 제1항 본문의 열람으로 간주하여 전항의 규정을 적용한다.

（手数料）
第十六条　開示請求をする者又は行政文書の開示を受ける者は、政令で定めるところにより、それぞれ、実費の範囲内において政令で定める額の開示請求に係る手数料又は開示の実施に係る手数料を納めなければならない。
2　前項の手数料の額を定めるに当たっては、できる限り利用しやすい額とするよう配慮しなければならない。
3　行政機関の長は、経済的困難その他特別の理由があると認めるときは、政令で定めるところにより、第一項の手数料を減額し、又は免除することができる。

（権限又は事務の委任）
第十七条　行政機関の長は、政令（内閣の所轄の下に置かれる機関及び会計検査院にあっては、当該機関の命令）で定めるところにより、この章に定める権限又は事務を当該行政機関の職員に委任することができる。

第三章　不服申立て等

（審査会への諮問）
第十八条　開示決定等について行政不服審査法（昭和三十七年法律第百六十号）による不服申立てがあったときは、当該不服申立てに対する裁決又は決定をすべき行政機関の長は、次の各号のいずれかに該当する場合を除き、情報公開・個人情報保護審査会（不服申立てに対する裁決又は決定をすべき行政機関の長が会計検査院の長である場合にあっては、別に法律で定める審査会）に諮問しなければならない。
一　不服申立てが不適法であり、却下するとき。
二　裁決又は決定で、不服申立てに係る開示決定等（開示請求に係る行政文書の全部を開示する旨の決定を除く。以下この号及び第二十条において同じ。）を取り消し又は変更し、当該不服申立てに係る行政文書の全部を開示することとするとき。ただし、当該開示決定等について反対意見書が提出されているときを除く。

（諮問をした旨の通知）
第十九条　前条の規定により諮問をした行政機関の長は、次に掲げる者に対し、諮問をした旨を通知しなければならない。
一　不服申立人及び参加人
二　開示請求者（開示請求者が不服申立人又は参加人である場合を除く。）
三　当該不服申立てに係る開示決定等について

제16조(수수료) ① 개시청구를 하는 자 또는 행정문서의 개시를 받는 자는 정령에서 정하는 바에 따라 각각 실비의 범위 내에서 정령에서 정하는 금액의 개시청구에 관한 수수료 또는 개시 실시에 관한 수수료를 납부하여야 한다.

② 전항의 수수료의 금액을 정함에 있어서는 가능한 한 이용하기 쉬운 금액으로 하도록 배려하여야 한다.

③ 행정기관의 장은 경제적 곤란 기타 특별한 이유가 있다고 인정하는 때에는 정령에서 정하는 바에 따라 제1항의 수수료를 감액하거나 면제할 수 있다.

제17조(권한 또는 사무의 위임) 행정기관의 장은 정령(내각의 관할 하에 설치된 기관 및 회계검사원에 있어서는 해당 기관의 명령)에서 정하는 바에 따라 이 장에서 정하고 있는 권한 또는 사무를 해당 행정기관의 직원에게 위임할 수 있다.

제3장 불복신청 등

제18조(심사회에의 자문) 개시결정 등에 대하여「행정불복심사법」(1962년 법률 제160호)에 의한 불복신청이 있을 때에는, 해당 불복신청에 대한 재결 또는 결정을 해야 할 행정기관의 장은 다음 각 호의 1에 해당하는 경우를 제외하고는 정보공개·개인정보보호심사회(불복 신청에 대한 재결 또는 결정을 해야 할 행정기관의 장이 회계검사원의 장인 경우에는 따로 법률로 정하는 심사회)에 자문을 구하여야 한다.

1. 불복신청이 부적법하여 각하할 때

2. 재결 또는 결정에서 불복신청에 관련된 개시 결정 등(개시청구에 관련된 행정문서의 전부를 개시한다는 취지의 결정을 제외한다. 이하 이 호 및 제20조에서 같다)을 취소 또는 변경하여 해당 불복신청에 관련된 행정문서의 전부를 개시하는 것으로 할 때. 다만, 해당 개시결정 등에 대해서 반대 의견서가 제출되어 있는 때를 제외한다.

제19조(자문을 구했다는 취지의 통지) 전조의 규정에 의해 자문을 한 행정기관의 장은 다음에 열거하는 자에게 자문을 구했다는 취지를 통지하여야 한다.

1. 불복청구인 및 참가인
2. 개시청구자(개시청구자가 불복신청인 또는 참가인인 경우를 제외한다)
3. 해당 불복신청에 관련된 개시결정 등에 대해서

反対意見書を提出した第三者（当該第三者が不服申立人又は参加人である場合を除く。）

（第三者からの不服申立てを棄却する場合等における手続）
第二十条　第十三条第三項の規定は、次の各号のいずれかに該当する裁決又は決定をする場合について準用する。
一　開示決定に対する第三者からの不服申立てを却下し、又は棄却する裁決又は決定
二　不服申立てに係る開示決定等を変更し、当該開示決定等に係る行政文書を開示する旨の裁決又は決定（第三者である参加人が当該行政文書の開示に反対の意思を表示している場合に限る。）

（訴訟の移送の特例）
第二十一条　行政事件訴訟法（昭和三十七年法律第百三十九号）第十二条第四項の規定により同項に規定する特定管轄裁判所に開示決定等の取消しを求める訴訟又は開示決定等に係る不服申立てに対する裁決若しくは決定の取消しを求める訴訟（次項及び附則第二項において「情報公開訴訟」という。）が提起された場合においては、同法第十二条第五項の規定にかかわらず、他の裁判所に同一又は同種若しくは類似の行政文書に係る開示決定等又はこれに係る不服申立てに対する裁決若しくは決定に係る抗告訴訟（同法第三条第一項に規定する抗告訴訟をいう。次項において同じ。）が係属しているときは、当該特定管轄裁判所は、当事者の住所又は所在地、尋問を受けるべき証人の住所、争点又は証拠の共通性その他の事情を考慮して、相当と認めるときは、申立てにより又は職権で、訴訟の全部又は一部について、当該他の裁判所又は同法第十二条第一項から第三項までに定める裁判所に移送することができる。
2　前項の規定は、行政事件訴訟法第十二条第四項の規定により同項に規定する特定管轄裁判所に開示決定等又はこれに係る不服申立てに対する裁決若しくは決定に係る抗告訴訟で情報公開訴訟以外のものが提起された場合について準用する。

第四章　補則

（開示請求をしようとする者に対する情報の提供等）
第二十二条　行政機関の長は、開示請求をしようとする者が容易かつ的確に開示請求をすることができるよう、公文書等の管理に関する法律第七条第二項に規定するもののほか、当該行政機

반대 의견서를 제출한 제3자(해당 제3자가 불복신청인 또는 참가인인 경우를 제외한다)

제20조(제3자로부터의 불복신청을 기각하는 경우 등에 있어서의 절차) 제13조제3항의 규정은 다음 각 호의 1에 해당하는 재결 또는 결정을 하는 경우에 준용한다.

1. 개시결정에 대한 제3자의 불복신청을 각하하거나 기각하는 재결 또는 결정
2. 불복신청에 관련된 개시결정 등을 변경하여 해당 개시결정 등에 관련된 행정문서를 개시한다는 취지의 재결 또는 결정(제3자인 참가인이 해당 행정문서의 개시에 반대 의사를 표시하고 있는 경우에 한한다)

제21조(소송이송의 특례 등) ① 행정사건소송법(1962년 법률 제139호) 제12조제4항의 규정에 의해 같은 항에서 규정하는 특정관할법원에 공개결정 등의 취소를 구하는 소송 또는 공개결정 등에 관한 불복신청에 대한 재결 혹은 결정취소를 구하는 소송(다음 항 및 부칙 제2항에 있어서 "정보공개소송"이라고 한다)이 제기된 경우에, 같은 법 제12조제5항의 규정에도 불구하고 다른 법원에 동일 또는 동종 혹은 유사한 행정문서에 관한 공개결정 등 또는 이와 관련된 불복신청에 대한 재결이나 결정에 관한 항고소송(같은 법 제3조제1항에서 규정하는 항고소송을 말한다. 다음 항에서도 동일하다)이 계속된 때에는 해당 특정관할법원은 당사자의 주소 또는 소재지, 심문을 받아야 할 증인의 주소, 쟁점 또는 증거의 공통성, 기타 사정을 고려하여 상당하다고 인정되는 경우에는 신청에 의하여 또는 직권으로 소송의 전부 또는 일부에 대해서 다른 법원 또는 같은 법 제12조제1항 내지 제3항에서 규정하는 법원으로 이송할 수 있다.

② 전항의 규정은 행정사건소송법 제12조제4항의 규정에 의해 같은 항에서 규정하는 특정관할법원에 개시 결정 등 또는 이와 관련된 불복신청에 대한 재결이나 결정에 관한 항고소송에서 정보공개소송 이외의 것이 제기된 경우에 대해 준용한다.

제4장 보칙

제22조(개시청구를 하고자 하는 자에 대한 정보의 제공 등) ① 행정기관의 장은 개시청구를 하고자 하는 자가 용이하면서도 정확하게 개시청구를 할 수 있도록 공문서 등의 관리에 관한 법률 제7조제2항에서 규정하는 것 이외에 해당 행정기관이 보유하는 행정문서의 특정에 기여하는 정보의 제공, 기타 개시

関が保有する行政文書の特定に資する情報の提供その他開示請求をしようとする者の利便を考慮した適切な措置を講ずるものとする。

2　総務大臣は、この法律の円滑な運用を確保するため、開示請求に関する総合的な案内所を整備するものとする。

（施行の状況の公表）

第二十三条　総務大臣は、行政機関の長に対し、この法律の施行の状況について報告を求めることができる。

2　総務大臣は、毎年度、前項の報告を取りまとめ、その概要を公表するものとする。

（行政機関の保有する情報の提供に関する施策の充実）

第二十四条　政府は、その保有する情報の公開の総合的な推進を図るため、行政機関の保有する情報が適時に、かつ、適切な方法で国民に明らかにされるよう、行政機関の保有する情報の提供に関する施策の充実に努めるものとする。

（地方公共団体の情報公開）

第二十五条　地方公共団体は、この法律の趣旨にのっとり、その保有する情報の公開に関し必要な施策を策定し、及びこれを実施するよう努めなければならない。

（政令への委任）

第二十六条　この法律に定めるもののほか、この法律の実施のため必要な事項は、政令で定める。

附則
平成二六年六月一三日法律第六九号) 抄

（施行期日）

第一条　この法律は、行政不服審査法（平成二十六年法律第六十八号）の施行の日から施行する。

청구를 하고자 하는 자의 편의를 고려하여 적절한 조치를 강구한다.

② 총무대신은 이 법률의 원활한 운영을 확보하기 위해 개시청구에 관한 종합적인 안내소를 정비한다.

제23조(시행상황의 공표) ① 총무대신은 행정기관의 장에게 이 법률의 시행 상황에 대하여 보고를 요구할 수 있다.

② 총무대신은 매년도 전항의 보고를 정리하여 그 개요를 공표한다.

제24조(행정기관이 보유하는 정보의 제공에 관한 시책의 충실) 정부는 그 보유하는 정보공개의 종합적인 추진을 도모하기 위하여 행정기관이 보유하는 정보가 적시에 또한 적절한 방법으로 국민에게 알려지도록 행정기관이 보유하는 정보의 제공에 관한 시책에 충실히 노력한다.

제25조(지방공공단체의 정보공개) 지방공공단체는 이 법률의 취지에 따라 그 보유하는 정보의 공개에 관한 필요한 시책을 책정하고 이를 실시하도록 노력하여야 한다.

제26조(정령으로의 위임) 이 법률에서 정하는 것 외에 이 법률의 실시에 필요한 사항은 정령으로 정한다.

부칙
(2014년 6월 13일 법률 제69호)

제1조(시행시기) 이 법률은 행정불복심사회법 (2014년 법률 제69호)의 시행일부터 시행한다.

중국 정부정보공개조례

中华人民共和国政府信息公开条例

第一章 总则
第二章 公开的范围
第三章 公开的方式和程序
第四章 监督和保障
第五章 附则

经2007年1月17日 国务院第165次常务会议通过，现予公布，自2008年5月1日起施行。
国务院
二〇〇七年 四月 五日

第一章 总则

第一条 为了保障公民、法人和其他组织依法获取政府信息，提高政府工作的透明度，促进依法行政，充分发挥政府信息对人民群众生产、生活和经济社会活动的服务作用，制定本条例。

第二条 本条例所称政府信息，是指行政机关在履行职责过程中制作或者获取的，以一定形式记录、保存的信息。

第三条 各级人民政府应当加强对政府信息公开工作的组织领导。
国务院办公厅是全国政府信息公开工作的主管部门，负责推进、指导、协调、监督全国的政府信息公开工作。
县级以上地方人民政府办公厅（室）或者县级以上地方人民政府确定的其他政府信息公开工作主管部门负责推进、指导、协调、监督本行政区域的政府信息公开工作。

第四条 各级人民政府及县级以上人民政府部门应当建立健全本行政机关的政府信息公开工作制度，并指定机构（以下统称政府信息公开工作

중화인민공화국 정부정보공개조례*

제1장 총칙
제2장 공개의 범위
제3장 공개의 방식과 절차
제4장 감독과 보장
제5장 부칙

2007년 1월 17일 국무원 제165차 상무회의를 통과하여, 이에 공포하며, 2008년 5월 1일부터 시행한다.
국무원
2007년 4월 5일

제1장 총칙

제1조 공민, 법인 기타 조직이 법에 따라 정부정보를 획득하는 것을 보장하고, 정부업무의 투명도를 제고하며, 법치행정을 촉진하고, 정부정보가 인민대중의 생산, 생활과 경제사회활동에 기여하기 위하여 이 조례를 제정한다.

제2조 이 조례에서 칭하는 정부정보는 행정기관이 직무를 수행하는 과정 중에 작성 또는 획득한 것으로서 일정한 형식으로 기록하고 보존하는 정보를 말한다.

제3조 ① 각급 인민정부는 정부정보 공개업무에 대한 조직관리를 강화하여야 한다.
② 국무원 판공청은 전국 정부정보공개업무의 주관 부문이다. 전국의 정부정보공개업무를 추진, 지도, 협조, 감독을 책임진다.
③ 현급 이상의 지방인민정부 판공청(실) 또는 현급 이상의 지방인민정부가 확정한 기타 정부정보 공개업무의 주관 부문은 동 행정구역의 정부정보공개업무의 추진, 지도, 협조, 감독을 책임진다.

제4조 ① 각급 인민정부와 현급 이상의 인민정부 부문은 건전한 정부정보공개업무제도를 수립하고, 기구(이하 "정부정보공개업무기구"라 칭함)를 지

---

* 중국 헌법 제62조에 의하면 중국의 법률은 전국인민대표대회에서 제정하는 '기본법률'과 전국인민대표회의 상무위원회가 제정하는 '기본법률 이외의 법률'로 구분된다. 중국의 최고 행정기관인 국무원은 헌법과 기타 법률에 근거하여 행정법규인 '조례(條例)'를 제정할 수 있다. 따라서 '정부정보공개조례'는 엄밀히 말하면 법률이 아니라 행정법규에 해당한다. 중국의 법령 체계는 [編-章-節-條--款-項-目]의 순으로 나누어진다.

机构）负责本行政机关政府信息公开的日常工作。

政府信息公开工作机构的具体职责是：

（一）具体承办本行政机关的政府信息公开事宜；

（二）维护和更新本行政机关公开的政府信息；

（三）组织编制本行政机关的政府信息公开指南、政府信息公开目录和政府信息公开工作年度报告；

（四）对拟公开的政府信息进行保密审查；

（五）本行政机关规定的与政府信息公开有关的其他职责。

第五条 行政机关公开政府信息，应当遵循公正、公平、便民的原则。

第六条 行政机关应当及时、准确地公开政府信息。行政机关发现影响或者可能影响社会稳定、扰乱社会管理秩序的虚假或者不完整信息的，应当在其职责范围内发布准确的政府信息予以澄清。

第七条 行政机关应当建立健全政府信息发布协调机制。行政机关发布政府信息涉及其他行政机关的，应当与有关行政机关进行沟通、确认，保证行政机关发布的政府信息准确一致。

行政机关发布政府信息依照国家有关规定需要批准的，未经批准不得发布。

第八条 行政机关公开政府信息，不得危及国家安全、公共安全、经济安全和社会稳定。

第二章 公开的范围

第九条 行政机关对符合下列基本要求之一的政府信息应当主动公开：

（一）涉及公民、法人或者其他组织切身利益的；

（二）需要社会公众广泛知晓或者参与的；

（三）反映本行政机关机构设置、职能、办事程序等情况的；

（四）其他依照法律、法规和国家有关规定应当主动公开的。

第十条 县级以上各级人民政府及其部门应当依照

정하여 동 행정기관 정부정보공개의 일상적인 업무를 책임진다.

② 정부정보공개업무기구의 구체적인 업무는 다음 각 호와 같다.

1. 동 행정기관의 정부정보 공개 사무

2. 동 행정기관이 공개하는 정부정보의 유지·보호와 갱신

3. 동 행정기관의 정부정보공개지침, 정부정보공개목록, 정부정보공개업무 연례보고

4. 공개하려고 하는 정부정보에 대한 비밀유지 심의 진행

5. 동 행정기관이 규정한 정부정보의 공개와 관련된 기타 업무

제5조 행정기관은 정부정보를 공개함에 있어서, 공정·공평·인민 편익의 원칙을 따라야 한다.

제6조 행정기관은 즉시 정확하게 정부정보를 공개하여야 한다. 행정기관이 사회의 안정에 영향을 미치거나 사회관리질서를 문란하게 할 수 있는 거짓 혹은 불완전한 정보를 발견한 경우에는 그 업무범위 내에서 정확한 정부정보를 공포하여 명확하게 하여야 한다.

제7조 ① 행정기관은 건전한 정부정보 공포 협조 체제를 수립하여야 한다. 행정기관이 공포한 정부정보가 다른 행정기관에 관한 것일 경우에는 유관 행정기관과 소통·확인을 진행하여 행정기관이 공포한 정부정보가 정확하고 일치함을 보증하여야 한다.

② 행정기관이 공포하는 정부정보가 국가의 관련 규정에 따라 비준이 필요한 경우에 비준을 받지 않으면 공포할 수 없다.

제8조 행정기관이 공개하는 정부정보는 국가안전, 공공안전, 경제안전 및 사회안정을 위태롭게 하여서는 아니 된다.

제2장 공개의 범위

제9조 행정기관은 아래 기본요구의 하나에 부합하는 정부정보에 대하여는 주동적으로 공개하여야 한다.

1. 공민, 법인 또는 기타 조직의 이익과 밀접히 관련되는 경우

2. 사회공중의 광범위한 인식 또는 참여가 필요한 경우

3. 동 행정기관의 기구설치·직능·업무절차 등 상황을 반영하는 경우

4. 다른 법률·법규와 국가의 관련 규정에 따라 당연히 공개하여야 하는 경우

제10조 현급 이상 각급 인민정부와 그 부문은 본 조

本条例第九条的规定，在各自职责范围内确定主动公开的政府信息的具体内容，并重点公开下列政府信息：

（一）行政法规、规章和规范性文件；

（二）国民经济和社会发展规划、专项规划、区域规划及相关政策；

（三）国民经济和社会发展统计信息；

（四）财政预算、决算报告；

（五）行政事业性收费的项目、依据、标准；

（六）政府集中采购项目的目录、标准及实施情况；

（七）行政许可的事项、依据、条件、数量、程序、期限以及申请行政许可需要提交的全部材料目录及办理情况；

（八）重大建设项目的批准和实施情况；

（九）扶贫、教育、医疗、社会保障、促进就业等方面的政策、措施及其实施情况；

（十）突发公共事件的应急预案、预警信息及应对情况；

（十一）环境保护、公共卫生、安全生产、食品药品、产品质量的监督检查情况。

第十一条 设区的市级人民政府、县级人民政府及其部门重点公开的政府信息还应当包括下列内容：

（一）城乡建设和管理的重大事项；

（二）社会公益事业建设情况；

（三）征收或者征用土地、房屋拆迁及其补偿、补助费用的发放、使用情况；

（四）抢险救灾、优抚、救济、社会捐助等款物的管理、使用和分配情况。

第十二条 乡（镇）人民政府应当依照本条例第九条的规定，在其职责范围内确定主动公开的政府信息的具体内容，并重点公开下列政府信息：

（一）贯彻落实国家关于农村工作政策的情况；

（二）财政收支、各类专项资金的管理和使用情况；

（三）乡（镇）土地利用总体规划、宅基地使用的审核情况；

（四）征收或者征用土地、房屋拆迁及其补偿、补助费用的发放、使用情况；

（五）乡（镇）的债权债务、筹资筹劳情况；

（六）抢险救灾、优抚、救济、社会捐助等款物的发放情况；

（七）乡镇集体企业及其他乡镇经济实体承包、租赁、拍卖等情况；

（八）执行计划生育政策的情况。

第十三条 除本条例第九条、第十条、第十一条、

례 제9조의 규정에 따라, 각자의 직무범위 내에서 주동적으로 공개하는 정부정보의 구체적인 내용을 확정한다. 또한 아래 열거한 정부정보는 중점적으로 공개한다.

1. 행정법규, 규장과 규범성 문건
2. 국민경제와 사회발전계획, 전항계획, 구역계획 및 관련 정책
3. 국민경제와 사회발전 통계 정보
4. 재정 예산, 결산 보고
5. 행정사업성 수입의 항목, 근거, 표준
6. 정부집중조달 항목의 목록, 표준 및 실시 상황
7. 행정 허가의 사항, 근거, 조건, 수량, 절차, 기한 및 행정허가를 신청하기 위해 제출해야 하는 모든 자료목록과 처리 상황
8. 중대건설 항목의 비준과 실시 상황
9. 빈곤구제, 교육, 의료, 사회보장, 취업촉진 등 방면에서의 정책, 조치 및 그 실시 상황
10. 돌발적인 공공사건에 대한 응급 대책, 경보 및 대응 상황
11. 환경보호, 공공위생, 안전생산, 식품약품, 제품 품질의 감독검사 상황

제11조 구를 설치한 시급 인민정부와 현급 인민정부 및 그 부문이 중점적으로 공개하는 정부정보는 또한 아래 열거한 내용을 포함하여야 한다.

1. 도시와 농촌 건설 및 관리의 중대한 사항
2. 사회공익사업 건설 상황
3. 토지의 징수·수용, 가옥 이주 및 그 보상·보조비용의 발생·사용 상황
4. 응급구조, 위문, 구제, 사회보조 등 물자의 관리, 사용과 분배 상황

제12조 향(진) 인민정부는 본 조례 제9조의 규정에 따라, 그 직무범위 내에서 주동적으로 공개하는 정부정보의 구체적인 내용을 확정하여야 한다. 또한 중점적으로 아래 열거한 정부정보를 공개하여야 한다.

1. 국가의 농촌업무에 관한 정책을 관철하고 수행한 상황
2. 재정수지, 각종 항목 자금의 관리와 사용 상황
3. 향(진) 토지이용의 총체계획, 주택기지 사용의 심의 상황
4. 토지의 징수·수용, 가옥 이주 및 그 보상, 보조비용의 발생, 사용 상황
5. 향(진)의 채권채무, 모금·노동계획 상황
6. 응급구조, 위문, 구제, 사회보조 등 물자의 관리, 사용과 분배 상황
7. 향진집체기업 및 기타 향진경제실체의 도급, 임대, 경매 등의 상황
8. 계획출산정책의 집행 상황

제13조 이 조례의 제9조, 제10조, 제11조, 제12조가

第十二条规定的行政机关主动公开的政府信息外，公民、法人或者其他组织还可以根据自身生产、生活、科研等特殊需要，向国务院部门、地方各级人民政府及县级以上地方人民政府部门申请获取相关政府信息。

第十四条 行政机关应当建立健全政府信息发布保密审查机制，明确审查的程序和责任。
行政机关在公开政府信息前，应当依照《中华人民共和国保守国家秘密法》以及其他法律、法规和国家有关规定对拟公开的政府信息进行审查。
行政机关对政府信息不能确定是否可以公开时，应当依照法律、法规和国家有关规定报有关主管部门或者同级保密工作部门确定。
行政机关不得公开涉及国家秘密、商业秘密、个人隐私的政府信息。但是，经权利人同意公开或者行政机关认为不公开可能对公共利益造成重大影响的涉及商业秘密、个人隐私的政府信息，可以予以公开。

第三章 公开的方式和程序

第十五条 行政机关应当将主动公开的政府信息，通过政府公报、政府网站、新闻发布会以及报刊、广播、电视等便于公众知晓的方式公开。

第十六条 各级人民政府应当在国家档案馆、公共图书馆设置政府信息查阅场所，并配备相应的设施、设备，为公民、法人或者其他组织获取政府信息提供便利。
行政机关可以根据需要设立公共查阅室、资料索取点、信息公告栏、电子信息屏等场所、设施，公开政府信息。
行政机关应当及时向国家档案馆、公共图书馆提供主动公开的政府信息。

第十七条 行政机关制作的政府信息，由制作该政府信息的行政机关负责公开；行政机关从公民、法人或者其他组织获取的政府信息，由保存该政府信息的行政机关负责公开。法律、法规对政府信息公开的权限另有规定的，从其规定。

第十八条 属于主动公开范围的政府信息，应当自

규정하는 행정기관이 주동적으로 공개하는 정부정보 외에, 공민, 법인 또는 기타조직은 자신의 생산, 생활, 과학연구 등 특수한 수요에 근거하여 국무원 부문, 지방각급인민정부 및 현급 이상의 지방인민정부 부문에 관련 정부정보를 획득하기 위하여 신청할 수 있다.

제14조 ① 행정기관은 건전한 정부정보 공포·비밀보호 심사체제를 수립하고 심사절차와 책임을 명확히 하여야 한다.
② 행정기관은 정부정보를 공개하기 전에 「중화인민공화국 국가비밀유지법」 및 기타 법률·법규와 국가의 관련 규정에 따라 공개하려는 정부정보에 대한 심사를 진행하여야 한다.
③ 행정기관은 정부정보에 대하여 공개 여부를 확정하지 못하는 때에는, 법률·법규와 국가의 관련 규정에 따라 관련 주관 부문 또는 동급의 비밀보호 업무 부문에 보고하고 확정하여야 한다.
④ 행정기관은 국가비밀, 상업비밀, 개인 프라이버시와 관련된 정부정보를 공개하여서는 아니 된다. 다만, 권리인이 공개에 동의하거나 행정기관이 공개하지 아니하면 공공이익의 조성에 중대한 영향을 미치는 상업비밀·개인 프라이버시와 관련된 정부정보라고 판단하는 경우에는 공개할 수 있다.

제3장 공개의 방식과 절차

제15조 행정기관이 주동적으로 공개해야 하는 정부정보는 정부공보, 정부 홈페이지, 기자회견 및 신문·간행물, 방송, 텔레비전 등을 통하여 공중이 알기 편한 방법으로 공개하여야 한다.

제16조 ① 각급 인민정부는 국가자료관, 공공도서관에 정부정보 열람장소를 설치하고 상응하는 시설·설비를 갖추어야 한다. 공민, 법인 또는 기타 조직이 정부정보를 획득하는 데 편리를 제공하여야 한다.
② 행정기관은 필요에 따라 공공열람실, 자료검색대, 정부공고란, 정보전광판 등의 장소·시설을 설치하여 정부정보를 공개할 수 있다.
③ 행정기관은 즉시 국가자료관, 공공도서관에 주동적으로 공개하는 정부정보를 제공하여야 한다.

제17조 행정기관이 제작한 정부정보는 해당 정부정보를 작성한 행정기관이 공개의 책임을 진다. 행정기관이 공민, 법인 또는 기타 조직으로부터 획득한 정부정보는 해당 정부정보를 보존하고 있는 행정기관이 공개의 책임을 진다. 법률·법규가 정부정보 공개의 권한에 대하여 달리 규정하는 경우 그 규정에 따른다.

제18조 주동적으로 공개하는 범위에 속하는 정부

该政府信息形成或者变更之日起20个工作日内予以公开。法律、法规对政府信息公开的期限另有规定的，从其规定。

第十九条 行政机关应当编制、公布政府信息公开指南和政府信息公开目录，并及时更新。
政府信息公开指南，应当包括政府信息的分类、编排体系、获取方式，政府信息公开工作机构的名称、办公地址、办公时间、联系电话、传真号码、电子邮箱等内容。
政府信息公开目录，应当包括政府信息的索引、名称、内容概述、生成日期等内容。

第二十条 公民、法人或者其他组织依照本条例第十三条规定向行政机关申请获取政府信息的，应当采用书面形式（包括数据电文形式）；采用书面形式确有困难的，申请人可以口头提出，由受理该申请的行政机关代为填写政府信息公开申请。
政府信息公开申请应当包括下列内容：
（一）申请人的姓名或者名称、联系方式；
（二）申请公开的政府信息的内容描述；
（三）申请公开的政府信息的形式要求。

第二十一条 对申请公开的政府信息，行政机关根据下列情况分别作出答复：
（一）属于公开范围的，应当告知申请人获取该政府信息的方式和途径；
（二）属于不予公开范围的，应当告知申请人并说明理由；
（三）依法不属于本行政机关公开或者该政府信息不存在的，应当告知申请人，对能够确定该政府信息的公开机关的，应当告知申请人该行政机关的名称、联系方式；
（四）申请内容不明确的，应当告知申请人作出更改、补充。

第二十二条 申请公开的政府信息中含有不应当公开的内容，但是能够作区分处理的，行政机关应当向申请人提供可以公开的信息内容。

第二十三条 行政机关认为申请公开的政府信息涉及商业秘密、个人隐私，公开后可能损害第三方合法权益的，应当书面征求第三方的意见；

정보는 해당 정부정보가 형성 또는 변경된 날부터 20일 근무일 내에 공개하여야 한다. 법률·법규가 정부정보공개의 기한에 대하여 달리 규정하는 경우에는 그 규정에 따른다.

제19조 ① 행정기관은 정부정보공개지침과 정부정보공개목록을 작성·공포하여야 하며, 즉시 갱신하여야 한다.
② 정부정보공개지침은 정부정보의 분류, 분류체계, 취득방법, 정부정보공개업무기구의 명칭, 근무지, 근무시간, 연락 전화번호, 팩스번호, 전자우편 등의 내용을 포함하여야 한다.
③ 정부정보공개목록은 정부정보의 색인, 명칭, 내용개요, 생성일자 등의 내용을 포함하여야 한다.

제20조 ① 공민, 법인 또는 기타 조직이 이 조례 제13조에 따라 행정기관에 정부정보 획득을 신청하는 경우, 서면형식(전자문서형식을 포함한다)으로 하여야 한다. 서면형식을 취하기 명확히 곤란한 경우, 신청인은 구두로 신청하고, 해당 신청을 수리하는 행정기관이 대신하여 정부정보공개신청(서)을 작성한다.
② 정부정보공개신청(서)에는 아래 내용을 포함하여야 한다.
1. 신청인의 성명 혹은 명칭, 연락방식
2. 공개를 신청하는 정부정보의 내용 기술
3. 공개를 신청하는 정부정보의 형식 요구

제21조 정부정보공개 신청에 대하여, 행정기관은 아래 열거한 상황에 근거하여 각각 답신을 작성하여야 한다.
1. 공개범위에 속하는 경우, 신청인에게 해당 정부정보를 획득하는 방식 및 경로를 고지하여야 한다.
2. 비공개 범위에 속하는 경우, 신청인에게 고지하고 이유를 설명하여야 한다.
3. 법에 따라 본 행정기관에 속하지 아니하거나 해당 정부정보가 부존재인 경우, 신청인에게 고지하여야 한다. 해당 정부정보를 확정할 수 있는 공개기관이 있는 경우에는 신청인에게 해당 정부기관의 명칭과 연락방식을 고지하여야 한다.
4. 신청내용이 불명확한 경우, 신청인에게 고지하여 수정·보충하도록 하여야 한다.

제22조 공개를 신청하는 정부정보에 공개하여서는 아니 되는 내용이 있으나 구분하여 처리할 수 있는 경우에는, 행정기관은 신청인에게 공개할 수 있는 정보내용을 제공하여야 한다.

제23조 행정기관이 공개 신청된 정부정보가 상업비밀·개인프라이버시와 관련되어, 공개 후 제3자의 합법적 권익을 침해할 우려가 있다고 판단하는 경

第三方不同意公开的，不得公开。但是，行政机关认为不公开可能对公共利益造成重大影响的，应当予以公开，并将决定公开的政府信息内容和理由书面通知第三方。

第二十四条 行政机关收到政府信息公开申请，能够当场答复的，应当当场予以答复。

行政机关不能当场答复的，应当自收到申请之日起15个工作日内予以答复；如需延长答复期限的，应当经政府信息公开工作机构负责人同意，并告知申请人，延长答复的期限最长不得超过15个工作日。

申请公开的政府信息涉及第三方权益的，行政机关征求第三方意见所需时间不计算在本条第二款规定的期限内。

第二十五条 公民、法人或者其他组织向行政机关申请提供与其自身相关的税费缴纳、社会保障、医疗卫生等政府信息的，应当出示有效身份证件或者证明文件。

公民、法人或者其他组织有证据证明行政机关提供的与其自身相关的政府信息记录不准确的，有权要求该行政机关予以更正。该行政机关无权更正的，应当转送有权更正的行政机关处理，并告知申请人。

第二十六条 行政机关依申请公开政府信息，应当按照申请人要求的形式予以提供；无法按照申请人要求的形式提供的，可以通过安排申请人查阅相关资料、提供复制件或者其他适当形式提供。

第二十七条 行政机关依申请提供政府信息，除可以收取检索、复制、邮寄等成本费用外，不得收取其他费用。行政机关不得通过其他组织、个人以有偿服务方式提供政府信息。

行政机关收取检索、复制、邮寄等成本费用的标准由国务院价格主管部门会同国务院财政部门制定。

第二十八条 申请公开政府信息的公民确有经济困难的，经本人申请、政府信息公开

우에는 서면으로 제3자의 의견을 들어야 한다. 제3자가 공개에 동의하지 아니하는 경우에는 공개하여서는 아니 된다. 다만, 행정기관이 공개하지 아니하는 것이 공공이익의 조성에 중대한 영향을 미친다고 판단하는 경우에는 공개하여야 하며, 공개를 결정한 정부정보의 내용과 이유를 서면으로 제3자에게 통지하여야 한다.

제24조 ① 행정기관이 정부정보공개 신청을 받고 현장에서 바로 공개할 수 있는 경우에는 바로 회답하여야 한다.

② 행정기관이 바로 회답할 수 없는 경우, 신청일로부터 15일의 근무일 내에 회답하여야 한다. 회답기한을 연장할 필요가 있는 경우에는 정부정보공개 업무기구 책임자의 동의를 얻어 신청인에게 고지하여야 하고, 회답기한의 연장은 15일의 근무일을 초과하여서는 아니 된다.

③ 공개를 신청한 정부정보가 제3자의 권익과 관련되어 있는 경우에 행정기관이 제3자의 의견을 듣기 위해 필요한 시간은 이 조 제2항에서 규정한 기한 내에 계산하지 아니한다.

제25조 ① 공민, 법인 또는 기타 조직이 행정기관에 자신과 관련 있는 세금납부, 사회보장, 의료위생 등 정부정보의 제공을 신청하는 경우, 유효한 신분증 또는 증명문건을 제시하여야 한다.

② 공민, 법인 또는 기타 조직은 행정기관이 제공한 자신과 관련 있는 정부정보기록이 정확하지 않다는 것을 증명하는 증거가 있는 경우, 해당 행정기관에 경정을 요구할 권리가 있다. 해당 행정기관이 경정할 권한이 없는 경우에는 경정 권한이 있는 행정기관에 전송하여 처리하고 신청인에게 고지하여야 한다.

제26조 행정기관이 신청에 의하여 정부정보를 공개함에 있어서는 신청인이 요구한 형식에 따라 제공하여야 한다. 신청인이 요구한 형식으로 제공할 수 없는 경우에는 신청인이 관련 자료를 찾아 읽을 수 있게 배려하거나, 복제물 또는 기타 적당한 형식으로 제공할 수 있다.

제27조 ① 행정기관이 신청에 의하여 정부정보를 제공함에 있어서, 검색·복제·우편 등의 비용을 수취할 수 있으며, 그 외 기타 비용을 수취하여서는 아니 된다. 행정기관은 기타 조직, 개인을 통하여 유상으로 정부정보를 제공하여서는 아니 된다.

② 행정기관이 검색·복제·우편 등의 비용을 수취하는 기준은 국무원 가격주관부문이 국무원 재정부문과 합동으로 제정한다.

제28조 ① 정부정보의 공개를 신청한 공민이 명확히 경제적 곤란이 있는 경우, 본인의 신청과 정부정보

工作机构负责人审核同意，可以减免相关费用。申请公开政府信息的公民存在阅读困难或者视听障碍的，行政机关应当为其提供必要的帮助。

第四章 监督和保障

第二十九条　各级人民政府应当建立健全政府信息公开工作考核制度、社会评议制度和责任追究制度，定期对政府信息公开工作进行考核、评议。

第三十条　政府信息公开工作主管部门和监察机关负责对行政机关政府信息公开的实施情况进行监督检查。

第三十一条　各级行政机关应当在每年3月31日前公布本行政机关的政府信息公开工作年度报告。

第三十二条　政府信息公开工作年度报告应当包括下列内容：
（一）行政机关主动公开政府信息的情况；
（二）行政机关依申请公开政府信息和不予公开政府信息的情况；
（三）政府信息公开的收费及减免情况；
（四）因政府信息公开申请行政复议、提起行政诉讼的情况；
（五）政府信息公开工作存在的主要问题及改进情况；
（六）其他需要报告的事项。

第三十三条　公民、法人或者其他组织认为行政机关不依法履行政府信息公开义务的，可以向上级行政机关、监察机关或者政府信息公开工作主管部门举报。收到举报的机关应当予以调查处理。
公民、法人或者其他组织认为行政机关在政府信息公开工作中的具体行政行为侵犯其合法权益的，可以依法申请行政复议或者提起行政诉讼。

第三十四条　行政机关违反本条例的规定，未建立健全政府信息发布保密审查机制的，由监察机关、上一级行政机关责令改正；情节严重的，对行政机关主要负责人依法给予处分。

공개업무기구 책임자의 동의·심의를 거쳐 관련 비용을 감면할 수 있다.
② 정부정보의 공개를 신청한 공민이 읽거나 듣는 데 장애가 있는 경우, 행정기관은 필요한 도움을 제공하여야 한다.

제4장 감독과 보장

제29조 각급 인민정부는 건전한 정부정보공개업무 심의제도, 사회평의제도와 책임추궁제도를 만들어야 하며, 정기적으로 정부정보공개업무에 대하여 심의와 평의를 수행한다.

제30조 정부정보공개업무 주관부문과 감찰기관은 행정기관의 정부정보공개의 실시 상황에 대하여 감독·검사를 수행한다.

제31조 각급 행정기관은 매년 3월 31일 전에 본 행정기관의 정부정보공개업무 연례보고를 공개하여야 한다.

제32조 정부정보공개업무 연례보고에는 다음 각 호의 내용을 포함하여야 한다.
1. 행정기관이 주동적으로 공개하는 정부정보의 상황
2. 행정기관이 신청에 의하여 공개한 정부정보와 공개하지 아니한 정부정보의 상황
3. 정부정보공개의 수수료 및 감면 상황
4. 정부정보공개로 인한 행정심판 신청 및 행정소송 제기 상황
5. 정부정보공개업무에 존재하는 주요 문제 및 개선 상황
6. 기타 보고가 필요한 사항

제33조 ① 공민, 법인 또는 기타 조직은 행정기관이 법에 따라 정부정보 공개의무를 이행하지 않는다고 판단하는 경우, 상급 행정기관, 감찰기관 또는 정부정보공개업무 주관부문에 신고할 수 있다. 신고를 받은 기관은 조사하여 처리하여야 한다.
② 공민, 법인 또는 기타 조직은 행정기관의 정부정보공개업무 중의 구체적인 행정행위가 그의 합법적 권익을 침해하였다고 판단하는 경우에는 법에 따라 행정심판을 청구하거나 행정소송을 제기할 수 있다.

제34조 행정기관이 이 조례의 규정을 위반하여 건전한 정부정보 공개·비밀보호 심사체제를 설치하지 아니하는 경우, 감찰기관을 경유하여 직근 상급 행정기관이 개정을 명한다. 사안이 엄중한 경우에는 행정기관의 주요 책임자에 대하여 법에 따라 처분한다.

第三十五条 行政机关违反本条例的规定，有下列情形之一的，由监察机关、上一级行政机关责令改正；情节严重的，对行政机关直接负责的主管人员和其他直接责任人员依法给予处分；构成犯罪的，依法追究刑事责任：

（一）不依法履行政府信息公开义务的；

（二）不及时更新公开的政府信息内容、政府信息公开指南和政府信息公开目录的；

（三）违反规定收取费用的；

（四）通过其他组织、个人以有偿服务方式提供政府信息的；

（五）公开不应当公开的政府信息的；

（六）违反本条例规定的其他行为。

第五章 附则

第三十六条 法律、法规授权的具有管理公共事务职能的组织公开政府信息的活动，适用本条例。

第三十七条 教育、医疗卫生、计划生育、供水、供电、供气、供热、环保、公共交通等与人民群众利益密切相关的公共企事业单位在提供社会公共服务过程中制作、获取的信息的公开，参照本条例执行，具体办法由国务院有关主管部门或者机构制定。

第三十八条 本条例自2008年5月1日起施行。

제35조 행정기관이 이 조례의 규정을 위반하여 아래 열거한 정황의 하나가 있는 경우에는 감찰기관, 직근 상급 행정기관이 개정을 명한다. 사안이 엄중한 경우에는 행정기관의 직접 책임 있는 주관자와 기타 직접 책임자에 대하여 법에 따라 처분한다. 범죄를 구성하는 경우에는 법에 따라 형사책임을 추궁한다.

1. 법에 따른 정부정보 공개의무를 이행하지 아니하는 경우
2. 공개할 정부정보의 내용, 정부정보공개지침, 정부정보공개목록을 즉시 갱신하지 아니하는 경우
3. 규정을 위반하여 비용을 수취하는 경우
4. 기타 조직, 개인을 통하여 유상으로 정부정보를 제공하는 경우
5. 공개하여서는 아니 되는 정부정보를 공개한 경우
6. 이 조례가 규정하는 기타 행위를 위반한 경우

제5장 부칙

제36조 법률·법규가 수권한 공공사무를 관리하는 직능을 구비한 조직이 정부정보를 공개함에 있어서는 본 조례를 적용한다.

제37조 교육, 의료위생, 계획생육, 수도공급, 전기공급, 가스공급, 열공급, 환경보호, 공공교통 등 인민대중의 이익과 밀접한 관련이 있는 공공사업의 단위가 사회공공서비스를 제공하는 과정 중에 작성, 획득한 정보의 공개는, 이 조례를 참조하여 집행하고, 구체적인 방법은 국무원 관련 주관부문 또는 기구가 제정한다.

제38조 이 조례는 2008년 5월 1일부터 시행한다.

[정보공개법 시행규칙 서식]

■ 공공기관의 정보공개에 관한 법률 시행규칙 [별지 제1호서식] <개정 2014.5.28>

의사결정 과정 및 내부검토 과정 종료 통지서

정보공개 청구인	성명
	주소

정보공개 청구 내용	

비공개(부분 공개) 내용 및 사유	

「공공기관의 정보공개에 관한 법률」 제9조제1항제5호 단서에 따라 의사결정 과정 또는 내부검토 과정을 이유로 귀하에게 통지한 정보 비공개(부분 공개) 결정과 관련하여 해당 의사결정 과정 및 내부검토 과정이 종료되었음을 알려 드리며, 귀하는 같은 법 제10조에 따라 정보공개를 청구할 수 있습니다.

년   월   일

발 신 명 의 　[직인]

기안자 직위(직급) 서명   검토자 직위(직급) 서명   결재권자 직위(직급) 서명

협조자

시행   처리과명-연도별 일련번호(시행일)

우   주소   / 홈페이지 주소

전화번호(   )   팩스번호(   )   / 공무원의 전자우편주소   / 공개 구분

210㎜×297㎜[백상지 80g/㎡(재활용품)]

정보공개시스템(www.open.go.kr)
에서도 청구할 수 있습니다.

정보공개 청구서

접수번호		접수일		처리기간	

청구인	성명(법인·단체명 및 대표자 성명)		주민등록(여권·외국인등록)번호	
	주소(소재지)		사업자(법인·단체)등록번호	
	전화번호	팩스번호	전자우편주소	

청구 내용	

공개 방법	[　]열람·시청　[　]사본·출력물　[　]전자파일　[　]복제·인화물　[　]기타(　　　　)

수령 방법	[　]직접 방문　[　]우편　　　[　]팩스 전송　[　]정보통신망　　[　]기타(　　　　)

수수료	[　]감면 대상임　　　　　[　]감면 대상 아님
	감면 사유
	※ 「공공기관의 정보공개에 관한 법률 시행령」 제17조제3항에 따라 수수료 감면 대상에 해당하는 경우에만 적으며, 감면 사유를 증명할 수 있는 서류를 첨부하시기 바랍니다.

「공공기관의 정보공개에 관한 법률」 제10조제1항 및 같은 법 시행령 제6조제1항에 따라 위와 같이 정보의 공개를 청구합니다.

년　　월　　일

청구인

(서명 또는 인)

(접수 기관의 장) 귀하

- **접 수 증** -

접수번호	청구인 성명
접수부서	접수자 성명
	(서명 또는 인)

귀하의 청구서는 위와 같이 접수되었습니다.

년　　월　　일

접 수 기 관 장　| 직인 |

유 의 사 항

1. 공개 청구된 공개 대상 정보의 전부 또는 일부가 제3자와 관련이 있다고 인정되는 경우에는 「공공기관의 정보공개에 관한 법률」 제11조제3항에 따라 청구사실이 제3자에게 통지됩니다.
2. 정보 공개를 청구한 날로부터 20일이 경과하도록 정보공개 결정이 없는 경우에는 「공공기관의 정보공개에 관한 법률」 제18조부터 제20조까지의 규정에 따라 해당 공공기관에 이의신청을 하거나, 행정심판 또는 행정소송을 제기할 수 있습니다.

210mm×297mm[백상지 80g/㎡(재활용품)]

정보공개 구술 청구서

접수번호		접수일		처리기간	

청구인	성명(법인·단체명 및 대표자 성명)	주민등록(여권·외국인등록)번호
		사업자(법인·단체)등록번호
	주소(소재지)	전화번호(팩스번호)
		전자우편주소

정보 내용	

공개 방법	[ ]열람·시청 [ ]사본·출력물 [ ]전자파일 [ ]복제·인화물 [ ]기타( )
수령 방법	[ ]직접 방문 [ ]우편 [ ]팩스 전송 [ ]정보통신망 [ ]기타( )

수수료 감면	해당 여부	[ ]해 당 [ ]해당 없음	
	감면 사유		

구술청취자 (담당공무원등)	직급	성명	서명 또는 인
구술자 (청구인)	기관명(기관인 경우)	직급	
		성명	서명 또는 인
	성명(일반인인 경우)		서명 또는 인

접 수 증

접수번호		청구인 성명	
접수자 직급		성 명	(서명 또는 인)

귀하의 청구서는 위와 같이 접수되었습니다.

년   월   일

접 수 기 관 장 직인

※ 정보공개의 처리와 관련하여 문의사항이 있으면 (담당 부서 및 전화번호)로 문의하여 주시기 바랍니다.

유 의 사 항

1. 공개 청구된 공개 대상 정보의 전부 또는 일부가 제3자와 관련이 있다고 인정되는 경우에는 「공공기관의 정보공개에 관한 법률」 제11조제3항에 따라 청구사실이 제3자에게 통지됩니다.
2. 정보 공개를 청구한 날로부터 20일이 경과하도록 정보공개 결정이 없는 경우에는 「공공기관의 정보공개에 관한 법률」 제18조부터 제20조까지의 규정에 따라 해당 공공기관에 이의신청을 하거나, 행정심판 또는 행정소송을 제기할 수 있습니다.

210㎜×297㎜[백상지 80g/㎡(재활용품)]

■ 공공기관의 정보공개에 관한 법률 시행규칙 [별지 제3호서식] <개정 2014.5.28>

공개 여부 결정기간 연장 통지서

수신자

정보 내용		
접수일 및 접수번호		당초 결정기간
연장 사유		
연장 결정기간		
그 밖의 안내사항		

　「공공기관의 정보공개에 관한 법률」 제11조제2항에 따라 귀하의 정보공개청구사항에 대한 공개 여부를 결정하는 기간이 위와 같은 사유로 연장되었음을 알려 드리며, 궁금하신 사항은 담당자에게 문의하여 주시면 자세히 설명하여 드리겠습니다.

년　　　　월　　　　일

기 관 의 장 　 직인

기안자 직위(직급) 서명　　　　검토자 직위(직급) 서명　　　　결재권자 직위(직급) 서명

협조자

시행　　　처리과명-연도별 일련번호(시행일)

우　　　　주소　　　　　　　　　　/ 홈페이지 주소

전화번호( )　　　　팩스번호( )　　　　/ 공무원의 전자우편주소　　　/ 공개 구분

210mm×297mm[백상지 80g/㎡(재활용품)]

■ 공공기관의 정보공개에 관한 법률 시행규칙 [별지 제4호서식] <개정 2014.5.28>

정보공개 처리대장

(앞 쪽)

접수번호	접수일	청구인	청구사항		결정 내용					처리사항		비고
			정보내용	공개방법	담당 부서	결정 구분	공개 내용	비공개(부분 공개) 내용 및 사유	결정 통지일	공개일	수령 방법	

297㎜×210㎜[백상지 80g/㎡(재활용품)]

(뒤 쪽)

작 성 방 법

1. "정보 내용" 항목에는 청구인이 공개를 청구한 정보를 적습니다.
2. "공개방법" 항목에는 열람·시청, 사본·출력물, 전자파일, 복제·인화물 등 청구인이 공개를 요청한 방법을 적습니다.
3. "결정 구분" 항목에는 공개, 부분 공개, 비공개 등 공공기관에서 결정한 사항을 적습니다.
4. "공개 내용" 항목에는 공개로 결정한 정보를 적습니다.
5. "비공개(부분 공개) 내용 및 사유" 항목에는 공공기관에서 비공개 또는 부분 공개로 결정한 정보 내용을 적고 정보별 비공개(부분 공개) 사유를 적습니다.
6. "수령방법" 항목에는 공개 장소 방문, 우편, 팩스, 정보통신망 등 청구인에게 정보를 공개한 방법을 적습니다.
7. "비고" 항목에는 청구인이 이의신청을 한 경우나 그 밖의 특이사항이 있을 경우 적습니다.

■ 공공기관의 정보공개에 관한 법률 시행규칙 [별지 제4호의2서식] <개정 2014.5.28>

정보 부존재 등 통지서

수신자　○○○ (우　　　　　, 주소　　　　　　　　　　　　　　　　　)

접수번호	접수일
정보공개 청구 내용	
정보 부존재 등 정보공개 청구 에 따를 수 없는 사유	

　　귀하의 정보공개 청구에 대하여 검토한 결과 위와 같은 사유로 우리 기관은 귀하의 정보공개 청구에 따를 수 없음을 「공공기관의 정보공개에 관한 법률 시행령」 제6조제4항에 따라 통지합니다.

년　　　월　　　일

발 신 명 의 ┃직인┃

기안자 직위(직급) 서명　　　　검토자 직위(직급) 서명　　　　결재권자 직위(직급) 서명

협조자

시행　　　처리과명-연도별 일련번호(시행일)

우　　　주소　　　　　　　　　　　/ 홈페이지 주소

전화번호(　　)　　　　팩스번호(　　)　　　　/ 공무원의 전자우편주소　　/ 공개 구분

210㎜×297㎜[백상지 80g/㎡(재활용품)]

■ 공공기관의 정보공개에 관한 법률 시행규칙 [별지 제4호의3서식] <개정 2014.5.28>

정보공개 청구사실 통지서

접수번호		접수일	

정보공개 청구인	성명		
	주소		
	(건물번호, 상세주소, 참고항목 제외)		

정보공개 청구 내용	

의견 제출기간	통지받은 날부터 3일간

그 밖의 참고사항	

우리 기관에 귀하와 관련된 정보공개 청구서가 접수되어 「공공기관의 정보공개에 관한 법률」 제11조 제3항에 따라 통지하오니 위 기간 내에 의견을 제출하여 주시기 바랍니다.
(의견은 말 또는 서면으로 제출 가능)

년   월   일

발 신 명 의   직인

210㎜×297㎜[백상지 80g/㎡(재활용품)]

■ 공공기관의 정보공개에 관한 법률 시행규칙 [별지 제5호서식] <개정 2014.5.28>

제3자 의견서(비공개 요청서)

접수번호			접수일	

제3자	성명		연락처	전화번호
				팩스번호
				전자우편주소
	주소			

청구인	성명	
	주소	

정보 내용	

공개 청구된 정보에 대한 의견(내용이 많을 경우에는 별지 사용 가능)

종합의견	[　] 정보공개 허용　　　　　　　[　] 비공개 요청

「공공기관의 정보공개에 관한 법률」 제11조제3항, 제21조제1항 및 같은 법 시행령 제8조에 따라 귀 기관에 공개 청구된 정보에 대한 의견서(비공개 요청서)를 제출합니다.

년　　　　월　　　　일

의견 제출인(비공개 요청인)　　　　(서명 또는 인)

기관의 장　귀하

210㎜×297㎜[백상지 80g/㎡(재활용품)]

■ 공공기관의 정보공개에 관한 법률 시행규칙 [별지 제6호서식] <개정 2014.5.28>

제3자 의견 청취서

접수번호			접수일		
청구인	성명				
	주소				
정보 내용					
의견청취 일시					
의견청취 내용					
그 밖의 참고사항					
의견청취자 (담당공무원등)	직급		성명		서명 또는 인
구술자(제3자)	기관인 경우	기관명			서명 또는 인
		직급			
		담당자 성명			
		연락처			
	일반인 인 경우	성명			서명 또는 인
		주소			
		연락처			

210㎜×297㎜[백상지 80g/㎡(재활용품)]

■ 공공기관의 정보공개에 관한 법률 시행규칙 [별지 제7호서식] <개정 2014.5.28>

정보 ([ ]공개 [ ]부분 공개 [ ]비공개) 결정 통지서

(앞 쪽)

수신자 ○○○ (우   , 주소   )

접수번호		접수일	
청구 내용			
공개 내용			
공개 일시		공개 장소	
공개 방법	[ ]열람·시청 [ ]사본·출력물 [ ]전자파일 [ ]복제·인화물 [ ]기타		
수령 방법	[ ]직접 방문 [ ]우편 [ ]팩스 전송 [ ]정보통신망 [ ]기타		
납부 금액	① 수수료 원	② 우송료 원	③ 수수료 감면액 원 계(①+②-③) 원
	수수료 산정 명세		수수료 납입계좌(일금 시)
비공개(전부 또는 일부) 내용 및 사유			

  귀하의 정보공개 청구에 대한 결정 내용을 「공공기관의 정보공개에 관한 법률」 제13조제1항 및 제4항에 따라 위와 같이 통지합니다.

년   월   일

발 신 명 의 [직인]

기안자 직위(직급) 서명   검토자 직위(직급) 서명   결재권자 직위(직급) 서명

협조자

시행   처리과명-연도별 일련번호(시행일)

우   주소   / 홈페이지 주소

전화번호(   )   팩스번호(   )   / 공무원의 전자우편주소   / 공개 구분

210mm×297mm[백상지 80g/㎡(재활용품)]

유 의 사 항

1. 정보공개 장소에 오실 때에는 이 통지서를 지참하셔야 하며, 청구인 본인 또는 그 정당한 대리인임을 확인하기 위하여 다음과 같은 증명서를 지참하셔야 합니다.

   가. 청구인 본인에게 공개하는 경우: 청구인의 신원을 확인할 수 있는 신분증명서(주민등록증 등)

   나. 청구인의 법정대리인에게 공개하는 경우: 법정대리인임을 증명할 수 있는 서류와 대리인의 신원을 확인할 수 있는 신분증명서

   다. 청구인의 임의대리인에게 공개하는 경우: 「공공기관의 정보공개에 관한 법률 시행규칙」 별지 제8호서식의 정보공개 위임장과 청구인 및 수임인의 신원을 확인할 수 있는 신분증명서

2. 수수료는 해당 정보를 공개할 때 다음의 어느 하나의 방법으로 내실 수 있으며, 부득이한 경우에는 현금으로 내실 수 있습니다.

   가. 정보통신망을 이용한 전자화폐·전자결제 등

   나. 수입인지(정부기관) 또는 수입증지(지방자치단체)

3. 우송의 방법으로 공개가 가능하다고 통지된 정보를 우편 등으로 받으시려는 경우에는 앞면에 적힌 공개일까지 우송료를 현금 또는 우표로 공공기관에 보내셔야 합니다.

4. 정보공개와 관련한 공공기관의 비공개 결정 또는 부분 공개 결정에 대하여 이의가 있는 경우에는 「공공기관의 정보공개에 관한 법률」 제18조 및 같은 법 시행령 제18조에 따라 공공기관으로부터 공개 여부의 결정 통지를 받은 날부터 30일 이내에 해당 기관에 문서로 이의신청을 하실 수 있습니다.

5. 정보공개와 관련한 공공기관의 결정에 대하여 불복하는 경우에는 처분이 있음을 안 날부터 90일 이내에 처분청 또는 재결청에 행정심판을 청구하거나 법원에 행정소송을 제기할 수 있습니다.

6. 청구인이 통지된 정보의 공개일 후 10일이 지날 때까지 정당한 사유 없이 그 정보의 공개에 응하지 않았을 때에는 이를 내부적으로 종결 처리할 수 있습니다.

7. 이 통지서를 정보공개시스템을 이용하여 통지하는 경우에는 직인을 생략할 수 있으며, 청구인은 필요한 경우 직인 날인에 관하여 보완을 요구할 수 있습니다.

■ 공공기관의 정보공개에 관한 법률 시행규칙 [별지 제8호서식] <개정 2014.5.28>

정보공개 위임장

청구인 (위임인)	성명(법인·단체명 및 대표자 성명)	주민등록번호(사업자등록번호 등)
	주소(소재지)	
수임인	성명	주민등록번호 등
	주소	
	위임인과의 관계	
정보 내용		

　「공공기관의 정보공개에 관한 법률 시행령」 제15조제2항제3호에 따라 위와 같이 정보공개를 위임합니다.

년　　　　월　　　　일

위임인　　　　　　　　　　　　　　　　　（서명 또는 인）

210㎜×297㎜[백상지 80g/㎡(재활용품)]

■ 공공기관의 정보공개에 관한 법률 시행규칙 [별지 제9호서식] <개정 2014.5.28> 정보공개시스템(www.open.go.kr)에서도
신청할 수 있습니다.

정보공개 결정 등 이의신청서

접수번호	접수일	처리기간:

이의신청인	성명(법인·단체명 및 대표자 성명)	주민등록번호(사업자등록번호 등)
	주소(소재지)	전화번호(팩스번호)
		전자우편주소

| 공개 또는

비공개 내용	

| 이의신청

사유

※[ ]에는 해당되는 곳
에 √표를 합니다.	정보공개 결정에 대하여 불복이 있는 때
	정보(공개[ ] 부분 공개[ ] 비공개[ ]) 결정 통지서를 년 월 일에 받았음.
	※ 공개 결정에 대한 이의신청은 제3자의 경우에만 해당됩니다.
	정보공개 청구 후 20일이 경과하도록 정보공개 결정이 없는 때
	[ ] 년 월 일에 정보 공개를 청구했으나, 정보 공개 여부의 결정 통지서
를 받지 못했음.

| 이의신청의

취지 및 이유	

「공공기관의 정보공개에 관한 법률」 제18조제1항 또는 제21조제2항과 같은 법 시행령

제18조제1항에 따라 위와 같이 이의신청서를 제출합니다.

년   월   일

이의신청인   (서명 또는 인)

(접수기관)   귀하

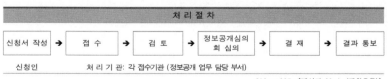

처 리 절 차					
신청서 작성	→ 접 수	→ 검 토	→ 정보공개심의
회 심의	→ 결 재	→ 결과 통보
신청인	처 리 기 관: 각 접수기관 (정보공개 업무 담당 부서)				

210mm×297mm[백상지 80g/㎡(재활용품)]

■ 공공기관의 정보공개에 관한 법률 시행규칙 [별지 제9호의2서식] <개정 2014.5.28>

이의신청 ([　]인용 [　]부분 인용 [　]기각 [　]각하) 결정 통지서

(앞 쪽)

수신자 　○○○ (우　　　　　　　　, 주소　　　　　　　　　　　　　　　)

접수번호		접수일	
이의신청 내용			
결정 내용			
공개 일시		공개 장소	
공개 방법	[　]열람·시청　　　[　]사본·출력물　　[　]전자파일　　　　[　]복제·인화물　　[　]기타		
교부 방법	[　]직접 방문　　　[　]우편　　　　　[　]팩스 전송　　　　[　]정보통신망　　[　]기타		
납부 금액	① 수수료　　　　　② 우송료　　　　③ 수수료 감면액　　계(①+②-③) 　　　　　　　원　　　　　　원　　　　　　　원　　　　　　　　　원		
	수수료 산정 명세　　　　　수수료 납입계좌(입금 시)		

　　귀하의 이의신청에 대한 결정 내용을 「공공기관의 정보공개에 관한 법률」 제18조제3항·제4항 또는 제21조제
2항에 따라 위와 같이 통지합니다.

년　　　월　　　일

발 신 명 의 　 직인

기안자 직위(직급) 서명　　　　검토자 직위(직급) 서명　　　　결재권자 직위(직급) 서명

협조자

시행　　　　처리과명-연도별 일련번호(시행일)

우　　　　　주소　　　　　　　　　　　　/ 홈페이지 주소

전화번호(　　)　　　　　팩스번호(　　)　　　　/ 공무원의 전자우편주소　　/ 공개 구분

210mm×297mm[백상지 80g/㎡(재활용품)]

유 의 사 항

1. 정보공개 장소에 오실 때에는 이 통지서를 지참하셔야 하며, 청구인 본인 또는 그 정당한 대리인임을 확인하기 위하여 다음과 같은 증명서를 지참하셔야 합니다.

   가. 청구인 본인에게 공개하는 경우: 청구인의 신원을 확인할 수 있는 신분증명서(주민등록증 등)

   나. 청구인의 법정대리인에게 공개하는 경우: 법정대리인임을 증명할 수 있는 서류와 대리인의 신원을 확인할 수 있는 신분증명서

   다. 청구인의 임의대리인에게 공개하는 경우: 「공공기관의 정보공개에 관한 법률 시행규칙」 별지 제8호서식의 정보공개 위임장과 청구인 및 수임인의 신원을 확인할 수 있는 신분증명서

2. 수수료는 해당 정보를 공개할 때 다음의 어느 하나의 방법으로 내실 수 있으며, 부득이한 경우에는 현금으로 내실 수 있습니다.

   가. 정보통신망을 이용한 전자화폐 · 전자결제 등

   나. 수입인지(정부기관) 또는 수입증지(지방자치단체)

3. 우송의 방법으로 공개가 가능하다고 통지된 정보를 우편 등으로 받으시려는 경우에는 앞면에 적힌 공개일까지 우송료를 현금 또는 우표 등으로 공공기관에 보내셔야 합니다.

4. 청구인이 통지된 정보의 공개일 후 10일이 지날 때까지 정당한 사유 없이 그 정보의 공개에 응하지 않았을 때에는 이를 내부적으로 종결 처리할 수 있습니다.

5. 이 통지서를 정보공개시스템을 이용하여 통지하는 경우에는 직인을 생략할 수 있으며, 청구인은 필요한 경우 직인 날인에 관하여 보완을 요구할 수 있습니다.

6. 정보공개와 관련한 공공기관의 결정에 대하여 불복하는 경우에는 처분이 있음을 안 날부터 90일 이내에 처분청 또는 재결청에 행정심판을 청구하거나 법원에 행정소송을 제기할 수 있습니다.

※ 비고: 위 유의사항 중 제1호부터 제5호까지는 「공공기관의 정보공개에 관한 법률」 제18조제1항에 따른 이의신청에 대한 결정으로 공개 청구된 정보의 전부 또는 일부를 공개하는 경우에 적용되며, 같은 법 제21조제2항에 따른 제3자의 이의신청에 대한 결정 통지인 경우 그 제3자에 대해서는 적용되지 않습니다.

■ 공공기관의 정보공개에 관한 법률 시행규칙 [별지 제10호서식] <개정 2014.5.28>

이의신청 결정기간 연장 통지서

수신자　○○○ (우 　　　　　, 주소 　　　　　　　　　　　　　　　　　　)

이의신청 내용	
접수일 및 접수번호	당초 결정기간
연장 사유	
연장 결정기간	
그 밖의 안내사항	

「공공기관의 정보공개에 관한 법률」 제18조제3항 단서와 같은 법 시행령 제18조제2
항에 따라 귀하의 이의신청에 대한 결정기간이 위와 같은 사유로 연장되었음을 알려 드
리며, 궁금하신 사항은 담당자에게 문의하여 주시면 자세히 설명하여 드리겠습니다.

년　　　월　　　일

발 신 명 의 　[직인]

기안자 직위(직급) 서명　　　　검토자 직위(직급) 서명　　　　결재권자 직위(직급) 서명

협조자

시행　　　처리과명-연도별 일련번호(시행일)

우　　　　주소　　　　　　　　　　　　/ 홈페이지 주소

전화번호(　)　　　　팩스번호(　)　　　　/ 공무원의 전자우편주소　　/ 공개 구분

210mm×297mm[백상지 80g/㎡(재활용품)]

■ 공공기관의 정보공개에 관한 법률 시행규칙 [별지 제11호서식] <개정 2014.5.28>

이의신청 처리대장

※ 접수번호	이의신청일	사건명	청구인	주문 내용	신청 취지	이유 (처리 결과 요지)	결정 통지일

※접수번호는 정보공개 처리대장에 기록된 접수번호를 적습니다.

297㎜×210㎜[백상지 80g/㎡(재활용품)]

■ 공공기관의 정보공개에 관한 법률 시행규칙 [별지 제11호의2서식] <개정 2014.5.28>

제3자에 대한 정보공개 결정 통지서

수신자 ○○○ (우   , 주소   )

정보공개 청구자	성명(법인·단체명 및 대표자 성명):	
	주소:	
정보공개 청구 접수일		
공개 청구 내용		
공개 결정 내용		
공개 결정 이유		
공개 실시일		공개 장소

　　귀하와 관련된 정보의 공개 결정 내용을 「공공기관의 정보공개에 관한 법률」 제21조제2항에 따라 위와 같이 통지합니다.

　　이 정보공개 결정에 대하여 이의가 있는 경우에는 「공공기관의 정보공개에 관한 법률」 제21조제2항에 따라 공공기관으로부터 공개 여부의 결정 통지를 받은 날부터 7일 이내에 해당 기관에 이의신청을 하실 수 있습니다.

　　또한, 정보공개와 관련한 공공기관의 결정에 대하여 불복하는 경우에는 처분이 있음을 안 날부터 90일 이내에 처분청 또는 재결청에 행정심판을 청구하거나 법원에 행정소송을 제기할 수 있습니다.

년　　　월　　　일

발 신 명 의　[직인]

기안자 직위(직급) 서명　　　　검토자 직위(직급) 서명　　　　결재권자 직위(직급) 서명

협조자

시행　　　처리과명-연도별 일련번호(시행일)

우　　　　주소　　　　　　　　　　　　/ 홈페이지 주소

전화번호(   )　　　　팩스번호(   )　　　/ 공무원의 전자우편주소　　/ 공개 구분

210㎜×297㎜[백상지 80g/㎡(재활용품)]

■ 공공기관의 정보공개에 관한 법률 시행규칙 [별지 제12호서식] <개정 2014.5.28>

정보공개 운영실태

(제1쪽)

1. 정보공개창구 설치 현황

구분	설치 개소	문서과	민원실	자료실	기타
계					
본청					
소속 기관별					

2. 공개 청구 및 처리 현황

가. 총괄

구분	처리 현황			
	계	전부 공개	부분 공개	비공개
계				
본청				
소속 기관별				

나. 청구방법별 현황

구분	청구 건수	직접 출석	우편	팩스	정보통신망
계					
본청					
소속 기관별					

다. 공개방법별 현황

구분	청구건수	공개방법						수령방법					
		소계	열람·시청	사본·출력물	전자파일	복제·인화물	기타	소계	직접방문	우편	팩스	정보통신망	기타
계													
본청													
소속 기관별													

210㎜×297㎜[백상지 80g/㎡(재활용품)]

라. 공개 여부 결정기간별 현황

구분	계	즉시	10일 이내	20일 이내	20일 초과
계					
본청					
소속 기관별					

3. 처리 현황 목록

일련 번호	청구사항		결정 내용					처리사항		비고
	정보 내용	공개 방법	담당 부서	결정 구분	공개 내용	비공개 (부분 공개) 내용 및 사유	결정 통지일	공개일	공개 방법	

※ 정보공개 처리대장 사본으로 처리 현황 목록을 갈음할 수 있습니다.

4. 비공개 사유별 현황

구분	비공개 건수	법령상 비밀·비공개 (법 제9조제1항 제1호)	국방 등 국익 침해 (법 제9조 제1항 제2호)	국민의 생명 등 공익 침해 (법 제9조 제1항 제3호)	재판 관련 정보 등 (법 제9조 제1항 제4호)	공정한 업무 수행 지장 등 (법 제9조 제1항 제5호)	개인 사생활 침해 (법 제9조 제1항 제6호)	법인 등의 영업상 비밀 침해 (법 제9조제1항 제7호)	특정인의 이익·불이익 (법 제9조 제1항 제8호)
계									
본 청									
소속 기관별									

[기록물 관리법 시행규칙 서식]

■ 개인정보 보호법 시행규칙 [별지 제8호서식]

개인정보([ ] 열람 [ ] 정정·삭제 [ ] 처리정지) 요구서

※ 아래 작성방법을 읽고 굵은 선 안쪽의 사항만 적어 주시기 바랍니다.

(앞 쪽)

접수번호	접수일		처리기간 10일 이내

정보주체	성 명		전 화 번 호	
	생년월일			
	주 소			

대리인	성 명		전 화 번 호	
	생년월일		정보주체와의 관계	
	주 소			

요구내용	[ ] 열람	[ ] 개인정보의 항목 및 내용 [ ] 개인정보 수집·이용의 목적 [ ] 개인정보 보유 및 이용 기간 [ ] 개인정보의 제3자 제공 현황 [ ] 개인정보 처리에 동의한 사실 및 내용
	[ ] 정정·삭제	※ 정정·삭제하려는 개인정보의 항목과 그 사유를 적습니다.
	[ ] 처리정지	※ 개인정보의 처리정지를 원하는 대상·내용 및 그 사유를 적습니다.

「개인정보 보호법 」 제35조제1항·제2항, 제36조제1항 또는 제37조제1항과 같은 법 시행령 제41조제1항, 제43조제1항 또는 제44조제1항에 따라 위와 같이 요구합니다.

년   월   일

요구인

(서명 또는 인)

○ ○ ○ ○   귀하

작 성 방 법

1. '대리인'란은 대리인이 요구인일 때에만 적습니다.
2. 개인정보의 열람을 요구하려는 경우에는 '열람' 란에 [√] 표시를 하고 열람하려는 사항을 선택하여 [√] 표시를 합니다. 표시를 하지 않은 경우에는 해당 항목의 열람을 요구하지 않은 것으로 처리됩니다.
3. 개인정보의 정정·삭제를 요구하려는 경우에는 '정정·삭제' 란에 [√] 표시를 하고 정정하거나 삭제하려는 개인정보의 항목과 그 사유를 적습니다.
4. 개인정보의 처리정지를 요구하려는 경우에는 '처리정지' 란에 [√] 표시를 하고 처리정지 요구의 대상·내용 및 그 사유를 적습니다.

210mm×297mm[일반용지 70g/㎡(재활용품)]

처리절차		

이 요구서는 아래와 같이 처리됩니다.

요 구 인	처 리 기 관
	개 인 정 보 처 리 자

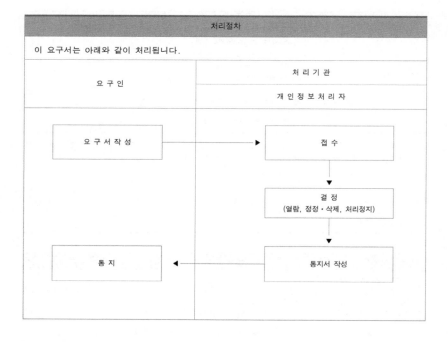

■ 개인정보 보호법 시행규칙 [별지 제9호서식]

개인정보 ([ ] 열람 [ ] 일부열람 [ ] 열람연기 [ ] 열람거절) 통지서

(앞 쪽)

수신자　　(우편번호:　　　　　, 주소:　　　　　　　　　　　　　　　)

요구 내용	
열람 일시	열람 장소
통지 내용 ([ ] 열람 　[ ] 일부열람 　[ ] 열람연기 　[ ] 열람거절)	

열람 형태 및 방법	열람 형태	[ ]열람·시청　　[ ]사본·출력물　　[ ]전자파일　　[ ]복제물·인화물　　[ ]기타
	열람 방법	[ ]직접방문　　[ ]우편　　　　[ ]팩스　　　　[ ]전자우편　　　　[ ]기타

납부 금액	①수수료　　　　　　　원	②우송료　　　　　　　원	계(①+②)　　　　　　　원
	수수료 산정 명세		

사 유	
이의제기방법	※ 개인정보처리자는 이의제기방법을 적습니다.

　「개인정보 보호법」 제35조제3항·제4항 또는 제5항과 같은 법 시행령 제41조제4항 또는 제42조제2항에 따라 귀하의 개인정보 열람 요구에 대하여 위와 같이 통지합니다.

년　　월　　일

발 신 명 의 　직인

210㎜×297㎜[신문용지 54g/㎡]

유의사항

1. 개인정보 열람 장소에 오실 때에는 이 통지서를 지참하셔야 하며, 요구인 본인 또는 그 정당한 대리인임을 확인하기 위하여 다음의 구분에 따른 증명서를 지참하셔야 합니다.

　가. 요구인 본인에게 공개할 때: 요구인의 신원을 확인할 수 있는 신분증명서(주민등록증 등)

　나. 요구인의 대리인에게 공개할 때: 대리인임을 증명할 수 있는 서류와 대리인의 신원을 확인할 수 있는 신분증명서

2. 수수료 또는 우송료는 다음의 구분에 따른 방법으로 냅니다.

　가. 국가기관인 개인정보처리자에게 내는 경우: 수입인지

　나. 지방자치단체인 개인정보처리자에게 내는 경우: 수입증지

　다. 국가기관 및 지방자치단체 외의 개인정보처리자에게 내는 경우: 해당 개인정보처리자가 정하는 방법

　※ 국회, 법원, 헌법재판소, 중앙선거관리위원회, 중앙행정기관 및 그 소속 기관 또는 지방자치단체인 개인정보처리자에게 수수료 또는 우송료를 내는 경우에는 「전자금융거래법」 제2조제11호에 따른 전자지급수단 또는 「정보통신망 이용촉진 및 정보보호 등에 관한 법률」 제2조제10호에 따른 통신과금서비스를 이용하여 수수료 또는 우송료를 낼 수 있습니다.

3. 열람제한, 열람연기 또는 열람거절의 통지를 받은 경우에는 개인정보처리자가 이의제기방법란에 적은 방법으로 이의제기를 할 수 있습니다.

210mm×297mm[신문용지 54g/㎡]

■ 개인정보 보호법 시행규칙 [별지 제10호서식]

개인정보 ([ ] 정정·삭제, [ ] 처리정지) 요구에 대한 결과 통지서

수신자   (우편번호: , 주소:)

요구 내용	
□ 정정·삭제 □ 처리정지 조치 내용	
□ 정정·삭제 □ 처리정지 결정 사유	
이의제기방법	※ 개인정보처리자는 이의제기방법을 기재합니다.

「개인정보 보호법」 제36조제6항 및 같은 법 시행령 제43조제3항 또는 같은 법 제37조제5항 및 같은 법 시행령 제44조제2항에 따라 귀하의 요구에 대한 결과를 위와 같이 통지합니다.

년   월   일

발 신 명 의 [직인]

유의사항

개인정보의 정정·삭제 또는 처리정지 요구에 대한 결정을 통지받은 경우에는 개인정보처리자가 '이의제기방법'란에 적은 방법으로 이의제기를 할 수 있습니다.

210mm×297mm[신문용지 54g/㎡]

■ 공공기록물 관리에 관한 법률 시행규칙[별지 제14호서식] <개정 2014.11.4.>

1. 비공개기록물 제한적 열람신청서

* 접수번호와 접수일자는 신청인이 적지 않습니다.

접수번호		접수일자		처리기간	
신청인	[ ]당사자	성명(기관·단체명)		주민등록번호	전화번호
		주소			전자우편
	[ ]대리인	성명(기관·단체명)		주민등록번호	전화번호
		주소			전자우편
접수자	직급		성명		(서명 또는 인)
열람신청 기록물					
신청목적					

* 비공개 기록물 제한적 열람 청구 시 적은 목적 외의 용도로 그 정보를 사용할 경우에는 「공공기록물 관리에 관한 법률」 제51조제4호에 따라 3년 이하의 징역 또는 2천만원 이하의 벌금에 처할 수 있습니다.
* 위의 신청목적 내 사용에 동의함 [ ]   동의하지 않음 [ ]

년 월 일

신청인   (서명 또는 인)
대리인   (서명 또는 인)

(접수기관의 장)   귀하

처 리 절 차						
열람신청서 작성	→	접 수	→	검 토	→	결정 통지
신청인		처 리 기 관		처 리 기 관		10일 이내 (10일 범위 내 연장가능)

- 자르는 선 -

접 수 증

접수번호		신청인(기관·단체명)	
접수자	직급	성명	
			(서명 또는 인)

귀하의 신청서는 위와 같이 접수되었습니다.

년   월   일

접수기관의 장   [직인]

※ 제한적 열람의 처리와 관련하여 문의사항이 있으면 담당부서로 문의하여 주시기 바랍니다.

210mm×297mm[백상지 80g/㎡(재활용품)]

2. 비공개기록물 열람 재심의 요청서

* 접수번호와 접수일자는 신청인이 적지 않습니다.

접수번호		접수일자			처리기간	
신청인	[ ]당사자	성명(기관·단체명)		주민등록번호	전화번호	
		주소			전자우편	
	[ ]대리인	성명(기관·단체명)		주민등록번호	전화번호	
		주소			전자우편	
접수자	직급			성명		(서명 또는 인)
열람신청 기록물						
재심의 요청 취지 및 이유						

* 「공공기록물 관리에 관한 법률 시행령」 제73조제4항 및 제5항에 따라 귀 기관·단체의 비공개 결정에 대하여 위와 같이 재심의를 요청합니다.

년　　월　　일

신청인　　　　　　　　　　　　　(서명 또는 인)
대리인　　　　　　　　　　　　　(서명 또는 인)

(접수기관의 장)　　귀하

처 리 절 차

재심의 요청서 제출	→	접 수	→	심 의	→	재결정 통지
신 청 서 (7일 이내)		처 리 기 관		기록물공개심의회 (처 리 기 관)		7일 이내

- 자르는 선 -

접　수　증

접수번호		신청인(기관·단체명)	
접수자인	직급	성명	
			(서명 또는 인)

귀하의 신청서는 위와 같이 접수되었습니다.

년　　월　　일

접수기관의 장　[직인]

※ 제한적 열람의 처리와 관련하여 문의사항이 있으면 담당부서로 문의하여 주시기 바랍니다.

210mm×297mm[백상지 80g/㎡(재활용품)]

[군사기밀 보호법 시행령 서식]

■ 군사기밀보호법 시행령 [별지 서식] <개정 2012.9.21>

군사기밀 공개 요청서

(앞 쪽)

요청인	성명		생년월일		직업	
	주소				전화번호	

공개 요청 내용

공개 요청 사유

위 군사기밀에 대하여 「군사기밀 보호법 시행령」 제9조에 따라 공개를 요청합니다.

년   월   일

요청인

(서명 또는 인)

방위사업청장 또는 제   부대장 귀하

- -

접수증

요청인	성명	생년월일	직업
	주소		전화번호

공개 요청 내용	공개 요청 사유

위와 같이 접수하였습니다.

년   월   일

방위사업청장 또는 제   부대장   (인)

귀하

210mm×297mm[백상지 80g/㎡]

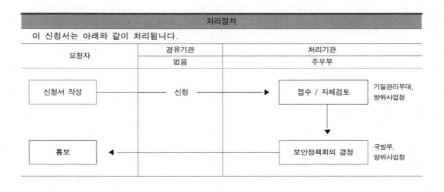

요청자	경유기관	처리기관
	없음	주무부

처리절차

이 신청서는 아래와 같이 처리됩니다.

정보공개법

ⓒ 안상운, 2015

초판 1쇄 인쇄일   2015년 2월 4일
초판 1쇄 발행일   2015년 2월 17일

지은이   안상운
펴낸이   황광수

펴낸곳   (주)자음과모음
출판등록 2001년 11월 28일 제313-2001-259호
주소   121-840 서울 마포구 양화로6길 49
전화   편집부 (02)324-2347, 경영지원부 (02)325-6047
팩스   편집부 (02)324-2348, 경영지원부 (02)2654-7696
이메일   inmun@jamobook.com
홈페이지 www.jamo21.net

ISBN   978-89-544-3143-9 (03360)

이 도서의 국립중앙도서관 출판예정도서목록(CIP)은 서지정보유통지원시스템 홈페이지
(http://seoji.nl.go.kr)와 국가자료공동목록시스템(http://www.nl.go.kr/kolisnet)에서 이용하실 수 있습니다.
(CIP제어번호 : CIP2015002335)